U0906583

珠海市行政区划图
礼乐街道
横栏镇
西区街道
石岐街道
东区街道
中山市
沙溪镇
南区街道
南朗镇
新会区
江门市
大鳌镇
大涌镇
睦洲镇
三江镇
五桂山街道
板芙镇
中山市
长江水库
横迳水库
大泉水库
横门岛
田心水库
三乡镇
古井镇
珠海国家农业科技园区
（珠海市斗门生态农业管委会）
沙堆镇
崖门镇
崖门水道
马山水库
梅阁水库
莲洲镇
斗门镇
斗门区
白蕉镇
井岸镇
乾务镇
富山工业园
管委会
神湾镇
坦洲镇
竹银水库
乾务水库
王保水库
白藤街道
金湾区
红旗镇（珠海市航空
产业园管委会）
鹤洲北垦区
鹤洲南垦区
平沙镇
金湾区
三灶镇
三灶岛
南水镇
南水岛
珠海金湾机场
赤鼻岛
黄茅海
虎跳门
磨刀门水道
大浪湾
滨海
商务区
交杯岛
小青洲
珠海经济技术开发区管委会
（高栏港经济区管委会）
珠海经济技术开发区
獭洲
三角山岛
大杧岛
长连排岛
高栏列岛
高栏岛
杧仔岛
荷包岛
江门市
大襟岛
蚊洲
圆洲岛
黄麻洲
大岗岛
二岗岛
马鬃岛
唐家湾镇
珠海国家
高新区管委会
杨寮水库
香洲区
香湾街道
梅华街道
翠香
街道
凤山街道
狮山街道
珠海市
前山街道
吉大
街道
南屏镇
拱北街道
九洲洋
珠海九洲
湾仔街道
珠海保税区
珠海保税区管委会
澳门
澳门半岛
澳门特别行政区
港珠澳大桥
珠澳口岸人工岛
横琴新区
横琴镇
横琴新区管委会
横琴岛
澳门国际机场
路环岛
石栏洲
野狸岛
淇澳
蛇洲
牛头岛

广东省地图院　编制

珠海市行政区划基本情况统计简表

县区名称		香洲区	金湾区	斗门区	全市合计
镇级	街道	9		1	10
	镇	6	4	5	15
基层	居委会	145	26	26	197
	村委会	7	14	101	122

注：表格数据来源于珠海市民政局，截止时间为2020年12月。

审图号：粤CS(2021)002号

珠海数字2020

- 土地面积1736.46 平方千米
- 年末常住人口244.96万人
- 地区生产总值3481.94亿元
- 人均地区生产总值14.56万元
- 第一产业增加值60.02亿元
- 第二产业增加值1510.86亿元
- 第三产业增加值1911.06亿元
- 第一、第二、第三产业构成：1.7:43.4:54.9
- 社会消费品零售总额921.26亿元
- 货物出口总额1608.79亿元
- 货物进口总额1121.78亿元
- 实际吸收外资金额25.56亿美元
- 地方一般公共预算收入379.13亿元
- 地方一般公共预算支出677.62亿元
- 金融机构本外币存款余额9604.51亿元
- 旅客运输总量2717.54万人次
- 旅客周转量54.91亿人公里
- 港口货物吞吐量1.34亿吨
- 货物周转量455.52亿吨公里
- 邮电业务总量403.91亿元
- 九项民生支出462.04亿元

- 居民消费价格指数（上年=100）2.3%
- 全社会用电量193.20亿千瓦时
- 全市用水总量5.56亿立方米
- 固定电话用户61.84万户
- 移动电话用户359.00万户
- 全体居民人均可支配收入55936元
- 城镇常住居民人均可支配收入58475元
- 农村常住居民人均可支配收入31119元
- 全体居民人均住房建筑面积32.6平方米
- 城镇常住居民人均住房建筑面积31.6平方米
- 农村常住居民人均住房建筑面积40.3平方米
- 普通高等学校10个
- 医疗卫生机构实有床位11207张
- 医疗卫生机构966家
- 执业（助理）医师8007人
- 城镇污水处理率97.18%
- 城镇生活垃圾无害化处理率100%
- 城市人均公园绿地面积22.04平方米，比上年增长3.8%
- 森林覆盖率32.21%

（周家侨 摄）

▲2020年10月26日，庆祝珠海经济特区建立40周年展览在珠海博物馆开幕。图为市四套班子领导参观展览

（赵崇幸 摄）

▲2020年，珠海市举办庆祝经济特区建立40周年系列活动。图为位于珠海市情侣南路延长线澳门观景平台上的主题园艺展

（李建东 摄）

▲2020年11月18日，珠海市领导干部学习贯彻习近平总书记出席深圳经济特区建立40周年庆祝大会和视察广东重要讲话重要指示精神暨学习贯彻党的十九届五中全会精神专题研讨班在市委党校开班　（市委组织部供稿）

▲2020年9月9日晚，由珠海演艺集团出品的大型民族管弦主题音乐会《乐从大湾来》在广州大剧院首演，庆祝珠海经济特区建立40周年　（珠海演艺集团供稿）

▲2020年的凤凰路立交桥 （蔡建华 摄）

▲20世纪70年代的凤凰路榕树头（现立交桥位置） （李志均 摄）

▲2020年的珠海野狸岛 （蔡建华 摄）

▲1996年的珠海野狸岛 （蔡建华 摄）

▲2020年的拱北　　（蔡建华 摄）

▲ 1984年的拱北　　（李志均 摄）

▲2020年的白藤湖　　（蔡建华 摄）

▲20世纪90年代的白藤湖　　（胡　坚 摄）

▲2020年的珠海金湾机场（蔡建华 摄）

▲1992年的珠海金湾机场建设用地（何华景 摄）

▲2020年的珠海高栏港国际货柜码头（郑蔼芳 摄）

▲20世纪90年代的珠海高栏港国际货柜码头（何华景 摄）

▲2020年8月18日，横琴口岸举行新旅检区域开通仪式

（横琴新区供稿）

▲2020年8月18日，横琴口岸新旅检区域采用“合作查验、一次放行”新通关模式，开启粤澳合作新发展阶段

（李建东 摄）

▲2020年11月17日，第三届十字门金融周在珠海国际会展中心开幕 （赵崇幸 摄）

▲2020年12月10日，2020澳珠企业家峰会在珠海国际会展中心开幕 （钟 凡 摄）

▲2020年12月19日，2020湾区发展大会暨金牛股权投资论坛在珠海国际会展中心举行 （钟　凡摄）

▲2020年12月17日，横琴新区举行跨境惠企平台上线仪式 （横琴新区供稿）

▶2020年12月14日，横琴国际知识产权保护联盟专家座谈会暨新专家聘任仪式在珠海举行，为港澳台老字号到横琴投资提供保障（钟 夏 摄）

▶2020年11月28日，在珠澳国际人才交流大会上，珠澳双方签署《关于推进澳珠人才协同发展的合作协议》

（赵崇幸 摄）

▶2020年10月28日，国家海外人才离岸创新创业基地（珠海横琴新区）在横琴揭牌

（横琴新区供稿）

▲2020年12月15日，洪鹤大桥建成通车，是珠海市内第二条往来东西城区的通道 （朱泽辉 摄）

▲2020年6月23日，板樟山新增隧道工程启用　（郑蔼芳 摄）

▲2020年6月23日，全国最长（1235米）慢行景观隧道——珠海板樟山慢行隧道向公众开放　（郑蔼芳 摄）

▲2020年5月1日，香山湖公园二期开门迎客　　（吴长赋 摄）

▲2020年9月28日，海天公园正式开放。图为公园里30米高的水帘瀑布　　（李建东 摄）

▲2020年1月，海滨公园内鲜花盛开 （吴长赋 摄）

▲2020年7月，高新区后环社区远大美域健康主题公园内市民在休闲健身 （吴长赋 摄）

▲2020年12月，市民在野狸岛健康步道徒步 （吴长赋 摄）

▲2020年12月5日，横琴花海长廊举办2020横琴“花海杯”亲子风筝节 （杨 洋 摄）

▲2020年9月21日，“迎中秋 庆国庆 惠民演出走进金湾区”活动在三灶镇伟民广场举行 （珠海演艺集团供稿）

▲2020年9月26日，香洲区狮山街道举办大型社区活动“邻居你好！喜迎国庆欢度中秋暨第二届狮山街道邻里节”

（曾 遥 摄）

▲2020年7月29日，位于香洲区南琴路的珠海市妇女儿童医院南区揭牌启用（程 霖 摄）

▲2020年11月21日，2020年粤港澳大湾区“翠湖香山·九洲杯”帆船赛在珠海举行（蔡建华 摄）

▶2020年，横琴长隆海洋王国的海豚表演
（珠海长隆投资发展有限公司供稿）

▶2020年，珠海海泉湾温泉度假村　（张金联 摄）

▶2020年，珠海东澳岛
（周家侨 摄）

▲2020年，灯火辉煌的香洲城区

▲2020年，位于情侣路海滨泳场北区的爱情邮局灯塔

（朱泽辉 摄）

（周家侨 摄）

▲2020年10月22日，珠海·林芝对口支援工作座谈会在林芝召开 （市农业农村局供稿）

▲2020年，珠海市帮扶的扶贫产业项目阳春市三甲新楼富华切粉厂的员工展示该厂生产的切粉 （农业农村局供稿）

▲2020年，云南省怒江州兰坪县珠海对口帮扶车间，员工在工作　　（钟　凡摄）

▲2020年，云南省怒江州兰坪县与珠海农控集团共建的蔬菜基地　　（钟　凡摄）

▲2020年1月23日，珠澳双方在珠海召开紧急碰头会，建立新冠肺炎联防联控机制，实施每日即时多轮通报制度 （赵崇幸 摄）

▲2020年2月9日，珠海市第一批援助湖北医疗队15名医务人员启程出征 （赵崇幸 摄）

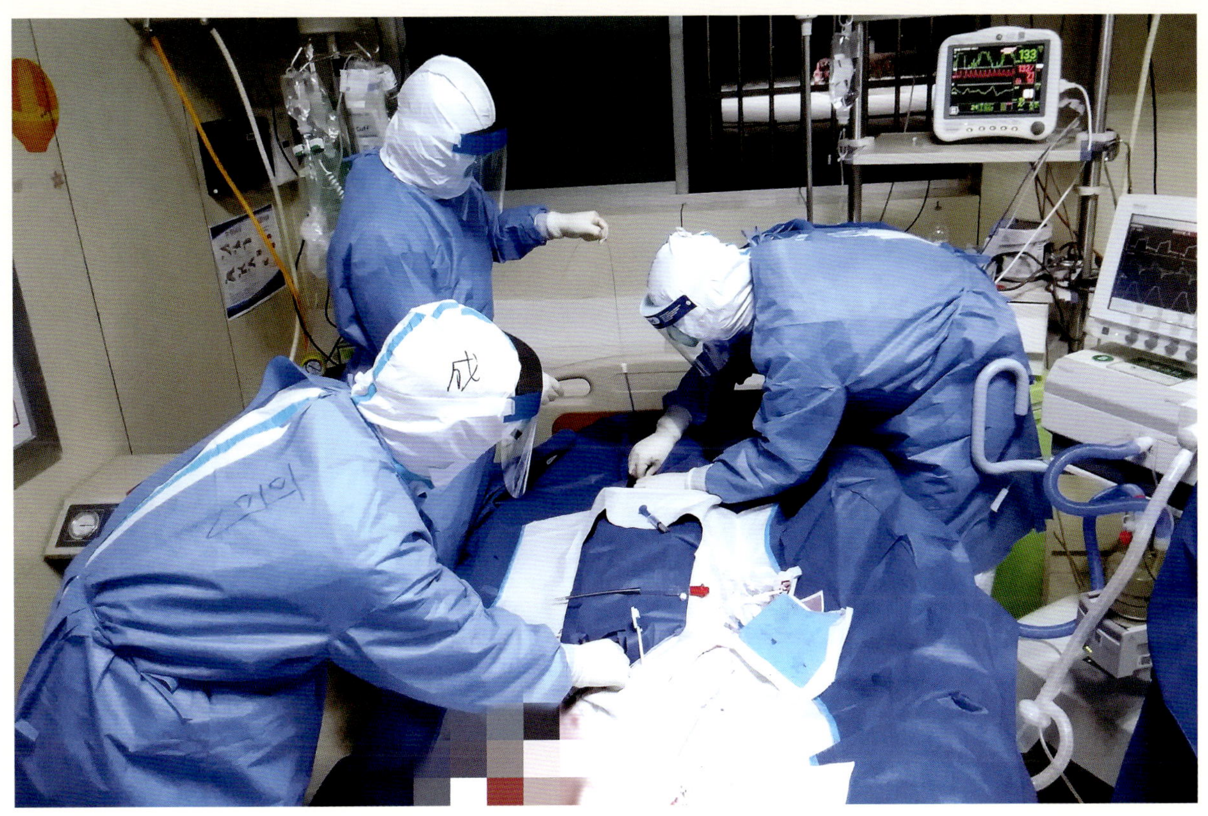

▲2020年2月24日，珠海市支援湖北省荆州市新冠肺炎重症救治中心医疗队队员为患者置入ECMO（体外膜肺氧合）循环管路 （李生成供稿）

▲2020年3月9日，珠海市举行新冠疫情防控工作新闻通气会，这是疫情发生以来，珠海市举行12场网络发布会后的首场现场新闻通气会 （李建东 摄）

▲2020年3月21日零时起，珠海市对所有从境外（不含港澳台）经广东口岸入境的人员，以及经港澳台地区和省外口岸入境来粤且来粤前14天内有国外旅居史的人员，进一步升级防控措施，加大口岸联防联控　（赵　梓　摄）

▲2020年3月20日晚，珠海市支援湖北医疗队在圆满完成各项任务后返珠　（赵崇幸　摄）

▲2020年4月15日，广东省中医院珠海医院迎接该院11名支援湖北医护人员回到医院　　（赵　梓　摄）

▲2020年9月29日，内地核酸检测支援队中的10名珠海队员完成香港普及社区检测计划安全返珠　　（程　霖　摄）

▲2020年2月20日，首批457名云南怒江籍务工人员乘坐免费专列抵达珠海 （赵崇幸 摄）

▲2020年12月21日，全市抗击新冠肺炎疫情表彰大会在珠海大会堂召开 （程 霖 摄）

《珠海年鉴·2021》主要撰稿人（以姓氏笔画为序）

丁晓峰　刁初辉　王世新　王娜　王晓霞　王彩锋　王媛慧　方胜　方铁伟　尹高强　邓国念　邓洝　邓斐
邓聪　甘松华　龙丽丽　叶嘉骏　田力　史小军　白群　冯玉宇　兰炜　过心怡　朱德祥　庄丽杰　刘小珠
刘广兴　刘光翔　刘明哲　刘金觉　刘桐硕　刘湍　刘谦　刘慧娜　关夏莲　许国水　许建东　许珺　那吟北
孙梓博　麦晓琳　李夫振　李兴　李苑　李国艺　李洪波　李凌岩　李萍　李琳　杨扬　杨帆　杨丽蓉
杨泳豪　杨浩航　杨晗　杨毓婷　肖一亭　吴书颖　吴诗韵　吴海华　邱青　何文松　何沅莹　何松叶　何德荣
邹佳平　邹豫　张中定　张申际　张炜　张晋文　张涛　张浩　张梦雅　张清华　张韵　陈义　陈开荣
陈少燕　陈伟钟　陈冰婷　陈烨　陈海燕　陈菲　陈梦俐　陈清模　陈惠琴　陈静　苗萍　范金海　林戈
林文亮　林志健　林俊清　林耿梅　林锋　林傲　析羽　罗祖娟　罗慧瑜　金璐　周小勇　周捷　周靖
冼超文　郑方　郑秋玉　郑雪颖　郑雅文　郑颖梅　胡章涵　胡源　柳源　钟育娴　钟洁丹　侯锐　姚安怡
姚雪培　骆伟娟　聂红斌　贾传恩　钱雪琴　徐琳　高英城　高超　高鑫　郭泓杉　郭婷婷　唐纯　陶俪
黄安钰　黄孝永　黄志勇　黄剑　黄海彦　黄翔　黄毅龙　曹玉华　曹振飞　曹雅锐　龚亚军　康念辉　梁华清
梁启敏　梁淑廉　彭小军　彭之　彭美苑　程淑芹　程斐　鲁锦山　曾兵　谢芳　谢益云　蓝兹桧　赖雪琳
蔡琥　廖慧　熊伟　黎玮茵　戴暄　魏康

编辑说明

一、《珠海年鉴》是珠海市人民政府主办、珠海年鉴编纂委员会编纂的大型综合性、资料性年度市情工具书，1986年创办，本卷为第35卷。

二、《珠海年鉴》的编纂以马克思列宁主义、毛泽东思想、邓小平理论、“三个代表”重要思想、科学发展观、习近平新时代中国特色社会主义思想为指导，坚持辩证唯物主义和历史唯物主义的立场、观点和方法，旨在全面、系统、准确地反映珠海市自然、政治、经济、文化、社会等方面的基本情况，为读者了解和研究珠海提供基本资料。

三、《珠海年鉴》采取分类编辑法，主体内容设类目、分目、条目3个结构层次，部分分目下设次分目，条目为年鉴的基本单位。类目与分目、次分目标题使用不同版式，条目标题一律以黑体字加【 】号。少数包含多方面资料的条目则在文内用楷体标题标明各段资料的主题。

四、《珠海年鉴·2021》着重反映2020年珠海市的基本情况。全书采用大16开本，设特载、年度关注、大事记、概貌、政治、经济、文化、社会、生态环境、行政区、经济功能区、人物、统计资料、文献·法规、附录等15个类目，59个分目；收录219幅图片59幅图表。

五、《珠海年鉴·2021》在保持基本框架相对稳定的前提下，与时俱进，调整、充实、更新了部分内容，增加信息量，提升年鉴实用性。在“政治”类目“中国共产党珠海市委员会”分目下增设“巡察”次分目。在“经济”类目中，“城乡建设”分目中增加“城市更新”次分目，“村镇建设”次分目更名为“乡村振兴”。“工业”分目下不再设“电力能源产业”，增设“精密机械制造产业”，原次分目“珠海航空产业园”更名为“航空产业”；“商贸服务业”分目下增加“粮食储备和流通”次分目。在“文化”类目中，“教育”分目下增设“特殊教育”次分目；“卫生健康”分目下设“综述”“医疗卫生”“健康管理”“人口监测与家庭发展”次分目，其中，“人口监测与家庭发展”为新增内容。

六、本年鉴采用的文稿，均由珠海市各有关单位专人撰写或提供资料，并经主管领导审定。统计数据采用法定计量单位，主要统计数据经供稿单位与统计部门核对。有些对应指标数据在上年卷刊出后做了调整的，本卷里不再说明，以本卷刊出的珠海市统计局提供的“统计资料”为准。

七、全书缩略语在首次出现时加注，若缩略语已收入政府工作报告后的名词解释，则不再另行加注。

八、全书配备双重检索系统，前有目录（包括细至次分目的英文目录），后有索引，具有比较完善的检索系统。

目录

特载

年度关注

大事记

概貌

政　治

经 济

文　化

社 会

生态环境

行政区

经济功能区

人　物

统计资料

文献·法规

附　录

Main Contents

特　载

在中共珠海市委八届十次全会上的报告

中共珠海市委书记　郭永航

（2021年1月21日）

同志们：

现在，我受市委常委会委托，向全会作工作报告。

一、关于2020年工作

2020年是新中国历史上极不平凡的一年，是全面建成小康社会和“十三五”规划收官之年，也是珠海经济特区建立40周年。一年来，面对百年不遇的疫情冲击和严峻复杂的形势，市委常委会坚决贯彻落实习近平总书记、党中央决策部署和省委工作要求，坚持人民至上、生命至上，举全市之力打好打赢疫情防控人民战争、总体战、阻击战，“双统筹”（统筹推进疫情防控和经济社会发展）取得重大成果。市委加强统一领导，实施最严密的疫情排查、最有力的阻断隔离、最有效的医疗救治，加强珠澳疫情联防联控，7600多个党组织和11万余党员冲锋在前、日夜坚守，2月18日起全市无新增本地确诊病例，疫情得到有效控制，复工复产精准有序，涌现出一批全国、全省先进集体和先进个人。扎实做好“六稳”工作、全面落实“六保”任务。初步统计，2020年地区生产总值增长3%，固定资产投资增长13.1%，一般公共预算总收入首次突破千亿大关，地方一般公共预算收入增幅居全省首位，珠海城市经济活力竞争力、城市综合经济竞争力分别上升至全国第五位、第二十四位，在《中国可持续发展评价报告》中连续三年综合排名第一位，在《全球城市竞争力报告》中经济活力排名全球第三十九位。“十三五”规划圆满收官，全面建成小康社会胜利在望，综合实力再上新台阶，团结和谐的大好局面进一步巩固。

一年来，市委常委会主要抓了以下工作：

（一）抓好学习宣传贯彻习近平新时代中国特色社会主义思想　把学习贯彻习近平总书记重要讲话、重要指示批示精神作为首要政治任务，全年组织召开市委常委会会议50次、安排第一议题88个，举行市委理论学习中心组会议9次，举办市管干部、镇（街）党政正职专题轮训班4期，开展各类培训班400多期，覆盖党员领导干部3.4万人次。深入学习贯彻习近平总书记关于统筹推进疫情防控和经济社会发展工作重要讲话和重要指示批示精神，持续抓好“外防输入、内防反弹”工作，推出“暖企十条”、“复工复产十条”、稳增长“1+7”等政策“组合拳”，为经济企稳回升提供有力支撑。组织开展《习近平谈治国理政》（第三卷）专题学习研讨，深入学习贯彻习近平总书记在党的十九届五中全会上的重要讲话精神，深入学习贯彻习近平总书记出席深圳经济特区建立40周年庆祝大会和视察广东重要讲话、重要指示精神，持续开展“大学习、深调研、真落实”，进一步深化“二次创业”工作部署，形成推进现代化建设的具体行动方案，制定出台“十四五”规划建议，描绘了珠海“十四五”和2035年发展的宏伟蓝图。成功举办珠海经济特区建立40周年系列庆祝活动，极大激发改革热情。

（二）抓好珠澳合作开发横琴　珠澳两地密切互动，珠澳合作迈入历史最好时期。推进与澳门制度规则衔接和联通贯通融通。横琴粤澳合作产业园24个项目开工建设、12个项目主体工程封顶，粤澳跨境金融合作（珠海）示范区等加快建设，横琴新登记澳资企业1395家，同比增长67.5%。横琴口岸新旅检区域开通启用并实施“合作查验、一次放行”新模式，澳门单牌车入出横琴配额增至5000个，立法支持港澳旅游从业人员在横琴便利执业，横琴市政工程向港澳企业开放投标，“澳门新街坊”动工建设。横琴开发建设以来累计实现固定资产投资3276亿元，格力电器总部大厦、中铁建集团科研办公总部和人才基地等项目落户，横琴新区中心医院、十字门小学等重点民生项目全面提速。

（三）抓好产业发展和科技创新　加快培育五大千亿级产业集群，生物医药产业集群入选国家工程，格力电器蝉联世界500强企业，华发、纳思达进入中国500强企业，国有资本“以投促引”投资产业项目150余个。格力电器高栏产业园、斗门智能制造产业园、高新区生物医药产业园、宋城演艺等一批新项目落地建设，新建5G基站6042座，工业投资增长18.4%。新增高新技术企业超700家，每万人口发明专利拥有量达91.46件，居全省第二，高新区获评国家第三批大众创业万众创新示范基地。深入实施“珠海英才计划”，新引进各类人才5.6万名、创新创业团队22个。

（四）抓好珠江口西岸核心城市建设　实施重点项目挂图作战等超常规举措，突出交通和城市两大抓手，加快提升核心城市功能。区域综合交通枢纽加快建设，洪鹤大桥、金琴快线、板樟山新增隧道、珠机城际一期等建成通车，黄茅海通道、珠海隧道、机场综合交通枢纽等项目动工。城市规划建设水平不断提升，城市新中心、西部生态新区建设全面提速，建成香山湖公园、海天公园等一批特色公园，建成海绵城市项目273个、碧道32.16公里，东澳岛海关古道、凤凰山古驿道成为广东省南粤古驿道精品线路。

（五）抓好全面深化改革开放　以特区建立40周年为契机，系统谋划建设新时代中国特色社会主义现代化国际化经济特区系列措施，统筹推进“1+1+10”重大改革任务。横琴自贸试验片区新落地60项改革创新成果，优化区域管理体制改革启动并扎实推进，退役军人服务管理改革创新“五大工程”经验得到中央肯定，率先实施居家和社区养老服务改革全国试点、医疗保险制度改革全国试点和仲裁机构体制机制创新。高新区“一区多园”改革取得重要突破，市属国企重组整合全面完成。持续深化“放管服”改革，全面实施“网上办”“指尖办”“一次办”，市级政务服务高频事项100%实现“全城通办”。推进更高水平对外开放，主动参与“一带一路”建设，建成跨境电子商务公共服务平台，成功举办珠澳国际人才交流大会、第二届澳珠企业家峰会。

（六）抓好社会民生事业增进群众福祉　践行以人民为中心的发展思想，民生支出占一般公共预算支出68.1%，新增公办幼儿园37所、学位3.66万个，新建和改扩建中小学10所、新增学位1.19万个，新增公立医院床位1567张，开工和续建保障性住房1.4万套，新建市政燃气管道43公里，万山海岛居民用水实现与市区同价，城镇登记失业率控制在3%以内，第五次获得“中国最具幸福感城市”荣誉称号。文化体育事业加快发展，珠海博物馆、规划展览馆新馆启用，成功保持“全国文明城市”荣誉称号。平安珠海、法治珠海建设扎实推进，荣获首批全国法治政府建设示范市称号，扫黑除恶专项斗争圆满收官，全市违法犯罪警情同比下降13.79%。

（七）抓好实施乡村振兴战略　美丽乡村建设成效显著，全面完成“三清三拆三整治”和农村无害化卫生户厕改造任务，全市村庄100%达到干净整洁村标准，斗门区入选全国村庄清洁行动先进县和省数字乡村发展试点区，会同村荣获第二届“广东十大美丽乡村”称号。富民兴村产业蓬勃发展，创建4个现代农业产业园，建成粤港澳大湾区“菜篮子”产品珠海配送分中心，莲洲镇石龙村、白蕉镇昭信村被认定为全国“一村一品”示范村。

（八）抓好三大攻坚战　全面完成脱贫攻坚目标任务，东西部扶贫协作、省内精准扶贫考核成绩位居全国、全省前列，精准帮扶阳江、茂名贫困户100%脱贫，对口阳江产业帮扶扎实推进，助力云南怒江州、四川甘孜州稻城县和理塘县、西藏林芝市米林县和米林农场、重庆市巫山县全部脱贫摘帽。打好污染防治攻坚战，空气质量稳居全国前列，污水厂网、垃圾分类设施建设加速推进，全面消除建成区黑臭水体，前山河水质由Ⅳ类提升至Ⅲ类。突出防控重点领域风险，全面排查涉众金融风险苗头，稳妥处置风险事件，房地产市场保持平稳健康发展。

（九）抓好意识形态工作　切实履行意识形态工作责任，有力维护意识形态安全。强化珠澳疫情联防联控的舆论宣传引导，营造珠澳守望相助、协同抗疫良好氛围。加快推动市属媒体融合发展，打造“九霄”融媒体生态系统。

（十）抓好党的领导和党的建设　坚决落实“两个维护”制度机制，不断巩固拓展“不忘初心、牢记使命”主题教育成果，涵养风清气正的良好政治生态。党的基层组织建设三年行动计划圆满收官，完成村级党组织换届选举，建立健全选派第一书记长效机制。坚持正确选人用人导向，在疫情防控、“双区”建设等重大斗争第一线培养选拔年轻干部。深入开展“两个专项整治”，激励干部担当作为。加强党委对审计工作的统一领导，深入推进审计监督全覆盖。

与此同时，坚定不移发展社会主义民主政治，加强和改善党委对人大、政协工作的领导，积极支持人大、政协依法依章程履职。爱国统一战线持续巩固壮大，工会、共青团、妇联等人民团体作用得到充分发挥，党管武装、全民国防教育工作进一步加强，第九次荣获“全国双拥模范城”称号，军民融合取得新成效。

二、深入学习贯彻习近平总书记重要讲话和重要指示精神，切实把思想和行动统一到中央和省委决策部署上来

近段时间，习近平总书记在党的十九届五中全会、中央经济工作会议、中央农村工作会议、省部级主要领导干部学习贯彻党的十九届五中全会精神专题研讨班等重要会议上发表一系列重要讲话，系统总结2020年和“十三五”时期的非凡成就、宝贵经验，深刻分析国际国内形势，全面部署2021年和“十四五”时期工作，为我们提供了强大思想武器和科学行动指南。全市上下要认真学习领会，同总书记出席深圳经济特区建立40周年庆祝大会和视察广东重要讲话、重要指示精神一体贯彻落实，沿着总书记指引的方向谋划和推动珠海改革发展各项工作。

（一）深刻领会习近平总书记关于国际国内形势的重要判断，自觉在全国全省大局下谋划推进新发展阶段珠海工作　习近平总书记深刻指出，开启全面建设社会主义现代化国家新征程、向第二个百年奋斗目标进军，标志着我国进入了一个新发展阶段。新发展阶段是我国社会主义发展进程中的一个重要阶段，进入新发展阶段明确了我国发展的历史方位。当今世界正经历百年未有之大变局，但时与势在我们一边，这是我们定力和底气所在，也是决心和信心所在。虽然我国发展仍处于重要战略机遇期，但机遇和挑战都有新的发展变化，机遇和挑战之大都前所未有，总体上机遇大于挑战。要深刻领悟习近平总书记对大局大势的科学洞察和战略运筹，立足新发展阶段科学谋划工作，谦虚谨慎、艰苦奋斗，危中寻机、化危为机，朝着中国式现代化的方向奋力前行。

（二）深刻领会习近平总书记关于以高质量发展为“十四五”开好局的重要要求，完整、准确、全面贯彻新发展理念　习近平总书记指出，要用好宝贵时间窗口，集中精力推进改革创新，以高质量发展为“十四五”开好局。落实以推动高质量发展为主题的要求，必须完整、准确、全面贯彻新发展理念。贯彻新发展理念明确了我国现代化建设的指导原则，要从根本宗旨把握新发展理念，坚持以人民为中心的发展思想，坚持发展为了人民、发展依靠人民、发展成果由人民共享，树立正确的发展观、现代化观；要从问题导向把握新发展理念，自觉主动解决区域差距、城乡差距、收入差距等发展不平衡不充分问题，不断增强人民群众获得感、幸福感、安全感；要从忧患意识把握新发展理念，坚持底线思维、安全思维，随时准备应对更加复杂困难的局面，敢于斗争、善于斗争。

（三）深刻领会习近平总书记关于构建新发展格局迈好第一步、见到新气象的重要要求，以新作为构建新发展格局重要节点　习近平总书记强调，构建新发展格局明确了我国经济现代化的路径选择，是事关我国发展全局的重大战略任务，构建新发展格局的关键在于经济循环畅通无阻，其中最主要的任务是供给侧有效畅通，最本质的特征是实现高水平的自立自强，雄厚支撑是庞大的市场资源优势，实现高水平对外开放必须具备强大的国内经济循环体系和稳固的基本盘。珠海位于丰富“一国两制”事业发展新实践最前沿，要深刻领会总书记、党中央战略意图，结合落实总书记明确的6个方面重要着力点，进一步找准工作突破口，在高水平制度型开放中进一步服务澳门经济适度多元发展，在澳珠极点建设中牵引带动珠江口

西岸发展，不断增强畅通国内大循环和联通国内国际双循环的功能，担当好打造新发展格局重要节点的使命，为全省构建新发展格局战略支点提供有力支撑。

（四）深刻领会习近平总书记关于今年经济工作八项重点任务的重要部署，把各项要求不折不扣地落实到具体工作中去　习近平总书记提出了强化国家战略科技力量、增强产业链供应链自主可控能力、坚持扩大内需这个战略基点、全面推进改革开放、解决好种子和耕地问题、强化反垄断和防止资本无序扩张、解决好大城市住房突出问题以及做好碳达峰、碳中和工作等八项新任务新要求，指明了今年工作的努力方向和着力点。要认真学习领会八项重点任务所蕴含的深层战略考量和鲜明发展指向，自觉对表对标，逐条研机析理，结合实际不折不扣地贯彻落实到珠海改革发展的各领域全过程。

（五）深刻领会习近平总书记关于善于用政治眼光观察和分析经济社会问题的重要要求，把旗帜鲜明讲政治贯穿到各项工作中去　习近平总书记强调，领导干部要善于从政治上观察和处理问题，使讲政治的要求从外部要求转化为内在主动，凸显出“讲政治”在“十四五”开局之年的极端重要性。抢抓“双区”建设重大机遇，推进“二次创业”加快发展、建设横琴粤澳深度合作区等重点工作，都要着眼国家改革发展大局、“一国两制”伟大实践和现代化建设全局来谋划推动，努力在两种意识形态、两种社会制度较量的最前沿充分彰显我们的政治优势、制度优势，努力完成好支持澳门经济适度多元发展的初心使命。要心怀“国之大者”，不断提高政治判断力、政治领悟力、政治执行力，从讲政治高度认识并做好经济工作，观察分析形势问题要从政治上把握，谋划推动经济工作要落实政治要求，处理解决经济问题要防范政治风险。要坚持系统观念，对全市新发展阶段工作做出前瞻性思考、全局性谋划、战略性布局、整体性推进，统筹兼顾、综合施策、精准施策，一张施工图干到底。

三、关于2021年工作安排

今年是中国共产党成立100周年，是实施“十四五”规划、开启全面建设社会主义现代化国家新征程的第一年，也是珠海建设枢纽型核心城市和现代化国际化经济特区的奠基之年，是特大城市立柱架梁之年，做好今年工作意义重大、责任重大。在这个极其关键的节点，必须时刻保持清醒头脑，审时度势，科学研判，把发展形势看得更清、把发展机遇抓得更好、把发展短板找得更准、把发展信心鼓得更足，为“十四五”乃至中长期发展赢得先机、占据主动。当前，要特别加强对一系列重大课题的研判和应对：一是新冠肺炎疫情和中美经贸斗争将对我市经济运行带来持续冲击，在疫情下差异化惠企政策逐步退出、房地产宏观政策面趋紧的新背景下，要守住安全底线，坚决打好防范化解重大风险攻坚战；二是我市传统支柱产业增速放缓，新产业支撑经济发展的作用还不明显，需要多措并举引进培育具有爆发性增长潜力的新经济、新产业、新业态，构建现代产业体系；三是优质公共服务资源短缺、供给不足的问题短期难以彻底解决，需要长短结合出新招、出实招，不断提升老百姓的认同感、归属感、满意度；四是优化区域管理体制改革，需要进一步理顺职责关系，确保各项工作有条不紊、无缝对接，进一步激励各级干部担当作为；五是固定资产投资后劲不足、工业投资少的问题还较为突出，要着眼特大城市需求超前谋划建设一批“两新一重”（新型基础设施建设，新型城镇化建设，交通、水利等重大工程建设）项目，进一步激发全社会投资活力；六是创造性贯彻落实省支持珠海建设现代化国际化经济特区有关部署，需要尽早做好准备、拿出一批硬招实招，确保改革授权事项接得住、推得开、管得好。今年要聚焦这一系列课题，强化问题导向、目标导向、结果导向，采取新举措、干出新作为、见到新气象。

今年工作的总体要求是：以习近平新时代中国特色社会主义思想为指导，全面贯彻党的十九大和十九届二中、三中、四中、五中全会及中央经济工作会议精神，深入贯彻习近平总书记对广东、珠海系列重要讲话和重要指示批示精神，贯彻落实省委十二届十三次全会精神，围绕落实总书记赋予珠海加快经济特区发展和横琴粤澳深度合作区建设的使命任务，坚持稳中求进工作总基调，立足新发展阶段，贯彻新发展理念，打造新发展格局重要节点，以推动高质量发展为主题，以深化供给侧结构性改革为主线，以改革创新为根本动力，以满足人民日益增长的美好生活需要为根本目的，坚持系统观念，巩固拓展疫情防控和经济社会发展成果，更好统筹发展和安全，落实省委“1+1+9”工作部署，扎实做好“六稳”工作、全面落实“六保”任务，坚持扩大内需战略，强化科技战略支撑，扩大高水平对外开放，推动经济社会持续健康发展，确保“十四五”开好局、起好步，奋力推进“二次创业”加快发展，建设新时代中国特色社会主义现代化国际化经济特区，以优异成绩庆祝中国共产党成立100周年。

做好疫情防控是今年一切工作的前提，必须毫不放松抓好常态化疫情防控，积极构建疫情防控和经济社会发展工作中长期协调机制，进一步压实属地、部门、单位、个人“四方责任”，坚持外防输入、内防反弹、人物同防，坚持常态化精准防控和局部应急处置有机结合，坚决做好珠澳联防联控工作，举一反三堵住防控漏洞、完善防控链条、筑牢严密防线，扎实推进疫苗接种工作，确保疫情防控万无一失，奋力夺取“双胜利”。

市委考虑，今年经济增长的预期目标为7%以上，实现这一目标需要付出艰辛努力。全市上下要进一步解放思想，敢想敢谋敢为敢担当，聚焦抓好“十二项重点工作”，干好第一年，奋力实现“十四五”良好开局。姚奕生同志一会儿将对今年经济工作作具体安排。这里，我重点强调十二项工作。

（一）举全市之力做好珠澳合作开发横琴这篇文章　全市全域加强与澳门合作，善于算政治账、长远账，确保横琴粤澳深度合作区建设良好开局。要率先探索粤港澳三地经济运行规则衔接、机制对接，加快推进有利于解决高质量发展中遇到实际问题的改革、有利于建设更高水平社会主义市场经济体制的改革。要全力支持澳门经济适度多元发展，与澳门协同发展科技创新、现代金融、医疗健康、跨境商贸、文旅会展、专业服务等产业。要加快建设粤澳跨境金融合作（珠海）示范区，支持配合澳门建设证券交易市场、绿色金融平台、中葡金融服务平台。要拓展澳门居民的优质生活空间，加快建设“澳门新街坊”，提供世界一流高品质配套公共服务。要全方位升级横琴国际休闲旅游岛，联合澳门开发“一程多站”旅游产品，助推澳门建设世界旅游休闲中心。

（二）着力建设创新发展先行区　坚持创新在现代化建设全局中的核心地位，努力实现高水平的自立自强。要加快广珠澳科技创新走廊建设，争取重大科技基础设施和基础科研平台落户，探索更加紧密的跨境科技创新合作机制，强化战略科技力量。要加强横琴、高新联动发展，高质量建设国家自主创新示范区，广纳全球创新技术、创新企业、创新人才，创建国家创新型试点城市。要打好关键核心技术攻坚战，实施重点领域研发计划，在人工智能、区块链、量子科技、生命健康等前沿领域抢占战略制高点。要支持领军企业、国有企业组建体系化、任务型创新联合体，加强创新链和产业链对接，培育壮大独角兽、科技型中小企业队伍。要全面加强知识产权保护，建设引领型知识产权强市。要提升“珠海英才计划”国际竞争力，积极引进一批站在世界科技前沿、处在创新高峰期的领军人才和创新团队，吸引广大留学生、科学家来珠发展。

（三）打造新发展格局重要节点　紧紧扭住供给侧结构性改革这条主线，打通生产、分配、流通、消费环节的堵点痛点，加快融入双循环新发展格局。要加快推进现代流通体系建设，大力发展口岸物流、冷链物流和保税物流，吸引和培育更多骨干流通企业，打造区域商贸物流中心和国际贸易分拨中心。要扩大居民消费，加快引进一批国内外知名消费品牌，积极培育本地电商龙头，以高水平供给有效留住市内消费、吸引国内消费、回流国际消费。要加快提升消费层次，大力发展服务经济、品牌经济、流量经济、首发经济，鼓励跨境电商、远程办公、在线医疗、在线教育、电竞电玩等消费新模式新业态发展。要继续用好挂图作战这一强大武器，健全项目负责制和“资金、要素跟着项目走”的机制，全力全速推动重大项目建设。要聚焦优化结构扩大有效投资，完善推动投资较快增长机制，提高外资利用水平，鼓励社会资本参与基础设施建设、公共设施投资运营、产业园区开发。要加快布局5G基础设施，新建5G基站1.1万座。要深度参与“一带一路”建设，谋划用好区域全面经济伙伴关系协定（RCEP）、中欧投资协定等重大机制，深化与东盟、欧盟、日韩、南太平洋等地区以及葡语系、西语系国家地区的务实合作，打开国际市场新空间。

（四）构建“5+1”现代产业体系　全面优化升级产业结构，建设世界级产业集群，打造粤港澳大湾区高质量发展新引擎。要培育壮大五大千亿级战略性新兴产业集群和航空航天等高端装备制造产业，培育更多“链主”企业和专精特新企业，加快建设大湾区（珠西）高端产业集聚发展区和珠海-江门大型产业园区。要加快发展现代服务业，探索放宽部分服务业外资准入，打造珠江西岸现代服务业高地。要做足海洋这篇文章，加快发展海洋装备、海洋新能源、海洋生物等特色产业。要加强空间载体支撑，划定工业用地控制线，推动园区扩容提质，提升园区基础设施建设水平。要更好发挥国资国企外延并购、以投促引作用，推动国有资本向战略性新兴产业、未来产业布局，引进培育大项目大企业。要推动重大并购项目尽快落地投产，与我市原有产业链深度融合。要持续优化中小民营企业发展环境，完善市场准入负面清单制度和包容审慎监管制度，破除准入许可、经营运行、招投标等各类障碍和隐形壁垒。要发挥金融支持实体经济发展的作用，建设上市公司孵化培育综合服务平台，持续推进跨境金融、科技金融和金融科技发展，打造区域特色金融中心。要聚焦疫情下差异化金融政策服务可能逐步退出的形势变化，对短期困难但前景较好的企业，在金融信贷等方面进行精准扶持，帮助企业渡过难关。

（五）加快构筑特大城市框架基础　构建“一核双中心多组团”的城市空间格局，打造现代化国际化、未来型生态型智慧型城市。要不断增强区域发展的系统性、整体性、协同性，建立健全横琴新区、万山区、保税区一体化运作体制机制打造城市新中心，优化提升香洲主城区城市功能品质，支持金湾区、高栏港区依托双港优势发展先进制造业和现代生产性服务业，支持高新区建设深珠合作示范区打造新兴产业高地，加快斗门区富山工业园产城融合步伐。要实施交通大会战，加快构建主城区高快速路网体系，积极开展深珠城际铁路（伶仃洋通道）前期工作，加快推进机场改扩建、机场综合交通枢纽、黄茅海跨海通道、青茂口岸、九洲港口岸重建等工程，推动珠海至肇庆高铁珠海段、广州至珠海（澳门）高铁珠海段、广州南沙至珠海（中山）城际铁路年内开工。要实施城市更新行动，抓好三溪科创小镇、香洲科技工业园、城市之心、九洲港片区等工业区以及老旧小区改造，大力盘活低效用地、闲置用地，加快污水厂网、垃圾处理、环境治理、防灾减灾、对澳供电供水等基础设施建设。要加快智慧城市建设，推动城市管理手段、管理模式、管理理念创新，促进城市治理柔性化、精细化。

（六）推进以高水平制度型开放为引领的体制机制改革　抢抓省支持珠海建设现代化国际化经济特区的重大机遇，用好省赋予珠海的更大改革发展自主权，承接好省优先部署的重大改革试点，探索实施一批创造型、引领型的重大改革举措。要以横琴为主平台大力推动高水平制度型开放，借鉴延伸澳门自由港部分经济制度和规则，围绕内外贸、投融资、财政税务、金融创新、出入境等方面，探索更加灵活的政策、更加科学的管理体制，推动改革和开放相互促进。要围绕推动澳珠极点规划建设，以清单式批量申请授权方式，争取中央支持综合改革试点，扩大改革探索空间。要加快培育外贸新优势，进一步提升跨境电子商务综合试验区、高栏港综合保税区等对外开放载体功能，引导外向型企业抢抓国内超大规模市场需求不断增长的发展机遇，加快出口转内销步伐。要办好第十三届中国航展、亚洲通用航空展、博鳌亚洲论坛国际科技与创新论坛大会等高层次会展活动，推动举办中国国际高品质消费博览会暨世界湾区论坛。

（七）营造市场化法治化国际化营商环境　营商环境改革是畅通经济循环的关键所在，也是形成对全球要素资源强大吸引力的关键所在。要持续深化招商引资和工程招投标体制机制改革，推动流程优化再造，进一步提高效率、压缩成本。要持续深化“放管服”改革，推进市民服务中心建设，不断提升政府服务法治化、透明化程度。要加快数字政府建设，打造数字智慧服务大厅，全面推行企业开办全流程电子化，深化政务服务智能秒办、跨境通办。要保护和激发市场主体活力，落实好领导挂点联系服务企业机制和利企援企稳企安企系列政策，优化市场主体公平竞争的法治环境，构建亲清政商关系，依法保护企业家合法权益，激励企业家干事创业。

（八）全面推进乡村振兴加快农业农村现代化　扎实做好“三农”工作，以更有力举措全面推进乡村振兴落地见效。要突出高质高效深化农业供给侧结构性改革，大力发展富民兴村产业，壮大都市农业、现代农业、生态农业、科技农业、文化农业、旅游农业，持续打造“一村一品、一镇一业”。要突出宜居宜业大力实施乡村建设行动，深入推进农村人居环境整治，扎实开展农房管控、乡村风貌连片提升工作，持续推进“厕所革命”、污水处理、农村垃圾分类，保护好传统村落和乡村特色风貌。要突出富裕富足推动农户与现代农业有机衔接，全面实施高素质农民培育工程。要深化农村综合改革，持续推进城乡基本公共服务均等化，不断健全城乡融合发展体制机制。要加强农村思想道德建设，推动形成文明乡风、良好家风、淳朴民风。要做好巩固拓展脱贫攻坚成果同乡村振兴有效衔接，落实新一轮帮扶乡村工作，加快从驻村帮扶向驻镇帮镇扶村、从帮扶脱贫向帮扶全面振兴、从实现全面小康向迈向现代化转变。

（九）丰富文化强市内涵提升城市文化品位　坚持以社会主义核心价值观引领文化建设，更好强信心、聚民心、暖人心、筑同心。要以深入实施习近平新时代中国特色社会主义思想传播工程为牵引，大力推进精神文明创建九大行动。要启动深化全国文明城市建设三年行动计划，坚持为民惠民靠民，围绕“文明新特区、活力新珠海”主题，实施市民文明素养提升工程，继续用好文明珠海“随手拍”平台。要厚植城市文化根基，做好国家历史文化名城申报工作，推动历史文化资源作品化、精品化、旅游目的地化，打造一批在国内外叫得响、传得开的文化精品力作。要一体建设城乡公共文化服务体系，创新实施文化惠民工程，广泛开展群众性文化活动。要着力构建更加畅通循环的文化产业体系，深化文化体制改革，完善文化产业规划和政策，积极培育文化新业态。要推进“青春之城、活力之都”城市形象传播，打造一批年轻、新锐的文化节庆活动，拓展与外国友好城市文化联系，不断提升珠海城市知名度和国际影响力。

（十）打造全国生态文明典范　坚定践行绿水青山就是金山银山理念，守住生态保护红线，在城市建设中巩固提升生态优势。要全面推行绿色发展方式和生活方式，完善以生态文明建设为核心的城市规划体系，推广绿色生产、绿色消费、绿色建筑、绿色出行，全面提升产业绿色循环发展水平，实施生态系统生产总值（GEP）核算等绿色考评制度。要加强城市景观风貌设计和管控，做好海滨海洋海岛保护开发利用，持续推进“公园之城”“千里绿廊”“万里碧道”“最美海岛”建设，打造山海相拥、陆岛相望、河湖相依、城田相映的城市风貌。要加强生态环境保护，推动污染防治攻坚战向深度延伸、向广度拓展，持续做好黑臭水体综合整治、垃圾分类等工作，协同推进区域臭氧和PM2.5联防联控，推进固体废弃物源头减量化、无害化、资源化治理。要坚决制止餐饮浪费行为，形成勤俭节约的社会风尚。

（十一）持续提升人民群众的认同感、归属感、满意度　坚持以人民为中心的发展思想，以办好“民生微实事”为抓手解决老百姓痛点、难点、堵点问题，加快建设民生幸福样板城市。要编制青年友好型城市和人才友好型城市发展规划，全面放开青年人才落户限制，创造更多优质就业机会，提供更为完备的社会服务，进一步降低年轻就业群体生活压力。要建设高质量教育体系，推进学前教育立法，新增幼儿园学位2800个、中小学学位1.1万个，促进义务教育学校优质均衡发展，促进普通高中优质特色多样化发展，提高高等教育国际化办学水平。要建设健康珠海，大力推动高水平医院和区域医疗中心建设，加快构建更加优质均衡的医疗卫生服务体系、多层次医疗保障体系和疾病预防控制体系，积极举办全民健身活动。要坚持房子是用来住的、不是用来炒的定位，促进房地产市场平稳健康发展，新开工和筹集1.8万套人才住房、保障性住房，努力解决好新市民、青年人以及从事基本公共服务人员等困难群体的住房问题。要健全多层次社会保障体系和社会救助体系，促进社会保障制度更加公平更可持续发展。要实施“美丽街角”建设专项行动，强化网格化管理，聚焦城中村、老旧小区、背街小巷、农贸市场等区域，加强环境大整治、大改造、大提升，营造干净整洁、设施完善、秩序井然、环境舒适、生活便捷的生活空间。

（十二）打造更高水平平安珠海法治珠海　坚持以大概率思维应对小概率事件，把打好建党100周年安保维稳主动仗作为全年防风险工作的主线，落细落小防风险、保安全、护稳定各项措施。要坚决维护国家政治安全，全面贯彻落实总体国家安全观，坚决防范思想渗透、人员渗透、活动渗透、资金渗透，守好国家政治安全“南大门”。要坚决确保经济安全，密切关注非法集资、房地产市场、企业债务违约等经济运行突出风险，维护水利、电力、油气、通信、网络、海防等重要基础设施安全，守住不发生系统性风险底线。要坚决维护社会稳定和安全，加强社会治安防控体系建设，建立健全扫黑除恶常态化机制，严厉打击各类违法犯罪活动。高度重视安全生产工作，完善应急管理体系，全面提高公共安全保障能力和水平。要继续深化社会治理，高质量推进视频云、公安大数据、网络安全等实战应用大平台建设。提高人口和出租屋管理服务水平，加强群防群治力量建设，高水平推进我市全国市域社会治理现代化试点工作。要深入推进科学立法、严格执法、公正司法、全民守法，用足用好经济特区立法权，围绕改革攻坚重点任务做好立改废释，为改革发展创造安全的政治环境、稳定的社会环境、公正的法治环境。

四、坚定不移加强党的全面领导和党的建设，为“十四五”开好局提供坚强政治保证和组织保证

越是形势复杂、任务艰巨，越是要加强党的全

面领导。面对更多逆风逆水的外部环境，我们要实现“十四五”开好局，必须更加坚定自觉地坚持和加强党对社会主义现代化建设的全面领导，不断把各级党组织锻造得更加坚强有力，为开启珠海现代化建设新征程提供坚强保证。

（一）坚持不懈用党的创新理论“铸魂” 坚持把学习贯彻习近平新时代中国特色社会主义思想作为头等大事和首要政治任务，切实用以武装头脑、指导实践、推动工作。要全面落实“第一议题”等学习制度，推动理论武装常态化制度化。要持续巩固深化“不忘初心、牢记使命”主题教育成果，围绕庆祝建党100周年，深入进行理想信念教育、爱国主义教育，广泛开展党史、新中国史、改革开放史、社会主义发展史教育，引导广大党员干部坚定理想信念、践行初心使命。要持续深化“大学习、深调研、真落实”，把总书记重要指示要求转化为改革发展的具体举措和扎实成效，推动习近平新时代中国特色社会主义思想在珠海落地生根、结出丰硕成果。

（二）坚持旗帜鲜明讲政治抓政治 把党的政治建设摆在首位，进一步增强“四个意识”、坚定“四个自信”、做到“两个维护”。要严格执行省委坚决落实“两个维护”十项制度机制，把总书记、党中央集中统一领导落实到珠海工作各方面全过程。要加强政治能力建设，实施一把手政治能力提升计划，加强对党忠诚教育和政治历练，推动领导干部特别是一把手不断提高政治判断力、政治领悟力、政治执行力。要严明政治纪律和政治规矩，严肃党内政治生活，巩固深化肃清李嘉、万庆良恶劣影响成果。要着眼强化领导权管理权主动权深入推进意识形态工作，全面压实意识形态工作责任，加强各类意识形态阵地管理，突出抓好互联网意识形态安全。要扎实做好宣传思想工作，把握开启新征程、开创新局面的主基调，大力营造共庆百年华诞、共创历史伟业的浓厚氛围。

（三）扎实做好换届工作 要认真落实中央和省委关于换届工作的总体部署，认真谋划做好市区镇村四级换届工作，在换届过程中进一步巩固优化区域管理体制改革成果，抓好体制机制创新，教育引导领导干部讲政治、顾大局，正确对待个人进退留转。要严明换届纪律和组织人事纪律，确保绘出好蓝图、选出好干部、配出好班子、树立好导向、形成好气象。

（四）织密上下贯通、执行有力的组织体系 一体推进全市各层级各领域党组织建设，启动新一轮加强基层党组织建设三年行动计划，不断扩大基层党的组织覆盖和工作覆盖，切实增强基层党组织政治领导力、思想引领力、群众组织力、社会号召力。要优化提升基层带头人队伍素质，以村（社区）“两委”换届为契机，推行村组两级三个职务“一肩挑”，稳妥提高村（居）民代表、村（居）民小组长中党员比例，常态化整顿软弱涣散基层党组织，强化街道社区统筹能力，健全党建带群建、民主协商、社会组织参与等制度机制，推进城乡治理体系和治理能力现代化。

（五）锻造政治过硬、具备领导现代化建设能力的干部队伍 要坚持政治标准第一，注重从政治忠诚、政治定力、政治担当、政治能力、政治自律等方面考察干部的政治品质。要面向现代化加强干部教育培养，增强各级领导干部补课充电的紧迫感，不断提高把握新发展阶段、贯彻新发展理念、构建新发展格局的政治能力、战略眼光、专业水平，努力成为行家里手。要推动干部人事制度改革创新，强化重实干重实绩用人导向，推动敢想敢谋敢为敢担当蔚然成风。要高标准严要求建班子管班子，建立重要岗位领导干部政治素质档案，积极选派优秀年轻干部到一线经受实践锻炼。要突出严管厚爱结合、激励约束并重，建立健全激励干部担当作为和澄清正名、容错纠错机制，为改革者负责、为担当者担当。

（六）持之以恒正风肃纪反腐 要持续深化“思想大解放、作风大转变、效率大提升”，持续推进营商环境突出问题和机关干部作风“两个专项整治”取得实质性突破。要坚持纠“四风”与树新风并举，锲而不舍落实中央八项规定精神，持续纠治形式主义、官僚主义问题。要强化监督执纪问责，加强政治监督，做实对一把手的监督，强化对公权力运行的监督制约，推动纪律监督、监察监督、派驻监督、巡察监督贯通融合。要一体推进不敢腐不能腐不想腐，巩固拓展基层正风反腐三年行动成果，保持“打虎”“拍蝇”“猎狐”高压态势，不断巩固反腐败斗争压倒性胜利。要强化审计监督力度，创新应用数字化在线审计，推进审计全覆盖。

同志们，实现市委八届九次、十次全会确立的目标和任务，必须充分发挥党委总揽全局、协调各方的领导核心作用。要进一步加强和改进党对人大政协工作的领导，支持各级人民代表大会依法行使职权，支持人民政协履行政治协商、民主监督、参政议政职能。巩固和发展爱国统一战线，充分发挥各民主党派、工商联和无党派人士的独特优势，做好民族、宗教、外事、港澳、对台、侨务等工作。推动工青妇等群团组织增强政治性、先进性、群众性，发挥联系群众的桥梁纽带作用。抓好党管武装工作，大力提升国防动员和后备力量建设水平，做好双拥工作，全力推动军民融合深度发展。

同志们！征途漫漫，唯有奋斗。让我们更加紧密地团结在以习近平同志为核心的党中央周围，进一步增强“四个意识”、坚定“四个自信”、做到“两个维护”，永葆“闯”的精神、“创”的劲头、“干”的作风，抢抓机遇、乘势而上，确保“十四五”开好局、起好步，以优异成绩庆祝中国共产党成立100周年！

（市委办公室）

政府工作报告

——2021 年 2 月 2 日在珠海市第九届人民代表大会第九次会议上

珠海市市长　姚奕生

各位代表：

现在，我代表市人民政府，向大会报告工作，请予审议，并请各位政协委员和列席人员提出意见。

一、“十三五”时期发展成就和 2020 年主要工作

“十三五”时期是珠海发展史上具有重大意义的五年。习近平总书记亲临珠海视察，对珠海做出系列重要指示。我们牢记嘱托，全面贯彻党中央国务院、省委省政府和市委的决策部署，在市人大及其常委会、市政协的监督支持下，坚定不移贯彻新发展理念，扎实推动高质量发展，决胜全面建成小康社会取得决定性成就，“十三五”规划主要目标任务基本完成，为推动珠海“二次创业”加快发展、走在全面建设社会主义现代化国家新征程前列奠定了坚实基础。五年来，全市地区生产总值年均增长7.4%，经济总量从全省第十跃升至第六。一般公共预算收入从270亿元增加到379亿元，年均增长8.4%；固定资产投资总额累计9113亿元；社会消费品零售总额累计4537亿元；进出口总额累计14629亿元；实际利用外资累计121亿美元；居民人均可支配收入达55936元，年均增长9.1%；常住人口突破200万人。

我们把发展经济的着力点放在实体经济上，加快构建现代产业体系。出台扶持实体经济发展“1+N”等系列政策措施，实施工业企业培育“十百千计划”，推进珠江西岸先进装备制造产业带建设，打造全省智能制造示范基地，加快构建五大千亿级产业集群，先进制造业、高技术制造业增加值占规上工业增加值比重分别达58.2%、30.9%。现代服务业增加值占地区生产总值比重达36.9%，金融机构人民币各项存款余额从5145亿元增加到9199亿元。格力电器进入世界500强，华发集团、纳思达进入中国500强，上市公司达38家。

深入实施创新驱动发展战略，自主创新能力和实力不断增强。积极参与“两点两廊”建设，大力创建珠三角国家自主创新示范区。高新技术企业超2200家，全市研发经费支出占地区生产总值比重从2.64%提高到3.15%，每万人口发明专利拥有量从22.7件提高到91.5件，涌现出世界最大两栖飞机AG600等一批创新成果。中山大学“天琴计划”、南方海洋科学与工程省实验室（珠海）、国家新能源汽车质检中心在珠海布局，横琴先进智能计算平台投入使用，澳门4所国家重点实验室在横琴设立分部，国际互联网专用通道开通。科技创新发展指数进入全国十强，高新区获评全国大众创业万众创新示范基地。

坚持改革不停顿、开放不止步，为经济社会发展注入动力活力。粤港澳大湾区建设深入推进，横琴自贸片区510余项改革举措落地实施，高新区“一区多园”改革取得实质性进展。实施营商环境综合改革行动，全面铺开政务服务“全城通办”，国资国企、

投融资等领域改革取得突破，供电可靠性名列全国前茅。顺利完成政府机构改革。成为全国法治政府建设示范市。完成第四次全国经济普查和第七次全国人口普查登记工作。开放水平进一步提升，新增外商投资企业9895家，国际友城增加至16个。成功举办中国国际航空航天博览会、中拉企业家高峰会、中国国际马戏节、“21世纪海上丝绸之路”国际传播论坛等活动。

牢记横琴开发的初心，全力支持澳门产业多元发展。跨境办公、跨境通勤、跨境医保、跨境创业等创新举措深入实施，粤澳合作产业园、粤澳合作中医药科技产业园、横琴澳门青年创业谷等平台的集聚效应不断显现。横琴成为内地澳企最集中区域，累计注册澳资企业3575家。横琴国际休闲旅游岛获批建设，粤澳跨境金融合作（珠海）示范区挂牌，外商投资股权投资企业试点落地。跨境政务服务达338项。对澳供水供电供气新项目完工。

推动交通外联内畅，交通发展实现历史性突破。港珠澳大桥及口岸正式开通。珠海机场客流量突破千万人次，通达城市85个。建成莲洲通用机场。高栏港货物吞吐量突破亿吨大关。高铁通达城市64个。一批横跨东西、纵贯南北的市内通道建成通车，主城区主、次干道“白改黑”基本完成。公共汽车全部实现电动化，“一元公交”通达全城。

统筹规划、建设、管理三大环节，宜居环境显著提升。把最好的空间、最美的景观奉献给最广大的市民，打造亲山近水的公共场所，香山湖公园、海天公园、金湖公园、黄杨河湿地公园等建成开放，“一院两馆”投入使用，香洲渔港完成搬迁。在园林绿化、灯光亮化、环境整治等方面下“绣花”功夫，市容市貌明显改善。西部生态新城建设全面提速，乡村振兴深入推进，海岛基础设施日益完善。荣获国家生态园林城市、生态文明建设示范市、全国文明城市称号，连续获评中国最具幸福感城市。

坚决打好三大攻坚战，全面小康成色更足。金融风险有效防范，政府债务风险总体安全可控，房地产市场保持平稳健康发展。空气质量保持全国前列，国考断面水质稳定达标，17条城市黑臭水体全部实现“不黑不臭”。对口阳江、茂名精准扶贫连续四年被评为“好”，阳江产业共建项目超额完成省任务，对口云南怒江州东西部扶贫协作连续三年被评为“好”，对口支援西藏林芝米林县、米林农场和重庆巫山县成效显著，四川甘孜州稻城县、理塘县“前店后厂”消费扶贫模式成为全国典型，黑河市对口合作取得实质成果。

坚持在发展中保障和改善民生，人民群众的获得感幸福感安全感持续增强。累计投入1936亿元用于民生支出。城镇新增就业年均4.4万人。新增公办幼儿园51所、学位4.2万个，新增中小学校38所、学位5.1万个。缔结54对港澳“姊妹学校”。中山大学珠海校区、北师大珠海校区等高校加快发展，UIC新校区建成使用。入选全国首批健康城市建设示范市，建成省人民医院珠海医院、市妇幼保健院（市妇女儿童医院）异地新建等项目。构建“城乡一体，待遇均等”的全民医保体系。建成24个镇（街）居家社区养老综合服务中心、306处村（社区）居家养老站、168处长者饭堂。市区镇村四级公共文化服务设施、社区体育公园实现全覆盖。有效应对“天鸽”“山竹”“海高斯”台风。深化平安珠海建设，纵深推进扫黑除恶专项斗争，社会治安、安全生产、食品药品安全形势持续稳定。

各位代表，过去一年，面对新冠肺炎疫情严重冲击，我们坚决贯彻落实习近平总书记、党中央国务院决策部署和省委省政府、市委工作要求，慎终如始抓好疫情防控，集中精力做好“六稳”“六保”，疫情防控和经济社会发展取得重大成果。2020年政府工作报告部署的138项具体工作已经完成，十件民生实事包含的21项具体任务全部办结。初步统计，全市地区生产总值增长3%，一般公共预算收入增长10.1%，规上工业增加值增长1.4%，固定资产投资总额增长13.1%，社会消费品零售总额下降7.5%，进出口总额下降6.1%，居民人均可支配收入增长6.6%，居民消费价格涨幅为2.3%，城镇登记失业率为2.39%。

（一）科学精准防控新冠肺炎疫情

迅速遏制疫情蔓延势头。认真落实“坚定信心、同舟共济、科学防治、精准施策”总要求，全面落实“四早”防控要求、“四集中”救治原则，联防联控、群防群控，实施最严密的疫情排查、最有力的阻断隔离、最有效的医疗救治，2月18日起全市无新增本地确诊病例。建立珠澳疫情联防联控机制，协同做好口岸疫情防控，推动粤康码与澳康码互认，有序推进两地人员正常往来。3批56名医护人员紧急驰援湖北。全市人民众志成城、共克时艰，涌现出一批先进集体、先进个人。

扎实做好常态化疫情防控。坚持“外防输入、内防反弹”，精准守住“五道防线”，实行入境人员“三个全覆盖”。加强跨境货车司机、集中隔离场所、港口码头、农贸市场、冷链食品等重点人员、场所、物品的监管，严厉打击违规销售活禽和野生动物、走私冻品、偷渡等违法行为。推进疾控中心标准化建设，建立重大疫情医疗救治“平战”快速转化机制，实现法定传染病哨点监测全覆盖。累计为重点人群5万多人接种新冠疫苗。

（二）着力促进经济平稳运行

全力恢复生产生活秩序。及时推出“暖企十条”、“复工复产十条”、稳增长“1+7”等政策措施，科学有序推进复工复产复商复市。坚决落实国家助企纾困政策，新增减税降费超100亿元，减少企业用电成本超4亿元，减免国有物业租金超3亿元。大力实施援企稳岗行动，发放失业保险稳岗返还补贴超7亿元，金融机构运用货币政策工具向市场注入低成本资金超100亿元。扎紧“米袋子”、丰富“菜篮子”，保障物资供给，物价总体稳定。

发挥投资关键支撑作用。实施重点项目挂图作战，推动543个年度重点项目扩容提速。重大工业项目加快建设，314家规上工业企业开展技术改造，完成工业投资345.2亿元，同比增长18.4%。“三旧”改造项目加快推进，新增“三旧”改造224公顷，完成改造165公顷。新建5G基站6042座。举办集中签约、集中开工活动，新签约重点产业项目134个，投资总额1376亿元，高景太阳能、芯耀辉科技、华正新材料等重大项目落户。

促进消费回补和潜力释放。发放消费券1亿元，直接拉动消费5.4亿元。简化汽车登记、二手车交易手续，推动家电以旧换新，持续开展促消费活动。华发商都、富华里入围省级示范性步行街和商圈，优特广场等商业综合体建成开业。出台支持文化旅游体育行业发展的政策措施，全年接待过夜游客超1000万人次。

多措并举稳外贸稳外资。用好出口退税、出口信保、不可抗力事实性证明等工具，最大限度减少外贸实体企业疫情损失。推进跨境贸易便利化，推动口岸通关“提效率、减单证、优流程、降成本”。打造跨境电商公共服务平台，新建5处跨境电商零售进出口监管作业场所，跨境电商进出口总货值34.5亿元，增长3倍。积极扩大利用外资，新设立外商投资企业2624家，实际利用外资178亿元。

落实积极有为的财政政策。牢固树立过紧日子思想，“三公”经费下降17.4%，将有限的财力优先用于民生保障。获得新增政府债券、抗疫特别国债和特殊转移支付资金128.7亿元，重点投向交通、产业园区、生态环保等领域。加大基层“三保”力度，市级一般公共预算收入的37.1%转移支付到各区。

（三）全力推进珠澳合作开发横琴

积极推进政策创新。横琴口岸开通新旅检通道，实施“合作查验、一次放行”模式。推动出台支持港澳旅游从业人员跨境执业的地方性法规。推出全国首个跨境惠企平台，澳资企业商事登记实现“一门受理，一门办结”。横琴市政工程向港澳企业开放。

强化产业协同发展。新增澳资企业1395家。横琴澳门青年创业谷新培育澳门项目225个。粤澳跨境金融合作（珠海）示范区入驻18家涉澳金融企业和服务机构。跨境办公试点楼宇现有澳门企业162家。14家外商投资股权投资试点企业引进资金近40亿美元，重点投资珠海产业项目。成功举办珠澳国际人才交流大会、2020澳珠企业家峰会、第三届十字门金融周、2020珠澳国际汽车博览会等活动。

民生事业融合发展。启动建设“澳门新街坊”综合民生项目。澳门单牌车入出横琴配额增加至5000个。推出不动产登记、医保经办服务“跨城”办理新模式，全国首推澳门“境外钱包”跨境受理业务，启用粤澳跨境电子直接缴费系统。组建首支由澳门居民组成的志愿“警察”队伍。平岗至广昌、广南梅供水工程顺利通水。

（四）加快推动经济高质量发展

以科技创新催生新发展动能。完善科技创新政策体系，出台港澳科技创新合作、专项资金管理等配套措施。新建国家级博士后科研工作站2家、粤港澳联合实验室2家。4个项目获国家科学技术奖，14个项目获省科学技术奖，8个项目入选省重大科技专项。深入落实“珠海英才计划”，新引进人才5.6万名、创新创业团队22个。成功举办第九届中国（广东·珠海赛区）创新创业大赛。

加快构建现代产业体系。开工建设格力电器高栏产业园、斗门智能制造产业园、富山产业园PCB基地，新增省级智能制造示范项目18个，47家企业入选全省制造业500强。出台支持集成电路、生物医药等产业发展的政策措施，生物医药产业集群入选国家战略性新兴产业集群发展工程，中国绿色新材料（珠海）产业园揭牌。现代服务业创新发展，宋城演艺度假区、世茂港珠澳合作创新（珠海）基地等项目加快建设，第七届中国游艇产业大会、中国（珠澳）中医药国际博览会、粤港澳大湾区文化创意设计大赛等活动成功举办。

持续激发市场主体活力。横琴自贸片区新落地60项改革创新成果，1项入选国务院第六批自贸区改革试点经验、23项入选广东省第四批制度创新案例。持续深化“放管服”改革，全面实施“网上办”“指尖办”“一次办”，企业开办实现“一网通办”、一天办结。市属国企重组整合为12家，国有企业“以投促引”产业项目150余个。商事主体总数达37.4万户，同比增长4.8%。城市经济活力竞争力排名全国第五。

（五）深入推进区域协调发展

加快构建综合交通体系。珠海至肇庆高铁、广州至珠海（澳门）高铁、南沙至珠海（中山）城际等项目纳入粤港澳大湾区（城际）铁路规划。广珠城际跨线列车增加至13对。市区至珠海机场城际轨道一期开通运营。黄茅海跨海通道、珠海隧道、香海大桥西延线先行段开工建设，洪鹤大桥、金琴快线、板樟山新增隧道、黄杨河大桥建成通车。空港国际物流园、机场综合交通枢纽动工。高栏港国际集装箱码头二期竣工。

持续提升城市功能品质。建成7个市政特色公园和18个城乡社区公园。新增33公里健康步道、46公里林荫道、32公里碧道。凤凰山、板樟山山地步道建设取得阶段性进展。新建人行立体过街设施15座、公共停车位8000个。新增43公里市政燃气管道，为2万户老旧小区住宅加建户外公共燃气管道。西部生态新城起步区46条新建道路通车，13个公共服务设施基本完工。

扎实推进乡村振兴。建成粤港澳大湾区“菜篮子”产品珠海配送分中心和绿兴冷链项目，开工建设现代化生猪养殖场，洪湾中心渔港成为国家级海洋捕捞渔获物定点上岸渔港，莲洲镇石龙村、白蕉镇昭信村成为全国“一村一品”示范区。平稳有序完成非法渔业设施清理整治任务。扎实推进“四好农村路”建设，完成提档升级91公里、“白改黑”58公里。全面完成“三清三拆三整治”，村居全部达到干净整洁村标准，斗门区获评全国村庄清洁行动先进县，农村生活垃圾分类“莲洲模式”在全国推广。高新区会同村荣获“广东十大美丽乡村”称号。金湾区被确定为土地承包到期后再延长30年工作全国先行试点单位，斗门区被确定为全国农村集体产权和宅基地制度改革试点地区。

积极推进海岛保护开发利用。建成东澳岛蜜月山景区栈道，开工建设玲玎海岸二期、华发东澳安麓酒店。建成三角岛后勤码头，完成桂山岛文天祥文化广场、大万山岛环岛路提升等工程，推进海岛存量生活垃圾整治复绿工作。全国首台半潜式波浪能养殖网箱投产。广州南沙、深圳蛇口直达航线开通，海岛夜航及跨岛航班固定运营。实现桂山岛、东澳岛、大万山岛与市区用电同网同价、民生用水同城同价。

（六）决战决胜三大攻坚战

有效防控重点领域风险。严格实施政府债务限额管理，规范财政收支管理，政府债务率保持在合理水平。强化政府投资工程绩效审计，加强事前事中监督。严密防范非法集资，全面排查涉众金融风险苗头，稳妥处置风险事件。完成851户国有“僵尸企业”出清工作。坚持房子是用来住的、不是用来炒的定位，着力稳地价、稳房价、稳预期，房地产市场保持平稳健康发展。

蓝天碧水净土保卫战成效显著。PM2.5下降到19微克每立方米，为五年来最好。新建污水管网283公里、维修整治155公里，完成南区二期、新青水质净化厂提标改造，高栏港石化基地污水处理厂、富山第二（工业）水质净化厂通水调试。53条问题河涌整治全面开工。前山河流域综合整治加快推进，石角咀水闸国考断面水质达到地表水Ⅲ类标准。土壤环境安全状况总体稳定。中信环保生物质热电二期投入运行，原生生活垃圾零填埋、全焚烧。实现公共机构生活垃圾分类全覆盖，基本建成5个生活垃圾分类示范区及2个示范镇（街）。

对口帮扶任务圆满完成。精准帮扶阳江、茂名的贫困户全部脱贫，对口阳江产业帮扶工作扎实推进。助力云南怒江州、四川甘孜州稻城县和理塘县、重庆市巫山县全部脱贫摘帽，对口支援西藏林芝米林县和米林农场工作有新进展。

（七）不断增加民生福祉

优先稳就业保民生。民生支出461亿元，同比增长5.7%。出台“促进就业十条”2.0版，深入实施“粤菜师傅”“广东技工”“南粤家政”工程，适岗培训超36万人，城镇新增就业3.8万人。建立创业孵化基地26家，累计孵化企业和项目3909个，直接带动就业3.5万人。扩大社保覆盖面，社会保险参保人次增长6.9%。提高基本医疗保险、城乡居民基础养老金、失业保险金等标准。开工和续建1.4万套保障性住房和人才住房。

增加优质公共服务供给。新增公办幼儿园37所、学位3.66万个，加快城镇小区配套幼儿园治理工作，完成学前教育“5080”目标任务。新建和改扩建中小学10所，新增学位1.19万个。开工建设市人民医院北二区科研综合楼主体工程、广州医科大学附属第一医院横琴医院，全市新增公立医院床位1567张。国家居家和社区养老服务改革试点获评优秀，启动建设5处公办养老机构，市社会福利中心二期投入使用。开工建设市美术馆改扩建工程、工人文化宫和方志馆、珠海传媒集团文化综合体。改造提升市体育中心，开工建设全民健身综合训练馆。

加强和创新社会治理。建成4个基层社会治理镇（街）试点和46个城乡社区示范点。城乡社区综合服务平台实现全覆盖。斗门区新时代文明实践中心入选全国试点。升级珠海“平安+”市域社会治理指数。建立出租屋市、区、镇（街）三级管理机制。推进退役军人服务管理保障“五大工程”，实现全国双拥模范城“九连冠”。安全生产形势总体稳定，没有发生较大以上生产安全事故。食品药品安全监管有力，建成香洲食品集中加工中心，学校食堂实现“互联网+明厨亮灶”全覆盖。完成35处地质灾害隐患点治理，建成12宗水利防灾减灾工程。深入开展“六清”专项行动，推动扫黑除恶常态化、制度化。纵深推进“飓风”行动，违法犯罪警情下降13.8%。

一年来，我们巩固拓展“不忘初心，牢记使命”主题教育活动成果，持续深化“大学习、深调研、真落实”，深入开展“思想大解放、作风大转变、效率大提升”和“两个专项整治”，抓好国务院大督查、省委巡视、审计监督等反馈问题整改，高质量办理人大代表建议、政协提案，民族、宗教、妇女、儿童、残疾人、外事、侨务、地方志、档案、气象、人防、供销、流渔、政务公开、信访维稳、海防打私、军民融合等工作取得新成效。

各位代表，“十三五”时期，我们隆重庆祝新中国成立70周年、改革开放40周年、珠海经济特区建立40周年，礼赞新中国，奋进新时代。珠海经济社会发展取得的成绩，根本在于以习近平同志为核心的党中央坚强领导，在于习近平新时代中国特色社会主义思想的科学指引，在于省委省政府和市委的正确领导，在于上级各部门和市人大及其常委会、市政协的大力支持，在于全市人民的共同奋斗。在此，我代表市人民政府，向全市人民，向各位人大代表、政协委员，向各民主党派、各人民团体、各界人士，致以崇高的敬意！向中央驻珠单位、驻珠部队、省直部门，向关心支持珠海发展的港澳台同胞、海外侨胞和国际友人，表示衷心的感谢！

我们深知，珠海实现高质量发展、解决发展不平衡不充分问题仍然面临不少困难和挑战：一是澳珠一极能级量级不强，产业发展不足，区域辐射带动能力偏弱；二是创新支撑能力不强，缺少重大科技创新平台，关键核心技术突破不多；三是城市功能还不够完善，消费、旅游服务功能不足，交通路网还存在瓶颈，生态、社会、安全等领域还存在短板，教育、医疗等优质公共服务供给跟不上城市快速发展的步伐；四是重大战略战役性、创造型引领型改革不多，粤港澳三地规则衔接和联通贯通融通率先在横琴落地有待加快。对这些问题，我们将采取有效措施，切实加快解决。

二、“十四五”时期的发展目标和主要任务

“十四五”时期是开启全面建设社会主义现代化国家新征程、向第二个百年奋斗目标进军的第一个五年，也是珠海实现从“小而美”向“大而强”“大而优”转变的关键时期。习近平总书记、党中央部署加快建设横琴粤澳深度合作区，省委省政府支持珠海建设新时代中国特色社会主义现代化国际化经济特区，我们要感恩奋进，立足珠海的新地位、新方位、新定位，紧紧扭住能级量级和枢纽功能两大方向，加快建设澳珠一极，努力建设枢纽型核心城市和现代化国际化经济特区。

按照党的十九届五中全会和省委十二届十二次全会部署，根据《中共珠海市委关于制定国民经济和社会发展第十四个五年规划和二〇三五年远景目标的建议》，市政府编制了《珠海市国民经济和社会发展第十四个五年规划和二〇三五年远景目标纲要（草案）》。

锚定2035年远景目标，“十四五”时期全市经济社会发展的主要预期目标是：支撑枢纽型核心城市的经济规模、城市规模、人口规模基本形成，粤港澳大湾区重要门户枢纽、珠江口西岸核心城市和沿海经

济带高质量发展典范建设取得重要进展，成为践行新发展理念的排头兵、构建新发展格局的重要节点。展望2035年：珠海将基本实现社会主义现代化，经济实力、科技实力、综合竞争力大幅跃升，高质量发展成为全国典范。

完成“十四五”各项目标任务，必须坚持党的全面领导、坚持以人民为中心、坚持新发展理念、坚持深化改革开放、坚持珠澳融合发展、坚持系统观念。要在六个方面实现新提升：

一是经济发展更加高质量。着力打造制造强市、质量强市、网络强市、人才强市，进一步优化经济结构，打造集成电路、生物医药、新能源、新材料、高端打印设备等若干个千亿级产业集群，壮大智能家电、航空航天等优势产业，提高产业基础高级化、产业链现代化水平。用好管好港珠澳大桥，对接深中通道、黄茅海跨海通道，规划建设深珠合作示范区、粤港澳大湾区（珠西）高端产业集聚发展区、珠海-江门大型产业园区，实现优势互补、发展互促。推动广珠澳科技创新走廊建设，做强横琴、高新两大创新平台，打造区域科技创新中心。

二是改革开放更加全面深入。发挥经济特区、国家自主创新示范区、横琴自贸片区、横琴粤澳深度合作区的制度创新优势，在推动粤港澳三地规则衔接和体制机制“软联通”上率先破题，推动高质量发展体制机制、要素市场化配置、城市治理、生态文明等重点领域和关键环节改革取得重大进展。坚持内外双向发力，构建联通内外的贸易、投资、生产、服务网络，提升市场化法治化国际化水平，增强畅通国内大循环和联通国内国际双循环功能。

三是珠澳融合更加紧密。全市全域加强与澳门合作，做好珠澳合作开发横琴这篇文章。推动建立粤澳共商共建共管共享的体制机制，系统性推进横琴粤澳深度合作区规划建设和管理运营。围绕澳门产业多元发展主攻方向，以科技创新、特色金融、医疗健康、跨境商贸、文旅会展、专业服务为重点，与澳门协同发展新兴产业。推动与澳门在城市规划、民生保障、青年服务、社会治理、警务执法等领域深度合作，实现跨境公共服务和社会保障体系有效衔接，资源要素跨境流动高效便捷，丰富“一国两制”事业发展新实践。

四是城市功能更加强大。推动高铁、地铁建设取得实质性突破，提升机场、港口国际化枢纽功能，争取一年建成一条市内跨区域通道，形成枢纽型网络化综合交通体系。着眼城市快速发展需求，提前布局基础设施和公共服务配套，增强产业和人口承载能力。统筹城乡区域协调发展，深入实施乡村振兴战略，推动农业农村现代化。大力挖掘海洋海岛资源、土地空间效能、历史文化和高校资源潜力，形成新的发展优势。

五是人民群众生活更加幸福。实现更加充分更高质量就业，居民收入增长和经济增长基本同步，东西部公共服务均衡发展，基本公共服务均等化水平明显提高。管控好山形、水体、岸线、天际线，持续推进“公园之城”“千里绿廊”“万里碧道”“最美海岛”建设，推广绿色生产、绿色建筑、绿色出行，擦亮生态环境金字招牌，建设宜居安居的魅力城市。

六是治理效能更加显著。提升政府行政效能，推动社会治理特别是基层治理水平明显提高。健全防范化解重大风险的体制机制，增强突发公共事件应急能力和自然灾害防御能力，发展安全更有保障。推动物质文明和精神文明协同发展，社会主义核心价值观深入人心，城市文化向心力、凝聚力和青春活力明显提高。平安珠海、法治珠海达到更高水平，成为最安全稳定、最公平公正、法治环境最好的地区。

三、2021 年工作安排

2021年是中国共产党成立100周年，是实施“十四五”规划的第一年，也是珠海建设枢纽型核心城市和现代化国际化经济特区的奠基之年，做好今年工作意义重大、责任重大。当前全球疫情仍在扩散蔓延，我们必须毫不放松抓好常态化疫情防控，完善疫情防控和经济社会发展工作协调机制，压实属地、部门、单位、个人“四方责任”，坚持外防输入、内防反弹、人物同防，坚持常态化精准防控和局部应急处置有机结合，坚决做好珠澳联防联控工作，完善防控链条、筑牢严密防线，扎实推进新冠疫苗接种工作，为经济社会平稳健康发展创造良好条件。

政府工作的总体要求是：坚持以习近平新时代中国特色社会主义思想为指导，全面贯彻党的十九大和十九届二中、三中、四中、五中全会及中央经济工作会议精神，深入贯彻习近平总书记对广东、珠海系列重要讲话和重要指示批示精神，贯彻落实省委十二届十二次、十三次全会和市委八届九次、十次全会精神，坚持稳中求进工作总基调，立足新发展阶段，贯彻新发展理念，打造新发展格局重要节点，以推动高质量发展为主题，以深化供给侧结构性改革为主线，以改革创新为根本动力，以满足人民日益增长的美好生活需要为根本目的，坚持系统观念，巩固拓展疫情防控和经济社会发展成果，更好统筹发展和安全，深化落实省委“1+1+9”工作部署和市委“四大战略任务”，扎实做好“六稳”工作、全面落实“六保”任务，坚持扩大内需战略，强化科技战略支撑，扩大高水平对外开放，推动经济社会持续健康发展，确保“十四五”开好局、起好步，奋力推进“二次创业”加快发展，建设新时代中国特色社会主义现代化国际化经济特区，以优异成绩庆祝中国共产党成立100周年。

今年我市经济社会发展的主要预期目标是：地区生产总值增长7%以上；一般公共预算收入增长8%；固定资产投资总额增长8%；社会消费品零售总额增长7%；外贸进出口保持正增长；规上工业增加值增长6%；居民人均可支配收入稳步增长；居民消费价格涨幅控制在3%以内；城镇登记失业率控制在3%以内，城镇新增就业3万人。

围绕实现今年的预期目标，重点抓好以下六个方面的工作：

（一）坚持创新驱动发展，以科技为支撑建设现代产业体系

提高创新链整体效能。深入实施高新技术企业“树标提质”行动，开展创新综合实力100强、成长性100强、税收贡献100强标杆企业遴选，力争高成长创新型企业超100家。给予全链条、全生命周期的政策支持，培育壮大科技型中小企业队伍。鼓励企业建设工程技术研究中心、企业技术中心、工程实验室等研发机构。以产教融合为重点，支持在珠高校与企业共育科技人才、共克科研难题、共享创新成果。用好澳门大学、澳门科技大学产学研基地及澳门四家国家重点实验室横琴分部，开展珠港澳科技创新合作。建设好南方海洋科学与工程省实验室（珠海）、横琴先进智能计算平台，推进省科学院珠海产业技术研究院、暨南大学珠海科技创新园、珠海中科先进技术研究院创新科技园建设。

增强创新要素支撑能力。完善激励机制和科技评价机制，落实好攻关任务“揭榜挂帅”等制度。健全人才分类评价体系，全面深化职称制度改革，促进“珠海英才计划”提质增效。引进培育20个高水平创新创业团队。促进科技金融深度融合，扩大科技信贷风险补偿金规模，鼓励商业银行参与科技信贷融资对接。完善企业上市挂牌服务体系，建设上市公司孵化培育综合服务平台。用好知识产权质押融资风险补偿基金，拓宽企业融资渠道。加快建设中国（珠海）知识产权保护中心，持续开展驰名商标、专利、地理标志产品保护专项行动。

推动制造业高质量发展。出台新能源、新材料、高端打印设备等产业集群发展扶持政策，加快发展先进制造业和战略性新兴产业。推动格力电器高栏产业园等105个重点项目加快建设，力争年内引进97个亿元以上制造业项目。加快建设冠宇电池扩产等项目，开工建设摩天宇第二产区等项目，推动纳思达智能制造一期、崇达科技、景旺电子等项目竣工投产，争取重大航空产业项目落地建设。深化与华为、腾讯等企业合作，大力发展云计算、大数据、人工智能等新业态。加快建设中国绿色新材料（珠海）产业园、珠海国际健康港、南屏科技生态城、斗门智能制造产业园等载体，提升园区基础设施建设水平，打造产城融合创新特色园区。探索建立以亩均增加值、亩均税收为主要指标的高质量发展综合评价体系，引导资源要素向优质企业和产品集聚。开展质量提升行动，做好标准国际化创新型城市创建验收工作，加快建设省海洋工程装备产业计量测试中心。

（二）扭住扩大内需战略基点，加快融入双循环新发展格局

加快构建现代流通体系。全面提速路、桥、隧建设，逢山开洞、遇水架桥，乘势而上破解交通瓶颈、优化城市空间布局。力争年内开工建设珠海至肇庆高铁、广州至珠海（澳门）高铁、南沙至珠海（中山）城际珠海段，加快建设市区至珠海机场城际轨道二期，推进深珠城际铁路（伶仃洋通道）和珠海地铁前期工作。推动香海大桥主线、兴业快线北段（西线）、鹤港高速一期年内通车，加快建设珠海隧道、菱角咀隧道，动工建设金港大桥、机场北快线。加快推进珠海机场改扩建、机场综合交通枢纽、莲洲通用机场二期扩建工程，推动开通珠海机场国际口岸和国际航线。加快珠海港码头、锚地设施建设，推进高栏国码集装箱三期、港弘码头二期改扩建工程建设。开通青茂口岸，加快重建九洲港口岸。推进洪湾通关综合服务中心、白蕉冷链物流园建设，建成空港国际智慧物流园。开展绿色货运配送示范城市试点，支持城乡配送及物流业新业态、新模式发展。

充分释放消费潜力。加快打造十字门、吉大城市之心、九洲湾和富华里商圈，建成中海环宇城、

金湾华发商都、斗门富元广场等一批商业综合体。加快发展夜间经济，支持品牌连锁企业布局24小时经营店，鼓励商家开展“夜宴”“不打烊”促销活动。促进家电更新消费。大力发展服务经济、品牌经济、流量经济、首发经济，培育远程办公、在线医疗、在线教育、电竞电玩等消费新模式新业态发展。鼓励口岸免税店加快发展，扩大离境退税商店数量规模。加快创建全域旅游示范区，提升旅游服务环境和设施，推进凤凰谷生态休闲旅游区、宋城演艺度假区、长隆二期等重大项目建设，开发港珠澳大桥蓝海豚岛、前山河、黄杨河特色旅游项目，开通唐家港与深圳港“水上巴士”航线。合理增加公共消费，提高公共服务支出效率。

积极扩大有效投资。继续实施重点项目挂图作战，安排重点项目569个，年度计划投资1327亿元。加强城市运营管理，推动土地高效集约利用。深入实施城市更新行动，抓好香洲北工业区、香洲科技工业园改造，推进老旧小区和城中旧村更新，新增“三旧”改造180公顷，完成改造140公顷。盘活处置闲置用地和重点区域“烂尾楼”。建成中信生态环保产业园餐厨垃圾处理一期、珠海市医疗废物处置中心、绿色工业服务中心、一般工业固体废物处理项目。新建、改建300公里污水管网。推进500千伏输变电工程建设，加快建设220千伏加叠线。实施珠澳水资源保障工程。新建5G基站1.1万座，加大5G网络在政务服务、工业互联网、现代农业等领域的场景应用。

（三）全面深化改革开放，持续增强发展动力和活力

加快珠澳合作开发横琴步伐。承接横琴粤澳深度合作区建设方案实施。推动横琴“分线管理”政策落地。加快新一批涉澳项目落户粤澳合作产业园，探索在粤澳合作中医药科技产业园建立中医药创新成果转化平台。做大做强粤澳跨境金融合作（珠海）示范区，争取数字人民币在跨境场景试点使用。设立港澳保险售后服务中心。高标准建设横琴国际休闲旅游岛。完善横琴口岸商业配套，加快建设横琴口岸二期，推动实施珠澳客货车“合作查验，一次放行”模式。加快建设“澳门新街坊”综合民生项目。实施澳门居民“零出关”“零距离”办理珠海社保业务。

打造市场化法治化国际化营商环境。以省出台支持珠海发展的政策措施为契机，持续深化“放管服”改革，充分激发基层主观能动性。推进工程建设项目联审联批改革，建立完善水电气外线工程并联审批平台。健全以“双随机、一公开”为基本监管手段、以重点监管为补充、以信用监管为基础的新型监管机制，推进大数据监管、包容审慎监管。实行证明事项告知承诺制。深入推进“数字政府”建设，深化企业开办全流程电子化，探索实施准入准营相关事项一窗通办、涉企经营许可事项证照联办，推动工程建设项目“一网通办”，推进政府治理“一网统管”。加快建设数字智慧服务大厅和智能化市民服务热线，动工建设市级市民服务中心。更好发挥国资国企外延并购、以投促引作用，推动国有资本向战略性新兴产业、未来产业布局。强化国有资本监管，有效防范投资经营风险。提升政策的精准性时效性，完善市场准入负面清单制度，推动设立“珠海企业家日”，持续优化民营经济发展环境。

优化提升对外开放合作。加快建设外贸转型基地，引导企业培育具有自主知识产权的国际品牌。持续发展跨境电商等外贸新业态。推进高栏港综合保税区封关验收，整合优化海关特殊监管区域。谋划用好区域全面经济伙伴关系协定、中欧投资协定等机制，发挥中德、中以、中拉合作平台作用，提升对欧洲、东盟、日韩、拉美等区域招商引资水平。优化对外投资布局，培育具有较强竞争力的跨国企业。办好第十三届中国国际航空航天博览会、亚洲通用航空展、博鳌亚洲论坛国际科技与创新论坛第二届大会等活动。

（四）更大力度统筹区域协调发展，不断提高发展平衡性、协调性

推动区域优势互补、协同发展。高标准编制国土空间规划。推进编制《横琴总体发展规划（2021—2035年）》，统筹横琴新区、万山区、保税区等区域规划建设。推动香洲区发挥主城区综合优势，提升服务功能，构建“一园一镇一廊一带”产业空间格局。推动金湾区、珠海经济技术开发区发挥机场、海港联动优势，加快发展先进制造业和现代生产性服务业，打造产业集群发展高地。推动斗门区发挥自然生态和空间优势，完善城市“一河两岸四组团”布局，加快建设“两大产业带”。推动高新区继续发挥科技创新和高等教育优势，以国际标准建设运营淇澳岛和后环片区，打造产城融合滨海新城。

全面推进乡村振兴。加快建设洪湾现代国际渔业物流港、珠海台创园、万山深海养殖基地，打造大湾

区优质农产品供应中心。加快建设斗门十里莲江农旅健康小镇、益田停云小镇、岭南大地田园综合体等龙头项目，支持建设特色乡村旅游民宿，打造大湾区乡村旅游目的地。加快培育农民合作社、家庭农场等新型农业经营主体，发展多种形式适度规模经营。实施乡村建设行动，抓好农村交通运输、乡村物流、宽带网络、水利等设施建设，实现城乡基础设施一体化。深入推进农村人居环境整治，持续开展农房管控、“厕所革命”、污水处理工作。稳步推进农村承包地“三权分置”和斗门区农村宅基地制度改革试点工作，提升农村“三资”平台建设水平，扶持壮大村级集体经济。支持斗门区创建全国乡村振兴示范区。继续做好对口支援和东西部协作工作，实现巩固拓展脱贫攻坚成果同乡村振兴有效衔接。

加强海洋海岛保护和修复性开发。稳步推进外伶仃岛防波堤、唐家港陆岛码头等工程建设，高标准改造提升污水处理、海水淡化等设施。建设高品质酒店、民宿，加密陆岛航班，增加与周边城市的航班。对接香港、澳门、横琴旅游资源，开发海岛特色旅游产品。推进直湾岛LNG接收站以及黄茅岛、大小烈岛游艇自由港等项目前期工作。依托云洲无人船国家级海洋测试场、大万山岛波浪能等项目，建设万山海洋科创小镇。大力发展现代深海网箱养殖产业。加快建设三角岛，打造无人岛开发示范项目。推进无居民海岛自然资源统一确权登记试点，开展牛头岛、小蜘洲岛、直湾岛市场化出让工作。

（五）持续提升城市功能品质，建设宜居安居的魅力城市

建设高品质公共空间。推进九洲观光塔、城市阳台建设，加快香洲港、洲仔桥等景观节点的规划建设，持续提升情侣路“一带九湾”品质。改造提升圆明新园、香山公园、炮台山公园。尽快建成香山迎宾馆。加快建设小横琴山步道，建成凤凰山、板樟山山地步道。新增86公里碧道。启动建设市级植物园、儿童公园，规划建设科技馆、青少年宫，打造更多科普教育、休闲游乐场所。

巩固提升生态环境质量。推动臭氧、颗粒物与氮氧化物协同控制，落实碳达峰、碳中和部署要求。严格管控重点涉气污染源，禁止黑烟车上路，推进城市物流用车、公务用车、出租车电动化。持续开展水环境综合治理，巩固黑臭水体整治成效。推进前山河流域水环境治理专项攻坚，重建石角咀水闸，改扩建广昌水闸。完善高栏港船用岸电配置，加强船舶生活污染治理。完善建设用地联动监管机制，防范土壤污染。持续开展危险废物规范化管理。全面推进城乡生活垃圾分类，推广实施厨余垃圾“驳运+直运”收运模式，基本建成分类投放、分类收集、分类运输、分类处理的生活垃圾处理系统。

提升城市治理精细化水平。深入实施车道“四改六”、路面“白改黑”、路灯“暗提亮”、园林“绿有彩”。加快实现交通标识标牌、通信信号以及视频监控的“多牌共杆”“多杆合一”。深化文明城市建设，对老旧小区、背街小巷等区域开展市容环境卫生综合治理，推进城市光亮工程和住宅小区天台“洁面”工作，加强广告招牌管理，规范共享单车、摩托车、电动车管理。启动主干道快速化改造。新建一批公共停车场。新增市政燃气管道30公里。加快推进平沙农场砖瓦房改造。

建设更高水平的平安珠海。加强社会治安防控体系建设，推进视频云平台、公安大数据平台、网络安全平台建设，铺开智感安防区、横琴智感安防岛、智慧小区建设，建成人口和出租屋信息管理系统。积极推进智慧海防建设。健全扫黑除恶常态化机制，严厉打击各类违法犯罪活动。深化全国市域社会治理现代化试点工作，强化镇（街）社会治理职能，搭建基层社会治理智慧平台。建成25个镇（街）社工站，推进村（社区）社工服务点建设，支持社会组织参与基层治理。巩固村级组织换届成果。升级市公共法律服务中心，高标准建设珠港澳（涉外）公共法律服务中心。推动信访工作改革创新。开展安全生产专项整治，加强危化品、建筑施工、道路交通等重点领域的安全防范。继续实施食品加工小作坊提质行动，推进养老机构食堂、中央厨房和集体用餐配送单位“互联网+明厨亮灶”建设。推广使用重点药品追溯系统。完善乡镇街道应急管理体制机制，加强行政村（社区）防灾减灾救灾能力“十个有”建设。完成海堤提升工程2个、续建13个、开工4个，加大力度整治地质灾害隐患点和水浸黑点。

（六）健全基本公共服务体系，持续改善人民群众生活品质

加强就业和社会保障。开展重点群体精准就业帮扶行动，加强困难人员就业援助及托底安置。深入实施“粤菜师傅”“广东技工”“南粤家政”工程，大规模开展职业技能培训。推动职业教育产教融合，精

准对接产业需求，培养高技能人才。统筹推进城乡养老保险制度改革，加强工伤预防、补偿、康复“三位一体”制度建设。健全分类分层的社会救助体系，完善帮扶低收入家庭、残疾人、困境儿童等社会福利制度，推动慈善事业发展。建成市级养老服务机构。发展多种形式的就近便捷托育服务。筹集1.8万套保障性住房和人才住房。加快完善长租房政策，推进租购同权，规范发展长租房市场。持续巩固加强退役军人工作，深入推进“五大工程”。全面实施“民生微实事”项目，更好解决群众身边的操心事、烦心事、揪心事。

建设高质量教育体系。持续巩固学前教育“5080”攻坚成果，建成幼儿园8所、增加学位2800个。推动和风中学改扩建，启动建设一所新高中，建成中小学8所、增加学位1.1万个。在全市中小学教室安装空调。推进市一职校、市理工学校整体搬迁，建设省级高水平中职学校。支持在珠高校提高研究生层次规模比例，支持UIC二期建设，与澳门科技大学共办珠海校区。加快建设教师继续教育基地。探索组建市属学校教育集团。

深入实施健康珠海行动。提升公共卫生防控救治能力，健全监测预警、医疗救治、物资保障体系。完善疾病预防控制体系，开工建设生物安全P3实验室，建成运营市慢性病防治中心。加快建设市人民医院北二区科研综合楼和主体综合楼、省中医院珠海医院提升项目、市中西医结合医院改扩建项目，支持市人民医院和中大五院打造高水平医院、争创区域医学中心，推动遵医五院高质量发展。大力引进高层次医疗卫生人才。深化医疗体制改革，大力推进分级诊疗，提升基层医疗卫生服务水平。持续推进医保支付制度改革、药品耗材集中采购改革和医疗服务价格调整工作。深入开展新时代爱国卫生运动。做好第五次国家卫生城市复审工作。

提升文体服务水平。大力弘扬社会主义核心价值观，深入开展群众性精神文明创建活动。启动建设珠海文化艺术中心，加快建设工人文化宫和方志馆、香山文化艺术中心、金湾航空城市民艺术中心、斗门文化艺术中心。加强古村、古镇、名人故居的保护利用，推动历史文化资源作品化、精品化、旅游目的地化，打造城市文化品牌。推动文化事业与文化产业发展，大力培育新型文化业态、文化企业、文化产品。完善全民健身公共服务体系，实施全民健身行动。办好中国国际马戏节、珠海沙滩音乐节、莫扎特国际青少年音乐周、珠海WTA超级精英赛、克利伯环球帆船赛等文体活动。

各位代表！珠海的新地位、新方位、新定位对政府自身建设提出了新的更高要求。要坚持把政治建设摆在首位。深学笃行习近平新时代中国特色社会主义思想，不断提高政治判断力、政治领悟力、政治执行力，增强“四个意识”、坚定“四个自信”、做到“两个维护”，严守政治纪律和政治规矩，自觉把党的领导落实到政府工作各领域各方面。要加强民主法治建设。深入贯彻宪法、民法典，开展法治政府建设“强基础、补短板”专项活动，依法全面履行政府职责。用好用足经济特区立法权，强化立法需求，推动重点立法工作。全面推行规范性文件合法性审核机制，提高行政决策法治化水平。全面落实行政执法责任制，深化政务公开。严格执行人大及其常委会的决议决定，主动向人民政协通报情况，认真办理人大代表建议、政协提案，主动听取民主党派、工商联、无党派人士和各人民团体意见。要提升政府治理能力。优化区域管理体制。进一步完善市、区财政体制，加强市级宏观统筹能力，更好调动区级积极性，推动财政资金向基层一线倾斜，让最基层的部门有钱办事。加强干部队伍建设，提高把握新发展阶段、贯彻新发展理念、构建新发展格局的政治能力、战略眼光、专业水平。持续抓好国务院大督查、审计监督反馈问题整改。要加强廉洁政府建设。严格落实全面从严治党主体责任，认真落实中央八项规定及其实施细则精神，力戒形式主义、官僚主义，坚持过紧日子。深化“两个专项整治”，突出重点领域、重要部门、关键岗位廉政风险防控，深入推进审计监督全覆盖，营造风清气正的政治生态。加快构建亲清政商关系，推动干部坦荡真诚同企业交往、真心实意靠前服务。

各位代表，开启新征程、扬帆再出发！我们将在市委的坚强领导下，在市人大及其常委会、市政协的监督支持下，永葆“闯”的精神、“创”的劲头、“干”的作风，抢抓机遇、奋发进取，确保“十四五”开好局、起好步，以优异成绩庆祝中国共产党成立100周年！

链 接：

名词解释和有关情况说明

1. “两点两廊”：“两点”指深圳河套地区和珠海横琴，“两廊”指广深港、广珠澳科技创新走廊。

2. “一院两馆”：是指珠海大剧院、珠海博物馆和珠海规划展览馆。

3. “六稳”：是指稳就业、稳金融、稳外贸、稳外资、稳投资、稳预期。

4. “六保”：是指保居民就业、保基本民生、保市场主体、保粮食能源安全、保产业链供应链稳定、保基层运转。

5. “四早”：是指早发现、早隔离、早报告、早治疗。

6. “四集中”：是指集中患者、集中专家、集中资源、集中救治。

7. “五道防线”：是指口岸检疫、医学观察、社区排查、发热门诊、医院救治“五道防线”。

8. “三个全覆盖”：是指做到核酸检测全覆盖、隔离观察全覆盖、排查管理全覆盖。

9. “暖企十条”：是指《珠海市关于应对新型冠状病毒感染的肺炎疫情支持中小企业共渡难关的十条政策意见》，包括劳动用工补贴，对符合条件的科技攻关项目和进出口业务提供支持，减免租金、税费和贷款贴息补贴等政策。

10. “复工复产十条”：是指《珠海市应对新型冠状病毒肺炎疫情支持企业复工复产的若干措施》，包括服务好抗击疫情重点企业、做好复工复产前置工作、加大援企稳岗力度、降低企业用电成本、缓解企业资金压力等十项政策措施。

11. “稳增长‘1+7’”：是指市政府在印发《关于有效降低疫情影响促进经济平稳运行的实施意见》的基础上，制定出台《珠海市进一步促进投资增长的若干措施》《珠海市关于应对疫情加快提升制造业竞争力政策措施》《珠海市支持企业复工用工稳岗若干措施》《珠海市财政局关于印发支持企业员工到岗专项政策措施的通知》《珠海市关于金融支持复工复产促进经济平稳发展若干措施》《珠海市关于进一步优化供给促进消费增长的若干措施》《珠海市应对疫情加强招商引资促进项目动工投产若干措施》等7个配套文件。

12. “三旧”：是指旧城镇、旧厂房、旧村庄。

13. “三保”：是指支持基层政府保基本民生、保工资、保运转。

14. “放管服”：是指简政放权、放管结合、优化服务。“放”即简政放权，降低准入门槛。“管”即创新监管，促进公平竞争。“服”即高效服务，营造便利环境。

15. “四好农村路”：是指建好、管好、护好、运营好农村公路，逐步消除制约农村发展的交通瓶颈。

16. “僵尸企业”：是指已停产、半停产、连年亏损、资不抵债，主要靠政府补贴和银行续贷维持生存和经营的企业。

17. “粤菜师傅”：是指为助力实施乡村振兴战略，采取职业培训与学制教育相结合模式，大规模开展粤菜师傅职业技能教育培训，提升粤菜烹饪技能人才培养能力和质量。

18. “广东技工”：是指广东省依托技能人才培养优势、产业基础雄厚优势，全面推进实施技能人才培养系列工程，加快建设一支知识型、技能型、创新型广东技工大军。

19. “南粤家政”：是指围绕“一老一小”对家政服务迫切需求，以母婴服务、居家服务、养老服务、医疗护理服务等领域为重点，推动家政服务业提质扩容而提出的一项民生工程。

20. 学前教育“5080”：是指根据《广东省教育厅关于实施学前教育“5080”攻坚行动切实落实2020年省民生实事任务的通知》，到2020年12月底，全省公办幼儿园在园幼儿占比达50%，公办幼儿园和普惠性民办幼儿园在园幼儿占比达80%以上。根据《珠海市实施学前教育“5080”攻坚行动工作方案》，到2020年12月底，全市公办幼儿园在园幼儿占比达50%，公办幼儿园和普惠性民办幼儿园在园幼儿占比达85%以上。

21. “五大工程”：是指凝聚暖心工程、军地创业工程、先锋示范工程、拥军校园工程、国防后备工程五项退役军人服务管理保障措施。

22. “飓风”行动：是指广东省公安机关开展的专项行动，重点打击整治涉枪爆、涉毒、涉电诈、涉盗抢骗、涉黄赌等突出违法犯罪。

23. “两个专项整治”：是指深化机关干部作风建设专项整治和营商环境突出问题专项整治。

24. “1+1+9”：是指省委十二届四次全会提出的工作部署。其中第一个“1”是指以推进党的建设新的伟大工程为政治保证。第二个“1”是指以全面深化改革开放为发展主动力。“9”是指9个方面重点工作：一是举全省之力推进粤港澳大湾区建设和支持深圳建设中国特色社会主义先行示范区，在新征程中持续释放“双区驱动效应”；二是扎实推进高质量发展，打造新发展格局的战略支点；三是加快建设科技创新强省，打好关键核心技术攻坚战；四是加快建设现代化经济体系，推动经济体系优化升级；五是全面实施乡村振兴战略，扎实推进农业农村现代化；六是高质量加快构建“一核一带一区”区域发展格局，推动“核”“带”“区”在新发展格局中一体协同、各扬所长；七是深入推进文化强省建设，坚持“两手抓、两手都要硬”；八是营造共建共治共享社会治理格局，加快形成活力和秩序有机统一的社会发展新局面；九是统筹发展和安全建设更高水平的平安广东，全力维护人民群众生命安全和社会稳定。

25. “四大战略任务”：是指深化改革开放、提升城市能级量级、推动高质量发展、促进澳门经济适度多元发展。

26. “揭榜挂帅”：是指把需要的关键核心技术项目张出榜来，英雄不论出处，谁有本事谁就揭榜。具有不论资质、不设门槛、选贤举能、惟求实效的特征。

27. “分线管理”：是指将横琴与澳门之间的口岸设定为“一线”管理，横琴与内地之间设定为“二线”管理。

28. “双随机、一公开”：是指在监管过程中随机抽取检查对象，随机选派执法检查人员，抽查情况及查处结果及时向社会公开。

29. “数字政府”：是指在现代计算机、网络通信等技术支撑下，政府机构日常办公、信息收集与发布、公共管理等事务在数字化、网络化的环境下进行的行政管理形式。

30. “一园一镇一廊一带”：“一园”是指南屏科技园，“一镇”是指“三溪”（南溪、沥溪、福溪三村所组成区域）科创小镇，“一廊”是指从前山到南屏的创新走廊，“一带”是指沿情侣路到九洲大道的现代服务业带。

31. “一河两岸四组团”：“一河两岸”是指黄杨河及其两岸，“四组团”是指尖峰南、白藤、白蕉、井岸四个片区。

32. “两大产业带”：是指珠峰大道科技创新产业带、黄杨河现代服务产业带。

33. “三资”：是指农村集体经济中的资金、资产、资源。

34. “一带九湾”：“一带”是指情侣路浪漫风情海岸带，“九湾”是指金星湾、淇澳湾、唐家湾、凤凰湾、香炉湾、九洲湾、拱北湾、横琴湾、新洪湾。

35. “四改六”：是指道路由四车道扩建为六车道。

36. “白改黑”：是指把水泥混凝土路面（灰白色）改建为沥青混凝土路面（黑色），达到环保、防尘、降噪和增添行车舒适性的效果。

37. “暗提亮”：是指对光照强度不强的路灯进行更换。

38. “绿有彩”：是指城市绿化在增绿的基础上增彩，种植季相变化有彩的植物，提升城市美观度。

39. “十个有”：是指防灾减灾要有组织体系、有大喇叭、有警报器、有避难场所、有风险地形图、有明白卡、有应急通信、有应急照明、有小册子、有宣传栏。（市政府办公室）

·责任编辑　潘杜鹃·

年度关注

机关干部作风和营商环境突出问题“两个专项整治”深入开展

经市委常委会会议决定，2020年，珠海市集中开展深化机关干部作风专项整治及深化正风肃纪优化营商环境突出问题专项整治工作。

深化机关干部作风专项整治

2020年，珠海市以“疏堵、利企、便民”为主线，由市机关作风办牵头，统筹协调各区、各部门，从整治干部作风、提升服务企业的水平、激励干部担当作为三个方面，在全市范围开展机关干部作风专项整治。

一、整治干部作风

坚持高标准、严要求、重质量、谋长远原则，推进落实干部作风整治。

一是谋划部署。从2019年底开始，重点聚焦企业需求，汇总梳理自2017年以来收集的企业意见建议8个方面786条，组织召开企业座谈会，实地深入企业86家，收集整理问题建议，编制专题调研报告。在此基础上，反复征求意见、论证协商，制定专项整治工作方案。将“两个专项整治”纳入机关事业单位绩效考核，以绩效考核这根“杠杆”撬动全市抓落实的内在动力。2020年4月9日、10日，市机关作风办组织82家市直各单位和各区分管机关作风建设领导召开深化干部作风专项整治工作座谈会，落细落实工作任务。4月17日，组织召开全市深化机关干部作风建设、优化营商环境专项整治工作推进会，明确任务、压实责任。

二是查漏疏堵。市机关作风办全年分两轮组织开展部门办事“堵点”、服务重点项目情况、行政资源引导产业发展情况三项测评，委托省社情调查中心实施，聘请中国社科院马克思主义研究院监理、深圳万人调查公司印证、公证员监督。服务重点项目情况测评涵盖从招商引资到投产运行的所有环节；财政扶持资金项目满意度测评2019—2020年完成审批并发放资金的59个项目，涵盖资金发放全流程；行政资源引导产业发展专项测评特邀9名国内顶级财经投资专家参加。“三项测评”派出工作人员4035人次，组织集中测评214场次，入户测评3829户，收集意见1492条，向各单位一对一反馈整改落实。同时督促各部门以自查自纠、摸底测评、倾听民意、走访调研等方式，排查“堵点”问题2027个，收集企业群众反映问题4万余个，征求意见建议2371条，制定整改措施1420条。

三是督查落实。建立专项督查督办机制。协调市人大机关、市政协机关成立专项督查小组，把专项整治工作纳入市人大、市政协专项督查任务；市委巡察办把专项整治融入市委巡察工作；市机关作风办成立专门督查小组，督查督办各区各部门专项整治任务落实及进展情况。如，对兴业快线（北段）建设问题展开调查核实，推动项目建设按照既定目标加快推进；

根据行政资源引导产业发展测评情况，发现2019年度财政专项资金分配没有通过市财政局管理平台进行发放以及执行率滞后等问题，及时联合市财政局发文规范；根据重点项目测评反映出来的问题，开展产业园区公共配套服务和企业用工难用工贵突出问题的督查调研，为精准整改存在问题提出具体对策措施建议。

四是宣传造势。在《珠海特区报》开设“两个专项整治”专题专栏，并组织广泛采访，制作专题报道，加强涉企服务政策解读和专项整治宣传引导。截至年底，《南方日报》《珠海特区报》等省、市媒体发稿140余篇，播发新闻35条，“南方+”等新媒体平台登载320余篇，点击量超过100万次。

二、提升为企业服务水平

围绕重点任务真抓实改，提升为企业服务水平，优化营商环境。

一是压缩行政审批时限。全市1385项市级行政许可事项承诺办结时间压减率91.47%，平均跑动次数减少至0.0031次。1542项依申请政务服务事项实现“免证办”，涵盖34个部门业务。全年推出“秒批”事项260项，仅第四季度就增加94项，月均业务量超7.5万宗。

二是优化行政审批流程。2020年“全城通办”事项由2018年的1302项扩展至2268项，群众办理量排名前200的政务服务高频事项100%实现“全城通办”。联合深圳、东莞、中山、江门、肇庆等湾区城市，依托广东政务服务网推出珠海第一批446项网上“跨城通办”事项，推动大湾区政务服务一体化。深化投资项目的“多评合一”和“联合验收”，出台区域评估流程和技术规程，完成区域各事项的评估，企业可线上或线下申报联合验收，社会投资小型低风险工程建设项目审批全流程总时限控制在13个工作日内。

三是整改落实与建章立制相结合。市机关作风办开展以专项整治为主题的行政服务创新奖评选，各部门申报62个项目参与评选。促成各涉企服务单位围绕优化营商环境问题形成560条便民利企新举措，建立130项高效政务服务机制。其中，建立政企定期协商座谈机制和主动联系服务企业机制，对企业诉求有求必应。年内，各部门处级以上领导干部带队主动联系、走访调研企业1.42万次，为企业提供服务7863次，协调解决企业问题4665个。部门精准推送涉企政策覆盖超过50万人次，开展各类政策宣讲840余场次，获政策指导企业超过1.4万家。在“12345”市民服务热线中开通企业、群众投诉专线，全年接听市民来电154.52万个，受理企业群众投诉6.19万宗，企业诉求平均处理时限缩短50%。

四是推进重点项目建设。市委、市政府主要领导深入一线、靠前指挥，亲自挂帅实施“挂图作战”，推进重点项目建设。各部门“一把手”督办重点项目建设，建立为民服务机制，年内543个年度重点项目建设扩容提速，超额完成全年重点项目建设任务。

三、激励干部担当作为

树立有为者有位、无为者受罚、不为者出局的作风导向，将专项整治情况纳入2020年度绩效考核，落实激励干部担当作为的各项措施，形成“奖优罚劣”工作激励机制，建立选拔任用干部正向激励机制、跟踪问效机制。

一是建立“实绩评优”绩效考核机制。2020年度机关事业单位绩效考核实行专项整治和常规项目双维度考核。40个常规考核项目统一规范考核操作规程，刚性衡量各单位工作业绩；专项整治重点任务落实情况和堵点测评情况在绩效考核中占较大权重，以实绩实效和群众满意为标准检验专项整治成效。

二是建立“奖优罚劣”工作激励机制。各部门按照市委组织部绩效考核奖励“二次分配”要求，结合公务员平时考核办法，全员全程全息记录干部的思想动态、工作业绩和作风表现，将其运用于评优评先、干部任用和绩效奖惩等方面，解决“干多干少一个样、干好干坏一个样”的问题。把专项整治纳入绩效考核，实行末位淘汰，堵点测评排后5%或堵点得分15分以上的、服务重点项目情况测评不达标、行政资源引导产业发展测评不达标的，上报市委研究处理，可列为绩效考核诫勉单位。

三是建立“实干择优”选拔任用干部机制。市委组织部创新提升干部考察实效，突出政治标准，树立正确选人用人导向，对50余家单位600余名干部开展调研测评。拟定职级晋升总原则，突出实干择优，对作风优良、实绩突出的170名市管干部晋升职级，其中45岁以下优秀年轻干部占提拔重用总人数1/3以上。

四是建立“跟踪问效”机关作风监控机制。市机关作风办在完善机关事业单位绩效考核信息平台基础上，建设机关作风监控平台，实时与市财政局的财政扶持资金管理平台、市发改局的重点项目平台、市商务局的招商引资平台、工商企业登记信息平台等4个业务系统的数据交互，实现全环节、全流程动态监控财政专项资金、重点项目建设、招商引资项目等情况，30.2万家企业信息在库，可供各类测评抽样，实时更新查询。建立窗口服务远程视频监控，对接全市46个部门211个对外服务窗口226个摄像头，对各部门窗口服务情况开展实时监控和回档倒查。监控平台实时跟踪任务落实、问题整改、投诉办理、意见反馈等，对各部门作风建设情况实时监控、动态监测、跟踪问效。

在广东省省情调查研究中心发布的《广东省地方服务型政府建设系列调研报告》中，2020年珠海公共服务总体满意度居全省第一位。珠海市机关作风群众满意度达94.80%，创历史新高，比2019年度的92.41%提升2.39个百分点，也是自2018年推进“思想大解放、作风大转变、效率大提升”以来，群众满意度增幅最大的一年。（市直机关工委）

深化营商环境突出问题专项整治

2020年3月20日，由市纪委监委牵头，会同市财政局、市住房城乡建设局、市国资委等单位组成市营商环境突出问题专项整治办公室，部署开展政府投资建设工程、政府采购、国企招标采购项目自查工作。4月17日，市委、市政府召开深化机关干部作风建设、优化营商环境专项工作推进会，全市营商环境突出问题专项整治工作正式启动。

专项整治工作启动以来，市纪委监委牵头各部门，聚焦珠海市营商环境中存在的突出矛盾和问题，紧盯政府投资建设、政府采购、国企招标采购3个重点领域，市、区联动，集中整治挂靠转包、围标串标等行业乱象和公职人员违纪违法问题，取得阶段性成效。

一是深入查纠问题，全面整治市场乱象。紧盯围标串标和挂靠、转包、违法分包等突出问题，组织全市各级各单位，对2018年以来政府投资建设、政府采购、国企招标采购、国企资产租赁项目开展清查。对清查发现的问题开展快速研判、分类处置，可以立行立改的问题，督促相关单位立即落实整改；涉嫌违纪违法违规的问题，迅速移交纪检监察机关、公安机关及相关职能部门核查处置。年内全市各级各单位整改问题300多个，完善制度机制300多项；建设、财政主管部门开展专项检查和专项考核，加大监管和执法力度，做出行政处罚300多件；国资委开展国有资产专项检查，妥善处置国有资产流失问题，挽回经济损失2600多万元；公安机关立案侦查串通投标案8件，破获7件。

二是坚持刀刃向内，深挖彻查违纪问题。全市纪检监察机关大力整治官商勾结问题，严肃查处公职人员利用职权干预工程招投标、土地出让、政府采购、国有资产交易等违纪违法行为，零容忍惩治腐败。开展线索大起底，全链条、多层次摸排问题线索，立案70余件，处理处分170余人，严肃查处郑潮龙、谢汝党严重违纪违法案等典型案件，8人移送司法机关依法处置。持之以恒正风肃纪，着力纠治涉及政商关系的“四风”问题，对100余名责任人分别进行诫勉、谈话提醒、批评教育。

三是推动制度补强，严格规范约束用权。开展优化营商环境专题调研，学习借鉴深圳经验做法，推动组建全市统一代建管理机构。推动修订《珠海经济特区建设工程招标投标管理办法》，压缩权力任性空间。促进出台《政府采购负面清单》，源头治理采购工作中设置倾向性、排他性条件问题。推广应用“珠海云监管”，全程直播公共资源交易开标过程，让权力在阳光下运用。推行领导“一对一”挂点联系服务企业和政企协商座谈机制，及时协调解决企业各类诉求，近距离发现问题。市纪委监委、市委巡察办、市审计局建立“纪巡审”协作工作机制，通过强化监督执纪，让制度“长牙”、监督“带电”。

四是加强警示教育，深化以案促改促治。坚决落实省纪委《关于姜建平、梁元东案的纪律检查建议》，深入查找珠海政商关系中存在的突出问题，市区两级一体推进以案促改，着力修复政治生态。组织开展近距离常态化警示教育，在全市党章党规党纪教育培训班上，播放郑潮龙等典型违纪违法案件警示教育片，以身边人身边事教育党员干部。加强教育提醒，通过委托谈话、约谈提醒等方式，压实党风廉政建设主体责任。针对专项整治发现的典型问题，向案发单位发出纪律检查建议书、监察建议书30份，推动发案单位系统整改。聚焦企业和群众关心的热点难点开展“电视问政”，推动被问政单位认真检视“僵、浮、慢、乱”作风，以小切口推动大整治。回应群众关心关切，宣传专项整治的主要做法及阶段成效，刊发新闻报道120篇、推送稿件130余篇，让企业群众直观感受到专项整治带来的真效果新变化，增强来珠海投资兴业的信心决心。

（市营商环境突出问题专项整治办公室）

脱贫攻坚战取得全面胜利

党的十八大以来，珠海市委、市政府坚决贯彻落实党中央、国务院和省委、省政府关于坚决打赢脱贫攻坚战决策部署，牢记特区初心使命，践行特区责任担当，举全市之力开展结对四川凉山、云南怒江东西部扶贫协作，结对四川稻城、理塘，西藏米林县、米林农场和重庆巫山对口支援，结对广东阳江市、茂名市精准扶贫，结对阳江市产业共建等工作。在结对帮扶工作中，珠海市常年外派扶贫干部400多人，累计落实各类帮扶资金57.92亿元，帮扶脱贫10.91万户42.27万人。在全省率先出台产业扶贫政策、建立扶贫专业市场、成立扶贫基金会，建立“搭平台、建基地、联市场”“一主四化”（以政府主导，平台化、产业化、基地化、市场化为核心）珠海产业扶贫机制，形成“前店后厂”全国消费扶贫范例珠海模式和“校企联合”“县区结对”珠海就业扶贫模式，创造“百企帮百村、携手奔小康”珠海社会扶贫经验。上级党委政府、主管部门和被帮扶地区有关领导对珠海帮扶工作给予充分肯定，2016年四川省委书记在中央召开的东西部扶贫协作银川座谈会上高度评价珠海工作，2013年、2020年国务院扶贫办分别在四川凉山、云南怒江召开全国现场会学习珠海经验，近年来广东省委有关领导多次对珠海产业扶贫、消费扶贫等工作做出肯定批示，珠海多次在全省会议上作经验介绍，珠海对口帮扶点多次成为全省现场学习考察点；以扎实工作和显著成效连续获得全国东西部扶贫协作、全省精准扶贫考核最好等次，涌现出珠海市扶贫办、珠海市驻怒江州扶贫协作工作组、珠海市驻阳江市扶贫工作组和陈振毅、赖国明、张伟华、管延萍等一批全国、全省脱贫攻坚先进集体和个人，出色完成光荣政治任务，如期交出满意特区答卷。

一、东西部扶贫协作

根据党中央、国务院和省委、省政府的部署要求，2010年6月至2016年7月，珠海市对口四川省凉山彝族自治州开展扶贫协作，累计落实各类帮扶资金（含物折价）1.1亿多元，实施帮扶项目100多个，助力30多万群众解决住房、教育、医疗、交通、安全饮水等困难。2016年7月以后，珠海市东西部扶贫协作结对调整为云南省怒江傈僳族自治州，累计投入各类帮扶资金14.3亿元，援建易地扶贫搬迁点6个、危房改造点4个，实施产业帮扶项目166个，接受怒江贫困学生到珠海就读1381人并实现100%安排就业，转移怒江劳动力到广东就业1.9万人，派出支教教师205人、支医医生200人，两地129所学校、33家医疗机构建立帮扶关系，怒江4个县（市）22个民族6.9万户26.95万名贫困群众在珠海的帮扶助推下实现脱贫摘帽。

二、精准扶贫工作

根据省委、省政府决策部署，从2013年起珠海市对口帮扶阳江、茂名两市291个贫困村65175名贫困人口，累计落实各类帮扶资金30.2亿元，高质量完成脱贫攻坚目标任务。其中2013—2015年，投入各类帮扶资金8.25亿元，帮扶阳江、茂名两市80个贫困村2.2万名贫困人口脱贫，当年贫困户人均可支配收入9900元，是帮扶前的3.8倍；2016—2020年，投入各类帮扶资金21.95亿元，帮扶阳江、茂名两市211个贫困村43175名贫困人口脱贫，当年有劳动能力贫困户人均可支配收入17630元，是帮扶前的4.3倍。切实抓好民生“兜底”，全面落实“两不愁三保障一相当”（农村贫困人口不愁吃、不愁穿，义务教育、基本医疗和住房安全有保障，基本公共服务主要指标相当于全省平均水平），着力志智双扶，有效阻断贫困代际传递，贫困群众获得感、安全感、幸福感显著增强；大力发展特色产业，累计引入企业704家，实施产业扶贫项目517个，建设一村一品产业基地82个，有效助推贫困村特色产业发展；不断改善村容村貌，村道硬底化、农田水利、教育文化生活设施等项目建设100%达标，贫困村生产生活条件显著提升，发展动力和潜力明显增强，为脱贫攻坚同乡村振兴有效衔接打下坚实基础。

根据省委、省政府的安排，从2013年起珠海市与阳江市建立对口帮扶合作共建关系，累计投入帮扶资金27.6亿元，采用政府与市场“双轮驱动”，突出产业共建和民生帮扶，用心用情开展各项帮扶共建工作，在历次考核中名列前茅。产业共建方面，两市不断优化共建产业园区发展规划，加大土地收储力度，创新国企代建开发模式，累计投入园区基础设施共建资金近30亿元，为阳江市工业经济提供长远发展空间；建立健全协同招商引资机制，推动合金材料、风电两大千亿级产业集群发展壮大，五金刀剪、紧固件等特色主导产业不断集聚，为阳江市经济快速增长打造强劲引擎，其间阳江市规模以上工业增加值年均增长13.9%，超过全省年均增速7.6个百分点。民生帮扶方面，累计投入近3.9亿元大力支持阳江市医疗卫生和公共教育硬件设施建设，持续深化医生互派、医院互帮、学校结对、教师同课等帮扶模式，为阳江市民生和社会事业发展做出积极贡献。

三、对口支援藏区库区工作

根据党中央、国务院的决策部署和省委、省政府的工作安排，珠海市2010年6月起继续对口支援重庆三峡库区巫山县（1992—2010年对口支援三峡库区巫山、巫溪、奉节三县），2015年3月起对口支援四川藏区理塘、稻城两县，2016年7月起对口支援西藏米林县、米林农场。

对口支援稻城、理塘县 派出前方工作组2个，累计落实各类帮扶资金3.3亿元，援建项目55个，圆满完成各项对口支援任务，力助稻城、理塘两县提前实现高质量脱贫摘帽。珠海对口支援稻城县“前店后厂”的消费扶贫模式被评为全国消费扶贫典型范例（广东省唯一一例），中央电视台对甘孜高原农牧产品与珠海消费市场实现“产”“销”有效对接进行专题报道。对口支援稻城县建立的村级光伏扶贫项目“234”工作机制（确权和分配两个比例界定受益范围，运行维护、收益分配和动态监管三个平台规范运营管理，特困户、公益岗位、小型公益事业和奖励补助四个用途分配扶贫效益）在全国光伏扶贫现场会上作经验交流发言。

对口支援米林县、米林农场 先后派出援藏干部两批18人、专业人才67批400多人次，累计落实各类帮扶资金1.6亿元，援建项目15个，力助两县（场）提前实现脱贫摘帽。其间协调开通珠海—林芝扶贫航线力促林芝旅游业发展，推动林芝源“7+2”广州、深圳、珠海、佛山、东莞、惠州、中山和香港、澳门消费援藏平台落户横琴口岸商场，华发物流产业援藏模式得到两省区主要领导高度肯定。

对口支援巫山县 累计投入财政资金3713万元、引入社会资金3000多万元，实施项目51个，累计转移巫山县劳动力到珠海市就业3万多人，2020年底在珠海就业的巫山劳动力1557人，力助巫山县提前实现高质量脱贫摘帽。助力发展民生事业，参与援建学校9所、乡镇卫生院及计生站3所、敬老院3所，惠及30余万群众；助力改善基础设施，参与援建移民小区配套设施、道路桥梁、安全饮水工程，有效解决当地群众出行及产业发展问题；助力深化脱贫攻坚，参与援建乡村公路41千米、桥梁2座、饮水池28口2.2万方，铺设管道28千米，惠及群众20余万人。（市农业农村局）

新冠肺炎疫情防控取得重大成果

一、基本情况

截至2020年底，珠海市累计报告确诊病例112例（其中境外输入病例14例），有在院病例1例（轻型）。自2月18日起连续318天无新增境内病例。

（一）湖北输入防控阶段

自1月17日发现首例输入性疑似新冠病毒肺炎病例起，至2月17日确诊第98例病例，历时约一个月，有效防控境内输入病例蔓延。3月10日上午，珠海市在院的最后两名境内输入确诊病例治愈出院，实现收治确诊病例数阶段性清零。

（二）境外输入防控阶段

自3月19日发现第一例来自英国的境外输入病例，至3月28日确诊第103例病例，先后确诊5例境外输入病例，均在口岸检疫环节和集中隔离点被掌控。4月

23日，在院最后两例境外输入病例治愈出院，珠海市收治确诊病例数再次实现动态清零。

（三）常态化下疫情防控阶段

珠海市落实“外防输入、内防反弹”总体防控策略，坚持预防为主、分类指导、快速响应、落实责任的常态化防控原则，坚持“两手抓、两促进”，抓好常态化疫情防控各项工作，推动经济社会秩序全面恢复，疫情防控成果持续巩固。截至6月底，全市规模以上工业企业、重点外贸企业均复工复产，全社会用电量超过2019年同期，各大景区安全有序开放，返校复学学校达555所，返园复学幼儿园达333所（含国际学校、托儿所）。秋季所有学校正常开放。2020年全市“两会”于6月8日胜利召开。

二、主要做法

珠海市作为移民城市、口岸城市，入境人员多、港澳联系多、防控压力大。疫情发生以来，珠海坚决按照“坚定信心、同舟共济、科学防治、精准施策”总要求，把人民生命安全和身体健康放在第一位，第一时间建立战时指挥体系，第一时间组织各方力量投入疫情防控，以超常之举、集全市之力，打响疫情防控人民战争、总体战、阻击战。

（一）强化组织领导，建立有效防控运行机制

自1月17日珠海发现首例疑似病例后，第一时间成立由市委主要领导任总指挥、市政府主要领导任常务副总指挥的疫情防控指挥部，下设15个工作组、7个工作专班，形成统一领导、统一指挥、统一行动的工作格局。1月26日，珠海市新型冠状病毒感染的肺炎疫情防控指挥部（简称市新冠疫情防控指挥部）全面部署“治、防、堵、备”等各项防控举措。2月4日，市新冠疫情防控指挥部强调按照“准、严、紧、足、实”的要求把各项疫情防控措施全面落实到位。2月24日，市新冠疫情防控指挥部强调要突出抓好“堵、防、专”三个关键环节，继续毫不放松做好疫情防控工作。市委、市政府多次召开会议，及时传达学习习近平总书记关于疫情防控工作的重要讲话和重要指示精神，全面落实省委、省政府部署要求，特别是省委书记李希、省长马兴瑞调研检查指示精神，科学判断形势、精准把握疫情，坚持每周研判、每日调度，科学谋划部署珠海疫情防控工作。

（二）强化联防联治，凝聚强大能量

守严守牢社区这道关键防线，推动防控资源和力量下沉，打造联防联控、群防群治的一线堡垒。构建区、镇（街）、村（居）、社区网格、楼栋（农户）“五级”防控体系，建立网格化管理单元（社区和乡村）324个，综治网格1317个。组建社区“三人小组”，发挥基干民兵、联防队员、社工、志愿者、相关从业者等群体作用，实施社区、楼栋、家庭的全覆盖、网格化、地毯式摸排，精准掌握重点疫情地区人员往来情况。强化对“两站一场一码头”（城轨站、汽车客运站、机场、客运码头）及出入境口岸等关键部位的防控，设置107个联合防疫站点，24小时值班守住“关卡”，坚决切断疫情传播链条。按照高于社会面的防控要求，对看守所、戒毒所、福利院、养老院等实行封闭管理，确保重点场所、重点人群“零感染”“零事故”。一周之内成立6个区级疾控中心，创新医防协同机制，强化各级医疗机构疾病预防控制职责，夯实联防联控的基层基础。

（三）集中最强力量，全力以赴救治每位患者

坚持“人民至上、生命至上”，把保护人民生命安全和身体健康作为重中之重，不惜一切代价，尽最大可能救治病患。按照“四集中”（集中患者、集中专家、集中资源、集中救治）原则将中山大学附属第五医院作为集中收治点，组建市级医疗救治专家组，在省专家组的指导下，制定针对性诊疗方案，组织最强科技力量，实行专家24小时线上会诊。在全省实现“四个率先”（率先报告感染病例、率先治愈危重症患者和年龄最小患者、率先发现患者粪便检测阳性并设置过渡病房、率先开展氯喹疗效观察研究），为全省乃至全国疫情防控做出珠海贡献。抢抓工期做好后备医院建设，25天建成中大五院凤凰山院区，是国内首个永久结构形式的应急医院。该医院建筑面积1.56万平方米，建筑高度13.2米，包含一座二层医院（病区护理、CT、手术室、ICU、检验科）及配套液氧站、污水站、空压机房等，总床位数300张，病房数约160间，手术室2间。

（四）坚持同舟共济，大力支援湖北抗击疫情

坚决服从服务全国防控工作大局，按照习近平总书记、党中央和省委的统一指挥、统一协调、统一调度，紧急组建援助湖北医疗队，1538名医护人员主动请战，3批56名医护人员和专业技术骨干带着全市人民的牵挂期望，驰援湖北荆州（其中2人参加广东省医疗队赴湖北开展工作），先后进驻湖北省中西医结合医院、武汉客厅方舱医院、荆州市中医院开展救治，负责床位70张，累计收治病人249个。在武汉方舱医

院，珠海市医疗队10位队员以优异的表现、零失误的成绩，被方舱医院评为“先进标兵”。珠海市首批援鄂医疗队成员所在的广东省第十一批医疗队，获财政部、中宣部、教育部授予“全国卫生健康系统新冠肺炎疫情防控工作先进集体”称号。

（五）构建珠澳联防联控机制，协同打赢防控阻击战

坚决服从服务“一国两制”大局，全面落实中央要求，全力服务澳门所需，携手澳门有效做好疫情防控工作。2020年1月23日上午，在广东省启动一级响应前，市委、市政府主要领导与澳门特别行政区行政长官贺一诚在珠海召开碰头会，当即决定建立两地疫情联防联治机制。1月25日（大年初一），珠海向澳门建议，在必要时考虑关闭博彩娱乐场等特定行业经营场所。2月2日，珠海市在新增确诊病例中发现有澳门赌场工作人员后，再次建议澳门关闭有关场所。澳门特区政府积极回应，2月4日宣布自2月5日零时起，澳门41间娱乐场、幸运博彩经营场所及其他娱乐设施关闭15天。珠海市专门设立内地输澳劳务人员入境疫情防控工作专责小组、口岸协调组、珠澳联防联治组，先后商讨解决澳门外雇及渔工医学观察、外来旅客健康管理、获豁免医学隔离人员管理等事宜。实施每日信息通报制度，截至年底，累计通报确诊病例、疑似病例、密切接触者和防控重点人员4000余人的信息。协同高效做好口岸边境管控，妥善安置各类出入境人员，完成两轮共5365名澳门外雇在珠人员医学观察、检测及返澳工作。在中央、省的统一部署下，积极推进珠澳疫情防控同城化，逐步有序推进两地人员正常往来。4月14日，港珠澳三地核酸检测结果实现互认，5月11日，粤康码与澳康码两码互认。

（六）坚持统筹兼顾、精准施策，稳妥推进复工复产

突出“保”字抓市场供应，明确保障城乡运行、疫情防控、民众生活必须的企业不休假、不停工，全力扎紧“米袋子”、丰富“菜篮子”、稳住“肉盘子”，全市物价总体稳定，电力、煤炭、油气等供应充足。突出“准”字抓应急物资保障，盯准熔喷布、口罩机，破解应急物资生产要素的痛点，大幅度提升应急物资的日产能力，全力保障普通市民和企业日常防疫需求。突出“稳”字抓复工复产，先后推出“暖企十条”、“复工复产十条”、稳增长“1+7”等系列提振经济的政策“组合拳”。突出“进”字抓经济复苏，采用挂图作战超常规方式抓重点项目建设，全面激发市场主体活力和创造力。

三、经验做法

（一）坚决贯彻落实习近平总书记重要讲话精神和中央、省委的决策部署，确保全市抗疫行动统一、科学、高效，是打赢疫情防控阻击战的重要保证

新冠肺炎疫情防控阻击战打响以来，珠海市委、市政府第一时间将思想和行动统一到中央决策部署和省委工作安排上来，把疫情防控作为压倒一切的重要政治任务来抓。作为全省第一批快速响应的地市，珠海第一时间成立疫情防控指挥部，确保组织领导、资金保障、物资保障、人员保障、技术保障“五到位”。1月20日，省卫健委通报珠海首例确诊病例后，珠海立即启动重大突发公共卫生事件三级响应。广东省启动重大突发公共卫生事件一级响应后，珠海市果断决策，在全省率先停止春节集市、花市、集会，暂停开放景区、宗教场所等。2月24日，珠海市迅速部署学习贯彻习近平总书记在统筹推进新冠肺炎疫情防控和经济社会发展工作部署会议上的讲话精神，召开全市统筹推进新冠肺炎疫情防控和经济社会发展工作会议，坚持疫情防控和复工复产两手抓两不误，推动经济社会秩序回归正轨。市委、市政府始终认真贯彻落实习近平总书记重要讲话和重要指示批示精神，严格落实中央、省委的决策部署，迅速进入战时状态、实施战时机制，统一领导、统一指挥、统一调度。全市上下高效联动、密切配合、步调一致，保证疫情防控工作忙而有序、忙而有据、忙而有效。在习近平总书记重要指示要求和党中央、省委的决策部署下，珠海丝毫不松抓防控，时不我待抓发展，做出一系列部署，形成一整套统筹疫情防控和经济社会发展的机制、政策、举措。

（二）领导干部靠前指挥、带头攻坚，是落细落实各项疫情防控措施的强大动力

珠海各级党组织和广大党员干部以高度的政治自觉、思想自觉、行动自觉，坚决贯彻落实党中央、省委决策部署，自觉践行初心使命，勇于担当、攻坚克难、无私奉献，充分展现出新时代共产党人的政治本色，涌现出一批敢担当善作为、工作有思路有办法的优秀干部。市委、市政府领导班子成员带头深入医院、口岸、社区、农贸市场、企业等疫情防控一线，现场检查督导疫情防控措施落实情况和物资保障情况，以解决实际问题尤其是紧迫问题为导向，示范带

动全市上下各级各部门积极投身疫情防控各项工作。市委、市政府主要领导靠前指挥、牵头抓总、亲力亲为，积极推动珠澳深化联防联控机制，经常深入基层防控一线检查督导，重要事项及时协调，关键环节严格把关，重点场所强化排查，重大项目加快推动，做到疫情防控和经济社会发展工作两手抓两不误；分管领导认真履责，全部假期都冲在疫情防控第一线，示范带动全市上下各级各部门积极投身疫情防控各项工作。建立市机关党员干部联系服务企业疫情防控和复工复产机制，市四套班子领导挂点服务92家龙头骨干企业，其他市直单位科级以上干部以及各区机关干部普遍联系服务一批中小微企业。全市组建332个机关干部联系服务企业工作队，按“一对一”或“一对多”联系帮助企业，收集企业反映的各类问题2244个，解决2000个，解决率达89.12%。实践证明，关键时刻，只有领导干部站得出来、冲得上去，迎难而上、勇挑重担，才能让群众吃下“定心丸”，才能及时发声指导、采取行动、攻坚薄弱环节。

（三）广泛动员群众、组织群众、凝聚群众，凝聚起联防联控、群防群控的强大合力，是打赢疫情防控阻击战的关键力量

疫情防控阻击战是一场总体战，点多面广、复杂多变，需要多方协同、共同应对。在与澳门共同抗疫过程中，珠澳两地建立高效运转的疫情联防联控机制，共享疫情防控信息、共商疫情防控重大决策、共同打造疫情防控铜墙铁壁，有效阻止疫情蔓延扩散，切实守护两地民众的生命安全和身体健康。疫情防控阻击战是一场人民战争，战“疫”为了人民群众，战“疫”也要依靠人民群众。珠海外来人口多、人员流动性大，必须紧紧依靠人民群众，才能筑起群防群控的严密防线。在这场人民战争中，全市3160名网格员、9354名楼栋长成为防控一线的中坚力量，奔波在不同战“疫”现场上的志愿者、外卖骑手、快递小哥、新闻工作者，用爱心和善举，用无私和奉献，守望相助、同舟共济，汇聚成希望的火炬，彰显珠海经济特区建立40年来孜孜以求的可贵精神传承。实践证明，面对突发公共事件，必须团结一切可以团结的力量，紧紧依靠人民群众、相信人民群众，才能凝聚起共同战胜各种风险挑战的强大合力。

（四）发挥基层党组织战斗堡垒作用和党员先锋模范作用，是打赢疫情防控阻击战的重要支撑

疫情发生后，1月25日（大年初一），珠海制定下发《关于在防控新型冠状病毒感染的肺炎疫情中发挥基层党组织战斗堡垒作用和党员先锋模范作用的通知》，要求各级组织部门、基层党组织和党员坚决扛起疫情防控政治责任。随着疫情防控形势变化，制定《珠海市基层党组织和党员疫情防控攻坚动员方案》和《珠海市党员干部联系服务企业疫情防控和复工复产工作方案》，全面实行领导干部包保责任制，号召全市基层党组织和广大党员马上行动起来，迅速投身疫情防控第一线、战斗最前沿，让党旗在疫情主战场高高飘扬。各镇（街）和村（社区）党组织充分发挥政治优势、组织优势和群众工作优势，全市7600多个党组织和11万余名党员全面进入“战时”状态，298支党员突击队、287支党员服务队下沉基层，6万余名党员戮力奋战在疫情防控各条战线，结合“双报到”开展疫情防控，全市640多个机关企事业党组织“组团”到社区报到，全市在职党员“回家”报到超过5.3万人次。2月13日，印发《关于激励关爱广大党员干部人才在疫情防控阻击战一线担当作为的若干措施》，通过10项具体举措，激励引导全市党员干部和人才在疫情防控中挺身而出、冲到一线、担当作为。

四、相关表彰

（一）全国抗击新冠肺炎疫情表彰大会

9月8日，全国抗击新冠肺炎疫情表彰大会在北京人民大会堂隆重举行。大会对全国抗击新冠肺炎疫情先进个人、先进集体，全国优秀共产党员、全国先进基层党组织进行表彰。珠海市人民医院党委副书记、副院长、主任医师崔敏被授予“全国抗击新冠肺炎疫情先进个人”称号；香洲区拱北街道党工委被授予“全国抗击新冠肺炎疫情先进集体”“全国先进基层党组织”荣誉称号，是全省唯一镇（街）层面获全国抗疫先进的单位。

（二）广东省抗击新冠肺炎疫情表彰大会

10月21日，全省抗击新冠肺炎疫情表彰大会在广州市举行。珠海市36名个人和13个集体获表彰。

（三）珠海市抗击新冠肺炎疫情表彰大会

12月21日，珠海市抗击新冠肺炎疫情表彰大会在珠海大会堂召开，市委、市政府表彰305名珠海市抗击新冠肺炎疫情先进个人、105个珠海市抗击新冠肺炎疫情先进集体、60名珠海市优秀共产党员、30个珠海市先进基层党组织。（市卫生健康局）

公园之城建设见成效

一、“公园之城”建设总体情况

珠海是中国首批“国家园林城市”“国家生态园林城市”，园林绿化是伴随城市发展的一张靓丽名片。珠海市委、市政府高度重视公园建设工作，“十三五”期间将公园建设列为重点民生工程。2017年，在大力弘扬生态文明建设，践行“绿水青山就是金山银山”理念的背景下，启动实施“美丽珠海”系列行动。“公园之城”为其核心内容。全面构建“都市特色”“社区村居”“水网湿地”“森林郊野”四大公园体系，更大尺度地开放绿色空间，打造300米见绿、500米见园的公园服务半径全覆盖网络，不断提升城市公园品质和文化内涵，努力满足市民群众对美好生活的追求。

截至2020年底，珠海建成各类公园733个，基本形成“都市特色”“社区村居”“水网湿地”“森林郊野”四位一体的公园绿地体系，实现市民出门300米见绿、500米见园，5千米可达综合公园，10千米可达森林郊野公园。2015年，香洲区社区体育公园规划建设项目获“中国人居环境范例奖”。以香山湖公园、海天公园为代表的“珠海市民公园建设项目”在全国近千个项目的角逐中，获评第八届中国民生发展论坛2020年度“民生示范工程”。

二、“公园之城”建设主要做法

在“公园之城”建设过程中，珠海市从战略、规划、实施各个层面形成一套较为完整的政策和制度体系。

一是高位谋划，全力推进“公园之城”建设。“十三五”期间，市委、市政府将“公园之城”建设放在加强生态文明建设、促进绿色可持续发展、提升城市竞争力的高度统筹考虑，将“公园之城”建设纳入市政府工作报告，全力推动公园项目建设，旨在不断提升城市环境品质，提供更多优质生态产品，把最美的景色和视野呈现给最广大的市民。

二是规划引领，构建城乡一体的公园绿地体系。2017年以来，先后编制《珠海市城市绿地系统规划（2004—2020）》《珠海市城市绿线规划》和《美丽珠海——公园之城规划（2016—2020）》等规划，提出构建“都市特色”“社区村居”“水网湿地”“森林郊野”四大公园体系，并通过林荫道、绿道、环山步道、堤围连接成绿色网络。

三是注重落实，推动“公园之城”建设目标稳步落地。2017年以来，按照“市级市建、区级区建”的原则，市区两级将公园建设经费纳入各级财政预算，将重点公园和配套公共空间改造列为重点项目，实施“挂图作战”，确保建设质量和进度。坚持“全市一盘棋”，推进城市与乡村、东部与西部、陆地与海岛各类公园同步规划、同步建设。实施“公园之城”行动以来，新建和改造市政特色公园43个、社区公园185个。同步实施“千里绿廊”“彩色飘带”行动，营造36处景观绿廊、53处多彩立面和113处繁花节点，建成绿道约1290千米、健康步道约133千米，串联起大小公园，使整个城市形成点、线、面、环有机结合的绿化生态景观体系，真正成为“公园里的城市”。

四是依法护绿，规范园林绿化建设管理。2019年9月，出台《珠海经济特区园林绿化条例》，填补珠海园林绿化的法律空白。2020年，围绕《珠海经济特区园林绿化条例》实施，出台园林绿化工程《景观效果评价办法》《“绿色图章”管理办法》等规范性文件，编制园林绿化工程《（防灾）施工标准》《（防灾）树种选择指引》等行业标准，初步建立“1+N”园林绿化政策体系，为园林绿化行业健康精细规范发展提供法治保障。

三、珠海“公园之城”建设亮点

一是注重整合生态资源，打造精品特色公园。在保护生态环境的前提下，利用开发25米等高线以下的山体资源，开发城市自然体系下的绿化资源。在公园建设中，最大限度保留原有的山、水、草木等生态特征，充分发掘原生地貌景观优势。香山湖公园参考该理念建设，达到“虽由人造，宛若天成”的效果，成为城市新名片以及市民、游客的“网红打卡点”。

二是见缝插绿建设社区公园，实现公园“触手可及”“出门可见”。优先选择边角插花地块、市容市貌脏乱地块、老旧小区居民集中或基础设施相对落后地块，因地制宜建设社区公园，为市民就近提供休闲健身、文娱活动的场所，真正把公园建到市民家门口。为有效解决边角插花地块土地权属复杂、用地功能性质不一的问题，社区公园用地严格遵循“三不”（不改变土地权属、不改变土地性质、不征用土地）原则，并承诺建成后对居民免费开放，赢得相关土地权属单位的理解与支持，确保社区公园迅速落地见效。

三是注重人文关怀，提升公园服务功能品质。通过合理搭配“乔、灌、花、草”，营造疏朗通透、移步换景的疏林草地景观空间。通过增设公厕、休憩平台、文体设施、儿童乐园、林荫停车场等设施，让公园的休闲、健身、文化功能渗透到城市生活中。

四是融合海绵城市理念，打造绿色海绵公园。在保持公园绿地原有功能基础上，因地制宜增加雨水花园、下凹式绿地、人工湿地等海绵设施，充分发挥公园绿地蓄水、净水功能，有效增强城市防洪排涝能力。香山湖公园利用庞大水系，采用“蓄、净、用、排”措施，可就地消纳和利用70%降雨。金山公园能在暴雨后5小时内有效防涝蓄水。

五是开展认建认养，发动社会力量参与绿化建设和管理。探索多元化融资模式，鼓励企业和个人以捐资、认建、认养等形式，参与园林绿化的建设和养护。2020年，出台《园林绿化认建认养管理办法》，规范认建认养工作，更好地发动社会力量参与绿化建设和管理。（市住房城乡建设局）

“五大工程”提升退役军人工作效益

2020年，中共珠海市委退役军人事务工作领导小组办公室认真谋划、统筹推进退役军人服务管理保障改革创新“五大工程”建设，组织全市退役军人事务系统攻坚克难，在短时间内实现退役军人服务保障工作从“建好最初一公里”到“打通最后一公里”的跨越。

2020年8月，市委退役军人事务工作领导小组办公室联合市委改革办公室对全市退役军人事务系统进行深层次调研，推动以“凝聚暖心、军地创业、先锋示范、拥军校园、国防后备”为主要内容的退役军人服务管理保障改革创新“五大工程”建设。10月，《广东改革工作简报》（2020年第30期）以《珠海市以“五大工程”建设为抓手，积极探索退役军人服务管理保障改革创新》为题刊发珠海市退役军人工作改革创新情况，并上报中央改革办，此为广东省委深化改革委员会成立以来第一次刊发退役军人工作方面内容的简报。12月2日，中央退役军人事务工作领导小组办公室专发一期简报，刊载珠海的经验做法，向全国推广。

一、凝聚暖心工程

一是建立健全服务保障体系。按照四级[市、区、镇（街）、村（社区）]“五有”（有机构、有编制、有人员、有经费、有保障）标准，全市建成退役军人服务中心（站）361个。12月，珠海打造的首批27个（含20个5星级）星级服务中心（站）全部通过省厅验收。协调各区建立退役军人功能型党组织，依托拥军社会组织，为退役军人提供就业创业、技能培训、法律援助、优待慰问等服务。在“世界500强企业”珠海格力电器股份有限公司成立全国首个民营企业退役军人服务中心。

二是优化退役军人服务保障。完善接收安置机制，在全省首创退役军人返乡报到“一站联办”模式，实现“一窗进出”“两线协同”“多向联办”“只跑一次”；推行“阳光安置”，采取考试竞岗和“双向选择、积分选岗、指令性分配”相结合的安置模式，妥善接收安置退役军人。推行常态化联系退役军人制度，全年全市退役军人事务系统工作人员常态化走访联系退役军人，收集退役军人诉求，超七成诉求得到圆满解决。完善权益维护机制，在全国率先设立市、区两级退役军人公共法律服务工作站，定期派驻律师为退役军人提供法律咨询、法律援助、法治宣传等服务。建立“局长接访日”制度，加强市区联动，努力将矛盾化解在基层，把问题解决在萌芽状态。探索社会化拥军优抚，以市属国企为重点，推动企业完善退役军人服务末端保障体系，强化职业技能培训，帮助退役军人更好融入企业发展。

三是落实军地合署办公机制。为顺畅跨军地事务工作的联络、协调、宣传、服务渠道，促进军地互办实事见成效，由市领导带队走访协调驻地部队，落实军地合署办公机制，并实现在市委、市政府大院内实体办公。2020年实现有意愿的现役军人子女100%入读公办幼儿园，在义务教育阶段100%就读公办中小学，并对现役军人子女予以中考加分政策照顾。

二、军地创业工程

一是加强“两个对接”。以高新区为主阵地，探索搭建新时代大学生退役军人创新创业对接服务平台，为优秀的国防科技专业退役军人创业提供信息、技术、项目、资金等对接服务。由高新区管委会牵头召开“军地融合‘产学研’交流座谈会”，成立“珠海市退役军人服务保障改革创新‘五大工程’军地创业工程示范基地”，为云洲智能、欧比特等高新技术企业和高素质退役军人搭建双向推荐渠道，推动大学生退役军人精准助力企业发展，加速推进军地科技协同创新。

二是注重“三个导向”。以融入社会需求、市场需求、学历提升需求为导向，构建多层次多样化教育培训体系，为自主就业退役军人提供全员适应性培训，为入读高职的退役士兵落实补助资金36.75万元，组织10名自主择业军转干部参加清华大学网络培训。

三是提供“四项服务”。推出“线上+线下”立体招聘、政策宣讲进企业、免费职业介绍、再就业帮扶服务，邀请482家企业参加“拥军优属专场招聘会”，为军属和退役军人提供7256个工作岗位。

四是做实“五个举措”。通过市退役军人创业孵化基地提供创业服务，组建市退役军人就业创业导师团开展创业指导培训，依托市退役军人就业创业服务促进会提供个性化帮扶，开展致富“双带”活动，加强金融、税收、医保、社保等政策扶持，优化退役军人就业创业环境。与中国人寿珠海分公司签订“仁军保”人身意外伤害保险合作框架协议，为2020—2022年退出现役的自主就业退役士兵和政府安排工作退役士兵免费提供特定情形津贴保障；以政府补偿金担保、抵质押担保、自然人担保等担保方式，为退役军人发放创业贴息贷款730万元。

三、先锋示范工程

一是构建退役军人荣誉激励体系。建立健全表彰激励机制，通过邀请优秀退役军人代表参与重要庆典（纪念活动）、座谈，开展送新兵入伍暨老兵“传帮带”等系列活动，提升退役军人的荣誉感、获得感和幸福感，褒扬退役军人为国为民牺牲奉献的精神风范和价值导向。营造尊崇关心退役军人的社会氛围，发掘退役军人先进事迹，开展老兵故事进社区、企业、校园、军营活动，展示退役军人永葆本色、奋发图强的优秀品质和精神风貌。

二是发挥退役军人示范表率作用。疫情期间，全市退役军人成立十余支抗疫志愿服务队奔赴抗疫一线，组织捐资、捐物合计约449万元。抗击台风“海高斯”期间，以“党员+义工”模式，组织退役军人党员先锋、志愿者1000余人投入抗风救灾。吸收优秀退役军人加入村（社区）基层组织序列，全市退役军人担任村支书、村主任63名，当选村（社区）委员253名。依托退役军人服务站和社区网络，聘用113名退役军人担任网格员，对社区退役军人和其他优抚对象开展日常走访、节日慰问、心理疏导和困难帮扶，走访超过2.8万人次。加强退役军人志愿者服务队伍建设和能力培训，探索打造“一队一品牌”，发挥退役军人在红色宣讲、救援抢险、社区自治等领域的作用，提高志愿服务的规范化、专业化、精准化水平。

四、拥军校园工程

一是邀请退役军人进校园。邀请参战老兵参与香洲区学校2020年秋季军训，讲述红军长征故事、弘扬长征精神，开展“长征校园”等活动，言传身教对学生进行爱国主义教育和国防教育。引导推动各级各类学校利用校园广播站、墙报、宣传栏、标语、手抄报、校园网络等宣传阵地和方式，开展形式多样的拥军爱国主题教育活动，在孩子心中播下拥军强军的种子。

二是推广红色故事进校园。加强与学校之间的联系，通过开展“红色故事进校园”主题教育、组织参观红色教育基地等活动，讲授革命先烈的英雄事迹，传播红色基因，传递爱国主义精神。

五、国防后备工程

一是强化国防后备力量建设。与珠海警备区加强联系，着力为退役军人提供系统化、长效化的巩固战斗力培训，为国防后备力量建设提质增效；与珠海警备区共同打造国防训练教育基地。

二是强力推进拥军事业。构建“党委领导、政府搭台、部门联动、社会参与”的社会化拥军新格局，依托社会化拥军平台，组织机关、企事业单位、社会组织与部队签订军民共建协议，开展“双拥在基层”“双百拥军行”等一系列紧扣时代内涵的双拥活动，珠海连续第九次被国家授予“全国双拥模范城”荣誉称号。

（刘光翔）

2020年珠海市十件民生实事完成情况表

事项	工作任务	完成情况
一、增加优质学位	新建和改扩建10所中小学，新增学位1.19万个	完成 完成新建和改扩建中小学10所，新增学位1.19万个。其中，香洲区2所、高栏港区1所投入使用，金湾区2所、斗门区5所完工
	建成幼儿园20所，新增学位7380个	完成 建成幼儿园21所，完成新增学位7380个。其中，香洲区新建14所，金湾区新建7所
	西部地区建成中小学、幼儿园15所，新增学位1.17万个	完成 西部地区建成中小学和幼儿园15所，新增学位1.17万个。其中，高栏港区完成1所，金湾区完成9所，斗门区完成5所
二、提升基础医疗卫生服务水平	强化分级诊疗工作，建成10个健康社区示范点	完成 强化分级诊疗，“四个分开”分级诊疗格局不断完善： 1. 市人民医院通过省高水平医院建设中期评估。珠海市域内住院率97.3%，全省第三，促进市民本地就医，实现“区域分开” 2. 市人民医院医疗集团建设形成初见成效，组建专科联盟34个，优质医疗资源有效下沉到基层，实现“城乡分开” 3. 推进18个病种实施分级诊疗、双向转诊，指引患者在基层就诊，实现“上下分开” 4. 推进日间手术和急危重症救治中心建设，术后康复期患者可下转到基层医院后续治疗，实现“急慢分开” 建成健康社区示范点10个： 市健康办组织相关专家开展市级健康城市细胞工程评定验收工作，经评定，确认康宁社区、钰海社区、山场社区、春晖社区、红荔社区、南美社区、西城社区、群兴社区、后环社区、平塘社区等10个社区为健康社区示范点
	完成疫苗冷链配送系统和预防接种标准化建设	完成 疫苗冷链配送建设项目：市疾控中心冷库完成升级改造，扫码设备、冷链包材配备完成验收，投入运转冷藏车2辆 预防接种标准化建设项目：

（续表）

事项	工作任务	完成情况
二、提升基础医疗卫生服务水平	完成疫苗冷链配送系统和预防接种标准化建设	1. 全市各类型接种单位（包括预防接种门诊、社区接种点、产科接种点、狂犬病暴露预防处置门诊及其他类型接种门诊）均配置扫码设备并通过“广东省疫苗流通和接种管理信息系统”开展预防接种服务工作，省系统运行和使用情况整体良好 2. 完成智能医用冰箱和数字化建设设备配置并验收的门诊22家；完成后补式冷库改造、建设验收的门诊16家 3. 按要求完成改造或新建产科接种点14家、狂犬病暴露预防处置门诊24家、成人接种门诊5家、特需人群接种门诊1家
三、建成一批公共停车场	支持社会资本参与，在重点区域统筹整合、改造升级、建设智能立体停车场，新增各类停车位5000个以上	完成 1. 统筹各区、各相关单位完成建设各类可提供公共服务的停车位（含智能立体停车场）8041个。其中，智能停车位3671个（含智能立体停车位2951个），智能咪表停车位2695个，其他普通停车位1675个 2. 注重在重点区域增设停车位，缓解停车难问题。一是对市民集中反映停车难的香山湖公园重点区域进行改造升级，在附近增设智能咪表停车位247个（红云路、石溪路），增设智能停车位162个（香山湖三期停车场），增设智能立体停车位385个（凤凰中学停车场）；二是在社区、居民反映停车秩序较混乱、交通拥堵的45个重点路段设置2695个智能咪表停车位；三是对群众反映办事停车难的横琴新区综合服务中心附近设置红旗村临时停车场，提供车位220个；四是在横琴新口岸设置智能立体停车位2520个 3. 支持社会资本参与停车位建设。在市住房城乡建设局门户网站对外公布《东部立体停车设施建设规划》。在东部城区寻找尚可利用的边角地块（绿地16处），规划公共立体停车设施47处（车位9185个），为包括社会资本在内的各类投资建设主体开展立体停车设施建设提供规划依据 4. 将《珠海经济特区停车场建设与管理条例》草案提交市人大审查。该条例出台后，将从立法角度改进完善珠海停车场规划、建设、管理体制机制 5. 批准香洲区工商大厦侧立体停车楼概念性方案。华发集团开展建设前期工作，规划提供600—800个停车位
四、提升公交服务水平	新投放纯电动公交车200辆	完成 完成“更新投放200辆纯电动公交车购置项目”招标工作，并与中标单位中兴智能汽车有限公司和珠海广通汽车有限公司签订车辆购置合同。200辆车完成生产并投入运营
	持续优化公交线网，加密主干道班次，结合实际优化夜间服务时间	完成 持续优化公交线网，加密主干道班次，结合实际优化夜间服务时间：截至2020年12月30日，新开通常规公交线路5条（B4路“湖心路口总站—香洲”、530路“富山工业园—湖心路口总站”、两条循环线B37和B38路“水郡总站—井岸大厦—水郡总站”、T88路“湖心路口总站—横琴客运码头”）；优化调整线路及站点315条次；优化调整运行时刻表306条次，其中加密16、33、34、504、803路等线路班次67条次，延长26、B9、K1路等线路服务时间49条次

（续表）

事项	工作任务	完成情况
四、提升公交服务水平	增开定制专线和微循环公交线路	完成 增开定制专线和微循环公交线路：开通微公交线路5条（Z79路“竹林埔—金鼎”、Z145和Z146路“平沙—平沙商贸中心—平沙”两条循环线、Z271路“乾务行政中心—新沟”、Z272路“水郡总站—黄金”）。开通学生专线7条（周末学生专线“珠海一职校—湖心路口总站”“斗门一中—湖心路口总站”“市实验中学—香洲总站”“珠海一中平沙校区—湖心路口总站”以及杨匏安小学、海湾小学、湾仔中学早晚高峰学生专线），开通首条双层观光巴士专线（“情侣路—印象珠海”）
五、改造提升城乡道路	完成第六批21条道路改造提升	完成 第六批21条道路［镜新二街、翠华路、碧海路、青春一街、吉祥街道、如意街道、中心街道、中心里街、上华路、翠福路（鸿鹄街以南）、广福街、华平路、逸仙路（金鸡路到三石台）、逸仙路（翠微西路到莲鞍路）、港口三巷街道、新码路、美晟一街、美晟二街、春晖路、晨晖路、翠珠四街］完成改造并通车
	对城市下穿隧道和地下通道环境进行全面整治	完成 全年解决各类下穿隧道和地下人行通道环境整治问题121个。对所有车行通道铭牌进行更新及补漏；组织开展排水防涝排查治理、流浪乞讨人员救助工作；清洗隧道侧墙3.46万平方米，刷漆面积1.86万平方米，修复侧墙瓷906平方米，墙面腻子批灰328平方米，无障碍通道破损修复242平方米，修复不锈钢扶手246米，护栏玻璃破损修复46处，清洗更换灯罩334个，维修照明灯1129盏，应急照明灯64盏，维修更换伸缩缝60米，维修沥青路面420平方米，人行通道安装减速带8条
	新建人行立体过街设施15座	完成 15座人行立体过街设施均开放通行，分别是：长隆城轨站人行天桥、海霞路（望海楼）天桥、金琴快线（京师家园）天桥、金琴快线（UIC国际学院）地道、金琴快线（造贝村）天桥、金琴快线（白云路口）天桥、金琴快线（南屏大桥南桥头）地道、金琴快线（华发商都）地道、金琴快线（北山牌坊）地道、金琴快线（北山工业园）地道、金琴快线（明德医院）地道、迎宾北路（安宁路口）天桥、三灶金岛路（金海岸文化艺术中心路段）天桥、港湾大道（官塘）天桥、G228黄杨大道（斗门一中）天桥
	加快建设“四好农村路”，提档升级90千米、“白改黑”48千米	完成 提档升级：完成91.2千米。其中，金湾区11.2千米，斗门区80千米 “白改黑”：完成57.9千米。其中，金湾区15.9千米，万山区1.8千米，高栏港区40.2千米
六、完善居家社区养老服务体系	建成24个镇（街）居家社区养老综合服务中心、配建不少于230个村（社区）居家养老设施，覆盖100%城市社区、90%农村社区，持续推进“长者饭堂”建设	完成 1. 全市建成居家社区养老服务设施330处，其中香洲区130处，金湾区23处，斗门区125处，横琴新区4处，高新区18处，高栏港区21处，万山区9处；镇（街）级居家养老综合服务中心24处、村（社区）养老服务设施306处；实现居家社区养老服务设施覆盖100%城市社区、90%农村社区的目标 2. 持续推进长者饭堂建设，2020年新增长者饭堂88处，总数达168处。其中，香洲区110处，金湾区22处，斗门区17处，横琴新区4处，高新区9处，高栏港区4处，万山区2处

（续表）

事项	工作任务	完成情况
七、开展老旧小区整治提升	启动10个老旧小区综合整治试点，改善小区环境、完善市政配套、加强物业管理，引导支持多层住宅加装电梯	完成 1. 夏湾新村、弘发巷3号、翡翠山庄小区、南村新苑、公交花园、银厦广场、安居园、翠香花园小区、湾仔中学生活区小区、华海路84号等10个老旧小区综合整治提升项目进场施工 2. 10个老旧小区均确定物业方案，其中弘发巷3号小区完成物业公司招标 3. 夏湾新村、公交花园、安居园、南村新苑小区筹备多层住宅加装电梯事宜
	推动平沙农场砖瓦房改造	完成 1. 市政府通过《珠海平沙华侨农场砖瓦房改造安置实施方案》和专项控规调整编制；于11月19日召开专家评审会并通过《平沙华侨农场砖瓦房改造安置项目交通影响评价》 2. 成立项目实施主体公司（珠海市汇正置业有限公司），属镇国有企业。完成项目立项、用地手续办理 3. 选定基坑支护设计和初勘单位，完成基坑支护设计；完成主体设计招标，开展方案设计；项目造价咨询招标中；项目施工监理招标文件编制中 4. 《珠海平沙华侨农场砖瓦房改造安置实施细则》通过审议，动员符合条件的居民报名 5. 12月31日，平沙华侨农场砖瓦房改造安置项目举行启动仪式
八、持续推进农村人居环境改善和基础设施建设	新建改建乡村公厕90座	完成 新建改建乡村公厕90座。其中，斗门区61座，高新区14座，万山区3座，高栏港区12座
	优化提升海岛公共服务设施，打造东澳岛观光步行系统	完成 滨海栈道（大圆环除外）主体工程全部完成，栏杆安装完成，地板铺装完成60%，示范段铺装完成。森林栈道主体全部完成，栏杆安装完成（栏杆扶手除外）。蜜月阁修缮完成95%
九、实现学校食堂“互联网+明厨亮灶”建设全覆盖	实现学校食堂“互联网+明厨亮灶”建设全覆盖	完成 联合市教育局、市人社局印发《珠海市学校食堂“互联网+明厨亮灶”智慧监管平台预警处置工作规范（试行）》，将全市579家供餐学校食堂接入“互联网+明厨亮灶”监管系统，实现全覆盖，通过监管平台对学校食堂进行不定期网上巡查，发现问题及时整改
十、珠海博物馆与珠海规划展览馆投入使用	珠海博物馆投入使用	完成 珠海博物馆于10月26日启用，并于11月3日正式对公众开放。截至年底，接待6.7万人次参观
	珠海规划展览馆投入使用	完成 珠海规划展览馆于10月26日启用，并于11月3日正式对公众开放。截至年底，接待2.24万人次参观

（林志健）

2020年荣誉榜

1月3日 社会科学文献出版社联合北京师范大学等发布《2019中国地方政府效率研究报告》，珠海位列中国效率“百高市”第二名。

1月4日 首都科技发展战略研究院和中国社会科学院城市与竞争力研究中心联合发布《中国城市科技创新发展报告2019》。全国289个城市的科技创新发展指数排名中，珠海首次跻身十强，位列第十。

1月9日 中国国家卫生健康委员会公布“2018年度健康城市建设示范市”名单，珠海市入选，同时获评2018年度广东省健康城市建设排名第一位城市。

1月10日 中共中央、国务院在北京举行2019年度国家科学技术奖励大会。中国铁建港航局集团有限公司参与的“海上大型绞疏浚装备的自主研发与产业化”项目获国家科技进步特等奖；珠海格力电器股份有限公司主导的“大容量高效离心式空调设备关键技术及应用”、珠海市司迈科技有限公司参与的“微创等离子前列腺手术体系的关键技术与临床应用”项目分获国家技术发明二等奖；中航通飞研究院有限公司的“大型飞机研制强度关键技术及应用”获国家科技进步二等奖。

1月16日 司法部发布《司法部关于表彰全国法律援助和公共法律服务工作先进集体、先进个人的决定》。香洲区法律援助处被授予“全国法律援助先进集体”荣誉称号，横琴新区公共法律服务中心、香洲公证处、珠海市妇幼保健院法医物证司法鉴定所被评为“全国公共法律服务工作先进集体”，金湾区司法局陈志武、珠海仲裁委员会吴学艇被评为“全国公共法律服务工作先进个人”。

1月18日 2020新加坡VEX国际机器人锦标赛闭幕。珠海市香洲区第十九小学和金湾区第一小学联队包揽IQ项目小学组团体赛冠亚军；珠海市第二中学获得EDR项目高中组亚军；珠海市文园中学获得个人技能比赛第四名；珠海市一中附属实验学校获“最佳思考”奖。

1月21日 广东省农业农村厅、海关总署广东分署公布广东省农产品出口示范基地名单，珠海新增7个省农产品出口示范基地，2个基地通过复审。

链　接：

新认定广东省农产品出口示范基地

珠海市绿益苗木专业合作社斗门区种苗花卉种植基地

珠海市振盟肉禽有限公司斗门区家禽产品加工基地

珠海市全同农副食品有限公司斗门区家禽产品加工基地

珠海市顺明有限公司斗门区蛋鸡养殖基地

珠海诚汇丰农业科技有限公司高栏港经济区水产品加工基地

珠海德洋水产养殖有限公司金湾区水产养殖基地

珠海市之山水产发展有限公司斗门区水产养殖基地

通过复审示范基地

广东省珠海粮油食品进出口有限公司斗门区活鸡养殖基地

珠海国洋食品有限公司高栏港经济区水产品加工基地

1月23日 生态环境部通报2019年全国地表水、环境空气质量状况。全国168个重点城市中，珠海环境空气质量排名第十四位。

2月12日 民政部、财政部关于确定第五批中央财政支持开展居家和社区养老服务改革试点地区的通知发布，珠海市入选。

2月21日 广东省人民政府通报表彰2019年度广东省政府质量奖获奖企业或组织，包括珠海醋酸纤维有限公司、得理乐器（珠海）有限公司在内的全省10家企业或组织获表彰。

3月4日 国家卫生健康委等部委联合印发《关于表彰全国卫生健康系统新冠肺炎疫情防控工作先进集体和先进个人的决定》，广东省中医院珠海医院呼吸科主任黄东晖获“全国卫生健康系统新冠肺炎疫情防控工作先进个人”称号。

3月5日 广东省总工会公布省五一劳动奖状、奖章获奖名单，珠海市人民医院感染科周晓蕾、斗门区环卫管理所周结兰被授予广东省五一劳动奖章。

3月6日 广东省总工会发布《关于表扬广东省先进女职工集体和个人的通知》，纳思达股份有限公司王凤获“广东省先进女职工”称号。

3月11日 中央农办、农业农村部通报表扬2019年全国村庄清洁行动先进县，斗门区上榜。

3月21日 珠海市妇联《“创享e家”农村妇女互助小组》获广东省民政厅“2019年度广东省社会工作优秀案例”。

3月25日 广东省科技创新大会在广州召开，颁发2019年度广东省科学技术奖。珠海13个项目获奖，较2018年增加8个，为历史最好成绩。其中，珠海格力电器股份有限公司、珠海格力节能环保制冷技术研究中心有限公司的“光储空调直流化关键技术研究及应用”获技术发明一等奖；珠海大横琴科技发展有限公司主导的“跨域多维电子围网关键技术及应用”获科技进步一等奖；珠海艾派克微电子有限公司完成的“基于国产32 位 CPU 的集成电路安全芯片”等11项成果获科技进步二等奖。

3月31日 广东省人民政府征兵办、广东省教育厅发文表彰2019年度全省征兵工作先进单位和先进个人，珠海市被评为“广东省征兵工作全优单位”，这是珠海市连续第三十八年获此荣誉。

4月17日 农业农村部发布《关于开展学习第二批全国农村集体产权制度改革试点典型经验活动的通知》，斗门区入选榜单。

4月21日 国家城市品牌评价项目组对全国403个特色小城镇2019年12月30日至2020年4月16日数据进行标准化分析，发布2020中国特色小城镇品牌传播百强榜单，斗门区入选榜单第十五位。

4月 上海国际航运研究中心发布“2019年全球投资与规模增速最快的集装箱港口”排名，珠海港名列全球第十五位、在中国港口中排第四位。

5月19日 为表彰优秀青年在新冠肺炎疫情防控工作中的杰出贡献，共青团广东省委员会、广东省青年联合会特别授予全省73名青年及28个集体“广东青年五四奖章”，珠海市4名青年和1个集体获奖。

链　接：

“广东青年五四奖章”个人奖

珠海市人民医院放射科	于向荣
中山大学附属第五医院感染防治中心	李　颖
中山大学附属第五医院	李群欢
珠海市妇幼保健院	陈　非

“广东青年五四奖章”集体奖

中山大学附属第五医院感染病防治中心

5月20日 农业农村部公布2020年第一批全国名特优新农产品名录，斗门区“白蕉海鲈”上榜。

5月29日 共青团中央、人力资源社会保障部联合印发《关于命名表彰第20届全国青年岗位能手的决定》，珠海格力电器股份有限公司李永民入选。

6月3日 国家能源局和中国电力企业联合会联合发布《2019年全国电力可靠性年度报告》。珠海以平均停电时间0.55小时/户、全口径平均供电可靠率99.9938%、全年停电33分钟的成绩，在全国地市级行政区电力可靠性排名第一。

6月8日 教育部、中国福利会、中国宋庆龄基金会公布第十四届宋庆龄奖学金获奖名单，珠海平沙一中的郭玥希、高新区唐家小学的胡芷晗上榜。

6月11日 中国社会科学院马克思主义研究院等机构共同发布《公共服务蓝皮书：中国城市基本公共服务力评价（2019）》，全国38个主要城市中，珠海市公共服务满意度排名第一。

6月11日 横琴金融投资有限公司凭借专业的投资能力、突出的投资业绩，入围“投中2019年度中国最佳有限合伙人TOP10”。（“投中榜”是投中信息作为独立的第三方机构发布的中国创业投资机构暨私募股权投资系列榜单，被称为国内股权投资行业风向标。）

6月23日 广东省禁毒委举行“健康人生·绿色无毒”主题禁毒宣传活动，现场表彰100名“最美禁毒人”和100个“最美禁毒团队”。珠海黄凌、钟沛文、彭德泉、马强、罗文生等5人入选“最美禁毒人”，珠海市妇女联合会、珠海市斗门区关心下一代工作委员会、珠海市斗门区教育局、珠海市香洲区前山街道禁毒委员会办公室、珠海市新豫青少年综合服务中心等5个单位获评“最美禁毒团队”。

6月 由《求是》杂志旗下的《小康》杂志联合多个部门和机构举办的“2020中国最宜置业百佳县市”榜单发布。珠海市香洲区在全国2657个县域行政单位中排名第一，斗门区位列第二十三位。

7月1日 珠海大横琴集团有限公司报送的《筑起口岸新通道，树立合作新典范》获评首届全国自贸片区党建创新典型案例。

7月20日 广东省2019年度全面推行河长制、湖长制工作考核结果公布，珠海考核等次为优秀。

7月27日 财富中文网发布2020年《财富》中国500强。珠海格力电器股份有限公司、珠海华发实业股份有限公司、纳思达股份有限公司3家珠海企业上榜，排名分别为第54、296、392位。

7月28日 广东省委实施乡村振兴战略领导小组通报2019年度推进乡村振兴战略实绩考核工作结果，珠海综合评价等次为“优秀”，综合排名位居珠三角第二名。

8月10日 美国《财富》杂志公布2020年世界500强排名，格力电器连续第二年上榜，位列第436位。

8月21日 中央全面依法治国委员会办公室发布《关于第一批全国法治政府建设示范地区和项目命名的决定》，珠海市荣膺“全国法治政府建设示范市”称号。

8月24日 广东省农业农村厅公布首批省级“一村一品、一镇一业”专业村名单。乾务镇湾口村（鳗鱼）、白蕉镇新环村（盲曹）、白蕉镇泗喜村（白蕉海鲈）、白蕉镇灯三村（白蕉海鲈）、白蕉镇灯笼村（白蕉海鲈）入选。

8月26日 文化和旅游部、国家发展改革委公布第二批全国乡村旅游重点村名单，斗门区斗门镇南门村入选。

8月28日 世界港口航运业权威机构《劳氏日报》发布“2020年全球百大集装箱港口排名”榜单，珠海港名列第七十七位，较2019年上升4位，并以10.65%的增速位居增速排名榜单的第九位。

8月30日 2020年（第三十七届）全国医药工业信息年会暨2019年度中国医药工业百强榜单发布会在珠海开幕。珠海联邦制药股份有限公司和丽珠医药集团股份有限公司入选2019年度中国医药工业百强榜单，分别排第二十一、三十位。

9月1日 广东省工业和信息化厅公布第二批广东省5G产业园区名单，珠海市5G产业园上榜。

9月4日 深圳证券交易所通报深市上市公司2019年度信息披露考核结果，珠海港股份有限公司连续四年获最优A类评级。

9月8日 全国抗击新冠肺炎疫情表彰大会在北京人民大会堂举行。拱北街道党工委被授予“全国抗击新冠肺炎疫情先进集体”和“全国先进基层党组织”荣誉称号，这是珠海市唯一获得两项殊荣的单位，也是全省唯一镇（街）层面获全国抗疫先进的单位；珠海市人民医院医疗集团党委副书记、副院长崔敏获“全国抗击新冠肺炎疫情先进个人”荣誉称号。

9月10日 全国工商联公布“2020年度中国民营企业500强榜单”，珠海企业纳思达股份有限公司位列第423位，连续三年上榜。

9月17日 中央文明办发布2020年2—7月“中国好人榜”，珠海市陈伟光、王彦博、管延萍上榜。

9月19日 中国农村卫生协会发布《关于表彰全国乡镇卫生院优秀院长、全国先进农村（基层）卫生协会的决定》，珠海市人民医院高栏港医院（南水镇卫生院）秦杰被授予2020年“全国乡镇卫生院优秀院长”荣誉称号。

9月22日 在2020年珠海市“中国农民丰收节”活动现场，中国水产流通与加工协会授予金湾区“中国黄立鱼之乡”称号。

9月28日 中国企业联合会、中国企业家协会联合发布“中国企业500强”榜单，华发集团位列榜单第259位，同时位列中国服务业企业500强第102位、中国100大跨国公司第68位。

10月13日 2020年广东“众创杯”创业创新大赛之科技海归领航赛决赛在珠海举行。珠海队获2金4银1铜。其中“多回路反馈血管介入机器人系统”和“高性能MEMS惯性传感器”分获团队组和企业组金奖。

10月20日 广东省妇联、省委宣传部、省文明办公布2020广东“最美家庭”的名单，珠海7个家庭上榜。

链 接：

珠海上榜广东“最美家庭”名单

广东十大“最美家庭”	杨云锋家庭
	全莉子家庭
	李中和家庭
广东百户“最美家庭”	孙国荣家庭
	张天翼家庭
	黄瑞芬家庭
第十五届广东“优秀书香家庭”	邝 粗家庭

10月20日 全国双拥模范城（县）命名暨双拥模范单位和个人表彰大会在北京举行，珠海连续第九次获“全国双拥模范城”称号。

10月21日 广东省抗击新冠肺炎疫情表彰大会在广州举行，珠海市36名个人、13个单位获表彰。

链 接：

广东省抗击新冠肺炎疫情先进集体

珠海丽凡达生物技术有限公司
珠海市香洲区吉大街道党工委
珠海市香洲区南屏镇华发社区居民委员会
珠海市人民政府办公室
珠海市公安局治安警察支队三大队党支部
珠海市道路运输管理处党总支
珠海市商务局（口岸局）拱北分局党支部
珠海市卫生健康局
中山大学附属第五医院
珠海市人民医院
珠海市香洲区疾病预防控制中心
港珠澳大桥海关
珠海出入境边防检查总站拱北出入境边防检查站

10月22日 中国社会科学院与经济日报社发布《中国城市竞争力第18次报告》。全国291个城市中，珠海在2020年中国城市经济活力竞争力指数榜单上位居第五名。

链 接：

珠海市在《中国城市竞争力第18次报告》中的排名

项 目	排名
中国城市经济活力竞争力	5
城市综合经济竞争力	24
环境韧性竞争力	11
科技创新竞争力	42
营商软环境	23
营商硬环境	16
可持续竞争力	28

链　接：

广东省抗击新冠肺炎疫情先进个人

中山大学附属第五医院院长，二级教授、主任医师	单　鸿
中山大学附属第五医院副院长，主任医师	李中和
中山大学附属第五医院感染病防治中心副主任，研究员、副主任医师	肖　非
广东省中医院珠海医院重症医学科副主任医师	张兴展
遵义医科大学第五附属（珠海）医院护师	吴　涛
珠海市人民医院院长，主任医师	陆骊工
珠海市人民医院脑血管病科主任医师	杨建豪
珠海市人民医院放射科副主任，副主任医师	于向荣
珠海市妇幼保健院急诊科副主任，副主任医师	李生成
珠海市中西医结合医院产科护士	郑东宇（女）
珠海市慢性病防治中心精神卫生科副主任，副主任医师	谢志兵
珠海市健康城市和家庭发展指导服务中心职员	王争贵
珠海市横琴新区（横琴镇）社区卫生服务中心主任，主治医师	王心达
珠海市香洲区人民医院隔离留观病区主任，副主任医师	吴博文
珠海市斗门区白藤街道社区卫生服务中心主任，副主任医师	吴兆伦
珠海市金湾区三灶镇卫生院社区办执业医师	吴思敏（女）
珠海高新区人民医院副院长，主任医师	周代伟
珠海市万山区担杆镇卫生院院长，主治医师	李灯明
珠海市疾病预防控制中心主任助理、应急管理办公室主任，主任医师	阮　峰
珠海市疾病预防控制中心微检所副所长，副主任技师	黄辉涛
珠海高栏港经济区疾病预防控制中心主任，副主任医师	杨雪慧（女）
珠海市香洲区香湾街道水拥社区党委副书记，社工师	方丽珊（女）
珠海市香洲区前山街道南沙湾社区党委书记、居委会主任	饶文喜（女）
珠海市香洲区拱北口岸地区综合管理办公室监督协调室主任	郑志鑫
珠海格力电器股份有限公司机械工程师	罗汉兵
珠海市金湾区红旗镇藤山社区党委书记、居委会主任，社工师	梁文静（女）
珠海市斗门区井岸镇新堂村党总支委员、村委会副主任	陈宜安
珠海高新区唐家湾镇前环社区党委书记	何建生
港中旅（珠海）海泉湾有限公司酒店中心前厅部经理	钟莉（女）
珠海市香洲区税务局职工	王振麒
珠海传媒集团有限责任公司融媒中心首席记者	邓婉莹（女）
珠海市第二看守所三级警长	陈立升
珠海市公安局警令部情报应用大队大队长	黄雄华
珠海市公安局治安警察大队副大队长	林粤非
拱北海关所属高栏海关监管三科科长	赖　迅
珠海出入境边检总站四级高级警长	肖指群

10月22日 广东省双拥模范城（县）命名暨双拥模范单位和个人表彰大会在广州举行，珠海市4名个人、3个集体获表彰。

链 接：

广东省双拥模范单位和个人

荣誉称号	获奖单位（个人）
广东省双拥模范县（市、区）	香洲区、金湾区
广东省爱国拥军模范单位	珠海市爱国拥军促进会
广东省爱国拥军模范	珠海市金湾区退役军人事务局局长樊建国
	珠海市斗门区旭日陶瓷有限公司董事长黄英明
	珠海市丹田物业管理股份有限公司人事行政总监禹华超
广东省拥政爱民模范	中国人民解放军广东省珠海警备区政治工作处主任李兴

10月22日 第十届中国技术市场协会金桥奖表彰奖励大会在山东淄博召开，珠海市企业健帆生物“新型生物相容性高效吸附材料制备技术及其在血液净化中的应用”获评项目类二等奖。

11月2日 第三十届中国新闻奖评选结果揭晓，《珠海特区报》通讯《一本教材种下爱国爱澳的种子》获文字通讯与深度报道类三等奖。

11月3日 国家发展改革委办公厅印发《关于全国“十三五”时期易地扶贫搬迁典型案例的通报》，珠海援建的云南省怒江州泸水市大兴地镇维拉坝易地搬迁安置区（珠海社区）获评全国“十三五”时期美丽搬迁安置区。

11月6日 第九届中国创新创业大赛全国总决赛在浙江省杭州市闭幕，华芯智能（珠海）有限公司、洪启集成电路（珠海）有限公司分获初创组第六名和第十一名。

11月10日 中央文明办公布第六届全国文明城市入选城市名单和复查确认保留荣誉称号的前五届全国文明城市名单，珠海通过复查确认保留全国文明城市荣誉称号。

11月10日 中国侨联公布第八批“中国华侨国际文化交流基地”名单，珠海市香洲区容闳博物馆入选。

11月13日 由国家广播电视总局主办的首届（2017—2018年度）中国广播电视大奖·广播电视节目奖在北京颁奖。珠海广播电视台创作的《世界上最长的大桥——港珠澳大桥今天开通》获广播节目大奖，参与创作的《四十城　四十年》获电视节目大奖。

11月15日 第二十二届中国国际高新技术成果交易会在深圳会展中心落幕，珠海市飞企互联的FE智慧园区管理平台、一维弦科技的Dr. CaRo维度康健机器人、珠海云游道科技有限责任公司的极简汇率三项产品获高交会优秀产品奖。

11月17日 长三角智能制造协同创新发展联盟等单位主办的第八届先进制造业大会在上海举行，会上发布“中国先进制造业城市”和“中国先进制造业强区”两大榜单，珠海市位列中国先进制造业城市第二十二位，珠海高新区位居中国先进制造业强区第四十三位。

11月18日 新华社《瞭望东方周刊》与瞭望智库主办的“人民城市　幸福小康”2020中国幸福城市论坛暨第十四届中国最具幸福感城市调查推选活动在杭州举行，珠海获“中国最具幸福感城市”荣誉。

11月18日 由中国绿色碳汇基金会、中国野生动物保护协会、野生生物保护学会（WCS）主办的“2020野生动植物卫士行动暨第七届野生动植物卫士奖”颁奖典礼在北京举行。珠海摄影家、广东省昆虫学会昆虫摄影协会会长陈敢清获“影像推动卫士”称号。

11月19日 共青团广东省委员会等13个单位联合印发《关于命名第20届广东省青年文明号的决定》，珠海20个青年集体获表彰。

11月20日 中央文明委表彰第六届全国文明城市、文明村镇、文明单位和第二届全国文明家庭、文明校园及新一届全国未成年人思想道德建设工作先进。珠海市11个集体2个家庭1人获表彰。

链　接：

广东省青年文明号

“行业联合创建”类

港珠澳大桥管理局监控中心

珠海市中西医结合医院儿科

珠海金湾发电有限公司运行部集控分部C值

拱北海关缉私局九洲分局查私科

国家税务总局珠海市香洲区税务局吉大税务分局

中国邮政集团有限公司珠海市城区分公司前山营业所

中国电信珠海分公司香洲行业客户中心

中国联通珠海市分公司平沙营业厅

中国石化广东珠海石油分公司白蕉加油站

中国石油天然气公司珠海横琴中油加油站经营有限公司横琴加油站

“团组织独立创建”类

珠海市政务服务大厅“一门式”政务服务队伍

珠海市消防支队香洲大队拱北中队

珠海市消防支队斗门大队斗门中队

珠海出入境边防检查总站横琴边检站二队

珠海船舶交通管理中心

交通运输部南海第一救助飞行队飞行管理部

“战疫特别推荐”类

中山大学附属第五医院感染病防治中心

广东省中医院珠海医院急诊科

拱北海关隶属高栏海关监管三科

珠海市斗门区心益社会工作服务中心

11月20日　农业农村部公布第十批全国“一村一品”示范村镇及2020年全国乡村特色产业十亿元镇、亿元村名单，斗门区白蕉镇昭信村上榜。

11月24日　全国劳动模范和先进工作者表彰大会在人民大会堂隆重举行。珠海保税区摩天宇航空发动机维修有限公司TE100工程师王海，斗门白蕉镇昭信村妇联主席、珠海市进才水产养殖专业合作社社长梁美容获“全国劳动模范”荣誉称号；中山大学附属第五医院院长单鸿获“全国先进工作者”荣誉称号。

链　接：

第六届全国文明村镇

斗门区莲洲镇红星村

斗门区莲洲镇莲江村

金湾区三灶镇中心村

第六届全国文明单位

珠海传媒集团有限责任公司

珠海汉胜科技股份有限公司

珠海市香洲区翠香街道康宁社区

国家税务总局珠海市横琴新区税务局

交通银行珠海分行营业部

第二届全国文明校园

斗门区第二中学

香洲区第十九小学

第二届全国文明家庭

谢坚家庭

闫禹家庭

第五届全国未成年人思想道德建设工作先进工作者

香洲区香山学校校长孙晓燕

11月25日　2020年中国脑卒中大会暨脑卒中防治工作总结会召开，珠海市人民医院院长陆骊工获“2020年国家卫生健康委脑卒中防治工程模范院长”，珠海市人民医院脑血管病科程光森团队获评“优秀参与课题团队”，珠海市人民医院院宋非凡获“2019—2020年度脑卒中高危人群筛查和干预项目先进个人”称号。

11月26日　由中国社会科学院信息化研究中心

等联合举办的“2020智慧中国年会”在北京举行。横琴新区管委会商务局以“政企智慧互动化新模式，营造一流政务营商环境”为主题申报的“横琴企业专属网页”项目获“第三届（2020）中国营商环境特色50强——亲清环境创新奖”。

12月1日 中国国际经济交流中心、美国哥伦比亚大学等机构共同发布《可持续发展蓝皮书：中国可持续发展评价报告（2020）》，珠海在城市可持续发展综合排名中居首位，珠海连续三年获此殊荣。

12月2日 2020年广东省劳动模范、先进工作者和先进集体表彰大会在广州召开。珠海市杨建豪、黄瑾、叶红、张治平、彭伟兴、李大铭、王佳鑫、刘强胜、党扬州、周运贤、杨斌、杨云锋、周荣波等13人获评广东省劳动模范、广东省先进工作者；珠海市人民医院、珠海云洲智能科技有限公司、珠海联邦制药股份有限公司十七车间获评广东省先进集体。

12月3日 2020世界机器人大赛总决赛在佛山举行，珠海市第七中学3支队伍参加“ENJOY AI赛项”，均获二等奖。

12月8日 中国社会科学院财经战略研究院和联合国人居署共同发布《全球城市竞争力报告（2020—2021）》。全球1006个城市中，珠海跻身全球经济活力百强城市榜单第三十九名，全球城市营商软环境榜单第九十七名。

12月9日 中共广东省委、广东省人民政府表彰2018—2020年度广东省文明城市、文明村镇、文明单位、文明家庭、文明校园和道德模范及提名奖获得者。珠海市多家集体和个人获表彰。

12月9日 司法部下发《关于表彰全国模范人民调解委员会模范人民调解员的决定》，斗门区井岸镇人民调解委员会郭青文调解工作室调解员郭青文、国家高新技术产业开发区唐家湾镇人民调解委员会驻唐家派出所调解工作室副主任苏利荣、珠海市金湾区三灶镇人民调解委员会调解员李锦河获“全国模范人民调解员”称号。

12月9日 国务院办公厅印发《关于建设第三批大众创业万众创新示范基地的通知》，珠海高新技术产业开发区入选“精益创业方向”双创示范基地名单。

12月12日 九洲控股集团被中国旅游研究院、中国旅游协会授予“2020中国旅游集团20强”称号。

12月19日 广东省委农村办公室等单位主办的第二届“广东十大美丽乡村”系列评选活动发布会在广州举行，珠海市高新区唐家湾镇会同社区获评“广东十大美丽乡村”，珠海市斗门区莲洲镇莲江村获评“广东农房风貌提升名村”。

链　接：

广东省文明村镇

斗门区莲洲镇
斗门镇上洲村
三灶镇海澄村

广东省文明单位

国家税务总局珠海市横琴新区税务局
珠海市人民医院
珠海格力电器股份有限公司
中建三局第一建设工程有限责任公司珠海分公司
珠海传媒集团有限责任公司
中国铁建港航局集团有限公司
珠海市香洲区拱北街道茂盛社区

广东省文明家庭

王桂湘家庭

第二届广东省文明校园

高栏港经济区金洲小学

广东省道德模范提名奖

珠海市妇女儿童福利会会长陈伟光

12月21日 粤港澳大湾区研究院、21世纪经济研究院联合发布《2020年中国296个地级及以上城市营商环境报告》，珠海在296个城市中多项指数名列前茅。

链 接：

《2020年中国296个地级及以上城市营商环境报告》珠海排名情况

项 目	排名
营商环境	15
常住人口增速指数	1
软环境指数	8
每万人的专利授权量	3
人均GDP	6
生态环境指数	4

12月21日 工业和信息化部、中国工业经济联合会印发《关于第五批制造业单项冠军及通过复核的第二批制造业单项冠军企业（产品）名单的通知》。纳思达股份有限公司获评“单项冠军示范企业（第五批）”，珠海蓉胜超微线材有限公司的“继电器用微细漆包线”获评“单项冠军产品（第五批）”。

12月24日 全国“扫黄打非”工作小组办公室发布第四批全国“扫黄打非”进基层示范点名单，香洲区拱北街道上榜。

12月26日 国务院国资委改革领导小组发布《关于调整部分“双百企业”有关事项的通知》，华发集团入选国务院国企改革“双百企业”名单，是珠海市唯一上榜企业，也是所有双百企业中唯一的非省会和计划单列市的地级市国有企业。

12月26日 由《小康》杂志社牵头举办的2020第十五届中国全面小康论坛在中山市举行。斗门区获评“2020年度中国全面小康百佳示范县市”，珠海市农业投资控股集团有限公司获“2020年度中国全面小康特别贡献企业奖”。

12月27日 民政部公布《全国民政系统抗击新冠肺炎疫情先进集体名单》，珠海市社会福利中心入选。

12月29日 共青团中央等部委印发《关于表彰2020年度“全国优秀少先队员”“全国优秀少先队辅导员”“全国优秀少先队集体”的决定》，珠海3名个人和2个集体获奖。

链 接：

全国优秀少先队员

香洲区第二十三小学边思宇

全国优秀少先队辅导员

香洲区第七小学少先队大队辅导员郑少莼
北京理工大学珠海学院少先队校外辅导员蒋梦

全国优秀少先队集体

高新区金鼎第一小学少先队大队
香洲区夏湾小学六（5）中队

12月30日 广东省工商业联合会（总商会）发布“2020广东省百强民营企业”榜单，珠海赛纳打印科技股份有限公司、纳思达股份有限公司分别凭借2019年233.65亿元、232.96亿元的营业收入排名榜单第五十一位、五十二位。

12月30日 中国商业联合会发布“2020年度中国商业联合会科学技术奖”评选结果，吉林大学珠海学院牵头申报的“大数据下机器学习关键技术研究及应用”项目获评2020年全国商业科技进步奖一等奖。

12月31日 全国妇联召开第十二届全国五好家庭暨家庭工作先进集体、先进个人表彰、2020年全国最美家庭揭晓电视电话会，斗门胡展仁家庭获评全国最美家庭。（骆伟娟 郑秋玉 李 萍）

·责任编辑：潘杜鹃·

大事记

1月

1日 珠海市调整城乡居民最低生活保障标准和特困供养人员基本生活标准。调整低保标准后为每月1100元/人，特困供养人员基本生活标准为城乡低保标准的1.6倍（即每月1760元/人）。

△ 《珠海经济特区园林绿化条例》施行。

△ 《港珠澳大桥广东水域通航安全管理办法》实施。

△ 根据《香港澳门台湾居民在内地（大陆）参加社会保险暂行办法》，即日起，符合条件的港澳台居民可在珠海市参加社会保险。持有珠海市港澳台居民居住证的灵活就业人员可参加企业职工基本养老保险和职工基本医疗保险；未就业人员可参加城乡居民基本养老保险及基本医疗保险。

△ 2019年新版《国家基本医疗保险、工伤保险和生育保险药品目录》在珠海启用。

2日 市政府1号文《珠海市人民政府关于进一步促进科技创新的意见》和市府办函1号文《珠海市进一步促进科技创新的若干政策》发布。

△ 珠海市人民政府与中国电力建设集团有限公司战略合作协议签约仪式暨前山河流域综合治理项目开工仪式举行。市委书记、市人大常委会主任郭永航，中国电建党委书记、董事长晏志勇出席签约仪式。

3日 市委副书记、市长姚奕生会见暨南大学党委书记林如鹏、校长宋献中等，就加快暨南大学珠海校区建设、助推珠海产业发展及更好参与粤港澳大湾区建设等问题深入交流。

5日 6时55分，香洲区海域（北纬22.07度，东经113.85度）发生3.5级地震。

7日 市工业和信息化局公布“2019年珠海市中小企业公共服务示范平台”名单，珠海市对外经济合作企业协会、珠海市工业互联网协会、珠海市标准化协会、北京市中银（珠海）律师事务所、珠海市恒益商标事务所、珠海市特种设备协会等6家单位上榜。

8日 珠海市不动产登记服务政策宣讲会暨跨境抵押服务试点银行授牌仪式在澳门举行。珠海市不动产登记中心与中国工商银行（澳门）股份有限公司签订合作协议，在工银澳门设立不动产登记便民服务点，为全国首创。

10日 珠海市“不忘初心、牢记使命”主题教育总结会议召开。郭永航出席会议并讲话，姚奕生主持会议。

△ 春运首日，珠海机场旅客吞吐量3.7万人次；城际列车到发旅客6.9万人次，进出列车74对；水上客运旅客量1.1万人次，进出航班97个；公路客运旅客量2.7万人次，发送班次1436个。

△ 东电化电子（珠海）有限公司成功申报一票出口退税单据，这是珠海市生产企业的首票“单一窗口”标准版出口退税业务。

11日 姚奕生会见粤港澳大湾区企业家联盟拜访团一行，就加快推进粤港澳大湾区建设、推动珠澳产业协作等深入交流。

△ 珠海拱北口岸以49.9万人次刷新全国对外开放口岸单日客流量纪录。

14日 13时40分，高栏港区的珠海长炼石化设备有限公司重整与加氢装置预加氢单元发生闪爆，引发大火。17时，现场明火被扑灭。事故未造成人员伤亡，周边环境各项指标未出现异常，未发生次生灾害。

△ 2019年度“珠海十大新闻”评选揭晓。

15日 广东“数字政府”政务云平台珠海节点点亮仪式在珠海市政务服务数据管理局举行，520项政务服务事项“免证办”清单同期发布，标志着珠海在信息基础设施建设和审批便民服务方面取得新突破。

16日 《人民日报》刊发题为《怒江贫困户 珠海结“远亲”》的报道。

17日 珠海市城市生活服务项目“最珠海”平台上线。

△ 郭永航、姚奕生率珠海市拥军慰问团前往广东省军区走访慰问。

△ 国家移民管理局珠海边检总站、澳门特别行政区治安警察局在港珠澳大桥珠澳口岸合作查验大厅举行联合上勤仪式，春节联合勤务模式启动。

18—19日 中国共产党珠海市第八届委员会第八次全体会议召开。全会听取郭永航代表市委常委会所作的报告和姚奕生关于经济工作的讲话，审议市委常委会抓党建工作情况的书面报告，审议通过《中共珠海市委贯彻落实〈中共中央关于坚持和完善中国特色社会主义制度、推进国家治理体系和治理能力现代化若干重大问题的决定〉的实施意见》。

19日 香洲区三溪科创小镇发展中心举行揭牌仪式。三溪科创小镇涵盖沥溪、福溪、南溪及界涌等4个旧村，及山星工业区和原前山商贸物流中心管控范围，是市区旧工业区改造升级的重点工作，被列入市发展改革局粤港澳大湾区重点项目。三溪科创小镇重点发展高端智能制造、高端电子信息、总部经济、数字经济四大产业。

20日 国家卫生健康委确认珠海3例新型冠状病毒感染的肺炎（简称新冠肺炎）确诊病例。

△ 珠海市人力资源和社会保障局与澳门工会联合总会签署《珠澳推进和谐劳动关系建设合作框架协议》，珠澳和谐劳动关系示范中心在珠海中心大厦“港澳青年实习交流基地”挂牌成立。

21日 广东省疾病预防控制中心发布通告，珠海市的中山大学附属第五医院被列为广东省突发急性传染病定点救治医院。

22日 珠海市新型冠状病毒疫情防控工作领导小组举行会议。郭永航、姚奕生出席会议。

23日 郭永航、姚奕生与澳门行政长官贺一诚在珠海召开紧急碰头会，建立新冠肺炎联防联控机制，实施每日即时多轮通报制度。

△ 珠海湾仔口岸恢复通关。澳门内港客运码头同日重启澳门到珠海湾仔的航线。

△ 珠海市疾病预防控制中心发出《致广大来珠湖北朋友的一封信》，对来珠的湖北朋友提供相关健康指引；公布中山大学附属第五医院、珠海市人民医院等全市17家发热门诊信息。

△ 珠海市文化广电旅游体育局发出《关于做好新型冠状病毒感染的肺炎疫情防控工作的通知》，要求从即日起，珠海市所有大型旅游度假区、A级景区、星级饭店暂停举办一切大型活动。

△ 珠海市新型冠状病毒疫情防控工作领导小组办公室发布“四个全部”遏制疫情的通告。

△ 20时23分，广东省启动省重大突发公共卫生事件一级响应，珠海实施停止集市、花市、集会、影剧院演出等具体措施。

24日 珠海市新型冠状病毒疫情防控工作领导小组办公室发出4条提示，提示近期去过武汉的市民及旅客或武汉来珠人士必须进行自我居家隔离14天。

△ 珠海市文化广电旅游体育局发出《关于进一步做好新型冠状病毒感染的肺炎疫情防控工作的补充通知》。要求即日起，暂停团队旅游及“机票+酒店”旅游产品，所有旅游景区暂停对外开放，武汉游客入住酒店需开展14天隔离观察。

△ 2020年中央广播电视总台春节联欢晚会设粤港澳大湾区分会场，舞台定在港珠澳大桥白海豚岛（西人工岛）。这是继2018年央视春晚珠海分会场后，珠海再次成为中央广播电视总台春节联欢晚会分会场的承办城市。

25日 珠海市新型冠状病毒疫情防控工作领导小组办公室发布公告，经珠澳两地政府协商，从1月27日起，临时调整拱北口岸（出入境旅检大厅、出入境车道、出入境随车验放厅）通关时间为早上6时至晚上22时。

26日 市委召开常委会扩大会议暨市新型冠状病毒感染的肺炎疫情防控指挥部会议，郭永航、姚奕生出席会议，并分别担任指挥部总指挥、常务副总指挥。

△ 澳门经港珠澳大桥公路口岸送返一批重点疫区旅客至珠海。港珠澳大桥边检站首次启用发热病人

专用交接房进行查验。

27日 早上8时，广东省中医医疗系统26名医护人员组成的援助湖北医疗队，携带医疗物资从广州南站乘火车“出征”湖北武汉。广东省中医院珠海医院呼吸科主任黄东晖随队出征并担任医疗队队长。

28日 珠海市新型冠状病毒感染的肺炎疫情防控指挥部发布第1号公告，提示全体市民避免聚集、在公共场所佩戴口罩；提示近期曾出入湖北的人员主动报备，自我隔离观察。

30日 珠海首例新冠肺炎治愈患者出院。

31日 珠海首例新冠肺炎确诊病例的22名密切接触者全部解除隔离，包括20名医护人员和2名院外密切接触者。

是月 珠海市城乡居民基本养老保险基础养老金再提高。提高后，月人均养老金约602元，待遇水平居全省前列，4.2万人受惠。

2月

1日 珠海市新型冠状病毒感染的肺炎疫情防控指挥部办公室公告：全体返珠人员和自湖北来珠人员通过“粤省事”微信小程序主动申报登记本人14天内离、返珠情况及健康状况。

△ 珠海市新型冠状病毒感染的肺炎疫情防控指挥部办公室公告：14天内去过湖北的来珠人员居家隔离；仍在湖北的人员暂不返珠。

△ 珠海市教育局发布《关于印发珠海市普通中小学校在疫情期间开展网络教学实施方案的通知》。明确10日起，各直属学校高三年级实施网络教学；17日起，其他年级实施网络教学，至恢复正常教学秩序止。

△ 《珠海经济特区防台风条例》施行。

2日 即日起，市外进入珠海市的7座以上车辆、所有广东省外车牌车辆从上冲检查站等9个设有市际防疫站的路口进入珠海市区。

△ 珠海市新冠肺炎疫情防控工作网络发布会在珠海传媒集团观海App上直播举行。

3日 即日起，珠海市新型冠状病毒感染的肺炎疫情防控指挥部办公室将常态化以网络发布会答记者问形式，介绍珠海市疫情防控工作相关情况。

△ 香洲区发布《关于进一步加强餐饮服务单位疫情防控工作的通告》。

4日 珠海市第二场疫情防控工作网络发布会举行。市卫生健康局等部门负责人接受中新社、《南方日报》等媒体记者采访，就节后返程人流疫情的防控和救治、返程务工人员的部署安排等问题进行解答。

△ 珠海市住房和城乡建设局发布《关于进一步做好物业管理区域疫情防控工作的紧急通知》，小区一律实行封闭式管理，并定时消杀等9项禁止性措施。

△ 华发集团跨国采购的40万只医疗手套送达市政府相关机构。这是珠海国企捐赠的首批大额医疗物资。

5日 珠海市政府出台《关于应对新型冠状病毒感染的肺炎疫情支持中小企业共渡难关的若干政策意见》，从劳动用工、融资信贷、科技创新等10个方面着手，缓解中小企业面临的实际困难。

△ 全省首例新冠肺炎危重病人在珠海康复出院。

△ 根据广东省重大公共卫生事件响应和部署，为遏制疫情蔓延势头，进一步加强新冠疫情防控工作，自2020年2月5日起，珠海61条公交线路暂停运营。

△ 黄茅海跨海通道项目获广东省发改委批复立项。

6日 “珠海疫情防控服务平台”上线，集合“疫情快报”“疫情地图”等多项功能。

7日 珠海市生态环境局印发《珠海市新型冠状病毒感染的肺炎疫情医疗污水和城镇污水处理强化杀菌消毒工作指引（试行）的通知》。

△ 珠海市举办第三场疫情防控工作网络发布会。密切接触者拒绝定点隔离将受处罚。

△ 珠海市首个疫情防控天翼云视频会议系统在斗门开通。系统部署于斗门区防疫指挥部，有遵义五院医学观察患者区等6个固定会议区。

8日 “珠海居家隔离防控服务平台”上线。

△ 珠海市住房和城乡建设局印发《关于进一步加强全市房屋市政工程复工管理的紧急通知》，提出9项具体复工条件。

9日 珠海市第一批援助湖北医疗队15名医务人员启程出征。郭永航、姚奕生出席出征仪式并为珠海市援助湖北医疗队及其临时党支部授旗。

△ 《珠海市新型冠状病毒肺炎疫情防控指挥部关于进一步加强社区和农村疫情防控工作的通告》发布。

△ 截至9日，通过市、区两级报备系统报备开

工的工业企业数量为3113家（含此前已开工的158家企业）。其中，全市规模以上工业企业已报备387家。

△ 珠海市建筑业协会发出《关于珠海市建筑施工企业延期复工的倡议书》，呼吁复工时间除民生工程外不早于3月1日。

11日 珠海市第二批援助湖北医疗队共17名医务人员启程出征。姚奕生为医疗队及其临时党支部授旗。

12日 广东省委书记李希到珠海市，就全面学习贯彻习近平总书记关于新冠肺炎疫情防控工作的重要指示精神，认真落实中央应对疫情工作领导小组会议精神，进一步落实疫情防控和复工复产工作举措进行调研检查。郭永航等参加调研。

13日 《珠海市新型冠状病毒肺炎疫情防控指挥部关于进一步做好居家和集中隔离及感冒药物管理的通告》发布。

△ 珠海市首次公布密切接触者人数。截至24时，珠海市累计确诊新冠肺炎病例91例，累计出院27例，现有在院病例64例，疑似病例0例，81名密切接触者在接受医学观察。

△ 10个月大的新冠肺炎确诊患儿在中大五院治愈出院。这是全省年龄最小治愈出院患者。

14日 《珠海市人民代表大会常务委员会关于依法全力做好新型冠状病毒肺炎疫情防控工作的决定》公布施行。

15日 珠海市新型冠状病毒肺炎疫情防控指挥部（简称市新冠肺炎疫情防控指挥部）发布通告，对从湖北等疫情严重地区进入珠海的人员，加强管理和服务。

△ 珠海市公安局发布《关于地毯式排查登记全市出租屋和租住人员信息的通告》。

16日 《珠海市新型冠状病毒肺炎疫情防控指挥部关于加强全市商务楼宇商场和餐馆疫情防控工作的通告》发布。

17日 珠海市人民政府印发《珠海市应对新型冠状病毒肺炎疫情支持企业复工复产的若干措施》，提出服务好抗击疫情重点企业、做好复工复产前置工作、加大援企稳岗力度等10项政策措施，支持受疫情影响的企业安全有序开展复工复产。

18日 截至24时，珠海累计确诊新冠肺炎病例98例，新增死亡病例1例，现有死亡病例1例；累计出院45例，现有在院病例52例。当日报告疑似病例7例，排除7例，现有疑似病例0例。42名密切接触者在接受医学观察。

19日 《珠海市新型冠状病毒肺炎疫情防控指挥部关于撤除公路出入口固定联合检疫站点的通告》发布。

△ 珠海市出台应对新冠肺炎疫情分级防控工作方案，在市内交通卫生管理、公共场所活动管理、社区（村居）管理、企业内部防控、支持企业复工复产等方面提出5条分级防控举措。

20日 《珠海市新型冠状病毒肺炎疫情防控指挥部关于加大信用支持力度助力企业复工复产的通告》发布。

△ 首批457名云南怒江籍务工人员乘坐免费专列抵达珠海。郭永航到车站迎接。

△ 珠海第三批援助湖北医疗队22名医务人员踏上驰援湖北、抗击疫情的征程。副市长阎武为医疗队授旗。

21日 央视新闻频道直播节目《共同战“疫”》选址斗门区斗门镇南门村，播出岭南大地的种收春景。

△ 珠海完成住院患者新冠肺炎病毒核酸检测。截至17时，全市30家医院当天在院患者4331人（含各医院新收住院患者）完成新冠肺炎病毒核酸检测或取样工作。检测工作自是月14日铺开。

22日 珠海市上线“粤康码”服务。市民通过手机“粤康码”可证明自身健康状态。

△ 珠海市公交部门推出公交出行信息登记服务，乘客乘车需登记个人信息。

24日 珠海市统筹推进新冠肺炎疫情防控和经济社会发展工作会议、市委常委会暨市新冠肺炎疫情防控指挥部会议召开，郭永航出席，姚奕生主持会议。

△ 除89路等16条线路暂停运营外，珠海市188条公交线路恢复运营，常规公交服务基本恢复正常运营。

25日 应广东省新冠肺炎疫情防控应急响应级别由重大突发公共卫生事件一级响应调整为二级响应，珠海发布《珠海市新型冠状病毒肺炎疫情防控指挥部关于调整部分防控措施的通告》。

26日 珠海市公布非新冠肺炎特殊患者医疗救治医院名单。

△ 新华社发表题为《珠澳以联防联控机制携手战疫情》的报道。

△ 黄茅海跨海通道项目初步设计方案通过专家评审。

3月

1日 市新冠肺炎疫情防控指挥部办公室发布《珠海市关于推动餐饮业有序复工复业的指引（试行）》。

2日 国务院印发《关于同意启用横琴口岸澳方口岸区及相关延伸区旅检区域的批复》，同意横琴口岸澳方口岸区及相关延伸区旅检区域自2020年3月18日零时起启用，并适用澳门特别行政区法律实施管辖。

3日 珠海市市场监管局（知识产权局）印发实施《关于积极推进知识产权质押融资工作服务企业应对疫情困难若干措施》。

5日 《珠海市新型冠状病毒肺炎疫情防控指挥部关于疫情防控期间公园有限开放的通告》发布，珠海市各公园自6日起实行有限开放，开放时间为8:00—18:00，入园者须戴口罩，并携带身份证。

△ 陆丰151导管架项目在珠海高栏港区启动。该项目由中海福陆重工有限公司建设，项目整高300米，在已知海洋石油深水导管架领域排名亚洲第一。

6日 广东省发展和改革委员会下达《广东省2020年重点建设项目计划的通知》。珠海洪鹤大桥、横琴国际金融中心大厦等7项重点项目计划于年内建成投入使用；黄茅海跨海通道珠海段、格力电器高端智能制造产业园等10个省级重点项目计划于年内启动建设。

7日 珠海举办第十二场疫情防控工作网络发布会，各医疗机构将陆续恢复日常诊疗。

9日 黄茅海跨海通道项目合作建设经营协议暨珠海侧征地拆迁协议正式签约。姚奕生，江门市委副书记、市长刘毅，省交通集团董事长邓小华参加签约仪式。

△ 珠海市继网络发布会后，举行首场新冠肺炎疫情防控工作现场新闻通气会。

10日 珠海市人民政府印发《关于有效降低疫情影响促进经济平稳运行的实施意见》。

△ 中大五院凤凰山病区落成交付仪式举行，郭永航、姚奕生及中山大学党委书记陈春声、校长罗俊出席仪式。该病区是国内首个永久结构形式的应急医院，于2月9日开工，3月5日具备交付条件，病区总床位300张，病房约160间。

11日 珠海市科技创新局公布2019年珠海市高成长创新型企业（独角兽企业）培育库入库企业名单，27家企业入选，其中银隆新能源股份有限公司入选独角兽企业，珠海盈米基金销售有限公司等3家企业入选独角兽潜力企业，珠海市唯酷科技有限公司等23家企业入选独角兽种子企业。

17日 珠海市人民政府印发《珠海市市属国有企业重组整合方案》。

18日 粤澳两地在横琴口岸一楼出境大厅举行交接仪式，横琴口岸澳方口岸区及相关延伸区旅检区域正式移交给澳门特别行政区政府，适用澳门特别行政区法律实施管辖。澳门特别行政区政府以租赁方式取得该区域的使用权，租赁期限为启用之日起至2049年12月19日止。

△ 截至24时，珠海市连续30天无新冠肺炎确诊病例，全市累计确诊病例98例，累计死亡病例1例，累计出院97例，现有在院病例0例。当日报告疑似病例1例，现有疑似病例1例，该名报告的疑似病例是境外输入。现有11名密切接触者在接受医学观察。

19日 《珠海市新型冠状病毒肺炎疫情防控指挥部关于疫情防控期间暂停清明现场祭扫活动的通告》发布。

△ 截至24时，珠海市累计确诊新冠肺炎病例99例，累计死亡病例1例，累计出院97例，现有在院病例1例。当日报告疑似病例0例，排除0例，现有疑似病例0例。现有12名密切接触者在接受医学观察。

△ 姚奕生分别会见宝龙集团董事梁健殷、金域医学检验集团董事长兼首席执行官梁耀铭、立白企业集团董事长陈凯旋等一行，就加快推进项目建设等深入交流。

20日 珠海市支援湖北医疗队圆满完成各项任务后返珠，20时，郭永航、姚奕生在南屏高速公路出口迎接从湖北平安归来的56名白衣战士。

△ 港珠澳大桥珠海口岸的跨境电商（9610）监管场所完成对香港、澳门首票跨境电商一般出口实单业务测试。

21日 根据广东省统一部署，零时起，对所有从境外（不含港澳台）经广东口岸入境的人员，以及经港澳台地区和省外口岸入境来粤且来粤前14天内有国外旅居史的人员，其目的地为广东的，无论外国公民还是中国公民，均一律实施14天居家或集中隔离医学观察。集中隔离医学观察的食宿费用由个人自理。

△ 湖北低风险地区持有“湖北健康码”绿码（包括“粤康码”蓝码）且符合条件人员可有组织、

点对点、集中来珠返珠返岗，抵珠14天内，除必要的工作和生活外，其余时间不得外出、不参加聚会聚餐等活动。

23日　《珠海市新型冠状病毒肺炎疫情防控指挥部关于加强境外输入疫情防控工作的通告》发布。

△　首笔内地赴澳门务工人员参保职工基本养老保险业务在横琴新区办税服务厅成功办理。

24日　22时45分，载有1006名湖北荆州务工人员的返岗专列驶入广珠城轨珠海站，是自新冠肺炎疫情发生以来首趟开进珠海的湖北务工人员专列。郭永航、姚奕生到站迎接。

25日　珠海市委全面深化改革委员会印发《珠海市全面深化改革2020年工作要点》，着力推进“1+1+10”方面46项改革举措，涵盖珠澳合作开发横琴、重大突发疫情防控，以及公共安全应急管理等其余10个方面体制机制改革，为推动珠海高质量发展、提升城市能级量级提供体制机制保障。

26日　珠海市人民政府印发《关于加快现代物流业发展的实施意见》，围绕推进珠港澳物流合作发展、增强物流发展整体实力、抓好物流发展专项建设等三大重点工作提出16项具体措施。

27日　市新冠肺炎疫情防控指挥部决定，对经珠海各口岸入境且14日内无外国和香港、台湾地区旅居史，无发热、乏力、干咳、咽痛等症状，保障港澳正常生产生活的特定人员，暂不实施集中隔离医学观察，但全部实行核酸检测，并严格加强其全流程健康管理，确保闭环运作。

△　珠海市举行疫情防控工作现场新闻发布活动之“1+7”稳增长政策解读会（市商务局加强招商引资促进项目动工投产专场），解读市政府出台的《关于有效降低疫情影响　促进经济平稳运行的实施意见》及重点行业近期稳增长政策措施等7个配套文件。

28日　截至24时，珠海市累计确诊新冠肺炎病例103例，累计死亡病例1例，累计出院97例，现有在院病例5例。当日报告疑似病例1例，转为确诊1例；现有疑似病例0例。现有32名密切接触者在接受医学观察。

30日　广东省新冠肺炎疫情风险等级分区分级名单公布，珠海市香洲区、金湾区、斗门区为低风险地区。

△　大横琴山隧道（一期）贯通。

△　珠海市出租小汽车行业协会制定的《出租小汽车消毒技术规范》（T/ZHCZ 1-2020）团体标准实施。这是国内首个出租小汽车消毒规范，填补国家标准和行业标准的空白。

31日　市新冠肺炎疫情防控指挥部发布公告，因新冠肺炎疫情防控需要，自2020年4月2日10时起，除货车、应急公务车、殡葬车、横琴和跨境工业区“单牌车”外，其他粤澳两地牌、三地牌车辆暂不允许入境珠海。

△　珠海格力电器股份有限公司高栏产业园建设项目签约动工。郭永航、姚奕生、格力电器董事长兼总裁董明珠等出席活动。

4月

1日　珠机城际二期工程首座隧道——井湾隧道贯通。

△　郭永航会见国家开发银行广东省分行党委书记、行长郭蕾一行。

2日　珠海市卫生健康系统新冠肺炎疫情防控指挥部办公室印发《珠海市疫情防控期间澳门居民来珠就诊指引》。

8日　珠海市疾病预防控制中心发出“给武汉回珠朋友的温馨提示”的一封信。

9日　内地首个为澳门居民专门打造的综合民生项目——横琴“澳门新街坊”项目《国有建设用地使用权出让合同》视频签约仪式在澳门与珠海同步举行，横琴新区管委会向澳门都市更新股份有限公司签约出让总占地面积约19万平方米的“澳门新街坊”项目用地。

10日　市委书记、市总河长郭永航，市长、市副总河长姚奕生签发总河长令〔2020〕1号。

△　珠海市农业农村局、珠海市市场监督管理局印发《珠海市试行食用农产品合格证制度实施方案》。

△　广东省文化和旅游厅公布第六批省级非物质文化遗产代表性项目代表性传承人名单。珠海市4个项目入选。

12日　《珠海市新型冠状病毒肺炎疫情防控指挥部关于加强经珠澳口岸入境特定人员健康管理服务的通告》自零时起生效。

14—15日　姚奕生带队赴阳江、茂名市调研脱贫攻坚工作，强调要高质量完成脱贫攻坚硬任务，助力两市如期实现脱贫目标。

15日 郭永航会见中航通用飞机有限责任公司董事长白小刚、总经理杨雷一行，就进一步落实合作事宜等问题交换意见。

△ 市政府办公室发布实施《珠海市中小学体育与健康教育三年行动计划（2020—2022年）》。

16日 珠海市《关于鼓励社会力量兴办教育促进民办教育健康发展的实施意见》实施。

△ 横琴新区发出首张港澳建筑企业进入内地经营许可的营业执照。中国建筑工程（澳门）有限公司成为第一家凭港澳资质获准在横琴开展经营建筑工程企业。

17日 市委、市政府召开深化机关干部作风建设、优化营商环境专项工作推进会，印发《珠海市2020年开展深化机关干部作风专项整治工作方案》和《珠海市2020年开展营商环境突出问题专项整治工作方案》。

20日 珠海首次运用区块链技术完成“华发未来城悦花园工程造价咨询”等项目招标，珠海公共资源交易服务进入区块链时代。

21日 姚奕生会见中山市委副书记、市长危伟汉一行，双方就深度参与粤港澳大湾区建设等问题深入交流。

23日 CCTV-2财经频道的《第一时间》栏目播发“聚焦全国复工复产”的专题新闻，介绍斗门区珠海集元水产科技有限公司如何克服疫情影响，通过直播卖货解决销售难题。

△ 广东省人民政府印发关于广东省自然资源统一确权登记总体工作方案的通知，确定广州、深圳、珠海、江门、湛江5个市为自然资源统一确权登记工作试点地区。

24日 拱北海关关区首个液体出口监管仓库，珠海中燃石油有限公司国内结转型出口监管仓库通过验收。

25日 珠海市电子消费券开始分批发放。首批发放券包60万个，总金额3600万元。珠海消费券计划发行1亿元。人均49.5元的额度在全国已发放消费券的城市中位居第二。

26日 市委、市政府召开全市重点项目挂图作战会，促进经济企稳回升。郭永航主持会议并讲话，姚奕生出席会议。

△ 广东（珠海）知识产权分析评议中心在华发七弦琴国家知识产权运营平台总部成立。

27日 广东省省长马兴瑞在珠海市深入桂山镇牛头岛深中通道沉管预制厂等处，就深入贯彻落实习近平总书记重要讲话和重要指示批示精神、统筹推进疫情防控和经济社会发展工作进行调研。郭永航、姚奕生参加调研。

△ 珠海市首批高三、初三学生返校复课，复课学校75所，学生31536人。

△ 2020横琴旅游市场重启发布会在横琴星乐度·露营小镇举行，《横琴新区应对疫情促进旅游市场消费扶持措施》发布。

28日 根据广东省统一部署，8时起，经珠海口岸入境后须集中隔离医学观察人员，一律在珠海集中隔离医学观察14天，其间食宿费用自理。目的地为省内其他地市的入境人员，不再安排集中转运至目的地；同时珠海也不再安排前往广州、深圳接回目的地为珠海的入境人员。

△ 珠海·宋城演艺度假区项目在斗门区举行开工仪式，郭永航、姚奕生、宋城集团董事局主席黄巧灵等出席仪式。

5月

1日 《珠海市生态环境局建设项目环境影响评价文件告知承诺制审批操作细则（试行）》印发实施。

△ 《珠海市人民防空专项资金管理办法》实施。

△ 《珠海经济特区禁止食用野生动物条例》施行。

△ 珠海横琴至深圳蛇口航线开通，标志着横琴、前海两个自贸片区走进水路直通新时代。

△ 12时起，南海伏季休渔开始，至8月16日12时结束。珠海市参加休渔的渔船总计1917艘，包括本市籍在册应休渔船994艘和珠海入会港澳流动渔船中应休渔船923艘。南海休渔海域为广东省管辖的北纬12度至“闽粤海域交界线”的南海海域（含北部湾）。

△ 市新冠肺炎疫情防控指挥部发布通告，自5月3日6时起，对经珠澳口岸入境就学返校的5类人员暂不实施集中隔离医学观察，包括在珠海、中山市学校就读的澳门籍学生；在珠海、中山市居住，在澳门学

校就读的学生；以及符合要求的澳门籍教师及澳门籍职员、陪护家长等。

3日 拱北口岸、港珠澳大桥珠海公路口岸珠澳通道恢复原来通关时间。拱北口岸通关时间为早上6时至次日凌晨1时；港珠澳大桥珠海公路口岸珠澳出入境旅检大厅通关时间为8:00—22:00，珠澳出入境客车通道和随车旅检厅全天24小时通关。

△ 央视《新闻联播》报道航空工业通飞珠海基地试飞中心机务大队队长郭佳立足岗位、拼搏奉献的奋斗故事。

5日 “五一”假期，珠海市接待游客85.81万人次，其中过夜游客16.54万人次；实现旅游总收入4.23亿元。

6日 市新冠肺炎疫情防控指挥部发布通告，自5月8日6时起，将不再对经珠澳口岸入境暂不实施集中隔离医学观察的特定人员进行口岸现场核酸检测采样。

7日 横琴新区印发《横琴新区关于支持人工智能产业发展的暂行办法》，是珠海市首个专门针对人工智能产业发展的扶持措施。

8日 珠海市重点行业企业用地土壤污染状况调查采样工作在金湾区试点地块启动。

10—11日 茂名市政府代表团来珠海考察交流。姚奕生和茂名市委副书记、市长袁古洁签署《珠海茂名战略合作框架协议》，并就深化对口精准扶贫工作等问题深入交流。

11日 珠海市第二批198所学校15万名学生复课，复课学生为高中一至二年级、初中一至二年级和小学四至六年级学生。

△ 6时起，对遵循相关规定和要求，经常居住地为珠海的持有珠海市居民身份证或珠海市居住证的内地输澳劳务人员，入境后暂不实施集中隔离医学观察。入境后的内地输澳劳务人员要保持在广东省内活动，如入境人员不再返回澳门，入境14天后方可离开广东省。

12日 江西省赣州市人民政府与珠海格力电器股份有限公司、赣州国际陆港发展集团有限公司与珠海港控股集团有限公司签署战略合作协议。江西省委副书记、赣州市委书记李炳军，广东省委常委叶贞琴，郭永航见证签约。

13日 广东省委书记李希、省长马兴瑞在珠海市深入会同古村、香山湖公园，就认真贯彻落实习近平总书记关于统筹推进疫情防控和经济社会发展工作的重要讲话和重要指示批示精神，落细落实常态化疫情防控措施，加快推动经济社会发展全面步入正常轨道进行调研检查。郭永航、姚奕生参加调研。

17日 自6时起，经珠澳口岸入境珠海人员，持有澳门、珠海两地认可的检测机构出具的核酸采样证明，须采样24小时后方可生效，自生效之日起7天内有效。

18日 珠海市第三批学校复课，复课学生为小学一至三年级和中职学校（含技工学校）学生。

22日 珠海市科技发展促进会与市红十字会签署《珠海市科技发展公益专项资金募集与使用管理协议》。珠海市科技发展公益专项资金正式设立。

25日 珠海市疫情防控复学返校工作专班发布通知：6月2日起，珠海市具备开园条件的幼儿园可陆续开园，安排幼儿分期、分批返园，具体返园时间由各区及幼儿园结合实际自主确定；6月2日起，符合复课条件的特殊教育学校，可安排学生返校复课。

26日 珠海市重点产业项目集中签约仪式在香洲举行，各区（功能区）32个项目现场签约，项目总投资额567亿元，投资额超10亿元项目17个、超50亿元项目3个，涉及装备制造等多领域。郭永航等出席仪式。

△ 珠海市新冠病毒核酸检测价格由160元下降为75元左右。实行时间一年。新冠病毒检测项目作为基本医疗服务价格项目，同步纳入珠海市基本医疗保险基金支付范围，并予以报销。

29日 珠海市疫情防控复学返校工作专班公布全市第一批符合学生返园（校）条件的幼儿园和特殊学校名单。横琴中心幼儿园等248所幼儿园和特殊学校可于6月2日安排幼儿（学生）返园（校）。

△ 珠海市派发最后一期消费券，共计60万个券包，总金额3600万元。自4月25日开始，分5期向珠海市民或游客发放总价值1亿元的珠海消费券。

6月

1日 郭永航会见吉林大学党委书记姜治莹一行，双方就加强深度合作进行交流。

6日 11时26分，黄茅海跨海通道开工。广东省省长马兴瑞出席活动并宣布项目开工。

△ 珠海市农业农村局、万山海洋开发试验区在东澳岛主办“全国放鱼日”增殖放流活动，投放黑鲷等鱼苗104万尾，斑节虾虾苗5340万尾；在庙湾海洋牧场示范区投放人工鱼礁礁体270个。

8日 洪鹤大桥的重要节点工程——磨刀门水道主航道桥500米主跨合龙。

△ 《珠海法治蓝皮书（2020）》由中国社会科学院法学研究所、社会科学文献出版社联合发布。

8—9日 中国人民政治协商会议第九届珠海市委员会第四次会议在珠海大会堂举行。市政协主席陈洪辉向大会作工作报告；市政协副主席曾祥华宣读《政协珠海市委员会关于表彰九届三次会议优秀提案和承办提案先进单位的决定》；大会书面通报市政府部门关于市政协九届三次会议以来提案办理情况。会议表决通过《中国人民政治协商会议第九届珠海市委员会第四次会议决议》。

9—10日 珠海市第九届人民代表大会第八次会议在香洲举行。姚奕生向大会作政府工作报告，市人大常委会党组书记、常务副主任陈英作市人大常委会工作报告，市中级人民法院院长黄炯猛、市人民检察院检察长黄维玉分别作两院工作报告。大会表决通过关于珠海市人民政府工作报告的决议及一系列报告决议。

10日 珠海市第九届人民代表大会第八次会议上，《政府工作报告》将增加优质公共学位等列入2020年珠海市十件民生实事。

△ 《珠海市促进5G网络建设及产业发展若干政策措施》印发实施。

△ 广东省对口支援西藏林芝2020年第二季度项目集中开工仪式在米林县彩门村举行，珠海对口支援米林县开工项目5个，总投资5886万元，涉及基础设施等多个领域。

△ 鹤港高速（珠海鹤洲至高栏港高速公路）关键控制性工程鹤洲水道桥全桥合龙。

12日 《珠海市生态环境局关于优化审批流程推行生态环境领域“多评合一”改革的实施意见》印发实施。

△ 首届“珠海对外贸易数字展览会”全面上线。展览由珠海市贸促会主办，中国国际商会珠海商会等承办。5月20日首批产品上线，展览至11月20日。

△ “630爱心奉献·珠海扶贫农副产品网销会”阳江、茂名专场举行。观海融媒、腾讯看点总观看人气78万；网销会销售总额151.38万元。

15日 《珠海市新型冠状病毒肺炎疫情防控指挥部关于澳门公务、商务人员经珠澳口岸入境暂不实施集中隔离医学观察的通告》发布。

15—24日 第127届中国进出口商品交易会网上举行。珠海交易分团参展企业175家，展位总数582个，上传13599个名优新商品信息，覆盖大会设置的16类商品和近50个展区。

18日 市新冠肺炎疫情防控指挥部发布通告，要求港澳货车入境珠海严格落实疫情防控工作。

19日 姚奕生会见光大银行广州分行行长韩学智一行，就推动城市之心项目加快建设进行座谈交流，并出席华发集团与光大银行广州分行关于加快推进城市之心项目建设协议签约仪式。

△ 市新冠肺炎疫情防控指挥部发布通告，22日6时起，在前一阶段对持珠海居民身份证、居住证的内地输澳劳务人员经珠澳口岸入境暂不实施集中隔离医学观察的基础上，将人员范围扩大至经常居住地为珠海的内地输澳劳务人员。

△ 由安徽叉车集团有限责任公司和珠海港控股集团有限公司合作研发的国内首创增程式超级电容7层混合动力集装箱堆高机在珠海国际货柜码头（高栏）有限公司码头交付使用。

22日 广东省副省长陈良贤在珠海调研检查疫情防控和食品、危化品交通安全工作，实地考察市燃气运输服务公司等处。

△ 由珠海市人才工作领导小组办公室等主办的“2020第三届海内外青年博士博士后珠海创新创业洽谈会”开幕。洽谈会以“双博人才聚珠海，智引湾区新未来”为主题，采取线下启动、线上举办，24小时不间断举办新模式。

23日 板樟山新增隧道启用。新增三条隧道在既有隧道两侧，分别为机动车上行、下行隧道及慢行隧道。隧道日通行能力提升至15万辆次，慢行隧道专供非机动车和行人通过，是现今国内最长的慢行景观隧道。

△ 珠海市召开新冠肺炎疫情防控及经济社会发展新闻发布会。自2月18日以来，珠海市连续126天无境内病例出现；自3月29日以来，连续86天无境外输入病例。

24日 斗门智能制造产业园项目签约暨动工仪式在斗门举行。总投资超110亿元的12家先进制造企业现场签约，总投资27.1亿元的6个产业项目及2个园区配套工程动工。郭永航、姚奕生等出席活动并见证签约。

△ 高栏—阳春海铁联运开通。这是高栏港首次通过海铁联运无缝对接的方式，将集装箱中转至粤西地区，开启珠海—粤西物流新模式。

△ 珠海首条内外贸同船运输航线——洪湾—盐田直航航线首航。

25日 澳门特别行政区政府与广东省和珠海市的疫情防控部门通过视讯举行“粤澳新冠肺炎常态化联防联控研讨会”，就疫情形势等问题进行探讨，研究在常态化防疫的前提下，逐步扩大人员流通的可行性。

30日 2020年珠海市“广东扶贫济困日”活动启动，暨10周年总结会议召开。活动的主题是“决胜脱贫攻坚、助力乡村振兴”。郭永航、姚奕生、陈洪辉、陈英、赵建国等市领导出席并会见爱心企业和爱心人士代表。

7月

1日 市委、市政府召开珠海市科技创新暨推动制造业高质量发展大会，为获得2019年度国家科学技术奖、广东省科学技术奖和入选2019年珠海市高成长创新企业培育库的企业代表颁奖。郭永航、姚奕生出席会议。

△ 即日起，珠海市生活垃圾全部运至珠海市环保生物质热电工程一、二期项目和市固废处理中心的垃圾发电厂焚烧处理，实现原生垃圾“零填埋”。

△ 凌晨3时，洪鹤大桥洪湾水道主航道桥合龙。

△ Z79路公交开通运营，从竹林埔到金鼎，途经那洲，标志着珠海“一元公交”实现全市社区全覆盖。

△ “粤港澳大湾区人才税e查”在国家税务总局“自然人电子税务局”系统上线。珠海首宗湾区人才个人所得税补贴业务成功在斗门区办理。

6日 8时起，经珠澳口岸入境暂不实施集中隔离医学观察的澳门公务、商务人员申请名额（豁免有效期为7天）每天开放3000个，经澳门特别行政区政府审核后，由珠海市确认并纳入名单管理。澳门公务、商务人员入境后14天内，活动范围限于粤港澳大湾区广东省9市。

6—7日 郭永航到云南省怒江傈僳族自治州，就深入贯彻习近平总书记关于决战决胜脱贫攻坚、深化东西部扶贫协作的重要指示精神，认真落实中央部署和广东省·云南省扶贫协作工作联席会议精神，进一步做好全面建成小康社会收官之年对口怒江州扶贫协作工作进行交流对接。怒江州委书记纳云德、州长李文辉参加相关活动。

7日 珠海市自然资源局印发的《珠海市“烂尾楼”整治处理办法》实施。

△ 《人民日报》记者贺林平以《社区治理　像绣花一样精细》为题，报道珠海在社区治理方面的创新举措和显著成果。

△ 珠海市第一张医疗电子票据在市人民医院开出，标志着珠海市医疗行业进入“票据无纸化”时代。

10日 人民银行珠海市中心支行启动粤港澳大湾区征信服务创新试点，全国首笔港澳台居民信用报告自助查询完成。

15日 《珠海市新型冠状病毒肺炎疫情防控指挥部关于有序推进粤澳两地人员正常往来的通告》6时起施行。

△ 《珠海市新型冠状病毒肺炎疫情防控指挥部关于调整经珠澳口岸入境人员新冠病毒核酸检测服务收费政策的通告》发布。

16日 广东省人大常委会主任李玉妹率调研组赴珠海市斗门区调研。郭永航、姚奕生等参加调研。

17日 《珠海市新型冠状病毒肺炎疫情防控指挥部关于调整由香港经港珠澳大桥珠海口岸入境人员防控措施的通告》发布。

△ 珠海市各区政府（管委会）分别与21家央属、省属、市属企业签订国有企业退休人员社会化管理移交协议，标志着珠海市国有企业退休人员社会化管理进入实质移交接转阶段。

18日 8时30分，广东省卫生健康委公布：珠海市新增2例境外（香港）输入新冠肺炎确诊病例。

20日 由珠海市工业和信息化局、香洲区政府主办的2020年“创客广东”珠海市中小企业创新创业大赛决赛落幕。“新一代工业级智能处理器”“多回路反馈血管介入机器人系统”项目分获企业组和创客组冠军。

21日 “珠海云监管”小程序上线。10时30分，凤凰谷项目高压线迁改工程在该平台直播。这是珠海市首次直播公共资源交易领域的开标过程。

21—22日 广东省委书记李希在珠海市深入中山大学附属第五医院凤凰山病区、拱北口岸，就认真贯彻落实习近平总书记重要讲话和重要指示批示精神，因应形势变化进一步做好“双统筹”工作进行调研检查。郭永航、姚奕生等参加调研检查。

24日 《珠海市新型冠状病毒肺炎疫情防控指挥部关于有序推进珠澳口岸粤澳两地牌车辆通关的通告》6时起执行。

25日 在广东省跨省游恢复后，由拱北口岸中旅组织的珠海市首个跨省游团出发。

26日 10时许，在珠海总装下线的国产大型水陆两栖飞机“鲲龙”AG600在山东青岛团岛附近海域成功进行海上首飞。

27日 珠机城际二期（横琴至珠海机场城际铁路）三灶隧道盾构区间实现双线贯通。

29日 《珠海市新型冠状病毒肺炎疫情防控指挥部关于调整粤澳口岸入境人员活动范围的通告》发布。

△ 投资12.72亿元、历时5年建成的珠海市妇幼保健院异地新建项目启用。项目位于香洲区南屏南琴路3366号，作为珠海市妇幼保健院的南院区，总建筑面积12.47万平方米，配置床位800张。

30日 郭永航、姚奕生率珠海市代表团访问澳门，拜会澳门特别行政区行政长官贺一诚、中央人民政府驻澳门特别行政区联络办公室副主任姚坚，就扎实做好珠澳合作开发横琴、共同推进粤澳深度合作区建设、做强做大粤港澳大湾区澳珠极点等深入交流对接。

△ 15时18分，广东省“十三五”能源规划重点建设项目——京能清洁能源珠海市钰海天然气热电联产工程项目一期工程1号机组168小时满负荷试运行圆满完成，正式投产。项目位于高栏港经济区平沙镇，一期工程建设两套465兆瓦燃气-蒸汽联合循环机组及配套热网工程，总投资约30亿元。

31日 粤澳禁毒“净边”行动暨港珠澳大桥口岸办公室揭牌启动仪式在口岸办事处举行。

8月

1日 《珠海市金融工作局关于〈非法集资举报奖励办法〉的实施细则》实施。

△ 澳门青年联合会、珠海市青年联合会2020年第一次联席会议在珠海市青少年妇女儿童活动中心召开。

△ 全国首个从市级层面支持港澳科技合作的政策《珠海市珠港澳科技创新合作项目管理办法》实施。

△ 《珠海市新型冠状病毒肺炎疫情防控指挥部关于调整珠澳口岸粤澳两地牌车辆通关措施的通告》发布。

△ 拱北口岸自是年2月份以来单日客流首次突破20万人次，当日验放客流达20.6万人次。

5日 中国绿色新材料（珠海）产业园揭牌暨重点项目签约活动举行，总投资额超100亿元的15个新材料项目落户高栏港经济区。郭永航等为产业园揭牌并见证签约。

6日 《京珠高速连接线快速化改造工程可行性研究报告》获珠海市发展和改革局批复。

7日 《珠海市新型冠状病

2020年7月30日，钰海天然气热电联产项目首套机组投产

（钰海电力供稿）

毒肺炎疫情防控指挥部关于调整由香港经港珠澳大桥珠海口岸入境人员防控措施的通告》发布。

10日 姚奕生会见全国政协常委、澳门科技大学校董会主席、澳门发展银行董事长廖泽云一行，就深化教育等领域的务实合作深入交流。

12日 广东省珠海市公安机关出入境管理部门恢复办理珠海市居民（含居住证持有人）赴澳门旅游签注。

13日 姚奕生带队赴广州拜访中国铁路广州局集团有限公司，与广铁集团党委书记、董事长武勇共商加强交流合作，推动珠海轨道交通建设发展。

△ 鹤港高速白藤河特大桥主桥左幅桥梁实现贯通。

16日 广东省人民政府办公厅印发《澳门机动车入出横琴管理办法》并实施。

△ 庆祝经济特区建立40周年大型系列直播节目《飞越广东·特区40年（珠海篇）》分别在广东卫视、珠海广播电视台等多家电视台以及“学习强国”“人民日报+”等网络媒体平台开播。

17日 《珠海市新型冠状病毒肺炎疫情防控指挥部关于调整由香港经港珠澳大桥珠海口岸入境人员防控措施的通告》发布。

18日 15时，横琴口岸新旅检区域开通启用。口岸实施“合作查验、一次放行”通关新模式。全国政协副主席何厚铧、广东省省长马兴瑞、澳门特别行政区行政长官贺一诚等出席开通仪式。

△ 珠机城际铁路（一期）开通运营。项目始于拱北的珠海站，止于横琴的珠海长隆站，全长16.86千米，设计速度100千米/小时，是全国已开通运营的首条省方独资建设的城际项目。

20日 受新冠疫情影响停航5个月的湾仔轮渡客运口岸往来澳门内港航线恢复运营，湾仔口岸同步恢复通关。

△ 珠海怒江扶贫协作2020年第二次联席会议在云南省怒江州泸水市召开。姚奕生和怒江州委副书记、州长李文辉出席会议。

21日 2020年珠海金融发展论坛举行。论坛主题为“加快金融创新发展 建设国际一流湾区”。郭永航和广东省地方金融监管局党组书记、局长何晓军出席论坛并致辞。

24日 《深圳特区报》头版推出郭永航的专访和珠海经济特区的专题报道。

25日 2020南国书香节珠海分会场启动。活动主题为“全面小康·书香芬芳”；采用“线上线下结合、全省各级联动、分散同期办展”的形式展开，首次实现市、县（区）全覆盖。

26日 6时起，横琴口岸、港珠澳大桥珠海公路口岸恢复粤澳两地牌车辆通行。

28日 《珠海市推动生物医药产业高质量发展行动方案（2020—2025年）》《珠海市促进生物医药产业发展若干措施》印发实施。

△ 由广东省药品监督管理局、国家药品监督管理局南方医药经济研究所和粤澳合作中医药科技产业园三方共建的“粤港澳中医药政策与技术研究中心”在横琴揭牌。

△ 《光明日报》头版推出《珠海靠什么赢得“二次创业”主动权》专题报道。

△ 全球首套无人化港口门机人工智能理货系统上线发布仪式在珠海港集团旗下珠海国际货柜码头（洪湾）举行。

29日 《人民日报》头版推出《珠海经济特区建立四十周年 “二次创业”写新篇》专题报道。

△ 高新区唐家湾镇揭牌，标志着唐家湾镇正式投入实体运作，高新区基层治理精细化水平进一步提升。

30日 《经济日报》“新时代新使命·特区40年风华正茂”专栏头版推出《从边陲小镇到魅力之城——珠海经济特区建立40周年发展纪实》专题报道。

是月 珠海市革命遗址大普查工作全面完成。认定革命遗址47个，其他遗址7个，为党史研究奠定坚实基础。普查时间范围为1919年至1950年8月。

9 月

1日 珠海市首票以跨境电商B2B模式出口的货物在洪湾港装船发往波多黎各。跨境电商B2B模式正式落地珠海。

2日 《人民日报》6版刊发题为《珠海市香洲区——构建特区建设的样板区》的报道。

5日 《珠海市交通运输局关于私人小客车合乘出行的指导意见（暂行）》施行。

8日　运行20年的珠海市城市固体废弃物处理中心垃圾发电厂正式关停。

△　珠海市不动产登记中心和珠海市银行业协会签署“二手房登记+金融服务”合作框架协议。

9日　新南屏大桥提前对外开放通行。

10日　姚奕生会见深圳湾游艇会有限公司董事长刘德辉一行，就海岛保护开发利用、推动海岛旅游提质升级等深入交流。

12日　2020年全国科普日珠海主题活动暨科技志愿服务进新时代文明实践中心启动仪式在香洲区狮山市民艺术中心举行。活动主题为“决胜全面小康，践行科技为民”。

16日　粤港澳大湾区“菜篮子”产品珠海配送分中心揭牌仪式举行。珠海正式加入粤港澳大湾区“菜篮子”流通体系。

17—18日　郭永航率珠海市党政代表团赴黑龙江省黑河市，就进一步做好两市对口合作工作深入对接，实地考察黑河公路口岸、中俄黑龙江大桥、珠海市横琴创新发展研究院黑河分院、黑河自贸片区规划展示馆、瑷珲对俄进出口加工基地等，并见证珠海—黑河航线复航签约活动。黑河市委书记马里、市长李世峰参加有关活动。

19日　2020年“万企参与　亿人同行”珠海市消费扶贫月系列活动暨对口帮扶地区扶贫产品展销会开幕式在香洲区星园市场举行。来自珠海7个对口帮扶地区的115家企业携上千种扶贫产品参展。

20日　格力地产与吉林省松原经济技术开发区举行战略合作框架协议和15万吨绿色稻米加工暨珠海粮食储备基地项目签约仪式。

22日　郭永航、姚奕生率珠海市代表团访问澳门，拜会澳门特别行政区行政长官贺一诚、中央人民政府驻澳门特别行政区联络办公室主任傅自应，就扎实做好珠澳合作开发横琴、加快推进横琴粤澳深度合作区建设等深入交流。

△　由市委农村工作办公室主办、金湾区人民政府承办的2020年珠海市“中国农民丰收节”活动在金湾区红旗镇三板村举行。主题为“庆丰收、迎小康”。中国水产流通与加工协会授予金湾区“中国黄立鱼之乡”称号。

23日　广州医科大学附属第一医院横琴医院（横琴新区中心医院）暨横琴至和国际生命科学中心开工奠基。“共和国勋章”获得者、中国工程院院士钟南山，广东省人大常委会原副主任雷于蓝，郭永航等参加活动。横琴新区中心医院为三级甲等临床科研型综合性医院，总投资额约27亿元，规划床位为500床；横琴至和国际生命科学中心总投资额约45亿元。

26日　珠海怒江扶贫协作2020年度第三次联席会议在珠海市召开，双方就深入推进扶贫协作工作进一步交流对接。姚奕生和云南省怒江州委副书记、州长李文辉出席会议并讲话。

27日　《珠海市人民政府森林防火禁火通告》发布。

28日　粤澳海关“跨境一锁”模式首票进口货物经港珠澳大桥珠海公路口岸通关。粤澳两地海关“跨境一锁”计划正式实施。

△　石角咀水闸重建工程之对澳门供水管迁改专项工程开工仪式举行。

△　珠海中科先进技术研究院创新科技园开工奠基。郭永航和中国科学院深圳先进技术研究院院长樊建平、深圳新世界集团董事长黄伟等出席活动并为项目培土奠基。

△　广东医谷（珠海）医疗产业加速基地奠基仪式在珠海高新区金鼎片区隆重举行。

10月

1日　《珠海市高成长创新型企业（独角兽企业）培育库入库管理办法》实施。

8日　中秋、国庆假日期间，珠海市接待游客187.19万人次，其中过夜游客44.57万人次；实现旅游总收入13.04亿元。

9日　姚奕生率队前往广州市番禺区余荫山房考察学习城市公园建设工作。

10日　由广东省人民政府港澳事务办公室、珠海市人民政府、澳门特别行政区政府人才发展委员会主办、以“撷英湾区，盛放未来”为主题的2020年粤港澳大湾区大学生就业实习双选会在珠海国际会议中心开幕。

△　由市委宣传部和市社会科学界联合会主办的以“牢记特区使命，共筑湾区梦想”为主题的第十六届社科普及月活动开幕。

12日　姚奕生和广州中医药大学校长王省良出席

《珠海市人民政府　广东省中医院合作推动广东省中医院珠海医院中医药服务能力提升建设项目协议》签约仪式。

13日　中国国际航空航天博览会组委会发布《第十三届中国国际航空航天博览会延期举办公告》：因新冠肺炎疫情全球蔓延趋势未得到有效控制，第十三届中国国际航空航天博览会将延期举办，具体时间另行通知。

△　珠海市人民政府印发《珠海市关于进一步加强内部审计工作的实施意见（试行）》。

16—17日　姚奕生率珠海市代表团赴四川省甘孜藏族自治州，就进一步做好对口支援甘孜工作进行对接交流。

19日　珠海市核酸检测基地在珠海市人民医院揭牌启用。基地配置国内首款新冠病毒核酸检测移动实验室和移动P2+核酸检测车。

△　市教育局等九部门联合印发《珠海市中小学生减负工作实施方案》。

21日　珠海市人民政府印发实施《珠海市关于大力支持集成电路产业发展的意见》《关于促进珠海市集成电路产业发展的若干政策措施》。

21—22日　郭永航率珠海市代表团赴西藏自治区林芝市，就进一步做好对口支援工作进行深入对接，考察华发（林芝）商贸物流产业园、林芝农林牧特产交易中心、米林县南伊珞巴民族乡琼林村、米林农场、粤林产业园等。林芝市委书记马升昌、市长旺堆参加相关活动。

22日　珠海跨东西部地区的第二条原水主干管工程——平岗—广昌原水供应保障工程正式通水。该工程是珠海第四条对澳供水管道工程的上游工程，被列入《粤澳合作框架协议》和粤港澳大湾区建设重大供水项目。

26日　珠海博物馆、珠海规划展览馆新馆举行启用仪式。郭永航出席活动并宣布启用。姚奕生、陈洪辉、陈英、赵建国出席活动。

27日　广东省人大常委会主任李玉妹率调研组赴珠海市斗门区调研。调研组深入斗门区乾务镇网山村开展定点帮扶；实地了解斗门区中信生态环保产业园建设情况；专题听取珠海、中山关于前山河污染治理情况和珠海垃圾分类处理设施建设等情况汇报，现场研究推动解决问题。姚奕生等出席相关活动。

△　珠海市住房公积金管理中心高新管理部智慧服务大厅揭牌运营。这是全省首个采用大数据、云计算、人工智能等信息技术打造的公积金实体服务大厅。

28日　2020年前三季度珠海地区生产总值为2508.53亿元，同比增长0.6%，经济增速由负转正，位列全省第八位、珠三角第三位。

△　中国科学技术协会批准设立的第二家国家级离岸创新创业基地——国家海外人才离岸创新创业基地（珠海横琴新区）在横琴举行揭牌仪式。

29日　2020年前三季度珠海全体居民人均可支配收入42091元，同比增长6.3%，增速比上半年提高2.3个百分点，扣除价格因素，实际增速由上半年的下降0.3%转为增长2.8%；全体居民人均可支配收入增速比全省高2.1个百分点、比全国高2.4个百分点。

30日　中航通飞华南飞机工业有限公司自主认定的27名员工，获颁珠海市第一批企业认定职业资格证书。这是全国首批获航空电气系统安装调试工等级证书的优秀技能人才，标志着珠海职业技能等级认定改革由“构想”步入“现实”。

11月

1日　第七次全国人口普查正式登记首日，郭永航、姚奕生参加人口普查现场登记。

△　珠海市全面上线全国首家地市级“云医保处方共享平台”。实现患者“挂号、就诊、购药、支付、报销、取药”全流程“一条龙”网上服务。

4日　全市“奋战六十天　夺取双胜利”大会战会议召开，会议对年末两个月珠海市疫情防控和经济社会发展工作进行部署。郭永航出席并讲话，姚奕生主持会议。

△　《珠海市建设工程招标施工招标文件标准文本》（2020-02版）印发。

5日　富山工业园打造千亿级PCB（印制电路板）产业基地暨2020年重点产业项目开竣工仪式举行，总投资430亿元的50个重点项目集体开竣工。郭永航、姚奕生出席活动。

6日　高分辨率对地观测系统粤港澳大湾区（珠海）数据与应用中心签约暨揭牌仪式在珠海欧比特宇航科技股份有限公司举行。高分辨率对地观测系统重大专项是《国家中长期科学和技术发展规划纲要

（2006—2020）》部署的16个重大科技专项之一。截至此日，全国地级市仅青岛和珠海获批建立高分中心。

7日　由珠海市台港澳事务局与澳门经济学会联合举办的“第十届珠澳合作发展论坛”在澳门举行。论坛主题为“新时代背景下的珠澳合作”。

7—8日　云南省怒江傈僳族自治州党政代表团来珠海考察交流。两地就进一步深化对口扶贫协作举行联席会议，郭永航和怒江州委书记纳云德出席会议并讲话。代表团前往金湾区、斗门区、横琴新区，深入丽珠医药集团股份有限公司、鹏辉能源有限公司等地实地考察。

10日　国家统计局党组成员、副局长毛有丰率督导组前来珠海督导人口普查工作，对珠海市人口普查摸底工作情况及各项准备工作进行调研。

12日　珠海“二手房登记+金融服务”三合一的首笔业务在中国银行珠海分行完成，标志着珠海市二手房交易业务办理步入“提速期”。

14日　“广东省第三十届保护野生动物宣传月”活动在珠海市海滨公园举行，主题为“万物和谐　美丽家园”。

15日　华为珠海新一代信息技术应用联合创新中心在高新区举行揭牌仪式。郭永航和华为技术有限公司轮值董事长郭平为中心揭牌。

17日　《南方日报》06版“牢记嘱托再出发”专栏推出郭永航的专访。

17—18日　由横琴新区管委会主办的第三届十字门金融周在珠海国际会展中心举行。主题为“深度合作，多元赋能——琴澳金融与企业家对话”，开设高层讨论会等五大板块。黄奇帆、肖钢等知名专家与会建言献策。郭永航出席开幕式并致辞。

18日　2020年珠海市科技工作者创新创业大会暨第十八届珠海市科协学术活动月开幕。活动主题为“改革开放、创新引领，助力粤港澳大湾区建设”。

20—21日　2020中国（珠海）国际办公设备及耗材展览会在珠海国际会展中心举行。受疫情影响，大量全球买家无法前来参展，展会首次推出“Find-a-Supplier”全球买家线上邀约平台。

22日　横琴新区《港澳人员到横琴新区就业创业补贴办法》印发施行。

25日　珠海市人民政府发布《关于进一步放宽我市人才引进及入户条件的通知》，在涉及人才落户的学历、年龄、技能型人才的限制条件、先落户后就业人才引进条件等4个方面上进一步放宽，并增加新政支持重点企业一线优秀员工引进入户。

26日　珠海、江门、香港、澳门4地政务服务及不动产登记“跨城（境）办理”协议签署及业务启动仪式在珠海横琴新区举行。

27日　“珠海市妇幼保健院心电远程会诊中心·怒江分中心”在云南省怒江傈僳族自治州妇幼保健院挂牌。

△　第一届珠海万山国际智能船艇公开赛在珠海东澳岛落幕。比赛由南方海洋科学与工程广东省实验室（珠海）和珠海万山无人船海上测试场主办，全国11支高校代表队参赛。

28—29日　首届珠澳国际人才交流大会在珠海国际会议中心举行。大会由广东省人力资源和社会保障厅、珠海市人民政府、澳门特别行政区政府人才发展委员会、澳门特别行政区政府社会文化司主办，主题为“珠澳协同　汇聚英才　共创未来”。珠澳两地签署《关于推进澳珠人才协同发展的合作协议》；珠海为23个创新创业团队项目颁发证书和资助资金；6个重大人才科技项目现场签约落地，总额超过43亿元；陈大可等10位优秀人才代表获颁“珠海十大英才”证书；“广东省博士博士后创新（横琴）示范中心”正式启用。大会是迄今为止珠海规格最高、规模最大的高端人才交流活动。

28—29日　第二届珠海市青少年机器人大赛暨珠港澳青少年机器人横琴邀请赛在珠海国际会展中心开幕，赛事主题为“科技　创新　合作　成长”。珠港澳137所学校的2000多名青少年竞逐12项机器人竞赛项目。

30日　珠海市人民政府与澳门科技大学在澳科大签署《珠海市人民政府与澳门科技大学合作办学协议》。

△　珠海市公立医疗机构实施第三批国家组织药品集中采购和使用工作。中选药品55种、79个品规，涉及高血压等药品，平均降价53%。

12 月

1日　广东省委书记李希深入珠海纳思达股份有限公司、容闳书院等，就认真贯彻落实习近平总书记出席深圳经济特区建立40周年庆祝大会和视察广东重要讲话、重要指示精神以及党的十九届五中全会精神，推动省委十二届十一次全会部署落地落实进行调研。郭永航、姚奕生参加调研。

△ 新修订的《珠海市声环境功能区区划》发布实施。

△ 全国首部支持港澳旅游从业人员跨境执业的地方法规《珠海经济特区港澳旅游从业人员在横琴新区执业规定》实施。

△ 零时起，万山区按照同城同价原则下调海岛居民生活用水价格，海岛居民用水实现“陆岛同价”。

△ 横琴新区工商局、发展改革局共同举行“横琴新区商事登记认证服务合作签约暨个体经营台账式备案系统启动仪式”，为澳门投资者提供在横琴的商事登记认证“一条龙”服务，并推出全国首个个体经营台账式备案系统。

△ 珠海市党政机关和事业单位（不含学校、医院和科研事业单位）工作时间调整为：上午9:00—12:00，下午2:00—6:00。

3—4日 郭永航率珠海市党政代表团赴阳江市、茂名市考察精准扶贫和对口帮扶工作。阳江市委书记焦兰生、市长温湛滨，茂名市委书记许志晖、市长袁古洁参加有关活动。代表团一行实地考察阳江市江城区埠场镇那蓬村、茂名市荔枝国家现代农业产业园等地。

4日 珠海市首次出台的《珠海市道路桥梁桥下空间合理利用管理办法（试行）》实施。

5日 广东省卫生健康委7时52分公布，珠海市新增1例境外输入新冠肺炎确诊病例，患者来自香港，在隔离点被发现。截至12月4日24时，珠海累计报告新冠肺炎确诊病例111例（其中境外输入病例13例）。

6日 珠海市开展根治欠薪冬季专项行动，目标是欠薪“两清零”：一是2020年发生的政府投资工程项目、国企项目以及各类政府与社会资本合作项目拖欠农民工工资案件在年底前全部清零；二是其他欠薪案件在2021年春节前动态清零。

△ 珠海市科协、市教育局联合主办的第三十六届珠海市青少年科技创新大赛暨珠澳青少年科技交流邀请赛在九洲中学举行。全市近百所学校7000多名学生携550项作品参赛。

6—7日 茂名市委书记、市人大常委会主任许志晖率党政代表团来珠考察。郭永航、姚奕生参加相关活动。

9日 全国首个腾讯云启创新中心在香洲开园。

10日 由珠海市人民政府和澳门特别行政区政府经济财政司主办的2020澳珠企业家峰会在珠海国际会展中心开幕。峰会主题为“全力做好珠澳合作开发横琴这篇文章”。总投资额达823.89亿元的22个重点项目在开幕式现场签约。广东省副省长张新和郭永航、姚奕生等嘉宾出席开幕式。

△ 郭永航分别会见出席2020澳珠企业家峰会的中国科学院院士、中山大学学术委员会主任、珠海理文新材料有限公司董事长陈新滋、澳门公务人员领导力培训班珠海访问团等嘉宾代表。

△ 姚奕生分别会见联想集团高级副总裁童夫尧、宝龙集团董事局主席许健康和京东集团副总裁张以林，就推动重大项目落地等事宜深入交流。

11日 珠海市青少年体育训练基地签约挂牌仪式在海天驿站帆船帆板训练基地举行。“珠海市青少年帆船帆板训练基地”“珠海市青少年游泳训练基地”“珠海市青少年排球训练基地”“珠海市青少年棒球训练基地”正式签约授牌。

11—12日 由珠海市人民政府、中国交通运输协会邮轮游艇分会共同主办的2020中国游艇产业发展大会在高栏港区举行，大会发布被誉为中国游艇产业白皮书的《2019—2020中国游艇产业发展报告》。

13日 第二届中国横琴科技创业大赛总决赛收官。芯耀辉科技有限公司凭借“先进Fin FET工艺高速接口芯片IP研发”项目获得特等奖，获1亿元研发经费资助。

14日 粤澳跨境电子直接缴费系统首批客户启用仪式在珠海举行，华发集团旗下楼盘的澳门籍业主成为内地首批试点客户。广东率先实现澳门居民使用澳门银行账户缴纳境内日常生活费用。

15日 洪鹤大桥、金琴快线通车暨珠海隧道工程开工仪式举行。洪鹤大桥、金琴快线、香海大桥支线工程梅华互通至造贝互通段、鹤港高速江珠高速至机场东路段通车；横跨磨刀门水道的珠海隧道同期动工。

16日 2020年珠海市劳动模范、先进工作者和先进集体表彰大会召开。珠海丽凡达生物技术有限公司向晟楠等38人获评珠海市劳动模范；珠海市横琴新区管委会游起炳等22人获评珠海市先进工作者；珠海长隆投资发展有限公司等30个集体获评珠海市先进集体。郭永航、姚奕生出席大会。

△ 黄茅海跨海通道项目主塔首根桩基开钻，项目进入主体工程全面施工阶段。该项目起于珠海市高栏港区，东连港珠澳大桥，西连新台高速并与西部沿海高速相交，止于台山市斗山镇。全长约31千米。

△ 姚奕生会见西藏自治区林芝市米林县委副书记、县长才旺尼玛带领的米林县党政代表团一行。

△ 副市长阎武代表珠海市政府向顾东风、倪嘉缵、董家鸿、刘良、何建行、Peter E. Lobie等6位专家颁发健康珠海高端智库特聘专家聘书。

△ 7时33分，广东省卫生健康委员会公布，珠海市新增1例境外输入新冠肺炎确诊病例，该病例来自香港。截至15日24时，珠海市累计确诊112例（其中境外输入病例14例），现有在院病例1例。

17日 珠海市人民政府公布《关于授予2019年度珠海市市长质量奖的通报》，广东建星建造集团有限公司和珠海泰坦新动力电子有限公司两家组织获“2019年度珠海市市长质量奖”。

△ 珠海市横琴新区商务局、社会事务局共同举行“横琴新区跨境惠企平台暨港澳人员到横琴新区就业创业补贴服务上线启动仪式”，为港澳人员提供225项政务事项线上“跨境通办”。

△ 南京审计大学粤港澳大湾区审计研究院（珠海）签约揭牌仪式在珠海市举行。珠海市副市长李翀，南京审计大学党委常委、副校长裴育，广东省审计厅副厅长黄建勋代表三方签署战略合作框架协议。

20日 拱北海关所属青茂海关揭牌仪式在珠澳跨境工业区专用口岸举行。青茂海关辖区为“一园区、两口岸”（珠澳跨境工业区珠海园区、珠澳跨境工业区专用口岸、青茂口岸）。

21日 全市抗击新冠肺炎疫情表彰大会召开。大会授予黄少文等305人“珠海市抗击新冠肺炎疫情先进个人”称号；授予珠海市横琴新区疾病预防控制中心等105个集体“珠海市抗击新冠肺炎疫情先进集体”称号；授予黄少文等60名共产党员“珠海市优秀共产党员”称号；授予珠海大横琴泛旅游发展有限公司党支部等30个基层党组织“珠海市先进基层党组织”称号。郭永航、姚奕生出席会议。

22日 首个珠港医疗卫生合作项目——珠海希玛林顺潮眼科医院开门营业。

23日 兴业快线（北段）首条隧道贯通。

△ 粤港澳大湾区职工交流服务（珠海）中心在横琴揭牌。

24日 中央政法委机关报《法治日报》头版刊发题为《让数据“变量”成为治理“增量” 以“平安+”指数为牵引打造市域治理“珠海样本”》的报道，点赞珠海市“平安+”市域社会治理指数为共建共治共享社会治理格局提供“珠海样本”。

24—25日 中国共产党珠海市第八届委员会第九次全体会议在香洲召开。大会听取和讨论郭永航代表市委常委会所作的报告；审议通过《中共珠海市委关于深入学习贯彻习近平总书记出席深圳经济特区建立40周年庆祝大会和视察广东重要讲话重要指示精神 努力把珠海经济特区办得更好、办得水平更高的实施意见》和《中共珠海市委关于制定国民经济和社会发展第十四个五年规划和二〇三五年远景目标的建议》。

△ 中国作家协会党组书记、副主席钱小芊率队到珠海调研。郭永航参加调研。

25日 《珠海市教育局关于进一步推进高中阶段学校考试招生制度改革的实施意见》实施。

28日 斗门区委常委会审议通过《斗门区“民生微实事”工作管理暂行办法》。该社会治理模式为全市首创。

29日 中国少年先锋队珠海市第六次代表大会召开。郭永航会见优秀少先队员和少先队辅导员代表。

△ 珠海市企业与企业家联合会联合发布2020珠海企业100强、珠海民营企业100强、制造业企业100强、服务企业100强等榜单。

29—30日 由珠海市农贸市场疫情防控工作专班（珠海市市场监督管理局）主办的珠海市2020年进口冷冻食品疫情防控实战演练在香洲区2000年大酒店和珠海农控农产品物流园举行。

30日 珠海市第一届职业技能大赛收官。大赛围绕“粤菜师傅”“广东技工”“南粤家政”设立48个比赛项目，69名选手被授予“珠海市技术能手”称号。

31日 珠海市疾控部门发布《珠海市元旦、春节假期出行新冠肺炎疫情防控工作指引》。

△ 启辰生生物科技（珠海）有限公司的纳米mRNA疫苗生产GMP（良好作业规范）车间在金湾区珠海国际健康港落成并启用，是国内首个用于mRNA疫苗生产的GMP车间。（骆伟娟 郑秋玉 李 萍）

·责任编辑：潘杜鹃·

概　貌

基本市情

【位置和面积】　珠海市位于广东省南部、珠江口西岸，珠江水系之西江流经珠海境内的崖门、磨刀门、鸡啼门、虎跳门，汇入南海。地处北纬21°48′—22°27′、东经113°03′—114°19′。珠海市区东与深圳市、香港特别行政区隔海相望，距香港特别行政区36海里，南与澳门特别行政区陆地相连，港珠澳大桥竣工后，珠海成为内地唯一与香港、澳门同时陆桥相连的城市。西邻江门市新会区、台山市，北与中山市接壤，距广州市区140千米。珠海市陆地面积1736.46平方千米，领海基线以内海域面积6050平方千米。　（珠　鉴）

【建置沿革】　1953年4月7日，经中华人民共和国政务院批准，珠海县成立，县政府设在唐家，隶属粤中行政区管辖。1955年，珠海被划为边防区，设立上涌、下栅边防检查站并发放边防居民证。1959年3月20日，珠海县撤销并入中山县。1961年4月17日，珠海县建制恢复，县政府设在香洲。

1979年3月5日，珠海县改为珠海市，市革命委员会（1980年改为市人民政府）设在香洲；11月，定为省辖市。1980年8月26日，中华人民共和国第五届全国人民代表大会常务委员会第十五次会议批准，在珠海市内设立经济特区，面积6.81平方千米。1983年5月5日，斗门县划归珠海市管辖；6月29日，国务院批准调整珠海经济特区范围面积至15.16平方千米。1984年6月，在原珠海县管辖区域设立香洲区，为县一级建制。1988年4月5日，经国务院批准，珠海经济特区面积扩大至121平方千米。

1988年12月，珠海市委、市政府为实施东西两翼发展战略，设立万山管理区、三灶管理区。1998年，广东省政府为实施全省海洋综合开发战略，批准万山管理区为万山海洋开发试验区，是全省第一个地方性海洋综合开发试验区。

1992年春，横琴被广东省定为20世纪90年代扩大对外开放的4个重点开发区域之一；7月，横琴经济开发区成立；8月，横琴经济开发区管委会挂牌办公，为珠海市政府派出机构。2009年6月24日，国务院常务会议审议并通过《横琴总体发展规划》；11月25日，中央编委同意设立珠海横琴新区管理委员会，属省政府派出机构并委托珠海市政府管理，为副厅级建制，横琴新区被纳入珠海经济特区范围，珠海经济特区面积扩大至227.46平方千米。2015年4月21日，中国（广东）自由贸易试验区挂牌；4月23日，中国（广东）自由贸易试验区珠海横琴新区片区挂牌。

1992年12月，经国务院批准成立珠海高新区。1993年3月，由国家科委（现科技部）授牌并进行动态管理，是国家级高新区，由南屏科技工业园、三灶科技工业园、新青科技工业园和科技创新海岸组成。2006年7月，市委、市政府对珠海高新区和唐家湾镇作出“区镇合一”体制调整，在唐家湾地区设立主园区。2015年9月，国务院批复同意珠海高新区建设国家自主创新示范区，此后，珠海高新区形成“一区多园”格局，即珠海高新区“一区”下辖唐家湾主园区，南屏科技工业园、三灶科技工业园、新青科技工业园、富山科技工业园、航空产业园以及横琴高新技术和科研研发园区等多园。

1993年4月，珠海港管理区成立，为市政府派出机构。1999年7月，市政府撤销珠海港管理区，成立珠海临港工业区管理委员会、高栏港区建设管理委员会（一个机构，两块牌子），将原管辖的南水镇和南通公司划归三灶管理区管辖。2006年7月3日，市委、市政府对高栏港区域实施“区镇合一”体制改革，成立珠海高栏港经济区。2008年7月25日，组建市港口管理局和珠海港集团有限公司，形成港口行政管理、港口经营开发和港区建设发展既分工明确又一体联动的工作格局。2012年3月，经国务院批准，高栏港经济区升级为国家级经济技术开发区（定名为珠海经济技术开发区）。2018年2月，国务院批准在高栏港经济区2.51平方千米的区域内成立珠海高栏港综合保税区。

1996年11月3日，经国务院批准，珠海保税区成立（1999年10月封关运作）。

2001年4月4日，经国务院批准，金湾区成立，为县一级建制。2020年12月，金湾区与珠海经济技术开发区（高栏港区）实行一体化运作，即“一个机构，两块牌子”。

2001年12月29日，斗门撤县建区。

2010年8月26日，国务院批复，自2010年10月1日开始，珠海经济特区范围扩大至全市，总面积扩大至7653平方千米。

2017年7月1日，富山工业园调整管理体制，由市政府及职能部门委托管委会对园区内经济事务和其他行政工作行使市一级经济管理权限，园区经济指标纳入斗门区统计，财税收益归属斗门区支配。

（彭　之）

【行政区划】　2020年，珠海市设有香洲区、金湾区、斗门区3个行政区，下辖15个镇、10个街道。其中，香洲区辖梅华街道、狮山街道、翠香街道、拱北街道、吉大街道、湾仔街道、香湾街道、前山街道、凤山街道9个街道，以及南屏镇、唐家湾镇、横琴镇、桂山镇、万山镇、担杆镇6个镇；金湾区辖红旗镇、三灶镇、南水镇、平沙镇4个镇；斗门区辖白藤街道1个街道，以及井岸镇、白蕉镇、斗门镇、莲洲镇、乾务镇5个镇。有横琴新区、珠海（国家）高新技术产业开发区、珠海经济技术开发区（高栏港经济区）、珠海万山海洋开发试验区、珠海保税区5个经济功能区。　（陈少燕）

【人口】　截至2020年底，珠海市常住人口244.96万人，人口城镇化率90.47%，其中香洲区138.99万人、斗门区61.09万人、金湾区44.88万人。全市户籍人口总数139.51万人，比上年增长6.22万人。

（张　炜）

【气候】　2020年，珠海市天气总体呈现“气温高，冬暖夏长；强

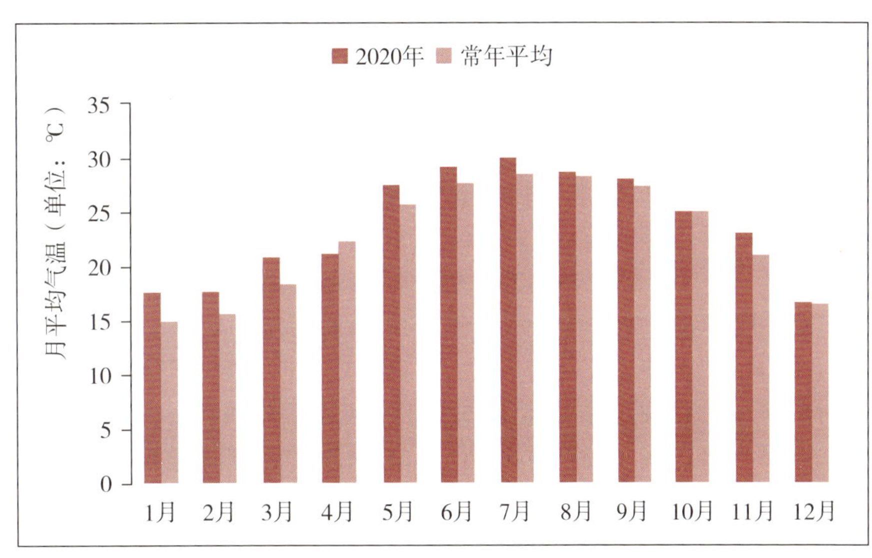

珠海市2020年逐月平均气温和常年平均值示意图

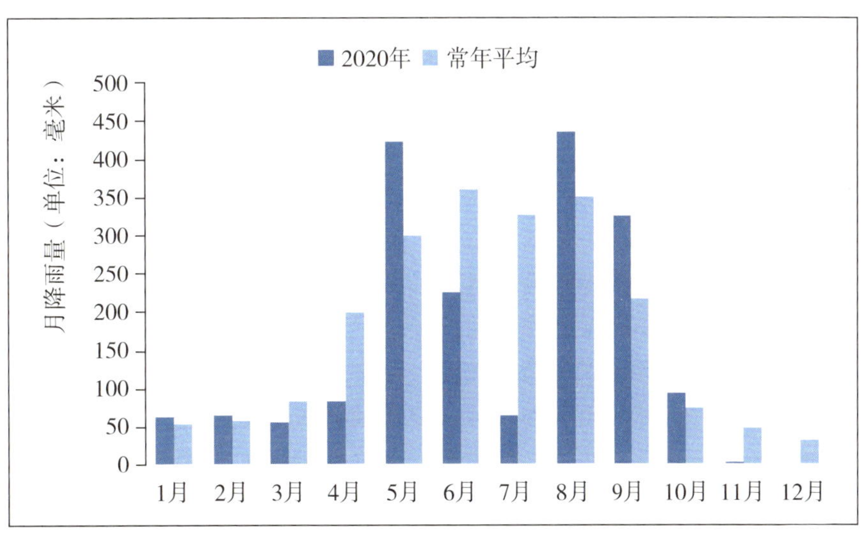

珠海市2020年逐月降雨量和常年平均值示意图

降雨集中，气象干旱显著”的特点。年平均气温23.8℃，比常年平均偏高1.2℃，为历史第三高值，其中1月和7月平均气温均打破历史同期纪录；12月末跨年寒潮，12月31日出现年最低气温6.7℃。年降雨量1799.2毫米，较常年平均偏少13.6%，干燥少雨天气居多，强降雨主要集中在5月中下旬至6月上旬（“龙舟水”期间）和8—9月。年内有4个台风影响珠海市，个数比常年略偏多，其中“海高斯”在金湾区沿海登陆，对全市造成严重影响。年内出现极端天气事件，如2月出现局地冰雹，6—8月高温“超长待机”，7月“空台”（西北太平洋和南海无台风生成）等。

（杨丽蓉）

【土地资源】 珠海市土地面积1736.46平方千米，其中，香洲区555.29平方千米、金湾区567.28平方千米、斗门区613.88平方千米。耕地保有量330.27平方千米，其中，香洲区5.4平方千米、金湾区115.57平方千米、斗门区209.3平方千米。

（龚亚军）

【水资源】 珠海市位于广东省中南部、珠江三角洲河网区西南隅，面朝南海，背靠珠江三角洲，为珠江流域重要出海口所在地。珠江流域八大口门中的崖门、磨刀门、鸡啼门和虎跳门流经珠海，其中纵贯珠海的磨刀门水道常年平均径流量约923亿立方米，为八大口门之首。珠海市有大小河流504条，总长1274千米；湖泊8个，常年水面面积4.76平方千米；水库山塘84个，总库容1.50亿立方米。水资源的构成特点是入境水资源多、本地水资源量少，地表水资源量大、地下水资源量小。多年平均入境水量1227.29亿立方米，本地水资源量22.27亿立方米，入境水资源是本地水资源量的55.1倍。境内多年平均地表水资源量21.83亿立方米，地下水资源量2.27亿立方米，地表水资源量是地下水资源量的9.6倍。

2020年，全市水资源总量17.17亿立方米，比上年增长22.3%；总用水量5.56亿立方米，下降3.5%。其中，居民生活用水下降7.0%、工业用水下降3.5%、农业用水增长8.8%、生态用水下降14.3%。万元地区生产总值用水量15.97立方米，下降4.9%；万元工业增加值用水量11.39立方米，增长3.5%。

（杨泳豪）

【海洋资源】 珠海市领海基线以内海域面积6050平方千米，是珠三角海洋面积最大的城市。全市大陆海岸线长224.5千米，其中，大陆自然岸线长度28.64千米，自然岸线保有率12.76%。大小岛屿262个，其中，有居民海岛10个、无居民海岛252个，素有“百岛之市”的美誉。

【矿产资源】 根据早期地质勘查资料，珠海市历史发现矿种25种，其中，金属矿产13种、非金属矿产8种、能源矿产2种（地下热水、泥炭）、水气矿产2种（地下水、矿泉水）。珠海矿产资源种类较少，大型矿床极少，金属矿产均为小型规模或为矿点、矿化点，优势矿产资源为滨海石英砂矿、建筑用花岗岩、地下热水和矿泉水。

【植被和生物资源】 珠海市自然环境复杂多样，动植物资源丰富。有维管植物202科723属1462种，珍稀濒危保护植物15种，其中，国家I级保护植物1种（水松），国家II级保护植物14种（格木、红椿、油丹、半枫荷、苏铁蕨、土沉香、绣球茜、海南石梓、金毛狗、樟树、蛇银木、水蕨、黑桫椤、大黑桫椤）。根据2019年记录，珠海市有脊椎动物255种，其中两栖纲22种、爬行纲49种、鸟纲148种、哺乳纲36种。国家重点保护动物29种，其中，国家I级重点保护动物1种（蟒蛇），国家II级重点保护动物28种（猕猴、穿山甲、灵猫、岩鹭、燕隼、红隼、褐翅鸦鹃、黄嘴角鸮、灰脸鵟鹰、赤腹鹰、雀鹰、凤头鹰、黑翅鸢、蛇雕、鹗等）。

（龚亚军）

【历史文化】 距今6000多年前，珠海地区就有人类活动。先民在这里劳动、生息、繁衍。公元前2000多年，珠海地区已有先进的渔业经济，先民制造适于近海航行的渔船，发明水上停船技术，创造出一种不同于农耕文明与游牧文明的早期人类生存方式——海洋渔业文明，全国重点文物保护单位宝镜湾遗址等数十处海湾沙丘遗址揭示的文化面貌，成为中国早期海洋渔业文明的典型代表。

珠海地区自古为海上贸易的重要节点，先民们参与海上航道开发。汉唐以来成为广州与中东、非洲和欧洲海上贸易必经之路。唐宋时期，珠海地区山场一带盐业经济发达，盛极一时。唐宋以后，中国对外贸易中心由北方的河西走廊逐渐转移到南方和东南沿海，珠海地区是中国南部城市广州到阿拉伯国家海上商道重要“驿站”。郑和七下西洋，多次通过珠海海域，珠海诸多海岛为《郑和航海图》上的指路地标。明清时期，珠海地区浪白澳海域是外国商船来华的重要泊船地，成为中国重要的对外贸易口岸。澳门开埠后，珠海海域商船往来更为繁忙。

珠海地区与澳门陆地相连，有着不可分割的历史和文化渊源，明清两朝政府一直安排驻扎在珠海前山寨的香山县丞和澳门海防军民同知对澳门进行管理。南宋绍兴二十二年（1152年），朝廷设立香山县，今珠海市、澳门特别行政区和中山市同属其管辖范围。宋末元初，珠海海域发生一场中国古代历史上规模最大的海战，民族英雄文天祥在这里留下千古绝唱“人生自古谁无死，留取丹心照汗青”。

在珠海经济特区设立之前，珠海大地上曾有两次尝试对外开放。第一次是1909—1912年的“香洲开埠”，清政府宣布香洲为自由港，开放香洲为无税区，这是珠海地区华侨和商绅实践“实业救国”的尝试。第二次是1929—1934年的中山模范县建设，在唐家湾开辟一个可停靠5000—20000吨轮船的南方巨大良港——“中山港”。在唐绍仪的请求下，南京国民政府于1930年5月中旬明令公布：“指定广东省中山县唐家环开辟为无税口岸，以60年为期，定名为中山港，由中山县训政实施委员会负责经营办理。”这两次试办“经济特区”虽未成功，但珠海人的开放创新精神矢志不渝。

在中国近现代史上，珠海地区出现过一大批产生重大影响的著名人物。“中国留学生之父”容闳、中国留学英国第一人黄宽、洋务运动先驱唐廷枢、近代民族工商业杰出代表徐润、民国第一任内阁总理唐绍仪、文坛奇才苏曼殊、中共早期重要领导人苏兆征、中华全国总工会第一任委员长林伟民、人民艺术家古元、中国第一位世界冠军容国团以及著名革命家、教育家、语言文字改革家韦悫等10余位珠海名人被《辞海》收录。清华学校第一任校长唐国安、华南地区最早的马克思主义传播者杨匏安等珠海名人被载入史册。这些敢为天下先的珠海人在政治、经济、文化、体育等各个方面发挥作用，并成为中国近代化进程的重要推动者。

珠海地区是一块具有革命传统的红土地。1833年，淇澳岛村民自发反抗英国鸦片商人侵扰，成为三元里抗英之前民众自发抗击侵略的先声。当地民众在反对澳门葡萄牙当局的殖民扩张、抗击日本侵略过程中都表现出英勇顽强的民族精神。

辛亥革命期间，从买办到民族工商业者，从实业救国到社会改良，从西学东渐、维新变法到民主共和思想的浸润与播种，从暴力革命到民主共和的建立与捍卫，都留下珠海人的身影。1911年11月，前山新军起义是武昌起义后革命党人在珠海发动的一次重要起义，为辛亥革命彻底推翻清政府做出贡献。

中华人民共和国成立后，珠海县于1953年成立，珠海人为巩固边防、守护海疆不怕流血流汗。珠海先后设立平沙、红旗等华侨农场，为国分忧、为归难侨撑起一片天。1979年建市，1980年设立珠海经济特区，是中国最早实行对外开放政策的四个经济特区之一，成为全国改革开放的“窗口”与“试验田”，承担着为探索中国特色社会主义道路杀出一条血路的光荣而艰巨的使命。珠海人敢为人先，勇于探索，攻坚克难，奋发有为，大胆开拓创新。1984年1月，邓小平第一次南方视察来到珠海，挥笔题词“珠海经济特区好”，坚定改革开放决心；1992年1月，邓小平第二次南方视察再次来到珠海，推动中国改革开放大业走向辉煌。

珠海是全国唯一以整体城市景观入选“中国旅游胜地四十佳”的城市。人居环境一流，先后获评“全国双拥模范城”“国家园林城市”“国家生态园林城市”“国家环保模范城市”“国家卫生城市”“国家级生态示范区”“国家生态文明建设示范市”“中国十大魅力城市”“中国十佳宜居城市”“中国优秀旅游城市”“中国最具幸福感城市”“中国和谐名城”“中国最美丽城市”“国家森林城市”“全球十佳宜居城市”等称号，以及环境保护部颁发的“中国生态文明奖”，联合国人居中心颁发的“国际改善居住环境最佳范例奖”。

珠海保存有丰富的文化遗产。拥有珠海宝镜湾遗址、陈芳家宅、三灶岛侵华日军罪行遗迹3处全国重点文物保护单位；卓堂湾遗址、东澳湾遗址、石溪摩崖石刻群、杨氏大宗祠、唐家三庙、甄贤学校、苏兆征故居、苏曼殊故居、拉塔石炮台等24处省级文物保护单位和多处市级、区级文物保护单位。唐家湾古镇、斗门镇、斗门古街被公布为国家级历史文化名镇（名街）。香洲区的唐家、会同、淇澳、香洲埠、南屏和斗门区的旧街6个街区被公布为广东省历史文化街区。截至2020年底，登记历史建筑线索381处，先后公布3批历史建筑148处、改革开放历史性建筑36处。核定公布334处文物点为珠海市不可移动文物名录，核定各级文物保护单位73处，普查各级非物质文化遗产44

项。斗门水上婚嫁、装泥鱼、三灶鹤舞、一指禅推拿4个项目被列入国家级非物质文化遗产代表性项目名录。斗门飘色、沙田民歌、鸡山中秋对歌会等10余个项目被列入广东省非物质文化遗产代表性项目名录。

海洋文化是珠海历史文化的总特点，在不同时期有不同表现形式，早期以海洋渔业文化为特点，唐宋以后表现为香山文化，近现代以来这里中西交融、多元包容、开拓进取，孕育形成独特的城市文化，表现为买办文化、华侨文化、留学文化、红色文化和特区文化等。（肖一亭）

【侨乡侨情】 珠海是广东省著名侨乡，侨史悠久、名侨辈出，拥有清政府驻夏威夷王国第一任领事、第一个华侨百万富翁陈芳，中国留学生之父容闳，中国留学英国第一人黄宽，洋务运动先驱唐廷枢，近代民族工商业杰出代表徐润，民国第一任总理唐绍仪，清华学校第一任校长唐国安，文坛奇才苏曼殊，中国共产党早期重要领导人苏兆征，中华全国总工会第一任委员长林伟民，华南地区最早的马克思主义传播者杨匏安，人民艺术家古元，中国第一位世界冠军容国团，亚裔参政先驱、有美国“长寿议员”之称的邝友良等一批历史名人。截至2020年底，有旅居海外华侨华人约15万人，主要分布在北美洲、拉丁美洲、大洋洲和东南亚等50多个国家和地区；有侨眷侨属30余万人。1978—1979年，平沙华侨农场和红旗华侨农场接受归难侨2万余人。截至2020年底，珠海市有归侨4552人，归国留学人员1.4万人，侨资企业近万家，约占全市外资企业七成；市侨联与50多个国家200多个友好社团建立联系。

（杨毓婷）

【民风民俗】 珠海市拥有丰富多彩的传统民间习俗。

斗门水上婚嫁　珠海市斗门区一带独特的传统民俗文化，是当地疍家人的传统成亲礼仪，形成于清初，成熟于清代同治、光绪年间。水上婚嫁融合广府文化和客家文化元素，婚嫁程序繁复多样，有夹年生、拿茶叶、择日、使日、起厨、坐高堂、上头、嫁仪、花船迎亲、渡水饭、拜堂、闹洞房、回门13项礼仪，以花船迎亲、沙田民歌贯穿婚嫁活动全过程，独具水乡风情。2008年6月，斗门水上婚嫁习俗入选第二批国家级非物质文化遗产代表性项目名录。

三灶鹤舞　珠海市三灶岛海澄村一带独特的传统民俗文化，源于宋代，有700多年历史，是三灶岛人民在长期的生产和生活实践中模仿白鹤动作神态、研究白鹤生活习性而创造出来的民间舞蹈，一般在迎春接福、贺老拜寿等喜庆节日和活动时举行。鹤舞表演分为仙鹤临门、觅食、啄吃、洗嘴、休息、嬉戏、归巢7个环节，表演时伴有鹤歌。“舞者，击鼓以三为节，歌者，击鼓以七为节。”2011年5月，三灶鹤舞被列入第三批国家级非物质文化遗产代表性项目名录。

龙舟竞渡　俗称“扒龙船”，是珠海人喜爱的传统活动之一。1909年香洲开埠后，由海外侨商、港澳华商和地方乡绅组织，每年端午节期间在香洲埠附近海面举行龙舟竞渡。1911年香洲埠被大火烧毁后，龙舟竞渡停办。中华人民共和国成立后，首届珠海龙舟赛于1955年在金星门举行，此后成为一年一度盛事。1961年，县治迁至香洲，龙舟赛改在香洲野狸岛附近海面举行，从农历五月初三开始至初五结束，时有香港、澳门及香洲、湾仔、桂山、万山、担杆、南水、东澳、庙湾、外伶仃等代表队参加，20世纪80年代因安全问题停办。2009年，珠海国际龙舟节在前山河举办。2010年起，龙舟竞渡在斗门区黄杨河举办。

沙田民歌　流传于珠海市香洲区南屏、斗门区一带沙田地区的传统民歌。是在疍家歌、渔歌基础上，由水乡人独创的一种曲目，包括咸水歌、高堂歌、大罾歌、姑妹歌、叹家姐等。咸水歌有长句、短句两种，字数不等，风格各异，抒情悠扬；高堂歌以每段四句，每句七字为规则，一、二、四句押韵，以叙事为主，格式如七律七绝。沙田民歌音乐语言、艺术形式和表现手法简明朴实、平易近人、生动灵活，且题材广泛，演唱形式繁多，除了自己抒情，还可与他人对唱、斗歌，最大特点是触景生情、即兴唱酬。过去，沙田地区的村民经常聚集在基头、围尾、河岸、艇中对唱和斗歌，以歌自娱，以歌怡情，以歌会友。

乾务飘色　珠海市民间艺术，集中在斗门区乾务镇乾东、乾西和乾北三村，集文学、戏剧、音乐、造型、雕刻、服饰等于一体，有近400年历史。乾务飘色中最引人注目的是由7～10岁小孩扮演民间故事或历史典故中的人物，站立在色棒上，飘逸若飞，造型独特，极具欣赏价值。

三灶八堡歌　流传于珠海市三灶岛一带的传统民俗文化，源于明代，有600多年历史，是处于孤岛的三灶人认识家乡、了解外界的重要渠道。由于当时的三灶岛有8个堡，人们就把这种民歌叫做《八堡歌》。《八堡歌》巧妙地把地名和地方特色编入歌谣，语言诙谐，音节和谐悠扬、机智敏捷，得趣成章，朴质浑然。歌谣为三灶方言，朗朗上口，通俗易懂，容易记忆，有深厚的群众基础。《八堡歌》从三灶岛海澄村的上表和下表开始唱起，连续唱出三灶岛8个堡所有自然村落的特点，最后编入三灶岛附近乃至广东省内外的一些地名。

珠海民间艺术大巡游　2007年以来珠海市重要的民间艺术活动，每年元宵节期间举行。首届珠海民间艺术大巡游于2007年3月5日在吉大九洲城举行，其后分别在圆明新园、市体育中心、斗门区等地举行。珠海民间艺术大巡游活动通过飘色、鹤舞、沙田民歌、舞狮、舞龙等表演，将珠海市非物质文化遗产原汁原味呈现给市民。

（析　羽）

【风景名胜】　珠海市是花园式滨海旅游城市，1998年获联合国人居中心颁发“国际改善居住环境最佳范例奖”，是全国唯一以整座城市景观入选“中国旅游胜地四十佳”的城市。2017年被国家旅游局授予“中国休闲旅游示范城市”称号。截至2020年底，有AAAA级景区景点6个（珠海圆明新园、珠海罗西尼工业旅游点、珠海市御温泉度假村景区、珠海市东澳岛旅游度假区、珠海市外伶仃岛度假区、珠海市汤臣倍健透明工厂景区），AAA级景区景点3个（珠海市桂山岛风景区、横琴星乐度·露营小镇景区、横琴丽新创新方旅游区）。

旅游景点　主要有香炉湾（情侣路、珠海渔女、城市客厅）、石景山、海滨公园、野狸岛（珠海大剧院）、港珠澳大桥、珠海圆明新园、梦幻水城、梅溪牌坊（陈芳故居）、苏曼殊故居、容闳故居、长隆国际海洋度假区、横琴芒洲湿地公园、横琴星乐度·露营乐园、横琴丽新创新方旅游区、黄杨山（金台寺）、珠海市御温泉度假村景区、十里莲江、鳄鱼岛、海泉湾度假区、爱飞客俱乐部、金沙滩、飞沙滩、淇澳岛（淇澳红树林湿地生态园、淇澳祖庙、天后宫，白石街、苏兆征故居）、共乐园、唐绍仪故居、望慈山房、唐家三庙、会同古村（莫氏大宗祠、栖霞仙馆）、唐国安故居、卢慕贞故居。

名胜古迹　主要有后沙湾沙丘遗址、愚园、杨氏大宗祠、前山寨城墙、宝镜湾遗址、石溪摩崖石刻、竹仙洞摩崖群、菉猗堂及建筑群、东澳岛铳城、东澳岛海关遗址、草堂湾遗址、赤沙湾沙丘遗址、白莲洞、灵岩洞摩崖石刻、乌岩山摩崖石刻、大王宫工丈摩崖石刻、山场北帝庙、斗门旧街、网山古村、荔山村黄氏宗祠建筑群。

海岛风光　主要有桂山岛、外伶仃岛、东澳岛、万山岛、淇澳岛。（全　璐　周　靖　陶　丽）

【民族】　截至2020年底，珠海市有少数民族54个，少数民族人口18.78万人，其中户籍人口3.38万人、暂住人口15.4万人。人口较多的有壮族、土家族、瑶族、苗族、满族等。设有内地民族班44个、学生2402人，其中新疆班21个、学生830人，西藏班7个、学生279人，怒江班16个、学生1293人。有民族团体1个：珠海市民族团结进步促进会。

（杨　扬）

【宗教】　截至2020年底，珠海市有登记开放的宗教活动场所11处，其中佛教2处、伊斯兰教1处、天主教1处、基督教7处，信教群众6.9万人。有宗教团体4个：珠海市佛教协会、珠海市道教协会、珠海市伊斯兰教协会、珠海市基督教“两会”（珠海市基督教三自爱国会和珠海市基督教协会）。

（蔡　滤）

【方言】　珠海地区原属香山县，古代在香山县一带有客民、畲蛮、瑶、疍人和卢亭等族群，有几种不同方言。近代以来，有粤、客家和闽等方言，以粤方言为主。1953年后，随着非粤籍人员流入，珠海地区出现北方方音。从20世纪80年代开始，非粤音人口大批流入。截至2020年，珠海地区方言仍以粤方言为主，分布在香洲、横琴、万山、平沙、红旗、三灶和斗门的大部分乡镇。根据内部差异，粤方言又可分为北部地区粤音、西部地区粤音和水上话音3类。此外，还有淇澳的闽方音和香洲、唐家湾部分村落的客家话音。

（陈　义）

【市树、市花与市鸟】　1989年10月26日，珠海市第三届人大常委会第三次会议根据市人民政府提议，确定红花紫荆为市树、簕杜鹃为市花、海鸥为市鸟。

红花紫荆　别名羊蹄甲、洋紫荆、艳紫荆。珠海市区的紫荆园和紫荆路因集中种植此树而得名，每到花期，红花紫荆花色鲜艳，形状动人，象征珠海经济特区朝气蓬勃的精神。

簕杜鹃　别名三角花、叶子花等。珠海的道路、绿地、山上、公园、宾馆、庭院都有大量种植，开花时，花色有红、紫、粉红、白、黄等五彩颜色，具有生命力强、品种多样等特性。象征珠海经济特区开拓创新、锐意进取。

海鸥　珠海市最常见的一种海鸟，喜欢群集于港口、码头、海湾、轮船周围，哪里发现有大群海鸥，哪里的水域必然充满生命。象征珠海人民勇于拼搏、勤劳致富的风骨。（珠　鉴）

【社会组织】　截至2020年底，珠海市登记在册社会组织2443家，其中市级1180家、区级1263家。全年办理社会组织注册登记122件，变更登记249件，注销登记89件。获AAA级以上社会组织74家，其中AAA级10家、AAAA级20家、AAAAA级44家。（陈少燕）

2020年珠海市组织机构及负责人

市四套班子领导成员

单位	姓名	主要领导职务	本单位职务变动情况
市委	郭永航	市委书记，市人大常委会主任，珠海警备区党委第一书记	
	姚奕生	省委委员，市委副书记，市政府党组书记、市长	
	赵建国	市委副书记	
	龚海明	省纪委委员，市委常委、纪委书记，市监委主任	
	张　强	市委常委、政法委书记	
	龙广艳（女）	市委常委、宣传部部长	
	吴青川	市委常委、组织部部长、党校校长	
	吴　轼	市委常委、秘书长，市委国安办主任，市委改革办主任	
	郭才武	市委常委、统战部部长，市政协党组副书记	
	杨清淦	市委常委	
	曾进泽	市委常委，市政府党组副书记、副市长、市委军民融合办主任	任至9月
市人大	郭永航	市委书记，市人大常委会主任，珠海警备区党委第一书记	
	陈　英	市人大常委会党组书记、常务副主任（正厅级）	
	刘嘉文	市人大常委会党组副书记、副主任，市政府党组副书记、副市长	9月任党组副书记
	黄　锐	市人大常委会党组成员、副主任，兼任市总工会主席	
	田忠敏	市人大常委会党组成员、副主任	
	吴青山（壮族）	市人大常委会党组成员、副主任	
	王红勤（女）	市人大常委会副主任	
	李　力（回族）	市人大常委会党组成员、秘书长、机关党组书记	
	芦晓凤（女）	市人大常委会党组成员（保留副厅职）	任至5月
	关英彦	市人大常委会党组成员、副主任	任至8月

（续表）

单位	姓名	主要领导职务	本单位职务变动情况
市政府	姚奕生	省委委员，市委副书记，市政府党组书记、市长	
	刘嘉文	市人大常委会党组副书记、副主任，市政府党组副书记、副市长	副市长任至9月
	蔡　辉	市政府党组成员、副市长，市公安局党委书记、局长、督察长，市委政法委第一副书记	6月任职
	张宜生	市政府党组成员、副市长	
	李　翀	市政府党组成员、副市长	10月任党组成员 11月任副市长
	阎　武	市政府副市长，市农工党主委，兼任市红十字会会长	
	胡新天	市政府副市长、党组成员	
	牛　敬	市政府党组成员，横琴新区（自贸区）党委书记，珠海保税区（珠澳跨境工业区珠海园区）党委书记	
	叶　真	市政府党组成员，广东省第三扶贫协作工作组（珠海市对口云南省怒江傈僳族自治州扶贫协作工作组）组长，万山区党委书记	1月任党组成员
	武　林	市政府党组成员、秘书长、机关党组书记、办公室主任	
	张　松	市政府党组成员，市政协党组成员、副主席	党组成员任至1月
	张　锐	市政府党组成员、副市长，市公安局党委书记、局长、督察长，市委政法委第一副书记	任至6月
	曾进泽	市委常委，市政府党组副书记、副市长，市委军民融合办主任	任至9月
市政协	陈洪辉	市政协党组书记、主席	
	郭才武	市委常委、统战部部长，市政协党组副书记	3月任党组副书记
	朱权伟	市政协党组副书记、副主席	
	潘　明	市政协副主席，市民革主委	
	曾祥华	市政协党组成员、副主席	
	张　松	市政府党组成员，市政协党组成员、副主席	
	陈仁福	市政协党组成员、副主席	
	黄文忠	市政协副主席，市民建主委	
	彭　洪（女）	市政协副主席，市民盟主委	
	贺　军	市政协副主席，市九三学社主委，市水务局局长	6月任职
	刘振新	市政协党组成员（保留副厅职）	
	王　毅	市政协党组成员、秘书长、机关党组书记	

各区、功能区

单位	姓名	主要领导职务	本单位职务变动情况
横琴新区	牛　敬	市政府党组成员，横琴新区（自贸区）党委书记，珠海保税区（珠澳跨境工业区珠海园区）党委书记	
	杨　川	横琴新区（自贸区）党委副书记、管委会主任	
香洲区	颜　洪	香洲区委书记	
	刘齐英	香洲区委副书记，区政府党组书记、区长	
金湾区	阳化冰	金湾区委书记，珠海经济技术开发区（高栏港经济区）党委书记	
	赵伟媛（女）	金湾区委副书记，区政府党组书记、区长	
斗门区	周海金	斗门区委书记	
	马洪胜	斗门区委副书记，区政府党组书记、区长	
高新区	苏　虎（蒙古族）	珠海（国家）高新技术产业开发区党委书记	8月任职
	苏　虎（蒙古族）	珠海（国家）高新技术产业开发区党委副书记、管委会主任	任至8月
保税区	牛　敬	市政府党组成员，横琴新区（自贸区）党委书记，珠海保税区（珠澳跨境工业区珠海园区）党委书记	
	赵　力	横琴新区（自贸区）党委委员、管委会副主任，珠海保税区（珠澳跨境工业区珠海园区）党委副书记、管委会主任	
万山区	曾天翔	万山区党委书记	11月任职
	叶　真	市政府党组成员，广东省第三扶贫协作工作组（珠海市对口云南省怒江傈僳族自治州扶贫协作工作组）组长，万山区党委书记	任至11月
	吕红珍（女）	万山区党委副书记、管委会主任	
高栏港区	阳化冰	金湾区委书记，珠海经济技术开发区（高栏港经济区）党委书记	11月任党委书记
	赵适剑	珠海经济技术开发区（高栏港经济区）党委副书记、管委会主任	
富山工业园	陈家平	富山工业园党委书记、管委会主任	

市直各单位

单位	姓名	主要领导职务	本单位职务变动情况
市纪委监委	龚海明	省纪委委员，市委常委、纪委书记，市监委主任	
市委办公室	李秉勇	市委常务副秘书长、办公室主任	
市委组织部	吴青川	市委常委、组织部部长、党校校长	

（续表）

单位	姓名	主要领导职务	本单位职务变动情况
市委宣传部	龙广艳（女）	市委常委、宣传部部长	
市委统战部	郭才武	市委常委、统战部部长，市政协党组副书记	
市委政法委	张　强	市委常委、政法委书记	
市委政研室	崔旭明	市委副秘书长，市委政研室主任	
市委改革办	吴　轼	市委常委、秘书长，市委国安办主任，市委改革办主任	
市委网信办	习恩民	市委网信办（市互联网办）主任	
市委外办	张梅生	市委外办（市外事局）主任（局长）	
市委编办	邓　洪	市委组织部副部长，市委编办主任	
市委军民融合办	曾进泽	市委常委，市政府党组副书记、副市长，市委军民融合办主任	任至9月
市委台港澳办	邹　桦（女）	市委台港澳办（市台港澳事务局）主任（局长）	
市直机关工委	风亦凡（女）	市直机关工委书记	
市委巡察办	平　凡	市纪委常委，市委巡察办主任	
市委老干部局	林康栋	市委组织部副部长，市委老干部局局长	
市委机要和保密局	彭国祥	市委机要和保密局（市国家保密局、市密码管理局）局长	
市委党史研究室	郑安兴	市委党史研究室主任	
市政府办公室	武　林	市政府党组成员、秘书长、机关党组书记、办公室主任	
市发展改革局	韩　云	市发展改革局党组书记	3月任职
	于思浩	市发展改革局党组副书记、局长，市推进粤港澳大湾区建设领导小组办公室主任	3月任党组副书记、免党组书记
市教育局	林日团	市委教育工委书记，市教育局党组书记、局长，市委教育工作领导小组办公室主任	
市科技创新局	王　雷	市科技创新局党组书记、局长	
市工业和信息化局	沈　岩	市工业和信息化局党组书记、局长	
市公安局	蔡　辉	市政府党组成员、副市长，市公安局党委书记、局长、督察长，市委政法委第一副书记	6月任职
	张　锐	市政府党组成员、副市长，市公安局党委书记、局长、督察长，市委政法委第一副书记	任至6月
市民政局	陈耀平（女）	市民政局党组书记、局长	
市司法局	李红平	市司法局党组书记、局长，市强制隔离戒毒所第一政委	

（续表）

单位	姓名	主要领导职务	本单位职务变动情况
市财政局	戴伟辉	市财政局党组书记、局长	
市人力资源社会保障局	劳志伟	市人力资源社会保障局党组书记、局长	
市自然资源局	王朝晖	市自然资源局党组书记、局长	
市生态环境局	张经纬	市生态环境局党组书记、局长，北京大学生态文明珠海研究院常务副院长	
市住房城乡建设局	彭　甦	市住房城乡建设局党组书记、局长	9月任职
	方小勇	市住房城乡建设局党组书记、局长	任至9月
市交通运输局	林粤海	市交通运输局党组书记、局长	
市水务局	贺　军（土家族）	市政协副主席，市九三学社主委，市水务局局长	
	卢晓波	市水务局党组书记、副局长	
市农业农村局	陈振毅	市农业农村局党组书记、局长，市委农办、市扶贫办主任	
市商务局	王小彬	市商务局党组书记、局长，市口岸局局长	
市文化广电旅游体育局	王玲萍（女）	市文化广电旅游体育局党组书记、局长	
市卫生健康局	徐超龙	市卫生健康局党委书记、局长	
市退役军人事务局	周　成	市退役军人事务局党组书记、局长	
市应急管理局	高树林	市应急管理局党委书记、局长	7月任党委书记、免党组书记
市审计局	罗增庆	市审计局党组书记、局长	
市国资委	李丛山	市国资委党委书记、主任	
市市场监管局	石学斌	市市场监管局党组书记、局长	
市统计局	陈　珩	市统计局党组书记、局长	6月任职
	周　峰	市统计局党组书记、局长	任至6月
市医保局	程智涛（女）	市医保局党组书记、局长	
市金融工作局	穆　竑（女，回族）	市金融工作局党组书记、局长	
市城市管理综合执法局	潘伟明	市城市管理综合执法局党组书记、局长	
市信访局	梁兆雄	市政府副秘书长，市信访局党组书记、局长	
市政务服务数据管理局	李喜妍（女）	市政务服务数据管理局党组书记、局长	
市接待办	管　伟	市委副秘书长，市接待办党组书记、主任	

（续表）

单位	姓名	主要领导职务	本单位职务变动情况
市机关事务管理局	陈依兰	市机关事务管理局局长，市民建副主委	1月任职
	梁德胜	市机关事务管理局党组书记、副局长	1月任职
	徐　政	市机关事务管理局党组书记、局长	任至1月
市政府驻北京办事处	侯广军	市政府驻北京办事处党组书记、主任，挂任市政府副秘书长	
市政府驻广州办事处	拜　燕（女，回族）	市政府驻广州办事处党组书记、主任	
市中级人民法院	黄炯猛	市中级人民法院党组书记、院长、一级高级法官	
市检察院	黄维玉	市检察院党组书记、检察长、二级高级检察官	
市总工会	黄　锐	市人大常委会党组成员、副主任，兼任市总工会主席	
	李　勇	市总工会党组书记、常务副主席	1月任职
	李奕根	市总工会党组书记、常务副主席	任至1月
团市委	侯文涛	团市委书记	5月任职
市妇联	玄　阳（女）	市妇联党组书记、主席	
市科协	刘治民	市科协党组书记、主席	1月任党组书记
市文联	马　融（回族）	市文联党组书记、主席	
市社科联	蔡新华	市社科联党组书记、主席	
市侨联	张英龙	市侨联党组书记、主席	11月任职
市残联	梁　壮	市残联党组书记、理事长	1月任党组书记
市贸促会	梁培忠	市商务局党组成员，市贸促会党组书记、会长	11月任党组书记
市红十字会	阎　武	市政府副市长，市农工党主委，兼任市红十字会会长	
	陈志英	市红十字会党组书记、副会长	5月任职
	肖世明	市红十字会党组书记、副会长	任至5月
市工商联	董　凡	珠海健帆生物科技股份有限公司董事长、总经理，广东省工商联副主席，市工商联主席	
	陈德敬	市工商联党组书记、常务副主席，兼任市委统战部副部长	
市委党校	吴青川	市委常委、组织部部长、党校校长	
市档案馆	岑贤柯	市档案馆馆长	1月任职
	周晓文	市档案馆馆长	任至1月
市西部城区开发建设局	陈哈理	市西部城区开发建设局党组书记、局长，挂任市政府副秘书长	

（续表）

单位	姓名	主要领导职务	本单位职务变动情况
市气象局（台）	李叶新	市气象局（台）党组书记、局（台）长	8月任党组书记
市住房公积金管理中心	卢仲强	市住房公积金管理中心党组书记、主任	
市供销合作联社	周　凯	市供销合作联社党组书记、主任	
市公路事务中心	顾胜杰	市公路事务中心党组书记、主任，兼任市交通运输局党组成员、副局长	7月机构更名
市港澳流动渔民工作办公室	刘江成	市港澳流动渔民工作办公室党组书记、主任	
市不动产登记中心	刘晨光	市不动产登记中心主任	
珠海仲裁委员会	王瑞森	珠海仲裁委员会主任	
市轨道交通局	蔡凌燕	市轨道交通局党组书记、局长	12月任职
市新闻中心	孙锡炯	珠海传媒集团有限责任公司（珠海市新闻中心）党委书记，珠海传媒集团有限责任公司董事长、法定代表人，珠海市新闻中心主任（兼珠海特区报社社长、珠海广播电视台台长）	
珠海城市职业技术学院	钟以俊	珠海城市职业技术学院党委书记	
	刘华强	珠海城市职业技术学院党委副书记、院长	
市人民医院	陆骊工	市人民医院院长	12月任职

（刘金觉）

经济和社会发展

【概况】　2020年，珠海市集中精力做好“六稳”（稳就业、稳金融、稳外贸、稳外资、稳投资、稳预期）“六保”（保居民就业、保基本民生、保市场主体、保粮食能源安全、保产业链供应链稳定、保基层运转），疫情防控和经济社会发展取得重大成果。2020年政府工作报告部署的138项具体工作全部完成，十件民生实事包含的21项具体任务全部办结。全市地区生产总值3481.94亿元，比上年增长3%；一般公共预算收入增加至379.13亿元，增长10.1%；规模以上工业增加值1200.56亿元，增长1.4%；固定资产投资总额增加至2230.41亿元，增长13.1%；社会消费品零售总额921.26亿元，下降7.5%；进出口总额2730.57亿元，下降6.1%；居民人均可支配收入5.59万元，增长6.6%；居民消费价格涨幅2.3%；城镇登记失业率2.39%；常住人口突破200万人。

是年，珠海市民生支出461亿元，增长5.7%。出台“促进就业十条”2.0版，实施“粤菜师傅”“广东技工”“南粤家政”工程，适岗培训超36万人，城镇新增就业3.8万人。建立创业孵化基地26家，累计孵化企业和项目3909个，直接带动就业3.5万人。扩大社保覆盖面，社会保险参保人次增长6.9%。提高基本医疗保险、城乡居民基础养老金、失业保险金等标准。开工和续建1.4万套保障性住房和人才住房。

【新冠肺炎疫情防控科学精准】　2020年，珠海市落实“坚定信心、同舟共济、科学防治、精准施策”总要求，以及“四早”（早发现、早报告、早隔离、早治疗）防控要求、“四集中”（集中患者、集中专家、集中资源、集中救治）救治原则，联防联控、群防群控，实施最严密的疫情排查、最有力的阻断隔离、最有效的医疗救治，2月18日起全市无新增本地确诊病例。建立珠澳疫情联防联控机制，协同做好口岸疫情防控，推动粤康码与澳康码互认，有序推进两地人员正

2020年2月9日，珠海市首批援助湖北医疗队启程出征 （赵崇幸 摄）

常往来。3批56名医护人员紧急驰援湖北。全市人民众志成城、共克时艰，涌现出一批先进集体、先进个人。做好常态化疫情防控。坚持“外防输入、内防反弹”，精准守住“五道防线”（思想责任、预防管控、应急保障、依法防疫、群防群控），实行入境人员“三个全覆盖”（领域全覆盖、人口全覆盖、区域全覆盖）。加强对跨境货车司机和集中隔离场所、港口码头、农贸市场、冷链食品等重点人员以及场所、物品的监管，严厉打击违规销售活禽和野生动物、走私冻品、偷渡等违法行为。推进疾控中心标准化建设，建立重大疫情医疗救治“平战”快速转化机制，实现法定传染病哨点监测全覆盖。累计为重点人群5万余人接种新冠疫苗。

【经济运行平稳有序】 2020年，珠海市全力恢复生产生活秩序。及时推出“暖企十条”（劳动用工补贴、科技项目攻关、贷款贴息补贴、贷款风险共担、个人金融业务保障、租金减免优惠、税费减免、税费延期缴纳、进出口业务支持、应急公共法律服务）、“复工复产十条”（服务好抗击疫情重点企业、做好复工复产前置工作、加大援企稳岗力度、降低企业用电成本、缓解企业资金压力、加大产业扶持力度、加大补短板项目投资力度、发挥国有企业关键作用、支持企业共渡难关、强化相关服务）、稳增长“1+7”（“1”指《关于有效降低疫情影响促进经济平稳运行的实施意见》，“7”指《珠海市进一步促进投资增长的若干措施》《珠海市关于应对疫情加快提升制造业竞争力政策措施》《珠海市财政局关于印发支持企业员工到岗专项政策措施的通知》《珠海市支持企业复工用工稳岗若干措施》《珠海市关于进一步优化供给促进消费增长的若干措施》《珠海市应对疫情加强招商引资促进项目动工投产若干措施》《珠海市关于金融支持复工复产促进经济平稳发展若干措施》）等政策措施，科学有序推进复工复产复商复市；落实国家助企纾困政策，新增减税降费超100亿元，减少企业用电成本超4亿元，减免国有物业租金超3亿元；实施援企稳岗行动，发放失业保险稳岗返还补贴超7亿元，金融机构运用货币政策工具向市场注入低成本资金超100亿元；扎紧“米袋子”、丰富“菜篮子”，保障物资供给，物价总体稳定。发挥投资关键支撑作用。实施重点项目挂图作战，推动543个年度重点项目扩容提速；重大工业项目加快建设，314家规模以上工业企业开展技术改造，完成工业投资345.2亿元、比上年增长18.4%；“三旧”（旧城镇、旧厂房、旧村庄）改造项目加快推进，新增“三旧”改造224公顷，完成改造165公顷；新建5G基站6042座；举办集中签约、集中开工活动，新签约重点产业项目134个、投资总额1376亿元，高景太阳能、芯耀辉科技、华正新材料等重大项目落户。促进消费回补和潜力释放。发放消费券1亿元，直接拉动消费5.4亿元；简化汽车登记、二手车交易手续，推动家电以旧换新，持续开展促消费活动；华发商都、富华里入围省级示范性步行街和商圈，优特广场等商业综合体建成开业；出台支持文化旅游体育行业发展的政策措施，全年接待过夜游客超1000万人次。多措并举稳外贸稳外资。用好出口退税、出口信保、不可抗力事实性证明等工具，最大限度减少外贸实体企业疫情损失；推进跨境贸易便利化，推动口岸通关“提效率、减单证、优流程、降成本”；打造跨境电商公共服务平台，新建跨境电商零售进出口监管作业场所5处，跨境电商进出口总货值34.5亿元、增长3倍；扩大利用外资，新设立外商投资企业2624家，实际利用外资178亿元。落实积极有为的财政政策。

树立过紧日子思想，“三公消费”［出国（境）费、车辆购置及运行费、公务接待费］下降17.4%，将有限的财力优先用于民生保障；获得新增政府债券、抗疫特别国债和特殊转移支付资金128.7亿元，重点投向交通、产业园区、生态环保等领域；加大基层“三保”（保基本民生、保工资、保运转）力度，市级一般公共预算收入的37.1%转移支付到各区。

【珠澳合作开发横琴】 2020年，珠海市推进政策创新。横琴口岸开通新旅检通道，实施“合作查验、一次放行”模式；推动出台支持港澳旅游从业人员跨境执业的地方性法规；推出全国首个跨境惠企平台，澳资企业商事登记实现“一门受理，一门办结”；横琴市政工程向港澳企业开放。强化产业协同发展。新增澳资企业1395家；横琴·澳门青年创业谷新培育澳门项目225个；粤澳跨境金融合作（珠海）示范区入驻涉澳金融企业和服务机构；跨境办公试点楼宇进驻澳门企业162家；14家外商投资股权投资试点企业引进资金近40亿美元，重点投资珠海产业项目；成功举办珠澳国际人才交流大会、2020澳珠企业家峰会、第三届十字门金融周、2020珠澳国际汽车博览会等活动。民生事业融合发展。启动建设“澳门新街坊”综合民生项目；澳门单牌车入出横琴配额增加至5000个；推出不动产登记、医保经办服务“跨城”办理新模式，全国首推澳门“境外钱包”跨境受理业务，启用粤澳跨境电子直接缴费系统；组建首支由澳门居民组成的志愿“警察”队伍；平岗至广昌、广南梅供水工程通水。支持澳门产业多元发展。跨境办公、跨境通勤、跨境医保、跨境创业等创新举措深入实施，粤澳合作产业园、粤澳合作中医药科技产业园、横琴·澳门青年创业谷等平台的集聚效应不断显现；横琴成为内地澳企最集中区域，累计注册澳资企业3575家；横琴国际休闲旅游岛获批建设，粤澳跨境金融合作（珠海）示范区挂牌，外商投资股权投资企业试点落地；跨境政务服务达338项；对澳供水供电供气新项目完工。

【经济高质量发展】 2020年，珠海市以科技创新催生新发展动能。完善科技创新政策体系，出台港澳科技创新合作、专项资金管理等配套措施；新建国家级博士后科研工作站2家、粤港澳联合实验室2家；获国家科学技术奖项目4个，获省科学技术奖项目14个，入选省重大科技专项项目8个；落实“珠海英才计划”，新引进人才5.6万人、创新创业团队22个；成功举办第九届中国（广东·珠海赛区）创新创业大赛。加快构建现代产业体系。开工建设格力电器高栏产业园、斗门智能制造产业园、富山产业园PCB基地，新增省级智能制造示范项目18个，47家企业入选全省制造业500强；出台支持集成电路、生物医药等产业发展的政策措施，生物医药产业集群入选国家战略性新兴产业集群发展工程，中国绿色新材料（珠海）产业园揭牌；现代服务业创新发展，宋城演艺度假区、世茂港珠澳合作创新（珠海）基地等项目加快建设，第七届中国游艇产业大会、中国（珠澳）中医药国际博览会、粤港澳大湾区文化创意设计大赛等活动成功举办；出台扶持实体经济发展“1+N”等系列政策措施，实施工业企业培育“十百千计划”，推进珠江西岸先进装备制造产业带建设，打造全省智能制造示范基地，加快构建五大千亿级产业集群，先进制造业、高技术制造业增加值占规模以上工业增加值比重分别达58.2%和30.9%；现代服务业增加值占地区生产总值比重达36.9%，金融机构人民币各项存款余额从9047.24亿元增加至9199亿元；

2020年3月31日，格力电器高栏产业园项目正式动工 （赵崇幸 摄）

格力电器进入世界500强，华发集团、纳思达进入中国500强，上市公司达38家。持续激发市场主体活力。横琴自贸片区新落地改革创新成果60项，1项入选国务院第六批自贸区改革试点经验、23项入选广东省第四批制度创新案例；持续深化“放管服”改革，全面实施“网上办”“指尖办”“一次办”，企业开办实现“一网通办”、一天办结；市属国企重组整合为12家，国有企业“以投促引”产业项目150余个；商事主体总数达37.4万户，比上年增长4.8%；城市经济活力竞争力排名全国第五。实施创新驱动发展战略。参与“两点两廊”（两点：深圳河套、珠海横琴，两廊：广深港科技创新走廊、广珠澳科技创新走廊）建设，创建珠三角国家自主创新示范区；高新技术企业超2200家，高新区研发经费支出占地区生产总值比重达7%，每万人口发明专利拥有量从78.58件提高至91.5件；中山大学“天琴计划”、南方海洋科学与工程省实验室（珠海）、国家新能源汽车质检中心在珠海布局，横琴先进智能计算平台投入使用，澳门4所国家重点实验室在横琴设立分部，国际互联网专用通道开通；科技创新发展指数进入全国十强，高新区获评全国大众创业万众创新示范基地。

2020年12月15日，珠海洪鹤大桥建成通车 （郑蔼芳 摄）

【区域协调发展】 2020年，珠海市加快构建综合交通体系。推动交通外联内畅，交通发展实现历史性突破；珠海机场客流量突破千万人次，通达城市85个；高铁通达城市64个；一批横跨东西、纵贯南北的市内通道建成通车，主城区主、次干道“白改黑”（指水泥路面改为沥青路面）基本完成；公共汽车全部实现电动化，“一元公交”通达全城；珠海至肇庆高铁、广州至珠海（澳门）高铁、南沙至珠海（中山）城际等项目纳入粤港澳大湾区（城际）铁路规划；广珠城际跨线列车增加至13对；市区至珠海机场城际轨道一期开通运营；黄茅海跨海通道、珠海隧道、香海大桥西延线先行段开工建设，洪鹤大桥、金琴快线、板樟山新增隧道、黄杨河大桥建成通车；空港国际物流园、机场综合交通枢纽动工；高栏港国际集装箱码头二期竣工。持续提升城市功能品质。建成市政特色公园7个、城乡社区公园18个；新增健康步道33千米、林荫道46千米、碧道32千米；凤凰山、板樟山山地步道建设取得阶段性进展；新建人行立体过街设施15座、公共停车位8000个；新增市政燃气管道43千米，为2万户老旧小区住宅加建户外公共燃气管道；西部生态新城起步区46条新建道路通车，13个公共服务设施基本完工。推进乡村振兴。建成粤港澳大湾区“菜篮子”产品珠海配送分中心和绿兴冷链项目，开工建设现代化生猪养殖场，洪湾中心渔港成为国家级海洋捕捞渔获物定点上岸渔港，莲洲镇石龙村、白蕉镇昭信村成为全国“一村一品”示范区；平稳有序完成非法渔业设施清理整治任务；推进“四好”（建好、管好、护好、运营好）农村路建设，完成提档升级91千米、“白改黑”58千米；全面完成“三清三拆二整治”（三清：清理村巷道及生产工具、建筑材料乱堆乱放，清理房前屋后和村巷道杂草杂物、积存垃圾，清理沟渠池塘溪河淤泥、漂浮物和障碍物；三拆：拆除农村的危旧废弃房屋、露天厕所、乱搭乱建房屋，违规商业广告、招牌；三整治：垃圾、污水及水体污染整治），村居全部达到干净整洁村标准；斗门区获评全国村庄清洁行动先进县，农村生活垃圾分类“莲洲模式”在全国推广；高新区会同村获评“广东十大美丽乡村”称号；金湾区被确定为土地承包到期后再延长30年工作全国先行试点单位，斗门区被确定为全国农村集体产权和宅基地制度改革试点地区。打好三大攻坚战。金融风险有效防范，政府债务风险总体安全可控，房地产市场保持平稳健康发展；空气质量保持全国前列，国考断面水质稳定达标，17条城市黑臭水体全部实现“不黑不臭”；对口阳江、茂名精准扶贫连续四年被评为“好”，阳江产业共建项目超额完成省任务，对口云南怒江东西部扶贫协作连续三年被评为“好”，对口支援西藏林芝米林县、米林农场和重庆巫山县成效显著，四川甘孜稻城县、理塘县“前店后厂”消费扶贫模式成为全国典型，黑河市对口合作取得实质成果。推进海岛保护开发利用。建成东澳岛蜜月山景区栈道，开工建设玲玎海岸二期、华发东澳安麓酒店；建成三角岛后勤码头，完成桂山岛文天祥文化广场、大万山岛环岛路提升等工程，推进海岛存量生活垃圾整治复绿工作；全国首台半潜式波浪能养殖网箱投产；广州南沙、深圳蛇口直达航线开通，海岛夜航及跨岛航班固定运营；实现桂山岛、东澳岛、大万山岛与市区用电同网同价、民生用水同城同价。

【三大攻坚战决战决胜】 2020年，珠海市有效防控重点领域风险。实施政府债务限额管理，规范财政收支管理，政府债务率保持在合理水平；强化政府投资工程绩效审计，加强事前事中监督；严密防范非法集资，全面排查涉众金融风险苗头，稳妥处置风险事件；完成851户国有“僵尸企业”出清工作；坚持房子是用来住的、不是用来炒的定位，着力稳地价、稳房价、稳预期，房地产市场保持平稳健康发展。蓝天碧水净土保卫战成效显著。PM2.5下降至19微克每立方米，为五年来最好；新建污水管网283千米、维修整治155千米，完成南区二期、新青水质净化厂提标改造，高栏港石化基地污水处理厂、富山第二（工业）水质净化厂通水调试；53条问题河涌整治全面开工；前山河流域综合整治加快推进，石角咀水闸国考断面水质达到地表水Ⅲ类标准；土壤环境安全状况总体稳定；中信环保生物质热电二期投入运行，原生生活垃圾零填埋、全焚烧；公共机构生活垃圾分类实现全覆盖，基本建成生活垃圾分类示范区5个、示范镇（街）2个。对口帮扶任务完成。精准帮扶阳江、茂名的贫困户全部脱贫，对口阳江产业帮扶工作扎实推进；助力云南怒江、四川甘孜稻城县和理塘县、重庆市巫山县全部脱贫摘帽，对口支援西藏林芝米林县和米林农场工作有新进展。

【民生福祉增加】 2020年，珠海市增加优质公共服务供给。新增公办幼儿园37所、学位3.66万个，加快城镇小区配套幼儿园治理工作，完成学前教育“5080”（2020年公办幼儿园在园学生比例达到50%，普惠幼儿占比达到80%）目标任务；新建和改扩建中小学10所，新增学位1.19万个；市人民医院北二区科研综合楼主体工程、广州医科大学附属第一医院横琴医院开工建设，全市新增公立医院床位1567张；国家居家和社区养老服务改革试点获评优秀，启动建设公办养老机构5处，市社会福利中心二期投入使用；古元美术馆改扩建工程、市工人文化宫和市方志馆、珠海传媒集团文化综合体开工建设；改造提升市体育中心，全民健身综合训练馆开工建设。加强和创新社会治理。建成基层社会治理镇（街）试点4个、城乡社区示范点46个；城乡社区综合服务平台实现全覆盖；斗门区新时代文明实践中心入选全国试点；升级珠海“平安+”市域社会治理指数；建立出租屋市、区、镇（街）三级管理机制；推进退役军人服务管理保障“五大工程”（凝聚暖心工程、军地创业工程、先锋示范工程、拥军校园工程、国防后备工程），实现全国双拥模范城“九连冠”；安全生产形势总体稳定，没有发生较大以上生产安全事故；食品药品安全监管有力，建成香洲食品集中加工中心，学校食堂实现“互联网+明厨亮灶”全覆盖；完成地质灾害隐患点治理35处，建成水利防灾减灾工程12个；开展“六清”（线索清仓、黑财清底、逃犯清零、案件清结、行业清源、伞网清除）专项行动，推动扫黑除恶常态化、制度化；纵深推进“飓风”行动，违法犯罪警情下降13.8%。人民群众获得感幸福感安全感持续增强。城镇新增就业4.8万人；入选全国首批健康城市建设示范市，省人民医院珠海医院、市妇幼保健院（市妇女儿童医院）异地新建等项目建成；构建“城乡一体，待遇均等”的全民医保体系；建成镇（街）居家社区养老综合服务中心24个、村（社区）居家养老站306处、长者饭堂168处；市、区、镇、村四级公共文化服务设施和社区体育公园实现全覆盖；深化平安珠海建设，纵深推进扫黑除恶专项斗争，社会治安、安全生产、食品药品安全形势持续稳定。宜居环境显著提升。把最好的空间、最美的景观奉献给最广大的市民，打造亲山近水的公共场所，香山湖公园（一期、二期）、海天公园、金湖公园、黄杨河湿地公园等建成开放，“一院两馆”（珠海大剧院、珠海市博物馆、珠海市规划展览馆）投入使用，香洲渔港完成搬迁；在园林绿化、灯光亮化、环境整治等方面下“绣花”功夫，市容市貌明显改善；西部生态新城建设全面提速，乡村振兴深入推进，海岛基础设施日益完善。2020年，珠海市获全国法治政府建设示范市、全国文明城市、全国双拥模范城、全国无偿献血先进城市、中国最具幸福感城市等称号。（杨浩航）

2020年8月26日，全市精神文明建设工作推进会暨市精神文明建设委员会全体会议召开（市委宣传部供稿）

精神文明建设

【社会主义核心价值观建设】 2020年，珠海市强化社会主义核心价值观建设组织领导。印发《珠海市加强新时代公民道德建设行动方案》，明确重点任务和责任单位，将公民道德建设纳入全局工作谋划；坚持德法兼治，推动社会主义核心价值观融入法治建设，《珠海市文明行为条例》经市九届人大常委会第三十四次会议审议通过。强化实践养成。开展“我们的节日”主题活动，组织开展市民公约、村规民约、行业规范教育实践活动；建强用好各级爱国主义、国防教育基地，依托珠海援建汶川纪念园建设市国防教育主题公园，增强市民爱国情怀。强化示范引领。组织“寻找珠海最美志愿红”志愿服务先进典型学习宣传活动，弘扬广大志愿者抗疫精神，发挥先进模范榜样作用；常态开展道德模范、身边好人推荐评选，新获评中国好人3人、广东省道德模范提名奖1人，组织10个行业领域推荐评选出“最美珠海人”100人。强化宣传引导。宣传普及社会主义核心价值观，加强精神文明建设公益广告宣传，结合疫情防控，设计制作“一米线”“拒食野味”“公筷公勺”“合理分餐”等宣传画；在珠海大剧院、珠海中心大厦、横琴金融岛等位置刊播精神文明建设宣传标语，营造良好氛围。

【群众性精神文明建设】 2020年，珠海市注重群众性精神文明建设顶层设计。印发《珠海市精神文明建设委员会成员单位工作职责（2020年修订）》，强化各部门落实精神文明建设的责任。注重常态长效。把文明指数测评和“随手拍”作为推进创建工作常态长效的重要抓手，每月对全市45类500余个点位进行公共文明指数测评，每月一测评一排名一公布，精准发现、解决影响城市形象的突出问题；持续开展文明珠海“随手拍”，发动群众随拍随传不文明现象，全年收到市民反馈案件1.04万条，整改9435条，整改完成率90.3%。注重行业文明。制定下发《〈珠海市出租汽车文明服务拓展行动实施方案（2020—2022年）〉等精神文明创建九大行动实施方案》，明确48个方面102项工作任务，建立联席会议制度，加强考核问效。注重基层基础，群众性精神文明创建收获成果。通过中央文明办、省文明办复查测评，成功保留全国文明城市荣誉称号；加大文明村镇创建力度，新获评全国文明村镇3个、省级文明村镇3个，新获评市级文明村镇15个；深化文明单位创建，新获评全国文明单位5个、省级文明单位7个，新获评市级文明单位44个；加强文明家庭创建，获评第二届全国文明家庭2个，实现零的突破；推动文明校园创建向纵深拓展，全市227所中小学全部参与到文明校园创建中来，参与率达100%，新获评全国文明校园2所、省级文明校园2所。

2020年12月19日，2020珠海第四届百日交通零违法挑战赛颁奖典礼在珠海电视台演播大厅举行（市委宣传部供稿）

【文明实践活动】 2020年，珠海市推进新时代文明实践中心建设。印发《珠海市推进新时代文明实践志愿服务机制建设实施方案》《关于设立新时代文明实践基金的通知》和《关于组建珠海市市级新时代文明实践志愿服务队伍的通知》，组织召开志愿服务先进典型座谈会暨新时代文明实践中心志愿服务工作推进会、全国文明城市创建志愿服务工作推进会暨2020年新时代文明实践志愿服务培训；新时代文明实践中心试点建设全面铺开，形成1个全国试点区、2个省级试点区、4个市级试点区的“梯队”，培育文明实践志愿服务队伍500余支、志愿者10万余人，推动区级志愿服务促进中心全覆盖。开展诚信主题实践活动。印发《关于开展诚信行业、诚信单位（企业）、诚信示范街区、诚信市场、诚信经营示范店主题实践活动的通知》，在政务大厅、燃气、水务等窗口单位培育一批诚信示范岗。开展树文明新风行动。倡导文明健康绿色环保生活方式行动，推动外出佩戴口罩、垃圾分类、拒食野味、分餐公筷、崇尚节约等生活习惯成为新时尚；推进文明交通、文明旅游、文明餐桌、文明网络“四大文明行动”，以“绿色出行、预防毒驾”为主题开展2020珠海第四届百日交通零违法挑战赛。

【未成年人思想道德建设】 2020年，珠海市做好未成年人思想道德建设组织部署工作。印发《2020年珠海市未成年人思想道德建设工作检查考评方案》，检查考评各区、市各有关部门落实《全国未成年人思想道德建设工作测评体系》情况，及时发现工作中存在的突出问题，查漏补缺，促进整改提升，推动未成年人思想道德建设工作扎实有效创新开展；召开未成年人思想道德建设暨文明校园创建工作会、全市未成年人思想道德建设工作推进会，安排部署工作，将未成年人思想道德建设工作落到实处。开展“扣好人生第一粒扣子”活动。加强中华优秀传统文化教育，开展经典诵读和戏曲、书法、传统体育等进校园活动，深化“我的中国梦”主题教育，举办“中国梦 国防梦——2020年珠海市武术进校园暨青少年武术年度赛”。组织开展“新时代好少年”等未成年人先进典型评选和学习宣传活动。是年，获评珠海“新时代好少年”10人，获评广东“新时代好少年”2人；组织推荐新一届全国未成年人思想道德建设工作先进人物，获评全国未成年人思想道德建设先进工作者1人。营造未成年人健康成长社会文化环境。全市227所中小学校均设立家长委员会，318个村（社区）建立家长学校、家庭教育指导服务站点，覆盖率均为100%；加强乡村学校少年宫建设管理，修订《珠海市乡村学校少年宫使用管理实施细则》第十四条有关内容，提高乡村学校少年宫辅导员及管理员上课补贴发放标准；设立市、区校外未成年人心理健康辅导站（中心）4所，配有专业心理咨询师46人。全年，开展现场咨询88例，走访家庭120户；开展线上、线下心理健康授课40余场次，受益群众约4万人次；接听电话咨询567例；通过“珠海市未成年人心理健康服务网”发布及推送关爱未成年人心理健康科普文章101篇，接受网络咨询50例。（黄安钰）

·责任编辑：冯建华·

政　治

中国共产党珠海市委员会

重要会议

【市委八届八次全会】 2020年1月18—19日在香洲召开。全会以习近平新时代中国特色社会主义思想为指导，全面贯彻党的十九大和十九届二中、三中、四中全会及中央经济工作会议精神，贯彻落实省委十二届八次、九次全会精神和省“两会”精神，总结2019年工作，部署2020年工作。全会听取市委书记郭永航代表市委常委会所作的报告和市长姚奕生关于经济工作的讲话，审议市委常委会抓党建工作情况的书面报告，审议通过《中共珠海市委贯彻落实〈中共中央关于坚持和完善中国特色社会主义制度、推进国家治理体系和治理能力现代化若干重大问题的决定〉的实施意见》。

全会强调，要深入学习贯彻党的十九届四中全会精神，牢牢把握坚持和完善党的领导制度是国家治理的关键和根本，牢牢把握经济特区在全面深化改革中完善和发展有关制度的职责使命，牢牢把握加快粤港澳大湾区和深圳先行示范区建设是持续深化实践创新制度创新的重要路径，牢牢把握以坚实的制度保障满足人民群众对美好生活新期待，牢牢把握必须始终坚定中国特色社会主义制度自信，大力推进治理体系和治理能力现代化，为珠海决胜全面建成小康社会、开启全面建设社会主义现代化新征程提供有力制度保证。

全会强调，2020年是“两个一百年”奋斗目标的历史交汇点，要在深刻认识“两个大局”机遇挑战中重新审视珠海的新地位，在深入推进两大国家战略实施中牢牢把握珠海的新方位，在贯彻落实中央和省委决策部署中准确把握珠海的新定位。要把珠海中长期发展战略构想变为美好现实，必须深化珠澳合作服务“一国两制”新实践，必须抢抓“双区叠加”最大机遇，必须坚定不移推动高质量发展，必须强化特区改革开放使命担当，必须加快提升城市能级量级，在全面建设社会主义现代化新征程中干出新作为。

全会提出，2020年是全面建成小康社会和“十三五”规划收官之年，这既是决胜期，也是攻坚期，做好全年工作十分重要。2020年工作的总体要求是：以习近平新时代中国特色社会主义思想为指导，全面贯彻党的十九大和十九届二中、三中、四中全会精神以及中央经济工作会议精神，深入贯彻落实习近平总书记对广东、珠海重要讲话和重要指示批示精神，视察澳门重要讲话精神，增强“四个意识”、坚定“四个自信”、做到“两个维护”，全面贯彻省委十二届八次、九次全会精神和省“两会”精神，紧扣全面建成小康社会目标任务，坚持稳中求进工作总基调，坚持新发展理念，坚持以供给侧结构性改革为主线，坚持以改革开放为动力，深度参与粤港澳大湾区建设和支持深圳先行示范区建设，深入落实省委“1+1+9”工作部署，以珠澳合作为总牵引，坚定推动高质量发展，坚决打好三大攻坚战，全面做好“六稳”工作，统筹推进稳增长、促改革、调结构、惠民生、防风险、保稳定，保持经济社会平稳健康发展，确保“十三五”规划圆满收官，为夺取全面建成小康社会伟大胜利向率先基本实现社会主义现代化迈进而奋斗。

全会强调，2020年珠海市改革发展稳定任务十分繁重，全市上下要深入贯彻落实习近平总书记对广东、珠海重要讲话和重要指示批示精神，以深化珠澳合作牵引带动

2020年1月18日，中国共产党珠海市第八届委员会第八次全体会议在香洲召开　　（赵　梓　摄）

发展全局，积极推动建设广珠澳科技创新走廊，加快构建现代产业体系，提升基础设施互联互通水平，加快优化城市功能布局，扎实做好民生幸福工程，加快建设文化强市，营造共建共治共享社会治理格局，大力推进民主法治建设，持续深化体制机制改革创新，为"十三五"规划圆满收官、"十四五"规划良好开局打下坚实基础。

全会强调，要坚定不移加强党的领导和党的建设，持续推动不忘初心、牢记使命，坚决把"两个维护"落实到一切工作中，牢牢守好意识形态安全"南大门"，以"两个整治"提振干部精气神，坚定不移推动基层党组织全面进步全面过硬，以坚如磐石的决心正风肃纪反腐，为珠海改革发展各项事业提供坚强政治保证和组织保证。

全会指出，要做好2020年工作，全市上下必须牢记特区初心使命，奋发有为深化改革创新，沿着总书记指引的航向奋勇前进；坚定不移贯彻新发展理念，牢固树立正确政绩观，积极稳妥有序推动重大项目建设，坚守底线抓好风险防范；持续深化思想大解放、作风大转变、效率大提升，强化担当作为，大力弘扬真抓实干工作作风，为担当好新起点上的使命责任提供坚强的政治保证。

全会号召，面对新征程、新目标、新使命，让我们更加紧密地团结在以习近平同志为核心的党中央周围，以习近平新时代中国特色社会主义思想为指导，不忘初心、牢记使命，只争朝夕、不负韶华，奋力推进珠海经济特区"二次创业"加快发展，向总书记、党中央，向省委、向全市人民交出合格答卷，以优异成绩庆祝珠海经济特区建立40周年。

【市委八届九次全会】　2020年12月24日在香洲召开。会议主要任务是坚持以习近平新时代中国特色社会主义思想为指导，深入贯彻落实习近平总书记出席深圳经济特区建立40周年庆祝大会和视察广东重要讲话、重要指示精神，深入贯彻落实党的十九届五中全会精神，贯彻落实中央经济工作会议以及省委十二届十一次、十二次全会精神，研究谋划"十四五"时期珠海市经济社会发展，审议《中共珠海市委关于深入学习贯彻习近平总书记出席深圳经济特区建立40周年庆祝大会和视察广东重要讲话重要指示精神　努力把珠海经济特区办得更好、办得水平更高的实施意见（讨论稿）》《中共珠海市委关于制定国民经济和社会发展第十四个五年规划和二〇三五年远景目标的建议（讨论稿）》［以下简称《建议（讨论稿）》］，团结动员全市广大党员干部群众为推进珠海经济特区"二次创业"加快发展，在全面建设社会主义现代化国家新征程中走在最前列作出更大贡献。市委书记郭永航代表市委常委会作报告，并就《建议（讨论稿）》向全会作说明。

会议指出，"十四五"时期是中国在全面建成小康社会、实现第一个百年奋斗目标之后，乘势而上开启全面建设社会主义现代化国家新征程、向第二个百年奋斗目标进军的第一个五年。我们要深入学习贯彻习近平总书记重要讲话、重要指示精神和党的十九届五中全会精神，深入贯彻落实中央经济工作会议精神，推动中央和省委各项决策部署在珠海落地生根、结出丰硕成果。要深刻领会党和国家各项事业取得的重大成就，进一步增强在习近平总书记、党中央坚强领导下奋进新征程的信心决心。要深刻领会习近平总书记关于新发展阶段的重大战略判断，进一步明确育先机开新局关键在于办好自己的事，努力在危中寻机、化危为机中不断开创工作新局面。要深刻领会习近平总书记关于构建新发展格局的重大战略抉择，进一步增强率先探索有效路径的思想自觉、行动自觉，努力在构建新发展格局中赢得先机、占得主动。要深刻领会习近平总书记关于“十四五”时期发展目标、重要原则和主要任务的重大部署，进一步深化对珠海“十四五”发展路子的认识和把握，奋力谱写全面建设社会主义现代化国家的珠海篇章。要深刻领会习近平总书记关于新时代经济特区建设的新部署新要求，进一步明确把珠海经济特区办得更好、办得水平更高的着力点突破口，努力在新时代经济特区建设中加快发展、迎头赶上。

会议指出，过去五年，在以习近平同志为核心的党中央坚强领导下，在省委、省政府的正确领导下，我们团结带领全市广大党员干部群众起而行之、奋发有为，推动各项事业取得新的重大进展，各项工作迈上新台阶，“十三五”规划主要目标任务即将完成，全面建成小康社会胜利在望，为开启全面建设社会主义现代化国家新征程奠定坚实基础。回顾“十三五”时期珠海各项事业发展，我们深刻感受到：必须坚持和加强党的全面领导和党的建设，始终保持经济特区建设正确方向；必须坚持敢闯敢试、敢为人先，以思想破冰引领改革突围，谋划推动重大关键改革牵引经济社会发展全局；必须坚持发展是硬道理，加快提升城市能级量级拓展城市新格局；必须持续深化珠澳合作，不断丰富“一国两制”事业发展新实践；必须坚持全方位对外开放，不断提高“引进来”的吸引力和“走出去”的竞争力；必须坚持走人与自然和谐共生的发展路子，推进经济社会和生态环境全面协调可持续发展；必须坚持物质文明和精神文明全面发展，不断提升人民文明素养和社会文明程度；必须坚持以人民为中心的发展思想，把人民放在最高位置，让改革发展成果更多更公平惠及人民群众。

会议强调，要以习近平总书记重要讲话、重要指示精神统揽珠海工作全局，以走在最前列的奋斗姿态踏上第二个百年奋斗目标新征程。迈向“十四五”，珠海进入新发展阶段，处于转型发展的窗口期、跨越发展的关键期和破局突围的攻坚期，必须以珠澳合作牵引珠海经济特区“二次创业”加快发展为主轴，通过五年苦干实干，实现从“小而美”向“大而强”“大而优”转型跨越。展望未来，珠海将成为一座高质量发展示范全国、具有世界影响力的社会主义现代化国际化特大城市，枢纽和核心功能大幅提升，城市综合实力科技实力迈入全球一流城市行列；展望未来，珠海将成为一座高水平制度型开放领先全球、与澳门深度融合的大湾区极点城市，创新策源能力强劲，国际人才汇聚，营商环境最优，文化多元包容，成为具有中国特色、体现未来特征、彰显社会主义制度优势的重要窗口和发展标杆；展望未来，珠海将成为一座高品质生活广泛享有，令人向往的青春之城、活力之都，年轻时尚的元素、空间极大丰富，青春活力魅力充分彰显，生态绿色品牌名扬天下，文化创造力享誉海外，实现幼有善育、学有优教、劳有厚得、病有良医、老有颐养、住有宜居、弱有众扶，人的全面发展和全体人民共同富裕取得更为明显的实质性进展。

会议强调，要聚焦“十四五”时期经济社会发展重点任务，朝着建设枢纽型核心城市和现代化国际化新特区的方向阔步前进。一要强化创新在现代化建设全局中的核心地位，加快建设广珠澳科技创新走廊，依靠创新提升实体经济发展水平，面向世界汇聚一流人才，建设区域经济中心城市。二要加快融入新发展格局，把实施扩大内需战略同深化供给侧结构性改革有机结合起来，推动国内国际双循环相互促进，在大变局中塑造珠海高质量发展新优势。三要抢抓“双区”建设、“双城”联动重大机遇，建设枢纽型网络化综合交通体系，着力打造现代化国际化、未来型生态型智慧型城市，加快构建“一核双中心多组团”的城市空间格局，建设枢纽型核心城市。四要加快横琴粤澳深度合作区建设，全力支持澳门经济适度多元发展，推动与澳门产业协同发展，拓展澳门市民的优质生活空间，不断丰富“一国两制”事业发展新实践。五要以更大魄力在更高起点上推进改革开放，着力构建适应新珠海、新经济、新生活的体制机制，全面激发市场主体活力，推动更高水平的制度型开放，建设现代化国际化新特区。六要坚持人与自然和谐共生，打造绿色低碳典范，继续打好污染防治攻坚战，不断巩固提升生态宜居的城市特色。七要全面实施乡村振兴战略，加快建设富有岭南风韵的精美农村，培养造就新时代精勤农民，高标准打造全国乡村建设样板。八要践行以人民为中心的发展思想，把推动共同富裕落实落细到办好教育、健康、住房、社保、养老等一件件民生实事上，建设民生幸福标杆城市。九要坚持物质文明和精神文明“两手抓、两手都要硬”，着力涵养多元开放包容的城市文化，为群众提供更高质量的文化服务，大力推进全域文明创建，不断提高城市文化软实力。十要统筹发展和安全，贯彻落实总体国家安全观，全力保障经济安全运行，成为最安全稳定、最公平公正、法治环境最好的地区。

会议强调，要以改革创新精神在加强党的全面领导和党的建设方面率先示范，为奋进新征程提供坚强政治保证和组织保证。要把“两个维护”贯彻到现代化建设全过程各方面，始终把党的政治建设摆在首位，坚持用党的创新理论“铸魂”，严明政治纪律和政治规矩，不断涵养风清气正的良好政治生态。要坚持和完善党领导经济社会发展的体制机制，完善党委研究经济社会发展战略、分析经济形势、研究重大政策的工作机制，织牢织密上下贯通、执行有力的组织体系，建立健全推动高质量发展的指标体系、政策体系、考评体系等，确保党中央和省委、市委决策部署全面有效落实。要建设政治过硬、具备领导现代化建设能力的干部队伍，坚持党管干部原则，坚持新时期好干部标准，坚持政治标准第一，把各级领导班子和干部队伍建设好、建设强。要持之以恒正风肃纪反腐，坚持纠“四风”与树新风并举，强化监督执纪问责，以崇廉尚廉、廉心廉政助推经济社会高质量发展。

重大决策

【贯彻落实《中共中央关于坚持和完善中国特色社会主义制度、推进国家治理体系和治理能力现代化若干重大问题的决定》实施意见】 2020年1月19日，为贯彻落实《中共中央关于坚持和完善中国特色社会主义制度、推进国家治理体系和治理能力现代化若干重大问题的决定》（以下简称《决定》），中共珠海市委印发《贯彻落实〈中共中央关于坚持和完善中国特色社会主义制度、推进国家治理体系和治理能力现代化若干重大问题的决定〉的实施意见》，强调要全面领会《决定》的丰富内涵和精神实质，朝着坚持和完善中国特色社会主义制度、推进国家治理体系和治理能力现代化的正确方向奋力前进，突出坚持和完善支撑中国特色社会主义制度的根本制度、基本制度、重要制度，把《决定》部署的各项任务落到实处，要狠抓责任落实，把中国特色社会主义制度优势更好转化为治理效能。

【新时代加强和改进人民政协工作实施意见】 2020年4月15日，中共珠海市委印发《关于新时代加强和改进人民政协工作的实施意见》，明确珠海市新时代加强和改进人民政协工作的总体要求，强调要发挥人民政协专门协商机构作用，健全人民政协工作制度，发挥政协委员在政协工作中的主体作用，加强党对人民政协工作的领导。

【深化改革加强食品安全工作实施方案】 2020年7月13日，中共珠海市委办公室、市政府办公室印发《关于深化改革加强食品安全工作的实施方案》，提出珠海市全面实施食品安全战略的总体目标，强调要落实“四个最严”（最严谨的标准、最严格的监管、最严厉的处罚、最严肃的问责），构建食品安全现代化治理体系，要以人民为中心开展食品安全放心工程攻坚行动。要加强组织保障，强化督促检查。

【学习宣传贯彻《习近平谈治国理政》第三卷】 2020年7月27日，中共珠海市委印发《关于认真学习宣传贯彻〈习近平谈治国理政〉第三卷的通知》，强调要提高政治站位，深刻认识《习近平谈治国理政》第三卷出版发行的重大意义。全市各级党组织要以高度的使命感和责任感，学好用好《习近平谈治国理政》第三卷，在学懂弄通做实上下功夫，推动习近平新时代中国特色社会主义思想入脑入心。

【推动机关全面从严治党向纵深发展若干措施】 2020年8月26日，中共珠海市委印发《关于建立健全机关党的建设制度机制、推动机关全面从严治党向纵深发展的若干措施》，包含7个方面30项制度，围绕加强机关党的政治建设、深化党的思想建设、加强机关党组织建设、加强机关党风廉政建设、加强机关党建与中心工作相融合、密切机关党员与人民群众血肉联系、构建机关党建责任和保障体系7个方面，建立和完善党建的制度机制，明晰责任边界，提升机关党建工作的落实质量，从源头上破解机关党建“灯下黑”“两张皮”问题，全面提高机关党的建设质量，推动机关全面从严治党向纵深发展。

【强化知识产权保护若干措施】 2020年11月5日，中共珠海市委办公室、市政府办公室印发《关于强化知识产权保护的若干措施》，明确珠海市强化知识产权保护的具体目标，提出强化制度约束、加强社会监督共治、优化协作衔接机制、健全涉外沟通机制、加强基础条件建设、加大组织实施力度等措施，强化知识产权保护。

【打造现代化产业集群、推动制造业高质量发展实施意见】 2020年11月30日，中共珠海市委、市政府印发《关于打造现代化产业集群、推动制造业高质量发展的实施意见》，围绕制造业高质量发展要求，从总量、质量、要素供给水平等方面提出发展目标，从引育并举提升制造业能级量级、改革创新打造现代化产业园区、赋能增效提高制造业发展质量、强化资源要素保障、推动先进制造业高水平开放合作、构建有利于先进制造业发展的营商环境等方面提出工作措施。

【珠海市中长期青年发展规划】 2020年12月18日，中共珠海市委、市政府印发《珠海市中长期青年发展规划（2020—2025年）》，明确珠海市青年发展的总体目标，从青年思想道德、青年教育、青年文化、青年健康、青年婚恋、青年人才培养和服务、青年就业创业、青年交流与合作、青年社会融入与社会参与、青年权益保护与预防犯罪10个方面，提出具体工作举措，强调要加强组织保障，重视青年发展工作，充分发挥共青团的桥梁和纽带作用，切实组织青年、引导青年、服务青年。

重点工作

【概况】 2020年，中共珠海市委全面贯彻党的十九大和十九届二中、三中、四中、五中全会精神，贯彻落实习近平总书记对广东、珠海重要讲话和重要指示批示精神，落实省委十二届十三次全会精神和“1+1+9”工作部署，举全市之力打好打赢疫情防控的人民战争、总体战、阻击战，做好“六稳”工作、落实“六保”任务，全市经济持续稳定恢复，“十三五”规划圆满收官，综合实力再上新台阶。全市实现地区生产总值3481.94亿元，比上年增长3.0%，三次产业的比例为1.7∶43.4∶54.9。分区域看，香洲、金湾和斗门三个行政区（含经济功能区）分别实现地区生产总值2347.53亿元、700.40亿元和434.01亿元，分别增长3.1%、2.9%和2.7%。珠海城市经济活力竞争力、城市综合经济竞争力分别上升至全国第5位、第24位，在《中国可持续发展评价报告》中连续三年综合排名第一位，在《全球城市竞争力报告》中经济活力排名全球第三十九位。

【学习贯彻习近平新时代中国特色社会主义思想】 2020年，中共珠海市委坚决贯彻落实党中央决策和省委部署，围绕《习近平谈治国理政》第三卷，习近平总书记出席深圳经济特区建立40周年庆祝大会和视察广东重要讲话重要指示精神，党的十九届四中、五中全会精神，持续深入开展“大学习、深调研、真落实”，严格落实“第一议题”制度，广泛开展轮训集训和宣传宣讲，层层推动党员干部全面系统学、深入思考学、联系实际学。把习近平总书记重要指示批示作为政治要件办实办好，召开市委八届八次全会，出台关于贯彻落实《中共中央关于坚持和完善中国特色社会主义制度、推进国家治理体系和治理能力现代化若干重大问题的决定》的实施意见，渐次推动全面深化改革、粤澳深度合作区建设、支持深圳先行示范区建设、培育新经济新产业新业态、三大攻坚战、党的建设等重点工作落实落细，确保习近平新时代中国特色社会主义思想在珠海落地生根、结出丰硕成果。

【新冠肺炎疫情防控】 2020年，中共珠海市委坚持把疫情防控作为压倒一切的重要政治任务，切实把人民群众生命安全和身体健康放在

2020年1月26日，市委召开常委会扩大会议暨市新型冠状病毒感染的肺炎疫情防控指挥部会议，研究部署疫情防控工作　（赵崇幸 摄）

第一位，坚决服从中央和省委的统一指挥、统一协调、统一调度，统筹推进疫情防控和经济社会发展，奋力夺取疫情防控和经济社会发展“双胜利”。

打好疫情防控阻击战　统筹财政资金48亿元，实施最严密的疫情排查、最有力的阻断隔离、最有效的医疗救治，紧急组建援助湖北医疗队，加强珠澳疫情联防联控，7600多个党组织和11万余名党员冲锋在前、日夜坚守，疫情得到有效控制，涌现出一批全国、全省先进集体和先进个人。

有序推动复工复产　实行重点项目挂图作战，推动543个年度重点项目扩容提速，新签约重点项目113个。发放消费券1亿元，加快消费市场整体回暖。多措并举稳外贸稳外资，全市新设立外商投资企业2624家，实际利用外资178亿元。

落实积极有为的财政政策　树立过紧日子思想，“三公”经费下降17.4%，将有限的财力优先用于民生保障。获得新增政府债券、抗疫特别国债和特殊转移支付资金128.7亿元，重点投向交通、产业园区、生态环保等领域。加大基层“三保”力度，市级一般公共预算收入的37.1%转移支付到各区。

【改革开放全面深化】　2020年，中共珠海市委以粤港澳大湾区建设作为新时代珠海改革开放的“纲”，把握珠海经济特区建立40周年契机，在新的起点上推动改革开放再出发。

加快大湾区建设步伐　抓实抓好大湾区建设主要任务，推动区域合作，制定专项方案和计划，加快融入全省“一核一带一区”（“一核”指珠三角地区、“一带”指沿海经济带、“一区”指北部生态发展区）区域发展新格局，全力支持深圳建设中国特色社会主义先行示范区和支持广州“四个出新出彩”（综合城市功能出新出彩、城市文化综合实力出新出彩、现代服务业出新出彩、现代化国际化营商环境出新出彩）实现老城市新活力。

深化重点领域改革　统筹推进“1+1+10”（第一个“1”，指以珠澳深度合作开发横琴为总牵引、主平台，全力以赴，精准发力，攻坚克难，谱写新篇；第二个“1”，指深化重大突发疫情防控体制机制改革和公共安全应急管理体系建设；“10”指行政体制、营商环境、科技创新、国资国企、事业单位、民生领域、社会治理体制、农村、立法创新、大湾区互动发展体制机制创新等十大方面的深化改革工作）重大改革任务。深化横琴自贸试验片区制度创新，新落地改革创新成果29项，不动产登记改革创新举措入选国务院第六批自贸试验区改革试点经验，入选广东省第四批制度创新案例23项。市、区权责划分，行政管理体制、跨区域合作开发机制改革稳步推进，国资国企改革取得重大突破。持续深化营商环境综合改革，城市经济活力竞争力指数位居全国291个城市第五名。

推进更高水平对外开放　主动参与“一带一路”建设，横琴中拉经贸合作园开园。推进跨境电子商务综合试验区建设，建成跨境电子商务公共服务平台和进出口监管作业场所5处。提升开放节点功能，港珠澳大桥珠海口岸珠澳货运通道启用，珠海港货物吞吐量大幅提升。

【珠澳合作开发横琴】　2020年，中共珠海市委落实习近平总书记对横琴开发的重要指示精神，以横琴为主平台深化珠澳合作，全力支持澳门融入国家发展大局。

强化政策创新　推动构建粤澳双方共商共建共管的新机制，《横琴粤澳深度合作区总体方案》报批工作取得重大进展。修编横琴总体发展规划，为澳门拓展生产、生活、生态空间。全国首部支持港澳旅游

2020年9月22日，市委书记郭永航（左）率珠海市代表团访问澳门，拜会澳门特别行政区行政长官贺一诚（右）　（赵崇幸　摄）

从业人员跨境执业的地方法规出台。横琴口岸新旅检区域启用，实施“合作查验、一次放行”便利通关模式。

促进产业协同发展　澳资企业加速进入横琴，累计注册澳资企业3290家，比上年增长47.4%。粤澳合作产业园加快建设，落地项目28个。横琴·澳门青年创业谷累计孵化初创项目407个，其中澳门创业项目354个。粤澳跨境金融合作（珠海）示范区入驻涉澳企业18家。大湾区首个跨境直播电商基地投入运营。

加强民生合作　“澳门新街坊”综合民生项目全面启动。增加澳门单牌车入出横琴配额至5000个，跨境通勤专线累计接送澳资企业员工和澳门居民超12万人次。扩大港澳台居民参加珠海基本医保范围，参保人数增加1.39万人，增幅255%。加快建设国际休闲旅游岛，与澳门共建的“澳门旅游学院横琴培训基地”启用。

【经济高质量发展】　2020年，中共珠海市委贯彻新发展理念，抓住科技创新这个牛鼻子，坚持实体经济导向，加快构建具有珠海特色、国际竞争力强的优势产业集群。

参与“两点两廊”建设　实施高新技术企业树标提质行动，高新技术企业达2203家。推进与澳门开展科技创新跨境合作，成为内地首个与澳门高校共建国家重点实验室分部的城市，澳门专家团队研究成果在珠海转化项目获首批省级疫情防治科研立项。发挥大平台大载体引领作用，横琴先进智能计算平台、“天琴计划”综合研究基础设施、南方海洋科学与工程广东省实验室（珠海）加快建设。推动珠澳

2020年11月6日，珠海港高栏港区集装箱码头二期工程通过竣工验收

（郑蔼芳　摄）

人才协同发展，举办珠澳人才国际交流大会。

着力发展壮大实体经济　支持格力电器做强做优做大，推进格力电器横琴总部大楼、高栏港产业园和1万套人才住房建设。持续优化产业结构，全年新增省级智能制造示范项目18个，数量位居全省第一，先进制造业增加值占规模以上增加值比重提升至57.9%。高水平规划建设产业园区，划定不少于180平方千米的工业控制线，投入65.12亿元推动园区提质增效。加大招商引资力度，发挥国资国企以投促引作用，全市重点新签约项目投资总额1067.9亿元，比上年增长56.37%。

加快布局新产业新模式新业态　出台系列政策加快培育战略性新兴产业集群，珠海市生物医药产业集群入选国家战略性新兴产业集群发展工程，华为珠海新一代信息技术应用联合创新中心挂牌运营，壁仞GPU、新思IP等项目落户珠海。提前布局新基建，新开通国际互联网数据专用通道专线10条，建成5G基站4349座，实现全市区域5G网络基本连续覆盖，全域入选广东省大数据综合试验区。

【城市功能布局优化】　2020年，中共珠海市委以大格局建设国际大都市，以大气魄构建综合大交通，不断增强核心城市的辐射力、影响力和带动力。

推动交通基础设施互联互通　加快融入大湾区一小时交通圈，一系列珠海轨道交通项目纳入《粤港澳大湾区（城际）铁路建设规划》并获批。以港珠澳大桥为龙头推动构建区域综合交通枢纽，“海陆空铁”立体交通体系不断完善，板樟山新增隧道建成通车，洪鹤大桥、金琴快线、鹤港高速一期通车，珠机城际一期开通运营，珠海港高栏港区集装箱码头二期工程通过竣工验收。

全面拉开城市发展框架　以新一轮国土空间总体规划编制为抓手，加快推动横琴与保税区、十字门北片区、洪湾片区整体谋划一体发展，建设城市新中心和大桥经济区，加快环澳城区、西部生态新

城两大中心城区协调联动，推动唐家科创城、金湾空港城、高栏海港城、富山智造城等城市组团发展。

塑造城市品格提升城市魅力 庆祝珠海经济特区建立40周年，推出系列社会性庆祝活动，弘扬特区精神。以城市更新、景观塑造、品质提升3项工作为重点，推动城市管理精细化，新增“三旧”改造167公顷，完成133公顷。加快文化强市建设，完善公共文化服务体系，设立珠海文化产业投资基金2亿元，启用珠海博物馆、规划展览馆新馆，蝉联“全国文明城市”称号。

【民生保障和改善】 2020年，中共珠海市委坚持以人民为中心的发展思想，提高保障和改善民生水平，营造共建共治共享社会治理格局，满足人民群众对美好生活的需要。

做好民生幸福工程 抓好基础教育、医疗卫生、住房保障、养老服务四项增量提质工程，九项民生支出372.7亿元，占一般公共预算支出的69.6%，城镇登记失业率稳定在2.33%。补齐污水厂网建设、生活垃圾分类和处理设施两项短板，海绵城市加快建设，基本建成垃圾分类示范区4个、示范镇（街）2个。抓好乡村振兴，美丽乡村建设取得新进展，农村产业发展取得新突破，斗门区获评全国村庄清洁行动先进县，乾务镇湾口村（鳗鱼）等5个村获评首批省级“一村一品、一镇一业”专业村。

建设更高水平的平安珠海、法治珠海 加强民主法治建设，推进全面依法治市，成功申报全国首批法治政府示范地区。推进平安珠海建设，创新完善基层社会治理体制机制，成功申报全国市域社会治理现代化首批试点城市，推进46个城乡社区治理示范点建设。织密织牢社会安全稳定防护网，强势推进扫黑除恶，刑事立案比上年下降17.7%，社会大局保持和谐稳定，连续五年获评全国最具幸福感城市。

打好打赢三大攻坚战 保持决战决胜姿态，做好对口云南怒江东西部扶贫协作，推进对口支援西藏米林县和米林农场、四川理塘县和稻城县、重庆市巫山县三峡库区工作，深化对口阳江、茂名精准扶贫和帮扶阳江产业共建，确保高质量全面建成小康社会。持续巩固提升生态优势，全面消除建成区黑臭水体，空气质量稳居全国前列，水环境质量改善排名全省第一。坚决打好防范化解重大风险攻坚战，确保不发生区域性、系统性金融风险。

【党的建设】 2020年，中共珠海市委坚持全面贯彻新时代党的建设总要求，以党的政治建设为统领深入推进全面从严治党，为珠海“二次创业”加快发展提供坚强保障。

始终把党的政治建设摆在首位 建立健全坚决落实“两个维护”十项制度机制安排，制定落实习近平总书记重要指示批示精神和党中央决策部署工作台账，确保党中央政令畅通、令行禁止。严明政治纪律和政治规矩，严守“五个必须”，杜绝“七个有之”，巩固深化肃清李嘉、万庆良恶劣影响成果，坚决做到“三个决不允许”，风清气正政治生态不断巩固和发展。

全面落实意识形态工作责任制 强化珠澳疫情联防联控的舆论宣传引导，围绕中美经贸斗争、珠澳合作开发横琴等重大主题以及香港国安法颁布等重要节点开展舆论引导，实施粤港澳大湾区传播工程。加强重点平台网络监管，未发生影响网络意识形态安全的重大舆情事件。

建设忠诚干净担当高素质专业化干部队伍 研究制定《珠海市关于进一步激励广大干部新时代新担当新作为若干措施》，坚持在疫情防控、“双区”建设等重大斗争第一线培养选拔年轻干部，全年提拔20名镇（街）或区直部门正职到市管领导岗位任职，选任45岁以下优秀年轻干部60名充实到市管领导班子。

全面加强基层党组织建设 基层党建三年行动计划圆满收官，完成村级党组织换届选举，建立健全选派第一书记长效机制。推动全市48个软弱涣散村（社区）党组织全部摘帽销号，“红色业委会”总数增加至99个，社区党委领导下的民主协商机制覆盖率超过50%，推动554家非公企业、84家社会组织新纳入党组织覆盖。

驰而不息正风肃纪反腐 坚定不移深化政治巡察，完成市委巡察全覆盖任务。加强党委对审计工作的统一领导，推进审计监督全覆盖。坚守重要节点纠治“四风”问题，严防严查隐性公款旅游、违规公款吃喝、违规发放津补贴等突出问题，查处违反中央八项规定精神的案件68起119人。运用“四种形态”批评、教育、帮助和处理党员干部960人次，纪检监察机关立案320件，给予党纪政务处分337人。 （魏 康）

组织建设

【学习贯彻党的十九大精神】 2020年，珠海市委组织部始终把政治建设摆在首位。落实省委《关于建立健全坚决落实“两个维护”十项制度机制的意见》，开展各级党组（党委）执行“第一议题”制度督查检查，建立落实习近平总书记重要指示批示精神和党中央决策部署工作台账，把总书记、党中央决策部署转化为具体的工作措施，推动各级党组织和党员干部增强“四个意识”、坚定“四个自信”、做到“两个维护”。持续深化大学习大培训。重点围绕学习贯彻习近平总书记关于统筹推进疫情防控和经济社会发展工作的重要讲话和重要指示批示精神，以及习近平总书记出席深圳经济特区建立40周年庆祝大会和视察广东重要讲话重要指示精神、党的十九届五中全会精神，对全市1200余名处级干部、镇（街）党政正职开展集中轮训，组织举办各类主体班次14期、专业化能力专题研讨班8期、线上专题24期，推动领导干部队伍以更大魄力、在更高起点上干事创业、担当作为。推动基层学习落地见效。督促各级党组织落实“第一议题”制度、“三会一课”等组织生活制度，分层分类抓好党组织书记和基层党员学习培训，市、区举办党组织书记、党务工作者等示范培训班389期，依托镇（街）党校、党群服务中心等平台加强学习教育，累计培训633期3.2万人次，推动全市上下切实做到学深悟透、真信笃行。

【基层党组织建设】 2020年，珠海市委组织部推进村（社区）“两委”换届工作。成立村级换届领导机构和工作机构，开展换届前考核，提前调整村“两委”干部，255名村“两委”干部稳妥有序退出班子，226名优秀党员人才补充进班子；集中排查整治影响村级换届突出问题，安排41名区、镇领导包村包案，派出20个工作专班61名干部全脱产驻村整治，把151个突出问题和风险隐患消除在换届前，截至12月底，全市328个村（社区）党组织全部完成换届选举；建立扫黑除恶常态化工作机制，持续清理受过刑罚、涉黑涉恶、涉毒等问题的村干部，建立防范和整治“村霸”问题的长效机制，市委组织部被评为全省扫黑除恶先进单位。推进城市基层党建工作。系统谋划城市基层党建工作，出台加强横琴自贸区党建10条措施，助推自贸试验区党建破题；协调推进镇（街）管理体制改革，全市25个镇（街）党（工）委全部设立党建办，均配备1名副书记专职抓党建和基层治理；出台建立健全社区工作者职业体系的指导意见，实施社区党群服务中心“美好提升计划”；开展“两新”（新经济组织和新社会组织）党建“双同步”（党建摸排和组织建设）工作，推动554家非公企业、84家社会组织新纳入党组织覆盖，新成立市“小个专”、市注册税务师行业党委，格力电器党委等7家“两新”组织党组织被评为“全省‘两新’组织党建工作示范点”；向6所驻珠高校选派专职党委副书记，强化党建属地化管理责任。深化基层党组织标准化规范化建设。选树百强模范党支部，通过落实“七个一”（建立一个学习平台、党支部书记上一次党课、开展一次谈心活动、组织一次党日活动、树立一个先进典型、确立一个新的目标、建好一个党员示范岗）整顿措施，建立部领导挂点督导工作机制，全面完成48个软弱涣散村（社区）党组织整顿工作；制定城市基层党建镇（街）、社区示范点建设标准，打造镇（街）、社区党建示范点5个，以点带面全面建强街道社区轴心。

2020年6月15日，珠海市举办2020年第一期处级干部进修班、党史新中国史专题研讨班（处级）开学典礼（市委组织部供稿）

【干部队伍建设】 2020年，珠海

市委组织部精准识别考察干部。突出政治标准选人用人，加强日常综合分析研判，研发移动端干部调研测评系统，细化干部特征类型16项和熟悉领域48项，对50多家单位近600名干部开展测评，准确掌握市管领导班子和市管干部情况；实施“两必三看”（动议前必调研、必测评，看班子结构和事业需求、看干部特长和工作实绩、看干部评价和群众口碑）动议法，实行一线考察制度、考察前干部信息沟通共享制度、干部任前家访制度和考察结果综合分析研判制度，全年对6批28名干部进行家访，有效提高干部考察的全面性和准确性。

加大年轻干部培养使用力度。推动7名优秀年轻科级干部跨单位、跨领域交流轮岗，点名调训70余名处、科级干部参加市委党校中青年干部培训班，提拔重用45岁以下优秀年轻干部近60人，占提拔重用领导职务总人数1/3以上，3名年轻科级干部兼任市直部门党组成员；选派15名干部人才到云南怒江、西藏米林开展东西部扶贫协作和对口支援工作，选派40名年轻干部到云南怒江开展“三同”（与当地群众同吃、同住、同劳动）实践锻炼，选派29名干部参加市委巡察、信访督查工作，安排41名选调生到村任职，让年轻干部在三大攻坚战和基层一线历练成长。激励干部担当作为。树立重实绩、重实干、敢担当鲜明选人用人导向，研究制定激励干部担当作为若干措施，着眼市、区、镇换届选优配强各级领导班子；制定“四不两倾斜”（不搞一刀切、不搞人人有份、不唯年龄论、不唯任职年限论，向工作实绩倾斜、向承担重要职责的岗位和基层一线倾斜）职级晋升总原则及各职级晋升具体原则，探索开展市委委员、候补委员对晋升二级巡视员人选动议测评工作；全年提拔重用市管领导职务干部150余人，对作风优良、实绩突出的180余名市管干部晋升职级。

加强公务员队伍建设。抓好公务员法及配套制度贯彻落实，推进公务员职务与职级和分类改革，完成24家涉改参公单位重新认定工作，招录公务员、选调生198人，公开选调急需紧缺专业和基层公务员142人，持续改善公务员队伍结构；抓实“两个专项整治”（机关作风提升、营商环境优化），强化机关事业单位工资业务宏观指导，规范公务员工资福利和奖金制度，探索建立平时考核和年度考核相结合的综合考评体系，激励公务员队伍干事创业。

从严管理监督干部。突出政治监督，开展领导干部个人有关事项报告专项整治、执行《党委（党组）讨论决定干部任免事项守则》有关问题专项治理，着力提高制度执行力；深化选人用人工作监督，结合市委第七轮、第八轮巡察，对37个单位开展选人用人专项检查，将发现的典型问题向全市通报；做实做细日常管理监督，全年开展谈话提醒23人次、诫勉7人次，移交市纪委监委2人次，建立健全防范治理的长效机制。

【人才队伍建设】 2020年，珠海市委组织部发挥党管人才制度优势，强化珠澳人才工作协同，营造优质人才发展环境，为高质量发展提供坚强有力的人才支撑。全年新引进各类人才5.6万人（博士以上高层次人才637人，其中海外引进256人），疫情影响下逆势增长33%，人才流入率位居全省前列，全市人才总量增至60万人，提前完成“十三五”规划目标。

推动珠澳人才协同发展 围绕支持澳门经济适度多元发展的初心使命，举办首届“珠澳国际人才交流大会”，签署珠澳人才协同发展合作协议，设立珠澳人才工作联络

2020年10月20日，珠澳人才工作联络处在澳门挂牌成立

（市委组织部供稿）

处，举办珠澳合作专题高层次人才研讨班；支持出台进一步支持澳门青年在横琴创新创业32条措施，推动对澳专业人士资格认可取得突破性进展。

优化升级人才政策　启动“珠海英才计划”修订工作，落实破“四唯”（唯论文、唯职称、唯学历、唯奖项）要求，完善市高层次人才评价体系，研究起草高等教育人才配套政策；颁布《关于进一步放宽我市人才引进及入户条件的通知》，将珠海市人才引进入户门槛降至珠三角城市最低水平；修订《珠海市人才专项资金管理办法》，提高资金使用规范化水平，有效保障人才政策落实落地。

强化政治引领和政治吸纳　推进海外引才及人才安全保护工作，成立市海外引才安全工作小组，全面梳理重大风险隐患，实行海外引才安全背景和诚信审查制度，强化海外引才保障政策落实；优化调整市领导联系服务高层次人才机制，全年联系服务人才90人次、协调解决问题40余项；出台高知识群体发展党员8条措施，发展高知识群体党员人数比上年增长40%；加大人才工作宣传力度，从全市各领域遴选优秀人才代表并首次推选“十大英才”，全力营造尊才爱才用才敬才的社会氛围。（刘全党）

宣　传

【理论工作】　2020年，珠海市加强党的理论工作学习、研究与宣传。

理论中心组学习　科学制定《2020年珠海市委理论学习中心组学习计划》，把学习贯彻习近平新时代中国特色社会主义思想作为中心组学习的重中之重，全年组织开展市委中心组集体学习9次。为市委中心组成员选送《习近平谈治国理政》第三卷、《习近平在厦门》、《习近平在宁德》、《习近平新时代中国特色社会主义思想基本问题》、《习近平扶贫故事》、《中华人民共和国民法典》等理论书籍20余种。抓好《习近平谈治国理政》第三卷学习贯彻工作，起草《中共珠海市委关于认真学习宣传贯彻〈习近平谈治国理政〉第三卷的通知》，编印《习近平谈治国理政》集中学习研讨参阅材料。加强对全市各级党委（党组）中心组学习的统筹指导，通报2019年全市各区党委中心组学习情况，制定印发《2020年区处级党委（党组）理论学习中心组专题学习重点内容安排》，用习近平新时代中国特色社会主义思想武装头脑、指导实践、推动工作。

“学习强国”平台应用推广和供稿　持续加强“学习强国”平台推广使用工作，多次召开专题会议进行发动和推进，指导党员干部下载使用“学习强国”学习平台。全面加强“学习强国”平台供稿工作，截至年底，“学习强国”广东学习平台采用珠海稿件3000余条，“学习强国”学习平台采用稿件100余条。加强重要时间节点、重大主题相关稿件的主动报送协调力度，《珠海建市41周年！我们一起用爱守护》《珠海汇聚磅礴力量“硬核”战“疫”》《全力以赴做好珠澳合作开发横琴这篇文章》等一批稿件被全国平台采用，《南方的路》入选首页推荐栏“每日一曲”。开展“走向我们的小康生活”征文、摄影、微视频大赛，珠海市入选大赛图集、视频作品370余条。加强与新闻部门的联动，“学习强国”平台供稿工作纳入每周新闻策划会一体推进。加强与市、区教育部门的联动，“珠海慕课”专栏开通，慕课类稿件大幅增长。

理论宣传及研究阐释　围绕庆祝珠海经济特区建立40周年，开展理论征文活动，全市征集稿件100余篇，择优向省委宣传部报送10篇，其中6篇获评广东省庆祝经济特区建立40周年征文优秀论文。在《珠海特区报》推出《二次创业再出发——珠海经济特区建立40周年理论专刊》，围绕“经济特区理论与实践”“加快发展的新探索”“珠澳合作开发横琴”三个主题，刊发理论文章18篇，为新起点上经济特区再出发注入强大理论动力。指导《珠海特区报》新论版转型升级为《理论周刊》，全面加强内容建设和队伍建设，先后开设《庆祝珠海经济特区建立40周年》《创建国家历史文化名城》等理论专栏，开展学习贯彻习近平总书记重要讲话重要指示精神和党的十九届五中全会精神主题征文活动，全年刊发稿件39期117篇，营造良好思想理论氛围。

重大主题理论宣讲　集中组织市委宣讲团3个批次，开展《习近平谈治国理政》第三卷、习近平总书记出席深圳经济特区建立40周年庆祝大会和视察广东重要讲话重要指示精神、党的十九届五中全会精神宣讲活动。以新时代文明实践中心试点建设为契机，运用志愿服务的方式开展党的创新理论宣讲工作，组织动员36个市直机关事业单位117名干部职工开展理论政策宣讲志愿服务，到全市各新时代文明实践中心贴近群众开展宣讲活动。向省选送优秀宣讲志愿服务项目和志愿服务团队（个人）各1个。用好媒体平台讲好中国制度故事、珠海抗疫故事、百姓小康故事，全市征集“百姓小康故事”稿72篇，在《珠海特区报》开设《走向我们的小康生活》百姓故事专栏刊发优秀故事，展现珠海全面建成小康社会的成就经验。创新宣讲方式方法，结合疫情防控实际，指导香洲区用好杨匏安陈列馆“新时代红色文化讲堂”资源，深入街道、社区开展“杨匏安红色故事暨小康故事”巡回宣讲活动18场，把展馆搬到群众家门口。指导珠海高新区、珠海传媒集团采用“文艺+宣讲”形式，推出沉浸式诗剧《追寻苏兆征》。

【新闻宣传】 2020年，珠海市开展系列主题宣传活动，受到社会广泛关注。

新冠肺炎疫情防控宣传舆论引导 全年，中央和省级主要媒体推出珠海市新冠肺炎疫情防控相关报道1.6万篇，市属媒体刊发（播）相关报道2.3万篇、宣传信息及电视走马字幕等500余万次。其中，《人民日报》、新华社、中央电视台、《南方日报》等中央和省级重点媒体对珠海市统筹推进疫情防控和复工复产举措成效进行多次报道。组织市属媒体推出疫情地图、短视频、快评、直播、H5小游戏等公众易看、易听和易懂的融媒体产品，突出媒体服务功能，开展有关直播50余场，点击量破千万。

学习宣传贯彻习近平总书记出席深圳经济特区建立40周年庆祝大会和视察广东重要讲话、重要指示精神，学习宣传贯彻党的十九届五中全会精神 组织市属媒体及时转载转发央媒和省媒重要稿件，在重要版面、重点时段开设《牢记嘱托再出发》《学习贯彻十九届五中全会精神》等专题专栏；推出“奋战六十天 夺取双胜利”系列重点报道，全方位、多角度宣传报道总书记重要讲话、重要指示精神和党的十九届五中全会精神，以及珠海学习贯彻落实情况。

决战决胜脱贫攻坚、全面建成小康社会主题宣传 组织市属媒体统一开设《决战决胜脱贫攻坚》《走向我们的小康生活》《决胜时刻 怒江林芝行》等专题专栏，持续推出主题报道；加强与中央、省级重点媒体策划沟通，结合“国家扶贫日”“广东扶贫日”等重要时间节点，推出主题报道；协助中央广播电视总台大湾区之声等中央级重点媒体采访团队，围绕珠海市对口扶贫工作开展调研采访活动。其中，《光明日报》《南方日报》等中央和省级媒体刊发《从两千公里到“零距离”——广东珠海助力四川甘孜决战决胜脱贫攻坚纪实》《珠海助力怒江贫困户种下“雪花银”，撑起脱贫致富新希望》等多个专版专题报道。

庆祝经济特区建立40周年主题宣传 组织市属媒体开设《经济特区40年“二次创业”再出发》《我的特区故事》《特区再出发 城市对话》《庆祝珠海经济特区建立40周年系列综述》等专题专栏，全年市属媒体累计推出相关报道万余篇；加强与中央、省级和港澳重点媒体策划通联，组织《人民日报》、新华社等中央级重点媒体到珠海市开展专题调研采访活动；配合广东广播电视台推出大型系列直播节目《飞越广东》和文旅专题类节目《行进大湾区》；协调《南方日报》《羊城晚报》以及《南方都市报》等策划推出专题系列报道和深度报道等。全年，中央级、省级媒体累计刊播珠海经济特区建立40周年主题报道1000余篇。

粤港澳大湾区建设和珠澳合作开发横琴主题宣传报道 组织中央级、省级以及港澳重点媒体和市属媒体，围绕制度创新、重大项目建设、珠澳深度融合、产业协同发展等方面的举措和成效，策划开展采访活动60余场。结合横琴口岸新旅检区域开通等重大事件和重要时间节点开展采访活动，累计刊发相关主题专版10余个，推出专题报

2020年2月10日，广东省疫情防控新闻发布会珠海专场在广州举行（市委宣传部供稿）

道、深度报道、评论言论等近千篇（条），其中，《人民日报》头版刊发横琴口岸新旅检区域开通消息，央视《新闻联播》推出重点报道，新华社推出系列重要专题报道等。省、市主要媒体策划推出系列有创意、易传播的融媒体产品，如《南方日报》推出《20年琴澳通关史 16米长图带你穿越四代横琴口岸》和《横琴口岸一站式通关有多快？一起来试试》H5互动小游戏，广东广播电视台推出《主播探访》系列新媒体直播，珠海传媒集团推出通关体验式报道Vlog短视频等，全方位多角度展现珠海市推进粤港澳大湾区建设、珠澳深度合作以及自贸区开发建设的重要成果。

“两个专项整治”宣传报道　组织市属媒体统一开设《深化作风建设 优化营商环境 推进“两个专项整治”》专题专栏，集纳刊播全市各单位开展“两个专项整治”工作的相关部署、具体举措和积极成效等，相关报道累计900余篇（条）。指导珠海电视台推出《问政珠海》第三期，在电视、广播和“观海”App同步播出，网上直播观看量和微信点击量达10万人次；珠海电视台新设新闻栏目《民生新观察》，珠海发布推出《“布”说不快》栏目，持续聚焦市民关注的社会民生热点问题，搭建党委政府与广大市民群众之间的全新沟通平台，受到社会广泛关注，取得良好反响。

扫黑除恶专题宣传报道　配合市扫黑办组织召开专题新闻发布会，组织协调各级媒体发稿3000余篇（条），其中市属媒体各平台发布扫黑除恶相关主题宣传报道、评论文章1300余篇（条），阅读量超500万人次。珠海电视台播出《大黑哥落网记》系列短视频以及扫黑除恶宣传标语口号等合计1.02万次。

【新闻出版】　2020年，珠海市新闻出版工作平稳有序。在做好疫情防控的基础上，按照广东省新闻出版局的工作部署，强化行业监管，从严做好审批，防范化解风险；指导发行企业不断发展创新、提升品牌竞争力，参与全国发行行业评选活动并获多个奖项；出台《珠海市关于加快文化产业高质量发展的若干政策意见》，将实体书店纳入重点产业扶持计划，鼓励实体书店进行数字化升级改造，鼓励开办各类特色书店，构建以中心书城、特色书店、社区书店、农家书屋、公园书吧等为支撑的公共阅读服务体系，对有利于完善公共文化服务体系的专业特色实体书店，给予相应奖励；支持实体书店复工复产，出台疫情补贴政策，对规范经营和复工复产的实体书店进行房租和稳岗补贴，帮助实体书店恢复经营、渡过难关。版权保护工作扎实推进。从加大版权保护力度、推进软件正版化工作、开展版权兴业工程、构建版权保护生态等方面，推进版权保护工作全领域开展，压紧压实各区各部门软件正版化工作主体责任，加大打击侵权盗版工作力度，持续营造保护版权、尊重创新的社会氛围，为珠海市实施创新驱动发展战略和软件产业加快发展营造良好市场环境。

【文化事业】　2020年，珠海市推进文化事业繁荣发展。

紧扣重要节点举办重大活动　举办2020年中央广播电视总台春节联欢晚会粤港澳大湾区分会场活动，通过春晚分会场舞台展示粤港澳大湾区新气象、珠海城市发展新面貌。组织开展庆祝珠海经济特区建立40周年系列活动，市文联、珠海传媒集团、珠海演艺集团等单位牵头举办“追梦在路上”庆祝珠海经济特区建立40周年美术作品展、摄影作品展，展出美术作品80幅、摄影作品200幅，集中展示特区建立40年来的沧桑巨变和党的十八大以来珠海经济社会发展成就。

推进文艺精品创作　聚焦重大主题推进文艺精品创作，创作大型主题音画音乐会《乐从大湾来》、大型音舞诗《记忆珠海——蔚蓝色的爱》、粤剧《南粤破晓》等舞台艺术作品，组织拍摄纪录片《容国团》、脱贫攻坚题材纪录片《江海情》。话剧《龙腾伶仃洋》、大型主题音画音乐会《乐从大湾来》赴北京、广州、深圳等地交流巡演，让珠海本土原创精品剧本“走出去”。在第十四届广东省艺术节，大型主题音画音乐会《乐从大湾来》、话剧《龙腾伶仃洋》分别获金、银奖，器乐与舞蹈《春雨》入选小型舞台艺术作品展演。

挖掘开发珠海历史文化资源和红色文化资源　落实《珠海市实施中华优秀传统文化传承发展工程工作方案》《珠海市红色革命遗址保护利用行动工作方案》，会同市自然资源局制定《珠海市历史文化资源保护与利用工作方案》，挖掘和保护城乡历史文化遗产，系统梳理珠海标志性历史事件及人物相关素材。实施红色革命遗址保护利用行动计划，由市委党史研究室牵头推进全市红色革命遗址普查工作，加快推进苏兆征故居陈列馆、杨匏安数字陈列馆、林伟民与中国早期工人运动史迹陈列馆、珠海市革命史料陈列馆等项目的展陈提升工作，全面提升主要红色革命设施展陈效

2020年1月7日，话剧《龙腾伶仃洋》在北京天桥艺术中心演出
（市委宣传部供稿）

果和水平。

加大文艺惠民力度　新冠肺炎疫情期间，市委宣传部、市文联联合开展抗击疫情主题文艺作品征集活动，面向社会征集“抗疫”文艺作品1100余件，经专家评审、多轮筛选，择优挑选149件作品在“观海融媒”集中展播，多部优秀作品在“学习强国”平台、央视网、省级媒体平台刊播展演。市委宣传部、珠海演艺集团等推出珠海舞台艺术精品演出季，依托珠海大剧院、华发中演大剧院等演出场所，打造富有多元文化、兼具岭南风情的文化艺术新品牌；组织开展“新珠海·新速度”2020惠民演出季、“乐满香山湖”纳凉音乐会、“凤凰起舞　月圆海天”2020年珠海市迎中秋庆国庆文艺晚会、“海天公园　国庆八天乐”惠民演出、“八一”慰问演出等系列惠民活动，以香山湖公园、海天公园等为实景舞台，采取“室内、户外相结合，市内、市外都可享”形式，把优秀舞台艺术节目送到市民家门口，让市民在家门口享用“文艺大餐”；推动珠海歌舞团、珠海粤剧团等专业团体深入基层，走进社区文化中心、市民艺术中心、文化广场，落实文艺进社区、进企业、进校园、进军营、进景区、进广场“六进”要求。

电影管理　是年，珠海市有各级各类影院46家，其中横琴新区1家、香洲区25家、金湾区5家、斗门区8家、高新区4家、高栏港区2家、万山区1家。根据省电影局要求做好农村电影放映工作，全年完成放映1464场次，放映影片约200部，惠及观众14.57万人次。

【文化发展体制改革】　2020年，珠海市文化发展体制改革取得新进展。

完善国资监管制度体系　印发《珠海市市属文化企业资产损失财务核销管理暂行办法》《珠海市市属文化企业内部审计管理暂行办法》，修订完善《珠海市市属文化企业薪酬管理暂行办法》《珠海传媒集团领导人员综合考核评价暂行办法》《珠海演艺集团领导人员综合考核评价暂行办法》，启动制定市属文化企业工资总额管理制度、修订市属文化企业交易行为管理办法等，信息化监管系统启动建设。市属文化企业内控体系建设和法人治理结构不断健全。

传媒集团文化综合体项目动工建设　项目位于珠海市香洲区银桦路566号报业大厦旁，开发面积6.83万平方米，投资估算总额约12亿元。项目经可行性研究论证、报建审批等程序，于12月28日动工建设。

九洲城建筑群划转工作取得重要进展　根据珠海演艺集团组建实施方案，在市博物馆搬迁至新馆后，将九洲城建筑群不动产无偿划转至演艺集团，作为集团办公、排练场地。经市政府常务会议研究，明确九洲城建筑群不动产划转方式，在完成债务处置、无偿收地等工作基础上，取得市政府划拨用地批准文件及《国有建设用地划拨决定书》。

国企退休人员社会化管理工作完成　根据中央、省和珠海市相关工作部署，在摸底掌握珠海传媒集团和珠海演艺集团人员有关情况基础上，妥善处理两个集团社会化移交的一系列问题，依法依规完成退休人员移交社区相关工作。

推动文化产业高质量发展　完善文化产业政策，出台《珠海市关于加快文化产业高质量发展的若干政策意见》，推动文化领域“放管服”改革，实施重点产业扶持计划，发展数字出版、演艺影视、创意设计、动漫网游等新兴文化产业，促进文化与科技、旅游融合发展，培育文化新业态，并从财税、土地、金融、人才等方面给予政策保障。疫情期间及时出台《珠海市积极应对新冠肺炎疫情影响支持文化旅游体育行业发展政策措施》及其实施细则，涵盖财政资金扶持、税费租金减免等系列举措，投入近4000万元助力文旅企业复工复产，努力将疫情影响降到最低。用好市宣传文化发展专项资金，年均投入2000余万元对优质文化产业项目进行奖、补、贴等，扶持文化企业发展。与省新媒体产业基金合作，共同发起设立规模2亿元的珠海文化产业投资基金正式运作，重点支持本地优质初创中小微文化企业项目。壮大国有文化企业，在整合全市国有传媒类资源、国有演艺资源基础上，分别高标准壮大建强珠海传媒集团、珠海演艺集团，打造全国一流新型媒体集团和国有文艺院团。

2020年7月7日，央视网大型系列纪录片《蓝海中国》珠海篇开机仪式在珠海大剧院举行　　（市委宣传部供稿）

【对外宣传】 2020年，珠海市加强对外宣传工作。

探索外宣品创作，丰富故事传播载体　挖掘珠海城市特色和亮点，完成西班牙语和葡萄牙语版城市形象宣传片，完成西班牙语版外文图书出版工作；完成《不一样的珠海》系列微纪录片拍摄；以英文版城市形象宣传片为基础，完成宣传片中文配音；协调珠海杂志社与喜马拉雅、微信读书、樊登读书会等网络广播平台合作开发有声读物。

拓展传播渠道，提升对外传播覆盖面　在日本《中国视野》杂志推出珠海专题稿件。在广东国际频道、美国夏威夷中文电视台、加拿大新时代电视、澳门有线互动新闻台、斐济玛宜电视台、韩国阿里郎国际电视播出珠海城市形象宣传片。新华社央视春节联欢晚会粤港澳大湾区分会场专题文章被法新社、俄塔社、朝日新闻等全球604家媒体转载，访问量1.87亿人次。

借助央媒平台，加大珠海故事传播力度　依托中央媒体平台开展系列城市外宣活动，配合国务院新闻办及省新闻办组织经济特区建立40周年中外媒体采访活动；配合央视《寻味中国》栏目组拍摄珠海旅游美食专题节目2期；协助央视做好《智能中国》纪录片拍摄筹备工作；配合央视网完成大型系列纪录片《蓝海中国》珠海篇拍摄工作。

携手港澳媒体，提升大湾区传播效果　协调珠海传媒集团落实好与澳广视、澳门有线电视、《澳门商报》、《澳门力报》战略合作协议，珠海电视台《珠海新闻》栏目设立《直通澳门》，选题内容主要来自澳门合作媒体平台，澳门有线电视每晚22:00播出《珠海新闻》，实现新闻业务交流常态化。在抗击新冠肺炎疫情期间，协调《澳门日报》、澳广视、澳亚卫视等澳门主流媒体，开展信息发布和舆论引导工作。

强化平台建设，提升对外传播主动性　推动与《人民日报》“中央厨房”共建粤港澳大湾区融媒体工作室项目。围绕春晚、新冠肺炎疫情防控、脱贫攻坚等创作一批精品融媒体作品，其中《流动的大湾区》专题内容在人民网首页“特别推荐”栏目刊登、短视频《大山里的英语课》获评“我的2020”第二届全球华人生活短视频大赛三等奖、短视频融媒体《跨越4000里的足球情缘》获评2020短视频大会公益广告类最佳作品奖。提升珠海城市英文网外宣平台水平，全年转载文章100篇、编译611篇，转载视频10个，制作专题、H5和图表产品6个。

聚焦“四个着力”，推动新闻发布常态化　聚焦制度建设、议题设置、形式创新、实战锻炼，先后围绕疫情防控、患者救治、复工复产、学生返校等重点工作和社会关注问题设置新闻发布会议题，采取网络发布会、现场发布会、实地采访与现场发布相结合等多样化方式，全年举行新闻发布会55场，超过30个党政部门、200人次参加各类新闻发布活动。　　（王彩锋）

统一战线

【多党合作】 2020年，珠海市出台《关于支持市各民主党派加强中国特色社会主义参政党建设的实施方案》《珠海市民主党派代表人士队伍建设规划（2020—2027年）》，推进多党合作各项工作规范开展。引导市各民主党派、工商联、知联会、欧美同学会等紧扣“双区”（粤港澳大湾区和支持深圳建设中国特色社会主义先行示范区）建设和高质量发展主题，提交调研报告13篇，分解为59项具体任务，由33个责任单位进行转化落实。着力打造参政议政“直通车”，向省委统战部、省委办公厅和市委报送建议类信息16篇，被中央统战部和省委办公厅采用3篇、中央统战部主管的《中国统一战线》采用1篇，市委采用7篇、市领导批示5篇。支持市各民主党派履行职责。协助市委制定2020年政党协商计划，召开情况通报会、征求意见会、民主协商会等13场次。协助市委调整联系交友名单，15名市委常委、党员副市长与77名党外代表人士举行联系交友活动113次。实现市各民主党派、工商联、知联会与全市29个政府部门对口联系全覆盖，各对口部门邀请党外代表人士参加有关活动448场次。规范全市特约人员工作制度，得到省委统战部肯定。支持市各民主党派加强自身建设，制定《协助做好民主党派基层组织换届工作指引（试行）》，帮助各民主党派机关解决换届经费和办公用房等实际问题。

【民族宗教统战】 2020年，珠海市以铸牢中华民族共同体意识为主线，做好城市少数民族各项工作。出台《珠海市关于全面深入持久开展民族团结进步创建工作 铸牢中华民族共同体意识的实施方案》，市实验中学、市第四中学分别获全国、全省民族团结进步模范集体称号，4人获全国、全省民族团结模范个人表彰。举办新疆籍少数民族进城务工人员语言文化与政策培训班12期，协助教育部门做好44个内地民族班学生的思想政治引领工作，全年走访慰问少数民族同胞740余人次。落实中央、省委宗教工作督查“回头看”整改工作，市委主要领导专题研究解决宗教活动场所建设滞后、宗教团体建设“三无”（无场地、无人员、无经费）等难点问题，实地考察道教活动场所选址和伊斯兰教活动场所。召开市委统一战线工作领导小组民族宗教专题会议，推进宗教领域重点工作。面对新冠肺炎疫情影响，在全省率先落实宗教活动场所“双暂停”（暂停对外开放、暂停集体宗教活动），引导宗教界捐款超200万元，参与抗击疫情和扶贫济困等慈善公益活动。成立市道教协会，道教活动场所建设取得阶段性成果，基督教珠海堂加快建设。

【党外知识分子和新的社会阶层人士统战】 2020年，珠海市出台《关于加强我市新的社会阶层人士统战工作的实施意见》，创建全国新的社会阶层人士统战工作创新推广城市的经验做法在《中国统一战线》杂志发表。争取专项经费支持，推进“乐创新‘士’界”“福石芯联新”两个全国实践创新基地重点项目建设，示范带动9个市级示范点和13个新挂牌的市级示范点建设。召开全市网络人士统战工作会议，形成《关于推进珠海网络人士统战工作思考和探索》调研报告，《关于加强珠海新的社会阶层人士统战工作的探索和思考》获省委统战部理论创新成果优秀奖。“五子登科统战工作法”和“蒲公英统战工作法”得到上级部门肯定。以“珠海新力量”为品牌统揽，建

2020年9月16日，珠海市举行各民主党派、工商联负责人和无党派代表人士暑期座谈会 （市委统战部供稿）

立珠海新的社会阶层人士建言献策团、律师同心服务团、新阶层导师团。持续打造粤港澳大湾区专业知识人士智库专题座谈会、珠澳律师与企业家陪伴成长计划等品牌活动，全国首个涉港澳纠纷人民调解委员会发挥作用效果明显。在全省率先做好无党派人士政治面貌使用规范工作，完成第二批97名无党派人士认定。推动成立金湾区留学回国人员联谊会，实现行政区归国留学人员组织全覆盖，成立高新区分会和北师大珠海校区分会，全年组织"留学报国、海归先行"等创新创业交流活动30余场。

2020 年 11 月 26 日，2020 职业教育服务湾区经济社会发展高层对话会在珠海度假村酒店举办　（市委统战部供稿）

【非公经济领域统战】 2020年，珠海市出台《关于加强新时代珠海民营经济统战工作的实施方案》，召开全市民营经济统战工作会议，举办弘扬红旗渠精神等民营经济代表人士理想信念教育活动6批次，动员民营经济人士参与"6·30"广东扶贫济困日捐款819万元。开展对口云南怒江"百企帮百村"扶贫行动，引导会员企业在怒江投资3000余万元，建设扶贫车间25个，带动2500名建档立卡贫困户脱贫。深入企业调研推动复工复产，引导民营企业用足用好各项惠企政策，形成《关于常态化疫情防控下加快珠海民营经济发展的对策与建议》。坚持以商会促党建，以党建强商会，落实"双覆盖"（非公企业党组织有形覆盖和工作有效覆盖）要求，新组建党支部8个，新发展党员17人。通过党建引领调动企业履行社会责任，全年，市工商联所属商协会为公益事业捐款捐物价值2.2亿元，帮扶怒江2524万元，为扶贫地区捐款捐物价值超1亿元，为爱心慈善事业捐款捐物价值5207万元，为光彩事业投入约1亿元。

【港澳台统战】 2020年，珠海市贯彻落实习近平总书记关于港澳工作的重要讲话精神，化疫为机凝聚香港人心和力量，支持香港特区政府开展"撑法""撑警"和"支持全国人大决定"等系列行动，为维护港澳长期繁荣稳定作出贡献。举办2020年职业教育服务湾区经济社会发展高层会议，十二届全国人大常委会副委员长、中华职业教育社十一届理事会理事长陈昌智出席会议并讲话。全国台联党组书记、会长黄志贤到珠海调研，对珠海服务台胞台企等给予肯定。加强港澳年轻一代培养，组织珠海海外青年委员会卡丁车大赛等交流联谊活动，组织台胞2批次130人次到珠海交流访问。加快港澳乡亲社团转型升级，乡亲社团由松散联谊型向团结斗争型转变的成功经验在全省推广。设立港澳联络工作小组，完善"市、区、镇、街（村）"四级同乡社团建设。结合香港新冠肺炎疫情爆发和第七次全国人口普查工作实际，运用信息化手段完成乡情普查三年递增计划。指导香港珠海社团总会及总会青委会开展换届工作，为团结青年爱国力量夯实基础。

【海外华人华侨统战】 2020年，珠海市发挥珠海海外联谊会主平台作用，开展国情形势调研和考察活动36场次，扩大团结联络覆盖面。引导会员助力抗疫捐款捐物价值近400万元，助力脱贫攻坚投入资金近300万元。

【党外代表人士队伍建设】 2020年，珠海市增强对党外代表人士思想引领，围绕庆祝珠海经济特区建立40周年、澳门回归祖国21周年等重要节点，以及学习党的十九届五中全会精神等主题，举办系列活动和讲座，巩固"不忘合作初心，继续携手前进"主题教育长效机制。全年，全市统一战线举办各类学习会、研讨会、座谈会等121场次，参加人员1.2万人次；组织各类学习考察活动317场次，参加人员2.3万人次。加强党外干部培养选拔工作，将党外代表人士队伍建设纳入干部和人才队伍建设总体规划；开展党外干部赴云南怒江等艰苦地区挂职锻炼工作，加强党外干部培养交流力度；完善党外代表人士数据库，按照多于可配备职数的要求，建立统一的党外年轻干部名单，列入副处级党外干部63人（其中50周岁以下17人）、正科级党外干部131人（其中45周岁以下37人）、副科级党外干部217人（其中40周岁以下61人）。完善市委组织部、市委统战部协作配合机制，在党外代表人士的发现、培养、选拔、使用和管理等各项工作中形成合力，全年共同提拔晋升或进一步使用市管党外干部23人次。

（李洪波　蓝兹桧　刘　谦）

政策研究

【调查研究】　2020年，珠海市委政策研究室坚持以习近平新时代中国特色社会主义思想为指导，贯彻落实党的十九大和十九届二中、三中、四中、五中全会精神，学习贯彻习近平总书记对广东、珠海系列重要讲话和重要指示批示精神，贯彻落实省委十二届十次、十一次、十二次全会部署要求，贯彻落实市委八届八次、九次全会精神，做好调查研究，为市委推进珠海经济特区“二次创业”加快发展，努力在全面建设社会主义现代化国家新征程上走在最前列发挥参谋助手作用。

起草市委“深调研”方案。按照市委工作安排，起草“贯彻落实习近平总书记出席深圳经济特区建立40周年庆祝大会和视察广东重要讲话重要指示精神深调研”方案，结合贯彻落实党的十九届五中全会精神，研究确定贯彻新发展理念、全面深化改革、构建新发展格局、深化珠澳合作、支持深圳先行示范区建设等专题32个。

开展重点课题研究。围绕市委推进粤澳深度合作区建设、全面深化改革开放、统筹推进疫情防控和经济社会发展等决策需要，与中国国际经济交流中心、广东省社会科学院、深圳综合开发研究院等高端智库开展战略合作，形成《将珠海打造成为“一国两制”升级版、融合发展新都市》《疫情之下珠海“危”和“机”对策研究》《疫情引发的珠海市企业困境调查与政策建议》《推动实体经济数字化转型以数据要素建设打造珠海营商环境新竞争力》《关于发放数字券推动珠海企业数字化转型在数据要素市场配置中抢占主动的工作建议》《疫情危机下珠海以支持并购重组完善现代产业布局的策略研究》《加快推进我市旧村改造政策建议》《以高水平制度型开放把粤澳深度合作区打造成为珠江西岸现代服务业新高地的建议》《关于谋划珠海人口发展战略的思考和建议》等调研成果和对策建议30余项，其中《进一步加快粤澳深度合作区建设的思考和建议》《将珠海打造成为“一国两制”升级版、融合发展新都市》通过中国国际经济交流中心以内参形式上报中央领导，《关于建设深圳珠海东西两岸融合互动发展先行区研究》被广东省习近平新时代中国特色社会主义思想研究中心评为广东省庆祝经济特区建立40周年征文优秀论文。加强财经领域研究，做好市委财经委交办的工作。协调经济对口单位定期开展经济形势研判，加强经济运行监测数据收集、分析和应用，把握经济走向，做好“十四五”规划乃至中长期规划重点研究，组织召开市委财经委员会会议4场次，研究经济发展重大问题，为市委加强经济工作的领导提供科学依据。

【文件文稿起草】　2020年，珠海市委政策研究室按照市委工作安排，负责起草《中共珠海市委贯彻落实〈中共中央关于坚持和完善中国特色社会主义制度推进国家治理体系和治理能力现代化若干重大问题的决定〉实施方案》《中共珠海市委关于制定国民经济和社会发展第十四个五年规划和二〇三五年远景目标的建议》《中共珠海市委关于深入学习贯彻习近平总书记出席深圳经济特区建立40周年庆祝大会和视察广东重要讲话重要指示精神　努力把珠海经济特区办得更好、办得水平更高的实施意见》等重要文件以及市委八届八次、九次全会报告等重要文稿。负责起草传达学习贯彻党的十九届五中全会精神、传达学习贯彻习近平总书记出席深圳经济特区建立40周年庆祝大会和视察广东重要讲话重要指示精神、传达学习贯彻省委十二届十一次、十二次全会精神等全市重要会议文稿和挂图作战、横琴建设等专题性会议文稿，负责起草中央和省媒体专访参阅材料。全年累计起草各类文稿250余篇400余万字。

【决策咨询】　2020年，珠海市委政策研究室以起草“十四五”规划和2035年远景目标的建议为总牵引，在自主开展调查研究的基础上，坚持开门问策、集思广益，发挥好市决策咨询委员会顾问委员作用，加强与广东省社会科学院、中山大学、深圳综合开发研究院等高端智库合作学者交流，采取个别走访与集中座谈、口头咨询与书面咨询相结合的工作形式开展决策咨询。同时，结合“送政策进企业”活动，开展决策咨询活动20余场次，形成决策建议50余条，为市委谋划推进全市中心工作提供重要参考。（邓国念）

体制改革

【改革谋划推进】 2020年，珠海市委改革办准确把握珠海的新地位、新方位、新定位，深化重要领域和关键环节改革，制定《市委全面深化改革委员会2020年工作要点》，作为全年改革的“任务书”和“作战图”。以珠澳合作开发横琴为总牵引、主平台，以完善重大突发疫情防控体制机制和应急管理体系建设为应试指南，推进“1+1+10”（第一个“1”指举全市之力促进粤港澳大湾区建设、珠澳深度合作、澳门经济适度多元发展，以系统级、突破性、先导性改革拓展改革创新新境界；第二个“1”指深化重大突发公共卫生事件防控和应急管理体制机制改革，科学精准打赢新冠肺炎疫情防控阻击战；“10”指着力经济体制改革、行政体制改革、农村综合改革、民主法治改革、文化体制改革、社会体制改革、民生领域改革、生态文明体制改革、党建体制改革、纪检监察体制改革）方面46项重点改革的系统集成和协同高效，推动经得起考验的治理体系和治理能力现代化建设，在新征程上担当新使命、展现新作为，为推动珠海高质量发展、提升城市能级量级提供体制机制保障。截至年底，46项改革、206项分解任务整体推进顺利，落实完成198项，年完成率达96%以上。

【督查机制改革】 2020年，珠海市委改革办按照中央和省委改革工作要求，对党的十八届三中全会以来中央和省委部署的改革任务进行全面盘点，形成《党的十八届三中全会以来珠海市全面深化改革评估报告》。是年，全市制定推进改革举措415项，年完成率达90%以上，其中承接中央改革试点任务25项、省改革试点任务13项，按期完成22项，其余16项按要求推进。

【改革要点宣传】 2020年，珠海市委改革办以珠海经济特区建立40周年为契机，持续抓好改革宣传策划，宣传各领域改革创新成效，营造深化改革、担当实干的浓厚氛围，让改革成为年度热点。依托传统媒体和新媒体，开展“改革再出发”系列专题报道。在《珠海特区报》刊载《用“心”用“情”从“闯”到“创”——在做好珠澳合作开发横琴这篇文章中跑出“特区速度”》《着力下好改革完善公共卫生体系的“先手棋”》《加快转变政府职能 不断提高行政效能》等多篇宣传报道，并被“学习强国”等网络新媒体转载报道。开展改革公益宣传。制作发布“改革开放，再造乾坤”等庆祝珠海经济特区建立40周年改革宣传标语，为全面深化改革汇集正向能量。

【退役军人服务管理改革】 2020年，珠海市委改革办协同市退役军人事务局拟定的信息专报《珠海市推进“五大工程”提升退役军人工作效益》被中共中央退役军人事务工作领导小组办公室专发一期简报，广东省委转发各地市。珠海市以“凝聚暖心工程、军地创业工程、先锋示范工程、拥军校园工程、国防后备工程”为主要内容的“五大工程”建设处于全省乃至全国领先领跑地位，全国各大媒体予以宣传报道。珠海退役军人事务改革创新经验做法在全国范围内被转发推广。

【医保改革创新】 2020年，珠海市医保改革创新走在全省乃至全国前列。全国首创“政银医”合作模式，创新“跨境办、线上办”合作新模式，推进“一国两制”医保融合，逐步探索构建医保经办、银行与澳门社区共同参与的跨境医保经办新体系。探索开展全国首批区域点数法总额预算和按病种分值付费试点，以医保支付和医药耗材供给为核心的牵引性改革得到国家医保局肯定，在广东省内推广。形成《医保改革创新“硬举措”提升珠海城市“软实力”》上报广东省委改革办。

【居家和社区养老服务改革】 2020年，珠海市开展全国第五批居家和社区养老服务改革试点，以探索跨境协作养老新模式、打造综合性城乡社区服务平台、补齐养老服务发展短板、促进养老服务水平提档升级、保障养老服务事业健康发展五个方面为抓手，着力构建湾区化、集约化、多元化、智慧化、法治化的珠海养老服务发展改革创新和高质量“五化”生态链。在国家第五批居家和社区养老服务设施验收考评中，珠海市获评“优秀”等次，排名第四。

【基础教育资源均衡配置专项改革】 2020年，珠海市开展基础教育资源均衡配置专项改革试点，探索形成“均衡化、集团化、优质化”基础教育发展模式。科学布局建校扩园，均衡配置教师教学资源，搭建优质特色“空中课堂”，辐射国内外，仅湖北地区就有超过170万孩子学习，为全国战“疫”提供有力支援。集团化协同区域办学拓展到集团化办学、学区制办学、委托管理等多种模式。

【公立医院改革】 2020年，珠海市创新建立“双调控两单列一自主”的公立医院薪酬分配制度。开展广东省部署的公立医疗机构薪酬制度专项改革试点，科学调控公立医院薪酬总体水平和绩效工资总量，施行高层次人才和院长绩效单列机制，落实公立医院内部分配自主权。

【美丽田园样板打造】 2020年，珠海市推进岭南大地国家级田园综合体试点建设，探索农村集体土地作价流转给田园综合体项目统一经营和开发试点，实行点状供地政策支持乡村产业发展，促进农村第一、二、三产业融合发展，促进农村增美、农业增值、农民增收，激发农业农村经济发展新动能。截至年底，岭南大地项目首期中药园示范区和“花田喜地”有序建设，是大湾区乡村振兴的重点项目和样本工程。

【粤澳深度合作区建设加快推进】 2020年，珠海市围绕贯彻落实习近平总书记对推进珠澳合作、横琴开发作出的一系列重要指示精神，探索把横琴打造成“政治法律内地管控，经济环境趋同港澳，延伸港澳自由港部分政策措施”的粤澳深度合作区。加强与澳门多层次沟通互动，拓展澳门产业发展空间，开辟产业协同发展新路径，澳资企业成为新增外资企业主体力量，累计超3290家，为澳门产业多元发展创造良好条件。

2020年12月18日，澳门街坊会联合总会广东办事处拱北站在茂盛社区党群服务中心成立（市委改革办供稿）

【重大突发疫情防控体制机制改革和公共安全应急管理体系建设谋划】 2020年，珠海市围绕习近平总书记关于完善重大疫情防控体制机制和健全国家公共卫生应急管理体系的重要讲话精神，与暨南大学专家成立课题组，对珠海市重大突发疫情防控体制机制改革和公共安全应急管理体系建设开展研究，经过5个月的全面深入调研，形成《珠海市深化重大突发疫情防控体制机制改革和公共安全应急管理体系建设研究报告》课题成果，从公共安全防控原则、管理原则、开放持续原则对应急指挥体制、法律制度体系、资源保障体系、社会动员机制等方面，对珠海市完善六大防控体制机制与应急管理体系提出对策建议，为珠海市深化重大突发疫情防控体制机制改革和公共安全应急管理体系建设做好理论决策支撑。

【科技创新改革】 2020年，珠海市委改革办围绕紧紧牵住科技创新这个“牛鼻子”，专题调研组深入珠海中科先进技术研究院调研，突出问题导向、需求导向，对实操型科技创新载体发展情况进行督查调研，形成《加大改革创新力度　全力支持实操型科技创新载体建设》督查调研报告，为支持实操型科技创新载体发展提出有效管用的对策建议。年内，珠海中科先进技术研究院创新科技园在珠海市高新区奠基，总投资约13亿元，承接港澳及海内外成熟项目落地转化，打造国内具有影响力的生物医药科技创新集聚区和生物医药产业集聚发展高地，助力打造生物医药“千亿级产业集群”。

2020年1月13日，市委改革办专题调研组前往珠海中科先进技术研究院调研科技创新载体建设情况（市委改革办供稿）

【“数字政府”改革建设】 2020年，珠海市创新实施“一网通办、掌上易办、智能服务”政务服务模式，构建以大数据驱动政务创新的政府治理新模式，推动“放管服”改革，持续优化营商环境。是年，全省数字政府改革建设第三方评估中，珠海市位居珠三角地区第一梯队，政务服务“好差评”综合得分连续五个月位居全省第一。

【珠海仲裁机构改革】 2020年，珠海市推进全省首家仲裁法定机构改革，建成党委领导、政府组建、机构法定、机制灵活、监督到位、公正高效的仲裁工作新格局。深化珠澳法治合作，发挥仲裁在粤港澳大湾区“三法域”合作中法律、规则对接的独特优势，优化珠海国际化、法治化营商环境，推进国家治理体系和治理能力现代化，打造大湾区法治建设新高地，打造具有国际影响力的仲裁机构。

【城市社会治理基础单元改革】 2020年，珠海市开启市域社会治理现代化新征程，探索珠澳社会治理深度合作，致力打造具有时代特征、区位特点、珠海特色的新时代“枫桥经验”珠海版，打造出横琴“物业城市App”、香洲“五社联动社区多元共治”、金湾“社会创新谷”、斗门“夏村全国优秀村规民约”等一批本土社会治理创新项目和品牌。珠海市应邀参加“第六届社会治理创新暨法治影响中国典范发布会”，“引入居民议事、城市管家、推动共建共治共享”基层社会治理工作获《人民日报》点赞。

【珠澳共建“人才特区”】 2020年，珠海市出台进一步支持澳门青年在横琴创新创业32条措施。单边认可港澳导游在横琴执业，以立法形式明确认可横琴新区港澳建筑及相关专业人士执业资格。与澳门大学、澳门科技大学分别合作共建产学研示范基地，通过科技创新合作培育两地新兴产业和科技创新人才的模式得到有效探索实践。与澳门签署珠澳人才协同发展合作协议，携手共建粤港澳大湾区人才高地，打造具有全球竞争力的国际高端人才集聚区、具有“一国两制”特色的人才高效便捷流动改革试验区。

（张 韵）

机构编制

【地方机构改革】 2020年，珠海市委编办深化地方机构改革。

全面优化区域管理体制 针对经济功能区缺乏统一规划、资源严重分散、统筹协调不畅等问题展开调研，先后赴广州、深圳等地学习借鉴先进经验做法，并根据市委决策部署的精神，草拟出台优化区域管理体制工作意见及相关配套方案，对现行的经济功能区管理体制进行调整优化，增强区域发展的系统性、整体性、协同性。建立完善市级统筹决策机构，切实加强政策支持和资源统筹调配力度；推行横琴新区、万山区和保税区、金湾区和珠海经济技术开发区“一体化”运作，区域内实现党政一体领导、机构一体设置、人员一体管理，强化资源整合，提升区域运行效率；优化高新区“一区多园”运作，提升高新产业园区规划发展、产业布局、项目引进的协调性；创新航空产业园“园区+企业”运作，企业负责园区的开发运营，地方政府负责园区的社会管理事务，激发区域发展活力。

完善基层治理体系 针对镇（街）体制存在的权责关系不够清晰、机构设置不够合理、服务群众功能不足等突出问题，开展镇（街）体制改革，对镇（街）扩权赋能，重构镇（街）职能体系和机构体系，提高基层治理能力。构建综合治理、公共服务、综合执法等镇（街）党委统一指挥协调平台，提升基层条块统筹协调能力；结合镇（街）实际需要，把城市管理、应急管理、物业管理、劳动保障等领域专业技术要求不高、镇（街）迫切需要的行政执法权下放到基层，及时解决看得见、管不着的基层治理难题；推行“6+1+N”（在统一设置党政综合、组织人事等6个综合性办事机构和1个综合行政执法办公室基础上，按照“精简机构设置，预留更多机构限额”要求，因地制宜设置若干个机构）模式的机构设置，优化基层组织架构，强化镇（街）党的建设、公共服务、综合执法等职能配置；制定镇（街）权责清单和下放事权清单，通过清单化管理，厘清权责边界，减少基层负担，提高镇（街）运行效率。

提升公益服务水平　围绕人民群众对公益服务的新需求、新期待，推进公益三类事业单位改革，现有公益三类事业单位按照分类甄别、分层处理的原则进行优化调整，对纯公益性且确有必要保留的予以保留，对具有一定公益性、非营利性、可市场化运作但暂不具备转企条件的，调整为登记设立事业单位，对小、散、弱，职能重复或已无实际运作的，予以撤销。同时，把事业单位的行政职能回归行政机关，把可以交给市场或者中介组织承担的经营服务活动分离出去，回归事业单位公益属性。通过改革，将77家事业单位优化整合为42家，精简45.5%，不再保留公益三类事业单位，厘清政府与事业单位、事业单位与市场的关系，逐步解决事业单位越位、错位、缺位以及管理不规范等问题，更好满足人民群众对高质量公共服务的需要。

建立运行绩效评估机制　开展重大改革专项评估，针对党政机构改革、镇（街）体制改革等重大改革事项推进情况，通过专家论证、会议座谈、一线调研等形式，及时发现、研究改革过程中存在的问题，边改革边完善，增强改革效果。开展部门机构编制运行评估，重点围绕职能调整情况、机构运作情况、资源配置情况等，对各部门机构运行开展不定期调研评估，并及时提出调整优化意见建议，着力提高部门运作效率。在2019年党政机构改革基础上，2020年通过运行评估，先后调整优化市公安局、市司法局、市财政局、市市场监管局、市自然资源局等11个部门的职能和机构编制事项，重新印发市发展改革局、市交通运输局“三定”（定部门职责、定内设机构、定人员编制）规定，部门职能配置更加优化、机构运行更加顺畅，编制配置矛盾得到一定程度的缓解。经问卷调查，市直各单位对职能配置满意率90%、编制配备满意率75%、内设机构设置满意率80%、运行情况满意率90%，总体运行情况良好。

2020年8月7日，珠海市召开深化镇（街）体制改革工作动员大会暨组织实施工作培训会议（市委编办供稿）

【市、区权责划分】　2020年，珠海市委编办优化市、区、镇（街）权责划分。按照市委部署，牵头有关部门研究出台《关于进一步优化市、区权责划分的意见》，合理划分市、区权责，建立健全权责清单，强化市级在规划编制、土地管理、城市建设、产业布局、重大项目招商引资等方面的宏观统筹职能，强化区、镇（街）社会管理、公共服务、行政执法等微观执行职能。

【部门间协调机制】　2020年，珠海市委编办完善职责争议调处机制。聚焦政府部门工作运行中存在的职责交织、推诿扯皮、衔接不畅问题，健全完善职责争议调处机制，按照部门之间协商、编办召集协调、市领导专题调处等分层级处理机制，及时化解部门职责争议矛盾。会同市生态环境局制定出台生态环境保护责任清单。召开协商协调会议15次，研究协调解决市委军民融合办、市公安局、市自然资源局、市生态环境局等相关部门有关消防执法、绿道建设、老旧小区改造、餐饮油烟污染等职责争议事项10项，运行体系不断完善。

【机构编制管理】 2020年，珠海市委编办优化机构编制资源配置。

服务发展所需 把市委、市政府各项重大部署作为机构编制工作的重心，做到重大工作推进到哪里，机构编制工作就跟进保障到哪里。完善森林防火、市场监管、消防管理等领域机构编制配备，构建完善市、区两级应急综合执法队伍；加快推动轨道交通建设，创新机构管理模式，设立法定机构轨道交通局；创新编制管理方式，建立编制“周转池”，专编专用、单列管理，保障高层次综合管理和专业技术人才引进需要；完善合同制职员管理办法，将合同制职员、社会管理协管员、后勤服务人员、单位自聘人员等各类编外人员进行统一规范管理，建立岗位申请、招录聘用、日常管理、级别晋升、薪酬待遇、人员流转等一系列制度，实现全流程管理，发挥编外人员服务经济社会发展的积极作用。

保障民生事业 在机构编制资源极其紧缺的情况下，全力保障公共卫生、基础教育等民生需求。加强与省里沟通汇报，争取省里支持，年内省里下达各类编制1100余个，着重分配到教育、镇（街）综合执法和消防安全管理等民生领域；加强基础教育保障力度，全年批准设立初中1所、小学2所、公办幼儿园12所，调剂下达教职员编制328个，推动校政合作办学，创新华中师范大学珠海附属中学等多元化办学模式，保障教育事业持续健康发展；加强公共卫生防控体系建设，在市、区（功能区）两级全部建立疾病预防控制中心，完善公共卫生防控体系，为有效应对新冠肺炎疫情发挥积极作用；加强医疗机构职能建设，提高市人民医院、市妇幼保健院、市中西医结合医院、市慢性病防治中心等医疗机构规格，增强医疗机构发展和服务功能，满足人民群众的卫生健康需求；加强事业单位法人登记管理，建立健全事前诚信教育、事中容错受理、事后严格监管的信用监管机制，鼓励支持事业单位诚实守信，共同营造公平诚信社会环境，更好地服务民生。

聚焦基层所盼 树立机构编制全市“一盘棋”思想，通过改革挖潜，压减任务不饱满或职能弱化机构编制，调剂下放到基层一线，着力缓解基层人员不足的问题。全年，市一级通过统筹调剂，调整和下放各类编制800余个充实到镇（街），各镇（街）编制增幅超过50%，镇（街）管理基层、服务群众的功能增强。 （林 傲）

机关党建

【概况】 2020年，中共珠海市直属机关工作委员会坚持以习近平新时代中国特色社会主义思想为指导，学习贯彻党的十九大和十九届二中、三中、四中、五中全会精神，贯彻落实习近平总书记关于疫情防控工作的重要讲话精神和在广东考察时的重要讲话精神，围绕市委中心工作部署，聚焦“围绕中心、建设队伍、服务群众”核心任务，狠抓机关党建和机关作风建设，推动机关党的建设各项工作取得新的进展，为推进珠海经济特区“二次创业”加快发展，在全面建设社会主义现代化国家新征程中走在最前列提供坚强的政治保障。截至年底，珠海市直机关工委管辖直属党组织1376个（其中党委83个、党总支75个、党支部1218个），管理党员1.93万人。

【党的政治建设】 2020年，珠海市直机关工委强化市直机关的政治属性。出台《关于建立健全机关党的建设制度机制推动机关全面从严治党向纵深发展的若干措施》，总结提炼珠海机关党建实践的创新成果，形成制度机制30项；按照市委工作部署，一步一个脚印抓好机关党建各项工作；把坚决做到“两个维护”作为机关党的建设的首要政治任务，指导基层党组织自觉同党中央对标对表，聚焦“疫情防控”“六稳”（稳就业、稳金融、稳外贸、稳外资、稳投资、稳预期）“六保”（保居民就业、保基本民生、保市场主体、保粮食能源安全、保产业链供应链稳定、保基层运转）等党中央重要部署，用实际行动践行“两个维护”（坚决维护习近平总书记党中央的核心、全党的核心地位，坚决维护党中央权威和集中统一领导）；把不忘初心、牢记使命作为加强机关党的建设的永恒课题和全体党员干部的终身课题，教育引导党员干部对照党章党规、人民群众新期待、先进典型等，进行思想政治体检，及时检视整改问题，永葆政治机关本色；开展政治建设督查，逐个单位反馈问题，督促抓好整改落实，强化“两个维护”的政治自觉。

推进模范机关创建活动。结合市委、市政府重点工作部署，制定《2020年模范机关创建活动工作清单》，提出深化创建的20项具体措施；明确以模范机关创建活动为主线的机关党建目标任务，引导各单位围绕创建活动的重点、难点、堵点开展工作交流；督促指导机关党组织开展“四对照四查看”（对照创建活动的总体要求，查看创建工作方向是否正确；对照创建活动的主要任务，看创建举措是否务实管用；对照创建活动的措施步骤，看创建方法是否有效落实；对照创建活动的组织保障，看创建活动是否支持有力）专项活动，确保创建活动方向正确、措施务实、保障有力；对64个市直单位开展实地党建督查，现场反馈存在问题，下发《机关党建问题整改通知单》92份；开展“十百千”选树模范机关先进典型活动，选树10个优质党建工作法、100个创建模范机关先进单位、1000名青年学习标兵；2020年《旗帜》第12期刊登珠海市直机关工委《在模范机关创建中推广五大特色党建工作法》。

做好新冠肺炎疫情防控工作。按照中央、省委、市委关于做好新冠肺炎疫情防控工作的有关要求，印发《关于在防控新型冠状病毒感染肺炎疫情中机关党组织和党员走在前作表率的通知》，引导市直机关党员在疫情防控中发挥先锋模范作用，市防控指挥部成员单位中的市直机关单位（含驻珠单位）直接参加本单位一线疫情防控、市先锋队及推动复工复产的市直机关党员合计1.22万人，约占党员总数的65%，机关党员先后捐赠抗疫款444.77万元；市公安局治安警察支队三大队党支部等3个党支部被广东省委评为抗疫先进党组织，11个单位、34名党员被市委组织部通报表扬；在《珠海特区报》开辟《守初心　抗疫情　市直机关在行动》专栏，推出市直机关各党组织和党员发挥机关党建优势参与疫情防控工作相关报道15期，在《人民日报》客户端、“学习强国”、“南方+”等新闻网络媒体刊登相关报道153篇。

【党的思想建设】　2020年，珠海市直机关工委坚持用马克思主义中国化最新成果统一思想。指导市直机关坚持把学习习近平新时代中国特色社会主义思想和习近平总书记系列重要讲话精神作为“第一议题”，举办习近平新时代中国特色社会主义思想专题学习辅导17场，培训6000余人次；举办党的十九届五中全会精神宣讲4场、习近平总书记视察广东重要讲话精神宣讲7场，培训市直机关基层党组织书记、党务干部和党员5742人；举办市直机关党组织书记和党务干部《习近平谈治国理政》第三卷专题培训班，培训416人；为市直机关基层党组织和党员领导干部发放《党的十九届五中全会〈中共中央关于制定国民经济和社会发展第十四个五年规划和二〇三五年远景目标的建议〉学习辅导百问》2500余册，发动各级党组织购买《习近平谈治国理政》第三卷1万余册，订阅《旗帜》1700册、《机关党建研究》100册。

分层分类抓好学习教育培训工作。发挥党组（党委）理论学习中心组领学作用，细化中心组学习考核指标，采取“自查+抽查”方式不定期开展督导；举办党组织书记和党务干部培训班3期，邀请省委宣讲团专家、教授围绕党的十九届五中全会精神、《习近平谈治国理政》第三卷等作专题辅导；组织市直机关及驻珠单位4000名党员分7期进行培训，从习近平新时代中国特色社会主义思想、党内法规和机关党务知识等九个专题引导党员学懂弄

2020年12月5日，珠海市直机关“活力季”系列活动之“活力家庭文艺展演”在海天公园举办（市直机关工委供稿）

通做实；建立青年理论学习小组62个，形成学习机制，加强青年干部党性锤炼和政治历练；对列入2020年度发展计划的175名入党发展对象进行培训，引导其掌握党的基本理论。

创新学习教育形式。针对疫情期间无法组织线下培训的情况，通过“珠海机关党建”微信公众号推送“党支部工作如何开展”等党务知识450余条；组织开展“忆峥嵘岁月 谱时代新篇”红色经典诵读会，收到市直机关报送作品92个，其中20个优秀作品参加展演；组织开展纪念中国共产党建党99周年和珠海经济特区建立40周年等内容的主题征文活动，收到征文195篇；全面总结宣传党的十八大以来珠海市直机关各级党组织取得的创新成就，收到57个基层党组织报送的党建成果资料213份；组织市直机关党组织参加第八届广东省市直机关“先锋杯”工作创新大赛，7支队伍进入决赛，市医保局“大爱无疆”项目获省直机关工委展示宣传；组织开展“学王烁、战疫情、强自信、建功业”活动，引导党员干部带头立足岗位建功；开展市直机关“活力季”系列活动，教育党员构建积极向上的家庭文化。

【党的组织建设】 2020年，珠海市直机关工委全面提升基层党组织组织力。建立《组织生活通知单制度》《党建工作分析会制度》《党建工作督查制度》等，巩固深化主题教育成果；编印完善《发展党员工作指引》《标准化规范化建设达标考评方案》《市直机关（事业）单位党支部标准化规范化建设手册》等，为基层党组织标准化规范化建设提供基本依据；每季度印发《机关党建工作指引》，明确阶段性重点工作；全覆盖开展基层党组织三年行动计划落实情况的交叉检查、年度达标考评和机关党建工作考核，推动基层党内政治生活严在日常、抓在经常；编制《珠海市直机关基层党组织选举工作实操手册》，明确基层党组织换届选举等具体工作流程；在开放大学培育机关党务工作师资队伍，以机关党务实操为主要内容，到16个部门（单位）授课21场次，为12批机关党建轮训班授课24场次，提升党务干部做党建工作能力；开展“灯下黑”“两张皮”专项整治，分3个督查组对64个市直机关单位开展专项督查检查，形成《机关党建“灯下黑”问题分析及对策》调研报告。

压实机关党建主体责任。提请市委印发《珠海市贯彻落实〈中国共产党党和国家机关基层组织工作条例〉重点任务清单》，并督促基层党组织对照清单抓好贯彻落实；转发市农业农村局和市商务局经验做法，指导各单位健全压实抓机关党建责任的工作机制，着力解决落实机关党建责任制不到位问题；开展市直机关基层党组织书记全覆盖述职评议考核和年度机关党建考核，以述督责、以考促建。

发挥先进典型示范引领作用。培育市委外办党支部等“全面进步全面过硬”基层党组织示范点26个，下拨专项建设经费75万元；年度表彰“两优一先”（优秀党务工作者、优秀共产党员和先进基层党组织）党组织54个、先进个人133人；总结推广市生态环境局机关党委“肩并肩”党建工作法等12个优质机关党建工作法、市委办机关党委“三三制”（三级架构、三个方向、三项结合）青年学习品牌等15个机关党建品牌，推动形成“一支部一特色、一单位一品牌”局面；全年，获评省先进党组织3个、获评省优秀共产党员1名，获评市先进基层党组织9个、获评市优秀共产党员9名；市委网信办机关党支部《“三融合”激发机关党建新活力》等2个案例获评2020年珠海市城市基层党建创新案例；市直机关工委获“广东省文明单位”复查通过。

做好机关党建专项工作。做好基层党组织换届选举工作，审批换届选举党组织37个、新成立党组织7个、延期换届党组织1个，缺额增补（任命）党组织37个72人，考察候选人26批241人；核定下达市直机关基层党组织年度发展党员计划189人，备案入党积极分子28人，备案预审发展对象32人，接收预备党员16人，审查预备党员转正11人；严格党费收缴管理和使用，年度收缴市直机关党员党费1483万元，上缴1112万元，支出427万元；开展重大节日走访慰问活动，春节、“七一”组织走访慰问身患重大疾病党员和生活特别困难党员298人次、50年以上党龄老党员200人、因公牺牲党员家属48人次，发放慰问金63万余元。

【党的作风建设】 2020年，珠海市直机关工委推进机关作风专项整治工作。成立由市委书记挂帅任组长的“两个专项整治”领导小组，召开全市深化机关干部作风建设、优化营商环境专项整治工作推进会，明确要求将“两个专项整治”作为珠海市落实全面从严治党要求的务实举措；全市各区各单位成立由“一把手”任组长的专项整治领导小组，专题研究部署，结合实际制订方案，层层推动工作落实。

精准整治机关作风“堵点”问题。委托省情调查研究中心对部门办事“堵点”、服务重点项目情况、行政资源引导产业发展情况3项开展测评，派出工作人员4035人次，集中测评214场次，随机拦访1357人次，入户测评3829户；组织668个重点项目代表，对36个部门98项服务指标进行评分；指导全市各级各部门以“自查自纠+摸底测评”的方式排查问题1757个，收集企业群众意见建议1367条；召开深化机关干部作风专项整治工作座谈会4场，督促有关单位整改落实并按季度报送推进情况；针对制约珠海发展建设的突出问题开展专题调研3项，召开座谈会18场，与15家企业负责人面对面座谈交流。

多措并举持续提升政务服务质量。建立机关作风监控平台，与市财政局的财政扶持资金管理平台、市发展改革局的重点项目平台、市商务局的招商引资平台、市市场监管局的工商企业登记信息平台4个业务系统及各服务窗口视频监控进行数据对接，全环节、全流程动态监控财政专项资金、重点项目建设、招商引资项目等情况，实时监控46个部门211个服务窗口、226个视频监控的窗口服务情况；梳理完善“全城通办”事项清单，“全城通办事项”由2018年的1302项增加至2268项；通过电视问政、“12345”投诉热线等形式，及时受理企业群众诉求，按时办结率及企业满意度均在95%以上；深化“党员志愿服务岗”和预约服务，开设党员志愿服务窗口412个，可预约办理事项781项，在休息时间提供政务服务60.2万小时，办理预约事项152.7万项；开展“软环境”测评，推动落后指标整改；2020年中国社科院公布的《公共服务蓝皮书》中，珠海市公共服务满意度排名第一；在2020年全国 296个地级和地级以上城市营商环境排名中，珠海市排名第十五，“软环境”指标排名第八。

优化完善绩效考评体系。发挥考核改进机关作风的“指挥棒”作用，确定2020年度政府机关考核项目42项、党群部门考核项目25项，新增新冠肺炎疫情防控工作考核、垃圾分类工作考核2个考核项目，其中36项通过绩效考核信息系统完成线上考核、6项完成线下考核；将推进“两个专项整治”作为行政服务创新奖的申报主题，鼓励各单位创新服务举措；坚持以人民满意为标尺，委托公开招标选定的第三方机构按照分层、等距、随机原则抽样选取各类主体开展测评。

【党的纪律建设】 2020年，珠海市直机关工委推进党风廉政建设相关工作，强化对权力运行的制约和监督，通过组织工委全体党员干部学法用法、开展全面从严治党专题教育、开展纪律教育学习月专题活动等，持之以恒正风反腐，坚决破除整治形式主义、官僚主义。全年，市直机关纪检监察工委审理案件45件，提出退查或补证案件14件，识别、反馈、督促整改案件存在问题342条，问题整改完成率100%。印发《关于规范已送审理案件卷宗材料的建议》，完善案件移送手续和材料格式等。坚持纪检监察工委、审查调查部门、审理部门三联动，召开联动协调会7次，审理疑难积案5件。 （刘广兴）

巡　察

【概况】 2020年，珠海市委巡察机构坚持以习近平新时代中国特色社会主义思想为指导，学习贯彻习近平总书记关于巡视工作重要论述，紧扣督促做到“两个维护”根本任务，贯彻中央巡视工作方针，围绕“三个聚焦”（聚焦基层贯彻

2020年10月14日，八届市委第八轮巡察动员部署会在市纪委监委会议室召开 （市委巡察办供稿）

落实党的路线方针政策和党中央决策部署情况，聚焦群众身边腐败问题和不正之风，聚焦基层党组织软弱涣散、组织力欠缺问题）要求，与时俱进深化政治巡察，发挥监督保障执行、促进完善发展作用。完成八届市委第七轮、第八轮常规巡察，巡察市管党组织37个，形成巡察报告37份、巡察专报5份，发现问题809个、问题线索77条，完成八届市委巡察全覆盖任务。

【巡视巡察联动】 2020年，珠海市委巡察机构指导督导全市各区（功能区）开展常规巡察14轮，巡察党组织94个，平均覆盖率92.9%；开展对村（社区）党组织巡察11轮，巡察对象162个，平均覆盖率90.7%。根据市委统一部署，开展对全市村（社区）“两委”换届风气专项巡察。配合省委第五巡视组开展对斗门区巡视工作，选派5名巡察干部参加省委巡视工作，指派专人参加省检察院党组对珠海市检察院党组的巡察工作。协调省自然资源厅、省高院抽调骨干力量参加对市自然资源局、市中级人民法院的巡察工作。

【巡察协作机制推进】 2020年，珠海市将市委组织部选人用人专项检查、市委宣传部意识形态工作责任制落实情况专项检查和市纪委监委对派驻（出）机构纪检监察干部专项检查与市委巡察同步开展，出台《关于建立健全审计监督与纪检监察、巡察工作协作机制的意见（试行）》《市委政法委、市委巡察机构关于建立政法单位巡察协作机制的意见（试行）》，增强协作配合与监督合力。

【巡察移交问题线索优先处置】 2020年，珠海市纪委监委优先处置巡察移交问题线索。截至年底，市委前七轮巡察移交问题线索246条，办结176条，立案39人，给予谈话提醒、批评教育和诫勉处理81人，给予党纪政务处分28人，移送司法机关5人。年内给予谈话提醒、批评教育和诫勉处理23人，立案11人，给予党纪政务处分13人。 （张元农）

老干部工作

【概况】 截至2020年底，珠海市离退休干部1.68万人，其中离休干部129人、退休干部1.66万人。离休干部单独成立党支部4个，退休干部单独成立党支部79个，离退休干部联合成立党支部26个，与其他党员合编党支部49个。双向共管党委及涉老社团党组织成立党支部25个。

【老干部思想政治建设】 2020年，珠海市委老干部局以政治引领为方向，抓好离退休干部思想政治建设。

强化政治建设 7月，举办市直机关事业单位离退休干部形势教育报告会，学习宣传习近平总书记在全国两会上的重要讲话和全国两会精神，邀请专家学者向老干部解读“港版国安法”；10月，组织老干部学习习近平总书记出席深圳经济特区建立40周年庆祝大会和视察广东重要讲话、重要指示精神；11月，学习宣传党的十九届五中全会精神。通过学习，加强老干部政治引领，强化党性锤炼，引导老干部增强“四个意识”，坚定“四个自信”，自觉做到“两个维护”。

落实政治待遇 1月，组织老干部代表参加珠海市各界迎春茶话会，并召开市直单位离退休干部经济社会发展情况通报会；9月，组织市四套班子老领导开展“走横琴、看变化、赞发展、聚能量”参观考察活动，为横琴建设发展建言献策；11月，组织市历届老领导赴阳江市开展主题读书班和参观考察活动，结合实地考察研读《习近平谈治国理政》第三卷，为决战脱贫攻坚夺取全面胜利、推进珠海阳江融合发展建言献策。

抓好理论学习 采取线上线下相结合方式，组织离退休干部收听收看全国离退休干部网上专题报告会3场；为老干部订阅《广州文摘报》71份、《秋光》杂志9053册，发放《广东老干部政治理论读本》1888册、《离退休干部党支部学习参考》333册，为离退休干部开展理论学习和加强思想建设提供载体。

【老干部党建】 2020年，珠海市委老干部局以组织建设为基础，推进离退休干部党建工作。推动《关于进一步加强和改进离退休干部工作的意见》文件精神落地落实。2月，与市委组织部、市财政局联合发文，落实市直单位离退休干部党组织书记工作补贴；离退休干部党建工作考核纳入全市大党建考核范畴进入第四年，做好考核指标设置，对市直单位进行考核验收。推进完成市离退休干部党员教育活动基地建设。4月，完成珠海市离退休干部党员教育活动基地建设，累计投入资金约120万元，截至年底，接待市内外老干部党组织25批次600余人次。办好离退休党支部书记培训班。12月，举办市直单位离退休干部党支部书记培训班，参加培训150人。

【老干部服务管理】 2020年，珠海市委老干部局以精准服务为导向，用心用情用功做好服务管理工作。深化拓展“五个百”（上百家门、听百家言、知百家情、解百家困、暖百家心）活动。开展“志愿服务100家、结对关怀100人、困难帮扶100户、联系单位100个、关爱学子100名”的新“五个百”活动。常态化做好走访慰问工作。全年慰问老党员、老干部、老战士以及因病住院、家庭困难等离退休干部4000余人次，采取上门或委托发放等方式致送慰问金200余万元；连续第二十四年举办市直单位离休干部重阳节敬老活动，市委常委、组织部部长吴青川出席活动，并为参加抗美援朝出国作战老战士颁发纪念章与慰问金。以需求为导向抓好精准服务。举办离退休干部法律专题讲座，请市公证处讲解继承法与遗产公证知识，500余名老干部通过线上或线下参加；成立老战士联谊会志愿服务队，扩大志愿服务范围；协调解决原市商业局退休干部待遇及某离休干部身份等信访问题，完成省委老干部局下达的离休干部叶启鑫移交管理服务工作；协调组织市直单位离退休干部6000余人参加体检，协助办理14名离休干部、1名四套班子老领导后事，为近400名新增退休人员办理退休手续。

【老干部助力特区建设】 2020年，珠海市委老干部局以作用发挥为导向，引领离退休干部助力特区建设。发动离退休干部投身新冠肺炎疫情防控工作。引导全市老党员、老干部立足社区、发挥专长、捐款捐物，1165人参与一线防控，为疫情直接捐款149.86万元，创作诗词作品1006首、书画作品1481幅、曲艺作品97部，其中106件作品被各类媒体转载刊发；2月，组建珠海市抗击疫情党员先锋队离退休干部预备队，88个单位328名退休党员参加；4月，组织开展老艺术家向珠海援鄂医疗队献爱心活动，向医疗队员赠送书画作品112幅。引领带动离退休干部为党和人民的事业增添正能量。结合珠海经济特区建立40周年，继续深化“增添正能量·共筑中国梦”主题活动。8月，举办“我们一起走过——珠海市老干部庆祝珠海经济特区建立40周年文艺汇演”，歌颂珠海改革开放新成就；组织召开“回眸四十年　助力新珠海”原珠海经济特区管委会老干部座谈会，回首特区发展风雨历程，重温艰苦创业激情岁月；开展“我看脱贫攻坚新成就”调研活动，组织退休干部赴对口帮扶地区阳江亲身感受脱贫攻坚成就。10月，组织市四套班子老领导观看“记忆珠海——蔚蓝色的爱”大型音舞诗文艺晚会；联合市老年书画研究会举办第三届珠海市老年美术双年展。11月，组织市四套班子老领导观看珠海经济特区建立40周年展览，参观珠海博物馆和珠海规划展览馆新馆。

【珠海老年教育】 2020年，受新冠肺炎疫情影响，珠海市老年大学暂停线下教学工作。3月20日起，借助中国老年大学协会资源开通“空中课堂”，供学员在网上自学。9月7日，推出秋季学期网上直播课程，利用“腾讯课堂+微信”方式开展线上教学，开设6个系190个教学班，每个班每周上课1次，授课时间不少于60分钟，近4000名学员参加网上学习。市离退休干部活动中心室外场馆门球场正常对外开放，其他场馆通风养护，为开馆做好准备工作；协助市委老干局做好“我们一起走过——珠海市老干部庆祝珠海经济特区建立40周年文艺汇演”各项筹备工作，组织“脱贫攻坚　抗疫决战　我们一起见证”系列活动，举办第三届珠海文化重阳节云端诗歌朗诵会，参与市委老干部局

2020年10月23日，珠海市委老干部局“不忘初心葆本色　盛世寿星贺重阳”敬老活动在市老年大学举办　（市委老干部局供稿）

"我看脱贫攻坚新成就"重点课题调研活动。

【市关工委工作】 2020年，珠海市关心下一代工作委员会（简称市关工委）服务青少年取得新成绩。市关工委被评为全国关心下一代工作先进集体，市关工委副主任兼秘书长邓卓贤、斗门区关工委常务副主任黄春炳被评为全国关心下一代工作先进工作者。市关工委主任罗春柏获评全省关心下一代工作突出贡献奖，香洲区关工委被评为全省关心一下工作先进集体，李清、杨斌被评为全省关心下一代工作先进工作者。

新冠肺炎疫情防控 做好"五老"（老干部、老战士、老专家、老教师、老模范）疫情防控工作，为特困学生家庭和留珠少数民族学生筹集、捐赠近万只口罩和疫情防护用品。市关工委讲师团创新线上宣讲，开展心理辅导12场，受惠师生9034人。广大基层"五老"主动参与社区执勤防疫工作，协助社区做好排查登记、卡点管控、发放宣传资料等。

青少年思想道德建设 持续推进"传承红色基因、争做时代新人"主题教育活动，举办"中华魂"征文比赛、党史国史知识网上学习、参观革命遗址等爱国教育实践活动500余场，受教育青少年约8万人次。组织市讲师团深入学校和社区，以"菜单式"选题宣讲方式，对青少年进行革命传统教育。围绕"160工程"为青少年开展丰富多彩的校外教育活动200余场，惠及青少年2.6万人次。倡导"党委政府主导、教育部门主抓、专家团队引领、教师示范先行、家长全员参加"共育模式，推进家庭教育工作有序开展。联合市科普志愿者协会等社会力量，聚力打造"关工学堂"特色品牌，组织青少年进行科技文化教育，开展国防、科技、农业、艺术等实践活动，提高青少年科学文化素养。

"三失一欠"帮扶 坚持为青少年尤其是"三失一欠"（失学、失业、失足、身体欠健康）困难青少年排忧解难，加强与职能部门、爱心团体、热心人士联系和合作，开展节日慰问、扶贫助学、义诊医疗、社区矫正、禁毒宣传和帮教等活动。联合市关心下一代协会连续第四年开展"关工学子"捐资助学活动，为265名贫困学生资助94.8万元，帮助他们继续完成学业。各级关工委结合"禁毒+防疫"工作实际，创新形式，组织禁毒主题系列宣传教育活动。斗门区关工委利用"社区矫正"平台，发动"五老"开展戒毒帮教工作，获全省"最美禁毒团队"称号。

关工委组织建设 深入各区关工委进行系统调研，提高基层关工委组织力、凝聚力和执行力。落实党建带关建，推进"五好"基层关工委创建活动。采取多种措施整合关工委工作资源，建立上下联动的关工组织，调整充实、完善优化基层关工委组织架构，全市基本形成党委领导、党政齐抓共管、部门有力配合、关工委主动作为、社会广泛参与的"大关工"格局。

扩大社会影响力 结合中国关工委成立30周年、省关工委成立20周年，开展市关工委成立20周年系列纪念活动。重点开展"六个一"（评选一批先进典型、召开一次纪念20周年总结大会、出版一本纪念画册、编印一本先进典型事迹汇编、举办一次"中国梦·家风美"青少年征文活动并出版优秀作品集、策划一个专版）活动，营造典型引领、争创先进和弘扬"五老"精神的良好社会氛围。（范金海）

党校工作

【概况】 1979年3月，中共珠海县委党校改称珠海市委党校。1988年7月28日，经珠海市委、市政府批准，成立珠海行政干部学院，与党校实行"一套班子，两块牌子"。1995年7月4日，经市委同意，"珠海行政干部学院"更名为"珠海市行政学院"，加挂"社会主义学院"牌子。2004年5月31日，整合市、区两级党校资源，新组建中共珠海市委党校，加挂"珠海市行政学院""珠海市社会主义学院""珠海市干部培训中心"牌子，实行"一套班子，四块牌子"。截至2020年底，内设部室10个（办公室、教务部、科研部、中国特色社会主义理论教研室、党史党建教研室、市情研究中心教研室、培训部、学员工作部、综合管理部、信息网络部）。

【干部培训】 2020年，中共珠海市委党校举办防范化解重大风险攻坚战与突发事件应急管理专题培训班、党史新中国史专题研讨班、科职公务员任职培训班、中青年干部培训暨《习近平谈治国理政》第三卷读书班、2019年度军转干部岗前培训班、全市村（社区）党组织书记培训班及全市领导干部学习贯彻习近平总书记出席深圳经济特区建立40周年庆祝大会和视察广东重要讲话重要指示精神暨学习贯彻党的十九届五中全会精神专题研讨班等主题班次21个，培训学员2171人。

教师开展理论宣讲200余场次，承接各类委托培训班21批1868人。

在讲好习近平新时代中国特色社会主义思想上取得新成效 在中青年干部培训暨《习近平谈治国理政》第三卷读书一班、二班、三班理论教育板块，专门设置习近平新时代中国特色社会主义思想总论和分论单元，课时占比50%以上，突出习近平新时代中国特色社会主义思想的核心课程地位。围绕贯彻落实习近平总书记关于学习“四史”（党史、新中国史、改革开放史、社会主义发展史）的重要论述，举办党史新中国史专题研讨班4期，在其他主体班党性教育板块增设党史新中国史教学单元。以习近平新时代中国特色社会主义思想在广东、珠海的生动实践为案例，以习近平总书记提出的增强干部七种能力为重点，分别调整充实粤港澳大湾区与珠海发展研究、能力建设与素质提升教学单元，开设体现珠海特色的培训课程。组织教师、学员围绕习近平总书记关于疫情防控、基层治理、乡村振兴、粤港澳大湾区建设和优化营商环境等方面的重要讲话精神，结合珠海实际深入调研，形成调研报告12篇，促进学思用贯通、知信行统一。

在改进干部教育培训方式方法上取得新成效 深化互动式、体验式教学，举办“咖啡论坛”、学员论坛，开展读书报告会和党性分析活动，在研讨交流、答疑释惑中实现学学相长、教学相长。组织学员以杨匏安革命事迹为题材，自编自导自演党性教育情景剧《信仰》；以品读红色家书、传承革命精神为主题开展“红色家书朗诵会”，通过创新运用舞台艺术表现形式，强化“沉浸式”“体验式”教学效果，推动党性教育入脑入心。开展研究式教学，组织学员围绕“双区”（粤港澳大湾区、支持深圳建设中国特色社会主义先行示范区）建设、深化珠澳合作和市委“两个专项整治”（深化机关干部作风建设专项整治、优化营商环境专项整治）等工作部署，到横琴、金湾、高栏港等相关企业、工业园区及深圳开展调研，撰写调研报告和资政文章。完善模拟式教学，开展应急演练、模拟新闻发布会、模拟法庭教学，引导学员提高解决实际问题能力。坚持把领导干部上讲台作为提高干部教育培训质量的重要举措，按照不低于主体班次总课时20%的比例设置相关课程，市领导上讲台讲党课17人次。

在加强校风学风建设上取得新成效 以市委部署开展“两个专项整治”为契机，强化政治机关、政治学校意识教育，开展全校资产盘点清查、政府采购项目自查自纠及校园门户网站、图书馆馆藏书籍、期刊专项整治，加强信息发布“三审三校”和保密管理，制定完善《中共珠海市委党校内部审计工作制度》《中共珠海市委党校采购管理办法（试行）》《中共珠海市委党校合同管理办法（试行）》，严格执行讲台纪律、教师外出宣讲授课、科研课题管理及场地租用等制度规范，严把课程准入关、课堂纪律关、师资选聘关。制定《教学、行政班主任工作规程》，探索实行部分主体班学员住校封闭管理模式，通过组织学习讨论、编制学习简报、分享读书心得等活动充实学员课余生活，严格教学组织管理和考勤制度，教育引导学员自觉遵守学习纪律、课堂纪律、请销假纪律等，把党性锻炼贯穿学员学习全过程，弘扬学习之风、朴素之风、清朗之风。

【党校教学】 2020年，中共珠海市委党校坚持以教学为中心，以教师为主体，加强教学改革整体设计和系统谋划，在大胆改革创新中推动课程体系建设取得实质性进展，

2020年9月15日，市委党校在政德楼一楼报告厅举行2020年秋季开学典礼

（市委党校供稿）

教学管理机制更加科学，教师“用学术讲政治”教学水平不断提升。

创新建立课程体系　按照“一个中心、四个方面”（以学习习近平新时代中国特色社会主义思想为中心内容和首要任务，着眼于提高党的领导干部的政治觉悟、政治能力和执政本领，以掌握理论创新最新成果为重点夯实学员的理论基础，以坚定理想信念、增强宗旨观念和改进作风为重点加强学员的党性修养，以把握时代特征和国际经济政治形势为重点拓展学员的世界眼光，以强化全局观念和应对复杂局面为重点培养学员的战略思维）教学总体布局，探索形成以习近平新时代中国特色社会主义思想为核心内容，以党的理论教育和党性教育为主业主课，以新时代广东、珠海实践为重要内容，以提高干部知识能力素养为基础，由5大板块、19个模块、49个方向、173个选题指引组成的课程体系，为加强学科建设、找准科研方向、提升师资队伍能力素质提供科学指引。

优化教学管理机制　研究制订《主体班教学计划生成办法》，建立健全“三级调研”（学员需求调研、组织需求调研、教学效果调研）、“三级论证”（教务部及教研室内部论证、教学指导委员会系统论证、校委会审定论证）、“二级备课”（教师个人备课、教研室集体备课、教研党支部说课）和“三级评估”（训前、训中和训后评估）教学管理机制，从教学设计、课程安排、师资选聘等方面实现供给侧发力，切实提升教学针对性和实效性。根据形势发展变化和教学需要，对20余个旧专题进行充实更新，确保课程观点准确、紧跟形势、内容新颖，适应干部教育培训需求。

提高“用学术讲政治”教学水平　制订《打造“用学术讲政治”精品课工作方案》，强化顶层设计和流程规范，通过教师全员申报、教研室初选推荐、专家集中评选，推出“候选精品课”5门，并组建由校领导牵头、教研室主任负责、相关教师参与、外请专家为导师的学术团队，对候选课程反复打磨，最终推出符合“用学术讲政治”要求的高标准精品课程2门。通过立标杆、树样板，带动教师们向精品看齐，切实提高“用学术讲政治”教学水平。

【党校科研】　2020年，中共珠海市委党校科研课题立项40项。其中校级课题立项31项，包括新课开发课题12项、校级资政课题7项、学员调研课题12项；其他各级各类课题立项9项，包括2020年度广东省社科规划项目1项、省党校（行政学院）系统课题3项、省社院系统课题4项、市社科基地课题1项。省党建研究会2019年度课题调研报告获一、二、三等奖各1项。组织申报省党建研究会2020年度课题，立项3项，其中重点课题2项、自选课题1项。与澳门爱国教育青年协会合作课题2项。

全面提升课题质量　立项阶段制定选题指南，召开选题论证会和课题说明会，严把课题选题方向；推进过程召开中期汇报会，聘请专家开展中期评审，强化监督管理；结项阶段严格评审验收标准，严把课题质量关。2020年校级课题均按时结项，2020年省委党校（行政学院）重点课题结项获“优秀”等级。

发挥参谋智库作用　组织教师、学员坚持问题导向，立足市情开展调研，做到“市委部署什么就研究什么，政府关注什么就推动什么”，主动融入、主动对接横琴粤澳深度合作区建设及珠海实施“特、大、高、多”四大战略任务，向市委办公室、市委政法委等报送资政报告20余篇，被《每日汇报》《珠海政法动态》等采纳7篇。编印《决策参考》4期，4篇资政报告全部获市委主要领导批示。

提升思想引领力　主动联系澳门学术社团，与澳门爱国教育青年协会合作开展课题研究，组织教师参加澳门爱国会博士智库主办的线上沙龙3期，参加各级各类学术研讨会、征文、线上沙龙等交流活动50余人次。教师在公开刊物上发表论文8篇，其中核心期刊2篇；在《南方日报》《珠海特区报》等发表理论性文章23篇；论文入选学术研讨会、论文集15篇。科研成果获奖2人次，其中广东省庆祝经济特区建立40周年征文优秀论文1篇、省党建研究会课题成果评选一等奖1篇。编印《中共珠海市委党校2019年度资料汇编》，刊载教师、学员科研成果77篇57万余字。　（庄丽杰）

党史工作

【概况】　2020年，中共珠海市委党史研究室始终把政治建设摆在首位，严格落实“第一议题”制度，学习贯彻习近平总书记关于党史工作的重要论述，跟进学习习近平总书记出席深圳经济特区建立40周年庆祝大会和视察广东重要讲话、重要指示精神，推动学习贯彻习近平新时代中国特色社会主义思想往深里走、往实里走。加强深化理论研究，加快学习成果转化，编写党史著作，丰富编研成果，加强党史宣教，开展党史宣讲，参与省“三来一补”（来料加工、来件装配、来样加工、补偿贸易）重大课题组研究，承办“中国共产党创建史研究论坛”，在全省率先完成革命遗址大普查，发挥党史资政育人作用。参与“珠海经济特区建立40周年成就展”展陈大纲编写，并进行史实把关。开展“初心炳照，使命传承”红色故事荟主题活动，组织党员干部宣讲珠海历史传统故事、红色革命故事和特区改革故事，推动党建、党史深度融合，获评全市优秀党建工作品牌。结合珠海建市办特区40年庆祝活动，组织力量参与理论文章撰写，提高党史学术水平。受邀对金湾区、高新区、市直机关工委、市博物馆、市委老干部局、市精神文明办等多家单位举办的党史党建展览进行评审及史实把关。瞄准全国一流目标，做好珠海党史馆建设，新馆于3月30日开工，党史展厅面积约3000平方米。组织人员深入粤北红军纪念馆、黄埔军校旧址、湖南党史馆、香山革命纪念馆等地调研，学习布展、管理和运作等经验。启动珠海新民主主义革命时期、社会主义建设时期、改革开放时期相关史料征集工作，同步谋划党史馆展陈工作。

【党史编研】 2020年，中共珠海市委党史研究室加大力度研究改革开放和社会主义现代化建设时期党史，以改革开放和经济特区建设为主题，以市委、市政府带领全市党员干部、人民群众将改革开放和经济特区建设落地落实为主线，打造珠海改革开放时期党史著作《珠海市历史大事记（1979—2019）》和《珠海市历次党代会与经济特区发展实录（1980—2020）》，从珠海经济特区的探索足迹，展示创办经济特区由蓝图变为现实的历史进程。启动《中国共产党珠海市组织史资料（三）》和《珠海党史知识简明读本》编纂工作。完成年度疫情防控史料收集编研和全市113个单位的党史年报资料征集。

【党史宣教】 2020年，中共珠海市委党史研究室开展党史宣讲“六进”（进机关、进学校、进企业、进农村、进军营、进社区）活动，印发《2020年度珠海党史宣讲工作方案》，组织宣讲团成员深入基层党组织、学校、企业、农村、社区等开展党史、新中国史、改革开放史和社会主义发展史、经济特区史宣讲活动69场次，受众1万余人次。参与“珠海经济特区建立40周年成就展”展陈大纲编写，承担部分架构设计并提供图片100余幅，接待观展群众138批3443人次。加强市级党史党性教育基地建设、管理和服务，升级改造苏兆征故居陈列馆、林伟民与早期工人运动史迹陈列馆、小濠涌党史教育基地、万山海战遗址，并对布展大纲进行把关，提升党史教育服务能力。向全市党组织、学校和图书馆发放《珠海市历史大事记（1979—2019）》等“珠海记忆”党史丛书2000余册。支持指导苏兆征故居陈列馆创编展演沉浸式诗剧《追寻苏兆征》，开展线上有奖知识问答活动；林伟民与中国早期工人运动史迹陈列馆搭建“红色文化讲堂”云平台，开展线上缅怀先烈和文艺展演活动。以革命遗址大普查为契机推介珠海红色资源，拍摄系列微视频《传承》，制作珠海市革命遗址地图册《红色印记》和数字地图H5。开发“珠海革命遗址数字资源管理平台”，融合“珠海史志文献资料中心”和“珠海史志数字资源管理平台”，综合入库近万卷（册），分级开放使用，打造全市党史资料库。

【革命遗址普查】 2020年，中共珠海市委党史研究室推进革命遗址普查取得新成效。克服新冠肺炎疫情影响，坚持“防控第一、普查不误”，做到“两手抓、两不误”，在全省率先完成普查任务。经省确认，全市革命遗址45处、其他遗址7处，其中8处遗址上报中央党史与文献研究院。革命遗址普查“六早三勤一克服”（六早：早动员、早落实、早培训、早督导、早调研、早规范，三勤：脑勤、嘴勤、腿勤，一克服：克服疫情影响）做法在全省推广，普查成果报告成为《广东省红色革命遗址大博览》编写范本。编写《关于开展全市革命遗址大普查工作的情况报告》，市委批转各区和相关单位研究，合力保护、维护、利用革命遗址。做好《广东省红色革命遗址精览》（珠海部分）及广东省红色革命遗址入库信息（珠海部分）报送，编写《广东省红色革命遗址大博览》（珠海部分）。编辑出版《珠海市革命遗址通览》。

【中国共产党创建史研究论坛】 2020年12月3—4日在珠海君怡国际酒店举行，论坛由广东中共党史学会、《广东党史与文献研究》编辑部、华南师范大学马克思主义学院联合主办，中共珠海市委党史研究室承办。此次论坛收到应征论文115篇，经专家学者评选，入选论文39篇。来自中央党校、中央党史和文献研究院以及复旦大学、南开

2020年12月3日，中国共产党创建史研究论坛在珠海举行
（市委党史研究室供稿）

大学、中山大学等全国知名高校的专家学者，围绕中国共产党创建史主题，回顾建党光荣历史，总结建党历史经验，为深化新时代中国共产党创建史研究、推动中共党史学科建设、繁荣马克思主义中国化研究贡献力量，为珠海永葆“闯”的精神、“创”的劲头、“干”的作风，建设新时代中国特色社会主义经济特区贡献智慧。（刁初辉）

珠海市人民代表大会

【概况】 2020年，珠海市有各级人大代表1760人，其中全国人大代表6人、省人大代表25人、市人大代表285人、区人大代表573人、镇人大代表872人。市九届人大设有法制、财政经济、监察和司法、教育科学文化卫生外事华侨宗教、城市建设与环境资源、农村农业、社会建设7个专门委员会。

【市九届人大八次会议】 2020年6月8—10日在香洲召开，应到代表281人，实到代表248人。大会表决通过珠海市第九届人民代表大会第八次会议选举办法，依法补选珠海市第九届人民代表大会常务委员会部分委员。大会经过表决，通过关于珠海市人民政府工作报告的决议，关于珠海市2019年国民经济和社会发展计划执行情况与2020年计划的决议，关于珠海市2019年预算执行情况与2020年预算的决议，关于珠海市人民代表大会常务委员会工作报告的决议，关于珠海市中级人民法院工作报告的决议，关于珠海市人民检察院工作报告的决议。

【市九届人大常委会会议】 2020年，珠海市第九届人大常委会召开常委会会议9次。（详见P114“2020年珠海市第九届人大常委会会议情况表”）

【人大立法】 2020年，珠海市人大常委会聚焦珠海经济社会发展重点任务，推进科学民主依法立法。

以立法保障粤澳深度合作区建设

贯彻落实习近平总书记关于“做好珠澳合作开发横琴这篇文章”重要指示精神，在推动与港澳规则制度衔接的前沿领域开展创新性立法。制定全国首部支持港澳旅游从业人员跨境执业的地方性法规，便利粤港澳三地旅游人才交流和要素流

2020年6月8日，珠海市第九届人民代表大会第八次会议在香洲召开
（市人大供稿）

2020年珠海市第九届人大常委会会议情况表

序号	会议时间	届次	议题内容
1	2月14日	第二十七次会议	审议通过《珠海市人民代表大会常务委员会关于依法全力做好新型冠状病毒肺炎疫情防控工作的决定》《珠海市人民代表大会常务委员会关于列席和邀请列席珠海市第九届人民代表大会第八次会议人员的决定》《珠海市第九届人民代表大会第八次会议主席团、秘书长名单》；听取和审议通过《珠海市人民代表大会常务委员会代表资格审查委员会关于部分代表资格审查的报告》；书面审议《珠海市人民代表大会常务委员会工作报告（稿）》；审议决定人事任免事项
2	3月31日	第二十八次会议	听取《珠海市人大常委会主任会议关于〈珠海经济特区禁止滥食野生动物条例（草案）〉的说明》《珠海市人民政府关于〈珠海经济特区生态文明建设促进条例修正案（草案）〉的说明》《珠海市人大法制委关于〈珠海经济特区生态文明建设促进条例修正案（草案）〉修改情况的报告》《珠海市人民政府关于珠海市2018年度审计查出突出问题以及市本级预算执行和其他财政收支审计查出问题整改情况的报告》《珠海市第九届人民代表大会常务委员会代表资格审查委员会关于个别代表资格审查的报告》。书面审议《珠海市人民政府关于落实我市行政复议工作情况审议意见的报告》《珠海市人民政府2019年度法治政府建设工作情况报告》。表决通过《珠海经济特区禁止食用野生动物条例》《珠海市人民代表大会常务委员会关于修改〈珠海经济特区生态文明建设促进条例〉的决定》《珠海市人民代表大会常务委员会关于珠海市2018年度审计查出突出问题以及市本级预算执行和其他财政收支审计查出问题整改情况的报告的审议意见》《珠海市第九届人民代表大会常务委员会代表资格审查委员会关于个别代表资格审查的报告》以及有关人事任免事项
3	5月26—27日	第二十九次会议	听取《市人民政府关于〈珠海经济特区生活垃圾分类管理条例（草案）〉的说明》《市人民政府关于〈珠海经济特区出租车管理条例修正案（草案）〉的说明》《市人大法制委关于〈珠海经济特区出租车管理条例修正案（草案）〉修改情况的报告》《市人民政府关于〈珠海市环境保护条例修正案（草案）〉等五部法规修正案草案的说明》《市人大法制委关于〈珠海市环境保护条例修正案（草案）〉等五部法规修正案草案修改情况的报告》《市人民政府关于环境保护和水污染治理工作情况的报告》《市人大常委会执法检查组关于〈珠海市渔港管理条例〉实施情况执法检查的报告》《珠海市第九届人民代表大会常务委员会代表资格审查委员会关于个别代表资格审查的报告》。书面审议《市人大常委会执法检查组关于〈中华人民共和国土壤污染防治法〉〈广东省实施中华人民共和国土壤污染防治法办法〉在我市实施情况执法检查的报告》《市人大社会建设委员会关于我市就业工作情况的调研报告》。表决通过《珠海市人民代表大会常务委员会关于修改〈珠海经济特区出租车管理条例〉等四项法规的决定》《珠海市人民代表大会常务委员会关于修改〈珠海市环境保护条例〉〈珠海市服务业环境管理条例〉的决定》《珠海市人民代表大会常务委员会关于市人民政府关于环境保护和水污染治理工作情况的报告的审议意见》《珠海市人民代表大会常务委员会关于市人大常委会执法检查组关于〈珠海市渔港管理条例〉实施情况执法检查的报告的审议意见》《珠海市第九届人民代表大会常务委员会代表资格审查委员会关于个别代表资格审查的报告》
4	6月2日	第三十次会议	审议并表决通过《珠海市人民代表大会常务委员会关于召开珠海市第九届人民代表大会第八次会议的决定》《珠海市第九届人民代表大会常务委员会代表资格审查委员会关于部分代表资格审查的报告》以及有关人事任免事项

（续表）

序号	会议时间	届次	议题内容
5	7月30—31日	第三十一次会议	听取市人大法制委员会关于《珠海经济特区生活垃圾分类管理条例（草案）》修改情况的报告，听取市人民政府关于《珠海市人民代表大会常务委员会关于优化珠海市营商环境的决定（草案）》《珠海经济特区港澳旅游从业人员在横琴新区执业规定（草案）》的说明；听取市人民政府关于2020年上半年国民经济和社会发展计划执行情况的报告、关于2020年上半年市政府投资项目计划执行情况的报告、关于2020年上半年预算执行情况的报告、关于2019年市本级决算草案的报告、关于2019年度市本级预算执行和其他财政收支情况的审计工作报告、关于推进粤港澳大湾区公共法律服务体系建设情况的报告、关于闲置土地管控和土石方资源规划管理工作情况的报告、关于乡村产业发展情况的报告、关于安全生产监督管理工作情况的报告；听取市人大常委会选联工委关于市九届人大八次会议代表建议、批评和意见交办情况的报告；听取市人大常委会执法检查组关于《珠海经济特区科技创新促进条例》实施情况执法检查的报告；听取市九届人大常委会代表资格审查委员会关于部分代表资格审查的报告；听取有关人事任免事项的说明。书面审议《市人大监察司法委员会关于我市出租屋居住安全管理工作情况的调研报告》《市人大常委会调研组关于我市耕地保护情况的调研报告》。表决通过珠海市人民代表大会常务委员会关于《珠海市2020年上半年国民经济和社会发展计划执行情况的报告》《珠海市2020年上半年政府投资项目计划执行情况的报告》《珠海市2020年上半年预算执行情况的报告》《关于珠海市2019年度市本级预算执行和其他财政收支的审计工作报告》《珠海市人民政府关于闲置土地管控和土石方资源规划管理工作情况的报告》《珠海市人民政府关于我市乡村产业发展情况的报告》《珠海市人民政府关于我市安全生产监督管理工作情况的报告》《市人大常委会执法检查组关于〈珠海经济特区科技创新促进条例〉实施情况执法检查的报告》的审议意见；表决通过珠海市人民代表大会常务委员会关于批准珠海市2019年市本级决算的决议、关于促进市人民政府建设粤港澳大湾区优质公共法律服务体系的决定；表决通过珠海市人民代表大会常务委员会选举联络工作委员会关于市九届人大八次会议代表建议、批评和意见交办情况的报告，珠海市第九届人民代表大会常务委员会代表资格审查委员会关于部分代表资格审查的报告。表决通过有关人事任免事项
6	9月28—29日	第三十二次会议	听取市人大法制委员会关于《珠海经济特区生活垃圾分类管理条例（草案）》《珠海市人民代表大会常务委员会关于优化珠海市营商环境的决定（草案）》《珠海经济特区港澳旅游从业人员在横琴新区执业规定（草案）》审议结果的报告；听取市人大教科文卫外侨宗委员会关于《珠海市文明行为条例（草案）》的说明；听取市人民政府关于《珠海经济特区出租屋管理条例（草案）》《珠海经济特区排水管理条例（草案）》《珠海经济特区安全生产条例修正案（草案）》《珠海经济特区前山河流域管理条例修正案（草案）》《珠海经济特区土地管理条例修正案（草案）》《珠海市供水用水管理条例修正案（草案）》《珠海市森林防火条例修正案（草案）》的说明和关于珠海市2020年市本级预算调整方案的报告、关于珠海市2020年政府投资项目计划调整方案的报告、关于农村生活污水治理情况的报告、关于进一步加快市慢病防治中心建设的议案办理情况的报告；听取市人民检察院关于开展公益诉讼检察工作情况的报告；听取市人大常委会执法检查组关于《珠海经济特区物业管理条例》实施情况执法检查的报告；听取珠海市第九届人民代表大会常务委员会代表资格审查委员会关于部分代表资格审查的报告。书面审议市人大常委会调研组关于珠海市建筑安全管理情况的调研报告、关于海岸线保护和利用情况的调研报告、关于水产业养殖绿色发展情况的调研报告和市人大社会委关于城乡社区治理的调研报告。表决通过《珠海经济特区生活垃圾分类管理条例》《珠海市人民代表大会常务委员会关于优化珠海市营商环境的决定》《珠海经济特区港澳旅游从业人员在横琴新区执业

（续表）

序号	会议时间	届次	议题内容
6	9月28—29日	第三十二次会议	规定》；表决通过珠海市人民代表大会常务委员会关于《珠海市人民检察院关于开展公益诉讼检察工作情况的报告》《珠海市人民政府关于我市农村生活污水治理情况的报告》《珠海市人民政府关于进一步加快市慢性病防治中心建设的议案办理情况的报告》《市人大常委会执法检查组关于〈珠海经济特区物业管理条例〉实施情况执法检查的报告》的审议意见；表决通过珠海市人民代表大会常务委员会关于批准珠海市2020年市本级预算调整方案的决议、关于批准珠海市2020年市政府投资项目计划调整方案的决议；表决通过珠海市第九届人民代表大会常务委员会代表资格审查委员会关于部分代表资格审查的报告
7	11月6日	第三十三次会议	经表决，决定任命李翀为珠海市人民政府副市长。审议并表决通过珠海市第九届人民代表大会常务委员会代表资格审查委员会关于部分代表资格审查的报告
8	11月26—27日	第三十四次会议	听取市人大法制委员会关于《珠海市文明行为条例（草案）》《珠海经济特区排水管理条例（草案）》《珠海市供水用水管理条例修正案（草案）》《〈珠海经济特区安全生产条例修正案（草案）〉等四部法规修正案草案》审议结果的报告、关于《珠海经济特区出租屋管理条例（草案）》修改情况的报告、关于提请审议《珠海市人民代表大会常务委员会关于废止〈珠海市排水条例〉的决定（草案）》议案的说明；听取市人民政府关于《珠海经济特区科技创新促进条例（修订草案）》《珠海经济特区停车场建设与管理条例（草案）》的说明；听取市人民政府关于公安机关执法规范化建设工作情况的报告、关于加强排水管网建设管理养护的议案办理情况的报告、关于完善养老制度和体系以及发展养老事业的议案办理情况的报告、关于珠海市2019年行政事业性国有资产管理情况的专项报告、关于珠海市公办幼儿园和小学初中学位不足问题的专项报告；听取市人大常委会执法检查组关于《珠海市森林防火条例》实施情况执法检查的报告。书面审议市人大常委会调研组关于农村集体建设用地情况的调研报告、关于基层医疗卫生工作情况的调研报告，以及市人民政府关于珠海市2019年国有资产管理情况的综合报告。表决通过《珠海市文明行为条例》《珠海经济特区排水管理条例》；表决通过珠海市人民代表大会常务委员会关于废止《珠海市排水条例》的决定、关于修改《珠海经济特区安全生产条例》等四项地方性法规的决定、关于修改《珠海市供水用水管理条例》的决定；表决通过珠海市人民代表大会常务委员会关于批准《珠海市人民政府关于完善我市养老制度和体系 发展养老事业议案办理情况的报告》的决议、关于《珠海市2019年行政事业性国有资产管理情况专项报告和国有资产管理情况综合报告》《珠海市人民政府关于公安机关执法规范化建设工作情况的报告》《珠海市人民政府关于加强我市排水管网建设管理养护的议案办理情况的报告》《珠海市人民政府关于珠海市公办幼儿园和小学初中学位不足问题的专项报告》《珠海市人大常委会执法检查组关于〈珠海市森林防火条例〉实施情况的执法检查报告》的审议意见；表决通过有关人事免职事项
9	12月29日	第三十五次会议	表决通过《珠海经济特区出租屋管理条例》；表决通过珠海市人民代表大会常务委员会关于珠海市国民经济和社会发展第十四个五年规划和2035年远景目标纲要编制情况报告的审议意见；表决通过珠海市人民代表大会常务委员会关于批准珠海市2020年第二次市本级预算调整方案的决议；表决通过珠海市人民代表大会常务委员会法制工作委员会关于2020年备案审查工作情况的报告、珠海市人民政府关于市九届人大八次会议代表建议办理情况的报告、珠海市第九届人民代表大会常务委员会代表资格审查委员会关于个别代表资格审查的报告。表决通过有关人事任免事项

动，为实现大湾区旅游业深度融合打下良好基础。争取全国人大、省人大的支持指导，成立立法专班，对粤澳深度合作区建设法治保障开展深入研究。继续推进横琴新区条例修订、横琴金融发展条例以及横琴国际休闲旅游岛建设条例制定工作，开展横琴新区中医药产业发展条例调研工作。设立粤港澳大湾区“立法直通车”，涉大湾区建设及珠澳合作立法项目随报随审。

2020 年 12 月 15 日，市人大法工委联合市科技创新局到珠海中科先进技术研究院开展《珠海经济特区科技创新促进条例》立法调研　（市人大供稿）

以立法助推营商环境持续优化 针对珠海市营商环境的痛点、难点、堵点问题，制定优化营商环境的决定，为珠海市持续优化营商环境明确改革方向、拓展创新空间。推进科技创新促进条例修订工作，贯彻落实创新发展战略要求。开展安全生产、土地管理、户外广告设施和招牌设置管理等条例修订工作，从安全生产、土地资源配置等方面健全管理机制，推动优化营商环境。

以立法推动提升人民群众获得感 制定生活垃圾分类管理条例，构建垃圾分类长效机制，为人民群众创造良好的生活环境。制定出租屋管理条例，推动实现出租屋管理“底数清、情况明、秩序好”，保障人民群众住得安心。制定文明行为条例，引导和促进文明行为，推动提升全体市民文明素养。制定排水管理条例，修订供水用水条例，确保群众用水安全。加快推进制定停车场建设与管理条例，推动解决停车难、停车乱问题。

以立法促进生态文明新特区建设 结合保障生态安全和生物多样性的新要求，出台禁止食用野生动物条例，以最严厉的法治手段管源治本，促进人与自然和谐共生。结合生态文明建设的新理念新要求，修订生态文明建设促进条例、海域海岛保护条例、无居民海岛开发利用管理规定、环境保护条例、服务业环境管理条例、前山河流域管理条例等，为生态文明建设夯实法治保障。

完善立法工作机制 强化科学立法，完善立法项目征集、起草、审议表决制度，做好立法前咨询论证和立法后评估工作，按照改革需要及时开展立、改、废、释工作。强化民主立法，拓宽代表参与立法渠道，开展立法协商和基层立法调研，发挥立法顾问、港澳立法顾问单位作用，运用媒体广泛听取社会各界意见建议。强化立法队伍建设，成立珠海经济特区立法研究中心，为高质量立法提供智力支持。

【人大监督】 2020年，珠海市人大常委会聚焦珠海发展和人民群众关切的重大问题，丰富监督手段，加大监督力度，提升监督实效。

围绕经济发展强化监督 加强对主要经济指标完成情况的监督，助力政府部门落实“双统筹”，做好“六稳”“六保”工作。加强预算绩效监督，促进政府部门全力保障疫情防控支出、落实减税降费政策、加大暖企力度、加强基本民生保障。推动建立市、区两级政府向同级人大报告地方政府债务管理情况制度。强化国有资产监督，推动国有资产治理效能提升。开展就业、产业园区建设、扶贫援建资金使用等专题调研，提出强化稳就业措施、推进“深珠合作工业园”建设、提高扶贫资金管理使用效率等建议。开展安全生产监管专项监督，推动筑牢安全生产防线。

围绕民生关切强化监督 持续监督市政府“十件民生实事”，推动每一个民生实事项目落地落实。聚焦重大交通基础设施建设，持续监督重大交通工程建设、城乡道路改造和公共停车场建设，推动东西部通道、对外交通网络加速完善。聚焦教育热点，连续两年监督优质公共学位供给，推动新增公办幼儿园学位1.66万个、中小学学位1.8万个。聚焦医疗卫生，推动市妇幼保健院新院区建成投入使用和市人民医院、市慢病防治中心新建项目加快建设，开展乡镇卫生院和

2020年11月19日，市人大组织部分人大代表对香海高速支线施工与污水管网影响情况开展专题调研 （市人大供稿）

农村社区卫生服务中心建设运营调研，推动医疗卫生服务水平提升。聚焦“舌尖上的安全”，开展食品安全监管调研。聚焦文化事业，推动市博物馆和市规划展览馆建成投入使用。聚焦养老服务，办结养老议案，推动建成市福利中心二期养老院和24个镇（街）综合养老服务中心、306个村（社区）养老服务站。

围绕生态文明建设强化监督　连续六年听取和审议环境状况和环境保护目标完成情况的报告。推进排水管网建设管理养护议案办理，推动41项具体措施落实，促进全市排水管网体系完善提升。听取和审议闲置土地管控和土石方资源规划管理工作的报告，推动土地市场监管和土石方资源管理规范化。开展海岸线保护和利用情况的专题调研，促进岸线生态环境保护。

围绕乡村振兴强化监督　聚焦“农业强、农村美、农民富”，听取和审议乡村产业发展情况专项报告，推动现代乡村产业体系建设。开展水产业养殖绿色发展调研，促进水产业高质量发展。开展洪湾渔港建设视察，推动“智慧渔港”建设。开展陆生野生动物保护工作视察，助推养殖农户转型升级。开展农村耕地保护和集体建设用地情况调研，提升农村土地利用和治理水平。

围绕法治珠海建设强化监督　对土壤污染防治法及省实施办法、科技创新促进条例、物业管理条例、森林防火条例等开展执法检查，书面审查海域海岛保护条例、无居民海岛开发利用管理规定实施情况，推动法律法规实施。在全省率先出台关于促进市人民政府建设大湾区优质公共法律服务体系的决定，助推打造国际一流营商环境，得到省人大常委会肯定。听取和审议公安机关执法规范化建设、公益诉讼检察工作情况的报告，促进严格执法、公正司法。开展城乡社区治理专项调研，助推基层治理体系完善。协助审查党内规范性文件9件，开展民法典涉及法规专项清理，督促政府部门加强民法典普法，纳入“八五”普法规划。

创新监督方式方法　创新开展审计查出突出问题整改情况“回头看”专项监督，督促相关部门节约资金2.56亿元、规范资产管理账面值18.69亿元、健全制度6项、建立信息平台3个。创新开展省、市、区、镇四级代表挂点监督、暗访监督、约谈监督，推动17条纳入国家治理平台的黑臭水体全部完成“初见成效”评估，获评全省十大环保监督优秀案例。创新开展市、区、镇三级代表联动监督，运用常态巡查、定期通报、暗访抽查、分级督促等手段，推动农村生活污水治理走在全省前列。

【人大代表工作】　2020年，珠海市人大常委会坚持人大代表是人民代表大会主体的理念，倾力为代表履职创造条件、强化服务，代表履职效能不断提升。

联系和服务代表　完善“双联系”（市人大常委会组成人员联系代表和代表联系人民群众）工作机制，主任会议成员每人固定联系5名代表，每年进驻代表联络站开展活动不少于4次，密切联系代表和群众，推动解决群众难题。建立代表联络站常态化活动机制、考评机制和群众意见建议分级分类处理机制，推动联络站活动更接地气、更富实效。依托代表联络站，全市五级人大代表接待和走访群众1.3万人次，面对面倾听群众心声，解决群众反映的问题1700余条。连续三年开展“更好发挥人大代表作用”主题活动，全市1500余名代表参与“线上+线下”视察、约见国家机关负责人等活动400场次，推动解决城乡人居环境整治突出问题138件。

提高代表建议办理实效　完善

代表建议督办机制，推动考核结果与机关事业单位年度考评挂钩。落实提出建议代表与领办单位负责人办前、办中、办后“三见面三沟通”（指办理人大代表建议时，承办单位在办前、办中、办后要与代表做到三次见面、沟通、听取意见建议）制度，实现“提”“办”良性互动。实施分类督办、重点督办、“回头看”督办，督办老旧小区整治提升、平沙华侨农场砖瓦房改造安置等重点建议办理取得实效。全年交办代表意见建议151件，其中所提问题解决、基本解决或列入计划逐步解决149件，另2件因条件限制转为工作意见参考，代表满意率达100%。

激发区、镇（街）人大工作活力　连续三年推进“县乡人大工作年”，召开区、镇（街）人大工作现场座谈会，协助省人大开展乡镇人大工作条例执法检查，向市委报告并推动解决基层人大问题，促进区、镇（街）人大工作和建设规范化水平不断提升。（黄志勇）

珠海市人民政府

重要会议和重点工作

【市政府常务会议】　2020年，珠海市召开市政府常务会议29次，研究议题213个。（详见“2020年珠海市人民政府常务会议情况表”）

2020 年珠海市人民政府常务会议情况表

序号	会议时间	届次	议题内容
1	1月9日	九届市政府第六十二次常务会议	审议《珠海市促进外贸发展政策措施》；审议《珠海市关于进一步优化供给促进消费增长的若干措施》；审议《珠海市地质灾害防治管理办法》；审议市妇女儿童医院（市妇幼保健院）异地新建项目概算调整事宜；审议《珠海市财政预算绩效管理暂行办法》；研究废止《珠海市香洲渔港管理规定》
2	1月21日	九届市政府第六十三次常务会议	传达习近平总书记对新型冠状病毒感染的肺炎疫情重要指示精神和李克强总理批示精神，国务院常务会议、新型冠状病毒感染的肺炎疫情防控工作电视电话会议精神，以及省委书记李希批示精神，研究部署珠海市有关工作；传达省委书记李希、省长马兴瑞有关批示精神及全省安全生产和消防工作暨第一季度防范重特大生产安全事故电视电话会议精神，研究部署珠海市安全生产工作；研究2020年珠海市《政府工作报告》；研究《珠海市2019年国民经济和社会发展计划执行情况与2020年计划草案的报告》《珠海市2019年市政府投资项目计划执行情况与2020年计划草案的报告》；研究《珠海市2019年预算执行情况与2020年预算草案的报告》；审议《珠海市西部地区教育振兴攻坚行动计划（2020—2024）》；审议修改部分市政府规章事宜
3	2月12日	九届市政府第六十四次常务会议	研究中山大学第五附属医院凤凰山病区建设有关事宜；研究购置丽珠新型冠状病毒检测试剂盒及拨付中山大学第五附属医院疫情防控阶段性医疗物资采购资金事宜；研究2018年市内住院医疗费用超结算指标再补偿事宜
4	2月25日	九届市政府第六十五次常务会议	听取珠海市落实“放管服”改革有关工作情况汇报，研究部署有关工作；审议《广东珠海淇澳-担杆岛省级自然保护区管理办法》；审议珠海基金投资深圳碳云智能科技有限公司事宜；审议发起设立珠海基金二期事宜；审议《珠海市人民政府关于鼓励社会力量兴办教育促进民办教育健康发展的实施意见》；审议《华中师范大学珠海附属中学东部地块项目可行性研究报告》；研究《珠海市市属国有企业重组整合方案》；审议整合设立珠海市科技创新专项资金事宜；审议珠海市2019年度随军随调家属安置计划
5	3月4日	九届市政府第六十六次常务会议	审议《关于有效降低疫情影响促进经济平稳运行的实施意见》；审议市生态环保项目资金市、区分摊事宜；审议《2019年全市教育费附加收入分配方案》；审议《珠海市关于加快现代物流业发展的意见》《珠海市关于加快现代物流业发展的政策措施》；审议《珠海隧道工程可行性研究报告》；研究《格力电器高栏产业园项目投资协议》；审议《珠海经济特区生态文明建设促进条例修正案（草案）》《珠海经济特区出租汽车管理条例修正案（草案）》；审议《珠海市人才安居管理办法》；审议核销市级历史地价欠款（第一批）事宜；审议《珠海市招商引资工作经费使用管理试行办法》

（续表）

序号	会议时间	届次	议题内容
6	3月20日	九届市政府第六十七次常务会议	贯彻落实习近平总书记关于用好管好港珠澳大桥的重要指示精神和省委书记李希批示精神，研究部署有关工作；研究《珠海市2020年重点建设项目计划（第一批）》；审议《珠海市人民防空专项资金管理办法》；审议《珠海市中小学体育与健康教育三年行动计划（2020—2022年）》；研究格力电器股权转让收入相关事宜；审议《珠海市2020年政府规章立法计划（建议草案）》
7	4月8日	九届市政府第六十八次常务会议	传达学习习近平总书记对四川省西昌市经久乡森林火灾以及关于安全生产的重要指示精神，听取珠海市森林防灭火和安全生产工作情况汇报，研究部署有关工作；传达学习习近平总书记重要讲话精神、全省决战决胜脱贫攻坚推进会精神，听取珠海市脱贫攻坚工作情况汇报，研究部署有关工作；传达学习习近平总书记在浙江考察基层矛盾纠纷调处化解工作时的重要指示精神及全国、全省有关信访工作会议和文件精神，听取珠海市信访工作情况汇报，研究部署有关工作；审议珠海基金投资珠海碳云智能科技有限公司事宜；审议购置市慢性病防治中心两台大型医用设备事宜；审议《珠海市2020—2022年度经营性用地出让计划》；听取珠海市违法用海问题整治工作情况汇报，研究部署有关工作；审议暂停受理旧厂房用地拆建更新享受综合体配套住宅扶持政策有关事宜；审议修订《关于国有建设用地使用权评估市场价格确定及使用的规定（试行）》相关条款事宜
8	4月17日	九届市政府第六十九次常务会议	审议《珠海市促进外贸稳定增长若干措施》；审议《珠海市促进消费回补工作方案》；审议《珠海市促进汽车市场消费升级若干措施》；听取珠海市2020年春季学生返校工作情况汇报，研究部署有关工作；审议《珠海市实施学前教育“5080”攻坚行动工作方案》；审议凤凰谷生态旅游项目高压线迁改事宜；研究《香洲区前山街道行政区划调整方案》
9	4月22日	九届市政府第七十次常务会议	传达学习习近平总书记对安全生产重要指示和李克强总理批示精神，以及全国、全省有关安全生产电视电话会议精神，研究部署珠海市有关工作；学习贯彻习近平生态文明思想及全省打赢污染防治攻坚战工作推进会精神，听取珠海市污染防治攻坚战工作情况汇报，研究部署有关工作；听取珠海市2019年行政复议、应诉工作情况汇报，研究部署有关工作；学习《中华人民共和国传染病防治法》等涉疫情防控法律法规；审议《珠海市新型产业用地（M0）管理暂行办法（试行）》；审议《关于加快香洲区旧工业区和旧城镇综合连片更新改造的若干意见》；审议市中级人民法院、市检察院有关绩效考核经费事宜；审议《博鳌亚洲论坛全球经济发展与安全论坛首届大会补充合作协议》
10	4月29日	九届市政府第七十一次常务会议	学习贯彻落实习近平总书记关于全面建成小康社会的重要论述，听取珠海全面建成小康社会进展情况汇报，研究部署有关工作；传达学习省长马兴瑞调研珠海指示精神，研究部署有关工作；传达学习国务院安委办、应急管理部和省安委办、应急管理厅关于加强疫情防控常态化条件下安全生产工作的通知精神，研究部署珠海市有关工作；听取一季度全市固定资产投资和重点项目建设情况汇报，研究部署有关工作；审议废止《珠海市临时改变旧工业建筑使用功能项目管理实施意见》；审议《2020年珠海市促进跨境贸易便利化工作方案》；审议《珠海市环境保护条例》等五项地方性法规修正案草案；审议《珠海经济特区生活垃圾分类管理条例（草案）》；审议捷通中心更新改造项目；研究有关并购重组工作事宜
11	5月9日	九届市政府第七十二次常务会议	审议《莲洲镇生态保护补偿财政转移支付方案（2020年修订）》；审议《珠海市积极应对新冠肺炎疫情影响支持文化旅游体育行业发展政策措施》；审议《关于应对新冠肺炎疫情影响促进珠海会展业健康发展的若干措施》；审议九洲城建筑群不动产无偿划转事宜；审议追加有关接待任务专项经费事宜

（续表）

序号	会议时间	届次	议题内容
12	6月2日	九届市政府第七十三次常务会议	传达学习贯彻习近平总书记重要讲话精神和全国“两会”精神，研究2020年珠海市《政府工作报告》；研究《珠海市2019年国民经济和社会发展计划执行情况与2020年计划草案的报告》《珠海市2019年市政府投资项目计划执行情况与2020年计划草案的报告》；研究《珠海市2019年预算执行情况与2020年预算草案的报告》；审议《珠海市政府投资项目前期管理联审决策方案》
13	6月11日	九届市政府第七十四次常务会议	审议追加海天公园管养提升项目经费事宜及凤凰山山地步道项目有关事宜
14	6月15日	九届市政府第七十五次常务会议	学习习近平总书记对审计工作重要指示精神，以及省委审计委员会第三次全体会议、全省审计工作电视电话会议精神，研究部署珠海市有关工作；研究2020年市“两会”期间人大代表、政协委员对政府工作建议落实工作；研究2020年市政府重点工作和市十件民生实事任务分解事宜；审议《珠海市河流型集中式饮用水水源保护区扶持激励办法》；审议《珠海市进一步稳定和促进就业若干政策措施》；审议吉林大学珠海学院转设路径事宜及《推进吉林大学珠海学院转设工作方案》；审议《珠海市人民政府　北京师范大学-香港浸会大学联合国际学院合作协议（二）》；审议珠海航展中心配套服务设施提升工程（一期）项目建设投资预算调整事宜
15	6月29日	九届市政府第七十六次常务会议	学习习近平总书记重要讲话精神，以及中央农村工作会议、全省实施乡村振兴战略工作推进会精神，研究部署珠海市有关工作；研究2019年度安全生产责任制及消防工作考核事宜；审议《珠海市关于推进“菜篮子”建设的工作方案》；审议《珠海经济特区港澳旅游从业人员在横琴新区执业规定（草案）》《珠海经济特区出租屋管理条例（草案）》《关于优化珠海市营商环境的决定（草案）》；审议追加2020年对口云南怒江东西部扶贫协作帮扶资金事宜；审议《珠海市供销投资控股集团有限公司组建方案》
16	7月9日	九届市政府第七十七次常务会议	传达学习习近平总书记对防汛救灾工作作出的重要指示精神，听取2020年上半年全市三防工作情况汇报，研究部署有关工作；审议《珠海市已供未用土地专项整治行动方案》；审议《珠海市现代物流业发展规划（2020—2025）》；审议“四好农村路”建设项目出资事宜；审议《珠海市进一步推进落实“证照分离”改革全覆盖试点工作方案》；审议珠海港高栏港区5万吨级黄茅海航道一期工程及主航道维护PPP项目追加预算安排事宜；审议退回珠海市海愉置业有限公司历史缴纳地价款利息事宜；审议2020年省科技专项资金（“大专项+任务清单”）项目事宜；研究《2020年下半年以市新闻办名义举办新闻发布会选题计划》；审议提前支付公共绿色照明LED路灯改造工程二期项目剩余款项事宜
17	7月24日	九届市政府第七十八次常务会议	学习贯彻习近平总书记关于精神文明建设的重要论述，以及全省精神文明建设工作推进会精神，听取珠海市精神文明建设和未成年人思想道德建设工作情况汇报，研究部署有关工作；学习习近平总书记向国家综合性消防救援队伍授旗训词精神，以及中央、省消防改革相关文件精神，研究部署珠海市有关工作；审议《珠海经济特区出租屋管理条例（草案）》；审议《珠海市招商引资联席会议制度》；审议珠海市知识产权保护中心建设经费事宜；审议珠海大道北、珠海大桥东侧香琴花园项目用地停工损失补偿事宜；审议利用鸿都酒店旧改项目补公配建香洲渔港相关设施事宜；审议利用香洲北工业区连片改造项目补公配建凤凰山山地步道及观景平台项目事宜

（续表）

序号	会议时间	届次	议题内容
18	8月17日	九届市政府第七十九次常务会议	学习习近平总书记关于统计工作的重要指示批示精神，以及中央有关统计工作文件精神，研究部署珠海市有关工作；传达学习习近平总书记关于防汛救灾工作的重要讲话和重要指示精神，以及全国、全省安全生产电视电话会议精神，听取珠海市安全生产和防汛救灾工作情况汇报，研究部署有关工作；学习习近平总书记重要指示精神，以及推进全省涉农资金统筹整合改革暨扩大农业农村有效投资电视电话会议精神，听取珠海市涉农资金统筹整合改革工作情况汇报，研究部署有关工作；审议《珠海市推进建材专用码头、堆场资源统一经营管理工作方案》；审议追加安排并预拨区级幼儿园建设2019—2020年市级补助预算资金事宜；研究《珠海市人民政府　珠海市华政教育投资有限公司合作协议》；审议《珠海市审计局派驻市管企业审计专员办事处管理暂行规定》及配套文件；审议珠海市二、三级公立医院公共卫生（感染性疾病、发热）门诊和社区哨点诊室标准化建设资金市、区财政统筹安排事宜；审议《珠海市网络预约出租汽车经营服务管理暂行规定（修订稿）》；审议拨付前山粮库及粮食批发市场搬迁项目征拆费用事宜
19	8月26日	九届市政府第八十次常务会议	审议《珠海市推动生物医药产业高质量发展行动方案（2020—2025年）》和《珠海市促进生物医药产业发展若干措施》；审议解决市交通运输安全事务中心人员经费缺口事宜
20	9月9日	九届市政府第八十一次常务会议	听取高质量做好2020年人大建议和政协提案办理工作情况汇报，研究部署有关工作；审议《珠海市地方标准管理办法》；审议《珠海市关于支持制造业企业开展直播促销的政策措施》；审议《亚洲通用航空展项目资金支持方案》；审议追加2020年黑河航线补贴预算资金事宜；审议金琴快线北延段对接中山东部外环高速公路二期连接线中山明珠路跨线桥出资事宜；审议《珠海经济特区安全生产条例》等5部地方性法规修正案草案、《珠海经济特区排水管理条例（草案）》；审议《珠海市禁猎陆生野生动物通告》；审议变更国有建设用地使用权出让价款计收方式有关事宜
21	9月15日	九届市政府第八十二次常务会议	学习贯彻习近平总书记关于粤港澳大湾区建设的重要论述和重要指示批示精神，听取珠海市落实省主要领导会见澳门特别行政区行政长官有关工作情况汇报，研究部署有关工作；研究《珠海市打造现代化产业集群推动制造业高质量发展的实施意见》；审议《珠海市大力支持集成电路产业发展的意见》《关于促进珠海市集成电路产业发展的若干政策措施》；研究《关于进一步推进高中阶段学校考试招生制度改革的实施意见》；审议追加财政预算资金安排事宜（审议给予珠海壁仞集成电路有限公司创新创业团队资金支持事宜，审议追加职业年金计息资金预算安排事宜，审议追加市人民医院肿瘤微创诊疗转化医学创新平台和消化疾病诊疗中心平台经费事宜）；研究《珠海市2020年市政府投资项目计划调整方案》；研究《珠海市2020年市本级预算调整方案》；审议《珠海市鼓励航运物流业发展实施办法》；审议《珠海市人民政府　广东省中医院合作推动广东省中医院珠海医院中医药服务能力提升建设项目协议》
22	9月28日	九届市政府第八十三次常务会议	审议《珠海市关于进一步加强内部审计工作的实施意见（试行）》；研究全市统一购买拆旧复垦指标事宜；审议追加财政预算资金安排事宜（审议追加2020年市级乡村振兴专项资金预算事宜，审议高栏港区集装箱扶持及奖励专项资金市级财政部分年中预算调整事宜，审议增加市公安局有关经费事宜，审议划拨香山迎宾馆项目地价收入事宜，审议市政府支持香洲区可持续发展补助资金事宜）；审议西坑尾垃圾填埋场渗滤液处理站大修事宜；审议《市属职能部门无人船等产品采购需求清单》；审议提高市直机关事业单位合同制职员工资福利待遇事宜

（续表）

序号	会议时间	届次	议题内容
23	10月23日	九届市政府第八十四次常务会议	听取珠海市落实2020年国务院第七次大督查工作情况汇报，研究部署有关工作；审议《珠海经济特区科技创新促进条例（修订草案）》《珠海国际仲裁院条例（草案）》《珠海市农贸市场管理办法》等6部政府规章修正案草案，以及废止《珠海市城市绿化办法》《珠海市建设工程造价管理规定》；审议追加财政预算资金安排事宜（研究调整有关生活困难补助标准事宜），审议追加珠海市公共场所免费Wi-Fi接入服务项目2020年预算资金事宜，审议增加珠海市城市固体废弃物处理中心2020年度运营经费事宜
24	11月6日	九届市政府第八十五次常务会议	学习中央和省关于深化改革加强食品安全工作有关文件精神，研究部署珠海市有关工作；听取珠海市实施妇女儿童发展规划情况汇报，研究部署有关工作；审议进一步放宽珠海市人才引进及入户条件事宜；学习《优化营商环境条例》；审议《珠海经济特区停车场建设与管理条例（草案）》《珠海市土地储备管理办法（修订草案）》；审议2020年度高新区高质量发展专项资金（园区考核专项）预算安排事宜
25	11月17日	九届市政府第八十六次常务会议	传达学习习近平总书记在参加第七次全国人口普查登记时的重要指示精神，研究部署珠海市有关工作；审议《珠海市2021年地方性法规立法计划（建议草案）》；审议财政资金安排事宜（审议《珠海市方舱医院建设和运营管理应急预案》及资金保障事宜，审议追加乡村振兴扶持资金事宜）；审议九洲港、城市之心片区等城市更新项目有关事宜；审议废止《关于我市机关事业单位工作人员实行社会工伤保险的通知》等3个政府规范性文件
26	12月2日	九届市政府第八十七次常务会议	研究《珠海市人民政府关于农村乱占耕地建房问题摸排工作总结报告》及《珠海市乱占耕地建房问题处置政策建议》；审议珠海市人民医院主体综合楼项目建设方案；研究《珠海长隆国际海洋度假区建设补充协议》；审议财政资金安排事宜（审议《2020年第二次市本级预算调整方案》，审议追加珠海市2020年度巨灾指数保险保费资金事宜，审议追加清华创新中心2020年度市财政扶持资金事宜，审议追加市公安局2020年度预算经费事宜，审议退回海愉公司历史缴纳地价款利息事宜，审议设立新一轮市固本强基专项资金事宜）；审议《南京审计大学　广东省审计厅　珠海市人民政府战略合作框架协议》；研究代捐1亿元资金用于广安市小平干部学院“珠海大礼堂”建设事宜
27	12月14日	九届市政府第八十八次常务会议	听取2020年珠海市政务公开工作情况汇报，研究部署有关工作；听取2020年珠海市全面推行河长制湖长制工作情况汇报，研究部署有关工作；听取珠海市供水设施建设工作情况汇报，研究部署有关工作；审议《珠海市城乡居民基本养老保险实施办法（修订）》；研究《珠海市中长期青年发展规划（2020—2025年）》；审议《珠海农商银行帮扶罗定农商银行风险化解工作方案》《关于组建珠海农商银行集团的建议方案》；审议《珠海市渔港管理条例修正案（草案）》
28	12月23日	九届市政府第八十九次常务会议	学习贯彻习近平总书记关于药品安全工作重要讲话、重要指示精神，听取2020年全市药品安全工作情况汇报，研究部署有关工作；研究《珠海市促进中医药传承创新发展的实施方案》；审议《珠海市人民政府关于禁止黑烟车上路行驶的通告》；审议《珠海市教育系统“放管服”改革实施意见（试行）》；审议《珠海市人民政府关于镇（街）综合行政执法的公告》；审议格力集团和正方控股孵化器用地项目提前分割转让事宜
29	12月28日	九届市政府第九十次常务会议	学习习近平总书记关于蓝天保卫战的重要论述，以及省污染天气应对工作视频会议精神，研究部署珠海市有关工作；审议《关于建立重大先进制造业发展扶持奖励机制的工作方案》；审议《珠海市人民政府　广东省科学院共建广东省科学院珠海产业技术研究院协议》；审议鸿都酒店城市更新项目有关事宜

【市政府工作会议】 2020年，珠海市召开市政府工作会议184次。分别是：研究有关公园管养优化提升工作会议；关于湾仔口岸恢复通关等事宜会议；研究开展港澳籍船舶入境维修业务工作会议；调研九洲城博物馆夜景灯光亮化工作现场会；研究与澳门交通衔接暨在建重点交通项目建设推进工作会议；关于解决珠海市部分医疗废物收运处置工作会议；研究将市新妇幼保健院改造成为临时定点收治医院暨新建简易板房定点收治医院工作会议；研究市集中隔离医学观察点有关工作会议；研究疫情防控期间珠海市医疗废物应急处置工作会议；研究新型冠状病毒感染的肺炎疫情期间安全管控工作会议；市防控指挥部流动人员管理组工作会议；研究珠海市卡都海俊房产开发有限公司申请退还新型墙体专项基金事宜会议；统筹做好疫情防控及企业复工复产和重点项目建设工作会议；研究香洲区城中旧村改造有关工作会议；调研推进市妇幼保健院异地新建项目建设；关于研究解决企业员工到岗率问题专题会议；研究南方海洋实验室用楼改造装修工程会议；前山河流域水环境综合治理工作例会会议；中国航展珠海执行委员会工作会议；研究推进前山肉联厂搬迁有关工作会议；研究珠海大道道路照明及配套设施维护改造和有关用地涉诉问题会议；市突发公共卫生事件应急处置工作小组会议；研究推进全市一季度经济稳增长和2020年重点项目建设工作会议；关于香山湖宾馆等项目推进工作会议；中信生态环保产业园项目推进领导小组会议；研究固体废物有关工作会议；关于研究脱贫攻坚和“菜篮子”工作会议；研究交通规划建设工作会议；研究珠海大桥管养及市政道路建设推进工作会议；珠海市2020年森林防灭火工作会议；研究航展期间交通和应急保障工作会议；研究中国移动珠海分公司生产调度中心项目用地调整有关工作会议；关于兴业快线等交通项目建设工作会议；珠澳两地健康码互认工作会议；研究全市各类学校开学专题工作会议；研究推进九洲港度假村片区市政设施项目建设工作会议；研究市重点项目复工复产原材料保障工作会议；粤澳两地健康码互认工作推进会议；研究加快推进城市更新有关工作会议；研究筹建珠海市园林和林业科学研究院相关事宜会议；关于研究市博物馆与规划馆建设项目、市美术馆改扩建项目专题工作会议；研究珠海机场规划建设及推进广州轨道交通18号线延伸线建设工作会议；市安委会全体会议暨全市第二季度防范重特大生产安全事故和消防工作会议；支持北京师范大学-香港浸会大学联合国际学院发展现场协调会议；非法渔业设施清理整治相关法律论证会议；珠海市人民政府与广东省科学院座谈交流会议；研究加快恢复生猪产能和支持市农控集团发展工作会议；研究水务工作专题会议；研究细化内地输澳劳务人员常态化疫情防控工作会议；研究委托下放宋城演艺谷项目所涉部分审批权限事宜会议；全市稳外贸工作专题协调会议；研究交通工作会议；内地输澳劳务人员经珠澳口岸入境通关情况研判会会议；重点项目挂图作战推进工作会议；关于咪表设置和公共停车场建设工作会议；关于情侣路区域防潮洪提升工程和香洲渔港建设移交工作会议；关于市级殡葬服务机构迁建项目协调会会议；研究非法渔业设施强制清拆代履行相关问题会议；珠海港内河A级航区申报工作领导小组会议；研究旧香洲港建设项目移交及管养事宜会议；研究推进市政道路项目建设工作会议；研究公安边防支队训练基地升级改造会议；2020年招商引资联席会议；研究珠中跨界道路建设有关工作会议；研究推进珠海台创园建设工作会议；关于研究部署近岸海域污染防治工作会议；关于研究香洲渔港等工作会议；研究市生活垃圾生态处理项目和餐厨垃圾处理一期工程有关事宜会议；关于京珠高速公路连接线快速化改造等项目会议；关于会见世茂集团董事局主席许荣茂的会议；关于研究市共有产权住房建设等工作会议；关于滨山路工程等交通项目会议；关于小横琴山山体栈道规划设计等工作会议；研究推进白藤四路以南排水工程建设工作会议；关于珠海市诺贝尔国际生物医药研究院团队项目第三期资助有关事宜会议；珠海市国有企业退休人员社会化管理工作联席会议；研究推进市政道路项目建设工作会议；调研前山河流域水环境综合治理工作会议；市5G建设专项推进小组会议；研究莲洲通用机场航空产业规划会议；关于珠海机场综合交通枢纽等项目建设工作会议；落实粤澳关于统筹做好疫情防控和恢复两地人员正常往来有关安排工作会议；关于研究淇澳岛综合开发工作会议；关于研究香洲区重点项目建设工作会议；研究水务重点工作会议；研究渔港项目总投资和相关用地工作会议；关于调研三角岛建设会议；调研海天公园和凤凰山公园（香山湖段）铁塔迁改现场会；研究拱北口岸疫情防控工作会议；研究协办第十二届中医药发展论坛暨民族卫生健康大会有关事宜会议；关于圆明新园项目南区升级改造及方正公司厂房征收补偿工作会议；研究市二、三级公立医院公共卫生门诊和社区哨点诊室建设应急抢险救灾工程联席会议；研究污泥处置项目工作会议；研究2020粤港澳大湾区企业家峰会筹备工作会议；市中西医结合医院改扩建工程项目联审决策会议；研究华中师范大学珠海附属中学东部地块项目建设有关问题会议；研究渗滤液外运和市渗滤液站大修应急抢险救灾工程联席会议；研究北京珠海京珠商贸中心相关问题工作会议；研究唐家后环片区开发工作机制及下一步建设管理工作会议；研究三角岛和步道项目建设工作会议；研究加快推进珠海公安大数据智能化建设会议；8月稳外贸工作研判会议；南方海洋实验室大楼改造装修项目联审决策会议；调研海天公园及情侣中路灯光亮化工作现场会议；研究推进市政道路项目建设工作会议；研究华中师范大学（珠海）附属中学有关事宜会议；研究村居法律顾问经费补贴标准会议；研究智慧杆建设运营工作会议；研究墨盒再制造建议协调会议；关于珠海大剧院灯光景观优化及香洲港提升改造等工作会议；研究推进市农发中心实验室和办公业务用房维修工作会议；关于市人民医院主体综合楼项目现场办公会议；关于研究南方海洋科学与工程广东省实验室（珠海）高质量建设工作会议；研究政府投资项目建设管理体制改革方案会议；研究珠海平沙华侨农场砖瓦房改造安置方案会议；研究南屏大桥桥头地块建设优化方案会议；珠海市救助管理站迁建暨市救助安置中心建设项目联审决策会议；研究重置珠海市对口支援甘孜州藏区文化体验园有关事宜会议；研究西坑尾垃圾填埋场渗滤液处理站大修工程应急抢险救灾联席会议；研究重点建设项目征地拆迁工作会议；研究航空城集团有关土地及矿山问题会议；研究水务工作专题会议；研究不动产数字公共服务超市项目数据使用和珠海市英隆房产有限公司名下土地使用权司法处置事宜会议；关于创建全国文明城市户外宣传规划和珠海广播电视台土地规划工作会议；珠海·怒江东西部扶贫协作2020年度联席会议；2020年市直财政预算绩效评价决策委员会会议；研究污泥处置工作会议；研究市政道路项目推进工作会议；珠海市与北京理工大学及深圳光大策略投资有限公司座谈会议；珠海市人民医院工会大楼改造项目、广东省中医院珠海医院中医药服务能力提升建设项目（一期）联审决策会议；研究交通项目建设有关工作会议；关于市政府与暨南大学商洽推进共建科技创新园工作会议；2020澳珠企业家峰会筹备工作会议；研究推进跨境电子商务综合试验区建设工作会议；研究引进摩天宇金湾分公司项目工作会议；研究情侣路区域防潮洪综合提升工程概念性方案工作会议；研究金湾区政府与市国资委合作解决三灶东咀片区历史遗留问题有关工作会议；调研板樟山山地步道项目建设工作现场会；研究工商大厦立体公共停车楼项目工作会议；研究全市经租房管理工作会议；关于卫生专题工作会议；研究城市地质调查工作会议；研究市中级人民法院和市人民检察院住房改革津补贴经费缺口相关问题会议；研究兴业快线南延段工程建设工作会议；研究暨南大学科技园及周边用地规划建设事宜会议；研究港珠澳大桥珠海公路口岸工作会议；研究交通工作会议；全市第四季度防范重特大生产安全事故暨消防工作会议；研究大气污染防治工作会议；九洲港派出所重建专题会议；研究规范城市公共照明用电管理工作会议；研究重点建设项目征地拆迁工作会议；研究珠海机场总体规划修编工作会议；关于研究珠海传媒城市更新项目工作会议；全市安全生产和消防工作暨第一季度防范重特大生产安全事故工作会议；2020年全市海上搜救工作会议；全市第三季度防范重特大生产安全事故暨消防工作会议。

【市政府重点工作】 2020年，珠海市政府围绕经济社会发展制订主要预期目标4项，完成3项；开展重点工作135项，全部完成。（详见P126“2020年珠海市经济社会发展主要预期目标完成情况表”和“2020年珠海市政府重点工作完成情况表”）

2020年珠海市经济社会发展主要预期目标完成情况表

序号	工作任务	完成情况
1	城镇新增就业3万人，城镇登记失业率控制在3%以内	完成 全年城镇新增就业3.8万人，完成年度目标任务的126.8%。截至年底，城镇登记失业率2.39%，控制在省下达的年度目标3%以内
2	居民消费价格涨幅3.5%左右	完成 牵头建立联席工作会议制度，召开半年和年度居民消费价格联席工作会议，研究分析市场价格形势。全年居民消费价格指数（CPI）比上年增长2.3%，保持在合理运行区间，实现全年物价调控目标
3	固定资产投资增长15%	未完成 着力落实稳投资、促投资工作，坚持统筹疫情防控和重大项目挂图作战，出台一系列稳增长促投资的政策措施，年末开展60天大会战，推动在建项目加快建设，前期项目加快开工，投资工作取得积极成效。全年固定资产投资完成2230.41亿元，比上年增长13.1%，增速比上年提高7个百分点，比全国、全省分别高出10.2和5.9个百分点，位列全省第四（11月第七）、珠三角第三（11月第五）。12月单月完成投资259.25亿元，增长29.4%
4	主要污染物排放量继续下降，努力完成"十三五"规划目标任务	完成 （1）完成年度有减排潜力工程项目的梳理工作，并预测评估各工程新增减排量 （2）开展对重点减排企业的现场检查，通过现场检查，了解掌握其污染治理设施的运行情况 （3）落实建设项目主要污染物排放总量指标审核和管理，完成对267个建设项目的主要污染物总量指标分配工作 （4）按照省厅部署，上报珠海市年度主要污染物减排核算情况，经初步核算可完成年度减排任务

2020年珠海市政府重点工作完成情况表

序号	工作任务	完成情况
一、积极扩大有效需求，稳住经济基本盘		
1	实行重点项目挂图作战，推动项目建设扩容提速，安排年度重点项目477个，计划投资1661亿元，力促71个项目建成投产、175个项目开工建设	完成 （1）市发展改革局组织制定《珠海市2020年重点建设项目扩容提速计划》，市委、市政府于8月印发实施。全年安排市重点项目543个，年度计划投资1759.16亿元。截至年底，完成投资1956.22亿元，为年度计划的111.2%，超额完成全年重点项目建设任务 （2）建成投产洪鹤大桥、金琴快线、板樟山隧道新增隧道等项目67个，4个项目未能投产，但均完成年度投资计划。新开工建设黄茅海跨海通道、格力电器高栏产业园、港珠澳合作创新（珠海）基地等项目234个，超过原计划的175个项目
2	加快建设洪鹤大桥、香海大桥、金海大桥，确保洪鹤大桥航展前通车。加快建设金琴快线、兴业快线，确保金琴快线2020年通车。开通板樟山新增隧道，动工建设珠海隧道	完成 （1）洪鹤大桥：12月15日正式建成通车 （2）香海大桥：12月15日，梅华互通至造贝互通段正式建成通车，磨刀门主航道桥开展墩柱施工。截至年底，累计完成投资53.49亿元，占总投资76.72亿元的69.72% （3）金海大桥：公铁合建段于3月开工建设，截至年底，一期累计完成36.77亿元，占总投资58.84亿元的65.49%。洪湾互通至紫竹湾互通剩余段（不含横琴二桥及城轨代建段）于12月底开工建设 （4）金琴快线：12月15日正式建成通车 （5）兴业快线：北段合并段隧道左线贯通，梅华路顶管始发井完成，顶管洞门钢环安装中，截至年底，累计完成投资25.75亿元，占总投资51.78亿元的49.73%；南段石景山隧道和明挖法隧道进场施工，截至年底，累计完成投资7.5亿元，占总投资39.35亿元的19.06%；迎宾路支线完成桥梁隧道等主体结构施工，截至年底，累计完成投资2.29亿元，占总投资5.07亿元的45.17% （6）板樟山新增隧道：6月23日开放通行 （7）珠海隧道：12月15日正式开工建设

（续表）

序号	工作任务	完成情况
3	加快建设机场北快线	完成 （1）斗门区：机场北快线项目通过市政府交通专题工作会议研究审定，明确线位方案、实施主体和资金筹措来源，由市公路事务中心负责实施。9月，完成初步征地摸排工作，对项目沿线敏感建筑数量进行统计，涉及拆迁约2万平方米，相关情况转市公路管理中心 （2）市公路事务中心：机场北快线工程（黄阳大道段至珠峰大道段）完成全线征拆摸排、路线比选等相关工作，项目投资复核及优化工作开展中
4	推进燃气管道更新建设	完成 管道燃气企业采取措施克服疫情困难，全年投资建设市政燃气管道45千米，超额完成年度投资建设任务
5	加快风电场、电网、粮库等项目建设，推动直湾岛LNG接收站前期工作	完成 （1）珠海中心粮库（二期）项目：①根据可研报告批复要求调整各项前期准备工作；②信息化可研报告批复，建设方案报审；③地基基础工程抓紧推进，第一标段软基处理及土石方工程于9月开工，截至年底完成进度约70%，第二标段、第三标段完成施工图技术性审查；④按照省政府批复用地要求，用地规划许可及供地手续办理中 （2）金湾海上风电项目：按计划累计完成41台风力发电机组安装，35千伏海缆累计生产完成100%，累计到货100%，完成41条支线集电海缆，完成36台风力发电机组并网 （3）桂山海上风电二期工程：按计划完成一期续建，二期工程完成11台风机单桩施工，4台风机安装和海缆敷设 （4）电网建设：建成投产220千伏金湾海上风电场接入系统工程、220千伏吉大站至110千伏柠溪站双回线路工程、110千伏吉白线电缆化改造工程、110千伏前环输变电工程4项电网工程 （5）直湾岛LNG接收站项目：组织完成接收站工可、码头及陆域工可、海水取排水及市场报告的专家评审会。组织3个项目规划调整专家评审会（海洋生态红线、海洋功能区划、海岛规划定位）。完成海洋现状调查秋冬季报告编制
6	建设5G基站6000座	完成 （1）跟踪并协调电信运营商加快5G基站建设，全年建成并开通5G基站6042座，超额完成6000座的年度建设目标，各区（功能区）年度目标全部达到或超过100% （2）印发2020年第一批公共资源免费开放目录清单，含2296个开放物业；推进各级党政机关和事业单位免费开放场所安装5G基站
7	新建充电桩700座	完成 截至年底，全市新增建成充电桩769个
8	壮大疫情中催生的新型消费、升级消费，扩大健康类消费	完成 出台《珠海市关于进一步优化供给促进消费增长的若干措施》《珠海市促进汽车市场消费升级若干措施》《珠海市促进消费回补工作方案》，开展“温暖珠海”消费节活动，累计发放消费券1亿元，兑现政府补贴7356万元，带动163.45万人次消费，直接拉动消费5.41亿元。鼓励流通创新发展，推动传统商业转型升级，提出“支持大型商贸企业积极应用互联网、物联网、大数据等新一代信息技术建设‘智慧商业’，鼓励业态创新，鼓励大型商业综合体新建统一结算系统，打造服务型、体验型、主题型消费新业态。对商贸企业应用新技术、发展新业态，并按要求上报相关统计报表的项目，按其当年实际投资额的10%给予奖励，单个企业最高不超过200万元”。下半年开展申报工作，珠海世邦城市商业发展有限公司、珠海百货广场有限公司、珠海天虹商场有限公司3家企业通过审核，截至年底，基本完成审核工作。市级养老服务机构主体结构封顶，市社会福利中心二期项目主体完工并开展各项验收工作。8月13日，海关总署发布《关于扩大跨境电子商务企业对企业出口监管试点范围的公告》，增加拱北海关等12个直属海关开展跨境电商B2B出口监管试点。设立珠海英诺半导体产业投资基金，支持英诺赛科第三代半导体产业化发展。加强5G网络用电保障，加大电信运营企业参与电力市场交易力度，协调落实中国联通珠海公司参与电力市场交易

（续表）

序号	工作任务	完成情况
9	鼓励消费载体提质升级，加快发展社区连锁便利店，支持特色商业街区升级改造，打造若干个特色夜间经济区	完成 （1）加强政策保障。3月，出台《珠海市关于进一步优化供给促进消费增长的若干措施》及配套实施细则，加大对步行街、商圈、社区商业、夜间经济等消费的扶持力度，鼓励发展新型消费和升级消费业态。经申报、第三方初审，316家企业符合申报条件 （2）配合城市管理、市场监督管理等部门做好夜间经济聚集区设立工作。截至年底，全市设立夜市疏导点44个、夜间经济活跃商业片区（点）18处 （3）配合城市管理、市场监督管理等部门推动夜间经济有序发展。市城市管理综合执法局通过采用限定时间和限定地点的“双限治理”理念、严格划定“夜间经济”实施区域、对夜市进场经营者实行“经营准入制”、广泛征求社区居民意见等方式，规范引导夜市经营 （4）优化提升步行街、商圈等商业发展环境。华发商都、富华里入围第一批省级示范性步行街（商圈） （5）开展2020“浪漫珠海夜・粤游粤魅力”珠海夜经济消费促进活动，组织全市主要商圈和旅游景点开展“夜游”主题观光、“夜购”时尚消费、“夜娱”文化体验、“夜食”特色餐饮、“夜享”品质休闲5个方面近百项夜间特色活动
10	完善促进外贸发展的政策措施，加大对本地生产型外贸企业支持力度。用好出口退税、出口信保等工具，帮助外贸企业减少疫情损失	完成 （1）出台系列稳外贸扶持政策并加快政策兑现进度。陆续出台稳外贸措施10条和19条，全面加码外贸扶持政策，提振外贸企业信心，稳住外贸基本盘。加快扶持政策兑现进度，截至年底，拨付中央、省、市惠企资金1.49亿元，惠及约1600家企业 （2）鼓励扩大进口。印发《珠海市主动扩大进口资金项目申报指南》，支持以一般贸易方式进口列入《珠海市鼓励进口技术和产品目录》（2019版）中的技术（不含自关联企业引进的技术）和产品。拨付2019年珠海市主动扩大进口项目资金，支持金额1278.02万元，受益企业86家，支持企业转型升级需要的技术、设备及零部件进口，鼓励有需求的资源性产品、与人民生活密切相关的消费品进口 （3）加大对出口信保扶持力度。出台政策，对投保一般类型业务的企业给予保费30%的扶持，对投保小微类型的企业给予保费20%的扶持，截至年底，中信保为珠海市出口企业完成损失赔付1263万美元，折合人民币8841万元，比上年增长34.74%。推广小微企业“单一窗口”投保，截至年底，中信保珠海办事处投保小微企业603家，保障小微企业出口规模5.2亿元，比上年增长52.8%，全市小微企业出口额覆盖达56% （4）加强政策宣讲。4月20日，市商务局会同拱北海关等单位举行市疫情防控工作新闻发布会（“稳外贸、稳外资、促消费”专场），宣传国家、省、市稳外贸政策。4月28日，市商务局会同拱北海关、市税务局、市金融工作局召开珠海市促进外贸稳定增长政策措施宣讲会，向全市外贸前50名大户企业宣讲通关、出口退税和金融等政策。同时，通过市商务局微信公众号、局网站等推送外贸政策，提高政策知晓度。8月6日，举办2020年促进外贸稳定增长扶持政策宣讲会，向外贸企业宣讲珠海市相关扶持政策 （5）市税务局优化疫情防控期间的出口退税审核手续。截至年底，全市办理出口退（免）税154.17亿元，比上年下降8.8%；办理免抵调库44.08亿元，下降12.5%。全市出口退税平均办理时长快于上级5个工作日的要求
11	加快建设外贸转型升级基地。推进珠海跨境电商综合试验区建设。发挥港珠澳大桥作用，加快建设区域性国际贸易分拨中心	完成 （1）加快建设外贸转型升级基地：①印发《珠海市内外经贸发展专项资金（促进外贸转型升级用途）实施细则》，从抱团开拓国际市场、集体商标建设、质量提升服务、国际营销服务网络建设、公共展示、公平贸易、基地会议7个方面支持外贸转型升级基地建设；②获得中央财政2020年度外经贸发展专项资金（促进外贸转型升级事项）第一批、第二批合计298万元，支持珠海市基地区域品牌建设、抱团参展、公共展示等项目。拨付珠海市促进外贸转型升级基地和外经贸公共服务平台项目资金684.34万元，受益企业58家，扶持企业参展展位费、基地公共服务等项目；③支持基地工作站组织企业参加线上外贸直播课堂、防疫物资展览会、中国（澳门）国际游艇进出口博览会等线上线下活动，开拓国内外市场，组织企业入驻“粤贸全球”数字外贸平台

（续表）

序号	工作任务	完成情况
11	加快建设外贸转型升级基地。推进珠海跨境电商综合试验区建设。发挥港珠澳大桥作用，加快建设区域性国际贸易分拨中心	（2）推进珠海跨境电商综合试验区建设：成立跨境电商产业发展协同工作组，优化跨境电商公共服务平台功能，新建成跨境电商监管场所2个，实现中国跨境电商零售进出口、企业对企业出口6种业务模式落地。全年纳入珠海外贸统计的跨境电商进出口总货值31.89亿元，比上年增长超2倍 （3）加快建设区域性国际贸易分拨中心：①主项目：嘉里物流大湾区运营中心项目竞得珠横国土储2019-12地块，并完成《土地出让合同》及《项目建设发展协议书》签署，项目建设事宜筹备中；顺丰集团的"顺丰珠海智慧供应链产业基地"完成项目选址，进入商定招商协议阶段。②推动港珠澳供应链有限公司在洪湾码头建成全国首个国际贸易多元一体仓库。洪湾货栈全年完成出口额8.63亿美元
12	争取高栏港综合保税区封关验收，推进斗门B型保税物流中心申报。抓好外资大项目落地，推动摩天宇第二厂区、飞利浦新工业园等项目加快建设	完成 （1）高栏港综合保税区：截至年底，完成检验检疫大楼工程99%，基础设施完成初检。用海审批方面，相关申请上报自然资源部。12月30日，拱北海关组织相关部门对高栏港综合保税区进行模拟验收 （2）斗门B型保税物流中心：①加强与拱北海关沟通，获得拱北海关支持，3月底拱北海关正式向海关总署提出新设斗门B型保税物流中心申请。②提请省领导推动支持该项目。4月，副省长张虎通过视频会议向海关总署汇报该项目情况；6月9日，副省长张新带领市有关领导赴海关总署汇报该项目情况。③开展海关特殊监管区整合优化调研。牵头邀请北京第三方专业机构开展相关研究，11月12日，副市长李翀赴海关总署汇报项目情况，海关总署相关司局认可珠海市前期工作，酌情考虑设立斗门B型保税物流中心 （3）摩天宇第二厂区项目：11月13日，金湾区与摩天宇公司签署《项目投资协议书》，摩天宇项目正式落户金湾区 （4）飞利浦新工业园项目：珠海飞利浦新厂区建设项目位于金湾区三灶镇定家湾工业区二期，项目投资金额3.5亿元，6月开始动工建设，截至年底，项目建设完成总工程量的40%
13	加快推进粤澳深度合作，推动构建粤澳双方共商共建共管新机制	完成 按照市领导工作安排，横琴新区组成专题工作组，针对横琴粤澳深度合作区共商共建共管新机制进行深入研究，形成横琴粤澳深度合作开发执行机构组建设想的建议。11月17日，珠海市和横琴新区相关领导拜访澳门特区政府代表，共同商讨横琴粤澳深度合作管理结构相关事宜，面对面征求澳方意见，澳方代表将珠海市的建议汇报澳门特区政府行政长官贺一诚
14	修编横琴总体发展规划，为澳门拓展生产、生活、生态空间	完成 协同省城乡规划设计院编制完成《横琴总体发展规划（2009年版）》实施评估报告、《横琴总体发展规划（2021—2035）》（讨论稿），编制完成《横琴新区成立以来国家层面给予的政策评估一览表》
二、做好珠澳合作开发横琴这篇文章，为澳门长远发展开辟广阔空间、注入新动力		
15	支持澳门产业多元发展，不是对澳门现有产业的简单复制和扩容，而是提升产业能级、发展新兴产业、聚焦做实业	完成 重新修订《珠海市全力支持澳门经济适度多元发展的实施方案》，印发《珠海市支持澳门经济适度多元发展2020年重点工作任务一览表》，59项细分工作任务总体进展情况良好。全市注册澳资企业总数突破6000家，其中横琴突破3500家。谋划建设横琴粤澳深度合作区，粤澳合作产业园区、粤澳合作中医药科技产业园、粤澳跨境金融合作（珠海）示范区加快建设。横琴口岸新旅检区域启用，"合作查验、一次放行"便利通关模式实施，港澳导游及领队、建筑领域专业人士在横琴便利执业政策出台实施。澳门机动车入出横琴指标总数从2500辆上升至5000辆

（续表）

序号	工作任务	完成情况
16	依托粤澳合作产业园、粤澳合作中医药科技产业园和澳门4所国家重点实验室横琴分部等平台，加快引进一批澳资企业和项目	完成 （1）粤澳合作产业园：截至年底，产业园供地项目25个，总投资额792.7亿元，24个项目开工建设。产业园剩余的2.57平方千米土地空间，实施由“澳门特区政府牵头，横琴新区全力配合，琴澳双方共同参与”的项目落地新机制，经对133个申报项目评审，联合评审委员会初步确定优先处理项目17个。新一批项目中，南光横琴综合物流中心项目经澳门贸促局确认同意，于12月底签署合作协议 （2）粤澳合作中医药科技产业园：全年召开粤澳合作中医药科技产业园建设运营专题会议4次。成功引进澳邦制药（横琴）有限公司、珠海原妙高新科技有限公司、分子态（珠海横琴）中医药健康产业发展有限公司、艺龙生物科技（横琴）有限公司等澳门企业。截至年底，产业园累计注册企业186家，实际签约入驻企业89家。通过产业园平台培育的澳门企业44家，占总注册数量的23.65%。实际签约入驻澳门企业23家，占总入驻企业数量的25.84% （3）澳大科技研究院：12月底完成二期场地建设。场地位于粤澳中医药产业园，面积约2600平方米，主要开展中华医药及转化医学应用研发 （4）澳科大科技研究院：完成约1400平方米场地建设，IT学院有团队进驻。澳科大参与横琴科技创新建设，推动本校科研项目埃克斯、中科启迪等参与第二届横琴科技创新大赛
17	做大做强中药材现货交易中心	完成 横琴新区推进康美（广东）中药材交易中心做大做强取得阶段性成果，累计现货交易规模由2020年上半年的125万元增加至全年的7272万元；协助其对接广州国际医药港、跑合网、中国中药有限公司等一批实力较强且有初步意向的战略投资者；协调相关机构就中药材现货交易可持续交易模式及国际贸易等进行交流，于12月底草拟未来发展思路
18	加快建设粤澳跨境金融合作（珠海）示范区	完成 （1）推动建设粤澳跨境金融合作（珠海）示范区。截至年底，成功引进礼达联马（珠海）股权投资管理有限公司（全国首家全澳资QFLP试点企业）、大西洋银行横琴分行（内地首家澳资银行分支机构）等18家涉澳跨境金融企业或服务机构入驻示范区。兑现租金扶持资金近300万元，减轻企业运营成本 （2）搭建澳珠金融人才培训交流平台。推进落实“琴澳金融云课堂”“琴澳金融直播间”品牌活动，全年举办线上线下活动10场，受众近7万人次。指导园区运营单位搭建线上综合服务平台——“跨境金融服务平台”，通过微信平台审批
19	高水平建设横琴国际休闲旅游岛	完成 （1）全面落实《横琴国际休闲旅游岛建设方案》要求。4月29日，印发《横琴新区贯彻落实〈横琴国际休闲旅游岛建设方案〉实施措施》。根据《香港、澳门导游及领队在珠海市横琴新区执业实施方案（试行）》，全年开展培训5期，589人取得横琴专用导游证。9月29日，市九届人大常委会第三十二次会议表决通过《珠海经济特区港澳旅游从业人员在横琴新区执业规定》，明确自2020年12月1日起，具备规定条件并经合法备案的港澳旅游从业人员可在横琴新区执业 （2）8月18日，横琴口岸新旅检区域正式开通启用。同日，联合澳门特区政府举办“琴澳同心，携手同行”活动。设置“好玩横琴”全岛旅游巴士站点，打造“一程多站”旅游产品 （3）推出横琴运动休闲季等系列活动，在深圳、北京举办“左手澳门·右手横琴”琴澳联合旅游推介会，全方位多渠道宣传推广“横琴国际休闲旅游岛” （4）《横琴自贸试验片区休闲旅游发展指数指标体系》课题成果通过评审并验收

（续表）

序号	工作任务	完成情况
20	推进与澳门联办高品质消费博览会	完成 （1）7月23日，市委书记郭永航带队赴澳门拜访澳门特别行政区政府行政长官贺一诚，澳门方面表示在珠海市和横琴新区的配合下，向中央和部委申报中国国际高品质消费博览会的各项准备工作基本就绪 （2）在粤澳深度合作区框架下，澳门方面通过中联办主任傅自应与商务部部长钟山进行沟通，与广东省政府沟通具体请示和报批路径 （3）研究撰写《以粤澳联合举办中国国际高品质消费博览会为抓手，加快横琴粤澳深度合作区建设》文稿，呈报省政府参事室 （4）将《关于联合澳门特别行政区政府共同举办中国国际高品质消费博览会的请示》和《中国国际高品质消费博览会总体方案》报省委、省政府 （5）将“举办中国国际高品质消费博览会暨世界湾区论坛，打造具有国际影响力的国家级会展平台”相关表述纳入《横琴粤澳深度合作区总体方案》
21	进一步完善澳门居民在横琴就业、创业、居住的政策	完成 （1）支持澳门青年到横琴新区创新创业。3月，印发《关于进一步支持澳门青年在横琴创新创业暂行办法的实施细则》，运行效果良好，截至年底，累计向26家澳门青年创业企业发放场地租金和物业管理费补贴93万余元。杜一特（珠海）飞行服务有限公司作为首个在横琴享受1∶1配套扶持的澳门科技发展基金资助项目，获首笔配套扶持资金15万余元。推动大横琴&Beeplus联合办公空间、AHA港澳青年孵化中心开设“横琴澳门青年创新创业基地”，拓展澳门青年发展空间超1万平方米 （2）完善港澳人员在横琴就业创业政策。11月22日，印发《港澳人员到横琴新区就业创业补贴办法》，作为《横琴新区鼓励户籍和港澳台人员创业及企业吸纳就业困难人员奖励办法（试行）》的修订版，增加用人单位招用港澳人员社会保险补贴和港澳人员到横琴就业补贴项目，同时放宽港澳人员来横琴创业奖励补贴条件。截至年底，创业奖励拨付1家企业，涉及金额3万元；就业补贴拨付5人，涉及金额1.5万元
22	打造粤澳青年创新创业基地	完成 截至年底，横琴·澳门青年创业谷（含横琴创意谷）累计孵化港澳企业/项目526个（其中澳门454个、香港72个）。全市建立市级以上创业孵化基地20家（含横琴创业谷，不含横琴创意谷），累计孵化港澳创业项目384个，累计带动就业1767人（其中在孵港澳创业项目119个，带动就业495人），主要涉及电子信息、文化创意等行业。全市发放港澳青年各项补贴504.86万元
23	加快建设“澳门新街坊”，推动澳门教育、医疗、社保等民生配套延伸到横琴	完成 4月9日，市自然资源局（由横琴新区规划国土局代表）和澳门都市更新股份有限公司签署《国有建设用地使用权出让合同》，项目建成后将提供约4000套住宅，入住的澳门居民可直接享受澳门的教育、医疗等社会福利，项目仅面向澳门居民，并将采取限销售价格、限销售对象方式来真正惠及澳门居民。项目地块于4月27日完成交付，4月30日完成备案证办理，5月7日取得用地规划许可，5月29日完成地块钻孔勘探，10月3日完成地块超前钻孔，10月12日取得工程规划许可证，12月11日完成工程承建商招标工作，12月30日取得建筑工程施工许可证，12月31日全面启动工程建设
24	争取扩大澳门单牌车入出横琴覆盖面	完成 （1）8月16日，省政府办公厅颁布施行《澳门机动车入出横琴管理办法》 （2）市公安局邀请拱北海关、珠海边检总站、横琴新区管委会以及市台港澳事务局、市交通运输局、市商务局等单位共同研究认为，《澳门机动车入出横琴管理细则》应对照《澳门机动车入出横琴管理办法》进行修订。《澳门机动车入出横琴管理细则》征求相关部门意见，整理汇总报法制部门审核。由横琴新区管委会采取一事一报、公告发布实施方式进行灵活调整，以满足横琴新区快速发展的形势需要

（续表）

序号	工作任务	完成情况
24	争取扩大澳门单牌车入出横琴覆盖面	（3）省公安厅协调省口岸办开发“粤港澳大湾区跨界车辆信息管理综合服务平台”，12月21日，“澳车北上”管理系统进行运行测试 （4）12月7日，横琴新区管委会与澳门保安司举行澳门单牌车便利入出横琴专题会议，会议达成进一步放宽澳门单牌车入出横琴申请条件、放开配额总量至1万个的共识。澳门特区政府同意放宽申请条件和对配额进行调整。相关情况报省公安厅备案
25	建设珠澳和谐劳动关系示范平台	完成 （1）1月20日，市人力资源社会保障局与澳门工会联合总会签订《推进珠澳和谐劳动关系建设合作框架协议》，明确加强珠澳和谐劳动关系示范中心建设，由双方分别派人进驻开展工作，实现澳门工会联合总会常驻、市人力资源社会保障局轮值、企业组织配合的工作形式，搭建珠澳劳动关系服务协作平台，开展劳动关系制度法规研究、劳动用工双向沟通交流、劳动关系情况信息收集，以及健全劳动关系矛盾调处机制和预警防控机制多元平台，促进澳门经济适度多元发展和珠澳深度融合 （2）加强珠澳和谐劳动关系工作调研交流。8月，全国人大代表、澳门工会联合总会会长何雪卿一行到市人力资源社会保障局就开展建设珠澳和谐劳动关系工作座谈交流。9月底，邀请中国劳动和社会保障科学研究院到珠海调研，研讨机制建设及相关法律适用问题等。10月底，赴澳门到中资（澳门）职业介绍所协会、澳门工会联合总会调研，研讨珠澳两地劳资关系信息交流机制建设及相关法律适用问题 （3）完善珠澳和谐劳动关系示范中心工作机制。11月20日，赴广州南沙劳动人事争议仲裁委，研讨聘请澳门籍兼职仲裁员及管理制度。11月23日，协调市市场监管局等部门，建立澳资企业、澳门居民在珠海工作信息等基础数据交流机制。11月24日，联合澳门工会联合总会、仲裁院、三江人力资源中心等单位，明确办公人员入驻、基础信息管理、劳资关系调研、纠纷争议调解等多项制度。11月30日，“珠澳和谐劳动关系示范中心”着手处理第一件涉澳公司劳资纠纷。截至年底，调解处理涉港澳劳动纠纷案件17起
26	确保平岗—广昌原水供应保障工程、广南梅供水管道工程年内具备通水条件	完成 平岗—广昌原水供应保障工程、广南梅供水管道工程正式通水，并在2020年枯水期发挥作用
27	完成鸭涌河整治	完成 （1）由珠海市投资建设的鸭涌河生态补水工程均完成现场施工作业任务，使鸭涌河具备改善河涌水环境的能力 （2）由澳门负责投资建设的鸭涌河综合整治工程项目完成
三、激发市场主体活力，增强发展新动能		
28	在常态化疫情防控下，调整措施、简化手续，推进更多服务事项一窗办、一网通办、跨境办、秒批办、免证办	完成 （1）拓展市政务服务大厅综合受理事项范围，推进工程建设项目审批一窗通办，推行市政公用基础设施报装接入服务“一窗受理” （2）持续提升“一网通办”能力。市、区依申请办理的政务服务事项1.14万项，85%的事项可网上申办，85%的依申请事项实现最多跑一次，69%的依申请事项实现零跑动 （3）推动“秒批”政务服务模式，推出“秒批”事项268项，累计办理超90万次 （4）市、区推出“免证办”高频服务事项1247项，业务覆盖全市6个区和35个部门，累计使用电子证照超76万次 （5）通过拓展商事登记、不动产、税务、医保、社会民生等领域跨境办事，上线澳门跨境办理政务服务事项338项

（续表）

序号	工作任务	完成情况
29	落实挂点联系服务企业制度，完善政企常态化沟通机制	完成 截至年底，市领导联系走访挂点企业108家次，帮助挂点企业解决产业链上下游协同复工、采购本地优质产品、协调融资贷款、办理国外专家绿卡、组织企业员工返岗等问题74项。相关工作获国务院督查组肯定，被《人民日报》作为典型经验刊登
30	坚决把减税降费政策落实到企业，预计全年为企业减负超100亿元	完成 （1）全力助企纾困解难，提振市场主体信心。1—11月，全市累计新增减税降费规模108.68亿元，连续两年超过百亿元 （2）加强组织领导，凝聚思想共识。市财政局成立减税降费工作专班，明确任务分工，为政策落实落地筑牢组织保障 （3）加强统筹调控。在依法依规组织收入的同时，坚决不收“过头税费”，确保该减的减到位、该降的降到位 （4）加强部门协调。多部门联合，同步实施政策解析、同步共享涉税数据、同步开展宣传辅导，扩大政策普及面、受惠面
31	延续国有房产减免租金措施，鼓励各类业主减免或缓收房租	完成 （1）市国资委于2月6日、3月20日、7月1日分别印发《关于落实市政府〈关于应对新型冠状病毒感染的肺炎疫情支持中小企业共渡难关的若干政策意见〉有关事项的通知》《关于进一步做好服务业小微企业和个体工商户房租减免工作的通知》等文件，出台市属国有企业租金减免的相关政策；组织市管企业分管领导、部门负责人和经办人召开会议，要求企业结合实际制定租金减免工作方案，快速受理中小微企业等承租人的租金减免申请 （2）7月，部署市属国有企业在减免两个半月房租的基础上，再免半个月，对受疫情影响缴纳租金确有困难的，本着诚信原则，通过平等协商延期收取租金 （3）11月，针对“部分国有企业单位未按规定落实疫情期间国家减免小微企业、个体商户房租政策”问题，发文督促各区、各市管企业再次开展国有企业减免小微企业、个体工商户房租政策落实情况排查，发现问题立行立改。各区、各市管企业无减免租金落实不到位情况 （4）全年，对承租市国有资产经营用房的8672户承租人减免房租3.11亿元。其中，市属国有全资企业减免1.68亿元、市属国有控股及上市公司减免1996万元、区属企业减免9287万元。在应对新型冠状病毒感染的肺炎疫情期间，市国有企业主动承担社会责任，与中小企业共渡难关，全面落实政府房租减免政策，有力支持中小企业及个体工商户等市场主体复工复产，受到普遍欢迎，产生良好的社会效益
32	完善多元化普惠金融机制，运用多层次资本市场为中小微企业提供直接融资	完成 （1）加快上市企业后备库建设，精准服务上市潜力企业。运用“科技+”搭建上市培育综合服务平台，建设上市和挂牌后备企业库以及金融、中介机构库。截至年底，有2029家企业导入上市后备企业资源库 （2）开展2020年上市挂牌奖励申报和审核工作，博杰电子、冠宇电池、广浩捷、伊斯佳等9家企业申请奖励资金240万元 （3）加强走访调研，因企施策“一对一服务”。全年现场走访拟上市企业39家，对企业的生产制造、技术研发、市场分布和发展前景等进行全方位调研，更好地服务和培育有潜力的优质企业，为推动企业上市打好基础
33	深化市属国企市场化改革	完成 印发《珠海市市管企业董事会规范运行工作指引》《关于进一步加强珠海市管企业公司治理建设的补充意见》和《关于加强上市公司国有股权管理的若干意见》等文件，围绕坚持党的领导、加强党的建设，完善体制机制，依法规范权责，并根据功能分类，把握重点，健全各司其职、各负其责、协调运转、有效制衡的国有企业法人治理结构；印发《珠海市属国有企

（续表）

序号	工作任务	完成情况
33	深化市属国企市场化改革	业改革创新容错纠错实施办法（试行）》，激励广大干部职工积极作为，勇于担当，激发干部职工工作积极性、主动性和创造性；结合国企重组整合，配合市委组织部开展市属企业领导人员市场化选聘工作，完成12家市管企业党委书记、董事长、专职党委副书记、纪委书记人员配备工作，坚持党管干部原则培育国有企业家队伍，为全面推进市场化高级管理人才选聘、规范化薪酬管理和业绩考核谋篇布局
34	出台专项政策，加快培育以集成电路、生物医药、新材料、新能源、高端打印设备为重点的五大千亿级产业集群。推动重点工业项目加快建设	完成 （1）8月28日，出台《珠海市促进生物医药产业发展若干措施》和《珠海市推动生物医药产业高质量发展行动方案（2020—2025年）》 （2）10月15日，出台《促进珠海市集成电路产业发展的若干政策》《关于大力支持集成电路产业发展的意见》 （3）组织召开《促进珠海市集成电路产业发展的若干政策》《关于大力支持集成电路产业发展的意见》新闻发布会 （4）9月11日和11月12日，分别组织召开东、西部片区推动制造业高质量发展系列政策宣讲会，对新出台的政策措施进行集中宣讲，约600家企业参加 （5）11月28日，印发《中共珠海市委 珠海市人民政府关于珠海市打造现代化产业集群推动制造业高质量发展的实施意见》
35	推进格力电器横琴总部大楼建设	完成 推进格力电器横琴总部大楼建设，支持格力电器在横琴建设管理、结算和数据总部。横琴新区完成项目选址用地功能调整，双方就项目投资招商协议达成基本一致意见
36	推进格力电器高栏港产业园建设	完成 （1）3月23日签署投资协议，3月31日举行格力电器高栏产业园项目投资协议签约动工仪式 （2）格力电器产业园项目一期用地104万平方米，4月3日签订土地出让合同。第一地块用地完成第一阶段的填土，软基处理工程完成总进度约50%；管桩施工单位进场，两器、总装、钣金车间管桩施工进行中；第一地块总平面图规划设计完成，新增临时专用装卸点工程完成合同金额的100%
37	实施“小升规”奖励，新增120家规模以上工业企业，推动300家规模以上工业企业开展技改	完成 （1）实施“小升规”奖励，新增规模以上工业企业120家。①全年新增规模以上工业企业159家，其中香洲区34家、金湾区44家、斗门区（含富山工业园）25家、高新区42家、高栏港区14家；②申报2021年“小升规”奖励预算，安排金额约3600万元，比2020年增长超100% （2）推动300家规模以上工业企业开展技改。①全年推动314家规模以上工业企业开展技术改造，超额完成年度目标任务。全年全市完成工业投资344亿元，比上年增长18%，增速在珠三角九市中名列前茅，其中完成工业技改投资144亿元。②完成2021年省、市技改项目入库。③完成省工业企业技术改造事后奖补（普惠性）资金申报、核算及拨付。④召开政策宣讲会2场，宣讲技术改造投资相关政策
38	实施新型产业用地管理政策	完成 5月13日，印发《珠海市新型产业用地（M0）管理暂行办法（试行）》，相关部门制定并出台系列配套实施细则。市发展改革局制定出台《新型产业项目产业准入目录》，市自然资源局制定出台《新型产业用地（M0）地价管理实施细则》，市商务局制定出台《新型产业用地（M0）开发主体准入认定办法》，市工业和信息化局制定出台《新型产业用地（M0）项目效益审查管理实施细则》，市不动产登记中心制定出台《新型产业用地（M0）项目不动产登记实施细则》

（续表）

序号	工作任务	完成情况
39	加快推进高栏中国绿色新材料产业园建设	完成 （1）明确新材料产业集群化发展，主攻锂电新材料、功能复合性材料、新一代电子信息材料，其中锂电新材料产业先进企业恩捷新材料二期建成投产；辰玉新材料项目封顶；华润新材料项目桩基工程完成，地上建筑物建设中；创智成功新材料桩基工程建设中 （2）引进高性能医疗器械新材料企业珠海健帆生物项目，与其灌流器新材料项目签订投资协议，土地招拍挂工作开展中
40	完善提升新青科技工业园配套设施，加快推进斗门智能制造产业园建设	完成 （1）新青科技工业园配套设施：①新青七路、新青五路、东福街道路改造工程完工投入使用。②新青六路水浸整治应急工程于7月竣工验收并投入使用。③2019年底启动井岸镇黑臭河涌上游截污补短板工程（五福片区）和井岸镇黑臭河涌上游截污补短板工程（新青片区）工作，完善新青工业园排水管网等基础配套设施。截至年底，完成截污管道4.3千米、雨水渠改造5.4千米、混凝土路面硬化1.7万平方米、人行道铺设1400平方米等，累计完成投资约4800万元，工程进入收尾阶段 （2）斗门智能制造产业园建设：①服务中心一期工程取得投资备案证，方案、初步设计、清单完成，编制概算、施工图设计和办理用地手续进行中。人工智能科技港一期取得投资备案证，方案完成，初设编制中，用地手续办理中。②新港大道（G228—新环三围涌）完成鱼塘填土及25%的软基处理工作，新港大道（新环三围涌—新环四围涌）改造工程软基处理完成30%，新港大道（新环四围涌—南环路）改造工程软基处理完成10%。新港大道（新环三围涌—斗门港大道）改造工程软基处理完成50%，雨水管道整体完成45%、电力管沟整体完成70%、供澳水管保护管桩完成90%，整体完成70%。③斗门区智能制造产业园首批落户项目场地填土平整工程（第三十四批次项目用地场地填土及平整工程）交付使用，组织验收工作中
41	完善提升南屏工业园配套设施，加快推进香洲科创中心、三溪科创小镇建设	完成 （1）南屏工业园配套设施项目（第二批道路）：8月完成立项，10月16日正式动工。截至年底，13条道路动工，其中10条道路具备通车条件，12月30日举行通车仪式 （2）香洲科创中心项目：完成底板和地下室工程施工，主体结构完成30% （3）三溪科创小镇项目：①市政配套。启动区沥东路动工，完成雨污水管、路床水稳层和电缆沟，沥青路面铺设准备中。梅界西路一期项目进场动工。三溪路（原滨山路）完成方案设计批复和土规调整批复，可研初审准备中。②重点项目：格创集城项目S1地块完成土方开挖和基坑施工，启动主体施工，S2地块土方开挖工程完成50%，同步开展基坑支护工作，全年完成投资额2.76亿元。格力智能装备项目完成厂房打桩和地基施工，主体建设进行中，其中W307-1地块1#、2#、3#厂房主体建设基本完工，室内外装修进行中，全年完成投资额1.37亿元
42	完善提升富山工业园配套设施	完成 （1）完善基础设施和市政配套建设。西部生态新城（富山片区）全年累计投入16.94亿元完善基础设施及公建配套，完成年度计划投资进度112.56%，在西部4个片区排名第一。①完成富山大道中段及青啤路西段、马山北路及富山七路道路工程、海工西路、医药路、产城中路（西段）、雷蛛大道（南段）、江湾涌大桥工程主体等项目；②中小企业园市政配套道路1-4、5-7号4个标段办理施工许可，加快施工中；③企业配套服务工程（首期）全面动工，杰士路、富民一路、富民二路等道路市政污水管网建设中 （2）推动建设智造小镇和起步区两个产城融合示范区。①智造小镇一期S5、S6公寓主体结构封顶，二期共有产权房开工建设；②起步区富山中心学校项目、邻里中心等公建配套项目主体结构完工，外立面装修完成。共有产权房（未来城市花园）一期主体结构累计完成60%

（续表）

序号	工作任务	完成情况
42	完善提升富山工业园配套设施	（3）提升园区环境承载力，推进海域乱象整治工作。第二水质净化厂〔第一水质净化厂（工业）〕于12月31日通水试运行。污水系统三年攻坚实施工程项目建设获批，新建及改扩建3座污水处理厂及配套管网60千米。①启动第一水质净化厂（富山污水处理厂）提标改造工程，并开展富山第三水质净化厂工程前期研究工作；②基本完成问题河涌整治（一期），启动问题河涌整治（二期）治理工作；③管网病害修复及填空白工程完成招标并开展地勘及设计工作，管网深度普查及清淤检测工程进入实质工作阶段；④海域乱象整治工作完成赤鼻岛及其周边海域4.02平方千米非法渔业设施全部清理工作 （4）加快打造绿色、生态的高水平“无废示范园区”。组织召开“无废示范园区”建设试点实施方案专家评审会。11月，印发《珠海市富山工业园“无废示范园区”建设试点实施方案》。第二水质净化厂〔第一水质净化厂（工业）〕通水试运行。东江环保绿色服务中心项目完成主体结构施工。推进市控VOCs企业开展“一企一策”减排，废气VOCs减排273.7吨。2019年度全市环境保护责任暨污染防治攻坚战工作中，富山工业园获优秀等次 （5）完善富山工业园通信基础设施，推动富山工业园“宽带中国”“智慧富山”5G新基建落地。全年，富山工业园建成并开通5G基站168座，超额完成160座的年度目标，完成率105%，全市排名第一
43	完善提升三灶科技园配套设施	完成 金湾区于12月31日前完成南坑片区市政配套工程一标段沥青路面、照明、安监及绿化工程
44	推动建设珠江口西岸高端产业集聚发展区，谋划建设深珠合作示范区	完成 （1）推动建设珠江口西岸高端产业集聚发展区：①完成建设方案初稿编制。与江门发改部门拟定珠海–江门高端产业集聚发展区建设方案，在省发改委明确中山市加入集聚区的建设后，会同江门、中山两市发展改革局对方案做进一步修改完善，并将初步成果提交省大湾区办。②完成规划初稿编制。初步完成集聚区总体规划和5个专题研究报告的初稿，对总体规划和专项研究进行调整完善中。③重新建立工作协调推进机制。年初，省大湾区办将集聚区推进工作列入2020年重点工作，在省大湾区办牵头统筹下，开展多次工作层面对接，汇总金湾区、斗门区、高栏港区、富山工业园及市直相关单位的政策诉求上报省大湾区办。④8月7日，省大湾区办主持召开宏观院专家与省内专家座谈会，听取对建设方案的意见建议。⑤11月26日，与江门市大湾区办就两市在推进大湾区重大平台和项目建设方面，特别是粤港澳大湾区（珠西）高端产业集聚发展区建设的经验做法进行座谈交流 （2）谋划建设深珠合作示范区：印发《深珠合作示范区建设联系对接工作小组近期工作方案》，委托深圳国际高新技术产业研究中心开展深珠合作示范区建设思路课题研究，形成《深珠合作示范区建设思路研究》课题成果。基于两地政府、企业开展深入调研，系统分析深珠两市产业基础及发展诉求，遴选以珠海后环片区为核心区，万山区、高栏港经济区及富山工业园为协同区的空间范围，研究提出“共创国家级战略平台、共建具有国际竞争力的分工协作产业链、打造标志性的特色产业空间、搭建开放共享的产业功能平台、实施互惠共赢的资源协同计划、完善跨江区域合作支撑保障”六类20条建议，为推进深珠合作示范区建设提供路径和对策参考
45	加快建设粤港澳物流园，打造区域性国际物流枢纽	完成 （1）粤港澳物流园市政配套工程完成规划审批，启动三项市政配套设施 （2）“嘉里物流大湾区运营中心”项目落地，建设稳步推进中 （3）招商引资：①联合珠海物流协会及10余家物流企业拜访省物流协会，结合粤港澳物流园规划，共同探讨国际物流枢纽建设相关问题。联合中拉航空公司、港珠澳供应链公司赴义乌考察，商议并推进电子产品、国际奢侈品跨境电商及“一带一路”国际贸易业务落地开展事宜。②与顺丰集团、京东物流、万科物流、珠江集团、香港新华集团等企业对接，其中，顺丰集团“顺丰珠海智慧供应链产业基地”项目选址完毕，进入招商协议草拟阶段

（续表）

序号	工作任务	完成情况
46	推进长隆海洋度假区二期、宋城演艺度假区、凤凰谷生态旅游区等项目建设，加快构建与全域旅游发展相匹配的公共服务体系	完成 （1）10月，香洲区、金湾区、斗门区3个行政区全部成功创建广东省全域旅游示范区 （2）横琴新区游客服务中心、香湾市民艺术中心、会同游客服务中心、桂山镇游客服务中心等9个单位成功入选广东省首批“基层综合性文化服务中心与旅游服务中心融合”试点名单 （3）推进长隆海洋度假区二期项目 （4）宋城演艺度假区项目：4月28日正式动工，计划投资150亿元，一期（42.29公顷）工程施工建设、二期用地（104.05公顷）调规和指标调整工作开展中 （5）凤凰谷生态旅游区项目：5月26日，投资方华侨城集团与香洲区签订框架合作协议，用地招拍挂前期相关工作和项目整体规划方案优化完善有序开展中
47	加快打造十字门商圈	完成 截至年底，珠海中心除三层保留楼层外，仅剩一层（2000平方米）未出租。十字门华发商都引入国际连锁品牌星巴克、汉堡王，澳门元素餐饮大利来记，高端海鲜酒楼渔女湾，以及泰国菜、日式料理、水饺、猪肚鸡、鸭血粉丝等多种餐饮品牌，其他配套业态包含美容美发、教育培训、健身美体、便利超市、文创空间等。项目招商率约80%，进入试运营阶段，上述品牌基本对外营业
48	加快打造吉大城市之心、九洲港和富华里商圈。推进香山迎宾馆建设。改造提升香洲旧渔港	完成 （1）吉大城市之心项目：项目规划方案和供地方案于9月30日批复，完成第一期地价缴交，办理基坑支护施工许可证，项目一期原地上建筑物拆除中 （2）九洲港项目：项目规划方案和供地方案于9月28日批复，完成地价缴交，办理基坑支护施工许可证，动工开挖土方工程 （3）富华里商圈项目：富力新天地主体工程按计划施工。利腾·金力湾一期4栋建筑均封顶，各栋工程收尾工作开展中，达预售条件。国维中央广场一区3#、5#、6#、7#、2#、8#六栋塔楼均封顶。玖云著完成土方工程，主体工程按计划施工，预售手续办理中 （4）香山迎宾馆项目：完成方案设计，开展基坑支护桩和土石方工程施工 （5）香洲旧渔港改造提升项目：聘请深圳市规划院作为项目概念规划设计单位，完成项目概念规划设计方案和运营发展建议，整体可研报告编制中
四、深度参与粤港澳大湾区建设，推动构建区域发展新格局		
49	设立专门工作机构，加快推进广中珠澳高铁、广江珠澳高铁、广州地铁十八号线延伸至珠海项目前期工作	完成 （1）关于成立专门工作机构事宜，市发展改革局完成市轨道交通局筹建工作方案、调研方案、筹建工作小组暂行规定、市轨道交通局立法文件及章程等文件初稿，并于7月8日赴深圳市调研轨道交通管理及法定机构设立经验。市轨道交通局领导班子组建到位，市发展改革局移交市轨道交通局筹建工作相关资料 （2）市交通运输局：①广州至珠海（澳门）高铁、珠海至肇庆高铁项目纳入《粤港澳大湾区城际铁路建设规划》，并启动预可行性研究编制工作；②南沙至珠海（中山）城际项目纳入《粤港澳大湾区城际铁路建设规划》，并启动前期工作，同时作为广州都市圈城际铁路建设项目，由广州市发改委牵头建立的跨市联合项目工作组统筹推进
50	携手深圳推进伶仃洋通道规划。加快建设黄茅海跨海通道。推进与中山东外环高速、西环高速南延线的路网衔接	完成 （1）《广东省高速公路网规划（2020—2035）》将伶仃洋公路通道列入远景展望项目。12月，市交通运输局组织编制的《伶仃洋公路通道及西延线交通详细规划》通过第四届珠海市城乡规划委员会市政与交通规划委员会2020年第二次会议审议 （2）黄茅海跨海通道于6月6日开工建设，珠海市2020年支付资本金3亿元，主体工程于12月正式动工

（续表）

序号	工作任务	完成情况
50	携手深圳推进伶仃洋通道规划。加快建设黄茅海跨海通道。推进与中山东外环高速、西环高速南延线的路网衔接	（3）4月21日，珠、中两市跨界道路推进工作会议议定，加快推进中山东部外环高速二期与金琴快线北延段衔接，确保与深中通道同步建成通车，具体方案为中山东部外环高速二期在翠亨南互通设置中山明珠路跨线桥，以连接线方式与珠海金琴快线北延段对接。9月，珠、中两市跨界道路会议研究，明确金琴快线北延段对接中山东部外环高速公路二期连接线中山明珠路跨线桥方案及出资事宜。中山东部外环高速二期北段开工 （4）12月，省交通厅组织召开中山西环高速公路南延线工程可行性研究报告专家评审会议，珠海市与中山市就西环高速南延线路网衔接方案达成一致意见
51	做好珠海机场总规修编，加快建设T2航站楼、综合交通枢纽、空港国际智慧物流园。谋划建设粤港澳大湾区超级枢纽港	完成 （1）机场总规修编工作方案确定，报民航局进行评审 （2）T2航站楼按计划完成年度施工任务，完成航站楼东指廊主体结构，完成主楼、西指廊、南指廊基础工程，航站楼暖通空调部分完成招标工作，航站楼装修及机电部分发布招标公告。机场改扩建工程2020年完成投资9.6亿元 （3）机场综合交通枢纽建设工作：高架桥工程开工 （4）空港国际智慧物流园按计划完成年度施工任务，桩基础施工基本完成，地基检测单位进场检测，主体结构土建施工所需钢筋、水泥、混凝土等主要建筑材料进行大量备料。空港物流园项目2020年完成投资1.92亿元 （5）市交通运输局委托交通运输部规划研究院完成《粤港澳大湾区超级枢纽港战略可行性研究》，为国家及省相关部门制定宏观政策提供参考；根据省委、省政府统筹部署，6月12日，省发改委主持召开珠江口深水港区规划前期研究会议，市交通运输局汇报粤港澳超级枢纽港项目设想和进展情况，省发改委牵头开展深入调研和可行性研究；11月2日，市交通运输局局长林粤海赴京向交通运输部领导汇报工作
52	继续推进国际口岸开放	完成 4月20日，将口岸发展“十四五”规划（含珠海机场口岸对外开放）报至上级口岸管理部门，并申请纳入国家、省口岸发展“十四五”规划，相关请示报至国家口岸管理部门
53	加快建设莲洲通用机场二期	完成 （1）7月11日，印发《关于调整珠海通用机场建设工作领导小组成员及下设机构的通知》，完成珠海通用机场建设工作领导小组成员及下设机构调整 （2）7月22—23日，会同珠海航空城集团开展通用机场航空产业规划调研工作，分别前往斗门区、金湾区航空产业园、市自然资源局和中航通飞有限责任公司召开座谈会，专题研究通用机场航空产业规划事宜。莲洲通用机场航空产业规划由珠海航空城集团进一步完善。莲洲通用机场二期工作方案编制完成。通用机场二期项目于7月27日完成备案立项 （3）8月28日，就通用机场二期项目涉及的莲洲镇永利大沙片区生活污水处理厂和配套管网相关事宜召开专题研究会议，要求尽快修改方案设计，并报市交通联席会议审议 （4）9月12日，莲洲通用机场二期项目可研报告通过专家组评审，根据专家组意见修编完善。项目建设方案基本稳定。通用机场公司开展节能、环评等专项论证，并进行工程设计、飞行程序及飞机性能研究，委托评估项目社会稳定风险 （5）10月30日，莲洲通用机场二期项目先行段开工建设（土地平整、软基处理） （6）11月12日，珠海通用机场建设工作领导小组办公室再次组织召开关于研究莲洲通用机场二期项目工作会议，听取通用机场二期项目前期工作进展情况汇报，同时研究莲洲通用机场进场市政道路工程建设工作事宜 （7）莲洲通用机场进场市政道路工程于12月30日开工建设

（续表）

序号	工作任务	完成情况
54	完善高栏港多式联运物流体系	完成 （1）协调高栏海关启动“船边直提”通关业务改革，“船边直提”通关业务运行顺畅，查验货柜在码头逗留时间缩短 （2）协调高栏海关对进口铁矿逐批实施抽样品质检验调整为依企业申请实施，对于进口铁矿收货人或者代理人不需要海关出具进口铁矿品质证书的，在实施现场检验检疫合格后直接放行 （3）协调高栏海关完成“内外贸业务同船”改革相关政策研究，“内外贸业务同船”实施条件具备，待高栏国码开展相关业务即可正式开通 （4）3月，高栏至江门北的海铁联运新通道正式开通。6月，高栏至阳春海铁联运正式贯通。高栏港区牵头港捷公司申报的“珠海港通达全球、联通西南—粤港澳大湾区集装箱江海铁联运示范工程”以第二名的成绩入选广东省多式联运示范工程，由港捷作为示范工程的主要实施主体推进项目。2020年珠海港集团完成高栏港海铁联运集装箱3858TEU，比上年增长6.2倍，累计开通多式联运通道25条 （5）完成综合保税区项目综合服务楼建设总工程量的99%，市政项目完成封关验收建设内容，完成工程竣工初验 （6）引导企业按程序开展建设，分期投资环通综合物流中心项目。截至年底，环通综合物流中心一期项目完成部分前期工作，一期主体工程设计有关工作开展中
55	推动新横琴口岸通关	完成 2019年10月26日，全国人大常委会第十四次会议审议通过《关于授权澳门特别行政区对横琴口岸澳方口岸区及相关延伸区实施管辖的决定》。2020年3月2日，国务院批复横琴口岸澳方口岸区及相关延伸区旅检区域于2020年3月18日启用。经粤澳双方政府协商一致，横琴口岸新旅检区域于2020年8月18日正式开通启用，并在旅检通道开始实施“合作查验、一次放行”通关查验模式
56	推进青茂口岸建设，重建九洲港口岸	完成 （1）青茂口岸：粤方联检楼主塔楼（AB区）、海关查验区（C区）、连接通道（D区）外幕墙安装完成100%；室内装修、机电安装等完成88%，钢桥防幕墙施工完成85% （2）九洲港口岸：上半年完成九洲港口岸临时旅检楼搬迁转场、查验设施设备安装调试、启用前检查验收等工作，九洲港口岸临时旅检大厅投入使用。九洲控股集团牵头制定九洲港口岸规划建设方案，协调各查验单位就九洲港口岸规划建设初步方案进行修改完善。5月9日，市商务局组织召开九洲港口岸方案设计成果汇报会，就前期方案成果征求各查验单位意见。8月，市商务局牵头组织相关单位赴南沙客运港、中山客运港考察学习。下半年，组织召开三轮现场协调会，与各查验单位一对一沟通交流口岸区域方案设计事宜
57	激发全社会创新活力。实施高新技术企业树标提质行动，遴选高企百强企业。继续培育引进一批高成长创新型企业	完成 （1）科学谋划高企树标提质工作。组织开展高新技术企业树标提质业务培训等政策推送辅导活动5场，2548家次企业7730人参加培训。2020年度高企申报分三批次进行，市、区联动将1075家企业纳入高企申报培育清单，854家企业参加认定，拟通过认定736家，通过率86.18%，全省排名第二 （2）树立高企标杆。形成珠海市2020年高新技术企业综合创新实力100强备选名单、成长100强备选名单和经济贡献100强备选名单，在征求意见后正式发布，并给予奖励后补助资金支持 （3）加大高企百强企业扶持力度。近年拨付市级高企培育资金超8亿元，拟再次修订高企树标提质行动计划作为今后高企工作的行动指南，将重点针对标杆企业奖补、高成长创新型企业培育等相关配套政策，在持续壮大高企规模、提升高企创新能力、完善高企创新环境建设方面实施多项重点任务

（续表）

序号	工作任务	完成情况
57	激发全社会创新活力。实施高新技术企业树标提质行动，遴选高企百强企业。继续培育引进一批高成长创新型企业	（4）举办2020年度珠海市标杆高新技术企业创新管理培训班。加强对标杆高新技术企业的创新服务，发挥标杆高新技术企业示范、带动作用，促进珠海标杆高新技术企业高质量发展，提升企业研发创新管理、知识产权体系建设水平，以及强化企业借助金融资本市场增强创新发展动能的意识，做大做强珠海市高新技术企业群体 （5）持续开展高成长创新型企业培育工作。市、区联动给予71家进入培育库的“独角兽”企业1.3亿元研发启动金支持。12月14—15日，开展2020年高成长创新型企业（独角兽企业）遴选，拟通过40家企业进入培育库
58	推动南方海洋科学与工程广东省实验室（珠海）、横琴先进智能计算平台加快建设	完成 （1）南方海洋科学与工程广东省实验室（珠海）：①推动南方海洋实验室大楼改造装修项目动工。②协助南方海洋实验室完成海洋科考平台、海洋元素与同位素平台等8个大型科研公共平台中7个平台的建设方案论证工作并进入实质性建设阶段。③支持实验室完成海洋环境与资源、海洋工程与技术和海洋人文与考古三大领域18个创新团队建设方案论证工作，参与创新团队2020年年终考核。参与实验室11月举办的首届珠海万山国际智能船艇公开赛开幕仪式。④签订南海中部综合科考、珠江口外海域地质地球物理综合科考等任务书。⑤支持南方海洋实验室与珠海云洲智能深度合作，打造海空潜一体的智能快速机动海洋立体观测系统——中国首艘智能型无人系统母船，12月18日完成签约。⑥多次到南方海洋实验室实地调研，协调解决实验室在建设工作中遇到的困难。截至年底，南方海洋实验室新增科研项目296项，发表论文1096篇，申请发明专利、实用新型专利215项，获得授权66篇，提交决策报告32篇，发表专著15部 （2）横琴先进智能计算平台：与中科院合作共建的横琴人工智能超算中心项目计划总投资约20亿元。项目一期建设于2019年9月4日完成，由中科院投资设备、横琴提供机房场地，算力达50亿亿次/秒（0.5Eops）；项目二期于2019年12月12日完成专家验收，投入资金4.4亿元，截至2020年12月31日，算力达116亿亿次/秒（1.16Eops），峰值智能算力全球第二；项目三期永久选址位于横琴新区环岛西路东侧，拟建设先进智能计算大楼，规划总用地面积1.3万平方米，总建筑面积3.84万平方米，共9层。截至年底，主楼9层结构施工完成封顶
59	承接广深港澳创新资源外溢，特别是做好和深圳产业的对接，支持科技成果到珠海转化	完成 出台《珠海市珠港澳科技创新合作项目管理办法》，是国内首部从市级层面支持港澳科技创新合作的政策，鼓励港澳科技成果到珠海转移转化，对符合条件的项目，最高补助20万元。截至年底，完成2020年项目评审
60	鼓励在珠高校创新发展，支持开设集成电路、生物医药、新材料、新能源等专业学科	完成 （1）召开专题会议深入推进在珠高校学科专业调整。9月24日，召集各有关高校召开专题会议部署相关工作，鼓励在珠高校创新发展，支持开设集成电路、生物医药、新材料、新能源等专业学科，各高校均表示积极支持并配合珠海市产业发展布局相关专业 （2）与高校签署合作协议，要求高校在专业学科布局方面紧密契合珠海市产业发展。6月30日，《珠海市人民政府　北京师范大学-香港浸会大学联合国际学院合作协议（二）》及《珠海市人民政府　北京师范大学-香港浸会大学联合国际学院合作协议（二）备忘录》签署，双方在现有基础上进一步加强合作，发挥各自优势，创新务实，互利共赢，妥善解决北京师范大学-香港浸会大学联合国际学院全面发展与教学、科研空间不足的问题，满足学校在创新科技、人工智能和产学研等领域发展需求及高端创新人才的培养需求，使学校更好顺应本地发展趋势，汇聚海内外优秀人才与科研力量，为珠海市社会经济发展及粤港澳大湾区建设做出更大贡献；9月10日，《珠海市人民政府　珠海市华政教育投资有限公司合作协议》签署。根据协议，转设后的吉林大学珠海学院将布局发展应用化学、生物工程、计算机

（续表）

序号	工作任务	完成情况
60	鼓励在珠高校创新发展，支持开设集成电路、生物医药、新材料、新能源等专业学科	技术、车辆工程等专业学科，充分利用教育资源优势，参与珠海经济社会建设；11月30日，《珠海市人民政府与澳门科技大学合作办学协议》在澳门签署。根据协议，澳门科技大学将设立珠海校区，拟落户珠海（国家）高新技术产业开发区，将开设相关学科研究生层次（硕士及博士）的学位课程。学科建设方面，以应用研究为主，优先配合珠海高新技术三大主导产业及三大重点培育产业定位及对人才的需要，拟设立工学（计算机与资讯系统、信息与通信工程、控制科学与工程、生物医学工程、环境科学与工程、智能技术、微电子、集成电路技术）、理学（太空科学、海洋科学、应用数学与数据科学、生物学）、医学（中药学、公共卫生与预防医学、护理学、生物化学、细胞生物学）、艺术学（互动媒体艺术）、管理学（工商管理、旅游管理、公共管理、供应链管理）以及经济学（应用经济学、金融学、保险学）等
61	健全政府投资引导基金体系，引导私募基金加大对珠海市产业投入	完成 （1）全市政府投资引导基金投资情况：经统计，市、区4个创业投资引导基金总规模69.11亿元，实际到位资金62.11亿元，设立子基金29个，总规模105.13亿元，实际到位资金规模72.53亿元，其中引导基金出资规模11.36亿元，放大倍数为6.38倍。总投资项目295个，项目投资总规模56.32亿元，其中投资珠海项目97个，实际到位资金15.4亿元 （2）落实珠海市外商投资股权投资企业（QFLP）试点政策，加快引进QFLP试点企业落地，吸引具有国际影响力的股权投资企业在本地集聚。截至年底，有13家QFLP试点企业落地，包括8家股权投资管理机构和5家股权投资基金，认缴出资总规模近40亿美元，实缴到位约25亿美元 （3）制定有关政府投资基金考核评价指标体系，并组织市创业投资引导基金和市人才创新创业投资基金完成绩效测评。组织市创业投资引导基金和市人才基金完成2020年政府出资产业投资基金绩效评价 （4）推动知名集成电路领域投资机构达泰资本与高新区政府投资基金合作设立港湾达泰股权投资基金，为珠海引入芯动力、亿智科技、迈巨微电子等优质集成电路项目，截至年底，实现3倍的账面投资回报 （5）推动市投资引导基金、科技天使基金与高新区天使基金、横琴天使基金协商，设立珠海高新技术产业投资基金、力高贰号基金等产业投资子基金，并开展联合投资
62	推进国家知识产权保护中心建设	完成 知识产权保护中心各项筹建工作如期完成，12月24日通过省知识产权局预验收；按期报国家知识产权局验收
63	高水平编制国土空间总体规划，优化城市空间和功能布局	完成 加快推进国土空间总体规划编制工作，统筹划定生态保护红线、永久基本农田、城镇开发边界，形成珠海国土空间总体规划用地初步方案，按照建设大湾区澳珠极点的要求，构建“一核双中心多组团”的城市空间新格局
64	完成香山湖公园、城市阳台一期建设，改造提升海天公园	完成 （1）香山湖公园项目：园林绿化、环湖栈道、景观工程等全部完成，全面向市民开放 （2）城市阳台一期项目：室外景观基本完成，达到交付条件 （3）海天公园改造提升项目：改造提升工作全面完成，持续跟进园区管养提升工作
65	完成金湖公园建设	完成 金湖公园一期工程完成。完成公园出入口车道改扩建工程，地形修正完毕，标识标牌、垃圾桶、椅子、灯光雕塑、灯具等公园设施全部制作安装完成，道路画线、道钉安装、围挡安装、临时厕所安装、临时电缆埋地等细节事项全部完成

（续表）

序号	工作任务	完成情况
66	加快建设横琴湿地公园	完成 完成二井湾湿地（一期）建设，并对公众开放。完成二井湾湿地（二期）初步方案、规划及功能调整、科研监测等工作
67	加快建设黄杨河湿地公园二期	完成 完成黄杨河湿地公园二期项目的测量、立项、可行性研究报告、方案设计和初步设计修编，并通过绿色图章方案审查和海绵方案审查，概算审核和EPC招标进行中
68	启动文化艺术中心选址、设计工作	完成 （1）明确市级文化艺术中心选址于银坑半岛 （2）市级文化艺术中心项目（位于银坑半岛）于12月23日发布设计方案国际招标公告，根据安排将于2021年3月23日定标
69	继续推进情侣路“一带九湾”改造提升	完成 推进情侣南路（横琴大桥至横琴二桥）、洪屏二路南段市政道路工程，截至年底，完成软基处理73%、桥梁工程60%、雨污管线40%、路基工程40%，完成投资2.52亿元。建设以来累计完成投资3.51亿元
		完成 （1）海天公园改造提升项目：改造提升工作全面完成，持续跟进园区管养提升工作 （2）香洲旧渔港改造提升项目：聘请深圳市规划院为项目概念规划设计单位，截至年底，完成项目概念规划设计方案和运营发展建议，整体可研报告编制中 （3）城市阳台一期项目：室外景观基本完成，达到交付条件 （4）九洲港项目：项目规划方案和供地方案于9月28日批复，完成地价缴交，签订土地出让协议，办理基坑支护施工许可证
		完成 完成前环海岸线绿带景观及配套工程总工程量71%。改建部分的地下管线铺设、慢跑道、自行车道、堤岸步道、堤岸栏杆及绿化种植等完成65%，新建部分的种植土绿化、雨水管（渠）、栏杆、堤岸步道、慢跑道、自行车道等完成75%
70	抓好香洲北工业区、香洲科技工业园改造	完成 （1）香洲北工业区：取得更新单元规划方案批复。启动区（香洲粮库）动工，建筑物完成拆除 （2）香洲科技工业园：完成项目拟更新改造范围划定、整体更新单元规划编制、改造概念方案设计，南洋埔清场补偿及联动开发事宜统筹研究中
71	抓好唐家第一工业区、银坑片区改造	完成 （1）唐家第一工业区：6月9日，确认珠海市高新城市建设有限公司实施主体资格。11月4日，与珠海市高新城市建设有限公司正式签订土地出让合同，首期交付用地进行桩基施工 （2）银坑蚝场旧居住区搬迁项目：①签约情况：截至年底，签订98户167处合法产权房屋搬迁协议，面积2.2万平方米，占合法产权房屋建筑总面积的75.46%。签订148份违建房屋补助协议，面积3.5万平方米，占违建房屋建筑总面积的67.64%。②房屋清拆情况：截至12月22日，拆除房屋总面积5.74万平方米，占总建筑面积的70.86%。③安置区建设情况：银坑安置区项目于5月18日正式开展基坑支护及桩基施工，12月8日完成。项目主体工程总承包于10月28日取得主体工程施工许可证，11月16日签发主体工程施工令，主体工程施工进行中。总体工期约两年

（续表）

序号	工作任务	完成情况
72	推动一批旧城镇和旧村改造，新增“三旧”改造167公顷，完成133公顷	完成 （1）截至年底，实际新增“三旧”改造223.63公顷，完成率达134%。实际完成改造165.33公顷，完成率达124% （2）北山村旧村改造项目、翠微村旧村改造项目更新单元规划方案和供地方案均于9月底经香洲区政府批复，推进项目动工建设 （3）九洲港码头城市更新项目于9月底批复，“城市之心”核心区H02地块项目于11月开展基坑支护施工
73	积极处置盘活主城区“烂尾楼”	完成 （1）珠海国际大厦：规划方案及供地方案于10月22日批复，11月18日认定珠海经济特区珠光房产开发有限公司为该项目的实施主体，原地上建筑物拆除中 （2）巨人大厦：正方控股公司与中建五局、塞纳置业和巨人集团签订合作开发框架协议，明确正方控股作为前期工作的实施主体，负责开展有关巨人大厦烂尾楼项目摘牌前的各项前期工作。完成中建五局权益收购，推动项目上平台交易
74	加快西部生态新城建设，提升产城融合水平	完成 西部生态新城内部路网初步成形，高端公共服务加速集聚，产业配套明显改善，生态优势逐步凸显 （1）起步区全年完成投资127.23亿元，完成年度计划投资120.67亿元的105.44% （2）产城融合项目全年完成投资32.24亿元，完成年度计划投资29.5亿元的109.29%。华发创业大厦、斗门科创中心基本建成 （3）紧扣全市“十四五”规划，完成珠海西部生态新城近期空间发展及开发重点规划研究，从综合交通、公共服务等五大方面谋划新城“十四五”发展重点、开发时序
75	围绕“米袋子”“菜篮子”“果盘子”，加快建设港珠澳现代农业示范园和四大现代农业产业园，推进建设洪湾渔港水产品加工展示展销产业园，支持建设现代化生猪养殖场，打造大湾区优质农产品供应中心	完成 （1）加快“菜篮子”建设：建成粤港澳大湾区“菜篮子”产品珠海配送分中心并正式投入运营，认定5批23个粤港澳大湾区“菜篮子”生产基地和1批5个加工企业。7月15日，出台《珠海市关于推进“菜篮子”建设的工作方案》，财政预算连续三年每年安排市“菜篮子”建设资金1亿元，扶持“菜篮子”生产稳供基地建设、“菜篮子”产品配送平台建设和品牌建设 （2）稳定“米袋子”生产：实施惠农政策，全年发放补贴资金1455.67万元。安排晚稻专项资金300万元，负担水稻病虫害防治用药问题；补贴农机合作社42.5万元，购置烘干机。完成草地贪夜蛾“三区三带”布防任务，储备应急水稻良种。超额完成省下达的粮食总面积和总产量任务 （3）现代农业产业园建设情况：安排6000万元，用于四大现代农业产业园基础设施和项目建设，为加快“果盘子”建设，其中1500万元用于高栏港经济区特色水果园艺作物产业园。绿兴冷链物流中心项目投产。港珠澳现代农业示范园完成架空层土建施工工作，基本完成项目北区和南区的温室上部钢结构安装工作 （4）洪湾渔港水产品加工展示展销产业园建设情况：9月中上旬，横琴新区规划国土局委托市公共资源交易中心对渔港2个重点项目的建设用地使用权进行网上挂牌公开出让，最终珠海市松晟实业有限公司以约1100万元竞得1.8万平方米一类仓储用地，珠海保联供应链管理有限公司以约2500万元竞得4.3万平方米一类仓储用地，分别用于发展水产品加工、仓储、冷链及物流等产业，取得用地规划许可证。保联供应链公司委托的项目前期策划咨询单位开展市场调研、定位策划等工作 （5）现代化生猪养殖场建设情况：市农业农村局和斗门区政府推进生猪养殖场项目建设，市农控集团优化固定资产投资和生物安全建设，生猪复产整体情况良好。①农控斗门茂丰猪场项目于11月初达到复产条件，11月8日正式引进种猪，复产情况顺利，截至年底，引进种猪2384头，存栏可达1.59万头；②茶冷迳新建猪场建设项目推进落实青苗补偿费用、土地租赁期限、租金和签订租地合同等事宜

（续表）

序号	工作任务	完成情况
76	实施乡村“四变”工程，推进岭南大地田园综合体等项目建设，打造大湾区乡村旅游目的地	完成 （1）印发《珠海市农业公园创建工作实施方案》《珠海市级农业公园认定管理办法（试行）》，组织开展市级农业公园认定工作 （2）9月22日，举办中国农民丰收节活动 （3）岭南大地田园综合体百草园（岭南中药园）的温棚种植体验区对外开放；科技馆及农创中心项目进入竣工验收阶段；生态酒店规划调整，新的工规证核发、防雷设计等设施审核完成；南药加工坊及DIY体验馆基本完工
77	推进海岛保护开发利用，加快海岛渔村更新改造，实施海岛水利、电网升级等工程，进一步提升海岛公共服务保障和防灾减灾能力	完成 （1）加快海岛渔村更新改造：东澳渔村更新改造项目一期完成建设任务，具备回迁入住条件；项目二期按照村民改造意愿、诉求，启动更新单元规划优化调整工作，初步完成更新单元规划方案草案（优化调整版）编制工作 （2）实施海岛水利工程：加快推进外伶仃岛水库改造、万山岛水库改造项目建设。外伶仃岛水库大坝主体完成85%，库区防渗工程完成53%；万山岛水库完成坝体基础施工，消力池、过路箱涵、管理用房土石方开挖，大坝主体施工完成30% （3）加快推进海岛电网升级工程：完成东澳岛低压线路改造2000米的改造计划；完成桂山岛新建800千伏安箱变2台；完成800米10千伏电缆、1000米低压电缆建设，更换改造低压架空线800米；完成大万山岛4000米低压线路、配变过负荷改造
78	推进“千村示范、万村整治”工程，开展“五美”专项行动	完成 （1）加快市级乡村振兴样板村建设：全年全市各级财政投入3.43亿元用于市级样板村建设。全市22条市级样板村全部达到干净整洁村标准 （2）持续推进乡村建设“五美”专项行动：①全市建成看护房304间；②全年市财政投入300万元，用于在各涉农区重点打造8个“创美庭院”示范村。12月29日，2020年珠海市“创美庭院”巾帼行动成果表彰会在金湾区沙脊村举行；③投入2400万元，在西部沿海高速公路（珠海段）55千米范围内开展沿线杂物清理、农田看护房翻新、危旧棚清理等，建设“四沿”风貌示范带 （3）推进农村污水治理：行政村污水处理设施全覆盖完成100%，建成的污水处理设施全部实现正常运转 （4）加大农村人居环境整治力度：全市累计改建无害化卫生户厕6.11万户，农村无害化卫生户厕普及率达100%；农村新改建90座公厕全面完成；行政村污水处理设施全覆盖完成100%，建成的污水处理设施全部实现正常运转；22个样板村铺开农村生活垃圾分类工作，实现保洁覆盖面、生活垃圾收运率、无害化处理率“三个100%”
79	整治近海水域乱象，完成非法渔业设施清理整治任务	完成 截至8月31日，完成全部非法渔业设施清拆。重点督促并指导各区（功能区）加快制定辖区养殖用海实施方案（细则），组织开展养殖用海区域整体海域使用论证和海洋环境影响评价工作。各区通过招投标程序委托第三方开展养殖用海实施方案（细则）以及整体海域使用论证和环境影响评价等工作，其中，高栏港区于12月1日组织对3个养殖用海项目区域进行海域使用论证专家评审，万山区完成整体海域使用论证和海洋环境影响评价工作
五、打好打赢三大攻坚战，夯实高质量发展基础		
80	深化对口阳江、茂名精准扶贫。落实“四不摘”要求，稳定现行帮扶政策、力量和资源	完成 （1）全年落实各类扶贫资金2.8亿元，累计21.95亿元；帮扶贫困户1.53万户，4.32万人100%达到出列、脱贫标准；有劳动能力贫困户人均可支配收入1.76万元，比帮扶前增长3倍多 （2）落实贫困户学生教育补助100%，落实贫困人口医疗保险100%，落实贫困人口纳入重大特疾病救助100%，落实最低生活保障100%，落实危房改造100%

（续表）

序号	工作任务	完成情况
80	深化对口阳江、茂名精准扶贫。落实“四不摘”要求，稳定现行帮扶政策、力量和资源	（3）累计建成规模化产业基地433个 （4）推进消费扶贫，建设扶贫产品流通服务网点或电商网点318个（阳江87个、茂名231个），推动对口扶贫地区实现扶贫产品销售额7.43亿元 （5）帮扶贫困劳动力实现转移就业1.55万人，其中就近就地就业6586人，超额完成《广东对口扶贫协议书》任务 （6）各帮扶单位持续动态监测脱贫人口、边缘人口情况，防止贫困情况发生变化 （7）在珠海电视台开辟“走向我们的小康社会　决战决胜脱贫攻坚”专栏，在《珠海特区报》开辟“走向我们的小康社会　决战决胜脱贫攻坚”专栏，着力宣传脱贫攻坚先进典型。《珠海新闻》播出3期，《珠海特区报》刊登5期
81	巩固提升帮扶成果，推动脱贫攻坚与乡村振兴的有效衔接，加快建设市外“菜篮子”基地，做大做强星园扶贫市场等平台，支持贫困群众到珠海务工	完成 （1）举办“‘6·30’爱心助贫　扶贫农副产品网销会”两场 （2）9月19—21日，在星园市场举办“珠海对口扶贫（支援）地区名优特农副产品展销会” （3）8月28—31日，组织企业赴广州市参加省脱贫攻坚展 （4）11月9—10日，在广东东西部扶贫协作产品交易市场举办云南怒江名特优产品推介展销会 （5）组织开展消费扶贫奖补工作，鼓励社会流通企业采购经营珠海市对口扶贫地区扶贫产品
82	深化拓展与黑龙江省黑河市的对口合作	完成 根据《国务院办公厅关于印发东北地区与东部地区部分省市对口合作工作方案的通知》和《广东省人民政府关于印发〈黑龙江省与广东省对口合作框架协议（2017—2020年）〉的通知》文件精神，12月，市发展改革局完成对口合作年度工作总结和评估总结。截至年底，两市阶段性对口合作工作全部完成
83	坚持系统治理、流域治理，全面消除建成区黑臭水体	完成 全市17条城市黑臭水体全部完成“长制久清”评估，水体实现“不黑不臭”
84	加快实施前山河流域综合治理项目，重建前山河石角咀水闸，推进广昌水闸改扩建	完成 （1）加快推进前山河综合治理项目，累计完成投资28.38亿元。其中，正本清源小区管网建设累计完成500.07千米，市政管网完善工程累计完成35.7千米，市政管网缺陷修复改造工程累计完成8.61千米，污水调配设施管网建设累计完成6.64千米，渠道清淤3.63万立方米。实现前山河石角咀水闸国考断面平均水质稳定达标 （2）与中山市水务局建立联合生态补水机制，全年与坦洲镇水利所协调生态补水72次 （3）完成前山河闸群智能联合调度与实时监控系统建设，总投资246万元 （4）石角咀水闸重建工程子项目——对澳供水管迁改工程于9月28日开工 （5）广昌水闸改扩建工程于6月30日正式开工，完成基础施工
85	新建污水管网180千米、维修整治120千米，改建扩建4座水质净化厂	完成 （1）全年新建污水管网270千米、维修整治125千米，修复排水管网病害1.54万处，完成管网清淤1666.9千米 （2）新青水质净化厂提标改造项目完成 （3）南区水质净化厂二期提标改造项目完成 （4）香洲水质净化厂三期完成土建结构施工 （5）红旗水质净化厂完成土建结构施工
86	建成2座工业污水处理厂	完成 高栏港石化园区工业污水处理厂于年底进行通水调试，富山第二（工业）水质净化厂于年底进行通水调试

（续表）

序号	工作任务	完成情况
87	严格建设用地准入管理	完成 （1）市自然资源局与市生态环境局联合印发《关于进一步做好建设用地土壤污染风险管控和修复工作的通知》《关于做好建设用地土壤污染状况调查报告评审工作的通知》，指导和规范珠海市建设用地土壤污染状况调查评审工作，严格建设用地准入管理，切实保障人居环境安全 （2）印发《关于进一步加强建设用地污染地块开发利用土壤环境监管的通知》，将建设用地土壤环境管理要求纳入城市规划和建设用地准入管理，加强建设用地污染地块开发利用土壤环境监管 （3）按土壤污染防治要求严格建设用地准入。在土地规划、土地收回收购、供地、改变用途、开工建设等环节，切实保障人居环境安全，防止未按要求进行土壤污染状况调查评估、风险管控不到位、治理修复不符合相关要求的污染地块被开发利用
88	完成重点行业企业地块土壤污染状况调查	完成 （1）9月底完成重点行业企业用地调查样品分析测试、数据上报、审核与入库等工作 （2）按照省生态环境厅要求在10月底前上报成果集成 （3）12月底完成重点工业园区用地调查工作，报送成果集成至省生态环境厅
89	加快推进工业固废处置补短板项目建设，建成中盈环保工业废物综合处置项目一期	完成 （1）珠海中盈环保工业废物综合处置项目：一期工程按计划建成，11月16日领取危险废物经营许可证，正式投产运营 （2）汇华环保固体废物综合利用处置项目：一期土建基础施工按计划完成，主体结构施工完成78%；一期焚烧车间土建按计划完成，设备安装完成95% （3）珠海市绿色工业服务中心项目：一、二标段桩基础工程完工，土建施工完成60%。其中，甲类、丁类仓库建筑封顶，废水处理车间池底完成、设备待安装，物化车间、焚烧车间等单体建筑正常施工
90	加强垃圾分类的投入、管理和宣传，建设4个垃圾分类先行示范区和2个示范镇（街）	完成 截至年底，珠海市生活垃圾分类工作在省级以上媒体报道112篇（条），“学习强国”推送19篇，市“两报两台”报道321篇（条）。7月起，珠海市基本实现原生生活垃圾“全焚烧、零填埋”；餐厨垃圾处理项目开展桩基础施工。全市1000家公共机构实现生活垃圾分类全覆盖；横琴新区（保税区）、金湾区、高新区、万山区以及香洲区梅华街道、斗门区莲洲镇基本建成生活垃圾分类示范片区
91	加快推进中信环保产业园餐厨垃圾处理一期工程	完成 完成软基处理、回填土及回填土后机械强夯，开展桩基础施工，完成约60%
92	严格实施政府债务限额管理，稳妥化解隐性债务存量，落实政府债务管理情况向人大报告制度	完成 （1）严格实施政府债务限额管理，截至年底，全市政府负有偿还责任的债务余额635.21亿元（其中一般债务233.66亿元、专项债务401.55亿元），控制在省核定的政府债务限额792.44亿元内 （2）加大力度、稳妥有序推进隐性债务存量化解工作，截至年底，香洲区、高新区、万山区存量隐性债务全部化解完毕，全市超额完成2020年度隐性债务化解任务 （3）根据市委全面深化改革委员会《关于建立市、区两级政府向同级人大报告地方政府债务管理情况制度的意见》要求，市财政局从日常通报、专题报告、年度报告三个方面建立市级政府向市人大报告地方政府债务管理情况机制，补充和完善相关政府债务管理信息及内容，切实加强市人大对政府债务管理情况的监督 （4）按照财政部《地方政府法定债务风险评估和预警办法》债务风险测算口径测算，珠海市2019年债务率水平为最安全的绿色等级，风险总体安全可控

（续表）

序号	工作任务	完成情况
93	严厉打击非法集资，深化涉互联网金融领域整治，推动P2P网贷机构转型发展	完成 （1）全年召开全市防范金融风险研判会12次，及时分析研判金融领域风险状况 （2）开展全市融资租赁和商业保理公司清理排查，依法清理排查“失联”“空壳”和违法违规经营企业，推动行业“减量增质” （3）加强行业监管服务，开展2020年度小额贷款公司、融资担保公司风险排查及现场检查，通过现场检查引导企业依法合规经营 （4）开展涉非涉稳专项排查、外地金融平台珠海分支机构“扫楼”排查等专项排查10余次，开展“先锋系”“澜潾”等私募企业风险处置 （5）累计核查处置不法分子冒用珠海市华尚投资、扬润投资等实体企业设立App实施诈骗案件29件 （6）有序推进珠海市最后2家P2P网贷机构广东粤财互联网金融股份有限公司和民生易贷（珠海）互联网金融信息服务有限公司存量业务全部清零并良性退出，珠海市互联网金融领域信访风险总体平稳可控 （7）有序推进“掌上品”等非法集资陈案处置工作，完成为期三个月的线上投资人信息登记，加快推进审计和线上二次审核 （8）开展防范和处置非法集资宣传月活动、处非业务大讲堂、珠海市大学生“防范非法集资”短视频及微海报大赛等系列处非宣传教育活动 （9）珠海市金融风险联防联控工作经验被列为省处非先进典型案例，并由省处非办报送国家处非联办向全国宣传推广。珠海市2020年处非业务大讲堂活动宣传稿被中宣部“学习强国”学习平台采用刊发
94	继续推进国有“僵尸企业”出清重组	完成 截至年底，珠海市列入省清理名单中的851户国有“僵尸企业”全部按要求完成处置（其中法院受理196户）
95	盘活存量、闲置土地	完成 （1）截至年底，珠海市处置闲置土地266公顷，处置率57%，位居全省第三，超额完成省自然资源厅下达的闲置土地处置任务，为全市争取新增建设用地指标368公顷 （2）开展全市供未用土地专项整治行动，形成供未用数据库、分布图及台账
96	着力稳地价、稳房价、稳预期，促进房地产市场平稳健康发展	完成 （1）贯彻落实住建部、省政府关于“一城一策”长效机制工作要求，研究制定《珠海市建立房地产市场平稳健康发展长效机制工作方案》，构建房地产市场平稳健康发展长效体制。6月11日，赴广州调研学习经验，多次组织会议讨论方案内容，并征求相关职能部门意见，12月21日，方案提请市房地产联席会议审议通过 （2）根据市场运行情况定期召开房地产市场调控联席会议，做好相关政策储备应对市场新变化新情况，确保房地产市场平稳健康发展，全年召开房地产市场调控联席会议9次。在确保市场稳定的前提下，对珠海市限购政策作多轮优化调整，经过多轮调控，全市房地产市场运行总体保持平稳
六、围绕保障和改善民生，推动社会事业改革发展		
97	全面强化就业优先政策，继续实施“促进就业十条”。加大创业担保贷款和贴息工作力度，加强重点群体的就业支持。实施“广东技工”“粤菜师傅”“南粤家政”三大工程。推动以训稳岗拓岗，技能提升培训7.2万人	完成 （1）升级出台2.0版促进就业十条和关于进一步规范和优化就业创业补助资金使用管理的通知，实施新的创业担保贷款和贴息政策，发放贷款5439.84万元。落实社保补贴、岗位补贴、吸纳就业补贴等扶持政策，累计支出1.28亿元 （2）促进重点群体就业。截至年底，全市就业困难人员实现就业人数2000人，完成省下达年度任务的133.3%。全市收集登记2020届离校未就业高校毕业生3575人，跟踪帮扶就业3347人，离校未就业高校毕业生就业率93.62%。全年累计转移云南怒江劳动力到珠海就业5809人，其中建档立卡贫困劳动力3482人。开发建档立卡贫困劳动力跟踪帮扶系统，加强贫困劳动力就业信息跟踪 （3）出台《珠海市贯彻落实“广东技工”工程实施方案》，发布《珠海市实施“广东技工”

（续表）

序号	工作任务	完成情况
97	全面强化就业优先政策，继续实施“促进就业十条”。加大创业担保贷款和贴息工作力度，加强重点群体的就业支持。实施“广东技工”“粤菜师傅”“南粤家政”三大工程。推动以训稳岗拓岗，技能提升培训7.2万人	工程补贴申领管理办法》。开发三批55个职业技能培训项目课程标准。推进“南粤家政”培训工作，全年培训1.11万人次，基本建成“南粤家政”综合服务示范基地。新建成省级“粤菜师傅”培训基地和大师工作室各3个（累计各5个），市级“粤菜师傅”培养基地4个（累计13个）、大师工作室6个（累计10个）。开展“粤菜师傅”培训4961人次，开展补贴性职业技能培训48.38万人
98	扩大失业保险保障范围，保障失业人员基本生活。进一步提高城乡居民基础养老金	完成 （1）全年发放失业保险金1.78亿元，发放价格临时补贴1550万元，发放失业补助金7301万元，切实保障失业人员基本生活 （2）从1月起，将珠海市城乡居民基本养老保险基础养老金从每人每月430元提高至460元，居全国全省前列。此次提高待遇后，珠海市城乡居民月人均养老金约560元，惠及全市城乡居民约4.2万人
99	进一步提高城乡居民医保财政补助	完成 6月30日，市医疗保障局与市财政局联合印发《关于调整参加我市基本医疗保险的学生和未成年人、城乡居民筹资标准的通知》，将学生和未成年人、城乡居民的财政补贴和个人缴费同步提高30元，达620元。开展保费扣缴和参保扩面工作，组织召开全市城乡居民医保参保扩面工作会议，联合市教育局发文部署全市学生参保工作。截至年底，城乡居民参保人数68.24万人，比上年增长8.34%
100	进一步提高城乡居民重度残疾人护理补贴	完成 2020年，珠海市残疾人生活补贴标准为每人每月175元至235元四个不同档次，重度残疾人护理补贴标准从每人每月220元提高至每人每月235元。全年全市发放两项补贴资金8414.53万元，其中，生活补贴5062.88万元，惠及2.1万名残疾人；重度护理补贴3351.65万元，惠及1.19万名残疾人
101	推进居家和社区养老服务改革国家试点，加快建立长期照护服务体系	完成 （1）全面推进国家第五批居家和社区养老服务改革试点建设。11月，民政部办公厅、财政部办公厅联合发出《关于公布第五批居家和社区养老服务改革试点验收结果的通知》，珠海市被评为“优秀”等次，在全国26个验收结果为“优秀”的试点城市中排名前十 （2）初步建立珠海市长期照护服务体系。9月21日，出台《珠海市民政局　珠海市财政局　珠海市医疗保障局关于印发珠海市高龄重度失能长者长期照护服务工作实施方案（试行）的通知》；12月29日，出台《珠海市民政局　珠海市卫生健康局　珠海市医疗保障局关于印发〈珠海市高龄重度失能长者长期照护定点服务机构管理办法（试行）〉的通知》《珠海市民政局　珠海市财政局　珠海市医疗保障局关于印发〈2021年度珠海市高龄重度失能长者长期照护服务资金结算申请指引〉的通知》，相关文件从2021年1月1日起正式实施，各项工作有序开展
102	筹集各类保障性住房和人才住房1.2万套	完成 截至年底，全市开工和续建1.4万套保障性住房和人才住房，其中公租房3001套、人才住房6845套、共有产权房823套、企业员工配套住房2808套、安置房1162套

（续表）

序号	工作任务	完成情况
103	保护利用好反映中国革命史、改革开放史和珠海历史的文物建筑，加强对唐家湾和斗门镇等历史文化名镇的保护、开发	完成 （1）安排216万元对全市65处市级以上文物保护单位进行日常保养维护，其中省级资金86万元、市级资金130万元，确保文物安全 （2）安排150万元扶持苏兆征故居陈列馆、杨匏安陈列馆、林伟民与中国早期工人运动史迹陈列馆，免费对外开放运营管理，推进红色旅游 （3）11月，前山寨城墙修缮工程完工 （4）苏兆征故居陈列馆完工，报省委宣传部审批 （5）步九祠、玉我唐公祠、宪尧唐公祠、月奇梁公祠、广达唐公祠、巨川唐公祠、菊庄唐公祠、上栅卢公祠、寿山祠、钟氏大宗祠主座竣工验收 （6）9月1日，唐家湾博物馆项目主体工程进场施工 （7）编撰《唐家湾历史文化丛书》，《唐家湾古建筑艺术》《中国近代民族先驱唐廷枢》《中国共产党早期著名领袖苏兆征》《唐家湾文物保护利用笔记》完成初稿，进行专家审核 （8）11月3日，珠海博物馆新馆正式对公众开放
104	改扩建古元美术馆	完成 （1）9月15日，经向省文化和旅游厅报备，古元美术馆正式闭馆，闭馆后以异地办展、线上展览的形式确保改扩建期间“闭馆不停展” （2）11月6日，市财审中心出具项目（主体工程）预算审核意见，同日，古元美术馆改扩建工程（主体工程）招标公告在市公共资源交易中心网站挂网 （3）11月27日，完成主体工程施工招标 （4）12月25日，举行古元美术馆改扩建项目动工仪式 （5）12月31日，古元美术馆物业正式移交给中建三局管理
105	改造提升市体育中心，建设全民健身综合训练馆	完成 （1）10月28日，涵盖羽毛球、篮球、击剑、射击等26个体育场馆的珠海市全民健身综合训练馆项目举行动工仪式 （2）体育中心副场健身步道沥青化完成 （3）12月15日，完成体育场馆屋面网架和钢结构检测 （4）体育场馆消防安全整改工作完成可研和建筑方案技术审查、施工图审查、概算编制
106	加强城镇小区配套幼儿园治理，实施学前教育“5080”攻坚行动。	完成 市教育局牵头出台《珠海市学前教育第三期行动计划（2018—2020年）》《珠海市城镇小区配套幼儿园治理工作方案》《珠海市实施学前教育“5080”攻坚行动工作方案》等文件，按照“扩大增量，转化存量”和“一事一议，一园一案”要求，推进公办幼儿园建设和城镇小区配套幼儿园治理。截至年底，全市公办幼儿园在园幼儿数占比达53.58%，普惠性幼儿园在园幼儿数占比达86.07%，完成“5080”目标任务。全年全市完成55所城镇小区配套幼儿园治理任务
107	加快推进城市医疗联合体建设国家试点。支持打造高水平医院	完成 （1）制定印发《珠海市医疗联合体网格化布局规划方案（试行）》，实行医联体网格化布局 （2）落实《珠海市开展城市医疗联合体建设试点工作方案》和《珠海市人民医院医疗集团建设试点工作方案》，市人民医院等单位形成医疗集团、区域医联体、专科联盟、远程医疗协作网等不同形式医联体的建设经验，召开城市医联体建设经验总结交流会向全市进行推广 （3）改进完善智慧家签系统，推动重点人群签约，贫困人口家庭医生签约实现应签尽签 （4）推进市人民医院高水平医院建设，完成省高水平医院中期评估

（续表）

序号	工作任务	完成情况
108	启用市妇幼保健院南院区，加快推进市人民医院北二区科研综合楼、市慢性病防治中心、西部医疗中心等项目，新增公立医院床位1480张	完成 （1）市妇幼保健院异地新建项目于7月正式投入运营；市人民医院北二区基坑支护工程完成，主体楼施工准备工作推进中；市慢性病防治中心建设项目竣工验收工作推进中，医疗设备、信息化、开办预算编制审核完成，招标工作推进中；市西部医疗中心建设项目建设的必要性和可行性论证中 （2）全市公立医院实际新增床位数1567张
七、加强和创新社会治理，营造共建共治共享社会治理格局		
109	推动完善公共卫生领域立法	完成 完成《珠海经济特区突发公共卫生事件应急条例（草案）》编制，进入审议完善阶段
110	强化以市、区疾控中心为主干的疾病预防控制工作网络，提升基层防控能力	完成 （1）举办新冠肺炎病毒疫苗接种及异常反应监测培训4期，全面提升区疾控中心、各镇（街）预防接种门诊工作能力。举办突发公共卫生事件相关信息报告培训，规范信息报送 （2）组织市疾控专家、临床急救专家组对全市所有新冠疫苗接种点进行巡查和技术指导 （3）组织流调队员开展2020年珠海市秋冬季新冠肺炎疫情处置桌面演练及专项培训，制定流调队伍分片包干管理制度 （4）举办市、区两级联动大规模人群筛查核酸采样检测应急演练
111	建立智慧化预警多点触发机制，提升疫情监测预警和应急响应能力	完成 完善重大突发疫情指挥决策体系和应急响应机制，组织专题研究应急指挥体系建设，整合市紧急医疗救援中心指挥调度信息系统和市疾控中心信息系统，建设市卫生健康局应急指挥大厅，完成市级公共卫生应急指挥平台一期项目建设，1月18日正式上线发布
112	建立健全分级分层分流的救治机制，用好中大五院凤凰山院区，推动医防结合	完成 （1）印发《珠海市应对新冠肺炎疫情防控医疗救治工作应急预案（试行）》。根据最新要求，更新制定《珠海市应对新冠肺炎疫情防控医疗救治工作应急预案（第二版）》，明确分级、分层、分流的救治机制 （2）中山大学第五附属医院制订《中山大学附属第五医院秋冬季疫情防控新冠肺炎患者收治病区启用方案》等方案，建立院内分级启动凤凰山院区的流程机制，做到平战结合
113	配备一批专业救治设备和防控物资。强化公共卫生队伍建设。广泛开展爱国卫生运动	完成 （1）配备一批专业救治设备和防控物资：增强市卫生健康系统专业救治、防控能力，安排中山大学第五附属医院凤凰山院区和将军山医院建设资金3.93亿元，新建传染病床位300张（全部为负压病床）、负压手术室2间；安排发热门诊和诊室规范化建设资金1.35亿元，推进14家二级以上医院发热门诊建设；投入设备和应急物资采购资金2.97亿元，购置负压救护车、应急救护车、ECMO（体外膜肺氧合）等。做好应对秋冬季疫情防控物资储备工作，保障医疗卫生机构必要时用得上、用得好 （2）强化公共卫生队伍建设：①提升预防接种门诊及新冠病毒疫苗接种点医务人员工作能力，举办培训班4期，对所有接种人员进行培训；②组织开展新冠病毒疫苗疑似预防接种异常反应处置视频培训、心血管项目监测培训、集中隔离场所医学观察点消毒技术培训、隔离酒店督导检查培训；③举办国家基本公共卫生服务项目培训、疟疾监测技术及常见寄生虫病防治培训、规范人口死亡信息登记管理工作培训；④组织流调队员开展2020年珠海市秋冬季新冠肺炎疫情处置桌面演练及专项培训

（续表）

序号	工作任务	完成情况
113	配备一批专业救治设备和防控物资。强化公共卫生队伍建设。广泛开展爱国卫生运动	（3）开展爱国卫生运动：①印发《关于在疫情防控常态化下深入开展新时代爱国卫生运动的通知》《珠海市农贸市场爱国卫生环境整治专项行动工作方案》《关于开展疫情防控常态化下新时代爱国卫生运动和农贸市场等重点场所专项整治督导检查的通知》《关于开展全市环境卫生专项整治及统一灭蚊行动的通知》《珠海市开展爱国卫生运动统一行动月工作方案》《关于印发珠海市开展迎新年冬季爱国卫生运动统一行动方案的通知》等文件；②举办2020年珠海市蚊媒监测与控制技术培训班；③完成对病媒生物预防控制效果评估、城区病媒生物滋生地调查及密度控制水平评估、病媒生物防制有偿服务机构规范化服务监督管理检查工作
114	深化扫黑除恶专项斗争	完成 （1）有序开展“六清”（线索清仓、逃犯清零、案件清结、伞网清除、黑财清底、行业清源）专项行动，由公安机关负责的前三项均完成；深挖移交涉伞线索一批，年内新增查封、冻结、扣押涉案资产数十亿，发出公安提示函380份，配合相关行业主管部门完成整改 （2）对治安秩序混乱地区逐一攻坚，打击农村地区恶势力犯罪集团数个 （3）出台《市委网信办 市公安局联合推进扫黑除恶专项斗争工作机制》《关于重大疑难案件公安机关听取检察机关意见和建议工作办法（试行）》以及《珠海市虚假注册风险防范协同机制工作方案》等规范性文件，推动扫黑除恶常态化、制度化 （4）成功侦破一批贩卖公民个人信息、利用电商平台实施敲诈勒索、以计算机科技公司为伪装实施跨境网络赌博犯罪技术服务的犯罪团伙。联合市委网信办和网安部门持续开展网络巡查治理工作，累计清理各类网上有害信息、拉黑境外有害链接、关闭违法违规网络账号一批，约谈多家自媒体账号负责人17次，有效净化网络环境
115	建设100个智感安防区示范点	完成 （1）细化100个智感安防区建设示范点建设要求，明确各区的建设任务，确定智感安防区选点，基本实现人员聚居、教育医疗、商务贸易、旅游风景、工业园区、离陆岛屿、车站港口码头机场、交通枢纽等公共安全重点区域、部位全覆盖的工作目标 （2）联合市委政法委印发《珠海市智感安防区建设方案》和《珠海市智感安防区建设规范》。结合实际情况，对建设任务进行分解，明确智感安防区分类分级建设的工作目标、职责分工、建设资金、建设内容和完成时限 （3）联合市委政法委到香洲区、金湾区、斗门区、高栏港区、高新区、横琴新区等现场解答智感安防区建设问题。组织联合督导组，深入各区开展检查督导，及时解决建设中遇到的困难和问题，确保按时保质完成建设任务。12月，市委政法委、市公安局对全市智感安防区组织现场考评验收，全市按计划建成智感安防区示范点100个，全部投入使用 （4）指导并督促各区完成智感安防区建档和数据采集接入工作，接入人脸、车辆卡口的安防区数据并联网，通过公安大数据分析研判，生成有价值情报信息，反哺服务社区安防工作
116	改造升级视频云平台	完成 （1）配合落实纳入第二批新型智慧城市项目，采取注资华发集团资本金的方式，由华发集团开展建设 （2）11月13日，明确《珠海市视频云平台项目用户需求书（修订版）》，并发华发集团和视频领导小组成员单位 （3）珠海市视频云平台项目建设方案分别于11月27日和11月30日通过省“雪亮办”和市智慧办的论证和审核 （4）12月4日，受广东城智科技有限公司（招标人）委托，珠海智采项目咨询有限公司就项目实施发出公开招标公示，启动招投标流程。12月28日，珠海智采项目咨询有限公司发出项目实施中标公告，经公示，12月31日，确定华为海洋网络有限公司（主办方）和公安部第三研究所（协办方）联合体中标

（续表）

序号	工作任务	完成情况
117	深化城乡社区警务改革，建设50个标杆警务室	完成 （1）加强社区警力配备。全市323个村（居）警务室配备社区民警353人、辅警力量839人，其中建成标杆警务室均按不低于2名辅警配备 （2）加强警务室建设。制定并印发《珠海市公安局社区警务室建设工作方案》《关于印发珠海市公安局警务室建设标准及建设任务的通知》，按照应建尽建的原则，尽可能实现警务室对村居的全覆盖。提出警务室建设示范项内容，引导和鼓励各分局结合实际建设更高标准的警务室，明确全市建设不低于50个标杆警务室以及各区建设任务；在拱北口岸、斗门、高新等分局开展警务室试点建设工作，结合各自辖区实际，进一步细化警务室建设标准和要求。摸清全市323个村（居）警务室的实际情况，主动对接全市46个城乡社区治理示范点建设，并将示范点优先纳入2020年全市标杆警务室候选单位 （3）12月，经组织验收，全市建成社区警务室232间，建设完成标杆社区警务室56个，超额完成年度计划任务
118	推进全国禁毒示范市创建	完成 （1）组织召开市禁毒委员会全体会议暨禁毒示范城市创建工作推进会议，签订禁毒工作责任状，制定2020年全国禁毒示范城市创建工作计划 （2）每月及时通报市级和各区创建重点项目进度，推动每个项目的落实。不定期召开工作推进会，并组织督导组分赴各区就创建工作中的弱项及问题进行重点督导。7月2日，市禁毒委致信各区禁毒委主任，要求各区禁毒委对照全国禁毒示范市创建标准，查漏补缺，逐条落实，确保创建工作顺利完成。9月和11月，省、市两级禁毒办开展督导检查2次，对斗门区、香洲区和部分成员单位禁毒示范创建重点项目进行抽查，总体推进情况良好 （3）研究制定珠海市整治突出毒品问题三年行动计划，与创建工作以及“两打两控”等专项行动同步推进。10月22日，结合禁毒示范创建和整治突出毒品问题三年行动计划工作，市禁毒办研究下发《2020年全市禁毒工作成效评价办法》，对全市各区进行年终考评。经市禁毒办初步检查验收，各区创建工作进行顺利，基本完成项目任务
119	落实食品安全“四个最严”要求，强化溯源管理	完成 开展食品生产加工质量提升行动，强化食品生产流通环节监管。开展食品行业、保健食品行业规范整治及湿米粉、“长江禁捕”等专项行动，加强春节、端午、中秋、国庆等重大节日及中高考等重大活动食品安全监管与保障。全市市场监管部门查处食品案件545件。超额完成纳入省“十件民生实事”的食品监督性抽检任务，抽检1.68万批次，完成率177.8%；学校食堂“互联网+明厨亮灶”建设实现全覆盖；成功创建省级食品安全示范城市
120	深入开展安全生产专项整治，坚决防范遏制重特大事故	完成 （1）珠海市委、市政府召开研究推进《珠海市安全生产专项整治三年行动实施计划》工作会议；市政府召开全市季度安全生产暨消防安全工作会议；市安委办召开全市应急管理局局长（安委办主任）和三防办主任会议、全市安全生产暨森林防灭火工作会议。推进三年行动实施计划并建立领导机构，完善工作机制，印发工作方案 （2）全年全市检查生产经营单位13.64万家（次），排查隐患9.3万处，做出行政处罚5089件，责令停产停业548家。全年全市发生各类生产安全事故84件，比上年下降15.15%；死亡59人，下降3.28%；受伤46人，下降23.33%；直接经济损失2237.71万元，下降15.31%。没有发生较大以上生产安全事故
121	推进消防安全“三个十万”工程	完成 （1）为10万中低收入家庭配发简易消防应急包情况：对中低收入家庭配发简易消防应急包1.24万个 （2）培训10万名专兼职义务消防员及消防安全明白人情况：本年度计划完成培训人数3.33万人，完成培训人数3.4万人，超额完成培训任务 （3）每个公立幼儿园、公立养老院投入10万元补齐消防短板情况：39家幼儿园、11家养老院落实消防设施改造工作全部完成

（续表）

序号	工作任务	完成情况
122	建设消防综合培训基地	完成 消防综合培训基地取得可研批复，办理建设用地规划许可证、建设工程规划许可证，项目初步设计、概算、社会稳定风险评估、水土保持等工作均批复
123	推进海堤河堤加固提升，加快城乡内涝整治	完成 （1）推进海堤加固提升：①白藤大闸重建工程主体工程完工；②7月，中珠联围挂定角段海堤完工；6月，新开工泥湾门桥至白藤大闸两岸海堤提升加固工程；9月，新开工平沙新城滨海岸线海堤提升工程；10月，新开工中珠联围新围仔段海堤防潮洪能力提升建设工程；11月，新开工南水镇外海堤加固提升工程（烂柴角、打银咀及大箕湾堤段）。高栏港电厂段海堤、小林联围大门口闸等在建项目加快推进，完成年度投资超5亿元 （2）农村内涝整治：①白藤泵站主体工程于7月投入使用。②东南卡、西南卡泵站完成主体工程建设 （3）城市内涝整治：累计完成水浸点整治72个。建立月调度会议制度，每月向各区通报水浸黑点整治情况，对进展较慢的相关单位责任人进行约谈
124	继续整治地质灾害隐患点	完成 5月，印发《珠海市2020年度地质灾害隐患点搬迁治理工作方案》。全市年初在册地质灾害隐患点35处，年内新增隐患点18处。年内计划治理地质灾害隐患点32处。截至年底，实际完成治理35处，治理中10处，余下8处开展治理前期工作，治理完成率109.4%
125	建成46个城乡社区治理示范点	完成 完成46个城乡社区示范点建设工作，推进基层党组织建设、法治建设、综合服务平台建设、社区协商、三社联动、融入大湾区特色等9项任务，打造城乡社区治理“珠海样板”
126	健全出租屋长效管理制度机制，推动出租屋服务管理立法	完成 （1）12月29日，《珠海经济特区出租屋管理条例》经市九届人大第三十五次会议审议通过，自2021年5月1日起施行 （2）市公安局成立出租屋管理支队，推进市、区、镇三级出租屋管理制度机制建设，市、区两级均建立出租屋服务管理工作联席会议制度。市出租屋服务管理联席会议召开全体成员会议1次、联络员会议3次，推动落实相关工作 （3）市公安局出租屋管理支队（市出租屋联席会议办公室）于12月15日组织7个试点派出所（镇／街）开展信息化网格化出租屋数据核查试点工作，推动镇（街）落实出租屋网格化管理及网格员队伍建设，提升珠海市出租屋信息化体系化管理水平 （4）珠海市人口和出租屋信息管理（疫情防控）系统立项、主体研发工作完成，并通过内部测试。7个派出所（镇／街）开展试点应用工作，初步形成信息汇集研判、自主申报、数据推送、核查采集闭环
127	完善退役军人服务保障体系，优化双拥工作和军民共建机制，争创全国双拥模范城“九连冠”	完成 （1）完善退役军人服务保障体系：落实习近平总书记“五有”建设要求，推动全市建成服务中心（站）358个，实现应建尽建全覆盖，市、区、镇（街道）三级服务中心（站）落实人员编制123人、经费1960.28万元，落实全市区、镇（街）两级服务中心（站）改造升级或搬迁新办公服务场所面积4650平方米。推进退役军人服务中心（站）全国示范型创建和省星级示范创建，创建验收分别通过18家和27家，通过率94.7%和96.4%，获省星级创建奖补金480万元。市、区两级退役军人服务中心于7月同时挂牌公共法律服务工作站、法律援助工作站，为退役军人提供法律咨询服务，全年为退役军人成功申请应急救助资金18例、金额31.7万元。与多家市级国有银行联合开展创业担保贷款政策宣传和咨询业务，成功审核发放创业贷款572万元，其他优惠贷款277.3万元 （2）珠海实现全国双拥模范城“九连冠”：10月，珠海市再次被授予“全国双拥模范城”称号，连续九次获此殊荣。香洲区、金湾区获评“广东省双拥模范县（市、区）”。珠海市获评省爱国拥军模范单位1个、爱国拥军模范个人3人，驻珠部队获评省拥政爱民模范单位1个、拥政爱民模范个人1人。利用各媒体平台推广双拥工作，营造良好社会氛围

（续表）

序号	工作任务	完成情况
128	做好第七次全国人口普查工作	完成 组建各级普查机构，加强工作协调，压实工作责任。落实普查经费和物资，做好普查员和普查指导员队伍组建。多形式、多平台开展宣传动员。加强督导检查，组织做好人口普查试点、户口整顿、普查区及建筑物划分编码、行政资料核实比对、摸底登记、短表登记、长表登记、长短表登记复核、查漏补缺、质量核查、抽样验收等工作。全市普查登记工作完成，基本查清珠海市人口总量、结构和分布
八、加强政府自身建设，打造人民满意的服务型政府		
129	扎实开展法治政府示范创建，深化行政执法、行政复议体制改革，推动政府工作全面纳入法治轨道	完成 印发《关于开展法治政府建设“强基础、补短板”专项活动的实施方案（2020—2021年）》，推进法治政府建设。印发《珠海市人民政府关于镇街实行综合行政执法的公告》，推进镇（街）综合执法改革落地实施。印发《关于认真学习贯彻中央全面依法治国委员会〈行政复议体制改革方案〉的通知》并转发全市各相关单位。会同香洲区、金湾区、斗门区召开行政复议体制改革调研座谈会，听取三个区意见并部署行政复议体制改革工作任务。《珠海市行政复议体制改革实施方案》经市依法治市委员会审议通过
130	加快建设“阳光政府”，深化政务公开	完成 （1）建立健全工作制度。印发2020年政务公开工作要点分工方案，落实工作责任。制定市政府门户网站内容保障工作制度，从机制上为市政府门户网站开展政务公开提供保障。制定2020年政务公开考核方案，将政务公开工作纳入绩效考核范围 （2）利用政府网站重点领域信息公开专栏，发布重点领域相关信息。加快推进基层政务公开标准化规范化目录编制，各区均完成目录编制工作 （3）重点加强规范性文件、重要政策的解读工作，编发图解材料74件，编发政策解读388篇（含简明问答）。在市政府门户网站开展在线访谈12场次 （4）加强政府网站和政务新媒体管理，严格落实先审后发制度，加强内容建设，提高公开信息质量
131	发挥审计监督职能作用，加大对公共资金使用、公共资源交易等领域的监督力度，做好审计反馈问题整改，坚决惩治腐败	完成 围绕珠海市中心工作和发展大局，聚焦“两个专项整治”、打好三大攻坚战、提升财政资金绩效和增进民生福祉，有计划有重点推进审计全覆盖，强化过程监督，提前预警风险，创新实施“寓服务于审计监督”机制，做好常态化“经济体检”，取得积极成效。全年完成审计项目42个，查出问题金额66.7亿元，处理处罚金额4.99亿元，直接核减和节约政府投资额1.66亿元，审计后挽回损失8514万元，提出审计建议176条，指导被审计单位建立健全规章制度26项，各项指标均比上年有较大增长。做好市主要领导任期经济责任审计整改统筹协调工作，以及2019年度市审计查出突出问题整改监督检查，实行动态跟踪、对账销号。在全省率先构建“纪检监察+巡察+审计”联动协作机制，贯通“纪巡审”监督合力，做好审计整改“后半篇文章”
132	加强廉洁政府建设，发挥统计监督职能作用	完成 建立健全工作机制，出台工作方案，狠抓防范和惩治统计造假、弄虚作假责任落实。加强统计法治教育与宣传，开展针对性统计培训，推动统计法律法规学习进党校。加大执法监督检查力度，严把统计数据质量审核关，按要求开展对企业的“双随机一公开”抽查工作，抽检斗门区、高新区、万山区、保税区及镇（街），推动统计执法和监督检查工作双落实
133	深入推进“数字政府”改革建设，促进数据共享共用、业务系统互联互通	完成 （1）建设云网安全运管中心，省政务大数据中心珠海分节点归集72个部门4.67亿条数据，建成集625个应用图层的数字政府“一张图”

（续表）

序号	工作任务	完成情况
133	深入推进“数字政府”改革建设，促进数据共享共用、业务系统互联互通	（2）推动移动办、网上办、免证办、秒批办、全城办、湾区办、跨境办，“粤省事·珠海”专版进驻762个高频民生服务事项，其中684项服务实现“零跑动”，“粤商事·珠海”进驻361项高频服务事项。50%依申请政务服务事项1542项实现“免证办”，230项业务实现智能秒批，2268项市级政务服务事项实现“全城通办”。珠海、深圳、东莞、中山、江门、肇庆联合推出第一批446项网上“跨城通办”服务。338项跨境服务拓展至商事登记、不动产、税务、医保、社会民生等多领域 （3）创新应用技术融合模式，赋能疫情复工和便利营商。粤康码精准保障常态化疫情防控，创新跨境联防联控实践。开发居家隔离服务、疫情防控数据监控等防疫应用，搭建应急公务商务入境申报审批系统，建设防疫复工智控平台。联合三大运营商、八大银行，创建5G智慧政务+政银融合示范厅，将972项政务服务拓展至全市152个银行网点。率先应用首个跨区域公共资源交易区块链平台，推动降成本、减风险、零见面的阳光交易。根据省政府办公厅公布2020年广东省数字政府改革建设第三方调查评估结果，珠海市综合得分97.19分，位居珠三角地区第一梯队，排名全省第三
134	坚持厉行节约，进一步压缩非急需非刚性支出	完成 根据《珠海市贯彻落实常态化疫情防控下促进财政可持续发展若干措施》，在2020年市直年初预算压减一般性支出的基础上，加大疫情发生后预算的非重点、非刚性支出压减力度，因公出国（境）、公务用车购置、培训经费、公务接待、会议费、大型活动等支出压减1.7亿元，压减率超60%
135	高质量编制“十四五”规划	完成 （1）《珠海市国民经济和社会发展第十四个五年规划和二〇三五年远景目标纲要（草案）》（下称《纲要草案》）经市委常委会会议和市政府常务会议审议原则通过 （2）做好前期研究，形成约200万字的研究成果 （3）开展专题调研，前往26个部门“登门请教编规划”，实地调研32次 （4）谋划“十四五”重点项目。推动重大事项、重点项目纳入上位规划 （5）听取各方意见。组建发展规划专家委员会并听取专家意见，赴澳门听取澳门特区政府有关部门意见，开展“我为珠海市十四五规划建言献策活动”，汇总社会公众意见。《纲要草案》多次征求人大、政协、民主党派、无党派人士等各界代表及各区、各部门、中央和省驻珠单位的意见

政务信息公开

【政府信息主动公开】 2020年，珠海市通过政府网站、政务新媒体等多途径做好主动发布工作。邀请市级政府部门主要负责人在市政府门户网站开展在线访谈活动11次。市政府新闻办公室举办新闻发布会55场。全市各级行政机关对外公开规章及规范性文件182件，公布实施行政许可4591项、行政处罚1.57万项、行政强制651项、市级权责清单事项6067项。强化突发公共卫生事件信息公开，坚持及时公开疫情信息。新冠肺炎疫情发生以后，每日主动公开疫情相关信息，并在市政府门户网站开设“珠海疫情防控和暖企惠民政策措施专区”，及时发布动态信息。及时发布珠海“暖企十条”、“复工复产十条”、稳增长“1+7”等政策措施，加强政策解读回应，有序推进复工复产复商复市。围绕就业、教育、医疗、养老、征地等重点民生领域，及时公开涉及群众切身利益的政府信息，实现“应公开尽公开”。持续深化细化财政预决算、公共资源交易、重大建设项目批准和实施、公益事业建设等领域信息公开，创新公开方式，深化公开内容，提升公开效果。做细做实决策公开、执行公开、管理公开、服务公开和结果公开等五公开工作。升级市政府门户网站“征集调查”专栏功能，集中向社会公开征集意见建议117件；在市政府门户网站开设“2020年市政府重点工作落实情况”专栏，组织市直单位公开牵头落实的工作进展情况。协调推进基层政务公开标准化规范化工作，全市8个区、23个镇（街）均按时编制完成、对外公布本级26个试点领域基层政务公开事项标准目录。

【政府信息依申请公开】 2020年，珠海市规范政府信息公开申请办理工作，依法依规做好政府信息依申请公开工作。全市各级行政机关办理依申请公开事项794件，比上年增长21.59%，其中自然人申请件667件，法人或其他组织申请件127件。予以公开及部分公开390件，占49.12%；不予公开61件，占7.68%；因本机关不掌握等原因无法提供321件，占40.43%；不予处理17件，占2.14%；其他处理5件，占0.63%。全市信息公开类行政复议20起，行政诉讼39起。

【政府信息管理】 2020年，珠海市利用市政府门户网站加强对市级公文的分类管理，涵盖规章、政府规范性文件、部门规范性文件、其他政府文件、其他部门文件。加强规章、规范性文件等重点政务信息全链条管理。提升以市政府、市政府办公室名义印发的文件以及政府公报的网上公开效率，方便公众查阅；整理规章和规范性文件台账，确保公开的政府信息底数清晰。发挥政府公报作为主动公开政府信息重要载体作用，编发政府公报12期，刊登政府规章、规范性文件及政策解读，在各级档案馆、图书馆、行政服务中心等免费赠阅；加快推进历史政府公报数字化工作，376期市政府公报扫描版本收集整理完毕。

【政府信息平台建设】 2020年，珠海市落实《政府网站发展指引》各项要求，围绕“信息发布、解读回应、办事服务、互动交流”等核心内容，抓好市政府门户网站规范化建设，在相关政府网站绩效评估中，珠海市政府门户网站排名居前；利用网站集约化平台功能，加强同类政府信息的集中公开工作。规范政务新媒体管理，全市58家单位开设政务新媒体145个，各单位基于“指尖上的政府”总体定位，借助新媒体平台创新政府信息公开方式，公开、宣传好重大部署、重要政策、重点工作，及时回应社会关切。强化珠海企业服务平台（政企云）作为“珠海涉企政策一站式发布平台”作用，汇集发布国家、省、市、区各类涉企业政策解读信息。

【政策解读及回应】 2020年，珠海市落实《珠海市人民政府办公室关于印发珠海市政府系统政策解读工作细则（试行）的通知》，做好政策解读工作。发挥市政府门户网站、政务新媒体第一平台阵地作用，及时发布解读信息。优化市政府门户网站“政策解读”专栏，组织对新发布的市级政策解读专文291篇，其中部门解读133篇、图解政策77篇、媒体解读59篇、视频等其他解读22篇；组织对现行有效的往年发布的重要市级政策文件以“十问十答”等简明问答方式的解读专文250篇，提升政策解读回应水平和质量。加强互动交流，回应网友问题，解决网民在市政府门户网站留言诉求，并定期对网民留言情况进行汇总分析。

【政府信息公开监督保障】 2020年，珠海市加强信息公开统筹协调指导。及时调整市政务公开领导小组成员单位名单，落实管理责任；编制《2020年政务公开工作要点分工方案》，明确各责任单位分工和具体任务；制定市政府门户网站内容保障工作制度，从机制上为市政府门户网站开展政务公开提供保障。加强业务培训。围绕学习《中华人民共和国政府信息公开条例》、政务新媒体运营管理、政府网站与政务新媒体考核等专项工作分别开展专题培训，增强政府信息公开意识和业务能力。加强考评督促工作。坚持月通报、季度通报相结合，及时督促提醒；制定《2020年政务公开考评方案》，将政务公开工作纳入绩效考核，分值权重不低于5%；制定《珠海市2020年度政府网站与政务新媒体考评方案》，以考核提升平台运营维护管理水平。（林志健）

信　访

【概况】 2020年，珠海市信访系统贯彻中央、省委、市委部署要求，统筹推进疫情防控和信访保障工作，落实信访工作责任，推进信访工作改革，持续打好信访矛盾化解攻坚战，信访工作取得显著成绩。治理重复信访、化解信访积案取得初步成效。上级交办的重点事项全部按时办结，省领导包案信访事项全部化解。完成重大活动、疫情防控期间信访保障任务。全国“两会”、经济特区建立40周年、党的十九届五中全会等重要活动期间，加强信访保障工作，强化信访矛盾源头化解，双解人民群众“事”与“心”；新冠肺炎疫情防控期间推进网上信访受理，引导群众上网反映诉求，督促化解涉疫矛盾纠纷，涉疫信访事项全部及时有效化解。信访控增量、减存量成效明显。全年全市信访总量5738件，与上年基本持平，其中网上信访3852件，占全市信访总量的67.1%，重复信访1929件，比上年下降18.7%，重复信访事项明显减少。落实巡查整改、作风专项整治工作。巡察发现的问题全部整改到位，修改完善内部管理制度13项，有效巩固整改效果；开展“思想大解放、作风大转变、效率大提升”和“两个专项整治”活动，促进各项工作质效提升。

【信访工作组织实施】 2020年，珠海市信访局发挥信访联席会议机制作用，加强党委、政府对信访工作的领导。坚持领导高位推进。全年，市委常委会会议、市政府常务会议研究部署信访工作7次，市领导多次对信访工作作出批示和召开专题会议研究信访工作；召开全市信访工作联席会议7次、全市信访局长会议5次，研究部署落实上级关于信访工作的决策要求；市信访工作联席会议召集人定期研判信访形势，对涉及信访矛盾突出问题，第一时间过问、第一时间召开会议专题研究处理；市党政领导带头推动化解包案信访事项，分管领导带头研究分管领域信访突出问题。坚持领导包案接访。落实党政领导包案接访工作制度，围绕信访突出问题和群众关心的热点难点问题，组织领导干部开展主动约访、带案下访活动，及时协调解决相关问题，推动一批“钉子案”“骨头案”有效化解。坚持领导挂帅督导。全国“两会”、经济特区建立40周年庆祝活动和党的十九届五中全会信访安全保障期间，市信访工作联席会议召集人带队到区、镇（街）督导调研，各区各有关部门主要负责人、分管负责人带队深入相关镇（街）、村（社区）自查，及时查漏补缺，堵塞工作漏洞，有效维护社会和谐稳定。

【信访矛盾化解攻坚】 2020年，珠海市信访局持续开展攻坚克难专项工作，有效推动重复信访、信访积案化解。开展治理重复信访、化解信访积案专项工作。印发《关于开展集中治理重复信访、化解信访积案专项工作的方案》，分别与各责任单位签订责任状，通过采取挂图作战、强化督导检查、开展专门培训等措施推动专项行动。开展“三跨三分离”（“三跨”指跨地区、跨部门、跨行业，“三分离”指人事分离、人户分离、人事户分离）信访问题化解攻坚行动。成立以分管副局长为组长的攻坚小组，对群众反映强烈、积压时间较长的“三跨三分离”信访问题和“骨头案”“钉子案”进行重点攻坚，赴河北、广西、重庆、天津等地，与当地信访部门共同推进化解工作，成功化解长期未解决的疑难信访事项13件。开展信访类案和特殊信访事项化解专项工作。深入8区25个镇（街）、18个市直单位、12家市属国有企业开展实地调研督查，推动从源头上、政策层面预防和解决信访问题。是年，通过人民意见建议转重大政策4项，化解重大、疑难信访事项一批。

【预警应急机制完善】 2020年，珠海市信访局完善预测预警预防机制，做好重要时期信访安全保障工作。落实信访工作分析研判例会制度，市、区两级党政领导牵头召开专题研判会305次，研究案件349件，化解289件。全年编印每周《信访动态》43期、专报3期，移交涉黑恶线索16条。健全应急处置机制，坚持教育引导群众依法信访，建立良好信访秩序，助力平安珠海建设。

【信访事项业务办理】 2020年，珠海市信访局多措并举、多向发力，促进信访办理工作提质增效。提升接访工作水平。通过优化功能分区、设立党员示范岗、增设便民设施、营造释压环境，着力打造“有温度”的群众接待场所；推进区、镇（街）信访接待中心、综治中心、司法所等深度融合和规范化建设，为群众提供“一站式”矛盾纠纷调处服务；横琴新区公共法律服务中心大调解平台“一条龙服务”调处，有效化解劳动纠纷；高新区唐仁议事团探索人民调解与说事评理相结合，有效化解复杂疑难纠纷；万山区海上渔排矛盾纠纷调解室实现海上矛盾纠纷排查不上岸、解决不出岛工作目标。提高初信初访办理水平。推进让群众“最多访一次”活动，提高信访初件办理质效，让群众只进一门、只访一次就能有效解决问题；依托系统开展信访基础业务规范化抽查，确保信访信息登记录入及时、全面、准确，信访事项受理办理依法、规范、高效。提高督查和复查复核水平。发挥督查利剑作用，分别与市纪委、市委专班建立联合督导机制，完善市信访督查专员挂点督办机制，推动信访工作责任落地落实；全年，市信访督导组到各级各部门开展实地督查130余次，调研重点信访事项460余件次；发挥督查纠错作用，全年收到复查复核申请

81件，不予受理32件、撤销撤回16件、作出复查复核意见33件，向相关责任单位发出《处理意见书》14份，对个别单位处理意见适用途径错误、指引错误、格式不规范等问题予以纠正。

【信访工作改革创新】 2020年，珠海市信访局推进改革创新，提高信访工作法治化、专业化和信息化水平。推进信访法治化建设。推进依法分类处理信访诉求工作，督促职能部门重新制定依法分类清单，按照清单准确甄别、依法受理、规范办理群众信访投诉请求，年内市、区85个职能部门制订出台分类处理清单；组织开展《信访条例》修订15周年宣传活动，通过局长在线交流、线上线下宣传等活动，提高群众知晓度和参与度，教育引导群众依法理性表达诉求、维护合法权益。推进信访专业化建设。建立信访与司法调解、行政调解、行业组织调解相互衔接、互为补充工作机制，提高解决问题、化解矛盾实效；引进市法学会中立法律服务社、心理服务站进驻市接待大厅，为上访群众提供专业法律服务和心理疏导服务。各区结合实际，推进信访专业化建设，横琴新区设立澳门街坊总会横琴综合服务中心，助力化解涉港澳居民信访矛盾纠纷；香洲区、金湾区引入心理咨询专家入驻综治中心，为群众提供心理疏导、个案干预等专业服务；斗门区邀请专家团队参与综治中心工作，取得初步成效。推进信访信息化建设。推广“互联网+信访”工作模式，加大网上信访宣传力度，制作并派发宣传册3万余份，引导群众“多网访、少走访”，网上信访逐步成为群众信访主渠道；完成新旧信访信息系统无缝对接，组织新系统培训860余人次，实现全市信访工作人员全覆盖。

【疫情防控工作落实】 2020年，珠海市信访局统筹推进新冠肺炎疫情防控和信访保障工作。落实防控措施，压实抗疫责任。印发《关于全力以赴为打赢疫情防控阻击战提供坚实有力信访服务保障的通知》，及时调整来访接待工作安排，引导群众通过来信、网上信访等方式表达诉求，落实疫情防控措施，确保来访群众和工作人员健康安全。畅通信访渠道，诉求即接即办。将网上信访作为疫情防控期间的主战场，组建涉疫事项办理工作专班，提速办理群众诉求，对涉疫事项做到即接即办、事不过夜，197件涉疫信访事项全部及时有效化解。加强信息研判，助力疫情防控。每日梳理群众反映涉疫信访问题线索，每周会商调度涉疫事项办理情况，确保办信质量；调研疫情次生风险，报送涉疫信访矛盾研判报告2篇、涉疫信息123条，为领导科学决策提供参考。 （李　苑）

2020年7月29日，珠海市人民来访接待厅珠海市中立法律服务站揭牌启用，为来访群众提供专业化法律服务 （市信访局供稿）

政务服务

【政务服务管理】 2020年，珠海市优化四级政务服务体系，在市、区政务服务大厅基础上，全市24个镇（街）、318个村（社区）通过设立基层公共服务平台实现政务服务站点全覆盖。深化政务服务全城办，市级政务服务事项2268项实现“全城通办”，群众办理量排名前200项的政务服务高频事项100%实现“全城通办”。开展政务服务“四免”（政府部门核发的材料原则上免提交、政府部门形成的业务表单数据原则上免填写、可用电子印章的免用实物印章、可用电子签名的免用手写签名）优化，推动电子证照、数据共享核验、电子印章、电子签名、双向物流、网上缴费、容缺受理、告知承诺“应用尽

2020年1月15日，广东“数字政府”政务云平台珠海节点在珠海市政务服务数据管理局正式点亮，珠海“政务云”“免证办”清单上线
（杨 明 摄）

用”；开展“一件事”主题集成服务，精简审批环节和时限。强化实体大厅建设，建立健全政务服务大厅标准体系，推广完善“前台综合受理、后台分类审批、综合窗口出件”的集成服务模式，市政务服务大厅“一门式”综合受理614件事项，25个部门744件事项实现“最多跑一次”。依托覆盖全市374个政务服务大厅（站）的“好差评”系统，建立政务服务评价、反馈、监督、考核的闭环管理机制，7—12月“好差评”综合得分连续六个月居全省首位。

【公共资源交易】 2020年，珠海市完成公共资源交易项目5261个，交易金额1079.28亿元，成交金额1107.92亿元，比上年下降14.97%，为市财政节支48.12亿元，增收76.77亿元。其中，建设工程交易项目1323个，预算金额690.21亿元，成交金额644.43亿元，节约率6.63%；政府采购项目2793 个，预算金额25.23亿元，成交金额24.00亿元，节支1.23亿元，节约率4.88%；土地房产交易项目154个，预算金额338.42亿元，成交金额413.77亿元，增收75.35亿元，增幅22.27%；产权交易成交项目992个，预算金额25.41亿元，成交金额25.72亿元，节支1.11亿元，增收1.42亿元。中介超市发布采购项目1792个，成交金额4941.96万元。

【市民热线服务】 2020年，珠海市“12345”市民服务热线整合全市33条政府热线，对接72个单位，与“110”报警应急电话实行三方联动，提供微信、人民网留言板、广东政务服务网、市长信箱、政府门户网站等诉求反映渠道。开通话务坐席139个，配备话务员195人，分设市政务服务中心大楼和前山2个话务场地，按照“集中接听登记、咨询即时解答、诉求分转办理、定期反馈回访”的机制，为企业和市民提供7×24小时全天候服务。全年，“12345”热线受理市民诉求188.12万件，比上年增长16.36%，其中电话占比95.46%、微信占比3.43%、其他网络渠道占比1.11%；电话渠道呼入量238.36万次，接通总量166.2万次，比上年分别提高44.24%和13.62%，平均接通率70%；工作日日均呼入量8432次，每个话务员平均每天接听电话90个，工作效率比上年提高8.21%。按诉求类型划分，咨询类占比87.15%、投诉类占比11.67%、建议类占比0.53%、举报类占比0.57%、表扬类占比0.08%。

【“跨境通办”“跨城通办”“跨省通办”网上服务开通】 2020年5月，珠海市实施政务服务“跨境通办”，开通港澳居民网上服务专区，依托广东省统一身份认证平台，向港澳台居民提供在线申办、查询、结果反馈、服务评价等全链条服务，拓展不动产、税务、商事登记、社会民生等领域跨境办事场景，通过“网上办、移动办、可视办、专窗办”等多种便利举措，支撑“便利湾区”建设。6月，上线跨城通办专区，珠海、深圳、东莞、中山、江门、肇庆六市联合推出第一批446项网上“跨城通办”服务，推动大湾区政务服务一体化。9月，线上建立珠海“跨省通办”服务专区，发布56项“跨省通办”事项清单，涉及人社、卫健、不动产、公积金、商事登记等领域，与云南省怒江市、黑龙江省黑河市展开“跨省通办”试点。 （许 珺）

中国人民政治协商会议珠海市委员会

【概况】 2020年，珠海市有各级政协组织4个，其中地级市政协1

个、区政协3个。各级政协有委员846人，其中在珠海全国政协委员2人、在珠海省政协委员9人、市政协委员295人、区政协委员551人。市政协设常务委员会，由主席、副主席、秘书长和常务委员组成，有主席1人、副主席8人、秘书长1人、常务委员49人。市政协机关内设办公室和8个专门委员会（提案委员会、经济委员会、农业和农村委员会、科教文卫体委员会、社会和法制委员会、文史资料委员会、港澳台侨与外事委员会、人口资源环境委员会）。

【市政协九届四次会议】 2020年6月8—9日在珠海大会堂召开。会议应出席委员296人，实到253人。会议听取和审议政协第九届珠海市委员会常务委员会工作报告、政协第九届珠海市委员会常务委员会关于九届三次会议以来提案工作情况的报告；审议通过《中国人民政治协商会议第九届珠海市委员会第四次会议决议》。会议听取并讨论市政府工作报告及有关报告，表彰九届三次会议优秀提案和承办提案先进单位。会议期间，收到提案327件，确定立案239件，举办提案审查会议1场。

【市政协常务委员会会议】 2020年，政协第九届珠海市委员会常务委员会召开常务委员会会议4次。

第十四次会议 6月1日在市政协召开。会议听取市政府、市纪委监委、市中级人民法院、市检察院2019年工作情况以及政府部门2019年办理政协提案情况通报；审议通过市政协相关工作报告。听取2019年全市经济社会发展情况通报、2019年全市党风廉政建设和反腐败工作情况以及市“两院”工作情况通报；审议通过《政协珠海市第九届委员会常务委员会工作报告（稿）》《政协第九届珠海市委员会常务委员会关于九届三次会议以来提案工作情况的报告（稿）》和政协第九届珠海市委员会第四次会议议程、日程（草案），政协第九届珠海市委员会第四次会议增补委员、常务委员和副主席候选人员名单；审议通过市政协各专委会2019年工作报告和有关人事事宜。

第十五次会议 6月9日在市政协召开。会议审议《政协第九届珠海市委员会第四次会议决议（草案）》，审议《政协第九届珠海市委员会第四次会议选举办法（草案）》、监票人员名单（草案），听取审议政协第九届珠海市委员会副主席、常务委员补选有关事宜酝酿协商情况。

第十六次会议 8月26日在市政协召开。会议传达学习贯彻习近平总书记在中共中央政治局第二十次集体学习时的重要讲话精神，听取市政府关于“改革完善我市疾病预防控制体系”“市政协九届四次会议以来提案办理”的情况通报，围绕改革完善珠海市疾病预防控制体系和《珠海市政协提案工作条例》修订进行专题协商议政。

第十七次会议 11月17日在市政协召开。会议传达学习习近平总书记在党的十九届五中全会上的重要讲话精神，研究部署贯彻落实意见，审议市政协年度开展的8个重点课题调研报告，研究有关人事事项。

2020年6月8日，中国人民政治协商会议第九届珠海市委员会第四次会议在珠海大会堂开幕 （市政协供稿）

【市政协主席会议】 2020年，政协第九届珠海市委员会常务委员会召开主席会议7次。

第十八次会议 4月8日在市政协召开。会议传达市委常委会会议暨市新冠肺炎防控指挥部会议精神；审议《政协第九届珠海市委员会常务委员会工作报告（稿）》《珠海市政协2020年度重点协商计划及重点监督议题（稿）》，听取市政协各专委会2019年度工作总结和2020年工作计划汇报。审议《政协第九届珠海市委员会常务委员会关于九届三次会议以来提案工作情况的报告（稿）》、九届三次会议优秀提案名单和承办提案先进单位名单、2019年度委员履职考核结果以及有关人事事宜。

第十九次会议 4月22日在市政协召开。会议传达学习习近平总书记在中共中央政治局常委会会议、中共中央政治局会议上的重要讲话精神，传达学习省委书记李希、省长马兴瑞、省政协主席王荣关于做好政协提案办理工作的指示批示精神，落实市委书记郭永航批示要求，研究部署贯彻落实意见。审议《2020年珠海市政协党组理论学习中心组学习计划》。

第二十次会议 5月20日在市政协召开。会议传达学习习近平总书记5月14日在中共中央政治局常委会会议上的重要讲话精神和市纪委八届五次全会精神，研究部署市政协九届四次会议的筹备工作。研究市政协机关对口帮扶工作。

第二十一次会议 5月29日在市政协召开。会议审议《政协第九届珠海市委员会常务委员会工作报告（稿）》《政协第九届珠海市委员会第三次会议以来提案工作情况报告（稿）》；审议通过政协第九届珠海市委员会常务委员会第十四次会议议程和召开时间；审议政协第九届珠海市委员会第四次会议议程、日程（草案）和选举办法（草案）、监票人员名单；通过《政协第九届珠海市委员会第四次会议关于进一步改进会风严肃会纪的要求》《政协第九届珠海市委员会第四次会议关于会风会纪监督检查办法》等文件。研究有关人事事宜。

第二十二次会议 6月24日在市政协召开。会议传达学习习近平总书记在宁夏考察以及在中非团结抗疫特别峰会上的重要讲话精神和关于力戒形式主义官僚主义重要论述。研究成立市政协机关党组和有关人事事宜，审议《市政协常务委员会工作报告任务分工方案》《2020年市政协机关党委工作要点》。

第二十三次会议 8月24日在市政协召开。会议审议2020年度重点提案名单，研究部署重点提案督办工作。

第二十四次会议 11月2日在市政协召开。会议传达学习党的十九届五中全会精神，传达学习习近平总书记在中央政治局常务委员会、纪念中国人民志愿军抗美援朝出国作战70周年大会、中央政治局会议上的重要讲话和《中国共产党中央委员会工作条例》精神，研究贯彻落实意见。研究市政协九届十七次常委会会议议程及召开时间。

【协商议政】 2020年，珠海市政协以珠海经济特区40周年再出发重点领域、关键环节和需要突破的问题为抓手，围绕“特、大、高、多”四大战略任务开展协商议政，发挥政协汇聚智慧、凝心聚力的作用，推动做好把经济特区办得更好、办得水平更高这篇大文章。

聚焦经济高质量发展协商议政 围绕构建以国内大循环为主体、国内国际双循环相互促进的新发展格局，聚焦推动珠海高新技术产业、农业特色产业发展，研究提出突出重点发展产业、完善服务体系、打造一批科技创新服务平台、强化各类创新人才保障等对策建议。紧扣澳珠极点建设，开展珠澳文旅合作、推进海洋产业发展等专题调研；围绕珠海生态文明建设，就运用“韧性城市”建设理念、提升珠海市应急防灾能力，打造共建共治共享的社区治理格局，改革完善珠海市疾病预防控制体系等专题开展调研，形成一批针对性强的对策建议，为市委、市政府科学决策提供参考，助推珠海由“小而美”向“大而强”“大而优”转型跨越。市政协开展的七大重点专题调研，受到市委、市政府主要领导肯定。

为科学编制“十四五”规划建言谋策 发挥政协人才荟萃、智力密集的优势，坚持问题导向，综合运用会议、提案、视察、调研、访谈等多种形式，在实施创新驱动发展战略、构建现代产业体系、推动扩大内需、全面深化改革、全面推进乡村振兴、改善人民生活品质、建设横琴粤澳深度合作区等方面建言咨政，为珠海科学编制实施“十四五”规划提供广泛的民意基础和智力支持，凝聚发展合力。召开“十四五”规划专题协商会，市政府领导、市直有关部门负责人与市各民主党派、政协委员就珠海产业发展、生态文明建设、改善民生等重要问题协商交流。

聚焦深化机关干部作风和营商环境突出问题专项整治建言献策 将“深化机关干部作风”和“营商环境突出问题”两个专项整治作为贯穿全年的重点任务推进，以过硬作风和良好环境推动新时代珠海经济特区“二次创业”加快发展、高质量发展。聚焦“两个专项整治”，在经济、农业、教育等不同领域创新性开展“委员议事厅”活动12期，举办“圆桌协商会”7场，采用线上线下相结合的新机制，40多个党政部门、200余名政协委员以及近

2020年10月28日，珠海市政协委员议事厅平台围绕“两个专项整治”面对面进行交流 （市政协供稿）

万名群众参与，从为企业纾困解难应对疫情影响、着力解决高效率和低成本的焦点问题、优化各项涉企业项目审批流程、强化政企联络沟通等方面提出建议。组织开展“改善营商环境”专题民主监督，组织委员深入相关职能部门、办事大厅现场视察，助力珠海打造更加公平透明与可预期的市场化、法治化、国际化营商环境。

【政协民主监督】 2020年，珠海市政协围绕重点民生问题开展民主监督。组织150余名政协委员开展城乡人居环境改善和城市品质提升专题视察，为珠海加快建设大湾区魅力之城建诤言、谋良策。围绕公共基础设施欠账多、优质学位紧缺、医疗水平参差不齐、城市交通拥堵、出租屋监管薄弱等群众关注的民生问题，开展专题视察，助推多项涉及人民群众切身利益问题的解决，推动民生持续改善。组织政协委员担任特约监督员和观察员，全年参加职能部门座谈会、论证会和评审会等60余人次，在转变机关作风、促进民生实事落实等方面发挥积极作用。

【文史宣传交流】 2020年，珠海市政协发挥政协文史资料“存史、咨政、团结、育人”作用，完成《珠海文史》第二十八辑征编工作。加强文史宣传力度，全年，刊发《珠海政协》4期，编印《政协工作信息》30期；在《珠海特区报》刊发新闻103条、专题报道6篇、专版报道2次；在《人民政协报》发表《牢记新时代经济特区历史使命》，专版报道珠海经济特区在深化改革扩大开放中的使命担当；在省政协《同舟共进》专题报道珠海的建设成就；“珠海政协”微信公众号推出信息286条，“珠海政协”网站发表文章300余篇。完善宣传工作制度化管理，制定《珠海市政协宣传工作制度》《珠海市政协信息发布管理办法》等规章制度。

【政协团结联谊】 2020年，珠海市政协克服新冠肺炎疫情影响，开展具有政协特点的团结联谊工作。组织开展“华人华侨庆国庆”活动，激发海外华人华侨参与珠海建设的热情，巩固和发展海内外中华儿女大团结；举办“珠海公共外交论坛”活动，向海外侨胞、外籍人士介绍新中国发展成就、人民政协制度、珠海经济特区建立40年来的发展情况，增进世界对中国政治制度和发展道路的理解与认同；建立珠海市政协香港委员工作室（全国首创），组织开展港澳委员考察国情市情，加强与港澳社团联系，协助解决港澳委员企业在珠海投资和发展中面临的问题，为港澳委员发挥双重作用创造有利条件；加强与在珠海的台胞及台胞企业联络，帮助台商解决实际困难和问题。

（陈梦俐）

纪检监察

【概况】 1956年6月，成立中共珠海县监察委员会。1980年9月25日，成立中共珠海市纪律检查委员会。1987年10月30日，成立珠海市监察局。1993年4月2日，市纪委、市监察局合署，实行一套工作机构、两个机关名称体制。2017年12月25日，设置珠海市监察委员会，与中共珠海市纪律检查委员会合署办公。撤销市监察局、市预防腐败局，撤销市人民检察院反贪污贿赂局、反渎职侵权局、职务犯罪预防科，撤销横琴新区人民检察院反贪污贿赂渎职侵权局，将相关职能整合至市监委。截至2020年底，市纪委监委机关内设室18个，设派驻（出）机构20个。全市设香洲区、金湾区、斗门区3个行政区纪委监委，以及横琴新区、珠海高新技术开发区、珠海保税区、万山海洋开发区、珠海经济技术开发区（高栏港经济区）5个经济功能区纪检监察组织。

2020年，珠海市纪委监委创建模范机关，实施建设一个机关文化长廊、编制一本机关党建工作手册、培育一批标杆党支部、选树一批优秀党员典型、搭建一系列党员干部思想交流平台、为群众办一件实事的“六个一”工程。“弘扬杨匏安革命烈士精神，全方位打造系列廉政教育精品”入选全市优质党建工作品牌，“融通支部工作法”获评为全市优质党建工作法。创新开设“清风微党课”，举办“榜样的力量”主题党日活动，组织党员干部参观特区改革开放40周年展览、集中过“政治生日”、重温入党誓词，以身边人讲述身边事带动周边人，持续巩固拓展“不忘初心、牢记使命”主题教育成果。关心关爱干部成长，选派优秀干部到脱贫攻坚一线、抗击疫情一线锻炼历练。灵活开展全员培训，拓展线上学习园地，举办“开放式课堂”10期，培训人员862人次。强化实战练兵，安排13名青年干部赴云南怒江、茂名河口村参加“三同”（与村民同吃、同住、同劳动）实践锻炼，坚持运用以案代训、跟班学习等方式，全面提升队伍整体素质。

【纪检监察体制改革】 2020年，珠海市纪委监委持续深化纪检监察体制改革，注重加强分类指导，推动纪律监督、监察监督、派驻监督、巡察监督统筹衔接。推进市管企业纪检监察体制改革，完善市管企业纪检监察机构设置，配齐配强市管企业纪委书记、监察专员。深化纪检监察派驻（出）机构改革，设立横琴新区纪检监察工委，加强对派驻机构统一领导，制定《珠海市市管企业纪检监察机构及其主要负责人年度考核暂行办法》，理顺派驻纪检监察组与驻在单位、对口联系监督检查部门工作关系，明确市管企业、高校纪检监察机构工作流程，形成监督合力，规范权力运行。

【纪检监察审查调查】 2020年，珠海市纪检监察机关受理检控类信访举报695件，处置线索1047件，立案320件；结案并给予党纪政务处分337人、比上年增长6.3%，查处处级领导干部18人。

【反腐败国际追逃追赃】 2020年，珠海市纪委监委一体推进追逃、防逃、追赃，开展个案攻坚，抓住疫情防控有利战机，将在逃5年的职务犯罪嫌疑人林某茂成功劝返投案自首，累计追回出逃人员10人，取得国内大起底外逃人员清零的阶段性战果。

【“四风”整治】 2020年，珠海市纪委监委坚守重要节点纠治“四风”，全面开展节前警示教育、近距离深化明察暗访，经验做法被《人民日报》刊载推广。全年全市查处违反中央八项规定精神案件68件119人，给予党纪政务处分62人，通报典型问题3起。防范纠治“四风”问题中“低级红”“高级黑”，治理贯彻党中央决策部署只表态不落实、维护群众利益不担当不作为、随意向基层派任务要表格等典型问题，全市查处形式主义官僚主义问题27件54人，给予党纪政务处分13人。

【廉洁宣传教育】 2020年，珠海市纪委监委突出抓好党性和廉洁教育，协助市委举办全市领导干部党章党规党纪教育培训班，摄制《贪欲如“潮”》警示教育片，制作《打虎拍蝇》《形式主义要不得》等4部廉政公益广告，升级打造杨匏安数字陈列馆等红色教育矩阵，培育廉洁文化。

【“四种形态”运用】 2020年，珠海市纪检监察机关运用“四种形态”（党内关系要正常化，批评和自我批评要经常开展，让咬耳扯袖、红脸出汗成为常态；党纪轻处分和组织处理要成为大多数；对严重违纪的重处分、作出重大职务调整应当是少数；严重违纪涉嫌违法立案审查的只能是极少数）批评教育帮助和处理959人次，第一、二、三、四种形态分别占比63.2%、23.6%、8.6%、4.7%。精准念好问责“六字诀”（严、准、适、通、扩、用），全市问责党组织7个，问责党员领导干部57人。落实“三个区分开来”（把干部在推进改革中因缺乏经验、先行先试出现的失误和错误，同明知故犯的违纪违法行为区分开来；把上级尚无明确限制的探索性试验中的失误和错误，同上级明令禁止后依然我行我素的违纪违法行为区分开来；把为推动发展的无意过失，同为谋取私利的违纪违法行为区分开来），做好失实检举控告澄清工作，妥善做好受处分干部回访教育，切实为改革者负责、为担当者担当。

【营商环境突出问题专项整治】 2020年，珠海市纪委监委协同行业主管部门联合作战，对全市政府建设、招标采购、资产租赁近万个项

2020年8月6日，珠海市纪委监委召开市营商环境突出问题专项整治工作会议
（市纪委监委供稿）

目开展核查，深挖彻查官商勾结、以权谋私突出问题。全市立案有关问题66起，处理、处分149人，移送司法机关8人，查处郑某龙、谢某党等一批典型案件。抓好制度补强关键一环，全市各级纪检监察机关向发案单位发出纪检监察建议书26份，督促完善政府投资工程建设管理体制和招投标改革方案、政府采购负面清单、云监管平台，推动权力在正确轨道上运行。

【基层正风反腐三年行动计划推进】 2020年，珠海市纪委监委紧盯集体“三资”（资金、资产、资源）管理、征地拆迁、惠民补贴等重点领域，整治群众身边的不正之风和腐败问题。全市纪检监察机关查处有关案件361件，处分292人。查办36名村劳动保障协理员利用职务便利，虚报冒领骗取城保补贴、水资源补贴款400余万元等典型违纪违法问题。聚焦企业和群众关心的“堵点”“痛点”“难点”以及形式主义、官僚主义问题，针对办事窗口停车难、公办幼儿园入学难、房产过户难、企业办证难问题开展“电视问政”，推动被问政单位认真检视“僵、浮、慢、乱”作风，以小切口推动大整治。

【巡察工作】 2020年，珠海市委巡察机构围绕“三个聚焦”（紧盯被巡察党组织职能责任，聚焦基层贯彻落实党的路线方针政策和党中央决策部署情况，进一步促进基层党组织和党员干部担当作为；聚焦群众身边腐败问题和不正之风，进一步增强群众获得感幸福感安全感；聚焦基层党组织软弱涣散、组织力欠缺问题，进一步强化政治功能、打造坚强战斗堡垒）要求，完成常规巡察2轮，对37个单位党组织开展政治体检，完成八届市委巡察全覆盖任务；对全市村（社区）“两委”换届风气开展专项巡察。优先处置巡察移交问题线索，市委前7轮巡察移交问题线索246条、立案43人、给予党纪政务处分31人、移送司法机关5人。推进巡察与其他监督贯通融合，出台《关于建立健全审计监督与纪检监察、巡察工作协作机制的意见》等；推动市、区巡察上下联动，建立市、区巡察机构会商、沟通和研判机制，分类指导开展区级常规巡察14轮、村（社区）巡察11轮，完成省委对市、区巡察工作年度任务。加强作风纪律建设，开展巡察组作风纪律后评估，问卷测评平均满意度99.71%。

（戴　暄）

民主党派和工商联

【中国国民党革命委员会珠海市委员会】 1988年6月成立民革珠海市小组，1991年9月成立民革珠海市委员会。主要成员和所联系的对象是“同原中国国民党有关系的人士、同民革有历史联系和社会联系的人士、同台湾各界有联系的人士以及社会和法制、‘三农’研究领域专业人士”。截至2020年底，全市有行政区（香洲、金湾、斗门）基层委员会3个、经济功能区总支部2个（经济区总支部、横琴总支部）、支部22个，党员464人。2020年新发展党员16人。

组织建设　2020年，市民革统筹谋划“组织建设年”各项工作。召开领导班子民主生活会和“组织建设年”专题民主生活会，明确改进方向；通过民革省委会组织的第一批示范支部和达标支部“回头看”检查，完成6个行业支部班子换届选举；继续优化提升党员之家平台建设，横琴总支部、高新支部新建“民革党员之家”；召开青年骨干党员代表座谈会，选派青年骨干党员参加培训；拜会民革上海市委会，向民革中央委员会副主席高小玫汇报工作。

思想建设　2020年，市民革巩固深化“不忘合作初心，继续携手前进”主题教育活动成果，召开会议8次，传达学习贯彻中共十九届五中全会精神、习近平总书记重要讲话精神和“三个文件”［《中共中央关于加强中国特色社会主义参政党建设的意见》《民主党派代表人士队伍建设规划（2018—2027）》《各民主党派中央关于新时代组织发展工作座谈会纪要》］重要精神；赴上海、广州开展“不忘合作初心，继续携手前进”主题教育活动暨“观故居，走多党合作之路”活动；举办“纪念民革广东省委会成立65周年暨珠海经济特区成立40周年书画摄影作品展”，开展“博爱助学·文化交流”送文化下海岛及主题采风写生活动；11篇论文入选省、市论文集，市民革获纪念民革广东省委会成立65周年朗诵比赛一等奖、省委会“传承中山思想，弘扬民革传统”主题征文组织优秀奖；继续与团结报社新媒体公司合作，运营“珠海民革”微信公众号，连续刊登抗疫原创稿件70篇，其中先进典型人物专题报道8篇，在中央级媒体刊发文章和绘画作品17篇（幅）；《团结报》订报率保持在100%以上，获评《团结报》发行征订工作先进集体（地市）一等奖、省委会《团结报》工作先进集体一等奖。

参政议政　2020年，市民革在市政协大会作《加快创新创业配套建设，营造珠海“二次创业”良好环境》发言；在暑期座谈会作《奋力打造沿海经济带高质量发展典范，将珠海建设成为国际海洋科技创新城市》发言；集体提案《以迎接辛亥革命110周年为契机，加快推进珠海“中山公园”二期建设的提案》被列为市政协年度重点提案。召开参政议政重点课题申报选题会，8篇调研报告转化成集体提案，加强与对口联系、提案办理单位沟通协商；主委潘明向全国政协十三届三次会议提交提案3份，围绕大湾区交通基础设施互联互通、生态文明建设等重点领域建言咨政，并协助国家铁路局在珠海就提案办理开展调研。市民革获省民革2019—2020年度参政议政先进集体一等奖；5件提案获市政协优秀提案奖，5件提案在区政协大会发言并被评为优秀提案，5名市政协委员履职考评优秀，5篇抗疫社情民意信息被市政协、中共珠海市委统战部采用。

2020 年 7 月 24 日，民革珠海市委员会主委潘明（前排左二）陪同中共珠海市委副书记赵建国（前排左三）实地调研唐家瑞芝祠“民革党员之家”（市民革供稿）

社会服务　2020年，市民革把新冠肺炎疫情防控作为最重要的工作来抓，奋战抗疫一线医护党员31人，参加志愿服务、基层抗疫、捐资捐物263人，捐赠口罩1.8万个、手套3000双、防护服600套、护目镜600个，累计捐款物价值近100万元，17人次获中央、省、市抗疫先进表彰。推动党外干部实地挂职、支教，助力云南怒江、贵州纳雍扶贫攻坚，号召党员及所在单位采购消费扶贫农产品超100万元。在“6·30”广东扶贫济困日捐款2.8万元，联合民革东莞市委会向纳雍县新房乡中学捐赠图书价值4.8万元。开展“博爱助学”、居家养老、送医送药、书画交流、民法典宣讲等志愿服务活动。召开民革企业家联谊会、复工复产座谈会，走访民革党员企业，帮助解决企业发展的“后顾之忧”。

祖国统一　2020年，市民革协助省民革开展涉台重点课题调研，形成广东民革服务台青“四个有”（有研习计划、有活动空间、有交流平台、有实习基地）工作设想。推动华灿工场珠海空间与珠海市科技创新促进会签约，接待台湾中华青年发展联合会粤港澳大湾区参访团，打造台湾青年在大湾区创新创

业示范空间。召开纪念抗日战争胜利75周年座谈会，慰问抗战将领后裔和抗战老兵。（李　琳）

【中国民主同盟珠海市委员会】1985年12月成立民盟珠海市小组，1987年夏成立民盟市委筹委会，1989年5月6日成立民盟珠海市委员会并召开第一次盟员大会。主要成员和所联系的对象是文化教育和科学技术界具有高、中级职称的知识分子。截至2020年底，民盟珠海市第六届委员会设专门委员会6个、基层组织19个，其中基层委员会1个（高教基层委员会）、总支委员会3个（金湾总支、香洲总支、斗门总支）、市直属支部15个，“盟员之家”6个，盟员790人。2020年新发展盟员37人。

组织建设　2020年，市民盟加强基层组织建设。优化组织结构，新成立医药与健康委员会和中大五院支部，对全市19个基层组织进行分批换届，基层组织力量进一步加强；强化“盟员之家”建设，新建第六个“盟员之家”，组织盟员参观学习，提升“盟员之家”使用效率。各工作委员会履行专门委员会职能，展现良好风貌。青联委举办青年盟员健步行主题活动；参政议政委撰写提案和社情民意信息，参政议政工作进步明显；理论研究委组织开展习近平新时代中国特色社会主义思想专题学习和参政党理论研究，带头组织不同界别盟员进行系统全面学习，提升盟员政治理论水平；文艺委组织民盟书画院建设情况调研；社会法制委举办“法治促进企业发展”主题文化沙龙活动；医药与健康委举办2020港珠澳生物医药产业高峰论坛。盟员鲁浩提交的论文《加强我国人类遗传资源保护，保障国家公共卫生安全》获2020民盟法治论坛优秀论文二等奖，并作为民盟中央提案提交全国政协十三届四次会议；盟员晏向隽获评“广东省民族团结进步模范个人”；盟员黄耀辉获评珠海市“广东扶贫济困日”活动“十周年突出贡献爱心人士”；盟员董媛媛、刘联被授予“珠海市抗击新冠肺炎疫情先进个人”。

思想建设　2020年，市民盟将学习习近平新时代中国特色社会主义思想、中共十九届五中全会精神和习近平总书记重要讲话精神常态化制度化，引导广大盟员提高政治站位，增进对中国共产党和中国特色社会主义的政治认同、思想认同、理论认同和情感认同，夯实多党合作的共同思想政治基础；把学习放在首要位置，坚持新盟员必学、骨干盟员必学、领导班子及成员必学，理解和把握加强中国特色社会主义参政党建设的时代要求和重要意义。创新活动形式，提升主题教育成效。开展“不忘合作初心，继续携手前进”主题教育活动，以青联委为抓手，针对青年盟员开展廉政主题教育、参政议政专题培训、青年盟员健康跑等活动，创新活动形式，丰富活动内涵；各基层组织结合各自实际开展特色活动，3个行政区总支委员会推进主题教育活动成效突出，打造出一批主题教育活动品牌。用好新媒体，增强思想宣传效果。以微信公众号为抓手，开展形式多样的现场活动，开设“盟员风采”“每日盟语”“盟员课堂”等特色专栏，及时向广大盟员推送国家、省、市最新文件精神；表彰“部级优课名师”袁也晴，“珠海最美禁毒人”郑忆兰、“珠海最美志愿者”赵东、“珠海好人”张建军和杨永清等一批先进典型，发挥榜样力量，有效提高思想宣传效果，微信阅读量在全市各党派中名列前茅。

参政议政　2020年，市民盟立足粤港澳大湾区定位，重点就推进国家治理体系和治理能力现代化、教育供给侧结构性改革、脱贫攻坚成果巩固等重大问题献计出力。做好重点课题调研，发挥专门委员会作用，强化民主党派参政议政意识，向市人大、市政协提交议案提

2020年6月7日，民盟珠海市委员会在珠海度假村酒店召开民盟界别政协委员工作会议　（市民盟供稿）

案46件、社情民意18条，其中提案《关于在珠海建设大湾区医疗高地助力解决澳门医疗短板的建议》被市长重点督办，社情民意信息《建议推动珠海“夜间经济”和“地摊经济”融合错位发展的建议》被民盟中央采用，《关于加强对民办学校疫情防控支持的建议》被中共珠海市委统战部主办的《珠海统战信息》采用。完成《关于加强我省义务教育阶段学生生命教育的建议》调研报告。

社会服务　2020年，市民盟开展助力企业复工复产调研活动，为疫情防控和经济社会发展贡献力量。发动教育界、科技界盟员投身科研和生产，创新网络教学模式，研发高科技消毒产品和疫情防控相关设备；文艺界盟员开展抗击疫情主题文艺创作，创作出一批强信心、暖人心、聚民心优秀作品。疫情防控期间，盟员捐款捐物价值144.9万元，其中捐赠口罩8.34万个、医用防护鞋套5850个、药品20箱、蛋卷840罐，捐赠酒精和消毒液等价值90.4万元。市民盟获评“中国民主同盟抗击新冠肺炎疫情先进集体”。响应民盟中央“天使系列工程”号召，主动对接西门子医疗系统有限公司、珠海市人民医院，推动民盟介入医学继续教育基地在市人民医院建成；组织盟员李树元、李晓霞、单旭明、王丹4位教师参加珠海援助云南怒江支教工作，单旭明、王丹获评为“珠海教育援助怒江州模范教师”；盟员鲁浩带领团队走访云南省怒江傈僳族自治州福贡县患罕见病的贫困户家庭，帮助解决困难群众因病返贫问题；盟员黄耀辉被民盟中央授予“民盟社会服务工作先进个人”称号。

（刘桐硕）

【中国民主建国会珠海市委员会】 1990年4月成立民建珠海市支部，1994年2月成立民建珠海市委员会。主要成员和所联系的对象是经济界人士以及有关专家学者。截至2020年底，市民建下设2个专委会（参政议政工作委员会和企业工作委员会），有基层委员会1个、支部15个（市直属支部6个、行政区支部5个、功能区支部4个），会员484人。2020年新发展会员20人。

组织建设　2020年，市民建加强领导集体建设，增补宋斌为专职副主委，增补张国利为市委委员。举办新会员见面会2次，集中观看《民建文献纪录片》，与相关支部主委谈心交流。截至年底，市民建有省人大代表1人、市人大代表2人（其中常委1人），市政协委员14人（其中副主席1人、常委1人），区人大代表6人（其中副主任1人、常委1人），区政协委员24人（其中副主席1人、常委5人）。按照民建中央、省民建统一部署，在斗门区、高新区新建立“民建会员之家”2个，推进会史教育基地建设。

思想建设　2020年，市民建巩固深化“不忘合作初心，继续携手前进”主题教育活动成果，组织市委委员、各支部主委、企工委成员赴惠州、遵义两地开展主题教育活动。加强作风建设，召开动员部署会和专题民主生活会，列出问题清单，提出具体整改方案。参加省民建庆祝民建成立75周年活动，张琼获全省民建演讲比赛二等奖，安小艺的《我的民建情怀》、于新刚的《民建新人的成长》入选民建广东省委会庆祝民建成立75周年征文选集。组织会员参加中共珠海市委统战部主办的“我与珠海40周年”主题征文比赛，安小艺的《我的珠海情怀》、杨天章的《不忘初心，砥砺前行》、李秋琼的《我与珠海共成长》分别获征文比赛一、二、三等奖，王子百慧的《不忘初心　砥砺前行　庆祝珠海经济特区建立40周年》、陈宽的《珠海特区幸福美好生活》、林振宇的《一座桥见证一座城》获征文比赛优秀奖。围绕重大主题讲好民建故事，全年微信公众号发布文章103篇，阅读量近万人次。

参政议政　2020年，在市政协九届四次会议上，会员刘伟东的《构建珠海现代航运产业体系，深度融合粤港澳大湾区经济发展的建议》、会员梁乐新的《关于强化职业实训和职业规划，留住珠海毕业大学生的提案》获市政协优秀提案奖，民建珠海市委会发言稿《关于推动珠海先进制造业与现代服务业深度融合发展的提案》被市政协列为一号提案，由中共珠海市委书记郭永航亲自督办。成立暑期座谈会、政协大会发言课题调研小组，完成《关于澳门、横琴新区共同编制澳琴空间规划的建议》《关于加强湾区深度融合，推进国情教育和研学产业的建议》调研课题。香洲、金湾、斗门3个行政区基层组织针对各区经济社会发展面临的主要问题提出意见建议；委员吴光艺的《坚持发展实体经济毫不动摇，推进斗门经济全面发展》获评为斗门区2019年度优秀提案，委员赵丽芳的《打造金湾区“手信美食”一条街　助推金湾区服务和旅游业发展的提案》获评为金湾区2019年度优秀提案。民建珠海市委会人大代表、政协委员参加各级人大执法检查活动、政协视察活动，对法律法规、方针政策在执行过程中出现的偏差和问题提出改进建议。

2020年3月3日，民建珠海市委员会向香洲区人民医院捐赠医用防护口罩仪式现场（市民建供稿）

社会服务　2020年，市民建组织全体会员参加新冠肺炎疫情防控，及时报送抗疫建议8篇；宣传抗疫事迹和先进人物，在微信公众号发布抗疫信息32期；各基层组织和广大会员捐款37.9万元、捐物价值149.6万元。开展定点扶贫工作。民建珠海市委会领导带队赴贵州省遵义市绥阳县太白镇和广东省阳江市阳春市调研，向绥阳县太白镇人民政府捐赠教育帮扶基金10万元，向阳春市高朗小学捐赠价值10万元的远程投影设备；发动会员企业家采购河北省丰宁县农特产品，采购10万余元。在“6·30”广东扶贫济困日，民建珠海市委会捐款2.8万元。年内，企工委捐赠脱贫攻坚和各类社会公益款项40余万元，被民建广东省委会授予“社会服务先进集体二等奖”，并授予20名会员“社会服务优秀个人”称号。坚持走访会员企业制度，走访进成（广东）智能科技、日新化妆品、一品生物、三樱日用品等会员企业10余家，助力企业开展疫情防控和复工复产。关心会员企业发展，发挥民建企工委“精英融合、跨界交流、共享发展”平台作用，举办以“法律创造财富”为主题的分享沙龙活动，并组织会员企业家赴贵州遵义和吉林辽源等地开展投资考察活动。

（唐　纯）

【中国民主促进会珠海市委员会】

1986年3月成立小组，1987年1月成立珠海支部，1994年1月17日成立珠海市委员会。会员以从事教育、文化、出版、传媒，以及相关的科学技术领域高、中级知识分子为主。截至2020年底，市民进下设总支7个（香洲总支、金湾总支、斗门总支、高新总支、万山总支、横琴总支、高栏总支），二级机构5个（开明书院、开明画院、开明棋院、开明艺术团、企联会），总支下设支部36个，会员422人。2020年新发展会员16人。

组织建设　2020年，市民进从线上线下2个路径同步推进各项工作，开创政党工作新局面。民进珠海市委会增补专职副主委1人、市委委员1人，高新、万山、横琴和金湾总支调整部分干部，企联会顺利换届。民进广东省委会授予市民进“2019年新闻宣传工作先进单位”称号；主委茹晴获评为民进全国履职能力建设先进个人，会员张艳军获评为民进全国抗击新冠肺炎疫情先进个人，张艳军、李玮、林美琼、陈汉雄、郝晋、蒋华、蒋鹤芃、尹宏文、赵海崴、邹德志等获评为民进广东省新冠肺炎疫情防控工作先进会员。

思想建设　2020年，市民进加强政治思想建设，组织会员学习习近平总书记系列重要讲话和指示批示精神，在线上分享学习心得体会，不断增强对中国共产党和中国特色社会主义的政治认同、思想认同、理论认同、情感认同，全年参与线上学习分享活动389人次，占会员人数的94.8%。结合珠海经济特区建立40周年主题，开展“三个一”活动，组织一个系列线上分享——“我与珠海”、举办一个系列线下讲座——“珠海40年”、主办一个展览——“张馨元·国色天香欢喜能量画展览”，通过活动集智聚力，为特区建设和多党合作事业发展贡献自身力量。

参政议政　2020年，在市政协九届四次会议上，市民进提交集体提案3件，委员提交个人提案17件，作《领跑“环珠江口文化圈”，打造海洋文明新高地》大会发言；《关于修复凤凰山古官道，大力发展山地、海岛户外徒步休闲游和乡村游的提案》和《关于编制以文化为引领，有灵魂的〈珠海市空间总体发展规划〉的提案》被评为市政协九届三次会议优秀提案。在暑期座谈会上，主委茹晴作《关于

2020 年 11 月 21 日，开明棋院举办的“开明杯”珠海市少儿围棋交流赛在唐家格力海岸举行　　（市民进供稿）

“十四五”经济发展动能转换和新动能培育的建议》发言，受到中共珠海市委主要领导重视，要求相关部门研究落实。向省民进提交调研课题《把握“双循环”发展新机遇，开创海洋特色文旅产业新局面》；《民进市委会建议积极扩大有效投资》《关于建设系列史前海洋文明遗址公园，树立海洋文化国际IP的建议》2篇社情民意信息被中共珠海市委办公室《每日汇报》采用，《关于推动政策制度突破，促进澳门产业多元化发展的建议》被中共珠海市委统战部主办的《珠海统战信息》刊发。全年收到会员提案53件，内容涵盖海岛旅游、基层治理、区域发展、文化建设等领域。

社会服务　2020年，市民进秉承“开来而继往，明道不计功”的开明精神，向社会开放文化创新资源，推动社会服务转型升级。开明书院组织线上分享“读经典读名著”“抗疫回眸”“我与珠海”“我的健康我做主”“西方文化系列”“徐正芳说红楼”等主题活动，线下邀请本地和北京专家团队进行“海洋和东西文化艺术融合”相关调研，集聚会内外各种力量服务社会。开明艺术团组织开展线上抗疫激励活动10场。开明画院在古元美术馆和索卡大厦举办“张馨元·国色天香欢喜能量画展览”。开明棋院举办“‘开明杯’珠海市少儿围棋交流赛”和“第四届‘开明杯’金湾区少儿围棋精英赛”。企联会组织开展香洲区青少年足球联赛。　（郑雅文）

【中国农工民主党珠海市委员会】1986年3月成立农工党珠海小组，同年12月成立农工党珠海支部，1989年4月成立农工党珠海市委员会。2016年7月成立农工党珠海市第六届委员会。主要成员和所联系的对象是医药卫生、人口资源和生态环境领域高、中级知识分子。截至2020年底，有总支1个、支部16个、党员481人。

组织建设　2020年，市农工党规范党员发展的条件和程序，坚持高标准、高质量发展党员，除医药卫生主界别外，注重发展人口资源和生态环境领域以及其他界别代表人士，并注重发展硕士以上高学历人才。全年新发展党员22人，其中主体界别15人。

思想建设　2020年，市农工党召开专题学习会议6次，传达学习中共十九届五中全会、2020年全国人大和政协“两会”、习近平总书记在深圳经济特区建立40周年庆祝大会重要讲话等精神，明确市委会委员带动对口支部定期学习、层层传达学习制度，将重要会议和文件精神及时传达给每名党员，整体凝聚力和战斗力有较大提升。

参政议政　2020年，市农工党发挥界别特色优势，做到“围绕中心、服务大局、发挥优势、全面履职”。指导医疗、环境保护、社会民生法制3个参政议政专委会列出问题清单，开展深入调研，形成具有农工民主党界别特色的调研报告。在市政协九届五次会议上，作《关于促进粤港澳大湾区中医药传承创新发展的建议》大会发言，获市领导和各相关职能部门重视，开展多轮调研和座谈。在暑期座谈会上，提交《关于珠海生物医药产业转型升级的建议》课题研究，以专业视角提出建议，得到中共珠海市委主要领导关注和重视。

社会服务　2020年，市农工党强化社会服务的系统性和连续性，持续打造珠海农工社会服务品牌。10月18—25日，农工党广东省委会、市农工党组织医疗专家团队赴西藏自治区林芝市米林县，开展第四期“光明格桑花”慈善复明行动，为100名藏区白内障患者实施免费手术。6月5日，联合吉大街道办开展“2020年环境与健康宣传周”

2020年10月19日，农工党珠海市委员会开展第四期珠海"光明格桑花"白内障复明行动赴米林手术活动 （市农工党供稿）

应急救护培训进社区公益活动，专业医护人员向群众讲解常见急救知识和AED（自动体外心脏除颤器）使用方法，现场示范心肺复苏、创伤救护以及AED设备实际操作。

（曹振飞）

【中国致公党珠海市委员会】 1988年1月成立筹备领导小组，1989年5月成立致公党珠海市委员会。主要成员和所联系的对象是归侨、侨眷的中上层人士和其他有海外关系的代表性人士。截至2020年底，有县（区）委员会1个、行政区支部2个、功能区支部3个、市直属支部12个、专门工作委员会3个，二级机构1个（广东致公书画院珠海分院），党员392人。2020年新发展党员21人。

组织建设　截至2020年底，市致公党有省人大代表2人、市人大代表3人（其中常委1人）、区人大代表4人（其中常委1人）、市政协委员12人（其中常委3人）、区政协委员13人（其中副主席1人、常委3人）。4月，在致公党广东省委十二届四次全会上，市致公党获评为"致公党广东省委会先进集体""2019年度参政议政工作优秀组织""对外联络工作先进集体""社会服务工作先进集体"，斗门区委会、香洲支部获评为"致公党广东省委会先进集体"，横琴支部获评"社会服务工作优秀集体"。

思想建设　2020年，市致公党以新思想引领，夯实共同思想基础。1月3日，主委吕简承率市致公党机关干部和基层各支部党员赴珠海市红色教育基地杨匏安纪念馆和斗门区小濠冲村中共党史党性教育基地开展"不忘合作初心，继续携手前进"主题教育活动，追寻红色记忆，缅怀革命先烈，接受爱国主义教育。8月3日，举办广东致公书画院珠海分院成立揭牌仪式暨书画作品展，纪念中国致公党成立95周年，庆祝珠海经济特区建立40周年。11月6—7日，市致公党在市社会主义学院举办2020年新党员培训班，组织新党员开展统战理论和致公党党史教育培训，赴江门市开平市司徒美堂故居参观学习。

参政议政　2020年，在市政协九届四次会议上，市致公党提交提案31件，其中集体提案7件，《关于加快推进珠澳世界旅游休闲中心建设的提案》获评为优秀提案。在

2020年1月3日，致公党珠海市委员会在斗门区小濠冲村中共党史党性教育基地开展"不忘合作初心，继续携手前进"主题教育活动

（市致公党供稿）

暑期座谈会上，提交课题研究《关于协同推进粤澳深度合作区建设的建议》。全年，报送各类信息100余篇，其中《关于加快发展“5G+医药流通”新业态、提升公共卫生服务能力的建议》《关于疫情防控等方面的建议》《关于工业园区项目适度放宽绿色建筑验收工作的建议》被中共珠海市委统战部主办的《珠海统战信息》采用，《致公党珠海市委会关于粤港澳大湾区人才引进和创新合作的建议》被致公党中央和中共珠海市委办公室《每日汇报》采用，《关于完善板障山慢行隧道管理的建议》被中共珠海市委办公室《每日汇报》采用。

社会服务　2020年，市致公党组织全市党员抗击新冠肺炎疫情，踊跃捐款捐物，捐款19万元，捐物价值93万元。贯彻致公党中央部署和致公党广东省委会要求，动员全市致公党员认捐“致公爱心小包裹”204个，捐款10.23万元。发挥资源优势，推动“互联网+教育”项目扶贫，助力重庆市酉阳县扶贫和广东省汕尾市城区乡村振兴。6月30日，赴阳江市阳春开展“6·30健康义诊”及贫困家庭慰问活动，捐款2.8万元。8月3—4日，致公党广东书画院珠海分院举办党员书画展暨现场义卖活动，所得款项全部用于社会服务工作。

港澳及海外联谊　2020年1月10日，接待加拿大的中国洪门民治党伦敦分部主委、加拿大红枫林传媒集团董事长谷剑云一行，就如何发挥海外华文媒体作用，推动珠海与加拿大交流合作进行探讨。9月24日，主委吕简承出席第三届“粤港澳对接一带一路建设”论坛，加强与海外联系，为粤港澳大湾区建设与“一带一路”实现高效融合献计出力。10月，参与主办“珠澳新智荟”之“粤澳名企行”2020粤澳大学生就业实践能力特训营，发挥致公党在加强珠海与澳门特别行政区交流与合作中的优势和“侨海”特色，搭建粤澳人才与珠海知名企业交流平台，为粤澳大学生及青年人才融入大湾区建设营造良好的创业就业环境。

（王　娜）

【九三学社珠海市委员会】　1992年9月18日，九三学社珠海市委员会成立。主要成员和所联系的对象是科学技术界高、中级知识分子。截至2020年底，有社员765人，其中女社员334人。社员平均年龄47岁，具有高级职称者334人。

组织建设　2020年，市九三学社成立文化与旅游专委会，调整增补参政党理论研究中心、数字经济与金融专委会人员，对斗门区基层委员会进行届中调整。金湾区基层委员会获评为社中央先进社基层组织。香洲区基层委员会、金湾区基层委员会、斗门区基层委员会、第二支社、第四支社、第六支社、第九支社以及横琴支社被社省委评为全省优秀社组织。斗门区基层委员会、第四支社、第二支社、高新区支社被社市委评为2020年度社务工作先进集体。

思想建设　2020年，市九三学社引导社员学习领会习近平总书记系列重要讲话、全国人大与政协“两会”、中共十九届五中全会、九三学社十四届十一次中央常委会以及省市各级重要会议精神，编印下发学习资料，各专委会、基层组织以及社市委机关召开专题学习会。组织社员参加社中央、社省委、中共珠海市委统战部举办的征文及书画摄影活动，深化“不忘合作初心，继续携手前进”主题教育活动成果，献礼九三学社75周年华诞，庆祝珠海经济特区成建立40周年。落实2019年社市委主题教育整改台账，提高网络安全意识及对意识形态工作重要性的认识。8—11月，社市委举办2020年新社员培

2020年9月5日，九三学社珠海市委员会在社员企业珠海市四维时代网络科技有限公司举办庆祝九三学社创建75周年科技创新论坛暨“九三社员之家”揭牌仪式

（市九三学社供稿）

训班、庆祝九三学社创建75周年科技创新论坛，在社员企业珠海市四维时代网络科技有限公司、珠海小可乐科技股份有限公司、电子科技大学E创空间（珠海）、珠海君怡国际酒店以及社市委机关挂牌设立“九三社员之家”。与全国各地九三学社组织联动，同步举办“健康中国助力冬奥——接力跑步活动珠海站”活动。

参政议政　2020年，在市人大与政协“两会”召开期间，市九三学社提交提案建议近60篇，内容涉及乡村振兴、科技创新、完善医疗体系、促进珠澳合作、发展数字经济、加强生态建设等方面。在市政协九届四次会议上，作《关于推进粤港澳大湾区国际一流湾区建设，统筹凤凰山周边地区综合开发的建议》大会发言，该建议被列为市政协重点督办提案。在暑期座谈会上，作《关于推进珠澳深度合作助推广珠澳科技创新走廊建设的建议》发言。提案《紧抓港珠澳大桥通车机遇，构建珠港澳科技创新圈，促进珠海实体经济健康高质量发展》《关于引入GEP政绩考核，守护珠海“金山银山”的提案》被评为珠海市政协2019年度优秀提案。年内，市九三学社组织社市委委员和基层骨干到珠海博物馆、珠海规划展览馆以及横琴新区进行调研，开展参政议政课题招标活动，各基层组织、专委会积极参与，6篇课题中标；参加社省委参政议政课题招标活动，多篇课题入围复审阶段；主动对接对口联系单位市生态环境局、市信访局、市退役军人事务局，召开对口联系工作座谈会，共同开展“九三专家讲坛”；多次邀请对口联系单位代表参加社市委重大活动，拓展联系领域；履行特约监督员职责，多名社员参加受聘单位专项检查工作，为促进廉政建设发挥积极作用。

社会服务　2020年，市九三学社组织社员凝心聚力抗击新冠肺炎疫情，成立医疗救治服务队、企业科技创新抗疫服务队、百分关爱基金服务队和支社志愿服务队，发动社员近300人参加抗疫行动，社员捐款22.03万元，捐物价值335.04万元，捐赠口罩5.44万个。市九三学社获评九三学社中央“2016—2020年社会服务先进集体”“九三学社抗击新冠肺炎疫情先进集体”以及社省委“新冠肺炎疫情防控工作先进集体”。年内，以运动损伤、心理健康、皮肤科学、中医养生、民法典为主题，举办“九三专家讲坛”5期；赴斗门区白藤社区卫生服务中心开展“同心医疗基层行”活动；在“6·30”广东扶贫济困日，组织社员捐款5.75万元；百分关爱基金、公益太极班、关爱新疆学子、金湾统战同心100、关爱特殊儿童等项目活动持续开展，取得社会积极反响，树立良好党派形象。

（杨　帆）

【台湾民主自治同盟珠海市支部委员会】　2003年11月5日，台盟珠海市支部委员会成立。2006年增补副主委1人、委员1人。2011年10月，举行第二次全体盟员大会。2016年8月，举行第三次全体盟员大会。主要成员和所联系的对象是居住在祖国大陆的台湾人士。截至2020年底，有盟员35人。2020年新发展盟员1人。

组织建设　2020年1月，全国政协常委、台盟中央副主席吴国华在珠海出席全国政协港澳台侨委全体会议期间走访市台盟，关心支部组织建设。5月，台盟广东省委专职副主委郑广台到市台盟调研基层组织建设情况。5月底，主委容锦在台盟中央召开的基层组织建设调研视频会议上发言，介绍珠海市支部基层组织建设经验。与市公安局协商，推动解决在珠海台胞籍贯更改等问题。市台盟被台盟中央授予“台湾

2020年1月16日，全国政协常委、台盟中央副主席吴国华（右四）在珠海市出席全国政协港澳台侨委全体会议期间走访珠海市台盟

（市台盟供稿）

民主自治同盟抗击新冠肺炎疫情先进集体”称号。

思想建设 2020年，市台盟传达学习贯彻中共十九届五中全会和习近平总书记重要讲话精神，引导广大盟员提高政治站位。参加省政协、中共广东省委统战部、中共珠海市委组织部和市委统战部组织的各项学习活动，深化“不忘合作初心，继续携手前进”主题教育活动成果。在中共珠海市委统战部“我与珠海40年”征文比赛中，预备盟员杨帆的《沧海桑田四十年 万里扬帆再出发》获三等奖；在台盟中央为庆祝中华人民共和国成立70周年举办的“我们与奋进的70年”征文活动中，盟员邹佳平的《脚踏实地做好对台工作 为实现祖国统一而努力》获三等奖；在台盟中央“我的支部我的家”征文活动中，盟员邹佳平的《病毒无情 台盟有情》获一等奖。

参政议政 2020年，市台盟参加台盟中央、广东省政协、中共广东省委统战部以及中共珠海市委、市人大、市政协、中共珠海市委统战部等组织召开的会议和学习调研活动41次。在市人大和政协“两会”召开期间，提交提案12件。参与台盟中央、台盟广东省委课题调研并提交调研分报告，其中《关于解决我省部分城市快递行业使用电动车难题的建议》被台盟广东省委采用并立案。1月，主委容锦参加政协第十二届广东省委员会第三次会议，并在大会委员通道对媒体发言。在市政协九届四次会议上，副主委方芳作《破解“最后一公里”的快递交通工具难题，推进我市快递行业健康有序发展》发言。在暑期座谈会上，主委容锦作《关于推动我市海洋渔业转型升级的建议》大会发言。向中共珠海市委统战部及台盟上级组织提交新冠肺炎疫情防控及社情民意建议，被中共珠海市委统战部主办的《珠海统战信息》采用4篇、《统战信息——简讯》采用1篇、《同心珠海》采用1篇。市台盟政协委员向香洲区税务局建议减免员工社保并给予宽限期；向市税务局建议与金融系统进行数据深度对接和信息互通，对纳税信誉好、预期良性发展的企业给予贷款。

对台工作 2020年，市台盟关心在珠海台胞的安危，走访台资企业、台湾省农民，帮助联系相关职能部门，解决疫情带来的疑难问题，助力在珠台企复工复产。推动台盟广东省委与台盟海南省委、海南省台办沟通协商，帮助解决珠海台商在海南遇到的困难。引导台企长兴化学材料（珠海）有限公司通过正当途径解决被环保部门处罚一事，消除企业误解。在国庆节、中秋节等重要节日，邀请部分台胞、台商、台籍教师与盟员台胞到港珠澳大桥和横琴自贸区参观，见证珠海经济特区40年的变化。11月，在珠海高栏港飞沙村西海滩参加由珠海市台湾青年会发起的净滩活动，并给予4300元经费支持。

社会服务 2020年，市台盟组织盟员、台胞和社会各界抗击疫情，募集捐款41.2万元，购买3M德国口罩430个、医护专用防护服1200件、KN95口罩3340个，分3批寄往武汉长江航运总医院、武汉市中心医院；将珠海台商捐赠的价值10万元的口罩、口罩贴转赠给台盟广东省委、珠海市政协、中共珠海市委统战部，传递爱心。在“6·30”广东扶贫济困日，募集善款5350元。7月，响应台盟中央号召，助力贵州省赫章县脱贫攻坚，捐款5230元。8月，向四川省甘孜县下雄乡地庆二村捐赠衣物近500件。10月，回访汕尾市陆河县螺溪镇砼仔里自然村华侨城螺溪谷，副主委林旭谊带领当地儿童开展绘本阅读活动。（邹佳平）

【珠海市工商业联合会】 截至2020年底，珠海市工商业联合会、珠海市总商会有县级工商联6个（香洲区工商联、金湾区工商联、斗门区工商联、横琴新区工商联、高栏港区工商联、高新区工商联），直属社团86个，会员1.14万人。

参政议政 2020年，在暑期座谈会上，市工商联提交《关于常态化疫情防控下加快珠海民营经济发展的对策与建议》调研报告，并进行交流发言，所提6条建议均被采纳。组织所属商协会参加市司法局、市生态环境局、市市场监管局、市民政局、市发展改革局等部门意见会、议政会和宣讲会335人次，通过政商沟通平台，引导建言献策。截至年底，所属商协会会员中有省、市、县（区）人大代表51人，省、市、县（区）政协委员158人。

非公有制经济管理 2020年，市工商联新建商会党支部8个、临时党支部2个，截至年底，有商会党组织55个、党员317人。全年新发展直属会员118人，所属商会新发展会员450人。所属商协会有青年委员会25个，青年企业家1663人。创建“四好商会”（班子建设好、团结教育好、服务发展好、自律规范好）取得重大突破，33家所属商协会分别被认定为全国、省、市“四好商会”，其中，国家级3家、省级11家、市级19家。全年，所属商协会发布经济政策信息7151条，领导

2020年11月8日，珠海市工商联在湖南大学举办民营企业家创新发展及学习党的十九届五中全会精神研修班（市工商联供稿）

带队深入基层调研983次、走访会员1190家、为会员解困1169次、维护会员合法权益335次。

社会服务　2020年，市工商联会员企业及部分非公有制经济企业抗击新冠肺炎疫情捐资捐物价值2.62亿元，其中捐资1.09亿元、捐物价值1.53亿元。市工商联主席、健帆生物科技集团股份有限公司董事长董凡捐资捐物价值1700万元；副会长企业汤臣倍健药业有限公司捐资1000万元设立“抗击新冠肺炎专项救助资金”，捐赠价值2200万元的营养物资驰援一线医护人员；副主席企业丽珠医药集团股份有限公司捐资500万元，捐赠价值700万元的抗病毒药品、检测试剂和设备。对口帮扶化州市林尘镇六马岭村扶贫任务如期完成，六马岭村相对贫困户53户170人全部退出贫困户序列，六马岭村退出相对贫困村。引导非公企业、所属商协会参与“6·30”广东扶贫济困日活动和光彩事业、公益慈善事业，捐款818万元。全年，所属商协会为公益事业捐款捐物价值2.26亿元，其中帮扶云南怒江2524.28万元、为扶贫地区捐款捐物价值1亿元、为爱心慈善事业捐款捐物价值5207.83万元、为光彩事业投入1.02亿元，体现珠海市民营企业家的责任担当，得到市委领导和市扶贫工作领导小组认可。

教育培训　2020年，市工商联推进理想信念教育。10月12—18日，在红旗渠干部培训基地举办理想信念教育活动，50余名民营企业家参加活动；11月8—14日，组织6家优秀民营企业参加省工商联在井冈山干部培训学院举办的广东省年轻一代民营经济人士培训班暨全省优秀民营企业家培训班，引导新生代企业家继承老一辈企业家优良传统，弘扬新时代粤商精神；11月8—14日，在湖南大学举办民营企业家创新发展及学习党的十九届五中全会精神研修班，50名民营企业家参加培训；11月28—30日，市工商联总商会直属商会党委组织所属党组织赴韶关革命老区开展理想信念教育，综合党委20名党组织书记、党委委员参加培训；10月28—30日，举办企业财务人员培训班，提高会员企业财务人员管理能力，各会员企业财务总监62人参加培训；11月28—30日，对72名会员企业董事长助理、商会秘书进行文书写作和礼仪培训。（程淑芹）

群众团体

珠海市总工会

【概况】　1956年4月，珠海县地方工会成立（称县工会联合会）。1980年2月，珠海市总工会成立。2020年，市总工会内设办公室、组织部、宣传教育和网络工作部、维权和职工服务部、经济工作部、财务与资产管理部、经费审查委员会办公室7个工作职能部门和女职工工作委员会（设在经济工作部），下辖珠海市工人文化宫。截至年底，有基层工会5652家，工会会员59.95万人。

【工会组织建设】　2020年，珠海市总工会开展建会攻坚行动，推动重点工程项目工会建设和“八大群体”（货车司机、快递员、护工护理员、家政服务员、商场信息员、网约送餐员、房产中介员、保安员）建会入会工作，新建企业工会103家，其中，100人（含）以上20家、100人以下83家；新建机关事业单位工会9家；市快递行业工联会成功申报全国区域性行业性工联会建设项目。深化厂务公开民主管理工作，珠海海源再生水管理有限公司入选全国厂务公开民主管理先进单位候选名单，市总工会入选全国推动厂务公开民主管理工作先进单位候选名单。

【劳动关系协调】 2020年，珠海市总工会发挥工会律师团作用，有59名律师担任118家企业工会法律顾问，为企业工会和职工提供“点对点”法律服务；选派工会律师到珠海电台“市民热线”等平台，为职工提供法律咨询；邀请工会律师举办劳动法律讲座及民法典讲座，发放法律书籍约3000册。完善劳资纠纷多元预防化解机制，与市人力资源社会保障局、市工商联、市企业和企业家联合会联合成立珠海市劳动人事争议三方联合调解中心，与市中级人民法院设立劳动争议诉调对接工作室，形成筑牢社会稳定的法律咨询、司法调解、诉调对接“三道防线”。通过市、区两级职工服务中心平台、维权热线及省总工会“舆情信息”“12351系统舆情”等多渠道解决职工信访问题，全年受理职工信访4100件，涉及职工1.63万人，其中参与处置30人以上劳资纠纷13件，涉及1624人。

【生产生活权益维护】 2020年，珠海市总工会协助做好稳就业工作，开展工会大型网络招聘会3场，组织331家企业参加，提供岗位1.07万个，促进职工多渠道就业。做好职工防暑降温工作，投入资金141.5万元，为全市71家重点工程项目、高温作业单位和进城务工人员较多的企业送清凉，惠及一线职工7万余人。开展安全生产、职业病防治系列活动，发动企事业单位参与全国“安康杯”竞赛活动，利用微信公众号开展“安康杯”劳动保护知识有奖竞答，吸引1万余名职工群众参与答题抽奖，市总工会获评全国“安康杯”职业安全健康意识与应急技能知识普及竞赛活动优秀组织单位。

【劳动竞赛与群众性创新活动】 2020年，珠海市总工会围绕“广东技工”“粤菜师傅”“南粤家政”三大工程，与市人力资源社会保障局联合举办职业技能竞赛48项，与其他单位举办职业技能竞赛8项，参与企业300余家、职工5万余人。在珠海醋酸纤维有限公司召开群众性创新活动现场会，推动开展技术革新、技术攻关、发明创造、合理化建议和“五小”（小发明、小创造、小革新、小设计、小建议）活动等群众性经济技术创新活动。万力达公司的“高原型高压大容量铁路净化电源装置”项目获2020年广东省职工“五小”创新成果竞赛金奖。发挥劳动模范和技术带头人示范引领作用，择优命名珠海市劳模和工匠人才创新工作室72个，其中戚政武劳模创新工作室被全国总工会命名为全国示范性劳模和工匠人才创新工作室，董明珠创新工作室、张云飞创新工作室被省总工会命名为广东省劳模和工匠人才创新工作室。

【劳模推荐与管理服务】 2020年，珠海市总工会做好劳模和先进的评选推荐工作，重点向疫情防控和扶贫攻坚一线倾斜，并首次将澳门籍职工作为省级、市级劳模评选对象，珠海市成为广东省唯一评选澳门籍职工的地级市。召开2020年珠海市劳动模范、先进工作者和先进集体表彰大会，评选推荐各级劳模76人，其中全国劳动模范和先进工作者3人、省劳动模范和先进工作者13人、市劳动模范和先进工作者60人；评选推荐各级先进集体33个，其中，省先进集体3个、市先进集体30个。发挥劳模示范效应，组织劳模畅谈学习习近平总书记讲话的体会，开展劳模宣传系列专访，焕发广大职工劳动热情。提升劳模地位、落实劳模待遇，开展“迎五一”劳模代表座谈会、劳模“庆国庆 迎中秋”、健康体检、慰问

2020年8月31日，珠海市第一届职业技能大赛启动仪式在珠海电视台举行 （市总工会供稿）

困难劳模等系列活动，为122名劳模办理职工住院“二次医保”，全年发放劳模津贴20余万元。

【困难职工帮扶】 2020年，珠海市总工会实现在档城市困难职工全部“清零”。全力打赢脱贫攻坚战，投入资金516万元，帮扶困难职工全部实现解困脱困。在重要节日期间，慰问困难职工、劳模、1—4级工伤职工、一线职工4396人次，发放慰问金328.36万元；帮扶困难职工子女152人，发放助学金72.8万元；推进职工医疗互助保障工作，办理职工参保6.13万人，为1086名职工办理理赔378.11万元。多层次、多维度、多形式服务职工，开展“送工会关爱 助暑期团圆”活动，对1000名与子女暑期团聚的在珠海外来务工人员每人发放300元交通补贴；开展关爱云南怒江职工系列活动，举办“江海情·携手行”怒江暖心返乡主题活动、“贺中秋·迎国庆”怒江籍员工游园趣味运动会，开展怒江劳务人员稳岗就业素质提升培训，竭诚服务怒江务工人员；推进“万企帮万村”行动，组织6家热心企业筹资18万元结对帮扶斗门区乾务镇6个行政村，改善农村地区困难家庭生活状况。

【职工文化体育活动】 2020年，珠海市总工会开展各类文化体育活动。开展送春联、留守职工全家福摄影、“庆元旦·迎新春”珠海市直属企业职工游园会、2020年全民健身运动会、全市工间操比赛等活动，打造昂扬向上、健康文明、全员参与的职工文化。深入基层工会服务职工，开展春节留守职工纪实摄影活动，举办“情系职工”慰问演出4场、放映电影3场、幸福课堂进工厂讲座20场。发挥工会阵地的服务功能，依托“工友驿站”开展工友生活课堂系列活动141场、单身联谊活动12场、节日活动12场、“健康有约”28场，服务职工6300余人次。推进职工志愿服务活动，全年组织志愿者140人次，开展台风过后街道清扫、抗疫期间爱心义剪、服务异地职工返乡等各类志愿服务活动29场，受到职工好评。

【工会阵地建设】 2020年，珠海市总工会拓展工会服务职工阵地。推进市工人文化宫项目建设，项目配置职工服务、展览、技能培训、文化、康体、人防6个中心；香洲区总工会投入110万元新建区总工会职工服务中心，设办事窗口、职工书吧、职工影院、调解室等功能空间10余个，为31万名职工提供一站式、全方位、多层次综合性服务；斗门区总工会投入20万元完善新青工业园“工友驿站”，辐射服务近4万名职工。截至年底，全市设立“工友驿站”11个、“司机之家”4家、户外劳动者爱心驿站76个、劳模和工匠人才创新工作室62个、职工书屋227家、爱心妈妈小屋127家，分布在各个职工聚集园区或企业，构建起覆盖全市的工会服务职工阵地网络。

【珠澳工会合作】 2020年，珠海市总工会深化珠澳工会合作。完善珠澳工会合作载体布局，在横琴建立首个地级市粤港澳大湾区职工交流服务（珠海）中心，设立实践基地9个，并分别在横琴、拱北茂盛社区设立“珠澳（横琴）职工之家”和“珠澳（香洲）职工服务中心”，打造工会服务粤港澳大湾区职工版图，创建粤港澳大湾区服务职工工作“珠海模式”。建立珠澳工会工作协调联络机制。建立珠澳工会合作联席会议制度，全年与澳门工联总会沟通联系30余次；创新珠澳工会干部交流方式，澳门工联总会副理事长到市总工会开展为期3个月的学习交流。联合举办珠澳职工交流活动。开展参观交流活动，全年接待澳门工联总会13批约150人次；联合澳门工联总会开展“珠澳

2020年12月23日，粤港澳大湾区职工交流服务（珠海）中心在横琴揭牌成立
（市总工会供稿）

同心横琴行”珠澳职工交流活动、珠澳工会律师服务团队座谈会、珠澳金融服务行业职工技能竞赛、珠澳烹饪职业技能竞赛、珠澳职工关爱行动等活动，深化两地职工交往交流交融。

【职工疫情防控和复工复产】 2020年，珠海市总工会统筹抓好疫情防控和复工复产工作。关心关爱一线职工。市、区工会投入972.3万元专项防控资金，助力疫情防控和企业复工复产，其中慰问疫情防控单位146家、援鄂医护人员56人，市总工会7名工作者获全省工会关爱疫情防控医务人员“一对一”志愿者证书。构筑群防群治良好态势。组建“工会志愿突击队”133支，参与返乡人员、疫情高发区流入（滞留）职工筛查摸底等工作，各区（镇）工会工作者全部下沉一线参与当地联防联控工作，其中斗门区总工会持续58天为疫情防治一线医护人员家庭开展暖心菜配送行动。协助企业有序复工复产。市、区工会分别开展“春风行动”暨“南粤春暖”公益性网络专场招聘会、进百家企业（工会）服务万家职工、职工返程交通补贴、赠送加油卡、心理咨询、法律服务等活动，帮助企业解决劳动用工、职工权益保障、职工心理健康等问题；加大对小微企业工会经费支持力度，对小微企业工会经费实行全额返还等优惠政策，为867家企业回拨工会经费3048.86万元。

【粤港澳大湾区职工交流服务（珠海）中心揭牌】 2020年12月23日，粤港澳大湾区职工交流服务（珠海）中心揭牌暨珠澳同心职工交流活动在横琴举行。活动宣读《2020年度粤港澳大湾区工会联席会议倡议书》，授予珠海博物馆等9家单位为“粤港澳大湾区职工交流服务（珠海）中心实践基地”。该中心的设立旨在进一步深化粤港澳工会交流合作，丰富“一国两制”行稳致远新实践，凝聚粤港澳大湾区建设的强大合力，助推粤港澳大湾区战略加快实施。该中心内设交流区、活动区、展示区、服务区、窗口区，可为职工提供法律、生活指引、帮扶援助、职业介绍、技能培训、技能竞赛、心理服务等多项服务。（许建东）

中国共产主义青年团
珠海市委员会

【概况】 1953年5月1日，珠海县成立中国新民主主义青年团珠海县工作委员会，1955年5月改称“中国新民主主义青年团珠海县委员会”，1957年5月改称“中国共产主义青年团珠海县委员会”（简称共青团珠海县委员会）。1959年春，珠海并入中山县，共青团珠海县委员会改称“共青团中山县委珠海工委”，隶属共青团中山县委领导。1961年春，共青团珠海县委员会恢复。1979年3月，珠海建市，共青团珠海县委员会改称“共青团珠海市委员会”。1980年10月，共青团珠海市第一次代表大会在香洲召开。2020年，共青团珠海市委员会内设5部1室，下辖珠海市青少年妇女儿童活动中心。截至年底，全市有直属行政区团委3个、功能区团委（团工委）5个、其他直属团委及行业团工委7个、高校团委8个，团干部1.13万人（其中专职团干部165人），团员15.08万人，少先队员19.55万人，少先队大队辅导员239人。是年，全市共青团组织获评全国五四红旗团支部1个、全国优秀团干部1人、全国优秀团员1人、广东省五四红旗团委3个、广东省五四红旗团支部8个、广东省优秀共青团干部12人、广东省优秀共青团员36人、广东青年五四奖章2人。

【从严治团】 2020年，共青团珠海市委对标从严治党，全面从严治团，坚持高标准严要求，共青团党的建设全面加强。

加强团系统党的领导和党的建设　把握党的助手和后备军这一根本政治定位，向党的建设高标准严要求对标看齐。贯彻中共珠海市委巡察工作部署要求，全力配合市委第四巡察组工作。加强团市委机关党的建设，及时调整增补机关党支部书记、委员和市青少年妇女儿童活动中心党支部书记。建立健全“第一议题”学习制度，每周召开党员集中学习会，全年召开书记会议37次，安排第一议题45个，理论学习中心组学习9次，市、区两级团委领导班子及专职团干讲党团课65人次。

加强团组织和团干部管理　抓好基层团组织建设，建立健全“五横一纵”（“五横”指市直属、“两新”、国资、卫生、教育5个重点行业团工委，“一纵”指市、区、镇／街团委）团组织架构，推动5个重点行业团工委机构设置及人员配备，设置专职团建指导员6名，全市新建成“两新”团组织238家。抓好少先队建设，召开少先队珠海市第六次代表大会，选举产生新一届市少工委，健全各级团委和教育部门少先队工作协作机制，推进学校少工委建设，实现全市197所学校少工委全覆盖。开展青联、学联改革，建好用好与高校团员青年“三

2020年6月23日，共青团珠海市委员会在珠海市青少年妇女儿童活动中心举办“珠海好青年”青春思享会　　（梅　曦　摄）

个硬连接”（共青团、青联、学联与驻珠海高校团员青年建立“硬连接”），实现市青联与高校对接全覆盖。抓好市青联、青企协、青志协、海青会、青农会等团属青年组织建设，加强思想政治引领，规范常态化运作，培育常态化服务品牌。

从严从实发展和管理团员　从严管好团员队伍，合理控制团员发展规模，调节团员队伍结构。推进整治软弱涣散基层团组织“命脉工程”，全市7779个团组织、1.14万名团干部、15.08万名团员完成在线报到。

【青少年思想政治引领】　2020年，共青团珠海市委推进青年大学习行动，实施青年讲师团计划，举办团干讲党团课、青联委员走基层等活动，开展主题宣讲学习活动300场，覆盖团员青年25万人次，市、区两级团委领导班子及专职团干部讲党团课65人次。开展寻找“青年文明号”和寻找“珠海好青年”“最美南粤少年”活动，扩大榜样引领的影响力和覆盖面。抓紧抓实高校意识形态和防范化解青年工作领域重大风险工作，深入珠海9所高校调研，及时了解高校青年教师和学生思想动态和重要关切。举办中学“青马工程”培训班，推动“珠海青年”等新媒体阵地提质增效，推出正能量网络文化产品，用网上主旋律激扬青春正能量。

【青年创新创业】　2020年，共青团珠海市委推动制定《珠海市中长期青年发展规划（2020—2025年）》，实现市、区两级青年工作联席会议机制全覆盖。服务青年就业。珠海青年人才驿站投入运营，具备每年为来珠海求职就业青年超5000人次提供免费住宿、城市推介、就业指导、政策宣讲等服务能力，年内提供住宿184间次。服务青年创业。推报142个青年创业项目参加“创青春”省级赛，4个项目入围“创青春”全国赛，分别获1枚金牌1枚铜牌和2个优秀奖。实施大中专院校贫困学生就业精准帮扶行动，开发就业岗位2643个，帮助应届毕业生特别是286名建档立卡贫困学生实现就业。开展“展翅计划”大学生就业创业能力提升行动，开发岗位2745个；举办“领头雁”专题培训5场，培训涉农青年265人。

【青年志愿服务】　截至2020年底，珠海市在“i志愿”信息系统实名注册的青年志愿者超26万人。共青团珠海市委与10所驻珠海高校建立驻

2020年9月29日，珠海青年人才驿站在俊兴商务酒店（珠海青年人才驿站银桦站）揭牌并开始运营　　（梅　曦　摄）

珠海高校青年志愿者协会联席会议制度，推动消防、禁毒、普法、河流保护、垃圾分类5个领域建立专门性志愿服务队伍。实施“邻里计划”，参与的志愿者8000余人次，服务居民4万余人。响应团中央、团省委关于开展“保护母亲河　争当‘河小青’”工作部署，护河志愿者团队覆盖到村一级，全市7支“河小青”志愿服务队伍开展各类巡河护河志愿活动38场，覆盖群众1000余人。新冠肺炎疫情暴发后，组建重点领域青年突击队53支，组织发动志愿者1.2万人次，总服务时长超20万小时，团结带领广大青年志愿者履行青年担当，践行初心使命。

【社会治理参与】　2020年，共青团珠海市委履行珠海市预防青少年违法犯罪工作组组长单位职责，依托各级团组织力量，培养凝聚青少年事务社会工作者672人，为基层青少年群体提供常态化、普惠性社会公益服务。开展“圆梦计划”新生代产业工人能力提升工程，惠及一线务工青年350人。关注重点青少年群体，做好涉罪涉毒等青少年群体帮教工作。实施乡村青少年“两帮两促”（学业帮扶、就业帮扶、体质健康促进、心理健康促进）“青年云支教”“三下乡”（文化、科技、卫生下乡）“健康直通车”等项目，深化东西部团组织结对帮扶，组织机关干部和市青联委员代表赴西藏米林、云南怒江开展对口支援和调研活动，筹集青少年发展资金、物资价值118.3万元。

【珠港澳青年交流合作】　2020年，共青团珠海市委举办“中国心·粤澳情”交流活动、珠澳青年人才研习交流营、第十四届珠海大学生文化艺术节暨首届珠澳学生文化艺术节等交流活动。依托横琴·澳门青年创业谷、大横琴&BEEPLUS空间，推进“粤港澳大湾区青年家园”建设。联合横琴新区举办澳门大学生暑期横琴实习计划，组织100名澳门大学生到珠海实习。联合举办第三届湾区大学生就业实习双选会、粤港澳大湾区公益性大学生就业春风行动暨空中双选会等，指导举办2020粤澳大学生就业实践能力特训营，提供就业岗位超8万个，吸引1.1万名学生参与。

【2020寻找“珠海好青年”主题活动】　2020年3—6月，共青团珠海市委、中共珠海市委网信办、市文明办、市青联联合举办2020寻找“珠海好青年”主题活动。活动以“学习寄语精神·展现青春担当”为主题，分设爱岗敬业、创新创业、勤学上进、扶贫助困、诚实守信、孝老爱亲、网络文明7个类别。最终，市公安局特警支队直属二大队四级警长许洋等30人获评为“珠海好青年”，广东电网珠海供电局安全监管部主任李振聪等22人获评“珠海好青年（提名）”。

【中国少年先锋队珠海市第六次代表大会】　2020年12月29日在珠海大会堂召开。中共珠海市委书记、市人大常委会主任郭永航出席会议，市委副书记赵建国出席会议并讲话，市领导吴轼、阎武、朱权伟出席会议。大会正式代表195人，其中少先队员代表98人、少先队辅导员和少先队工作者等成人代表97人。大会选举产生少先队珠海市第六届工作委员会，审议通过少先队珠海市第五届工作委员会工作报告；总结市第五次少代会以来的少先队工作，贯彻团省委、省少工委和团市委工作部署，提出今后5年珠海市少先队工作的发展方向和主要任务。大会提出，今后5年，珠海市少先队工作的总体思路是高举习近平新时代中国特色社会主义思想伟大旗帜，全面贯彻习近平总书记关于少年儿童和少先队工作的重要论述，落实团省委、省少工委和团市委工作部署，牢记初心使命，传承红色基因，培育时代新人，聚焦政治启蒙和价值观塑造主责主业，以竭诚服务广大少年儿童为工作出发点和落脚点，纵深推进少先队改革，全力夯实基层基础，增强少先队员的光荣感，团结、教育、引导广大少年儿童为推进珠海经济特区“二次创业”加快发展，为实现中华民族伟大复兴的中国梦时刻准备着。

【珠海市青年志愿者协会第十一届换届大会】　2020年12月12日在珠海度假村酒店召开，来自机关、企事业单位、社会组织的163名会员参加会议。会议选举团市委书记侯文涛任第十一届珠海市青年志愿者协会会长，团市委副书记林晓军、第十届市青年志愿者协会会长张辛聿任常务副会长。（陈　烨）

珠海市妇女联合会

【概况】　珠海市妇女联合会成立于1979年4月，是中共珠海市委领导下的全市各界妇女的群众团体组织。基本职能是代表和维护妇女权益，促进男女平等。内设办公室、组织联络部、宣传发展部、权益部、家庭儿童工作部和市妇女儿童工作委员会办公室6个部（室）。截至2020年底，全市有区级妇联8

个（行政区3个、功能区5个）、镇（街）妇联22个、社区妇联197个、村妇联122个、村（社）妇女之家319个。

【妇女组织建设】 2020年，珠海市妇联深化妇联组织建设改革。制定《珠海市深化妇联组织建设改革实施“破难行动”方案》，指导基层妇联贯彻落实；3个行政区妇联完成换届，配齐不少于1人的挂职副主席；因地制宜建立妇女组织，截至年底，成立机关妇女委员会46个，建立“四新”（新领域、新业态、新阶层、新群体）领域妇女组织58个。发挥妇联执委作用。召开市妇联八届六次执委会议，组织执委及代表履职活动12场，让执委代表走进基层、了解基层、服务基层；开展基层妇联执委“云走访”活动，建立与辖区内妇女群众的线上常态化联系；建立基层妇联执委激励机制。开展“寻找最美+”系列活动。寻找出“最美妇女之家”10个、“最美妇联主席”30人、“最美妇联执委”30人、“最美港澳执委”4人，加强对基层妇联评价和激励，打造“想干事、能干事”的基层妇联执委队伍。

【妇女创就业服务】 2020年，珠海市妇联持续开展巾帼大宣讲活动。线上线下同步开展“巾帼心向党 奋进新时代”群众宣传教育活动80余场，参与群众近300万人次；创新基层宣讲新模式，组建由300余名社区居民组成的“通讯员队伍”。凝聚广大妇女共同抗击疫情。发布疫情防控相关信息2000余条，阅读量2442.7万次；建立市、区联动工作机制，统筹疫情防控工作，动员女性团体和妇联执委捐款捐物价值730余万元，支援抗疫一线。多措并举助力企业复工复产。开通“走进”系列直播栏目，助力珠海企业推广品牌、复工复产，观看人数330余万人次；落实“把爱带回家——走进珠海”直播带货活动，观看人数530万人次，销售额300余万元，市妇联获省妇联颁发“最佳组织奖”。团结带领女性投身经济社会建设。深化巾帼文明岗“五化”（创建活动全年化、创建标准规范化、创建培训多元化、创建宣传立体化、公益服务常态化）工作体系，开展全国、省和市级“巾帼文明岗”创建活动；推动珠澳（横琴）女性人才培育基地、珠澳（横琴）女性创新创业人才交流中心在横琴新区揭牌。以创美庭院为重点助力乡村振兴。启动“创美庭院”巾帼行动项目，编印《创美庭院指导手册》，打造美丽庭院“4446”（指“庭院美、妇女美、家风美、乡风美”4美目标，“庭院改造、家风传承、乡风建设、珠澳融合”4大项目内容，“功能分区、收纳整理、宜居改造、风景点缀”4大关注，“看、问、绘、建、养、传”6字步骤）珠海工作模式；开展“万企帮万村”活动，助力打赢脱贫攻坚；开展“她健康”爱心计划，为1.6万名妇女提供生殖系统健康保障，将覆盖面延伸至澳门籍妇女。实施“南粤家政”工程。指导成立珠海市巾帼家政服务联盟，覆盖和服务妇女2000余人，将家政服务与促进妇女就业、巾帼脱贫相结合，推进巾帼家政服务职业化、规范化、标准化建设；发动巾帼家政企业参加第二届全国巾帼家政职业技能大赛，获母婴护理组优秀奖，市妇联获省妇联颁发“优秀组织奖”。

【妇女普法维权】 2020年，珠海市妇联加强妇女维权工作。做好婚姻家庭关系调处服务。珠海妇女维权服务站接访725件，办理个案30件；联合外展点开展外展服务232场，服务群众1.7万人次；市婚姻家庭纠纷人民调解委员会接访1557人，受理家事调解类案件496 件，进入调解 54件，调解成功49 件，调解成功率91% ；接受香洲区人民法院委托诉调案件32件，调解成功17件；新冠肺炎疫情期间，开展“您有需、我就在”心理援助工作，完成《重大疫情下婚姻家庭关系调处工作的调研报告》。探索形成婚姻家庭矛盾纠纷化解“珠海方案”。推进珠澳家事调解合作，签订《促进珠澳妇联家事调解工作备忘录》，搭建珠澳“家事调解”合作框架，提升珠澳两地民生福祉；建成“五有”（有场地、有经费、有队伍、有牌子、有机制）服务平台，健全“四化”（队伍专业化、服务精准化、管理规范化、指引科学化）服务机制，创新“三三”（“三及时”指及时知晓、及时介入、及时化解；“三事”指事前预防、事中调解、事后跟踪）工作法，形成家事调解“珠海方案”，该方案获评为珠海市2020年社会治理创新优秀项目。开展“谁执法谁普法”履职评议。制定市妇联“谁执法谁普法”履职评议工作方案，对标“七五”普法考核指标及考核要求，梳理编制普法工作台账，制作普法汇报视频、报送自评报告及普法守法典型案例，多维度统筹普法守法工作责任，全方位展示执法普法工作成果，广角度宣传普法守法工作成效。

【家庭文明建设】 2020年，珠海

市妇联推进家庭文明建设。办好德行珠海·亲子讲堂。每周末在市青少年妇女儿童活动中心举办讲座，“珠海女声”微信公众号同步推送；建立家庭教育名师团，指导成立“亲子教育咨询指导中心”；全年开展家教讲座、咨询服务391场，覆盖群众6万余人。推动“忠诚立家风行动”文明实践活动。联动各级妇联、机关妇女委员会、女性社会组织等各界力量，依托社区家长学校、妇女儿童之家等活动阵地，推动“忠诚立家风行动”文明实践活动进社区、进家庭、进机关。开展寻找“最美家庭”“文明家庭”活动。全市获评“最美家庭”70户，其中4户获“第二届全国文明家庭”“第十二届全国五好家庭”荣誉、9户获“省文明家庭”“省十大最美家庭”荣誉。开展幸福“家”年华活动。创新工作方法，提升幸福“家”年华家庭成长及亲子实践活动品牌影响力和凝聚力；围绕“家风正、家书香、家教优、家庭美”四大主题开展形式多样的教育实践活动。开展“童心协力齐防御，同舟共济赢战疫”作品网上征集活动。征集幼儿和小学生美术、作文等作品510件，在“6·1”国际儿童节期间，对优秀作品进行云展播，引导未成年人学习疫情防控知识，阅读人数近14万人次。

【困难家庭帮扶】 2020年，珠海市妇联继续开展“两癌”防治宣传及免费筛查。举办“两癌”防治健康知识宣传活动、公益讲堂21场，服务妇女1525人次，培养妇女健康、文明、科学的生活方式；投入经费186.85万元，为9640名农村妇女进行“两癌”免费检查；投入经费7.75万元，为108名妇女实施“两癌”救助。开展“关爱女童　护苗成长”三年专项行动。印发《珠海市妇联关于实施“关爱女童　护苗成长”保护女童人身权益三年行动的工作方案》，建立协调沟通联动机制，依法落实家庭监护主体责任、政府监护兜底责任和社会监护补充责任及各部门相关职责；在全市开展摸查重点妇女儿童家庭基本信息，建立工作台账，开展关爱女童专题宣传教育活动40场。开展“大手牵小手　小天使助学行动”。指导市妇女儿童福利会开展“大手牵小手　小天使助学行动”服务品牌项目，年内新增帮扶56户、持续帮扶144户，帮扶金额近30万元。

【珠港澳妇女交流】 2020年，珠海市妇联加强与港澳妇女的交流合作。在抗击新冠肺炎疫情物资紧张的情况下，港澳执委和代表发动海外亲朋好友全力“扫货”，向珠海市医疗机构、福利机构、一线工作人员和学校捐赠口罩、测温枪、检测试剂、防护服、消毒液等物资价值近50万元；举办“澳珠姐妹携手同心，共建湾区美好未来”2020年澳珠妇女珠海送温暖活动，澳门执委及特邀代表为斗门区白蕉镇冲口村116位70岁以上长者和低收入家庭送上价值约6万元的新春慰问品和慰问金。举办第四届珠澳女子网球“家”年华活动。12月20日，第四届珠澳女子网球“家”年华活动在横琴举办，珠澳两地80名队员参加比赛，62个家庭200余人参加活动。举办“珠澳巾帼绽芳华，共建湾区好家园”珠澳亲子横琴交流团活动。12月20日，市妇联组织各级妇联澳门执委代表、驻珠海澳门籍居民及家庭和珠海“四新”领域民营经济人士优秀代表及家庭50人走进横琴，开展珠澳亲子横琴交流团活动，感受横琴新发展，通过学习国学和传统手工技艺，加深对中华传统文化的了解，更加积极主动融入国家发展大局。

【珠澳（横琴）女性人才培育基地、珠澳（横琴）女性创新创业人才交流中心揭牌】 2020年10月30日在横琴新区揭牌。基地和交流中心

2020年10月30日，珠澳（横琴）女性人才培育基地、珠澳（横琴）女性创新创业人才交流中心在横琴新区揭牌成立　　（市妇联供稿）

主要服务两地有意从事创新创业的女性人才，开展相关课程培训，助力投身国家发展建设。基地和交流中心投用是落实“一国两制”方针下两地女性交流互鉴的重要举措，旨在支持构建“立足横琴、服务珠澳、辐射湾区”的女性创新创业人才交流、学习和共进的综合性平台，珠澳两地妇联组织代表等约100人参加活动。（贾传恩）

珠海市科学技术协会

【概况】 珠海市科学技术协会成立于1978年11月，是中共珠海市委领导下的人民团体。截至2020年底，市科协内设办公室、科普部、学会部，下辖行政区科协3个、功能区科协1个、团体会员（市级学会）56个、企业（园区）科协7个、高校科协2个。2020年，建立“广东省专家企业工作站”1个、省级和市级“海智工作站”各1个，成立校友会2个、民办非企业2个，新吸纳团体会员4个，新建科技服务站4个；会同横琴新区向中国科协申请建设“海外人才离岸创新创业基地”获批准；改革项目入选中国科协第二批地方科协深化改革试点；与市委组织部联合印发《关于加强党建引领基层科协建设的意见》，推动基层科协建设，香洲区10个镇（街）全部完成换届或成立科协。

【新冠肺炎疫情防控应急科普】 2020年，珠海市科协开展新冠肺炎疫情防控应急科普志愿活动。组建由市医学会、市预防医学会、市中医药学会、市护理学会、市营养学会、市心理学会、中山大学附属第五医院等组成的应急科普组，动员全市各科普教育基地、科普e站、科技教育特色学校、科普示范社区利用现有科普阵地，围绕疫情防控，志愿开展“权威发布”“心理咨询与干预”“科学辟谣”等工作，利用市科普网站、市科协微信公众号、微信工作群等平台，及时转发中央、省和市疫情防控工作精神，以及科普中国等权威信息和健康知识，开展科学防疫应急科普知识有奖竞答，吸引约30万人次网上答题。组织机关、学会党员干部开展志愿服务总计98天，投身疫情防控，助力复工复产。

【粤港澳大湾区科技交流】 2020年，珠海市科协加强科技创新智库建设，聘请12名港澳科技界知名人士为港澳特聘委员，吸收5名港澳科技专家为市科协科技智库首批入库专家。组织开展珠澳青少年机器人交流展示、珠港澳青少年机器人横琴邀请赛、珠澳青少年科技交流邀请赛等活动，港澳青少年200余人参加比赛。参与粤港澳大湾区科技协同创新联盟活动，与香港工程建造界专业人士考察团、葡萄牙工程师学会、澳门工程师学会开展交流学习。

【科协助力乡村振兴】 2020年，珠海市科协开展“万企帮万村”活动，牵头组织企业、团体8个，分别与斗门区5个乡村签订帮扶协议，募集帮扶资金30万元，实施“一村一品、一村一策”帮扶行动，助推乡村振兴建设。组织市老科技工作者协会、汉胜科技企业科协、市科普志愿者协会等，深入斗门区乾务镇乾东村、莲洲镇西滘村、粉洲村等，开展“三下乡”活动12场次，受益群众2000余人。

【技术创新方法培训与推广】 2020年，珠海市科协加强企业技术创新方法培训与推广，在斗门区、金湾区举办技术创新方法（TRIZ）培训班3期，全市40余家企业170余名科研负责人、技术骨干参加培训。10月29—30日，2020年“播

2020年10月29日，2020年“播恩杯”中国创新方法大赛广东区域赛在珠海开幕（市科协供稿）

恩杯”中国创新方法大赛广东区域赛在珠海市举行，市科协组织16个项目参加竞赛，获一等奖5项、二等奖5项、三等奖6项，3个项目入选“2020年中国创新方法大赛总决赛”。

【高端学术交流】 2020年，珠海市科协立项支持科技企业、高校等科技团体申办高端峰会论坛40项，举办高端峰会论坛21场；支持举办重点学术交流项目9项、学术交流项目44项。开展学术交流活动，举办第十八届珠海市科协学术活动月活动，资助各团体会员单位举办学术交流活动50余场，线上线下参与活动近10万人。

【科技工作者创新创业大会】 2020年11月18日，珠海市科技工作者创新创业大会开幕式在珠海电视台举行，各区科协、各团体会员单位和相关企业科技工作者代表200余人参加活动，市人力资源社会保障局、市科技创新局有关负责人解读珠海市最新人才政策和创新政策，珠海圣美生物诊断技术有限公司、广东宝莱特医用科技股份有限公司、龙马智芯（珠海横琴）科技有限公司、珠海海奇半导体有限公司的创新创业代表分享企业成长历程及创新创业心得。珠海市科技工作者创新创业大会是珠海市展示特区科技工作者风采、交流科技创新经验、分享创新创业成果的重要平台，已成功举办7届。

【重点人群科普】 2020年，珠海市科协推动青少年科学素质教育。举办青少年科普大讲堂活动71场，其中线上48场、线下23场，服务青少年1.2万人次；举办科学魔法秀进校园活动，组织有关科普机构走进社区、学校、幼儿园，开展“科学启蒙——科普魔法秀进校园、进社区”活动50场，受众1.5万人次；举办陨石科普文化进校园活动，组织陨石科普专家走进24所校园开展陨石科普宣传，7839名学生参加活动；开展“科普大篷车”进学校、进社区活动30场次，服务青少年学生及社区群众2万余人次。

【主题科普活动】 2020年4月26日，知识产权助力健康发展主题活动在珠海华发七弦琴国家知识产权运营公共服务平台总部举行，活动由国家知识产权局人事司、广东省市场监管局（知识产权局）、珠海市市场监管局（知识产权局）、珠海市科协共同主办。活动现场，华发七弦琴国家知识产权运营公共服务平台以防疫抗疫专利导航报告发布形式，发布《冠状病毒检测及诊疗技术全球专利分析报告》《红外体温检测仪行业专利导航分析报告》《口罩及核心材料熔喷无纺布产业专利分析报告》3份相关技术和行业专利分析报告，对防疫抗疫科研与治疗各相关领域及社会公众作适时普及，提高全民知识产权意识。5月15日，“文明生活‘家’——科学生活，垃圾分类家庭生活总动员”活动在市青少年妇女儿童活动中心启动，活动由市科协与市妇联联合举办，面向全市家庭推出H5垃圾分类知识宣传小程序，通过“珠海女声”“珠海科协”微信公众号参与线上学习问答和积分兑奖，同时在线下扫码参加各级妇联组织的“生活垃圾分类”主题实践活动，以及生活垃圾源头减量“金点子”创意大赛，以每个小家庭带动全市“大家庭”参与绿色生活环保行动，养成文明生活好习惯，形成生活垃圾分类新风尚。9月12日，“共建共享全国文明城市创建成果，倡导文明健康绿色环保生活”2020年全国科普日珠海主题活动暨科技志愿服务进新时代文明实践中心启动仪式在香洲区狮山市民艺术中心举行，活动以“决胜全面小康，践行科技为民”为主题，由市科协、市科技创新局、市气象局等联合主办，旨在深化全国文明城市创建，倡导文明健康绿色环保生活，让市民共建共享创文成果，活动内容丰富多彩、趣味性十足，有垃圾分类、健康中国、节约粮食、人工智能、智慧气象、科学避险、防震减灾等科普知识宣传，有关爱社区儿童和长者的口腔健康、家庭常见病和多发病防治等健康知识宣传，来自市医学会、市针灸医学会、艾宙省名中医传承工作室的知名专家为社区群众开展义诊。

【科普能力建设】 2020年，珠海市科协新命名科普教育基地2个，分别是“香山海洋科技港”和“万山海域贝类科普展示馆”。截至年底，珠海市有科普教育基地27个，其中省级科普教育基地7个、国家级科普教育基地3个。推动中国科协“科普中国”e站应用落地，在科技教育特色学校、科普基地、科普示范社区创建省级“科普中国”e站8个，在青少年妇女儿童活动中心、斗门区青少年宫、市科协创建市级“科普中国”e站3个。

【第三十六届珠海市青少年科技创新大赛】 2020年8—12月，珠海市科协联合市教育局共同举办第三十六届珠海市青少年科技创新大赛。大赛收到各类作品550余个，其

2020年12月6日，第三十六届珠海市青少年科技创新大赛暨珠澳青少年科技交流邀请赛颁奖仪式在珠海市九洲中学举行　　（市科协供稿）

中发明创造类作品156件、科学论文118篇、科技实践活动44项、科学幻想绘画232幅。经初评和决赛，评选出发明创造类一等奖20件、二等奖32件、三等奖43件，科学论文类一等奖11篇、二等奖20篇、三等奖29篇，优秀科技实践活动一等奖7项、二等奖9项、三等奖12项，科学幻想绘画类一等奖30幅、二等奖38幅、三等奖67幅，同时评选出优秀科技辅导员40人、优秀组织奖21个。推选该届发明创造和科学论文获奖作品14件、优秀科技实践活动3项、科学幻想绘画30幅，代表珠海市参加第三十六届广东省青少年科技创新大赛。

【第二十届广东省青少年机器人大赛珠海选拔赛】 2020年10月11日，第二十届广东省青少年机器人大赛珠海选拔赛暨珠澳青少年机器人交流展示活动在珠海市九洲中学举行。大赛设机器人综合技能比赛、机器人创意比赛、VEX机器人工程挑战赛、WER工程创新赛和现场拼装赛（省赛自选）5个赛项，每个赛项分高中、初中和小学3个组别，全市68所学校（机构）116支队伍390余名师生参加。大赛组委会邀请澳门培正中学代表队参加VEX机器人工程挑战赛，澳门濠江中学团队带来世界职业技能赛——移动机器人项目演示，分享世界赛经验。大赛产生一等奖20项、二等奖32项、三等奖46项，其中30个项目代表珠海市参加第二十届广东省青少年机器人竞赛。

【第二届珠海市青少年机器人大赛】 2020年11月28—29日，第二届珠海市青少年机器人大赛暨珠港澳青少年机器人横琴邀请赛在珠海国际会展中心举行。大赛由横琴新区管理委员会、市教育局和市科协联合主办，以“科技、创新、合作、成长”为主题，在保留上届优质赛项的基础上，紧跟机器人产业未来技术发展方向，分综合比赛区创意展示区、珠澳亲子体验活动区、校园文化体验展示区等多个展区，设竞赛项目12项，来自珠海、香港和澳门的137所学校2000余名选手报名参赛，观众2万余人次。　（谢益云）

珠海市社会科学界联合会

【概况】 珠海市社会科学界联合会成立于1993年6月21日，是中共珠海市委、市政府领导下的学术性人民团体。时为科级建制，由市委宣传部主管。2002年12月机构改革后升格为市直管单位，同时挂珠海市社会科学研究所牌子，为副处级建制。2004年6月升格为正处级建制，内设办公室、学会科研部，有市社科规划办、市社科普及办2个办事机构。截至2020年，业务主管社科类社会组织43个、社科研究基地26个，香洲、金湾、斗门3个行政区均设有区社科联，北京师范大学珠海分校、北京理工大学珠海学院、吉林大学珠海学院3所高校设有社科联。

【决策咨询】 2020年，珠海市社科联组织社科界专家学者，围绕市委中心工作开展课题研究，发挥“思想库、智囊团”作用，谋划哲学社会科学“十四五”时期发展规划，制定出台行动方案和思路举措，为推动珠海市“二次创业”加快发展贡献社科力量。全年向市委提交《市社科联相关课题组建议进一步发挥珠澳极点带动作用　深化两地科创合作》《建议加强珠澳深度合作背景下科技创新法治保障》《就横琴国际旅游休闲岛建设提出建议》等决策建议稿38篇，被市委办《每日汇报》采用16篇。

【社科类社会组织管理】 2020年，珠海市社科联坚持党的工作和党的组织全覆盖。截至年底，市社科联社会组织党委下设党支部9个、党员68人，没有建立党支部的社会组织均建立党建联络员制度。市社科联社会组织党委联合中国建筑第二工程局有限公司珠海分公司党支部、珠海大横琴口岸公司党支部、夏村社区等开展支部共建和慰问活动；完成对各支部党建工作的全面排查，列清单、建台账、抓整改，着力解决党组织弱化、虚化、边缘化以及基层党组织规范化、标准化和科学化程度不高的问题。培植社会组织先进单位和先进分子。市关爱协会党支部被市社会组织党委评为优秀党支部，市国防教育促进会党支部、市企业文化协会党支部、市关爱协会党支部被市社会组织党委评为“先进基层党组织”，丰柯、方艳等7人被评为“优秀共产党员”，许和瑶被评为“优秀党员志愿者”。发挥社会组织智库作用。撰写庆祝珠海经济特区建立40周年理论文章，参与《金湾区完善要素市场化配置体制机制改革项目》课题研究，参与珠海怒江扶贫协作调研报告撰写。发挥社会组织服务社会作用。市国防教育促进会全年开展国防教育宣讲100余场；市云水阁传统文化研究中心为香洲区青少年讲解《论语》21场；市记忆学会在暑期为社区中小学生开展公益记忆培训，组织香洲区11所小学的学生开展唐诗宋词飞花令记忆比赛；市健康研究会开展老年健康代谢病非药物调理200余人次；市心理咨询师协会开展未成年人免费心理咨询服务100余人次，每周开展一次免费心理辅导公开课；市关爱协会每季度联合协会会员单位开展“走基层·送健康”活动，为社区和缺医少药、地处偏远的村庄和工地提供免费义诊和健康检查，为群众发放常规药品。

【社科普及】 2020年，珠海市社科联在全市设立首批市级社会科学普及基地20个，涵盖博物馆、图书馆、传统文化研究传播机构、基层社区文化中心等。坚持社科普及月和常态化社科普及活动相结合，市、区联动开展社科普及活动127场。在珠海电台先锋951《城市会客厅》开设社科类访谈节目24期；针对企业复工复产，举办“共同战‘疫’——复工复产珠海在行动”科普宣传活动2期；市委宣讲团成员、市社科联主席蔡新华和副主席曹诗友就“认真学习党的十九届四中全会精神，奋力推进新珠海建设”、《习近平谈治国理政》第三卷、《粤港澳大湾区规划纲要》、习近平总书记视察广东讲话精神等主题，在全市范围宣讲46场。开展省优秀社科普及基地、社科普及专家、社科普及工作者征集申报工作，吉林大学珠海学院旅游学院副院长阚兴龙获评为广东省优秀社科普及专家、容闳与留美幼童研究会秘书长杨毅获评为广东省优秀社科普及工作者，容闳博物馆获评为广东省优秀社科普及基地。

2020年10月10日，珠海市第十六届社会科学普及月活动开幕式暨首场学术讲座在珠海市图书馆举行 （市社科联供稿）

【社科成果】 2020年，珠海市社科联完成市哲学社会科学规划结项项目188项，结项研究成果在省级以上刊物发表227篇；珠海市高校2020年获省哲学社科规划项目立项21项，获国家社科基金项目14项。在《珠海特区报》理论周刊开设“珠海社科优秀成果”专版，刊发文章14期27篇。开展广东省庆祝经济特区建立40周年征文活动，征集文章94篇，其中《珠海经济特区深度参与粤港澳大湾区建设研究》被评为广东省庆祝经济特区建立40周年征文优秀论文。

【社科类社会组织2020年度理论学习暨工作座谈会】 2020年12月28日，珠海市社科联组织召开全市社科类社会组织2020年度理论学习暨工作座谈会，全市28个社科类社会组织负责人参加会议。会议总结2020年珠海市社科类社会组织工作，通报2020年珠海市社科类社会组织监督检查工作，部署2021年度意识形态工作，征求2021年度市社

科类社会组织工作意见，推动珠海市哲学社会科学类社会组织健康发展。（钱雪琴）

珠海市文学艺术界联合会

【概况】 珠海市文学艺术界联合会成立于1980年11月，是中共珠海市委领导的，由全市性文艺家协会和各区文学艺术界联合会以及各行业产业文学艺术界组成的专业性人民团体。2019年编制调整后，内设办公室、文艺部、组织联络部、协会工作部。办有“珠海文艺网”“珠海市文学艺术界联合会”微信公众服务号和“珠海文艺”微信公众订阅号。受市委、市政府委托，业务指导16个全市性文艺类社会组织。市文联实行团体会员制和文联系统建制，有市级文艺家协会10个（珠海市作家协会、珠海市戏剧曲艺家协会、珠海市美术家协会、珠海市书法家协会、珠海市摄影家协会、珠海市舞蹈家协会、珠海市音乐家协会、珠海市影视艺术家协会、珠海市民间文艺家协会、珠海市文艺评论家协会），行政区文联3个（香洲区文联、斗门区文联、金湾区文联），行业文联2个（珠海公安文联、珠海金融文联），以及珠海市文艺志愿服务总队。截至2020年底，市文联有会员3901人，其中国家级会员348人，年内新增12人；省级会员996人，年内新增69人。

【文艺创作】 2020年，珠海市文联落实《珠海市文艺创作重点项目三年行动计划（2018—2020年）》，推动开展主题文艺精品创作，组织抗击新冠肺炎疫情文艺创作。在《人民文学》《中国作家》《诗刊》等权威刊物发表文学作品100余篇（首），各艺术门类获全国艺术奖（含权威展览、展演入选）61项、省级132项。（详见P357“文艺创作”）

【文艺评奖及人才队伍建设】 2020年，珠海市文联开展系列文艺精品评选活动，推动文艺事业繁荣发展，文艺人才队伍不断壮大。举办第四届珠海摄影奖、第四届珠海微电影大赛、珠海市第四届“海之韵”舞蹈大赛、珠海市民间艺术“金秋奖”、首届“珠海文艺评论奖”等评奖活动，为发现人才、培养人才搭建平台。邀请全国知名文艺家到珠海为广大文艺工作者释疑解惑，开展于小冬珠海油画艺术讲座、张旭光珠海行草研修班、首届情感唤醒歌唱法高级研修班、谢琳珠海摄影讲座、北京摄影函授学院珠海班等文艺培训，培训文艺骨干2000余人次。全年，加入国家级文艺家协会会员27人，国家级会员达340人；加入省文艺家协会会员60人，省级会员达1300余人。国家级、省级文艺家协会会员人数位居全省地级市前列。

【文艺交流与人文湾区建设】 2020年，珠海市文联举办多场文艺交流活动，助推人文湾区建设。与广东省文联等联合举办“我爱你中国——郑秋枫声乐作品竞唱展演”，全国33个城市183名选手参选；市美术家协会举办“首届中国写意油画双年展（珠海站）”名家写生示范活动，促进中国当代油画艺术文化品格建设；在韩国水原市举办“第十届珠海——水原美术交流展”，珠海市37幅作品入选展览。聚焦粤港澳大湾区建设，主动加强与港澳文化艺术交流，全年吸收18名澳门文艺界人士加入市各文艺家协会。市作家协会创办大湾区文学双月刊《大湾》，年内出版6期；中国大湾区诗汇三周年庆在珠海举行。与澳门莲花卫视联合举办“墨舞”胡抗美书法作品观摩研讨活动；举办第十七届珠澳舞蹈交流及作品展演、

2020年12月22日，珠海市优秀抗疫戏剧曲艺作品展演在柠溪文化广场举行（高爱华 摄）

珠澳书法家送春联、珠澳摄影创作交流展等系列活动，促进珠海和澳门文化融合，共推大湾区文艺繁荣发展。

【文艺惠民与文艺志愿者服务】 2020年，珠海市文联扎根生活服务基层，开展文艺惠民活动。元旦、春节期间，以文艺志愿小分队形式，开展“我们的中国梦——文化进万家”“百名文艺工作者在基层”“文艺六进”（进社区、进学校、进企业、进农村、进军营、进机关）等文艺惠民志愿服务活动30余场；第七个中国文艺志愿者服务日期间，开展“到人民中去”系列文艺志愿活动10场；第八届珠海文联文艺展示月期间，开展“艺术点亮人生”“文艺大篷车”等文艺惠民活动200余场；市文联党组发挥党建带群建作用，组织市书法家协会党支部、市戏剧曲艺家协会党支部到斗门区网山村、香洲区莲花社区和对口帮扶村红山村等地，开展送春联、送戏曲文艺志愿服务20余场次。

【庆祝珠海经济特区建立40周年系列文艺活动】 2020年，珠海市文联举办庆祝珠海经济特区建立40周年系列文艺活动，展现特区建设取得的伟大成就。11月4日，“追梦在路上——庆祝珠海经济特区建立40周年摄影作品展”在珠海特区画院美术馆开幕，展览分南海明珠、砥砺40年、珠澳同辉、壮丽新篇4个篇章，展出作品200件，全方位展示珠海历史人文、建设发展、城市新貌以及珠澳合作发展成果。12月5日，“追梦在路上——庆祝珠海经济特区建立40周年美术作品展”在珠海特区画院美术馆开幕，展览分筑梦、追梦、圆梦3个篇章，展出各类美术作品110件，全景记录经济特区建立40年壮丽画卷，生动描绘粤港澳大湾区建设和新时代经济特区再出发的美好前景。

【歌曲《雨岭南》入选中国当代歌曲创作精品工程】 2020年，珠海市音协主席李需民作曲的《雨岭南》入选中国当代歌曲创作精品工程“听见中国听见你”2019年度优秀歌曲。推选活动从1月18日起至4月27日，经过5轮、近100位专家评委评选，在全国各省音协推荐的400余首参评歌曲作品中评选出优秀歌曲20首。中国当代歌曲创作精品工程“听见中国听见你”是继中国音乐金钟奖理论创作评奖取消后在中宣部和中国文联的支持下，中国音协主办的目前音乐界唯一一个也是最高规格的创作推选活动。

（陈　菲）

2020年12月5日，“追梦在路上——庆祝珠海经济特区建立40周年美术作品展”在珠海特区画院美术馆开幕　　（高爱华　摄）

珠海市归国华侨联合会

【概况】 珠海市归国华侨联合会（简称市侨联）成立于1979年9月29日。2004年，珠海市侨联与市外事局合署办公，在市外事局内设侨联工作科。2009年，珠海市委统战部加挂珠海市归国华侨联合会牌子，其职责划入市委统战部，内设侨联工作科。下辖珠海市印尼归侨侨友会、市新马泰侨友会、市越柬老归侨侨眷联谊会、市潮人海外联谊会、市辛亥革命志士后裔联谊会5个民间社团，有英国、加拿大、美国、澳大利亚等16个珠海海外联谊会和留学生联谊会，与50余个国家200余个友好社团建立联系。截至2020年底，全市有基层侨联组织352个。

【归侨侨眷参政议政】 2020年，珠海市各级侨联贯彻落实新时代党的建设总要求，以提升组织力为重点，突出政治功能，加强侨联组织建设。落实广东省委书记李希在省第十一次归侨侨眷代表大会上的讲话要求，珠海市归国华侨联合会实现单独设置，侨联改革取得实质性成效，侨联工作实现创新发展。辖下新马泰、印尼、越柬老侨友会，以及潮人海外联谊会、市侨商企业协会完成年审工作，筑牢联谊侨友的平台载体。举办粤港八地市侨团学习习近平总书记在深圳经济特区建立40周年庆祝大会重要讲话精神交流座谈会，来自广州、深圳、惠州、中山、梅州、汕头、香港和珠海的侨友社团会长及代表50余人参加。根据中国侨联、省侨联关于开展基层侨联组织统一信用代码赋码工作的要求，组织各区侨联开展基层侨联组织登记、审核和发证工作。

【侨商企业服务】 2020年，珠海市以侨为桥，主动作为，服务发展大局，推动全市经济发展。推荐珠海司迈科技有限公司董事长林敏参加第八届中国侨界贡献奖评选，树立侨界人士创新创业典型，帮助侨资企业做大做强。新冠肺炎疫情出现拐点后，前往万悦酒店、新海利酒店、众乐投资公司、天人科技公司等多家侨资企业，调研复工复产和疫情防控情况，推动侨资企业尽快复工复产，把市委、市政府对侨资企业的关心传达给企业。省侨联副主席邵瑾到珠海司迈科技有限公司调研，鼓励侨界人士回国创新创业，为企业排忧解难。珠海欧比特科技园、蓝海金融中心入选首批由省、市侨联共建的“南粤侨创基地”。

【侨界文化交流】 2020年，珠海市侨联以传承和弘扬中华优秀文化为核心，拓展珠海对外联谊空间。发挥侨刊乡讯“集体家书”作用，编辑出版《珠海乡音》4期；利用“珠海侨联”微信公众号及各种侨联微信群的辐射传播力，及时向广大海外侨胞和归侨侨眷宣传珠海发展、传递珠海声音、讲述珠海故事。出访荷兰、丹麦、葡萄牙，拓展联谊交往空间，促进珠海对外交流合作。容闳博物馆被评为“中国华侨国际交流基地”，通过宣传这座凭史实、用文物说话的留学文化博物馆，提高珠海华侨文化的影响力和辐射力。配合做好“华侨华人与广东经济特区40周年专题展览”图片资料准备工作，宣传广大海外侨胞在参与珠海建设、爱国爱乡造福桑梓、传承弘扬中华优秀文化、推动珠海民间公共外交中做出的独特贡献。

【侨界助力疫情防控】 2020年，珠海市侨联发动侨力共抗新冠肺炎疫情，组织海内外华侨华人捐款捐物、出谋出力，英国、美国、加拿大、澳大利亚、新西兰、日本、哥斯达黎加等17个珠海海外联谊会的海外乡亲为家乡抗击疫情捐款捐物约1800万元，其中口罩70余万个；省侨联副主席、珠海欧比特宇航科技股份有限公司董事长颜军调用“珠海一号”02组、03组卫星星座协助武汉“火神山”“雷神山”医院建设。

【珠海市侨联七届六次常委扩大会议】 2020年1月7日在市政协会议室召开，市侨联专职副主席张英龙主持，市侨联常委、各区侨联负责人、侨联专干及属下侨友会会长20余人参加。会议传达学习广东省第十一次归侨侨眷代表大会会议精神，通报选举和受表彰情况：珠海市欧比特宇航科技有限公司董事长颜军当选为省侨联十届委员会副主席，曹风云、苏攒淘、林敏当选为常委，张英龙、苏枝谋、陈汉雄、刘智龙、张文、李享贤、何淑君当选为委员；珠海潮人海外联谊会、平沙镇侨联获评“广东省侨界贡献奖”，张英龙、陈树佳和赵剑雄获评为“广东省归侨侨眷先进个人”。会议指出，广东省第十一次归侨侨眷代表大会是在广东省决胜全面建成小康社会、开启全面建设社会主义现代化新征程背景下召开的，是全省广大归侨侨眷和海外侨胞政治生活中的一件大事，为做好珠海市侨联工作指明方向。会议强

2020年7月22日，市侨联组织委员到高新区开展“寻梦侨乡——走进高新”委员日活动

（市侨联供稿）

调，全市各级侨联组织要认真学习贯彻会议精神，凝聚共识，为粤港澳大湾区建设和珠海经济社会发展发挥侨界独特作用。

【“寻梦侨乡——走进高新”委员日活动】 2020年7月22日，珠海市侨联在高新区组织开展“寻梦侨乡——走进高新”委员日活动，40余名侨联委员参观考察珠海（国家）高新区科技创新展示厅、珠海欧比特宇航科技有限公司、高新区人文社区“侨胞之家”、会同古村以及钰海山悦城，感受珠海科技创新丰硕成果，体察侨乡古村历史变迁，目睹珠海改革开放40年发展变化。委员们表示，将携手努力，凝聚侨心，汇聚侨智，锐意进取，为推动粤港澳大湾区建设和珠海经济特区“二次创业”加快发展贡献侨界力量。 （杨毓婷）

珠海市青年联合会

【概况】 珠海市青年联合会成立于1981年4月，是中共珠海市委领导下的人民团体，是以共青团为核心力量的各青年团体的联合组织，是珠海各族各界青年广泛的爱国统一战线组织。截至2020年底，珠海市青联第十届委员会有委员208人，来自科学技术、教育、农业、社会科学、经济、金融商务、法律、文化艺术、新闻出版和新媒体、体育、医药卫生、社会组织和社会中介、宗教、海外学人华侨、技能人才、台胞和港澳特邀人士16个界别，全体委员分6个小组开展活动，有共青团珠海市委员会、珠海市学生联合会、珠海市青年志愿者协会、珠海市青年企业家协会、珠海市青年书法家协会、珠海市海归青年交流促进会、珠海市青年发展现代农业促进会等会员团体22个。

【青联改革】 2020年，珠海市青联聚焦主责主业，强化政治属性，落实改革要求，提升引领力、组织力、服务力和大局贡献度，持续兴起“青年大学习”热潮，强化青年理论武装，组织活动向基层延伸，服务资源向基层倾斜，举办“青联委员走基层”“青力扶贫·联创梦想”“青联榜样说”“珠海好青年”“珠海青年大讲堂”等系列活动45场。深化小组轮值、履职嘉许、年度述职、评优评先、定期培训等制度，提升委员履职意识和能力。召开市青联十届五次常委（扩大）会议，学习贯彻习近平总书记系列重要讲话重要指示精神暨党的十九届五中全会精神，审议委员卸职递补和主动请辞等事宜，规范会员团体建设，增强组织的代表性和广泛性。

【青联社会服务】 2020年，珠海市青联发挥组织动员、人才智力和广泛联络优势，整合资源助力新冠肺炎疫情防控、粤港澳大湾区建设、精准扶贫与乡村振兴等工作。链接市青联及会员团体、港澳友好青年社团等社会资源助力疫情防控阻击战，筹集善款及物资价值500余万元。开展“青春情暖”白衣战士致敬行动、“同舟共济·青春偕进”关爱行动、青年社会组织“暖医行动”等活动，全方位关爱医护人员及家属、受疫情影响的青少年群体。压实青年企业家“万企帮万村”责任，助力复工复产。赴西藏林芝米林开展对口支援和调研活动，联合有关单位向米林县团委捐赠共青团建设及青少年发展物资价值8.3万元，向米林县人民医院捐赠药品一批，向米林县3所学校捐赠饮水设备66台。常态化开展珠海与米林中小学生手拉手书信交流计划，加强青少年思想政治和民族团结教育，促进各族青少年交往交流交融。

【青联服务港澳青年】 2020年，珠海市青联提升项目实效，增强港

2020年9月21日，珠海市青年联合会赴西藏自治区米林县开展对口支援和调研活动 （市青联供稿）

2020年8月1日，珠海市青年联合会、澳门青年联合会2020年第1次联席会议在珠海市青少年妇女儿童活动中心召开　　（市青联供稿）

澳青年对祖国向心力。以“青年同心圆计划”为统揽，立足红色记忆、国防教育、文化体育、就业创业、升学教育、乡村振兴“六位一体”主题交流体系，与10余个港澳地区有代表性和影响力的青年社团广泛深入互动，举办“中国心·粤澳情”交流活动、“珠澳同心·青年同行”珠澳青年人才研习交流营、“‘艺’起出发·筑梦青春”首届珠澳学生文化艺术节、“祖国请放心，我长大了”珠港澳青年成人礼线上活动等主题突出、青年喜闻乐见、线上线下相结合的交流活动9场次，覆盖三地青年2000余人次。做实服务体系，为港澳青年融入大湾区“搭台搭梯”。依托横琴·澳门青年创业谷、大横琴&BEEPLUS空间，推进“粤港澳大湾区青年家园”建设工作；联合横琴新区举办“琴澳同心·筑梦飞翔”澳门大学生暑期横琴实习计划，组织100名澳门大学生到珠海实习；联合举办第三届湾区大学生就业实习双选会、粤港澳大湾区公益性大学生就业春风行动暨空中双选会等活动，指导举办“粤澳名企行”2020粤澳大学生就业实践能力特训营，提供就业岗位8万余个，吸引1.1万名学生参与；主动“走出去”协办澳门科技大学就业主题论坛，为青年学生克服疫情影响实现就业发展出谋划策、提供支持。规范机制平台，实现珠港澳青年交流合作科学发展。建立澳珠两地青联联席会议机制，及时通报工作动态，商议重点合作项目，实现两地青年交流合作制度化、常态化；鼓励符合条件的港澳青年和青年集体参加寻找“珠海好青年”主题活动、“青年文明号”创建等青年领域创先争优活动，6名港澳青年获评为“珠海好青年”（含提名）。

【“珠澳同心·青年同行”珠澳青年人才研习交流营】 2020年11月22—25日在珠海、深圳两地举行。研习交流营由珠海市青联、澳门青联主办，聚焦“特区故事”专题，组织珠澳两地青年到珠海香山海洋科技港、珠海博物馆和珠海规划展览馆开展研习交流，并前往深圳开展经济特区建立40周年和粤港澳大湾区建设等专题授课，围绕学习贯彻习近平总书记系列重要讲话重要指示精神和党的十九届五中全会精神开展专题研讨，到腾讯、华大基因、大疆、柔宇等知名企业开展现场教学，到莲花山公园瞻仰邓小平铜像。活动旨在推动“青年同心圆计划”提质增效，促进珠澳两地青年广泛交往、全面交流、深度交融，增强对祖国的向心力，为澳门青年融入大湾区、筑梦珠海“搭台搭梯”。　（姚安怡）

珠海市残疾人联合会

【概况】 珠海市残疾人联合会成立于1989年4月，是中共珠海市委、市政府领导下的集残疾人自身代表组织、社会福利团体和事业管理机构为一体的人民团体，具有“代表、服务、管理”职能（代表残疾人的共同利益，维护残疾人的合法权益；团结教育残疾人，为残疾人服务；履行政府委托的部分行政职能，管理和发展残疾人事业）。承担市政府残疾人工作委员会日常工作。2020年，市残联内设办公室（维权科）、教育就业科、康复和组织联络科3个科（室），下辖公益一类事业单位1个（珠海市残疾人综合服务中心）。截至年底，珠海市户籍持有第二代残疾人证的残疾人2.14万人。

2020年，市残联向2.11万名残疾人发放生活津贴5030.53万元，向1.2万名重度残疾人发放护理补贴3329.86万元；机构集中托养重度残疾人38人。实施残疾人意外伤害保险项目，为全市1.91万名残疾人购买每人100元的意外伤害保险。新冠肺炎疫情期间，市残联主动链接华发公益基金会、珠海四川商会、广东省狮子会珠海代表处等社会资源，分批捐赠防疫物资价值70万元，帮助残障人士和残疾人服务机构复工复产复学。向市内符合条件的19家盲人按摩机构发放疫情防控稳就业专项补贴13.3万元。

【残疾人补贴审核配合】 2020年1月起，珠海市残疾人生活津贴上限提高至235元/月，重度残疾人护理补贴提高至235元/月。市残联配合民政部门负责残疾人生活津贴和护理补贴审核工作。

【残疾人就业服务】 2020年，珠海市残联贯彻落实《珠海市残疾人就业创业补贴实施办法》，向1740名残疾人发放就业创业补贴1290.92万元。加大服务企业力度，宣传按比例安排残疾人就业政策，为大企业专设残疾人就业招聘会、用工供需见面会等，解决用工企业招用残疾人难、残疾人就业难问题。依法推进残疾人按比例就业，加大就业创业扶持力度，为残疾人就业创业提供政策咨询、技术指导等服务。全年接待残疾人求职登记124人次，服务企业招聘218人次，成功推荐残疾人就业20人次。举办残疾人专场招聘会，松下马达、安生医药、紫翔、大横琴泛旅游等26家重点企业进场招聘，提供残疾人岗位402个，吸引香洲、金湾、斗门及高新区约260名残疾人参会，企业现场收到简历176份，初步达成就业意向95人，现场达成录用意向57人。受新冠肺炎疫情影响，12名应届高校残疾人毕业生就业困难，市残联通过采取“一对一”就业服务、发布线上招聘信息等形式，帮助12名毕业生全部实现就业。开展企业安置残疾人就业情况调研，精准把脉企业需求和残疾人就业愿望，为珠海冠宇电池股份有限公司53名管理人员和残疾人提供手语培训3期，增进企业与听障员工沟通交流；为珠海长隆投资有限公司等8家安置残疾人较多的企业开展就业安置跟踪服务，为全市50余家安置残疾人就业的用人单位和各区就业服务机构举办雇主培训班。组织参加广东省“众创杯”创业创新大赛残疾人公益赛，获1枚金牌1枚铜牌；服装配饰设计和3D打印项目代表广东省参加全国残疾人岗位精英职业技能赛，服装配饰设计项目获第二名。加大辅助性就业力度，全市投入运营康园中心30个，支持精神、智力、重度肢体残疾人553人实现辅助性就业，同时为他们提供手工技能培训、日间照料、心理辅导、康复训练、社交与康乐等服务。

2020年8月31日，珠海市残疾人联合会在市南方人力资源服务有限公司举办残疾人就业专场招聘会 （陈艳平 摄）

【残疾人教育扶助】 2020年，珠海市残联落实《珠海市残疾人教育生活补助实施方案》，437名残疾学生和残疾家庭子女领取教育生活补助93.35万元。协助符合“南粤扶残助学工程”申请条件的考生上报资料，做好残疾考生高考申报和自学考试报名工作；做好未入学适龄残疾儿童少年核实工作。

【残疾人康复服务】 2020年，珠海市残联修订《珠海市残疾人医疗保障及康复救助实施方案（试行）》和《珠海市残疾人康复救助定点机构管理办法（试行）》，全面提高残疾人康复救助标准，加强康复救助机构管理，提升服务质量。出台新冠肺炎疫情期间残疾儿童康复训练补贴专项政策，向255名残疾儿童发放康复训练补助291.12万元，市特殊儿童康复教育幼儿园收训残疾儿童226人，在训173人。完成省残联下达的145名精神、智力女童康复救助和845名农村留守残疾儿童、困境儿童康复救助核实工作，逐一建立台账，实行销号管理。实施精神残疾人免费服药和住院治疗补助政策，全年向精神残疾人发放免费服药补助262.76万元、9123人次，发放住院治疗补助76.26

万元、328人次。依托市残联“心灵驿站”服务平台，做好残疾人心理健康服务和心理危机干预，在“世界自闭症日”“残疾预防日”“精神卫生日”等残疾人节日，举办公益讲座、电台科普及主题义诊活动，为精神残疾人提供“一对一”在线心理咨询服务51人次，举办线上微课3节、康园心理服务8场。全年，为136名残疾人实施白内障复明手术，向85名肢体残疾人发放康复救助金43.32万元，向738名残疾人发放辅助器具适配补贴130.22万元，为140名残疾人适配实物辅具141件（价值11万元）。

【残疾人组织联络】 2020年，珠海市残联以各专门协会为组织纽带，利用各类残疾人节日，针对不同类别残疾人组织残疾人活动。组织肢体残疾人开展 “残健同乐，感受珠海新发展”参观港珠澳大桥活动，150名残疾人参加；在横琴湿地公园举办庆祝“聋人节”和“爱耳日”活动，210名听力残障残疾人参加；开展给盲人世界“一盏灯”活动，120名盲人及家属参加；在“国际残疾人日”，组织开展参观崖门古炮台历史遗迹、观看电影、海泉湾美丽乡村游系列活动，近400名残疾人参加；在“精神卫生日”，组织开展讲座培训、趣味运动会、义诊和科普宣传系列活动，600余名精神残疾人及家属参加。推进残疾人证核发换证工作，严肃换发证纪律，对发现虚假办证的及时妥善处理。截至年底，珠海市持证残疾人2.14万人，制卡8099人，注销4914人；为200余名出门困难的重度肢体残疾人、精神残疾人和智力残疾人提供上门评残服务。组织残疾人专门协会到中山市等地开展交流学习和党建主题活动，促进协会对外交流。

【残疾人文体活动】 2020年，珠海市残联举办以“全面建成小康社会，残疾人一个也不能少”为主题的市残疾人美术、声乐和器乐大赛，参赛美术作品182件、声乐节目45个、器乐节目33个。组织参加广东省第十届残疾人艺术汇演，获1枚金牌3枚银牌3枚铜牌。通过开展丰富多彩的残疾人文艺活动，全面展现新时代残疾人自强不息的精神风貌，营造良好的扶残助残社会氛围。开展内容丰富、适合不同人群参与的全民健身活动，包括象棋、陆地冰壶、飞镖、乒乓球、羽毛球、聋人篮球、田径、游泳、亲子风筝、康园啦啦操10个项目比赛，有700余名残疾人参加。组织残疾人参加“最美海岸，健康同行”珠海30千米徒步活动和横琴马拉松活动，让残疾人走出家门，平等参与社会活动。

2020年8月18日，珠海市残疾人轮椅队参加横琴马拉松活动

（方凯珍 摄）

【残疾人发展环境建设】 2020年，珠海市残联依托新媒体拓展宣传阵地，聘请专业媒体团队运营门户网站和微信公众号，及时发布残疾人工作政策和信息，提高全社会对残疾人事业的关注度。全年，市残联门户网站发文172篇、“珠海残联”微信公众号发文154篇，累计阅读量7万余次；在“学习强国”平台发布新闻7篇，在中国新闻头条、澎湃新闻、《南方日报》《珠海特区报》等主流媒体发布新闻97篇。加强与珠海本土媒体合作，提高新闻舆论引导力，开辟与《信息时报》、腾讯大粤网合作，借助报纸、广播、电视、网络门户等新闻媒体以及地标建筑户外显示屏，全方位宣传残疾人事业高质量发展成果。继续与珠海电视台合作录制手语新闻《手语七日》，为广大聋人提供新闻资讯平台。

【残疾人服务设施和基层基础建设】 2020年，珠海市有运营中的康园中心30个，支持精神、智力、重度肢体残疾人实现辅助性就业553人。4月1日，新建的市残疾儿童康复教育大楼正式启用，大楼占地面积6498

平方米、建筑面积1.07万平方米，最多可开设班级16个，满员可收训特殊儿童200人；大楼配备完善的康复设备设施和4000平方米的户外活动场地，建有篮球场、小型足球场、跑道、沙池、水池等，为学龄前儿童康复教育提供有力保障，全年收训残疾儿童226人，在训173人。

【珠海市残疾人智慧洁车项目启动】 2020年10月12日，珠海市残联在市残疾人综合服务大楼举行残疾人智慧洁车项目启动仪式。该项目具有节能、环保、便利、可复制性强、易操作等特点，由澳门美优汽车纳米镀膜有限公司提供技术支持，链接北京师范大学-香港浸会大学联合国际学院社会管理与服务中心的社工力量，以为残疾人融入社会创造就业、为节能减碳环卫蓝天贡献一份力量为理念，通过“社会力量+政府支持+社工支撑+社工参与”的方式，为珠海市残疾人提供辅助性就业机会。

【残疾人亲子风筝活动】 2020年11月14日在香炉湾沙滩举办。活动由珠海市残联主办，39组残疾儿童和家长参加。活动现场，五颜六色的风筝随着欢呼声飞上天空，残疾儿童在沙滩上尽情奔跑，享受运动和大自然带来的快乐。此次活动旨在鼓励残疾儿童和家长走出家门融入社会，共享全面建成小康社会的美好生活。 （王世新）

中国国际贸易促进委员会珠海市分会

【概况】 中国国际贸易促进委员会珠海市分会成立于1986年5月，是中国国际贸易促进委员会在珠海设立的贸易促进机构，受中国贸促会及珠海市人民政府领导。1994年，经批准同时使用“中国国际商会珠海商会”名称。2014年8月，被列入群团序列。2017年12月15日，中国国际贸易促进委员会（广东）自由贸易试验区珠海服务中心在横琴揭牌成立。2019年8月，深化改革方案明确，珠海市贸促会是市委领导的群团组织和市政府领导联系的贸易投资促进机构。2020年6月，珠海市委编办印发珠海市贸促会“三定方案”，实现独立运作；7月，中国贸促会同意在珠海市贸促会设立中国贸促会自贸协定（珠海）服务中心；9月，中共珠海市委同意设立珠海市贸促会党组，于12月成立。

【经贸展览组织管理】 2020年，珠海市贸促会加强经贸展览组织管理。全年，组织30家企业参加第三届中国国际进口博览会、第十七届世界华商高峰会、第五届ICEE中国（广州）国际跨境电商暨全球应急医疗与防疫物资交易专区展览、奥地利高新技术推介交流会、以色列人工智能对接会和2020武陵山（怀化）国际健康产业博览会；组织26家企业参加澳门贸易投资促进局主办的2020年葡语国家产品及服务展（PLPEX）、2020葡语国家产品推介及商机对接会；组织35家企业参加中国-墨西哥展览会、中国-东北亚（俄罗斯）国际贸易数字展览会、中国-中东非（肯尼亚）国际贸易数字展览会、2020年中欧国际贸易数字展览会、环球资源首届在线展会等线上展览。

【国际商事法律服务】 2020年，珠海市贸促会履行国际商事法律服务职能，签发中华人民共和国非优惠原产地证明书1.06万份、优惠原产地证明书733份，代办国际商事证明书1383份、领事认证409份，制作暂准进口ATA单证册9份，及时向企业发布经贸摩擦预警450条、国别报告90条、市场咨询等信息654条，帮助企业规避市场风险。与中国出口信用保险公司广东分公司签署战略合作协议，协调给予16家中小企业免除出口信用保险保费支持，扩大企业出口。

【稳外贸稳外资工作推进】 2020年，珠海市贸促会推进稳外贸稳外资工作，及时办理不可抗力证明。面对突如其来的新冠肺炎疫情，运用中国贸促会出台的措施，协助天然气、造船、幕墙等领域22家企业免费代办不可抗力事实性证明50份，涵盖俄罗斯、澳大利亚、新加坡等14个国家和地区，总金额8625万美元，帮助企业规避违约风险。助力企业开拓国际国内市场。在线下会展多数取消的情况下，创新会展模式，举办首届珠海对外贸易数字展览会，为珠海外贸企业提供精准服务；组织企业参加中国进博会、中国-墨西哥展览会、中国-东北亚（俄罗斯）国际贸易数字展览会等多场线上线下展会活动。牵线搭桥帮助企业“走出去”。通过省贸促会等信息平台，及时向珠海市防疫物资生产和销售企业发布供求信息；协助椿田科技公司在英国伦敦设立公司。

【首届珠海对外贸易数字展览会】 2020年5月20日至11月20日举办。此届数字展览会由珠海市贸促会主办，中国国际商会珠海商会、环球资源公司承办，格力电器、迈科智能、天威飞马、椿田科技、安信

2020年6月12日，首届珠海对外贸易数字展览会全面上线仪式在珠海国际科技大厦举行 （市贸促会供稿）

纳米等80家企业参展，涵盖集成电路、生物医药、新能源、新材料及高端打印装备等产业，参展产品近7000件，点击量24.8万次，买家有效询盘8006次。这是市贸促会为促进“稳外贸”工作，联合业界知名网上展会平台——环球资源网创新展会服务模式新举措，为珠海外贸企业提供精准服务，拓展海外商贸机遇。

【原产地证书“零跑动”办理】 2020年，珠海市贸促会提高服务企业效能，创新开展企业申报项目全流程线上办理。1月起，全市企业可自行登录贸促会原产地证申报系统官网，在线联系企业申报端客服，完成企业信息备案、数据录入。审核通过后，企业可用任一型号彩色激光打印机缮制证书，完成原产地证书24小时“足不出户、自主打印”，实现全球任何地方不需见面的办公模式。 （邱　青）

珠海市红十字会

【概况】 1988年1月13日，珠海市红十字会在原珠海县红十字会基础上成立。成立之初由原市卫生局管理，2005年改由市政府直接管理。市红十字会是从事人道主义工作的社会救助团体，核心业务是“三救”（应急救援、应急救护、人道救助），宣传推动“三献”（无偿献血、造血干细胞捐献、器官遗体捐献），以及红十字志愿服务等。2013年6月，珠海市红十字会加挂“珠海市道路交通事故社会救助基金管理办公室”牌子。

2020年，珠海市红十字会强化核心业务，助力新冠肺炎疫情防控，启动体制机制改革。

【应急救援】 2020年，珠海市红十字专业应急救援志愿服务大队开展水上和野外应急救援保障、大型赛事和活动保障、医疗救护保障、运输保障、应急宣传教育等127次，服务时数6421小时，参与志愿者925人次，受益1.11万人次。参与野狸岛礁石海上救援、神湾古宥水库失联老人山野搜救、凤凰山东坑搜救、吉大水库少年溺水救援等紧急救援事件23起；参与重阳节板障山登山保障、浪漫珠海·美丽平沙定向越野比赛、最美海岸·健康同行2020珠海30千米徒步活动、2020横琴天沐河名校赛艇邀请赛、横琴国际金融中心垂直马拉松等应急保障任务10场。在2020年广东社会应急救援力量技能竞赛中，市红十字专业应急救援志愿服务大队“伤员紧急救护与越障转运”及“心肺复苏”2个项目均获第二名。

【应急救护培训】 2020年，珠海市红十字会采取线上线下相结合方式，开展应急救护培训“五进”（进机关、进社区、进农村、进企业、进学校）工作。全年开展应急救护普及培训268场、培训3.51万人，其中应急救护员培训178场、培训3201人，应急救护知识普及讲座90场、3.19万人参加。举办2020年世界红十字日暨防灾减灾日宣传活动，举办红十字生命安全教育亲子缤纷夏令营，联合斗门区红十字会举办2020年世界急救日主题宣传活动，提高群众应急救护知识普及率，提升公众自救、互救和应对各类突发公共事件的综合能力。

【人道救助】 2020年，珠海市红十字会开展脱贫攻坚、精准扶贫、贫困助学及“红十字博爱送万家”“大病救助”“光明行动”等品牌公益活动，全年接收各项捐赠款物（不含新冠肺炎疫情防控捐款）1514.79万元，拨付款物1166.53万元。在“6·30”广东扶贫济困日，发动、引导社会力量参与扶贫工作，接收捐款892.23万元。组织市关工委、斗门区关工委、市红十字会慈爱团队、澳门珠海社团联合总会等开展助学活动，发放助学金14.30万元；为珠海市平沙第一中学捐赠图书1.17万册，价值40余万元；为对口帮扶地区阳江市阳西县学校捐赠图书2.31万册，价值47.35万元；为阳春市河口镇梅垌村小学捐赠校服60套、校鞋30双、书包30个。全年，救助和慰问困难群众4515人次，发放救助款物94.5万元。为西藏自治区林芝市米林县眼疾患者实施免费白内障复明手术80例。开展市内道路交通事故社会救助，对57起交通事故进行人道救助，支付抢救费、困难补助费等682.97万元。

链　接：

水上安全教育十百千万行动

为提高青少年水上安全意识，帮助青少年掌握水上安全知识，增强自救互救能力，最大限度地减少或避免青少年溺水事故的发生，2015年9月，广东省红十字会、广东省教育厅、共青团广东省委联合开展“生命之舟，伴你远航——广东省青少年水上安全教育十百千万行动”，在全省10个城市、100所中小学校，开展1000场水上安全教育，为10万名以上中小学生普及水上安全知识，在全省掀起重视水上安全，保护青少年生命健康的热潮。

【“三献”工作】 2020年，珠海市红十字会联合香港珠海商会、珠海外商投资企业协会、香港工业总会珠三角工业协会、珠海市中心血站，举办为期2个月的第五届“爱无边·情无限”无偿献血、造血干细胞捐献活动，开展活动15场，参加献血1395人，献血量40.73万毫升。全年，全市献血总人数2.87万人次，单采血小板献血量3827.4个治疗量，全血献血量823.8万毫升，造血干细胞完成留样加入中华骨髓库433人份，19人身后成功捐献器官，2人身后成功捐献遗体。珠海市连续第十二次被国家卫生健康委等三部门评为“全国无偿献血先进城市”。

【红十字志愿服务】 2020年，珠海市红十字会举办新志愿者入会培训8期，新加入志愿者421人；“i志愿”平台发布志愿服务活动262场。全年，开展全市敬老院服务、“四个陪伴计划”（陪伴成长计划、陪伴关怀计划、陪伴扶助计划、陪伴助康计划）志愿服务、“十百千万”水上安全教育、白海豚水上安全教育、水上和野外应急救援保障、大型赛事和活动保障等志愿服务1945次，参与志愿者7327人次，服务时数2.88万小时，受益人群5.4万人次。市红十字志愿者及志愿服务项目获各级各类奖21项。

【红十字宣传】 2020年，珠海市红十字会更新官方网站信息186条；编写《红会工作简报》4期，撰写《信息快报》5期；在“博爱珠海”微信公众平台推送各类信息、文章187篇，累计阅读量2.87万次，分享次数2347次；在《中国红十字报》、《珠海特区报》、《珠江晚报》、“南方+”、“观海融媒”、《博爱》、《一周文明掠影》等媒体宣传报道161篇次。改版后的市红十字会网站于8月25日上线，新增“办事指南”“网上学堂”“人物故事”“业务工作”等版块。对新冠肺炎疫情期间红十字系统涌现出的先进典型、突出事迹进行宣传，其中《逆行者风采：珠海红人梁海峰》《红会人物：倾听心灵的人——卢宝根》入刊中国红十字会总会主办的《博爱》杂志。

【红十字助力疫情防控】 2020年，珠海市红十字会制定《珠海市红十字会新冠肺炎疫情防控捐赠款物使用管理暂行规定》，按照“依法规范、及时高效、公开透明、清正廉洁”要求开展捐赠工作。通过各类媒体及时公开社会捐赠款物收支信息28次，举办现场捐赠活动20余场，邀请有关领导和代表予以见证，接受社会监督。全年收到社会各界捐赠款物7268.94万元，其中资金3208.68万元、物资价值4060.26万元，年内全部拨付或交付、移交。其中，接收由广东省天行健慈善基金会、珠海市慈善总会及广东省慈善总会转交的境外物资23批次，价值513.55万元；支援湖北省（含武汉）疫情防控社会捐款1558.91万元、物资价值167.51万元。动员红十字志愿者参与联防联控，组织专业应急救援队、心理咨询服务队、社区红十字志愿者开展搭建帐篷、心理咨询、无偿献血等志愿服务活动18次，参与志愿者1151人次。开展“助力疫情防控，红十字‘救’

2020年1月28日，珠海市红十字会与多家爱心企业开展新型冠状病毒感染的肺炎疫情防控捐赠活动 （市红十字会供稿）

在身边”红十字博爱周系列活动，为120余名救助对象发放救助款物3万余元，发放口罩等防护物资3000余个。运用官方媒体和“博爱珠海”微信公众号、市红十字会官方网站加强疫情防控知识宣传。市红十字会疫情防控专班获中共珠海市委、市人民政府授予“珠海市抗击新冠肺炎疫情先进集体”称号。

【珠海市红十字会改革启动】 2020年9月7日，珠海市红十字会召开全市红十字系统推进改革工作会议，部署红十字会体制机制改革工作。组织各区（经济功能区）红十字工作人员组成2个调研组，分赴南昌、上海、中山、深圳等12个省内外红十字会开展调研，就各地红十字会改革经验、基层组织建设、人道服务能力提升等方面进行学习交流。撰写《珠海市红十字会改革方案（初稿）》和《珠海市红十字事业“十四五”规划（初稿）》，为全面推进改革打好基础。

（徐 琳）

外事·侨务

外 事

【概况】 2020年，珠海市受理外国人来华申请172家企业、802人次。举办APEC（亚太经合组织）商务旅行卡线上宣讲会6场，为全市300余家企业实时在线讲解答疑，受理企业人员申办100人次，新增APEC备案公司54家；办理领事认证文书610本。全年，协调和指导相关部门处理涉外案（事）件48件、71人次，涉外舆情4件；编制印发《防境外输入外事工作手册》和《外语志愿服务工作手册》，征集外语志愿者133人。

【珠海与南太平洋岛国交流合作】 2020年1月，珠海市向库克群岛文化发展部捐赠的电动摩托车运抵当地，《库克群岛新闻报》予以报道。3月，珠海市向库克群岛捐赠的太阳能路灯、轻型客车及吸污车运抵当地，库克群岛文化发展部、艾图塔基岛政府分别举行接收仪式。5月，珠海市向库克群岛卫生部捐赠医用防护服1000套。8月，市委外办同库克群岛文化发展部举行视频会议，就全球抗疫新形势下加强珠海市与库克群岛的友好交流合作项目进行沟通，推进珠海市向库克群岛捐赠户外LED（发光二极管）显示屏、全地形车、太阳能路灯等项目，截至年底，相关项目均完成采购程序，太阳能路灯发运。11月，纽埃政府秘书长办公室来函，推动珠海市与纽埃教育部门友好交流与合作，珠海市启动对纽埃中小学生文具捐赠以及3所图书馆书籍捐赠项目；纽埃国家灾害管理办公室来函，推动珠海市与纽埃灾害应急合作，珠海市启动对纽埃应急包捐赠项目，截至年底，相关项目均完成采购程序，捐赠物资发运。11月17日，珠海万山海洋开发试验区向瓦努阿图友好交流城市捐赠约5000平方米屋顶钢板，用于该市飓风灾后居民房屋重建工作。

【珠海与欧美国家交流合作】 2020年7月22日，中国意大利商会会长保罗·巴颂尼一行3人来访珠海市，探讨美食文化、清洁能源和造船业等领域交流合作。8月19日，德中经济文化促进协会会长、意博集团董事长何侃率代表团一行4人访问珠海市，探讨深化珠海市与法国友好交流城市尼斯市的文化交流。8月21日，珠海市委外办与西班牙中国友好协会召开视频会议，双方一致同意推动珠海市与西班牙在经济、社会、文化、艺术、体育等领域开展合作，并推动珠海市友协与该协会签署《关于建立友好交流关系的协议》。9月22日，为促进中俄两国科

2020年7月22日，中国意大利商会会长保罗·巴颂尼（右二）率团访问珠海，与市委外办工作人员进行友好座谈 （市委外办供稿）

学技术领域交流，俄罗斯西北地区纯洁生产国际中心与珠海市举行视频座谈会，探讨推动珠海市引进俄罗斯高新专利技术，建立俄罗斯高新技术实验室或孵化器。

【珠海与友好（交流）城市交流合作】 2020年，珠海市推动国际抗疫合作，以市政府名义累计向意大利、法国、葡萄牙、日本、韩国、哥斯达黎加、巴基斯坦、库克群岛、墨西哥、美国等10个国家12个城市和机构分批捐赠医用口罩40余万只、防护服4000套、护目镜1000个、医用手套5000双，推动国际抗疫和卫生健康交流与合作，传递“珠海温度”。8—12月，为进一步讲好中国故事和珠海故事，特别策划珠海经济特区建立40周年系列庆祝活动，举办“珠海国际友好城市知多少”网络知识竞赛，回顾并展示珠海市与友好城市的合作成果；开展“国际友城市长致贺词”视频展播，在珠海大剧院外屏展播来自美国红木市、日本热海市、韩国水原市、德国布伦瑞克市、意大利博洛尼亚市、法国尼斯市等市长的致贺词视频；开展“2020年珠海与国际友好（交流）城市青少年绘画交流展”活动，得到国际友好（交流）城市的支持和响应，收到来自日本热海市、韩国水原市、英国朴次茅斯市、意大利拉斯佩齐亚市、乌拉圭阿特兰蒂达市以及珠海市青少年学生绘画作品近400幅。11月6—8日，组织友城意大利拉斯佩齐亚市、波兰格丁尼亚市、澳大利亚黄金海岸市以及友好交流城市和地区加拿大新斯科舍省、意大利博洛尼亚市、印尼梭罗市参加第八届澳门国际旅游（产业）博览会“云展览”，推介珠澳两地旅游资源，深化珠澳合作新实践。

【涉外安全和海外领事保护】 2020年，珠海市制定《珠海市加强“一带一路”境外项目安保工作方案》，完善“一带一路”建设境外安保体系，调研走访珠海市重点外向型企业14家。强化企业新冠肺炎疫情防控意识，督促企业制订完善疫情防控方案，细化防控措施，建立疫情常态化下重点外向型企业海外安全机制，建立台账，掌握企业在境外投资项目动态，为“走出去”企业保驾护航。办理人大代表提出的《关于创新开展海外领事保护宣传工作的建议》，完善方案，细化措施，全方位开展预防性海外领事保护宣传，推进海外领事保护宣传“进企业、进校园、进社区”。建立珠海市维护海洋权益工作协调机制，印发《珠海市维护海洋权益工作实施意见》，推进珠海市海洋领域对外合作。召开珠海市对外工作领域重大风险防范化解分析研判会，采取有效措施完善涉外有关专项工作机制，做好珠海市对外工作领域重大风险防范化解工作。

【中共珠海市委外事工作委员会第二次会议】 2020年4月9日在市政府会议室召开，市委书记、市委外事工作委员会主任郭永航主持。会议传达全国地方外办主任会议、省委外事工作委员会第二次会议、全省外事工作会议精神，总结2019年全市对外工作，研究部署2020年对外工作，审议通过《珠海市2020年对外重点工作任务分解方案》《珠海市维护海洋权益工作实施意见》《珠海市教育国际化三年行动计划》，市委外事工作委员会成员、成员单位及有关单位负责人参加会议。

【“云外事”模式创新】 2020年，珠海市探索云端国际友城交流合作新模式，开展“云会见”“云展览”“云竞赛”“云经贸”等活动10场，为珠海市做好疫情防控和经济社会发展“双统筹”，夺取疫情防控和经济社会发展“双胜利”

营造良好国际氛围。先后与德国、澳大利亚、加拿大、西班牙、俄罗斯等国际友城和国际友好组织开展线上交流，携手澳门“云”上推介珠海友城旅游资源，推动经济、社会、文化等领域友好交流与合作。以珠海经济特区建立40周年为契机，筹办“珠海国际友好城市知多少”网络知识竞赛、“国际友城市长致贺词”视频展播、珠海与国际友好（交流）城市青少年绘画交流展等活动，得到美国、意大利、德国等国家11个友城响应，推动友城关系持续升温，以创新方式对外讲好珠海故事和中国故事。（郭婷婷）

侨务

【概况】 2020年，珠海市侨务工作突出政治引领，举办2020年国情培训班，组织侨界学习民法典、学习习近平总书记重要讲话精神等。加强服务，推动归侨侨眷政策落实，创新设置为侨服务公众号预审系统，首创上门服务工作模式；推进基层社区为侨服务工作平台建设，开展惠侨暖企行动和提升珠海华侨农场民生保障水平工作调研。

【为侨服务工作体系创新完善】 2020年，珠海市从服务渠道上创新设置为侨服务公众号预审系统，方便群众一站式办理各项涉侨服务和审批事项，坚持“最多跑一次”“一次都不跑”为侨服务工作原则；从服务方法上首创上门服务工作模式，前往华侨农场等侨胞集中地办理“三侨生”（归侨青年、归侨子女、华侨在国内的子女）业务，完成为侨服务“最后一公里”，全年办理“三侨生”证明书89份、其他业务98件，接受群众来访咨询120余件。

【基层社区为侨服务工作平台建设】 2020年，珠海市在重点侨乡建设为侨服务工作平台，其中，高新区投入资金约100万元，对原鸡山社区老人活动中心177平方米房屋进行装修改造，建设“侨胞之家”，于5月22日揭牌开放；金湾区依托越侨会组织优势，完成“侨之家”选址。

【惠侨暖企行动】 2020年，珠海市制订惠侨暖企行动方案，组织侨胞侨商开展民法典学习，举办侨界企业座谈会，为广大侨商讲解创新创业鼓励政策；加强市贸促会与侨商交流，共享合作机会；组织侨界青年前往横琴新区考察交流，推动侨界青年参与横琴自贸片区建设；市侨商会、市侨青会举办多种形式交流活动，推动侨商在疫情期间持续发展，融入粤港澳大湾区和横琴自贸片区建设。

【珠海华侨农场民生保障水平提升工作调研】 2020年，珠海市在广泛调研基础上，提出以习近平新时代中国特色社会主义思想为指导，强化政治引领，将农场发展融入大湾区建设；提出完善以住房、社保和教育为重点的社会保障等工作建议，促进华侨农场改革发展和民生保障水平提高。

【海外华文教育】 2020年，珠海市推动海外华文教育。在海外疫情严重的情况下，一方面鼓励外派教师坚守工作岗位完成使命，另一方面及时协调关系，给外派教师寄送防疫物资，外派工作顺利完成。

（鲁锦山）

台港澳工作

对台工作

【概况】 2020年，珠海市接待台湾同胞3.56万人次，比上年下降81.6%，其中接待台湾过夜同胞2.43万人次，下降81.6%；旅行社组织赴台湾游157人，下降97.6%。

【珠台经贸】 2020年，珠海市加大对台招商引资力度，搭建以市委、市政府为主导，市委台港澳办牵头，相关职能部门和各区配合联动的招商引资平台，取得良好成效。全年，新增台资企业28家，增资扩产13家。截至年底，珠海市有台资企业698家（历年累计1206家），合同台资39.49亿美元，实际到账台资28.15亿美元。

【台胞台商服务】 2020年，珠海台胞工作站承接处理各类涉台事件75件89类情况，办结72件，办结率96%，涉及死亡、刑事案件、寻亲、公证、证件遗失和无钱求助等问题，得到台胞、台商和台属的信任和赞许。

【市委台港澳工作领导小组全体会议】 2020年3月30日和12月8日，中共珠海市委台港澳工作领导小组召开第三次和第四次全体会议，听取全市台港澳工作情况汇报，研究部署全市台港澳工作。市委书记、市委台港澳工作领导小组组长郭永航主持会议，市委副书记、市长、市委台港澳工作领导小组常务副组长姚奕生等市领导及领导小组成员单位主要负责人参加会议。

【全市对台工作会议】 2020年4月21日，珠海市召开全市对台工作会议。会议总结2019年对台工作情况，部署2020年对台工作。会议强调，要以习近平新时代中国特色社会主义思想为指导，深入学习习近平总书记关于对台工作的重要论述与在《告台湾同胞书》发表40周年纪念会上的重要讲话精神，传达中央、省对台工作会议精神，按照珠海市委对台工作的部署要求，扎实推进两岸和平发展和推动祖国和平统一进程。会议指出，要积极搭建珠台两地交流交往平台，广泛开展与台湾各界人士联系交流；开展“惠台暖企”行动，促进惠台政策落地落实；支持台湾青年来珠海实习、创业、就业，为其提供一站式、全方位服务，帮助台湾青年融入珠海，创业珠海，促进两岸青年心灵契合。

【珠台基层社区“云”交流活动】 2020年9月10日，由珠海市台港澳事务局组织的珠海市香洲区翠香街道康宁社区与台湾台南市永康区复国里基层社区“云”交流活动在两地社区举行，珠台两地社区代表50人参加此次交流活动。活动以“齐心协力抗疫情、交流合作谱新章”为主题，共同分享社区治理、社区基层工作经验，相互交流在新冠肺炎疫情期间同心合力、积极有为、共克时艰抗击疫情的经验和做法。两地基层民众代表踊跃发言，活动现场交流热烈，促进两岸基层社区民众相互了解，深化珠台两地之间村里结对交流成果。

【第六届珠台高校“两岸一家亲”文化交流营】 2020年11月24—25日在北京理工大学珠海学院与台湾亚洲大学举办。活动以“两岸一家亲”为主题，两地高校128名学生代表参加。活动通过线上展示与视频互动交流的方式，促进两地青年相互了解，加深台湾青年对岭南文化、珠海经济社会发展以及创新创业环境、各项惠台措施的认识，引导台湾青年积极参与粤港澳大湾区建设，共享国家发展红利。

【第七届台湾青年岭南行系列活动】 2020年12月4—9日在广东举行。活动由广东省海峡两岸交流促进会主办，7个省直单位和21个地市台办参与承办，分9条线路，珠海市负责线路5（粤港澳大湾区科技体验之旅）和线路8（孙中山历史文化探寻之旅）。12月7—8日，两个考察团约200人在珠海参观考察，两岸青年通过走访横琴展示厅、横琴·澳门青年创业谷，参观珠海渔女、珠海大剧院，游览港珠澳大桥等，共同探寻珠海文化印记，体验人文魅力，感知珠海城市发展的勃勃生机，加深两岸青年对中华传统文化的体验，增进民族认同和同胞亲情，促进珠台两地融合发展。

【第二届海峡两岸网络新媒体大陆行】 2020年12月4—11日在广东举行。活动由中国台湾网和海峡之声广播电台共同主办。12月9—10日，联合采访团约60人到珠海市进行采访报道，重点采访格力电器股份有限公司、金嘉创意谷、珠海台湾青年之家、华灿工场（珠海空间）等，并与在珠海的台青台商交流座谈。联合报道组利用境内外融媒体传播平台，进行图文、视频报道及多场直播互动，聚焦珠海改革开放的创新发展成就，向两岸同胞呈现珠海高科技进步、经济起飞、生态优美、乡村振兴等最新成果，讲述台胞台青在珠海就业创业的励志故事，展示珠台两地经济社会融合发展的机遇与前景。

【台湾省籍师生国情教育】 2020年12月4—6日，珠海市台港澳事务局组织北京师范大学珠海分校、北京理工大学珠海学院以及暨南大学的台湾省籍教师、学生组成考察团开展国情教育活动。考察团一行18人先后赴叶剑英纪念园、梅州海峡两岸交流基地、潮州古城、韩文公祠等地参观考察，通过探索先辈筚路蓝缕的奋斗历程，感悟历史印记，传承爱国精神文化精髓，并加深对广东经济社会发展情况的了解。

【台商台胞复工复产】 2020年，珠海市在做好疫情防控前提下，关心服务台商，推动台资企业复工复产。面对新冠肺炎疫情暴发后台商台胞的现实诉求，根据疫情发展形势和实际需要，确定台商台胞由台北乘机直飞澳门、经澳门机场前往港珠澳大桥口岸入境珠海的方案。经国务院联防联控机制综合组批复，在广东省、珠海市疫情防控指挥部和省台办的部署与指导下，市台港澳事务局统筹协调珠海、澳门多个部门，于10月29日接转13名珠海台商台胞和24名台湾嘉宾由台北经澳门入境珠海进行隔离医学观察，11月12日经核酸检测结果全部阴性后解除隔离措施。及时向台企台商推送疫情防控信息、复工指引、企业扶持政策措施等，发挥市台商协会秘书处、理监事会作用，宣传“惠台暖企”行动。指导各区开展“政企直通车”活动，确保政府支持落到实处、惠及台企。全年，珠海市台企获税费减免约800万元。

【珠海台湾青年之家成立】 2020年7月，珠海台青汇咨询服务有限公司在横琴新区成立，作为珠海台湾青年之家的运营管理单位，推进珠海台湾青年实习就业创业工作。通过台湾青年之家网站，发布台湾大学生珠海长期实习计划、台湾大学生珠海暑期短期实习计划。收集整理珠海实习就业岗位资讯，通过台湾青年之家广东台湾青年就业驿站网站平台进行发布，便于台湾青年登陆访问。协助开展2020年广东“众创杯”创业创新大赛相关报名参赛工作。珠海台青汇咨询服务有限公司成立后，在台湾多所高校组织创业就业实习分享会15场次，参加人数1380人次。

【华灿工场珠海空间运营】 2020年9月，华灿工场珠海空间对外运营。该空间是香洲区产城融合示范项目与服务技术产业孵化基地，港澳台资企业入驻享受半年免费使用3个开放工位。市台港澳事务局协调市市场监管局为台湾同胞创办企业开设绿色通道，减少注册环节，增加台资企业注册意愿。该空间与市科技创新促进会签署珠海“华灿工场”企业数字化战略创新中心共建协议，促进和提升珠海中小企业“数字化战略”。是年，该空间引进和注册企业10家，其中台企4家，举办活动5场、组织入驻企业参与两岸交流活动3次、开展交流座谈8场、接待海峡两岸及港澳地区参访团300余人次，参与第七届台湾青年岭南行粤港澳大湾区科技考察之旅创业分享会、第六届珠台高校“两岸一家亲”文化交流营基地展示。

（梁华清）

港澳工作

【概况】 2020年，珠海市接待港澳嘉宾到访54批572人次；协助办理通关礼遇（便利）手续团组134批880人次；审核审批因公赴港澳团组5584批（香港1995批、澳门3589批），1.05万人次（香港3623人次、澳门6904人次），其中党政干部因公临时赴港澳2828人次（香港1200人次、澳门1628人次）。厅级领导因公临时赴港澳报批107人次（香港 44人次、澳门63人次）。

【珠港澳高层访问】 2020年，珠海市主要领导访问澳门10次，推进横琴粤澳深度合作区建设，支持澳门经济适度多元发展，为澳门特色“一国两制”伟大实践探路先行。7月30日，市委书记郭永航、市长姚奕生率珠海市代表团访问澳门，拜会澳门特别行政区行政长官贺一诚、中央政府驻澳门特别行政区联络办公室副主任姚坚，就深入贯彻落实习近平总书记对广东重要讲话和重要指示批示精神、视察澳门重要讲话精神，共同推进粤澳深度合作区建设、做强做大粤港澳大湾区澳珠极点等进行交流对接。9月22日，市委书记郭永航、市长姚奕生率珠海市代表团访问澳门，拜会澳门特别行政区行政长官贺一诚、中央政府驻澳门特别行政区联络办公室主任傅自应，就深入贯彻落实习近平总书记重要讲话和重要指示批示精神，扎实做好珠澳合作开发横琴这篇文章、加快推进横琴粤澳深度合作区建设等进行深入交流。全年，市委台港澳办牵头联络组织珠澳两地召开市（司）长级联防联控工作会议25次，通报国家和广东省新冠肺炎疫情防控要求，共商两地细化落实措施，研究解决实际工作中遇到的问题，交流疫情防控经验做法，协调保障疫情期间澳门物资供应。受疫情影响，2020年珠港高层会晤活动未能开展。

【因公赴港澳审批】 2020年，珠海市审核并报批因公派驻港澳工作团组46个108人次，外派常驻团组数比上年增长27%；审核审批因公赴港澳临时访问团组1351批次2998人

2020年7月30日，珠海市委书记郭永航（左前排左三）、市长姚奕生（左前排左二）率代表团访问澳门 （市委台港澳办供稿）

次。做好疫情防控工作，对参与疫情防控和供港澳民生公共事务、执行中央及省紧急任务团组等信息收集研判并及时上报，线上线下全方位优化服务。建立专办员微信群及电话预约制度，全国率先实现为港澳涉民生营运司机及疫情防控工作人员提供“即来即办、立等可取”便捷服务。在全国率先建立“受理—审核—审批—制证—签署—取证”绿色通道。开发因公赴港澳综合管理系统，推行“一网通办、一次办好”工作机制，推动审批、发证等业务流程涉及材料全流程网络报送。全年，审核通过应急公务、商务人员豁免隔离3249人次，审核同意车辆入境2939辆次。加强与省港澳办及国务院港澳办沟通协调，协同中资（澳门）职业介绍所协会、深圳市港澳办等单位搭建信息共享平台，围绕格力电器股份有限公司、珠海对外经济劳务合作有限公司等民营企业非公务人员循因公渠道办证问题开展调研，疏通企业办理因公赴港澳业务的难点、堵点、急点，全年开展走访座谈16次、收集意见10余条。

【珠港澳合作机制完善】 2020年，珠海市围绕“中央要求”“湾区所向”“珠海所能”，举全市之力推动珠澳合作和横琴开发建设，珠澳合作体制机制在较短时间内取得突破性成效。建立健全珠澳合作顶层设计。市委台港澳工作领导小组召开全体会议4次，重新修订《珠海市全力支持澳门经济适度多元发展的实施方案》，印发《珠海市支持澳门经济适度多元发展2020年重点工作任务一览表》《珠海市推进粤港澳大湾区建设便利港澳居民珠海发展2020年工作要点》，全市各级各部门进一步提高对澳门工作政治站位，除个别事项受疫情等因素影响延期外，其余60项工作任务（支持澳门经济适度多元发展40项、便利港澳居民珠海发展20项）按期完成，总体进展良好。珠澳合作机制化、常态化持续提升。珠澳合作会议作为珠澳官方合作机制，下设广东自贸试验区横琴片区及园区建设合作、城市规划与跨境交通研究、口岸通关、环境保护、旅游、文化、经贸和投资、金融8个工作小组，推动设立医疗、教育合作工作小组。面对突如其来的新冠肺炎疫情，珠澳两地第一时间建立联防联控机制，共同织密织牢疫情防控保护网，全力做好口岸疫情防控、劳务人员在珠医学观察和检测、港澳机场送返湖北籍旅客安置、珠澳健康码互认、核酸检测结果互认，以及跨境复学学生教职人员、内地输澳门劳务人员、澳门公务商务人员跨境往返豁免隔离等工作，有序推进珠澳两地人员恢复正常往来，得到中央、省和澳门社会各界肯定。加快粤澳深度合作区方案报批。市委书记郭永航、市长姚奕生多次与澳门特别行政区行政长官贺一诚会谈，推动在横琴创新实行粤澳“共商、共建、共管、共享”新模式，试点更多开放政策，探索构建与澳门政策体系相契合的制度环境和营商环境。

【珠港澳青年交流合作】 2020年，受新冠肺炎疫情影响，珠港澳青年交流活动部分被迫延期或改为线上举行。珠海市支持澳门青年创新创业就业，以线上方式举办第三届珠澳大学生就业实习双选会，500余家大湾区企业发布职位3000余个，吸引澳门与内地13所院校3万余名大学生参与。10月，举办首届粤港澳大湾区大学生就业实习双选会，向湾区大学生提供就业实习岗位8万余个，央视《新闻联播》等176家中央、省及港澳媒体对活动进行报道。截至年底，横琴·澳门青年创业谷（含创意谷）累计孵化港澳企业、项目526个（澳门454个、香港72个），在园港澳企业、项目90个（澳门76个、香港14个）。打造“珠海大华港澳青年创新创业服务中心”，为港澳创业青年提供创新发展交流平台。 （梁华清）

法 治

地方立法

【概况】 2020年，珠海市人大常委会审议法规案23件，其中审议通过21件（新制定法规8件、修改12件、废止1件），审议中2件；对8件市政府规章、13件市政府规范性文件、1件市中级人民法院规范性文件和5件市检察院规范性文件进行备案审查；协助审查国家法律和省法规草案征求意见1427件、党内规范性文件9件。

【重要领域立法】 2020年，珠海市人大常委会围绕市委中心工作，加强重要领域立法，加快立法工作步伐，做好法规案统一审议工作，着力提高立法质量和效率。

聚焦粤港澳大湾区建设开展创新性立法 在推动与港澳规则衔接和联通贯通融通等前沿领域开展创新性立法，将涉及横琴新区和粤澳合作的5个项目纳入2020年度立法计划，并设立珠澳合作立法直通车，

2020年8月13日，珠海市人大法工委与市城市管理综合执法局到斗门区开展生活垃圾分类立法调研　（市人大供稿）

实现涉珠澳合作立法项目随报随审。审议全国首部支持港澳旅游从业人员跨境执业的专项地方性法规《珠海经济特区港澳旅游从业人员在横琴新区执业规定》，将《粤港澳大湾区发展规划纲要》和《横琴国际休闲旅游岛建设方案》赋予横琴的改革措施予以法制化，为拓宽港澳旅游从业人员执业渠道、促进粤港澳三地旅游人才交流和要素流动提供制度保障。支持横琴建设发展，以立法推动横琴粤澳深度合作区建设率先破题。全面推进《横琴新区金融发展条例》起草工作，推动横琴与港澳跨境金融合作进一步深化；全面推进《横琴新区国际休闲旅游岛建设条例》起草工作，从制度层面推动横琴休闲旅游产业与港澳旅游产业相衔接；全面推进《横琴新区中医药产业发展条例》调研工作，为促进澳门产业多元发展提供法治支撑。

围绕持续优化营商环境实施精准立法　适应经济发展新阶段，以立法推动和促进高质量发展。审议《珠海市人民代表大会常务委员会关于优化珠海市营商环境的决定》，针对珠海市营商环境的痛点、难点、堵点问题精准发力，以“有效、管用、可操作”为原则进行制度设计，在明确优化营商环境职责、保障各类市场主体公平参与竞争、深化行政审批制度改革、提升政务服务水平、完善涉企服务体系、规范监管执法行为、加强营商环境法治保障、支持横琴先行先试等方面，通过特区立法明确方向并有所突破，为持续优化营商环境提供法治保障，预留创新空间。审议《珠海经济特区科技创新促进条例》修订草案，围绕实施创新驱动发展战略，对标对表港澳、深圳等科技创新领先地区制度设计，助推珠海建设大湾区创新高地。开展安全生产条例、土地管理条例、户外广告设施和招牌设置管理条例等修订工作，从各方面优化管理机制，推动提升市场环境。

回应民生关切加强社会治理立法　通过立法回应人民群众的期待，反映人民群众的利益，让人民群众有更多更实在的安全感、获得感、幸福感。审议《珠海经济特区生活垃圾分类管理条例》，对珠海市生活垃圾分类管理制度规则进行系统性设计，构建以法治为基础，政府推动、全民参与、城乡统筹、简便易行的垃圾分类长效机制，提升生活垃圾管理水平和实效，努力为人民群众创造更优良的生活环境。审议《珠海经济特区出租屋管理条例》，通过规范出租屋申报制度、完善出租屋管理机制、加强政府服务力度等规定，推动实现出租屋管理“底数清、情况明、秩序好”，保障人民群众住得安心。审议《珠海市文明行为条例》，完善文明行为保障机制，引导和促进文明行为，推动提升全体市民文明素养。审议《珠海经济特区排水管理条例》、修订《珠海市供水用水条例》，通过创新完善排水、供水、用水体制机制，保障设施安全正常运行，确保群众用水安全。推进制定《珠海经济特区停车场建设与管理条例》，致力缓解停车难、停车乱等问题，满足人民群众便利出行需求。

紧扣生态文明新特区建设完善相关立法　结合保障生态安全和生物多样性新要求，贯彻落实中央、省委和市委决策部署，成立由法制委员会主导的起草小组，起草并审议《珠海经济特区禁止食用野生动物条例》，以最严厉的法治手段管源治本，促进人与自然和谐共生。结合生态文明建设新理念和新要求，修订生态文明建设促进条例、海域海岛保护条例、无居民海岛开发利用管理规定、环境保护条例、服务业环境管理条例、前山河流域管理条例等系列法规，助力打好污染防治攻坚战，擦亮特区生态品牌，满足人民群众对优美生态环境的需要。

针对新冠肺炎疫情防控进行专门立法 在疫情防控形势严峻的关键时间节点主动担当，起草并审议《珠海市人民代表大会常务委员会关于依法全力做好新型冠状病毒肺炎疫情防控工作的决定》，明确各级疫情防控指挥机构法律地位及重要防控职权，明确各类主体的防控责任和义务，构筑群防群治的最严密防线，在疫情防控工作中发挥出立法的引领推动和规范保障作用。

【立法推进】 2020年，珠海市人大常委会发挥人大主导作用，推进科学立法、民主立法、依法立法。

围绕市委部署开展立法 主导立法项目选择、定准立法方向，对党委部署的中心工作、重大改革举措，加强立法研究，为市委决策提供参考。6月，落实市委提出的“珠海必须向深圳等先进城市对标，用足用好经济特区立法权，以立法创新推动机制体制创新”要求，开展对标深圳用足用好经济特区立法权专题调研，形成《关于开展对标深圳立法健全我市法规体系深入梳理研究工作的报告》上报市委，并将可借鉴项目列入2021年立法计划建议。10月，落实市委提出的“在推动与港澳规则衔接和联通贯通融通等前沿领域开展创新性立法”要求，在粤澳规则对接以及促进粤澳人员、物资、资金、信息等要素高效便捷流动等领域进行研究，形成《涉横琴粤澳深度合作区建设2021年立法建议项目报告》上报市委，提出对策建议。

统筹协调各部门推进立法 3月，召开全市立法工作会议，按照“任务、时间、组织、责任”四落实要求，部署落实市委对全年立法工作的安排。推动政府发挥立法依托作用，建立立法决策与政府重大改革决策相衔接制度。督促相关部门按照立法计划确定的任务清单压紧压实责任，及时起草法规草案，对未按时间节点完成任务的相关部门发函督促，确保各立法项目如期提请审议。

实行法规起草提前介入、全程参与制度 在起草环节，市人大法制委员会会同有关专门委员会、常委会工作委员会提前介入，及时了解掌握起草进度，将“接力跑”变为“联合作战”，形成工作合力，提高草案起草质量。在修改环节，主动与起草部门对接，对影响立法质量和进度的重点难点问题，加大征求意见、调查研究和沟通协调力度，最大限度凝聚立法共识。在审议环节，法制委员会发挥统一审议作用，对法规草案审议认真把关，确保法规的合法性、可行性。重大制度提交常委会主任会议研究决策，提升审议效率。优化常委会组成人员审议服务保障，提供法规案要点重点情况，安排专人听取意见，及时反馈审议意见研究采纳情况。

坚持科学民主依法立法 注重法规调研论证。对每部法规草案均开展境内外相关法律制度对比研究，并深入基层一线听取意见，以问题为导向完善立法、回应诉求。发挥人大代表和社会公众参与立法作用，通过报刊、官网征集人大代表和社会公众立法意见建议；发挥基层立法联系点作用，法规草案直接听取基层立法联系点意见；发挥专家智库作用，所有法规草案在表决前书面征求立法顾问的意见；发挥港澳法律顾问单位的作用，搭建珠海立法借鉴港澳制度经验的桥梁。

开展协同立法 加强与广州、深圳等地市沟通联系，在制定《珠海市人民代表大会常务委员会关于依法全力做好新型冠状病毒肺炎疫情防控工作的决定》和《珠海经济特区禁止食用野生动物条例》过程中，即时互通信息，加强协作互商，推动经济特区立法制度相互衔接。探索建立珠澳立法交流平台，强化与澳门立法会、法务局等法制部门的联系，建立健全与港澳相关法制机构的常态化沟通联系机制。发挥珠海经济特区法治协同创新中心的作用，围绕大湾区、粤澳深度合作区建设法治保障等重大课题开展研究。

【规范性文件备案审查和法规清理】 2020年，珠海市人大常委会落实党中央“有件必备、有备必审、有错必纠”的要求，按照全国人大、省人大的部署，开展规范性文件备案审查和法规清理，确保地方性法规与国家法律、行政法规协调一致、有效衔接。按时完成地方性法规报备，向全国人大、国务院及省人大报备经济特区法规14件，向省人大报备设区市法规2件。落实“有件必备”，接收各报备主体报送备案规范性文件27件，其中市政府规章8件、其他规范性文件13件、市中级人民法院规范性文件1件、市检察院规范性文件5件。及时适应形势变化开展法规清理。按照上级要求，完成对涉及食品药品安全领域的地方性法规专项清理；组织对涉及野生动物保护的珠海市现行有效法规、规章和规范性文件开展专项清理；组织开展民法典涉及法规专项清理，其中列入2020年立法计划的完成3件，按要求及时向全国人大和省人大报送清理工作报告。做好党内规范性文件征求意见的回复，协助完成市委规范性文件合法性审核，发挥备案审查联动工作的整体功能。收到市委办公室发来党内规范性文件9件，均审查并予以回复。健全备案审查机制和能力建设，加强对备案主体的指导支持，针对规范性文件范围、报送主体、审查要求等问题给予指导，指导区级人大完成对备案审查工作报告的审议工作；加强对市、区、镇三级人大常委会备案审查衔接联动制度建设；落实法律顾问规范性文件审查专项工作经费，完善立法顾问协助审查机制。（黄志勇）

政法委及综治

【概况】 2020年，珠海市政法机关坚持以习近平新时代中国特色社会主义思想为指导，市、区两级政法部门贯彻《中国共产党政法工作条例》，联合组织部门全面落细落实镇（街）政法委员配备，推动建立市委政法委派员列席市级政法单位党组（党委）民主生活会制度和市委政法委委员年度述职制度，修订完善政法机关党组（党委）工作制度，规范党委工作规程和会议工作流程。加强政法机关党的建设，全面落实“第一议题”制度，总结固化“不忘初心、牢记使命”主题教育形成长效机制。结合市委巡察整改和“两个专项整治”，推进政法系统纪律作风建设，筑牢对党忠诚、公正司法和廉政自律的思想根基。推进全员轮训，完善落实分级分层分类培训机制，强化政法人才储备，加强对干警依法履职保护；健全法官检察官、司法辅助人员、司法行政人员分类管理制度，有效提振干事创业精气神。围绕把珠海建设成为最安全稳定、最公平公正、法治环境最好的地区这一目标，坚持把人民群众生命安全和身体健康放在第一位，做好网格化疫情防控，全力维护社会大局稳定，完善社会治安防控体系，深化矛盾纠纷源头治理和多元化解，加快推进社会治理现代化，推动共建共治共享社会治理格局走在全国前列，为营造珠海良好营商环境、推进更高水平的平安珠海建设提供有力保障。全面推进“飓风2020”“断卡”等专项行动，侦破一批有影响的案件，查处一大批涉案违法人员，有力维护社会治安秩序。全年，全市违法犯罪警情比上年下降13.79%，其中抢劫、抢夺、盗窃等警情分别下降27.69%、60.92%、20.63%；立刑事案件1.45万件，下降16.1%；侦破刑事案件4143件，下降23.8%；侦破命案17件，下降29.2%，实现命案全破。依法履行审查逮捕、审查起诉职能，批准和决定逮捕1914人，提起公诉3674人。严厉打击涉疫情犯罪，批准逮捕23人，提起公诉28人。市委统战部、市国家安全局履行工作职责，坚决抵御境外利用宗教渗透活动，全力防范化解重大风险，为维护全市政治安全和社会稳定作出积极贡献。开展市域社会治理现代化试点工作，构建基层社会治理新格局，完善社会多元参与治理体系，加强社会心理服务体系建设，推动琴澳社会治理深度融合，打造更高水平的平安珠海。年内，珠海市获“2020年基层社会治理创新典范城市”称号。

【社会矛盾纠纷化解】 2020年，珠海市政法机关坚持问题导向，主动担当作为，以经济特区建立40周年庆祝活动维稳安保工作为主线，以预测、预警、预防“三预”工程为抓手，统筹推进战疫情、防风险、保安全、护稳定各项措施，全面打好打赢全国人大、政协“两会”、党的十九届五中全会等15个防护期和敏感节点维稳安保攻坚战。市委信访维稳工作专班“平战结合”机制作用凸显，五级疫情网格防控体系网织牢，维护政治安全8个专项行动和社会矛盾问题8个专项治理稳步推进。全年群体性事件、事件性苗头总预警率达100%，成功化解省交办的重点个案11件，清理全部非法渔业设施7337公顷，破解近海水域非法养殖十年乱象。处置拱北口岸地下商场商户聚集、望海楼宾馆职工集体上访等群体性事件12起，有效防范涉众金融投资等受损群体串联聚集维权风险。实现省委“五个不发生”（不发生政治性事件、不发生重大群体性事件、不发生重大安全生产方面的事故、不发生特种刑事案件和特种重大治安案件、不发生不实舆情炒作）和市委“大事小事都不出”工作目标，为珠海经济特区“二次创业”营造安全稳定的社会环境。

【扫黑除恶】 2020年，珠海市在新冠肺炎疫情防控常态化背景下，以“一十百千万”（建立一个扫黑除恶常态化的长效机制，专项整治十大重点行业领域突出问题，挂牌督办百起大案，缉拿追捕千名逃犯，依法审结万起案件）行动为牵引，以“六清”（线索清仓、案件清结、逃犯清零、伞网清除、黑财清底、行业清源）、“六建”（建立健全防范整治、举报奖励、依法惩处、督导督办、考核评价、组织领导）工作为重点，统筹开展疫情防控和扫黑除恶各项工作，实现同步推、双打赢。在扫黑除恶的强力牵引下，全市社会治安总体形势持续向好，黑恶违法犯罪得到根本遏制，群众安全感、满意度、幸福感持续提升。全年，全市违法犯罪警情数、各类刑事案件立案数、严重暴力犯罪案件立案数、恶势力惯常实施犯罪案件立案数、恶势力伴随实施犯罪案件立案数比上年分别下降13.8%、15.9%、16.4%、3.7%、36.9%。珠海市被新华社《瞭望东方周刊》评选为“中国最具幸福感城市”。强化深挖整治，开展“六清”行动，确保扫黑除恶专项斗争圆满收官。包案核查，确保“线索清仓”；突出重点，把握时限，对省扫黑除恶办重点督办的5起涉黑涉恶案件实行领导包案、重点督办，并全部审结，确保“案件清结”按期完成；综合施策，挂账督捕，确保“逃犯清零”。深挖智慧警务和大数据应用潜力，对目标逃犯实施精准抓捕，在省公安厅组织开展的“铁网5”“铁网6”两轮追逃行动中，均提前完成“清零”任务，受到省公安厅贺电表彰。深挖彻查，纪法协同，确保“伞网清除”；精准施策，全链打击，确保“黑财清底”。公、检、法机关与市财政、金融、国资委、住建、自然资源等部门密切配合、联动协作，对涉案财产依法依规进行甄别、取证，全面查清金额、去向，确保应查尽查、应收尽收，全链条摧毁黑恶势力经济基础。深挖根治，专项治理，确保“行业清源”。持续开展软弱涣散党组织整顿，开展村（社区）“两委”［村（社区）党支部委员会和村民（社区居民）委员会］换届，坚持党建引领基层治理，实现全市122个村村务公开“五化”（常态化、信息化、制度化、严肃化、实效化）标准建设，全面加强基层社会治理规范化建设。顺应群众期盼，开局“六建”工作，推动扫黑除恶常态化机制化。围绕建立健全防范整治、举报奖励、依法惩处、督导督办、考核评价、组织领导6个方面工作机制，谋划推进扫黑除恶长效机制建设，推动扫黑除恶工作常态化、机制化，全年全市建立各项长效机制47项。

【执法司法】 2020年，珠海市强化法治保障，助力新冠肺炎疫情防控和复工复产。部署公安、检察、审判机关成立打击疫情防控违法犯罪工作专班，建立快速反应工作机制；举办疫情防控工作网络发布会（法治保障专场），编印《涉疫情防控执法司法问题解答》《新型冠状病毒肺炎疫情防控法规政策汇编》，推出服务民生、支持企业发展多项措施，全力支持企业有序复工复产。

强化法治思维，自觉运用法治方式开展工作。推动政法机关依法按程序处理涉法涉诉信访，制定印发《关于进一步加强涉法涉诉信访工作的意见》，提升各级政法机关涉法涉诉信访工作水平；组织开展涉法涉诉信访有关专项行动，推进涉法涉诉信访矛盾治理。

促进公正司法，支持政法机关依法履行职责。制定《关于建立健全市委政法委与市政法单位执法监督工作衔接机制的意见》，加强执法监督，提高执法质量；会同市委依法治市办牵头撰写《粤港澳大湾区法治合作与保障》等调研报告。

加强统筹协调，推进政法领域全面深化改革。制定珠海市政法领域全面深化改革任务台账，各项政法领域改革工作取得新进展；继续完善以审判为中心的诉讼制度改革，推进自行补充侦查改革试点工作和诉讼式审查逮捕试点工作，全面开展认罪认罚从宽工作；全面推进检察院驻所侦查监督，健全刑讯逼供和非法取证源头预防机制，完善案件质量评价体系，强化人权司法保障；加强人民调解组织建设，推动健全先行调解工作机制和人民调解工作保障机制，优化司法确认程序适用，不断完善矛盾纠纷多元化解机制；推进“一站式”诉讼服务，提供在线公共法律服务，促进优质公共法律服务体系建设。

完善制度机制，增强法治建设工作合力。出台《关于建立健全市委政法委、市委依法治市办、市法学会与市人大常委会有关工委之间沟通协调机制的意见》和《关于建立市委政法委与市委依法治市办工作衔接机制的意见》，加强各单位在推进法治建设等方面的沟通协调，强化工作合力。

【综治领导责任制落实】 2020年，珠海市将各级党政领导抓平安建设的实绩纳入其政绩考核内容，印发《关于领导干部平安建设实绩在提拔晋升中运用的实施办法》，实行“一票否决权制”，与其晋级晋职、评先受奖等直接挂钩。出台《珠海市社会治安综合治理重点治理镇（街）实施意见》，明确需要挂牌整治的标准、流程、考核指标、责任追究等事项。制订平安建设（综治工作）考评方案和考评标准，组织对全市各区（经济功能区）和市委平安珠海建设（市域社会治理）领导小组成员单位进行考核，根据考核结果评定优秀、良好等次，报市委常委会审定后予以全市通报。对排名末位的行政区和经济功能区，由市领导对其主要领导进行约谈。

【平安珠海创建】 2020年，珠海市高位建立平安珠海建设组织架构。市委从战略和全局的高度出发，在全省率先将平安建设领导小组和市域社会治理领导小组“合二为一”，由市委书记郭永航任组长，将市域社会治理现代化试点作为深化平安建设的重要载体和抓手，将平安建设成效作为市域社会治理现代化试点最终目标和任务，统筹谋划、一同推进。

开展“争创最平安城市”主题宣传工作。印发《2020年珠海市平安建设（综治工作）要点》《关于进一步加大平安珠海建设宣传力度 切实提升群众知晓率和参与度的通知》《“争创最平安城市”主题宣传工作方案》等文件；擦亮“最平安城市”品牌，以“争创最平安城市”为目标，发挥传统渠道和网络新媒体优势互补作用，通过开展“争创最平安城市”宣传问卷推广活动，以及“平安校园”“平安医院”等平安建设宣传活动，拓宽平安宣传覆盖面，“争创最平安城市”宣传问卷推广活动填写有效问卷5.59万份，第四届“平安校园”知识竞赛活动参与人数近百万。

深化“平安+”市域社会治理指数应用。市委平安办会同市公安局全面优化升级平安指数，推出全新的“平安+”市域社会治理指数，从原有涉及2个职能部门的4项指标扩展到涉及16个职能部门的14个分类指数和28项指标，对各区、各镇（街）开展社会治理的工作导向更精准，对工作成效的评价更多维；举办珠海“平安+”市域社会治理指数发布一周年座谈会，邀请专家和社会各界参加并听取意见建议。

【综治信息化建设】 2020年，珠海市推进市、区、镇（街）、村（社区）四级综治中心规范化建设，发挥基层镇（街）综治中心实战功能，加强治安防范，化解矛盾纠纷。全年，全市各级综治中心受理各类矛盾纠纷1.19万件，成功调处1.12万件，调解率100%，调成率94.4%，为珠海“二次创业”创造良好社会治安环境。全市划分综治网格1358个，配置网格员1692人，网格化服务管理覆盖率100%，上报和处置网格事件6.92万件，办结6.25万件，办结率90.4%。健全“雪亮工程”领导协调机制，根据人员调整、责任分工和工作实际，印发《关于调整部分议事协调机构人员名单的通知》《珠海市公共视频管理职责分工的通知》，落实有关工作。“雪亮工程”项目纳入“珠海智慧城市”建设，与其同规划、同统筹、同部署。截至年底，珠海市社会治安视频监控系统（二期）项目建设按期完成，珠海市视频云平台（三期）项目建设稳步推进。

2020年12月29日，珠海“平安+”市域社会治理指数发布一周年座谈会在市公安局召开 （市委政法委供稿）

【社会治安重点地区整治】 2020年，珠海市按照省委政法委有关部署，开展社会治安重点地区排查整治工作，每季度报送整治工作情况。修订2017年印发的《珠海市社会治安综合治理镇（街）实施办法（试行）》，印发《珠海市社会治安综合治理重点治理镇（街）实施意见》，结合最新要求，明确需要挂牌整治的标准、流程、考核指标、责任追究等事项。年内，根据《珠海市社会治安综合治理重点治理镇（街）实施意见》要求，对照有关数据，结合日常掌握情况，经综合评定，将斗门区井岸镇列为2020年度社会治安重点治理镇（街）挂牌整治，将香洲区前山

2020年10月20日，珠海市召开市域社会治理工作第一次经验交流会，为相关单位颁发“珠海市域社会治理首批示范点”牌匾 （市委政法委供稿）

街道、拱北街道入室盗窃列为重点问题进行挂牌整治，对香洲区南屏镇、金湾区三灶镇、斗门区白蕉镇命案发案同比上升问题进行警示通报。经过重点整治，结合整治成效和验收标准，解除对井岸镇的重点治理，解除对前山街道、拱北街道的挂牌整治。

【严重精神障碍患者救治救助】 2020年，珠海市严重精神障碍患者救治救助工作水平提升。落实“八应八尽”（加强排查监测，实现应知尽知；做好分类收治，实现应治尽治；落实全程康复，实现应训尽训；完善监护机制，实现应护尽护；提升医疗保障，实现应保尽保；健全救助机制，实现应助尽助；加大财政投入，实现应支尽支；夯实基层基础，实现应建尽建）要求，健全完善严重精神障碍患者救治救助综合管理工作体系，及时发现制止严重精神障碍患者肇事肇祸倾向性苗头，有效防止严重精神障碍患者肇事肇祸案事件。

【市域社会治理现代化】 2020年，珠海市开展市域社会治理“十四五”专项规划编制，谋划“十四五”期间推进市域社会治理现代化工作的目标任务、重点项目和重大行动。成功申报第一期全国市域社会治理现代化试点城市，成立由市委书记任组长的平安建设和市域社会治理“双合一”领导小组，制订全面推进市域社会治理现代化工作实施方案，组织召开珠海市域社会治理现代化暨创新基层社会治理体系工作推进会、市域社会治理工作第一次经验交流会暨市委平安建设（市域社会治理）领导小组社会治理专项协调组第一次会议，评选出“珠海市域社会治理首批示范点”10个。

【基层社会治理】 2020年，珠海市委政法委推动出台《关于构建基层社会治理新格局的实施意见》。发挥深化社会治理体制改革专项小组牵头单位作用，统筹协调相关单位，抓好各项改革任务落实。创建城乡社区示范点46个，推进基层党组织建设、法治建设、综合服务平台建设、社区协商、村规民约（居民公约）修订、人居环境改善、“三社联动”（以政府购买服务为牵引，以社区为平台，以社会组织为载体，以社工为骨干，以满足居民需求为导向，通过社会组织引入外部资源和社会力量，通过社工提供专业化服务，把矛盾化解在社区的新型社会治理模式、社会服务供给方式和全新社会动员机制）、“智慧社区”、融入大湾区特色9项任务。启动“城乡社区治理标准化”编制，规范城乡社区治理。

【社会治理多元参与】 2020年，珠海市委政法委开展“珠海市域社会治理创新项目培育行动”，评选出优秀创新项目34个。加强社会工作人才队伍建设，与市民政局联合印发《关于加强社会工作专业岗位开发与人才激励保障工作方案》。发挥群团组织和社会组织作用，加强社区志愿者队伍建设，常态化开展各类志愿服务活动。发挥民情观察员队伍和社会治理创新专家咨询委员会作用，在群众普遍关心的社会热点、难点、焦点等问题上，听取民声、传递民意、汇聚民智。

【社会心理服务体系建设】 2020年，珠海市依托区、镇（街）、村（社区）三级综治中心，推进“粤心安”社会心理服务站（室）建设，实现镇（街）、村（社区）全覆盖。委托市精神心理卫生协会，推进第二批省市共建创新项目“社会心理服务一体化平台”建设，打造线上线下心理服务平台，探索建立社区心理服务工作机制。强化心理危机干预，完善“珠海市心理援助热线”平台建设，实行1周7天每天24小时全程运行，并开通心理服务互联网远程视频系统，满足疫情期间群众心理服务需求。

【琴澳社会治理合作范围扩大】 2020年，珠海市依托“澳门新街坊”综合民生项目，发挥澳门街坊总会广东办事处横琴综合服务中心服务两地居民的作用，不断扩大中心服务范围。聚焦港澳企业、港澳居民及外籍人士的实际需求，建成横琴珠港澳（涉外）公共法律服务中心，全面整合设置涉外法律服务事项，健全国际商事纠纷化解体系。

（林耿梅）

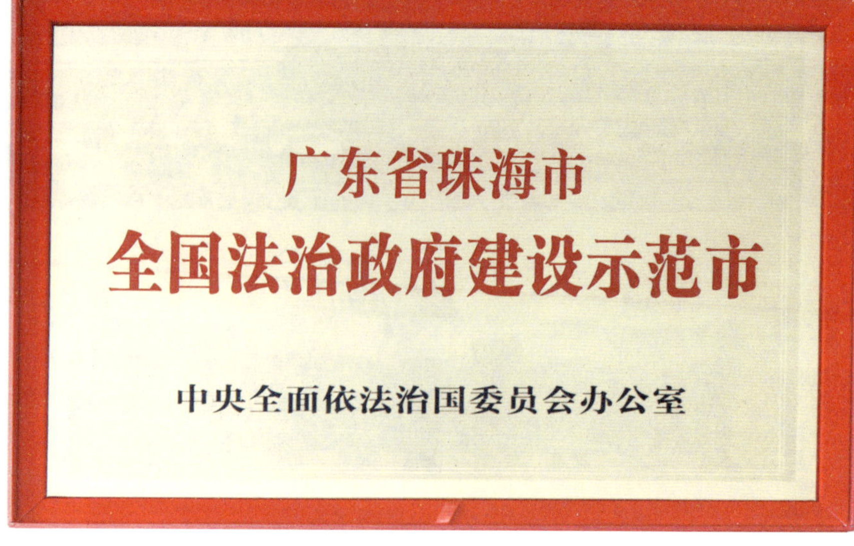

2020年8月21日，珠海市被中央全面依法治国委员会办公室命名为“全国法治政府建设示范市”

（市司法局供稿）

法治政府建设

【依法治市】 2020年，珠海市委依法治市办召开市委全面依法治市委员会第三次会议，研究部署珠海市依法防控疫情和全面依法治市工作。召开市委依法治市办主任（扩大）会议暨协调小组联络员会议，推动委员会有关工作部署贯彻实施。推进法治保障疫情防控工作，牵头组织市委政法委、市中级人民法院、市检察院、市市场监管局、市人社局等部门召开依法防控疫情及企业复工复产网络发布会；及时转发中央、省委有关疫情防控文件，全面掌握各级各部门依法防控疫情情况，并将相关工作情况向市委常委会会议及省委依法治省办汇报。与中国社会科学院法学研究所合作编写《珠海法治蓝皮书（2020）》，6月在北京通过网络方式与《中国法治蓝皮书》同时发布。8月，珠海市被依法治国办命名为“全国法治政府建设示范市”。印发《关于开展法治政府建设“强基础、补短板”专项活动的实施方案（2020—2021年）》，通过多种媒体对法治政府建设的经验及成效进行宣传，发布消息50余篇，打造法治政府建设样板。统筹协调全市21个被考评单位，完成法治广东建设考评任务，考评得分列全省第三位，继续获评“优秀”等次。牵头开展党政主要负责人履行推进法治建设第一责任人职责及法治政府监督督察工作，完成自查报告撰写，向市委常委会做专题汇报；参与实地专项督察任务，并对督察报告提出意见建议。

【法治督察与调研】 2020年8月，珠海市司法局设立法治督察与调研科。10月，组织开展全市首次“党政主要负责人履行推进法治建设第一责任人职责及法治政府建设”专项督察，指导各单位开展自查整改，组成4个专项督查小组对部分区和市直单位开展实地督察，并将督察情况报告省委依法治省办；12月，指导全市各区、各单位完成年度法治政府建设情况报告并及时向社会公开，同时提请市委、市政府向省委、省政府报告年度法治建设情况；配合省司法厅法治调研处开展法治服务保障横琴粤澳深度合作区建设专题调研。

【立法制度建设】 2020年，珠海市司法局完成19部地方性法规草案、13部政府规章草案的立法审查。与澳门相关部门建立立法工作联系机制，研究推动与澳门规则衔接和联通贯通融通。推动出台《珠海经济特区港澳旅游从业人员在横琴新区执业规定》，为促进珠澳深度合作提供新样本。完善科学民主立法机制，设置立法工作基层联系点11个，加强立法协商，广泛征求意见。立、改、废并重，组织各部门就机构改革、营商环境优化、对照民法典新规等开展法规、规章多轮清理。向社会公开征集立法项目，多方论证后编制年度立法计划，设置“粤港澳立法直通车”和“对标深圳立法直通车”，凡涉及大湾区建设改革创新、珠澳合作开发横琴、借鉴深圳的立法项目随报随审，不受立法计划限制。

【行政复议和应诉】 2020年，珠海市受理行政复议案件1058件，审结926件，其中直接纠正行政机关决定75件、间接纠正行政机关决定88件，综合纠错率17.6%。全年发生行政诉讼一审案件626件，审结478件，其中判决纠正行政机关决定40件，占审结案件的8.37%。印发实施《珠海市行政复议体制改革实施方案》，贯彻落实行政复议体制改革工作任务，完善行政复议体制机制；加强复议监督纠错，运用调解与和解机制化解争议，发挥行政复议意见书、建议书指导行政执法的作用，加强行政执法培训，以强化行政复议监督纠错和化解争议功能，促进依法行政，保护群众合法权益；做好涉疫情防控行政复议案件的审理工作，深化行政复议在服务粤港澳大湾区建设中的法治保障作用，在市政府行政复议受理窗口设置重点建设项目企业申请行政复议绿色通道，以人民为中心，加强行政复议对优化营商环境的法治保障作用；完善多元化解纠纷机制，推进行政裁决工作；贯彻落实珠海怒江扶贫协作联席会议精神和市委政法委工作要求，开展司法行政机关扶贫协作工作；履行代表市政府出庭应诉的法定职责，推动市政府负责人出庭应诉工作；开展对全市行政机关2019年度不履行行政应诉职责情况的通报工作，建立行政应诉季报机制，强化对全市行政应诉工作的指导和监督力度；创新法治教育形式，与法院共建“依法行政教育实践基地”。

【政府法律顾问工作】 2020年，珠海市司法局办理涉重大合同、重大决策、重点项目等市政府法律事务920件，保障市政府依法决策。做好近海水域乱象整治、独立学院转设等市委、市政府重大决策部署的法制保障工作，确保相关工作在法治轨道上有序推进。完善政府合同审查机制，加强对政府合同的合法性审查意见采纳情况跟踪反馈，提高政府合同合法性审查实效。融入疫情防控工作大局，对市政府、市疫情防控指挥部出台防控措施及决策事项提出法律意见37件，推动出台政策文件8件，保障全市疫情防控依法有序实施。全面落实服务大湾区建设法治保障工作，编制印发《珠海市司法局服务粤港澳大湾区建设2020年度工作措施及任务分解表》，组织市政府法律顾问中的澳门法律专家围绕“澳门所需”研究提出“做好珠澳合作开发横琴这篇文章”的法治建议，做好澳门新街坊项目用地出让等相关事项的法制审核。牵头落实全国营商环境评价“保护中小投资者”指标迎检的组织、统筹和协调等工作，完成集中填报和迎检工作。编制《珠海市司法局服务重点项目企业职能业务简介》，精准对接服务重点项目及企业。起草并推动市政府办公室印发《关于在行政决策领域贯彻执行民法典的通知》，加快建立重大行政决策落实民法典规定工作机制。

【规范性文件管理】 2020年，珠海市司法局强化对规范性文件审查与备案监督，严格执行“三统一”（坚持党的领导与司法机关依法独立行使职权的有机统一；坚持执法工作的法律效果、政治效果和社会效果的有机统一；坚持对法律负责和对人民负责的有机统一）、有效期、政策解读等制度，做到有件必审、有错必纠，维护国家法制统一和政令畅通。是年，经审查颁布的政府规范性文件15件、部门规范性文件84件，统一审查、编号、发布率均达100%。备案监督各区政府规范性文件58件。为党内规范性文件提供合法性保障，对20余件党内规范性文件出具书面意见。组织开展涉及机构改革、民法典等领域规范性文件专项清理。深化规范性文件监督管理举措，开展规范性文件年度统计分析通报，制定并公布市本级行政机关规范性文件制定主体清单，牵头组织有关单位对18件涉及民生的重要政府规范性文件进行评估，并提请市政府出台《珠海市人民政府办公室关于建立规范性文件实施后评估工作制度的通知》。全面梳理现行有效的市政府规范性文件及部门规范性文件目录和文本，并及时根据立、改、废情况对文件状态进行跟踪调整。

【行政执法监督】 2020年，珠海市司法局推进依法行政，全面加强行政执法协调监督。加强疫情防控行政执法指导监督。及时公开行政执法监督电话，全面了解各行政执法部门在疫情防控期间的行政执法情况，印发《关于推动严格规范公正文明执法为疫情防控工作提供有力法治保障的通知》，推动严格规范公正文明执法。加强行政执法协调。加大行政执法协调力度，对市自然资源局与广东省渔政总队珠海支队关于海上清理蚝排的执法主体争议等6件行政执法争议进行协调，确保行政执法主体依法履行职责。推进行政执法“两平台”（行政执法信息平台和行政执法监督网络平台）建设。提请市政府印发《珠海市加快推广应用行政执法信息平台和行政执法监督网络平台实施方案》，推动行政执法“两平台”市级分平台部署；开展“两平台”试点工作，选择市卫生健康局等8个行政执法部门作为试点单位，组织开展业务培训，督促试点单位使用“两平台”在线办案。推动镇（街）综合行政执法。组织各区梳理拟调整由镇（街）实施的行政执法事项目录，进行合法性审核，形成第一批拟调整由镇（街）实施的行政执法事项目录，起草《珠海市人民政府关于镇（街）实行综合行政执法的公告》，推动执法重心下移，提升执法效能。

【《珠海法治蓝皮书（2020）》发布】 2020年6月8日，中国社会科学院法学研究所和社会科学文献出版社在北京通过网络方式，联合举办《法治蓝皮书（2020）》《四川法治蓝皮书（2020）》《珠海法治蓝皮书（2020）》发布暨中国法治发展与展望研讨会。珠海市委常委、政法委书记，市委全面依法治市委员会副主任、办公室主任张强代表珠海市委、市政府作《珠海法治蓝皮书（2020）》成果发布。珠海作为全国首个由中国社会科学院法学研究所发布地方法治蓝皮书的地级市和唯一经济特区，全面展示珠海市法治建设、社会治理工作取得的丰硕成果。珠海把握粤港澳大湾区建设和港珠澳大桥通车带来的历史性机遇，在法治建设中坚持党的全面领导，以粤澳深度合作区建设为抓手，以制度创新为核心，突出“立法先行、依法行政、公正司法、促进发展、社会善治、服务民生”，探索积累法治服务和保障经济社会发展的各项新举措，为在新的历史起点推进全面依法治国、建设社会主义法治国家提供一定的可复制、可借鉴的“珠海经验”。

【珠海市获评“全国法治政府建设示范市”】 2020年7月31日，中央全面依法治国委员会办公室印发《关于第一批全国法治政府建设示范地区和项目命名的决定》，珠海市获评“全国法治政府建设示范市”。珠海市坚持以习近平新时代中国特色社会主义思想为指导，制定印发《关于开展法治政府建设“强基础、补短板”专项活动的实施方案（2020—2021年）》，统筹谋划依法行政，全面推进法治政府建设；推动放管服改革，全面推进政府职能转变；加强制度建设，完善依法行政制度体系；出台《珠海市重大行政决策程序规定》《珠海市重大行政决策听证办法》等制度，提高科学民主决策水平，促进行政执法公开透明、合法规范；全面推行行政执法“三项制度”（行政执法公示、全过程记录、重大执法决定法制审核），创新人民调解工作，开拓专业领域，完善纠纷化解机制，依法有效化解社会矛盾纠纷；发挥法治保障作用，推进粤港澳大湾区建设，全面落实《法治政府建设实施纲要（2015—2020年）》，打造法治政府建设样板。

（张　浩）

2020年6月8日，《珠海法治蓝皮书（2020）》新闻发布会召开

（市司法局供稿）

公　安

【概况】 截至2020年底，珠海市公安局内设机构29个，直属行政单位6个，派出机构9个，事业单位2个。

2020年，珠海市公安机关坚持以习近平新时代中国特色社会主义思想为指导，高举伟大旗帜、牢记训词精神，主动融入新时代珠海“二次创业”大局，锚定“走在全省公安机关最前列”的目标定位，助力打赢疫情防控攻坚战，立“全国公安系统抗击新冠肺炎疫情集体一等功”，完成经济特区建立40周年等重大活动安保任务，确保珠海平安稳定。在全省公安机关考核中排第四名，位列优秀等次；获上级领导批示表扬59条、贺电和嘉奖22条；在年度及专项工作中，104人获115项荣誉称号，42个集体获51项荣誉称号，涌现出全国公安系统二级英雄模范邓万龙等一批先进集体和个人，4人和4个集体立一等功，30人和10个集体立二等功，以优异成绩走在全省公安机关最前列。是年，市公安局调整、增设打击走私支队、水域治安管理支队、出租屋管理支队、公共交通分局等机构，配合做好消防、边防、森林公安等机构调整和人员转隶。推动印发《关于规范和加强全市公安机关警务辅助人员管理工作的意见》。做好2020年全局非税收入缴库，全年项目执行率连续六年达100%。推进物证鉴定中心（毒品检验中心）、特警战训基地等重点项目建设，完成综合训练馆、行动指挥中心、信访室、金湾分局综合业务楼和红旗派出所、淇澳派出所等建设项目并通过验收，开工建设横琴分局、拱北口岸分局综合业务楼。制定《珠海市公安局关爱民警辅警身心健康十项措施》，举办首届全市公安系统警体运动会和11期民警心肺复苏急救技能培训班，举办民警子女夏令营3期，建设民警中医理疗室，在11个内部办公场所配备除颤仪等急救设备，组织30批740名民警和54名民警家属参加休养活动。定点帮扶茂名市5个贫困村468户1533人全部实现脱贫摘帽，扶贫工作连续四年获评最高等次成绩，得到省、市领导肯定。

【公安机关助力疫情防控】 2020年，珠海市公安局把维护人民群众生命安全和身体健康放在首位，从严从实从细从快开展疫情防控工作。

心系群众，阻击疫情及时高效

在疫情防控战役中，全局出动检疫查控警力16.04万人次，组建473支“三人小组”（由公安人员、卫健人员、社区人员组成的小组），研发“车辆动态感知预警平台”“社区人员检疫检查App”，累计排查4.5万人、管控4.5万人；累计接收省厅涉疫情线索、核查任务2850批17.87万人，排查珠海市确诊患者及密接者信息2.07万人次；在全市30个疫情防控检查卡点和11个“两站一场一港口”（汽车站、轻轨站、珠海机场、港口）开展检疫工作，检查入珠车辆88.9万辆次，检测旅客体温937万人次；破获涉疫情违法犯罪案件116件，查处行政案件172件。全市公安监所确保在押人员“零感染”。

携手港澳，外防输入严丝合缝

组织开展涉外人员大排查大走访活动，掌握全市在册登记外国人3031人，排查在珠海非洲籍人员102人，核查境外入粤人员6.29万人，及时引导劝阻出入境申请人及有效签注人员调整出行计划和安排62万余次，协同外事、卫健等职能部门前往广州、深圳接返境外来返珠海人员892人。同时，立足“港澳所需”，发挥“珠海所能”，第一时间主动与澳门警方建立疫情信息共享机制，落实省、市关于澳门居民经口岸入境珠海豁免医学观察有关政策要求，收集豁免名单11类16万人，对接口岸人脸闸机识别通关豁免旅客146.34万人，为全市乃至港澳地区阻击疫情、保护群众生命健康贡献公安力量。

服务大局，维护秩序坚强有力

全市公安机关发挥主责主力军作用，研究出台支持企业复工复产22条措施。成立工作专班，指导、督促全局窗口单位采取“非接触式”办理行政审批业务1.78万件，有效降低交叉感染风险。开通企业审批服务及战“疫”绿色通道，批准港澳商务备案企业629家3191人，24小时接受疫情应急物资运输、救护防疫等车辆申请，累计当场核发救护车临时车号牌31副、办理疫情防控救援车辆注册登记10辆、当场核发中型以上货车准行证419个。为输澳农产品公司、劳务公司等加急办理赴澳门商务签注9667人、劳工逗留签注7740人。加大港澳台居住证受理量，全市受理居住证办理7.76万

2020年1月27日，珠海市公安局出动警力设置卡点开展疫情防控检查（市公安局供稿）

人，其中澳门7.23万人、香港4842人、台湾456人。围绕全市4次复学返校时间节点，出动警辅力量6000余人次，精准开展各项护学活动，推动588所中小学、幼儿园100%安装一键式报警电话，全力护航师生平安返校复学复课。

【经济特区建立40周年重大活动安保】 2020年，珠海市公安局把经济特区建立40周年作为贯穿全年的核心任务，在上级安保组的统筹指挥下，始终坚持"万无一失、一失万无"的安保理念和"细致精致极致"的安保标准，成立由副市长、市公安局局长蔡辉任组长的领导小组，下设2个功能组和16个小组，以最高标准、最严要求、最实措施、最强保障，连续20余天启动最高勤务，落实应急联勤值守，确保问题隐患"每日清零"，完成各项安保工作，获上级领导批示肯定。

【公安机关开展扫黑除恶专项斗争】 2020年，珠海市公安局纵深推进扫黑除恶专项斗争，成功侦破"3·25""5·03"专案等一批大案要案，查封、冻结、扣押涉案资产超百亿元，其中"3·25"涉黑专案单案涉案金额居全国之首。推进扫黑除恶"六清"（线索清仓、逃犯清零、案件清结、伞网清除、黑财清底、行业清源）行动，23件涉黑涉恶案件全部完成一审程序，案件清结率100%。重点线索办结率持续走在全省前列，得到省公安厅扫黑办肯定；"逃犯清零""线索清仓"工作受到省公安厅贺电表扬，在全市年度扫黑工作考核中获满分；全面助力"伞网清除"，深挖涉伞线索案件16件；推动开展近海水域、违规医疗机构、农村"三资"（农村集体的资金、资产、资源）平台等领域专项整治，发出公安建议4份，"行业清源"成效明显。扫黑除恶专项斗争年度考核成绩列全省第一位。

2020年8月24日，珠海市公安局开展扫黑除恶专项斗争，移送犯罪嫌疑人 （市公安局供稿）

【违法犯罪打击】 2020年，珠海市公安局纵深推进"飓风2020"专项行动，持续优化情报导侦、合成作战、跨境犯罪打击等工作机制，侦破公安部督办的"9·15"跨境网络赌博案、公安部目标"2020-72"案、"4·03"组织他人偷越国（边）境案等一批大要案件。全市立刑事案件1.45万件，比上年下降16.1%，其中，命案发案数下降29.2%，命案现案破案率连续六年保持100%；"护苗"专项破案率100%，各区"一站式取证"（指办案单位在相对集中的时域，一次性完成对未成年被害人的询问、人身检查、鉴定、物证提取、辨认指证等侦查取证工作，防止因过程繁杂而造成对被害人的"二次伤害"）专区全部建成；在逃人员库存量降至新低点；止付电信诈骗涉案账户1.23万个，止付资金5.5亿元，上升3.44倍；在"飓风2020"年度考核中，刑侦专项、打击电信诈骗专项在全省并列第一。"护苗"等多个专项工作受到省公安厅贺电表扬和领导批示肯定。

【反走私综合治理】 2020年，珠海市公安局成立市打击走私领导小组及办公室，全面加强对打私工作的组织协调，出台《打击海上走私冻品行动查获涉案物品办理工作指引》《珠海市公安局打击走私部门开展现场查私执法行动工作指引（试行）》，理顺规范查处走私案件相关处置机制，明确对涉案冻品、船舶、车辆的处置流程。定期召开打私情报研判交流会，建立情报共享机制，探索新型警务执法合作模式，采取专案专班专营的方式强化案件侦办。全年查获走私案件72件，抓获涉案人员227人，侦破省公安厅"飓风212号"走私珍贵野生动物及其制品案、"飓风245号"口岸水客走私案等一批重大案件。

【海防】 2020年，珠海市公安局强化边境水域管控，严打各类涉水域犯罪活动，加强全市涉水重点部位水上巡逻防控。主动强化与相关水上单位的协调配合，开展联合清查行动6次。检查各类船舶3760艘，检查水上作业人员3.38万人，查处违规作业船舶15艘，排查水上安全隐患27处，有效防范水上违法犯罪活动；查处“三非”（指未经合法手续在中国非法就业、非法入境和非法居留的外国人）案件343件420人，查破偷越国（边）境案件85件60人，侦破省公安厅督办的“4·03”“5·26”“6·09”“7·25”“8·20”“9·09”“10·14”等组织偷越国（边）境案，打掉多个招揽、组织、运送内地居民在珠海近澳门海域利用“三无”（无船名船号、无船舶证书、无船籍港）船只偷渡前往澳门的犯罪团伙。

【公安机关助力社会治理】 2020年，珠海市公安局推出升级版珠海“平安+”市域社会治理指数，打造配套指数应用信息系统，助力平安建设。持续推出公安社会治理品牌，市公安局金融风险联防联控工作机制获评“2020年珠海市域社会治理创新项目培育行动”政府治理类优秀项目。创新打造100个智感安防区，推进50个标杆警务室建设，全市公共视频统筹工作机制基本成型，完善公安、武警联勤巡逻机制。推进全国禁毒示范城市创建工作，禁毒工作呈现“两降一升”（新增吸毒人数、吸毒人员引发的刑事和行政案件数下降，戒断三年以上未复吸人数上升）持续向好态势。提高出租屋和流动人口管理的法治化、信息化、体系化水平，《珠海经济特区出租屋管理条例》获审议通过，市出租屋服务管理工作联席会议制度建立，“人屋”系统项目建设完成。推进社会治安群防共治，加强“志愿警察”品牌宣传推广，推动金融、保安、危爆等行业协会建设，扶持各类社会行业组织的发展，推进村（社区）治保会建设。推进“养犬管理信息系统二期”建设，促进养犬管理移动化、一体化。香洲分局建立与党委政府、镇（街）、居委会、群防群治力量一体联动的治理模式，启动平安守护计划，创新推出“单车行动”等新型警务模式，助力基层社会治理取得明显成效。横琴分局牵头募集17名澳门籍志愿者，组建全国首支“志愿警察”澳门中队并协助开展执勤，获广泛关注和赞誉。

【公共安全监管】 2020年，珠海市公安局开展公共安全专项整治行动，消防改革过渡期间主动担当职责使命，开展消防监督检查6006家（次），督促整改火灾隐患和消防违法行为3623处，确保全市火灾形势持续稳定。深入危爆企业实地调研，全面推进电子雷管使用，筑牢民爆物品安全管控防线，全市未发生危害公共安全的制爆、涉爆案事件。加强枢纽、口岸、旅游景点、商圈的动态布防，查处安全隐患355处、违禁物品215件。开展预防道路交通事故“减量控大”专项行动，对全市道路和重点车辆运输企业交通安全隐患开展常态化排查治理，全市道路交通事故宗数、死亡人数、受伤人数、经济损失（万元）比上年分别下降1.02%、4.3%、1.94%和21.56%，没有发生一次死亡3人以上的较大交通事故，全市公共安全形势持续向好。机场分局与金湾分局、高栏港分局、横琴分局建立联动处置机制，推进“机场安检信息系统”建设，保障机场安全，在民航中南地区35个机场“平安民航”建设考核中排第二名。

【和谐警民关系构建】 2020年，珠海市公安局首创媒体早餐会等新机制，举办媒体早餐会12场，创新警营开放日形式。办理各级人大、政协建议提案，实现沟通率、答复率、满意率100%目标，争取媒体、群众对公安工作的支持和好评。推动公安新媒体建设及宣传工作，组织召开各类新闻发布会29场，策划宣传主题222个，报道先进典型个人和集体316个。市公安局政务网站实现“0通报”，在全市考评中获评优秀等级（市直部门中排第一名）。市公安局在全国公安新媒体绩效评估中获评为第二届“四个一百”先进单位；“珠海公安”微信公众号获地、市、县层级微信公众号全国第一名，获第二届“智慧警务 数说公安”广东新媒体“最佳矩阵联动奖”、全国公安政务新媒体年度飞跃账号。市公安局形象宣传片《唯一的回答》获“广东公安献礼新中国成立70周年”最具创意作品奖、中宣部宣教局三等优秀作品。结合“两个专项整治”，全方位开展走访工作，各级领导班子及民警走访企业1068家，收集意见建议234条，帮助企业解决问题和困难223个。通过召开警企座谈会、发放调查问卷、参加市民热线电台节目和发挥警务廉政监督员作用等方式，广泛听取企业及群众意见、建议。

【公安民生服务创新】 2020年，珠海市公安局持续创新优化公安政务服务，45项民生服务事项以及72项高频事项100%实现“全城通办”。推行网上申请、自动审批、“秒批”等服务新模式，推出首批21项“秒批”事项清单。123项高频行政服务事项进驻“粤省事”平台办理，在全省“粤省事”大平台首推境外人员线上自助办理住宿登记服务。高新分局公安业务大厅获省级“巾帼文明岗”称号。推行“非接触式”办理模式，开通企业审批服务及战“疫”绿色通道，批准港澳商务备案企业629家3191人，24小时接受疫情应急物资运输、救护防疫等车辆申请，为输澳农产品公司、劳务公司等加急办理赴澳门商务签注9667人、劳工逗留签注7740人。推动“港车北上”“澳车北上”等一批政策落地实施，修订《澳门机动车入出横琴管理细则》，澳门机动车入出横琴申请指标从原来的800辆增加至5000辆。在港珠澳大桥人工岛、出入境口岸、横琴创新园区等重点部位设立服务专窗，为港澳人员和车辆提供24小时全流程服务。完善涉澳项目警务制，启用横琴·澳门青年创业谷警务室、粤澳合作中医药产业园警务室，推动澳门新街坊警务室建设，提升服务澳门经济发展的能力和水平。

【智慧新警务建设】 2020年，珠海市公安局深化智慧警务建设。推进“智慧新情指”建设，全市警情平均出警时长连续三年持续提速，位列全国领先水平；受公安部委托编制的《公安情报指挥民警实战大练兵手册110接处警工作分册》获公安部致信表扬。搭建珠海公安移动警务平台应用47个，在全省率先建成“经侦合成作战中心”，完成“广东公安机关打击涉税犯罪专业办案基地”建设，被列为全省智慧新经侦“样本单位”和全国经侦“示范单位”。推进“智慧新侦查”建设，利用“黑恶克星”一体化作战平台、“千里眼”Wi-Fi雷达等自主研发系统平台协助破案2112件，协助抓获嫌疑人3871人。利用电子物证技术首次实现“杀猪盘”案件线索突破，经验做法被公安部向全国推广。在大数据建模等方面取得实战实效，在全国技侦专项技能比武和模型比评活动中分别获一、二等奖。建设“辅警通”“义勇汇”“快采”等辅警应用系统，提高辅警队伍战斗力。拱北口岸分局探索下放“CAT系统”权限至派出所，在全省首创一级线索核查机制，更好地服务基层实战。融入智慧城市建设大局，推进市视频云平台项目建设，全市公共视频统筹工作机制基本成型，视频图像数据整合工作取得明显成效。公安大数据平台汇聚1734类5138亿条数据，为市政府服务资源管理平台输送35类5000余万条数据，为全市18个单位提供135项数据服务，在促进公安改革、创新民生服务、推进市域社会治理、助力疫情防控等工作中发挥重要作用，以智慧新警务成果助力全市“智慧城市”建设。

【法治公安建设】 2020年，珠海市公安局推进执法规范化建设，在全省公安机关执法质量考评中排第一名，在全省“法治广东”公安项目考核中排第一名，在全市行政执法案卷评查考评中排第一名，连续五年获全省公安机关执法质量考评“优秀”。拱北口岸分局、斗门分局连续五年在全省执法考评中获评“优秀”，斗门分局被推荐参评全省县级公安机关执法示范单位，横琴分局法制工作经验做法获省公安厅法制总队刊发推广。全局完成受立案和刑事案件“两统一”（指受立案和刑事案件统一经公安法制部门审核后移交）改革，完成8个省公安厅智能执法办案场所示范点升级改造任务，19个派出所启用“智能管家”执法办案管理系统。完成对省公安厅下放的69项行政职权事项承接工作，推进“互联网+政务服务”网上全流程办、深度办。全市公安监所连续17年未发生安全责任事故，年内收押8265人，完成各项重大羁押任务。

【大案要案】 2020年，珠海市公安局成功破获一批大要案件。

“7·25”组织他人偷越国（边）境案 7月25—27日，市公安局联合澳门警方对“7·25”组织他人偷越国（边）境案开展打击收网行动，抓获违法犯罪嫌疑人13人（组织运送嫌疑人5人、偷渡人员8人），其中珠海警方抓获6人、澳门警方抓获7人，有力打击珠澳边境偷越国（边）境违法犯罪行为，维护疫情期间珠澳边境管理正常秩序，得到上级领导肯定。

“11·19”特大走私珍贵动物制品案 3月26日，市公安局侦破“11·19”特大走私珍贵动物制品案，抓获犯罪嫌疑人6人，缴获走私车辆4辆、穿山甲鳞片1.14吨、炮山甲35.9千克等一大批走私物品，查扣涉案物品价值人民币1000余万元。

涉税会战2020-1号战役珠海“4·06”虚开增值税专用发票案 5月26日，在省公安厅经侦局的直接指挥协调下，市公安局出动警力80余人，对全国“涉税会战2020-1号战役珠海‘4·06’虚开增值税专用发票案”开展统一收网行动，在广州、深圳、佛山、揭阳和珠海等地捣毁作案窝点4个，抓获犯罪嫌疑人53人，涉案金额160余亿元。

“4·21”特大网络赌博案 4月22日，在省公安厅的协调指挥下，市公安局对“4·21”特大网络赌博案开展收网行动，抓获犯罪嫌疑人刘某某等101人，查获涉赌金额逾2100万元，打掉一个以计算机科技公司为幌子，为跨境网络赌博犯罪提供技术服务，并利用互联网大肆招揽赌客参赌的犯罪团伙。

（邓 洝）

检 察

【概况】 2020年，珠海市有市级检察院1个，下辖基层检察院3个（香洲区人民检察院、斗门区人民检察院、金湾区人民检察院）和派出机构3个（珠海横琴新区人民检察院、高新区知识产权检察室、高栏港经济区检察室）。是年，珠海市检察机关坚持以习近平新时代中国特色社会主义思想为指引，贯彻落实市委和上级检察机关决策部署，克服新冠肺炎疫情带来的冲击，围绕全市改革发展大局，推动刑事检察、民事检察、行政检察、公益诉讼检察“四大检察”全面协调发展，构建新时代法律监督新格局，各项工作取得新进展。

【刑事检察】 2020年，珠海市检察机关批准和决定逮捕1914人，提起公诉3674人。严厉打击涉疫情犯罪，批准逮捕23人，提起公诉28人。准确把握新时代刑事检察工作的新内涵新要求，以高质量的办案回应人民群众对公平正义的新期待。树立精品案件意识，确保每一起案件都经得起法律和历史的检验。香洲区检察院办理的顾某忠以危险方法危害公共安全案入选最高检典型案例。发挥“捕诉一体”机制优势，构建“四个集中”（危险驾驶案件由公安机关集中移送审查起诉、检察院集中做好认罪认罚工作并集中提起公诉、法院集中开庭审理）办案模式，持续优化“案-件比”（“案”指当事人涉及的司法案件；“件”指检察机关对“案”进行各种审查办理活动所对应的程序节点，每一个程序节点为一“件”，故在诉讼过程中会形成若干个“件”），“件”比上年下降53.5%，有效缩短各类刑事案件办案周期。加大认罪认罚从宽制度的适用力度，全市检察机关适用该制度办理案件2692件3902人，适用率在全省排第二名，促进公正高效司法，最大限度减少社会对立面。打好扫黑除恶专项斗争收官战，坚持统筹安全与发展，把维护社会安全稳定作为重要任务，推进扫黑除恶专项斗争决战决胜，批准逮捕涉

链 接：

顾某忠以危险方法危害公共安全案

顾某忠多次在香洲区车流量大、人员往来密集的主干道上盗窃窨井盖57个（价值2.3万元），并以每千克1.2元的价格卖给经营废品收购站的陈某甲，陈某甲再以每千克1.6元的价格卖给某废旧物资回收公司的陈某乙。香洲区检察院经审查，以危险方法危害公共安全罪和掩饰、隐瞒犯罪所得罪将该案提起公诉。法院采纳检察机关指控意见，判处顾某忠有期徒刑四年，判处陈某甲、陈某乙有期徒刑六个月，并处罚金。

珠海市某投资股份有限公司、余某妮等人违规披露、不披露重要信息案

珠海市某投资股份有限公司在并购重组过程中，公司高管余某妮等人采取循环转账等方式谎称已支付股改业绩承诺款3.84亿元，并多次虚构银行承兑汇票贴现等交易事实，制作虚假财务报表。以上信息均在该公司的报告、年报中披露，虚增资产或虚构利润达到当期披露资产总额或利润总额的30%以上，此外还存在违规不披露公司实际控制人及其关联公司等信息的情况。检察机关审查认为，根据《中华人民共和国刑法》第一百六十一条规定，作为依法负有信息披露义务的主体，该公司提供虚假或者隐瞒主要事实的财务会计报告，不按规定披露重要信息，严重损害股东及相关人员利益，因此，对余某妮等直接负责的主管人员和直接责任人员以违规披露、不披露重要信息罪提起公诉，对该公司则依法作出不起诉决定，并向证券监管机构发出《检察意见书》，建议对该公司依法给予行政处罚。

黑涉恶犯罪嫌疑人281人，提起公诉370人，成功办理“8·24”专案、“3·25”专案等一批重大涉黑案件。严厉打击破坏市场经济秩序犯罪，批准逮捕相关犯罪嫌疑人228人，提起公诉351人，市检察院办理的珠海市某投资股份有限公司、余某妮等人违规披露、不披露重要信息案入选最高检指导性案例。贯彻“少捕少押慎诉”司法理念，切实加强对民营企业平等保护，在办理相关案件过程中，依法不批准逮捕2人，不起诉13人，开展羁押必要性审查8人。

【民事行政检察】 2020年，珠海市检察机关办理民事生效裁判监督案件123件，提出、提请抗诉15件，发出再审检察建议5件。办理执行监督案件18件，发出执行监督检察建议2件，办理的侯某珍等人与杨某民间借贷仲裁裁决执行监督案被最高检评为民事非诉执行监督典型案例。强化民事审判程序和审判人员违法行为监督，拓宽线索来源渠道，确保对程序违法监督常态化，办理案件18件，发出监督检察建议3件。推进虚假诉讼领域深层次违法行为监督专项活动，立案审查涉嫌虚假诉讼案件7件，重点对“套路贷”刑事犯罪中可能涉及的虚假民间借贷同步启动民事检察监督。强化行政检察监督，把握新时代行政检察工作新态势，通过行政检察监督服务法治政府建设。办理行政裁判结果监督案件20件，行政执行监督案件129件，行政机关不当履职监督案件4件，提请抗诉1件，发出检察建议14件。强化和规范行政非诉执行监督，市检察院和金湾区检察院办理的2个案件入选全省十大行政非诉执行监督典型案例。开展加强行政检察监督促进行政争议实质性化解专项活动，在查清事实、分清是非的基础上，做好监督纠正、释法说理、息诉服判等工作，促进行政争议实质性化解26件。推进行政执法与行政检察衔接平台建设，与市自然资源局、市司法局等单位共同印发实施方案，畅通信息共享、案情通报、案件移送渠道，实现检察机关法律监督与政府层级监督有效衔接。综合运用公开听证、专家咨询、心理疏导等方式促进案结事了，夯实社会和谐稳定基础。对179件不符合受理条件和不支持监督申请的案件，强化法律文书释法析理，努力促使当事人息诉罢访，维护司法权威。坚持把公开听证作为化解社会矛盾、体现司法为民、提升检察公信力的重要举措，在全省率先出台办理民事行政诉讼监督案件听证办法，为规范有序开展公开听证活动奠定机制基础。全年举行公开听证会25场，公开听证经验在全省推广，相关案例在《南方法治》等多家媒体登载。

【公益诉讼检察】 2020年，珠海市检察机关构建“专业化监督+恢复性司法+社会化治理”公益诉讼检察工作模式，立案150件，比上年增长85%；发出诉前检察建议33件，采纳率达100%；发出民事公益诉讼诉前公告22件，提起民事公益诉讼、刑事附带民事公益诉讼14件，其中涉疫情公益诉讼案件10件。市检察院办理的督促加强入海排污口监管案入选省检察院“守护海洋”公益诉讼典型案例。探索办理公共卫生、文物保护等领域公益诉讼案件，横琴新区检察院办理的横琴赤沙湾沙丘遗址保护行政公益诉讼案得到上级检察机关肯定。聚焦生态环境和资源保护、食品药品安全、国有土地使用权出让、国有财产保护等领域，发挥公益诉讼检察职能，启动公益诉讼程序，助推

链　接：

侯某珍等人与杨某民间借贷仲裁裁决执行监督案

珠海市检察院在办理侯某珍等人申请仲裁裁决执行监督案中，行使调查核实权，查明珠海市两级法院近两年受理杨某的申请强制执行案件有22件，总标的达2000余万元，杨某实际上是东莞“团贷网”公司的职业放贷人，通过非法放贷、仲裁并申请法院强制执行，严重破坏金融管理秩序，损害社会公共利益，公安机关已对“团贷网”公司以涉嫌非法吸收公众存款罪立案侦查。市检察院依法向法院提出类案检察建议，建议依职权对杨某系列执行案进行审查，对已执行到位的财产暂缓处置，配合公安机关做好追赃挽损工作，并在全市范围内加强对职业放贷人申请执行案件的审查甄别工作。市中级人民法院高度重视，将所有涉“团贷网”执行案及已执行到位的款项移送东莞市法院统一处理。市仲裁委根据建议内容加强对涉职业放贷人案件的甄别工作。

相关行政执法部门清拆海域非法养殖设施400余公顷，拆除违法建筑物1.6万平方米，追缴国有土地出让金1.75亿元，清理处置闲置产业用地5宗。推动前山河环境综合治理，督促新建、维修污水管网，拆除沿河违法建筑，根治黑臭水体，还原美丽河畔。坚持刑事追诉与民事追偿双管齐下，对崔某强等人在高栏港海域违法倾倒垃圾污染海洋生态环境一案，支持市生态环境主管部门向广州海事法院提起民事公益诉讼，让违法者为恢复受损的公共利益“埋单”。加强跨区域协作，与中山市检察院联签《守护前山河流域生态检察公益诉讼协作机制》，携手共建前山河生态环境司法保护屏障。加强跨系统协作，与市律师协会联签《关于在公益诉讼检察工作中加强协作配合的办法》，发挥法律职业共同体的作用。与“12345”市民热线建立信息共享机制，定期排查市民投诉的问题，从中发现公益诉讼案件线索30余件。深化特邀检察官助理制度，持续加强公益诉讼人才库建设，新聘请9名相关行业主管部门业务专家及人大代表、政协委员担任特邀检察官助理。

【职务犯罪检察】 2020年，珠海市检察机关提前介入职务犯罪案件14件14人，受理移送审查起诉25件25人，决定刑事拘留10件10人，决定逮捕10件10人，提起公诉21件21人。成功办理一批省、市监察委移送的重大职务犯罪案件，包括广东省国资委原党委副书记张某刚受贿案、珠海市政协原副秘书长郑某龙受贿案等。依法履行对司法工作人员职务犯罪案件的侦查职责，强化监督刚性，确保司法公正。初查司法领域涉嫌职务犯罪线索30件，对构成犯罪的，立案侦查2件2人，严肃追究刑事责任；对属于一般违法违规违纪的，制发纠正违法通知书或检察建议书，促进公正司法；对举报不实的，及时在一定范围内予以澄清，维护司法权威和司法工作人员形象。

【未成年人检察】 2020年，珠海市检察机关依法严厉打击侵害未成年人犯罪，批准逮捕相关犯罪嫌疑人84人，提起公诉99人。突出打击性侵害未成年人犯罪，建立预防和惩戒性侵害未成年人犯罪工作机制，加大诉讼监督力度，斗门区检察院对伍某光强奸未成年人案的成功抗诉得到最高检肯定。完善与公安、司法、民政等单位的工作衔接机制，持续深化未成年被害人法律援助工作，实现两级检察院未成年人“一站式”办案场所全覆盖。推进“一号检察建议”落实，开展“关爱女童 护苗成长”保护行动，探索建立“护蕊”工作机制。依法惩戒、精准帮教涉罪未成

链 接：

什么是“一号检察建议”

2018年10月19日，最高人民检察院针对儿童和学生法治教育、预防性侵害教育缺位等问题向国家教育部发出历史上首份检察建议，简称“一号检察建议”。其核心内容为：建议进一步健全完善预防性侵害的制度机制，加强对校园预防性侵害相关制度落实情况的监督检查，依法严肃处理有关违法违纪人员等。

2020年12月29日，珠海市检察院举办未成年人“一站式”办案区启用仪式 （郑浩国 摄）

年人，批准逮捕28人，提起公诉30人，落实不捕不诉帮教30人，安排亲情会见、亲职教育46人次。发挥法治副校长作用，开展“法治进校园”巡讲活动117场次。加强线上普法工作，精心制作“云课堂”小视频，举办“线上”检察开放日活动。

【刑事诉讼监督】 2020年，珠海市检察机关在全省率先建立派驻公安机关直属部门侦查监督工作室，向全市公安机关4个支队、44个派出所及珠海海警局派驻侦查监督工作室，初显成效。推进“两项监督”（检察机关对刑事立案和侦查活动开展的监督）工作，监督立案21件，监督撤案146件，提出纠正违法26件次，建议行政执法机关移送刑事案件12件。对证据不足或不构成犯罪的依法不起诉180人，追捕追诉犯罪嫌疑人16人，纠正遗漏犯罪事实34件。履行审判监督职能，对认为确有错误的刑事判决提出抗诉10件，办理刑事申诉案件46件，提出再审检察建议1件。开展监督维护在押人员合法权益专项活动，受理在押人员控告、举报、申诉约见170人次。强化刑罚执行监督，持续推进久押不决案件的清理和纠正工作，核查纠正监外执行罪犯脱管、漏管25人，在监外执行监督中提出书面纠正意见155人，对财产刑执行案件书面提出纠正254件。

【控告申诉检察】 2020年，珠海市检察机关坚持刑法的谦抑性原则，对轻微刑事案件依法从宽处理，决定不批准逮捕156人，不起诉751人，并耐心做好矛盾化解工作，减少社会对抗。主动换位思考，强化释法说理，体现人文关怀，抓好群众信访件件有回复工作，办理信访件2869件，全部落实“7日内程序性回复、3个月内办理过程或结果答复”。将司法救助职能贯穿检察机关司法办案全过程、各环节，办理司法救助案件15件，为46名困难群众发放司法救助金115万元，防止因案致贫、因案返贫，助力脱贫攻坚事业。斗门区检察院办理的潘某金救助案入选“全省检察机关国家司法救助工作服务脱贫攻坚优质案件”。服务保障村（社区）“两委”换届选举，编发宣传册6万余册，开展法治宣讲10场次。

【检察机关服务保障粤港澳大湾区建设】 2020年，珠海市检察机关加大对侵犯知识产权、破坏金融管理秩序等犯罪的打击力度，提起公诉29件74人；依法打击走私、妨害边境管理秩序等跨境犯罪，提起公

链　接：

王某伟管辖权异议民事审判监督案

在珠海市某区法院受理的某合伙企业诉王某伟案中，王某伟提出管辖权异议，主张该案应由其住所地法院审理，法院按照双方签订的协议裁定该案由某合伙企业住所地山东省某市法院管辖。王某伟提出上诉被驳回，申请再审未被受理，于是向检察机关申请监督。珠海市检察院审查后认为，两审法院认定事实的主要证据未经质证，管辖权异议办案程序存在瑕疵，遂发出检察建议，建议法院改进和规范管辖权异议办案程序，保护当事人的质证权利。珠海市中级人民法院高度重视，根据建议内容规范管辖权异议办案程序，并指导区法院改进相关工作。

2020年5月14日，珠海市检察院召开“中国与葡萄牙语国家检察交流合作基地”筹备工作领导小组第一次会议，研究讨论基地筹建前期准备工作

（郑浩国　摄）

诉127件237人，为建设粤港澳大湾区营造和谐稳定社会环境。发挥民事行政检察职能，优化大湾区商事司法环境，办理的王某伟管辖权异议民事审判监督案入选全省检察机关服务保障粤港澳大湾区建设和深圳建设中国特色社会主义先行示范区典型案例。加强珠澳两地司法交流，协调澳门检察院，共同举办“珠澳检察携手 护航澳企发展”检察开放日活动。根据最高检和省检察院的部署，以横琴新区检察院为平台，筹建“中国与葡萄牙语国家检察交流合作基地”。结合珠海市检察工作实际，开展专题调研，形成《粤港澳大湾区社会治理问题研究》等一批调研成果。（关夏莲）

法 院

【概况】 珠海市法院系统包括市中级人民法院和基层人民法院。2020年，市中级人民法院有内设机构25个，下辖事业单位1个（审判辅助中心）、基层法院4个（横琴新区人民法院、香洲区人民法院、斗门区人民法院、金湾区人民法院）。全市基层法院设派出人民法庭6个，分别是香洲区法院南湾法庭、高新法庭，斗门区法院五山法庭、横山法庭，金湾区法院平沙法庭、三灶法庭。是年，全市法院受理案件8.28万件（其中新收7.36万件）、办结7.36万件，员额法官人均结案316件，比上年分别增长10.71%、12.31%和9.26%，其中市中级人民法院受理案件9124件、办结8168件。

【法院助力疫情防控】 2020年，珠海市中级人民法院及时出台《关于服务企业复工复产保障经济社会发展的意见》，为统筹推进疫情防控和经济社会发展提供司法保障；与市检察院、市公安局联合出台《关于办理妨害疫情防控刑事案件工作衔接办法》，审结妨害疫情防控刑事犯罪案件27件，维护正常的防疫秩序、社会秩序；与市人力资源社会保障局、劳动人事争议仲裁委员会联合出台两份关于审理涉疫情劳动人事争议案件的意见，审结涉疫情劳动纠纷157件；建立疫情防控常态化诉讼服务机制，开辟涉疫情绿色通道，推行远程庭审、电子送达、线上查控、司法网拍等网上办案新模式，全市法院网上立案3.17万件、网上开庭575场、远程提讯2365次、执行网络查询8.39万次、查询房地线索4.84万条、控制房地7730宗、司法网拍成交25.2亿元。推进跨域立案诉讼服务，完成跨地域立案案件99件。

【刑事审判】 2020年，珠海市法院依法惩处各类刑事犯罪，严惩严重危害社会治安犯罪，审结故意杀人、故意伤害等严重暴力犯罪案件304件。严惩危害食品药品安全犯罪，审结制假售假、危害食品药品安全犯罪案件45件；审结贪污、贿赂、渎职等职务犯罪案件34件；审结适用认罪认罚从宽制度案件1758件2607人。审结涉黑恶、涉“保护伞”案件25件226人，办结社会影响大的“3·25”黄某宏等29人涉黑案、“8·24”陈某湖等10人涉黑案。出台《办理涉黑恶势力刑事裁判涉财产执行案件操作指引》，执行到位金额1.69亿元。审结非法吸收公众存款、集资诈骗、“套路贷”等金融犯罪案件67件。完成“掌上品”案7925名投资人信息登记，为有序退赔案款奠定基础。推进金融纠纷多元化解，市中级人民法院与市金融管理部门签署金融纠纷多元化解合作备忘录，与市金融纠纷调解委员会签署涉金融机构民事纠纷诉调对接合作协议。发挥司法引导与规范金融交易作用，横琴新区法院与横琴金融服务局签署推进地方金融监管与司法协作联动备忘录。

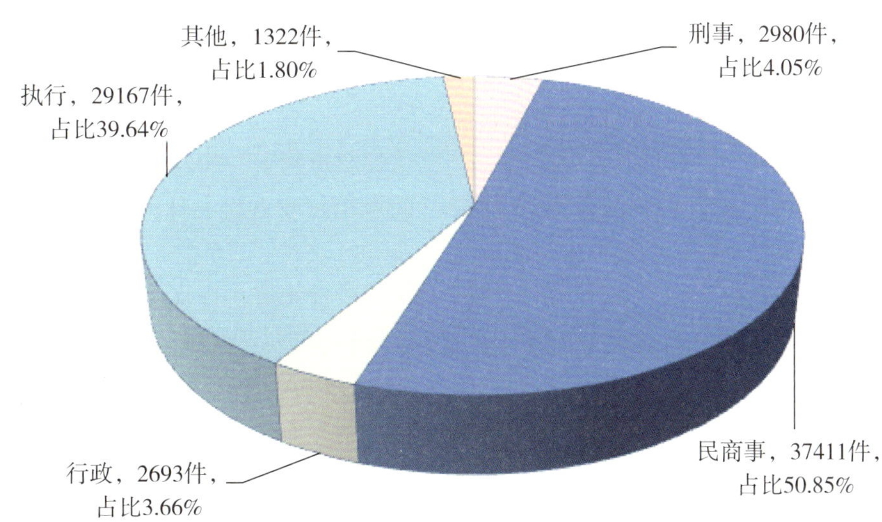

（注：“其他”类包括管辖、非诉保全、国家赔偿与司法救助等案件）

2020年全市法院办结各类型案件情况示意图

2020年1月3日，珠海市中级人民法院召开珠海法院涉银行业金融审判工作白皮书发布会（市中级人民法院供稿）

【民事审判】 2020年，珠海市法院依法审结民商事案件3.74万件，结案诉讼标的金额272.18亿元。审结婚姻家庭和继承案件1391件，发出人身安全保护令25份；审结涉房屋买卖、出租、装修、物业等纠纷案件5314件，审结环境资源案件168件，审结知识产权案件1398件。市中级人民法院与市知识产权保护中心构建知识产权民事案件诉调对接机制，推进知识产权纠纷多元化解；与市场监管局签署共建知识产权侵权惩罚机制合作备忘录；横琴新区法院知识产权侵权惩罚机制被省政府列为广东自贸区可复制推广的改革创新经验。发布《珠海法院涉银行业金融审判工作（2017—2019）白皮书》，提出20条金融机构经营活动中的法律风险点并给出具体防范建议。审结涉外、涉港澳台民商事案件1158件，其中涉港澳案件930件，比上年增长47.15%。应对大湾区融合发展趋势，受理司法协助案件185件。疫情期间采用微信小程序“线上庭审”“授权见证通”对境外当事人进行远程授权37次，3件涉澳门案例入选省法院大湾区宣传专题片《湾区睇法》。服务供给侧结构性改革，审结破产案件214件，出清国有“僵尸企业”203家。建立破产工作府院联动机制，市中级人民法院与市场监管、税务等15个部门签署《关于完善破产工作府院联动协调机制的实施意见》；与市自然资源局就破产和执行案件中划拨用地及地上建筑物的处置达成协调机制；成立破产管理人协会，提升管理人专业化水平。

【行政审判】 2020年，珠海市法院审结行政诉讼案件924件，审查非诉行政案件1769件。推动行政争议实质性化解，行政诉讼案件调撤率达17.33%。行政机关负责人出庭390件，出庭率40.84%，比上年增长16.53%。总结行政诉讼法实施30周年审判经验，发布《珠海法院依法保护和规范行政诉权十大案例》。依法支持横琴管委会综合执法局对某房产公司高额行政处罚，惩处“商改住”新型违建行为，维护房地产市场秩序。斗门法院运用大数据服务社会治理获评2020年全国法院“数助决策”系统示范应用三等奖。

【执行工作】 2020年，珠海市法院办结执行案件2.92万件，实际执行到位金额45.70亿元。加大涉民生案件执行力度，办结追索劳动报酬、赡养费等涉民生执行案件2807件，执行到位金额9747.51万元。加大惩戒力度，公开失信被执行人3824人次，限制高消费1.66万人次，限制出境409人，罚款76.5万元，拘留34人，移送追究刑事责任4人。加大重大疑难案件办理力度，成功办理广东某融资公司与福建某建设公司追偿权纠纷执行案，执行到位金额超3亿元。贯彻善意文明执行理念，审慎采取财产保全措施，对1436件涉企民事案件采取“活封”“活扣”措施。

【法院廉政建设】 2020年，珠海市中级人民法院持续推进队伍革命化、正规化、专业化、职业化建设，坚持党管干部原则，坚持正确的选任用人导向。出台《关于进一步规范干警网络行为和对外业务交流的规定》，严明纪律，严格管理。开展营商环境突出问题与深化机关干部作风专项整治活动，激励干警担当作为。坚持从严治院，抓早抓小，开展谈话提醒62人次。集中开展廉政教育，开展“以案释德、以案释纪、以案释法”警示教育活动和纪律教育学习月活动。

【法院司法改革】 2020年，珠海市法院落实司法责任制要求，两级法院严格执行防止内外部人员干预司法“三个规定”（《关于进一步规范司法人员与当事人、律师、特殊关系人、中介组织接触交往行为的若干规定》《司法机关内部人员过问案件的记录和责任追究规定》《领导干部干预司法活动、插手具体案件处理的记录、通报和责任追究规定》）报告制度，确保司法公正廉洁。落实《关于规范院庭长审判监督管理职责的规定》，规范法官自由裁量权，香洲区法院成立法官权益保障委员会，保障法官依法履职。探索高效便捷审理机制，推动院庭长办案常态化，院庭长全年办结案件2.57万件，占全市审结案件的34.88%。推进民事案件繁简分流，市中级人民法院出台《民事案件速裁工作实施细则》。执行工作推行事务集约、繁简分流、团队办案三项机制改革，缩短办案周期。提升智能服务水平，建成21个微信线上法庭和44个互联网庭审法庭，便利当事人参加诉讼。建成律师绿色通道“一码通”，便利律师进入法院。加强智能辅助办案系统建设，市中级人民法院采用“小包公”业务辅助系统，推动类案同判。香洲区法院启用“香山”金融智审平台，推动涉银行金融纠纷智能化、批量化处理。

【诉前调解中心成立】 2020年9月7日，珠海市中级人民法院完善多元化纠纷解决机制，在诉讼服务中心设立诉前调解中心。选任特邀调解员49人及律师调解员70人，出台《诉前调解中心工作规程》，将一、二审适合调解的案件均纳入调解范围，由特邀调解员及律师调解员在诉前调解中心开展诉前调解工作，推动一站式多元化解决纠纷。

（李凌岩）

司法行政

【概况】 截至2020年底，珠海市有律师事务所107家，律师1868人，其中社会律师1418人、公职法援律师349人、公司律师38人、港澳律师11人。经市司法局登记管理的司法鉴定机构7家、司法鉴定人40人。镇（街）司法所25个，人民调解委员会413个，人民调解工作室98个（其中个人品牌工作室11个）。

【基层法治基础建设】 2020年，珠海市在全省率先出台《关于促进珠海市人民政府建设粤港澳大湾区优质公共法律服务体系的决定》；在全省率先设立市、区两级退役军人公共法律服务工作站。全年全市公共法律服务平台提供线下服务7.54万件、线上服务1.14万件，珠海公安“110”指引群众通过“12348”语音平台解决矛盾纠纷1.02万人次，在省司法厅公布的每万人法律咨询服务热度指数中位列全省各地市之首。全市各级人民调解组织开展矛盾纠纷大排查1169次，开展涉疫情矛盾纠纷集中排查化解专项活动及村（社区）“两委”换届选举矛盾纠纷专项排查行动，受理各类矛盾纠纷1.09万件，调解成功1.08万件，调解成功率99.6%。推进一村（社区）一法律顾问工作。对各区村（社区）法律顾问工作开展督导检查；修订完善《珠海市一村（社区）一法律顾问工作项目评估办法》。全年，24家律师所、151名律师为全市320个村（社区）和群众提供法律服务1.18万件次，服务对象5.53万人次，其中审查合同204件、出具法律意见书219份、调解纠纷143件、协助处理群体性和敏感性案件5件、上法制课和法律培训1388场次。

【社区矫正】 2020年，珠海市接收社区矫正对象662人，解除616人，社区矫正对象在册591人。全

2020年7月28日，珠海市退役军人公共法律服务工作站、法律援助工作站在市退役军人服务中心挂牌成立 （市司法局供稿）

市社区矫正实现“四个确保”（确保社区矫正对象不发生重大安全事故、确保社区矫正对象不发生重大刑事案件、确保社区矫正对象不参与群体性事件、确保社区矫正对象不发生越级上访以及由其主导的媒体炒作等影响社会安全稳定的事件）目标，无社区矫正对象参与严重影响社会和谐稳定的重特大案事件，无社区矫正对象脱管、漏管，社区矫正对象在矫期间年再犯罪率为零。依法加强监督管理和教育帮扶，设立市、区、镇三级社矫委员会和市、区两级社区矫正管理机构。贯彻社区矫正法，推进“智慧矫正”，全面推进市级社区矫正指挥中心和区级社区矫正中心建设，实现部、省、市、县（区）实时视频音频联通和监控系统五级互联互通。截至年底，珠海市累计接收社区矫正对象7124人、解除矫正6533人。

【安置帮教】 2020年，珠海市在册刑满释放人员2657人。新增刑满释放人员666人（其中监狱释放208人、看守所释放16人、解除社区矫正442人），实现100%衔接率；安置665人，安置率99.8%；帮教人员665人，帮教率99.8%。严格落实刑满释放重点人员必接必送制度，到监狱接回重点刑满释放人员39人，年度新增的46名重点帮教对象全部落实公安机关管控措施。对全部在册刑满释放人员逐一核查登记并建立档案，落实安置和帮教措施，做到零脱管、漏管。按照省厅及刑满释放人员安置帮教相关文件要求，服刑人员衔接率100%、重点帮教对象接送率100%、服刑人员核查率100%。

2020年12月4日，珠海市司法局联合市国资委举办宪法宣传周城市地标灯光秀（市司法局供稿）

【法治宣传】 2020年，珠海市司法局牵头组织守法普法协调小组单位开展“疫情防控全民公益普法行动”，推送疫情防控普法音频、视频等作品；开展村级“两委”换届专项普法宣传，为法规落地实施打下基础；牵头组织开展民法典学习宣传活动，组建讲师团、拍摄短视频、制作经典诵读电视节目、开展点亮城市地标行动；建立“以案释法”案例库，新增各类法治公益广告作品库；开通宪法主题公交专线，在珠海大剧院、珠海中心等地标处开启“宪法精神点亮城市地标行动”灯光投影，营造良好的宪法宣传氛围。“律达天下·法润人心”珠海律道项目获评全省国家机关“谁执法谁普法”十大创新创先项目，获评“省‘七五’普法十佳法治宣传教育示范项目”；“珠海交警”微信公众号、珠海日月贝灯光投影普法公益广告播放工程获评优秀普法项目。

【法律服务】 2020年，珠海市强化律师、公证、司法鉴定、职业资格考试、法律援助等服务，增强人民群众对法律服务的获得感、幸福感和安全感。

律师服务 珠海市律师办理诉讼案件2.08万件、非诉讼案件1.17万件，办理法律援助案件2333件。律师参与涉法涉诉信访值班153人次。完成对148家民营企业免费“法治体检”服务。

公证服务 珠海市公证机构办理公证事项3.55万件，其中国内公证2.73万件、涉外公证4491件、涉港澳台公证3717件、知识产权保护公证120件。公证收费2114.5万元。公证机构为年满80周岁老年人免费办理遗嘱79件，为残疾人士提供公证费用减免7件，办理小额继承831件。横琴公证处与横琴新区法院合作，参与法院调解1件、资料收转3.41万份、协助立案3531件、协助送达文书368件，在法院调解、取证、送达、保全、执行等司法辅助事务环节提供公证法律服务。6月，横琴公证处与中国工商银行（澳门）股份有限公司签署合作协议，协助横琴公证处为澳门居民提供远程视频办证服务。12月1日，横琴公证处在横琴新区综合服务中心设置“商事登记澳门投资者公证服务专窗”，国内首创实现澳门企业投资者在横琴新区申请商事登记“一窗受理、一次办结”。全市公证机构简化中小企业申办公证流程。为涉及打击哄抬物价保全公证事项提供免费公证服务。参与珠海市企业申购口罩摇号现场监督、口罩抽奖活动现场监督、珠海消费券抽奖活动现场监督等。

司法鉴定　珠海市经市司法局登记管理的司法鉴定机构7家、鉴定人40人，其中依托医院设立的机构2家、依托民办非企业设立的机构5家、专职鉴定人35人、兼职鉴定人5人，鉴定类别涉及法医类、物证类、声像资料类。鉴定机构办证2543件，其中法医物证鉴定1018件、法医临床鉴定878件、法医精神病鉴定4件、文书鉴定101件、痕迹鉴定530件、电子数据鉴定12件。市妇幼保健院法医物证司法鉴定所参与一线新冠病毒核酸检测，创下珠海市临床实验室检测最高纪录，获评为全国公共法律服务工作先进集体。

公职律师　珠海市公职律师349人，106个单位设立公职律师。委派公职律师进驻市人民来访接待大厅，参加接访、提供咨询、参与信访案件论证。审核市政府办公室的信息公开答复39件次。为全市信访复核案件提供法律意见38件次，重视对信访人的合法权益保护，多次对信访事项涉及的违法问题给予指正。审查重大政府合同25份、其他合同117份。派出骨干力量全程参与近海水域乱象整治工作，协调法制保障组做好近海水域乱象整治涉及的法律工作。修订《珠海市司法局法制审核工作办法》，参与知识产权保护调研、独立学院转设、法治广东考评、2020年营商环境评价保护中小投资者指标现场填报等专项工作。

法律职业资格考试　珠海市2438人报名参加国家统一法律职业资格考试，完成法律职业资格考试工作。

法律援助　珠海市办理法律援助案件7619件，其中民事2921件、刑事4675件、行政23件，接待来电来访咨询1.08万人次。联合市人力资源社会保障局建立劳动争议调解仲裁与法律援助协作机制，实现军人军属法律援助工作站全覆盖，深化老年人法律维权机制。在全省率先出台刑事案件未成年被害人法律援助实施方案，团中央领导对珠海法律援助工作现场督导并给予好评。出台《珠海市法律援助事项补贴标准》，补贴增幅全省领先，覆盖全部法律援助事项。与市律师协会建立资深律师办理重大疑难案件制度，加强法律援助质量管理，构建程序监管、受援人满意度调查、旁听庭审、承办人意见征询和同行评估“五位一体”的案件质量监管系统。

【强制隔离戒毒管理】　2020年，珠海市强制隔离戒毒所在册强制隔离戒毒人员48人，在所48人。实现疫情防控工作“三零”（疫情零感染、情况零报告、舆情零炒作）目标，连续第十八年实现安全“六无”（无毒品流入、无戒毒人员脱逃、无非正常死亡、无所内案件、无生产安全事故、无重大疫情）目标。完成统一戒毒模式考核验收工作，“四区五中心一延伸”（“四区”指生理脱毒区、教育适应区、康复巩固区、回归体验区；“五中心”指戒毒医疗中心、教育矫正中心、心理矫治中心、康复训练中心、诊断评估中心；“一延伸”指延伸帮戒）有序开展。开展心理矫治工作，全年新建心理档案59份，心理健康测试16批次465人次，建成大型运动场并与暨南大学合作开展运动戒毒。完善场所医疗工作基础建设，设置戒毒康复门诊、精神卫生门诊、生理脱毒观察病房。4名医务人员获得麻醉药品和第一类精神药品处方权资格。推动智慧戒毒建设，信息网络升级改造（一期）项目完成验收工作，戒毒大队实现高清摄像头全覆盖、面部识别巡更、可视对讲寻呼、大队分控室云管理。

【司法行政信息化建设】　2020年3月，珠海市司法局信息化建设领导小组办公室独立办公。疫情防控期间，紧急设立疫情防控、复工复产线上法律服务专区，开发面向公众提供公共法律服务的“珠海智慧司法”微信小程序；完成司法行政大数据中心建设，涵盖司法行政队伍、公共法律服务队伍、全面依法治市、政府立法、政府法律顾问、行政复议与应诉、公共法律服务、刑事执行等数据约80万条，全省率先完成司法行政数据模型建设。

（张　浩）

仲　裁

【概况】　2020年，珠海仲裁委员会受理各类案件1399件，争议标的总额30.93亿元，比上年增长12%，仲裁收费2066.4万元。大额标的案件受理量有较大提升，争议标的大于200万元的案件402件、大于500万元的案件155件。审结案件1646件，争议标的总额43.76亿元。全年，线下没有被市中级人民法院撤销或不予执行的案件，仲裁案件质量和效率稳步提升，为维护全市经济社会稳定发展做出贡献。

2020年8月20日，“仲裁+不动产交易+中介服务”签约授牌仪式暨不动产交易法律风险防范培训在万豪酒店会议中心举行（珠海仲裁委供稿）

【仲裁体制机制改革】 2020年，珠海市全面深化仲裁体制机制改革进入获批实施阶段。1月，广东省委全面深化改革委员会印发《广东省完善仲裁制度提高仲裁公信力的实施意见》，要求加快推动商事仲裁制度改革创新和完善仲裁委员会内部结构治理，提高仲裁服务国家全面开放和发展战略能力。7月，市九届人大常委会第三十一次会议审议通过《珠海市人民代表大会常务委员会关于促进市人民政府建设粤港澳大湾区优质公共法律服务体系的决定》，提出“以仲裁和公证体制改革为突破口提升公共法律服务质量。加快推进仲裁体制改革，借鉴深圳国际仲裁院发展模式，制定《珠海国际仲裁院条例》，珠海仲裁委员会加挂珠海国际仲裁院牌子，建立理事会制度，实行决策与执行分离、激励与制约有效、监督与保障有力的治理机制”。珠海仲裁委员会以建设系统完备、科学规范、运行高效的仲裁机构以及实现仲裁治理体系和治理能力现代化为目标，推动机制体制改革，《珠海仲裁委员会深化体制机制改革方案（草案）》经过四轮征求意见后，形成《珠海仲裁委员会深化体制机制改革方案（送审稿）》，提交市委全面深化改革领导小组民主与法制领域改革专项小组审议。7月22日，《珠海仲裁委员会深化体制机制改革方案》获市委全面深化改革委员会审议通过，方案上报省政府后经多轮征求意见，12月14日获省政府批复同意。

【《珠海国际仲裁院条例》立法推进】 2020年，珠海仲裁委员会推动仲裁体制机制改革立法，起草《珠海国际仲裁院条例（建议稿）》，经征询业内专家、社会各界和有关部门意见建议，10月，市政府常务会议审议通过《珠海国际仲裁院条例（草案）》，纳入2021年珠海市地方性法规审议项目。《珠海国际仲裁院条例》将《珠海仲裁委员会深化体制机制改革方案》的内容通过立法予以固化，同时将一批国际通行、对接港澳的仲裁规则在立法中予以规定，开创全国仲裁地方立法先河。

【横琴珠澳跨境仲裁合作平台建设】 2020年，珠海仲裁委员会联合澳门世界贸易中心仲裁中心、澳门律师公会仲裁中心、澳门仲裁协会，在横琴开展珠澳仲裁业务合作，推动横琴珠澳跨境仲裁合作平台建设。10月14日和11月5日，珠海仲裁委员会分别接待和拜访澳门相关机构，商讨平台推进事宜，并达成合作共识。横琴珠澳跨境仲裁合作平台是对“一国两制”下民商事争议解决方式的积极探索，为中国与葡语系国家经贸往来、中拉经贸往来和“一带一路”经贸往来提供新的争议解决平台。

【仲裁服务粤港澳大湾区建设】 2020年，珠海仲裁委员会推动完善粤港澳大湾区司法体制，为争议解决提供更多选择空间和更好途径。8月26日，珠海国际仲裁院和澳门侨界青年协会联合举办以“大湾区建设背景下谈商事仲裁”为主题的“惠澳连线”活动，共同探讨涉澳商事仲裁相关事项，为大湾区法律制度融合实践提供理论支持。11月6日，珠海仲裁委参加“2020粤港澳大湾区仲裁联盟年度会议”，探索大湾区纠纷解决规则对接，打造大湾区良好营商环境。

【仲裁服务商事主体】 2020年，

珠海仲裁委员会整合法律、政务和市场等资源，促进仲裁与企业、行业互相协作、资源共享、经验互换，搭建共建共治共享平台。8月20日，珠海仲裁委员会与市不动产登记中心、市房地产经纪人行业协会、Q房网珠海、正顺地产、贝壳找房珠海站5家机构，就分别设立“珠海不动产纠纷仲裁中心”和“珠海不动产纠纷仲裁受理及服务处”签订合作协议并举行签约授牌仪式，仲裁服务处的设立开辟不动产交易快速仲裁通道，打通服务企业、群众“最后一公里”。推进大湾区知识产权公证和仲裁机构能力提升，全年开展企业知识产权服务对接日及仲裁机构能力提升专场活动13场，组织专业仲裁员、律师和知识产权顾问服务团队为企业提供免费咨询及普法服务，解答企业在知识产权方面遇到的问题，服务粤港澳大湾区各类企业和商事主体百余家。

【珠海国际仲裁院首次远程视频开庭】 2020年8月7日，珠海国际仲裁院首次以远程视频方式开庭审理一起仲裁案件。该案件是一起涉横琴新区某企业的金融借款合同纠纷，此前在仲裁庭采用线下常规模式审理，首次庭审后一方当事人又提交两份补充证据，根据仲裁规则，新提交的证据仍需开庭质证，而仲裁庭3名仲裁员有2名身处外省，鉴于疫情防控期间往来不便，为满足当事人及时解决纠纷的意愿，经与仲裁庭、双方当事人和代理人沟通并取得各方同意，珠海国际仲裁院决定在横琴新区首次采用远程视频开庭形式审理此案。开庭当日，身处上海市、贵阳市的2名仲裁员与位于横琴新区珠海国际仲裁院网络仲裁庭审室的仲裁员以及双方当事人，通过电脑登录进入网络视频平台进行庭审，庭审程序严格依据仲裁规则进行，庭审过程网络信号清晰稳定，整个庭审历时30分钟。此次网上远程视频庭审是珠海国际仲裁院全面提升信息化水平的尝试和探索，不仅高效便利，而且节约仲裁资源，受到仲裁员与当事人一致好评。 （梁淑廉）

军　事

珠海警备区

【概况】 2020年，珠海警备区党委坚决贯彻党中央、中央军委、习主席决策部署和上级党委指示要求，按照“抓举旗铸魂、抓练兵备战、抓主责主业、抓保障质效、抓基层建设、抓管党治党”的总体思路，在精准做好新冠肺炎疫情防控的前提下，勠力同心谋发展，各项工作扎实推进，全面建设呈现向上向好势头。思想政治教育组织严密、形式多样、扎实有效，完成两项主题教育任务，全区官兵、文职和职工队伍思想稳定，全面贯彻军委主席负责制。全年完成民兵集中轮训、在岗训练、以勤代训等任务。举办全省基干民兵队伍规范化抓建研讨观摩活动，做好迎接军委国防动员部检查验收准备，在省军区考评中保持获全省总分第一名。抓好宣传报道和要讯工作，在《中国国防报》《中国民兵》等媒体上刊登稿件247篇，被省军区刊用要讯26篇。

【警备区思想政治建设】 2020年，珠海警备区深入学习习近平新时代中国特色社会主义思想和强军思想，周密组织4个专题理论学习，固化每周集中学习和轮流领读原文做法，及时组织传达学习党的十九届五中全会精神，以两项主题教育为牵引抓好年度思想政治教育，组织开展纪念建党99周年、抗战胜利75周年、抗美援朝出国作战70周年系列活动。全年为官兵职工授课辅导10次，组织官兵到杨匏安

2020年5月20日，珠海市横琴新区基干民兵点验授旗大会在横琴新区律道公园举行 （宁知鑫 摄）

故居、市博物馆等红色场馆，以及格力电器、华发集团、佛山军分区等单位参观见学，组织集体观看《铁纪强军》《建军大业》《苦难辉煌》等红色影视片，推动铸魂育人往深里走、向实处落。针对疫情防控实际，组织官兵运用“学习强国”App开展理论自学；跟进国际国内的“大事件”，及时组织形势政策宣讲，开展防范谣言和心理疏导教育，引导官兵纠偏正向、看齐追随。全面深入贯彻军委主席负责制，组织涉郭徐房张（即郭伯雄、徐才厚、房峰辉、张阳）信息再清理再清查，深入清除纠治政治领域官僚主义。

【战备训练】 2020年，珠海警备区克服疫情影响，完成全年各项训练任务。在全省率先建成军事职业教育中心，并投入使用，对市直民兵应急营部、装备集结场和应急器材库整体布局进行调整优化，相关成果在全省基干民兵队伍规范化抓建研讨活动上进行观摩推广。组织完成兵要地志文本修订和多媒体制作，将重点海防哨所信息化建设纳入“智慧海防”整体建设。做好应战应急救助准备，做好迎接南部战区对国防动员机构和后备力量遂行专项任务能力检验评估，遂行任务能力提升。协调全市军警民21个单位开展军警民联防演练，提升军地联合行动能力。

【国防动员】 2020年，珠海警备区抓好民兵整组工作落实，全面规范民兵整组和点验拉动程序，组织业务培训4次，组织民兵实力会审3次。完成国防动员专项任务专业队伍和常态化专业队伍组建任务，接受省国防动员委员会拉动检验获得好评。协调召开市国防动员委员会工作会议，督导推进国防动员建设“十三五”规划重点任务，珠海市牵头的10个项目全部如期落地。抓好兵员征集工作，先后联合或协调市政府下发《关于在珠海市实行高校征兵任务统筹的办法》和《珠海市大学毕业生入伍视力矫正实施办法》，巩固国企征兵成效，民企征兵取得重大突破；指导高校通过网课教育推送征兵宣传片，组织“征兵网上答疑活动”。征兵“五率”（登记率、报名率、上站率、择优率、退兵率）量化考评成绩连续第四年被评为优秀，居全省前列。开通“珠海征兵”微信公众号。探索开展国有企业征兵工作取得突破性进展，相关做法在央视国防军事频道、《中国国防报》等媒体报道。

【警备区综合保障】 2020年，珠海警备区优化经费投向投量，93%经费投向战备训练、国防动员、营院建设、解决基层实际问题等。开展后勤重点行业领域整肃治理，完成家底经费清理，规范后勤建设管理秩序。组织资产清查，准确摸清底数，对在用固定资产实行“定人定位”管理。推进营院基本建设转型升级，完成市国防教育训练基地一期建设；协调高新区投入150余万元完成营区主干道路路灯更换升级；对大礼堂、勤务队宿舍和机关办公楼进行整修改造升级。推进警备区军用土地确权领证工作，协调地方职能部门初步形成分步确权方案。

【警备区双拥共建】 2020年，珠海警备区在规划设计、对接军地需求等方面发挥桥梁纽带作用；加强全民国防教育，高质量完成5.1万名学生军训任务。传承弘扬红色传统，编印《珠海人民武装史》，参与编撰《珠海市地方志（军事卷）》。突出打好扶贫攻坚收官战，投入100万元开展对口扶贫“五个一”（突出一个帮建主题、办好一件民生实事、扶持一个产业项目、帮助一类重点群体、整理一套扶贫资料）活动；组织“拥政爱民献爱心”扶贫捐赠活动；牵头珠海驻军部队，助力珠海市第九次获得“全国双拥模范城”称号，实现“九连冠”。 （李　兴）

武警广东省总队执勤第二支队

【概况】 2020年，武警广东省总队执勤第二支队党委坚持以习近平新时代中国特色社会主义思想为指导，深入贯彻习近平强军思想，深入贯彻新时代军事战备方针，坚持政治引领，聚焦备战打仗，在服务大局中力求过硬、在接续发展中固本开新、在攻坚克难中奋力前行，整体建设呈现出稳中向上、加快发展的良好局面。完成3场维稳行动等多项重大任务。

是年，被武警部队评为“暑期百日安全竞赛活动优胜单位”、维稳维权工作先进集体；被总队评为“安全工作先进单位”和“新闻舆论工作先进单位”，政治工作部被表彰为“先进政治工作机关”；被武警部队评为“暑期百日安全竞赛先进个人”2人，被总队评为“基层建设标兵单位”2个、“先进卫生队”1个，被总队表彰为“机要密码专业训练先进个人”1人、“极限训练勇士”20人、“尊干爱兵好班长”6人、“爱军习武好战士”47人，全年立功受奖官兵760余人次。

2020年10月，武警广东省总队执勤第二支队参加“巅峰”特战侦察比武 （张 乐 摄）

【执勤二支队思想政治建设】 2020年，武警广东省总队执勤第二支队始终坚持用习近平新时代中国特色社会主义思想和强军思想武装官兵，统筹推进“两项”重大主题教育和经常性教育，微课视频《做奋力奔跑的追梦人》在武警广东总队公众号刊发并作为精品课程被推荐至武警部队，新闻稿件《守护港珠澳大桥，那些鲜为人知的哨兵》被评为2020年度总队优秀新闻作品一等奖，被总队评为“十佳政治教员”1人。一体化推进支队史馆、军史长廊、荣誉室（墙）建设，建成多功能官兵之家。在中央、省级媒体刊登稿件120篇。

【执勤战备】 2020年，武警广东省总队执勤第二支队坚持以粤澳陆地边界巡逻管控任务及“三场维稳行动”为主线，以“两个试点建设”为契机，推进执勤、战备基础设施和正规化建设。全年查获非法出（入）境案件45件74人，偷渡案件比上年下降10%，偷渡人数下降46%，查获偷渡率实现连续三年递减，有效履行职责使命。

边界管控 武警广东省总队执勤第二支队派出2人4次参与《广东省与香港、澳门特别行政区边界地区管控工作若干政策问题的规定》评审和武警部队边界巡逻管控办法及战斗条令的编写修订；常态化研究论证边界管控新模式，开展执勤专项整治，推进与澳门通联机制落实落地；科学统筹“十三五”收官攻坚；推进全方位立体化战备建设。开展“三场维稳行动”，完成粤港单边管控、深圳经济特区建立40周年重大安保等任务。

战备建设 落实战备值班、作战勤务联合值勤和前进指挥要素编携配装标准，建立健全各类登记统计制度，规范指挥控制流程和备勤运行机制。修订完善5类25套战备演练方案，反复进行实兵推演，不定时进行战备突击检查，增强部队不经临战训练、不经调整补充，常态保持应急战备水平能力。发现并成功处置“低慢小”航空器事件9起，劝离误入边界警戒区事件5起7人，抓获凶杀犯罪嫌疑人1人。

【军事训练】 2020年，武警广东省总队执勤第二支队紧盯军委主席习近平开年开训令指示要求，固化落实党委议训，常态抓好新《军事训练大纲》示范观摩和教练员评教评学，推进多个营区的训练场地建设达标。完成武警部队“卫士·2020决胜”演习任务。在武警部队“庙算-2020”比武中1人获“优胜个人”和武警部队“优秀指挥员”称号；支队在总队“巅峰”特战侦察比武中获得团体总分第三名，1个特战小队获总队特战“尖刀小队（班）”称号。

【执勤二支队综合保障】 2020年，武警广东省总队执勤第二支队优化后勤战储物资配置，加强装备保障设施建设，打好疫情防控阻击战，经验做法在总队复盘总结会议上作交流发言。推进3个新建营房项目动工开建、3个营房库室正规化改造等工作。细化规范采购流程，构建全域联动高效的保障格局，后勤保障效益显著提升。常态开展后勤岗位人员集训，在总队后勤专业兵网上抽考中取得总分第一名和4个单项第一名。

【从严管党治党】 2020年，武警广东省总队执勤第二支队坚持从严管党治党、紧盯关键少数、狠抓风气建设，班子凝聚力战斗力号召力明显增强。注重加强政治能力训练，严肃党内政治生活，开展思想辨析和查摆剖析。贯彻民主集中制，坚持依法阳光作业，召开常委会32次，研究重大事项、经费开支、工程项目建设等议题117个，支队党委班子年终测评满意率100%。坚决整改总队巡察反馈问题，全面肃清郭徐房张流毒影响，纠治基层“微腐败”和不正之风，开展违规喝酒、安全行车等专项整顿，部队风气持续向好。（高英城）

武警广东省总队珠海支队

【概况】 2020年，武警广东省总队珠海支队坚持以习近平强军思想为引领，坚决贯彻武警部队、总队党委决策部署，以党的十九届五中全会精神、《习近平谈治国理政》（第三卷）和军委主席习近平重要讲话为内容，抓实党委中心组带机关理论学习、基层理论学习日和“双百”微课，推动理论武装向基层延伸、向全员覆盖。统筹推进主题教育、开年教育和疫情防控、应对强敌、香港形势等经常性思想教育，做实任务中政治工作，打好意识形态领域主动仗。深入贯彻军委党建会议精神，严密组织政治领域官僚主义专题清除纠治、“重温初心担使命、彻纠彻改作表率”和“脑中有围墙、心中有红线”专题教育等活动，强化民主集中制学习贯彻，全面彻底肃清郭徐房张流毒影响，政治整训进一步踩实走深。学习贯彻《军队党的建设条例》，从严落实领导干部上党课和双重组织生活等制度，全面规范基层党支部设置，常态督查基层组织生活制度落实，定期考核讲评基层党组织和干部队伍，加强各级组织功能作用，获得总队表彰基层党组织1个、个人5人。以“强军有我·使命在肩”群众性文化活动为牵引，组织开展“难忘军旅·无悔青春”文艺晚会、“八一杯”篮球比赛等活动，官兵精神面貌、工作动力更加充盈。获总队十佳“四会”政治教员1人；考入军校深造战士5人；被选送参加总队“战旗分外红”群众性文艺汇演官兵17人，被选送参加总队文艺汇演节目2个。

2020年12月，武警广东省总队珠海支队官兵在珠海轻轨站执行武装巡逻任务（任　森　摄）

【执勤训练】 2020年，武警广东省总队珠海支队把握“重点战略方向”目标定位，以“三场维稳行动”、经济特区建立40周年系列活动安保为契机，开展应对强敌形势任务教育，专题向市委、市政府宣讲新修订武警法和兵力调动使用等政策法规，坚持以战领建、抓建为战，牢牢把握履行使命的主动权。聚焦主责主业，对表对标《武警部队关于进一步规范党委议战议训有关具体问题的通知》精神，党委“一班人”带头谋战研战，研究制定《支队党委（支部）议战议训规范》，专题议战议训11次。以警卫、看守、巡逻勤务为重点，推进执勤方式优化改革，联合市监管支队和目标单位推进“智慧磐石”工程建设，投入940余万元建设经费，完成2个看守所建设任务。完成临时警卫任务2起、春运执勤和武装押解32起，及贯穿全年的联勤武装巡逻任务，协助公安机关处置各类事件8起。协调市应急管理局为支队补充救生衣、救生圈、泡沫艇等抢险救援器材等。投入20余万元检修老损战备器材，定期与地方相关单位开展联合演练，部队遂行多样化任务能力在防御台风“海高斯”、敏感期战备等任务中得到实践检验。以研究、落实新大纲为主线，聚焦重难点课目攻关，统一教法、训法，抓实首长机关集中训练和指挥员、预任（在职）参谋业务培训、“五大技术”课目训练，严密组织预提指挥警士培训、预备特战队员集训和季度“魔鬼周”极限训练，部队练兵备战质效明显提升。是年，被总队评为“极限训练勇士”23人，参加总队机要专业比武获得第四名1人。

【部队建设】 2020年，武警广东省总队珠海支队深入贯彻武警部队和总队基层建设会议精神，抓好新《军队基层建设纲要》《武警部队落实〈纲要〉三十条》学习运用，制定党委机关《按纲指导计划》和《精准帮建指导方案》，按照“领导分片挂钩、股室包队定点”的思路，3名支队副职包片3个大队，机关股长与新任中队主官结对帮带，帮助基层确立建设目标、理清建队思路。组织5批79人次下部队蹲点帮建，基层建设水平逐步提升。开展“我心目中的好干部好班长”研讨、“学基本理论、学基本法规”和“大学习、大讨论、大练基本功”等活动，常态组织蹲点帮建、检查调研、考核评比等工作，1个大队、3个中队被表彰为“四铁”先进单位。以紧抓快干、攻坚克难的姿态强力推进落实“十三五”规划攻坚，如期完成8个领域72个项目。开展经常性思想教育和“一人一事”思想工作，组织“知兵情、解兵忧、聚兵心”内部关系教育和“官兵恳谈会”，帮助青年官兵解决思想里的困惑、工作上的疑惑、生活中的诱惑。年内，慰问困难党员干部52人次，协调解决23名官兵家属随军、子女入学入园事项，帮助3名官兵解决家庭涉法问题。坚持以“条令年”“翻安全倒计时牌”“安全领域专项整治”“暑期百日安全竞赛”等活动为载体，组织正规化试点，定期组织条令知识考核、队列会操和军容风纪检查等活动。投入14余万元用于基层正规化建设；印发《正规化管理图册》160册。支队被武警部队表彰为“暑期百日安全竞赛”活动优胜单位，被评为“安全工作先进个人”2人。

【后勤保障】 2020年，武警广东省总队珠海支队以建设打仗后勤为指向，开展装备维修、医疗巡诊、心理服务、被装调试下基层活动，完善改造基层基础配套设施建设。对表大纲，开展后勤战备演练等实战化训练，结合专业兵网上抽考、季度“魔鬼周”极限训练和首长机关集训，部队应急保障水平、服务打仗能力进一步提升。加强后勤规范管理，规范基层“三费”使用和装备管理，支队被武警部队表彰为装备管理“三化”达标单位。开展“厉行勤俭节约、反对铺张浪费”活动，制定伙食管理10条措施，狠抓副食品招标、配送等环节，定期组织市场调查、公布经费开支、检查伙食制度落实，严格控制副食品配送价格。以高度敏感性和坚定性常态抓好疫情防控，投入36万元购置各类防疫物资，为全体官兵接种疫苗，实现“零输入、零感染”目标，卫生队被总队表彰为“先进卫生队”。

（胡章涵）

退役军人事务

【概况】 2020年，珠海市成立由市委书记郭永航任组长、市长姚奕生任常务副组长的市委退役军人事务工作领导小组，全年召开2次领导小组会议，研究部署退役军人工作，审议重要文件，推动重大工作落实。建成市级退役军人服务中心1个，区级退役军人服务中心7个，镇（街）退役军人服务站24个，村（社区）退役军人服务站320个，实现四级服务保障体系“全覆盖”。政府机构、事业单位、社会力量“三驾马车”齐头并进的退役军人服务保障体系初步形成。12月2日，中央退役军人事务工作领导小组办公室专发一期简报，刊载珠海市退役军人服务管理保障改革创新“五大工程”的经验做法，并向全国推广。

【退役军人就业安置】 2020年，珠海市成立市委退役军人移交安置工作专项小组，加强对移交安置工作的组织领导。全年安置到公务员（参公）岗位比例达93.7%。接收冬季退役符合政府安排工作条件的退役士兵和退役消防员，安排到事业单位比例达39%。完成行政调配随军家属工作安排、自主择业随军家属档案托管和入户及军休干部接收任务，做好无军籍退休退职职工保障工作。采取联合办公方式，开展集体转制部队退役军人及随迁家属子女落户手续办理工作。

【退役军人培训与就业创业服务】 2020年，珠海市建立专业不对口军队转业干部进高校培训机制，选送到暨南大学珠海校区培训干部23人。建立帮助自主择业军转干部网络培训工作机制，帮助自主择业军转干部10人，完成清华大学网络培训课程。组织自主就业退役军人参加全市全员适应性培训，组织自主就业退役士兵、自主择业军转干部和复员干部及驻军家属开展“粤菜师傅”、电工等免费技能培训。搭建退役军人及军属就业服务平台，全年举办“拥军优属专场招聘会”12场，参会企业400余家，提供超7000个工作岗位，达成就业意向300余人。组织市内企业、退役军人参与“戎归南粤——2020年广东省退役军人网络招聘季”活动，全市20余家企业线上提供200多个工作岗位，帮助退役军人加快就业步伐。

2020年7月28日，"建行杯"第二届广东省退役军人创业大赛在广州市举办，图为珠海市两家获奖企业人员　　（伍国斌 摄）

按规定给予金融服务、财政税收、医保社保等政策扶持，与农行、邮储等银行合作，设立"退役军人军属创业金融服务推广示范点"，强化退役军人创业金融支撑。两家退役军人创办企业获得"建行杯"第二届广东省退役军人创业大赛三等奖。

【退役军人服务保障】 2020年，珠海市为退役军人提供面对面、个性化"一站式"服务；开展服务中心（站）"大练兵、大走访、大抽查、大培训"活动；建立"一人一档"走访信息档案；稳妥有序推进社保接续，成立"珠海市解决部分退役士兵社会保险问题工作小组"，制订工作方案。全年全市设立社保接续业务受理点27个。落实省级资金400万元，市级资金970万元，区级资金1493万元。落实退役军人网上信访、社保接续等业务系统的本地化部署和应用，推进退役军人相关服务事项网上办理，推行"互联网+退役军人服务"。

【双拥共建】 2020年，珠海市印发《珠海市双拥共建工作领导小组工作规则》《珠海市双拥共建工作领导小组成员单位双拥工作职责》《珠海市双拥共建工作领导小组办公室职责和工作制度》等。组织拥军慰问活动，市领导于春节、"八一"等重要节日带队走访慰问驻穗、驻珠军警部队。联合市爱国拥军促进会、市国防教育促进会等社会组织和爱心企业，持续举办"双拥在基层""双百拥军行""关爱功臣送医送药""情定南粤"等双拥共建系列活动。全年拨付抚恤优待经费4360万元，解决"三难"（住房难、医疗难、生活难）经费300万元。落实抚恤补助标准和自然增长机制，优抚对象补助逐年提升。开展"关爱功臣　送医送药"活动，选送优抚对象到广东省第二荣军医院进行短期疗养。

2020年10月，珠海市获"全国双拥模范城称号"，实现自1991年以来"九连冠"。

【祭奠革命先烈活动】 2020年，珠海市对烈士纪念设施进行保护性维修，完善相关场所的硬件设施。开展"致敬2020清明祭英烈"网上祭扫系列活动246场次，珠海籍385位烈士网上祭奠点击率平均达到4万人次。9月30日，开展"烈士纪念日"活动，市、区两级纪念活动18场次，各单位和民间纪念活动20余场次，活动庄严肃穆、规范有序。

【退役军人权益维护】 2020年，珠海市设立局机关、市退役军人服务中心信访接待窗口，建立窗口信访接待工作台账。实行局长接访日制度，每周三上午安排1名局党组成员到窗口现场接访。建立研判例会制度，每周一上午局领导班子碰头会专题研判，掌握实时动态，研究分析情况。全年接访退役军人20余批，上门走访150余人次，组织座谈10批次94人次，有效化解信访矛盾问题，其中3宗多年悬而未决的退役军人和退役军人家属的诉求得到妥善解决。　（刘光翔　林文亮）

·责任编辑：冯建华　曹　琨·

经济

经济监督管理

经济体制改革

【营商环境优化】 2020年，珠海市实施《珠海市人民代表大会常务委员会关于优化珠海市营商环境的决定》。起草《珠海市2020年开展营商环境突出问题专项整治工作方案》，推进营商环境突出问题专项整治。对照营商环境评价结果补齐短板。参加2019年广东省营商环境试评价工作，获全省第六名。

【国际贸易通关便利化】 截至2020年底，珠海市国际贸易“单一窗口”上线应用项目48个，涵盖货物申报、舱单申报、运输工具申报等领域。其中年内新增和拓展功能项目8个。出口退税（生产版）和出口退税外贸版（金三版）2个应用项目实现全省首票。探索珠海国际贸易“单一窗口”地方特色应用，持续优化香港-珠海贸易便利电子平台功能，推广平台业务覆盖量，纳入更多符合条件的企业使用，促进两地贸易便利化。电子口岸公司联合香港物流及供应链多元技术研发中心共同开发香港-珠海贸易便利化电子平台，并在高栏港试点应用。

【商事制度改革】 2020年，珠海市优化商事登记全程电子化服务系统，实现“人工智能+”商事登记。市市场监督管理局持续优化商事主体“一照一码”登记全程电子化服务系统，实现个体工商户及自然人投资的内资企业网上开办全流程电子化、零跑动。深化“一址多照”登记注册改革，探索推进粤港澳大湾区商事登记深度对接，实现港澳企业（个人）商事登记珠港澳通办。推行新一轮“证照分离”改革，破解“准入不准营”问题。7月22日，下发《珠海市人民政府关于印发珠海市进一步推进落实“证照分离”改革全覆盖试点工作方案的通知》。

【公正监管和公平竞争审查制度改革】 2020年，珠海市推进“双随机、一公开”监管，推行信用监管和“互联网+监管”改革，促进各类市场主体守法诚信经营。加强政府协同监管，建立健全跨部门、跨区域协作机制。建立以相关市领导和34个市场监管领域部门负责人等为主的成员联席会议制度，印发《珠海市在市场监管领域全面推进部门联合“双随机、一公开”监管实施方案》。市场监管部门完成双随机抽查全流程整合，实现“双随机、一公开”监管全覆盖、常态化。制定《珠海市市场监督管理局随机抽查事项清单（第一版）》。全市依托省级平台建立“一单、两库”市场监管领域部门28个，涉及市场监管领域相关部门抽查事项清单895项，执法人员2084人和市场主体36.43万家。实现全市各有关部门在市场监管领域联合“双随机、一公开”监管常态化。实行跨部门联合抽查，“进一次门、查多项事”的协同监管方式。升级改造“国家企业信用信息公示系统（珠海）”，将双随机抽查检查结果及时归集到相应企业名下，在公示系统统一公示，公示率达100%，实现“一处失信，处处受限”。开展公平竞争清理，市直各单位对47份政策措施进行公平竞争审查。印发《珠海市公平竞争审查投诉举报受理回应工作制度》。

【资源配置方式改革】 2020年，珠海市出台《珠海市财政体制改革方案》。规范和完善土地供给制度，对前期摸查的42.76平方千米存量已供未用土地信息进行更新，对增量已供未用土地进行补充，明确现存已供未用土地613宗，面积26.19平方千米，完成清查建库。年内，摸清城镇低效用地底数，建立城镇低效用地体系，并分区分类提出应对策略。出台《珠海市工业园区经济效益评价办法（试行）》。编制《珠海市2020—2022年度经营性用地出让计划》。截至年底，全市出让经营性用地35宗，面积194.53公顷，总出让收入381.04亿元。印发《珠海市政府采购文件编制负面清单》《珠海市2020年政府采购领域突出问题专项整治工作实施案》，统筹指导推进全市政府采购专项整治。搭建“公共资源交易区块链应用平台”，推进区块链的技术在公共资源交易领域的研究探索和应用实践。新建设工程交易系统实现建设工程招标投标全流程电子化、无纸化，覆盖建设工程所有行业和专业，创新应用“账户通”“易链签”“易链保”“链资信”等区块链技术。

【科技创新加强】 实施创新驱动发展战略 2020年，珠海市加强对创新驱动发展指标监测。横琴新区与澳门大学签约共建珠海澳大科技研究院，入驻该院的有微电子研发中心、智慧城市研发中心、先进材料研发中心与高级培训中心，依托研究院的产学研平台促进知识成果的转移转化。珠海澳科大科技研究院落户横琴创意谷，澳门科技大学与横琴新区签署合作协议，研究院人员和设备均入驻，并与多家珠海企业达成产学研合作意向。

高新区推动“一区多园”管理体制改革 2020年，高新区成立集成电路产业发展办公室、生物医药和医疗器械产业发展办公室，出台《珠海高新区集成电路产业发展规划（2020—2025年）》《珠海高新区集成电路产业发展行动计划（2020—2022年）》；完成2019年产业扶持政策的申报工作，拨付集成电路设计企业扶持奖励资金2200万元，生物医药和医疗器械企业奖补贴资金超2000万元。打造高端人才集聚地。核发市高层次人才奖励和住房补贴、产业发展与创新人才奖励、院士工作站配套扶持、博士后工作站点扶持等资金3348万元。12月，发放创新创业团队项目资助、新引进青年人才租房补贴、高层次人才奖励和住房补贴、院士工作站建站资助等扶持资金3983万元。设立港澳青年创新创业基地，引进培育港澳创新创业项目，年内，新引进培育港澳创新创业项目9个，累计引进项目42个，落户博士创业实体办公企业3家、引进集中办公注册企业61家，累计引进博士创业项目20个。加速企业自主研发创新。高新区纳睿达、四维时代等公司8个项目获得产业核心和关键技术攻关方向项目立项，立项资金1900万元；西默电气、数字动力等41家企业申报2020年度珠海市独角兽企业培育库项目，并落实2019年度12家市级独角兽培育库入库企业研发启动资金1680万元；英诺赛科、光驭科技、瑞能真空电子4家企业承担广东省重点领域研发计划项目（省重大科技专项）获3400万元经费支持。

横琴新区推进探索双向跨境投融资业务 2020年，珠海市配合澳门发展现代金融产业，深化粤澳金融合作，加快推进粤澳跨境金融合作（珠海）示范区建设，截至年底，横琴新区引进涉澳跨境金融企业18家。创新推出首个面向澳资中小企业专属信贷产品——“粤澳共享贷”金融信贷产品，年内，中国银行横琴自由贸易区分行获批粤澳共享贷客户28户，金额超1.3亿元。创新推动上线全市首个“跨境金融服务”综合服务平台（微信小程序），为横琴粤澳跨境金融合作示范区入驻企业提供全方位的线上服务；研发推出粤港澳大湾区专属重疾险。推动澳门本地电子钱包在内地使用。落户首个国家级海外人才离岸创新创业基地，推动海内外创新资源自由流动和科技成果转化，有澳门大学、澳门科技大学等4个授牌合作基地，进驻广东量子墨滴生物科技有限公司等海外科技类项目6个。举办第二届横琴科技创新创业大赛，聚焦集成电路和芯片设计、大数据和人工智能、生物医药和医疗器械、新材料四大行业领域，吸引符合横琴产业发展方向、有突破性原创技术的优胜团队落户横琴。建成珠海澳大科技研究院、澳门青年创业孵化中心等科技企业孵化器，全区孵化器面积达33.6万平方米，拥有高新技术企业325家，建成省级创新平台和新型研发机构22家。开展2020年度珠海市科技创业孵化载体认定与新增面积补助项目申报工作。全年获得省科技资金支持项目33个，立项金额超过1亿元。

【知识产权保护力度加大】 2020年，珠海市加强横琴国际知识产权交易中心暨国家知识产权运营公共服务金融创新（横琴）试点平台建设。4月26日，广东（珠海）区域知识产权分析评议中心在华发七弦琴国家知识产权运营平台总部挂牌成立，并开展红外体温检测仪行业专利导航。落实《关于扶持国家知识产权运营公共服务平台金融创新（横琴）试点平台建设发展的措施》，给予平台450万元补助，该平台在全市15个园区（高校）设立知识产权服务工作站，发挥平台资源优势，提供创新主体知识产权一站式服务。推进中国（珠海）知识产权保护中心建设。12月26日，中国（珠海）知识产权保护中心完成各项验收条件，并向省市场监管局（知识产权局）申请验收。依托横琴国际知识产权保护联盟平台，完成申报粤港澳大湾区知识产权公证项目，为省内中小企业提供近50次知识产权公证服务或电子数据存证服务，减半收取公证费，让利省内中小企业、科研院所、知识产权权利人。

【人才聚集】 2020年11月，珠海市研究制定新的英才计划（修订稿），并上报省委组织部。完成基础教育人才支持政策调研，起草《珠海市基础教育“特设岗位”计划实施办法（讨论稿）》，并征求各区、市直属学校的意见。完成2019年珠海市创新创业团队和高层次人才创业项目评审立项，获立项资助创新创业团队和高层次人才创业项目23个，资助金额超3亿元。完成2020年度院士工作站评审认定，获认定建站单位1家，获得建站资助资金80万元。横琴新区优化完善特殊人才奖励办法、引进人才租房和生活补贴办法、博士后管理办法及操作指南等人才政策，全年发放补贴奖励金额14.05亿元。全省首个博士博士后创新（横琴）示范中心揭牌运作。

【市属国有企业市场化改革】 2020年，珠海市印发《珠海市市管企业董事会规范运行工作指引》《关于进一步加强珠海市管企业公司治理建设的补充意见》和《关于加强上市公司国有股权管理的若干意见》等文件，完善适应现代企业制度要求的公司法人治理结构提供操作指引和制度依据。终止出台《珠海市属国有企业领导人员超额贡献激励管理办法》，后续将按照“一事一议”方式，对具有突出贡献的企业家申请在国有资本经费预算支出中安排资金给予奖励。推进国企重组整合，完成市管企业12家党委书记、董事长、专职党委副书记、纪委书记人员配备工作。重新修订市属国有企业投资管理办法，扩大授权，推进格力集团改组为国有资本投资公司改革试点，改革试点实施方案报市政府审批。

【国有资本布局结构战略性调整】 2020年，珠海市属企业重组整合方案基本落实，确保改革落到实处。印发《关于调整珠海市属国有企业主业的通知》，重点推动国有资本向符合国家战略的重点行业和关键领域集中。截至年底，市属国资国企投资产业项目300多个，投资总额超过300亿元，其中上市或即将上市的企业70余家。

【市属国有企业混合所有制改革】 2020年，珠海市多家市属国有企业通过和社会资本共同设立有限合伙企业方式，引进战略投资者，推进本企业发展。华发集团推进其下属企业华金证券上市，并启动上市辅导；向省国资委推荐华金证券申报员工持股改革试点，相关工作有序推进。免税集团上市工作进入关键期。

【东西两岸交通融合发展】 2020年，珠海市与中山市就金琴快线北延段对接中山东部外环高速公路二期连接线——中山明珠路跨线桥项目达成共识。12月3日，《伶仃洋公路通道及西延线交通详细规划》通过第四届珠海市城乡规划委员会市政与交通规划委员会2020年第二次会议审议。

【协同发展新机制】 2020年，珠海市梳理和研究涉及粤澳两地民商事纠纷、跨境司法协作等亟待理清的法律清单，制定《珠海经济特区横琴新区条例》《横琴粤澳深度合作区条例》。开展与深圳地区资源整合及项目对接工作，截至年底，落地高新区的深圳来源项目29个，总投资额达62亿元。

（刘慧娜）

发展规划管理

【发展规划编制】 2020年，珠海市统筹编制《珠海市2020年国民经济和社会发展计划》《珠海市2020年政府投资项目计划》以及《珠海市2020年重点建设项目计划》。加强对各区稳增长工作的督促考核指导；协调经济工作部门，及时出台工业、消费、外贸稳增长政策措施；科学研判分析经济形势，形成针对性、操作性较强的政策建议，为市委、市政府精准施策提供重要参考。

【投资管理】 2020年，珠海市编制《2020年珠海市政府投资项目投资计划》。市发展改革局加强政府投资项目投资计划管理，加强市区发改投资监控的联动机制，督促各区完成分解任务。建立全市固定资产投资运行监测指标体系。组织市直有关部门梳理全市促进民间投资政策并形成政策汇编。

【重点项目建设计划】 2020年，珠海市安排市重点项目543个，年度计划投资1759.16亿元，全年完成投资1956.22亿元，为年度计划的111.2%，超额完成全年重点项目建设任务。12月，市重点项目完成投资238.04亿元，为全年单月完成投资最多的月份。全市的省重点项目年度计划投资236.77亿元，全年完成投资327.69亿元，为年度计划的138.4%。年内，市政府投资项目计划安排155.55亿元，全年完成投资163.89亿元，完成计划的105.4%，建成项目28个，其中：续建项目完成投资149.84亿元，完成计划的106%；新建项目完成投资 12.61亿元，完成计划的104.3%；下达前期经费计划1亿元，完成计划的100%。

（杨浩航）

国有资产监督管理

【概况】 2020年，珠海市政府国有资产监督管理委员会（简称珠海市国资委）监管的12家市管企业资产总额8169.70亿元，比上年增长30.69%；实现营业收入1781.85亿元，增长47.95%；固定资产（不含市外及代建）投资463.06亿元，增长55.59%；上交税费274.53亿元，增长123.03%；全口径增加值（GDP）505.47亿元（含市外），增长59.69%。上缴国有资本经营预算收入11.78亿元，超额完成预算任务。珠海格力集团有限公司专项上缴非税收入16亿元。

是年，格力集团与珠海明骏投资合伙企业（有限合伙）完成珠海格力电器股份有限公司15%股份的过户手续，标志着珠海市国资委战略减持格力电器股权项目完成；华发集团入选国务院国企改革“双百企业”试点名单，是广东省唯一的非省会和计划单列市的地级市国有企业；九洲控股集团被中国旅游研究院、中国旅游协会授予“2020中国旅游集团20强”，为珠海市首家跻身该榜单企业。

【国资国企改革】 2020年3月17日，珠海市印发《珠海市市属国有企业重组整合方案》，将原来的16家市属国企整合为12家（格力集团、华发集团、九洲控股集团、免税集团、珠海港集团、公交集团、水控集团、交通集团、航空城集团、珠光集团、农控集团、保安集团），理顺管理体制和运行架构。制定容错纠错实施办法，鼓励企业进行开创性、引领性改革探索；开展格力集团国有资本投资公司改革试点。推进混合所有制改革，完成格力电器公开转让15%股权，提高格力电器市场化程度；指导华发集团将优势资源注入上市公司，启动华金证券IPO（首次公开募股）上市辅导，提高国有资产证券化水平。加大“僵尸企业”处置力度，通过依法破产、清算注销、兼并重组、改制转让、盘活脱困等方式，全部出清列入省国资委清理名单的国有“僵尸企业”851户。

【国资国企发展】 2020年，珠海市国资委以投促引助力打造五大千亿级产业集群。重点聚焦集成电路、高端制造、生物医药、人工智能、数字经济与网络安全等产业板块，新增产业投资项目（含直接投资和有重要影响的基金投资）170多个，总投资金额超260亿元。

加大投资并购力度 市属国企成为13家上市公司第一大股东，总市值约900亿元。其中，格力集团控股上市公司长园集团，引导其旗下7家企业入驻长园智能制造科技产业园区；珠海港集团控股上市公司通裕重工、天能重工，提升在风电产业中的核心竞争力，推动与全市相关制造产业协同发展，收购并私有化常熟市兴华港口，实现珠海港与长三角港口双轮业务驱动；九洲控股集团控股上市公司日海智能，发展打造人工智能物联网产业链；免税集团投资上市公司科华生物成为第一大股东，拥有具有完整医疗诊断产品及整体解决方案的体外诊断公司；航空城集团、华发集团分别控股建筑装饰行业上市公司宝鹰股份、维业股份，初步构建工程建设行业产业链。

做强高端实体产业集群 联合平安集团对北大方正集团进行战略重整投资；在集成电路、生物医药、新能源、新材料等战略性产业领域投资或引进芯耀辉IP、壁仞GPU、芯动科技、拍字节、开拓药业、臻谱基因、冠宇电池、云洲智能、万里红、高景太阳能等重点项目，打造五大千亿级产业集群。

【国资监管】 2020年，珠海市国资委发挥制度刚性约束，实现监督闭环。出台国资监管提示函和通报、专项检查工作指引、整改监督工作指引、违规投资经营责任追究管理办法等一系列制度。针对违规事项下发监管通报、提示函，发挥国资监管的警示教育和惩戒震慑作用。针对市属国企重点领域的监管，推行领导挂点，派出董事和财务总监等，严把重大决策合规关，推动1家市属国企降低融资成本过亿元；通过派驻财务总监实行大额资金联签、出资人专项检查、出资人统一选聘会计师事务所主导年度财务审计，实现监督前移。与纪检监察、巡察、审计和企业内审等部门建立监督协作机制，建立健全问题线索移送办理制度，形成内外联动、分工协作、运转高效、反馈及时的工作格局，监督查处设置小金库、公款私存以及截留、挪用国有资金等违规问题的市属国企1家。

【国企社会服务】 2020年，珠海市国资委推进“两个专项整治”，开展机关干部作风专项整治，推进领导挂点联系服务企业制度，向国企征集意见建议175条，有针对性提出整改措施75项；开展“送政策进企业”活动，强化形式主义突出问题整治，落实“12345”设立企业、群众投诉专线部署。开展营商环境突出问题专项整治，以国有企业采购为突破口，核查2018—2020年预算金额20万元以上的有关项目，查摆整改突出问题67个，移送查处违纪违法案件14件，追责问责100余人次。“十三五”期间，筹措投入扶贫资金21.66亿元，推动产业扶贫、消费扶贫、教育扶贫，开展就业帮扶，助力推动乡村振兴。全年投入消费扶贫资金2.3亿元，解决帮扶就业岗位7000多个，帮扶贫困家庭3060户、逾万人实现全面脱贫。完成国有企业退休人员社会化管理工作，实现9926人全部移交接收，人事档案移交率和党组织关系移交率均为100%。全年未发生生产安全事故和消防安全事故；获评全市扫黑除恶专项斗争优秀单位称号；全年信访数量和上访人数分别比上年下降13%和22%，受理率、按期办结率、群众满意率均保持100%。

【市管企业助力珠澳合作】 2020年，珠海市国资委指导市管企业主动融入粤港澳大湾区和粤澳深度合作区建设大局，依托自身业务布局和发展优势，把“澳门所需、珠海所能、国资所长”结合起来，丰富“一国两制”事业发展新实践。启动澳门产业多元十字门中央商务区服务基地，进驻澳门企业105家、合作机构38个，新增年产值约10亿元。承办2020澳珠企业家峰会，现场签约产业项目22个，协议签约总金额超800亿元。澳门青年企业家及澳门资金通过多种方式参与横琴多家科技及控股类项目，其中有芯耀辉IP、普强信息、立芯科技等，为珠澳创新创业深度合作提供新尝试。

【深圳市宝鹰建设控股集团股份收购】 2020年1月20日，珠海航空城发展集团有限公司以16.17亿元的价格收购深圳市宝鹰建设控股集团股份有限公司（简称宝鹰股份，002047.SZ）22.00%股份，完成协议受让过户登记，成为宝鹰股份的控股股东。该收购有利于航空城集团加快资产证券化步伐，打通融资渠道，增强资产活力，实现集团走出去，转型升级、跨越发展战略目标。

【格力电器股份协议转让】 2020年1月23日，格力集团完成股份过户登记手续，并函告格力电器，2月3日，发布《关于控股股东协议转让股份完成过户登记暨公司控股股东、实际控制人变更的公告》，宣布交割完成，至此历时近10个月的格力电器股转项目办结。此次股份转让是推动珠海市属国企改革向“管资本”转变的重要举措，有利于推动格力电器加快创新升级，提升实体经济等级和量级，更全面深入地参与粤港澳大湾区建设。

【华发集团入选国务院国企改革“双百企业”】 2020年12月26日，华发集团入选国务院国企改革“双百企业”名单，成为珠海唯一上榜企业，也是所有“双百企业”中唯一的非省会和计划单列市的地市级国企。 （林　戈）

审　计

【概况】 2020年，珠海市审计部门完成审计（调查）项目42个，查出管理不规范金额 63.02 亿元，违规金额3.33亿元，审计处理处罚金额 4.99亿元，促进整改落实有关问题资金17.33亿元，促进增收节支和挽回损失20.06亿元，审计发现非金额计量问题414个，出具审计报告和专项审计调查报告80篇，提出审计建议176条，促进被审计单位建章立制26项，提交审计专题、综合性报告和信息简报68篇，其中报送重要审计要目和审计要情6篇，获市主要领导批示6篇。

是年，市审计局获“珠海市第十届先进集体”“珠海市文明单位”称号。机关党支部获评“全市先进基层党组织”；党务业务服务“三务”融合支部工作法获评“市直机关优质基层党建工作法”；团支部获评“市五四红旗团支部”；企业审计一科获评“市巾帼文明岗”。

【审计改革】 2020年，珠海市审计部门依法全面履行审计监督职责，深化审计制度改革。成立直属分局，补强审计全覆盖短板；在全省地级市率先联合“纪巡审”协同推动审计整改；出台《办理重要事项和重要文稿工作机制》；率先推进审计质量控制及量化考核；推动派驻市管国有企业审计专员制度落地，多措并举提升审计助理归属感；推进审计全覆盖、大数据审计、审计整改、市管企业审计专员和审计助理制度改革等工作。开展审计制度整理汇编，全年修订完善各项制度40多项。

【财政资金审计】 2020年，珠海市审计部门牵头实施财政纵向到底审计，统筹各区审计机关上下联动，实施2019年度市、区财政预算执行审计。推进财政审计全覆盖，聚焦重大政策贯彻落实和重要资金管理使用情况。深化财政管理改革、政府带头“过紧日子”和财政资金提质增效。关注财政资金审批规范性、重点支出预算及政策执行、地方政府债券资金管理使用、财政存量资金统筹盘活等专题内容。揭示新增债券资金闲置未实际使用、结存资金未及时清理盘活、大量公共基础设施资产未登记入账等问题，促进25.22亿元债券资金拨付使用，统筹盘活存量资金4900万元，完善政府资产管理。

【政策跟踪审计】 2020年，珠海市审计部门开展珠海服务澳门产业适度多元化发展、科技企业孵化育成体系建设等9个政策跟踪审计项目，促进相关政策落实、项目落地、发挥实效。聚焦审计发现的重大问题，向市委审计委员会专报《重要审计信息要目》4篇和《审计要情》2篇，反映全市在疫情防控、“僵尸企业”出清、工程质量管理等工作薄弱环节，推进有关问题整改。开展疫情防控专项资金和捐赠款物专项跟踪审计，及时掌握新增财政资金直达市、县、基层惠企利民情况。

【公共投资审计】 2020年，珠海市审计部门创新投资审计项目组织模式，推进投资审计全覆盖。开展市本级政府投资项目代建管理、珠海兴业快线北段等工程审计项目，重点关注政府及市属国有企业投资工程绩效。对审计发现的部分问题发出风险提示函或审计整改函，进行风险预警，推进整改。压实相关部门责任，促进行政部门依法履职规范管理。聚焦政府及市属国有企业投资重点项目、工程建设重点环节、与工程建设相关重点部门，揭示公共投资领域存在的普遍性、系统性、积弊性等问题。

【经济责任审计】 2020年，珠海市审计部门印发《珠海市经济责任审计文书参考格式（试行）》《经济责任审计文书报送规范》《珠海市审计局经济责任审计结果反馈会指引》《珠海市经济责任审计工作联席会议议事规则》《珠海市经济责任审计工作联席会议办公室工作规则》等规范制度。对12家单位17位主要领导开展经济责任和自然资源资产离任（任中）审计，强化对权力运行的制约和监督。全年出具经济责任审计项目报告12份，发出《审计移送书》7份，并移交市（区）纪委监委等部门处理。

【资源环境审计】 2020年，珠海市审计部门开展资源环境审计项目4个，参与审计署、省厅及市局组织实施审计项目6个，参与省委巡视、市委巡察工作各1项。查出主要问题40个，金额1008万元，其中违规金额8万元、管理不规范金额1000万元；提出审计建议13条；下达审计决定1份，涉及应上收财政资金302.01万元；移送处理事项3件、金额2566万元。推动绿色发展，探索试行“资源环境审计+”模式。自然资源数据和财政财务数据综合比对，综合应用地理信息系统分析技术和大数据审计手段。交叉审计和以审代训有机结合，逐步实现对全市审计机关资环业务骨干的审计方法经验共享。开展全市“一盘棋”统筹环保项目审计，探索成果共享模式。

【国有企业审计】 2020年，珠海市审计部门联合市委组织部、编办、财政局、国资委等五部门建立派驻市属国有企业审计专员监督制度体系，深化国有企业和国有资本审计监督改革。开展国有企业“深调研”，建立领导班子挂点联系国有企业和科室对口联系政府部门措施。开展对4家市属国有企业专项审计，以及市管企业改革重组清产核资，推动国有企业加强境外企业管理、防范境外投资风险、加快“僵尸企业”出清处置、建立健全投资管理制度等审计建议，审计期间促进企业整改问题金额6871.34万元，促进增收节支3222.61万元。

【内部审计】 2020年，珠海市审计部门对89家市本级单位和国企开展专项审计调查，提请市政府在全省率先印发市级加强内部审计制度性文件。完成市本级内部审计专项审计调查项目，形成审计要情1篇。出台《珠海市人民政府关于进一步加强内部审计工作的实施意见（试行）》，推动建立全市内部审计制度。筹划5年内审检查规划，开展以国企内审检查为突破口的重点检查。履行社会审计机构出具报告核查职责，统一国家审计、内部审计和社会审计的发力点。对各区（功能区）和78家市本级一级预算单位、14家国有企业开展“一对一”上门宣讲服务。

【审计整改】 2020年，珠海市审计部门加强对审计整改的指导和督促，提高整改到位率。全年完成市本级审计项目42个，采取与整改责任单位面对面交流整改落实10次；现场审计督办、检查45次，其中专项督促整改责任单位8家，廉政回访整改责任单位7家，涉及审计项目7个，收集廉政回访测评表70份，满意度100%。是年，审计促进整改落实有关问题资金17.33亿元，其中增收节支6.56亿元，已调账金额10.77亿元；审计促进拨付资金到位1.74亿元；促进被审计单位建章立制26条。

【审计信息化建设】 2020年，珠海市审计部门推进审计全覆盖服务平台项目立项和前期审批，探索直属分局试点在线审计。在线联网审计推出审计预警、标签跟踪、在线交互、专项检查等8大功能，通过实时采集财政财务收支数据，结合国有资产、国有资源、公共投资等各类数据信息，进行标准化处理、动态化更新、关联化比对，减少被审计单位资料数据报送，减少现场审计时间和重复交叉审计，减轻被审计单位负担，提高审计监督质量效率。

【粤港澳大湾区审计研究院】 于2020年12月17日在珠海市审计局揭牌。由珠海市政府与南京审计大学、广东省审计厅共同探索政校合

2020年12月17日，南京审计大学粤港澳大湾区审计研究院（珠海）签约揭牌仪式在珠海市举行 （钟立宏 摄）

作新模式而成立，致力于推进粤港澳大湾区审计制度相互融合，研究推广应用当前国内外先进的政府大数据审计技术，建立健全大数据审计辅助科学决策和社会治理的机制，为新时期审计事业发展提供先行先试的样板经验。三方签署战略合作框架协议，共同推动粤港澳三地审计制度深度融合。（梁启敏）

市场价格监管

【概况】 2020年，珠海市市场监管部门加强市场价格监管，严厉查处价格违法违章行为，保证价格市场正常秩序。全市立案查处价格违法案件109件，其中结案96件，罚没金额541.37万元；检查药店、商场超市、农贸市场等市场主体12.7万个次，出动检查人员4.51万人次。

【疫情防控期间价格监管】 2020年，珠海市市场监管部门印发《关于紧急开展防控肺炎药品用品价格检查的通知》《关于新型冠状病毒感染的肺炎疫情防控期间加大对哄抬物价等违法行为查处力度的通知》，强化巡查力量、加强价格监督检查、坚决打击哄抬物价等不正当价格行为。推进监管关口前移，通过微信、媒体及现场张贴等方式发出2份价格提醒告诫书。疫情期间对价格违法行为立案查处87件，全部结案，罚没款43万余元；处理价格投诉举报600余件，均按时调查处理。通过《南方日报》《羊城晚报》等7家主流媒体向社会公布农贸市场、商场超市及药店哄抬物价、未明码标价等17件价格违法典型案例。加强重点商品价格监测制度和驻厂监管制度，加强生活必需品、防疫物资全链条价格监测监管。

【阶段性降价政策落实】 2020年4月23日，珠海市市场监管部门组织召开落实国家和省阶段性企业减负政策措施工作推进会。与市发展改革局、广东电网有限公司珠海供电局联合发布《关于阶段性降低企业用电成本的通告》，并通过微信公众号、局网站等媒体发布《市市场监管局关于阶段性降价政策的公

告》，加大宣传力度确保阶段性降价政策全面覆盖。组织执法人员到广东电网有限公司珠海供电局、市供水有限公司、中海油珠海天然气有限责任公司等单位开展阶段性降低非居民水、电、气价费政策落实情况专项调研，督促各单位将政策“红利”及时足额传导到相关用户。截至年底，市供水公司向1.06万户个体工商户降低用水成本约43万元；燃气企业降低用气成本3191万元；港口港务费及港建费优惠金额28万元；珠海供电局为7万家企业（不含高耗能行业），执行一般工商业、大工业电价用户降低用电成本4.4亿元。全市处理转供电案件11件，罚没款560多万元。印发《关于开展阶段性企业减负政策落实情况重点检查的通知》，截至年底，阶段性降价退费金额321万元。

【违规涉企收费检查】 2020年，珠海市市场监管部门配合国家检查组检查工作，对国家检查组交办的4宗违规涉企收费问题依法进行处理，完成市交通局违规收费问题整改，违规涉企收费案2件，完成行政处罚程序，市测绘院违规收费问题在整改中。印发《2020年珠海市涉企收费专项检查工作方案》，组织对港口、检验检疫等进出口环节和供水、供电、供气等公用事业收费，以及行业协会收费开展检查。截至年底，全市检查转供电主体627家，供水、供气、供电单位30家，港口单位3家。（郑　方）

统　计

【概况】 2020年，珠海市统计部门发挥统计工作服务经济社会发展职能，优化统计服务、深化统计改革、推进“创新数据服务年”建设，做好各项普查调查、夯实统计数据质量。是年，在全省统计系统17项年度业务工作考核中，获评优秀业务工作6项，获评良好业务工作6项；在2018—2020年度珠海市文明村镇、文明单位评选中，获评珠海市文明单位。

【统计服务】 2020年，珠海市统计部门加强与市发改、财政、住建、商务、人社、公安、税务等部门信息共享和业务联动，靠前服务，畅通部门间经济数据对接和研判渠道，发挥统计部门数库作用。服务社会公众，每月定期整理统计月报，通过微信公众号、政务网站等向社会公布，提供各项指标、数据的参考和查询资料。联合珠海传媒集团开展社情民意征集，围绕疫情期间暖企政策实施、营商环境专项整治、中小学教室安装空调、老旧小区改造等热点问题进行民意调查和研究。组织撰写经济社会发展系列统计报告，反映经济特区建立以来珠海社会经济发展成就，全年向市委、市政府报送统计分析报告101篇。

【法治统计】 2020年，珠海市统计部门制定《珠海市统计局防范和惩治统计造假、弄虚作假工作方案》《珠海市统计局防范和惩治统计造假、弄虚作假监督检查实施细则》。完善统计执法机制、加强执法力度；把好数据审核关，做好源头数据审核和查询；加强统计基层基础建设，提升基层统计人员能力和水平；加强统计普法宣传和教育，制作的《优化统计环境　防范统计造假》统计法治微视频，在第十七届全国统计法治动漫微视频征集中获第七名；与市纪委监委协同落实《市纪委监委机关加强统计领域数字造假问题监督执纪问责工作实施方案》。是年，与国家统计局珠海调查队、派驻纪检监察组联合检查，查询联网直报企业304家，其中实地执法61家，责令整改7家，依法对1家性质比较严重的企业启动立案处罚程序；对统计数据填报异常或存在两次迟报以上情形的20家企业下发统计信用异常企业认定书。

【第七次全国人口普查登记完成】 2020年，珠海市印发《珠海市第七次全国人口普查工作领导小组成员单位职责分工》《关于进一步压实责任　全力推进珠海市第七次全国人口普查工作的通知》，明确各成员单位工作职责和具体任务。全市第七次全国人口普查划分为324个普查区，普查小区1.17万个。联合市公安、民政、卫健等部门拓宽信息渠道，及时完善信息资料，创新工作方法，解决港澳台、外籍人口及外地人口流动性强、海岛人口老龄化等普查难题，完成各级普查机构组建、人口普查试点、抽样验收等工作。普查数据显示：珠海市常住人口为2439585人，男性人口占比53.46%，女性人口占比46.54%，男女人口比为114.87，年龄结构中0—14岁人口占比15.88%；15—59岁人口占比74.12%；60岁及以上人口占比10%，其中65岁及以上人口占比6.64%。

【珠澳统计合作】 2020年，珠海市统计部门指导横琴新区统计局开展澳资企业情况统计调查制度设计，出台《横琴新区澳资企业统计报表制度》，跟进指导澳资企业统计工作。8月，召开珠澳两地统计业务工作交流座谈会，就澳资企业在珠海（横琴）发展情况、统计信息系统建设、粤澳（横琴）深度合作区地区生产总值核算等方面进行交流。围绕深化珠澳合作、促进澳门产业适度多元发展等重大决策部署，立足统计职能，协调各相关单位开展专题研讨，对珠澳合作进行专题研究，撰写相关专题报告。

（曹玉华）

市场监督管理

【概况】 2020年，珠海市市场监管部门加强市场监督管理体系建设，强化市场监管，规范市场秩序，全面深化“放管服”改革，优化营商环境，推进市场准入和退出制度改革。全市实有商事主体37.67万户，比上年增长5.58%。期末实有内资（非私营）企业16.64万家，增长5.07%，注册资本（金）41746.04亿元，增长18.68%；私营企业15.22万家，增长7.98%，注册资本（金）34199.45亿元，增长26.09%；期末实有外商投资企业1.50万家，增长9.63%，注册资本（金）730.18亿美元，增长9.%。期末实有个体工商户19.51万户，增长5.73%。

【商事体制改革】 2020年，珠海市市场监管部门推进商事制度改革，营造便利化营商环境。创新登记模式，优化商事登记流程，实现“人工智能+”商事登记。优化完善全市商事主体“一照一码”登记全程电子化服务系统——珠海易注册，提升便利化程度和申请人的使用认同。1月16日，在全市各银行网点上线运行新开发的“珠海市‘银政通’智能服务一体机”，商事登记窗口扩大到银行网点。推行新一轮“证照分离”改革，实现“证照分离”改革全覆盖。对应的519项事项全部实行“四扇门”（直接取消审批、审批改为备案、实行告知承诺、优化审批服务）分类改革。截至年底，办理“证照分离”涉企经营许可事项业务（不含国家事项、省级事项）3.60万件，平均办理时间压缩85%，跑动次数减少85%，提交材料精简24%，惠及企业2.43万家。1月16日，“粤澳工商服务中心”在澳门启用，实现在珠海新设立的澳门投资企业，可在澳门本地“银政通”智能服务一体机打印、领取营业执照，并享受免费公章刻制服务。开展商事登记改革标准化试点，制定《珠海商事登记改革标准化试点实施方案》。推进政务服务“好差评”，开展疏解“百项疏堵行动”堵点痛点问题，促进市场主体健康发展。制定《疏解2020年“百项疏堵行动”堵点痛点问题整改方案》，提出整改要求和具体措施。制定《珠海市企业开办服务大厅防控新型冠状病毒疫情工作方案》，对窗口服务实施全面预约办理、优化服务流程，在疫情防控期间，以网上办、邮寄办为主，现场办为辅。推行“马上就办、办就办好”及“最多跑一次”服务。坚持落实每天中午延迟半小时下班制度和每周三“党员志愿服务岗”服务制度。截至年底，全市期末实有企业18.14万家，比上年增长5.43%。资金总额219.92亿元，增长121.07%。期末实有农民专业合作社284个，减少12个，出资总额5亿元，增长8.46%。年内，完成商事登记业务1.18万宗，商事登记咨询及窗口“预约办”1.5万人次、企业档案查询1.07万件、公检法及有关党政机关职能部门档案查询1980宗；受理食药业务3307件。完成特种设备作业人员证核发2221个，复审5408个。办理“12345”热线及有关部门转办的各类咨询投诉及信访业务250多件。

【商事主体信用监管】 2020年，珠海市市场监督管理部门联合市内其他35个部门推行“双随机、一公开”监管，随机抽取监督检查对象1.92万个，抽查结果公示率100%。被载入经营异常名录商事主体7.31万户；吊销“死户”2025户。

推进企业年报公示工作，海关管理企业和外商投资企业年报率93.43%，重点行业领域企业年报率100%。推行“双随机、一公开”监管工作。印发《珠海市在市场监管领域全面推进部门联合“双随机、一公开”监管实施方案》等。实现市场监管部门双随机抽查全覆盖，截至年底，抽取商事主体8806户，完成抽查率100%。对在抽查检查中发现的违法行为，一查到底、依法处罚，实现“一处失信，处处受限”。加强经营异常名录管理和严重违法失信企业管理工作。通过信用修复移出经营异常名录企业1.2万家。截至年底，全市商事主体经营异常名录7.16万家。列入严重违法失信企业名单452家，移出严重违法失信的企业35户，吊销企业执照2025家。归集企业登记注册、行政许可、行政处罚、抽查检查、列异列严等数据190.82万条，向共享交换平台推送数据6317.97万条。自2019年12月18日优化升级“国家企业信用信息公示系统（珠海）”，截至2020年底累积访问量达442.35万次。

【反不正当竞争执法】 2020年，

珠海市市场监管部门强化反不正当竞争执法，营造公平市场环境。对无纺布、熔喷布等口罩生产材料和中小企业供货合同不按规定履约等情况进行调查。撰写《2018年以来实施中华人民共和国反不正当竞争法的情况、存在问题和原因分析》报省市场监管局。核查市发放政府补贴消费券是否合法合规，是否存在垄断行为，相关文件的出台是否经过公平竞争审查等。加强对反不正当竞争执法的工作指导。截至年底，立案查处反不正当竞争案件11件，其中结案8件，罚款70多万元。是年，横琴新区工商局查办的“珠海某琴发展有限公司虚假宣传案”案例，入选广东省市场监管系统价监竞争业务综合培训典型案例。

【公平竞争审查】 2020年，珠海市市场监管部门全面实施公平竞争审查工作，营造良好的营商环境。召开全市公平竞争审查工作部门间联席会议。牵头组织全市开展妨碍统一市场和公平竞争的政策措施清理工作。全市审查2019年12月30日以前出台的地方性法规、规章、规范性文件及其他政策措施等文件366份，其中修订6份、废止7份，并以市政府名义进行公示。10月，广东省市场监管局检查组对珠海市随机抽取的市、区8个单位制定的16份规章、规范性文件和其他政策措施文件进行公平竞争审核，并交换整改意见。重点对市交通运输局近三年的公平竞争审查相关文件及招投标文件进行审核，并对其中违反《公平竞争审查实施细则》（暂行）的部分内容提出整改意见建议。

【质量强市战略】 2020年，珠海市市场监管部门协调全市各相关职能部门对3项重点工作、21项任务逐一细化措施、明确内容、落实责任。草拟《珠海市质量强市工作领导小组工作制度》。拟订2020年度质量工作考核实施方案，设定6项指标11个项目及具体评分要点。获“2019年度广东省政府质量奖”企业2家（全省10家），获中国质量奖企业1家（全省2家），获省政府质量奖企业8家，获市长质量奖企业10家。开展“打印耗材（有害物质限量）质量提升”专项工作。印发《关于提升产品质量标准水平支持珠海企业“走出去”的若干政策措施》。制作《珠海市高质量发展实践范例》专题宣传片。以“建设质量强市，决胜全面小康”为主题开展2020年“质量月”活动。8月28日，举办全市第一届职业技能大赛质量管理员竞赛活动，首次将质量管理员纳入全市性职业技能大赛项目。9月3日，举办2020年珠海“质量月”活动启动仪式暨企业质量工作交流大会，参加人员200多人。活动期间举办首席质量官（省、市）培训、品牌故事大赛，以及卓越绩效标准宣贯培训、质量标杆企业现场交流活动。

【强化质量监督】 2020年，珠海市市场监管部门加强质量安全日常监管。对24家工业产品生产许可证获证企业加强证后监管。开展技术性审重点工业产品生产企业40家次。推进“互联网+监管”，应用“广东省产品质量监管系统”，录入生产企业1.48万家、销售企业15.09万家。开展非医用口罩质量抽查，制定《非医用口罩产品质量提升工作指引》。对危险化学品及其包装物车载罐体产品质量安全问题、电动自行车及配件产品质量、油品质量专项整治行动等31类350批次的产品开展监督抽查和风险监测。组织开展塑料袋产品质量风险监测80批次。

【标准化管理改革】 2020年，珠海市市场监管部门强化标准化管理，向复工复产企业发送国家和行业标准信息40余次。开展针对口罩等卫生防护产品的标准专项审查，审查企业标准190余项，提供标准技术咨询100余次。对60多家企业开展口罩、防护服等防疫用品标准化政策法规宣讲多场次，创新疫情期间标准化培训模式。制定《出租小汽车消毒技术规范》《游艇舱室环境污染控制限量要求》团体标准。全年推荐27个企事业单位74个项目参与2020年度广东省实施标准化战略专项资金的申报，格力电器、天威、罗西尼等6家企业获334万元资助；推荐10家企业14个项目申报广东省2020年地方标准。制定《珠海市创建标准国际化创新型城市2020年重点工作》。完成《珠海市标准国际化创新型城市调研报告》《城市精细化管理标准支撑工程实施方案》《海陆内外联动标准化互通工程实施方案》《先进产业标准领航工程实施方案》4项标准基础工作。5月20日，完成“探索珠澳现代服务业标准一体化项目及搭建珠澳标准共享信息平台研究”项目的考核验收。10月25日起，实施《珠海市地方标准管理办法》，修订《珠海市实施标准化战略专项资金管理办法》。加大全市优质标准供给，注册社会团体16个，发布团体标准19项。

【计量认证认可管理】 2020年，珠海市市场监管部门对符合条件的

3C（中国强制性产品认证）免办申请，做到即申请即办理。举办两场防疫产品生产企业注册认证质量标准政策法律宣讲会，参与企业63家。支持企业出口，协助列入商务部出口清单的防疫物资产品企业18批35家次。举办6期中小企业质量管理体系认证培训班，参加企业352家727人。全年受理3C免办申请571宗，促使1378批次产品进口，总金额超350亿元。全市新建社会公用计量标准26项，企业新建最高等级计量标准31项，新增3C证书1000个，新增质量管理体系认证证书677个，省级检验检测机构109个。全市通过测量管理体系认证企业15家、通过二级计量保证体系确认企业38家、通过三级计量保证体系确认企业91家。对5家认证机构以前的9宗认证活动进行倒查式查验。全市检查眼镜制配场所141个，检查计量器具320台次，责令整改不合格计量器具6台次；强制检定178家眼镜制配店378台（件）计量器具。推动集贸市场计量专项检查，法定计量检定机构完成136家集贸市场在用9867台（件）计量器具的强制检定。组织对47个检验检测机构开展资质认定情况监督抽查，存在不符合项34个。落实加强3C免办事中事后监管要求，对19家3C免办申请企业52批次进口产品、零部件开展证后监督检查。

【特种设备安全监督管理】 2020年，珠海市市场监督管理部门印发《关于提高特种设备安全监管效能的有关工作意见》《关于规范特种设备安全问题报告和处理工作的通知》。全市特种设备使用单位5430个，在用特种设备数量4.65万台。加强对逾期未检特种设备的监督检查，落实《关于逾期未检特种设备跟踪处理及反馈的通知》。在全省率先建立工业气瓶信息化监管平台。6月1日，工业气瓶充装管理平台运行，所有工业气瓶必须扫码充装方可出站，完成赋码工业气瓶8.33万只。制定《2020年特种设备日常监督检查重点计划》。检查全市生产单位和使用管理单位613个，完成充装单位年度检查21个。发出监察指令书114份，出动检查人员1750人次，跟踪处理逾期未检特种设备使用单位1273个，涉及特种设备450台（套）。跟踪处理检验机构报送严重事故隐患、检验不合格涉及特种设备使用单位209家，涉及特种设备403台（套）。对全市4家企业使用诸城市中泰机械有限公司生产的10台压力容器（夹层锅、可倾式夹层锅、杀菌锅、热水罐）进行检查，发现问题并停用压力容器2台。对全市3家企业使用杭州龙博生产的7台压力容器（储气罐、吸附筒）进行隐患排查，发现问题并停用压力容器（储气罐）3台。制定《关于开展电梯使用管理人首负责任落实情况专项整治行动工作方案》，开展电梯安全宣教38场次，开展使用管理人检查721家，发监察指令书10份，责令停止使用电梯8台。与市应急管理局联合开展危险化学品生产企业执法行动，对全市75家危险化学安全生产许可证获证企业全覆盖进行检查。发出《关于加强中央空调制冷设备中压力容器安全监管工作的通知》。对22家锅炉、压力容器、电梯、起重机生产企业进行证后监督抽查，并对发现问题的整改情况进行复查与确认。

【食品生产环节监管】 2020年，珠海市市场监管部门全市完成食品生产许可116件。全市有食品生产企业519家，其中食品生产企业295家，食品生产加工小作坊147家，食品相关产品生产企业71家（含未纳入生产许可管理的产品生产企业数量6家）。组织全市食品生产环节食品安全管理人员抽查考核工作，抽考覆盖率100%。食品相关产品生产企业许可后置现场审查100%全覆盖，全年开展日常检查和组织技术性检查88家次，实现辖区企业检查全覆盖。印发《2020年食品（含特殊食品、食品相关产品）生产监督检查计划》，对食品生产企业实行风险分级分类管理，全市A级企业42家、B级企业190家、C级企业61家、D级企业2家。全年全市出动检查人员1669人次，完成检查在产食品生产企业598家次。组织开保健食品行业专项清理整治行动，全市出动执法人员1.12万人次，监督检查保健食品生产经营单位1万个，开展多部门联合执法7次，发现问题140条，责令整改问题单位70个次，立案26件，完成监督抽检320批次，1批次不合格。举办宣传培训31场，发放资料7000余份。组织开展固体饮料、压片糖果、代用茶类食品专项整治，重点对名称中含有“生物”“科技”“医药”“营养”等字样的食品生产企业加大委托加工、标签标识等方面的检查力度。全市检查食品生产企业100家次，发现问题企业21家，发现问题39个，并督促整改；立案11件，罚没款12.95万元。组织开展“湿粉统一查”行动。全市抽检442批湿米粉产品，其中生产环节13批次、经营环节154批次、餐饮环节275批次；发出“广东省市场监督管理局关于湿米粉类产品生产经营风险告知书”1137份。生产环节立案1件，罚没款7万元。全市出动检查人员222人次，完成监督检查肉制品生产企业102家次，对全市17家肉制品生产加工企业和38家肉制品生产加工小作坊实现全覆盖。完成监督抽检77批次，责令整改23起，立案查处3件，罚没金额15.7万元。开展食品小作坊五年提质行动，全市检查小作坊292家次，检查发现存在问题的117家，小作坊均完成整改；取缔食品小作坊2家，注销小作坊21家；完成抽检153批次，不合格1批次，立案2件，罚没款6.5万元。印发《珠海市肉制品生产小作坊清洁消毒指引》。通过资质审核生产企业39家，完成签约18家，进场装修7家，进行试生产企业2家。指导2家乳制品、4家湿米粉生产企业对原有厂房改造、更新设备或异地新建厂房，全面实现提档升级。指导食品小作坊改造生产环境21家次，升级小作坊5家。针对全市乳制品、食品添加剂等116家高风险食品生产企业开展质量管理体系检查和技术性审查。完成食品相关产品质量监督抽查30批次、风险监测30批次，全部合格。

【集贸市场巡查】 2020年，珠海市市场监管部门加强疫情期间农贸市场等场所疫情防控工作，开展农贸市场从业人员全覆盖核酸检测。6月18—28日，全市完成农贸市场等场所人员检测1.92万份，产品检测2901份，环境检测2897份，均为阴性。加强农贸市场、冷冻肉制品和水产品冷库及冷链物流企业疫情防控。7月13日至10月25日，检查市场1.32万家次，清洁、消毒市场2.35万家次。持续推进国产冷冻肉制品和水产品冷库从业人员、产品及场所环境核酸检测每半月全覆盖工作。督促冷库从业人员扫健康码。印发《关于印发全市农贸市场综合治理行动工作实施方案（2020—2022年）的通知》，牵头起草《珠海市农贸市场综合治理行动工作方案（2020—2022年）》，成立由市文明办、市发展改革局等9个职能部门组成的市农贸市场综合治理行动领导小组。印发《2020年珠海市文明诚信市场、文明诚信经营示范店创建活动实施方案》。全年全市市场监管系统出动执法人员4869人次，检查农贸市场2687个次。全市禁止活禽和野生动物交易。从1月25日起全市所有区域，包括活禽交易非限制区，一律禁止活禽交易。开展野生动物联合检查行动。全市各级市场监管部门出动监管执法人员3.74万人次，检查农贸市场3.21万个次，检查商场、超市1.11万个次，检查市场内经营户14.22万个次，发放宣传资料4.05万份，查处活禽类案件立案39件，无害处理活禽950千克，查处野生动物案件立案1件，移送公安部门用蛇、蛤蚧、蜂、蚁等野生动物浸泡酒一批。落实非洲猪瘟等动物疫情防控工作，全年全市市场监管部门出动执法人员9.78万人次，检查相关食品生产经营单位16.85万个次，责令改正691个次，发放宣传材料6146份。部署开展食品销售风险分级管理工作，全市食品销售者持证总数2.36万户，评级经营户1.94万户，覆盖率达82%。开展农贸市场和超市快检工作。抽检经营户5758户，抽检31.15万批次，合格率98.6%，处理快检不合格产品1.3万千克。印发《关于印发2020年食品（含特殊食品）销售环节飞行检查工作计划的通知》。部署开展固体饮料销售规范突击大检查，检查超市、医院周边食品销售店、母婴店及其他食品销售者527户。开展农贸市场湿米粉类食品销售者集中大检查行动，检查农贸市场109家次，检查湿米粉类食品销售者302家次，发现销售无严密封口产品经营户24户，发出责令改正通知书17份。

【药品监管】 2020年，珠海市市场监管部门做好疫情期间药品监管保障工作。对康明医药等8家批发企业换证事项简化核查程序，免除疫情期间现场检查，平均节省办理时限30个工作日；强化对年底到期换证的20家药品生产企业的业务指导，引导企业集中开展换证申报工作；开展对丽珠合成等3家药企的药品注册核查、8批次药品注册抽样，保证研发申报进度不受疫情阻断；引导丽凡达公司申报研发mRNA（信使核糖核酸）新冠疫苗项目，组织统筹全市药品批发企业协助采购抗病毒药品、口罩、消毒液等；为20家药品企业紧急采购口罩8万余个，对接药企出具复工复产证明材料12份。对照《广东省防治新型冠状病毒感染的肺炎疫情重点使用药品省级储备建议清单》，迅速排查梳理全市防疫用药品企业名单及产品目录，确定6家企业8个重点品种，强化清单内企业及品种监管，检查15家次，排查隐患8个，组织专项抽检15批次，未发现不合格药品。强化对联邦制药、润都制药等企业出口药品的监督检查。组织各区药品监管负责人员建立防控小组，启动应急工作机制，全面落实零售药店发热咳嗽药品购买人员实名登记制度。截至年底，向省药监局及社区报送登记信息110.75万条，组织排查药店1.12万家次，责令企业整改242家次，责令停业整顿5家次。出台《珠海市促进生物医药产业发展的若干措施》。全年全市通过一致性评价批准品规药品6个，办理境内药品经营企业提出的药品进口备案491份，协助进口药品2114批次，金额约3.3亿美元。承接粤澳医疗机构制剂中心现场核查验收工作，协助产业园与珠海市第二人民医院合作的医疗机构制剂项目落地；8月，“粤港澳中医药政策与技术研究中心”揭牌。组织执业药师“挂证”行为整治行动，对发现违规的30家零售药店作出警告。组织对药品生产企业开展检查48家次，药品批发企业43家次，药品零售企业1.11万家次，特殊药品生产经营使用单位18个次，开展药品批发企业GSP（药品经营质量管理规范）跟踪检查19家次，责令限期整改1家次。截至年底，全市抽检752批次，在零售环节发现不合格药品11批次，按要求进行核查处置。

【医疗器械化妆品安全】 2020年，珠海市市场监管部门对医用口罩、防护服、防护目镜、消毒液、测温设备及消杀药品等疫情防控物资供应企业进行全面调查摸底，形成供应与库存台账清单，动态了解物资保障情况。设立绿色通道，为10家企业生产的医用口罩、防护服办理重大公共卫生应急事件一级响应期间应急医疗器械备案，为12个病毒采样管、防护面罩等疫情相关产品加快办理Ⅰ类医疗器械备案凭证。全市口罩生产企业从1月底的1家增加至年底的50家，日产量从8000个增至500多万个（其中医用口罩生产企业为8家，日产量40多万个），防护服生产企业2家，日产量2万套。全市有医用口罩生产企业24家，红外测温仪生产企业4家，医用防护服生产企业2家，新冠检测试剂生产企业1家。对辖区内生产企业生产的医用口罩、医用防护服、新冠病毒检测试剂进行检查，出动100多人次，检查医疗器械防疫物资生产企业55家次，专项抽检30批次。对38家次出口企业质量管理体系、原材料采购、产品检验、标签说明书等开展全覆盖现场检查。与拱北海关建立合作机制，实现防疫急需进口物资“零延时”快速通关。协助放行医用口罩211万个、防护服2.76万套、监护仪10套，货值2200余万元。协助支援外事局捐赠国外友好城市防疫物资，做到核对对应国家质量标准。检查医疗器械生产企业163家次，经营企业1535家次，使用单位143个次，责令改正8家，立案6件，罚没金额17.32万元；检查化妆品生产企业36家次，经营企业312家次，出动964人次，立案22件，罚没金额1.04万元。组织开展化妆品国抽22批次、省抽60批次，医疗器械国抽16批次、省抽80批次，其中不合格医疗器械2批次、不合格化妆品2批次。办理三类医疗器械经营许可证相关事项363项，二类医疗器械经营备案相关事项1165项，一类医疗器械产品备案相关事项240项，一类医疗器械生产备案相关事项28项。开展网上国产非特殊用途化妆品备案审核1.15万个，现场检查7444个，不符合备案要求并责令改正190个。取得省颁发的医疗器械注册人证书企业1家。

【保护消费者权益】 2020年，珠海市市场监管部门加强对消费者权益的保护，补录未录入的投诉举报数据到全国“12315”平台。制定《全国12315平台与珠海12345平台对接集成工作方案》，推进本地“12345”平台与“12315”平台的对接工作。探索建立横琴澳门消费领域信用体系共建机制，促进两地消费维权“力量协同、机制互通、环境共融”。实施“澳门、横琴消费领域信用体系共建基地”管理制度，与澳门街坊会联合总会广东办事处横琴综合服务中心共同开展2020年“3·15国际消费者权益日”线上宣传活动。全年纳入食品安全监督性抽检经费234万元，保证食品抽检工作实施。全市完成食品检验量1.5万批次，完成率为163.7%，其中合格1.5万批次，不合格411批次，不合格率为2.65%。印发《关于进一步做好12345市民服务热线满意度评价及知识库更新工作的通知》《关于进一步做好提升市民满意度工作的通知》等。截至年底，转办全国“12315”互联网平台、“12345”市民服务热线、数字城管、群众来访来信等渠道的投诉举报4.74万宗，比上年增长4.45%。其中，受理消费者投诉3.98万件，增长3.78%；举报7558件，增长8.13%。截至年底，受理疫情相关投诉举报2268宗，其中涉及价格类投诉举报1961宗、涉及出售经营野生动物投诉举报5宗、涉及食品生产投诉举报53宗、涉及餐饮投诉举报154宗、涉及食品销售投诉举报95宗。

【不公平格式条款监管】 2020年，珠海市市场监管部门做好房地产类、旅游类、汽车销售类不公平合同格式条款规范治理。制定《关于进一步推进格式条款执法监管工作的通知》。是年，电台播出不公平格式条款及点评意见的节目18次，抖音、快手视频累计播放量4.27万多次，查处合同违法行为案件1件，罚没金额7000万元。全市有2351家企业（不含横琴新区，下同）实行网上申报“守合同重信用”企业公示活动。全市在省市场监管局守重系统上成功申报守重公示的企业2351家，比上年增长22.8%。进行2批次征信工作，通过公示企业2272家，比上年增长28.9%。简化办事流程，创造性地开展动产抵押登记。全年办理企业动产抵押登记143宗，抵押登记金额19.74亿元，办理变更登记9宗，办理注销登记 165宗。制定《对拍卖企业经营资格随机抽查工作指引》。

【网络监测整治】 2020年，珠海市市场监管部门强化对网络监测整治，开展网剑行动、电子烟市场专项、打击侵犯知识产权专项等专项整治活动，落实电子商务平台经营者主体责任。开展专题法规业务培训2次和网络实操培训1次。对3084个网站开展网络检查，及时规范企业网站信息。纳入全市网络市场监管系统的经营主体1.09万户，网站1.04万个、网店9194个。开展“网络市场监管专项行动（网剑）”“扫黑除恶专项”“违法交易野生动物行为专项行动”等20多项专项整治行动。全市线上网络检查网络交易平台、网站、网店经营者7130个次，线下现场检查240个次。专项监测电商平台（网站）1.92万家次，删除违法商品信息58条，责令整改网站337个，查处网络违法案件21件。发现违规督促下架野生动物交易信息4条、下架电子烟网店1家，宣传“特供”“专供”标识商品信息1条、宣传销售长江流域非法捕捞渔获物相关线索2条。制定《电商监管平台建设方案》。与电子商务平台经营者建立“一对一”的服务关系。搭建“珠海电商平台工作群”。集中约谈单耳兔、美团、饿了么等12家电商经营平台企业。通过市场监管局公众号、抖音App、短信等各种方式发布消费警示。录制《网购消费案例》宣传小视频5个、电台节目1个。向全市各网络交易经营者和电商平台企业，发送守法经营提示短信1651条，在官网和微信公众号发布网络消费警示3条。

（郑　方）

应急管理

【概况】 2020年，珠海市应急管理部门强化应急管理能力，筑牢防灾减灾救灾防线，全面防范化解重大安全风险。全市安全形势总体稳定，发生各类生产安全事故84宗，比上年下降15.15%；死亡59人，下降3.28%；受伤46人，下降23.33%；直接经济损失2237.7万元，下降15.31%，没有发生较大以上生产安全事故。全年启动暴雨、防风应急响应56次，成功应对处置台风“海高斯”正面袭击，转移安置临险人员6.2万余人次，排除水浸点156处（次），发布预警信息受众1037万余人次，未发生洪涝和干旱灾害，无水利工程出现险情，没有人员伤亡。全年发生渔港渔船火灾1起，没有人员伤亡；发生一般森林火灾3起，过火面积约1250平方米，没有人员伤亡，没有发生较大以上森林火灾。在2019年度全省安全生产责任制考核中，获“优秀”等次，全省排名第二。

【城市安全风险管控】 2020年，珠海市应急管理部门立足监管高效化，推动重大安全风险防范。加强制度建设，修订《珠海市安全生产工作分析研判例会制度》《珠海市重大生产安全事故隐患治理和挂牌督办制度》等。抓好责任落实，压实党政领导责任。突出重点行业领域，围绕重点时段，组织开展集中治理和专项整治，持续深化安全生产专项整治三年行动（2020—2022年），检查生产经营单位13.61万家次，排查整改隐患8.39万余处，下达整改责任书1.54万份，作出行政罚款5089宗，罚款4977.1万元，责令停产停业企业548家。统筹协调国家安全发展示范市创建工作，印发《珠海市国家安全发展示范市评价细则（2019年版）任务分工表》，协调解决任务分工存在争议的事项，督促各责任单位落实工作任务。

【工贸行业安全监管】 2020年，珠海市应急管理部门压实企业主体责任，落实事故隐患排查治理责任。提升企业本质安全水平，推动3820家企业运用双重预防体系信息系统开展隐患排查、上报、整治等隐患整改闭环工作，完成分类评定企业2510家、完成分级评定企业2795家。开展三大专项整治行动，督促指导各区开展工贸行业有限空间作业、粉尘防爆、液氨制冷专项整治工作，重点整治粉尘涉爆作业场所超过9人、液氨制冷快速冻结装置未设置在单独的作业间内，并且作业间内作业人员数量超过9人的企业等。深化冶金等工贸企业危险化学品使用环节安全监管作，完善监管措施，加强检查督查，突出隐患排查和整治。强化专业技术支撑，聘请安全生产专家坐班服务，弥补专业力量不足问题，有针对性地加强专业检查及精准执法。全年工贸行业监督检查生产经营企业81家，出动执法人员283人次，整改隐患问题155个，下达责令限期整改指令书51份，下达现场处理措施决定书3

份，下达整改复查意见书54份，实施行政处罚决定8宗，处以罚款12.5万元。

【危险化学品安全监管】 2020年，珠海市应急管理部门深入排查整治事故隐患，提升安全生产检查专业化水平。吸取事故教训，组织危化品企业主要负责人召开安全生产事故警示教育会议，与高栏港区安监局组织79家企业957人到长炼石化设备有限公司开展事故现场警示教育。分批邀请国内资深专家对全市危化及重点化工企业开展全覆盖过筛式安全检查，检查企业92家，排查出各类安全问题或隐患3600个。对90家危险化学品生产、经营、使用及部分化工企业开展为期3个月外包作业和特殊作业安全专项整治，督促企业建立完善外包作业和特殊作业过程安全管理。全面排查危险化学品生产储存企业的库存情况66家，掌握库存高位运行的企业底数，督促企业自查自纠，及时消除风险隐患。开展危险化学品重大危险源企业专项检查督导，检查重大危险源企业79家，排查整治隐患320个，发出责令限期改正指令书36份。深化工园区治理整改，督促高栏港区严格落实规划准入要求，推进危险废物集中处置设施建设，加强危化品运输车辆安全监管，推进安全监管和应急救援信息平台建设。

【安全生产执法监察】 2020年，珠海市应急管理部门加强执法监察，强化制度规范，修订《珠海经济特区安全生产条例》，印发《珠海市一般生产安全事故调查处理挂牌督办工作暂行办法》《珠海市应急管理局重大行政执法决定法制审核办法（试行）》《珠海市应急管理局安全生产行政处罚信息信用修复暂行办法》等部门文件。开展为期半年的企业主要负责人履行安全生产职责专项执法行动，行政处罚违反安全生产管理规定的企业主要负责人、实际控制人15人，报请纳入失信联合惩戒名单企业3家。组织横琴新区、香洲区、斗门区、金湾区应急管理（安监）局向省应急管理局申报安全生产执法监察标准化建设达标复评工作，均获评二级达标单位。做好事故调查处理和案件移送，作出事故罚款193万元，移交司法机关追究刑事责任15人。加强执法办案能力培训，组织执法人员参加生产安全事故调查处理、工贸行业安全生产专项执法工作等远程视频教学培训8次。

【应急支援与预案管理】 2020年，珠海市应急管理部门建设综合减灾工作机制，调整市减灾委（含减灾委办）成员构成，明晰相关职能部门应急管理权责。完善全市应急预案管理，完成各区、各有关部门涉及安全生产、自然灾害应急救援内容的22项专项应急预案修编，确保应对突发事件时能预判精准、规范科学、处置有力。开展避难场所正规化建设，组织核查全市固定避难场所98个、临时避难场所139个，总面积38.42万平方米，可同时安置避难人员9.25万人。推进“全国综合减灾示范社区”和“全国综合减灾示范县（区）创建试点”创建，提升社区居民防灾减灾意识和应对灾害能力。重视应急志愿者队伍的日常培育和正规化建设，参加全省社会救援力量竞技大赛，获单项“一金二银一铜”和总分并列第一。与交通运输部南海第一救助飞行队续签《应急救援飞行服务保障协议》，保障全市“海陆空”立体应急救援体系。

【森林火灾救援管理】 2020年，珠海市应急管理部门强化监督巡查，消除火险隐患。在元旦、春节、清明等重大节日期间，提请市委、市政府领导多次召开会议研究部署森林防灭火工作，压实责任。针对森林防火特别防护期，开展森林火灾隐患排查整治行动，排查重点部位346处，排查隐患123个，并全部完成整改。开展珠中江三地森林火灾扑救应急联合演练，加强三地之间业务交流，促进珠中江区域协同做好森林防灭火工作。指导各区开展实战化演练、一山一方案、一山一演练及夜间训练96次，实战调度参与扑救森林火灾6次，跨市增援肇庆端州市森林火灾扑救1次。完成“珠海应急001”大型综合性救援船舶的建造和交付使用，该船是全市第一艘应急救援船舶，实现6289平方千米全海域消防力量全覆盖。在首届全省森林消防业务技能大比武中，取得“风力灭火机项目”第一名、“消防水车操作项目”第二名、“业务理论项目”第三名以及“优秀组织奖”等成绩。

【防汛防旱防风工作】 2020年，珠海市应急管理部门强化三防法制机制建设，出台《珠海经济特区防台风条例》《港珠澳大桥台风、暴雨期间实施封桥封关及信息发布联动工作机制》《珠海市镇（街道）三防标准化建设操作规程》等。推进风险隐患排查治理，督促水务、自然资源、住建等部门排查治理水浸易涝点98处、地质灾害隐患点35处、农村削坡建房风险点34处，完成治理17处，抓好渔业船舶安全生产，收缴“三无”（无船名船号、无船舶证书、无船籍港）渔船140艘。开展应急响应行动，启动防暴雨、防风应急响应56次，出动人员5万余人次，出动巡查车辆3.8万余辆次，投入移动排水泵车开展应急抽排300余辆次，转移安置临险人员6.2万余人，排除水浸点156处（次），发布预警信息受众1037万余人。

【应急指挥信息化建设】 2020年，珠海市应急管理部门以科技信息化力为驱动，推进全市应急指挥体系建设。推进全市应急通信指挥、800M集群通信、危化企业风险监测预警、可视化一体指挥等“一张网”专项工作，建立全市集自然灾害、森林火灾、渔船火灾、安全生产等业务为一体的报警处理中心。加快智慧应急项目建设，推动全市风险管控联动响应机制的联动，并应用珠海综合服务平台“一张图”和数据共享交换平台，探索智慧城市风险管理服务大数据及综合研判平台建设途径和方法。以卫星组网、自组网等多种通信手段构建应急现场指挥通信平台，强化公网中断、电力中断、道路中断等极端条件下的应急通信保障能力。建设“危化企业在线风险监测预警平台”及“三防指挥系统二期系统”，对接省、区及各成员单位应急指挥系统，构建信息通畅、反应灵敏、指挥有力、运转高效且符合珠海特点的应急指挥体系。组建市级应急通信保障队伍，指导森林消防、渔港消防及各区加快现场应急通信一体化保障能力建设，并推动与消防、人防等单位协同合作。

【应急管理宣传培训】 2020年，珠海市应急管理部门提高安全意识，开展应急管理宣传教育和培训。在《羊城晚报》《南方日报》《珠海特区报》、珠海电视台、珠海电台等省、市媒体刊登（播）森林防火、防灾减灾、安全生产等主题新闻稿件470余篇。打造“珠海应急管理”微信公众号，发布信息865条。在微博、“南方+”、今日头条、澎湃新闻等平台开通官方账号，发布资讯1516条、文章2691篇。开展“安全生产知识有奖问答”“安全生产公众开放日”等系列宣传教育活动。邀请安全生产专家开设“安全伴我行”云课堂，开设化工、建筑施工、危化品、粉尘、涉氨等领域内容的安全生产主题宣讲培训10场，线上培训2.33万人。组织全市特种作业人员、危险化学品（烟花爆竹）等生产经营单位主要负责人和安全生产管理人员考核596场2.36万人次，核发特种作业操作证9075人。

2020年7月16日至8月31日，珠海市援赣队伍在江西省九江市永修县帮助当地群众抗洪救灾（市应急管理局供稿）

【江西抗洪抢险】 2020年7月16日和8月1日，珠海市派出市应急管理局和市水控集团抢险救援队伍2支14人、移动排水泵车4辆、保障车1辆，分2批次参与广东省支援江西省九江市永修县遂行抗洪抢险任务。连续日夜奋战45天，保障排涝设备24小时运转，累计抽排水量625万立方米，占广东省支援江西队伍总排水量的43%。8月31日，抗洪抢险队完成抗洪排涝任务返回珠海。抢险队受到江西省各级党委政府和灾区群众高度赞誉，并获广东省三防办、广东省应急管理厅通报表扬。

（朱德祥）

自然资源管理

【概况】 2020年，珠海市国土空间总体规划编制取得关键性进展。初步划定生态保护红线、永久基本农田和城镇开发边界，形成国土空间总体规划初步方案。规划在中心城区构建与城市绿道、古驿道相连，“两横两纵四节点”休闲步道系统，形成体验丰富的慢行体系，打造“可漫步的市民友好型城市”。组织编制《珠海市乡村风貌设计导则》，提升乡村风貌，分类指导农村建设，引导村民建房行为。保障自然资源需求。核发“建设用地规划许可证”492份；核发《建设项目用地预审与选址意见书》160份；完成用地报批项目124个批次，总用地规模518.95公顷，其中新增建设用地486.81公顷；全市获用地指标457.14公顷，年内动工的所有重点项目用地指标需求均得到保障。全年完成国有建设用地供应324宗，面积1759.21公顷。挂牌出让经营性用地44宗，出让总面积245.46公顷，出让总价款416.25亿元。市级林业主管部门审核审批建设项目申请使用林地115宗，面积156.80公顷。推进用海项目获批31宗，批复用海面积842.56公顷。全市重点建设项目616个，完成自然资源保障项目549个，占比约89%，基本涵盖所有应于年内动工建设的重点项目。省自然资源厅“双百”行动率先完成5个省级重点项目用地用林用海审批，完成率100%，获33.33公顷奖励指标。实际新增“三旧改造”（旧城镇、旧厂房、旧村庄）面积223.52公顷，实际完成“三旧”改造面积165.25公顷，超额完成省下达的“三旧改造”任务指标和年度考核任务。完成耕地保护责任目标考核工作。唐家、会同、淇澳、香洲埠、南屏、斗门旧街6片街区通过广东省历史文化街区评定，实现零的突破。东澳岛海关古道、凤凰山古驿道作为“海岛海防主题线路”被省政府列入2020年全省“8+3+3”条南粤古驿道精品线路。珠海规划展览馆开馆运营。完成地质灾害隐患点35处治理，全市7家矿山企业全部完成绿色矿山建设。将原有36处自然保护地整合优化为26处，其中自然保护区面积由6.17万公顷增加到6.48万公顷。全年办理各类不动产登记26.15万宗，办理不动产登记信息查询愈80万宗。抓严抓实自然资源领域执法。查处土地、矿产案件14件（土地13件、矿产1件）；移送涉嫌犯罪案件7件（土地1件、矿产6件）。全市49栋违法建筑全部按照国家整治标准处置到位。消除林业违法建设整治历史台账75.28万平方米，超额完成整治目标任务。全年委托森林公安立案51件，其中刑事案件1件、行政案件50件，查处36件。统筹完成全市国家海洋督察问题整改，全面完成近海水域乱象整治行动有关盗挖砂石整治工作。

【自然资源调查和确权】 2020年，珠海市完成第三次全国国土调查工作任务。选取前山河水流自然资源作为试点类型，推进和基本完成试点工作，明确前山河水流的自然状况和权属状况，并关联公共管制要求。完成涉土地纠纷问题的排查和自然资源权属争议摸底调查及标图建库更新工作并上报省自然资源厅。印发《珠海市关于处理不动产登记历史遗留问题的意见（试行）》。

【“房地一体”农村不动产登记发证】 2020年，珠海市开展“房地一体”农村宅基地和集体建设用地确权登记发证工作，完成权籍调查宗地9.48万宗，完成率90%。完成历史已发宅基地使用权证、房屋所有权证存量数据整合7.47万宗，宅基地发证率达85%。

【建设用地管理】 2020年，珠海市严格按照国家、省土地利用年度计划管理规定，管理历年新增建设用地指标，历年新增建设用地指标使用数均未超出省下达指标额度。使用涉及新增建设用地报批的各项指标561.3公顷，其中市级指标457.14公顷、国家及省级指标65.18公顷，拆旧复垦指标38.98公顷。

【土地储备开发】 截至2020年底，珠海市土地储备中心名下录入省土地储备监管监测系统的储备用地34宗，总面积97.56公顷；未录入省土地储备监管监测系统而实际管理的储备土地33宗，总面积3373.68公顷。年内新增市本级储备土地2宗，面积12.04公顷。通过公开挂牌出让供应储备土地14宗，总面积24.26公顷。

【土地市场】 2020年，珠海市完成国有建设用地供应324宗，面积1759.21公顷。其中基础设施、公共服务设施用地960.18公顷，占比为54.58%；工业仓储用地396.96公顷，占比为22.56%。全年供应用地中721.23公顷为重点建设项目用地，占比为41%。全年降低工业企业用地成本26.46亿元，受惠项目89个。拟出让经营性用地65宗，出让总面积456.88公顷。挂牌出让经营性用地44宗，出让总面积245.46公顷，出让总价款416.25亿元。截至年底，正在挂牌的经营性用地4宗，出让总面积15.95公顷，按起始价计算出让总价款35.16亿元。全年出让总面积261.41公顷，出让总价款451.41亿元。与市政府批准的2020年出让计划对比，出让总价款执行率约为91%。

【批而未供土地和闲置土地处置】 2020年，珠海市落实“增存挂钩”要求，强化批而未供和闲置土地处置。从部省要求的15%提高至25%设定处置率任务目标。年内，处置2017年以前形成的批而未供土地433.56公顷，处置率24.23%，全省排名第四；处置闲置土地266公顷，处置率57%，全省排名第三。均提前超额完成省自然资源厅下达任务。加强建设项目用地开竣工监管。处理开竣工延期及闲置认定案件84件，含获市政府批准的74件。其中采取延长动竣工期限48件，调整置换1件，收回4件，征收土地闲置费1件，延长竣工期限并计收违金2件，不予追究动竣工违约责任18件。

【核算、清查试点项目完成】 2020年，珠海市完成国有土地资源资产核算试点项目以及全民所有自然资源资产清查试点项目。完成3个市辖区宏观尺度、中观尺度国有土地资源资产核算和淇澳红树林湿地资源生态价值核算试点工作，以及高新区湿地、海洋资源资产清查试点工作。试点成果质量获省自然资源厅肯定，为建立覆盖所有自然资源的资产核算制度、体系、标准和方法，以及全面开展的全民所有自然资源资产清查项目，提供珠海工作经验供全省借鉴。

【测绘信息化】 2020年，珠海市统筹开展“联合测绘”改革工作，实现“联合测绘”成果数据，在建设工程项目管理各部门之间互联互通、信息共享、信用共管。推进“联合测绘”市场化和测绘事业单位改革。组织测绘地理信息“十四五”规划编制，开展国土空间基础信息平台、自然资源一体化业务平台的建设应用。实施自然资源2000国家大地坐标系的存量数据转换。开展基础测绘数据测制与更新，持续更新全市高分辨率影像数据资源。协调指导和推动各区建立“重点优先、逐年更新”的基础测绘数据更新覆盖机制。推进数字珠海地理信息公共服务平台数据资源更新与功能升级。“珠海市不动产登记存量数据整合工程”项目获中国测绘学会2020年全国优秀测绘工程奖金奖。

【土地执法监察】 2020年，珠海市在土地矿产卫片执法检查中，查出违法用地388宗，面积169.95公顷，占用耕地4.92公顷，根据自然资源部计算规则，全市违法占用耕地占新增建设用地占用耕地的比例为2.36%。全年立案查处违法案件11件。其中土地案件10件，涉及土地面积3.13公顷，罚款26.30万元；矿产违法案件1件，罚款8000元。移送公安机关案件7件。全年通过动态巡查及时处置土地违法事件650件，面积441.41公顷，其中耕地40.71公顷。

【矿产资源管理】 2020年，珠海市组织矿产资源总体规划编制。谋划“十四五”期间矿产资源勘查开发利用与保护工作，编制《珠海市矿产资源总体规划（2021—2025年）》。挂牌出让斗门区竹仔岭建筑用花岗岩矿采矿权，收缴采矿权出让收益28.6亿元。聚焦自然资源管理主责主业，履行“两统一”职责（统一行使全民所有自然资源资产所有者职责，统一行使所有国土空间用途管制和生态保护修复职责），推动余渣综合利用。印发实施《珠海市人民政府关于规范工程建设项目砂石土余渣利用管理（试行）的通知》，解决长期困扰工程建设项目砂石土余渣利用管理存在的问题。

【地质灾害防治】 2020年，珠海市开展地质灾害隐患排查、搬迁治理、应急值守、信息报送、应急演练、宣传培训等工作。年初在册地质灾害隐患点35处，年内新增隐患点18处；年内计划治理32处，实际完成治理35处，正在治理10处，正在开展治理前期工作8处。完成继续整治地质灾害隐患点市政府重点工作任务的109.4%。开展全市重点区域地质灾害风险调查工作，指导各区完成试点范围地质灾害危险性区域评估。2月12日，印发实施《珠海市地质灾害防治管理办法》，明确各有关职能部门地质灾害防治工作职责，规范地质灾害防治工作管理。推进全市工程建设项目审批制度“放管服”改革，完成各区试点范围地质灾害危险性区域评估。

【自然保护区】 2020年，珠海市有自然保护区9个，总面积6.17万公顷，其中国家级自然保护区1个，为广东珠江口中华白海豚国家级自然保护区，面积4.6万公顷；省级自然保护区1个，为广东淇澳-担杆岛省级自然保护区，面积7373公顷；市级自然保护区4个；县级自然保护区3个。

【第三次全国国土调查完成】 2020年，珠海市组织作业单位采用“互联网+”和内外业一体化调查技术，提取变化图斑2.36万个，投入100余名工作人员，拍摄外业照片15万张，调查路程2.82万千米，完成实地调查举证及数据库建设图斑8.07万个，合理消化林地、红树林不一致图斑、调整调查界线、更新耕地坡度、校核交通路网用地，数据库成果通过省自然资源厅检查，待自然资源部复核。 （龚亚军）

财 税

财 政

【概况】 2020年，珠海市一般公共预算总收入首次突破千亿元，达1003.45亿元，位居全省第五。地方级一般公共预算收入完成379.13亿元，比上年增长10.1%，税收收入占比为78.3%，地方收入总量位居全省第六，增幅位居全省第一。面对疫情影响，加快落实复工复产系列稳增长政策，税收收入完成296.7亿元，增长4.5%。各级财政部门盘活国有资源资产，深挖非税收入潜力，全市非税收入完成82.4亿元，增长36.3%。争取上级支持新增政府债券113.3亿元，额度居历年最高。

【财政支出】 2020年，珠海市一般公共预算支出677.62亿元，比上年增长10%，增幅位居全省第四。政府投资项目进度款支付比例提高到85%，工程计量周期提高至“一月两计量”，资金拨付效率大幅提升，全年财政落实政府投资项目计划支出101.31亿元，增长63.54%。面对疫情影响，聚力落实减税降费政策，聚焦非急需、非刚性支出压减力度，适度扩大支出规模，通过直达资金直接惠企利民。树立过“紧日子”思想，一般性支出比上年压减超10%，全市行政及参公管理事业单位“三公”经费下降17.4%。调减、回收统筹推进缓慢和因疫情影响暂时无法开展的项目资金超32亿元。

【财政监管】 2020年，珠海市财政落实省、市深化预算管理改革与全面实施绩效管理的改革精神，发挥财政监督服务预算管理的作用，加强对资金支出进度和资金使用绩效的监管。推进预算管理改革，提高预算安排透明度，构建科室初审、绩效评审、交叉互审、现场联审、集中汇审的五级审核机制，完成市级预算资金使用审批权限调整，财政资金安排更加透明。修订市级项目支出增减调整会议制度，建立科室定期协商机制，从申报预算单位是否合理配置资产、是否贯彻绩效管理理念、是否存在多头申请等角度严格把关发挥科室协同效应，规范市级预算单位项目支出增减调整行为。推进财政支出标准化建设，制定物业管理费、饭堂经费、预算准备金等项目支出标准，完善支出标准体系，严控财政干部在资金安排上的自由裁量权。加强财政精细化管理，打造智慧财政平台，打通信息孤岛，实现对财政资金管理“实时在线、全程留痕、全程监督”。深化预算绩效管理改革，规范事前评审、事中监控、事后评价全过程，将产出数量、质量、成本、时效、经济效益、社会效益、生态效益、服务对象满意度等指标作为绩效目标，明确将绩效目标设置作为预算安排的前置条件，对绩效目标实现程度和预算执行进度实行“双监控”，并定期通报，对预算支出进度较低、存量资金规模较大且无正当理由的资金，分类采取收回、撤销、压减、调整等措施。推进市直公益二类事业单位财政管理改革。制定《珠海市市直公益二类事业单位财政管理改革方案》，纳入改革范围事业单位27个，实现公益二类事业单位财政供给“规范有序”、收入管理“放管结合”、支出管理“动态科学”、会计核算“自主严控”。组织各区各部门自查自纠，强化预决算公开督导督查；联合市注册会计师协会、市评估协会，开展行业专项整治工作，促进行业规范。

【财政资金政策】 2020年，珠海市财政采用更加灵活的资金政策，保障各项工作开展。紧急出台《珠海市市级新型冠状病毒肺炎疫情防控应急资金保障办法》，调整、简化疫情防控资金使用审批权限和流程，实现资金保障“一日达”。执行24小时带班值守制度，确保春节期间资金拨付“不断档”“不滞留”。发挥财政政策导向作用，给予横琴新区突破性的政策支持，推动横琴新区实现跨越式发展。是年，市财政争取到中央财政2亿元、省级财政54.11亿元支持横琴新区建设。财政部门统筹资金，全力支持粤港澳大湾区建设，聚焦城市交通短板，助推交通发展实现历史性突破。规范直达资金分配、下达、拨付流程，定期核对系统数据，确保台账及时、准确反映直达资金分配、拨付、使用情况，确保直达资金直接惠企利民。

【财政管理】 2020年，珠海市财政应对新冠疫情，加强财政收支管理，优化资金审核与拨付流程。修订《珠海市市级财政预算资金使用审批暂行办法》，修订项目资金设立、审批、调剂及追加流程，规范市直单位年中追加、调剂预算，严格规范用权，从体制机制和审批源头上加强对预算资金使用的审核监管。完成财政国库支付中心改革，单位报账实现线上线下同步“联动”，疏通“不会报”“报不了”“排队等”的服务“堵点”，全年办理资金支付金额818.99亿元，比上年增长33%。推进投资审核模式改革，实现报审资料“线上预审”，项目“线下审核”，全年审核工程预算、结算竣工财务决算项目金额206.5亿元，增长19.21%。印发《珠海市财政体制改革方案》，通过调整税收收入、土地出让收入分成比例，优化政府投资以及基本公共服务事权划分等方式，强化市级统筹能力，推进财力与事权相匹配，支持各区均衡发展。印发《珠海市关于贯彻落实常态化疫情防控下促进财政可持续发展工作的若干措施》，有效应对疫情冲击对全市财政收支运行的影响。

【财政民生保障】 2020年，珠海市财政在民生方面大量投入。投入疫情防控资金16.69亿元。安排“2020年度珠海市消费券资金”7356万元，用于激发大众消费活力，重点扶持受疫情影响严重的餐饮、零售、体育健身、文化旅游等行业。安排就业支出超19亿元，为稳就业提供坚实的财力保障，支持“促进就业十条”2.0版、“粤菜师傅”、“广东技工”、“南粤家政”等工程实施。对社保财政补助、低保、特困供养人员生活补助等多项标准进行不同程度的提高，兜底民生保障；支持农村基础设施建设，投入8.17亿元；支持打赢精准脱贫攻坚战，市级财政安排扶贫资金4.26亿元，用于精准脱贫及支援对口帮扶地区、通过部门预算安排市级业务主管部门乡村振兴资金8.36亿元。全市卫生健康支出44.89亿元，比上年增长14.6%，新增公立医院床位1567张。安排医疗卫生项目建设资金8.5亿元、市级养老服务机构建设资金1.3亿元。全市教育支出110.47亿元，比上年增长6.0%，支持实施学前教育“5080”（在园幼儿公办达50%，普惠达80%）攻坚行动，新增公办幼儿园37所，新增学位3.66万个。安排前山河水环境综合治理财政资金13亿元。加强水源地、地表水环境保护，推进近岸海域污染整治、工业污染源综合整治，以及农村环境污染综合治理等多个方面做好资金保障。

【财政服务经济社会发展】 2020年，珠海市财政从政策、资金等方面多措并举服务经济社会发展。加大企业扶持力度，统筹28.68亿元支持“暖企十条”、“复工复产十条”、稳增长“1+7”政策落地；推动全市行政事业单位落实物业租金减免政策落实到位，全年减免房屋租金4355万元，惠及租户2171户；营造营商便利环境，优化保证金管理制度，全市政府采购项目取消企业投标保证金，鼓励采购单位免收企业履约保证金，降低制度性交易成本。支持科技创新提升，全年安排市级财政科技支出22.5亿元，比上年增长27.7%。深化管理改革，推进科技领域市区财政事权和支出责任划分改革，支持粤港澳大湾区国际科技创新中心建设和科技创新走廊建设。贯彻减税降费工作，加快政策红利持续释放，全年新增减税降费108.68亿元，通过“免减缓”等一系列措施，帮助中小微企业和个体工商户渡过难关；是年，为粤港澳大湾区个人所得税优惠政策实施的第一年，发布贴合全市实际的申报指南，并举办2期政策宣讲活动，确保政策落实。做好债券发行使用，稳投资扩内需补齐短板。分3批次申报发行新增政府债券113.3亿元，债券资金重点投向交通基础设施、农林水利、生态环保、教育、卫生健康、养老、文化旅游及其他社会事业、市政和产业园区基础设施等项目。

（孙梓博）

税　务

【概况】 2020年，珠海市税费收入完成1224.86亿元，比上年增长1.1%，增收13.30亿元。其中，税务部门组织国内税收964.72亿元，增长9.9%，增收86.56亿元；税务部门组织社保费等费金收入181.86亿元，下降26.2%，减收64.61亿元；海关代征进口税收78.28亿元，下降10.0%，减收8.65亿元。办理出口产品退税110.65亿元，下降7.1%，减退8.45亿元。按财政部门口径，组织地方一般公共预算收入313.28亿元，增长3.9%，增收11.88亿元。

是年，全市国内税收增速（9.9%）居全省首位，比全省平均增速（0.2%）高9.7个百分点，高于深圳（5.1%）、广州（-3.9%）、东莞（1.2%）、佛山（-6.6%）等其他珠三角主要城市水平。从税收规模看，国内税收收入规模位居全省第五；占全省税收比重4.8%，比上年提高0.5个百分点。

疫情、减税降费等因素对上半年的经济税源的影响明显，剔除格力集团股权转让大额一次性税收及调库收入因素后，上半年全市税收可比降幅为-11.0%。受大额股权转让税收、疫情及减税降费等因素综合影响，税收呈明显波动走势。

从产业看，第三产业对税收增长支撑作用进一步增强，剔除格力集团大额股权转让税收后，全市第三产业税收可比增长5.5%，快于第二产业23.9个百分点。从重点行业看，制造业（-24.0%）、批发零售业（-16.6%）、房地产业（-7.3%）税收出现不同程度下滑，但租赁和商业服务业（226.8%）、金融业（23.6%）、信息传输软件和信息技术服务业（11.9%），实现2位数以上较快增长，计算机通信和其他电子设备制造业（4.4%）、专用设备制造业（8.7%）、医药制造业（4.0%）等高端制造业在疫情中逆势发展，新业态、新经济对税收拉动作用进一步凸显。

主体税种中，企业所得税实现税收366.27亿元，受格力集团股权转让收入拉动同比增长42.6%；增值税实现税收316.22亿元，受疫情及龙头企业格力电器减收影响比上年下降10.3%；个人所得税实现税收102.74亿元，在政策进入可比期后增长18.6%。下半年全市10个地方税种收入合计增长7.1%，比上半年大幅提升19.1个百分点。地方级重点税种中，通过强化土地增值税清算管理，推动土地增值税全年清算收入在高基数上增长35.6%；推广“交房即办证”等措施，助推全年契税增长9.6%。

各级次税收均实现正增长，中央级税收增速明显高于地方级。受两项所得税较快增收拉动，中央级收入460.04亿元，比上年增长14.3%，增幅均高于省级、市区级8.2个百分点；省级收入203.78亿元，增长6.1%；市区级收入300.91亿元，增长6.1%。

从区域税收看，7个区“两升五降”：除横琴新区（95.0%）实现较快增长外，高新区（3.6%）略有增长，斗门区（-0.7%）、金湾区（-7.3%）、高栏港（-9.1%）、香洲区（-20.5%）、万山区（-44.5%）等其他区域受疫情及重点企业减收影响均出现不同程度下降，增幅最大区域和降幅最大区域差距达139.5个百分点，区域税收增长出现严重不平衡局面。

是年，经复查合格，国家税务总局珠海市税务局继续保留“全国文明单位”称号。

【减税降费】 2020年，珠海市税务部门出台《珠海税务战疫助企20条》措施，梳理编制《疫情防控期间涉税政策及指引汇编》电子书，上线“战疫服务直通车”小程序，实施税费优惠政策落实网格化管理，确保支持疫情防控的政策措施应知尽知、应享尽享。制定《珠海税务稳就业32条》措施，全面落实稳就业保就业各项税费优惠政策。年内，全市新增减税降费118.12亿元，其中：2020年出台的支持疫情防控和经济社会发展税费优惠政策新增减税降费78.64亿元；2019年年中出台的政策在2020年翘尾新增减税降费39.48亿元。

【依法治税】 2020年，珠海市税务部门严格规范税收执法行为，推进“三项制度”建设，发布执法主体权责事项清单27个。严厉打击涉税违法行为，对虚开骗税违法犯罪行为保持高压严打态势，发起“战疫”专项行动，打击震慑骗取疫情防控税收优惠违法行为。全年税务稽查立案查结141户，查补收入2.68亿元。

【税收征管】 2020年，珠海市税务部门落实《税收征管操作规范》，持续推进税源规范化管理，出台行业税收管理服务实施工作方案。落实首次个人所得税综合所得汇算，完成汇算申报进度117.39%。优化城乡居民两险征缴，扣缴率超99.5%，其中城乡居民医疗保险征收入库率100.3%，位居全省第一。

【纳税服务】 2020年，珠海市税务部门推行165项税费事项“一次不用跑”，成立线上涉税事项集约处理中心。试点推出自然人网上代开房屋租赁发票，实行不动产交易自助终端开票、减免社保费免填单免申请。全市纳税申报网报率99.81%，涉税事项网办率达89.28%。推行“税务注销即办”，即时办结率100%。制定《即审即办退税十条》，出口退税审核平均时长缩短至3.8个工作日。拓展“不动产登记+税务服务”联动模式，推动“交房即发证”便民服务落地实施。

【风险管理】 2020年，珠海市税务部门强化风险管理任务统筹扎口管理，统筹下发风险任务47批506户次，入库税款5.38亿元。强化增值税全链条智慧管理应用，完成企业虚开风险案头分析1854户次。建立“3A”（连续三年被评为A级信用级别）纳税人风险管理互信共治机制，推进重大税收违法失信“黑名单”及联合惩戒工作。

【税收共治】 2020年，珠海市税务部门在落实减税降费、组织税费收入、强化税收征管等方面构建起政府牵头、全市“一盘棋”的工作机制。强化房地产税收统筹管理，构建全市土地增值税部门联动协作管理机制。在创新不动产交易“一窗受理”、重大建安工程项目税收管理、酒店业税收管理等方面得到相关部门支持。

2020年11月10日，珠海市举行“交房即发证”启动仪式

（市税务局供稿）

【税务局与不动产登记中心联动办公】 2020年7月7日，国务院发布《国务院关于做好自由贸易试验区第六批改革试点经验复制推广工作的通知》，在全国范围内复制推广珠海市税务局与不动产登记中心合作推出的不动产登记“一证一码”便民服务模式。“一证”即不动产权证，“一码”即二维码，该服务模式主要基于移动互联网，办事群众可通过手机“扫一扫”功能，扫描受理回执单和不动产权证书上的二维码，了解不动产的自然状况和契税完税情况、税款缴纳时间、金额等信息，并办理不动产登记部分业务。

【“交房即发证”新模式】 2020年11月10日，珠海市举行“交房即发证”启动仪式，10位业主代表在交房的同时领取不动产权证，成为全市首批享受“交房即发证”的业主。市自然资源局、市住房和城乡建设局、市税务局与市不动产登记中心等部门联合推动“交房即发证”新模式，优化办理登记前的竣工验收、地价核准、报税缴税、确权等环节的办理流程，把各环节之间的办理时间压缩至最短。深化“互联网+不动产登记”，充分利用互联网、大数据、人脸识别、在线支付等技术，精简申办材料，简化办证手续，减少跑动次数，让业主在交房的同时领取到不动产权证书。

2020年珠海市分级次分税费种收入情况表

项目	年度			
	本年收入（万元）	上年同期收入（万元）	增长（%）	增收额（万元）
税费收入	12248579	12115579	1.1	133000
其中：税务部门组织税费收入	11465802	11246266	2.0	219536
一、税收收入合计	10429976	9650892	8.1	779084
（一）税务部门组织税收收入	9647199	8781579	9.9	865620
其中：中央级	4600383	4025478	14.3	574905
省级	2037754	1921192	6.1	116562
市区级	3009062	2834909	6.1	174153
其中：市本级	923365	994448	-7.1	-71083
县区级	2085697	1840461	13.3	245236
1. 国内增值税	3162185	3524927	-10.3	-362742
其中：直接征收	2721385	3020928	-9.9	-299543
免抵调库	440800	504000	-12.5	-63200

（续表）

项目	年度			
	本年收入（万元）	上年同期收入（万元）	增长（%）	增收额（万元）
2. 国内消费税	49611	47742	3.9	1869
3. 企业所得税	3662745	2,569,316	42.6	1093429
4. 个人所得税	1027433	866499	18.6	160934
5. 车辆购置税	133532	126688	5.4	6844
6. 环境保护税	944	1077	-12.4	-133
7. 印花税	85039	71962	18.2	13077
8. 城建税	244815	258595	-5.3	-13780
9. 城镇土地使用税	29153	55809	-47.8	-26656
10. 资源税	8885	7975	11.4	910
11. 房产税	114684	170950	-32.9	-56266
12. 土地增值税	704542	709034	-0.6	-4492
13. 车船税	22168	20150	10.0	2018
14. 耕地占用税	39185	22005	78.1	17180
15. 契税	357902	326419	9.6	31483
16. 其他税收（营业税）	4376	2430	80.1	1946
（二）海关代征进口税收	782777	869313	-10.0	-86536
二、社保费收入合计	1427340	1986981	-28.2	-559641
三、非税收入合计	205250	215109	-4.6	-9859
1. 教育费附加	106010	109591	-3.3	-3581
2. 地方教育附加	70658	73027	-3.2	-2369
3. 文化事业建设费	281	2786	-89.9	-2505
4. 海上石油矿区使用费	4170	3703	12.6	467
5. 税务部门罚没	310	664	-53.3	-354
6. 残疾人就业保障金	17060	21710	-21.4	-4650
7. 废弃电器电子产品处理基金	3410	658	418.5	2752
8. 免税商品特许经营费	2387	2154	10.8	233
9. 国家留成油上缴	634	801	-20.8	-167
10. 堤围费	-41	16	-349.5	-57
四、其他收入合计	186013	262596	-29.2	-76583
1. 工会经费	74300	71008	4.6	3292
2. 职业年金	111713	191588	-41.7	-79875
出口退税	1106500	1190974	-7.1	-84474

2020年珠海市分产业分行业税收收入情况表

项目	累计			
	本年收入（万元）	上年同期收入（万元）	增长（%）	增收额（万元）
合计	9647199	8781579	9.9	865620
一、第一产业	2999	2133	40.6	866
二、第二产业	2846601	3489680	-18.4	-643079
（一）采矿业	109487	103679	5.6	5808
（二）制造业	2046832	2692138	-24.0	-645306
（三）电力、热力、燃气及水的生产和供应业	147587	183701	-19.7	-36114
（四）建筑业	542695	510162	6.4	32533
三、第三产业	6797599	5289767	28.5	1507832
（一）批发和零售业	636442	763314	-16.6	-126872
（二）交通运输、仓储和邮政业	111077	100805	10.2	10272
（三）住宿和餐饮业	8168	25219	-67.6	-17051
（四）信息传输、软件和信息技术服务业	209566	187254	11.9	22312
（五）金融业	1152203	932297	23.6	219906
（六）房地产业	1981272	2136737	-7.3	-155465
（七）租赁和商务服务业	2213892	677436	226.8	1536456
（八）科学研究和技术服务业	163761	162434	0.8	1327
（九）水利、环境和公共设施管理业	5141	4148	23.9	993
（十）居民服务、修理和其他服务业	69381	94461	-26.6	-25080
（十一）教育	17818	17860	-0.2	-42
（十二）卫生和社会工作	10354	7800	32.8	2554
（十三）文化、体育和娱乐业	41986	32190	30.4	9796
（十四）公共管理、社会保障和社会组织	63405	45890	38.2	17515
（十五）其他行业	113133	101921	11.0	11212

2020年珠海市分区域税收情况表

项目	累计税收			
	本年收入（万元）	上年同期收入（万元）	增长（%）	增收额（万元）
全市	9647199	8781579	9.9	865619
横琴新区	3685539	1889548	95.0	1795991
香洲区	2919063	3672192	-20.5	-753129
斗门区	809795	815550	-0.7	-5755
金湾区	824267	889206	-7.3	-64938
万山区	77897	140229	-44.5	-62332
高新区	656532	633591	3.6	22940
高栏港区	674105	741264	-9.1	-67158

2020年珠海市税务局地方一般公共预算情况表

项目	累计			
	本年收入（万元）	上年同期收入（万元）	增长（%）	增收额（万元）
全市财政收入	3172138	3008047	5.5	164091
（一）市本级	1078612	1046060	3.1	32552
（二）县区级	2093525	1961987	6.7	131538
1. 横琴新区	994282	578399	71.9	415884
2. 香洲区	294070	365622	-19.6	-71552
3. 斗门区	258050	299180	-13.7	-41131
4. 金湾区	210742	275370	-23.5	-64627
5. 万山区	23474	26091	-10.0	-2617
6. 高新区	150391	174844	-14.0	-24453
7. 高栏港区	162516	242482	-33.0	-79966

备注：根据上级部门有关要求，2月份对2019年增值税进项留抵退税按35%省、15%市进行调库（原入库比例为25%省、25%市区），2020年起增值税进项留抵退税统一按35%省、15%市本级比例。由于财政部门重新调整增值税进项留抵退税比例为25%省、25%市区，故税务机关口径与财政口径存在一定偏差。按财政部门口径，全市税务部门组织地方一般公共预算收入313.28亿元，同比增长3.9%，增收11.88亿元。

（张申际）

金　融

综　述

【概况】　截至2020年底，珠海市本外币各项存款余额9604.51亿元，同比增加557.26亿元，增幅6.16%；本外币各项贷款余额7626.26亿元，同比增加1267.66亿元，增幅19.94%。全年，全市证券经营机构股票、基金、债券成交总额21586.88亿元，同比增长43.39%。保险业实现保费收入153.18亿元，同比增长6.54%；赔给付支出38.67亿元，减少2.7%。截至年底，全市银行、证券、保险三类机构161个，其中银行业机构47个、证券公司43家、期货公司3家、基金公司5家、政策性保险机构1个、产险公司25家、寿险公司37家。

是年，国家外汇管理局珠海市中心支局获得由国家外汇管理局和公安部联合授予的"2017至2019年度打击非法买卖外汇先进集体"称号。

【货币信贷】　2020年，中国人民银行珠海市中心支行发挥专项货币政策工具的激励引导作用，引导8家主办银行运用3000亿元专项再贷款，向35家疫情防控重点保障企业发放优惠利率贷款6.8亿元；运用5000亿元再贷款再贴现专用额度向地方法人银行发放低成本资金14亿元；运用1万亿元再贷款再贴现额度向相关银行发放低成本资金59亿元，支持超2600家中小微企业纾困发展。推动普惠小微企业信用贷款支持计划和贷款延期还本付息2项短期政策工具短期内落地，截至年底，向全市地方法人银行发放零利率普惠小微信用贷款支持计划资金超过6亿元，撬动各法人银行发放信用贷款17.5亿元；向全市地方法人银行提供1120.91万元央行激励资金，鼓励法人银行为超11.21亿元的普惠小微企业贷款本金办理延期还本付息。推动LPR（贷款市场报价利率）改革，全市法人机构存量贷款定价基准转换于10月底全部完成。完成后金融机构新发放企业贷款利率下降75BP（基点）。

【跨境人民币结算】　2020年，中国人民银行珠海市中心支行持续推进港珠澳大桥、广东粤澳合作基金、粤澳合作产业园等重点项目跨境人民币结算，助力粤港澳大湾区建设。截至年底，自业务开办以来累计汇划港珠澳大桥通行费和车票款5.8亿元；广东粤澳合作发展基金首期200亿资金全部以人民币汇入，自业务开办以来累计用款175.28亿元，用于广东省基础设施和重点项目建设。推动以横琴自贸区为平台的贸易融资资产、票据资产、融资租赁资产等金融资产跨境转让试点业务，推进大湾区金融市场互联互通，截至年底，广东自贸区横琴片区办理贸易融资资产跨境转让人民币结算业务备案银行7家，自业务开办以来累计发生业务410.09亿元。截至年底，珠海2家银行上线FT（自由贸易）账户系统，自业务开办以来累计开立账户465户，办理资金划转、结售汇等132.25亿元业务。

【支付清算和账户管理】　2020年，中国人民银行珠海市中心支行推动粤澳跨境电子账单直接缴费系统启动，支持澳门居民使用其在澳门账户线上查询并缴纳在广东的各类日常费用；打造跨境人民币全程电子缴税平台，实现港澳企业使用境外卡及支付工具即可完成境内缴税；指导推动澳门居民社保"一站办、线上办"业务落地；提出的关于推动移动支付助力珠海智慧城市建设的建议被列入珠海市第九届人大八次会议议程；推动桂山镇、唐家湾镇、井岸镇、三灶镇建设成为全省首批百个移动支付示范镇，带动农村移动支付推广应用向纵深发展；推动本外币合一银行结算账户试点工作在珠海落地实施；开展"断卡行动"，全面清扫涉案账户。

【征信管理】　2020年，中国人民银行珠海市中心支行推广应收账款融资服务平台，促成广东首笔政采贷线上抗疫贷款在珠海落地，征应收账款融资服务平台促成融资362笔，金额93.47亿元。依托粤信融平台，支持抗疫企业融资，加大信用支持，助力企业复工复产，通过粤信融平台完成引导企业注册用户数2.51万户，融资交易1567笔，金额175.78亿元。1月，实现二代征信系统上线切换，征信服务水平得到重要提升；7月10日，在全国率先促成首笔港澳台居民自助查询信用报告落地珠海，截至年底，港澳台自助查询机受理查询业务969笔。征信服务支持疫情防控成效显著，疫情期间迅速制定征信服务工作方案和应急处置预案，构建"互联网查询+自助查询+柜台查询"服务新模式，推广线上查询，全年，个人查询17.32万人次，企业查询9307次，布放对外服务自助查询代理点16个，减免辖内金融机构应收账款质押登记、变更登记、异议登记费用5.65万元，企业和个人信用报告查询费用18.41万元。通过《观海融媒》、《珠海金融》公众号、《羊城晚报》、“南方+”等主流新闻媒体开展征信专题宣传。

【国库业务】 2020年，国家金库珠海市中心支库在全国率先推出跨境人民币银联在线支付电子缴税，实现跨境缴税的全程电子化自助办理和税款直缴入库。开启国库应急支出绿色通道，确保新冠疫情防控资金及时拨付。加快退税业务办理速度，办理出口退税、增值税留抵退税、个人所得税等退库业务36.1万笔，比上年增长6倍多，金额合计179.41亿元。加强国库会计核算业务工作，办理各类国库业务337万笔，增长1.4%，收纳各级预算收入2352.60亿元，增长10.6%，办理地方财政支出1777.95亿元，增长15.4%。推动国库与审计联网监督工作，以珠海市高新区为试点开展审计和国库对预算收支执行的联合监督。

【反洗钱监管】 2020年，中国人民银行珠海市中心支行精准施策，提高监管措施针对性，对辖内反洗钱义务机构开展执法检查1个、风险评估1个、监管走访5个、书面质询29个、分类评级141个，推动被监管对象提升反洗钱工作水平；与市财政局联合发布《关于加强珠海辖区注册会计师行业反洗钱和反恐怖融资工作的通知》，扩大特定非行业反洗钱监管合作范围；与公检法部门建立常态化的线索双向反馈和案情共享工作协调机制，依托“警银汇”联合办公工作室，配合公安机关开展“3·25”涉黑专案的线索核查和“黑财”追缴追赃工作，实现辖区黑社会性质案件洗钱入罪零的突破；向执法机关移送案件线索84条，涉及金额340.62亿元，协助市税务局、市公安局扫黑办、经侦部门等开展反洗钱调查16次，破获案件5件。

【金融消费权益保护】 2020年，中国人民银行珠海市中心支行与市中级法院、银保监珠海分局、市金融局签订《全面推进珠海市金融纠纷多元化解机制建设合作备忘录》，组织市金融纠纷人民调解委员会分别与市中级法院、斗门区人民法院签订诉调对接合作协议，增设斗门法院金融纠纷调解室。开展“最美金融人”案例征文，“普及金融知识、守住钱袋子”海岛行等宣传活动，举办微视频线上竞赛。加强非法金融广告治理，开展辖区“金融广告随手拍”微信小程序上线推广应用，发挥市广告监管工作联席会议的联动作用。

【国际收支】 2020年，珠海市跨境资金流动总额875.51亿美元，比上年下降1.88%，其中流入464.43亿美元，增长10.26%，流出411.08亿美元，下降12.73%，顺差53.35亿美元，由上年逆差转顺差。

【经常项目】 2020年，珠海市货物贸易名录登记企业7439家，外贸进出口总额394.62亿美元，比上年下降6.5%，其中出口232.48亿美元，下降3.1%；进口162.14亿美元，下降11.0%。货物贸易外汇收支总额387.84亿美元，下降16.88%，其中跨境收入237.33亿美元，增长1.94%；跨境支出150.51亿美元，下降1.37%。

【资本项目】 2020年，珠海市办理外商投资企业存量权益登记5007家。办理直接投资项下外汇新登记254笔，变更及注销登记54笔，外商直接投资（FDI）入账登记535笔，境外投资（ODI）登记55笔；新登记外商投资企业投资总额39.11亿美元，注册资本34.94亿美元，其中外

2020年12月14日，粤澳跨境电子直接缴费系统首批客户启用仪式在珠海国际会展中心举行　　（中国人民银行珠海市中心支行供稿）

方注册资本29.99亿美元。境内投资主体新登记境外直接投资总额4.98亿美元。外债新签约登记57笔，登记变更160笔，注销登记3笔，截至年底，珠海辖区外债余额6.26亿美元。办理全口径项下跨境融资业务32笔；企业对外担保24笔，担保责任余额15.61亿美元。珠海跨国公司外汇资金集中收付汇105.3亿美元，增长56.23%；其中集中收汇51.54亿美元，增长54.26%，集中付汇53.76亿美元，增长58.16%。

【粤澳跨境电子缴费系统】 2020年12月14日，中国人民银行珠海市中心支行推动粤澳跨境电子缴费系统启动上线，支持澳门居民使用其在澳门账户线上查询并缴纳在广东的水费、广播电视、物业等各类日常费用，澳门居民“足不出澳”享受跨境账单查询和缴纳“一站式”服务，实现粤港澳大湾区无障碍支付圈建设进程取得新突破，助推珠澳经济金融大融合大发展。

【港澳台居民信用报告自助查询】 2020年7月10日，中国人民银行珠海市中心支行启动粤港澳大湾区征信服务创新试点，配合人民银行广州分行研发新款自助查询设备，率先推出港澳台居民自助查询服务在珠海上线，支持港澳台居民来往内地通行证、护照等证件的个人信用报告自助查询，并完成全国首笔港澳台居民信用报告自助查询。

（黎玮茵）

金融管理与服务

【概况】 2020年，珠海市金融逆势增长，为全市GDP（地区生产总值）实现正增长注入强劲动力。全市金融业增加值突破400亿元，达402.67亿元，比上年增长9.7%，占GDP比重11.6%，对GDP增长的贡献率为30.2%。金融业实现税收115.22亿元，增长23.6%，增速在主要行业中排名第二。截至年底，全市银行业金融机构本外币各项存款余额9604.51亿元，比上年增长6.16%；各项贷款余额为7626.26亿元，增长19.94%。全市证券经营机构股票、基金、债券成交总额21586.88亿元，增长43.39%；全市保险业实现保费收入153.18亿元，增长6.54%。截至年底，全市12家小额贷款公司贷款余额为8.94亿元，资产规模达14.7亿元；11家融资担保公司在保余额达88.37亿元，增长17.9%；24家典当公司典当余额为2.82亿元，增长5.22%；纳入统计的31家融资租赁公司资产总额126.37亿元，不良资产率4.15%；纳入统计的18家商业保理公司资产总额64.85亿元，融资余额42.44亿元。

【上市企业培育机制优化】 2020年，珠海市启动与深交所战略合作，推动市政府与深交所正式签订战略合作框架协议，成立上市挂牌企业协会。市金融工作局联合深交所举办活动10余场次，对接100余家企业，支持珠海博杰电子股份有限公司在深交所成功上市，首发募集资金6亿元；市内主体在深交所发行公司债及ABS产品15只，总规模178.2亿元。全市境内外上市公司38家，新三板挂牌公司58家。精准服务上市潜力企业。运用“科技+”搭建上市培育综合服务平台，建设上市后备企业库以及金融、中介机构库，导入上市后备企业资源库2029家。在中国证监会排队的企业5家，在广东证监局接受上市辅导的企业15家。全年举办融资对接专场会20余次，为拟上市公司“一对一”对接基金和投资公司，帮助企业及时融到发展所需资金。引荐促成国际投资公司ARM和韩国SK对英诺赛科公司投资与合作，引入投资15亿元。联合券商、律所、会所等专业机构，发行创新创业公司债、为企业对接知名投资机构引进战略投资人、协调银行机构给予企业贷款额度、协调企业股权质押融资置换等措施，有效缓解多家上市公司股权质押、摘牌等风险。支持拟上市等民营企业平稳发展，帮助企业解决上市和发展过程中遇到的各种问题，为55家次上市企业和拟上市企业出具无违规证明。

【基金管理】 2020年，珠海市发展私募股权、创业投资基金。全市在基金业协会备案的私募投资企业1995家，含私募基金管理人560家（管理资金规模达4197.84亿元）、私募基金企业1435家（管理资金规模达4065.71亿元）；股权、创业投资企业2106家。私募基金投资实体企业397家次，认缴投资100.39亿元。全国首家法资私募基金管理人迈德瑞投资管理（珠海横琴）有限公司落户横琴。推动国内知名投资机构与珠海高科创投合作，联合发起设立规模为8000万元的创业投资基金，该基金投资高科技项目8个，其中3个项目引进落户珠海，促进集成电路、人工智能高科技领域发展。人才创新创业投资基金投资项目6个，投资金额1600万元，重点支持先进制造、生物制药、人工智能、集成电路等战略性新兴产业发展。推动100亿元规模的韩国SK集团相关半导体产业基金落地横琴，以资金链带动产业链，以产业链牵引资金链，支持珠海电子信息产业发展。

【企业融资扶持】 2020年，珠海市开展银行支持实体经济发展评价工作，完成社会保险资金分存规模达474亿元，引导全市银行机构加大对实体经济重点领域及薄弱环节的支持力度。银行评价工作“指挥棒”（银行服务小微监管考核）引导成效明显，制造业、高技术企业、小微企业贷款实现快速增长。发挥“四位一体”（由政府、企业、银行、担保或保险相互构成）融资平台作用，对中小微企业贷款以及融资担保贷款提供风险补偿及贴息支持，全年，“四位一体”融资平台支持中小微企业贷款61.76亿元。加强对科技型企业贷款的支持，截至年底，高技术企业贷款余额378.61亿元，比上年增长28.63%。牵头负责全市营商环境评价“获得信贷”指标填报，组织相关单位全面梳理、查漏补缺、补齐短板，引导银行机构重点加强对民营企业、科技企业和中小微企业的资金支持，提升企业获得信贷资金的便利化水平。

【支持企业复工复产】 2020年，珠海市全力支持疫情防控和复工复产。市金融工作局及时部署，扎实防控，确保金融业零感染、零传播；牵头组建“支持企业复工复产金融专班”，深入企业开展调研87家次，通过网络直播等形式召开专题政策宣讲会12场，召开政银、政银企对接会13场，调研收集1041家受疫情影响出现资金短缺企业的融资需求，协调银行机构疫情期间为相关企业新增授信超过84亿元；及时制定强化疫情防控重点保障企业资金支持实施方案，用好用足人民银行专项再贷款再贴现等措施，精准传导中央优惠政策；出台《关于金融支持复工复产促进经济平稳发展的若干措施》及配套细则，从贴息、贴费、风险分担等方面加大地方金融政策支持力度。

【金融招商】 2020年，珠海市开展金融招商，推动市政府与光大集团签订战略合作协议，推进与潮商东盟基金、招商局集团、瑞士再保险有限公司签订合作协议，提供全方位综合服务，与各类金融机构接洽100余个次。支持澳门国际银行设立汇濠证券公司，服务澳门经济适度多元发展。支持本地最大法人银行珠海华润银行申请总部企业奖励，3名高管被认定为市高层次人才。加快建设金融科技产业平台，在横琴、香洲、高新区打造金融科技产业园，为金融科技企业进驻提供载体支持。金融科技产业发展势头良好，金邦达、汇金科技、金智维、普强时代等40多家优质金融科技企业和工商银行、农业发展银行软件开发部门等“国家队”科研机构落户珠海。争取新金融业态落地，华金供应链金融服务有限公司获批省供应链金融沙盒首批试点。推动知名集成电路领域投资机构达泰资本与高新区政府投资基金合作设立港湾达泰股权投资基金，引入芯动力、亿智科技、迈巨微电子等优质集成电路项目，实现3倍的账面投资回报。

【巨灾保险保障制度建立】 2020年，珠海市构建巨灾指数保险体系。市金融工作局与瑞再保险开展多轮专题研讨，确定全市巨灾保险的保险责任、赔付限额、保险费、各区保险参量权重表等指标体系，印发实施《珠海市巨灾保险试点工作方案》和《珠海市2020年度巨灾指数保险方案》，建立符合经济社会发展水平和特点的巨灾保险制度，保障社会稳定运行。创建珠海保险业高质量发展示范区，支持斗门区创建市保险业高质量发展综合试点示范区，构建覆盖面广、层次丰富的保险保障体系。

【金融领域开放合作】 2020年，珠海市深化珠澳金融合作，落实金融支持大湾区发展30条，结合国家和省对珠海的定位要求和实际情况，制定印发《珠海市关于贯彻落实金融支持粤港澳大湾区建设意见的重点工作及实施方案》。组建由分管副市长担任组长和相关政府部门、金融监管部门以及金融机构担任成员的工作专班，联合澳门金融管理局组织召开2020年珠澳金融合作例会，推进金融支持粤港澳大湾区建设的各项金融政策项目在珠海落地实施。

【澳门特色金融服务基地建设】 2020年，珠海市进驻首家澳资QFLP（合格境外有限合伙人）试点企业、澳门保险中介行业协会等澳资企业、服务机构18家（个）。推进建设以中药材为主要品种的商品交易中心，完成中药材交易中心战略迁址，引入战略投资者，探索建设国际中药材信息中心、交易中心和定价中心，为珠澳中医药产业合作发展提供强大助力。完成粤澳跨境电子直接缴费系统建设，首批客户落地珠海，完善两地客户的支付手段，增添一项重要金融基础设施。与澳门共建金融人才培训合作中心，举办系列高级研究班、金融论

2020年9月19日，2020年度第三届横琴金融论坛在横琴凯悦酒店举行，主题为“新形势下琴澳产业多元发展：课题与前景”，为横琴、澳门两地产业多元化提供更多思考和建议（横琴新区智慧金融研究院供稿）

坛等活动，通过金融教育的融合，促进金融人才的互通互认。

【珠港澳金融市场互联互通】 2020年，珠海市有效提升珠澳跨境资金融通便利化水平，不断便利港澳居民在珠海发展。全面优化外商投资股权投资企业试点，落地珠海合格境外有限合伙人（QFLP）试点企业14家，通过试点引进资金约40亿美元，投资于产业项目。自由贸易账户（FT账户）规模稳步扩大，便捷企业资金跨境流动，截至年底，累计设立FT账户企业465家，资金划转量超73亿元，外汇买卖超9亿元，信贷投放超47亿元。首单粤港澳大湾区专属重大疾病保险落地珠海横琴，有利于提高珠海保险业竞争力，促进大湾区保险业融合发展。“首发大湾区双币种国际绿色债券和双创债券”和“对澳跨境特色金融示范合作”入选广东自贸区五周年金融开放创新最佳案例。粤澳两地在横琴设立规模200亿元的粤澳合作发展基金，通过对珠海大横琴科学城、河惠莞高速公路等19个项目投资，实现投资收益约4亿元返回澳门。

【金融风险防控】 2020年，珠海市制定《2020年珠海市防范和处置非法集资工作要点》、相关突发风险应急预案等6个方案，妥善处置涉及非法集资矛盾纠纷，超额完成非法集资案件查处任务，存量案件处置下降50%。有序推进全市最后2家P2P网贷机构业务清零和良性退出，广东粤财互联网金融股份有限公司成为广东省首家获批转型全国经营互联网小额贷款公司。加强对小额贷款、融资担保、商业保理等6类机构的日常监管，开展涉非涉稳、外地金融平台珠海分支机构等排查整治，逐一核查处置全市疑似从事私募业务的“黄色预警”企业152家。持续做好常态化宣传教育，举办“珠海市2020年度防范和处置非法集资业务大讲堂”，活动信息稿被“学习强国”学习平台采用刊发宣传。组织开展“舞出健康生活·远离非法集资”广场舞大赛和“防范非法集资”短视频、微海报大赛，多种形式引导广大市民远离非法集资。“珠海市充分调动多方力量 构建非法集资风险联防联控工作机制”做法得到国家处置非法集资部际联席会议办公室肯定，并向全国推广。（方铁伟）

银行业

【概况】 2020年，珠海银行业强化政治担当，支持稳企业保就业，信贷投放规模大幅增长，压降不良贷款，风险防控取得成效。截至年底，全辖有银行业金融机构11类58个，其中银行业法人机构8个，代表处1家，有营业网点506个，从业人员1.14万人；横琴自贸区银行业金融机构26个，其中代表处1家，有营业网点31个，从业人员780人。银行业金融机构资产总额11041.19亿元，比上年增加602.68亿元，增长5.77%，其中各项贷款余额7612.26亿元，增长20.00%。负债总额10534.92亿元，增加544.79亿元，增长5.45%，其中各项存款余额9373.68亿元，增长8.04%。银行业不良贷款率0.58%，下降0.31个百分点。

【服务实体经济】 2020年，珠海银行业落实“六稳”（稳就业、稳金融、稳外贸、稳外资、稳投资、稳预期）“六保”（保居民就业、保基本民生、保市场主体、保粮食能源安全、保产业链供应链稳定、保基层运转）任务，服务实体经济，推进经济社会加快复苏。用好宽松的货币政策释放的流动性红利，压降同业业务，引导银行业“脱虚向实”。截至年底，辖内银行业贷款余额比上年末增加1268.88亿元，增加165.77亿元，其中制造业和基础设施建设贷款余额增加267.83亿元，增加174.52亿元。灵活运用借新还旧、续贷或延期还本付息等政策帮助企业渡过难关，通过利率优惠、减免罚息、下调费率等方式为实体经济让利。实施延期还本付息中小微企业超2万家，对受疫情影响的企业减免开户、转账结算等收费项目30余个。

【珠澳民生金融服务融合】 2020年，珠海银保监分局持续推进横琴粤澳深度合作示范区建设，引导督促银行业继续深化跨境金融创新，纵深推进粤港澳金融合作。推广FT账户，为自贸区企业开立FT账户近500户，办理FT结算业务12.33亿美元。支持辖内银行机构运用科技手段，联动工商、税务等部门，从账户、融资、纳税等全流程对接，为澳门居民和企业提供账户开立、工商登记、投资置业等金融服务便利。截至年底，为澳门居民开立账户超7000户，办理跨境按揭贷款结汇8.77亿美元。

【普惠金融服务】 2020年，珠海银保监分局提升普惠金融服务水平。基本实现小微企业贷款增量扩面提质降本。指导辖内银行稳妥推进“百行进万企”，综合运用“粤信融”“信易贷”等线上融资对接平台扩大小微企业服务覆盖面。组织开展“清理乱收费、降低企业负担”专项自查，加大违规抬升小微企业综合成本行为的排查力度。截至年末，辖内普惠型小微企业贷款余额596.72亿元，比上年增长46.17%。加大“三农”（农村、农业和农民）领域信贷支持。对法人银行设置涉农贷款和精准扶贫贷款增长指标，对大中型银行分支机构单列涉农贷款计划，一把手带队走访调研农业企业融资需求，提高“三农”领域信贷支持能力。全市普惠型涉农贷款余额比上年末增长28.48%。

【金融消费者权益保护】 2020年，珠海银保监分局妥善处置信访投诉和各类突发事件，维护金融消费者合法权益。对侵害消费者权益的行为“零容忍”，全年受理信访投诉举报564宗，到期办结率100%，稳妥处置中国银行“原油宝”风险事件。落实相关风险的属地监管责任，督促辖内机构在上级行的统一部署下主动对接投资者，做好安抚工作，推进和解协议签订。截至年底，辖内“原油宝”投资者和解协议签订率94.26%。组织开展“3·15”消费者权益保护宣传周、金融知识普及月、金融知识进万家等宣传活动，各类线上线下宣传触及消费者超100万人次。

【医保一站通】 2020年，珠海银保监分局指导中国银行横琴分行配合中国银行澳门分行推进澳门居民珠海社保“跨境办、线上办、一站办”业务。该业务是政府、银行、医疗三大领域融合合作的全国首创新模式，澳门居民参保由原来要跑4个部门、耗时20余个工作日，缩减至“只跑一次”且1小时即可办妥，便利澳门居民在珠海参保。截至年底，服务澳门居民8000余人次。

【消费扶贫】 2020年，珠海银保监分局指导农业银行珠海分行发行广东首张、全国农业银行系统首张消费扶贫专属信用卡“消费扶贫爱心卡”，推进消费扶贫行动和乡村振兴战略，引导消费者广泛参与消费扶贫。截至年底，农业银行珠海分行消费扶贫爱心卡发卡量1.75万张，带动消费额2775万元。

2020年6月11日，金融助力消费扶贫——乡村振兴政银战略合作签约暨“消费扶贫爱心卡”启动仪式在珠海举行 （农业银行珠海分行供稿）

【银行业扫黑除恶专项斗争】 2020年，珠海银保监分局督促辖区做好扫黑除恶工作，开展线索摸排，配合相关执法机关做好涉黑、涉恶账户资金监测和查询、冻结。全年辖内银行协助查冻扣涉黑银行账户110个。

【非法集资活动打击】 2020年，珠海银保监分局围绕从业人员涉足非法集资、机构为非法集资提供服务或便利等问题开展非法集资专项风险排查，覆盖银行保险机构网点648个，排查人员2.32万人。督促辖内银行加强大额可疑资金和涉嫌非法集资可疑排查，及时向地方金融监管部门移交非法集资线索，发现并移交线索14条。

【新型电信网络诈骗活动打击】 2020年，珠海银保监分局配合公安部门开展打击电信网络诈骗“断卡”行动，督导辖内银行依据涉案账户查控、限制开卡数量以及实名制管理等规定，开展账户全面核查清理，排查银行户数1500余万户，银行卡超1900万张。

【工商银行珠海分行】 2020年末，中国工商银行珠海分行在珠海辖内有网点50个，员工1110人。资产总额1203.38亿元，比年初增加176.22亿元；负债总额1180.33亿元，比年初增加176.26亿元。各项贷款余额957.28亿元，比年初增加132.11亿元；各项存款余额1127.36亿元，比年初增加185.68亿元。全年实现净利润19.10亿元。

【农业银行珠海分行】 2020年末，中国农业银行珠海分行在珠海辖内有网点45个，员工970人。资产总额858.29亿元，比年初增加148.79亿元；负债总额846.57亿元，比年初增加147.20亿元。各项贷款余额750.86亿元，比年初增加87.19亿元；各项存款余额825.80亿元，比年初增加139.83亿元。全年实现净利润11.66亿元。

【中国银行珠海分行】 2020年末，中国银行珠海分行在珠海辖内有网点45个，员工1005人。资产总额779.37亿元，比年初增加75.71亿元；负债总额764.95亿元，比年初增加75.15亿元。各项贷款余额591.03亿元，比年初增加79.12亿元；各项存款余额691.12亿元，比年初增加65.38亿元。全年实现净利润6.41亿元。

【建设银行珠海市分行】 2020年末，中国建设银行珠海市分行在珠海辖内有网点48个，员工1099人。资产总额1053.79亿元，比年初增加178.78亿元；负债总额1065.79亿元，比年初增加176.50亿元。各项贷款余额869.31亿元，比年初增加152.65亿元；各项存款余额958.51亿元，比年初增加136.30亿元。全年实现净利润15.32亿元。

【交通银行珠海分行】 2020年末，交通银行珠海分行在珠海辖内有网点22个，员工602人。资产总额684.49亿元，比年初增加124.57亿元；负债总额665.83亿元，比年初增加117.65亿元。各项贷款余额550.62亿元，比年初增加90.45亿元；各项存款余额650.16亿元，比年初增加128.19亿元。全年实现净利润14.65亿元。

【邮储银行珠海市分行】 2020年末，邮储银行珠海市分行在珠海辖内有网点36个，员工319人。资产总额146.46亿元，比年初增加24.36亿元；负债总额145.60亿元，比年初增加24.93亿元。各项贷款余额138.42亿元，比年初增加22.17亿元；各项存款余额131.30亿元，比年初增加22.82亿元。全年实现净利润0.86亿元。

【珠海华润银行】 2020年末，珠海华润银行有营业网点98个（其中异地分支机构58个），员工2951人（其中异地分支机构员工1394人）。资产总额2338.98亿元，比年初增加333.43亿元；负债总额2147.61亿元，比年初增加298.08亿元。各项贷款余额1260.49亿元，比年初增加217.05亿元；各项存款余额1576.99亿元，比年初增加253.78亿元。全年实现净利润16.44亿元。

【珠海农村商业银行】 2020年末，珠海农村商业银行有营业网点102个，其中乡镇营业网点68个，3个网点设置在离岸海岛，员工1328人。资产总额639.97亿元，比年初增加36.90亿元；负债总额584.96亿元，比年初增加33.80亿元。各项贷款余额333.38亿元，比年初增加54.26亿元；各项存款余额495.02亿元，比年初增加42.17亿元。全年实现净利润5.12亿元。 （陈　静）

证券期货业

【概况】 2020年，珠海市有证券营业部网点60个，其中证券分公司6家，期货公司3家、下辖期货营业部3家。证券、期货从业人员总数978人，比上年增加30人，增幅3.16%。全年，全市证券经营机构股票、基金、债券成交总额21586.88亿元，增加6532.47亿元，增幅43.39%。其中，股票成交总额14620.87亿元，增加5516.36亿元，增幅60.59%。证券业资产总额89.19亿元，增加18.6亿元，增幅26.35%。手续费收入6.76亿元，增加2.2亿元，增幅48.25%。

【证券期货业协会会员组织管理】 2020年，证券期货业协会召开第四届理事会、第四届监事会第三次会议，审议通过有关单位的入会申请和会员代表的变更，授权协会秘书处在广泛征求各会员单位对协会监事会工作的意见和建议的基础上形成报告，向下一次协会理事会、监事会会议报告。参与疫情防控相关工作，组织、促进行业复工复产，2月3日至3月13日，组织69个会员单位复工复产，多批次协助办理会员单位的复工复产报备；帮助会员单位购买口罩1万余个，引导动员会员单位捐赠资金6.20万元。组织会员单位捐赠口罩1.46万个，免洗手液、酒精一批，折合1.07万元。5月，联合期货会员单位再次启动对市液化石油气相关企业的市场调研，了解相关企业的市场需求、风险敞口、风控能力和盈利模式，通过业务培训和实际操作指引，提升全市液化石油气行业对金融衍生工具的认识水平和运用能力。

【证券期货知识宣传】 2020年，证券期货业协会组织辖区内证券期货营业部开展“证券期货投资者权益日”宣传活动。组织各家证券期货营业部邀请投资者通过手机扫描二维码参与新《中华人民共和国证券法》知识竞答活动，邀请投资者通过手机端收看深交所公益投教大讲堂《〈证券法〉下投资者维权的路径与方法》节目等。 （黎玮茵）

保险业

【概况】 2020年末，珠海全辖有保险经营主体64个，其中财产险主体26个、人身险主体38个。保险机构法人2家，保险分支机构185个。专业中介法人机构10个，专业中介分支机构93个，保险营销员1.86万人。全年，全辖保险业保费收入153.42亿元，比上年增长6.53%，其中，财产险机构保费收入36.63亿元，下降3.27 %；人身险机构保费收入116.80亿元，增长10.03%；产寿险赔给付40.74亿元，增长1.25%。

【保险业服务实体经济】 2020年，珠海银保监分局指导辖区保险业坚持“保险姓保”，风险保障功能提升。应对高栏港石化厂爆炸、台风“海高斯”等社会民生突发事件，督促保险机构启动应急预案，实现快处快赔；推进车险综合改革，扩大车险保障范围，改革后车均保费降至2384元，较改革前下降23.12%；督促寿险公司人身险期缴新单保费比上年增长24.9%，缴费结构持续改善。

【跨境保险】 2020年，珠海银保监分局通过保险监管联席会议和珠澳金融合作会议，多次与银保监会、港澳金融监管部门、香港及澳门保险公司代表就港澳保险（售后）服务中心、经港珠澳大桥口岸进入广东行驶的港澳机动车辆实施“等效先认”等进行研究讨论，相关方案基本明确。推动在横琴落地全国首个粤港澳大湾区专属重疾险产品，支持保险业创新粤港澳三地跨境车险相互投保服务，承保跨境机动车辆超1.8万辆。

【农业保险】 2020年，珠海银保监分局指导辖内保险机构主动对接各级财政，加大农业保险发展力度，珠海农村住房保险、水稻种植保险、能繁母猪养殖保险均实现全覆盖，特色水果保险品种覆盖面持续扩大，覆盖荔枝、龙眼、香蕉、木瓜、番石榴、柑橘橙柚等，创新推出广东省首单“保险+期货”鸡蛋价格指数保险、广东省首个现代农业产业园定制保险，农业保险规模大幅增长。全年全市农业保险保费1209.84万元，比上年增长224.75%。

【便民保险】 2020年，珠海市银保监分局指导辖内保险机构协助配合政府有关部门，提供便民保险服务，保障消费者权益。春运和国庆期间，组织各财产险机构在高速公路口、上冲检查站等位置设立车险便民服务点，受理轻微交通事故处理90余宗，接受群众现场咨询500余次。继续加强“警保联动”工作。依托拱北、香洲、南湾、金塘4个警保合作办公室，为广大车主提供便利车险理赔服务，全年通过警保联动处理理赔案件超过4000件。

（陈　静）

【保险业助力复工复产】 2020年，珠海市保险业强化对相关企业的保险支持和服务保障，统筹资源，形成合力，支持企业抗疫复工复产，发挥保险业优化金融保障作用。有28家保险机构采取赠送险种等措施支持复工复产，支持复工复产赠送险种46个，赠送保险金额646.80亿元，受惠企业8159家，受惠个人26.38万人，受惠车辆3470辆，新冠肺炎疫情赔付39宗，赔付金额111.37万元；辖内5个保险机构主动作为，免费为医护人员、疾控人员、公安民警、新闻工作者、社区工作者等防疫救治一线工作人员及其家属提供专属保险保障，为院方购买疫情防控相关物资给予支持，产生赔付15宗，赔付金额63.25万元。

【保险产品】 2020年，珠海市保险业开展突发公共卫生事件政府救助保险业务，承保斗门区、金湾区46个村，提供风险保障总额3.72亿元；开展社会综合治理保险业务，承保平沙、南水镇、万山区、高新区和香洲区5个区镇，提供风险保障总额18.9亿元；开展环境污染责任保险，承保企业10家，提供风险保障金2.3亿元；推动安全生产责任保险，截至年底，为超过219家企业提供超过58亿元的风险保障，每家投保企业获得不少于600万元人身伤亡风险保障；开展农民工工资支付履约保证保险，为13家企业24个工程的农民工工资支付提供风险保障，提供风险保障金额928.5万元。

【商业保险】 2020年，珠海市保险业持续推进大病保险，中国人寿累计支付大病补充医疗保险7417.17万元，完成全市基本医疗调查593件，其中省内305件，省外288件；在市政府、市医保局和市社保中心的主导下，承办附加补充医疗保险“大爱无疆”项目，减轻恶性肿瘤等重特大疾病患者医疗费用负担。该项目不排除老人、病人和已享受重疾待遇参保人，与基本医保、大病保险实现一站式联网结算，并设立线上线下等多种途径为参保人提供便捷优质的投保及理赔服务。全年参保76万人，赔付1.15亿元；继续发展计划生育保险，计生家庭、独生子女等特定社会群体居民购买计生保险计划5.2万人次，全年赔付728人次，赔付587.69万元；推动银龄安康保险，承保老年人18.7万人，占全市老年人人口100%，全年赔付5398人次，赔付1132万元。

【保险便民措施】 2020年，珠海市保险业把辖区36个人身保险机构1.6万名保险从业人员执业登记信息全面纳入“粤省事”民生服务平台，推动珠海成为全省第一个实现人身保险机构销售人员执业证全面上线省级政务信息平台的地市；为加快事故处理，提高便民服务，提升高速公路简易交通事故快撤快赔效率及提高理赔案件及服务质量，联合市公安局交通警察支队高速公路大队印发《关于珠海辖内高速公路轻微道路交通事故快撤快赔工作方案》；推行“一盔一带 安全常在”警保联动齐守护为主题的交通安全宣传活动，引导广大人民群众正确使用安全带，摩托车、电动自行车骑乘人员佩戴头盔；加强警保联动路面巡查工作，为广大车主提供便利车险理赔服务，全年处理理赔案件1.65万件，其中警保联动处理4474件，广东“110”处理1.21万件；持续做好重大节假日保险便民服务，设立车险便民服务点，为广大市民送上贴心的保险服务。

【拓展保险消费者调解渠道】 2020年，珠海市保险业联合市公安局交通警察支队牵头成立珠海市道路交通事故人伤调解一体化服务中心，实现交警、法院、人民调解、评残、评估、保险公司对道路交通事故“一站式”服务，发挥各部门的职责，为事故当事人提供专业的保险咨询服务和调解服务，更公平、公正、合理、快速获得理赔。全年受理案件2733件，调解成功案件2460件，涉及金额约9420万元。

（黎玮茵）

口 岸

口岸管理与服务

【概况】 2020年，珠海市有国家一类口岸10个，包括拱北口岸、横琴口岸、港珠澳大桥珠海公路口岸、九洲港口岸、高栏港口岸、湾仔轮渡客运口岸、万山港口岸、斗门港口岸、珠澳跨境工业区专用口岸、青茂口岸（在建），二类口岸7个。全市口岸开设旅客出入境通道618条，车辆通道102条；对外开放码头26个，泊位72个。全年口岸出入境人员6732.4万人次，比上年下降60.7%；交通运输工具261.6万辆（艘、架）次，下降48.7%。

【口岸规划建设】 2020年，珠海市商务部门与澳门土地工务运输局联合牵头完成珠澳口岸协同发展布局规划课题研究，双方核准并结题课题研究成果。组织编制市口岸发展“十四五”规划，完成规划文件第七稿。完成新横琴口岸（一期）工程，8月18日，新旅检区域开通，实施“合作查验，一次放行”通关模式。6月，拱北口岸旧建筑物安全隐患整改及通关大厅等配套设施改造项目动工，全年完成投资3800万元，超出年度投资计划300万元。协调推进青茂口岸建设，3月全面复

2020年8月18日，横琴口岸新旅检区域采用“合作查验、一次放行”的新通关模式，开启粤澳合作新的发展阶段　　（赵崇幸　摄）

工，图纸深化设计、标牌标识、国防公路开设路口等进展顺利。推进九洲港口岸重建，临时旅检大厅投入使用，推进新联检楼规划建设。协调查验单位配合市交通运输局、机场集团推进珠海机场航站楼新国际区建设，完成土建、金属屋面、幕墙等工程。

【口岸对外开放】　2020年1月23日，珠海市湾仔轮渡客运口岸恢复开通，轮渡班次由原来每天29班次增加为110班次，通关能力达每日1万人次，通关能力比改造前提高3倍。8月16日，横琴口岸开始实施出入境货运车辆临时分流措施，珠澳跨境工业区专用口岸增加供澳鲜活商品运输车辆入境功能、港珠澳大桥珠海公路口岸珠澳通道增加货运车辆通行功能实现临时开放。推进机场口岸开放相关工作，珠海机场航空口岸开放报请列入国家口岸发展“十四五”规划的请示已逐级上报至国家口岸办，莲洲机场航空口岸开放申报列入国家、省口岸发展“十四五”规划的请示已报省政府。11月17日，获省口岸办批准设立珠海市斗门进出境货运车辆检查场。

是年，上报国家口岸办，申请将珠海5个一类港口口岸整合为“珠海港口岸”；整合二类口岸资源，关闭原二类口岸中多年无业务运作或废弃多年的内设码头16个，将原保税区装卸点的西域码头、洪湾港区二期集装箱码头、原新环装卸点的斗门港货运码头等3个内设码头纳入珠海港口岸范围；申请扩大开放珠海港高栏港区的黄茅海、鸡啼门2个作业区，万山港区的三角岛、东澳岛2个作业区以及唐家港区，涉及新码头10个，扩大开放面积约80平方千米。1月8日起，港高栏港区南迳湾作业区宝塔公用液体化工品码头对外开放，有5000吨级泊位2个，5万吨级泊位1个。

【境外疫情输入防控】　2020年，珠海市组织做好港澳送返湖北籍旅客接收工作，1月27日至5月7日，接收2711人，处置流程安全高效顺畅。按照市防疫指挥部统一部署，协调各相关部门精准守住防控疫情境外输入五道防线，严格入境人员全流程闭环管理，全力以赴做好疫情防控各项工作。制定《珠海市防控新冠肺炎输入工作指引》《珠海市防控从港澳地区入境人员新冠肺炎疫情境外输入工作操作规则》《从澳门经珠海口岸入境暂不实施集中隔离特定人员疫情防控工作指引》等各类工作指引。落实珠澳联防联控机制，与澳门口岸相关部门密切沟通配合，协调联动做好珠澳口岸疫情防控和通关工作，及时调整拱北、大桥等口岸通关时间。协调查验单位和有关部门持续优化口岸现场核验、查验手段，提高口岸通关效率。拱北海关优化健康申报模式，高峰时在拱北口岸增加工作人员130人，海关申报验核能力大幅提升；在应急状态下启动健康申报“主动申报”检疫模式，快速疏通人流。珠海边检总站每日派出警力400人次以上，全程关注执勤现场候检区域客流情况，严格落实“蓝色提示线”制度，在出入境高峰期到来前提前开足、开满查验通道，开展客流疏导。完成拱北等口岸多项疫情防控设施应急抢险工程，优化口岸现场布局，做好保洁消杀和供电、防涝、物资等保障，加强口岸现场组织协调和应急处置。保障港澳正常生产生活，推进对相关特定人员暂不实施集中隔离医学观察措施，逐步扩大特定人员范围及数量，分阶段有序推进实施恢复内地与澳门人员正常往来工作，率先实现珠澳口岸正常通关。加强通关宣传引导，及时发布通关政策、信息及温馨提示，倡议旅客合理选择通关口岸，做好口岸通关分流组织工作。从严从紧从细做好珠港口岸疫情防控，强化粤港跨境货车司机疫情防控管理相关措施，加强口岸入境旅客和货车司机管控、口岸通关接转现场、口岸货车货物查验现场管理和疫情防控，加强口岸一线工作人员健康管理和防护、境外输入病例接触人员排查和健康管理工作。落实水运口岸防控新冠肺炎疫情境外输入相关措施，协调海关、边检、海事、港口、卫健等部门完善联防联控机制，落实企业主体责任、部门监管责任，重点抓好国际航行船舶、来往港澳小型船舶的靠港、船员、登船作业人员的防控管理。全市境外输入病例均在口岸检疫环节和集中隔离点被掌控。省委、省政府主要领导对珠澳口岸疫情防控工作给予肯定。

【跨境贸易便利化】 2020年，珠海市实施《2020年珠海市促进跨境贸易便利化工作方案》，建立地方政府与驻珠口岸查验单位齐抓共管、分工负责、协同推进的工作机制，采取措施18项。9月22日，市商务局在广州南沙参加国家发改委组织的营商环境评估在线封闭测评工作，与海关、港口、电子口岸等单位，提供相关数据、佐证材料100多份。组织参加跨境贸易便利化政策宣讲企业80家。全年，海关人工查验没有问题集装箱（自然箱）3885个，箱式货柜车5753辆次，查验没有问题集装箱（自然箱）过磅及机检数2648个，免除费用578万元，惠及外贸企业8954家。

【中国（珠海）国际贸易“单一窗口”建设】 2020年，中国（珠海）国际贸易“单一窗口”新增和拓展功能项目8个，其中实现全省首票应用项目2个；举办政策宣讲会10场，其中采用在线直播培训方式3场，线下面对面培训方式7场；助力企业复工复产，完成国务院、省、市下达的全口岸覆盖率100%，完成主要业务货物、舱单、运输工具申报应用率100%的工作目标任务。

【口岸通关服务和管理】 2020年，珠海市协调做好口岸通关服务和口岸管理工作，口岸服务管理水平有提高，完成2020年澳珠企业家峰会等重要活动的嘉宾通关；推进口岸安全管理、应急、三防等工作，全年组织开展陆路口岸消防、防风防汛、突发事件等应急演练10余次；协助落实口岸免税店等相关工作；协调做好口岸物业管理，配合做好大桥口岸运营管理、安检绩效评价并协调推进整改；全市口岸通关安全畅顺。 （史小军）

【反走私综合治理】 2020年，珠海市公安部门成立市打击走私领导小组及办公室，全面加强对打私工作的组织协调，出台《打击海上走私冻品行动查获涉案物品办理工作指引》《珠海市公安局打击走私部门开展现场查私执法行动工作指引（试行）》，理顺规范查处走私案件相关处置机制，明确对涉案冻品、船舶、车辆的处置流程。定期召开打私情报研判交流会，建立情报共享机制，探索新型警务执法合作模式，采取专案专班专营的方式强化案件侦办。全年，查获走私案件72件，抓获涉案人员227人，侦破“飓风212号”走私珍贵野生动物及其制品、“飓风245号”口岸水客走私等一批重大案件。

【海防工作】 2020年，珠海市公安部门强化边境水域管控，严打各类涉水域犯罪活动，加强全市涉水重点部位水上巡逻防控工作。强化与相关水上单位的协调配合，开展联合清查行动6次。全年，检查各类船舶3760艘，检查水上作业人员3.38万人，查处违规作业船舶15艘，排查水上安全隐患27处，有效防范水上违法犯罪活动；查处“三非”（非法入境、非法就业、非法居留）案件343件420人，查破偷越国（边）境案件85件60人，侦破“4・03”“5・26”“6・09”等组织偷越国（边）境案，打掉多个招揽、组织、运送内地居民在珠海偷渡前往澳门的犯罪团伙。 （邓 逡）

拱北海关

【概况】 拱北海关是受海关总署直接领导，负责指定口岸及相关区域范围内海关工作运行管理、监督监控的正厅级直属海关。拱北海关管辖范围为广东省珠海市、中山市的各项海关管理工作。截至2020年底，拱北海关在珠海市设有11个隶属海关单位，包括高栏海关、湾仔海关、九洲海关、万山海关、闸口海关、港珠澳大桥海关、青茂海关、香洲海关、横琴海关、斗门海关和拱北海关风险防控分局，是一个业务门类齐全的综合性海关。

2020年，拱北海关完善监管、优化服务，全年监管进出口货物1.5亿吨，比上年增长5.3%；总值4111.7亿元，下降1.3%。检验检疫进出境货物21.6万批，下降7.3%。监管进出境运输工具255.2万辆（艘）次，下降49.9%。查获各类走私违法案件9078件，案值85.96亿元。税收入库115.15亿元。

【海关服务大局】 2020年，拱北

海关落实《粤港澳大湾区发展规划纲要》，制定支持粤港澳大湾区建设48项细化措施。落实海关总署《支持横琴粤澳深度合作区及澳门经济发展的工作措施》。做好RCEP（区域全面经济伙伴关系协定）关税实施准备工作。4月13日，实施洪湾港码头珠港澳货栈进口跨境公路运输试点，以跨境公路运输模式经港珠澳大桥入境，实现中国香港、中国澳门的空港和海港贸易功能延伸至珠海。推动海关特殊监管区域整合优化、转型升级。优化市场采购监管，支持跨境电商上规模、提质量。做好技贸措施咨询服务工作。完成重点产品（初级形状的、脂胶、富铝红柱石）海关总署专项调研任务。发挥全球贸易监测中心成员单位作用。

2020年8月16日，港珠澳大桥珠海公路口岸珠澳货运通道启用，标志着粤澳两地协商确定的粤澳跨境货物分流措施正式实施　（俞　波　摄）

【海关优化服务】　2020年，拱北海关关区进、出口整体通关时间分别为7.21小时和0.45小时，位居全国第二和第五。国际贸易“单一窗口”主要申报业务应用率保持100%。配合地方政府做好营商环境跨境贸易指标参评工作，促进跨境贸易便利化。落实香港、澳门CEPA（内地与港澳关于建立更紧密经贸关系的安排）零关税货物便利通关措施。落实海关AEO（经认证的经营者）国际互认合作。推进减税降费，综合减税14亿元。支持关区口岸整体规划和扩大开放，湾仔轮渡客运口岸如期复通、横琴口岸新旅检区域开通、青茂海关正式开关。港珠澳大桥珠海公路口岸、横琴口岸获批为金伯利进程检验口岸。

【珠港澳跨境合作】　2020年，拱北海关落实《海关总署与澳门海关共同落实粤港澳大湾区建设合作安排》，推动4项“三智”（智慧海关、智能边境、智享联通）早期收获项目落地，启动粤澳海关“跨境一锁”模式，首票珠澳“航空打板”出口测试货物顺利通关，启用内地供应澳门活猪过驳站。全年监管向澳门供水9646万吨、天然气7.2万吨、电48.1亿千瓦时。深化监管执法互认，验放粤港、粤澳绿色关锁货物61批次和260批次。与香港特别行政区、澳门特别行政区相关部门建立重大疫情防控和有毒有害物质监测信息互通机制。在海关总署指导下，完善点、线、面跨境合作机制。

【海关改革创新】　2020年，拱北海关深化“放管服”改革，完成“证照分离”改革任务15项，新增注册备案企业2994家。落实“海关改革2020”部署，推进完善“两步申报”（企业无需一次性提交全部申报信息及单证，第一步企业概要申报后，经海关同意即可提离货物，第二步在规定时间内完成完整申报），“两轮驱动”（科学随机抽查和精准分析布控），“两区优化”（优化海关特殊监管区域和自贸试验区海关监管制度）等改革措施。关区“双随机、一公开”实现全覆盖、常态化。深入“多查合一”改革，税收征管改革有序实施。实现“船边直提、抵港直装”模式水运口岸全覆盖。实施启运港退税政策、加工贸易集中审核作业。实施输入内地的澳门制造食品检验前推、进境暂存中转澳门食品检验检疫“前推后移中优”监管的创新改革。横琴口岸推广卫生检疫“合作查验、一次放行”模式。供应澳门花卉苗木“检疫前推、合作监管”3项举措获海关总署自贸区海关监管创新举措备案。

【海关抗疫纾困】　2020年，拱北海关在海关总署党委的统一指挥下，第一时间设立指挥部，全体党委委员坚守岗位，靠前指挥198次，坚决扛起疫情防控的政治、工作、社会、家庭四项责任。组织检疫占全国通关人数近4成，未出现1例漏检情况。坚持联防联控联动，强化与地方、港澳有关部门合作，扎紧疫情防控闭环。排查重点人员1.53万人，转送医院703人，检出或移交确诊18例、无症状感染者1例。验放港澳送返湖北籍旅客3086人次。与卫健部门建立核酸检测协作机制，联合检测17.24万人次，海关地方实验室结果实现互核、共享。坚持人物同防、多病共防，严防疫情叠加。保障防疫物资快速通关，强化医疗物资出口监管。做好“富乐轮”检出5例阳性和“12·8”有症状船员擅自离船，及“3·27”横琴口岸失序等情事。实施口岸分流、限流、控流策略，研究在应急状态下启动“主动申报”检疫模式并获海关总署批准。保障“回港易”计划顺利实施。紧扣戒拥堵、防输入等重点，推动完善口岸卫生检疫设施和“一码通关”建设。强化个人防护，确保“打胜仗、零感染”。做好“六稳”“六保”工作，落实海关总署10+56条稳外贸稳外资措施，出台28+106项帮扶举措。针对5000余家企业开展线上线下调研，解决企业急难愁盼问题900余个，持续暖企稳企惠企。主动对接广东省天行健慈善基金会，畅通境外捐赠防疫物资接收渠道。为103批次疫情防控物资办理减免税款341万元。年底关区外贸企业的境外订单回升，出口形势持续好转。

【通关监管】 2020年，拱北海关落实防范化解重大风险工作机制4项，风险防控主要绩效指标高于海关总署考核要求。实施旅客行李物品、邮递物品风险防控改革。开展安全生产专项整治三年行动（2020—2022年），细化推进整治任务54项。落实加强海关业务数据安全专项行动，采取断然措施保障业务数据安全。守好意识形态安全“南大门”。强化口岸公共卫生核心能力建设，筑牢检验检疫安全防线，检出传染病确诊病例135例，截获输入性病媒生物116只。强化进出境动植物检疫，做好国际动植物疫情信息收集。开展8项食品体系和准入研究，检出不合格食品、化妆品1028批次。完善进出口商品质量安全风险预警和快速反应监管体系。落实煤炭进口政策要求。完善后续监管，持续优化对加工贸易及“两仓”（保税仓库和出口监管仓库）管理措施；开展固体废物等专项稽查行动6个；全年办结稽核查作业2062起、追补税款2.29亿元，查办案件99件。加强信用管理，新培育高级认证企业6家，动态调整企业海关信用等级332家次。加强知识产权海关保护，查获侵权案件140件，挽回企业经济损失2027.9万元。加强统计分析，强化统计数据审核和异常数据管控。

【海关征税】 2020年，拱北海关实现税收入库115.15亿元。参与化矿产品、海运运费、滞期费、“两步申报”项目下原产地享惠进口风险研究等5项署级课题项目研究。推进征管方式改革，落地高级认证企业免税款担保政策，为珠海格力电器股份有限公司等3家高级认证企业，办理“两步申报”模式下免除款担保。提升贸易便利化水平，签发归类预裁定决定书24份，签发各类原产地证书13万份，惠及出口货值约375亿元。“全天候24小时”在线为符合要求的企业签发在途证明，帮助企业节省税款近2000万元。推出《拱北海关关税线条关于支持企业复工复产 优化营商环境的十条措施》，为关区51家企业延长汇总征税缴款期限，涉及税款9700多万元。引导企业参与对美加征商品关税排除，为企业节约进口税收成本2亿元。协助企业用好减免税税收优惠政策，减免税款3.89亿元，比上年增长208%。加快退税办理速度，修订《拱北海关退税业务操作规程》，全年退税3.69亿元。作为全国海关汇总征税担保机构唯一复核部门，完成21家银行及财务公司的数据复核工作。

【海关缉私】 2020年，拱北海关开展“国门利剑2020”“蓝天2020”“护卫2020”“守卫”专项行动。全年刑事立案187件、案值66.11亿元、涉税12.79亿元。获批总署缉私局挂牌督办案件14件。查办“洋垃圾”案件10件、珍贵动物及其制品走私及关联案件11件、成品油走私案件3件。开展打击“水客”走私专项行动，立案查办“水客”走私案件1767件、案值25.31亿元、涉税5.69亿元，案值、涉税比上年分别增长173%、220%。强化反走私综合治理，深化“两简”案件（简易程序案件和简单案件）办案模式改革。加快推进“智慧缉私”建设。

【智慧海关建设】 2020年，拱北海关推进智慧海关建设，构建关务云政务服务平台及业务拓展平台。强化疫情防控科技保障，信息化应用、科技设备和实验室检测能力保障。加强大数据应用，推动科技业务深度融合。推进关区技术机构和实验室一体化建设，建成海关总署进口固体废物属性鉴定常规实验室（珠海）。完成网络攻防演习任务和等级保护测评，有效提升安全水平。 （黄孝永）

海 事

【概况】 2020年，受疫情影响，珠海辖区船舶进出港24.98万艘次，比上年下降41.4%；货物吞吐量2.20亿吨，下降3.5%；水路旅客客流量428.51万人次，下降59.1%。辖区发生一般等级以上事故3宗、死亡3人、沉船1艘、经济损失约210万元，辖区水上交通安全形势总体稳定。

【水上安全监管】 2020年，珠海海事局推进水上交通安全专项整治三年行动（2020—2022年），强化辖区风险隐患排查整治和水上交通安全综合治理。落实“海安”“攻砂”等专项治理：“海安”行动调动全局人力资源24小时驻守崖门口，重点查处涉砂运输船舶关闭AIS（船舶自动识别系统）、恶意逃避监管等行为，行动期间查处违章307宗；“攻砂”专项治理中制定浮吊船过驳作业、海砂船安全监管工作规范，加大载运海砂船舶监督检查和违章处罚力度，辖区涉砂船舶的违法势头得到有效遏制。整治陆岛运输船舶普遍存在的船龄老旧、船况较差的安全隐患，处理一批久拖不决的“老赖船”。启动船舶管理质量年方案，与中国船级社建立合作机制，优化安检管理模式。加强船公司管理，完成向中国船级社移交船舶审核发证工作，辖区2家公司蝉联交通运输部、海事局安全诚信公司。

【海事服务】 2020年，珠海海事局全方位服务粤港澳大湾区交通建设，保障深中通道钢壳运输及沉管浮运的水上交通安全，完成洪鹤大桥施工吊装作业水上交通管制。实施船舶证书文书“一次通办”，简化办事流程，实现减材料、减环节、减次数“三减”，作为广东自由贸易试验区第六批改革创新经验进行复制推广。在广东海事系统率先试点推行证明事项“告知承诺”制，“承诺即办”和“线上核查”相结合，进一步简化申请材料，作为第七批改革创新可复制推广经验上报广东省自贸办。结合信用联合激励和联合惩戒机制，建立“容缺受理”制度，减少人员往返跑、多次跑的问题，建立海事政务服务“好差评”制度，打造具有温度和速度的海事政务服务体系。全年签发船员证书2139份；签发船舶最低安全配员证书154份。

【海事应急处置】 2020年，经珠海市政府同意，珠海市海上搜救中心（珠海海事局）修订并印发《珠海市海上搜救应急反应预案》，搜救成员单位增至40个。建立珠海市水上搜救联席会议制度，理顺水上应急工作协调处置机制。召开珠海市海上搜救工作会议，加强源头治理；明确水上安全监管职责，为组织协调海上搜救工作打下基础。多次与澳门海事及水务局召开海上安全珠澳联合工作小组会议，建立联动机制和信息通报机制，协调港澳水上搜救力量开展应急行动。全年，海上搜救中心（珠海海事局）出动救助船艇219艘次、飞机7架次，救助遇险船舶36艘，涉及遇险人员351人，其中获救人员338人，人命搜救成功率96.3%。

是年，7月17日凌晨，万山海上搜救分中心把突发大出血的孕妇从海岛送往珠海市妇幼保健院救治，孕妇顺利生产。

【船舶污染防治】 2020年，珠海海事局做好船舶载运危险货物监督管理，及时通报辖区近期查处典型危险品船舶事故案例，督促企业落实主体责任。规范船载危险货物申报员和集装箱装箱现场检查员从业资格和从业行为管理。严把船载危险货物进出港申报与报告关，特别把控船舶载运硝酸铵、硝化棉、氰化钠、有机过氧化物等高危化学品

2020年10月21日，市民给珠海万山港海事处送锦旗（杨怡迪 摄）

审批关。首次举办珠海市内河水域溢油应急桌面演练，检验相关预案的可行性及应急状态下各工作组动员、协调、配合能力，理顺珠海、中山水上防污应急协调联动机制。开展船舶污染物排放不达标专项整治活动，制定《珠海海事局船舶污染物排放不达标专项整治活动实施方案》，落实国家强制性标准《GB3552-2018船舶水污染物排放控制标准》实施，督促船舶做好其他污染物排放符合法定要求。全年，进出珠海辖区的危险货物船舶1.34万艘次，比上年增长5.98%；危险货物吞吐量6474.6万吨，增长3.26%。

【海事法律法规研究】 2020年，珠海海事局创建“海事依法治理研究工作室”，强化法律法规研究与应用，开展课题研究解决基层治理、海事管理的实际问题。承接广东海事局ILO（国际劳工组织）事故调查规则研究课题，形成《〈2006年海事劳工公约〉海上事故调查标准和导则5.1.6提案》，作为国家提案提交国际劳工组织《2006年海事劳工公约》专门三方委员会。

【水运疫情防控】 2020年，珠海海事局坚持海事工作服务经济社会大局，加强联防联控，严把水运口岸查验关。实施防疫重点物资运输“零等待”措施，服务地方复工复产，支持湾仔口岸珠澳轮渡恢复通航，维护港澳水路客运航线有序运行，保障天然气、电煤、成品油等民生物资及时供应。实施船员换班日报告制，保障国际航行船舶船员换班，协助船员伤病或发热等紧急救助31人次。协助港澳渔民做好核酸检测，妥善处置中国香港籍“富乐轮”5名染疫外籍船员离船救助治疗等工作。落实疫情期间便利措施，签发临时安全管理证书15艘次，船舶证书展期5艘次，减免港建费1.35亿元。

【交通运输文化品牌创建】 2020年，珠海海事局获“全国交通运输文化建设优秀单位”称号，许岩松创新工作室获评全国海事系统创新工作室，湾仔海事处、指挥中心文化品牌分获“全国交通运输廉政、服务文化建设优秀单位”称号，局青年团组织、个人获得省五四红旗团委、广东省青年文明号等十多项荣誉。“海巡0933”船在“全国公路水路行业班组、船舶安全生产竞赛”中成绩优异被通报表彰。

（谢　芳）

出入境边防检查

【概况】 2020年，珠海出入境边防检查总站（简称珠海边检总站），下辖拱北、港珠澳大桥、横琴、中山、青茂、湛江、湾仔、九洲、江门、茂盛围、万山、新会、高栏、斗门、台山、茂名、阳江、开平18个边检站。主要承担驻地口岸出入境人员、交通运输工具的检查、监护和口岸限定区域管理等职责，囊括海、陆、空边防检查工作任务。全年，检查出入境人员6763.53万人次，比上年下降60.88%；检查出入境交通运输工具263.65万辆（架、艘）次，下降48.62%。其中，市区（珠海）各口岸检查出入境人员6734.96万人次，下降60.71%；检查出入境交通运输工具261.62万辆（架、艘）次，下降48.65%。疫情期间单日查验量全国占比88%，查验疫情重点防控对象18.15万人次。1月11日，拱北口岸单日验放客流量达49.9万人次，创历年单日验放客流量记录。

【口岸管控】 2020年，珠海边检总站把维护国家政治安全和口岸边境稳定放在首位，从严落实春节、五一、中秋、国庆等重要节点工作措施，完成党的十九届五中全会、

2020年1月11日，拱北口岸单日验放客流量达49.9万人次，创历史单日验放客流量新高

（张子恒　摄）

中国国际进口博览会、深圳经济特区建立40周年庆祝大会等重大安保任务。制定总站等级勤务工作方案，组织召开规范勤务组织现场会，优化旅检口岸部分执勤岗位设置及警力配置，出台《加强口岸限定区域管理工作措施意见》《加强港澳流动渔船渔民检查管理》10项措施，确保打击跨境涉赌涉诈、扫黑除恶、“雷霆行动”、粤港反偷渡等专项行动开展。

【边检信息化建设】 2020年，珠海边检总站围绕所辖各口岸安全管控、疫情防控和服务社会，不断加强信息化建设，确保口岸安全和人员车辆顺畅通关提供技术支撑。年内，湾仔轮渡口岸建成自助查验通道12条、人工查验通道4条，于1月23日恢复通关；横琴新口岸建成自助查验通道48条、人工通道13条、合作人工通道8条，于8月18日正式通关；跟进九洲港临时口岸、青茂口岸信息化建设，不断创新改进出入境管理服务，便利粤港澳人员车辆往来。配合国家移民管理局整体规划，完成出入境边防检查信息系统多个升级研发项目，更换改造一批查验核心设施设备，完善边检信息化系统基础设备建设。4月起，承担全国移民管理系统防范疫情输入大数据处理与应用专项任务，形成报告转报国务院办公厅，为国家科学决策提供重要数据支撑。研发上线入境密切接触人员数据分析软件、往返珠澳两地澳门居民数据分析软件等，分析研判各类数据130余万条；研发出入境数据推送程序，相关数据实时推送省公安厅、市公安局。

【口岸处突联防工作】 2020年，珠海边检总站优化口岸应急处突工作预案，常态化组织突发事件联合处置演练，提升口岸突发事件应急处置能力。加强与口岸驻地公安机关、海警、海关、海事等部门协作配合，加强口岸维稳、客流疏导、海上搜救等应急处置工作。调整珠澳边境联络官人员名单，进一步畅通对澳口岸的信息通联和警情协作，提高口岸联合处置应急事件效率。6月23日，部署各边检站同步开展以“多地多点同时突发，各站分兵同步处置”为主题的口岸突发事件应急处置实战演练，组织各站协调海关、地方公安巡特警、120急救中心等单位760余人分别开展暴恐分子暴力砍杀、疑似爆炸物品处置、不法分子闯关滋事、藏匿交通工具偷渡、在控在逃人员脱逃以及涉疫人员应急处置等科目实兵演练。12月4日，集中组织拱北、港珠澳大桥、湛江站开展远程视频调度演练，全方位检验相关边检站处置查验系统故障、入境货车藏匿人员、入境船舶发现涉疫重点人员等突发事件的组织指挥、预案设置、力量摆布和战法战术。配齐应急处突装备器材、建立机动应急处置力量、强化跨站警力支援等方式，有效提升边检机关应对突发情况的反应能力和处置效果。

【口岸疫情防控】 2020年，珠海边检总站成立疫情防控工作领导小组，下设疫情防控办公室，召开领导小组专题会议30次，制定防范境外疫情输入专项工作方案，细化梳理刚性措施23项。加强对入境人员证件查验、询问盘查、轨迹核查、资料录入和信息采集工作。细化流程处置“确诊、疑似、密切接触、无法明确排除”等4类人员700余人，查验疫情输入重点防控对象24.79万人次，稳妥处置移交经所辖口岸出入境确诊感染病例79例132人次，接收澳门退回重点疫区人员1200余人。严格控制临时入境许可、登轮证、搭靠外轮许可证的审核签发，严密登陆换班船员跟踪管理，出台《加强港澳流动渔船渔民检查管理10项措施的通知》《关于进一步加强口岸限定区域管理的工作意见》，加强海港口岸疫情防控力度。提升通关效率，确保输澳“生命线”高效运转，为2000余件20余吨防疫物资、4万余辆次供港澳鲜活产品车辆办理快捷通关手续；主动协调为119批4642名在珠海结束集中医学观察的澳门外雇人员安全快捷地办理出境手续；及时开足学童通道并根据实际延长开放时间，确保日均往返约4000人次的学童通关安全。

【港珠澳大桥口岸管理】 2020年，珠海边检总站港珠澳大桥边检站坚持立足主责主业，保障通关秩序，严守防疫阵地，强化处突备战。年内，查验出入境旅客242.49万人次，车辆91.4万辆次，妥善处置涉疫人员13人次。建立“人防+技防”联防体系，实行“非启用车道常态关闸+一门双锁”“视频监控+红外感应报警”“早晚场地清场+夜间监管领导负责”工作机制，确保口岸管控绝对安全稳定。坚持科学防控，精准施策，拧紧信息通报、前置接引、手续办理、监管移交责任链条，与海关、地方公安等单位建立疫情信息共享机制，实行单点信息多点通报。主动服务防疫大局，开通绿色通道，简化手续办理流程，为153批次、300万件、价值约5300万元的防疫物资提供通关便利。优化救护车辆行驶路线，提供快速通关、病人无感交接保驾护航救护车辆72辆次。

【湾仔轮渡客运口岸恢复开通】 2020年8月20日，珠海市湾仔轮渡客运口岸往来澳门内港航线恢复运营。印发《湾仔轮渡客运口岸恢复开通准备工作方案》《湾仔轮渡客运口岸复航准备工作任务表单》，加强民警业务培训，做好查验设施设备测试、现场警力部署、突发事件应急处置等各项准备工作，主动协调配合由属地政府、公安机关及卫建委筑牢疫情安全防线；联合口岸联检单位开展全流程、全要素应急处置演练，确保出入境秩序安全顺畅，口岸管控万无一失，疫情防控衔接有序。

【横琴口岸新旅检区域开通】 2020年8月18日，珠海市新横琴口岸旅检区域开通，采用“合作查验，一次放行”的新通关模式，开启粤澳合作新的发展阶段。设有合作自助通道48条（出、入境各24条），合作人工通道8条（出、入境各4条）和传统人工通道13条（出境6条，入境7条）。改进合作自助通道设备性能，提高自助通道闸门开闭和澳方指纹仪采集速度，改进视频防尾随技术，提升识别精确度；首创实施智能蛇形通道排队轮候系统，提升旅客通关体验；将外国人生物系统采集设备设置在珠澳分界线上，实现“人在澳门、设备在内地，入境前自助快捷采集信息”的全新预检方式，推动新横琴口岸在查验模式、查验通道、候检设施等领域多项业务技术创新。 （叶嘉骏）

城乡建设

综　述

【概况】 2020年，珠海市社会福利中心二期工程、市第一中学新建教学综合楼项目、暨南大学科技创新园（珠海）工程一期、中大五院凤凰山病区南侧排洪渠改道工程竣工并交付使用。完成中大五院凤凰山病区建设和将军山医院改造任务。全市新建市政燃气管道45千米，完成建设各类可提供公共服务的停车位约8000个，建成香山湖公园二期、尖峰桥西公园、金湖公园一期等市政特色公园7个，建成健康步道33.27千米、林荫道45.76千米、繁花节点和多彩立面35处。新（改）建城市公厕49座。市环保生物质热电工程二期项目建成运行，实现全市城乡原生生活垃圾“全焚烧、零填埋”处置目标。

【海绵城市建设】 2020年，珠海市编制完成《珠海市海绵城市专项规划整合规划（2018—2030）》，作为全市海绵城市建设总体纲领。印发实施《2020年实施海绵城市建设工作要点》，统筹推进海绵城市建设。全市完工284项，累计完成投资133.24亿元，完成城市建成区23.3%的面积达到海绵城市建设要求，达到国家20%以上面积目标要求。

【环卫设施建设】 2020年7月，珠海市环保生物质热电工程二期项目建成运行，实现全市城乡原生生活垃圾“全焚烧、零填埋”处置目标。完成“厕所革命”三年行动（2018—2020年），全年，全市完成新（改）建城市公厕49座，三年累计完成新（改）建城市公厕203座，超额完成目标任务。

【公共停车场建设】 2020年，珠海市推进市十件民生实事之一“建成一批公共停车场”，全市完成建设各类可提供公共服务的停车位约8000个，超额完成年度工作任务。完成《珠海经济特区停车场建设与管理条例》草案编制工作。10月16日，实施《珠海市东部城区立体停车设施建设规划》。

【山地步道建设】 2020年，珠海市推进板樟山山地步道和凤凰山山地步道建设，建设海拔高差大、生态环保、智慧程度较高，体验业态较丰富的无障碍山地步道。建成开放板樟山山地步道（圆明新园至白莲洞公园段）1.6千米步道主体和凤凰山步道香山湖示范段509米栈道。

【广东省住房和城乡建设厅“质量月”现场观摩会】 2020年9月14日，广东省住房和城乡建设厅“质量月”现场观摩暨珠海市住建系统“质量月”启动仪式，在珠海国际会展中心（二期）项目二标段施工现场举行。该会有3个观摩项目，涵盖房屋建筑和市政基础设施工程等；分主会场和分会场，观摩时间有序衔接；观摩项目“优中选优”，代表着珠海工程质量最高水平。参会人员近1000人。

【中大五院凤凰山病区】 2020年2月，为应对新冠肺炎疫情，珠海市委、市政府决定启动中大五院凤凰山病区项目（应急抢险）建设，建成后作为新冠肺炎定点收治医院。3

月5日，中大五院凤凰山病区进行验收并交付使用。该病区仅用25天完成按平常施工进度需要278天才能完成的、总建筑面积1.6万平方米建设任务，成为国内首个为应对疫情而修建的永久结构形式应急医院。

（黄毅龙）

【西部生态新城起步区建设】 2020年3月17日，珠海市印发《珠海市西部生态新城起步区2020年建设计划》。全年市政基础设施项目完成投资46.39亿元，完成年度计划投资的101.71%；公共服务设施项目完成投资31.75亿元，完成年度计划投资的109.22%；产城融合项目完成投资32.24亿元，完成年度计划投资的109.29%；生态低碳示范工程完成投资1.66亿元，完成年度计划投资的100.61%；海绵城市建设项目完成投资13.96亿元，完成年度计划投资的102.65%；其他项目完成投资1.24亿元，完成年度计划投资的100%。

（王晓霞）

城市建设

【概况】 2020年，珠海市城市管理和综合执法部门推动城市治理体系和治理能力现代化。完成九洲大道（新恒安酒店至钰海环球段）商铺前示范改造、市体育中心环境综合提升整治等事项114项。出台《珠海经济特区生活垃圾分类管理条例》。完成《珠海市园林绿化防灾标准》修编，由园林绿化（防灾）树种选择指引、园林绿化工程（防灾）施工标准和城市绿地养护质量及技术标准三部分组成；完成《珠海市环境卫生质量标准》《珠海市环境卫生作业服务规范》修订，不断提高环卫作业规范与质量要求。强化信用制度保障，印发《珠海市城镇燃气领域市场主体信用分类监管办法（试行）》《珠海市城镇燃气领域信用红黑名单管理办法（试行）》《珠海市城镇燃气设施安全检查标准（试行）》，起草《珠海市城市管理和综合执法局互联网租赁自行车行业信用信息管理制度（试行）》。开展信用承诺，对从事城市生活垃圾经营性清扫、收集、运输、处置服务企业的申请审批事项实行告知承诺制，组织共享单车运营企业签订信用承诺书；推动失信联合惩戒，开展违法建设、夜间施工噪声扰民、建设工程施工扬尘污染等领域联合惩戒，在全国信用信息共享平台（广东珠海）录入相关信息40宗。打造园林绿化产学研平台，11月6日，珠海市园林和林业科学研究院揭牌运营，弥补全市园林绿化行业没有综合研究院所的空白；建设城市综合管理服务平台，科学编制平台（一期）建设方案并通过审核，与国家城市综合管理服务平台成功联网对接；升级数字城管平台，完成珠海数字城管系统信息化地图更新，推出“珠海城市管家”5.0版，实现投诉建议、信息查询、预订服务等八大亮点服务。举办3期7次“强基础、转作风、树形象”业务培训，参训人员300余人次。选派专业人员到各区城管执法部门开展执法业务培训4次。

2020 年 2 月，建设中的中大五院凤凰山病区

（市住房和城乡建设局供稿）

【市政设施管理】 2020年，珠海市城市管理和综合执法部门加强市政设施管理，保障城市运行顺畅高效安全。开展城市道路、城市桥梁、城市照明设施日常巡查、安全检查以及公共自行车考核50次。修订提高市政设施管养经费标准，编制《珠海市市政设施养护维修年度费用估算指导标准》，购置大型热再生修补车两辆；开展全市范围“沥青路面日常养护技术交流”培训。制定《珠海市规范城市公共照明用电管理工作实施意见》，明确市、区两级城市照明管养职责。推

进全市路灯线路漏电监控系统建设，有效保障路灯设施用电安全。协调管线迁改促进重点项目建设，出台《珠海市投资项目管线迁改管理办法》，摸排全市543个重点建设项目管线迁改问题、建立台账，并完成管线迁改协调工作。推进老旧小区“三线”（室外架空设置的电力线和电话线、电视信号线及其他通信网络线）治理，列入整治台账老旧小区（村）310个，治理面积2741万平方米，涉及居民17万余户，完成率81.6%，采用地下、地上规整线缆343万米。

【环卫保洁】 2020年，珠海市城市管理和综合执法部门不断完善环卫保洁长效机制，做好环卫保障。2月1日，施行《珠海经济特区城市道路清扫保洁管理办法》。制定《珠海市进一步加强生活垃圾运输车辆监管十条措施》《珠海市环境卫生质量标准（2020年修订）》《珠海市环境卫生作业服务规范（2020年修订）》等行业规范。开展专项防疫清洁消杀行动，筑牢疫情防控环卫防线，对道路、公共厕所、农贸市场周边、环卫设施、垃圾处理场所等重点区域开展全面清洗、消杀，覆盖率达到100%。加强废弃口罩处置，组织设置废弃口罩收集桶3000余个，实行定点投放、设立专桶、专车运输，疫情期间处理废弃口罩49.4吨，协调生活垃圾处理单位应急处置医疗废物83.98吨。为防御应对台风“海高斯”，全市出动环卫工作人员6950人，环卫作业车辆740余辆次，清运台风后产生垃圾杂物2950余吨。加强道路机械化冲洗、洒水、清扫频次，全市清扫保洁专用车辆453辆，全市建成区道路可实施机械化清扫总面积4215万平方米，机械化清扫面积4023.16万平方米，可实施机械化清扫道路的机扫率达95%以上。

【生活垃圾处理】 2020年，珠海市城市管理和综合执法部门加强行业监管，做好生活垃圾处理厂污染排放防控、在线联网监控、第三方检测、驻厂监管，向社会开放处理设施，接受市民参观监督。持续完善“一村一收集点、一镇一中转站”的农村生活垃圾收运处理体系，全市122个行政村配备保洁员及指导员1413人，投入运行垃圾收集点1080个，投入运行垃圾转运站18座。自然村全部达到干净整洁村标准，实现农村保洁覆盖面、生活垃圾收运率、无害化处理率100%。加强餐厨垃圾收运、处置环节监督管理，收运范围覆盖全市（不含海岛），有餐厨垃圾收运车27辆，开通收运线路31条，收运量达200吨/日，全部在生活垃圾焚烧厂无害化处理。全年，全市生活垃圾产生量103.38万吨，城乡环卫一体化作业，全部运至西部环保生物质热电工程一期、二期项目焚烧处理，城乡生活垃圾无害化处理率100%，实现城乡原生生活垃圾“全焚烧、零填埋”的处理目标。建成并在运行的生活垃圾处理设施2座，包括西部中信生态环保产业园的环保生物质热电一期工程（设计1200吨/日）、二期工程（设计1800吨/日），配套渗滤液处理设施（设计1000立方/日）；东部市固废处理中心的西坑尾垃圾填埋场（设计库容1120万立方米，2020年7月调整为应急处置场）、市垃圾发电厂（设计600吨/日，2020年9月关停），配套渗滤液处理厂（设计1000立方米/日）。

【园林绿化管理】 2020年，珠海市城市管理和综合执法部门加强园林绿化管理，提升城市景观品质。印发《关于做好2020年度园林绿化养护管理工作的通知》，明确园林绿化年度工作要点，统筹做好全市绿地管理养护工作。印发实施《珠海市园林绿化防灾标准》；印发《珠海市道路绿化树木修剪指引》《珠海市城市园林绿化突发事件应急预案》《珠海市公园安全生产管理规范（试行）》，规范指导全市园林绿化管理养护工作；开展《园林植物害虫绿色防控技术》《红火蚁防控中存在的主要技术问题》《有害生物椰心叶甲防控》的专项培训；开展树木修剪现场观摩培训，提升全市园林管理人员的操作技能。每季度开展全市园林绿化管养专项检查，统筹做好市属公园疫情防控，协调落实市属公园、市管绿地的管理养护、安全生产、绿地保护等各项工作；指导做好春节花卉景点布置、特区建立40周年摆花以及公共绿地时花种植养护有关工作。完成53条主要干道33.25万株城市道路树木修剪任务，应对台风“海高斯”登陆。完成白莲洞公园、板樟山公园等市属公园改造提升，白莲洞公园提升绿化面积约9000平方米，整治破旧铺装广场约2500平方米，完成湖心岛、九龙桥以及5个亭的景观灯饰工程，安装灯带1300米、鸟巢灯45盏；板樟山公园新建上山路197米，铺设沥青路面950米，改造绿化4400平方米，提升成为集休闲、健身、娱乐、观光于一体的优质城市公园。梅华城市花园、海天公园等区属公园改造提升、香山湖公园建设完成。“珠海市民公园建设项目”获评第八届中国民生发展论坛2020年度“民生示范工程”。

【违法建设专项治理】 2020年，珠海市城市管理和综合执法部门一手控增量，一手减存量，强化统筹协调，推进违建治理。全市违法建设治理量222.15万平方米，完成全年任务的129.16%。统筹各区录入存量违建普查建筑信息15.61万条，违建定性面积119.27万平方米。依法对无法补办手续又无法采取拆除措施的历史存量违建，采取没收违法所得或没收实物等方式，没收违法所得97宗，没收实物永久建筑1宗。制定《违法建筑分类处置办法》。推动各区落实网格化巡查、每日“零报告”、快速处置和事后监控等四项制度，确保“早发现、早处理、早拆除”。成功追缴1宗违建案件强拆费用，实现追缴强拆费用零的突破。修改《珠海市违法建筑分类处置办法（送审稿）》，并提交司法部门审查。开展违法建设联合惩戒，采集纳入“珠海市不动产登记中心·信息管理系统”予以暂缓登记房屋的法人或自然人名单以及相关信息，并录入全国信用信息共享平台信息20条，实行失信惩戒；全市城管部门开展整治行动3787次，出动3.4万人次、1.15万车次，查处存在安全隐患的违法建筑892宗。

【建设工程施工噪声污染和施工扬尘专项治理】 2020年，珠海市城市管理和综合执法部门制定《建设工程夜间施工噪声污染案件处理流程图》，规范夜间施工噪声扰民案件处理流程。通过源头治理、规范办案流程、联合惩戒等综合治理方式，取得明显整治成效。全市城管执法部门立案查处无证夜间施工行为424件，罚款260.8万元，立案查处建筑施工噪音污染行为案件90件，罚款44.5万元。推动与住建部门加强对施工扬尘污染责任单位的联合惩戒，与交警部门建立常态化联合查处泥头车污染路面的联动机制。运用数字城管平台、交通运输部门的泥头车GPS定位系统平台、住建部门的建筑工地环境监控系统平台等监控数据，探索非接触式执法，提升执法检查的效能。全市城管执法部门对建筑施工扬尘污染教育整改145宗，立案10件，罚款10.53万元。

【涉水执法整治】 2020年，珠海市城市管理和综合执法部门牵头制定《前山河流域水环境及黑臭水体治理攻坚战工作方案》，全年全市召开城管执法系统业务工作会议5次。主动走访对接水务部门和管网单位，推动与生态环境、水务建立联动机制和各区对应的联络员机制，加强管理与执法的衔接，强化源头治理、综合治理。全市城管执法系统主动上门走访重点建设项目，全年走访企业400余家次，规范企业排水行为，从源头减少水质污染源。全市城管执法部门立案查处23件，处罚款57.9万元。

【大气环境污染整治】 2020年，珠海市城市管理和综合执法部门推进打赢蓝天保卫战行动，治理噪音扰民、乱抛泥土、垃圾焚烧、油烟扰民、露天焚烧、燃放烟花爆竹、道路遗撒和抛撒等违法行为。全市出动执法人员21.46万人次，大气污染类违法行为教育整改4118宗，立案查处132件，处罚款61.52万元。

【市容环境综合整治】 2020年，珠海市城市管理和综合执法部门加强市容环境执法，出动执法人员21.6万人次，其中教育整改占道经营行为6.4万宗、流动商贩7.87万宗、乱堆放1.57万宗；立案查处占道经营案件159件、流动商贩650宗、乱堆放186宗，市容类罚款1007宗，罚款总额61.15万元。

【户外广告整治】 2020年，珠海市城市管理和综合执法部门开展户外广告及“牛皮癣”专项整治行动，对乱拉乱挂乱设置户外广告设施行为教育整改1572宗，清理整治及拆除各类户外广告设施、横幅、灯箱9028宗，面积2.78万平方米；没收横幅及灯箱823条（个），立案80件，罚款2100元；教育整改乱张贴“牛皮癣”行为1.2万宗，立案查处乱张贴“牛皮癣”行为3件，停机73宗。

【城市管理共建共治共享】 2020年，珠海市城市管理和综合执法部门坚持“徒步工作法”，每周末局领导带队深入一线服务群众、服务企业、服务基层，全年徒步巡查近50次。与义工协会合作组织市容劝导队，截至年底，累计服务时长近5万小时，劝导不文明现象及行为近10万人次（宗）。全年办理人大建议和政协提案47件，满意率100%，获“2020年提案先进承办单位”称号。在《中国建设报》《南方日报》《羊城晚报》《珠海特区报》《珠江晚报》等省市级媒体刊登珠海城管相关新闻363篇，政务微博微信发布、推送信息2044条，编发城市管理工作简报38期，政务信息公开311条，处理网络投诉156宗，及时掌握、配合做好树木修剪等舆情处置工作。

【城市管理行业安全生产】 2020年，珠海市城市管理和综合执法部门落实“一线三排”（一线：坚守发展决不能以牺牲人的生命为代价这条不可逾越的红线。三排：事故隐患的排查、排序、排除。排查是组织安全管理人员等有关人员对本单位进行隐患排查，按隐患等级进行登记，建立隐患信息档案的过程；排序是按照隐患整改、治理的难度及其影响范围，分清轻重缓急，对隐患进行分级分类的过程；排除是消除或控制隐患的过程）工作机制，推进安全生产专项整治三年行动（2020—2022年）。强化重点行业监督防控，深入城镇燃气、公园、市政设施等现场检查100余次，开展城镇燃气日常检查203次，督促整改隐患273处，开展市级燃气安全抢险抢修应急演练4次，推进逾期临时建筑、存在安全隐患违法建筑排查整治。加强“三防”（防汛、防旱、防风）和应急管理，完成总体应急预案及城市照明、燃气供应、城镇燃气、城市桥梁等应急预案编修。

【城市管理行业扫黑除恶专项斗争】 2020年，珠海市城市管理和综合执法部门推进扫黑除恶工作，以线索清仓为重点，推动行业清源、建立长效机制，印发《珠海市城市管理行业乱象治理行动方案》，重点整治瓶装燃气非法销售强揽生意、建筑垃圾处置以及违法建设、占道经营等领域的黑恶势力。被省住房城乡建设厅评为“2019年度全省住房和城乡建设系统扫黑除恶先进单位”。

2020年9月8日，珠海市垃圾发电厂关停仪式举行

（市城市管理和综合执法局供稿）

【数字城管】 2020年，珠海数字城管启动数字城管应急系统和机制，所有与疫情防控相关案件作为应急案件处理，责任单位在2个小时内必须做出应急响应。开展垃圾分类数字城管行动，垃圾分类案件纳入数字城管受理派遣范围，垃圾分类工作纳入数字城管日常巡查范围及数字城管专项评价等。珠海数字城管系统创新升级，发布5.0版本，实现地图导航、消息提醒等便捷功能；珠海城市综合管理服务平台正式与国家城市综合管理服务平台成功联网对接；与香洲区城市精细化管理平台进行数据共享。全年，数字城管平台立案20.8万件，比上年下降9.1%，结案率为95.5%，增长0.1%。其中，民生类案件6.8万件，占案件总量的32.8%，结案率为96.3%；农村生态环境案件3.5万件，占案件总量的16.7%，结案率为95.4%。9月23日，《运用综合治理理念进行城市治理的改革实践》课题获2020年“珠海法治发展报告”优秀专题报告二等奖。《你的城市你做主，我为市民当管家》案例获得2020年珠海共青团“青年大学习”优秀案例征集评选活动青年文明号为民服务行动类三等奖。

【珠海市垃圾发电厂关停】 2020年9月1日起，珠海市垃圾发电厂不再接收生活垃圾和其他废弃物，9月8日，珠海市垃圾发电厂关停仪式举行。该发电厂于2000年7月建成投产，是利用国产设备建设运行的国内第一个垃圾焚烧发电厂，设计处理规模600吨/日，垃圾以焚烧方式处理，并利用余热发电、供暖、供气，其工艺设计、设备制造、设备安装调试在国内均属首次，为垃圾焚烧技术和设备制造国产化走出一条新路子。20年间，累计处理生活垃圾近400万吨，发电量达6.52亿千瓦时。该发电厂关停后，计划在保留原址的基础上升级改造，垃圾填埋场封场复绿，打造成为垃圾分类宣传教育基地。 （何文松）

市政供水与排水

【概况】 2020年，珠海市供水系统以西江磨刀门为界，分主城区和西区两部分，实现全市供水一体化，覆盖城乡和海岛，并负责供澳门和港区原水任务。截至年底，珠海水务集团拥有原水取水泵站8座，总取水能力超574万立方米/日；使用供水水库17座，总设计库容1.2亿立方米；直径75毫米以上供水管道总长4053千米；建有水厂12座，净化水总供水能力143万立方米/日。日均供澳门原水量接近28万立方米，约占澳门原水供应总量的99%。出厂水质符合国家《生活饮用水卫生标准》。

【市政供水】 2020年，珠海市自来水总供水量为41514万立方米，比上年减少512万立方米，下降1.22%。全市建卡水表83万多个。水质综合合格率稳定在99%以上，优于国家标准。

【供水水质监测体系】 2020年，珠海市建立以珠海水控集团负责水质内控监测、市水质监测中心负责监测、卫生部门负责水质卫生监测的水质监测体系。珠海水控集团投资建立起以国家城市供水水质监测网珠海监测站为中心的三级水质监测及管理架构，人工检测与在线仪表对水源地、水厂、管网水质进行24小时实时监控，确保供水水质符合国家生活饮用水卫生标准。监测站配有移动式水质监测车，利用与清华大学、暨南大学合作的863课题研究成果构建饮用水水质应急监测三级联动系统，与珠江流域各城市水质监测站建立珠江水质预警平台，及时有效监测和处理各类突发性水质事件，保障珠澳两地供水安全。

是年，住建部国家城市供水水质监测网珠海监测站，在美国爱德士生物培训中心的所有水中微生物项目考核中均为优秀；在住房和城市建设部城市供水水质监测中心组织的第十五次全国城镇供水行业水质检验质量控制考核和国家市场监督总局组织的水中高锰酸盐指数的测定能力验证考核中，均取得优异成绩。

【市政排水】 2020年，珠海水控集团下属珠海市城市排水有限公司负责运营10座污水处理厂。负责全市72%的城市生活污水处理工作，污水处理厂根据不同的进水水质选用先进工艺，出水水质达到国家污水水质排放标准。全年污水处理总量2.10亿吨，比上年增长6.97%。

【供水基础设施建设】 2020年，珠海市推进原水供应保障工程建设，加快重大供水工程建设项目，平岗—广昌原水供应保障工程、广南梅供水管工程、南区水厂一期扩建工程等项目均投产，西区水厂扩建工程、唐家水厂改造工程、凤凰山隧道直径1000毫米给水管道工程等项目竣工验收。

平岗—广昌原水供应保障工程 该项目是珠澳安全供水保障性工程，工程主要内容为新建泵站（130万立方米/日）1座、输水隧道（直径3.3米）1.8千米，管道（直径2.4米）约21千米。输水管道从斗门区平岗泵站开始，沿白蕉海堤内侧敷设，至珠海大桥附近采用顶管法穿越磨刀门水道到达广昌新泵站，新增输水能力约100万立方米。总投资8.56亿元，由粤澳双方共同出资，于2017年开工，2020年10月22日通水并投入使用，极大地提高珠海澳门地区的供水保障率。

广南梅供水管工程 是平岗—广昌原水供应保障工程的下游配套工程，该项目原水管分别为广南段及南梅段输水管道，建设原水管道总长约14千米，以及新建净水管道总长2.6千米、南沙湾泵站改造，项目总投资3.8亿元。于2017年7月开工建设，2020年10月13日，通水并

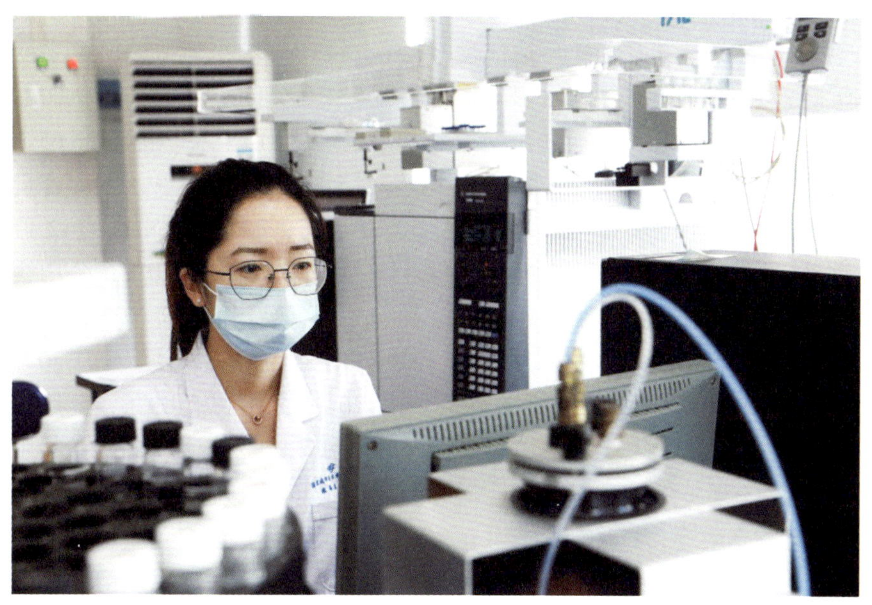

2020年11月13日，珠海水务环境控股集团公司水质监测中心，国家城市供水水质监测网珠海监测站的水质检测工作人员检测水中有机物
（方　胜　摄）

投入使用。

水厂扩建工程　为进一步提供供水保障率，在南区水厂一期预留地投资1.4亿元，新建15万立方米/日净水系统，在西区水厂投资1.4亿元，新建16万立方米/日净水系统。2020年，西区水厂、南区水厂通水并投入使用，增加31万立方米/日的供水能力。

唐家水厂改造工程　应对该厂原水水质常年低浊高藻的特点，投资1.5亿元，进行净水处理工艺改造，采用臭氧接触、生物活性炭过滤、气浮处理三大重要工艺，提高出厂水水质及口感。于2020年验收并投产。

梅溪水厂工程　该项目投资9.8亿元，设计生产能力为30万立方米/日。2020年，完成项目场地征拆工作、场地清理及临时道路，土方外运达6%，完成初步设计及施工图审查。

【排水基础设施建设】　2020年，珠海市推进排水基础设施工程项目建设。南区水质净化厂二期提标改造工程、新青水质净化厂提标改造工程竣工验收并进入通水调试阶段，香洲水质净化厂三期进入设备安装阶段。

南区水质净化厂二期提标改造工程　总投资6669万元，于2019年5月7日投入建设，2020年12月竣工验收，出水标准由一级B升级为一级A，化学需氧量、生化需氧量、悬浮物、氨氮含量、总氮、总磷等多项指标均有所下降。

新青水质净化厂提标改造工程　投资1.8亿元，设计日处理规模为3.5万立方米。工艺采用前端设置均质调节池+磁混凝高效沉淀池+水解池+CASS（一种污水处理工艺）池投加填料，深度处理采用反硝化滤池。排水管渠作为雨水渠予以保留和改造，并新建污水收集系统，实现雨污分流。2020年底，完成通水调试运行。

香洲水质净化厂三期　总投资1.7亿元，污水处理规模从8万立方米/日扩至13立方米/日，可缓解香洲片区污水处理压力。该项目采用以A2/O脱氮除磷、生物膜过滤为主的污水处理技术，出水水质执行一级A标准。2020年底，该项目进入主体结构施工及设备安装阶段。　（方　胜）

供　电

【概况】　截至2020年底，珠海电网主网有35千伏及以上输电线路2081.64千米、变电站76座、主变压器170台、容量1711万千伏安。其中500千伏变电站2座，主变容量400.8万千伏安，500千伏输电架空线路207.46千米；220千伏变电站18座，主变容量750万千伏安，220千伏输电架空线路715.02千米、电缆151.38千米；110千伏变电站53座，主变容量555.2万千伏安，110千伏输电架空线路671.13千米、电缆336.65千米；35千伏变电站3座，主变容量5万千伏安，35千伏输电电缆42.11千米。配网方面，有10千伏公用线路1113条，公用配变6303台；10千伏用户专线272条，用户专变1.20万台。20千伏公用线路49条，公用配变290台，20千伏用户专线12条，用户专变1146台。7月29日，珠海电网最高负荷（含供澳门）、珠海电网本地最高负荷（不含供澳门）创历史新高，分别为422.4万千瓦和338.0万千瓦，较历史最高负荷分别增长1.9%和2.8%。9月16日，对澳门供电达全年最高负荷90.2万千瓦，比上年下降6.06%。全年，全社会用电量193.2亿千瓦时，增长1.73%。其中，工业用电量108.35亿千瓦时，增长1.2%。

是年，珠海供电局第三方客户满意度连续第五年位列广东电网第一，连续第十二年获得珠海市政府公共服务公众满意度第一，获“珠海市先进集体”称号。“互联网+”示范项目成果获“2020年中电联创新大奖”。

【供电保障】　2020年，珠海供电局全年未发生四级及以上事件，完成“全国安全文化建设示范企业”复评工作。完成2020年央视春晚分会场大型文艺节目、珠海高考、2020年澳珠企业家峰会等保障供电任务。全面完成年度抗风加固工程，增强珠海电网防风抗灾能力。全年，全市用户平均停电时间0.39小时，比上年下降29.09%，供电可靠性继续保持全国前列。

【供电服务】　2020年，珠海供电局坚持打造“三零三省三可靠”（三零：零审批、零上门、零投资；三省：省时、省力、省钱；三可靠：电网可靠、服务可靠、品牌可靠）珠海样板，实现全市200千伏安及以下小微企业接电“零投资”，全年累计为客户节省投资近1.44亿元。推广24项用电服务线上办理，互联网业务比例达99.5%。中、低压报装平均用时分别压减至35天和3.5天。参与市场化交易电量约92亿千瓦时，比上年增长10%，为客户降低用电成本3.5亿元。全面实现东澳、桂山、大万山等海岛同网同价，海岛供电量增长超40%，最大负荷增长75%。高质量开展海

2020年1月17日，2020年央视春晚分会场在珠海人工岛西岛举行，图为供电保障现场 （南方电网广东珠海供电局供稿）

岛电网运维，完成35千伏海东线海上电缆抢修复电工作，保障海岛民生用电。支持新型基础设施建设，完成全市1629座5G基站“转改直”工作。充电桩年充电量突破8800万千瓦时，实现连续第四年位居广东电网第一。做好粤澳合作重大项目供电保障。及时掌握澳资企业用电需求，推动粤澳中医药科技产业园、“澳门新街坊”等配套项目快速落成。

【电网规划与建设】 2020年，珠海供电局推动“四极两翼”（在珠海全市建设4个500千伏变电站作为主干电网的四极，实现香洲南部、香洲中北部、斗门和金湾等四个供电大片区既具备独立环网结构、又互联互通，形成珠海东西两翼协调发展、互为支撑的蝶形现代化电网）蝶形电网加速落地，500千伏金鼎输变电等工程的前期工作取得重大进展。完成220千伏凤凰、南屏站等关键站点全部户内布置，高标准建成110千伏富山输变电工程等重点项目。用时7个月建成220千伏金湾海上风电接入系统工程，助力全省优化调整能源结构。推进智能配电网建设，建成6个V3.0智能配网优质示范性项目。220千伏叠泉站获“中国安装工程优质奖”。

【对澳门供电】 2020年，珠海电网对澳门供电量达48.53亿千瓦时，占澳门全年用电量的90.23%。全市范围内形成一条220千伏对中心城区和澳门供电的“电缆线路+户内站”生命通道。建成新一代对澳门智慧输电线路示范走廊，对澳门供电可靠性进一步提升。台风“海高斯”正面袭击珠海时，对澳门供电未受任何影响，全市重要客户未间断供电。

【南方电网直流配用电研究中心揭牌】 2020年12月11日，广东电网有限责任公司直流配用电研究中心在珠海揭牌，是广东电网公司推进直流配用电业务发展、开拓直流配用电领域关键核心技术创新的一项重要工作。该中心着力推动直流配用电业务及相关产业的发展，主动服务国家新能源发展战略，推进的“互联网+”智慧能源示范项目。

【珠海金湾海上风电场项目并网运行】 2020年11月18日，粤港澳大湾区最大装机容量海上风电场项目顺利并网运行，成为落实推动全省产业结构和能源结构调整、保障清洁能源送出、实现高质量发展和绿色发展的有力举措，提高广东能源供应的安全性。该项目是省政府重点项目，总投资53.11亿元，总装机容量300兆瓦，是粤港澳大湾区最大规模海上风电场项目。

（兰　炜）

供　气

【概况】 2020年，珠海市液化石油气年供应量约10万吨，天然气供气总量1.70万亿立方米。全市有城镇燃气经营企业13家，其中，瓶装气液化石油气经营企业8家，液化石油气库9座，瓶装液化石油气用户约34万户；管道燃气经营企业3家，实行特许经营，全市供气住宅小区896个，居民用户约50万户，城镇居民天然气普及率超50%；汽车加气站经营企业2家，加气站14座。推进智慧燃气平台建设，计划建设市、区、企业互联互通、数据共享、应急联动的三级联网全市燃气安全监管信息系统。全年开展燃气行业专项检查203次，发现安全隐患及问题273个，下发整改通知书107份。开展市级抢险抢修应急演练活动4次。

【城镇燃气安全监管】 2020年，珠海市城市管理和综合执法部门加强城镇燃气安全监管。开展城镇燃

2020年6月23日，在高新区举办城市管道燃气市政管网第三方破坏应急演练，提升燃气安全突发事件应对处置能力和应急演练工作水平

（市城市管理和综合执法局供稿）

气安全日常检查183次，发现安全隐患及问题249个，下发整改通知书95份。督促各区（功能区）燃气部门开展安全检查1348次，检查单位3808个次，发现隐患问题368个，发出责令整改指令书99份。委托第三方服务机构专家组开展隐患排查，发现安全隐患及问题187个，督促企业限期完成整改。组织各区（功能区）燃气部门开展专项检查：开展沿街餐饮店等工商用户用气情况检查651次，检查用气单位3870个，发现隐患276个，发出责令整改指令书72份；开展市政燃气管线安全管理、巡查检查545次，检查发现隐患21个，发出责令整改指令书12份。各区（功能区）执法部门检查气库47次，检查瓶组228个，检查燃气销售点1118个，教育整改违规存放重瓶等行为81宗，查处非法燃气点3个，扣押燃气瓶79个，立案处罚9件，处罚款11.2万元。

【城镇燃气安全培训宣传】 2020年，珠海市城市管理和综合执法部门制定《2020年城市管理领域“安全生产月”和“安全生产南粤行”活动方案》，组织各区（功能区）燃气管理部门、各燃气企业开展安全生产宣传活动和隐患排查。6月17—18日，分别组织各区（功能区）燃气部门、城镇燃气经营企业开展两场“安全生产一岗双责”培训教育活动，参加培训100余人次，提高从业人员安全管理水平，压紧压实企业和属地部门安全责任。利用“珠海城市燃气”微信公众号组织2场燃气安全知识有奖问答活动，每周推送2篇燃气安全常识；在市区主要路段公交站台、约40个小区335部电梯设置安全使用燃气广告；在3家影院25个影厅播放映前燃气安全宣传公益广告；联合各区（功能区）开展燃气安全使用宣传进社区活动6场，发放宣传资料、礼品2000余份，接受市民咨询500余人次，营造良好的用气氛围。（何文松）

【市政燃气管道及配套设施建设】 2020年，珠海市新建市政燃气管道45千米，全市供气管道超800千米，主城区主要道路基本覆盖并初步形成天然气城市输配系统，市政燃气管网基本通达各大工业园区，新建住宅小区全面配套使用管道天然气。天然气利用工程“两站一线”（南屏门站、前山储配站及相连高压管道）、金湾天然气门站、横琴天然气综合门站及金鼎门站建成投运，提高全市的保供能力。完成市政府重点工作“加快普及管道天然气”任务，全年全市各区通过市、区政府财政补贴方式完成超过2万户老旧小区住宅户外公共燃气管道加建工作，超额完成年度建设任务。（黄毅龙）

城市更新

【概况】 2020年，珠海市建立健全城市更新政策指导体系，有序稳步推进“三旧”改造城市更新工作。加大更新项目占固定资产投资比例，综合运用省“三旧”改造项目监管系统、城市更新业务管理系统等信息化系统，加强对项目审批进展、计划执行和标图建库成果动态调整情况的监控。截至年底，实际新增“三旧”改造面积223.52公顷（占省下达任务指标比率134%），实际完成“三旧”改造面积165.25公顷（占省下达任务指标比率124%），获得30.47公顷新增建设用地指标奖励。全市新开工项目27个，续建项目15个，实现投资109.22亿元，推动港湾一号等5个项目获评省级优秀示范案例。

年内，完成基层工作人员专业技能培训300余人次。通过市政府、法制局、自然资源局门户网站和微信公众号开展对《珠海市“烂尾楼”整治处理办法》等7项相关政策文件普法宣传和及政策解读。刊印宣传册4000余本；推动成立城市更新协会，建立政企沟通的桥梁纽带。

【城市更新政策】 2020年，珠海市全面梳理城市更新政策体系，研究新措施，修订原政策。出台《珠海市人民政府办公室关于废止珠海市临时改变旧工业建筑使用功能项目管理实施意见的通知》《关于暂停受理旧厂房用地拆建更新享受综合体配套住宅扶持政策的通知》《珠海市既有临时改变旧工业建筑使用功能项目分类处置办法》等规范性文件及工作指引文件7个。完成《珠海经济特区城市更新管理办法（修订送审见稿）》《珠海经济特区城市更新条例（草案送审稿）》两项立法规章政策研究起草并按程序报市司法部门开展后续工作。按程序推进《珠海市城中旧村更新实施细则（修订）》《珠海市老旧小区拆建更新实施办法》以及《珠海市“三旧”改造城市更新税收指引》3个规范性文件研究起草工作。

【城市更新规划及计划统筹】 2020年，珠海市自然资源部门启动《珠海市城镇低效用地再开发规划（2021—2025）》项目编制工作，继续强化对各板块及区级更新专项规划的统领，保障“一规划四评估”（即城市更新单元规划、交通影响评估、设施承载力评估、经济评估、城市景观和文保评估）规划研究机制和灵活多样的补公机制的落地实施。基本完成全市范围内批而未供、已供未建、“三旧”（旧城镇、旧厂房、旧村庄）用地、园区低效工业用地的摸查，建立地块数据库，研究提出未来5年拆建、改建和微改造的目标、时序及策略。

【城中旧村更新】 2020年，珠海市新开工湾仔银坑村、东桥村等2个旧村改造项目；上冲村、北山村、翠微村、高新区东岸留诗山旧村等4个拆建更新项目取得批复，并推进项目动工建设。

【旧厂房更新】 2020年，珠海市位于九洲商贸中心的丽珠集团桂花北工业区旧改项目、兴业玻璃厂旧改项目、恒信工业园旧改项目，高新区唐家第一工业区、金发工业区、金鼎第一工业区等旧工业改造项目全面施工建设；保利达等8个旧工业项目更新单元规划方案及供地方案取得批复。

【旧城镇更新】 2020年，珠海市完成“城市之心”核心区、九洲港码头等项目报批，并动工建设；“城市之心”南山工业区、香洲北工业园等项目更新单元规划方案经市规委会审议通过，并开展项目报批；完成斗门区藤湖苑微改造项目，新开工香洲区翡翠山庄等9个项目。

【“烂尾楼”处置】 2020年，珠海市实施拆建的“烂尾楼”项目有拱北口岸南区莲花万景城、夏湾农副产品批发市场等6个；实施续建的“烂尾楼”项目有东方翠景台、达通大厦2个；开展“烂尾楼”前期处置工作的有三海大厦等3个；其余“烂尾楼”将结合具体项目情况纳入相应年度计划予以推进实施。

（龚亚军）

乡村振兴

【乡村振兴政策制定】 2020年，珠海市推动落实“五级书记抓乡村振兴”，完善市领导挂点联系村和机关事业单位乡村振兴挂钩帮扶制度，建立重要涉农政策文件审核机制。制订《关于加强乡村振兴重点工作决胜全面建成小康社会的实施方案》，落实扶持乡村产业高质量发展“乡十条”，完成乡村振兴“三年取得重大进展”任务。完善乡村振兴战略实绩考核制度，把区委书记抓乡村振兴情况纳入区党政领导班子实绩考核和抓基层党建述职评议考核。强化考核结果运用，要求各区将乡村振兴考核结果与各镇、村干部年度绩效考评结果挂钩。在2018年度、2019年度省推进乡村振兴战略实绩考核中，珠海综合评价均为优秀，其中2019年度省推进乡村振兴战略实绩考核中，综合评价均为优秀，名列全省第二。

【乡村产业发展】 2020年，珠海市乡村产业步入高质量发展快车道。打造大湾区乡村旅游目的地。通过举办中国农民丰收节等各种节庆活动，促进乡村旅游和休闲观光农业融合发展，打造大湾区乡村旅游目的地，有效带动乡村美丽经济发展，乡村旅游综合收入约13亿元。会同村获评全省首届“乡村大擂台”五强村和第二届“广东十大美丽乡村”；南门村获评“全国乡村旅游重点村”；“高新区大学小镇·会同之旅”获评省美丽乡村精品线路；莲江村、外伶仃村、三板村、海澄村获评广东特色名村；十里莲江农业观光体验园获评AAAA

级农业公园，永呈台湾特色水果农业公园获评AAA级农业公园；全省首个休闲渔业科普教育基地在金湾区黄鳍鲷产业园内挂牌成立。打造大湾区优质农产品供应中心。完成4966.67公顷粮食生产功能区划定任务，在全省率先出台一系列扶持粮食生产政策，超额完成粮食作物播种面积和总产量目标任务。加大对生猪生产扶持力度，出台推进生猪复产及转型升级实施意见，印发生猪商业保险和活体抵押贷款实施方案，落实活体抵押贷款1824万元。出台《珠海市关于推进“菜篮子”建设的工作方案》，获市财政预算安排市“菜篮子”建设资金1亿元；建成粤港澳大湾区“菜篮子”产品珠海配送分中心并投入运营，认定4批21个粤港澳大湾区“菜篮子”生产基地和1批5家加工企业。推进水产绿色健康养殖，出台《珠海市养殖用海审批指引》，全市完成清理非法渔业设施6693.33公顷，推动近海养殖产业科学规范、可持续发展；开展水产健康养殖示范场创建，累计创建国家级水产健康养殖示范场8家、省级水产健康养殖示范场8家、省级水产良种场3家。持续推动4个现代农业产业园建设，带动3.35万农户增收致富，园区农民人均收入比所在区农民人均收入高20%以上。培育扶持新型农业经营主体，累计培育农业类广东省名牌产品49个、“三品”（无公害农产品、绿色食品、有机食品）农产品60个，培育市级以上农业龙头企业41家、农民合作社297家。打造大湾区渔业经济发展新引擎。组织实施洪湾渔港防灾减灾体系建设，完善渔港功能布局和提升渔港管理服务水平，累计进出港渔船超8万艘次、渔获卸港量超8万吨，并获批为首批国家级海洋捕捞渔获物定点上岸渔港。加快推进洪湾渔港水产品加工展示展销产业园建设，重点布局完善洪湾渔港远洋渔业、冷链仓储、水产品加工等配套产业。推进万山深海养殖基地建设，累计建成半潜式智能化养殖平台2座、新型抗风浪深水网箱362个。发动和引导远洋渔业企业参与“一带一路”建设，促成远洋渔业企业获瓦努阿图共和国签发的20艘远洋渔船入渔许可，并申请获省级远洋渔业资金4000万元，用于建设国内远洋渔业基地。

【美丽乡村专项行动】 2020年，珠海市开展农田看护房整治试点，投入3000万元建成一批具有地域特色的“风情小屋”。创新民宅建设标准，明确农房建筑层数不超出三层半，全市按照新政策标准建设农房5100栋，解决农村风貌管控历史性问题。形成莲洲片区、斗门片区、红旗片区、三灶片区、海岛渔村片区等多种特色、不同风格的美丽乡村风貌带。

【农村人居环境整治】 2020年，珠海市完成自然村“三清三拆三整治”工作，完成率达100%，达到省定干净整洁村标准。农村“厕所革命”列入2020年市政府工作报告民生实事范围，新建改建农村公厕90座，全市无害化卫生户厕普及率100%。建立“村收集、镇集中、区转运、市处理”垃圾收运体系，全市农村常住人口40万人配备保洁员1290多名，投入运行垃圾收集点1040个，建设垃圾压缩站24座，实现省“一村一收集点”“一镇一中转站”标准，达到保洁覆盖面、生活垃圾收运率、无害化处理率“三个100%”。以莲江村为代表莲洲镇全镇开展垃圾分类试点，探索以“定时收集、源头分类、并点撤桶、积分奖励、就近处置”五环节为核心的农村生活垃圾分类“莲洲模式”。制定污水处理规划建设指引，采取接入市政污水管网与修建独立污水处理设施分步进行，全市122个行政村（368个自然村）纳入农村生活污水治理范围，落实生活

2020年9月22日，珠海金湾区三板村庆祝中国农民丰收节活动

（郑蔼芳 摄）

2020年，改造后的珠海市斗门区莲洲镇莲江村公共厕所

（市农业农村局供稿）

污水处理设施管养经费，由区属国企统一管理。截至年底，368个自然村中，349个自然村实现雨污分流、污水排放管道收集或暗渠化，农村生活污水收集率95.18%；完成污水治理自然村341个，农村生活污水治理率92.09%。

【乡村振兴样板村打造】 2020年，珠海市实施乡村振兴战略，抓实市级乡村振兴样板村建设，莲洲镇石龙村以花卉苗木等一批村居产业被认定为全国一村一品示范村，白蕉镇以海鲈、红旗镇以黄鳍鲷成为专业特色镇村。截至年底，基本完成所有样板村的“三线”下地、雨污分流、村内道路和农村“厕所革命”项目，市级样板村基本达到省定干净整洁村标准，其中会同、莲江、三板等多个市级样板村达到美丽宜居村标准，莲江村获评“广东农房风貌提升名村”。海澄村被评为“第五批广东省家庭文明建设示范点”；红星村、莲江村获评“第六届全国文明村镇”。农村居民收入稳步提高，突破3万元大关，达31119元，增速比城镇居民收入高出1.1个百分点。

【乡村基础设施建设】 2020年，珠海市印发《珠海市农村基础设施提档升级工作方案》，农村基础设施取得新进展。实现砂土路清零、等级公路比率和路面铺装率、全市农村公路列养率、建制村通公交“4个100%”。三级以上公路里程641千米，占比超62%（省要求为32%）。基本形成连接高速公路、国省干线公路，通达3A及以上景点、农业产业园等经济节点，覆盖区、镇、建制村及一定人口规模自然村的农村公路网络，实现广东省“四好”（建好、管好、护好、运营好）农村路建设目标。全市实际完成农村公路提档升级97.7千米、“白改黑”58千米，超额完成年度建设任务。全市368个自然村完成村内道路硬化1289.19千米建设任务，基本完成自然村内道路硬化。全市村居电网供电可靠性达到99.995%，综合电压合格率达99.999%，户均配变容量达2.9千伏安，三项指标在全省排名前列。桂山岛、万山岛和东澳岛用电实现与全市同网同价。全年，完成配网基建投资5872万元，用于加快农村电网改造升级工作。全市行政村和20户以上自然村实现4G网络全覆盖，实现自然村光纤宽带全覆盖、农村100M以上宽带用户占比60%以上的目标。斗门区、金湾区、高新区合计建成5G基站超2400座，各区基本实现5G网络连续覆盖。各级政府及供水部门累计投入资金4亿多元，改造和完善全市所有农村供水管网，实现村村通和户户通，实现同水质、同水价、同服务的城乡供水服务均等化。12月1日起，万山区各海岛居民用水实现陆岛同价。368个自然村完成集中供水到户6.12万户、到户人数28.51万人。农村集中式供水受益人口比重、农村自来水普及率、农村生活饮用水合格率均达100%。完成上洲村、石龙村、下洲村、虾山村等22个样板村的整治规划编制工作。

【乡村振兴人才培训】 2020年，珠海市开展针对农民专业合作组织、家庭农场、农产品加工户、农家乐、休闲观光农业的经营管理人员，以及农产品经纪人、农业服务组织骨干等各类人员培训。截至年底，全市完成培育新型农业经营主体带头人、现代青年农场主990人次，壮大高素质农民队伍，推进新型农业经营主体增量提质、规范发展，提升农民整体水平。

【农业科技推广成果】 2020年，珠海市参与的“荔枝特异性分子标记辅助育种技术创新及新品种选育应用范推广”项目获“广东省科技进步奖”二等奖；“兰花内生细菌促生技术研发与推广应用”项目获“2019年度广东省农业技术推广奖”三等奖。选育的“紫云郁金”“紫红郁金”两个花卉品种通过广东省农作物品种审定委员会审定。

【农村综合改革】 截至2020年底，珠海市农村承包土地经营权流转面积1.54万公顷（23.05万亩），占全市承包地总面积90.6%。其中出租（转包）面积1.51万公顷、入股面积213.33公顷、其他面积30.13公顷。依托农村“三资”（资金、资产、资源）管理服务平台，健全农村土地经营权流转服务，斗门区农村集体资产网上交易系统上线运营，实现农村集体资产网上交易。农村土地承包经营权流转到农业龙头企业、农民专业合作社、家庭农场等新型农业经营主体面积1980公顷。金湾区被确定为广东省内唯一的第二轮土地承包到期后再延长30年工作全国先行试点单位。

（麦晓琳）

【村居建设】 2020年，珠海市金湾、斗门两区开展21户农房抗震改造试点工作，试点农房全部开工。完成农村削坡建房风险点整治22处，超额完成省下达的13处任务。市住房和城乡建设局指导各涉农区开展农村房屋安全隐患排查整治，基本完成农村经营性自建房的排查录入，转入全面排查阶段。开展农村建筑工匠培训，培训各区的建筑工人和镇、村主管建设干部60人。

（黄毅龙）

对口支援帮扶

综　述

【概况】 2020年，珠海市落实省内精准扶贫资金2.80亿元，帮扶的贫困村、户100%达出列、脱贫标准。其中，对口阳江市落实各类扶贫资金8963万元；对口茂名市落实各类扶贫资金1.91亿元。对口支援云南省怒江傈僳族自治州，落实社会帮扶资金及捐物折款1.01亿元，提供财政援助资金累计3.24亿元，主要用于深度贫困地区县以下基层、产业、就业、教育、基本医疗、残疾人扶贫及基础设施建设。年内，贡山、泸水、福贡、兰坪县（市）通过省级核查和第三方评估、退出贫困县公示，实现脱贫摘帽。对口支援四川省甘孜藏族自治州理塘、稻城县，年内，落实财政扶贫资金900万元，援建项目70个，选派援建干部人才20名，派出专家人才67批近400人次，助推脱贫摘帽。对口支援西藏自治区林芝市米林县、米林农场，援助资金6401万元，用于发展民生事业、改善基础设施、深化脱贫攻坚等，截至年底，累计援助项目125个。

【民生援建】 对口怒江州东西部协作　2020年，珠海市推进怒江州东西部协作劳动力转移就业。加大劳务协作政策、资金支持力度，两地联合出台《珠海市对口怒江州劳务帮扶协作政策实施细则》《珠海市扶持怒江州劳动力转移广东省就业劳务帮扶协作实施细则》，解决贫困劳动力转移就业；面对新冠肺炎疫情挑战，两地密切协作，采取统一组织、统一体检、统一包车、统一跟车服务、统一防护保障的“五统一”机制，做好怒江劳动力转移就业。珠海帮扶怒江州转移到广东就业的农村劳动力1.39万人（涉及建档立卡贫困劳动力8982人），其中转移到珠海5809人（涉及建档立卡贫困劳动力3482人）。落实易地扶贫搬迁安置点后续帮扶措施，新增10个珠海优秀社区与怒江10个大型安置点结对，开展社区党建、文化、就业和管理服务业务交流互动，帮助安置点健全管理体制机制。投入资金310万元用于残疾人帮扶，受益贫困残疾人370人。其中，帮扶30名怒江残疾人到珠海工作，每月可获300元或者500元岗位补贴；扶持50名怒江残疾人自主创业；帮助200户怒江残疾人家庭进行无障碍改造；协助怒江州泸水市残疾人托养中心购置康复设备，完善硬件设施。向怒江州及下辖4个县（市）选派优秀支医医生，援助医用口罩、呼吸机、防护服等急需防控物资，及负压救护车4辆、普通救护车7辆和B超机、数字化X线摄影等重要设备，折合金额980万元。组织协调专列运送怒江贫困劳动力到珠海复工务工；协调推动11个扶贫车间迅速恢复生产；建立珠海、广州两地农产品线上线下展销和直播平台，促进怒江农产品销售。

对口支援藏区　2020年，珠海市系统开展援藏各领域工作。同舟共济协同抗疫。筹措口罩、红外测温仪、防护服等价值221万余元的防疫物资，助力对口支援藏区落实“六稳”“六保”部署要求。米林县工作组被广东省第九批援藏工作队评为抗疫先进集体。组织就业援藏。推动受援两地人社局签订劳务合作协议，在林芝米林县举办“珠海-米林”就业援藏专场招聘会，实现农牧民转移就业4679人，转移收入5061.12万元，其中跨市就业393人、区外就业71人，超额完成年度任务。开发高校毕业生就业岗274个，完成目标任务137%，实现应届高校毕业生就业242人，就业率98.78%。开展组团式教育援藏。落实《援藏援疆万名教师支教计划实施方案》，协调珠海各中学、西华师范大学、广东嘉应学院等4批47名志愿者到米林县中学、米林小学开展支教活动。派出当地教师4人到珠海跟岗，15人到广东嘉应大学培训，受援地区的教学质量得到提高。加大医疗援藏力度。协调珠海市三级医院对口帮扶，2所医院与受援地获结对，援建远程医疗会诊、中医适宜技术、脑卒中筛查与防治中心3个，筹建妇儿和急救中心2个。派出3名医疗援藏人员帮助创建“二甲”，提升医院医疗服务整体水平。推广心脏彩超、新生儿气管插管术、中医针灸特色疗法等13项适宜技术和新技术。开展“光明格桑花”白内障复明手术惠及120余人。培育骨干人才20人，建立重点学科团队7个，开展送医下乡惠及6800余人次。当地人民群众医疗保障水平明显提高。

2020年6月30日，2020年珠海市“广东扶贫济困日”活动启动仪式暨10周年总结会议在珠海度假村酒店举行 （市农业农村局供稿）

【产业援建】 对口怒江州东西部扶贫协作 2020年，珠海市引进到怒江投资兴业企业11家，实际投资额1.78亿元，带动贫困人口数7168人，其中直接吸纳贫困人口就业385人，通过联结机制带动贫困6783人；共建产业园区2个，引导入驻园区企业4个，企业实际投资额1.44亿元，入驻园区企业吸纳贫困人员就业1166人；运营扶贫车间16个，吸纳就业数922人，其中贫困人口数658人。采购、销售怒江特色农畜牧产品金额9630万元，其中认定扶贫产品金额4540万元，带动贫困人口数9693人。

对口支援藏区 2020年，珠海市利用市场资源，搭建发展平台，精准对接帮扶需求，在产业援建上精准发力，推动当地特色优势产业发展。协调开通珠海—林芝、珠海—稻城2条扶贫航线，畅通两地交流。开发特色旅游产业，助推稻城县亚丁景区国家AAAAA级旅游景区创建。引进专业公司，打造高原现代农业综合体。搭建资源与市场的对接平台，让特色农牧产品走出去。

【对口扶贫（支援）地区名优特农副产品展销会】 2020年9月19—21日，珠海市组织来自珠海对口扶贫（支援）地区云南怒江州，四川甘孜稻城县、理塘县，广东阳江市、茂名市，以及西藏林芝米林县的102家企业及合作社的特色农产品，参加在珠海星园扶贫市场举办的“珠海对口帮扶地区扶贫产品展销会”，展示推广帮扶地区特色农产品。

【“广东扶贫济困日”活动】 2020年6月30日，2020年珠海市“广东扶贫济困日”活动启动仪式暨10周年总结会议在珠海度假村酒店举行，活动以“决胜脱贫攻坚，助力乡村振兴”为主题，组织全市机关企业事业单位及社会各界参与“广东扶贫济困日”活动。全市捐赠到账金额1.12亿元。

省内精准扶贫

【概况】 截至2020年底，珠海市对口帮扶阳江、茂名市211个省定贫困村，贫困人口1.53万户、4.32万人；落实各类扶贫资金2.80亿元，历年累计21.95亿元，实现对口帮扶的村、户100%达到出列、脱贫标准；有劳动能力贫困户人均可支配收入17630元，比帮扶前增长3.3倍，完成脱贫攻坚目标任务。派出驻市扶贫工作组2个，12人，阳江、茂名市专职精准扶贫驻村第一书记211人。

【扶贫开发成效】 2020年，珠海市做好民生“兜底”工作，全面落实“两不愁三保障一相当”，着力志智双扶，阻断贫困代际传递。构建“搭平台、建基地、联市场”跨区合作式产业扶贫模式，累计引入企业704家，建设产业扶贫项目517个，建设“一村一品”产业基地82个，助推贫困村特色产业发展。改善贫困村生产生活条件，建设的村道硬底化、农田水利、教育文化生活设施等项目100%达标，脱贫攻坚与乡村振兴有效衔接。

【产业扶贫】 截至2020年底，珠海市引入企业704家，投入到贫困村发展特色产业社会资金3.82亿元，建设特色扶贫产业项目517个，建成初具规模的扶贫产业基地433个，发挥产业扶贫的益贫带贫作用，辐射带动贫困人口3.71万人持续稳定增收。

【就业扶贫】 2020年，珠海市利用珠三角第二、第三产业发展优势，吸纳贫困地人口转移就业。帮扶当地产业发展，挖掘当地就业潜力，实现贫困劳动力就近就地就业，截至年底，帮扶贫困劳动力实现转移就业1.54万人，完成《广东对口扶贫协议书》的134%。

【“两不愁三保障”落实】 2020年，珠海市落实“两不愁三保障”工作，贫困户子女九年义务教育入学率99.88%，落实困难学生补助9707人，完成率100%。贫困人口参加基本医疗保险4.32万人，完成率100%；贫困人口纳入重大特疾病救助4544人，完成率100%。纳入最低生活保障（含五保低保）1.74万人，完成率100%。完成贫困户危房改造6825户，完成率100%。

东西部扶贫协作与对口支援

【概况】 截至2020年底，珠海市按照中央关于东西部扶贫协作和对口支援的部署，推动各项工作落实，全市8个区、18个镇（街）、179家企业、67家社会组织、13个社区与怒江开展全方位结对，投入资金13.4亿元，其中财政资金10.2亿元；投入2.2亿元援建6个易地扶贫搬迁点和4个危房改造点，解决2618户8530名群众的住房问题。选派到珠海学习技术的怒江贫困学生1243人，培养“广东技工”“粤菜师傅”，安排就业率100%，年内，转移到广东就业1.4万人。在5所学校开设13个“珠海班”，招收学生579人，怒江民族中学首届“珠海班”学生高考，一本上线率100%。投入2.7亿元，开展产业帮扶项目166个，受益卡户7.5万人。遴选珠海干部44人、优秀中青年干部126人到怒江“三同”，安排怒江党政干部1453人到珠海培训、到珠海挂职干部56人，培训教职人员1000人。从珠海选派教师、医疗人员404人到怒江支教、支医，两地107所学校结成58对帮扶关系，珠海18家医疗机构与怒江14家医院开展结对帮扶。“转移就业”“百企帮百村”等4个经验在全国推广，连续四年国家考核为“好”。8月，国务院扶贫开发领导小组办公室在怒江召开现场会，再次肯定珠海工作。年内，贡山县通过验收率先脱贫；怒江州剩余的泸水、福贡、兰坪三个贫困县（市）通过省级核查和第三方评估、退出贫困县公示，实现脱贫摘帽。怒江各族群众历史性地摘掉贫

2020年，中共珠海市委党史研究室帮扶茂名市电白区霞洞镇塘涵村投资建设的车子涵洞桥，为塘涵、正源、潭白村委会近1万名群众生产、生活提供便利 （市委党史研究室供稿）

困的帽子。

对口支援藏区、库区　落实中央和省工作部署，推动完善“以民生援藏为龙头，以产业和智力援藏为两翼”援藏工作格局，帮扶危房改造、学校、卫生院及饮水工程等基本民生工程，开展教育医疗卫生帮扶，对口支援藏区、库区各项工作取得良好成效，得到当地好评。

对口支援米林县、米林农场　截至2020年底，全市落实财政资金1.61亿元（其中省统筹珠海9616万元，市自筹6527万元）；引进林芝机场商贸物流产业园产业项目；选派援建干部人才18人，派出专家人才67批近400人次；珠海9个区镇与米林县8个乡镇和米林农场结对帮扶、5所学校与米林县4所中小学成为友好学校，援藏工作组每人与2至3名藏族同胞结对帮扶。助推米林县、米林农场实现提前脱贫，华发物流产业援藏模式得到两省区主要领导高度肯定。

对口支援甘孜州理塘、稻城县　截至2020年底，累计落实对口支援资金3.32亿元（其中财政资金3.27亿元，社会资金480万元），援建项目55个（其中省统筹援建项目6个，市援建项目49个），助推稻城、理塘县实现高质量脱贫摘帽。珠海“前店后厂”（在珠海建设甘孜州文化体验园销售甘孜农产品，在甘孜建立粤孜缘综合农牧产业园）消费扶贫模式成为广东省唯一获评为全国消费扶贫典型案例，被中央电视台专题报道。

2020年，由格力集团捐建的泸水市格力小学的学生在举行升国旗仪式（钟　凡　摄）

【对口支援云南省怒江傈僳族自治州】　2020年，珠海市落实东西部扶贫协作财政援助资金2170万元，落实社会帮扶资金9950万元，捐物折款110万元。截至年底，选派到怒江挂职党政干部21人，接收怒江到珠海挂职交流干部23人，选派到怒江支教支医专业技术人员187人，接收到珠海跟岗学习和进修培训怒江专业技术人员138人。举办怒江州党政干部专题培训班26期，培训党政干部1.1万人次；举办怒江州专业技术人才培训23期，培训专业技术人才2060人次；累计向怒江输出医疗技术312项。引进到怒江投资兴业企业11家，实际投资额1.78亿元，带动贫困人口7168人，其中直接吸纳贫困人口就业385人，通过联结机制带动贫困6783人；建产业园区2个，引导入驻园区企业4家，企业实际投资额1.44亿元，入驻园区企业吸纳贫困人员就业1166人；运营的扶贫车间16个，吸纳就业数922人，其中贫困人口数658人。年内，采购、销售怒江特色农畜牧产品金额9630万元，其中认定扶贫产品金额4540万元，带动贫困人口数9693人。帮助怒江农村劳动力实现新增就业数1.76万人，其中贫困劳动力8417人。转移到珠海3482人，在云南省内就近就业数2825人，到其他地区就业数586人。新招收怒江“两后生”（建档立卡贫困家庭中未继续升学的15—22周岁初、高中毕业生，包括退学、辍学青年）644人到珠海中职技校就读，其中贫困生524人。受新冠肺炎疫情影响，向怒江州及下辖四个县（市）选派优秀支医医生，援助医用口罩、呼吸机、防护服等急需防控物资。

【对口支援四川省甘孜藏族自治州理塘、稻城县】　2020年，珠海市协调开通珠海—林芝、珠海—稻城两条扶贫航线。引进珠海长隆集团帮助提升亚丁景区旅游管理服务，投入3800万元建设亚丁景区应急救援等旅游配套服务项目，助推稻城亚丁景区国家AAAAA级旅游景区创建。引进专业公司，共建集高原果蔬种植、特色住宿、产品展销、旅游观光等为一体的高原现代农业综合体。开设甘孜州特色农产品专区，“圣地理塘·极地果蔬”高原农特产品O2O体验店，搭建资源与市场的对接平台；采取“前店后厂”的扶贫模式，实现甘孜高原农牧产品与珠海消费市场实现“产”“销”对接；举办“圣洁甘孜·走进珠海”高原臻品推介展销会，促进产品走进大湾区市场，现场销售额330万元，收获订单5100万元。

【对口支援西藏自治区林芝市米林县、米林农场】 2020年，珠海市支援特色农牧产品走出去，10月12日，推动华发（林芝）商贸物流园一期B阶段开工，A阶段竣工运营。推动林芝源“7+2”消费援藏平台落户横琴口岸商场，完成“嘎玛苹果”绿色食品标识申报工作及拓展销售市场。实施“农业+旅游”产业基础设施打造以及专业公司的进驻，引进林芝机场商贸物流产业园、江心岛高原现代农业及民俗文化示范园、藏医药产业园三大重点产业项目，有华发集团、美光源科技、北京易能控股等数十家知名企业落户米林，为当地经济注入动力。华发物流产业援藏模式得到广东和西藏两省区主要领导肯定。推动受援两地人社局签订劳务合作协议，在林芝米林县举办“珠海-米林”就业援藏专场招聘会，年内，实现农牧民转移就业4679人，转移收入5061.12万元，其中跨市就业393人、区外就业71人，超额完成年度任务。开发高校毕业生就业岗274个，完成目标任务137%，实现应届高校毕业生就业242人，就业率98.78%。

【对口支援重庆市巫山县】 截至2020年底，珠海市对口支援重庆市巫山县三峡库区建设，累计落实援助资金6401万元，援助项目125个，其中，援建学校54所、援建乡镇卫生院及计生站25所、援建敬老院3所、援建乡村公路41千米、桥梁2座、饮水池28口2.2万立方米，铺设管道28千米，建成双龙镇乌龙村、骡坪镇茶园村2个易地扶贫安置点，安置困难群众82户350人。 （麦晓琳）

开放型经济

综　述

【概况】 2020年，珠海市外资外贸规模保持全省前列，全市实际吸收外资178.05亿元，比上年增长8.6%，规模位居全省第三；外贸进出口2730.57亿元，下降6.1%，规模位居全省第五。招商引资提质增效，新签约重点招商项目134个，投资总额1376亿元。企业“走出去”步伐加快，新增对外投资备案项目43个，对外实际投资4.67亿美元。服务外包执行金额10.73亿美元，下降16.1%。

【引进外资】 2020年，珠海市新设外商投资企业2624家，比上年增长123.1%；实际吸收外资25.56亿美元，增长5.7%。其中，制造业实际吸收外资2.01亿美元，下降34.5%；服务业实际吸收外资23.50亿美元，增长11.6%。

对外贸易

【概况】 2020年，珠海市外贸进出口总额2730.57亿元，比上年下降6.1%。其中，出口1608.79亿元，下降2.8%；进口1121.78亿元，下降10.5%。进出口、出口、进口规模在全省分别位居第五、第七、第四。

【出口贸易】 2020年，珠海市外贸出口中，一般贸易出口额961.2亿元，比上年下降0.1%；加工贸易出口额591.5亿元，下降5.5%。外商投资企业出口额702.8亿元，下降6.1%；私营企业出口额687.5亿元，增长0.4%；国有企业出口额199.5亿元，下降1.0%。

【进口贸易】 2020年，珠海市外贸进口中，一般贸易进口额625.6亿元，比上年下降5.8%；加工贸易进口额274.1亿元，增长2.7%。外商投资企业进口额630.5亿元，下降9.5%；私营企业进口额389.1亿元，增长19.2%；国有企业进口额90.5亿美元，下降56.7%。

【参加第83届中国国际医疗器械博览会】 2020年10月19—22日，珠海市金湾生物医药国家外贸转型升级基地工作站（市外经协会）组织丽珠试剂、康德莱、健帆生物等医疗器械企业17家，赴上海参加第83届中国国际医疗器械博览会CMEF，参展总面积279平方米，接待来访客商5000余名，意向合作订单突破1.1亿元，帮助企业开拓国内市场，扩大金湾生物医药国家外贸转型升级基地的知名度。

【参加第127届中国进出口商品交易会】 2020年6月18—24日，第127届中国进出口商品交易会（简称广交会）在广州召开，该次广交会首次搬上云端，为参展外贸企业和全球采购商带来一场“及时雨”。珠海参展企业175家，展位582个，上传商品信息1.36万个，覆盖大会设置的16大类商品和近50

2020年珠海市外贸主要出口市场情况表

国家和地区	出口额（亿元）		
	总量	增速（%）	比重（%）
总计	1608.8	-2.8	100.0
东盟	190.2	2.6	11.8
欧盟	243.4	7.1	15.1
美国	199.7	-1.6	12.4
日本	124.6	10.1	7.7
韩国	33.4	15.8	2.1
印度	133.6	-11.7	8.3
澳大利亚	29.9	17.5	1.9
英国	39.3	35.7	2.4

2020年珠海市外贸主要进口市场情况表

国家和地区	进口额（万元）		
	总量	增速（%）	比重（%）
总计	1121.8	-10.5	100.0
东盟	193.9	12.2	17.3
欧盟	85.2	-15.3	7.6
美国	77.9	-12.9	6.9
日本	82.5	-10.9	7.4
韩国	161.6	38.7	14.4
印度	11.6	-19.8	1.0
澳大利亚	78.6	-4.1	7.0
英国	8.2	-34.3	0.7

个展区。广交会上云，推动珠海参展企业加速拥抱新技术与新变革。

（史小军）

民营经济

【概况】 2020年，珠海市民营经济主体是商事主体增长的主力。新登记个体工商户2.72万户，新登记农民专业合作社15户。新登记企业中，非私营内资企业1787家，私营企业1.77万家，外商投资企业2274家。截至年底，全市商事主体中以个体工商户的户数最多，占比51.78%；其次为私营企业占比40.4%。与上年商事主体总量对比，个体工商户比重稍有升高，企业总体比重略有下降，外资企业比上年增长0.14%。全市期末实有民营类商事主体34.73万户，占全市各类商事主体92.18%，占有绝对的主导地位。

是年，全市民营经济税收收入424.17亿元，比上年增长3.69%，民营经济税收占全市总税收43.97%。2月5日，在全省率先出台《珠海市人民政府关于应对新型冠状病毒感染的肺炎疫情支持中小企业共渡难关的若干政策意见》，从劳动用工、融资信贷、税费成本、科技创新、社会保障及专项服务等方面，缓解企业面临的实际困难。

【“四上”民营企业】 2020年，珠海市“四上”企业（规模以上工业企业、资质等级建筑业企业、限额以上批零住餐企业、规模以上服务业企业）中，民营企业有3777家，占全市“四上”企业比重75.8%。其中工业企业918家，占全市1402家规上工业企业65.5%。全年，全市规模以上工业企业完成增加值1200.56亿元，比上年增长1.4%，其中民营企业完成增加值666.26亿元，占全市工业增加值的55.5%，增长5.7%。

【“专精特新”企业发展】 2020年，珠海市开展第二批专精特新“小巨人”中小企业（专注于细分市场、创新能力强、市场占有率高、掌握关键核心技术、质量效益优的排头兵企业）的培育工作，被认定为专精特新“小巨人”中小企业8家；培育省专精特新中小企业，被认定为2020年省专精特新中小企业34家；出台《珠海市专精特新中小企业遴选办法》，将专精特新作为全市引导中小企业高质量发展的主要导向，鼓励广大中小企业贯彻落实新发展理念，参与构建新发展格局。全年，全市被认定为市级专精特新中小企业55家。

【民营经济融资服务】 2020年，珠海市缓解中小企业（民营经济）融资难题。加大“四位一体”融资平台推广力度，利用财政新增的2000万元风险补偿金和央行两次新增的专项再贷款再贴现额度，加大对小微企业支持。全年，为中小微企业提供1178笔61.76亿元贷款（或转贷资金），分别比上年增长108%和76%，降低企业融资成本约8000万元。中小企业融资担保体系的7家担保机构在保余额9.6亿元，增长4.3%。

【民营经济公共服务】 2020年，珠海市“政企通”平台发布新闻、通知、政策措施、政策解读等信息1.01万条，其中发布新闻6184条、通知1984条、政策措施742条、政策解读818条，分别比上年增长51.09%、53.53%、54.04%、58.89%和57.01%。平台扩大政策精准推送范围，增强政策精准推送力度。全年，完成政策精准推送17.85万人次，比上年增长5.39倍，进一步提高政策的送达率，扩大政企通平台的影响力。

是年，拱北海关技术中心、珠海清华科技园创业投资有限公司分别通过工业和信息化部国家中小企业公共服务示范平台和国家级小型微型企业创业创新示范基地认定，通过省级中小企业公共服务示范平台认定9家，新认定市级中小企业公共服务示范平台18家，国家级、省级和市级中小企业公共服务示范平台总数分别达到4家、15家和64家。各级示范平台服务范围涵盖检验检测、科研开发、行业互助、市场开拓等各个领域，提供较为全面的公共服务。

【中小微企业扶持】 2020年，珠海市中小企业服务券发放总额480万元，引导服务券的应用范围从财务、培训、咨询等基本应用拓展到信息化、产学研合作、知识产权等企业创新行为，推动中小企业创新发展。受惠企业346家，涉及服务机构78家，订单790个，服务券合同总金额1624.18万元。减轻中小微企业成本支出负担，促进市民营中小企业和优质第三方机构服务对接。开展上市挂牌融资奖补工作，奖补上市融资民营企业11家和进入新三板创新层的民营企业3家，奖补金额876.75万元。推动“小升规”工作，对“小升规”企业实施奖励，全年落实省市两级奖励资金4400万元，实现“小升规”工业企业178家。

【民营经济政策与研究】 2020年，珠海市民营经济发展研究院优化研究团队，加强对外合作交流，拓展与国务院经济研究院发展中心、中山大学、北京师范大学、暨南大学、长江商学院、首都科技发展战略研究院等智库合作，提升研究院团队研究能力、成果水平。加强与政府部门、民营企业的沟通与联系，深入了解产业发展存在问题、障碍，研究主题贴近产业发展需求。全年，民营经济发展研究院提交民营经济发展决策参考和民营经济发展信息10篇、珠海市重点企业（制造业）采购经理指数（PMI）月度简报12期，出版《“十四五”期间珠海市产业发展探索》，完成《价值链视角下的珠海市生物医药产业集群升级研究》等专题研究报告7份。提交的相关研究成果获市政府相关部门采纳使用和转载4件次。

（丁晓峰）

【私营企业】 2020年，珠海市新登记私营企业1.77万家，注册资本（金）3637.6亿元。截至年底，有私营企业15.22万家，比上年增长7.98%；注册资本（金）3.42万亿元，增长26.09%。私营企业户均资本规模1147.18万元。

【个体工商户】 2020年，珠海市新登记个体工商户2.72万户，比上年下降15.83%，注册资本（金）114.93亿元。截至年底，全市实有个体工商户19.51万户，增长5.73%；投资金额219.92亿元，增长121.07%。个体工商户户均资本增幅较大，为109.09%。

【外商投资企业】 2020年，珠海市新登记外商投资企业2274家，比上年增长27.68%，注册资本（金）40.58亿美元。截至年底，全市外商投资企业1.49万家，比上年增长9.63%。外商投资企业户均资本规模为487.89万美元。

【农民专业合作社】 2020年，珠海市新增农民专业合作社15家，比上年下降42.31%。截至年底，全市农民专业合作社284家，下降4.05%。出资总额5亿元，增长8.46%。农民专业合作社户均资本规模为176.06万元。

【民营经济行业分布】 2020年，珠海市私营企业主要集中于批发和零售业、租赁和商务服务业、科学研究和技术服务业、建筑业、制造业及信息传输、软件和信息技术服务业（排在前六名且户数均达到5000户以上）。外资企业的特色表现在科学研究和技术服务业、租赁和商务服务业及制造业，呈制造业集聚发展效应。个体工商户半数以上集中于批发和零售业，在住宿和餐饮业及居民服务、修理和其他服务业也较为集中。

【商事主体区域分布】 2020年，珠海市商事主体分布特点明显，港澳投资企业数量居全省前列。截至年底，全市有港澳投资企业1.24万家。其中港资企业6192家、澳资企业6223家。港澳居民个体工商户1333户，其中香港居民个体工商户379户，澳门居民个体工商户954户。全年全市新登记外商投资企业2170家，其中港资企业419家，澳资企业1515家，分别占新增外商投资企业的19.31%和69.82%。各区商事主体发展不均衡。商事主体主要分布在主城区香洲区（17.97万户，占比47.71%）、其次是具有产业和政策优势的斗门区（7.66万户，占比20.33%）和横琴新区（5.44万户，占比14.43%）。行业分布以服务业等第三产业为主。截至年底，全市批发和零售业商事主体15.70万户，占商事主体总量41.67%。占比第二位的租赁和商务服务业，商事主体4.41万户，占总量11.7%。占比第三位的是住宿和餐饮业，新登记商事主体3.24万户，占总量8.6%；前三位的行业商事主体数量达到总量60%以上。全市新登记商事主体行业分布与总量行业分布大体保持一致。市各类商事主体呈稳定增长态势，结构变动不大，个体工商户及私营企业仍为全市商事主体的主力军。 （郑　方）

海洋产业

综　述

【概况】 2020年，珠海市主要海洋产业总产值1466.08亿元，比上年下降8.04%。其中，海水利用业59.68亿元，海洋船舶工业18.53亿元，海洋工程建筑业138.07亿元，海洋工程装备制造业220.67亿元，海洋化工业228.94亿元，海洋技术服务业9.47亿元，海洋交通运输业24.60亿元，海洋科学研究47.78亿元，海洋可再生能源利用业2.24亿元，海洋水产品加工业28.82亿元，海洋信息服务业40.44，海洋药物与生物制品业83.64亿元，海洋油气业196.88亿元，海洋渔业14.17亿元，海洋旅游业187.59亿元，海洋相关产业（包括海洋产品零售与批发、涉海服务业等）164.56亿元。

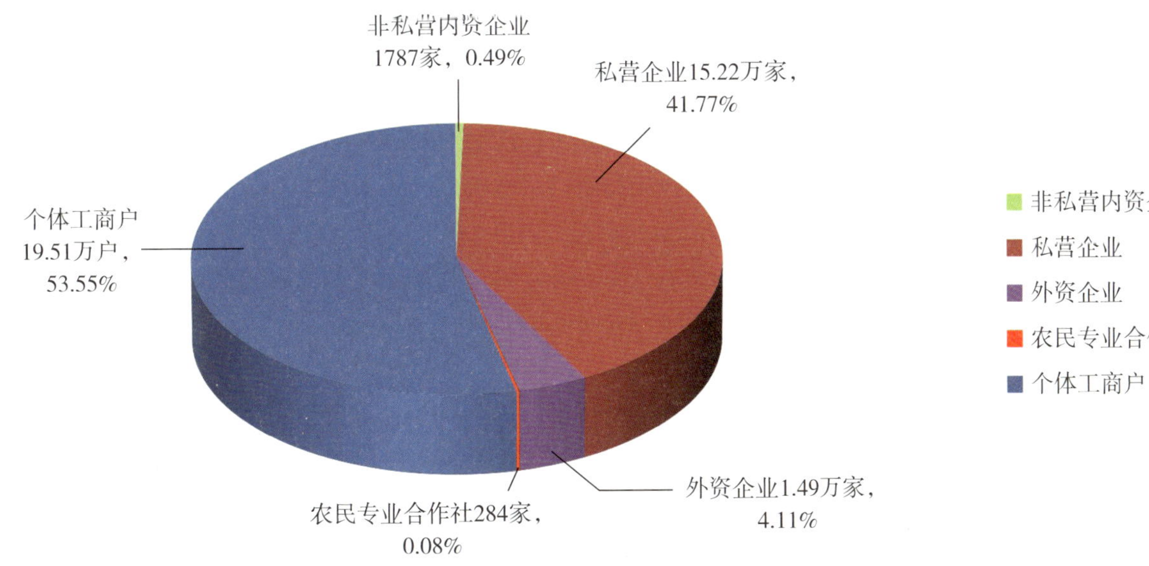

2020年珠海市商事主体类型分布图

2020年6月6日，珠海市组织开展增殖放流活动　（梁翠萍　摄）

【地方性海域海岛法规修正】　2020年5月，珠海市完成《珠海经济特区海域海岛保护条例》和《珠海经济特区无居民海岛开发利用管理规定》第一次修正。两部法规均于2019年5月1日起施行，是运用特区法规立法权，先行先试立法，加强海域海岛资源的保护与利用，是中国首创全面规范海域海岛管理、保护海域海岛生态环境、发展海洋经济综合性、统领性的地方性法规。

【海域海岛保护和开发利用】　2020年，珠海市批准项目海域使用权31宗，面积842.56公顷，其中省管用海项目9个，市管用海项目6个，区（功能区）级用海项目11个，市、区管临时用海项目5个。市人民政府批复同意《珠海市三角岛建设实施方案》（一期），为三角岛打造成国家无居民海岛开发利用示范提供审批基础。7月，配合广东省自然资源厅完成外伶仃东海域海砂开采挂牌出让，广东省广业环境建设集团有限公司以 62.48亿元竞得珠海珠江口外伶仃东海域使用权和海砂采矿权，市、区两级财政收入14.6亿元。　（龚亚军）

【渔业资源增殖放流】　2020年，珠海市利用中央、省财政资金160万元和渔业资源损失补偿款773.12万元，开展增殖放流活动，在珠海万山、高栏港等海域投放海水鲷科鱼苗578万尾、斑节对虾虾苗9190万尾、刀额新对虾虾苗5300万尾。

【海监执法】　2020年，珠海市海监部门出动执法船艇1346艘次，执法车275辆次；出动执法人员7012人次、检查海洋工程889个次、围填海项目107个次、无居民海岛1647个次、倾废区119个次、保护区21个次；登临检查采砂船144艘次、其他船舶28艘次；组织联合行动61次，全年立案5件，其中采砂案3件、用海案1件、用海用岛案1件，结案5件，收缴罚款603.81万元，向广州海事法院申请强制执行采砂案3件，均获受理。　（麦晓琳）

【首个广东省海洋观测科普教育基地】　2020年10月在珠海海洋环境监测中心海滨泳场验潮站挂牌成立，是集海洋预警监测、科普宣传为一体的海洋观测科普教育基地。每年结合“5·12全国防灾减灾日”“6·8世界海洋日”开展海洋观测科普活动、海洋观测科普讲座、海洋观测科普教育网上宣传，让更多的人“关心海洋、认识海洋、经略海洋”。

【国家海洋督察整改完成】　2020年，珠海市根据《珠海市人民政府关于印发珠海市贯彻落实国家海洋督察反馈意见整改方案的通知》，对涉及围填海项目审批、执法监管、海洋生态环境保护及例行督察发现的其他问题等四大类12小类15项问题事项，制定整改措施50条，分阶段按时序推进整改任务。截至年底，完成全部整改任务，并逐步建立健全长效机制，巩固整改成效。　（龚亚军）

港澳流动渔民

【概况】　2020年，珠海市有港澳流动渔船988艘，总马力37.6万千瓦，港澳流动渔民（含渔工）7314人。全年在内地销售水产品3.5万吨。全年办理渔工备案3189人次，港澳流动渔民证件初审3650本，办理港澳流动渔民各类保险金额687.3万元，协助各类理赔金额309.5万元，发放港澳流动渔船2019年度油价补贴1993.9万元，发放2019年度港澳流动渔船更新改造补助资金2729.1万元。组织复工复产港澳流动渔船831艘，协助完成渔民出入境新冠肺炎核酸检测6041人次，组织隔离1139人次，实现港澳流动渔民“零”疫情的目标。抗击新冠肺炎疫情工作受到国家流动渔民协调小组办公室的来函表扬，2个组织和1名个人受到市委、市政府表彰奖励。

【港澳流动渔民宣传教育】 2020年，珠海市港澳流动渔民工作办公室（简称珠海市港澳流渔办）加强与港澳社团联系，协助香港渔民社团开展护港支持国安立法等爱国爱港活动，支持香港渔民社团组织168艘渔船举办“庆香港回归、贺国安立法”海上大巡游和组织41艘渔船举办“庆国庆、贺中秋”巡游活动，支持澳门渔民互助会开展庆祝澳门回归祖国21周年系列活动。加强反走私宣传教育，印发反走私宣传手册1500册，发放印有反走私标语的储物箱700套。

【港澳流动渔民服务管理】 2020年，珠海市坚持“情系珠港澳，服务无边界”的服务理念，自查自纠办事“堵点”问题，打通服务群众“最后一公里”。开展整治形式主义、官僚主义专项活动，创新服务内容和形式，坚持党员服务岗和预约办证服务。做好港澳流动渔民新冠肺炎防控和复工复产工作，成立市港澳流动渔民疫情防控工作专班，建立多部门联合机制，牵头制定一系列防控港澳流动渔民疫情输入的工作措施，统筹协调12个成员单位落实防控责任，落实“定人联船”措施，协助做好港澳流动渔民和内地渔工出入境、渔获物交易、防台风、应急突发事件疫情防控。加强人文关怀，市政府给予港澳流动渔民隔离费用补贴100万元，筹集资金106万元，慰问隔离渔民渔工、支持港澳社团抗疫，为港澳流动渔民赠送口罩12.5万个和其他防疫物资。指导市港澳流渔协会减免商户租金129.67万元，减免港澳流动渔民年会费263万元，下拨基层流渔协会防疫及服务渔民经费215万元。严格落实安全生产和防台风机制，完成台风“海高斯”“浪卡”“沙德尔”期间港澳流动渔船回港避风，确保防台风工作的零伤亡。利用信息化手段开展“无接触式”服务，通过邮寄资料办理各类业务。制定年伏季休渔实施方案，组织进港休渔流动渔船676艘，协助办理钓具作业捕捞渔船和辅助船免休渔申请89艘。

【港澳流动渔民会务交流活动】 2020年 4月10日，广东省农业农村厅领导到珠海市港澳流渔办调研港澳流动渔船（民）境外疫情输入防控工作。5月9日，市港澳流渔办召开深化机关干部作风专项整治工作动员会。7月15日，省委领导到珠海市港澳流动渔民陈列馆参观，指导流渔工作。9月25日，市港澳流渔办组织港澳流动渔民参加在洪湾中心渔港举办的珠海市港澳流动渔民新型冠状病毒肺炎疫情防控期间防台风应急演练。12月16日，市港澳流渔办领导赴澳门参加澳门渔民互助会，庆祝澳门回归祖国21周年联欢茶会。 （甘松华）

农业·水利

综　述

【概况】 2020年，珠海市完成农林牧渔业总产值93.06亿元，比上年下降0.5%。其中，农业产值15.27亿元，增长1.3%；林业产值270万元，增长67.7%；牧业产值1.55亿元，下降76.8%；渔业产值68.72亿元，增长9.1%；农林牧渔服务业产值9.61亿元，增长8.4%。全年农作物播种面积1.55万公顷，比上年增加682.47公顷。其中，粮食作物播种面积4923.73公顷，增加570.33公顷；甘蔗种植面积8.73公顷，减少4.6公顷；油料种植面积218.2公顷，减少3.53公顷；蔬菜种植面积7364.4公顷，增加273.73公顷。水产养殖面积2.22万公顷，减少2840公顷。全年粮食总产量2.89万吨，增产13.2%；甘蔗产量781吨，减产34.9%；油料产量814吨，减产19.6%；蔬菜产量13.84万吨，减产2.43%；水果产量10.27万吨，增产5.14%。全年肉类总产量2915吨，比上年下降 85.8%。其中猪肉产量691吨，下降95.3%；禽肉产量2221吨，下降61.0%。生猪饲养量6.24万头，下降67.7%。其中，生猪存栏5.40万头，增长255.6%；生猪出栏8468头，下降95.2%。全年水产品产量34.80 万吨，增长7.2%。其中，海洋捕捞 8143吨，下降39.2%；海水养殖9.77万吨，增长9.2%；淡水捕捞1139 吨，下降33.2%；淡水养殖24.10万吨，增长10.5%。

【农业机械化】 2020年，珠海市有农业机械20.53万台（套），农机总动力27.12万千瓦。实现水稻综合机械化水平93.91%，位居全省前列。全市使用中央、市、区农机购置补贴资金1020.45万元，补贴814户农民购买农业机械及机具2.63万台（套）；水稻机械化插秧作业面积3395.71公顷；农用无人机植保作业面积1.15万公顷。

【农业科技】 2020年，珠海市引

进推广应用良种36个。其中，引进试种广东丝苗米水稻品种12个，筛选示范金农香占、金农1号新品种2个；粤甜28号、佛甜10号、广甜糯1号、金糯1813、金冠597新品种玉米5个；早夏无核、红夏音等葡萄及黄晶果新品种水果3个；京丹6号番茄、东北大南瓜、454小青瓜、夏日阳光小番茄、格雷斯小番茄、凯蒂小番茄、白玫瑰白菜、意大利生菜等新品种蔬菜8个；引种鸿运、影子红等新品种姜荷花5个；引种海鲈种群3个。引进推广应用新技术6项，有火龙果灯光调节产期技术、优质双色甜玉米栽培技术、优花卉新品种选育及高效栽培技术、池塘工程化循环水养殖、深海智能化设施养殖等技术、水产养殖尾水治理技术等。推进信息进村入户工程，斗门区、金湾区推进益农信息社建设与验收工作，建设益农信息社95家，覆盖率55.9%。5月8日，全省农业科技等资源对接宣讲会在珠海举办，构建全省涉农版块互动、共建、共享的“广东省农业经营主体联盟”大平台。截至年底，参与科创中心信息平台企业70家。

【农产品质量安全】 2020年，珠海市继续推进农产品质量安全监管的长效机制。组织开展蔬菜、水果、畜禽产品、水产品质量安全例行监测，市县覆盖面达到100%。开展农产品质量安全飞行检查和监督抽查，加大元旦、国庆等节假日抽查力度，及时发现并排查风险隐患。全年农产品监测合格率达到99.1%。开展农产品质量安全专项整治“利剑”行动。实施饲料生产环节、养殖环节“瘦肉精”监督抽检，检测结果全部合格。推进农产品质量安全追溯体系建设和应用，推动农产品“带证上网、带码上线、带标上市”，市内“两品一标”（绿色食品、有机农产品和农产品地理标志）生产经营企业100%纳入国家追溯平台管理。整体试行食用农产品合格证制度监管新模式。与市场监督管理部门联合推进试行食用农产品合格证制度。截至年底，线上用证主体228个，开具合格证2.75万张，用证产品达7809.3吨。

种植业

【概况】 2020年，珠海市农作物播种面积1.55万公顷，比上年增加682.47公顷。其中，粮食作物播种面积4923.73公顷，增加570.33公顷；甘蔗种植面积8.73公顷，减少4.6公顷；油料种植面积218.2公顷，减少3.53公顷；蔬菜种植面积7364.4公顷，增加273.73公顷；水果种植面积5640公顷，减少260公顷。全年粮食总产量2.89万吨，增产13.2%；油料产量841吨，减产19.6%；蔬菜产量13.84万吨，减产2.43%；水果产量10.27万吨，增产5.14%。

【强农惠农政策】 2020年，珠海市落实各项强农惠农政策，发放各级农业支持保护补贴3974.90万元。是年，中央耕地地力保护补贴资金1054.05万元，补贴标准81.7元/亩。中央、市、区农机购置补贴资金1020.45万元，补贴购置农机具数量2.63万台（套）。种粮补贴920.64万元，水稻每造补贴150元/亩，玉米、马铃薯、番薯每造补贴75元/亩。有机稻种植补贴5000元，每造补贴50元/亩。机插秧作业补贴293.34万，每造机插补贴60元/亩。无人机植保作业补贴344.56万元，水稻、莲藕每次补贴20元/亩，其中水稻每造最多补贴3次，莲藕每年最多补贴2次。实施施用商品有机肥补贴政策，发放补贴29.73万元。落实政策性农业保险政策，发放中央、市、区三级保险保费补贴312.13万元。

【种植业绿色发展】 2020年，珠

2020年10月，斗门区使用农业机械收割稻谷 （郑蔼芳 摄）

海市实施农药化肥减量增效行动。推进病虫绿色防控和专业化统防统治，在全省率先开展无人机统防统治植保作业和农药统一集中配送，全年农用无人机统防统治植保作业面积1.15万公顷，农药利用率达到40%以上。推广测土配方施肥技术，发放施肥建议卡1.9万张，指导农民科学施肥，降低化肥面源污染，技术覆盖率达95%以上，开展有机肥替代化肥行动。实行使用珠海商品有机肥推广补贴政策，每吨补贴150元。水稻侧深施肥技术示范推广面积133.33公顷。

【种业发展】 2020年，珠海市完善广东（珠海）现代种业发展中心建设，推进“珠海市水产良种场”建设，完成3个海鲈种群（黄渤海、东海南部至南海北部，北部湾）活体种质资源的引种。开展农作物保种育种引种工作，全年收集更新保有种植种质资源和育种材料近2000份。2个鲜食玉米品种申报国家植物新品种权；3个鲜食玉米品种申报品种审定。引进推广应用良种36个。推进种业科研成果应用与转化，推进珠玉甜1号和珠玉糯1号2品种在审定区域内的生产和销售权在市产权交易中心挂牌交易。

【“互联网+三农”信息平台建设】 2020年，珠海市农业农村局推进“三农”信息服务平台建设，全年发送信息122.55万条，服务农户2.8万户。“三农”信息服务平台通过“互联网+”信息渠道，分门别类，具有针对性为全市种养殖户、涉农企业、农业中介组织、农业合作社、家庭农场等提供生产技术，灾前预防、灾后复产、产品销售价格等信息，以短信为牵引增强与农户的互动，拓展农户获取农情信息渠道。（麦晓琳）

林　业

【概况】 2020年，珠海市林业用地面积4.56万公顷，森林覆盖率为32.21%。全市森林蓄积量243.45万立方米，活立木蓄积总量为243.72万立方米，其中乔木林蓄积量203.54万立方米。

【林业有害生物防治】 2020年，珠海市以林业有害生物防治目标管理“四率”（林业有害生物成灾率、无公害防治率、测报准确率和种苗产地检疫率）指标为基础，以松材线虫病、薇甘菊防控为重点，全面落实防治目标责任。预防和防治松木林面积2063.47公顷，确认全市松材线虫病发生面积1043.47公顷，除治病死松木4.40万株，防治薇甘菊面积517.98公顷。开展林业植物检疫工作，不定期对涉苗涉木企业进行日常专项检查，录入检疫事项，实现业务全覆盖。全年核验电缆光盘2615个、包装箱2932件、苗木3万余株，核发森林植物及其产品产地检疫合格证11宗，苗木135万株（24.26公顷）；检疫复检2宗，检查木材200余立方米；实施专项检查2次。主动到涉木企业上门服务20多次，引导企业重视植物检疫工作，做到主动报检，依法调运。筹划松材线虫防治规划编制工作。

【使用林地审核】 2020年，珠海市承接省林业局下放林地审核审批权限4项，优先保障省、市重点项目使用林地需求。全年审核审批建设项目申请使用林地115个、面积156.80公顷，其中“长期”项目98个、面积131.21公顷；“临时”项目17个、面积25.59公顷。审批“延期”使用林地用地12个。其中市重大项目有梅溪水厂工程、黑白面将军山隧道工程、香炉湾城市阳台、兴业快线（迎宾路支线）、兴业路快速通道工程（北段）、凤凰山公园（香山湖段）三期等。

【野生动植物保护管理】 2020年，珠海市出台《珠海经济特区禁止食用野生动物条例》，印发实施《珠海市人民政府关于禁猎陆生野生动物通告》，制定《珠海市拒绝滥食野味专项行动实施方案（2020—2022年）》。组织开展对全市人工繁育陆生野生动物情况摸底调查和巡查检查，全年出动巡护人员2.80万人次。联合多部门开展打击整治涉野生动物违规交易执法行动，查处涉野生动物行政处罚案件11件，收缴动物91只（条），处罚金额15.58万元。平稳有序完成禁止食用的陆生野生动物处置，清退养殖户22家，处理竹鼠和蛇类约2.5万只（条），补偿资金512.34万元。

【林业执法】 2020年，珠海市严厉打击破坏森林资源、野外用火的违法犯罪行为，消除林区治安隐患，确保林区社会治安秩序的稳定。全年委托森林公安立案51件，其中刑事案件1件，行政案件50件，查处36件。各区整治违法用林，恢复林业用地面积13.8公顷。

【林业生态保护修复】 2020年，珠海市开展义务植树活动，种下树木6300棵。南屏镇、南水镇、桂山镇、担杆镇4个镇通过省考核，成功申报森林小镇。全市15个镇，完成申报9个。珠海市推进对现有疏残林（残次林）、低效纯松林、低效桉树林改造，通过人工造林、更新改造、套种补植等措施，持续对中幼林进行抚育，推进乡村绿化点建设，不断提升森林碳储汇功能、森林质量，改善村居生态环境。全年全市完成人工造林93.73公顷，退化林修复面积158.73公顷，封山育林面积443.67公顷，中幼林抚育面积1479.13公顷、沿海防护林建设面积193.87公顷、乡村绿化美化点9处。

【《珠海经济特区禁止食用野生动物条例》实施】 于2020年3月31日，通过珠海市九届人大常委会第二十八次会议表决，5月1日起实施。珠海市成为全省首批对“全面禁食陆生野生动物”立法的地市之一。 （龚亚军）

畜牧业

【概况】 2020年，珠海市完成生猪生产恢复发展和畜禽粪污资源化利用两大任务，推进畜牧业转型发展，加快构建现代化畜禽养殖、动物防疫、畜禽产品流通等体系，强化饲料、兽药和屠宰行业监管，提高畜产品供应保障能力。是年，受上年非洲猪瘟疫情影响，生猪出栏和肉类产量大幅下降，为恢复生猪生产及产业转型工作，出台《市人民政府办公室关于推进我市生猪复产及产业转型升级的实施意见》，印发《2020年珠海市生猪商业保险和活体抵押贷款实施方案》。从第三季度起，全市生猪存栏、能繁母猪存栏实现正增长，分别比第二季度末增长106%和59.1%。年底，实现生猪存栏5.40万头，比上年增长2.6倍，超额完成省下达生猪存栏5.2万头任务。全年生猪饲养量6.24万头，其中出栏8468头，存栏5.40万头，分别比上年下降68.4%、95.2%和增长2.6倍。家禽饲养量279.15万只，存栏量111.99万只，出栏量167.15万只，分别下降13.9%、0.76%和20.9%。禽蛋产量5697吨，增长5.6%；肉类总产量2915吨，下降74.9%。

【动物疫病防控】 2020年，珠海市严格核查非洲猪瘟疫情举报线索，防止瞒报漏报，加强生猪运输过程监管，开展打击生猪私屠滥宰违法违规行为的“利剑行动”和违法违规调运生猪“百日行动”。非洲猪瘟防控和企业生物安全等级得到提高，天种猪场和炽达猪场存栏能繁母猪量比上年增长2倍以上。推进专业化分场及集中处理模式，强化政府属地管理责任和生产经营者主体责任，优化无害化处理场布局，健全无害化处理体系。推进病死畜禽无害化处理信息化监管，完善无害化处理与保险联动机制。

【畜禽屠宰监管】 2020年，珠海市推动优化生猪屠宰产能布局规划，引导优势屠宰产能向斗门区等养殖集中区域转移。落实屠宰企业非洲猪瘟自检和官方兽医派驻“两项制度”。辅导企业实施广东省标准化屠宰企业的申报工作，全年检疫和屠宰生猪约28万头。

【畜禽健康养殖】 2020年，珠海市因地制宜开展畜禽养殖资源化利用，制定“一场一策”方案，配套建设粪污处理设施，或生产有机肥，或氧化塘、沼气处理后综合利用。截至年底，全市规模养殖场设施配套率100%，养殖废弃物综合利用率96.25%。

【饲料生产】 2020年，珠海市29家饲料和饲料添加剂生产企业产品总量137.49万吨，比上年下降1.9%，其中配合饲料131.1万吨，浓缩饲料0.23吨，添加剂预混合饲料1.47万吨，宠物饲料1319.79吨，饲料添加剂2.82万吨，混合型饲料添加剂1.74万吨；全年饲料和饲料添加剂工业总产值99.5亿元，下降2.18%。

【离岗老兽医生活困难问题解决】 2020年，珠海市妥善解决离岗老兽医生活困难问题，出台《珠海市离岗基层老兽医补助工作实施方案》，组织实施离岗基层老兽医补助工作。经个人自主申请，镇、区相关部门对申请人材料审核、认定和公示，确定符合离岗基层老兽医补助条件人员53人，全年补助资金37.2万元，平均每人每月可以领到585元补助。

渔　业

【概况】 2020年，珠海市抓好新冠肺炎疫情防控期间养殖水产品稳产保供工作，开展非法渔业设施清理整治和水产健康养殖，推进渔港渔船综合改革，强化渔业资源养护和生态修复，促进水产养殖可持续发展和渔业改革创新发展。全市渔业产值68.72亿元，比上年增长9.1%，占全市农业总产值约75%；水产品总产量34.8万吨，增长7.2%。

【现代渔业发展】 2020年，珠海市出台《珠海市2020年农产品收储和休闲农业应急补贴方案》，完成

2020年，珠海市组织开展非法渔业设施清理整治工作　（梁翠萍 摄）

收储水产品9517吨，有效助力恢复养殖生产秩序。出台《珠海市养殖用海审批指引》，完成非法渔业设施清拆面积6693.33公顷，进一步理顺和规范养殖用海审批管理。开展水产绿色健康养殖“五大行动”（开展生态健康养殖模式推广行动、养殖尾水治理模式推广行动、水产养殖用药减量行动、配合饲料替代幼杂鱼行动、水产种业质量提升行动），建立一批水产生态健康养殖技术模式推广基地、水产养殖用药减量模式推广点、配合饲料替代幼杂鱼试验推广点等，创建省级水产健康养殖示范场1家、省级水产良种场1家，扶持建设新型抗风浪深水网箱12个。开展渔港渔获物可追溯管理，洪湾渔港获批为国家级海洋捕捞渔获物定点上岸渔港（第一批）。

【政策性渔业保险】　2020年，珠海市承保机构办理安全生产责任保险（雇主责任险）1420宗，总保额11.15亿元，应收保费249.73万元；总保额、保费比上年分别上增长16%和19%；保障渔民2877人，覆盖渔船1269艘。其中享受政策性雇主责任保险渔民1895人，保费财政补贴金额70.55万元。办理渔船财产保险86宗、综合保险47宗，总保额9376.08万元，应收保费120.83万元；总保额、保费与上年基本持平；其中享受政策性渔船财产保险渔船39艘，保费财政补贴金额4.83万元。

【渔政执法】　2020年，珠海市结合扫黑除恶专项斗争、近海乱象整治等行动，加强与市公安、海警、海事、流渔办及属地政府等有关部门的沟通协调。全年出动执法船艇1566艘次、车辆528辆次、执法人员8922人次，检查渔船8603艘次，查处渔业违规案件310件，收缴罚款215.7万元。　（麦晓琳）

水　利

【概况】　2020年，珠海市总用水量5.56亿立方米，比上年下降3.5%。其中，生活用水下降7.0%，工业用水下降3.5%，农业用水增长8.8%，生态用水下降14.3%。万元国内生产总值用水量15.97立方米，下降4.9%。万元工业增加值用水量11.39立方米，增长3.5%。全市城市供水系统总售水量3.86亿立方米，增长0.54%，其中居民1.39亿立方米，增长3.55%；工业1.18亿立方米，增长0.43%。

是年，水务领域建设项目93个，累计完成投资57.4亿元，投资完成率102%，其中续建项目38个，新开工项目39个，前期储备项目16个。

【水利防灾减灾工程体系建设】　2020年，珠海市推进水利防灾减灾工程建设54宗，其中完成白藤大闸重建、白蕉涝区整治、白藤泵站等水利防灾减灾工程建设12宗。推进石角咀水闸重建、广昌水闸改扩建、小林联围加固达标木乃南堤大门口闸段等工程建设。加强全市水利设施管养运维。完成堤防破口及堤顶限行整治96处，及时制止堤防范围内乱搭乱建、乱堆乱放、侵占堤防等行为。制定水库工程维修养护费用标准，完成全市水库注册登记、信息填报66宗（小一型以上），引导各区水库管理规范化。实施水利工程运行管理标准化建设，印发《关于发布珠海市水库维修养护费用指导价的意见》，开展泵站管养标准内容和经费提升研究，完成小型水库标准化建设任务39宗。

【水旱灾害防御】　2020年，珠海市水务部门制定《珠海市排水工作总体工作方案（2020—2035年）》，完善全市98处主要水浸黑点“一点一案”应急方案，向社会公布城市（城区）内涝风险点分布45个、责任人名单及工作措施。统筹各区和电力、交警、水控力量，按照应急方案落实人员、设备和物资，实行发现一处整治一处的动态整治，全年完成水浸黑点整治83处。完成《2020—2021年度珠澳咸期供水保障应急预案》，利用外来水量和降雨，确保年内枯水期主城区各供水水库正常供水。编制《珠海市超标准洪水防御预案》，上报省水利厅和市三防指挥部备案，开展防御超标准洪水调度演练。开展市三防指挥系统一期项目运维，完成水库工情信息的补充录入和水库汛限水位校对工作，推进市三防指挥系统二期工程。

【水利工程安全生产】 2020年，珠海市水务部门加强质量与安全目标管理责任制考核，加大责任追究力度，安全生产工作纳入诚信管理，提升实效。全年开展安全生产专项检查5轮次，派出检查组25组，出动检查人员133人次，对全市在建水利项目开展检查75项次，查出安全隐患28项，完成整改28项；开展质量安全培训2期326人次。

【水政监察执法】 2020年，珠海市水务部门加大水事执法力度，开展执法巡查、检查445次，出动执法人员1702人次，执法车辆355辆次，执法船只131艘次，巡查河道长度1.43万千米，检查涉砂船只83艘。立案查处水事违法案件71件，比上年增长160%，罚款88.5万元。对河道违法采运砂、河湖岸线违占违建行为保持严密监控和高压打击态势，开展河道专项执法巡查83次，检查采运砂船只78艘次。完成省水利厅下达的43个疑似“四乱”问题图斑现场核查，协助清理面积401.3公顷水面的非法渔业设施，清理非法堆砂场26处；立案查处河湖水事违法案件42件。制定《实施河湖违法陈年积案“清零”行动工作方案》《实施河湖违法陈年积案“清零”行动案件攻坚工作方案》，完成陈年积案的清零工作15件，得到水利部、水利部珠江水利委员会和省水利厅陈年积案“清零”行动工作检查组的肯定和表扬。制定《集中打击水土保持违法行为联合执法专项行动案件查处方案》，在全省率先采用卫星遥感技术，辅以人工和无人机现场复核，实现对全市生产建设项目水土保持天地一体化动态监管。8月，提前三个月完成省水利厅下达的52宗疑似未批先建项目管理“清零”和执法查处“清零”工作。

【碧道规划建设】 2020年，珠海市建成碧道32.7千米，完成省下达年度碧道建设任务。完成横琴新区天沐河+芒洲湿地段11.36千米岸线整治、沿河景观等主体工程建设，通过省级碧道试点现场评估；加快香洲区香山湖、金湾区三灶湾海堤、二号主排河、斗门区黄杨河、高新区鸡山排洪渠、东岸排洪渠和高栏港区连湾涌等8个市级碧道试点建设任务。完成《珠海市碧道建设总体规划（2020—2035年）》《珠海市推动碧道建设助力乡村振兴战略实施方案》，印发《中共珠海市委　珠海市人民政府关于贯彻落实省委省政府高质量建设万里碧道的工作方案》，为科学有序推进碧道建设提供政策依据。

【“河长制”工作】 2020年，珠海市推进前山河流域水环境综合治理，修订《珠海经济特区前山河流域管理条例》，印发《前山河流域环境综合治理攻坚考核办法》，完成对香洲区、高新区、市生态环境局、市水务局前山河流域水环境综合治理考核工作。推进前山河流域水环境综合治理EPC（工程总承包模式之一）项目，完成投资28.9亿元，新建污水管网35.5千米，修复市政管网缺陷修复改造8.6千米；完成小区正本清源项目296个，建成小区管网500千米、污水调配设施6.59

2020年，市民在横琴芒洲湿地公园畅玩皮划艇　（郑蔼芳 摄）

千米，开展渠道清淤面积3.63万立方米。实现前山河石角咀水闸国考断面平均水质达标。

【河湖清理管理】 2020年，珠海市清理河流长度1243千米，清理水面漂浮物2.12万吨，投入经费3422万元；清淤河道129条，清淤长度265千米；完成入河排污口规范整治452个，完成“四乱”（乱占、乱堆、乱采、乱建）问题整治437宗。从“堵、查、管”三方面着手，防止旧回潮、遏制新“四乱”抬头，运用河湖卫星遥感及图斑分析、复核等科技手段加强河道日常管理能力，维护河湖正常管理秩序。

【河湖划界】 2020年，珠海市完成省下达22条河道（涌渠）、256千米及6个湖泊的河湖划界工作。斗门区额外增加划界河道（涌渠）253条、549千米，在全省率先实现镇级河涌全覆盖，河湖划界相关工作成效位居全省前列。

【黑臭水体和问题河涌整治】 2020年，珠海市完成17条城市黑臭水体“长制久清”效果评估，完成比例100%，水体实现“不黑不臭”。2019年起，累计完成投资12.4亿元，开展问题河涌整治53条，其中完成整治工程13条，施工40条。完成“前山河清淤疏浚及淤泥处理处置前期论证”项目，助力前山河水环境持续提升。配合澳门开展鸭涌河综合整治，完成截污及雨水排放、管线保护、垂直防渗系统、清淤护岸和边防设施等工程，推进河口水闸工程、景观工程建设。

【污水基础设施完善】 2020年，

2020年，治理后的金湾区南排河 （林宇泽 摄）

珠海市新建污水管网270千米、维修整治125千米，修复排水管网病害1.54万处，完成管网清淤1666.9千米。香洲水质净化厂三期工程建设进度85%，红旗水质净化厂建设进度67%，南区二期提标改造完成建筑物主体结构施工，推进白藤厂、井岸厂、新青厂等水质净化厂提标改造工程。推进生活污水治理工作的自然村368个，其中实现雨污分流、污水排放管道收集或暗渠化自然村349个，农村生活污水收集率94%。

【排水体制改革】 2020年，珠海市深化排水体制改革，出台《关于进一步落实珠海市排水体制机制改革工作方案实施意见》及市政排水管网设施管理养护经费标准、质量标准、考核办法、付费办法等配套文件，将污水管网和雨水管网维护费用标准由每年9元/米和每年11元/米均提至每年34.67元/米，其中市财政对香洲区和斗门区的管养经费给予20%补助。印发《珠海市城镇污水处理提质增效三年行动方案（2019—2021）》，推动《珠海经济特区排水管理条例》立法工作，建立一套排水设施建设管理养护的制度化、规范化运作体系。开展《珠海市污水系统专项规划（2020—2035）》《珠海市城乡生活污水处理“十四五”规划》编制。完善污水排入排水管网许可制度，重点加强污水排入排水管网许可审核，对排污许可办理情况进行监督检查，全年核发排水许可证331个，检查排水户823家。

【水资源管理】 2020年，珠海市按照“节水优先、空间均衡、系统治理、两手发力”治水方针，通过加强水资源节约保护、实施水生态综合治理与修复、加强制度建设等措施，落实最严格水资源管理制度。全市河流水系长度1247千米，河长制管理覆盖范围内江河涌渠503条、水库64宗、山塘20座、湖泊13座。入境水资源多，当地水资源量少，多年平均入境水量1227.29亿立方米，当地水资源量22.27亿立方米，入境水资源是当地水资源量的55.1倍。地表水资源量大，地下水资源量小，境内多年平均地表水资源量21.83亿立方米，地下水资源量2.27亿立方米，地表水资源量是地下水资源量的9.6倍。西江来水时空分布不均，丰水期来水量占全年水量80%，每年10月至次年4月为枯水期，来水量仅占全年20%，11月至次年1月来水量仅占全年5%。

【水质安全保障】 2020年，珠海市由具备《生活饮用水卫生标准（GB5749—2006）》106项水质指标检测能力的水质检测监测单位，提供全市水质安全保障体系，珠海水控集团负责水质内控监测、市水质监测中心监控、卫生健康部门最后把关的水质监测。珠海水控集团建立以国家城市供水水质监测网珠海监测站为中心的三级水质监测及管理架构，除人工检测外，还利用在线仪表对水源地、水厂、管网水质进行24小时实时监控，确保供水水质符合国家生活饮用水卫生标准。珠海监测站配有移动式水质监测车，利用与清华大学、暨南大学合作的863课题研究成果构建饮用水水质应急监测三级联动系统，与珠江流域各城市水质监测站建立珠江水质预警平台，有效监测和处理各类突发性水质事件，保障珠澳两地供水安全。

【节约用水】 2020年，珠海市印发《珠海市节水行动实施方案》，创建节水型企业、单位和小区。推动联业织染珠海公司向省申报国家重点用水企业水效领跑者，树立水效先进典型。全市通过省级验收企业14家、公共机构57家和小区26个，节水型机关创建率超60%。斗门区、金湾区成为广东省首批10个节水型社会示范县（市、区）。

【水务营商环境优化】 2020年，珠海市水务部门推行“双随机、一公开”（在监管过程中随机抽取检查对象，随机选派执法检查人员，抽查情况及查处结果及时向社会公开）和“互联网+监管”等审批服务便民化改革举措，实现48项依申请政务服务事项“一网申办”“一窗受理”，全流程网上办结率达100%，行政许可事项对外承诺办结时限由20个工作日压缩至1个工作日，构建起以信用监管为基础、重点监管为补充的新型监管机制。全年办理行政许可12宗，对企业和个人随机抽查25批次，并按规定予以公开。

【用水报装服务】 2020年，珠海市压缩用水报装流程及时限，报装办理由3个环节压减为2个环节，办理时限由9个工作日压减至2个工作日。取消施工许可作为用水报装前置条件，工程项目立项即可申请用水报装，用户申请资料提交量缩减50%以上。实行容缺受理、承诺办理和全城通办。用户资料不齐全可提前受理并制订方案，用户通水前补齐资料即可。用户可在全市10个供水营业厅、1个水电气“三合一”厅、6个政府行政服务厅跨区域申请用水报装。提供代办服务和预约办理。通过供水公司微信小程序、各政府服务平台均可办理用水报装，全流程可跟踪，实现“互联网+”办理模式。

【对澳门供水】 2020年，枯水期珠江流域出现大面积干旱，西江天然来水锐减，给咸期珠澳供水安全带来威胁。珠海市组织和落实各项工程措施和非工程措施，保障珠澳两地供水安全。强化预案执行。提前制定咸期保障珠澳供水安全预案，制定详细的水库运行和补库计划，对日常运行管理、管网维护、水质监测等做出明确要求；强化流域水量调度。加强与珠江水利委员会、省水利厅的沟通联系和信息交换，上报咸期情况，及时了解上游水情及流域调度情况，科学调整调度方案，实现抢淡几率最大化；强化当地水量调度。加强西江来水和咸潮上溯形势的研判，合理调节蓄水水库水量分配；强化水质监测。建立和完善水质自动监测系统，掌握水质动态，与上游水质监测部门对接，建立水质共享机制；加强与澳门的沟通。及时向澳方通报相关信息；加快水资源配置工程建设。10月，推进平岗—广昌原水供应保障工程和广南梅供水管道工程建设投运，为保障珠澳供水安全奠定基础；加大节水宣传。利用多种媒体向市民宣传节水知识，自觉节约用水。

是年，受疫情影响，对澳门供水量9624.64万立方米，日均对澳门供水量26.3万立方米，比上年下降5.4%。对澳门供水咸度保持在60毫克/升以下（国家标准为低于250毫克/升），大多时间低于26毫克/升，供水质优量足。（杨泳豪）

工　业

综　述

【概况】 2020年，珠海市拥有规模以上工业企业1402家，规模以上工业总产值4530.52亿元，比上年下降1.5%；规模以上工业增加值1200.56亿元，增长1.4%，工业增加值占GDP比重34.5%，是国民经济重要支柱。按所有制计，国有及国有控股企业规模以上工业增加值112.54亿元，下降4.9%；民营企业规模以上工业增加值666.26亿元，增长5.7%；集体企业规模以上工业增加值0.08亿元，下降71.7%；股份制企业规模以上工业增加值710.69亿元，增长4.3%；港澳台投资企业规模以上工业增加值168.14亿元，下降4.7%；外商投资企业规模以上工业增加值321.12亿元，下降1.5%。按轻重工业分别计，轻工业规模以上工业增加值509.01亿元，增长2.3%；重工业规模以上工业增加值691.54亿元，增长0.7%。

【产业结构优化】 2020年，珠海市工业结构呈现高端化趋势，现代产业比重进一步提高。先进制造业增加值698.99亿元，比上年增长3.0%，占规模以上工业增加值比重58.2 %，比上年提高2.7个百分点。高技术制造业增加值370.47亿元，增长6.3%，占规模以上工业增加值比重30.9%，装备制造业增加值431.82亿元，增长1.8%；高新技术企业工业增加值占比提升到62.8%，比上年提升4.6个百分点。

【主导产业发展平稳】 2020年，珠海市六大主导产业规模以上增加值占全市规模以上工业增加值比重73.1%，其中，生物医药、电子信息、精密机械制造等产业实现增长，成为全市工业经济增长主要推动力。生物医药增加值73.61亿元，比上年增长12.5%；电子信息增加值208.88亿元，增长2.9%；精密机械制造增加值82.28亿元，增长19.9%。家电电气增加值341.83亿元，比上年增加值下降1.2%；石油化工增加值101.46亿元，下降6.9%；电力能源增加值69.10亿元，下降12.7%。其中，生物医药和精密机械制造产业受抗疫需求增长影响增长较快。

【中型企业逆势增长】 2020年，珠海市大型企业完成工业增加值587.67亿元，占规模以上工业增加值比重49.0%，比上年下降0.7%；中型企业完成工业增加值342.93亿元，占规模以上工业增加值比重28.6%，增长7.6%；小微企业完成工业增加值269.95亿元，占规模以上工业增加值比重22.5%，下降1.4%。大型企业和小微企业受疫情影响较严重。

【工业各项投资增速提升】 2020年，珠海市完成工业投资345.22亿元，比上年增长18.4%，其中，制造业投资233.41亿元，增长16.8%，技改投资144.62亿元，下降0.1%；装备制造业投资145.01亿元，增长12.9%。 （黄 剑）

【重点产业公共服务平台建设】 2020年，珠海市有珠海南方软件网络评测中心、珠海南方集成电路设计中心、珠海南方数字娱乐公共服务中心等第三方公共技术服务平台。珠海南方软件网络评测中心是广东省和珠海市首批中小企业公共服务示范平台、广东省和珠海市首批新型研发机构、国家中小企业公共服务示范平台。评测中心相关服务立足珠海辐射全国。珠海南方集成电路设计服务中心是面向广东省集成电路设计企业提供共性技术支撑服务的省级公共服务平台。该中心采购的主流EDA（电子设计自动化）软件工具Synopsys（新思）、Cadence（楷登）、Mentor（明导），全年为31家集成电路企业提供EDA工具服务；提供技术支持服务142次；提供测试服务企业14家，测试室使用184次，提供测试服务机时6327小时。南方数字娱乐公共服务中心是广东省现代信息服务业示范基地、珠海市新型研发机构，面向智能制造、新一代信息技术、新媒体、数字娱乐产业提供技术支持服务和专业人才培训服务。全年为粤港澳大湾区25家企业完成商业项目95项，其中，电影和电视剧后期服务项目15项，企业品牌视频宣传项目49项，短视频品牌营销项目4项，三维动画及工业设计项目1项，其他服务项目26项。 （邹 豫）

【千亿级产业集群培育】 2020年，珠海市出台《珠海市打造现代化产业集群推动制造业高质量发展的实施意见》，明确以集成电路、生物医药、新能源、新材料、高端打印设备为重点，加快培育5个千亿级新兴产业集群。年内，以集成电路、生物医药产业为发力点，出台《关于促进珠海市集成电路产业发展的若干政策》《珠海市促进生物医药产业发展的若干政策措施》，构建从初创到龙头、从研发到产品、从制造到服务的全生命周期政策体系。补齐产业链短板，引进芯动微电子、集创北方、芯耀辉、壁切科技、广威半导体等20家集成电路企业落户横琴。是年，珠海市集成电路设计业主营收入83.4亿元，增长23.5%，规模居珠三角第二位，全国第九位。 （市工业和信息化局）

石油化工产业

【概况】 2020年，珠海市石油化工产业实现规模以上工业总产值

543.81亿元，比上年下降11.1%；增加值101.46亿元，下降6.9%。其中，化学原料及化学制品制造业增加值50.61亿元，下降8.6%；橡胶和塑料制品业增加值27.05亿元，增长4.3%；化学纤维制造业增加值14.11亿元，增长4.5%。

【石油化工产业绿色发展】 2020年，珠海市依托高栏港区石化基地，集聚英国BP、英荷壳牌、美国路博润、韩国晓星氨纶、比利时索尔维和国内的华润聚酯、万华化学、中海油能源发展等120余家化工企业，打造精细化工和新材料产业集群，初步形成PTA（精对苯二甲酸）上下游以合成树脂、氨纶、润滑油及添加剂等为主的化工产业链条，拓展烯烃和芳烃产业链条，发展锂电池材料、海洋新材料及生物降解塑料、高性能纤维等高端精细化工材料。高栏港经济区推动化工产业转型升级与绿色发展，在新材料产业发展、基础设施、资源利用、生态环保、绿色管理方面有较大提升，打造中国绿色新材料（珠海）产业园。

生物医药产业

【概况】 2020年，珠海市生物医药产业规模以上工业企业总产值190.29亿元，比上年增长12.1%；规模以上工业增加值73.61亿元，增长12.5%。生物医药产业主要集中在生物化学类药物、高新技术医疗器械（设备）及新型药物制剂等三大领域，具有技术和规模双重优势。初步形成以药品制造（丽珠医药集团股份有限公司 、珠海联邦制药股份有限公司、珠海润都制药股份有限公司等）与器械制造（健帆生物科技股份集团有限公司、广东宝莱特医用科技股份有限公司、珠海和佳医疗设备股份有限公司等）为龙头，以产业聚集形态为特征的医药产业集群体系。

【生物医药产业新项目落地】 2020年9月28日，广东医谷（珠海）医疗产业加速基地奠基仪式在珠海举行，基地选址于珠海高新区金鼎片区。该项目总计划用地面积6.3万平方米，建筑面积22.4万平方米，总投资约20亿元，建设医疗器械和生物医药生产基地、研发中心、品控中心、试验基地及生态办公区，配套国家级公共实验室、检测室、国家级第三方医药物流平台。11月9日，金湾区人民政府与遵义医科大学签署合作协议，共建珠海金湾生物医药产业研究院（落户珠海国际健康港）。11月29日，健帆生物科技集团股份有限公司“金鼎产业园”项目举行开工奠基仪式。健帆集团“金鼎产业园”占地面积9.53万平方米，总建筑面积17.45万平方米，项目计划投资15亿元。

【珠海生物医药企业参加第二十届世界制药原料中国展】 2020年12月16日，珠海联邦制药股份有限公司、珠海润都制药股份有限公司等16家企业参加第二十届世界制药原料中国展。展会上珠海展区总面积521平方米，产品涵盖原料药、化学药、中成药、制药设备等。展会期间，珠海企业对接重点客户，洽谈合作，吸引3200余名高端客户前来交流访谈，获意向订单总额2.5亿元。

【注射用药丹曲林纳获批上市】 2020年10月24日，珠海丽珠集团公告，全资子公司丽珠制药厂研发的注射用丹曲林钠，收到国家药品注册证书，获批上市。该药经10年自主研发，投入研发费用1722.34万元。该注射剂用于预防及治疗恶性高热。 （柳　源）

电子信息制造业

【概况】 2020年，珠海市电子信息制造业产业规模以上总产值865.45 亿元，比上年增长0.1%，规模以上增加值208.88亿元，增长2.9%。规模以上电子信息制造企业265家。拥有东信和平和全志科技2家国家级企业技术中心。

【电子信息制造业成果】 2020年，珠海市电子信息制造业龙头企业入选各类榜单，获国家和省专项资金项目支持和相关奖项。5月20日，珠海光库科技股份有限公司获激光行业权威报刊《激光制造商情》颁发的2020年红光奖“激光行业影响力企业奖”，珠海越亚半导体股份有限公司、珠海方正印刷电路板发展有限公司入选2019年度电子电路行业百强企业，纳思达股份有限公司获评“制造业单项冠军示范企业”。7月，兴业新能源上榜工业和信息化部智能光伏试点示范企业。珠海市一微半导体有限公司、珠海智新自动化科技有限公司、珠海盈致科技有限公司、珠海锐翔智能科技有限公司、珠海市新德汇信息技术有限公司获广东省第五批机器人骨干（培育）企业认定。珠海冠宇电池股份有限公司、珠海格力电工有限公司、珠海艾派克微电子有限公司、珠海华冠科技股份有限公司等企业被列入2020年广东省智能制造试点示范项目，珠海英搏尔电气股份有限公司“新能源汽车电机控制器”入选广东省优秀科技成果项目。珠海金邦达有限公司与紫光国微旗下紫光同芯联合研发安全芯片操作系统——麟铠。嫦娥五号探测器探月任务中，珠海光库科技股份有限公司为着陆器内的两大光纤激光器提供多项宇航级核心无源器件。

【电子信息制造重点企业】 2020年，珠海市产值在5亿元以上的电子信息制造企业34家，总产值601.64亿元，其中，百亿元以上企业1家［伟创力制造（珠海）有限公司］，珠海市金品创业共享平台科技有限公司、珠海紫翔电子科技有限公司、珠海保税区光联通讯技术有限公司等10亿元至100亿元企业18家，总产值351.94亿元。依托纳思达股份有限公司、珠海越亚半导体股份有限公司、珠海方正科技高密电子有限公司、珠海光库科技股份有限公司、英诺赛科（珠海）科技有限公司等企业发展通信设备、计算机外设及印制电路板制造业。（邹 豫）

家电电气产业

【概况】 2020年，珠海市家电电气产业规模以上企业实现工业总产值922.32亿元，比上年下降2.3%；工业增加值341.83亿元，下降1.2%。家电电气规模以上工业企业150余家，其中，产值超百亿元的企业1家（珠海格力电器股份有限公司）。家电行业有院士工作站2个、国家重点实验室1个、国家级技术研究中心2个、国家级工业设计中心1个、机器人工程技术研究开发中心1个、中国WTO/TBT-SPS国家通报咨询中心制冷设备技术性贸易措施研究评议基地1个。家电电气以珠海格力电器股份有限公司为龙头，以小家电配套为产业链支持，形成大中小企业全面发展格局。格力电器以家用空调、中央空调、手机、生活电器、冰箱等为主要产品。珠海经济特区飞利浦家庭电器有限公司、广东德豪润达电气股份有限公司、珠海双喜电器股份有限公司等公司生产烤炉、微波炉、压力锅、电吹风等上百种小家电产品。家电电气产业集群初步形成。

【珠海格力电器股份有限公司第二次上榜《财富》世界500强名单】 2020年，珠海格力电器股份有限公司再次上榜《财富》世界500强名单。1月10日，“2019年度国家科学技术奖励大会”在北京人民大会堂召开，格力电器“大容量高效离心式空调设备关键技术及应用”会上获国家技术发明二等奖。9月2日，由中国机械工业联合会和中国通用机械工业协会组织的“华龙一号”核级冷水机组样机鉴定会在珠海格力电器股份有限公司召开。机组系格力电器自主研发，完全适配“华龙一号”核电站。经现场专家组鉴定，机组主要技术指标达到国际先进水平。其中，项目研制的“核级风冷型及水冷型半封闭螺杆压缩机”填补国内空白，机组的“宽工况0%—100%变负荷高效运行技术”达到国际领先水平。12月，由中国科协、科技部、天津市人民政府共同主办的2020年中国创新方法大赛在天津落幕，格力电器的“基于TRIZ的高速磁悬浮变频系统散热设计”项目获总决赛一等奖。同时，“基于TRIZ的热泵空调创新设计”项目和“提升洗干一体机烘干效率”项目分获二等奖和三等奖。格力电器获中国工业大奖、2020年中国政府采购奖“采购人喜爱的品牌奖”。

装备制造产业

【概况】 2020年，珠海市装备制造业增加值431.82亿元，比上年增长1.8%，工业装备投资145.0亿元，增长12.9%。全市装备制造高新技术企业346家，省级以上先进装备制造产业领域企业工程中心、技术中心、重点实验室等各类创新平台110个。

【装备制造产业发展】 2020年，珠海市聚焦攻坚工作母机制造业、新能源汽车、智能通信设备等优势产业，提升机器人、高端海洋工程、通用航空及卫星应用等新兴产业，做优高端医疗装备、智能电网设备、高端打印设备及耗材等特色产业。珠海格力智能装备有限公司获得授权专利770项。在第八届中国创投“金鹰奖”暨中国创业企业“新苗榜”上，云洲智能科技股份有限公司入选2020中国创业企业新苗榜，获评“年度高成长企业”。云洲智能科技股份有限公司无人船艇占全国无人船艇市场份额超过70%。珠海泰坦新动力电子有限公司的高频能量回馈型电源能量回收效率达90%。珠海丽亭智能科技有限公司研发生产的RAY机器人停车场可额外增加60%的停车位，被德国奥迪全球总部工厂和北京大兴国际机场选用。（柳 源）

精密机械制造产业

【概况】 2020年，珠海市精密机械制造实现规模以上工业总产值282.55亿元，比上年增长20.2%；实现规模以上工业增加值82.28亿元，增长19.9%，占全市工业增加值比重6.9%。精密机械制造规模以上工业企业168家，其中，三一海洋重工有限公司、珠海市运泰利自动化设备有限公司、中海福陆重工有限公司等产值超过10亿元的企业8家。

【精密机械制造产业发展】 2020年，珠海市精密机械制造产业主要涉及航空航天、游艇、表计、模具、精密仪器等行业。游艇产业方面，形成平沙游艇与休闲旅游区为重心的游艇产业布局，聚集太阳鸟游艇股份有限公司、显利（珠海）造船有限公司、江龙船艇科技股份有限公司、珠海先歌游艇制造股份有限公司、珠海杰腾造船有限公司、珠海佳航游艇有限公司等游艇制造业和配套企业。钟表制造方面，有罗西尼表业有限公司、金亨科技（珠海）有限公司、珠海尼维达钟表股份有限公司等公司，其中，罗西尼是中国表业唯一入选“亚洲品牌500强”的品牌，市场占有率居中国表业首位。模具制造方面，围绕电子信息、家电电气两大产业领域，集聚珠海市明才模具制造有限公司、珠海市英诚电子科技有限公司、珠海格力大金精密模具有限公司、珠海格力精密模具有限公司、三威实业（珠海）有限公司等配套企业。工业自动控制方面，珠海优特电力科技股份有限公司首创微机防误闭锁技术。

（高　鑫）

航空产业

【概况】 2020年12月11日，珠海市政府发布《关于成立珠海市航空航天产业发展领导小组（指挥部）的通知》，成立航空航天产业发展领导小组（指挥部），整合珠海航空产业园、斗门区莲洲通用航空产业区域，实行“园区+企业”运作的新发展模式。珠海航空城集团具体负责区域投资开发、产业培育、招商引资、园区建设、运营管理等工作。珠海航空航天产业进入园企统合发展新阶段。航空产业坚持产城融合发展，构建航空航天产业生态圈，培育新型建筑和现代农业等创新型经济，加快拓展城市运营、建材和航空资本业，实现从无人机飞行试验场地建设到新材料研发的转变。通航产业向全面产业链条延伸，成为通用航空产业集聚重要区域。截至年底，中航通用飞机有限责任公司交付通用航空器470架。7月4日，珠海产西锐SR20飞机从珠海机场起飞，抵达广汉机场。该机为交付中国民用航空飞行学院的首架飞机，总订货76架。

【航空产业链形成】 2020年，珠海市航空制造业实现龙头引领，逐步形成较完整的航空研发生产产业链。中航通用飞机有限责任公司在珠海航空产业园建设“一总部、两中心（研发和销售中心）、三基地（总装生产基地、通运营基地、飞机交付及客服基地）”，形成集市场营销、研发、制造、试飞交付、运营服务为一体的航空全产业发展体系平台。航空配套企业逐步增多，全年引进航天科工（深圳）集团有限公司、珠海中航法斯特航空技术有限公司、思开达航电、武汉航特装备制造股份有限公司、哈尔滨广联通航、彼岸（珠海）航空器材制造有限公司、广东旺磐精密机械有限公司等企业。珠海航空城集团推进通用航空产业发展，创新经营模式，探索新业态。5月，阳江合山机场引入“天时爱飞”跳伞俱乐部，截至年底，业务合作单位拓展至16家。开创以合山机场为保障基

2020年7月4日，珠海产西锐SR20飞机从珠海机场起飞，抵达广汉机场

（张　洲　摄）

地、以幸福运水上飞机为运营单位的华南低空旅游模式。

【珠海摩天宇航空发动机维修有限公司设立金湾分公司】 2020年，珠海摩天宇航空发动机维修有限公司与金湾区人民政府签署《摩天宇设立金湾分公司项目投资协议》，珠海摩天宇航空发动机维修有限公司金湾分公司注册落户珠海航空产业园。该公司总投资15亿元，占地面积约15万平方米，选址金湾区三灶镇机场北路西侧、湖滨路北侧，建成后每年可维修飞机发动机300台。

【AG600研制及批产项目入选广东省培育高端装备制造产业集群行动计划（2021—2025年）重点项目】 2020年5月15日，珠海市重点项目大型灭火/水上救援水陆两栖飞机“鲲龙”AG600研制及批产项目被省工信厅纳入培育高端装备制造产业集群行动计划（2021—2025年）省重点项目。截至年底，“鲲龙”AG600飞机研制工作取得阶段性进展，6月26日，飞机成功转场至青岛海试基地。7月26日，大型水陆两栖飞机“鲲龙”AG600在山东青岛团岛附近海域实现海上首飞。AG50、AG60、AG100飞机按项目研制计划实现首飞。 （罗慧瑜）

2020年7月26日，大型水陆两栖飞机“鲲龙”AG600在山东省青岛市团岛附近海域成功实现海上首飞 （张 洲 戴海滨 廖文峰 摄）

富山工业园

【概况】 2020年，珠海市富山工业园土地利用规划中，建设用地规模45.66平方千米，涵盖斗门镇、乾务镇，12个村（居），总人口9.59万人，是珠海市土地资源较丰富、企业资源承载力较强、产业发展空间较大的园区之一。园区定位为广东省先进装备制造基地之一，发展目标为珠海市实体经济和工业发展重大平台。截至年底，园区工业企业418家，其中，规模以上工业企业105家，高新技术企业75家；世界500强投资企业9家，有国家级众创空间华南理工大学创新研究院1家，省级科技创新平台34家，市级科技创新平台38家。产业涵盖电子电路、船舶制造、电气、化工、纺织、家具、环保等多个行业，并初步形成以方正科技、中京电子、杰赛科技为引领的新一代电子信息产业，以凌达压缩机、格力新元、凯邦电机为龙头的智能电气产业，以东方重工、天顺风能为代表的高端装备制造产业三大产业集群，占园区工业总产值七成左右。园区将招商引资方向重点瞄准PCB（印制电路板）企业和上下游产业项目，打造千亿级PCB产业带。全年园区启动市政道路建设项目20个，总长37千米，总投资105亿元。为打造一围片区千亿级PCB产业基地，园区建设专业工业污水处理厂——富山第二（工业）水质净化厂，日处理污水量5万吨。结合新一代电子信息产业园建设，园区在雷蛛北规划近30万平方米的生活配套区——智造小镇。富山工业园防控新冠肺炎疫情，推动经济实现逆势增长。园区完成地区生产总值75.1亿元，比上年增长5.6%；完成规模以上工业增加值74.4亿元，增长7.8%；完成固定资产投资75.6亿元，增长73.2%；完成实际利用外资0.17亿美元，完成全年任务数的116.4%；完成一般公共预算收入3.7亿元，完成任务进度的106.5%。市政府下达的6项经济指标全部超额完成。

【千亿级PCB（印制电路板）产业集群打造】 2020年，富山工业园围绕产业链部署创新链、围绕创新链布局产业链，以打造千亿级PCB产业集群为目标开展招商引资，推进产业成体系、项目上规模。11月5日，富山工业园打造千亿级PCB产业基地暨2020年重点产业项目开竣工仪式举行。集体开工、竣工的50个重点项目投资总额430亿元，达产产值600亿元；其中，开工产业项目25个，竣工产业项目25个。50个重点项目中，有包括华正高等级覆铜板生产基地等21个PCB产业项目，投资总额310亿元，达产产值504亿元。

【园区重点项目签约】 2020年，富山工业园全年新引进产业项目22个，总投资额175亿元，达产后年产值250亿元，年税收13亿元，其中，投资额超10亿元以上项目5个，包括冠宇电池、润东晟电子、华正新材、龙昌电子、大唐建设；超1亿元以上项目17个，包括铭裕新材、国能新材、贻贝蛋白等。3月23日，管委会与浙江华正新材料股份有限公司（简称华正新材）举行签约仪式。华正新材是全球覆铜板企业排行20强之一，主要产品为覆铜板材料、功能性复合材料和交通物流用复合材料等，主要用于5G通讯、云计算储存系统等领域。投资项目为高等级覆铜板项目，用地面积10.33公顷，总投资20亿元，达产产值40亿元。3月31日，管委会与广东大唐建设集团有限公司（简称大唐建设）举行签约仪式。大唐建设是集建筑、市政、幕墙、门窗、钢构、装修、设计于一体的建筑工程总承包企业，在富山工业园龙山片区建有幕墙、门窗、钢构、阳台栏杆制造生产基地。投资项目为建筑装配生产基地，用地面积7.73公顷，总投资20亿元，达产产值22亿元。5月18日，管委会与深圳市联昇线路科技有限公司（简称联昇）举行签约仪式，联昇是深圳润东晟实业有限公司控股成员企业。投资项目为电子信息产业基地，用地面积20公顷，总投资44亿元，达产产值50亿元。12月23日，管委会分别与珠海冠宇电池股份有限公司（简称冠宇公司）、湖北龙腾电子科技有限公司（简称龙腾电子）举行签约仪式。两个项目总投资62亿，达产产值85亿。冠宇公司是一家集聚合物锂离子电池研发、生产和销售于一体的高新技术企业。园区同冠宇公司签下聚合物锂离子动力电池项目，用地面积27.73公顷，总投资50亿元，达产产值70亿元。龙腾电子是一家专业从事印制电路板研发、生产和销售的国家级高新技术企业，投资项目为高精密多层印制板生产线，总投资12亿元，达产产值15亿元。

【富山第二（工业）水质净化厂通水调试】 2020年12月31日，富山第二（工业）水质净化厂举行通水调试仪式。该项目通水调试，对园区电子信息产业发展加大规模提供环境容量，将生态优势转化为经济优势。富山第二（工业）水质净化厂位于富山工业园雷蛛大道东侧、际华南路南侧，江湾涌北侧，占地面积约5万平方米，纳污范围为雷蛛北片区的工业及配套生活区域，处理对象为富山工业园雷蛛北片区PCB产业园及周边区域内的工业废水及生活配套区的生活污水。作为园区重要的基础配套设施，在满足园区污、废水处理达标排放的基础上，还承担生态休憩及宣传教育功能，将水质净化厂建设为一座集生产、休闲、科普于一体的水处理生态园。富山第二（工业）水质净化厂为珠海市首座规划建设的工业污水处理厂，设计处理规模5万立方米/日，按照分类收集、分质处理的原则，进水分为企业生产废水、含镍废水以及生活污水，其中，企业生产废水3.8万立方米/日，含镍废水2000立方米/日，生活污水1万立方米/日。主要处理构筑物置于地下，配套建设三套污水管网系统，对企业生产废水、含镍废水以及生活污水进行分类收集。企业需先行将生产废水经预处理后，再按类别通过管网从厂区的西北侧进入，流经厂区西侧地下预处理系统，然后再流经厂区东北侧的BFBR（立体生态污水处理技术）系统，最后再经过过滤沉淀和消毒的深度处理系统并进行达标排放，出水指标达到地表水IV类（四类）标准。

【方正印刷电路板发展有限公司获华为2020全球核心供应商金奖】 2020年12月16日，在华为核心供应商大会上，方正印刷电路板发展有限公司获华为“2020全球核心供应商金奖”，该奖项授予华为该年度在质量、交付、成本服务综合表现最好的供应商。方正印刷电路板发展有限公司是国内外领先的印刷电路板厂商之一。为迎接5G时代，方正印刷电路板发展有限公司投资16.8亿元，在富山工业园建设多层智能工厂，占地面积10.8万平方米，主要产品覆盖通讯设备、数据中心、车联网、消费电子、工控医疗、通信终端6大应用领域。年内，该项目主厂房建成。

【广药白云山化学制药建设项目封顶】 2020年11月12日，广药白云山化学制药（珠海）有限公司建设项目封顶仪式在富山工业园举行。该建设项目总建筑面积6.8万平方米，计划总投资超7亿元，达产后年营业收入8亿元，主要生产有头孢类、枸橼酸西地那非、帕斯烟肼、盐酸美金刚等产品原料药。

【产城融合】 2020年，富山工业园推动起步区、一围片区等重点产城融合示范区30个市政及配套项目建设，涵盖市政道路49条，项目总投资约100亿元。西部生态新城（富山片区）投入16.94亿元，完善基础设施及公建配套，完成年度计划投资进度的112.56%。产业服务中心、运动中心投入使用，富山中心学校、邻里中心等项目竣工。启动智造小镇、华发未来城市花园等共有产权房、人才公寓、富山产业服务中心二期等重点配套建设。产业、人居、环境协同发展的产城融合标杆雏形初显。

【“无废园区”建设】 2020年，富山工业园推动中信环保产业园“1+5”（医疗废物、工业危险废物、污泥、餐厨垃圾、建筑垃圾及炉渣）一揽子废物处理项目建设，环保生物质热电项目二期建成运营。推动全市首座工业水质净化厂——富山第二（工业）水质净化厂通水试运行，同时启动富山第三水质净化厂建设。完成5条问题河涌整治。

【园区周边海域非法渔业设施联合整治】 2020年，珠海市斗门区联合富山工业园依法对赤鼻岛及其周边海域非法渔业设施进行集中清理整治。经查实，在赤鼻岛及其周边海域，不少养殖户在未取得海域使用权或办理有效的水域滩涂养殖使用证情况下，擅自非法占用全民所有水域，设置渔业设施从事养殖生产。据勘察核查统计，近海水域蚝类养殖分为浮动蚝排养殖和蚝桩养殖，养殖面积401.33公顷，其中，含蚝桩面积122.8公顷，108个排，分别由1.09万根蚝桩组成；浮排面积278.53公顷共300组，主要设施有蚝排、木质蚝桩和部分定置网。清理行动出动300余名执法人员、12辆勾机、4辆吊车和4艘拖船。在确保作业区域安全可控的情况下，首先集中清理蚝排，其后清理定置网，最后清理固定蚝桩，并对清理全过程进行录像取证。

【园区土地收储盘活】 2020年，富山工业园综合运用行政、协商和司法等方式收储土地24宗，总面积145公顷，平均溢价率超360%。土地收回后，落户一批PCB重点企业，其中，原新兴重工33.35公顷闲置用地在5个月内引进华正、志博信、润东晟等3家PCB行业龙头企业，土地收入近1亿元、收益率超1200%，新增投资总额超85亿元。 （张梦雅）

建筑业

【概况】 2020年，珠海市报建项目总数742个，总造价988.21亿元，比上年增长8.24%；其中，房建项目593个，总面积2379.94万平方米，增长26.16%；总造价818.9亿元，增长29.28%；市政项目149个，总造价169.31亿元，下降38.73%。建筑业总产值1106.13亿元，增长12.1%。建筑业增加值246.83亿元，可比增速8.9%。全市建筑业税收收入54.27亿元，增幅6.4%。全市有4项工程获国家级优质工程奖（鲁班奖2项、詹天佑奖1项、国家优质工程奖1项）、9项金匠奖、11项省建设工程优质奖。

【建筑业复工复产】 2020年，珠海市促进建筑工人复工返岗，制定和发布《关于实施珠海市建筑工人到岗奖励的通知》《关于开展全市房屋市政工程复工复产施工企业信用评价的通知》《关于新冠肺炎疫情影响下房屋市政工程施工合同履行和工程价款调整的指导意见》。全年发放建筑工人到岗奖励2783.4万元，印发《珠海市重点项目复工复产原材料保障专责组工作方案》，为工程建设提速创造条件，建筑工地应复尽复率100%。印发《关于落实新冠肺炎疫情防控期间暂缓缴存房屋建筑和市政基础设施工程建设领域工资保证金政策等有关事项的通知》，退还60家企业工资保证金约3000万元。

【建筑市场监管】 2020年，珠海市办理建筑业企业资质核准（含新申请、增项、升级、重组分立、注销、有效期顺延）819项，建筑业企业资质变更321项，人防工程监理资质申请（含变更）3家，工程监理资质变更6家。办理施工许可变更18项，夜间施工许可核发3项。办理建筑业施工企业诚信登记（含变更、年度确认）4358项，受理施工企业诚信信息评价5046条。办理工程监理企业诚信登记（含变更）1107项，受理工程监理企业诚信信息评价773条。办理工程造价咨询企业诚信登记（含变更）164项，受理工程造价企业诚信信息评价322条。加强建筑市场执法检查力度，打击建筑市场违法违规行为，完善建筑业信用评价体系建设、工人工资分账设置制度管理，保障建筑工人合法利益。通过一系列保障农民工举措。6月，在省督察组对保障农民工工资支付工作的实地核查中取得“A”级成绩。全年通报9起房屋市政工程建设领域欠薪事件，协调解决欠薪纠纷29件，实现住建领域基本无拖欠的目标。

【建筑市场“放管服”改革】 2020年，珠海市落实建设工程企业资质延续和申报政策，对有效期于2020年7月1日至2021年12月30日期间届满的建筑业企业、工程监理企业资质证书，统一延期至2021年12月31日。优化建设工程审批流程，印发《关于进一步提高城市噪声敏感建筑集中区域内夜间连续施工作业审批办事效率的通知》《关于优化实施部分工程建设项目审批事项的通知》《关于进一步简化施工许可证核发与工程质量安全监督合并办理手续的通知》。施工许可证核发采用全程电子化申报核准，在系统生成电子证书，实现申办企业办理施工许可“零跑动”。

【建设工程招标投标管理】 2020年，珠海市通过市建设工程交易平台招标的建设工程1323项，预算金额690.31亿元，成交金额644.52亿元，比上年下降6.63%。受新冠肺炎疫情影响，上半年各项指标均比上年同期有所下降，但后期总体秩序恢复向稳。开展中标后评估和监督检查工作，对153个公开招标建设工程项目进行中标后质量评估，对40个建设项目中标单位进行中标后跟踪监督。开展招标投标领域营商环境专项整治，紧盯重大工程、重点领域、关键岗位，集中整治建设工程领域定标环节潜存廉政风险问题、市场竞争不充分问题、挂靠转包问题、项目监管人员廉洁问题、建设工程质量低问题、施工工期长和不合理工程造价问题等企业群众反映强烈的营商环境突出问题。建章立制、堵塞漏洞，开展建设工程招标投标制度实施情况调研，启动《珠海经济特区建设工程招标投标管理办法》修订工作。印发《珠海市建设工程施工招标文件标准文本》修订本。畅通港澳企业的投标资质、投标渠道。5月起，珠海市建设工程交易项目全面实施全流程电子化，率先创新应用区块链技术。11月27日，首个面向港澳企业开放投标的建设工程类政府投资项目开标。截至年底，全市电子化交易项目1191个，交易金额599.90亿元；易链签申请企业用户2705家，CA（电子认证服务）数字证书发放3565个，电子印章发放3627个，848个项目使用电子保函缴纳保证金，开具8798份电子保函、涉及保证金总额38.98亿元。企业扫码登录2.91万次，应用移动签章及加解密2.15万次。

【建设工程质量安全监管】 2020年，珠海市组织建筑施工安全生产文明施工大检查与各类专项安全检查，下发暂停施工通知书366份，安全违规行为记分通知书4104份，实施行政处罚36宗，罚款174.6万元。制定《珠海市安全生产文明施工及安全技术标准》等安全生产标准和规程。新竣工交付使用的建设工程一次性验收合格率100%。9月，在珠海国际会展中心（二期）项目二标段举办广东省住房和城乡建设厅“质量月”现场观摩活动。组织实名制安全教育培训415期4.1万人次，其中，网络视频直播4期培训1737人次，专题讲座6期培训934人，岗前安全教育63期培训2913人次，特种作业人员考证班29期培训1636人次，特种作业人员年审班24期培训2146人次，专职安全员考核10期2005人。推进智慧工地监管平台（一期）建设。

【建设工程消防验收】 2020年，珠海市设立建设工程消防设计审核、消防验收、备案抽查办事窗口，正式使用珠海市工程建设项目审批管理系统，全流程网上办理，民生高频服务事项实现全城通办，零跑动，方便群众。成立3个消防验收小组开展消防验收现场检查工作，全年受理消防设计审查852项，消防验收申请1123项，其中，消防验收701项，消防备案422个，发出消防验收意见书704份，消防备案通知书133份，消防备案凭证297份。

【建设工程审图】 2020年，珠海市制定联合审图的办事指南和文书样式，统一办事流程、明确办事时限，实现一次申报、一套资料、联合审图。推行数字化审图，实现联合审图全流程网上办理的目标，提高审图效率。审图全过程网上留痕，提高审图的透明度和可追溯性，促进审图机构承担审查责任。编制《珠海市建设工程消防设计审查要点》《珠海市防空地下室施工图设计文件审查技术指引》，明确审图内容、审图标准，全市联合审图统一技术要求。

【绿色建筑发展】 2020年，珠海市获得绿色建筑设计标识和运行标识项目113个，建筑面积1091.36万平方米，三星级设计标识4个，二星级设计标识98个（含国标二星82个和省标二星16个）。全市有绿色建筑设计标识和运行标识项目324个，建筑面积2967.24万平方米，其中，三星级设计标识13个。新建民用建筑100%按照绿色建筑标准实施。

【建筑节能建设】 2020年，珠海市3个项目被列入住房和城乡建设部科学技术计划项目，4个项目列入广东省住房和城乡建设厅2020年科技计划项目目录，17个项目通过广东省建筑业新技术示范项目立项，4个项目通过广东省建筑业新技术示范项目验收。6月，印发《2020年珠海市建筑领域节能宣传月工作方案》，举办绿色建材标识管理讲座，推动绿色建材产品标识管理，推动全市绿色建材事业可持续发展。9月，珠海兴业新能源产业园研发楼项目获得中国建筑节能协会“零能耗建筑”运行标识，并申报全国绿色建筑创新奖；派诺科技园二期厂房办公楼获得中国建筑节能协会“超低能耗建筑”设计标识。11月，举办主题为“健康生活、智慧低碳，引领绿色建筑高品质发展”的绿色建筑示范项目现场会。

【建筑节能数据采集与分析】 2020年，珠海市做好建筑节能能耗监测平台运营管理，对重点建筑能耗进行实时采集、监测，对能耗监测数据进行汇总和分析，实现建筑用能系统动态管理。截至年底，实现监测总面积241.9万平方米，监测点位5712个，采集仪表监测数据13.83亿条，汇总能耗数据4033.98万条。通过专业化的数据分析，对初步掌握各区域、各类型公共建筑用能特性，制定各类建筑用能定额、能耗考评等方面政策提供依据；促进用户能源可视化、信息化、精细化管理，实现管理节能；可为用户用能系统、设备升级提供技术支撑，便于节能技术、产品推广应用。

【建筑产业现代化】 2020年，珠海市举办两期装配式建筑产业工人培训，提高项目建设效益和管理水平；开展“珠海市装配式建筑设计导则”课题编制工作并完成结题。全年通过装配式建筑设计阶段技术认定的项目30个，总建筑面积超376万平方米。建成2个装配式建筑实训基地，其中，建筑产业化BIM（建筑信息模型）技术实训基地1个、建筑产业化培训基地1个。年度获评广东省装配式建筑示范项目3个。

【绿色建材推广】 2020年，珠海市印发《关于开展全市房屋市政工程违规使用海砂专项检查的通知》，开展违规使用海砂专项检查工作，依法查处违法违规使用海砂行为。开展预拌混凝土、预拌砂浆行业发展规划修编工作，规范行业健康发展。优化预拌混凝土、预拌砂浆及新型墙体材料生产企业诚信评价指标体系，加强产品生产与施工现场联动，严格年度诚信评价管理并强化应用。开展绿色建材相关知识标准宣传，加强行业自律。

【墙材革新发展应用】 2020年，珠海市开展新型墙体材料确认登记换证工作，受理企业42家，通过审核36家。受理新型墙体材料产品确认登记申请企业4家，通过审核1家。合计通过审核企业37家，其中，珠海市企业18家，外市企业18家，外省企业1家。印发《珠海市住房和城乡建设局关于印发〈珠海市新型墙体材料产品确认登记指引〉的通知》及相关实施细则，规范珠海市墙材行业管理。

房地产业

【概况】 2020年，珠海市房地产市场受新冠肺炎疫情影响，上半年整体较为低迷，下半年全市房地产市场运行持续向好，房地产开发投资额稳步上行，商品房销售面积等主要指标快速回升。从网签口径来看，全市新建商品房网签面积485.61万平方米，比上年下降8.2%，其中，住宅405.76万平方米，下降9.5%。降幅8月以后收窄。二手房销售态势较为稳健，销售面积300.84万平方米，增长3.01%；其中，二手住宅销售面积269.19万平方米，增长1.82%。全市新建商品房销售均价25376元/平方米，增长15.12%；其中，新建商品住房销售均价25165元/平方米，增长16.96%。全市“促投资稳增长六十天大会战”专项行动中，房地产销售面积481.83万平方米，增长10.1%。

【房地产市场监管调控】 2020年，珠海市召开房地产市场调控联席会议9次。全年房地产市场运行总体保持平稳。3月，出台《关于应对新冠肺炎疫情做好房地产行业复工复产稳定发展工作的通知》《珠海市进一步促进投资增长的若干措施》《珠海市支持企业复工用工稳岗若干措施》《关于金融支持复工复产促进经济平稳发展若干措施》，支持房地产企业复工复产。5月，印发《珠海市住房和城乡建设局关于印发房地产领域2020年行业专项整治工作方案的通知》，按每季度5%的比例对房地产企业和中介机构进行常态化专项检查，深入治理房地产行业问题乱象。在全省率先推行房地产中介机构“三码”（门店、房源、个人二维码）公示制度，加强对房地产中介机构及从业人员监督管理和对“虚假房源”的治理。10月19日，印发《关于落实我市房地产中介机构备案和“三码公示”制度的通知》，通过自媒体宣传。截至年底，全市在平台登记备案的房地产中介机构1966家，中介经纪人备案1.28万人次；存量二手房源挂牌总数6258套，均已生成“三码”，1480家中介机构完成“三码”公示工作。

【房地产预售资金监管】 2020年，珠海市加强对房地产企业资金链的风险排查，形成风险企业名录，定期跟踪关注。为有效提高房企资金利用率，保证开发投资增长节奏，推行银行保函制度。全市使用银行保函置换预售监管资金41.9亿元，拨付商品房监管资金超462亿元，有效缓解房地产企业资金压力。12月9日，印发《珠海市商品房预售资金监管办法》（修订版），对预售资金分步解除进行优化，对商品房预售资金实施差异化管理，并将商品房预售资金拨付与房地产企业诚信等级挂钩。

【房地产办事程序简化】 2020年，珠海市优化房地产开发项目审批流程，压缩审批时限。商品房预售许可法定办结时限10个工作日，承诺时限压缩至7个工作日，时限压缩减30%；商品房预售许可法定办结时限20个工作日，承诺时限压缩至5个工作日，时限压缩减75%。商品房预（销）售系统、房地产交易监管平台分别对接市电子证照系统。完成商品房预售许可、房地产企业三级资质电子证照的签发。全市商品房预售许可、房地产企业三级及暂定级资质核准业务实现全城网办。

【物业行业管理】 2020年，珠海市发布业主委员会（业主大会）、物业管理合同等示范文本55个，为法规规章的执行提供参照标准。制定《珠海市物业管理招标投标工作指引》《珠海市物业服务企业和物业项目负责人信用管理办法》。10月，市智慧物业服务平台投入使用。截至年底，平台上注册物业企业361家，成立业委会16家，成立业委会筹备组14家，物业企业备案271家。81个物业服务企业党支部，52个物业小区利用该平台完成招标投标工作。13个物业小区开展电子投票。规范物业管理活动，开展防风防汛、国庆安全、物业条例执行情况检查等专项整治行动。完成第二轮物业专项维修资金专户监管银行采购，确定建设银行珠海分行、工商银行珠海分行、中国银行珠海分行、农业银行珠海分行、交通银行珠海分行作为珠海市物业专项维修资金专户监管银行，服务期限为自服务协议签订之日起36个月。截至年底，受理集中交存备案1404宗、退款29宗，使用2宗。全市归集物业专项维修资金33.85亿元。

（黄毅龙）

不动产登记

【概况】 2020年，珠海市落实深化“放管服”改革要求，借助大数据、“互联网+人工智能”等技术，推出金融服务、交房即发证、港澳专窗、跨境抵押“不出关”、跨城办理、“不动产登记+仲裁服务”等创新服务模式。打造不动产登记互联网“1+N”创新服务体系，通过线上线下、实体虚拟的融合，让不动产登记办理“我动你不动”，实现群众“零跑动”。一般登记业务的承诺办结时限压缩至3个工作日。完成首宗珠海市、江门市、澳门三地不动产抵押登记“跨城办理”。创新推出“以图查房”。

【不动产登记办理时限压缩】 2020年8月，珠海市除法人或其他组织建造房屋的首次登记、涉及历史遗留问题、非公证继承等复杂的不动产登记外，一般登记业务的承诺办结时限压缩至3个工作日，抵押登记业务的承诺办结时限压缩至1个工作日。全年约7成抵押登记“智能秒办”，提前达到《国务院办公厅关于压缩不动产登记办理时间的通知》《广东省压缩不动产登记办理时间实施方案》要求。11月26日，珠海市自然资源局、住房和城乡建设局、政务服务数据管理局、不动产登记中心、税务局等部门联合推动“交房即发证”新模式。通过流程集成、信息集成，优化办理登记前的竣工验收、地价核准、报税缴税、确权等环节的办理流程，精简申办材料，简化办证手续，减少跑动次数。

【不动产登记办理材料精简】 2020年，珠海市推进“免证办”服务，对能通过部门实时信息共享获取、核验的身份证明、营业执照等证明材料，不再要求申请人提供。在线调用市城建档案馆资料，建设工程规划许可证、用地红线图、建设用地规划许可证等6项材料不再收取复印件。

【不动产登记服务企业】 2020年，珠海市设立不动产登记企业服务专窗，正常营业状态的当地企业间的存量非住宅转移登记业务1小时办结，其他业务1个工作日内办结。为企业提供免费权证邮寄服务。全年减免涉企费用750万元，助推营商环境优化。推行“不动产登记+房地产开发企业”，采取“在线申请预审+现场核验登簿”的模式，通过网上预审申请，现场核验后当场发证，为一手房办证提供便利。

【不动产登记服务港澳】 2020年，珠海市不动产登记“互联网+金融服务”延伸至港澳，在14家港澳银行设置珠海市不动产登记便民服务点。港澳企业、居民办理不动产跨境抵押登记从“只出一次关”向“零出关”升级。港澳企业、居民享受到从提出申请到领证“全流程不出关办理”、1个工作日办结的便利。

【不动产登记“跨城通办”】 2020年11月，珠海市与江门市以抵押登记为试点，不动产登记实行“跨城通办”。11月11日，珠海市、江门市、澳门三地首宗不动产抵押登记成功“跨城办理”。澳门谭先生成为第一个“跨城办理”者。12月，珠海市、江门市、香港、澳门四地不动产登记“跨城（境）办理”试点启动，以“马上办、网上办、就近办、一地办”为主要特点的不动产登记“跨城（境）办理”新模式开启。通过异地申请、属地联网审核、核验结果互认及EMS（邮政快递）寄送服务等，实现跨城（境）不动产登记业务“就近办理，只跑一次”。

【不动产登记中介服务】 2020年6月28日，珠海市在三家试点房产中介企业设立不动产登记便民服务点，直接提供办理二手房过户不动产登记服务。登记机构派驻人员现场办公，办理流程、规则与市不动产登记中心服务窗口保持一致。申请人现场申请、当场领证，无需再到登记部门办理，便利二手房交易。

【二手房登记金融服务】 2020年9月8日，珠海市推行二手房交易按揭“一窗式服务”。二手房买卖双方在办理银行金融业务的同时提交纳税及不动产登记申请材料，“只跑一趟、只交一套材料”即可完成二手房交易中的还清原贷款、申请新贷款、解除抵押、二手房交易、房产抵押五项业务的“五合一”。全年有试点合作银行6家。

【不动产登记+供水服务】 2020年3月9日，珠海市不动产登记中心与珠海水控集团下属珠海市供水有限公司合作推出“不动产登记+供水服务”。申请人在提出二手房转移登记申请时，可一并提交用水过户申请。

【不动产登记仲裁服务】 2020年8月20日，珠海市在不动产登记机构及便民服务点设立仲裁中心及仲裁受理服务处，解答法律疑问，提供仲裁法律服务，减少解决纠纷的时间和成本。登记机构提供仲裁所需的不动产登记资料查询等服务。仲裁机构提供办理业务所需核验裁决书等仲裁文书真实性等服务，促进不动产登记服务及仲裁业务效能共同提升。

【以图查房】 2020年1月，珠海市创新推出“以图查房”。“刷脸”实名认证后可通过第三方地图应用服务快速定位不动产位置，查阅不动产的登记坐落、房屋用途、面积、建成年份、抵押查封概况等不动产自然属性和权利负担的简要情况，不显示权利人姓名、身份证等涉及个人隐私的内容。满足社会对不动产自然属性和权利负担概况的基本需求，实现24小时不打烊查询服务。截至年底，每月查询超5万次。

【不动产权证“一证一码”应用推广】 2020年，珠海市拓展“一证一码”应用。在不动产权证上设置二维码，扫码可获取产权、抵押、查封、契税、宗地图和分户图等信息，不再粘贴纸质图纸。全年使用“一证一码”查询不动产登记信息超过4万次。扫码缴纳不动产登记费用近8万次。7月7日，国务院发文在全国范围内复制推广自贸试验区第六批改革试点经验，“一证一码”作为不动产登记业务便民模式改革事项，由自然资源部牵头在全国范围内复制推广。（吴诗韵）

交通运输业·邮政业

公　路

【概况】 2020年5月27日，珠海市公路局（市公共道路建设局）更名为珠海市公路事务中心，为市政府直属事业单位，归口市交通运输局，参照公务员法管理。至2020年底，珠海市公路通车里程1472.57千米（含高速公路），全市公路密度平均85千米/百平方千米。按行政等级划分：国道131.43千米，省道322.55千米，县道166.44千米，乡道412.48千米，村道439.69千米。按路面类型划分：水泥混凝土路836.18千米，沥青混凝土路636.40千米。按技术等级划分：高速公路189.43

千米，一级公路356.77千米，二级公路119.12千米，三级公路424.26千米，四级公路382.99千米。全市有公路桥梁473座（含高速公路）16.35万延米，其中，特大桥40座10.11万延米，大桥117座5.21万延米，中桥140座7652.48延米，小桥176座2694.07延米。全市有公路隧道18座3.78万延米，其中，特长隧道4座2.07万延米，长隧道6座1.37万延米，中隧道2座1328延米，短隧道4座1259延米。

【公共道路建设】 2020年，珠海市公路事务中心牵头建设项目93个（工程类项目63个、养护类项目30个），总投资额533.97亿元，其中，纳入市政府投资项目47个，310.96亿元。年度完成投资46.61亿元，完成率106%。全年完工或基本完工项目30个，其中，含50条市政道路建设或路面改造、11座新增人行过街设施、3座桥梁维修加固。由前期转入新开工项目7个。各区国道、省道、县道改造项目及“四好（建好、管好、护好、运营好）农村路”、基本公共交通均等化农村公路、农村公路危桥改造获得进展。

干线路网建设 金琴快线、兴业快线、情侣路南段主线改造工程均进展顺利，其中，板樟山新增隧道通车、情侣路南段主线改造工程全线开放通行、金琴快线全线通车，珠海隧道工程开工建设，兴业快线（北段、南段、迎宾支线）、高新互通、金琴快线北延段等重点项目加快施工进度。协调推进兴业快线南延段工程、情侣北路淇澳大桥至中珠边界段工程、机场北快线工程（黄杨大道至珠峰大道段）、金港大桥等项目前期工作。

国道省道公路建设 完成国道G228线黄杨大道段等4条52.7千米的路面改造。完成国道省道和高速公路路况提升188千米。省道S270线环岛西路至港区闸口段路面改造工程完工通车。湖东社区新建路桥工程开工建设。

市政道路建设 市妇幼保健院南区配套市政道路长围一路、和生路妇幼段及军山路完工通车。第六批主城区道路路面改造及美化工程分两期43条路建成通行。九洲大道升级改造工程、兰埔路（香洲区人民医院至迎宾南路）改造工程等项目进展顺利，按时完成年度投资计划。

交通设施建设 建成迎宾北路人行天桥、港湾大道（官塘）人行天桥和金琴快线上的京师家园人行天桥、造贝村人行天桥、白云路口人行天桥等5座。建成金琴快线上的UIC国际学院地下通道、南屏大桥南桥头地下通道、华发商都地下通道、北山牌坊地下通道、北山工业园地下通道、明德医院地下通道等6个。

农村公路建设 完成农村公路提档升级90千米、“白改黑”（水泥路面改沥青路面）46千米。其中，金湾区提档升级10千米、“白改黑”7.6千米；斗门区提档升级80千米；万山区“白改黑”1.8千米；高栏港区“白改黑”36.6千米。完成年度计划任务包括金湾区Y303、Y306、Y307线4.3千米路面改造，高栏港区X582线、Y324线、Y322线、Y313线等22.4千米路面改造，黄镜门大桥、上横大桥年度建设任务。完成基本公共交通均等化30千米农村公路建设任务。

【公路养护管理】 2020年，珠海市公路事务中心统筹全市公路养护工作，对市属公路养护人员进行培训、考核，对市属公路养护进行检查。年末全市市属国道、省道优良路率94.54%，优等路里程273.8千米；农村公路优良路率91.36%，优等路里程655.99千米。完成国道G228线黄杨大道段等4条国省道52.7千米的路面改造。完成国道、省道和高速公路路况提升188千米工作；交通运输部路况检测组对国道G228线49千米的检测，交通运输部综合治理能力评价工作组对省道S366九洲大道路面热再生技术、标线质量控制、国道G105前山立交独柱墩加固工程、国道G228线海天驿站服务区等4个专项检查点进行现场检查，给予好评。完成对全市管养公路、港珠澳大桥珠海连接线、港珠澳大桥口岸人工岛施工便桥、江珠高速珠海段和横琴二桥的养护考核工作。对新建成通车的洪鹤大桥、香海大桥（梅华互通至造贝互通段）、鹤港高速公路（江珠高速至机场东路段）等3条高速公路进行养护指导考核。配合完成省公路事务中心连续式公路交通量观测站点建设（二期）项目珠海范围内5个站点的定位选址和建设协调。启动G228线、S270线、S272线等国道、省道部分路段改造。完成全市338千米国道、省道公路网命名编号调整。

【桥梁隧道维修加固】 2020年，珠海市完成国道G105线前山立交桥和县道X588线淇澳大桥独柱墩加固，国道G228线斗门大桥上部结构维修加固、S272线金湾立交桥头跳车综合整治工程等11座桥梁的维修加固。启动国道、省道三类以下桥梁整治提升，全面消灭四、五类桥梁。国、省干线一、二类桥梁比例94.9%。完成板樟山、凤凰山隧道管理站房维修和板樟山隧道装饰板改造。

【桥梁专项整治】 2020年，珠海市推进通航大型桥梁防船撞能力提升，其中，主动预警系统完成新建1座，完成升级改造1座，开工4座；开展被动防船撞设施建设前期工可研究5座。推动大型桥梁桥下空间电子巡查监控系统建设，完成珠海大桥、横琴大桥、淇澳大桥等40座桥梁（含立交桥，东部7座、西部33座）桥下空间巡查监控系统建设，基本实现大型桥梁远程管理全覆盖。

【公路安全生产】 2020年，珠海市公路事务中心按要求开展在建项目建设管理安全检查、安全培训、应急管理及各项安全生产专项工作，对在建工地质量和安全文明施工情况开展专项检查149次，先后对检查情况通报12次，对在检查中发现的1179项安全风险隐患，均责令施工单位限期整改，落实在建工地新冠肺炎疫情防控常态化。

（林 锋）

2020年珠海市公路事务中心完工市政道路项目情况表

项目名称	总投资（万元）	建设内容	代建单位	开工时间	完工时间
珠海市金琴快线工程（港湾大道至梅华立交）	130865	起点位于港湾大道金凤路口，利用凤凰山隧道往南至三台石路立交，设高架桥跨过三台石路（规划路）、梅界路、沃北路，高架桥终点设匝道桥与香海高速G105段相接，地面辅道与梅华立交相接。路线设计总长度9.6千米，为城市主干路，设计速度60千米/小时	珠海交通集团	2017年9月	2020年12月
珠海市金琴快线工程（造贝立交至珠海大道）	50529	起点为造贝立交（香海高速支线），终点位于南湾大道与珠海大道相交路口，路线全长1.54千米，按城市主干道标准建设。主要建设内容包括：新建南屏大桥、造贝互通、道路、市政管网、景观绿化、路灯照明、交通工程、安监设施及临时工程等	珠海交通集团	2017年7月	2020年12月
珠海市金琴快线工程（珠海大道至北三路）工程	55248	起点为南湾大道与珠海大道路口北侧，与“金琴快线（造贝立交—珠海大道）”终点相接，设双向六车道分离式立交桥跨越珠海大道（珠海大道路口段设双向四车道辅道），往南沿南湾大道至北三路口为双向八车道地面道路，在北三路设双向六车道跨线桥（北三路口段设双向四车道辅道），终点与“情侣路南段拱北至横琴大桥段主线改造工程”相接。路线全长2.5千米，为城市主干路，设计速度60千米/小时	珠海交通集团	2017年12月	2020年12月
板樟山隧道新增隧道工程	58700	北起迎宾北路与人民西路交叉口，南至迎宾南路与九洲大道交叉口，其中新增车行双车道隧道西线、东线以及新增慢行隧道均长1.21千米，南北侧接线道路共1.2千米，道路配套升级改造路段1.1千米。道路等级为城市主干道，新增隧道建成后与板樟山既有隧道组成双向八车道，并设置双向慢行系统	珠海华发集团	2018年3月	2020年6月

（续表）

项目名称	总投资（万元）	建设内容	代建单位	开工时间	完工时间
市妇幼保健院新址配套市政道路工程	8753	位于珠海市南屏镇广生村，起点接屏安路，终点接规划路，总长度2.0千米，其中包含两条规划道路：规划A路，长约500米，起点接南琴路，终点接规划路；规划B路长1.5千米	珠海华发集团	2018年8月	2020年7月
军山路道路工程（南琴路—足仙路段）	1286	位于珠海市香洲区南屏镇，设计起点接已建南琴路南洪段，终点至规划足仙路。道路红线宽18米，道路长424米，双向2车道，道路等级为城市支路	珠海华发集团	2019年9月	2020年7月
迎宾北路人行立体过街	1300	项目人行天桥位于迎宾北路与安宁路交叉口处，横跨迎宾北路。主桥采用两跨连续结构，单跨跨径23.5米，总长度51米。主体结构采用铝合金材料，主梁采用空间桁架效果。天桥每端设置一座步行楼梯，两侧各设一座垂直升降电梯	市建管中心	2020年3月	2020年12月
主城区第六批道路路面改造及美化工程（一期）	19604	项目涉及20条道路改造，总长约11.7千米。建设内容主要包括：机动车道沥青路面加罩、新建非机动车道、人行道铺装改造；拆除新建兴华路跨凤凰河排洪渠桥梁；春风路（蓝盾路-敬业路）段配套完善市政管网；武警营区道路及场地进行整体提升改造；完善交通安监照明等设施及道路附属设施景观提升等	珠海华发集团	2019年9月	2020年7月
主城区第六批道路路面改造及美化工程（二期）	13667	项目位于珠海市主城区内，涉及24条道路改造，总长为17.5千米。建设内容主要包括机动车道沥青路面加罩、非机动车道、人行道铺装改造等	珠海华发集团	2020年4月	2020年11月
情侣路南段拱北口岸至横琴大桥路段主线改造工程（主体工程）	209248	现状道路改造，起于现状情侣南路观澳平台段，止于横琴大桥北侧桥头引道，沿现状昌盛路、南湾大道以双向六车道铺设（湾仔北站及十字门站下穿隧道位置为双向四车道），设计速度60千米/小时，总长9.4千米	华发集团	2015年9月	2020年9月
情侣路南段拱北口岸至横琴大桥路段改造工程之辅线及配套公园工程（F段）	131650	沿水岸以双向四车道新建，按A、B、C、D、E、F共6段分步实施，起于城轨珠海站，止于横琴大桥，设计速度40千米/小时，总长9527米，并在澳门回归广场位置新建配套公园，总景观面积约28万平方米	华发集团	2018年9月	2020年10月

备注：以预验收为完工节点。

2020年珠海市公路事务中心完工干线公路建设项目情况表

项目名称	总投资（万元）	建设内容	代建单位	开工时间	完工时间
前山立交桥和淇澳大桥匝道桥桥梁独柱墩加固工程	627.8	市公路事务中心对管养范围内的桥梁独柱墩开展安全隐患排查和验算工作，因前山立交桥、淇澳大桥匝道桥的独柱墩不满足关于抗倾覆系数大于2.5的要求，故对两座大桥的独柱墩开展加固工作。其中，淇澳大桥加固两联13个桥墩，建设内容包括新增钢盖梁、中横梁加长、支座安装、搭设脚手架；前山立交桥共加固16个桥墩，建设内容包括独柱墩砼外包墩柱、中横梁加长、支座安装、搭设脚手架等	无	2019年3月	2020年1月
前山立交（含前山大桥）外观涂装项目	432	本项目对前山立交（含前山大桥）美化涂装。涂装范围包括前山立交二层和三层、前山大桥主线桥和辅线桥的主梁侧面和底面、盖梁、墩柱等外表面	无	2020年6月	2020年12月
省道S270线环岛西路至港区闸口段路面改造工程	7665.38	项目位于珠海市高栏港区内，起点桩号为省道S270线K145+164、终点桩号K149+050，全长3.89千米，路基宽度为42/38.5/23米，双向8/7/4车道。公路等级为一级公路。路段范围内没有桥梁。 项目的主要建设内容为：路面病害处理并加铺沥青（现状机动车道加铺沥青砼路面），更换路缘石；排水设施清淤，井口加高，局部修复；配套交通安全设施（交通标志、标线等）等	无	2020年9月	2020年12月
机场、高栏港高速公路路面病害综合整治工程	355.99	对前锋涌桥桥面铺装约6800平方米、高栏港高速K15—K20路面裂缝等病害整治1.9万平方米，铣刨主桥沥青层，重新摊铺沥青层	无	2020年9月	2020年10月
机场高速公路金台立交隔音屏安装工程	35.43	对机场高速公路金台立交西北侧加设声屏障220米	无	2020年6月	2020年7月
机场高速公路金台立交桥下亮化照明工程	41.77	机场高速公路金台立交进行亮化升级改造，安装LED壁灯350套	无	2020年1月	2020年3月
机场高速公路光缆、电缆线槽修复工程采购项目	120.71	对机场高速公路沿线损坏的光纤、电缆管箱进行修复，修复长度5.3千米	无	2020年1月	2020年3月
淇澳大桥防船撞主动预警系统建设项目	124.7	为确保淇澳大桥的通行安全，结合桥梁结构特点和通航情况，采用无线电台、激光、雷达、AIS等技术对过往船舶的高度和航迹进行监控，并设置相应的预警、报警、图像监控及信息发布系统	无	2020年9月	2020年9月
珠海大桥防船撞主动预警系统升级改造项目	108.12	该项目对珠海大桥防船撞主动预警系统进行升级改造，主要包括升级通航船舶逆行监测功能，监测偏航盲区、增设应急备用电源方面、补充能见度不足时的助航信息	无	2020年4月	2020年6月
珠海大桥防船撞主动预警系统维修项目	4.92	2020年9月5日，珠海大桥右幅桥面（27#墩）小货车坠海，造成护栏外侧防船撞主动预警系统设备及辅材损坏，需进行维修	无	2020年12月	2020年12月

备注：以预验收为完工节点。

（林锋　李夫振　刘明哲　陈伟钟　何松叶）

港　口

【概况】　2020年，新增2个5万吨级集装箱泊位，1个4万吨级、2个3万吨级件杂货泊位。全港有泊位172个，其中，生产性泊位165个、非生产性泊位7个，万吨级以上生产性泊位34个，设计年通过能力1.78亿吨，集装箱吞吐能力378万标箱。高栏港区生产性泊位81个，万吨级以上生产性泊位33个，设计年通过能力1.62亿吨，占全港通过能力的91%。全港有干散货泊位22个，年吞吐能力8099万吨；油、气、化工品液体散货泊位44个，年吞吐能力4901万吨；多用途泊位26个，年吞吐能力货物917万吨、集装箱112万标箱；集装箱专用泊位7个，年吞吐能力266万标箱；件杂货泊位27个，年吞吐能力817万吨；客运及陆岛交通泊位39个，年吞吐能力旅客946万人、货物2万吨。全年投入运行储罐数量305个，罐容352.2万立方米。

【港口生产】　2020年，珠海港完成货物吞吐量1.34亿吨，比上年下降3.4%。其中，外贸3459万吨，增长14.8%；港口集装箱184万标箱，下降28.1%。旅客吞吐量264万人次，下降52.1%。全港完成煤、油、矿、箱等重点货类1.12亿吨，占全港货物吞吐量83.8%。其中，煤炭4442万吨，占33.2%；油气化工2041万吨，占15.3%；矿石1609万吨，占12.0%；集装箱3113万吨（184万标箱），占23.3%。西江流域航线完成货物吞吐量4125万吨，下降5.7%。受全球新冠肺炎疫情影响，2条外贸航线、2条国内沿海航线停航，新增洪湾至盐田港的内支线、高栏至海口的沿海航线各1条。截至年底，全港有57条集装箱班轮航线稳定运营，其中，国际航线21条（内支线10条）；国内沿海航线8条，通往海口、深圳、日照、厦门、大连、连云港、青岛、太仓、湛江、福州、上海、天津、钦州、京唐等全国沿海主要港口；西江航线28条，通往贵港、梧州、新会、黄埔、南沙、高明、佛山、小榄、中山、广州、虎门、云浮、肇庆、阳江等西江沿线主要港口。

2020年7月29日，由珠海港集团投资建造的2.25万吨散货船“高栏306”在福州东南船厂交船　（珠海港集团供稿）

【港口建设】　2020年，珠海市新开工及续建港口项目10个，完成投资6.66亿元；其中，新开工项目为香洲港客运码头改扩建工程、珠海港万山港区外伶仃岛石涌湾陆岛交通客货运码头防波堤工程、桂山岛国际游艇会度假中心游艇会项目（一期工程）游艇码头工程。珠海航海文化中心公共码头交工验收。珠海港高栏港区集装箱码头二期工程通过竣工验收。珠海三角岛码头工程、珠海唐家港陆岛交通客货运码头工程等续建工程有序推进。

【港口安全】　2020年，珠海港在新冠肺炎疫情期间推动云审批和云服务，压缩审批承诺时限。港口企业加强标准化体系和达标应用建设，建立危险货物港口经营人经营资质年度审核机制，依托信息系统，强化审批事中、事后监管。全年完成审批和社会服务事项5989项。聘请具有化工、安全等专业资质的坐班专家充实行业安全监管队伍。采取专家授课、现场教学等方式加强对现有安全监管人员的专业技术培训。完善港口安全风险分级管控和事故预警预防等差异化管理机制，委托第三方安全专业机构开展隐患排查整治。全年检查企业536家次，排查整改安全隐患1170项，执法处罚15宗，对6项港口重大事故隐患实行挂牌督办并全部完成整改。加强与属地政府、消防、海关、海事、交通执法等部门联合协作，组织开展港口设施保安（疫情防控）暨港口危险货物事故应急演习。建立健全属地横向、行业纵向的监管责任体系。珠海港全年未发生生产安全事故。

【港口污染防治】　2020年，珠海

2020 年 5 月 1 日，横琴客运码头至深圳蛇口港航线开通（钟　凡 摄）

港推进“绿色港口”建设工作，以交通运输部《港口岸电布局方案》相关工作任务为引领，完成港口岸电设施建设。高栏港区神华煤炭码头完成两个10万吨级泊位的岸基供电设施改造。高栏国际货柜码头、珠海鑫和码头、珠海电厂码头、珠海港弘码头等完成高压岸电设施建设。斗门珠船集装箱码头、洪湾国码、西域物流码头、港金码头完成低压岸电系统改造。港作船舶、公务船舶、客运船舶基本实现靠泊使用岸电。联合珠海海事局召开会议，推进船舶生活污水接收设施改造。九洲港、香洲港、湾仔码头和神华、国际货柜、鑫和、电厂等码头均完成船舶生活污水接收设施改造。推进《船舶污染物接收、转运、处置联合监管制度》《船舶污染物接收、转运、处置联单制度》落地落实落细，做好船舶污染物接收、转运、处置相关工作，防范近岸海域污染。

【横琴客运码头至深圳蛇口港航线开通】 2020年5月1日，从深圳蛇口港开出的豪华客船“迅隆11”抵达横琴客运码头，标志着横琴码头与蛇口港之间的直航航线开通，珠江口东西两岸增添新通道。“横琴—蛇口”航线由深圳招商蛇口旗下的深圳迅隆船务公司执航。航线成人票价130元，单程航时约100分钟。该航线比经其他线路往来深圳—横琴，时间可节省近1小时。“横琴—蛇口”航线的开通，标志着深珠两地“蛇口—东澳—横琴”的海上交通环线建立，丰富深珠两地航线，缩短航程，为游客提供更多出行线路选择。

【珠海港集团】 2020年，珠海港控股集团有限公司（简称珠海港集团）构建港口航运、物流供应链、能源环保、港城建设和航运金融五大业务板块，覆盖码头与航运及其配套服务、物流、供应链管理、电力能源、管道燃气供应、环保、码头建设及航道疏浚、软件开发与维护、港城开发及其配套服务、航运金融等行业的投资、营运。收购A股上市公司通裕重工（股票代码300185）、天能重工（股票代码300569），成为控股股东；收购港

2020 年珠海港分货类吞吐量统计表

分货类货物		单位	吞吐量
集装箱吞吐量		万标箱	184
旅客吞吐量		万人次	264
货物吞吐量总计		万吨	13367
其中	1. 煤炭及制品	万吨	4442
	2. 石油天然气及制品	万吨	1649
	3. 金属矿石	万吨	1588
	4. 其他主要货种（矿建材料）	万吨	1343

2020年珠海港泊位数统计表

泊位长度（米）	泊位数（个）	泊位年通过能力				
		集装箱吞吐量（万标箱）	旅客吞吐量（万人次）	煤炭及制品（万吨）	石油天然气及制品（万吨）	金属矿石（万吨）
21202	165	378	965	6364	4901	1700

（陈清模　黄　翔）

股上市公司——兴华港口100%股权。高栏港铁路公司划归珠海港集团管理。集团拥有聚合“江、海、陆、铁”的完备物流网络体系。全年完成高栏港海铁联运集装箱3606标箱，比上年增长583%。组织开行“北方港—高栏港—江门北”“北方港—高栏港—阳春”集装箱货运班列，填补高栏至粤西地区物流通道的空白。4月7日，“珠海港通达全球、联通西南—粤港澳大湾区集装箱江海铁联运示范工程”以第二名的成绩入选广东省多式联运示范工程。

是年，珠海港集团完成货物吞吐量1.39亿吨，比上年增长9.37%；完成集装箱吞吐量206万标箱，下降23.50%。集团资产总额575亿元，增长92.31%；营业收入157亿元，增长93.83%。对下属全资码头生产指标进行考核，提高码头企业的操作效率，其中，港弘码头铁矿石卸船量增长超过50%；件杂货吞吐量260万吨，增长67%，创历史新高。兴华港口实现货物吞吐量1649万吨，增长31.74%，实现件杂货吞吐量1539万吨，增长36.4万%；云浮新港制定并实施差异化市场营销策略，全年完成货物吞吐量555万吨，增长5.2%；梧州港务打造粮食中转物流中心和建材中转基地，完成货物吞吐量245.66万吨，增长42.46%，其中，集装箱吞吐量9.1万标箱，增长8.8%；桂平新龙码头开拓黔江上游地区货源，完成货物吞吐量 133万吨，增长25.5%，其中，集装箱吞吐量3.7万标箱，增长82%。全年经珠海港转运西江的货物4125.49万吨、集装箱41.91万标箱。4艘沿海散货船投入运营，集团航运板块自有运力20万吨，总控制运力超100万吨。

是年，珠海港集团与上海泛亚航运有限公司、南光物流有限公司共同投资成立环通综合物流中心，与中瑞实业集团联合成立珠海港诚供应链有限责任公司，与振镕科贸成立珠海港启供应链有限公司，与赣州国际陆港成立赣州珠港供应链有限公司。属下企业港旭供应链有限公司与贺天下酒业达成战略合作，进军电商业务。属下企业隆盛生鲜供应链有限公司开拓活鲜购销业务。全年物流供应链业务实现营业收入43.7亿元，增长235%，净利润2012.73万元。

是年，珠海港集团与安徽合力集团合作，研发成功国内首台增程式超级电容混合动力电动堆高机，综合使用成本同比节约15%，减少35%的尾气排放；与上海西井信息科技有限公司合作研发的全球首创门机智能理货系统上线，有效识别率98%以上。属下企业珠海港泰管道燃气有限公司供应全市工商业燃气用户757户，接通天然气居民小区932个51.33万户。集团控股、参股运营15个风电场，总装机容量1055.06兆瓦，上网电量12.38亿千瓦时。属下国际货柜码头、港弘码头4套2MW（兆瓦）高压变频岸电系统完成最终验收。珠海港通江物资供应有限公司为国家首次实现万米深潜的载人潜水器“奋斗者”号的双母船提供燃油动力保障。珠海港信息技术股份有限公司获中国物流与采购联合协会颁发的“2020年物流技术创新奖”。珠海港拖轮有限公司与宁德港粤宏拖轮有限公司共同出资，成立宁德珠港拖轮有限公司。港惠租赁、港瑞保理新增投放资产规模7.1亿元，营业收入3322万元，净利润1069万元。

新冠肺炎疫情期间，珠海港集团对中小微企业减免租金765.15万元。集团旗下各码头坚持不停工、不停产，稳定航线，3次推出费用优惠政策，减免费用900余万元。旗下燃气企业对全市619户工商用户实施天然气降价，执行优惠气量7298万立方米，优惠金额3565万元；对纳入政府防疫安置的4家酒店商户，额外给予50%气费减免优惠，优惠金额3.84万元。是年，珠海港集团获“广东省文明单位”称号，旗下珠

2020年8月28日，“无人化港口门机人工智能理货系统”在珠海国际货柜码头（洪湾港）上线（曾　遥　摄）

海港股份有限公司及董事局主席欧辉生分别获“最佳上市公司董事会”“最佳上市公司董事长”奖项。（陈清模　黄　翔）

【“无人化港口门机人工智能理货系统”在珠海国际货柜码头（洪湾）上线】 2020年8月28日，由上海西井信息科技有限公司和珠海港控股集团有限公司联袂研发的“无人化港口门机人工智能理货系统”在珠海国际货柜码头（洪湾）上线。该系统为全球首套，使用人工智能技术，引入自动驾驶技术，实现前端视频采集、图片采集、球机联动抓拍及字符自动识别功能，最终实现门机作业的智能化生产。（朱　见）

航道管理

【概况】 2020年，广东省珠海航道事务中心（简称珠海航道事务中心）辖区位于珠江出海口西岸，濒临南海，管辖鸡啼门、泥湾门、磨刀门3个口门。辖区内有内河航道190条676千米，沿海航道28条715千米，其中，纳入维护范围内的航道4条96千米。维护一线航标153座，设标里程164千米，二线航标325座。维护船闸2座，分别为联石湾船闸和石角咀船闸。联石湾船闸位于中山市境内，旧闸已回填，11月12日，新闸试通航。石角咀船闸位于前山水道珠海与澳门边境处，未开通使用。

【航道建设】 2020年，珠海航道事务中心推进省重点航道工程建设。磨刀门水道及出海航道整治工程项目全部单位工程完成交工验收，工程用电工作全部完成，接入市政电网。水保项目、环保项目及项目档案验收均完成，并获省交通运输厅工程质量管理处工程竣工质量鉴定意见。泥湾门—鸡啼门水道航道工程项目全部单位工程完成交工验收，各合同段结算工作基本完成。联石湾船闸工程除房建工程外其余单位工程完成交工验收，船闸开始试通航。磨刀门出海航道建设方案研究项目中开发方案研究成果通过专家评审。磨刀门出海航道建设方案研究项目中水下地形测量、水文观测、数学模型研究等项目成果通过专家评审并完成验收。航道支持保障系统工程珠海斗门航道管理站站房码头工程获环保批复、防洪评价批复及码头选址征求意见，施工图设计获省交通运输厅批复。

【航道养护管理】 2020年，珠海航道事务中心辖区676千米内河航道维护水深保证率100%，103.7千米沿海航道维护水深保证率达80%以上，153座一线航标、305座二线航标维护正常率100%，4艘船舶联检优秀率及完好率均达100%，2座船闸安全无事故。受新型冠状病毒肺炎影响，未能组织粤澳区界航道协调会议，但通过电子邮件、微信等远程交流方式加强与澳门方面的交流和探讨，完成澳门105座航标应急及维护保养任务。港珠澳大桥桥梁航道养护有序推进。7月，按照省交通运输厅及省航道事务中心工作部署，港珠澳大桥青州、江海、九洲3条桥梁航道的维护管理任务由珠海航道事务中心负责实施。完成23米快艇新建续建项目的船舶建造。前山水道测量、航标备件购置等新建航道专项实施。推进磨刀门出海航道维护疏浚一期（2020—2021年）、区界航道疏浚等两项跨年度专项实施。桂山岛塔标于2020年初投入使用。配合省航道事务中心支持保障系统信息化专项和省交通运输厅智慧航道（一期）项目航标遥控遥测、桥梁净高监测及防撞预警、船舶流量监测、视频监控、流向流速监测、水文综合监测系统等信息化专题的实施。配合省航道事务中心开展磨刀门水道航道二期工程的工程可行性研究、白鹤通道航道工程预可行性研究、西江出海口拦门沙整治技术研究、全省航道保护范围划定、广东省航道发展规划（2020—2035年）、航道支持保障系统工程等项目。

【航道技术服务】 2020年，珠海航道事务中心开展航道技术服务。全年出具航道技术审查意见22份，其中，涉航建筑物技术审查8份，水上水下施工作业10份，专设航标4份。为涉及中心管辖航道45个工程的规划、设计、实施方案提供技术服务。加强与珠海交通综合执法局业务协作，为辖区航道管理涉及的各部门提供航道技术服务。配合海事、交通、公路等部门开展联合执法2次，与执法局开展联合执法3次。督促各航标与测绘所落实航道监管相关制度要求，通过业务检查定期对辖区航道开展巡查，对正在实施的项目按计划实施监督管理。全年开展航道监督巡查2.40万千米，参加巡查363人次，发现违法行为4起，交换其他案件信息4条，对在建项目开展监督检查技术服务累计核查42项，累计开展监督检查技术服务494次。

【航道安全生产监管】 2020年，珠海航道事务中心定期召开安全工作例会，开展安全生产检查和隐患排查治理工作。组织好春运工作和“安全生产月”活动。做好防台、防洪等季节性危险天气的防范工作。现场监管联石湾船闸工程，确保项目安全、顺利完工。按要求对辖区航道、航标、船舶、码头、站房（办公楼）和安全生产管理状况等进行全面安全现状评价并形成评估报告。实施斗门航标与测绘所站房码头安全鉴定、建筑及电梯安全隐患整治等年度安全专项工程，斗门航标与测绘所站房根据安全评估结果进行隐患整治，珠海航道事务中心建筑及电梯安全隐患整治项目交工验收。全年安全生产形势和新冠肺炎疫情防控持续稳定，未发生安全生产责任事故。（熊 伟）

城市客运交通

【概况】 2020年，珠海市有公共汽车2668辆，均为清洁能源汽车；巡游出租车3557辆，其中，新能源车962辆；许可网约车平台公司51家，核发网络预约出租汽车运输证4863本。全年公交总客运量2.66亿人次，比上年下降32%，日均客运量72.8万人次。公路客运量1168.25万人次、货运量4061.53万吨，分别下降54.39%、16.85%。水路客运量253.35万人次、货运量3509.06万吨，分别下降54.73%、13.93%。广珠城际轨道交通珠海段客运量1122.19万人次，下降55.06%。广珠铁路珠海段货运量722.52万吨，下降18.08%。珠海金湾机场航线通达航点89个，旅客吞吐量733.56万人次，下降40.28%；货邮吞吐量3.84万吨，下降24.77%；航班起降架次完成6.13万架次，下降29.38%。11月1日，香洲、金湾、斗门、高栏港、高新、科技与工程质量监管、港航、港珠澳大桥珠海公路口岸8个交通运输综合执法支队挂牌运作，不再保留市交通运输局综合行政执法局。

【《出租小汽车消毒技术规范》发布】 2020年3月30日，珠海市交通运输局联合市市场监督管理局，指导珠海市出租小汽车行业协会编制的《出租小汽车消毒技术规范》在全国团体标准信息平台发布。该标准为国内首个出租小汽车消毒规范，填补国家标准和行业标准空白，具有较强的适用性，为规范出租小汽车日常消毒处理，保障乘客出行安全提供技术支撑。《出租小汽车消毒技术规范》针对新冠肺炎疫情防控或公共卫生事件期间出租小汽车车辆日常消毒处理要求，统一规范全市各出租小汽车定点安排消毒站、消毒所用的消毒剂及配制、消毒过程人员防护、消毒流程和监督检查等，为消毒后的车辆张贴规范消毒专用标识，让乘客辨识并放心乘坐。新冠肺炎疫情期间，全市设出租小汽车消毒点15个，严格培训参与消杀的工作人员，选用以三氯异氰为主要成分的消毒片，日均消毒出租车2880辆次，确保全市出租小汽车驾驶员和乘客零感染、零传播。

【粤港澳大湾区交通互联互通】 2020年，珠海市加快构建承接大湾区东西两岸的门户枢纽，《珠江口西岸综合交通枢纽规划》通过专家评审。配合省交通运输厅做好伶仃洋通道前期研究有关工作，完成《伶仃洋通道及西延线交通详细规划》和深圳至南宁高速公路（珠海段）选线方案。5月1日，深圳蛇口港—横琴码头的直航航线开通。10月2日，开通广州南沙港直达桂山岛、外伶仃岛的首条水上高速客运航线，从广州乘船90分钟可直达珠海海岛。珠海至肇庆高铁、广州至珠海（澳门）高铁、南沙至珠海（中山）城际铁路（原广州地铁18号线延伸珠海、中山项目）被列入《粤港澳大湾区城际铁路建设规划》并确定为近期建设项目。省铁路建设投资集团开展珠肇高铁珠海至江门段、广州至珠海（澳门）高铁项目的预可研工作并报中国铁路总公司鉴定中心审查。南沙至珠海（中山）城际铁路由广州地铁集团开展项目线站位方案及相关前期专题研究工作。

【重点交通项目建设】 2020年，珠海市市级重点交通项目30个，完成年度投资120.72亿元，完成率121.99%。6月6日，黄茅海跨海通道开工建设。6月23日，板樟山新增隧道建成通车。6月30日，珠海航海文化中心公共码头交工验收。8月18日，珠机城际轨道一期工程通车试运营。9月15日，香洲港客运码头改扩建工程开工建设。11月3日，空港国际物流园开工建设。11月6日，珠海港高栏港区集装箱码头二期工程通过竣工验收。12月15日，洪鹤大桥、香海大桥梅华互通至造贝互通段、鹤港高速江珠高速至机场东路段建成，实现同步通车，总通车里程22.44千米；金琴快线建成通车；珠海隧道工程动工。12月28日，香海大桥西延线先行段动工。12月30日，金海公路大桥一期洪湾互通至紫竹湾互通段动工。珠海三角岛码头工程、珠海唐家港陆岛交通客货运码头工程等续建工程有序推进。机场保障能力持续增强，完成珠海机场总规报告和5个专题报告（业务量预测、模拟仿真、环境评估、四型机场、综合交通）并上报中国民用航空局。珠海机场改扩建项目进展顺利。

【公共交通发展】 2020年，珠海市通过线路新辟、延伸、优化走向等方式，提高公交线网覆盖面和通达率，优化公交服务时间。新开通常规公交线路9条，开通首条双层观光巴士专线（情侣路至印象珠海）和首条途经洪鹤大桥的高速公交线T88路（湖心路口总站至横琴客运码头）。优化调整线路及站点315条次；优化调整运行时刻表306条次，其中，加密403路、504路、803路等线路班次67条次，延长34路、41路、99路等线路服务时间49条次，让公交出行更便捷。新增投放纯电动公交车200辆。推进定制公交，鼓励企业、园区、学校等单位集中通勤，新开珠海一职、斗门一中、市实验中学、珠海一中平沙校区、杨匏安小学、海湾小学、湾仔中学等学校专线，解决困扰学校、学生和家长的交通问题。

【智慧绿色交通发展】 2020年，珠海市开展交通运输领域蓝天保卫战百日冲刺行动、绿色出行创建行动，完成交通运输领域大气污染防治攻坚任务。优化调整运输结构，鼓励支持发展多式联运，新增天津—高栏—江门北多式联运新通道。“珠海港通达全球、联通西南—粤港澳大湾区集装箱铁江海联运示范工程”项目入选广东省第二批多式联运示范工程项目。做好绿色货运配送示范城市试点工作，配套绿色货运通行政策，推动货运配送高效发展。推广应用新能源车辆，新增投放200辆纯电动公交车、685辆纯电动巡游出租车，引导道路客运企业投放新能源客车。协同做好机动车污染防治，建立汽车污染排放维护站制度，完成建设2座柴油货车排气超标维修治理示范站目标。加强机场、港口和船舶排放控制，基本实现珠海港口作业船、公务船和客运船舶靠泊使用岸电，珠海机场17个廊桥机位实现桥载设备（机场岸电）全覆盖。加强施工扬尘综合治理，落实在建交通工程均达到规范要求，对在建交通项目工地开展扬尘治理检查226次，查处不符合要求的55项，全部完成整改。为减少道路扬尘，市交通运输局会同公安交警、城管等部门开展泥头车联合执法行动456次，立案查处车辆1542辆次。

【平安交通建设】 2020年，珠海市交通运输行业加强城轨站、珠海机场、各大客运站场、港口码头和港珠澳大桥珠海公路口岸限定区域等站点的新冠肺炎疫情防控工作，筑牢交通防疫防线。推动交通运输领域扫黑除恶专项斗争，对出租汽车行业、道路客运行业、驾驶员培训行业、货运行业、工程建设领域、危险货物（危化品）运输安全、道路运输新业态从业群体、普速铁路和干线公路路域环境等8个交通运输重点领域开展专项整治。开展安全生产领域专项整治行动、“奋战一百天 全年保平安”安全生产攻坚行动。落实安全生产监督检查和执法，压实企业安全生产主体责任，深化安全隐患排查治理，有效防范交通行业重大风险。全年道路运输行业安全生产责任亡人事故2起，死亡2人，分别比上年下降83.3%和84.6%。在建交通工程项目无安全生产责任亡人事故。全市交通运输行业发展态势平稳。春运实现安全生产“零责任事故”。

【法治交通建设】 2020年，珠海市完成《珠海经济特区出租车管理条例（修正）》立法项目。市交通运输局加强规范性文件管理，修订、出台规范性文件5份，废止规范性文件3份，对6份涉企政策进行公平竞争审查。落实领导干部学法用法制度和“谁执法谁普法”责任制，通过送法进社区、进企业、进机关、进个人，加强《中华人民共和国民法典》《珠海经济特区出租车管理条例》等法律法规宣传教育。深化交通运输领域简政放权、放管结合、服务改革，市交通运输局承接省级下放市级事项15项、委托办理事项6项、委托初审事项4项。将交通运输领域市级行政权力审批事项移交横琴新区。市交通运输局承接市公路事务中心路政许可审批事项13项。推进网上服务大厅建设和“全城通办”，落实容缺告知承诺审批制，实现综合受理、跨域通办、线上预约、网上办、自助办、就近办均达100%。全年市交通运输局办理行政审批服务事项1545项、从业资格证业务2.15万项、车辆运输证业务1.66万项，按时办结率和满意率均达100%。多措并举推进交通运输行业信用体系建设，按照“谁承办，谁监管”的原则，建立线上线下核查相结合核查机制、联通数据资源、失信责任机制等监管措施，依托信用中国（广东珠海）网站，做好行政许可、行政处罚信息的集中公示，完成2019年度全市道路运输及相关企业诚信评价。保持对交通运输各类违法行为的严管态势，全年立案查处交通运输违法违章行为4244件，维护全市交通运输市场秩序。

【交通运输领域新冠肺炎疫情防控】 2020年1月23日，广东省启动重大突发公共卫生事件一级响应，珠海市交通行业立即进入疫情一级防控状态，成立疫情防控专班和11个工作组、15个临时联合党支部、20支党员突击队，牵头统筹交通、公安、卫健等部门开展“两站一场一港口”（城轨站、汽车客运站、飞机场和港口码头）和公路出入口联合检疫点防疫工作。全年出动交通一线工作人员14.2万人次，检测交通工具278.96万辆，排查人员1877万人次，检出并转送发热人员399人次。分区分级精准调整重点地区来珠人员常态化检测措施，排查武汉、北京、吉林、乌鲁木齐、青岛等重点地区来珠人员1.85万人次和境外来珠人员2292人次。编311期日报表向公安、卫健部门及各区疫情防控指挥部通报，实现人员信息互用共享，精准纳入社区管理。全市交通站场和交通工具“每日一消毒，每班一通风”。3月30日，出台全国首部《出租小汽车消毒技术规范》。成立市级专班和现场工作组抓好粤港跨境货车司机健康管理和服务，加强入境货车核查和司机提醒，推广信息预报制度，精准跟进实地监管，压实跨境货运司机收发货单位疫情防控责任。完成全市跨境运输企业车辆100%安装卫星定位和ETC（不停车电子收费系统）设备。划定跨境货车电子围栏，加强跨境货车运行轨迹管理。安排4家过夜酒店，设置1个货物甩挂场。加强沿线场所闭环管理，设立供跨境货车停车、司机休息的专区和专用厕所，进场扫码率达100%。制定实施《珠海市交通运输局防控境外疫情港口、水运工作方案》，加强外贸船舶疫情防控、登轮人员闭环管理，严防境外疫情输入。落实进口冷链冷库防控措施，督促冷链运输企业加强冷链运输从业人员防护，严格运输装备消毒，落实信息登记制度。做好冷链运输渠道疫情防控，织密织牢“外防输入、内防反弹”的交通运输防护网。

【黄茅海跨海通道项目开工】 2020年6月6日，黄茅海跨海通道项目开工活动在江门市台山市举行。黄茅海跨海通道项目起于珠海市高栏港区，东接珠海鹤洲至高栏港高速公路，与港珠澳大桥相连，西跨黄茅海与新台高速公路相连并与西部沿海高速公路互通，止于台山市斗山镇，全长31千米，采用双向6车道高速公路标准，设计速度100千米/小时，设计使用寿命100年。项目设700米级超大斜拉桥两座，其中，高栏港大桥拟采用钢箱梁双塔单跨斜拉桥设计，跨径700米；黄茅海大桥拟采用钢箱梁三塔双跨斜拉桥设计，跨径720米。项目于2月获省发展改革委员会批复立项，批复工期4年。项目批复概算129.85亿元，其中，珠海段长10.5千米，总投资71.41亿元，年内计划投资3.5亿元，完成投资3.5亿元，年度投资计划完成率100%。

【板樟山新增隧道通车通行】 2020年6月23日，珠海板樟山新增隧道通车。板樟山新增隧道在既有隧道两侧新增三条隧道，分别为1.22千米的机动车上行隧道、1.24千米的机动车下行隧道和1.24千米的慢行隧道。新增的两条机动车隧道设计速度70千米/小时，通车后与既有隧道共同组成双向8车道，日通行能力提升至15万辆次。新增的慢行隧道专供非机动车和行人通过，是国内最长的慢行景观隧道，顶部绘制以蓝天白云为背景的3D彩绘，中段设置长50米、高4米的巨幕投影，展示珠海城市风光。

【双层观光巴士首条观光线路开通】 2020年9月26日，珠海公交集团在海韵城举行双层观光巴士首发仪

2020年6月6日，黄茅海跨海通道项目开工活动在江门市台山市举行（钟维健 摄）

式。首条观光线路起始站分别为"拱北口岸"总站和"海天公园"站，全线主要沿情侣路将沿途景点串联起来，包括拱北步行街、港珠澳大桥珠海公路口岸、九洲湾、爱情邮局、珠海渔女、城市阳台、香炉湾、海韵城、香洲湾、海天公园等。投入运营的观光巴士是全景天窗双层巴士，还有仿古的铛铛车辆，每车设置一个主题，其车身图案和车厢内饰都有对应特色元素。在首发仪式现场的8辆巴士分别是罗曼蒂克号、亲子游乐号、冰雪世界号、海底世界号、岛屿风光号、广府曲艺号、卡通画廊号、大好河山号。

【情侣路南段全线主车道通车】2020年9月12日，情侣路南段拱北口岸至横琴大桥路段主线工程实现全线主车道通车。情侣路南段主线工程起点位于情侣南路观澳平台，沿昌盛路往西，经昌盛大桥跨越前山水道，后转南湾大道向南，途经湾仔回归广场、湾仔口岸、旅游码头，终点位于横琴大桥，长9.35千米。该工程分3个标段实施，历经5年，至2020年完成主线工程最后一个标段——湾仔中学至横琴大桥全长4.57千米路段的建设。

【金琴快线通车】 2020年12月15日，珠海金琴快线全线通车。该公路为市内南北向快速通道，起于港湾大道金凤路口，经凤凰山隧道，于梅华西路立交接香海高速至造贝立交，再经新南屏大桥，沿南湾大道至终点接港珠澳大桥连接线，全长13.8千米。项目分港湾大道至梅华立交、造贝立交至珠海大道、珠海大道至北三路等三段推进建设，批复概算20.31亿元。是年，全线

2020 年珠海市城市交通发展情况表

指标	单位	数值
一、城市客运		
1．公共汽车		
运营车辆	辆	2668
运营线路条数	条	200
运输线路长度	千米	4069.7
日均客运量	万人次	72.8
2．出租汽车		
运营车辆	辆	3557
日均客运量	万人次	18
二、公交核心指标		
1．公交车拥有量	辆	2668（折合3380.4标台）
2．万人公交拥有量	标台	16.70
3．日均客流量	万人次	72.8
4．公交机动化分担率	%	32.7

2020年珠海市交通运输生产运行统计表

指标名称	2019年	2020年	2020年比2019年增长（%）
货运量（万吨）			
#铁路	881.94	722.52	-18.08
公路	4884.48	4061.53	-16.85
水运	4077.14	3509.06	-13.93
航空（吨）	12584.50	8314.20	-33.93
货物周转量（万吨千米）			
#铁路	160640.00	130065.00	-19.03
公路	398062.62	402897.67	1.21
水运	2193049.56	4020804.88	83.34
航空	2263.48	1442.57	-36.27
客运量（万人）			
#铁路	2497.05	1122.19	-55.06
公路	2561.30	1168.25	-54.39
水运	559.64	253.35	-54.73
航空	249.46	173.66	-30.39
旅客周转量（万人千米）			
#公路	457936.24	216425.52	-52.74
水运	21114.33	9628.00	-54.40
航空	407557.31	276543.72	-32.15
机场货邮吞吐量（吨）	50989.40	38357.90	-24.77
机场旅客吞吐量（人）	12282982	7335620	-40.28
运输飞行起降架次（架次）	86836	61327	-29.38
航线通达航点（个）	86	89	3.49
平均每周运输航班（班）	1662	1172	-29.48
全市完成营业性旅客运输量（万人）	5867.45	2717.45	-53.69
全市完成营业性货物运输量（万吨）	9844.82	8293.94	-15.75

备注：1．根据交通运输部的统一部署，2019年公路货运量、货运周转量基数按照2019年全国道路运输专项调查口径进行调整，2020年数据沿用新口径和计算模型进行统计计算。2．水路货运量、货运周转量根据统计制度修改，采用新制度统计方法进行统计计算，同期数据同步进行调整。

（陈清模　黄　翔）

2020年8月10日，中铁十一局集团有限公司员工在洪鹤大桥工地铺沥青 （钟　凡摄）

计划投资5.7亿元，完成投资5.92亿元，年度投资计划完成率103.87%。该项目历时7年完成。

【洪鹤大桥通车】　2020年12月15日，珠海洪鹤大桥通车。该桥是珠海市内第二条往来东西城区的通道，起点位于香洲区南屏镇洪湾，终点与江珠高速延长线及鹤港高速相交、设鹤洲南互通。桥面为双向6车道高速公路，全长9.65千米，桥面宽33米，设计速度100千米/小时。该项目批复概算39.75亿元，历时4年多完成。

【珠海隧道工程开工】　2020年12月15日，珠海首条大直径盾构海底隧道——珠海隧道开工。该隧道主线全长约5千米，主线隧道为双向6车道，设计速度80千米/小时，以珠海大桥东为起点，接现状珠海大道主线，下穿挂锭角山体后转入珠海大桥南侧，进入磨刀门水道，在西岸接入珠海大道主线，以珠海大桥西（灯笼公路东侧）为终点。

（陈清模　黄　翔）

轨道交通

【概况】　2020年，珠海市区至珠海机场城际轨道交通拱北至横琴段工程（简称珠机城际一期）开通运营，珠海市区至珠海机场城际轨道交通横琴至珠海机场段工程（简称珠机城际二期）进展顺利，完成年度投资12.5亿元，年度投资计划完成率128.73%。广珠城际轨道珠海段客运量1122.19万人次，比上年下降55.06%。广珠铁路珠海段货运量722.52万吨，下降18.08%。7月30日，国家发展改革委印发《关于粤港澳大湾区城际铁路建设规划的批复》，珠海至肇庆高铁、广州至珠海（澳门）高铁、南沙至珠海（中山）城际铁路（原广州地铁18号线延伸珠海、中山项目）被列入《粤港澳大湾区城际铁路建设规划》并确定为近期建设项目。省铁路建设投资集团组织开展珠肇高铁珠海至江门段、广州至珠海（澳门）高铁项目的预可研工作并报国家铁路总公司鉴定中心审查。南沙至珠海（中山）城际铁路由广州地铁集团开展项目线站位方案及相关前期专题研究工作。由市城市管理和综合执法局会同市交通运输局统筹推进普速铁路安全隐患问题的整治，坚持“边整治、边验收”的原则，实行路、地双方验收制度，按时完成广珠铁路珠海境内93处安全隐患治理问题台账整改工作。

【珠海市轨道交通局成立】　2020年12月7日，珠海市委组织部印发《关于设立市轨道交通局党组及其组成人员任职的通知》，市轨道交通局正式成立并实体化运作。市轨道交通局由市政府依法设立，不列入行政机构序列，履行相应公共事务管理职能，是具有独立法人地位的法定机构，实行法人治理结构，按章程运行，建立理事会决策、执行机构组织实施、监事会监督、咨询委员会咨询建议的治理架构。理事会作为议事决策机构，负责行使市轨道交通局的政策制定、规划建设、运营监管等重大决策权。全市轨道交通的发展战略规划、投融资事项、年度计划、薪酬分配方案等四类情形，经理事会研究并提出决议后按程序报市政府批准实施。市轨道交通局承担全市轨道交通规划设计、建设、监管运营等管理工作，负责组织编制全市轨道交通发展战略和发展规划，研究落实轨道交通沿线、站点等相关资源开发政策，组织轨道交通站场及周边土地综合开发，提出轨道交通线路建设投融资建议方案等10类职责。

【珠机城际一期开通运营】　2020年8月18日，珠机城际一期开通运营仪式在珠海站举行。这是全国开通运营的首条省独资建设的城际项目。珠机城际一期始于拱北的珠

2020年8月18日，珠机城际一期开通运营　（蒋训龙 摄）

海站，止于横琴的珠海长隆站，全长16.86千米，设计速度100千米/小时。全线设珠海站、湾仔北站、湾仔站、十字门站、横琴北站、横琴站、珠海长隆站7个站点，除珠海站外，其余站点均为地下车站。横琴站与横琴口岸新旅检区域实现无缝衔接，并预留对接澳门轻轨的接口，可接入澳门轻轨延长线，实现珠澳之间轨道交通的互联互通。珠机城际一期开通运营，标志着珠海交通格局呈现新变化，城市中心拥有高效出行的轨道交通线路，能够缓解市内交通压力，有助于加快推动横琴自贸试验区建设，对促进粤港澳大湾区交通基础设施协同发展具有重要意义。

【现代有轨电车1号线运营】 2020年，珠海现代有轨电车1号线受疫情影响，1月26日至3月19日停运54天，全年实际开行有轨电车2.90万列次，运营里程24.24万千米，总客流量81.58万人次，日均客流量2615人次，较上年下降42%。有轨电车1号线首期从水拥坑（海天公园）到上冲小镇，线路全长8.806千米，设车站14座、车辆基地1座。

【城际轨道交通】 2020年，广珠城际轨道珠海段客运量1122.19万人次，比上年下降55.06%。广珠城际跨线列车新增开行珠海至长沙南G6107/G6108高铁1对，跨线列车总数达12对，通达全国63个城市，基本形成辐射华北、华东、华中、西南和粤东、粤西各区域的快速铁路网。其间受疫情影响，部分开行列车经停高铁车站采取不停靠的措施，如珠海至北京列车一段时间内未停靠湖北省内高铁站。　（陈清模）

民用航空

【概况】 2020年，珠海市航空运输业受新冠肺炎疫情影响严重，各机场运营数据均不同程度下滑。截至年底，珠海机场完成旅客吞吐量733.6万人次、货邮吞吐量3.84万吨、运输航班起降6.13万架次，分别比上年下降40.3%、24.8%、29.4%。9月起，珠海机场月均旅客吞吐量近80万人次，恢复到疫情前的80%。全年执行航线160条（包括直飞、经停、过站），新增及优化的航线有珠海—南京—兰州、珠海—郑州—温州、珠海—郑州—包头、珠海—黄山—沈阳、珠海—连云港—沈阳、珠海—石家庄—鄂尔多斯、南宁—珠海—洛阳、珠海—张家界—长春、珠海—杭州—哈尔滨、珠海—铜仁—郑州、珠海—连城—郑州、珠海—重庆—林芝、珠海—重庆—稻城、珠海—绵阳—乌鲁木齐、珠海—武汉—兰州、珠海—安顺、珠海—南通—天津、珠海—南京—鄂尔多斯、海口—珠海—洛阳、珠海—井冈山—沈阳、珠海—衢州、珠海—西昌—成都，共22条，航线总数较上年增加6条；通达航点89个，新增加南充、鄂尔多斯、铜仁等6个航点，航点总数较上年增加3个。珠海机场综合交通枢纽项目完成可研立项，12月29日，以7.02亿元竞拍获建设用地。

【通用航空】 2020年，珠海莲洲和阳江合山两个通用机场受疫情影响，运营保障规模有所下滑。莲洲机场全年保障飞行8030架次，安全飞行1952小时。阳江合山机场全年保障飞行3955架次，安全飞行1567小时30分钟。珠海航空城集团在做好上述两个通用机场运营保障工作外，推进通用航空产业发展，创新经营模式，探索新业态。5月，阳江合山机场引入“天时爱飞”跳伞俱乐部，业务合作单位拓展至16家。开创以合山机场为保障基地、以幸福运水上飞机为运营单位的华南低空旅游新模式。发挥珠海莲洲机场、阳江合山机场、珠海通航飞行服务站的优势，逐步开通省际和

2020年12月12日，珠海莲洲—阳江合山短途运输航线开通仪式在珠海莲洲机场举行（珠海航空城集团公司供稿）

省内航线。12月12日，第二条短途运输航线——“珠海莲洲—阳江合山”航线成功首航。该航线是首条省内短途运输航线。

【珠海机场建设】 2020年，珠海市推进珠海机场升级改造、改扩建、综合交通枢纽、空港国际智慧物流园以及反恐训练基地等重点项目建设，完善机场基础设施配套，提升功能，打造粤港澳大湾区珠江西岸航空枢纽和复合型国际干线机场。珠海机场改扩建工程建设包括新建第二航站楼、第二平行滑行道、配套机坪、消防主站迁建、灯光站、试车位、隔离机位等配套工程，项目总概算46.71亿元，是省重点项目。是年完成产值9.6亿元，年度投资完成率100.0%。

【珠海机场空港国际智慧物流园项目开工建设】 2020年8月1日开工。该项目包括新建办公楼地下一层，地上九层，新建货站楼地上两层，建筑总面积10.44万平方米，总投资4.56亿元，是以打造珠三角地区空运货物处理、集散基地为目标，提供面向国际、国内航空货物全面地面服务，建设基于电子信息平台及高效率先进货运处理设施的现代化航空货运站的珠海市重点项目。完成产值近2亿元，年度投资完成率100.1%。

【莲洲通用机场二期项目开工建设】 2020年10月30日，珠海莲洲通用机场二期项目软基处理先行段工程开工建设。整个项目包括飞行区跑道延长至2400米，宽度拓宽至45米，新建1条1700米的平行滑行道和4条垂直联络道，新建助航灯光系统以及仪表系统（ILS）和机库、停机坪、培训楼、航展机坪、航展馆等配套建设，总投资19.5亿元。是通过扩大莲洲机场规模容量，完善通航机场的功能，提供通航产业的发展平台，带动周边区域发展，打造大湾区通航机场网络枢纽的省重点预备项目。完成二期项目工作方案编制，可研、环评、节能等前期相关评估编制及项目立项备案；完成项目用地选址及预审，启动示范区控规调整。（何德荣）

邮政业

【概况】 2020年，珠海市有邮政、快递法人企业58家，备案分支机构188家，末端备案网点800个，快递从业人员7000人。全市邮政企业和规模以上快递企业业务收入23.89亿元，比上年增长14.28%。新冠肺炎疫情防控工作开展后，珠海邮政金湾分公司1月22日收寄第一批由珠海润都制药公司提供发往武汉的3吨药物，1月24日凌晨直达武汉。全年珠海邮政公司承运发往湖北等地防疫物资9.4万件、196.6吨。“绿色通道”开通后，珠海邮政义务收寄发往武汉的捐赠物资300余件。组织邮政快递从业人员接种新冠疫苗，完成接种新冠疫苗4056人。珠海顺丰速运快递员邱风臣被国家邮政局授予全国邮政行业劳动模范称号。珠海市邮政分公司揽投员周锦河被评为珠海市第十届劳动模范。

【快递行业业务】 2020年，珠海市邮政、快递企业收派件业务总量3.84亿件，比上年增长19.95%；其中，收件1.24亿件，增长15.11%；派件2.6亿件，增长28.94%。快递业务收入20.00亿元，增长19.95%。

【邮政普遍服务业务】 2020年，珠海市邮政营业场所69个，其中，自办网点35个，代办网点34个。主要邮政终端服务设施有智能包裹箱114组，街道邮筒（箱）93个，邮政信报箱（群）850个，在营报刊亭28个。全市有邮政快递新能源汽车112辆。全年邮政函件业务2131.80万件，其中，报纸1669.57万份、包裹4万件、杂志133.27万份。完成汇兑6600笔。

【邮政服务网络】 2020年，珠海市有邮路85条，其中，城市邮路70条、农村邮路15条。单程邮路总长度2705千米，其中，城市单程邮路1836千米、农村单程邮路869千米。全市设有投递线路245条，其中，城市投递线路148条，单程投递线路长度2193千米；农村投递线路97条，单程投递线路长度4106千米。

【邮政投递服务】 2020年，珠海市城区投递服务每周营业6—7天，每天营业8小时及以上；乡、镇均每周营业时间5天及以上，每天营业时间6小时及以上，达到普遍服务标准规定。城区日平均投递频次不少于1次，乡、镇人民政府所在地每周投递频次不少于5次，海岛偏远地区每周投递频次不少于3次，达到普遍服务标准。全市有建制村180个未设置村邮站，通过投递到户和转接点投递两种方式实现100%直接通邮。全市邮政各类邮件全程时均达到邮政普遍服务标准。寄件地信函损失率1.81%，收件地信函损失率2.42%，当天收寄率92.2%，当天投递率75.41%。全程平均传递时长2.51天。

【邮政普遍服务监督】 2020年，珠海市邮政管理部门受理并如期办结邮政普遍服务营业场所备案申请48项，其中，申请营业场所暂停办理邮政普遍服务业务26项、网点信息变更22项。开展邮政普遍服务执法检查实现全市邮政网点全覆盖，其中，包括机要通信检查、“扫黄打非”及乡镇局所专项检查等。全市聘有邮政特邀监督员1人，对热点问题进行及时跟踪和持续监督，及时反馈相关社会监督情况。

【快递市场监管】 2020年，珠海市邮政管理局依法开展快递企业经营许可申请工作，新增许可企业1家，新增末端网点128个。落实检查制度，以消防安全、“三项制度”（安全生产规程、安全管理制度、安全生产责任制）落实、危险化学品、涉枪涉爆、禁毒等专项工作为重点内容，每月按计划开展执法检查。全年组织快递企业安全管理培训、消防演练等310人次。

【邮政业消费者申诉受理】 2020年，珠海市邮政管理部门收到消费者电话申诉、网站申诉1429件，比上年减少535件，其中，涉及快递业务问题1369件，占总申诉量95.9%。确认有效申诉42件，占受理申诉量2.9%。申诉全部妥善处理，为消费者挽回经济损失19.84万元。消费者对邮政管理部门申诉处理工作满意率为95%，对企业申诉处理结果满意率为78%。

【邮政服务农村电商】 2020年，珠海市设有邮乐购站点160个，自营农品销售额30万元，主要产品有顺明鸡蛋、万山海产品、粮油等。全年通过邮乐小店线上分享，帮扶销售扶贫相关产品1400多件，销售额2.6万元。

【邮政服务跨境电商】 2020年，珠海市邮政分公司设立“出入境便民服务网点”10个。推进邮件出口业务，与海关联合推进“三关合一”（珠海邮政海关监管场所实现邮关、商关、跨境电商监管“三关合一”）邮件跨境通关模式并全面投入使用。优化同城寄递网络，推动国内邮件处理场地搬迁，完成“三关合一”能力建设，提高粤港澳大湾区11城的寄递服务水平。邮件渠道9610业务的开通，增强珠海国际邮件互换局（口岸）的竞争力，有效提升珠海出口贸易数据，提升珠海跨境电商物流服务能力和服务水平。截至年底，珠海国际邮件互换局是全省唯一常态化运作9610邮件出口业务的互换局。

【邮政综合服务平台建设】 2020年，珠海市邮政分公司推广“警邮”项目，全市有28个网点开展代办交管业务、10个网点开办出入境项目业务，在各区政务服务中心均设置邮件收寄点，收寄各种政务业务邮件。为方便市民取药，与中山大学第五医院开展“医邮合作”，推出药品配送到家便捷服务，特殊冷藏药品提供专业冷链配送。推进政务线上、线下一体化寄递服务，让人民群众“零跑腿”。全市政务邮递完成收入2590万，比上年增长11%，增收258万，其中，公安交管项目收入1052万，增长20%。

（陈冰婷）

信息业

信息化建设

【概况】 2020年，珠海市建成开通5G基站6042座，完成年初制定的6000座目标。截至年底，全市有5G基站6590座，基本实现区域5G网络连续覆盖。光纤网络和4G网络进一步完善，4G基站1.48万座，光纤用户94.7万户，100M及以上高带宽光纤用户88.7万户，占比93.64%，比上年上升4.5个百分点，基本建成光纤网络城市。全市NB-IoT（窄带物联网）基站数2685座，NB-IoT连接数超过13万个，实现全覆盖。出台《珠海市促进5G网络建设及产业发展若干政策措施》《珠海市5G基站和智慧杆布局规划（2020—2022年）》。

【智慧城市建设】 2020年，珠海市推进新型智慧城市建设，在“善政”“惠民”“兴业”等方面取得成效。全市新增投入企业资金5.51亿元，启动视频云平台、智慧能源、智慧市场监管等3个项目招标建设。7月，市工业和信息化局与支付宝签订框架合作协议，推动“最珠海”与支付宝“市民中心”深度合作。9月，市政府与三六零安全科技股份有限公司签订战略合作协议。华为技术有限公司的人工智能创新中心和鲲鹏创新中心、腾讯的智慧产业总部、烽火通信科技股份有限公司的海洋光缆项目、中兴通讯股份有限公司的新能源汽车项目等在珠海落地。智慧城市建设和智慧产业发展相互促进。

【两化融合】 2020年，珠海市完成对93家企业开展两化（信息化和工业化）融合评估诊断和对标，全年新增96家企业通过国家两化融合管理体系贯标评定。截至年底，全市企业（历年）累计完成993家（次）两化融合评估诊断和对标工作，164家企业通过国家两化融合管理体系贯标评定，296家企业通过国家和省级两化融合试点，均位居全省前列。珠海冠宇电池股份有限公司入选工信部“2020年制造业与互联网融合发展试点示范企业”。

【工业互联网】 2020年，珠海市在电子信息、机械装备、轻工家电、能源、打印设备耗材、医药等行业树立工业互联网应用标杆示范，强化工业企业数字化转型意识，推动基于互联网的制造业技术、模式、业态等创新。6家“5G+工业互联网”标杆和10家工业互联网应用标杆企业获省、市级扶持资金2249万元。国家立项项目2个，获支持资金3300万元。截至年底，全市培育12家广东省工业互联网产业生态供给资源池企业和7家广东省“上云上平台”服务券供应商、140家企业通过服务券政策上“云上平台”。珠海格力电器股份有限公司、珠海知业科技有限公司和珠海维度电气科技有限公司入选工信部工业互联网App优秀解决方案商。格力电器股份有限公司入选第一批“5G+工业互联网”省级应用示范园区。7月1日，嵘泰有色金属铸造有限公司入选工信部“2019年企业上云典型案例企业”。（彭小军）

数字政府建设

【概况】 2020年，珠海市打造数字政府云网数一体的数字底座，以数据融合、业务融合和服务融合三个领域为抓手，推进疫情防控、营商环境、惠民服务、城市治理、数据治理、基础设施六大主题工作，构建具有珠海特色的数字政府样本。珠海数字政府改革建设，按照全省“管运分离”建设模式，吸收社会、企业等多元化主体参与，数字广东公司协助业务主管部门落实数字政府项目建设，形成“党政领导、部门负责、政企合作、管运分离”的工作格局。市政务服务数据管理局制定政务信息化项目管理、公共数据资源管理、政务云平台、数字珠海综合服务平台、电子公文协同处理系统、政务电子邮箱等系列管理制度，动态发布数据资源服务清单、行政许可事项目录。数字政府建设系统化、科学化、规范化。11月，广东省发布21个地市数字政府改革建设第三方调查评估报告，珠海市综合得分97.19分，位居珠三角地区第一梯队，排名全省第三。据清华大学《2020数字政府发展指数报告》，珠海居普通大中城市第一位。

【互联网+政务服务】 2020年，珠海市在移动服务平台“粤省事”实名注册用户237万、在“粤商通”实名注册用户17万，“粤省事·珠海”进驻服务760项，其中684项实现零跑动，“粤商事·珠海”进驻服务361项。市级依申请办理的政务服务事项2205项，99%的事项可网上申办，97%的依申请事项实现最多跑一次，89%的依申请事项实现零跑动。50%依申请政务服务事项（1542项）实现“免证办”，事项排名全省第三。“免证办”业务涵盖全市34个部门，支持“自主用证”、业务部门“依职能用证”、办事窗口“扫码用证”。推广秒批办，推动网上申请、自动审批、在线签发、快递寄送一条龙的秒批智办。广东政务服务网·珠海市站点开设“秒批”专区，230项业务实现智能秒批，全年办理87万次。深化大湾区政务服务一体化建设，珠海市与深圳市、东莞市、中山市、江门市、肇庆市联合推出446项网上“跨城通办”服务。开通港澳居民网上服务专区，推出特色湾区主题服务，向港澳台居民提供在线申办、查询、结果反馈、服务评价等全链条服务。推广跨境办，创新“网上办、移动办、可视办、专窗办”多渠道跨境办事，实现跨境服务330项，涵盖商事登记、不动产、税务、医保、社会民生等多领域。创新便利化跨境政务服务体系的经验做法，由省推进政府职能转变和“放管服”改革协调小组办公室2020年第22期简报《珠海创新便利化跨境政务服务体系 “零出关办理”助推珠澳深度合作》刊发推广。

【政务数据管理】 2020年8月，珠海市建成省政务大数据中心珠海分节点，政务信息资源共享平台上联省政务数据平台，下联8个区8个业务系统，横向联通市级72个部门83个业务系统，归集4.67亿条数据。“开放广东”平台和“珠海民生数据开放平台”发布珠海数据集701个，各区各部门申请调用数据覆盖政务服务事项1819项，全年交换共享数据21.04亿次。数字政府“一张图”，集数据采集融合平台、9大城市主题库、数据挖掘平台和可视化展示平台于一体，实现土地资源变化监测、标准地名地址及城市管理、智慧社区、医疗机构、桥梁和摄像头信息、自然村落等信息上图应用，应用图层625个。建成集规划、登记、流通、评估、应用为一体的全生命周期数据治理体系。建设公共数据资源登记管理平台，建立数据资源供需对接机制。初步建成人口库、法人库、社会信用信息库、自然资源和地理空间库和电子证照库。打造数据融创中心，政企合作建设移动终端大数据联合实验室和卫星时空大数据联合实验室，完善城市治理基础数据库。

【政务信息化建设管理】 2020年1月，珠海数字政府政务云平台在珠三角率先建成并完成纳管，在全省创新推出国产化政务云平台，率先探索多云管理平台，实现异构云的兼容纳管。政务云资源总量可达3500VCPU、6000GB内存、300TB存储，为50家单位143个业务系统提供750台虚拟机的云计算资源服务。建成省、市、区、镇、村五级互联，横向覆盖全市各部门的电子政务外网，专线接入单位140家、ADSL（非对称数字用户线路）单点接入单位263家。建成扁平高效的电子公文协同处理系统和移动办公平台，与“粤政易”对接，支持省、市、区三级政务在线协同。“粤政易”开通账号3.73万个，全市30个业务系统接入省统一身份认证平台，政务服务事项7946项实现单点登录率为96.35%。制发电子证照947.30万个，电子证照使用量77.72万次，电子印章954个。全年审核信息化项目79个，金额5.24亿元，核减经费4650.18万元，其中，超过1000万以上投资的重大信息化项目14项，验收信息化项目90项。（许 珺）

无线电管理

【概况】 2020年，珠海市网上办理无线电审批事项102项，检测无线电用频单位专业发射设备520台（套），指配频点44个。省边海无线电监测网四期珠海站项目进入收尾阶段。完成1个航空业务专业固定站建设并接入省监测平台。完成对市政府应急无线通信800兆数字集群、市气象局、市人防工程等项目电磁环境监测评估。9月，市工业和信息化局牵头组织成立“5G申报促进群”，支持服务电信运营商5G基站申报建设。无线电审批事项全流程进驻省统一申办受理平台。实现许可事项集中办理，跨域通办、全城通办、即来即办目标。

【无线电监督检查】 2020年，珠海市组织完成辖区内广电、民航、海事、铁路等部门主要频段的频率使用和在用无线电台（站）专项监督检查，未发现未经许可擅自使用无线电频率和未经许可擅自设置、使用无线电台（站）等违法行为。全年组织出动70人次排查对民航、铁路和公众移动通信等各类干扰12起。出动监测车166辆次，人员548人次，监测时长954小时。全年辖区内没有发现“黑广播”“伪基站”信号源。

【无线电安全保障】 2020年，珠海市出动监测车62辆次、人员178人次完成春运、“两会”、港珠澳大桥粤港澳大湾区春晚分会场重大活动无线电安全保障工作。组织出动监测车103辆次、人员220人次，完成国家公务员招考、全国普通高考等45场各类公开考试的无线电监测保障任务。组织粤澳边界地区无线电电磁环境测试活动3次，协调澳门邮电局落实珠澳边界公众移动通信网络信号越界覆盖测试。9月，完成珠海区域内铁路13个GSM-R（铁路移动通信系统标准）系统台站现场无线电频率、台站安全保护性检测任务。（周小勇）

软件和信息技术服务业

【概况】 2020年，珠海市软件和信息技术服务业收入增速平稳，全行业主营业务收入796.93亿元，比上年增长4.54%，其中，软件业务收入465.20亿元，增长10.46%。集成电路设计行业收入83.39亿元，增长23.54%。集成电路设计业产业规模位列全国第九。全行业实现利润总额79.11亿元，增长94.95%；出口10.01亿美元，下降23.65%；从业人数7.52万人，增长2.87%。拥有金山软件、杰理科技、全志科技、远光软件、艾派克科技、金邦达科技、东信和平等13家营收规模超10亿元企业；拥有优特电力、迈科智能、新德汇信息技术、汇金科技、世纪鼎利、高凌信息科技、欧比特科技等82家营收规模超亿元企业；拥有东信和平、远光软件、金山软件、全志科技、世纪鼎利、欧比特、泰坦能源、宝莱特、和佳医疗、金邦达、纳思达、汇金科技、光库科技、英博尔、宏桥高科、博杰电子等16家境内外上市公司。国内龙头IP企业芯动科技（珠海）有限公司、芯耀辉科技有限公司落户珠海。

【软件和信息技术服务业区域发展】 2020年，珠海市软件和信息技术服务业区域发展特征明显。横琴新区实现营收39.10亿元，比上年增长79.36%；香洲区实现营收136.19亿元，增长17.09%；高新区实现营收585.92亿元，增长1.95%，占全市行业比重73.53%。

【软件和信息技术服务业财政支持】 2020年，珠海市政府印发《珠海市关于大力支持集成电路产业发展的意见》《关于促进珠海市集成电路产业发展的若干政策措施》，设立规模不少于100亿元的集成电路产业投资基金，支撑和带动千亿级电子信息产业集群发展。全年省、市新一代信息技术产业发展专项资金对71个项目给予7335.31万元资金扶持，其中，省级财政资金为2950万元，支持电子信息重点领域生产企业工程研发及产业化、集成电路设计企业工程产品首轮流片；市级财政资金为4385.31万元，补贴集成电路设计企业流片、购买EDA（电子设计自动化）工具、集成电路产品晶圆制造和封测服务、集成电路产业链联动发展、租用公共技术服务，以及企业资质奖励等事后奖补事项、公共技术服务平台条件建设等竞争性分配项目和核心电子器件、高端通用芯片及基础软件产品重大专项项目。

【软件和信息技术服务业研发和创新能力提升】 2020年，珠海市软件和信息技术服务业研发和创新能力进一步提升。全行业年度研发经费总支出78.20亿元，比上年增长9.26%，研发投入占全行业主营业务收入的比重为9.81%。拥有东信和平和全志科技2家国家级企业技术中心，亚仿科技1家工程技术研究中心，国家“专精特新小巨人”企业5家，省级以上工程中心72个，技术中心35个，院士工作站4个，博士后工作站及分站13个。东信和平、远光软件等9家企业纳入国家规划布局内重点软件企业，艾派克、杰理科技纳入国家规划布局内重点集成电路企业。全市软件和信息服务业企业新增登记软件著作权3021件，历年累计登记软件著作权1.08万件，参与国家标准制定51个，通过CMMI（软件能力成熟度模型集成）认证企业70家，拥有高新技术企业409家，发明专利2684件，ISO27001信息安全管理体系认证 63家。产品竞争力和影响力增强。第十五届“中国芯”评选，珠海市杰理科技股份有限公司的“一体化医疗系统级SoC 芯片/AC61N ”和“超低功耗异构双核物联网蓝牙芯片/AC693N”分别获优秀支援抗疫产品奖和优秀市场表现产品奖，珠海艾派克微电子有限公司的“打印机耗材加密认证 SoC/UM75603”、珠海全志科技股份有限公司的“智能语音交互专用处理器芯片/R328”获优秀市场表现产品奖，珠海智融科技有限公司的“支持PD（功率输出）的多快充协议双口充电芯/SW3516H”和炬芯科技股份有限公司的“VUI（语音界面）应用下的智能语音识别的AIoT（人工智能物联网）控制安全SoC（系统级芯片） 芯片”获芯火新锐产品奖。珠海全志科技股份有限公司在中国IC（集成电路）领袖峰会上获2020年度“十大中国IC设计公司”奖。

【软件和信息技术与工业融合】 2020年，珠海市工业软件和工业互联网应用服务相关企业108家，其中入选广东省工业互联网产业生态供给资源池企业13家。合计实现工业软件业务收入35.63 亿元，比上年增长16.67%。其中，工业软件产品4.26亿元，增长6.77%，包括工业控制系统、研发设计和业务管理软件。装备自动控制产品及实施服务收入31.37亿元，增长16.99%，其中装备制造工控系统5.95亿元，电气传动及控制系统11.10亿元，数据采集与监控控制系统6.50亿元，可编程逻辑控制器4.13亿元，远程终端控制系统2.52亿元，集散控制系统等其他系统1.17亿元。派诺科技等企业在“抗疫”特殊时期免费为中小企业提供用电线上咨询服务及云平台开通服务；维度电气和知业科技入选工业互联网App优秀解决方案；珠海一多监测科技有限公司（基于5G的设备运行状态感知及风险预警系统）获批省级促进经济高质量发展（支持工业互联网发展项目）专项资金。

【软件和信息技术服务业合作交流】 2020年，珠海市人民政府与华为技术有限公司签订战略合作协议，共建国内领先的鲲鹏产业生态，助力珠海新一代信息技术产业发展和智慧城市建设。6月23日，市工业和信息化局在横琴创意谷组织开展产学研合作交流活动，共建珠澳芯片设计产业合作平台，吸引来自珠海30余家重点芯片设计企业的60多名代表与专家参与。活动旨在充分发挥珠海澳大科技研究院在集成电路设计人才、设备、技术、开发平台方面的突出优势，建设产学研技术平台，搭建校企合作桥梁，推动研发成果产业化，助力珠海市芯片设计企业发展。组团参加第二十四届中国国际软件博览会以及中国集成电路设计业2020年会暨重庆集成电路产业创新发展高峰论坛。设立“珠海软件和集成电路产业”展示区，集中展示软件和集成电路产业发展概况、产业政策、公共技术服务平台、产业园区建设和重点企业的新产品、新技术和新成果等。

【第二届中国横琴科技创业大赛】 2020年12月11—13日，在珠海横琴举办。2278个项目参与，有效报名项目942个，其中澳门赛道项目123个。芯耀辉科技有限公司获大赛特等奖，获得1亿元研发费资助，珠海极海半导体有限公司获一等奖，获得5000万元研发费资助，珠海市一微半导体有限公司获二等奖，获得2000万元研发费资助。（邹　豫）

通信业

【珠海电信】 截至2020年底，中国电信股份有限公司珠海分公司（简称珠海电信）拥有宽带、移动、固定电话用户140万户，光网覆盖率接近100%，覆盖用户能力200万户，光纤宽带平均速率到达133.5M/户，光网及移动网络质量客户满意度（NPS）保持同业领先，关键触点满意率、政企交付满意率、实体渠道满意率均超过96%。

新基建建设　2020年，珠海电信发挥自身云网融合优势，推进5G和大数据中心等新型基础设施建设，支撑传统产业向网络化、数字化和智能化发展，不断满足产业变革、信息消费需求，为珠海产业升级和社会数字化转型服务。与珠海联通共建共享，全年建成5G基站3026个，实现主城区和主干道的5G连续覆盖。与珠海高新区、高栏港区管委会、广东省第二人民医院珠海医院、港珠澳大桥珠海口岸创投公司、珠海航展有限公司、广东科学技术职业学院等政府及企事业单位签署5G战略合作协议。通过5G和云赋能工业、交通、教育、医疗等行业信息化和智能化的发展，打造“5G+政务”“5G+医疗”“5G+应急救援”等多项全国、全省行业应用标杆。珠海电信大数据中心是国家绿色数据中心，是全市首个通过网络安全等级保护2.0三级测评的大数据机房。推进大数据中心机房的运营和升级改造，加快在全市进行数据中心布局，通过打造差异化5G能力，利用光接入节点及接入网机房多的优势，助力传统行业上云与工业互联网转型；推动珠海物联网产业发展，助力智慧城市与工业互联网应用推广。

通信和信息安全保障　2020年，珠海电信履行主体责任，保障通信安全，为全市生产生活提供便利化保障，完成珠海市“两会”、第一百二十七届广交会（网上）开幕式珠海格力分会场等重要活动通信保障。在台风“海高斯”来临时，提前启动通信保障应急响应机制，制定抢险救灾方案，加强应急值守，做好重要电路、光缆、机房的通信保障检查工作。台风过后，珠海无重大通信中断故障，期间投入应急保障人员150人次，应急车辆30辆次，发送应急短信超过250万条。不良信息处置回单及时率100%，复核效率100%。严格落实垃圾短信治理，行业短信被举报0次。成立防诈专班和处置中心，配合公安部开展的“断卡行动”，冻结手机卡和银行卡加强市场监控，严防通讯信息诈骗责任事件。

助力疫情防和控复工复产　2020年，珠海电信在新冠肺炎疫情伊始即快速完成中山大学第五附属医院、市人民医院、遵义医科大学第五附属医院等医疗单位应急电话、基站扩容、专线开通和专线提速等应急通信业务，出动保障人员4500人次，出动应急车辆900车次，专线扩容提速102条，紧急开通调整60次。根据新冠肺炎疫情防控的需要，加急5G覆盖，创新多种应用，确保市疫情防控指挥部等重要区域的5G网络覆盖，主动对接医疗机构的通信网络及信息化服务需求。作为中山大学第五附属医院凤凰山院区唯一的信息化建设基础通信运营商，仅用20天时间完成该院区信息化建设和通信保障任务。发挥公共场所免费Wi-Fi在智慧城市及服务型政府中的作用，支撑政务服务医卫场所的设备终端组网应用和开展政务大数据应用。强化珠海市“12345”市民服务热线团队的运营。在全市率先启动“天翼大喇叭”系统，结合天翼看家、天翼门磁等信息化产品，实现社区、街道疫情宣传全覆盖、监控无死角。防疫期间应急短信发送量每天130万至200万条，全年向全市人民发送疫情防控短信4026万条。各行各业稳步有序恢复正常生产时，聚焦“5G+云网融合”，推出“六大云网融合举措”，构建远程办公网络，搭建在线直播课堂，提供非接触远程红外测温、视频会议、云资源等服务，助力复工复产。向中山大学第五附属医院交付5G热成像测温安检门。通过热成像智能防控体温，助力快速精准筛查，缓解医护人员工作压力。开通珠海市首个基于疫情防控的天翼云视频会议系统，实现“在线医生”对“观察区病患”的网络问诊，支撑遵义医科大学第五附属医院隔离区的启用。携手指点科技园开展“翼心翼意，云启未来”公益直播，指导中小企业互联网转型，助力中小企业复工复产。

（刘小珠）

【珠海移动】 2020年，中国移动通信集团广东有限公司珠海分公司（简称珠海移动）为客户提供优质可靠的信息通信服务，发挥自身5G、人工智能、物联网、云计算、大数据和边缘计算的综合能力优势，向“新型智慧城市运营商”转型，助力各行业的数字化升级。

5G基站建设 2020年，珠海移动推进5G基站建设，完成5G基站建设3016个，超额完成年度目标任务。克服新冠肺炎疫情、台风暴雨等因素影响，用15天建成开通24个5G精品基站，率先实现港珠澳大桥内地段5G信号全线覆盖。加强传输基础资源储备，新建骨干及接入管道150管程千米，新建光缆1953皮长千米。

重大活动（突发事件）通信保障 2020年1月，珠海移动响应省公司及市委、市政府要求，组织开展5G应急保障，开展疫情防控重点单位、复工复产和入境口岸通信保障工作，对重点区域759个小区实施重点保障，确保基站正常稳定工作，并完成中山大学第五医院、珠海妇幼保健院等新增覆盖需求，支撑疫情防控工作。2月，针对春运及复产复工优化分析模板，为市、区两级政府、卫生健康局、疾控中心、应急管理局提供51份大数据报告服务。开展疫情防控及春运返程公路检疫提醒政信项目，发送蜂巢政信580万条。2月14日，为支持师生正常教学工作，协助珠海市金湾区教育局开展疫情期间线上教育，在全省第一个上线IPTV（交互式网络电视）线上课堂，整合合作商拓维教育实现网上教学视频直播和点播，免费为全区4万多名学生和家长提供线上教学服务，并为部分困难家庭提供免费宽带和流量卡。2月17日，落实政府疫情期间离校不离教精神，上线珠海IPTV本地教育专区，成为广东省第一个移动IPTV在线教育专区，上线视频数量超3000个，视频时长超2500个小时，总播放量达230万次，总观看人数达16万。完成“2020年央视春晚5G+8K高清直播”“两会”等重大活动的通信保障工作。

（陈惠琴）

【珠海联通】 2020年，中国联合网络通信有限公司珠海市分公司（简称珠海联通）下辖7个区分公司、3个生产中心、3个综合营服公司、12个中后台支撑部门，在职员工760人，自建营业厅50个，社会化合作网点300多个。落实国家“新基建”计划、中国联通“5G争先”战略和《珠海市推进5G产业发展行动计划（2019—2022年）》，加大5G网络建设及创新应用推广，利用5G、大数据、人工智能、云计算等新一代信息技术助力疫情防控和复工复产，开展系列扶贫活动，助力脱贫攻坚。3月11日，“5G+空中课堂”举办广东、湖北、甘肃、黑龙江4省在线诗词唱诵会。

5G网络建设和创新应用 2020年，珠海联通5G网络采用全球通用的3.5G频段、业界领先的国产华为设备，建成5G基站超3000个，基本实现市域内全覆盖。4月，携手格力电器、华为，在格力电器总部开展“5G+工业互联网”5G专网改造项目，建成国内首个基于MEC（多接入边缘计算）边缘云+智能制造领域5G SA（独立组网）切片专网，标志着5G专网技术正式在智能制造领域展开应用。通过5G专网，实现企业业务与公众用户业务物理隔离，确保企业数据不出园区，保障生产数据安全和带宽资源独占、企业网络的安全与畅通；实现格力电器园区内5G终端到企业内网的时延从原来的20毫秒降低至9毫秒，满足智能制造领域对超低时延需求。5月17日，与珠海机场签署5G战略合作协议，共同打造5G+智慧机场。5月20日，珠海联通与珠海（国家）高新区管委会签署5G战略合作协议。6月17日，珠海联通与中交四航局深中通道项目部签署5G智慧工厂暨全业务战略合作协议，双方将在“深中通道沉管智慧工厂5G示范应用”项目中开展合作，推进5G智能调度、5G台车系统、5G车辆定位系统等创新应用开发，实现生产区设备联网调度监控、台车联网、搅拌车的实时精准定位等5G应用服务。8月28日，珠海联通与岐关新能源签署战略合作协议，就5G+智能充电桩展开全面合作，推动充电智能化，打造全省最大的5G超级充电站，每天可充千辆电动车。9月25日，珠海观光巴士正式运行。珠海联通与公交集团合作，为全景天窗的二层巴士进行5G全覆盖，让乘客享受5G科技观光。12月3日，珠海联通与南方海洋实验室签署5G战略合作协议，双方将加快推进在海洋测试场的5G覆盖、科学研究、数据中心建设等方面的合作，全力打造国家级实验室。

重大活动通信保障　2020年1月24日，珠海市召开疫情防控视频会议，通过珠海联通搭建的5G视频会议系统，在市卫生健康局、中山大学附属第五医院、市人民医院三地联调举行。珠海联通派出5G技术支撑专家、云业务支撑专家以及相关技术人员奔赴现场，23日连夜开展5G信号调测、视频会议设备及平台搭建、各院视频直播现场协调等一系列工作，并于24日凌晨4时调测成功。1月29日，由钟南山院士担任组长的医疗专家团队在广州、深圳、珠海三地顺利对5例危重症患者进行远程会诊。珠海联通助力中山大学附属第五医院利用该平台顺利参与远程会诊。2月17日，珠海联通与香洲区教育局合作打造“5G+空中课堂”，在香洲区9个学校设立12个5G+4K直播课堂，成为疫情防控时期学生在家学习的渠道之一。疫情期间为珠海防疫重点区域开通13个5G基站、34条国内固网专线、5条国际专线，为244名前线医护人员减免通信费用，为珠海长隆集团等受疫情影响较大的企业减免通信费用超50万元。提供“云疫通”等数字技术产品助力疫情防控，为30家政府机关、企业单位、学校提供热成像测温应用，为各区政府、居委会提供居家隔离智能封条162套，村村通应急广播系统开通16个点位。

（许国水）

商贸服务业

综　述

【概况】　2020年，珠海市实现社会消费品零售总额921.26亿元，比上年下降7.5%，增速比上年回落13.8个百分点。一季度受疫情影响最大，增速下降22.1%，二、三、四季度增速随着消费市场回暖逐步抬升，分别下降16.8%、11.2%和7.5%，其中，12月同比增长7.9%，基本恢复至上年水平。全年实现批发业销售额4362.17亿元，增长6.3%；零售业销售额498.05亿元，下降3.8%；住宿业销售额66.74亿元，下降25.4%；餐饮业销售额79.92亿元，下降19.3%。新冠肺炎疫情对市民消费心理和消费习惯产生影响，消费方式和消费类别发生改变。网络消费比重提高，全市限额以上批发零售业单位网络零售91.18亿元，增长109%，总量占限额以上单位商品零售额的22.4%。出台《珠海市促进汽车市场消费升级若干措施》，实施放开外地户籍人员在珠海购车上牌、对汽车报废换新每台给予3000—3500元的资金奖励、免除汽车销售企业参加大型车展的场地租金费用等多项促进汽车消费的政策措施。全年汽车类商品实现零售总额130.12亿元，下降2.5%。7—12月，汽车类商品零售额连续保持两位数以上增长。生活必需品平稳增长，全市限额以上单位粮油食品类和饮料类商品零售分别增长5.7%和15.8%。限额以上单位日用品类零售额受“双十一”电商购物节分流影响，全年增速呈“前高后低”态势，下降12.4%。通讯器材类零售额下降0.3%。商务和交际活动相关消费减少，限额以上单位烟酒类零售额下降38.8%，限额以上单位服装、鞋帽、针纺织品类商品零售额下降27.3%。全市限额以上单位化妆品类零售额增长31.6%，金银珠宝类零售额增长17.8%，文化办公用品类零售额增长5.2%。住宿餐饮企业受疫情影响较大。餐饮企业中，除大家乐、太二和灵感之茶等网红餐饮企业，以及福东、隆幸等配餐企业实现正增长外，其余餐饮企业零售额下降明显。住宿企业销售额普遍大幅下降，全年开房率34.8%，下降27.5%。长隆、海泉湾、度假村、御温泉、华发国际等知名酒店销售额下降幅度均超30%。旅游消费受疫情冲击较大，直接传导至消费市场，与旅游出行密切相关的零售、餐饮、住宿行业形成消费缺口。

【电子消费券发放】　2020年4月，珠海市政府开展“温暖珠海”消费节活动，通过发放电子消费券的方式提振消费，让零售、餐饮、住宿企业走出困境。市财政出资1亿元，通过摇号抽签方式，随机为在珠海的群众发放电子消费券。

全市各商圈、各餐饮企业、线上平台、银行同时配套开展形式多样的促消费活动，促进消费市场整体回暖。消费券活动从4月底持续到6月中旬，163.45万人参与，兑现政府补贴7356万元。财政资金直接拉动消费金额5.41亿元，平均1万元拉动7.4万元的消费，有效扶持零售、餐饮、住宿等受疫情影响严重的行业。

【促消费活动】 2020年，珠海市政府部门主导开展多项全市性活动促消费复苏。5月，开展“家520”家电家居消费节，格力电器、泰锋电器、苏宁易购等企业投入宣传资源，宣传“家电下乡”政策优惠。8月，开展“浪漫珠海夜、粤游粤浪漫”大型夜间促消费活动，组织全市主要商圈、旅游景点开展上百场形式多样的活动，为市民带来丰富的夜间消费体验。9月，开展“2020珠海购物节”，涉及百货、汽车、家电等多个领域，线上活动依托珠海智慧城市门户平台设“珠海云上购物街区”“2020珠海云上购物节”，同时利用融媒体平台，定期通过“观海App”、《珠海特区报》、“知珠侠”公众号公布重点活动。珠海传媒集团开展端午车展、十一车展、元旦车展，实现汽车销售约4000辆，拉动汽车消费金额约6亿元。（冼超文）

粮食储备和流通

【概况】 2020年，珠海市落实粮食安全政府责任制工作任务，从增强粮食可持续生产能力、保护种粮积极性、增强地方粮食储备能力、保障粮食市场供应、确保粮食质量安全、落实保障措施等6个方面，对照指标，找差距、抓落实，提高全市粮食安全保障能力。全年全市新增地方储备粮规模1万吨。扩大市内成品粮储备规模，举办粮食和物资储备行业安全生产演练，提升疫情期间全市粮食应急供应保障能力。利用粮食科技活动宣传周和世界粮食日，进企业和社区开展爱粮节粮宣传和《粮食流通管理条例》普法宣传。督促粮食企业按照《粮食流通管理条例》要求开展粮食经营活动，落实质量管理主体责任。落实国家和省对储备粮管理的新要求，修订《珠海市市级储备粮管理办法》。开展等级粮库推荐、评定、管理工作。全市辖区内省直属库、珠海中心粮库、金湾粮库三个粮库获评“AAA等级粮库”，六乡粮库、乾务粮库两个粮库获评“AA等级粮库”。经省政府审定，珠海市2019年度粮食安全责任考核获“优秀”等级。

【粮食仓储建设与管理】 2020年，珠海市推进粮食仓储物流设施建设。市中心粮库二期、市粮食物流交易中心和香洲区新粮库3个项目开工建设，估算总投资13亿元。市中心粮库二期和香洲区新粮库，建设包括浅圆仓、立筒仓、楼房仓等多种仓型，并配备满足运营需求的装卸输送和工作塔等设施设备，以及粮库智能化、低温低氧等绿色储粮辅助设施设备。市粮食物流交易中心作为全市重点民生工程，建设集粮食批发、精加工、仓储、物流、检测、信息、办公为一体的粮食物流交易中心。

【粮库智能化升级改造】 2020年，珠海市开展粮库智能化升级改造工作。珠海中心粮库、金湾粮库、九洲粮库3个粮库完成智能化升级改造任务，并通过省级验收；总投资454.81万元，其中，中央财政补助166万元。

【粮食流通与质量监管】 2020年，珠海市印发《珠海市发展和改革局关于加快建设珠海市现代化粮食产业体系的实施意见》，以促进粮食产业加快转型升级、健全完善“产购储加销”体系、增加绿色优质粮食产品供给、提升粮食供给保障能力为重点，按照强化政策引导效应、加强粮食储备安全管理、发挥“优质粮食工程”载体作用、强化粮食科技支撑、夯实流通基础设施体系的整体思路，带动各类主体协同并进，推动全市粮食产业高质量发展，优化“产购储加销”各环节资源配置，为粮食安全能提供重要产业支撑。10月19—21日，珠海市粮食集团赴福州参加第三届中国粮食交易大会。（王媛慧）

批发零售业

【概况】 2020年，珠海市限额以上（批发业年销售额达2000万元以上，零售业年销售额达500万元以上，住宿餐饮业年销售额达200万元以上）批发零售住宿餐饮企业1543家。零售、住宿、餐饮等行业受新冠肺炎疫情直接冲击，全年下降。批发业实现销售额4362.17亿元，比上年增长6.3%；零售业实现销售额498.05亿元，下降3.8%；住宿业实现销售额66.74亿元，下降25.4%。

【社区商业发展】 2020年，珠海便民商业发展持续完善，有大中型超市（3000平方米以上）门店33家，连锁便利店约1000家（包括美宜佳、华润万家便利店、钱大妈、得一超市、百分百、早八点、和大福等品牌连锁店和生鲜连锁店）。按常住人口计算，约2000名居民就有一家连锁便利店。在居民服务业方面，有中等规模家政服务企业56家，母婴服务机构14家，快递点600余个，为居民提供较为完善的社区商业服务体系。

【商业网点建设】 2020年，珠海市商业综合体有14个商业项目基本具备开业条件，受新冠肺炎疫情影响延迟。10月1日，位于珠海市香洲区银桦路与兴业路交汇处的大型商业体优特汇开业，为市民呈现“盒子+下沉广场+街区”的全新形态，商业面积达13.8万平方米，开业商铺179家，以服务年轻人和年轻家庭为主要定位。开业前三月商铺开业率达98%，全年（仅3个月）客流量约300万人。

餐饮业

【概况】 2020年，珠海市餐饮消费市场受新冠疫情影响明显下降，全年餐饮业实现销售额79.9亿元，比上年下降19.3%。限额以上法人企业营业额26.4亿元，下降11.8%；限额以上个体户营业额6亿元，下降30.6%；限额以下单位营业额60.4亿元，下降21.5%。截至年底，全市有餐饮单位2.8万家，其中，中央厨房16家，集体配餐单位37家，经营面积1000平方米以上的大型餐馆213家，经营面积在200—1000平方米的中型餐馆8355家。

【外卖销售占比提高】 2020年，珠海市受疫情影响，市民餐饮消费习惯发生改变，外卖销售在餐饮企业销售中的占比不断提高。入驻网络第三方订餐平台的餐饮企业约8000家，比上年增长10%。疫情期间，美团、饿了么等企业推出减免企业入驻平台费用等优惠政策，协助商超和餐饮企业推广“无接触配送服务”、团餐直送等销售模式，提高外卖供应和配送能力。全年零售、餐饮企业的线上售卖比例增高。（冼超文）

现代物流业

【概况】 2020年，珠海市交通运输、仓储和邮政业实现增加值60.63亿元，比上年增长13.9%。全市货物运输总量8293.97万吨，下降15.8%。其中，公路运输4061.53万吨，下降16.8%；水路运输3509.06万吨，下降13.9%；航空运输0.86万吨，下降31.7%；铁路运输722.52万吨，下降18.1%。全市货物运输周转量455.52亿吨公里，增长65.4%。其中，公路40.29亿吨公里，增长1.2%；水路402.08亿吨公里，增长83.3%；航空1500万吨公里，下降35%；铁路13.01亿吨公里，下降19%。11月3日，珠海机场空港国际智慧物流园项目动工建设。

【港口物流】 2020年，珠海市港口完成货物吞吐量1.34亿吨，比上年下降3.4%，其中，外贸3459万吨，增长14.8%；内贸货物吞吐量9908万吨，下降8.5%；港口集装箱184万标箱，下降28.1%。旅客吞吐量264万人次，下降52.1%。截至年底，全市有泊位172个，其中，生产性泊位165个，非生产性泊位7个，万吨级以上生产性泊位34个；设计年通过能力1.78亿吨，集装箱吞吐能力378万标准箱；干散货泊位22个，年吞吐能力8009万吨；油、气、化工品液体散货泊位44个，年吞吐能力4901万吨；多用途泊20位26个，年货物吞吐能力917万吨，集装箱112万标准箱；集装箱专用泊位7个，年吞吐能力266万标准箱；件杂货泊位27个，年吞吐能力817万吨；客运及陆岛交通泊位39个，年吞吐能力旅客946万人，货物2万吨。（罗祖娟）

供销合作社

【概况】 珠海市供销合作联社是全市供销合作社的联合组织，是参照公务员法管理的事业单位。2020年，全市供销合作社系统由市、区、镇三级供销社组成。市供销合作联社辖斗门、香洲2个区供销社，11个直属企业，11个区级社属企业，16个基层供销社，领办、参办农民专业合作社26家，农民专业合作社联合社1家，业务指导市再生资源行业协会。经营业务主要涉及农业生产资料、农副产品购销、日用消费品经营、农村互助金融、再生资源回收利用、烟花爆竹等。1月，三灶镇供销社助农服务中心开业，服务功能包括冷链物流配送、农副产品购销、加工储存、日用消费品销售和农村互助金融。8月，三灶供销社和南水供销社共同在平沙镇建立社区综合服务社，具备冷链配送和农村金融服务功能。11月，唐家供销社和南屏供销社社区综合服务社挂牌。12月，前山供销社社区综合服务社挂牌。12月，成立市供销投资控股集团有限公司。全市供销社系统商品销售总额8.58亿元，比上年增长34.84%；费用总额5363.31万元，比上年下降2.47%；利润总额1878.44万元，下降40.47%，其中，市供销社直属企业盈利1290.14万元，增长68.72%；斗门区供销社盈利50.35万元，下降3.38%；香洲区供销社盈利537.95万元，下降77%。市供销合作联社属下企业市百分百商业有限公司加大线上销售拓展力度，自建“全渠道销售系统小程序”线上平台，提高线上销售收入。全年完成销售总额1.02亿元，比上年下降5.35%，利润总额340万元，增长159.5%。

【助农服务】 2020年，珠海市供销合作联社发挥新型助农服务示范体系作用。各区社、基层社助农服务平台、中心开展包括农资农技、农产品购销加工、农业机械、农村电商、农村金融服务和日用百货销售等经营服务项目，为农户提供多元化、全方位的农业生产生活服务。全年，土地托管1060.53公顷，统防统治1632.28公顷，农机作业面积667公顷，科学试验示范田面积6.67公顷，服务农民专业合作社61家，对接省现代农业产业园2家。全市供销系统助农服务平台、中心销售总额5539.29万元，利润总额99.55万元。

【农业生产资料供应】 2020年，珠海市供销系统销售化肥10.34万吨，比上年增长21.04%，化肥销售总额1.99亿元，增长4.35%；农资销售总额2.28亿元，增长10.59%。全系统各类经营服务网点克服疫情影响，在春节假期提前恢复营业，不断货、不涨价，保障防护物资和粮油果蔬、肉禽蛋奶等生活必需品供应，为抗疫一线单位运送防疫应急物资。全年农产品销售总额2.28亿元，增长69.09%。斗门区供销社农资配送中心人员开展自学和集中培训，掌握测土施肥、配方用药、农作物种植及田间管理等技术，通过线上培训方式向各经营网点的经营人员传授，向农户开展技术咨询服务。各农业生产资料经营网点采取延长营业时间、电话预约、送货到户等方式，将各类农业生产资料直接配送到村、到户、到田间地头，切实做好“放心农资”的供应。

【农村合作金融】 2020年，珠海市供销社社员资金互助中心制定多项举措，严控各项开支，减少运营成本51.12万元，加大贴息政策和占用费优惠政策的宣传力度。在斗门区、金湾区设立3个惠农服务点，扩大服务半径；不断完善风险管控体系，通过规范抵押物的评估流程、完善贷后管理条款和加强贷后管理等措施，加强风险管控，防范金融风险。

【公共型农产品冷链物流基础设施骨干网建设】 2020年，珠海市公共型农产品冷链物流基础设施骨干网建设稳步推进。市供销合作联社根据全市冷链物流项目建设情况，制定《珠海市供销合作社公共型农产品冷链物流骨干网建设方案》。方案按照既满足城乡居民生活需求，又不重复建设的原则，让珠海冷链物流企业与省广东新供销天业冷链集团全方位、宽领域合作和业务连接。项目纳入广东供销公共型农产品冷链物流基础设施骨干网建设项目库。 （钟洁丹）

拍卖·典当业

【拍卖业】 2020年，珠海市有拍卖企业46家（含横琴新区3家），其中，新注册企业1家。全市拍卖企业注册资本合计6.04亿元，比上年增加4.86%，从业人员206人。举办拍卖会84场次，拍卖成交总额3.60亿元，比上年减少3876.80万元；其中，房地产拍卖成交额9123.94万元，增长48.19%，占拍卖成交总额25.3%；机动车拍卖成交额227.83万元，增长26.89%，占拍卖成交总额0.63%；债权、股权拍卖成交额4104.84万元，占拍卖成交总额11.4%，减少66.50%；文物艺术品拍卖成交额64.48万元，占拍卖成交总额0.20%，减少99.63%；其他3166.68万元，占成交总额8.80%。

（廖　慧）

【典当业】 2020年，珠海市有典当行24家，注册资本4.05亿元，从业人员119人。典当总额3.12亿元，其中，动产9700万元，房地产1.7亿元，财产权利4400万元。 （方铁伟）

商贸流通行业管理

【烟草专卖】 2020年，珠海市有卷烟零售户1.16万户。全年实现税利总额10.29亿元，比上年增长11.27%，销售卷烟10.15万箱，增长5.48%，上缴地方利润8900万元。查处各类涉烟违法案件442件，其中，100万元以上案件8件，5万元以上案件63件，查获违法卷烟1.31亿支，增长513%，涉案金额1.09亿元，增长947%，国标案件2件、省标案件1件。

卷烟零售环境建设 2020年，广东烟草珠海市有限公司开展“20支”全零售连锁网络建设，建成形象店8家、加盟店合作店26家，易灵通系统上线335户。诚信互助小组建设客户覆盖面100%，稳定市场价格和保障规范经营的功能有效发挥。

客户毛利率14.65%，增长8.52%。全年对违法违规卷烟零售客户采取措施693次。

卷烟零售市场监管　2020年，珠海市烟草专卖局利用“大数据分析”监管手段，建立健全事前、事中、事后全监管环节的新型监管机制。分析检查重点户1.26万户，发现问题户1125户。市烟草专卖局与市场监督管理局等相关部门配合，联合发布《关于进一步加强电子烟市场监管工作暨电子烟实体店检查行动方案》，组织开展电子烟市场联合检查行动，发放“禁止向未成年人销售电子烟”警示贴1.16万份，发现销售电子烟经营实体16户，劝导5家网上商家下架电子烟产品。

文明吸烟环境建设　2020年，广东烟草珠海市有限公司建成并交付使用室内吸烟室2个。截至年底，全市有室内吸烟室12个。与珠海市城市管理和综合执法局协调，完成702个户外烟蒂收集器投放。全市文明吸烟场所城区建设密度达1个/平方千米，实现年度规划目标。

（林俊清）

【食盐专营】　2020年，珠海盐业公司全年销售各类盐产品总量1.34万吨，其中，食盐小包装销售7800吨，主营业务收入2878.36万元，经营净利润138.07万元，纳税214.6万元。受疫情影响，快消品、调味品行业的渠道商遇到市场份额减少、资金周转困难等问题。盐业部门与珠海建行达成合作，联合推进“粤盐云义贷”普惠金融产品快速落地，为盐业配送商解决融资难问题。

食盐加碘　2020年5月15日是第二十七个全国防治碘缺乏病日，珠海市盐业部门以微信公众号宣传科学补碘。全年香洲区、斗门区、金湾区三个行政区合格碘盐覆盖率分别为95.62%、97.96%和98.96%，各项指标均符合《重点地方病控制和消除评价办法（2019版）》推荐的人群碘营养状况评价标准要求。

食盐储备　2020年，珠海市政府食盐储备量按上一年度30天食盐平均消费量计算为1500吨，储备盐管理费用按800元/吨、120万元/年拨付。盐业部门按照规范管理政府储备盐，对储备盐实行分区管理、专人专账，先进先出和挂牌明示，确保储备盐有效动态轮转、账实相符、账证相符。为食盐市场保供应、稳价格工作打好基础，发挥储备盐的民生物资保供稳价作用。

食盐辅助执法　2020年，珠海市盐业部门取得辅助执法巡查员证33个，促进辅助执法工作开展。全年巡查生产经营单位2010个，其中，食品销售单位957个、餐饮服务单位1024个、单位食堂29个。符合相关规定的单位1746个，合格率86.87%。

（侯　锐）

【二手车市场】　2020年，珠海市二手车交易市场34个，比上年增加10个，其中，具备转移登记服务功能的15个，增加4个。全年二手车交易量6.5万辆，下降11.56%，占全省二手车交易量2.84%，占全国二手车交易量0.45%。受假期和疫情双重影响，2月，二手车交易量744辆，为全年最低，较上年同期下降69.2%。3月开始缓慢增长，4—12月连续9个月好于上年同期。12月，全市二手车交易量环比增长明显，单月二手车交易量7900辆，为年内最高，较上年同期增长11.3%。

【报废机动车回收拆解】　2020年，珠海市通过珠海市物资再生利用有限公司回收拆解机动车2121辆，比上年减少38%，其中，小型客车760辆，减少59.8%，占拆解机动车总量的35.8%；大型客车350辆，减少48.4%，占拆解机动车总量的16.5%；轻型货车265辆，减少27.4%，占拆解机动车总量的12.5%；中型货车17辆，增加240%，占拆解机动车总量的0.8%；重型货车42辆，减少62.5%，占拆解机动车总量的2%；摩托车61辆，减少83.6%，占拆解机动车总量的2.9%。减少量主要集中在小型客车、大型客车、摩托车、中型货车等车型。

（廖　慧）

会展业

【会议业】　2020年，珠海市举办各类会议1507场，比上年下降59.93%；参会总人数26.23万人，下降58.25%。举办1000人以上大型会议52场，下降48%。

【展览业】　2020年，珠海市举办各类展览17场，比上年下降26.09%；展览总面积16.35万平方米，下降43.20%。参展企业1694家，下降46.29%；参展总人数26.89万人，下降17.30%。展览题材主要集中在医学、教育、民生、文化等行业。

【会展扶持政策】　2020年，珠海市印发《珠海市内外经贸发展专项资金（会展事项）实施细则》《关于应对新冠肺炎疫情影响促进珠海会展业健康发展的若干措施》《珠海市会展行业新冠肺炎疫情常态化防控指引》《疫情防控常态化期间珠海会展活动报批（报备）指南》

等政策措施。市商务局对全年举办的会议和展览项目，在原有补助政策基础上，上浮10%—20%的比例，增加对港澳展览项目、国际品牌展览项目、港澳展览、港澳会议等补助，支持会展业复工复产，为会展业发展及港珠澳会展合作提供政策支撑。

【品牌会展引进和培育】 2020年，珠海市加强会展项目引进和培育工作，引进举办第三届中国医疗产业创新与发展大会、第七届中国游艇产业发展大会、2020珠澳婚博会、2020中国（珠海）国际茶业博览会、2020年中国护理管理大会等大型会展项目。举办2020澳珠企业家峰会、2020珠海国际设计周暨北京国际设计周珠海站活动、2020珠澳国际汽车博览会等本土特色品牌展会项目。

【会展公共平台建设】 2020年，珠海市开展会展人才培训、会展宣传推介和会展统计等会展公共平台建设。举办6场会展专题培训，450人次参加。组织会展重点企业参加2020年中国国际服务贸易交易会、第十三届中国会议产业大会等活动。联合中山大学旅游学院和珠海市会展旅游业协会，按照《珠海市会展业统计报表方案》开展会展企业经营状况、会展项目举办数量、会展业经济影响评估等会展统计和分析工作，编制《2020年珠海市会展业经济影响评估》《2020年珠海市会展业发展报告》。

【2020年（第三十七届）全国医药工业信息年会暨2019年度中国医药工业百强榜单发布会】 2020年8月29—31日，由上海数图健康医药科技有限公司（中国医药工业信息中心）主办，在珠海国际会展中心举行。举办闭门会、会前会、主论坛、分论坛以及医药创智主题系列会议等30余场活动。卫生健康委、国家药品监督管理局、国家中医药管理局等单位有关负责人，各省、自治区、直辖市工业和信息化主管部门有关人员，医药行业的院士、专家，行业协会以及企业代表近1000人参加会议，聚焦中国医药创新发展新路径。

【2020珠澳国际汽车博览会】 2020年9月3—6日，由澳门南光（集团）有限公司、珠海华发集团有限公司主办，在珠海国际会展中心举行。是首个珠澳合作车展，展览规模2万平方米。阿斯顿·马丁、玛莎拉蒂、宝马、奔驰、雷克萨斯、林肯、蔚来和顶级改装品牌BRABUS等40个豪华车、新能源车及主流乘用车品牌参展。

【2020年中国护理管理大会】 2020年9月4—5日，由《中国护理管理》杂志社主办，在珠海国际会展中心举行。国家、省、市卫生主管部门负责人和国内知名医疗、护理领域专家学者参会。设一个主会场，护理质量与安全、护理人力资源管理、专科护理能力提升、护理信息化建设、护理应急管理5个分会场。

【第三届医疗产业创新与发展大会】 2020年9月23—25日，由中国民族卫生协会主办，在珠海国际会展中心举行。设1场主题大会、4场平行论坛、1个博览会。来自国家、省、市的卫生主管部门、行业协会、医药企业的1350位嘉宾出席大会。博览会展览面积1万平方米，吸引参展企业205家，到场观众5688人次。设有生物制药、医疗器械及服务、生物医药防疫技术与物资、氢医学产品、中医药、医美科技6大主题展区，展出生物技术、原材料供应、CRO/CMO（合同研究组织/合同生产组织）、实验室仪器设备等医药全产业链各环节技术和成果。

【第三届十字门金融周】 2020年11月16—18日，由横琴新区管理委员会主办，在珠海国际会展中心举行。设置高层讨论会、专题报告会和高层咨询会、开幕式论坛、琴澳金融与企业家对话、“金融+”专题论坛（3场）5大板块，汇聚相关主管部门与行业协会领导、专家学者、代表性企业高管等上千位来宾参会。“数链计划”（Digital Alliance Initiative）和《双循环格局下的琴澳合作发展报告（2020）》《2020中国企业境外上市研究报告》等多项研究成果在会上发布。

【珠澳国际人才交流大会】 2020年11月28日，由全国博士后管理委员会办公室、人力资源和社会保障部留学人员和专家服务中心、澳门特别行政区政府人才发展委员会等主办，在珠海国际会展中心举行。会上，珠澳两地签署《关于推进澳珠人才协同发展的合作协议》，污染空气治理机、极海半导体国产物联网芯片与工业互联网自主可控SoC-eSE嵌入式安全主控芯片、广东省智能科学与技术研究院、肿瘤免疫激活制剂、芯耀辉科技有限公司投资、珠澳人才创新培养学院6个重大人才科技项目现场签约落地，项目总额超43亿元。大会举办珠澳人才创新创业挑战赛、“澳珠极点”科技创新合作峰会、“博聚香山”——百名博士珠海行、“澳珠极点”跨境科技创新合作成果展等11场活动，吸引线上线下千余名高端人才关注并参与。

【2020珠海国际设计周暨北京国际设计周珠海站】 2020年12月4—6日，由珠海华发集团、北京歌华文化发展集团有限公司、香港设计总会、澳门设计中心主办，在珠海国际会展中心举行。设置学术展览、设计对话、设计大奖、设计交流、设计之旅、设计博览会6大模块。来自国内外各领域的知名科学家、设计界专家300余人参加。展览面积1.5万平方米，超100家国内外原创设计品牌和近万件原创新品参展。

【2020澳珠企业家峰会】 2020年12月10日，由珠海市人民政府、澳门特别行政区政府经济财政司主办，在珠海国际会展中心举行。以“全力做好珠澳合作开发横琴这篇文章”为主题，举办开幕式、项目签约、主论坛、平行分论坛、投资推介会、经贸考察、B2B对接以及“心出发，澳游横琴”琴澳交流考察等10项活动。签约重点产业项目22个，投资额823.89亿元。总入场1200人，其中，澳门特别行政区政府人员和澳门企业家330人，澳门籍人大、政协企业代表9人，在粤香港、台湾企业代表28人，其他地区知名企业家代表280人。

【第七届中国游艇产业发展大会】 2020年12月11—12日，由珠海市人民政府、中国交通运输协会邮轮游艇分会主办，在珠海海泉湾海王星酒店举行。国家部委相关负责人、全国游艇发展专家指导委员会委员、中央社团和各省市游艇社团组织负责人、广东省人民政府负责人和业界代表近300人参加。举办开幕式、游艇政策和经济论坛、全国游艇发展专家指导委员会工作会暨游艇行业对话会、粤港澳大湾区游艇发展论坛等14项活动，探讨新格局下中国游艇产业发展的方向及策略。

2020年珠海重点会展项目一览表

序号	展会名称	主办单位	时间	地点
1	广东省医学会第十九次放射医学学术会议	广东省医学会	8月14—16日	珠海国际会展中心
2	2020首届汽车“数字钥匙”生态大会	汽车电子产业联盟投融资专业委员会	8月21日	珠海国际会展中心
3	2020首届中国互联网医院大会	中国研究型医院学会互联网医院分会、上海雅宜会展服务有限公司	8月21—23日	珠海国际会展中心
4	2020年（第三十七届）全国医药工业信息年会暨2019年度中国医药工业百强榜单发布会	上海数图健康医药科技有限公司（中国医药工业信息中心）	8月29—31日	珠海国际会展中心
5	2020年中国护理管理大会	《中国护理管理》杂志社	9月4—5日	珠海国际会展中心
6	2020中国（珠海）国际茶业博览会	中国茶叶流通协会、广东省茶业行业协会、广州茶文化促进会、广州益武国际展览有限公司	9月10—13日	珠海国际会展中心
7	2020华南CIO（首席信息官）大会	珠海市CIO协会	9月12—13日	珠海国际会展中心
8	第三届医疗产业创新与发展大会	中国民族卫生协会	9月23—25日	珠海国际会展中心
9	2020年华南医院信息网络大会	广东省医院协会	9月25—26日	珠海国际会展中心

（续表）

序号	展会名称	主办单位	时间	地点
10	第二十届中国股权投资年度论坛	清科集团、投资界	10月12—15日	珠海国际会展中心
11	2020全国医学检验信息化发展论坛暨全国医学检验信息化成果展示交流大赛	广州中思会议服务有限公司	10月17—18日	珠海国际会展中心
12	中华医学会第二十次全国消化系病学术会议	中华医学会、中华医学会消化病学分会	10月29—31日	珠海国际会展中心
13	2020年粤港澳大湾区校长论坛	广东省教育研究院、香港校长专业发展促进会、澳门中华教育会、珠海市教育局	11月13—14日	北京师范大学珠海校区国际交流中心
14	2020年第三届十字门金融周	横琴新区管理委员会	11月16—18日	珠海国际会展中心
15	2020中国生物制品年会暨第二十次全国生物制品学术研讨会	中国医药企业发展促进会、中国药学会生物药品与质量研究专业委员会、中华预防医学会生物制品分会、中国医药生物技术协会疫苗专业委员会、中微生物学会生物制品专业委员会	11月20—21日	珠海国际会展中心
16	中国（珠海）国际办公设备及耗材展览会	珠海市再生时代会展服务有限公司	11月20—21日	珠海国际会展中心
17	第十二届中医药发展论坛民族卫生健康大会暨中国（珠澳）中医药国际博览会	中国民族卫生协会	11月20—24日	珠海市海泉湾及珠海国际会展中心
18	中华医学会第十四次全国生殖学术会议	中华医学会、中华医学会生殖医学分会	11月26—29日	珠海国际会展中心
19	2020第七届中国游艇产业发展大会	珠海市人民政府、中国交通运输协会邮轮游艇分会	12月11—12日	海泉湾海王星海泉宫
20	珠澳国际人才交流大会	全国博士后管委会办公室、人力资源和社会保障部留学人员和专家服务中心、中国博士后科学基金会、广东省人力资源和社会保障厅、珠海市人民政府、澳门特别行政区政府人才发展委员会、澳门特别行政区政府教育暨青年局	11月28日	珠海国际会展中心
21	2020机器人展览会暨珠港澳机器人邀请赛	亚洲机器人联盟（香港）、横琴新区管理委员会、珠海市教育局	11月28—29日	珠海国际会展中心
22	2020珠海国际设计周暨北京国际设计周珠海站	珠海华发集团、北京歌华文化发展集团有限公司、香港设计总会、澳门设计中心	12月4—6日	珠海国际会展中心

（续表）

序号	展会名称	主办单位	时间	地点
23	2020年“粤港澳大湾区高性能计算”全国博士后学术论坛	广东省人力资源和社会保障厅	12月3—4日	珠海横琴新区长隆横琴湾酒店国际会议中心
24	2020澳珠企业家峰会	珠海市人民政府、澳门特别行政区政府经济财政司	12月10日	珠海国际会展中心
25	中华医学会肾脏病学分会2020学术年会	中华医学会、中华医学会肾脏病学分会	12月15—20日	珠海国际会展中心
26	2020粤港澳大湾区绿色新材料产业发展大会	中国化工经济技术发展中心、中国石油和化学工业联合会化工园区工作委员会	12月17—18日	珠海海泉湾酒店

（张清华）

旅游业

综　述

【概况】 2020年，根据新修订的《全国文化文物和旅游统计调查制度》统计，珠海市接待旅游总人数1514.69万人次，比上年下降49.3%（按可比口径，下同），其中，接待入境游客52.51万人次，国内游客1462.18万人次。全年实现旅游总收入187.59亿元，下降57.8%，其中，国际旅游收入1.58亿美元，下降80.1%，国内旅游收入176.73亿元，下降54.6%。全年接待过夜游客960.35万人次，其中，入境过夜游客35.96万人次。1月24日，珠海市文化广电旅游体育局印发《关于进一步做好新型冠状病毒感染的肺炎疫情防控工作的补充通知》，明确旅行社及在线旅游企业暂停经营团队旅游及“机票+酒店”旅游产品，并提出从即日起，所有旅游景区暂停对外开放。5月后逐步开放。

【旅游产业规模】 2020年，珠海市纳入统计范围的宾馆饭店平均开房率34.78%。旅行社组团内地游33.71万人次，出境游1.61万人次。旅行社接待内地游客29.29万人次，接待入境游客7.1万人次。纳入统计范围的景点全年接待游客1315.07万人次。

【入境旅游】 2020年，珠海市接待入境游客52.51万人次，比上年下降76.1%（按可比口径，下同）；旅游外汇收入1.58亿美元，下降80.1%。入境游客按客源地分，外国人3.93万人次，下降89.8%；香港同胞13.56万人次，下降87.4%；澳门同胞31.46万人次，下降42.1%；台湾同胞3.56万人次，下降81.6%。

【出境旅游】 2020年，珠海旅行社组团出境游1.61万人次，比上年下降97.2%，其中，香港游0.03万人次，下降99.8%；澳门游1.08万人次，下降92.5%；台湾游0.02万人次，下降97.6%；出国游0.48人次，下降98.3%。

【内地旅游接待与收入】 2020年，珠海市接待内地游客1462.18万人次，比上年下降47.2%（按可比口径，下同），实现旅游收入176.73亿元，下降54.6%。旅行社组团内地游33.71万人次，下降71.6%，其中，省内游25.86万人次，下降69.6%；省外游7.85万人次，下降76.7%。

【假日旅游】 2020年，珠海市五一假期接待游客85.81万人次，比上年下降61.0%（按4天可比口径，下同），其中，接待过夜游客16.54万人次，下降68.0%；实现旅游总收入4.23亿元，下降67.4%。国庆、中秋假期，全市接待游客187.19万人次，下降35.4%（按7天可比口径，下同），其中，接待过夜游客44.57万人次，下降34.7%；实现旅游总收入13.04亿元，下降31.9%。

（周　靖）

【旅游推广】 2020年，珠海市以“广东人游珠海”系列活动为抓手，推出疫情后更符合游客需求的精品线路，加快旅游市场复苏。加强疫情后本地旅游和商贸活动相结合，激发“夜经济”活力。8月，市文化广电旅游体育局联合市商务局共同主办2020“浪漫珠海夜·粤游粤魅力”珠海夜经济消费促进暨

“广东人游珠海”踩线活动。参与第八届澳门国际旅游（产业）博览会、2020中国（上海）旅游交易会和广东国际旅游产业博览会。促进珠澳两地旅游企业合作，推出以“发现美好澳门·感受浪漫珠海”为主题，涵盖“品历史、浪漫行、心出发、深体验、寻味游、看演出”等6条珠澳“一程多站”的自由行、半自由行线路，推动两地旅游市场复苏。12月，市文化广电旅游体育局联合横琴新区社会事务局，邀请来自澳门旅游学院、澳门旅游业界及媒体代表百人参加“心出发·澳游横琴”文旅交流考察活动，做实珠澳旅游交流。（高　超）

【区域旅游合作】 2020年9月24—28日，珠海市、中山市、江门市、阳江市旅游联盟组织四地文旅部门和企业代表赴福建省厦门市、广西壮族自治区桂林市分别举办区域旅游联合推广活动，共同打造“魅力广东·最美珠江西岸游”整体形象和区域精品旅游线路。10月19—23日，广州市、深圳市、珠海市旅游联盟组织三地旅游业界代表赴浙江杭州、江苏南京开展旅游联合宣传推广活动。

【澳珠旅游协同发展对话会】 2020年11月10日在珠海市举行，以“珠澳旅游协同高质量发展”为主题，邀请中山大学旅游教授作主旨演讲，业界200多人参与对话。对话文旅融合、高质量发展、珠澳协作，探讨疫情及各种不确定性因素、技术创新等内容，以集中各方智慧和力量促进澳珠两地文旅产业恢复振兴。

【乡村旅游】 2020年8月26日，珠海市斗门区斗门镇南门村被文化和旅游部、国家发改委评审认定，公示为第二批全国乡村旅游重点村。12月26日，经省文化和旅游厅和省委农村工作办公室审核认定，斗门区“斗门莲洲乡村藕遇之旅”、万山区“万山海岛渔村风貌之旅”、高新区“淇澳乡村红色滨海之旅”等3条线路被评为第二批广东省乡村旅游精品线路。斗门区斗门镇被评为第二批广东省旅游风情小镇。（陈升荣）

【旅游行业培训】 2020年9月23—25日，珠海市举办“2020年珠海市旅游饭店服务技能大赛”，16家饭店、79名选手报名参加竞赛，经过1天的理论考试竞赛、3天的实操竞赛，分别产生三个项目的冠军、亚军和季军，其中，前厅接待服务技能竞赛冠军为珠海海湾大酒店周婵，客房服务技能竞赛冠军为珠海度假村酒店陈林静，团队赛中酒店服务礼仪技能竞赛冠军为珠海海湾大酒店。11月17日，在2000年酒店会议厅举办“珠海市星级饭店标准化宣贯”，46家企业、100人报名参加，现场解读“旅游饭店服务设计与创新”和“标准与标准化”。11月18日，在昌安假日酒店举办“2020年珠海市旅游景区标准化宣贯”，29家景区、55人报名参加，以“无处不在的标准化”为主题，讲授标准与标准化政策，列举旅游行业等代表性案例进行分析讲授。

【旅游企业疫情期间补贴】 2020年，珠海市根据广东省文化和旅游厅《关于做好省财政支持重点文旅企事业单位促文旅消费资金分配工作的通知》，给11家文旅企业每家补贴30万元，拨付补贴总额330万元。根据广东省文化和旅游厅《关于做好2020年文化和旅游企业贷款贴息工作的通知》，对57家文旅企业发放贷款贴息补贴，全年拨付两批，补贴金额694.94万元。实施《珠海市积极应对新冠肺炎疫情影响支持文化旅游体育行业发展政策措施》，其中，隔离酒店一次性补贴有2家申报，补贴金额40万元；酒店取消订单补贴有25家申报，补贴金额118.85万元；旅行社取消订单补贴有52家申报，补贴金额182.49万元；省级旅游度假区、国家旅游休闲度假示范区、A级景区、旅行社稳岗补贴有123家申报，补贴金额405万元。（周　靖）

【旅游对口帮扶】 2020年7月6日，珠海市文化广电旅游体育局与云南省怒江傈僳族自治州文化和旅游局签署《2020珠海市对口怒江州文化旅游产业帮扶协作框架协议》，加大两地间文旅产业帮扶力度。12月16—20日，组织澳门中国国际旅行社、澳门中国旅行社、澳门万国旅游集团、珠海大横琴泛旅游发展有限公司、广东省拱北口岸中国旅行社有限公司等赴怒江州开展对口帮扶，进行文化旅游交流和文化体育旅游资源开发利用考察活动，拓展怒江州旅游在珠海、澳门的客源市场。（高　超）

旅游监管

【旅游市场监管】 2020年，珠海市贯彻中央、省、市有关疫情防控和复工复产各项决策部署，全方位向企业宣传《珠海市支持企业复工复产若干措施》《支持中小企业共渡难关的若干政策》等支持文旅企业共渡难关的相关政策文件，听取意见建议。把握包容审慎的原则，对疫情期间受处罚的2家文旅企业，在法律法规的框架下，予以减轻处罚处理，处罚金额分别由5万减轻至5000元，5000元减轻至1000元。市文化广电旅游体育局坚持“一线工作法”服务企业，每月走访企业3家以上，每次解决不少于1个企业反映的合理合规问题，协助企业解决复工复产中遇到的困难。2个科室和7个支队按照时间节点和计划走访服务企业，支持帮助企业。（聂红斌）

【旅游安全管理】 2020年9月15日，珠海市星级酒店、景区景点、旅行社等相关旅游企业在度假村酒店开展旅游安全生产知识培训暨消防突发事故应急处置演练活动，200家旅游企业参加。培训演练现场，市文化广电旅游体育局与各星级酒店、A级景区和旅行社代表签订安全生产承诺书。11月25—26日，举办2020年度珠海市旅游行业消防技能竞赛，12家旅游企业48名参赛选手及领队参加比赛，旅游企业60名一线员工现场观摩学习。其间，香洲区消防救援站的官兵现场演示包括捆绳的各种打结法等应急救生手段。

【诚信旅游志愿服务宣传】 2020年元旦假期，珠海市开展“诚信旅游，为游客服务”志愿服务宣传。五一假期，市旅游志愿服务总队在九洲客运港、圆明新园、海滨公园宣传诚信旅游。端午假期，市旅游志愿服务总队赴港珠澳大桥珠海口岸、湾仔邮轮码头、格力海岸滨海公园宣传诚信旅游。8月22日，在华发商都开展“2020年暑期诚信旅游志愿服务”活动。10月2日，30名志愿者走进海天公园开展诚信旅游宣传活动。12月12日，开展社会导游优质诚信服务宣传贯彻及承诺活动。（周 靖）

2020年4月28日，珠海·宋城演艺度假区正式开工 （赵崇幸 摄）

【旅游投诉处理】 2020年，珠海市受新冠肺炎疫情影响，受理旅游投诉630宗，总量涨幅较大；其中，旅行社投诉341宗899人，涉及金额423万元；酒店投诉95宗133人，涉及金额26万元；景点投诉179宗222人，涉及金额61万元；其他投诉14宗22人，涉及金额2万元。全年办结625宗，办结率99%，投诉调解成功率99%，为全省办结成功率最高的城市之一。

旅游设施建设

【珠海·宋城演艺度假区项目动工建设】 2020年4月28日，珠海·宋城演艺度假区项目动工。该项目位于斗门区黄杨山麓，整体计划投资150亿元，打造具有24个剧院、5.5万个座位组成的演艺集群；4个主题文化街区、2个亲子体验区、4000间主题客房的主题演艺酒店集群。一期主要建设内容为3个大剧院和万人舞台区。

【凤凰谷生态旅游项目签约】 2020年5月26日，珠海市政府与华侨城集团签约凤凰谷生态旅游项目。该项目位于香洲区上冲片区三台石路北侧、旅游路东侧，总投资约150亿元，计划建设成集人文历史教育、山地运动探险、无动力乐园、城市公共服务、时尚商业及家庭娱乐休闲等功能于一体的城央山地综合型旅游度假区。（高 超）

·责任编辑：曹 琨 曾维浩·

文　化

教　育

综　述

【概况】　2020年，珠海市有幼儿园360所，幼儿园教职工1.35万人，其中，专任教师6780人。有小学137所，小学专任教师8205人；有普通中学80所，普通中学专任教师9610人，其中，初中专任教师6194人，高中专任教师3416人。有中等职业学校12所（含技工学校5所，教职工666人，其中，专任教师465人），教职工1803人，其中，专任教师1417人。有普通中专2所，教职工217人，其中，专任教师158人。有职业高中7所，教职工920人，其中，专任教师794人。有中山大学珠海校区等10所高等学校（校区、学院）。全年新建和改扩建10所中小学，建成20所公办幼儿园，19所学校入选第二批广东省中华优秀文化传承学校。4所获评全国校园篮球特色学校，1所获评全国校园排球特色学校。5所学校入选广东省中小学生劳动教育特色学校。2所学校获评全国文明校园。

【教师队伍建设】　2020年，珠海市落实师德建设负面清单，开展师德征文和师德微视频征集活动，获省教育厅“师德征文”优秀组织奖。开展新一轮（2020—2022年）名师工作室主持人遴选工作，评选出69个市级名师工作室。出台《中小学教师信息化技术应用能力提升工程2.0实施方案》。制定中小学教师市县级减负清单，切实减轻教师负担。2名教师获评广东省新时代最美幼师，2名教师获评省级最美教师。做好中小学教师职称评审工作，8名教师获评正高级教师职称，231名教师通过副高级职称评审。全年选拔任用直属学校校负责人11人、交流调任7人。以“推进教育改革创新打造教育现代化示范市”为主题，以“能力提升”“视野开拓”为主线，以培养高素质专业化校长队伍为总目标，采用专题讲座、经验介绍、交流讨论及参观学习等方式举办中学校长暑期高级研修班，190人参训。

【学校建设】　2020年，珠海市新建和改扩建中小学10所，新增学位1.19万个；建成公办幼儿园20所，新增学位7380个。其中，凤凰中学位于香洲区梅华路北，红山路延长段西侧，校园占地面积8.05万平方

2020年9月1日，新建成的凤凰中学开学　（曾　遥　摄）

米，36个教学班；云峰幼儿园位于香洲区诗僧路东侧、TOD万科城东侧，占地面积3850.65平方米，总建筑面积5980平方米，12个教学班。

【教育科研】 2020年，珠海市教育局加强与广东省教研院和教育部基础教育课程教材发展中心合作，推进“深度学习”教学改进项目。全年完成大型学业质量监测工作5次。推进国家义务教育质量检测结果应用，印发《珠海市教育研究中心教育科研项目评审制度》，加强教育科研课题的管理。实施《珠海市教育信息化三年行动计划（2018—2020）》，持续推进信息技术深度应用。申报国家课程数字教材规模化应用全覆盖试点区。金湾区成为全省10个试点区之一。举办第三届中小学创客教育研讨会、青少年信息学奥林匹克竞赛。

【素质教育】 2020年，珠海市出台《珠海市教育局等9部门关于推进中小学研学旅行的实施意见》和《珠海市研学实践教育基地建设与管理办法》，评选出市研学实践教育基地13个。全市中小学100%参与文明校园创建，2所学校获评全国文明校园，新增32所市文明校园，1所学校获得教育部评选的落实《中小学德育工作指南》“一校一案”典型案例，1所学校入选教育部评选的首批100所“乡村温馨学校”。评选出首批市德育名校长工作室14个和第三批市名班主任工作室11个。成立市德育研究会。开展校园生活垃圾分类活动，4所学校获评省教育厅认定的“省级校园生活垃圾分类教育基地”。金凤小学垃圾分类主题舞蹈获省级表演一等奖。

【体育教育】 2020年，珠海市教育局出台《珠海市学校体育与健康教育三年行动计划（2020—2022年）》。4所获评全国校园篮球特色学校，1所获评全国校园排球特色学校。出台《2020年珠海市初中学业水平体育考试工作实施方案》，初中毕业生升学体育考试安全有序。完善学校卫生健康工作管理体系，全市所有中小学配备卫生健康副校长、卫生健康联络指导员。

【艺术教育】 2020年，珠海市推进学校艺术特色项目创建，对全市11个校园艺术工作室进行考核，评选出优秀工作室3个、合格工作室8个。规范艺术工作室管理，增强示范、引领、辐射作用。推进“书法进校园”工作，组织全市193名中小学教师参与“广东省教师书法作品展”。承办广东省中小学校美育改革发展成果交流活动。

【劳动教育】 2020年，珠海市教育局制定《珠海市劳动教育实施方案》，组建劳动教育和综合实践活动课程评委专家库。开发建设小学、初中、高中三个学段地方劳动教育读本。举办高中劳动教育新课标新教材教学设计优秀作品征集活动。探索劳动教育实践方式方法。全市5所学校入选广东省中小学生劳动教育特色学校。香洲区成为全国96个国家级劳动教育实验区之一（全省4个地区入选）。将劳动教育纳入教育“十四五”规划重要工作内容。将5月定为学生劳动教育主题活动月。丰富劳动教育载体，将“进校园”系列项目纳入劳动教育实施范畴。出台实施办法，挖掘教材和课程中劳动教育元素。利用市级研学基地，将劳动教育贯穿于研学实践中。珠海城市职业技术学院、珠海市理工学校获评省级劳动教育基地学校。遴选市级劳动教育实验学校20所、劳动教育实验骨干教师40人，为实验学校提供政策支持和专业指导。出台《珠海市劳动教育实验学校管理办法》，规范实验学校的工作目标、内容、评价和要求。

【教育改革创新】 2020年，珠海市教育研究中心组建更名为珠海市教育研究院。出台《高中阶段学校考试招生制度改革的实施意见》，推进高中阶段学校考试招生制度改革，形成基于初中学业水平考试成绩结合综合素质评价的高中阶段学校考试招生录取模式。《珠海市教育系统“放管服”改革实施意见（试行）》通过市政府常务会议审定。推进“县管校聘”改革工作，加强市直属学校教师调配调动的管理，做好市直属学校奖励性绩效工资增量考核分配，激发教师活力。各区教育行政部门做好教师编制“定期核定、统一管理、统一使用”，落实定期核定公办中小学校编制，实行“区管总量、局管调整、校管使用”，由区委编办对全区公办中小学教师编制实行总量核定，有效保障教师“退补相当、有序均衡”，缓解辖区教师编制严重不足的问题。出台《鼓励社会力量兴办教育，促进民办教育健康发展的实施意见》，推动民办教育实行分类管理。

【教育交流合作】 2020年，珠海市推进珠港澳教育融合发展，教育开放水平提升。秋季学期全市义务教育阶段录取港澳籍学生475人。印发《珠海市教育国际化三年行动计划（2020—2022年）》，拟定《珠澳教育合作与交流协议工作项目清单》，健全珠港澳教育行政主管部门定期会晤机制和学校间的深度交流合作关系。市人民政府和北京师范大学-香港浸会大学联合国际学院（简称UIC）签署合作协议。11月30日，市人民政府与澳门科技大学合作办学，签署《珠海市人民政府与澳门科技大学合作办学协议》。澳门科技大学设立珠海校区，落户珠海（国家）高新技术产业开发区，开设相关学科研究生层次（硕士及博士）的学位课程。12月7日，珠海市实验中学和澳门濠江中学、香洲区第十六小学和澳门妇联学校、香洲区红树湾伟才中英文幼儿园和澳门鲁弥士主教幼稚园、聚科源中英文幼儿园和澳门圣玛大肋纳学校4对珠澳姊妹学校（园）缔结线上签约。新冠肺炎疫情期间，珠海市九洲中学与澳门濠江中学通过空中课堂开展《传染病的预防——新冠病毒知多少？》线上联合抗疫课程。

【教育宣传】 2020年，珠海市创建首支教育系统媒体监督员队伍（10人）。开展教育十大亮点评选活动，评选出“珠海班”“怒江班”助力脱贫攻坚，增加优质公共学位建设，全面实施义务教育“公民同招”，疫情防控和教育教学取得“双胜利”，澳门科技大学即将设立珠海校区，遴选市中小学名教师工作室主持人69人，“5080”（公办幼儿园在园幼儿数50%，公办幼儿园和普惠性民办幼儿园在园幼儿数占80%）攻坚行动扩大公办幼儿园学位供给，评选136个中小学校特色项目培育对象，大力实施西部地区教育振兴攻坚战略，召开庆祝2020年教师节暨表彰大会等十个亮点。市教育局官方微信公众号“珠海特区教育”编发350期，931篇，总阅读量1117.88万次。

【校园安全】 2020年，珠海市实现校园安全“三个百分百”（安装与公安部门联网的校园一键报警系统、配备专职的安保人员、校园封闭化管理），“特保进校园”100%全覆盖，“广东省重点单位来访人员登记系统”全面推广应用。落实安全工作责任制，市教育局与各区教育行政部门、各高校、各直属学校签订《安全稳定工作责任书》。做好扫黑除恶专项斗争相关工作，保障教育系统安全稳定。开展第四届“平安校园”安全知识竞赛，竞赛参与逾100万人次，创历史新高，其中，学生29.7万人、家长逾70万人，参与率99.4%。全面排查整改教育系统森林防火及消防、危化品、防风防汛、校车管理及交通安全、防溺水等重要领域安全隐患。推进毒品预防教育“6·27”工程，开展“九个一”（上一堂禁毒知识法制课，召开一次禁毒主题班会，写一篇禁毒心得体会，制作一份禁毒手抄报，举行一次队旗下宣誓，看一场禁毒影视片，给父母写一封禁毒告诫信，小学、初中、高中毕业生分别举行一次禁毒宣誓，组织学生参观一次禁毒教育基地和公安强制戒毒所）活动。全市在校学生接受毒品预防教育覆盖率100%。联合交警支队对全市1150名校车司机、2300名随车照管员进行安全培训。开展以“珍爱生命、严防溺水”为主题的中小学生（幼儿）“预防溺水”专题教育活动，排查梳理溺水安全隐患点386处。做好义务教育阶段招生、高校转设安全稳定工作。

【助学帮扶】 2020年，珠海市对口帮扶云南省怒江傈僳族自治州（简称怒江州）“一堂两班”（“珠海班”“怒江班”）项目成为教育帮扶示范。怒江州民族中学“珠海班”夺怒江州高考理科状元，优投上线率100%，创怒江州历史最好成绩。赴怒江州支教79人次，组织两地学校129所69对开展结对帮扶，怒江州77名教师到珠海跟岗学习。在怒江州3个普通高中开设9个“珠海班”，学生451人。在珠海5所中职技工学校培养怒江籍学生398人。按照百所学校结对帮扶、百名校长培养、百名名师培养、百名教研员培养的“四百工程”，推进阳江教育帮扶工作。26名骨干教师赴西藏、新疆支教。对口四川甘孜州、重庆巫山县教育帮扶，完成4所“一帮一”结对帮扶学校，两地56人次到珠海跟岗学习。签署《黑河市教育局与珠海市教育局2020年交流合作项目》，5所学校签订结对协议。

【网络教学】 2020年，珠海市教育局抓实新冠肺炎疫情防控期间线上教育的保障工作，确保“学生不掉队、教育有质量”。严格落实“一区一策、一校一案”，按照分层分类的原则推进教学工作。由行政区教科研部门牵头遴选本区各年级各学科名师，由名师统一授课，功能区充分利用行政区优质课程资源，做好答疑解惑、巩固练习及作业反馈等教育教学管理。直属学校（普通高中）因校际差异较大，结合网络、资源和师生实际情况，灵活制定线上教育实施方案。中学阶段毕业班和非毕业班教学组织方式不同，毕业班普遍采取行政班教学组织方式，非毕业班采取分层大班教学。采取直播互动、电视点播、

2020年2月17日，珠海市香洲区第二小学数学老师李雪华在直播上课（朱　习 摄）

资源使用等多管齐下的方式开展线上教育。义务教育阶段以电视点播方式为主，开通特别直播频道，同时以网络学习空间、即时通讯工具以及其他软件、小程序辅助交流答疑。全市大量在线课程入驻“粤课堂”，供全省中小学学生在线学习。线上教育课程点击量1500万人次。中国日报网、中国网、中华网、凤凰网、搜狐网、澎湃新闻等媒体均对珠海市线上教育情况进行报道。

【卫生健康副校长工作制度】 2020年，珠海市教育局联合市卫生健康局，从市人民医院、中山大学第五附属医院、市中西医结合医院等9所医院选聘23所市直属学校（含校区）的兼职卫生健康副校长（简称健康副校长），3月1日起就职。印发《珠海市直学校兼职卫生健康副校长工作制度（试行）》，明确、规范健康副校长的职责。健康副校长兼职不兼薪，为公益服务，优胜劣汰，不合格或工作上力不从心者申请退出，市卫健局及时选派优秀医务人员予以补充。健康副校长任期为3个学年，进入学校领导班子，参加校务会，制定中长期学校卫生发展规划和年度工作计划，具体职责包括维护师生身体健康、生命安全，普及健康知识，推动医院和学校建立卫生应急协作长效机制，提升师生防范突发急性传染病和应对突发事件的自我防疫意识和自救互救能力，为学生健康保驾护航。

【2020粤港澳大湾区中小学校长论坛】 2020年11月13—15日，由广东省教育研究院、香港校长专业发展促进会、澳门中华教育会、珠海市教育局主办，珠海市教育研究中心承办的2020粤港澳大湾区中小学校长论坛在北京师范大学珠海校区举行。论坛以“新时代立德树人与粤港澳大湾区中小学校长的责任担当”为主题，分“构建德智体美劳全面发展的培养体系；健全课程、教材、教学、评价体系”等6个议题。来自广东省大湾区9市、香港特别行政区、澳门特别行政区三地逾300名中小学校长参加论坛。

（李国艺　郑颖梅）

【《珠海市中小学生减负工作实施方案》出台】 2020年10月16日，珠海市教育局等九部门联合印发《珠海市中小学生减负工作实施方案》（简称《减负方案》）。《减负方案》通过探索“轻负担、高质量”的发展路径，设定“减量不降标，减时不降效，减负不降质”的目标，促进学生成长成才。《减负方案》从学校、家庭、校外培训机构、政府4个方面提出8部分19项具体减负举措，要求学校优化课堂组织形式、调整学生作业结构、合理安排在校时间、做好校内课后服务等；家庭教育联动推进，具体包括树立科学教育观念、引导健康生活、强化协同育人；校外培训机构规范发展；政府强化管理责任，认真履行对校外培训机构监管职责、强化在线培训监管、加强“进校园”管理、完善教育评价管理、规范招生入学行为等。（朱　见）

【青少年科技活动】 2020年10月11日，第二十届广东省青少年机器人大赛珠海选拔赛暨珠澳青少年机器人交流展示活动在珠海市九洲中学举行。全市68所学校（机构）116支队伍390余名师生参加。11月28—29日，第二届珠海市青少年机器人大赛暨珠港澳青少年机器人横琴邀请赛在珠海国际会展中心举行。珠港澳137所中小学校的500余支参赛队伍、2000余名中小学生参加。12月6日，珠海市教育局和市科协联合举办第三十六届珠海市青少年科技创新大赛，评选出95项发明创造奖、60篇科学论文奖、28项优秀科技实践活动奖。（详见P183“第三十六届珠海市青少年科技创新大赛”，P184“第二十届广东省青少年机器人大赛珠海选拔赛”“第二届珠海市青少年机器人大赛”）

基础教育

【学前教育】 2020年，珠海市有幼儿园360所，在园幼儿8.80万人，招生3.17万人，毕业2.78万人。幼儿园教职工1.35万人，其中，专任教师6780人。新增公办幼儿园学位3.52万个（含从民办幼儿园购买学位2.31万个），公办幼儿园在园幼儿数占53.58%，公办幼儿园和普惠性民办幼儿园在园幼儿数占86.07%，完成学前教育目标任务。55所城镇小区配套幼儿园全面完成治理。发布市级规范办园行为督导报告。全市新增市级幼儿园4所。

【义务教育】 2020年，珠海市有小学137所，在校生18.60万人，招生3.19万人，毕业2.74万人，全市小学专任教师8205人。有初中60所，在校生7.33万人，招生2.66万人，毕业2.10万人；初中专任教师6194人。全市公办小学录取学生2.61万人，比上年增加3.5%，公办初中录取学生2.15万人，增加7.4%。全市民办小学招生计划1.07万人，实际录取5896人；民办初中招生计划为6666人，实际录取4946人。出台《珠海市中小学生减负工作实施方案》《珠海市教育局关于面向中小学生的全市性竞赛活动的管理办法（试行）》，引导树立正确的减负观。全市新增市一级民办中小学校1所。

【普通高中教育】 2020年，珠海市有普通高中20所，在校生3.34万人，招生1.19万人，毕业1.03万人，普通高中专任教师3416人。市教育局落实《珠海市普通高中质量提升行动计划（2019—2023年）》，提高普通高中办学质量，印发《珠海市卓越高中、优质特色高中创建工作方案》。组建新一轮办学联盟和集团化办学学校，11所普通高中参与集团化办学、跨学段联合、同学段联盟，推动优质资源共享、优势互补、合作共赢。制定《珠海市普通高中同等学力认定办法》。开展普通高中违规跨地市招生专项治理，规范普通高中办学行为。高考成绩位于全省前列，2人总分进入全省文科前20名和理科前50名，10人总分进入全省文理科前100名。全市普通高中考生1.08万人，本科上线率67.03%，高分优先投档线上线率23.46%。

中等职业教育

【概况】 2020年，珠海市有中等职业学校12所，在校生2.96万人，招生1.11万人，毕业7712人，教职工1803人（含专任教师1417人）；其中，技工学校5所，在校生1.03万人，招生4462人，毕业2147人，专任教师465人。有普通中专2所，在校生4063人，招生1246人，毕业1134人，专任教师158人。有职业高中7所，在校生1.53万人，招生5434人，毕业4431人，专任教师794人。市第一中等职业学校在2020年全国职业院校技能大赛中职组分布式光伏发电的装调与运维项目中获金牌。

【职业教育转型发展】 2020年，珠海市教育局制定《关于中等职业学校精品在线公开课程认定试行办法》《珠海市关于职业教育“双精准”示范专业培育指导意见》，促进职业学校教育教学和实训水平提高。制定珠海市职业教育公共实训基地方案，纳入市第一中等职业学校、市理工学校整体搬迁建设方案。市教育局与市人力资源社会保障局共同建立珠海市中职教育发展联席会议制度，促进全市中职类教育和技工类教育协调发展。

高等教育

【概况】 2020年，珠海市有中山大学珠海校区、暨南大学珠海校区等10所高等学校（校区、学院），大学专任教师6811人，在校学生13.9万人。市政府与UIC协议签署。推动与澳门科技大学合作办学，签署《珠海市人民政府与澳门科技大学合作办学协议》。北京师范大学珠海校区顺利完成当年招生工作，教育学、心理学等16个优势学科团队落户珠海校区取得初步成效。暨南大学科技创新楼一期工程投入使用。“天琴计划”、南海海洋科学与工程广东省实验室（珠海）建设及暨南大学珠海校区国外高水平院士团队项目的落地、发展取得新成效。

【中山大学珠海校区】 2020年，在校学生1.17万人，教职工1742人，专任教师821人，招生2329人，毕业生2452人。院系设置有中国语言文学系（珠海）、历史学系（珠海）、哲学系（珠海）、国际金融学院、国际翻译学院、国际关系学院、旅游学院、数学学院（珠海）、物理与天文学院、大气科学学院、海洋科学学院、地球科学与工程学院、化学工程与技术学院、海洋工程与技术学院、中法核工程与技术学院、土木工程学院。“天琴计划”和校区基础设施基本完成。位于广东省珠海市香洲区唐家湾镇唐家社区大学路2号，占地面积为3.57平方千米，基本形成学士—硕士—博士完整的人才培养体系。

【暨南大学珠海校区】 2020年，在校学生5468人，教职工392人，专任教师205人，招生1320人，毕业生1200人。设有人文学院、翻译学院、国际商学院、包装工程学院、智能科学与工程学院/人工智能产业学院、国际能源学院等6个专业学院；轨道交通研究院、物联网与物流工程研究院、先进与应用化学合成研究院、能源电力研究中心等研究机构；17个本科专业，涵盖文、经、管、法、工等学科门类；有社会学一级学科硕士学位授权点，国际商务、包装工程、智能信息处理、翻译学4个二级学科硕士学位授权点。拥有12个研究中心（所）和9个综合实验室（内含33个分实验室）。科技创新楼一期工程投入使用。国外高水平院士团队项目的落地、发展取得新成效。位于香洲区前山路206号。

【北京师范大学珠海分校】 2020年，北京师范大学珠海分校在校学生1.61万人，教职工1105人，专任教师936人，招生2103人，毕业生5210人。设有文学院、教育学院、管理学院、信息技术学院、不动产学院、物流学院、法律与行政学院、设计学院、艺术与传播学院、外国语学院、工程技术学院、应用数学学院、运动休闲学院以及国际商学部14个学院（部），涵盖8大学科门类61个本科专业，形成以经济类、管理类及工科类等应用型学科为主体，教育类学科为特色，文学、艺术、法律、理学等传统学科协调发展的综合性学科布局。位于香洲区唐家湾金凤路18号。

【北京师范大学珠海校区】 2020年，北京师范大学珠海校区在校学生3276人，教职工102人，专任教师90人，招生1307人。优化调整学科专业，落实教育学、心理学等16个优势学科团队落户珠海校区取得初步成效。该校区是北京师范大学建设“综合性、研究型、教师教育领先的中国特色世界一流大学”的重要组成部分，是按照学校“一体两翼”办学格局和“高标准、新机制、国际化”原则，打造的与北京校区同一水平的南方校区。2017年8月，广东省、珠海市、北京师范大学共同签署《共建北京师范大学珠海校区协议》，三方协力共同推进北京师范大学珠海校区建设。位于香洲区唐家湾镇金凤路18号。

【北京理工大学珠海学院】 2020年，在校学生2.24万人，教职工1415人，专任教师1266人，招生4512人，毕业生6266人。设有信息学院、计算机学院、工业自动化学院、航空学院、材料与环境学院、商学院、会计与金融学院、民商法律学院、外国语学院、设计与艺术学院、数理与土木工程学院、布莱恩特学院、中美国际学院、马克思主义学院、荣誉学院、创业学院、继续教育学院、体育部18个专业学院（教学部）。有61个本科专业，其中，理工科专业34个。专业结构对接通用航空、电子信息、智能制造、软件、化工、集成电路、智能电网、新能源汽车、物联网、大数据、3D打印等粤港澳大湾区重点发展的支柱产业。形成工学类专业集成度高、专业体系与产业链关联度高、专业布局与珠三角主导产业吻合度高的应用型特色明显的专业体系。位于香洲区唐家湾金凤路6号。

【吉林大学珠海学院】 2020年，在校学生3.8万人，教职工1444人，专任教师1308人，招生8155人，毕业生8196人。设有25个二级学院、63个本科专业，涵盖经济学、法学、文学、理学、工学、医学、管理学、艺术学、教育学9大学科门类。拥有省级重点学科3个、市级优势学科3个、校级重点学科15个，拥有联合国世界旅游组织旅游教育质量认证项目2个、国家级一流本科专业建设点2个、省级一流本科专业建设点1个、省级特色专业13个、转型试点发展专业7个。位于金湾区三灶镇安基东路8号。

【遵义医科大学珠海校区】 2020年，在校学生5405人，教职工482人，专任教师349人，招生1156人，毕业生1454人。设基础教学部（基础医学部）、第二临床学院、医学影像学系、口腔医学系、护理学系、生物工程系、外语系、人文社会科学公共教学部（马克思主义学院）等8个教学院部系。本科开设有临床医学、口腔医学、医学影像学、护理学、生物工程、药学、英语、商务英语、社会体育指导与管理9个专业，医学类专业在全国一半以上的省份实现一本招生，临床医学、口腔医学、护理学为国家级特色专业。研究生教育涵盖4个学科门类，其中，一级学科硕士学位授权点7个，二级学科硕士学位授权点27个，专业学位授权点4个。有包括30余家“三甲”医院在内的72个实践教学基地，与广东省多家医院联合培养临床医学研究生。位于金湾区金湾路368号。

【北京师范大学–香港浸会大学联合国际学院（简称UIC）】 设有工商管理学部、文化与创意学部、人文与社会科学学部和理工科技学部4个学部，下设23个专业方向。拥有一支来自30多个国家和地区的师资队伍，实施全英文教学。本科毕业生学成后获颁UIC毕业证书和香港浸会大学学士学位，在国内外均获认可。2020年，在校学生7362人，教职工928人，专任教师467人，招生2023人，毕业生1410人。6月30日，珠海市人民政府和UIC签署合作协议，再提供36.69公顷办学用地，用于校园二期建设。位于香洲区唐家湾金同路2000号。

【广东科学技术职业学院】 2020年，在校学生2.93万人，教职工1297人，专任教师838人，招生1.32万人，毕业生7594人（数据含广州校区，学院不分别统计）。设有计算机工程技术学院（人工智能学院）、商学院、应用外语学院、旅游学院、文化与传媒学院、机器人学院、机械与汽车学院、建筑工程学院、艺术设计学院、财会与金融学院、体育健康学院、广州学院、马克思主义学院、国际合作学院、创新创业学院、继续教育学院16个二级学院；设有广东省人才研究所、高职教育研究所、电子与信息技术研究所、软科学研究所4个科研机构。珠海校区位于珠海大道65号。

【珠海城市职业技术学院】 2020年，在校学生7809人，教职工482人，专任教师356人，招生3804人，毕业生2020人。对接珠海产业布局，设电子信息、机电工程、旅游管理、物流管理、社会工作和艺术设计等6大专业群。与格力电器、微软、三一重工、珠海港控股集团、华发集团、长隆等193家企业开展不同形式的合作，与格力电器合作共建“格力明珠产业学院”，与珠海港控股集团合作共建“珠海港企业大学”。专业直接对接珠海高端产业比例达到90%。位于金湾区西湖城区金二路。

【珠海艺术职业学院】 2020年，在校学生4414人，教职工345人，专任教师175人，招生1275人，毕业生1738人。设有音乐舞蹈学院、艺术设计学院、经济管理学院和文化与旅游学院，开设包括国家级骨干专业首饰工艺与设计、省级重点建设专业环境艺术设计、音乐表演及舞蹈表演，以及播音与主持、工商企业管理、旅游管理和商务英语等在内的34个专业，涵盖艺术学、管理学、经济学等5大学科门类。形成以艺术教育为特色，文经管协调发展的办学格局。位于金湾区广安路2号。

民办教育

【概况】 2020年，珠海市民办学校（中小学）有38所，其中，九年一贯制学校15所、十二年一贯制学校4所，完全中学学校2所，小学17所。分布情况为市直属3所、横琴新区3所、香洲区21所、金湾区2所、斗门区7所、高新区2所。学生总数5.92万人，其中，中学生1.29万人、小学生4.62万人。参与民办学校办学的企业集团有汇华控股集团、华发集团有限公司和格力地产股份有限公司等。珠海容闳学校是省一级学校，获得“中国民办十大知名品牌学校”“全国校园足球特色学校”“中华文化传承基地”“珠海市国学特色学校”“珠海市美术特色学校”等称号。珠海新世纪学校党建工作扎实，被评为广东省基础教育党建工作示范校。

【民办教育分类改革】 2020年，珠海市教育局推进民办教育分类改革。出台《珠海市人民政府关于鼓励社会力量兴办教育促进民办教育健康发展的实施意见》，推动民办教育实行分类管理，创新体制机制，完善制度设计，加强规范管理，提高办学质量，推动民办学校优质特色发展。制定《珠海市直属民办普通中小学校年检办法（试行）》，规范民办学校年检工作。建立健全支持非营利民办学校发展的用地、财政、收费和教师待遇保障政策。完善公办、民办学校教师合理流动机制，将民办学校教师队伍建设纳入教师队伍建设整体规划，提升师资水平。

【民办教育品牌建设】 2020年，珠海市探索民办学校多元主体合作办学，完善民办学校办学质量督导评估体系。实施民办学校品牌提升计划，重点建设一批制度规范、质量良好、特色鲜明、潜力突出的民办学校，提升民办学校教学质量和办学水平。发挥横琴新区地域优势，扶持发展一批国际化特色学校。香洲区重点实施《香洲区民办教育质量提升计划》，采取加强党建引领、教育教学质量直接与年检结果及学校收费相挂钩、公民办学校“一对一”结对帮扶、加强民办教师培训等措施，帮助民办学校教育质量迈上新台阶。

特殊教育

【概况】 2020年，珠海市有特殊教育学校2所，在校生632人，招生75人，毕业25人，教职工227人，其中专任教师165人。专任教师本科以上学历达161人，占专任教师总人数的97.58%（研究生26人，本科生135人）。有序推进残疾学生入学工作，残疾儿童少年义务教育入学率达到100%。落实《珠海市第二期特殊教育提升计划》，保证招收5人以上残疾学生的普通学校建有1所资源教室，持续开展非特殊教育专业教师“持证上岗”培训和融合教育骨干教师培训，提高全市教师队伍的特殊教育专业水平。

【特殊教育专业支持体系建设】 2020年，珠海市建立市特殊教育发展联席会议制度和残疾人教育专家委员会，规范残疾儿童少年入学工作，健全残疾儿童入学评估机制，加强市级统筹和跨部门合作。各区在年底前分别依托特校、教师发展中心或有条件的普通学校，建立区级特教指导中心，构建全市融合教育三级支持体系，开展特殊教育教研活动、教师专业培训、随班就读学生管理、资源教室运作等工作。市教育局在第二届粤港澳融合教育论坛上作为地市代表进行主题发言，分享珠海市融合教育推进的工作经验，分享在政策制度、财政经费、基础设施、师资队伍、教研培训方面提供的保障措施以及在随班就读工作模式、健全融合教育支持体系和跨部门合作机制三个方面进行的探索活动，展示全市入学“零拒绝”、特色融合活动、持证上岗培训、区级巡回指导、专业教师队伍、形成良好氛围等方面的亮点。

（李国艺　郑颖梅）

科学技术

综　述

【概况】 2020年，珠海市R&D（研究与开发）经费支出占GDP比重3.15%，排名全省第二；734家企业通过高新技术企业认定，总数2101家；拥有省级新型研发机构16个，省级以上创新平台293家；科技型企业孵化器36家，众创空间36家，加速器1家，在孵企业1306家。全市承担国家及省科技专项8个。经登记技术合同371项，技术合同成交额40.10亿元，其中技术交易额32.74亿元。全市有省领军人才15人，省级创新创业团队8个，市级创新创业团队100个，市级院士工作站12家。首都科技发展战略研究院和中国社会科学院城市与竞争力研究中心联合发布的《中国城市科技创新发展报告2020》显示，珠海科技创新发展指数在全国289个地级及以上城市中排名第十一位，地级市排名全国第二。实施粤港澳大湾区个人所得税优惠政策人才认定，有103个单位、319名境外高端人才个税优惠通过审核认定，补贴金额5513万元。

【科技政策】 2020年，珠海市出台《关于进一步促进科技创新的意见》《珠海市进一步促进科技创新若干政策》，配套制定《珠海市科技创新专项资金管理试行办法》《珠海市科技计划项目验收管理办法》《珠海市高成长创新型企业（独角兽企业）培育库入库管理办法》《珠海市创新创业团队和高层次人才创业项目变更管理办法》《珠海市珠港澳科技创新合作项目管理办法》《珠海市社会发展领域科技计划项目管理办法》《珠海市区域性地震安全性评价实施细则》，为引领经济高质量发展提供有效政策支撑。全年举办各类政策宣讲活动34场。统筹推动国家科技成果转移转化示范区、国家自主创新示范区建设。

【科技项目投入】 2020年，珠海市地方财政科技投入52.41亿元，占本级财政支出7.63%；其中，市科技创新局下达资金2.29亿元，包括高企培育专项经费6450万元，核心与关键技术攻关经费1840万元，独角兽企业培育经费920万元，人才专项经费7576万元，社会发展领域科技计划项目经费302万元，珠港澳科技交流合作项目经费528万元，“新型冠状病毒感染防治”应急科技攻关专项项目资金1092万元。英诺赛科（珠海）科技有限公司、珠海飞马传动机械有限公司等承担的8个项目申报省重点领域研发计划，获得8900万元经费支持。

【科技金融】 2020年，珠海市发挥财政资金引导作用，增强对科技型中小企业融资需求的支持力度。落实《珠海市科技信贷和科技企业孵化器创业投资风险补偿金资金管理办法（试行）》，与中国银行珠海分行、建设银行珠海分行、工商银行珠海分行等12家银行建立合作。合作银行向科技企业提供科技信贷产品18项，推动新增科技信贷总额1.33亿元。修订《珠海市科技创业天使风险投资基金管理办法（暂行）》，将珠海企业投资总金额上限由原每家1000万元提高至每家2000万元，与外地引进企业的投资金额上限持平。截至年底，市科技创业天使风险投资基金完成项目投资10个，总投资7500万元。

【产学研合作】 2020年，珠海市科技创新局组织开展产学研合作及基础与应用基础研究，以事前立项形式给予每个项目最高100万元专项资金扶持。推动南方海洋科学与工程广东省实验室（珠海）建设，超过10万平方米的海洋学科楼群封顶。围绕海洋环境与资源、海洋工程与技术、海洋人文与考古三大研究领域布局建设18个创新团队，以实验室名义成功申请国家自然科学基金注册依托单位，承担国家级及省级计划项目304个，经费总额6700万元。横琴先进智能计算平台建设进展顺利，主楼九层结构施工顺利封顶。计算平台实现算力达116亿亿次/秒，并向包括部分港澳研究机构在内的140余家单位提供算力服务。11月，广东琴智科技研究院有限公司依托横琴先进智能计算平台，获批“广东省新一代人工智能开放创新平台”。

【科技创新平台】 2020年，珠海市对珠海深圳清华大学研究院创新中心、珠海中科先进技术研究院有限公司、珠海复旦创新研究院3家重大平台拨付财政资金1.4亿元。开展年度珠海市工程技术研究中心资格认定，工程中心主要涉及家电制造、电子信息（含软件）、光机电一体化、生物医药及医疗器械、新材料、能源技术等高新技术领域。截至年底，全市拥有高水平创新研究院1个，省级技术创新中心1个，省级新型研发机构16个，省级以上创新平台293家。省级以上创新平台中，含国家级重点实验室1个、省级重点实验室5个、省实验室1个，粤港澳联合实验室2个，省级工程技术研究中心284家。珠海市粤澳先进智能计算联合实验室、粤港水安全保障联合实验室入选粤港澳联合实验室，各获500万元资金支持。

【科技文献共享服务】 2020年，珠海市生产力促进中心以“珠海国际信息检索中心”为基础，建设“珠海市科技文献共享服务平台”。加强平台数据的更新扩容，引入NSTL（国家科技图书文献中心）外文文献数据库、日本科学技术信息集成系统、美国科研出版社数据库等外文数据库，以及科技报告、地方志、电子图书等特色数据库。加强平台应用推广，与高新区创新创业服务中心、斗门爱美科技园、香洲区云溪谷数字产业园等孵化器开展平台共建，通过市、区联动助力企业研发人员科技创新。全年国际信息检索中心访问量达40万次，国内数据库检索量达60万次，文献全文下载量达9.3万次，单位用户3000家。

【创新主体培育】 2020年，珠海市新增27家企业纳入市高成长创新型企业（独角兽企业）培育库，获研发启动金4400万元。全市各层级独角兽企业71家。举办第九届中国创新创业大赛（广东·珠海赛区）暨珠海市“科创杯”创新创业大赛，参赛企业218家，30家企业分获市赛一、二、三等奖及优胜奖。珠海赛区21家企业晋级广东赛区决赛，获一等奖3项、二等奖3项、三等奖4项。

【孵化育成体系建设】 2020年，珠海市拥有科技企业孵化载体73家，包括众创空间36家、孵化器36家和省级科技企业加速器1家，其中，众创空间含国家级11家、省级7家、市级7家，孵化器含国家级10家、省级8家、市级4家、粤港澳3家。科技企业孵化载体中，国家级载体21家，占比近30%，占比位列珠三角9市首位。全市在孵企业1306家，当年毕业企业113家，历年累计培育毕业企业784家，其中，上市（挂牌）33家，在孵企业（历年累计）获风险投资30.72亿元。珠海清华科技园被评为国家级科技企业孵化器A级。珠海高新技术创业服务中心、智造大街（孵化器）等7家孵化器获省运营评价“A类”。凤凰山创业谷、横琴澳门青年创业谷等3家众创空间获省运营评价“A类”。粤澳合作中医药产业园孵化器获评粤港澳科技企业孵化器。南方软件园加速器获评广东省科技企业加速器。

【科技成果与奖励】 2020年，珠海市登记科技成果104项，均为应用技术类成果。有9个项目获广东省科学技术奖，其中，珠海格力电器股份有限公司完成的“基于全样本大数据的高效多联式空调机组关键技术及应用”、珠海市人民医院牵头完成的“肿瘤精准介入治疗体系

2020 年 11 月 28 日，在珠海国际会议中心的珠澳国际人才交流大会上，举行珠海市创新创业团队项目资金颁发仪式　　（市科技创新局供稿）

与智能诊断系统的建立与推广”、珠海艾派克微电子有限公司参与完成的“电力芯片保护关键技术攻关及核心器件国产化”、珠海普生医疗科技有限公司参与完成的“泌尿系结石防治关键技术创新与推广应用”、港珠澳大桥珠海连接线管理中心牵头完成的“曲线管幕+水平控制冻结法的浅埋超大断面暗挖隧道成套建设技术”获省科技进步奖一等奖。珠海豹趣科技有限公司参与完成的“大数据场景下的安全防护与智能分析关键技术研发及应用”等4个项目获省科技进步奖二等奖。

【科技人才引进】　2020年，珠海市参展“第十八届中国国际人才交流大会”和“中国海外人才交流大会暨第二十二届中国留学人员广州科技交流会”。市科技创新局联合市人才办、市人力资源和社会保障局承办首届“珠澳国际人才交流大会”。落实“珠海英才计划”，首次设立“市外引进创业团队”。新增22个团队项目和1个人才项目入选市创新创业团队和高层次人才创业项目。截至年底，全市有省级创新创业团队8个、市级创新创业团队100个。推动建设院士工作站，建立与两院院士产学研长效合作机制，新增市级院士工作站1个并给予80万元建站资助。截至年底，全市有省级院士工作站7个、市级院士站12个，合作院士16人。

【外国专家管理】　截至2020年底，珠海市有聘请外国人单位960家，全市有效办理外国人来华工作许可的外国人1291人，其中，高端人才421人。为外国高端人才开辟“绿色通道”，新增39名外国高端人才通过审核，获签发《外国高端人才确认函》，办理外国人才签证。7家单位获省科技厅2020年度外国银龄人才引进计划立项，获资助经费140万元。2家单位获省科技厅2020年度海外名师引进计划立项，获资助经费4万元。

【科技交流与合作】　2020年7月，珠海市科技创新局出台《珠港澳科技创新合作项目管理办法》，支持珠海市高校、科研机构、企业与港澳开展科技创新合作，是全国首个从市级层面支持内地与港澳科技创新合作的政策。完成两批珠港澳科

2020 年 12 月 18 日，南方海洋科学与工程广东省实验室（珠海）与中国舰船研究设计中心、中船黄埔文冲船舶“智能型无人系统母船的设计建造合同”签约仪式举行　　（市科技创新局供稿）

技创新合作项目的申报评审，支持经费620万元。12月10日，内地与澳门科技合作委员会第十四次会议在珠海召开。市科技创新局参加会议并作题为《充分发挥腹地支撑服务作用，携手共建广珠澳科技创新走廊》的交流汇报。

【无人系统母船设计建造】 2020年12月18日，南方海洋科学与工程广东省实验室（珠海）与中国舰船研究设计中心、中船黄埔文冲船舶共同签署智能型无人系统母船的设计建造合同。智能型无人系统母船作为“智能快速机动海洋立体观测系统（IMOSOS）”的水面支持平台，系拥有远程遥控（R1）船级符号的智能型科考船，设计贯彻“未来感”“无人系统保障”“绿色智能”三大理念，具备较好的操纵性能和机动性能，能适应高环保和特殊任务场景要求，对传统海洋调查模式具有重大突破和创新意义。

（康念辉）

专利与知识产权

【概况】 2020年，珠海市专利授权量2.44万件，比上年增长28.82%；其中，发明专利授权量4362件，增长31.11%；实用新型专利授权量1.66万件，增长28.27%；外观设计专利授权量3503件，增长28.64%。企业专利授权量比上年增加5046件，增长27.93%。个人专利授权量比上年增加226件，增长35.04%。全年PCT（专利合作条约）国际专利申请522件，下降6.95%。发明专利授权占专利授权总量的17.85%，上升0.31个百分点。截至年底，全市每万人口发明专利拥有量93.90件，增长15.32件，位居全省第二，仅次于深圳。全年商标申请量3.22万件，增长24.23%。商标注册量1.80万件，下降29.84%。

【知识产权案件查处】 2020年，珠海市知识产权部门制定《强化知识产权保护的若干措施》。严格落实《专利行政执法办法》《专利行政执法操作指南（试行）》《珠海市知识产权局处理侵犯专利权纠纷操作规程》《珠海市知识产权局查处假冒专利行为操作规程》等法律规章制度。全年处理知识产权案件75件，其中，商标侵权案件42件，罚没11.35万元；专利侵权纠纷案件立案12件，电商案件20件，假冒专利案件1件，全部结案。

【知识产权专项检查】 2020年，珠海市发出《关于加强2020年春节期间知识产权保护相关工作的通知》。知识产权部门人员深入超市、市场、商场开展知识产权保护专项检查，检查商标、专利、地理标志、官方标志、特殊标志、奥林匹克标志等商品1300余件。未发现假冒商标、专利、地理标志产品。

【知识产权行政裁决与调解】 2020年，珠海市推进知识产权纠纷行政调解工作，制定《专利侵权纠纷行政裁决试点建设工作方案》。建立完善珠海市知识产权纠纷调解与维权援助专家库。依托中国（珠海）知识产权保护中心，探索建立珠海市知识产权调解中心和知识产权人民调解委员会。调解委员会由市市场监督管理局、中国（珠海）知识产权保护中心、市公证处、珠海仲裁委员会、市律师协会、市知识产权保护协会、市商标协会单位人员组成。全面开展知识产权纠纷行政调解工作。

【重点企业知识产权保护直通车】 2020年，珠海市知识产权部门通过认定知识产权领域红黑名单，对守信创新主体进一步激励，将知识产权违法违规行为纳入失信黑名单，联合相关部门进行联合惩罚，约束其相关生活、生产、经营行为，形成强大震慑力。全年认定红名单34家，无黑名单企业。建立重点企业知识产权保护直通车制度，在高新技术企业、规模以上企业中选取知识产权数量多、质量高的企业，建立知识产权保护重点企业库，为知识产权重点保护企业进行维权指导、知识产权风险评估指导。推荐省级重点保护企业9家，认定市级重点保护企业114家。成立知识产权纠纷调解与维权援助专家库，首批入库专家19人。

【展会知识产权维权援助】 2020年，珠海市知识产权部门在珠海市内举办的重点展会设立知识产权纠纷投诉站，选派知识产权维权援助专家开展知识产权纠纷调解工作，为展会提供有效的知识产权纠纷解决途径。选派专家30人次，入住珠海国际工业博览会、珠澳汽车展等重点展会，为参展商提供40余起知识产权咨询与指导服务。

【企业知识产权海外护航指导】 2020年，珠海市知识产权部门选派维权援助专家，指导和帮助珠海天威飞马打印耗材、纳思达股份有限公司积极应对珠海企业在美国337调查。成功赢得美国337-TA-1106“万向节”齿轮案，为美国337调查困扰的中国兼容耗材企业海外维权增加信心、积累应对经验。

【《珠海经济特区技术秘密保护条例》立法调研】 2020年，珠海市知识产权部门根据市人大法工委工作安排，通过问卷摸底、走访企业、政企座谈会等形式，对全市企业技术秘密保护相关情况开展立法调研。完成《珠海经济特区技术秘密保护条例立法项目调研报告》，报市司法局审核。 （郑 方）

气 象

【气象监测与预报】 2020年，珠海市发布台风、暴雨、寒冷、大雾等10类预警信号208次，其中，台风预警信号17次、暴雨预警信号71次、雷暴预警信号46次、雷雨大风预警信号33次、森林火险预警信号17次。气象部门向各级防灾责任部门和决策人员发送重大气象信息快报122期、防灾决策气象短信发送688条，送达228万人次。科普、防疫、森林火险等各类气象服务信息送达公众超过5亿人次。

【气象服务】 2020年，珠海市突发事件预警信息发布平台功能提升，实现连接市、区两级政府及应急、交通、口岸等27个部门，成为各部门应急信息的权威发布窗口。“珠海天气”融媒体传播效力增强，原创气象推文内容获“今日头条”超1亿次的系统推荐，其中台风“海神”相关文章被系统推荐至1690万用户。微信公众号年平均阅读率多次排名全省气象部门第一，作为优秀案例在全省会议作分享并受到表扬。

【气象依法行政】 2020年，珠海市按照《广东省气象灾害防御重点单位气象安全管理办法》要求，组织开展“珠海市气象灾害防御重点单位”名录更新，确定83个单位进入2020年气象灾害防御重点单位名录。实施工程建设项目区域气候可行性论证，制定《珠海市区域气候可行性论证实施细则（试行）》。完成横琴、保税、金湾、高新、高栏、斗门、香洲7个区（功能区）的区域性气候可行性论证和雷电灾害风险评估。2月1日，《珠海经济特区防台风条例》施行。

【气象现代化建设】 2020年，珠海市新建气象数据北斗卫星传输系统，在港珠澳大桥珠海段增设自动气象监测站10个，在平沙大气探测基地增设“台风大风观测试验”气象设备，高栏港和香洲港各安装激光能见度仪1套，东澳岛安装潮汐仪1套，外伶仃岛增加负氧离子监测设备1套。基于雷达数据的短时临近预报系统获得市发展改革局批复立项。研发智慧海洋气象服务平台，完成智慧气象服务系统一期项目前期工作。珠海市气象灾害监测预警中心项目前期工作进展顺利。

【防雷减灾安全监督】 2020年，珠海市开展气象防灾减灾知识和《广东省气象灾害防御重点单位气象安全保障服务规程》等法规宣传，开展气象防雷安全生产工作。加强防雷安全网格化管理，开展巡查和防雷安全隐患排查，严格执行“发现隐患—发整改意见书—整改完毕—检测合格落实”的“闭环管理”制度。

【气象合作】 2020年，珠海市基于珠海与澳门共建的全国首台S波段双偏振天气雷达和全国首个X波段相控阵天气雷达系统，加强珠澳联合天气会商、预警协同发布，针对灾害天气和重大天气过程，两地气象部门通过互联网、电话等方式开展线上天气会商30次，通过视频连线开展台风预报预警专题技术交流。两地气象部门开展预报产品

2020年11月2日，第十九届三特区（深圳、珠海、汕头）气象工作会议在珠海市气象局召开 （林泽金 摄）

共享，开放相互访问的预报产品53种。协助澳门申请增设珠澳气象专线，获国家气象局批复同意。开展气象数据应用开发合作。11月2日，第十九届三特区（深圳、珠海、汕头）气象工作会议在珠海市气象局召开。省气象局、深圳市气象局、汕头市气象局负责人及气象部门业务相关人员参加会议。

【气象职业技能提升】 2020年，珠海市气象局所组团队在全省气象行业职业技能竞赛中获得团体第三名，在全省公共气象服务技能竞赛中获得团体第四名。2人被省人力资源和社会保障厅授予“广东省技术能手”称号。全年增加正、副研级高级工程师各1人，工程师3人。实现正研级高级工程师零的突破，成为全省第二个培养出正研级高级工程师的地级市气象部门。

【气象科普宣传】 2020年，珠海市按照气象科普和防灾减灾知识宣传三年（2019—2021）全覆盖计划，重点围绕《珠海经济特区防台风条例》等法律法规，普法宣传覆盖多个群体。在“全国防灾减灾日”等时间节点，开展全景VR“云游”气象局等线上科普宣传活动。气象科普之台风防御系列作品被广东省科技厅列为广东省科技计划项目。全年开展气象防灾减灾宣传讲座、座谈等活动806场。 （杨丽蓉）

防震减灾

【概况】 2020年，珠海市完成年度及各季度地震趋势分析报告。应对1月5日万山海域3.5级及4月22日莲塘湾附近海域M2.2级地震影响，做好震情核实通报、舆论引导和市民安抚工作。印发《珠海市区域性地震安全性评价实施细则》。在各区开展区域性地震安全性评价试点工作。新建地震应急避难场所6处。协助省地震局部署安装国家预警工程地震预警信息发布终端（屏）示范点4个。市科技创新局与应急、气象部门联合创建综合减灾示范社区17个。在全市开展建设工程地震安全监管检查行动。

【震情通报】 2020年1月5日，珠海市香洲区附近海域（北纬22.07度、东经113.85度）发生3.5级地震；4月22日，莲塘湾附近海域（北纬22.0度，东经113.4度）发生M2.2级地震，部分市民有震感。市科技创新局迅速响应，核实震情信息，向市政府、市应急办通报震情，并及时配合新闻媒体回应社会关切，安抚市民、平息谣言，做好舆论引导和维稳工作。全体人员返岗值守，密切跟踪后续震情，处理市民来电咨询，消除市民疑问。两次地震均未造成进一步恐慌，未造成人身和财产损失。

【防震减灾科普教育】 2020年，珠海市创建防震减灾科普教育基地3个。通过举办防震减灾科普讲座、防震减灾科普巡展、防震减灾教育视频放映、线上宣传防震减灾科普知识等活动，开展防震减灾科普教育。5月12—30日，在市府大院及工商大厦开展防震减灾科普巡展。5月，联合市教育局开展“防震减灾宣传月”专题活动，组织全市幼儿园及中小学收看防震减灾教育视频课，观看量逾30万人次。10—12月，组织全市各防震减灾科普教育基地开展防震减灾科普讲座9场，受众3000余人次。印刷《防震减灾基本知识手册》6万册、宣传折页25万张、海报1万份，分发到中小学校和社区。利用官方网站、微信公众号等新媒体平台为市民推送防震减灾科普知识及视频9条。

【应急避震演练】 2020年，珠海市科技创新局组织香洲区梅华街道翠东社区、翠前社区，斗门区井岸镇朝阳社区，金湾区红旗镇藤山社区的居民开展地震应急疏散演练，约1200名市民参与活动；组织香洲区第十七小学、斗门区实验小学、金湾区红旗镇军建小学等9所学校开展地震应急疏散演练活动，1.1万名师生按照演练方案模拟地震来临时的紧急避险逃生。系列活动提升市民和学生的临震应急反应能力和自救能力。 （康念辉）

社会科学

【概况】 截至2020年底，珠海市社会科学界联合会（简称市社科联）依托驻珠高校和事企业单位设立社科研究基地26家，有社科研究人员130人，其中，高级职称50人，中级职称80人。市社科联对11家研究基地的16个课题进行资助，扶持经费总额21万元。“粤港澳大湾区”合作发展研究基地申报的《新形势下珠海实现创新驱动发展的动力机制及路径选择》、横琴创新发展研究基地申报的《横琴与澳门旅游业深度合作研究》和生态文明建设研究基地申报的《珠海工业生态升级高质量发展路径研究》3个项目获重点扶持。特色课题有《新形势下珠海科技型中小企业的发展困境及对策研究》《粤港澳大湾区背景下珠海参与新媒体信息平台建设与提升策略研究》《珠海碑刻文献整理与研究》。

【社会治理研究】 2020年，珠海市哲学社科规划2019—2020年度课题结项的188个项目中涉及社会治理方面的项目27个，其中，《粤港澳大湾区信用治理之法治化研究》获1万元资助，于10月结项；《大湾区背景下党建引领社会组织深度参与社区治理探索研究》在珠海市法学会主办的《珠海法治》“法学研究”专刊发表；《粤港澳大湾区创新创业法治保障协调机制研究》被市委办《每日汇报（4月23日）》第七十二期采纳使用。5—10月，免资助项目陆续通过申请鉴定获得结项。

【粤港澳大湾区建设研究】 2020年，珠海市哲学社科规划2019—2020年度课题结项的188项项目中涉及粤港澳大湾区建设的项目47项，内容涉及文化、旅游、航空、物流、金融、教育、人才、法治、养老、体育、科技、电商、新媒体、大数据、公共服务、乡村振兴等方面。《大湾区背景下粤港澳媒体融合协同发展路径研究》《粤港澳大湾区背景下提升珠海城市文化软实力策略研究》《粤港澳大湾区规则对接与协同推进区域高端产业链发展研究》《粤港澳大湾区背景下珠海市人才引进策略研究——基于珠海市本科毕业生从事教育岗位数据分析》等项目，分别获得1万元资助。《粤港澳大湾区背景下 提升珠海城市文化软实力策略研究》项目成果见于市委办《每日汇报》。《粤港澳大湾区规则对接与协同推进区域高端产业链发展研究》的成果在相关期刊发表。

【地方文化研究】 2020年，珠海市社科联调动高校资源，在“红色三杰”、非遗物质文化、红色文化传播、粤港澳大湾区背景下的文化产业等方面研究出一批课题成果。《苏兆征工人运动思想研究》《珠海红色文化大众化的精准传播策略研究——以杨匏安精神为例》分别获5000元资助，《湾区背景下珠海红色资源与社会主义核心价值观互构路径研究》获1万元资助。《珠海城市文化名片设计及其宣传路径研究》《珠海红色文化的动画传播研究》等免资助项目取得成果。《珠海红色文化大众化的精准传播策略研究——以杨匏安精神为例》课题论文、《移动互联网传播背景下红色文化价值实现的话语建构策略分析》在《通讯世界》第九期发表。《珠海城市文化名片设计及其宣传路径研究》论文成果公开发表于《艺术品鉴》《质量与市场》，设计成果发布于微信公众号等媒体平台。

【社科活动月】 2020年10月10—31日，珠海市社科联与市委宣传部共同主办以“牢记特区使命，共筑湾区梦想”为主题的珠海市第十六届社科普及月活动。全市开展社科普及活动127场，内容涵盖哲学、时政、心理学、法律学、非遗文化、健康管理、美学、传统文化等学科。活动被“学习强国”、观海传媒、文明珠海、《珠海特区报》、《珠江晚报》、珠海电视台、珠海电台先锋95.1、珠海社科网站、珠海社会科学微信公众号、各高校、社团网站等多家传统媒体和自媒体广泛宣传报道，受众2万人次。

（钱雪琴）

文化艺术

文艺创作

【概况】 2020年，珠海作家创作出版长篇报告文学3部、长篇小说1部，儿童诗集1部，在《诗刊》《中国作家》《作家》等刊物发表文学作品100余篇（首）。1部作品入选中国作家协会重点扶持项目。1部作品入选广东省作家协会重点扶持项目。5位珠海画家作品入选中国美协主办的美术展览并获奖。7位画家的作品入选广东省文化和旅游厅或广东省美术家协会举办的美术展览并获奖。4位珠海书法家作品入选中国书法家协会举办的书法篆刻展。10位珠海书法家作品入选广东省书法家协会举办书法篆刻展。12位珠海作曲家的15部作品在国家级平台展播。各艺术门类获全国艺术奖或入选全国展览、展演61项，入选省级展览、展演132项。

【文学】 2020年，珠海作家在《诗刊》《作家》《散文》《作品》《草堂》等文学刊物发表小说、诗歌、散文、报告文学、文学评论100余篇（首）。曾平标长篇报告文学《初心——粤港澳合作中的横琴故事》、《扶贫状元陈开枝》（与人合作）和《奋斗与辉煌——广东小康叙事》（与人合作）由花城出版社出版。卢卫平组诗《大海的驼队》17首在《作家》发表，《馈赠》组诗在《广州文艺》发表。耿立《时光的脚丫》（儿童诗集）在希望出版社出版，散文《羊的们》在《芙蓉》发表，《这暗伤，无处可达》在《当代人》发表，《散文选刊》转载。《谢小灵的诗》在《鸭绿江》《诗林》等多家刊物发表，入选全国《2020年新诗排行榜》。唐达天长篇小说《双排扣》由作家出版社出版，中篇小说《百度人物》在《特区文学》发表。盛祥兰诗歌《静止的符号（四首）》在《上海文学》发表，诗歌《彩虹》《黑夜里的事物》《紫荆花》在《十月》发表，《往事秘密出走（组诗）》在《时代文学》发表，诗歌《不断分杈的树》入选《中国最佳诗歌》，诗歌《一粒种子》入选《中国当代诗人诗选》，散文集《童年春秋》获广东省有为文学奖第五届“九江龙”散文奖优秀奖，诗集《偶然》入列“2020十大劳动者文学好书诗歌榜”，诗歌《彩虹》《黑夜里的事物》《紫荆花》获《十月》杂志社“第二届爱在丽江中国七夕情诗会接力赛”周奖，诗歌《神的遗物》获第二届“浪漫海岸杯”国际华文爱情诗大奖赛优秀奖。刘朋凯中篇小说《飞鱼》在《特区文学》夏季专号发表，诗歌《我站在阳光里怀念从前的我》在《草堂》发表。文艺诗歌《月亮》在《澳门日报》发表，诗歌《捕蟹者》在香港《圆桌诗刊》发表。陈维小说《天神超市的大奖》在《少男少女》杂志发表。李梅格诗歌《还记得吗？》获公安部主题征文活动优秀奖。梁冬霓《草木里的深情》获广东省委宣传部“我与特区40年——广东省庆祝经济特区建立40周年全媒体征集活动”作品一等奖。郭道荣诗歌评论《女性诗歌的美学呼唤》获中国当代文学研究会优秀成果奖二等奖，诗论集《重塑诗意创造的维度》获广东省写作学会“优秀论文奖”。谢小灵长篇小说《燃烧的平原》入选广东省作家协会精品扶持作品。

【美术】 2020年，珠海画家刘文伟油画作品《雪域高原系列·我家》入选由中国美协主办的“家园与共生”——2020·第二届深圳大芬国际油画双年展并获优秀奖，粉画作品《红土地》入选由中国美协主办的“第二届深圳国际水彩画双年展”并获优秀奖。彭铭利国画作品《新纪元》入选由中国美协主办的第十一届全国工笔画作品展并获传承奖（学术奖）。靳雄步国画作品《金秋十月》入选由中国美协主办的第三届“白山黑水·美丽四平”全国中国画作品展并获优秀奖。邹展峰水彩作品《尘封已久》入选由中国美协主办的“第十二届全国水彩·粉画作品展”并获优秀奖。李冬梅作品获广东省美协举办的“美好生活——广东省美术作品展”优秀奖。金凡作品获广东省文化和旅游厅举办的第十四届广东省艺术节优秀美术作品展”铜奖。黄剑波、李冬梅、林凯、庄丽作品入选广东省文化和旅游厅举办的第十四届广东省艺术节优秀美术作品展并获入围奖。杨俊茹作品入选广东省美协举办的“广东省写意油画（小幅）作品展”并获优秀奖。

【音乐】 2020年，珠海作曲家李需民作曲的《雨岭南》入选中国当代歌曲创作精品工程“听见中国听见你”2019年度优秀歌曲（2020年5月公布），被中国音协在全国推介宣传，作为网络每周一歌播出，并在全国竞唱活动中被选唱。李需民作曲歌曲《保重》《寻找》《全都好好的》《爱不会隔离》《冬天以后》《背影》《泪流满面》等9部作品，被中国音乐家协会评为“全国优秀战疫公益歌曲”，在“学习强国”全国总平台等国家媒体刊发播出。叶振平作词作曲、廖一璇演唱的歌曲《南方的路》入选“学习强国”平台“庆祝中华人民共和国成立71周年”专题展播。左政华作曲的歌曲《十月的村庄》《心之所向》《中国梦》在中央广播电视总台官网“央视频”展播；歌曲《红船颂》在“学习强国”展播；歌曲《铭记这个春天》入选中国音协“全国优秀战役公益歌曲”。夏炎彬作曲的合唱诗话《那里，永恒的中国》获中国文联2020青年文艺创作扶持项目立项。

【戏曲】 2020年，珠海粤剧艺术家琼霞等主创的扶贫主题粤剧小戏《家访》入选文化和旅游部“庆祝中国共产党成立100周年舞台艺术精品创作工程”重点扶持“百年百项”小型作品创作计划。珠海市戏剧曲艺家协会报送的少儿群口快板《回归》入选第三届中国盐都全国乡村优秀曲艺节目交流展演。吴东梦等演唱的粤剧折子戏《焚香记》之“打神闹庙”入选《九州百戏梨园群星闹九州》全国戏曲展演活动。李锦培、姚仕华表演的南音说唱《团圆在故乡》获广东省曲协“第二届广东省（中国）曲艺之乡精品展演”二级资金扶持。何国雄创作、林诗红表演的粤曲《斗门家乡美如画》获广东省曲协举办的“第十四届广东省青少年曲艺明日之星”选拔赛铜奖。何国雄创作的粤曲《十里莲江花吐艳》获广东省文化和旅游厅举办的“群众文化作品评选”三等奖。赖琼霞创作表演的粤曲《抗疫先锋》在中国粤剧网推送。吴伶创作表演的快板书《一人护得万家安》，张兰创作、梁晓博和吴伶等表演的故事《声入人心》《非常六加一》《年夜饭》等在中国曲艺网推送。

【书法】 2020年，珠海书法家朱起明作品入选中国书法家协会举办的第五届中国书坛兰亭书法双年展——行草42家展之兰亭雅集42人展。周志华、黄官强、郑楠作品入选中国书法家协会举办的全国第十二届书法篆刻展。黄夏莲作品入选广东省书法家协会举办的第六届中青年书法篆刻展并获优秀奖。杨天澍、杨林威、吴国贤、张应龙、郭建雄、彭智威入选广东省书法家协会举办的第六届中青年书法篆刻展。周家青、赵爱玲、翁式聪获广东省第九届新人新作书法展优秀奖。

【舞蹈】 2020年，珠海市舞蹈家协会主席王虹策划，刘阳、于梦、程传龙导演，雷晗等表演的“Stay ith You”抗疫舞蹈视频作品，获评广东省文联抗疫优秀舞蹈视频作品，在中国舞蹈家协会、广东省舞蹈家协会平台上转载。何丽华编排的广场舞“Yes，OK”获广东省文化和旅游厅2020年广东省健身广场舞网络联赛总决赛规定曲目（中年组）特等奖；广场舞《梨花情》获广东省文化和旅游厅2020年广东省健身广场舞网络联赛总决赛（中年组）一等奖。（陈 菲）

【珠海演艺集团】 2020年1月1日，在珠海大剧院举办“光大银行之夜2020珠海新年音乐会”。1月7—8日，原创话剧《龙腾伶仃洋》在北京天桥艺术中心演出。7月4日至8月23日，推出“新珠海 新速度”珠海演艺集团2020惠民演出季。8月26日，在珠海大剧院举办何占豪经典作品专场音乐会《英雄泪》。9月9日，大型民族管弦主题音乐会《乐从大湾来》在广州大剧院首演，由著名作曲家、指挥、星海音乐学院教授李复斌执棒，珠海民族管弦乐团、珠海歌舞团、广东青年合唱团联袂献演。9月28日及国庆期间，分别举办“凤凰起舞 月圆海天”2020年珠海市迎中秋庆国庆文艺晚会、“海天公园国庆8天乐”惠民演出活动。10月21日至12月11日，与北京保利剧院管理公司承办2020年珠海精品舞台艺术演出季，为期50天，推出15台舞台艺术作品。10月23日，大型原创音舞诗《记忆珠海——蔚蓝色的爱》在珠海大剧院首演。12月15日，在香山湖公园举办“珠海情 岭南韵”香山湖开园文艺晚会。

2020年10月23日，大型原创音舞诗《记忆珠海——蔚蓝色的爱》在珠海大剧院首演（珠海演艺集团供稿）

【《龙腾伶仃洋》等剧目在第十四届广东省艺术节获奖】 2020年12月6日，第十四届广东省艺术节颁奖晚会在广州友谊剧院举行。珠海话剧团创作演出的话剧《龙腾伶仃洋》获剧目一等奖，珠海民族管弦乐团演出的大型民族管弦主题音乐会《乐从大湾来》获剧目二等奖，珠海话剧团团长徐经纬获得优秀表演奖，《乐从大湾来》作曲李复斌获优秀音乐创作奖。话剧《龙腾伶仃洋》编剧王俭获编剧类特别贡献奖，导演李伯男获导演类特别贡献奖，灯光设计周正平、舞美设计戴延年获舞台美术类特别贡献奖。

（吴书颖）

公共文化

【概况】 2020年，珠海市有市、区级图书馆（文化馆）8个，其中，国家一级馆7个。有博物馆10个，其中，国有博物馆4个，非国有博物馆6个。有美术馆3个，分别为珠海市美术馆（古元美术馆）、赏心堂美术馆、诚丰美术馆；其中，珠海市美术馆（古元美术馆）为公立美术馆。全年举办各类艺术展览90个。有镇（街）综合文化站24个，全部达到省特级站标准。318个村居文化中心100%达到综合性文化服务中心标准。每万人拥有室内公共文化设施面积超1400平方米。

（苗　萍　白　群　陶　俪）

【社会文化活动】　2020年5—11月，珠海市举办市民艺术节，以区、镇（街）、村（居）基层公共文化馆（站）为活动场地，在市民参与的同时，引入澳门民间文艺社团参与包含群众文艺作品创作、试排试演基地作品创排、珠澳文艺交流演出、优秀群众文艺作品评选等系列活动。市文化馆依托总分馆联动机制，吸引来自全市各界文艺爱好者，演出活动100多场，参与活动的文艺团体达300多个，参与人员上万名，为文化艺术爱好者搭建文化艺术交流的平台。举办包含音乐、舞蹈两大门类的第三十八届滨海之声音乐会暨第六届群众音乐舞蹈花会。全市上千名群众文化工作者和业余文艺爱好者报名。经过市级评选，50个作品中有18个音乐作品、7个舞蹈作品跻身花会。经决赛，10个作品获参加广东省第八届群众艺术花会（音乐舞蹈）比赛的推荐资格。在广东省群众艺术花会（音乐舞蹈）决赛中获银牌1枚铜牌4枚。举办包含戏剧、朗诵、器乐合奏、合唱、表演唱、舞蹈、美术、书法、摄影等多个艺术领域的第三十二届青少儿艺术花会，来自全市百余所中小学选送的480件作品参与花会比赛，30个表演类秀节目展演，静态类作品各区选送375幅，经美术、书法、摄影专家评选出获奖作品60幅。举办“艺舞珠海　情动群英”广场文艺演出系列活动12场，节目内容涵盖廉政建设、抗击疫情、创建精神文明、拥军爱民、关爱妇女儿童和残疾人等主题。演出活动深入农村、军营、海岛、校园、工业园区、城市文化广场。开展市民艺术普及活动，举办艺术课堂近百场。香洲区举办的第五届“文化香洲，缤纷四季”系列活动，成为广东省第三批公共文化服务示范项目。11月20日至12月5日，第九届金湾航空艺术节举办，开展优秀节目线上汇演、创意设计大赛、市民才艺大赛、湾区新声街头演艺、珠三角非遗技艺展览、音乐嘉年华等系列活动6个，参与人数2万余人，其中，音乐嘉年华活动现场群众流量突破8000余人次。10月1—3日，以“会美好·同创造”为主题，高新区举办第五届会同艺术节，开展艺术市集、唐家湾作品画展、会同秘巷寻宝、中华美德雕塑展等活动，2万人次参与。横琴新区联合澳门打造“爱乐横琴”“书香横琴”“国宝在横琴”“横琴爵士音乐周”等系列品牌文化活动。参加广东省“同饮一江水”劳动者歌唱比赛，珠海歌手胡忠乐在东莞塘厦举行的总决赛中获年度总亚军。

（苗　萍）

2020年10月17日，第五届“文化香洲·缤纷四季”系列活动之街舞大赛在华发商都举行　（邓万森　摄）

【戏曲演出进校园】　2020年11月2日至12月23日，珠海市文化广电旅游体育局与市委宣传部、市教育局、市文联联合举办“2019—2020年度广东省戏曲进校园演出活动”。该活动由珠海市戏曲曲艺家协会承办。11月2日，在香洲区北岭小学举行启动仪式。活动举办43场演出，覆盖全市20%的中小学校。活动期间，国家一级演员、中国戏剧梅花奖得主琼霞及专业粤剧演员为学生讲解中国戏曲和粤剧知识，展示行当行程、基本功，表演《帝女花》《三岔口》等粤剧折子戏的经典剧目片段。　（白　群）

【图书馆】　2020年，珠海市有市图书馆、斗门区图书馆、金湾区图书馆和香洲区图书馆（乐士馆），其中，市图书馆、斗门区图书馆和金湾区图书馆为国家一级图书馆。全市图书馆接待读者112万人次。举办“粤读越精彩”“我在图书馆”阅读推广系列和珠海文化大讲堂、选送优秀展览资源下基层和各类读者活动等892场。

珠海市图书馆　藏书总量132.5万册，全年完成新书采购6万册，新书上架3.5万册，征集地方文献1433册。订阅年度报刊1443种。接待读者68万人次，办理借书证8952个。图书外借30万册次，7.43万人次。为读者解答各类咨询2.94万例，其中，免费远程传递文献2.94万篇。举办展览41场次，接待参观5万人次。在全市范围内开展“粤读越精彩”全民阅读系列活动，举办各类读者活动612场（线上290场、线下322场），其中，举办“我在图书馆”阅读推广系列活动55场。

斗门区图书馆　建筑面积5791平方米，纸质藏书24.62万册。全年接待到馆读者15.15万人次。新办借书证2768个。文献外借总量21.03万册次。举办各类读者活动216场。

金湾区图书馆　总建筑面积2.86万平方米，纸质藏书79.5万册，订阅年度报刊600种。全年接待到馆读者20.14万人次。馆内设有成人电子借阅机6台、少儿电子借阅机3台。全年图书入库19.2万册次。办理借书证近5000个。纸质文献外借14.6万册次。举办各类全民阅读推广活动164场次。

【文化馆】　2020年，珠海市有市文化馆（中心馆）、斗门文化馆（总馆）、金湾文化馆（总馆）、香洲文化馆（总馆）及各区分馆，其中，市文化馆（中心馆）、斗门文化馆（总馆）以及香洲文化馆（总馆）为国家一级文化馆。全市公共文化场馆全年免费开放，开展文化艺术培训、讲座、沙龙、展览等有特色、有针对性、群众喜闻乐见的公共文化服务。组织策划和承办群众文化活动65场，线上线下受惠群众达百万人次，其中，含第三十八届滨海之声音乐会暨第六届群众音乐舞蹈花会、第三十二届青少儿艺术花会展演以及美术书法作品展览、2020珠海市民艺术节歌手大赛暨“同饮一江水”2020广东劳动者歌唱大赛珠海赛区选拔赛等大型文化活动15场。由文化志愿者老师授课的线下公益文化培训班9个，培训1900人次。举办美术书法、摄影作品、绘画等大型展览9场。

（苗　萍）

【博物馆】　2020年，珠海市登记在册的博物馆10个，其中，珠海博物馆、斗门区博物馆、香洲区博物馆、金湾区博物馆4个为国有博物馆；罗西尼钟表博物馆、盛宝博物馆、汉东博物馆、东方神韵博物馆、钰海博物馆、中国紫檀博物馆横琴分馆6个为非国有博物馆。

珠海博物馆　2020年，珠海博物馆登记在册文物藏品7168件（套），资料品8534件（套），其中，国家一级文物有清光绪年间唐绍仪“钦差议约全权大臣”银赏牌、1919年“南北议和全权总代表”象牙印等15件；二级文物有1927年杨匏安烈士手迹《寄小梅》、1909年美国纽约首版容闳英文原著《西学东渐记》等251件；三级文物909件。新增文物213件（套），其中，藏品35件（套），资料品178件（套），包括香山、岭南历史名人清光绪年间黄槐森书法作品、清道光年间鲍俊书法作品、现代著名画家方人定国画作品等。接收珠海经济特区研究会、珠海热心市民等捐赠的代表性特区实物资料。征集到上千件代表性抗疫见证实物资料，有一线抗疫医务人员请战书、为抗疫剪下的长发等重要见证物。全年开展社会教育活动11场，接待参观人次9.28万人次。10月26日，珠海博物馆新馆启用。珠海博物馆新馆位于香洲区情侣中路与海虹路交汇处、海天公园西侧，总建筑面积3.36万平方米，展览面积约6000平方米，分为3个固定展厅和3个交流展厅，其中，3个固定展厅总面积约4000平方米。展览为常

2020年10月26日，珠海博物馆新馆启用　（钟　凡 摄）

设性基本陈列，包括“珠海历史”（珠海通史·海洋纪事）、“珠海民俗和艺文”（古今珠海人·传承在民间）、“共同的记忆”，从古到今依次展出珠海的历史脉络和地方文化。3个交流展厅总面积约2000平方米，有大中小三种规格，用于引进和交流展览的临展厅。临展厅开馆有“奋进新时代 扬帆再起航——庆祝珠海经济特区建立40周年展览”“凝珠耀海——馆藏鲍俊、鲍少游书画作品展”“重彩华章——广彩瓷器300年精华展”。

香洲区博物馆（容闳博物馆）位于珠海市香洲区南屏镇东大街一巷二号甄贤社学旧址（省级文物保护单位）内，场馆面积800平方米，展陈面积600平方米，涵盖陈列展览区、场景复原区、研学课堂区、影像播放区，以及服务设施区。以时间为“经”，事件、人物为“纬”，利用历史文献、现存文物、图片影像资料等，展示容闳的生平事迹、洋务思想、留学教育思想以及中西文化交流与香山文化内涵，是凭史实、用文物说话的留学文化博物馆。2020年，接待参观团体102场8000余人次，其中，公务接待42场，留学生和海外华侨接待16场，党建团体接待23场，常规性散客接待21场。开展社会教育活动102次。接待观众1.7万人次。

斗门区博物馆　2020年，斗门区博物馆登记在册的文物藏品1349件（套），资料藏品3855件（套），其中，二级文物藏品有明伍瑞隆草书自作诗册页1件（套），三级文物藏品有汉彩绘女陶俑、南宋影青盘口瓷瓶等6件（套）；新增文物藏品明崇祯十七年铁炮1件，资料藏品37件（套），包括热心市民捐赠斗门县居民粮油供应证、斗门县居民粮食供应证、广东省发行壹市尺纸质布票等反映20世纪下半叶斗门人民生活现状的实物证据。举办展览25个，其中，基本陈列展3个，临时展览3个。开展“看展览　玩游戏”“斗门社科进社区——斗门历史知多少”“我们的节日”“5·18国际博物馆日”“文化和自然遗产日”等主题社会教育活动14场次。全年接待观众4.8万人次。

（陶　俪）

2020年12月25日，珠海市美术馆（古元美术馆）改扩建工程项目动工仪式举行　（市文化广电旅游体育局供稿）

【珠海市美术馆（古元美术馆）】　2020年，珠海市美术馆（古元美术馆）举办展览29个（场次），其中，本馆展出15个，在外巡展14场次，截至9月15日，参观人数4.23万人次。全年收藏展览捐赠作品87件，其中，国画3件，版画81件，水彩画1件，雕塑2件。利用专项经费收藏古元延安时期版画作品《向吴满有看齐》1件。4月，以“大爱”为主题开设线上专题展览，分“战斗”“奉献”“和美”三个板块展示古元先生作品中的战斗情结、奉献理念、共建和美家园的精神动力。6月25日至7月12日，与深圳市插画协会联合推出“艺术战疫——全国抗击疫情插画作品展”，展出国内插画师抗击新冠疫情的作品97幅。9月15日闭馆，以联合办展、异地办展的方式确保闭馆不闭展。12月25日，改扩建工程动工。8月7日，珠海市美术馆（古元美术馆）金湾分馆在金湾区悦览馆和金海岸文化艺术中心设立。11月9日，与斗门区教育局联合举办“红色经典——古元版画精品展”进校园公益巡展活动。巡展走进斗门区六乡中学、白蕉镇中心小学、五山中学、乾务镇马山小学、乾务中心小学、五山中心小学、乾务中学。6月，“百幅精品·百年回顾——致敬古元暨古元先生生平与艺术精品展”获评文化和旅游部2019年度全国美术馆优秀项目。　（白　群）

文化遗产

【概况】　2020年，珠海市有各级文物保护单位77处，其中，全国重点文物保护单位3处，广东省文物保护单位24处，珠海市文物保护单位38处，区级文物保护单位12处。文物类别涵盖古遗址、古墓葬、石窟寺及石刻、古建筑、近现代重要史迹及代表性建筑等。

【文物遗产保护利用】 2020年，珠海市加强对唐家湾历史文化名镇的保护，淇澳钟氏大宗祠主座、宪尧唐公祠、月奇梁公祠、玉我唐公祠、步九祠、菊庄唐公祠、上栅卢公祠、寿山祠、广达唐公祠9处不可移动文物维修工程完工。5月，珠海近代名人历史文化游径、珠海“容闳与留美幼童”历史文化游径、珠海粤海古道历史文化游径等入选广东省首批历史文化游径。6月，卢慕贞故居、珠海中山公园、长南迳古道遗址等入选首批广东省粤港澳大湾区文化遗产游径。9月，印发《关于珠海市区域文物考古调查勘探评估操作细则的通知》。11月，“会同祠及古建筑群活化利用项目”获评“2020年度广东省文物古迹活化利用典型案例”。

【红色革命文物保护利用】 2020年，经省文化和旅游厅核定公布，珠海市有不可移动革命文物26处，其中，苏兆征故居、香洲烈士墓、万山海战遗址、淇澳岛抗英遗址、古元故居5处为省级文物保护单位；革命烈士纪念碑、梅溪陈氏大宗祠、邝任生烈士故居等21处为市（区）及一般不可移动文物。核定可移动革命文物3件（套），其中，1927年杨匏安烈士诗稿《寄小梅》手迹为二级文物、杨匏安烈士用过的烟斗、1929年杨匏安著《西洋史要》（原版）为三级文物。全市加强红色革命文物保护利用，启动中共中山县八区抗日游击队驻地旧址（南逸陈公祠）、中共南门乡党支部旧址整体修复工作。 （陶 俪）

【非物质文化遗产】 2020年，珠海市有非物质文化遗产名录44项，其中，国家级4项（斗门水上婚嫁、装泥鱼、三灶鹤舞、一指禅推拿），省级12项，市级28项。市级以上非物质文化遗产代表性传承人36人，其中，国家级传承人3人（陈福炎、韩竞生、郭幸福），省级传承人12人。有省级传承基地2个，市级传承基地14个。

【省级非物质文化遗产代表性传承人】 2020年4月，广东省文化和旅游厅公布第六批省级非物质文化遗产项目代表性传承人，珠海市4名市级非遗传承人入选。截至年底，珠海有省级以上非物质文化遗产项目代表性传承人15人。

（苗 萍）

链 接：

珠海市第六批省级非物质文化遗产项目代表性传承人

非物质文化遗产项目	代表性传承人
三灶民歌	蔡柳森
三灶鹤舞	谈森荣
三灶竹草编织技艺	汤何佳
孙氏踩跷理筋术	李东红

文化产业

【文化产业园区】 2020年，珠海市有V12创意产业园、金地动力港、金嘉创意谷、乐士文化区4个市级文化创意产业园区，总建筑面积25.62万平方米，产业集聚效应明显。有吉莲19艺文空间、左右创意园、北山中西文化创意产业基地、珠海东方文化艺术交流与发展基地4个产业特色基地。印发《珠海市文化广电旅游体育局关于开展2020年度市级文化产业园区创建申报工作的通知》，明确市级文化产业园区创建标准，指导在全市创建一批产业集聚度高、发展特色鲜明、配套服务完善、社会效益和经济效益显著的文化产业园区，吸引更多文化创意企业聚集发展。

【粤港澳大湾区文化创意设计大赛】 2020年，珠海市粤港澳大湾区文化创意设计大赛由广东省文化和旅游厅、珠海市人民政府联合主办，珠海市文化广电旅游体育局、香港设计总会、澳门设计师协会等联合承办，得到社会各界支持。大赛以“创意改变生活·文化提升品位”为主题，以推动中华优秀传统文化传承传播为宗旨，征集包括文博创意产品、非遗创意产品、文化旅游类创意产品三大类文创设计。收到投稿设计作品2318件，其中，文博创意产品设计作品654件，非遗创意产品设计作品613件，文化旅游类创意产品设计作品1051件。9月，评选出大赛LOGO最佳设计奖1名，作品《家“荷”万事兴——澳门荷花茶具》获文博创意产品设计作品一等奖；作品《金玉满堂——“广府金绣端砚”手工艺文创产品系列》获非遗类创意产品设计作品一等奖；作品《剪韵灯》获文化旅游类创意产品设计作品一等奖。二等奖各3名，三等奖各5名，特别奖3名，优秀奖75名。大赛颁奖仪式在珠海大剧院举行。 （陈海燕）

【文化市场监管执法】 2020年，珠海市文化广电旅游体育局开展各类专项整治行动、“以案施训”活动，全年出动执法人员2.3万人次，检查各类文化旅游场所7668家次，其中，检查星级酒店1581家次，网吧2138家次，电影院508家次，歌舞娱乐场所817家次，游艺娱乐场所68家次，景区景点361家次、书店514家次，印刷复制企业493家次，旅行社835家次，其他333家次。办理群众投诉196件，全部办结并按时进行回复。清除网上有害信息600余条。查办案件30件，其中，一般程序案件16件，简易程序案件14件，移送公安立案侦查3件，执行罚款人民币6.05万元，没收电脑45台，键盘鼠标等21套，路由器2台，碟片265张。规范市场经营秩序，净化文化广电旅游体育市场环境。

【文化市场执法规范】 2020年，珠海市探索推进信用监管、差异化分类监管机制建设，营造良好的法治营商环境；推进扫黑除恶行业领域清源行动，加强执法监管和综合治理，与公安、市场监管等部门形成联合执法协作机制，加强与公安、交通、市场监管、消防应急救援等部门的协作联动，开展文旅市场专项整治行动。全年坚持“依法行政、规范执法、文明执法、执法为民”原则，在执法检查及案件办理等方面保持“零投诉、零复议、零诉讼”的记录。4月，“广东珠海向荣玩具加大厂侵犯著作权案”入选国家版权局、全国“扫黄打非”办联合发布的2019年度全国打击侵权盗版十大案件。“珠海湘某国旅不合理低价游安排购物获取回扣等不正当利益案”入选广东省文化和旅游厅公布的2020年度旅游市场十大典型案例。 （尹高强）

文化交流

【概况】 2020年，珠海市报批开展对外和对港澳台文化交流活动10项。1月12—21日，在珠海华发中演大剧院举办华发音乐——2020珠海弦乐大师班。2—7月，受新冠肺炎疫情影响，暂停受理对外及对港澳台文化交流活动申请，对已经获批的活动及时督促主办方取消或延迟举办。8月，稳步放开对外及对澳门文化交流。8—12月，开展对外及对澳门文化交流活动9项，内容包含举办艺术展览、粤剧演出等，呈现双向交流、多元发展的良好态势。受新冠肺炎疫情影响，中国国际马戏节、珠海沙滩音乐节等大型文化交流活动延期或取消。 （白　群）

【珠澳非遗图片展】 2020年11月13—20日，珠海市非物质文化遗产保护中心与澳门新传媒发展促进会联合在澳门举办“珠澳非遗图片展”。珠海市38项非物质文化遗产代表性项目（包括4个国家级非遗项目、12个省级非遗项目和22个市级非遗项目）参加展览，涵盖地方民俗、民间音乐，以及传统曲艺、技艺、医药、舞蹈和体育等品类，通过五组图片墙，图文并茂呈现非物质文化遗产。 （苗　萍）

档案工作

【概况】 2020年，珠海市档案局主管全市档案工作，负责全市档案事业的统筹规划和组织协调，建立统一制度，实行监督和指导。各区档案行政管理职能归区委办公室，在区委办公室加挂区档案局牌子，香洲区、金湾区、斗门区档案局主管本行政区域内的档案工作，对本区域内机关、团体、企业事业单位和其他组织的档案工作实行监督和指导。市档案馆及香洲区、金湾区、斗门区档案馆是集中管理档案的文化事业机构，属于国家综合档案馆，负责收集、整理、保管和提供利用分管范围内的档案。市城市建设档案馆隶属于市住房和城乡建设局，负责接收和管理全市城市规划、建设、管理工作中形成的并需永久和长期保存的房屋建筑档案及其有关资料。全市各级档案局、馆专职档案工作人员69人，其中研究馆员3人、副研究馆员5人、馆员7人、助理馆员6人。市档案局探索与督查、保密等部门建立联动机制，强化对档案业务和安全督导，对全市50余家机关和企（事）业单位开展档案执法调研。香洲区档案局依法指导全区40家单位开展档案整理和接收工作。市档案局联合市档案馆制定市优化区域管理体制工作中档案处置和管理工作方案，统筹安排档案归属流向，分区分级分类规定进馆范围，细化新组建机构档案工作，一揽子解决区域管理优化前后的档案工作问题，为后续档案工作规范化提供指引。

【档案资源建设】 2020年，珠海市档案馆征集特区发展档案资料1.22万件，包括1992年邓小平视察亚仿集团的视频、1956年前山供销社“第壹号”股票单据等珍贵历史档案资料。制定《珠海2021年民生档案接收工作方案》，建立民生档案接收工作机制。市档案馆与斗门区档案馆合作录制“百家姓”“三字经”等方言档案，建立方言档案专题数据库。市档案馆接收文书档案23卷1.28万件、专业档案5.42万卷、照片9725张、光盘677张、归档文件9.51万件。拍摄收集大湾区建设相关照片1900余张、视频200余条，拍摄重大活动照片3万余张，归档照片2700张，采集保存视频新闻3500条，接收原生电子专业档案40万余件。完成4万页纸质档案扫描、4700余张照片档案的数字化，馆藏档案全文数字化比例继续保持100%。核查订正40余万条档案数据，进一步规范标注管控等级，提升馆藏档案数据质量。香洲区完成数字化档案33万页，馆藏纸质档案数字化率96%，目录数字化100%。斗门区完成第十一期100万页馆藏纸质档案全文数字化加工，截至年底，总计完成606万页馆藏纸质档案全文数字化加工，占馆藏总量70%。香洲区数字档案馆系统建设基本完成。金湾区依托数字档案馆系统，开展集中式档案管理系统试运行工作。市住房公积金中心数字化档案管理系统对接业务系统，实现电子化存档、数据共享。华发集团启动“科技+”战略，推进企业档案信息化建设。格力集团数字档案室管理系统与OA公文系统无缝衔接，实现各门类档案集成有效管理。

【档案安全管理】 2020年，珠海市筑牢档案安全底线。市、区档案馆常态化开展风险评估和安全排查，推动安全隐患自查互查和即时整改。市档案馆做好疫情期间网络平台安全风险排查，开展数字档案馆系统2.0版等保测评，异地异质备份馆藏音频档案数据34.2GB。

【档案利用服务】 2020年，珠海市档案馆对馆藏1990年度文书档案进行鉴定开放，依法开放档案4083件。斗门区档案馆为区委党史研究室（区地方志办公室）编写《斗门县围垦志》提供档案资料。市、区档案馆全年提供各类档案资料和政府公开信息利用6974人次、1.16万卷（件）次。市公安局为“飓风2020”“电信诈骗”“缉枪治爆”等专项工作和实战单位提供档案资料利用服务，全年查档5000人次，协助破获各类案件426起，打击违法人员148人。市纪委利用历史档案资料，向中央扫黑除恶督导组、中央巡视组提供相关案件材料。市城建档案馆实行“马上就办”“马上就查”，推动档案利用服务更加便民化，全年调档1.91万卷、复印文字材料及图纸近3万张。市、区档案馆在新冠肺炎疫情期间推出“粤省事”移动政务服务平台“查档申请”，实现开放档案、个人、婚姻、土地确权、林权等民生档案“全城通办”和“一网通办”。

【档案编研开发】 2020年，珠海市档案馆编撰《珠海应对新冠肺炎疫情，全力推动复工复产政策措施》《惠民生、暖民心——珠海市2011—2020年“十件民生实事”》2期档案资政参考，汇编《峥嵘岁月——珠海编年史（1980—2015）》《珠海档案新闻集萃（2017—2019）》等专题档案，完成“广东省脱贫攻坚档案文献展”珠海分展场前期筹备工作，更新完善“走进珠海”档案文献展，协助举办安全教育主题展览，推出“新中国的记忆”照片档案展。香洲区档案馆举办“信仰的力量——中国共产党人的家国情怀”主题教育展，从中央档案馆和上海档案馆、广东省档案馆馆藏中精选近240余件珍贵档案文献。市城建档案馆在微信公众平台推送《瞰·珠海》系列7篇和《筑梦珠海》12篇，以新建特色公园、城市公厕为主题制作主题画册，并建成全国第一个城建档案主题展厅，全视角、多方位展示城建档案重要价值。拱北海关《扶贫映初心、纸短续情长——记拱北海关档案室里的一封感谢信》获国家档案局2020年全国征文比赛二等奖。华发集团编制40年发展史专著、纪念画册，拍摄制作《我与华发40年》口述史纪录片。

【档案法治化宣传】 2020年，珠海市档案局组织全市各级各部门档案人员参加国家档案局宣传贯彻《中华人民共和国档案法》在线培训，与珠海传媒集团合作制作“6·9”国际档案日专栏，向市民发放宣传手册和环保袋，结合试点工作和“12·4”全国法制宣传日活动，进社区入村宣传贯彻新修订的档案法。横琴新区组织区机关、企（事）业单位、社区档案人员在线学习档案法。金湾区、斗门区以“档案见证小康路、聚焦扶贫决胜期”为主题，通过线上档案知识竞赛、主题征文活动、电台直播现场问答、媒体平台推广等多种方式开展系列宣传活动。

【档案专业培训】 2020年，珠海市举办在线档案人员培训1期，141名学员通过网上考试获得培训证书，76人通过初级档案系列职称评审。面向中山、江门和澳门免费开展档案业务网络教育培训，受众1万余人次。横琴新区为每位档案员订阅《中国档案》《中国档案报》，提升档案工作人员业务素质和岗位实操能力。斗门区组织档案馆和五镇一街档案工作人员全员参训，培训涉改单位、镇村（居）200余人次。城建档案馆组织建设项目培训8场，326名相关人员参加。

【档案基础业务建设】 2020年，珠海市在全省地级市中率先高标准完成市、区国家综合档案馆建设任务，并同步开展数字档案馆建设。市档案馆在全省地市级档案馆业务建设评价中排名第二，获评优秀等级。市档案局推进档案工作体制创新、管理创新和服务创新，档案行政管理服务平台开发基本完成。市城建档案馆编制修订城乡建设业务、市政工程、轨道交通工程、房屋建筑工程档案等归档验收指南。金湾区通报表扬年度档案工作先进单位和先进档案工作人员。珠海航道事务中心梳理优化机关档案管理制度20余项。珠海出入境边防检查总站档案工作网络全域覆盖，举办边检工作史料展。拱北海关将档案工作纳入领导班子年度工作考核。九洲控股集团整体规划企业档案工作，集中开展下属24家企业档案规范整理和数字化加工。

【脱贫攻坚档案工作】 2020年，珠海市档案局会同市档案馆、市扶贫开发办公室，指导协助211个帮扶村档案移交属地档案馆。联合印发《关于做好东西部扶贫协作和省内对口帮扶档案资料接收进馆工作的通知》，接收文书档案4200件，项目档案2200卷，照片档案550张，实物档案30件。选派市、区业务骨干协助做好东西部扶贫协作档案工作，顺利通过国务院扶贫验收组验收。

【档案工作服务基层社会治理试点】 2020年，珠海市开展档案工作服务基层社会治理试点，完成试点村档案室规范化建设工作。试点村建档率、室藏档案电子目录数据录入率达100%。整理档案4599卷、1.45万件，形成年度最早为1958年，涵盖文书、基建、会计、声像、实物、农户、产权制度改革等7类档案。作为试点典型，在国家档案局试点工作视频会议上介绍试点探索经验。金湾区建立区、镇、村三级联动的试点档案工作机构和工作管理网络，投入专项资金24.3万元，完成2019年度重要档案全文数据库建设，开展在线电子档案全流程管理，利用民生档案共享平台提供在线利用服务。斗门区建立赵宋皇族《赵氏族谱》《广东省文物保护单位记录档案——菉猗堂及建筑群》等历史文化特色档案。

【档案工作服务粤港澳大湾区建设】 2020年，珠海市档案局指导和服务市大湾区办、横琴自贸区以及产业园区等部门，做好各项重要档案资料的收集归档。完成港珠澳大桥珠海连接线征地拆迁项目档案接收进馆工作。加大对电力、水利、交通等领域22个重大建设项目档案工作的指导和监管力度，专项验收3个省市重点建设项目档案，用档案促进项目建设规范管理。配合市生态环境局、农业农村局开展各区污染源普查档案、农村集体产权制度改革档案专项工作，完成3万余件产权制度改革档案整理归档并同步开展档案数字化。

【新冠肺炎疫情防控档案征集】 2020年，珠海市制定《新冠肺炎疫情防控档案整理和移交工作指南》，从源头协助市疫情防控指挥部办公室加强档案管控。市档案局分组指导各级防控指挥机构档案资料整理归档工作。市公安局开展"战疫档案征集"活动，收集疫情防控档案资料5100件。拱北海关形成战疫纪事汇编资料440余万字，音像资料超30G。市档案馆征集抗疫珍贵档案资料2110件，同步开展疫情防控口述历史采集和资政参考编撰工作。

【珠海经济特区建立40周年展览】 2020年10月26日在珠海博物馆开展，由珠海市委办公室牵头组织，市档案馆承办。在市委宣传部、市委政研室、市委党史研究室、市委党校等单位支持下，市档案局、市档案馆首次完成1979年以来珠海历年大事梳理汇总，形成详细素材26万余字，征集特区发展档案资料1.22万件，图片2.5万张，牌匾等实物超过800件，建立庆祝特区建立40周年相关活动的原始素材库，完成《奋进新时代、扬帆再起航——庆祝珠海经济特区建立40周年展览》布展工作。展览位于珠海博物馆首层（门廊及西展厅），展览面积约1200平方米，展出图片399张、实物56件、文件39份、视频5个，互动设计3个、电子沙盘1个。展览以"奋进新时代、扬帆再起航"为主题，分为"前言""厚望重托""光辉岁月四十载""砥砺奋进新时代""同心逐梦大湾区""二次创业再出发"，其中，"厚望重托"主要展示党的十八大以来习近平总书记对珠海工作作出的系列重要指示；"光辉岁月四十载"重点回顾特区40年来的敢闯敢试、敢为人先的奋斗历程和创新实践；"砥砺奋进新时代"主要从改革、开放、经济、民生、党的领导5个方面展示新时代珠海经济特区发展成果；“同心逐梦大湾区”着重展示珠海全力推进粤港澳大湾区建设、推动珠澳合作迈向更宽领域更深层次更高水平的积极探索；“二次创业再出发”以视频为载体，展望珠海奋力推动“二次创业”加快发展的美好愿景，激发广大干部群众继续发扬敢闯敢试、敢为人先、埋头苦干的特区精神，在更高起点上开创特区工作新局面。12月1日起，展览正式对全市机关、企事业单位开放。截至年底，接待119个单位137批次3187人入馆参观。（张晋文）

2020年3月30日，珠海方志馆开工建设（苑世敏 摄）

地方志工作

【概况】 2020年，珠海市出版“珠海记忆”地方志丛书1部、地方综合年鉴4部、地方志书1部、专业年鉴1部。完成3部志书资料征集。珠海方志馆开工建设。全市建成村史馆10个。6篇论文在全省地方志理论研讨评选中获奖。编印《珠海史志资政研究》4期。《古村落保护利用的北山启示》等专题研究报告转化为推动经济社会发展的制度政策。市地方志办公室办理《关于加强对〈工人之路〉重要史料研究利用的建议》议案、《关于打造珠海城市文化新形象，助力珠海“二次创业”加快发展》提案等人大议案和政协提案6个。市地方志办公室获全省唯一推荐参评全国地方志系统先进集体。

【方志馆建设】 2020年3月30日，位于珠海市香洲区迎宾北路东侧、梅华东路南侧、面积超2万平方米的珠海方志馆开工建设，建成后实现“四中心”“一基地”功能，包括城市综合展览展示中心、历史人文收藏保护研究中心、地情资讯咨询服务中心、史志文化学术交流中心以及优秀传统文化、红色革命文化、特区改革文化宣传教育基地。市地方志办公室组织人员赴广州、深圳、湖南、北京调研，学习省内外方志馆、纪念馆布展、管理、运作经验，征集珠海各个历史时期史料，同步谋划方志馆展陈、数字展馆前期准备工作。申报建设国家方志馆分馆。行政区志馆和区情展建设进展良好。高新区建成村史馆9个。

【史志编研】 2020年3月24日，珠海市组织召开全市地方志工作会议，推动《珠海市关于推进修志编鉴扩面提质工作的意见》贯彻落实。完成《珠海驿道古今》编纂。全省第三轮修志试点《珠海经济技术开发区志》完成志稿编纂，历经初审、专家评议、通过复审、进入出版程序。《珠海交通志》完成初稿。《斗门围垦志》出版发行。12月18日，珠海市地方志办公室和广东南方软实力研究院合作编纂的《珠海商贸史料辑录》由广东教育出版社出版，首发式暨2020年珠海市地方志理论交流会召开。来自广东南方软实力研究院、驻珠海高校的相关专家学者30人到会。专家认为《珠海商贸史料辑录》理顺了珠海的商贸活动在不同历史时期所处的地位和作用，为研究珠海地域商业贸易史和经济社会发展提供基础性文献资料，填补该领域空白。

【方志理论探讨】 2020年，珠海市组织的论文在全省地方志理论研讨论文评选中有6篇获奖，其中，北京师范大学珠海分校文学院梁颉凌的《〈香山县志〉中的教育发展初探》获一等奖；市地方志办公室许淑萌的《斗门地区围垦历史及其乡村发展》、中山大学历史系（珠海）陈冰的《“甲戌风灾”对省港澳的影响与台风路径复原——以汉文史料记载为中心》获二等奖；市地方志办公室韦赟的《自然村落历史人文普查资源开发利用策略探究——基于珠海市传统村落SWOT分析》、吉林大学珠海学院文化理论研究所杨潇沂的《香山黄佐〈春秋〉学初探》、市史志专家库专家王建设的《新方志文言运用之辨析》获三等奖；市地方志办公室获优秀组织奖。在市地方志理论研讨论文评选中，6篇论文分获一、二、三等奖，20篇论文获优秀奖；中山大学珠海校区、北京师范大学珠海分校、斗门区地方志办公室获优秀组织奖；26篇入选珠海市《地方志理论研讨论文集》。

【史志资料征集】 2020年，珠海市举办史志鉴资料年报业务培训班，全市年报承报单位相关人员120人参加培训。123个单位完成史志鉴资料报送200万字、图片150幅。市地方志办公室收集整理新冠肺炎疫情防控重大事件资料325条、宣传报道103篇、先进事迹61人次、图片369张。完成《抗击新冠肺炎疫情录》《全面建设小康社会图志》《对口支援志》（均为暂定名）资料征集。

【综合年鉴编纂】 2020年，珠海市完成《珠海年鉴·2020》编纂出版发行和《广东年鉴》《粤港澳大湾区年鉴》珠海部分供稿工作。《珠海年鉴·2020》全书345页、93.9万字，前插彩页24页，设15个类目、56个分目，收录177幅图片和46张表格，全面翔实反映珠海自然、政治、经济、文化、社会的基本情况。《珠海年鉴·2019》获评省一等优秀年鉴和第七届全国地方志优秀成果（年鉴类）三等优秀年鉴。《珠海统计年鉴》《香洲年鉴·2019》获评省三等优秀年鉴。9月，改版以年度图录形式编辑的《珠海市情·2020》出版发行。《香洲年鉴·2020》《斗门年鉴·2020》《金湾年鉴·2020》等按规定依时公开出版。

【史志文化传播】 2020年，珠海市地方志办公室组织史志业务骨干深入狮山街道、幸福社区、山场社区、华发集团、珠海公共交通运输集团有限公司、金山软件等社区、企业，赠送《珠海市志》《珠海概览》《珠海红色三杰》《杨匏安的思想与研究》《先行者容闳》《北山社区志》《珠海年鉴》《珠海市情》《见证初心和使命的珠海红色故事》等珠海史志丛书549册。向市人大代表和政协委员赠送史志丛书1905册。

【史志信息化工作】 2020年，珠海市地方志办公室做好市级综合年鉴冠名编纂许可、市级综合年鉴出版许可、市级地方志书冠名编纂许可、市级地方志书出版许可4项政务服务事项，配合加强做好“数字政府”工作。根据《关于加快推进全省地方志数字化工作的通知》《珠海市地方志数字化工作三年计划》，集中收集中国共产党珠海组织史、历史名人、重大事件等史志文献及图片、红色电影、音视频等资料，补充完善“珠海史志文献资料中心”和“珠海史志数字资源管理平台”文献资料收藏。

（吴海华）

新闻出版·广播电视

新闻出版

【新闻出版行政审批】 2020年，珠海市简化新闻出版办证流程和申请材料，施行“先审批后查验”和告知承诺等多项便民举措，提高行政审批效率，27项行政审批事项审批时限全部压缩至7日以内。加快“电子证照”改革，运用电子证照和电子印章技术，在政务服务事项受理、审核、出证环节实现申请材料优化、审批服务优化、出证服务优化。全年受理行政许可审批事项137项，其中，一次性内部资料准印证审批30项，连续性内部资料准印证审批20项，承印加工境外一般性出版物审批29项，承印加工境外包装装潢和其他印刷品备案核准5项，印刷企业设立变更34项，出版物批发发行企业设立变更18项，音像制品、电子出版物复制业务及其变更事项审批1项。

【软件正版化】 2020年，珠海市推进软件正版化工作，为全市所有党政机关集中采购软件，实现全市党政机关版式软件、流式软件正版化全覆盖。委托第三方机构对全市各单位软件正版化工作开展情况进行抽查，压紧压实各区各部门软件正版化工作主体责任，确保软件正版化工作落到实处。

【印刷行业】 2020年，珠海市327家印刷企业通过年度报告，其中，出版物印刷企业15家，规模以上重点印刷企业（年印刷总产值超过5000万元）26家。通过绿色印刷认证的印刷企业3家，数字印刷企业（含专营和兼营）4家，丝网印刷企业19家。

【主要图书市场】 2020年，珠海市新华书店销售图书14万余种，销售额1.2亿元；广弘教育书店销售图书6万余种，销售额3045万元；文华书城销售图书6万余种，销售额2487.8万元；阅潮书店销售图书3.7万种，销售额1024.3万元。1月，在中国书刊发行行业协会主办的“新时代杯2019时代出版 中国书店年度致敬”活动中，珠海市新华书店书笙馆获评“年度最美书店”。4月，文华书城公众号获2019年度书店公众号评选活动“最具影响力公众号”；12月，珠海市新华书店和文华书店入选“全民阅读 全国书店之选”评选活动“百家参与单位”。珠海市新华书店举办的“粤港澳大湾区青少年文化交流基地系列活动”在“全国社店营销推展活动”中获评“营销金案”。无界书店在疫情期间组织开展线上活动，成为新华社报道的“云文化”“宅经济”全国创新案例，文章点击率超100万。

【版权登记】 2020年，珠海市实施作品著作权登记202件。其中，作品162件（文字作品11件，音乐作品29件，美术作品92件，摄影作品11件，工程设计图、产品设计图5件，其他作品14件），软件40件。

【版权保护】 2020年，珠海市开展“剑网2020”专项行动，成立由市委宣传部（市版权局）、市委网信办、市公安局、市文化广电旅游体育局等单位组成的打击网络侵权盗版“剑网2020”专项行动领导小组，印发《珠海市开展打击网络侵权盗版“剑网2020”专项行动实施方案》，统筹网信、公安、文化执法等相关部门对1.77万个属地网站进行摸底，并将持有网络文化经营许可证的网络企业118家纳入监测范围。对以未成年人为主要对象的有害网络游戏、小说、音乐、动漫互联网站进行重点清查，确定布卡漫画、香山网、小爱直播等5家网站为重点监管对象并进行分类监管。组织文化执法部门开展执法行动464次，出动执法人员3546人次；实体市场执法行动267次，出动执法人员2709人次。网络巡查互联网文化经营单位1200余家次，巡查直播间300间次，走访联系网络文化企业30余家，查办案件4件，其中，移送公安部门3件。在国家版权局2020年公布的全国2019年度查处重大侵权盗版案件有功单位和有功个人名单中，珠海市文化广电旅游体育局综合执法一支队被评为有功单位，王恒升、姚罗斌、张平3人被评为有功个人。

【全民阅读】 2020年，珠海市组织开展南国书香节活动，举办艺术展览等文化活动20场次，线下文化活动20场次，线上线下销售达640.88万元，其中，优惠总额度89.68万元。珠海传媒集团旗下电视、报纸、观海App、珠海特区报微信公众号资源平台进行全方位宣传。其中，百名学生朗诵的《少年中国说》被推送至“学习强国”。活动期间，线上平台发布稿件30篇，珠海市新华书店、无界书店、阅潮书店等单位组织线上活动20场，其中，线上直播5次，线上平台总点击量45万余次。组织开展“2020年新时代乡村阅读季”活动，以“耕读传家兴文化，脱贫攻坚小康年”为主题，开展主题阅读、“农民喜爱的百种图书”推荐、“我爱阅读100天”读书打卡等形式多样的乡村阅读活动，推动新兴阅读与传统阅读交融结合、线上活动与线下推广相互促进，引领乡村阅读风尚。组织开展“世界读书日”活动，以“4·23”世界读书日为契机，以“全面小康，书香芬芳”为主题，开展线上线下系列读书活动，全市组织开展活动20场，线上活动点击量及观看人数超过5万人次。（曾 兵）

【珠海传媒集团】 2020年，珠海传媒集团推动媒体融合向纵深发展，统筹纸媒、电视、广播三大阵地，策划推出系列融媒体产品。新媒体短视频、互动视频直播、长图+条漫+SVG（可缩放矢量图形）、40年人物特写等一系列创新产品，通过观海客户端、微信、微博、抖音、网站等自有平台及人民日报、新华社、央视等央媒的立体传播，总点击量2.8亿次。在珠海经济特区建立40周年主题宣传中，以“用爱守护珠海有我”为主题，“线下线上、大屏小屏”共刷屏，在全城形成热点。新增电视栏目《民生新观察》，依托《问政珠海》节目，实现大型现场问政与日常问政相结合，直播观看超10万人次。1月，九霄融媒体生态系统上线。构筑起“1+1+4”新媒体集群，粉丝量突破500万。全媒体平台刊播图文、音视频和新媒体产品1400余篇（条），其中，新媒体平台推送相关宣传1000余条，阅读量超2000万次。与人民日报媒体技术公司联合主办2020粤港澳大湾区媒体融合研讨会。设立横琴融媒总部。

【报纸】 2020年，珠海传媒集团拥有《珠海特区报》《珠江晚报》，全年各出版365期。纸媒出版中心始终牢记新闻舆论工作的职责使命，牢牢把握正确的政治方向和舆论导向，不断完善纸媒出版流程，压实意识形态工作责任。1月24日，《珠海特区报》4个版全部刊发抗击疫情的宣传报道。抗疫期间，《珠海特区报》《珠江晚报》先后开设“关注新冠肺炎疫情防控”“全力以赴防控疫情之珠海行动、同舟共济、保障供应、科学防治”“党旗飘扬在疫情防控一线”“紧抓防控不松懈复工复产”等专版、专栏，每天平均发表50余篇（幅），及时发布权威声音、传递正能量，宣传抗疫故事，引导市民科学防治。4—6月，《珠海特区报》推出“珠海力量”战疫宣传系列特刊5期、60个整版。8月16日，结集出版60页的珠海经济特区建立40周年大型理论专刊《二次创业再出发》，《珠海特区报》推出40个版的珠海经济特区建立40周年大型特刊《二次创业再出发》。

广播电视

【概况】 2020年，珠海广播电台有3个频率，常设性节目84档；珠海电视台有2个频道，常设性节目12档。在新冠肺炎疫情防控中，珠海市广播电视宣传平台开设“全力以赴防控疫情”“防控疫情，珠海在行动”等专版专栏专页，创作一批“我家的防疫生活”“为爱发声”等有特色的抗疫系列音频作品。省广电网络珠海分公司推进5G基站建设，做好海岛联网、智慧水务等项目建设。10月，开通澳门有线珠海横琴基地天汇星大厦至澳门有线台的数据链路，推出广东广电网络U家庭系列产品展示。

【广播电视行业监管】 2020年，珠海市出动执法人员264人次，通过随机抽查和重点检查的方式，检查电子产品销售市场、酒店宾馆、餐厅等各类场所370家次。规划市级应急广播系统平台建设，督促推进区、镇应急系统平台建设。8月20日，市文化广电旅游体育局在斗门区召开推进应急广播系统建设现场会，现场演示“智慧一公里”项目相关功能，包括远程播控、实时讲话、应急指挥等。在全市推广应急广播系统建设。

【安全播出保障】 2020年，珠海市广电系统梳理安全播出、网络安全、生产安全、设施安全存在的问题和隐患，排查安全隐患13项，全部按时间节点完成整改。在重点安全防护期期间，广播电视、广播电视网络实施抽查、24小时值班、“零报告”等安全播出制度。全市广播电视安全播出无异常、无事故。

【“黑广播”查处】 2020年，珠海市文化广电旅游体育局联合公安、国安、市场监管、无线电管理部门严格查处“黑广播”及非法生产、接收、使用境外卫星电视地面接收设施行为，重点整治居民住宅小区非法卫星接收设备“小耳朵”。关注老旧小区、城中村、工业区、农贸市场等区域擅自安装卫星地面接收设施情况，及时依法处置违规安装使用设施行为，拆除相关违规设备17套。全市未发现“黑广播”“伪基站”。 （何沅莹）

【电视节目制播】 2020年，珠海传媒集团所属珠海电视台有2个频道，分别是新闻综合频道（ZHTV1）和公共频道（ZHTV2）。常设性播出节目12档，其中，自办节目10档（新闻类节目6档、服务类节目4档），引进类节目2档。品牌节目有“珠海新闻”“湾区会客厅”“民生新观察”“廉政纵横”“七彩阳光”等。在新冠肺炎疫情期间，重新优化组合，分设战疫微纪录、战疫短视频、战疫微访谈、电视栏目和包装制作五个工作组，统筹视频产品生产，推出战疫短视频产品近90条、总时长300余分钟，6集战疫纪录片、总时长60分钟。短视频“元宵节珠海点亮夜空！为武汉应援！”在珠海发布和特报微信公众号点击量均超10万，抖音点击量超16万，部分片段被央视新闻客户端采用，点击量超50万。短视频《这样的珠海，值得我们再忍一忍》被人民日报旗下环球网首页推荐，央视新闻客户端采用其中部分片段后选送学习强国全国平台，点击量超50万。短视频《今夜，珠海地表都打出这一幕》珠海发布微信公众号点击超10万，珠海特区报微信公众号点击超8万。短视频《珠海战疫时刻》《没想到！珠海人的口罩里藏着……》与长视频（Vlog合集）《珠海一女主持人记录被隔离的14天，每天这样过》，单一微信号阅读量均在8万。短视频《珠海战疫十二时辰》被新华社推荐在北京、上海、南京等地热门商圈的新华户外屏媒播放，被《半月谈》网站采用。短视频《生日快乐，我的珠海！》登上学习强国全国平台。制作的系列纪录片《2020春天的守护》由澳门有线电视台播出。

【广播节目制播】 2020年，珠海传媒集团所属珠海广播电台有3个频率，分别为新闻综合广播（FM95.1频率新闻）、环保经济广播（FM87.5频率交通）、百岛之声（FM91.5频率音乐）。全年常设性节目84档，其中，自办节目78档，转播5档，引进节目1档。广播市场份额以75.3%始终占据珠海市场主导地位。在防控疫情重大宣传报道、特区建立40周年系列宣传、广播节目改版升级、“听珠海”微信公众号和“观海”App音频栏目上线、“听见广播”直播App合作项目等工作中勇于创新，推出一批有特色、有亮点的广播作品和融媒体产品。新冠肺炎疫情防控期间，三套频率每天5小时大时段并机直播。从1月28日至3月15日，完成48天大时段应急广播并机直播，刷新珠海广播并机直播记录。先锋951播出珠海特区40年广播新闻系列报道、特区40年特别短音频“声音图书馆”20余集，用一段段不同历史阶段的声音讲述珠海波澜壮阔的发展变化。交通875制作播出“共同走过40年”深圳、珠海、汕头、厦门4台广播联播特别节目，挖掘、讲述珠海经济特区“创新、创业、创造”方面的故事。音乐915频道组织“爱珠海再出发”公益骑行活动、策划推出系列专题报道“歌声飘过四十年”42期。5月11日，广播节目改版升级，开发“湾区节目链”，新设“湾区快讯”“湾区大视野”等广播新闻资讯类节目；优化“民生节目链”，民生类节目“市民热线”“权威发布”“回音壁”“百姓说事”“951有话说”等节目更加亲民。围绕服务经营创收，新设服务经营类栏目“职达巅峰”“财富先声”等 。5月29日，先锋951、交通875、音乐915三个微信公众号合并为一个“听珠海”公众号，粉丝数量超10万。（张 涛 张中定）

卫生健康

综 述

【概况】 2020年，珠海市常住人口出生1.64万人，人口自然增长率控制在11.98‰，出生人口性别比控制在112.90，出生缺陷发生率23.12‰。全市户籍居民人均期望寿命83.05岁。婴儿死亡率1.90‰，孕产妇死亡率6.12/10万，基本控制在全国、全省平均水平以下。全市无甲类传染病报告，乙类传染病报告16种发病5372例，发病率265.45/10万。居民主要健康指标接近发达国家水平。全市拥有各类医疗卫生机构936个，其中，医院44个（三级医院6个、三甲医院3个、三甲妇幼保健院1个）、基层医疗卫生机构864个、专业公共卫生机构28个、其他类型服务机构28个。有覆盖城乡的市、区、镇（街）、村（居）四级医疗卫生健康服务体系。“15分钟卫生健康服务圈”初步建成。全市医疗机构床位1.02万张，医院床位9186张。医疗卫生机构床位每千人口5.06张。执业（助理）医师7738人，每千人口执业（助理）医师3.82人。注册护士数8824人，每千人口注册护士4.36人，均高于“十三五”规划指标要求。社会办医院床位2205张，社会办医床位占比20.02%。紧急医疗救援中心1个，疾病预防控制机构7个（区级疾病预防控制机构6个），中心血站1个。

【医政管理】 2020年，珠海市卫生健康局印发《珠海市卫生健康局医疗质量控制中心管理办法（试行）》，明确各质控中心设置、管理、运行和职责有关要求，推动各质控中心规范化管理。分两批集中评审并授牌成立市级质控中心45家，与省级各专业质控中心相对应，做到上下一致。建立激励机制，对质控中心专家组成员在职称评定、评先评优方面给予优先考虑，对年度考核优秀的质控中心给予表彰奖励，并推广先进经验和做法。各质控中心制定本专业质控程序、指标、标准和计划，健全质控中心管理制度，将公立医院和社会办医疗机构全部纳入医疗质控管理体系实行统一管理，开展医疗质量常规检查以及联合检查、专项督查等。

【卫生法治与监督】 2020年，珠海市卫生综合执法覆盖率94.49%，许可发证765个。各综合执法支队查处案件697件，罚款100.28万元，没收14.23万元。市卫生健康局推进综合执法信息化建设，采购移动执法和记录仪设备，推行生活饮用水、游泳场所水质在线监测试点工作。规范生活饮用水单位、游泳场所等水质监测服务建设与管理。部署多参数水质测定仪设备。在自建系统“珠海市卫生健康综合执法监督信息管理系统”增加水质在线监测子系统。

【健康珠海建设】 2020年，珠海市印发《珠海市人民政府关于印发珠海市推进健康珠海行动实施意见的通知》。市卫生健康局对《“健康珠海2030”规划》进行分工部署，推动建立健康珠海建设的体制机制。推进健康城市细胞单元和健康村镇建设。全年建成健康社区示范点10个，市级健康细胞单元39个，达到三星级以上健康“细胞”单元14个。截至年底，全市有市级健康细胞单元260个，达到三星级以上健康“细胞”单元65个，被世界卫生组织健康城市合作中心命名的健康单位及健康社区9个。建成健康镇6个、健康村58个。

【卫生镇创建】 2020年，珠海市15个镇全部建成国家卫生镇，实现国家卫生镇全覆盖。全市150个行政村实现省卫生村普及率100%。高栏港区平沙镇高标准完成国家卫生镇复审。全市各镇在爱国卫生组织管理、健康教育、环境卫生、环境保护、病媒生物防制、食品、生活饮用水安全及公共场所卫生、传染病防治、社区卫生、乡镇辖村卫生等方面均达到国家卫生乡镇（县城）标准。全市各行政村村庄规划、功能分区合理，卫生管理网络健全；村容村貌整洁且具备有效管理；村庄垃圾定点收集，定时清运；泄洪、灌溉渠通畅，排水、排污管道密闭无破损、无阻塞，进出水口安全防护设施落实；卫生宣传教育活动形式多样；开展农村改水改厕工作；村卫生服务站基本医疗服务及预防保健工作均完善；病媒生物控制措施落实；村级农贸市场规划合理、制度健全、治理措施完善；家居卫生整洁、家禽圈养、人畜分离等均达到省卫生村相关标准要求。

【医药卫生体制改革】 2020年，珠海市全面学习推广福建省和三明市深化医改经验。印发《珠海市建立健全现代医院管理制度实施方案》，组织全市公立医院全面建立健全现代医院管理制度，全面实施医院党的建设、完善医院管理制度、健全医院治理体系三大方面21项重点任务，公立医院管理进一步规范化、精细化、科学化，现代医院管理制度建设基本成型。印发《珠海市卫生健康局直属公立医院总会计师制度实施办法》，在市直医院探索实施公立医院总会计师委派制，市妇幼保健院、市中西医结合医院和市慢性病防治中心由市卫生健康局委派总会计师。印发《珠海市公立医院薪酬制度改革试点工作实施方案》，推进公立医院薪酬制度改革省级试点工作。优化营商环境，改革行政审批制度，提升“两减一即”（减时间、减跑动、即办程度）指标，将集中行政审批职权集中到一个科室，政务服务进一步便民化。全面谋划和落实医改工作，印发《珠海市深化医药卫生体制改革近期重点工作任务》，组织实施30项重点工作任务。市卫生健康局会同市编办、市人社局等部门推动健全完善疾病预防控制体系和公共卫生服务体系。

【社会办医】 2020年，珠海市社会办医院床位数2205张，社会办医床位数占比20.02%。有社会办医661家，新增44家。社会办医院29个，社会办基层医疗卫生机构625个，其他卫生机构7个。社会办医机构在岗职工7336人，其中，卫生技术人员5852人，其他技术人员139人，管理人员297人，工勤技能人员1048人。卫生技术人员中，执业（助理）医师2531人，注册护士2537人。全市社会办医机构诊疗433.17万人次，占全市医疗机构总诊疗量的28.57%，比上年增加0.91个百分点。

【医疗卫生应急演练】 2020年，珠海市举办新冠肺炎疫情复工复产应急演练、农贸市场新冠肺炎疫情应急演练、紧急医学救护野外演练竞赛、医疗机构消防安全疏散逃生演练。参加省新冠肺炎秋冬季疫情处置桌面应急演练。市卫生健康局参加（或举办）应急演练26次。

【医疗对口帮扶】 2020年，珠海市卫生健康局落实对云南怒江的医疗卫生对口帮扶，举办义诊、评审、培训等活动。3月24—27日，珠海市人民医院怒江帮扶医疗队前往怒江州福贡县开展健康义诊活动；6月5日，珠海市妇幼保健院专家团队在怒江州泸水市中央大街开展爱心义诊活动；6月，珠海市妇幼保健院专家团队赴怒江州开展2020年怒江州级孕产妇死亡评审，举办2020年怒江州产科适宜技术培训班，培训医护人员126人。为帮助怒江州应对新冠肺炎疫情，珠海市向怒江州派出医务人员6人，援助防护服150套、医疗手套和口罩3万套、负压救护车3辆、红外线测温仪120个，以及呼吸机、消毒用品等总计价值超过200万元的医疗防控物资。

【粤港澳大湾区医疗卫生交流与合作】 2020年，珠海市推进18个大湾区合作项目，其中，市人民医院的“粤港澳大湾区心脏研究学院”项目在横琴医院开展首台心血管介入手术，市中西医结合医院与粤澳合作中医药科技产业园“粤澳合作中药制剂发展”项目的院内制剂产品生产使用，市妇幼保健院与澳门城市大学、澳门心理研究学会合作“珠澳妇儿心理研究实习基地”项目接诊香港患者10人、澳门患者8

人。截至年底，澳门在珠海市注册执业医师9人，香港医师在珠海市注册执业医师1人。

医疗卫生

【医疗服务】 2020年，珠海市医疗机构总诊疗1515.95万人次，比上年减少20.50%，其中，医院757.99万人次，专业公共卫生机构（妇幼保健院、慢性病防治中心）130.82万人次，卫生院129.49万人次、社区卫生服务机构251.63万人次，村卫生室29.18万人次，门诊部99.56万人次，诊所、卫生所、医务室117.27万人次。与上年相比，各类医疗卫生机构诊疗服务量均有所减少。全市医疗机构出院人数31.68万人，其中，医院28.46万人，卫生院1847人，妇幼保健院3.00万人，专科疾病防治中心359人。全市医疗机构出院人数比上年减少5.33万人，减少14.42%。全市三级公立医院门诊人次数与出院人次数比为20.69：1。市卫生健康局开展“院长进社区、专家下基层、医院进企业”健康服务活动，16家公立医院与94家基层单位建立结对关系，院长进社区调研20余次，专家“组团式”下基层坐诊67次，接诊4500余人次，医院进企业组织各类体检70余次，举办各类义诊活动20次。开展多学科诊疗1765人次，举办改善医疗服务擂台赛，推进全市检查检验结果互认工作。

【基层医疗卫生服务能力建设】 2020年，珠海市针对香洲区辖区公立基层医疗卫生机构占比过低情况，推进10个镇（街）公立社区卫生服务中心全覆盖。结合香洲区医联体建设布局，由二、三级公立医院以院办院管公助形式，在梅华、翠香、狮山、吉大、拱北和凤山街道建设公立社区健康服务中心。截至年底，吉大、拱北、凤山社区健康服务中心建设启动。试点实现辖区公立社区卫生服务站全覆盖。香洲区以南屏地区为试点，启动南屏医联体内社区卫生服务站标准化建设，由香洲区第二人民医院采取院办院管方式，新建社区卫生服务站。新建广昌、红东、广生社区卫生服务站投入使用。

【医疗基础建设】 2020年，珠海市新增公立床位1567张，其中，中山大学附属第五医院新增500张，市人民医院医疗集团新增130张（横琴医院50张、市戒毒康复医院80张），市妇幼保健院新院区800张，斗门区白蕉镇卫生院床位新增49张，斗门镇中心卫生院新增19张、乾务镇新增69张。7月，珠海市妇幼保健院南琴院区投入运营，位于南屏镇南琴路3366号，建筑面积12.47万平方米，占地面积5万平方米，医护人数1700人，有效缓解妇幼妇儿医疗资源，尤其是优质资源缺乏问题。

【妇幼卫生】 2020年，珠海市卫生健康局出台《关于进一步规范孕产妇健康管理的通知》，健全出生缺陷综合防控体系，完善婚前保健、孕前检查、产前筛查、产前诊断等制度和流程，加大出生缺陷监测和干预力度，强化婚前、孕（前）孕期和新生儿三级干预防控措施。预防艾滋病乙肝梅毒母婴传播项目、地中海贫血干预项目、早期增补叶酸等重大公共卫生服务项目进展顺利。将无创产前基因检测项目（NIPT）纳入出生缺陷综合防控项目。依托新型基因检测技术，将疾病预防关口前移，提高出生缺陷综合防治能力。开展“关爱千日，妇幼健康进社区”活动及“关爱千日，妇幼名医进基层”活动。由市妇幼保健院牵头，全市三级及以下医疗机构（含民营医疗机构）共同参与，建设“珠海市儿童保健、妇女保健专科联盟”。

【流行病学调查队伍建设】 2020年，珠海市组建市、区流行病学调查队伍，制定《珠海市流行病学调查队伍管理方案》，对应急队伍进行管理。组建市级流行病学调查队伍1支（248人），以流行病学调查专业人员为主，涵盖预防医学、疾病控制、卫生管理等公共卫生专业。6个区（功能区）各组建流行病学调查队伍1支（共115人）。完善应急队员个人装备、突发公共卫生事件预警预测分析、卫生应急能力培训和补充更新应急物资。

【大型活动医疗卫生保障】 2020年，珠海市卫生健康局组织现场医疗急救保障16起，包括珠澳国际人才交流大会、珠澳企业家峰会及2020横琴马拉松等。完成珠海“两会”期间的新冠肺炎疫情防控工作、广东省公务员考试、珠海市事业单位考试卫生应急保障工作。

【救治网络建设】 2020年，珠海市有中国胸痛中心3家、国家高级卒中中心2家、广东省胸痛中心示范基地2家、市级创伤中心2家、市级危重症孕产妇救治中心3家。9家医院纳入“卒中急救地图”。3家医院纳入“胸痛中心急救地图”。卫生健康部门与交警部门联网保障救护

2020年12月10日，珠海市金湾区三灶镇海澄村居家养老服务中心，家庭医生为村民检查身体 （张 洲 摄）

车在上下班高峰道路拥堵的情况下开通绿波带，缩短急救平均反应时间，及时高效救治急危重症患者。

【互联网护理服务】 2020年，珠海市有珠海市人民医院、珠海市人民医院横琴医院、珠海市人民医院高栏港医院、中山大学附属第五医院、广东省中医院珠海医院、珠海市中西医结合医院、珠海高新技术产业开发区人民医院、珠海市妇幼保健院、珠海市香洲区人民医院、香洲区前山社区卫生服务中心、珠海市香洲区第二人民医院、香洲区南屏社区卫生服务中心、珠海高新区金鼎社区卫生服务中心、遵义医科大学附属第五（珠海）医院、珠海市第五人民医院等15家试点单位在“健康珠海”App上线。患者可通过网络预约享受延续医疗服务和个性化居家护理服务，避免长期住院。全年办理822例。

【日间服务模式】 2020年，珠海市分3批推出日间手术试点病种73个、试点术式88个，7家医院（含所有三级医院）纳入试点，有效缩短患者住院时间。全年试点开展1800余例。中大五院开展肿瘤患者日间化疗服务，市妇幼保健院开展新生儿日间蓝光照射治疗服务。

【慢性病长期处方】 2020年，珠海市将高血压、糖尿病、冠心病等12种疾病纳入慢性病门诊长期处方管理范围。在确保安全有效的前提下，为慢性病患者开具慢性病长处方，最多放宽至3个月，减少患者往返医疗机构次数和就诊时间，减轻患者负担。全市163家社区卫生服务中心、卫生站和16家二、三级公立医疗机构可提供慢性病用药“长期处方”服务，1031名医师具有慢性病长期处方权。

【爱国卫生工作】 2020年，珠海市爱国卫生工作列入市政府重点工作及市政府十件民生实事。结合新冠肺炎疫情防控总体工作部署和要求，联合中山、江门两市开展蚊虫孳生地清除及灭蚊统一行动。爱国卫生运动月（4月）期间，全市开展环境卫生整治1607次，出动环卫工11.82万人次，清理垃圾3.56万吨，清除卫生死角1.79万处，清除大中型蚊虫孳生地4518处，整改环境卫生脏乱差问题4439个。

【中医中药】 2020年，珠海市卫生健康局开展“治未病”质控基线调查和质量检查。全年检查医疗机构18家，出动专家36人次，治未病培训2场，培训328人次。召开全市中医药大会，对加快建设中医药强市进行广泛动员、全面部署和强力推动。斗门区的全国中医药基层服务工作先进单位评审工作顺利通过。

【智慧医疗】 2020年，珠海市实施精准预约诊疗服务，建成覆盖全市医疗卫生机构的基础网络和数据中心，在广东省内率先实行二级以上公立医院全面非急诊预约诊疗，基本实现移动在线支付和医保减免。建设全市统一互联网医院平台，实现慢性病在线复诊、处方在线流转、药品在线配送。患者在线上就能享受复诊、药品免费配送上门等全流程闭环服务。

【医疗卫生科研管理】 2020年，珠海市卫生健康局科研项目立项102项，其中，经费资助42项，资助金额54.3万元，自筹经费13项，新技术、新项目推广47项。市科技创新局立项课题33项，资助金额50万元。其中，一般项目31项，资助金额38万元；重大项目2项，资助金额12万元。自筹经费29项。新型冠状病毒感染防治应急科技攻关专项立项31项，资助金额321万元，配套1项，金额5万元。获广东省卫生厅医学科研基金立项课题16项，比上年增加8项。

【卫生健康人才队伍建设】 2020年，珠海市级医疗卫生机构引进各类专业人才545人，其中，高级职称82人、硕士学历311人、博士114人、博士后38人。通过“多元化”人才引进、培养渠道，引进或获评国家、省、市各类高层次人才44人，其中，百千万人才工程国家级人选3人，国家杰出青年科学基金获得者2人，国家卫生健康突出贡献中青年专家1人，教育部长江学者2人，“珠江学者”特聘教授1名，国家级、省级名中医16人，入选珠海市“英才计划”的医疗卫生高层次人才19人（一类人才2人、二类人才3人、三类人才14人）。评选医疗卫生青年优秀人才20人，其中，援鄂医疗队员7人，市抗疫一线8人，普通青年英才5人。全市卫生健康人才队伍结构进一步优化。

【卫生健康人才继续教育】 2020年，珠海市各级医疗卫生机构申报通过的继续医学教育项目分别是国家级4项、省级91项、市级328项。全年参加继续医学教育1.24万人，占从业人员的87.56%。参加继续医学教育的人员中，初级职称占比63.09%、中级职称占比26.25%、副高级职称占比7.9%、正高级职称占比2.76%。达标人数1.11万人。

健康管理

【职业健康】 2020年，珠海市将职业病防治工作向“大健康”行动整体环节整合，职业病防治重心从“治疗”转为“预防”。持续推动职业病危害源头管控，要求可能产生职业病危害的建设项目严格落实建设项目职业病危害评价和职业病防护设施“三同时”（建设项目职业病防护设施必须与主体工程同时设计、同时施工、同时投入生产和使用）制度。对照省级发改投资项目在线审批监管平台上申报的采矿业、制造业、电力、燃气及水的生产和供应业等行业领域建设项目进行“三同时”防护核查。加强重点职业病监测。7月，市卫生健康局印发《重点职业病监测项目工作方案》《工作场所职业病危害监测工作方案》和《放射卫生监测项目实施方案》。完成涉及10万劳动者、150家重点企业的职业病监测任务。按时完成涉及3600家用人单位的职业病危害现状调查任务。提升全社会职业病防护意识，开展形式多样的职业健康公益宣传活动。4月，举办全市“职业病防治法宣传周”活动，利用微博、微信开展职业病防治宣传教育。市中西医结合医院、市慢性病防治中心作为协办单位负责相关工作。通过线上答题、转发抽奖等方式，在各级卫生健康机构、工会和珠海疾控等微博、微信公众号上进行职业病防治法相关知识宣传，帮助劳动者了解职业病危害、职业病以及职业病防治的相关内容。活动设置奖品2万份，答题2.27万人次。

【职业安全健康监督】 2020年，珠海市卫生健康局以“双随机一公开”（在监管过程中随机抽取检查对象、随机选派执法检查人员，抽查情况和结果及时向社会公开）监管为基本手段，以重点对象全覆盖监管为补充的监管机制。发挥“双随机”抽查对各个行业领域、各种规模类型企业的执法震慑作用。同时，探索建立部门间联合执法制度，减轻分散检查对企业造成的负担。

【社会心理服务体系建设】 2020年，珠海市卫生健康局在新冠疫情发生初期建立珠海市心理援助热线，并迅速投入运行，为保障复工复产复学提供心理咨询和干预服务。建立市社区心理服务体系建设领导组织架构，各部门之间、市区镇（街）各层级之间、专业机构和社会组织之间紧密合作，形成有机整体，综合推进社会心理服务建设示范市工作。

人口监测与家庭发展

【人口监测】 2020年，珠海市常住人口出生1.64万人，人口自然增长率11.98‰，出生人口性别比112.90，出生缺陷发生率23.12‰。全市户籍居民人均期望寿命83.05岁。婴儿死亡率1.90‰，孕产妇死亡率6.12/10万，控制在全国、全省平均比率以下。全市0—14岁少儿人口33.26万人（其中0—3岁婴幼儿人口9.27万人），占总人口的16.46%；15—64岁劳动力人口159.28万人，占总人口的77.29%；65岁及以上老年人口13.54万人，占总人口的6.57%。全市人口总抚养比为29.39%，比上年上升1.2个百分点。全市正逐步进入老龄化，劳动年龄人口所负担的抚养和养老压力有所加大。

【家庭发展】 2020年，珠海市完善计生家庭奖励扶助工作机制，提高农村计生家庭奖励金、计生特殊困难家庭扶助金标准，对农村部分计划生育家庭奖励由每人每月80元提高至每人每月150元，独生子女死亡家庭父母每人每月1500元。根据独生子女伤残一至三级等不同程度，扶助金每人每月分别为1050元、900元和750元。农村部分计生家庭奖励对象1689人，发放奖励金248.38万元；计划生育家庭特别扶助对象781人，发放扶助金802.37万元，其中，独生子女死亡家庭对象485人，发放扶助金586.59万元；独生子女伤残家庭对象296 人，发放扶助金215.78万元。开展计生特殊家庭“三个覆盖”专项行动。建立计划生育特殊家庭优先便利医疗服务绿色通道，全市有28家计划生育特殊家庭优先便利医疗服务定点医疗机构，实现市、区、镇三级公立医疗卫生机构优先便利医疗服务绿色通道全覆盖。计划生育特殊家庭双岗联系人覆盖、家庭医生签约率、优先便利就医服务覆盖率均达100%。推动3岁以下婴幼儿照护服务发展，支持发展多元化、多层次的婴幼儿照护服务。印发《珠海市推进3岁以下婴幼儿照护服务工作实施方案》，建立促进3岁以下婴幼儿照护服务发展工作联席会议制度，成立3岁以下婴幼儿照护服务专家组，加大科学育儿指导。组织托育服务培训班，对婴幼儿照护服务管理人员、托育机构负责人以及相关工作人员进行培训。做好生育登记和再生育审批工作，一孩登记1.88万人，二孩登记2.02万人，再生育审批1441人。人口和家庭发展工作位居全省先进行列。根据《广东省卫生健康委关于 2020 年度广东全员人口数据质量评估结果的通报》，珠海市在全省全员人口数据质量评估中取得第二名。

【优生优育保险赠送】 2020年，珠海市卫生健康局联合保险机构，结合微信、新闻、短信等媒体平台，依托社区卫生服务中心、0—3岁托育机构等，宣传开展优生优育进万家保险赠送活动，将优生优育“疫苗卫士”和“分娩无忧”赠险工作与0—3岁优生优育工作、孕产妇建档工作协同推进。全年有1051位市民投保优生优育保险赠送。

老龄健康工作

【概况】 2020年，珠海市确定14家医疗机构作为第一批安宁疗护试点，探索安宁疗护服务，重点落实安宁疗护试点工作，包括开展调查、建立服务体系、明确服务内容、建立工作机制、探索制度保障、加强队伍建设、研究制定标准规范和加强宣传教育等方面，形成高效的机构与机构、居家与机构间转诊机制，印发《珠海市安宁疗护试点工作方案》。以“提升健康素养，乐享银龄生活”为主题开展老年健康宣传周活动。活动充分利用网络、微博、微信等新媒体，在线上进行广泛宣传。线下利用社区宣传，提高老人知晓度。实施“银龄安康”行动，全市老年人意外伤害综合保险整体覆盖率100%。应对老年心理健康问题及需求，开展老年人心理关爱国家试点项目。国家增设斗门区小濠冲村以及横琴新区荷塘、新家园社区为2020年老年人心理关爱项目点。香洲区翠香街道康宁社区居委会、红十字会志愿工作者协会和慈安护老中心3个单位获全国第三届“敬老文明号”称号，熊俊超、罗学伙获全国“敬老爱老助老模范人物”称号。

【医养医联体建设】 2020年，珠海市推进国家老年慢性病医养医联体试点建设。养老服务机构与医疗机构签约服务。全市21家养老机构全部实现不同形式的医养结合服务，实现养老机构医疗服务全覆盖。全市有12所医养结合机构，其中，6所养老机构内设诊所、卫生所（室），3所养老机构设置护理院，3所医疗卫生机构设置养老机构实现医养结合。市卫生健康局简化医养结合机构设立流程，实行“一个窗口”办理。对养老机构内设诊所、卫生所（室）、医务室、护理站，取消行政审批，实行备案管理。具备法人资格的医疗机构可通过变更登记事项或经营范围开展养老服务。鼓励社会办医疗机构提供中高端医养结合服务。高栏港平沙镇社会福利中心由平沙医院管理运营，为老年人提供慢性病诊疗、护理、康复、心理干预、精神文明建设等服务。平沙镇社会福利中心入选国家卫健委全国医养结合典型经验名单。金湾区探索社区居家养老服务站、社区卫生服务站、残疾人康园中心“三站合一”的综合服务体方式推进健康养老工作，实现资源集中整合。

【第二届中国老年健康国际论坛】 2020年12月16—17日，第二届中国老年健康国际论坛在珠海度假村酒店举行。论坛由中国老年保健医学研究会、珠海市人民政府联合主办，设有1个主论坛和4个分论坛，聚焦“积极老龄观、健康老龄化、幸福老年人”主题，搭建老年健康领域多国家、多学科交流与合作的平台。在论坛举行前，举办健康珠海高端智库特聘专家聘任仪式，6位专家受聘为智库专家。（邓 斐）

体 育

群众体育

【概况】 2020年，珠海市基层体育健身设施全覆盖，人均公共体育场地面积超3.0平方米，每万人拥有足球场地数1.2块，经常参加体育锻炼人数比例达49.6%。国民体质监测合格率93.7%，位居全省第三。全民健身各项发展指标达到或超过《广东省体育强省建设实施纲要》提出的各项考核目标，通过《全民健身实施计划（2016—2020年）》考核评估。全市新配置适老化健身路径标注使用说明，市体育中心新建成适合老年人健身的乒乓球场、600多米西门环运动场外健身步道。举办第六届市民健身运动会、“跑人气赛道，创文明城市——珠海十佳跑步路线”评选、冰雪运动嘉年华、冰球挑战赛和滑冰公益培训等活动。推动冰雪运动大众化普及，助力“三亿人参与冰雪运动”。6月，在由中国社会科学院马克思主义研究院、社会科学文献出版社与腾讯公司政务舆情部共同发布的《公共服务蓝皮书：中国城市基本公共服务力评价（2019年）》上，珠海在文化体育满意度方面列全国城市第一位。

【体育基础设施建设】 2020年，珠海市体育中心全民健身广场、西门环运动场外健身步道改造提升。拥有社会足球场地52块，每万人拥有足球场地1.2块。斗门体育馆完成升级改造，建设内容包括体育馆外立面改造、户外体育场地建设、文化舞台和舞台配套设施建设、整体景观改造、文化休闲娱乐设施建设、配套设施建设、基础服务设施建设等；占地6.83万平方米，包括标准足球场，标准网球场和篮球场、室外乒乓球台；其中，舞台面积546平方米（演出面积299平方米），配套用房710平方米。全市社区体育公园达341处，基本实现社区体育公园全覆盖、城市社区10分钟健身圈。

【第六届市民健身运动会】 2020年6—12月，珠海市在做好各项疫情防控措施的情况下，举办以“快乐健身，幸福生活”为主题第六届市民健身运动会。市民健身运动会由市文化广电旅游体育局和市教育局、市总工会、市残疾人联合会、市体育总会等多个部门共同主办，市委政法委、市委老干部局、市卫生健康局、市禁毒办等单位协办，各区体育行政部门、市各相关体育社会组织和企事业单位承办，设市民公开组、残疾人组、职工组、老年人组、少年儿童组5大组别。全年举办比赛5132项次，35万人次参与，实现项目有增加、人数有增长、办赛质量有提升、社会覆盖更深入、市民群众更满意的目标。通过将各行各业有特色的、群众喜欢的健身活动尽可能地纳入市民健身运动会中，有效推进全民健身进校园、进社区、进企业、进机关，实现“全年度、全人群、全项目、全行业”四个全覆盖，成为珠海市的特色惠民工程。在赛事活动现场还举办禁毒宣传、慢性病防治、文明城市创建等科普宣传活动，实现将全民健身与全民健康、全民禁毒、全民反邪教、全民创文的深度融合，助力平安珠海、健康珠海、文明珠海建设。（冯玉宇 杨 晗）

【少年儿童体育赛事】 2020年10月17日至12月20日，珠海市举办少年儿童体育锦标赛和珠海中小学生体育锦标赛，开展田径、游泳、足球、篮球12个项目比赛。全市8157人次参加比赛活动。（梁立志）

【科学健身指导】 2020年10月，珠海市发布《2019年珠海市国民体质监测公报》，有针对性提出健身科学指导建议。这是珠海首次发布国民体质监测公报，全市国民体质监测合格率93.7%，位居全省第三。市文化广电旅游体育局制定《2020年国民体质监测工作方案》，联合市教育局在全市开展第五次国民体质监测工作。11月，在全省率先完成监测样本4278人，超过省里下达的3700人监测样本任务。全年培训社会体育指导员950人，全市社会体育指导员总数超6000人。加大经费投入，确保社会体育指导员服务站工作开展。12月，省体育局公布2020年度乡镇（街道）社会体育指导员服务站评估结果，珠海市推荐参评的19个社会体育指导员服务站全部被评为A级，A级社会体育指导员服务站增至22个。全市25个镇（街），除万山区担杆镇、桂山镇两个服务站因场地升级未提交申报材料，香洲区凤山街道新成立暂未建立服务站外，其他街镇社会体育指导员服务站均获评A级标准，A级

2020年10月28日，珠海市全民健身综合训练馆项目动工仪式在市体育中心西门举行 （市文化广电旅游体育局供稿）

标准比例全省最高。

【体育社会组织建设】 2020年，珠海市规范体育社会组织健康有序发展，新登记成立市级体育社会组织5个，完成体育社会组织名称核准6个。体育社会组织267家，其中，市级体育社会团体80家，市级体育社会服务机构58家；区级体育社会团体101家，区级体育社会服务机构28家。为激发体育社会组织活力和推进体育行业复工复产，市文化广电旅游体育局全年实地走访体育企业、体育社会组织90余家，组织召开市级体育社会组织座谈会，听取意见建议和送政策下基层，帮助体育企业和体育社会组织纾困解难。在抓好疫情防控的基础上科学有序恢复体育赛事和活动，8月，推出“全民健身流动体验馆”23个。

【珠海市体育中心开放服务】 2020年，珠海市体育中心主体场馆全部项目实行全年白天分时段免费对外开放，每个场馆年平均对外开放超300天。截至年底，主体场馆羽毛球、游泳、足球免费开放入场达130万人次。平面广场、体育公园全时开放。中心平面广场实行开放式管理，为给广大市民提供广场舞、太极拳等健身休闲场所和服务，日常对外免费开放的全民健身舞场、篮球广场、乒乓球场、健身步道、全民健身大舞台、体育公园，在设备设施维护与管理、卫生、绿化、安保等方面投入大量的人、财、物，确保全民健身运动正常运转。

【全民健身综合训练馆项目动工建设】 2020年10月28日，珠海市全民健身综合训练馆（全民健身综合体）项目在市体育中心西门举行动工仪式。该项目占地面积2.5万平方米，总建筑面积约20万平方米，涵盖羽毛球、篮球、击剑、射击等26个体育场馆，并以其为核心规划集综合体育健身馆区、“体育+”零售商业区、文体产业企业办公区、酒店功能区、酒店式办公区五大主题功能区为一体的综合体。

（冯玉宇　杨　晗）

竞技体育

【珠海运动员全国赛事参赛成绩】 2020年，珠海运动员参加全国比赛，获金牌5枚、银牌2枚、第五名1个、第六名2个、第八名1个。10月1—10日，在山东威海举办的全国乒乓球锦标赛中，张超（与人合作）获男子团体金牌。10月25日至11月1日，在陕西西安举办的全国水球冠军赛暨U17锦标赛中，梁志伟获男子组金牌。11月13—14日，在浙江丽水举办的全国皮划艇锦标赛中，李强（与人合作）获500米男子双人划艇金牌、1000米男子双人划艇银牌。11月14—20日，在上海举办的全国赛艇锦标赛中，李东健获2000米男子八人单桨有舵手金牌。12月17—22日，在广西南宁举办的全国水球锦标赛中，梁志伟获男子组金牌。10月16—19日，在湖南邵阳举办的全国举重锦标赛中，易楚薇获女子64千克级总成绩银牌。10月16—19日，在浙江衢州举办的全国举重锦标赛中，黄高明获男子55千克级总成绩第五名，邓华获男子85千克级总成绩第六名。12月，在江苏常州举办的全国青少年艺术体操锦标赛中，李昔纹等人获集体全能一级规定第六名。10月22—27日，在陕西西安举办的全国水球冠军赛暨U17锦标赛中，杨孝伟等人获男子U17组第八名。

【珠海运动员参加省青少年锦标赛成绩】 2020年7—12月，珠海运动员参加广东省青少年锦标赛27个项目的比赛，获金牌23枚、银牌38枚、铜牌57枚。其中，举重队队员梁根宝获男子丙组67公斤级冠军；帆船队队员穆紫妍、张丹婷、曾文希获女子乙组团体冠军；田径队队员蔡平达获男子甲组标枪冠军。

【珠海市体育运动学校】 2020年，在校生719人，其中，小学154人、初中289人、中职276人；在职在编教职工80人，其中，教练员27人、教师37人。运动员在全国比赛中获金牌1枚、银牌1枚。在省锦标赛中获金牌22枚、银牌31枚、铜牌43枚，获第4—8名171项次，得分2338.5分。游泳、网球、乒乓球、羽毛球、垒球、射箭、帆板帆船、冲浪、足球、排球、棒球11个项目团体总分进入全省前八名。有5名运动员达国家一级运动员标准，30名达国家二级运动员标准。向省队输送2人，网球项目贺梓恒入选国家青年网球队，向高等院校输送54人。市体育运动学校是由市财政全额拨款的中等体育专业学校，主要承担培养和输送高水平体育后备人才的任务。拥有标准的教学训练场地，包括田径场、游泳馆、网球场（馆）、举重馆、体操馆、射击馆、乒乓球、羽毛球、摔跤柔道拳击综合训练馆等。开展田径、游泳、乒乓球、羽毛球、射击、网球、举重、体操、艺术体操、射箭、拳击、摔跤、柔道、足球、垒球、帆船帆板等18个运动项目，项目布局同国家、广东省竞技体育发展战略保持一致，重点发展奥运大项和中国的优势项目，学校连续四个奥运周期被国家体育总局命名为国家高水平体育后备人才基地。田径、羽毛球、乒乓球、举重被国家体育总局项目管理中心命名为重点单项基地。田径、游泳、射击、羽毛球被广东省体育局命名为省单项后备人才培养基地。 （梁立志）

体育产业

【概况】 2020年，珠海市组织20多家相关单位以及各区体育部门代表参加第三十八届（上海）中国国际体育用品博览会，推介珠海体育制造，推动珠海体育企业与国内外企业、行业间的交流。受新冠肺炎疫情影响，珠海WTA超级精英赛、珠海网球冠军赛（ATP250）、克利伯环球帆船赛等国际赛事均未举办。 （陈海燕）

【全国三人篮球俱乐部精英赛总决赛】 2020年12月22—25日，由中国篮协主办，广东省篮球协会、珠海横琴长隆国际海洋度假区承办，珠海市篮球协会协办的2020年全国三人篮球俱乐部精英赛总决赛在珠海长隆海洋王国露天剧场展开。经过4天的比赛，上海崇明YM队获年度总冠军，东道主广东长隆队获亚军，常州凯达重工队获季军。

【中国体育模特大赛全国总决赛】 2020年12月19—20日，由中国健美协会主办，珠海市体育总会为支持单位，中国健美协会体育模特委员会、珠海市模特协会、（中模）北京赛事文化发展有限公司承办的“中国体育模特大赛全国总决赛”在珠海市体育中心体育馆举行。参赛选手200人，现场观众约500人。赛事分别产生成年组男、女冠亚季军，中老年组冠亚季军、青少年组冠亚季军及少儿组冠亚季军。珠海市模特协会选手分别获成人组女子冠军和亚军；老年组女子冠军和季军及第四、五名；少儿A组亚军；E组亚军和季军；青少年组季军；成人男子组第四名，少儿C组第五名，少儿B组第八名。

（冯玉宇　杨　晗）

【体育彩票销售】 2020年，珠海市销售体育彩票4.1亿元。全年在线销售网点327个，上缴体育彩票公益金3300余万元。 （陈海燕）

【2020中国海南国际扑克大赛珠海（横琴）选拔赛】 2020年10月31日至11月5日，由海南省扑克协会主办，珠海市体育总会支持，珠海横琴新区琴忆文化传播有限公司承办的2020中国海南国际扑克大赛珠海（横琴）选拔赛在横琴长隆举办。赛事抵达珠海人数超1600人，长隆酒店用房量超2500间。赛事获棋牌运动行业广泛关注，1200余名运动员参赛，其中澳门籍运动员38人。主赛事进行四轮比拼，湖北籍玩家陆彦森获冠军。

【2020横琴人寿横琴马拉松】 2020年12月27日，由广东省田径协会、珠海华发集团和南光集团联合主办，华发体育和南光文创承办的2020横琴人寿横琴马拉松在横琴金融基地举办，来自全国各地的1万名马拉松运动员参加。全程马拉松赛程42.20千米。来自河南的选手王光耀以2小时21分38秒的成绩夺得男子全马冠军，路颖以2小时41分13秒的成绩夺得女子全马冠军。

（冯玉宇　杨　晗）

社　会

人力资源·劳动就业

人才队伍建设

【概况】　2020年，珠海市实施“珠海英才计划”，高层次人才、产业青年优秀人才等市级重点人才工程提质增效。评定高层次人才135人、产业青年优秀人才296人。实施企业新引进人才住房补贴政策，全年为1469家企业的4526名新引进人才发放补贴6926.2万元。实施珠海“英才卡”制度，发放“英才卡”1294张。实行人才分类评价，扩大企业自评范围。截至年底，全市有高层次人才717人、青年优秀人才1589人，6支人才队伍（党政人才、企业经营管理人才、专业技术人才、高技能人才、农业农村人才、社工人才）总量达70万人，其中，高端人才8.12万人。

【人才优先引进制度执行情况】　2020年11月25日，珠海市放宽年龄、学历等引进入户条件，加大各类人才引进力度，提高人才资源供给水平，印发《珠海市人民政府办公室关于进一步放宽珠海市人才引进及入户条件的通知》。全年新引进各类人才5.6万人。在疫情影响情况下，比上年逆势增长33%。人才净流入率位居全省前列，新增博士425人、硕士3726人，留学回国人员405人。截至年底，全市拥有大学（大专及以上）学历人数63.5万人，占常住人口比26%，位居全省第三。

【专业技术人才队伍建设】　2020年，珠海市新增专业技术人才2.5万，专业技术人才总量达22.4万人。其中，拥有初级职称人数11.4万人，占总量50.8%；拥有中级职称人数10万人，占总量44.6%；拥有高级职称人数1万人，占总量4.6%。工程系列专业技术人才占比66.2%，中小学教师系列占比25.3%，高等学校教师系列占比1.3%，卫生系列占比1.5%，档案系列占比0.8%，其余系列占比4.9%。

【高技能人才队伍建设】　2020年，珠海市建成市级及以上高技能人才实训（培养）基地3家（累计9家，其中国家级3家），技能大师工作室4家（累计10家，其中国家级2家），技师工作站12家，其中，珠海格力电器股份有限公司被认定为国家级高技能人才培训基地，珠海市职业训练指导服务中心谢丽萌技能大师工作室被认定为国家级技能大师工作室。开展优秀高技能人才培育选拔，培育认定珠海特级工匠4人（累计8人）、珠海工匠198人（累计282人）、珠海首席技师15名（累计25人）。举办全市第一届职业技能大赛，设立中式烹调、焊工、家政服务、质量管理等48个比赛项目，吸引全市2135名各行各业的技能劳动者参赛。69名选手被授予“珠海市技术能手”荣誉称号。

【人才交流】　2020年，珠海市举办“第三届博士博士后人才珠海创新创业（云端）洽谈会”。45家知名企事业单位提供博士、博士后岗位需求700余个，重点项目合作10个。100名博士、博士后参加，涉及材料、医学生物、环保、金融和工商管理等多个学科领域。联合澳门举办“珠澳国际人才交流大会”，签署《关于推进澳珠人才协同发展的合作协议》。举办澳珠极点科技创新合作峰会、珠澳人才创新创业挑战赛、“博聚香山”百名博士珠海行等11场活动，吸引线上线下千余名高端人才关注并参与，6个重大人才科技项目现场签约落地。

2020年11月28日，在珠澳国际人才交流大会开幕式上，陈大可、汤涛、董明珠、黄领才、侯雪梅、Jaap Beijer（亚溥）、陆骊工、张云飞、董凡、黄国军获"珠海十大英才"证书。图为市委书记郭永航（中）与"珠海十大英才"合影 （吴长赋 摄）

【博士后工作站】 2020年，珠海市打造"以区域性博士后工作站为龙头，企业工作站、分站为支撑，创新实践基地为补充"的博士后工作体系，实施"博士后培养"工程。新设博士后科研工作站2个。横琴新区博士后科研工作站下增设分站9个，新设博士后创新实践基地10个。新引进博士后62人。截至年底，全市有博士后工作站点（工作站、分站、创新实践基地）82个，招收培养博士后264人。

【留学人员创业就业资助】 2020年，珠海市有留学人才405名前来创新创业发展，比上年增长15%。市人力资源社会保障局根据《珠海市留学人员创业项目扶持办法》，对在2019年通过预评审并实际落地珠海的6个创业项目，委托第三方专业机构开展考察评审。对在2019年立项资助100万元的2个留学人员创业项目开展中期考核。根据专家出具的考核合格意见建议，对2个留学人员创业项目拨付第二期扶持资助资金80万元。根据《珠海市留学人员企业场地租金补贴实施细则》，对申报的7家留学人员创业企业，按规定标准补贴场地租金26.49万元。

【职称制度改革】 2020年，珠海市推进职称评审社会化，制定《珠海市社会组织开展职称评审工作管理办法（试行）》，将职称评审职能下放给符合产业发展方向、专业领域紧缺急需、具有行业代表性的社会组织承接职称评审工作，以满足不同层级、不同行业、不同领域的专业人员的评价需求。将机电、化工、轻工等专业的职称评审权，下放到市机电工程师学会和市化工与材料协会。港澳专业人才职业资格认可工作取得新进展。逾700名来自港澳地区的建筑工程、旅游、医师、社工、律师等领域专业人士获横琴跨境执业资格。

【公职人员招聘和职业技能鉴定考试】 2020年，珠海市组织各类鉴定考试840场次，考试人数7.10万人次，其中，公务员笔试1.53万人、面试739人，事业单位公开招聘笔试3820人，军转干部考试78人，专业技术资格考试3.76万人次，职业技能鉴定全省统考2134人、市级统考1.11万人，职业技能等级认定238人。核发各类证书1.28万本，其中，专业技术资格证书3375本、国家职业资格证书9014本、专项职业能力证书268本、职业技能等级证书162本。

【珠澳国际人才交流大会】 2020年11月27—29日，珠海市举办"珠澳国际人才交流大会"。大会由中央人民政府驻澳门特别行政区联络办公室、全国博士后管委会办公室、人社部留学人员和专家服务中心指导，珠海市人民政府、澳门特别行政区政府人才发展委员会、澳门特别行政区政府社会文化司联合广东省人力资源和社会保障厅主办。其间，签署《关于推进澳珠人才协同发展的合作协议》，举办珠澳人才创新创业挑战赛、"澳珠极点"科技创新合作峰会、"博聚香山"——百名博士珠海行、"澳珠极点"跨境科技创新合作成果展等活动11场，吸引线上线下千余名高端人才关注并参与，涉及新一代信息技术、生物医药、集成电路等产业领域的6个重大人才科技项目现场签约落地。 （程 斐）

公职人员管理

【公务员管理】 2020年，珠海市推进公务员职务与职级分类改革，完成24家涉改参公单位重新认定工作。招录公务员、选调生223人，公开选调急需紧缺专业和基层公务员115人，持续改善公务员队伍结构。

抓实“两个专项整治”，强化机关事业单位工资业务宏观指导，规范公务员工资福利和奖金制度，探索建立平时考核和年度考核相结合的综合考评体系，激励公务员队伍干事创业。（刘金党）

【事业单位岗位审核】 2020年，珠海市核准、备案岗位设置（调整）方案37个。审核2060名专业技术岗位人员聘用认定材料，其中，调整岗位1392人、新进668人。审核213名管理岗位人员认定材料，其中，调整岗位106人、新进107人。

就业创业

【概况】 2020年，珠海市城镇新增就业3.80万人，城镇失业人员再就业1.26万人，就业困难人员实现就业2000人，扶持创业2847人，分别完成省下达年度目标任务的126.8%、125.7%、133.3%、129.4%。截至年底，城镇登记失业率2.39%，控制在省下达年度目标3%以内。

【就业招聘】 2020年，珠海市开展线上招聘活动。2月13日至4月17日，联合市内外19家次机构举办“同心战疫共克时艰”及“同心战疫海纳英才”两个主题的联合网络招聘活动。6月30日，珠海市公益性网络招聘平台上线，截至年底，参与企业1.5万家（次），在线发布岗位超32万个，在线求职超56万人次，投递简历7.2万份。开展高校毕业生专场招聘。8月21日起，启动“就业攻坚 青春起航”2020届珠海市高校毕业生就业攻坚现场招聘会，举办6场，参与企业231家（次），提供岗位6478个，进场2125人次。开展劳务对接活动。9月19日、28日，组织30家企业前往信宜市和化州市开展劳务对接活动，提供岗位3810个，收到简历159份。10月17日，组织29家企业前往湖南张家界桑植县和广西桂林全州市开展劳务对接活动，提供岗位3489个，收到简历259份。11月10日，组织10家企业前往四川广安市开展劳务对接活动，提供岗位1182个，收到简历176份。帮扶困难人员就业，举办“就业直通车”“春风行动暨就业援助月”等公益性专场招聘活动188场。12月12—13日，由珠海、中山、江门、阳江四市人力资源社会保障局主办的2020年大型公益招聘会及网络招聘大会在珠海市青少年妇女儿童活动中心举行，164家优质企业参会，提供岗位8971个，吸引求职人员2500余人。

【创业促进】 2020年，珠海市加强创业平台载体建设，推进港澳青年创新创业基地建设。截至年底，孵化港澳创业项目384个，带动就业1767人。新增认定3家市级创业孵化基地。全市建立创业孵化基地28家，其中，省级5家，市级18家，区级5家。孵化企业（项目）4254家（个），带动就业3.7万人。推进乡村振兴创业带动工作，认定珠海（斗门）农业电商孵化园、指点科技园2家珠海返乡创业孵化基地。举办“一村一品”带头人提升培训，培训学员450人。出台《创业担保贷款担保基金和贴息资金管理办法》，全年放贷总额5439.84万元，贴息49.19万元。

【异地务工人员服务管理】 2020年，珠海市开展“春风行动”系列公益性招聘会。各级人力资源服务市场举办异地务工人员招聘活动262场，其中，现场招聘会82场，达成就业意向1.5万人；网络招聘会180场，投递简历5.8万人次。春节前后，分别开展“平安春运 我们同行”关爱异地务工人员联合宣传服务活动及“助力企业复工复产就业服务活动”，派发春风卡、就业创业指南扑克牌、计生资料等3万余份，服务异地务工人员4.6万人次。组织转移怒江籍劳动力5809人到珠海就业，其中，建档立卡贫困劳动力3482人。发放劳动力转移就业奖补232.59万元。开发建档立卡贫困劳动力跟踪帮扶系统，统筹全市设立服务专员31人，服务企业415家。筛选一批优质企业定向吸纳对口帮扶地区贫困劳动力，其中，打造省级示范性就业扶贫基地1家、市级示范性就业扶贫基地4家。

【职业技能提升培训】 2020年，珠海市职业技能培训支出4.2亿元，资金支出进度、培训人数等各项指标均位居全省前列。应对疫情启动企业职工线上适岗培训，组织全市3379家企业近36万人参训，职业技能提升专账资金支出线上适岗培训补贴2.12亿元。落实以工代训补贴，全市6021家企业申请以工代训补贴，职业技能提升专账资金支出以工代训补贴2.01亿元。组织开展企业新型学徒制培训1818人，大学生精准培训2300人。开发公布全市产业发展所需的职业技能培训课程标准55个。

【创业创新大赛】 2020年11月，珠海市人才工作领导小组办公室和市人力资源社会保障局联合举办首届“珠澳人才创新创业挑战赛”。近百个优质项目参赛，项目涵盖集成电路、生物医药、新材料、新能源、高端打印设备等重点规划产业领域。遴选出获奖优质项目8个，分别是“安全高效治疗难治/复发性多发性骨髓瘤、靶BCMA/NKG2DL/FAP的第四代 CAR-T和CAR-NK细胞疗法开发研究”“长程动态心电记录仪-心血管监测诊断解决方案”“应用于医疗器械的CMUT超声传感器产业化”“介入二尖瓣瓣膜置换和修复器械产业化项目”“基于芯片级工艺的车用高精度MEMS胎压传感器和智能气体传感器”“硅钢废钢制备先进电子软磁材料FeSi粉”“空气悬浮离心鼓风机”“基于脑机接口的脑卒中康复外骨骼”。根据相关政策，8个获奖的优质项目通过“预评审”（拟资助资金50万至100万元），项目在半年内落地珠海，并通过专家评审的，可获该项目“预评审”拟资助的相应资金扶持。6—10月，承办广东“众创杯”创业创新大赛之抗疫专题赛、科技海归领航赛，宣传发动海内外近600个项目参赛。珠海市参赛项目在抗疫专题赛、科技海归领航赛中分别获1金1铜、2金4银1铜，获奖数量与质量全省第一。

【“广东技工”工程】 2020年，珠海市落实“广东技工”工程，提出实施服务现代产业发展行动、技工教育大发展行动、职业技能提升行动、创新职业技能等级认定行动、技能人才激励行动、“广东技工”技能菁英培育成长行动、技能就业创业行动、“广东技工”珠澳合作行动八大行动27条措施。鼓励建设现代产业专业集群和校企合作，每个专业或校企合作项目最高给予100万元经费支持。鼓励企业设立培训中心，给予示范性企业培训中心最高100万元建设经费支持。鼓励组织开展毕业2年内高校毕业生、16—24周岁青年以及失业人员参加定向技能提升培训，每人每年最高补贴8500元。推动技工教育扩容提质。推动解决民办技工学校建设规划用地，支持其扩大招生规模，最高增加补助每人6000元。疫情期间，组建技工院校抗疫先锋队，组织技术团队为6家口罩生产企业安装调试设备，保障全市80%以上口罩等防疫物资生产。投入325名顶岗实习学生支持重点企业复工复产。开通“怒江班”学生返校专列，确保全市技工院校复学和恢复线下培训工作安全、平稳、有序。全市技工院校逾2000名毕业生就业率近100%。全市技工学校招生4500人，增长约30%，在校生首次突破1万人，达1.16万人。

【“粤菜师傅”工程】 2020年，珠海市开发“珠海九大簋”特色菜制作、汤养指导师等6个相关培训课程标准。新建成省级培训基地和大师工作室各3个，市级培养基地4个、大师工作室6个。5家技工院校（职业院校）开设中餐烹饪与营养膳食等粤菜相关专业，新招相关专业学生495人。开展“粤菜师傅”培训4961人次（由全市各区各基地同时开展培训，按照年度任务指标完成培训工作）。启动“粤菜师傅”技能培训进乡村暨粤菜产业“百企帮百村”行动。

【“南粤家政”工程】 2020年，珠海市“南粤家政”工程开展家政服务培训1.11万人次，超额完成省下达的培训目标。在珠海市、阳春市各举办一场“南粤家政”专场招聘会，发动企业53家次，提供岗位1.15万个（次）。开展“南粤家政”宣讲会11场次，参加企业293家次。举办师资培训班2场，参加培训企业82家次。统筹“南粤家政”综合服务示范基地建设，打造集“统筹调度、示范培训、标准研发、交流展示、品牌创建、创业孵化”等功能于一体的线下服务平台。

2020 年 8 月 27 日，珠海市粤菜师傅培训基地烹调培训现场

（张 洲 摄）

【人力资源经理人协会成立】 2020年8月18日，在珠海市人力资源和社会保障局的支持指导下，30位发起人成立“珠海市人力资源经理人协会”。该协会下设“珠海市人力资源研究院”，根据人力资源各板块及珠海重点行业分别设立相应的专家委员会及人力资源大数据实验室，旨在贯彻落实国家建设粤港澳人才合作示范区战略，全面提升珠澳两地企业人力资源从业人员的专业技能和管理能力，助力珠海经济和社会发展。召开第一届第一次会员大会，参与协办珠海市2020年人力资源从业者素质提升培训活动。培训活动长达1个月，来自珠澳各企业超1000名人力资源从业者报名参加。

【全国技工院校高技能人才培养联盟第四次大会暨首届全国技师学院创新发展经验交流活动】 2020年11月29—30日，在珠海德翰大酒店举行，参会人数400余人。会议议题包括：总结报告联盟工作；宣布联盟增选常务理事单位、调整副理事长的意见；宣布新加入联盟院校、新增联盟专家团成员、新增战略合作企业名单；宣读联盟《筹建新兴产业产教合作理事会倡议书》和《创建中国技工院校“常春藤”倡议书》；邀请4家技师学院作创新发展经验交流；人社部领导作《完善现代技工教育体系 促进技工院校高质量发展》主旨报告；参观考察联盟战略合作企业校企合作项目展览，自主对接校企合作项目。会议对国家职业能力建设工作做出部署，为全国技师学院经验交流搭建平台。

【企业职业技能等级认定试点】 2020年10月30日，珠海市人力资源社会保障局推荐的广东省第一批企业职业技能等级认定试点单位——中航通飞华南飞机工业有限公司完成第一批职业技能等级认定，66人参加，27人合格，其中，高级工18人、技师9人，均获颁珠海市首批职业技能等级证书。此次认定涉及飞机铆装工、飞机起落架冷气液压系统安装调试工、航空电气系统安装调试工、外勤机械工、飞机外勤仪表电气工5个工种，其中，航空电气系统安装调试工职业技能标准由该公司自主开发，属国内首个。

劳动关系

【劳动工资制度体系管理】 2020年，珠海市建立健全人力资源市场工资指导价位和企业工资指导线，进行全社会工资分配的宏、微观调节与指导，促进收入分配更合理有序。配合省人力资源社会保障厅开展最低工资标准评估工作，在较大的劳动密集型行业中选取100家企业和500名职工进行调查，以适时调整最低工资标准。发布2020年珠海市工资指导价位，总体高位数、中位数、低位数和平均数分别为19485元/月、5501元/月、4380元/月和6815元/月。指导企业进行工资水平合理定价和合理控制人工成本。

【劳动监察执法和权益保护】 2020年，珠海市各级劳动监察机构开展日常巡查548家次；受理举报投诉立案391件，移送拒不支付劳动报酬罪案件31件，社会公布严重欠薪违法案件47件。30家用人单位和4名自然人被列入拖欠农民工工资“黑名单”。为3772名劳动者追发工资等待遇8336.35万元，其中，投诉举报案件数、为劳动者追发工资等待遇涉及人数及金额数，分别比上年下降32%、63%、34%，实现案件数、涉及人数及金额数“三下降”。全市人社部门处理信访事项7631批1.28万人次，其中，接待群众来访5017批8813人次、办理群众来信248批728人次，接听群众来电2335批3262人次，妥善调处重点矛盾纠纷及隐患113起。劳动者合法权益得到及时有效维护。全市劳动人事关系总体和谐稳定。

【劳动人事争议仲裁】 2020年，珠海市劳动人事争议仲裁院立案受理劳动人事争议案件4734件，仲裁结案5271起，结案率96.38%。全市各级调解组织受理案件1.05万件。调解组织受理案件增加主要受新型冠状病毒疫情的影响，部分企业经营困难，裁员减员情况增加，劳资矛盾相应增加；其次是调解组织建设不断加强，推动全市25个镇（街）成立劳动争议调解委员会（或人民调解委员会），实现调解工作全覆盖。是年，将人民调解委员会调解的劳动争议案件纳入统计范围。调解成功8872起，调解成功率93.12%。

【劳动人事争议三方联合调解中心成立】 2020年7月29日，珠海市人力资源社会保障局、市总工会、市工商联、市企业与企业家联合会三方四部门（三方：政府、企业、劳动者；四部门：市人力资源社会保障局、市总工会、市工商联、市企业与企业家联合会）共同成立珠海市劳动人事争议三方联合调解中心。中心设主任1名，由市劳动关系三方协商会议办公室主任（市人力资源社会保障局劳动关系科科长）担任；副主任4名，分别由市总工会、市工商联、市企业与企业家联合会及市劳动人事争议仲裁院相关负责人担任。中心办事窗口设在香洲区红山路245号（人力资源社会保障服务窗口）一楼105室，聘请第三方机构运营，主要承接市劳动人事争议仲裁委员会管辖的劳动人事争议案件的调解，以及经各区申请，参与各区劳动人事争议仲裁委员会管辖范围内的重大劳动人事争议案件调解工作。

社会保障

社会保险

【概况】 截至2020年底，珠海市各项社会保险参保705.42万人次，比上年增加53.14万人次，增长8.15%。首次将新业态从业人员纳入养老保险保障范围。受新冠肺炎疫情影响，实施阶段性减免社保费政策，1—12月各项社会保险基金总收入191.76亿元，下降28.85%。为做好阶段性减免社保费期间资金保障，强化企业职工养老、工伤保险省级统筹功能，1—12月上划企业职工养老保险、工伤保险紧急调拨金56.78亿元，基金总支出220.89亿元，增长3.49%，基金当期结余-29.13亿元，累计结余592.64亿元。全年各项社会保险参保和基金运行平稳。

【养老保险】 截至2020年底，珠海市企业职工基本养老保险参保125.16万人。城乡居民基本养老保险参保5.54万人，月人均养老金560元。实施退休人员基本养老金年度调整，16.3万人获调整。城乡居民基本养老保险基础养老金从每人每月430元提高至460元，惠及4.2万人。修订城乡居民基本养老保险实施办法，从参保对象范围、待遇确定机制、个人缴费标准等方面进行完善。11月，珠海市在2019年度企业养老保险省级统筹考核中获评A级等次。

【工伤保险】 截至2020年底，珠海市工伤保险参保人数119.12万人，比上年增长7.88%，参保人数创历史新高。全市完成工伤认定5779宗、完成劳动能力鉴定4499宗。扩大工伤保险覆盖面，贯彻实施《关于做好我省铁路、公路、水运、水利、能源、机场工程建设项目参加工伤保险工作的通知》，将全市新建工程建设项目全部纳入工伤保险参保范围，在建和新开工建设项目参加工伤保险3706个，新开工项目实现参保100%。优化工伤联合调查机制，提升工伤保险服务效能，推进工伤业务提速办理，压缩工伤业务办理时限。工伤职工待调调整后平均伤残津贴每人每月4339元，增长10.28%；平均护理费每人每月3896元，增长11.2%；平均抚恤金每人每月1691元，增长11.67%。

【失业保险】 2020年，珠海市扩大失业保险保障范围，畅通申领渠道，确保失业人员应发尽发。1—12月，发放失业保险金1.78亿元（涉及9.29万人次，含定期和一次性）；失业补助金审核通过3.53万人，发放8859万元（涉及3.14万人）。失业保险金申领实现“全城通办”，符合失业保险金申领条件的失业人员，可以在全市任何一个社保经办机构或者公共就业服务机构［含镇（街）人力资源和社会保障服务所］办理失业登记并申领失业金。

【保险稳岗】 2020年，珠海市落实疫情期间社保费减、免、缓政策，为9.97万家企业减免各类社保费逾60亿元。开展失业保险援企稳岗工作，为524家企业返还失业保险费5.98亿元，为1.91万家企业发放稳岗补贴1.45亿元。

【社保经办服务】 2020年，珠海市推广社保业务“预约办”“网上办”“掌上办”“自助办”服务。预约办每周预约签到4000余人次。“网上办”三期涵盖58项业务功能。“珠海社保”微信公众号推出业务办理、信息查询、资料打印和咨询小助手四大功能。升级改造“自助办”，全市所有社保办事网点共安装93台自助服务终端设备。全年通过线上办理社保业务43.5万人次，“自助办”办理逾25.35万人次，“预约办”办理22.8万人次。在建设银行、华润银行和光大银行开展社保自助机办理，在华润银行、农商银行、中国银行柜台开设“社保专窗”服务。市社会保险基金管理中心与澳门街坊会联合总会签订社保经办业务合作协议，澳门居民“足不出境”即可办理珠海社保业务。

【社保基金监督】 2020年，珠海市通过社保基金预算审核和预算执行情况分析制度、专项检查和非现场监督、组织案件查处等方式加强社会保险监督。开展失业保险基金管理内控专项检查，组织14个单位进行自查，发现问题12个，印发检查报告督促整改。开展企业职工基本养老保险提前退休问题专项检查，核查人力资源社会保障部下发的企业职工养老保险提前退休疑点数据61条。检查中未发现重大违法违规问题。开展人力资源社会保障财政补贴项目专项检查，组织23个单位进行自查，发现问题8个，印发检查报告督促整改。常态化做好社保基金非现场监督工作，全年对人力资源社会保障部基金监管软件2.13万条预警信息进行分类筛查。通过监管系统拓展应用发掘疑点信息，核查处理问题及疑点304条。修订完成《珠海市社会保险监督委员会章程》。处理社保欺诈案件举报6件。采取多种形式宣传社会保险反欺诈知识，开展基金风险警示教育活动。

【台港澳居民养老保险】 2020年1月1日起，在珠海市灵活就业且办理台港澳居民居住证的台港澳居民，可在珠海市参加企业职工基本养老保险，参保人数8648人，按月享受养老待遇1337人。在珠海市居住且办理台港澳居民居住证的未就业台港澳居民，可在珠海市参加城乡居民基本养老保险，享受与珠海户籍居民同等待遇，参保人数3975人，按月享受养老待遇63人。内地赴澳门务工人员，可按相关规定在横琴新区以灵活就业人员身份参加企业职工基本养老保险，241人办理参保手续。

【澳门居民珠海社保“跨境办、一站办”业务签约暨“掌上办”上线启动仪式】 2020年12月15日，珠海市社会保险基金管理中心、市社会保障（市民）卡管理中心和中国银行澳门分行、中国银行珠海分行、中国银行横琴自由贸易区分行共同在中国银行珠海分行拱北支行举行澳门居民珠海社保“跨境办、一站办”业务签约暨“掌上办”上线启动仪式，标志着即日起澳门居民可“足不出境”和“随时随地”畅享优质、高效、便捷的珠海社保服务。（程　斐）

医疗保障

【概况】 2020年，珠海市基本医疗保险参保人数213.31万人，比上年增加15.50万人，增长7.83%。城乡居民参加基本医疗保险财政补贴提高至每人每年620元，参保人政策范围内住院费用报销比例90%以上，年度最高支付限额72万元，实际报销比例位居全国前列。实施附加补充医保“大爱无疆”项目，以每人每年190元的保费，在基本医保和补充医保基础上，构建第三重医疗保障，将27种抗癌药纳入报销，对重大疾病患者的高额医疗费用、恶性肿瘤自费项目、个人负担医疗费用、10种重大疾病给予补偿。“大爱无疆”项目全年投保人数约80万人，保费收入1.43亿元，待遇支付7938人次，支付金额1.06亿元。承担全国首批区域点数法总额预算和按病种分值付费试点改革。

【基本医疗保险单位缴费费率下调】 2020年3月9日，珠海市医疗保障局联合市财政局、市税务局印发《关于贯彻落实阶段性减征企业基本医疗保险费的通知》，自2月1日至6月30日，减半征收企业职工单位费率；将阶段性下调职工参加基本医疗保险的单位缴费费率0.5个百分点的规定，实施期限延长至2021年4月30日。全年9.15万个单位享受医疗保险减半征收政策。通过系列减征措施，为用人单位减负逾13.31亿元。

【生育保险】 2020年，珠海市生育保险参保人数119.3万人，享受待遇7.9万人次。作为国家生育保险与医疗保险合并实施的试点城市，实施统一规范协议管理、统一住院分娩结算定额、统一产前检查结算定额，推进生育保险支付方式改革，规范医疗服务行为，有效降低剖宫产率。珠海完善生育医疗费用支付方式入选国家医保局医保管理增效首批案例。

【新冠肺炎疫情防控医疗保障】 2020年，珠海市对确诊和确认疑似新冠肺炎的参保人实施免支付范围、免住院起付标准、免个人负担的“三免政策”。全市103例确诊患者医疗费用700.4万元全部由医保基金支付。实施应急政策，通过预拨费用约3亿元、开辟绿色结算专道、实施阶段性支付政策、增加超结算指标、全额拨付药品集中采购费用等系列措施，保障医院救治工作和正常医疗服务运营。扩展附加补充医保“大爱无疆”项目保险责任，在全国首创对确诊参保人增发2万元现金补偿，22名参保人获44万元补偿。

【医疗救助】 2020年，珠海市全年资助困难群体参保9977人，资助参保支出金额397万元。救助困难群体3.12万人次，低保特困人员联网结算支出797万元，基本救助对象医疗救助支出265.54万元。经市政府同意，将《珠海市困难群众医疗救助实施办法》有效期从2020年6月30日延长至2021年12月31日。

【药品和医用耗材集中采购改革】 2020年，珠海市开展公立医疗机构药品跨区域联合集中采购改革，全年采购金额10.61亿元，节省费用5.29亿元，降幅33.34%。创新医用耗材集中采购新模式获全省推广。全市31家公立医疗机构耗材全年集中采购金额6.85亿元，节省费用1.2亿元，降幅14.86%。组织实施国家冠脉支架类高值医用耗材集中采购工作。

【医疗服务价格管理】 2020年，珠海市开展新冠病毒检测项目调价及定价工作，新冠病毒核酸检测价格由原来的每项160元下降为75元，降幅53%，严重急性呼吸综合征冠状病毒抗体测定医疗服务价格项目价格制定为25元/项。

【医保基金监管】 2020年，珠海市基本医疗保险基金应收入61.80亿元，减免13.31亿元，基本医疗保险基金实际总收入48.49亿元，比上年下降5.7%，总支出59.79亿元，增长7.4%，结余34.12亿元，下降24.9%，在国家规定的合理、安全范围。医保基金总体运行安全平稳。市医疗保障局联合市社会保险基金管理中心共同完成对全市医保定点医药机构1636家的监督检查，覆盖率100%。查处违规机构439家，其中，限期整改245家，约谈28家，暂停医保服务8家，拒付和追回122家机构医保基金本金及违约金计1462.31万元。

【台港澳居民参加珠海医保】 2020年1月1日起，珠海市范围内持居住证的非就业台港澳居民可以参加珠海基本医疗保险。截至年底，台港澳居民在珠海市参保达2.32万人；其中，澳门居民参保1.81万人，香港居民参保4400人，台湾居民参保700人；参加居民医保1.35万人，参加职工医保9700人。全年2.27万人次享受医保待遇，医保统筹基金支付1593万元。通过持续优化服务，珠海医保逐步构建医保经办、银行与澳门社区共同参与的跨境医保经办新模式。

2020年9月29日，珠海市医保电子凭证正式使用发布会在珠海电视台新闻发布厅举行 （市医疗保障局供稿）

【医保电子凭证发布使用】 2020年，珠海市医保经办服务实现“全城通办”“不见面办”，取消涉及医保领域11个证明材料的要求。9月29日，珠海市医疗保障局联合中国农业银行珠海分行、腾讯医疗健康有限公司在珠海电视台新闻发布厅举行珠海市医保电子凭证推广发布会，宣布珠海市医保电子凭证正式发布使用，全面实现医保电子凭证扫码就医、扫码支付及统筹结算等线上线下应用。在全国范围内率先实现医保电子凭证打通院外处方流转医保统筹结算。在“一码通行、无卡就医”的智慧医保建设上迈出重要一步。

【全国首家地级市“云医保处方共享服务平台”建成】 2020年2月26日，珠海市医疗保障局印发《珠海市医疗保障局关于实施外配处方药品医疗保险费用联网结算的通知》，与360健康公司合作搭建珠海市云医保处方共享服务平台（简称云医保服务平台）。5月15日，中山大学附属第五医院完成首单医保定点医院外配处方的流转及费用实时联网结算，在全国率先实现外配处方在市级云医保处方平台的流转。11月1日，在全市定点医药机构全面上线。截至年底，全市有12家医保定点医疗机构和310家医保定点零售药店对接上线，流转处方2088张，处方金额974.5万元，其中，医保统筹支付768.1万元，医保个账支付20.6万元，平台服务2088人次。

（邓 聪）

社会救助

【最低生活保障】 2020年1月1日起，珠海市低保标准由每人每月1055元提高至1100元；特困人员基本生活标准由每人每月1688元提高至1760元，提高幅度4.3%。12月，全市城乡低保月补差水平分别达到1079元和1087元，在册低保对象4170户6446人，全年按时、足额发放低保金7508.52万元；在册特困人员957人，全年支出特困供养金1813.96万元。确保动态管理下的应保尽保和分类施保，较好地保障困难群众的基本生活。为4503名低保对象购买“大爱无疆”附加补充医疗保险85.56万元，形成兜底保障困难群众基本生活的合力。

【疫情防控期间救助扩大】 2020年，珠海市出台《珠海市民政局关于切实做好新型冠状病毒疫情防控期间有关救助工作的通知》《珠海市民政局关于做好疫情防控期间困难群众基本生活保障的措施》，优化简化低保申请程序，对已经纳入低保、特困人员，定期核查及续保时限自动延长至防疫期结束。市、区两级民政部门派出慰问工作组176个，慰问各类救助对象7313人，为困难群众发放口罩47.15万个，发放慰问金51.67万元。启动社会救助和保障标准与物价上涨挂钩联动机制，1—8月为5.69万人次困难群众发放临时价格补贴976.47万元。3—6月把孤儿和事实无人抚养儿童纳入价格临时补贴保障对象。落实扩大各类救助对象保障范围，实施“单人保”政策人员1877人，落实“低保渐退”1369人，“收入豁免”543人。

【社会救助工作体系完善】 2020年，珠海市制定《珠海市低收入家庭救助工作方案》。印发《2020年珠海市低保和残疾人两项津贴专项治理行动工作方案》和《2020年珠海市社会救助资金发放专项治理工作方案》，组织各区开展自查整改，全市交叉检查。按照《广东省民政厅办公室关于做好低保、特困及未脱贫建档立卡贫困对象“两不愁”“三保障”情况入户核查工作的通知》的要求做好入户排查工作，完成排查100%。

【特困供养人员护理】 2020年，珠海市生活不能自理的特困人员集中供养率54%，超出中央及省规定50%的要求。全市分散供养特困人员生活自理能力评估工作及签订照料护理协议的工作100%完成。12月，特困供养人员957人，其中，分散供养731人，支出照料护理资金166.23万元；集中供养226人，支出照料护理资金183.02万元。开展以提升农村特困服务水平为宗旨的“暖心行动”，建立党员和村干部联系农村特困人员制度，结对完成率达100%。

【临时救助】 2020年，珠海市对全市（包括符合条件非该市户籍）因临时性、突发性等各种原因造成基本生活出现暂时困难的人员提供临时生活救助。全年救助1905户次，支出212.41万元。

【流浪乞讨人员救助】 2020年，珠海市有市救助管理站和斗门区救助管理站2个救助管理机构，依法开展生活无着流浪乞讨人员救助管理，提供临时食宿、急病救治、协助返回、滞留人员寻亲等救助服务。全年救助流浪乞讨人员1824人次，资助362人返乡，帮助26名受助人员寻亲（其中未成年人4人，老年人6人），成功率达100%。按规定落户安置长期滞留人员4人。救助管理服务质量大提升专项行动成果在全省评估中取得高分。开展“寒冬送温暖”“夏季送清凉”等专项行动及街面巡查救助工作 。救助管理机构出动工作人员1081人次，外展巡查444次，救助流浪人员330人次，处理街面救助线索308件。在全省率先建立流浪乞讨救助管理社会监督员制度和源头治理制度。聘请多个相关领域、行业专家担任社会监督员，提高全市流浪乞讨救助管理工作水平，出台《珠海市户籍流浪乞讨人员源头治理制度》，从源头上预防和减少流浪乞讨现象。

（陈少燕）

住房保障

【概况】 2020年，珠海市提前完成省政府下达的目标责任任务，发放公共租赁住房租赁补贴1059户711.59万元，完成任务211.8%；基本建成棚户区改造住房211套，完成任务105.5%。3月，启动《珠海市住房保障专项规划（2021—2035）》的编制服务采购工作。5月起，低收入住房困难家庭类别收入准入保障标准调整为人均1650元/月。6月起，其他低收入住房困难家庭类别收入准入保障标准调整为人均2761元/月。

【保障性住房建设】 2020年，珠海市开工在建和续建保障性住房和人才住房1.4万套，建筑面积约93万平方米。其中，公租房3001套，人才住房6845套，共有产权房823套，企业员工配套住房2808套，安置房1162套。

【保障性住房信息建设】 2020年，珠海市优化完善市保障性住房管理信息系统建设，优化轮候分配系统、信息统计使用功能。6月，启动自有系统开发公司、建设银行和各区进行公租房贯标系统的升级改造工作，初步实现住建部新版公租房贯标系统线上试运行。截至年底，市保障性住房管理平台的外网注册用户2.38万户，经平台递交申请1.58万户次，初审后受理1.19万户次。

【住房困难情况排查】 2020年7月，珠海市深入排查未在市保障性住房管理平台有申请记录的6061名应保未保困难群众情况，其中，119户基本符合保障条件。市、区工作人员自8月起引导相关家庭申请公租房保障。8月，全面开展公租房违规行为清理整顿，查处骗保、转租转让行为等21户，已购房或购车不再符合保障资格家庭56户。

【保障性住房租金减免】 2020年3月，印发《珠海市住房和城乡建设局关于新冠肺炎疫情期间公租房项目减免租金的有关措施的通知》。为全市公租房在保家庭切实减轻负担，助力企业复工复产，在应对疫情期间，全市保障性住房租金减免146.22万元，惠及全市低保低收入租户约2500户。公租房小区经营性物业租金减免374.02万元，惠及约500户商业租户。

【广东省住房和城乡建设厅“质量月”现场观摩会】 2020年9月14日，广东省住房和城乡建设厅“质量月”现场观摩暨珠海市住建系统“质量月”启动仪式在珠海国际会展中心（二期）项目二标段施工现场举行。活动由珠海市住房和城乡建设局主办，横琴新区建设环保局、珠海市建筑业协会协办，中建三局一公司和华发城市运营投资股份有限公司承办，各相关职能部门领导和各建设单位、施工单位、监理单位代表接近千人参加启动仪式。“质量月”观摩层次丰富，有三个观摩项目，涵盖房屋建筑和市政基础设施工程。观摩分主会场和分会场，观摩时间有序衔接；观摩项目“优中选优”，代表珠海工程质量最高水平。仪式当天，近千名参会人员走进珠海面积最大的双层展厅建设现场观摩品味其多专业一体化施工、大跨钢箱梁整体提升工法、地下室机电工程工序穿插技术以及专业质量管理体系。 （黄毅龙）

住房公积金管理

【概况】 截至2020年底，珠海市住房公积金期末累计缴存总额750.59亿元，比上年增长14%；期末累计缴存余额132.40亿元，增长9%；期末累计提取总额618.19亿元，增长15%；期末累计发放个人购房贷款总额220.12亿元，增长14%，期末累计发放个人购房贷款笔数10.17万笔，增长13%；实现增值收益1.96亿元，增长14%。市住房公积金管理中心开展减流程、减要件、减时限、减事项活动，归集业务减免证件事项6个，精减办事流程事项13个，压减办事时限事项21个，提取业务减免提交纸质材料事项17个。

【住房公积金缴存】 2020年，珠海市住房公积金新开户单位1797个，新开户职工10.63万人，实际缴存人数68.11万人。全年缴存额91.59亿元，比上年增长11%，月均缴存额7.63亿元。6月19日，市住房公积金中心印发《关于调整2020年度住房公积金缴存限额标准事项的通知》，明确全市职工住房公积金月缴存基数上限为市统计部门公布的2019年度全市职工月平均工资的3倍，即25221元，月缴存基数下限为2020年度职工最低工资标准1720元，单位及个人的住房公积金缴存比例上限均为12%，下限均为5%。

【住房公积金提取】 2020年，珠海市39.14万名缴存职工提取住房公积金80.41亿元，用于职工本人或其直系亲属的购房、偿还银行购房贷款，以及职工本人租赁住房和重大疾病、低保家庭子女上学等支出。提取金额比上年增长15%，月均提取额6.70亿元，提取率88%。

【住房公积金贷款】 2020年，珠海市发放住房公积金个人购房贷款总额27.36亿元，比上年下降30%；其中，回购“公转商”贴息贷款3.00亿元，减少12.49亿元，个人贷款率94%。

【住房公积金贷款回收】 2020年，珠海市回收个人住房贷款12.08亿元，月均回收1.01亿元，期末贷款余额124.43亿元。其中，逾期贷款额161.51万元，贷款逾期率0.13‰，低于国家1.5‰的标准值和商业性贷款逾期率。

【住房公积金人才优惠政策执行情况】 2020年，珠海市落实“英才计划”，执行《关于高层次人才申请住房公积金贷款的操作细则》《关于港澳台同胞缴存使用住房公积金的实施细则》等吸引和支持人才安居的惠民政策，安排61位高科技企业高层次人才入住华发新城高级人才公寓，安排11名回国创业留学人员入住恒雅名苑留学回国人员公寓。发放高层次人才公积金贷款1712万元。

【住房公积金信息系统建设】 2020年2月，珠海市住房公积金单位版网厅开通运行，缴存单位办理业务实现“足不出户”。3月，市住房公积金管理中心推出微信公众号办事界面英文版，服务外籍缴存职工线上办理公积金业务。个人住房公积金缴存贷款等信息查询、出具贷款职工住房公积金缴存使用证明、正常退休提取住房公积金3项政务服务实现“跨省通办”。“互联网+智慧公积金”服务水平提升。

【住房公积金缓缴纾困】 2020年，珠海市住房公积金管理中心印发《关于做好新冠肺炎疫情防控期间住房公积金服务保障工作的通知》，推出“可缓缴”“可补缴”“降比例”“可停缴”等暖企举措，为缴存职工开辟“可延期”“放宽限”绿色通道。127家企业1.95万名缴存职工办理缓缴，缓缴金额8726.96万元；56家企业6764名缴存职工办理降比例缴存，降低企业成本568.87万元。符合偿还购房贷款原因提取条件的6.6万名缴存职工免申请自动延期提取1年。为1.85万名在珠海无自住住房的缴存职工提供纾困资金8989万元。11月30日，市住房公积金管理中心印发《关于办理租房原因提取住房公积金业务的补充通知》，调整因租赁住房原因提取住房公积金政策，由原来的每年可提取一次调整为每月可提取一次，每个自然年内提取限额由1.8万元提高到2.4万元，缓解困难缴存职工的租房压力。

【珠海市住房公积金管理中心高新管理部智慧服务大厅对外服务】 2020年10月27日，珠海市住房公积金管理中心高新管理部智慧服务大厅正式对外服务。这是广东省首个住房公积金智慧实体服务大厅，配置智能服务终端机、公积金业务导办机器人、网厅电脑、智慧大屏等服务设施设备，服务建缴企业1074家，集应用、服务、数据管理于一体，形成“一个中心，五个区域管理部”一体联动服务新格局。中心本部和五个管理部统一制度、统一决策、统一管理、统一核算，通办全市范围内公积金业务，为高新区企业和群众办理业务提供线上线下融合性服务平台，实现个人与单位公积金服务事项“一机办理”、由单一实体窗口审批向自助终端审批的转变。由仅为职工个人申请事项审批向单位申请事项审批拓展。

（赖雪琳）

社会福利

【养老服务机构建设】 截至2020年底，珠海市有养老机构22家，其中，公办7家、公建民营5家、民办10家，收住老年人1548人。全市社区养老服务设施330处，其中，横琴新区4处、香洲区131处、金湾区23处、斗门区124处、高新区18处、万山区9处、高栏港区21处。社区长者饭堂198个，其中，横琴新区5个、香洲区119个、金湾区23个、斗门区17个、高新区9个、万山区6个、高栏港区19个。有养老床位6765张，其中，机构养老床位3761张、社区养老床位1521张、卫生系统1483张。在建养老机构建设项目4个，分别是市级养老服务机构、市社会福利中心二期、金湾区（三灶镇）社会福利中心和香洲区社会福利中心。出台《关于印发珠海市居家和社区养老服务改革创新试点工作方案的通知》《关于印发居家社区养老服务设施设置指引的通知》等政策措施。11月，市社会福利中心二期工程完工，市级养老服务机构完成主体结构封顶。

【高龄津贴发放】 2020年，珠海市为2.34万名80岁以上老人发放高龄津贴5836万元。高龄津贴接入智慧养老信息平台，并将申请和查询纳入“粤省事”，对接公安户籍接口。老人不需提供任何证件，“零见面，零跑腿”，指尖即可完成高龄津贴申办和查询。对接殡葬、人社、公安、卫健等数据库，对高龄老人津贴发放情况开展数据比对，确保资金发放及时准确。

【居家和社区养老服务】 2020年2月，珠海市被确定为第五批中央财政支持开展居家和社区养老服务改革试点地区。每季度召开推进国家第五批居家和社区养老服务改革试点工作会议。截至年底，全市建成服务功能完善的镇（街）、村（社区）两级社区养老服务设施330处，实现覆盖城市社区100%、农村社区90%的目标。10月，通过国家第五批居家社区养老服务改革试点验收。基本建成居家、社区、机构相协调与医养、康养相结合的养老服务体系，形成湾区化、集约化、多元化、智慧化、法治化的养老服务发展生态链。

【养老服务质量建设】 2020年，珠海市民政局会同市住房和城乡建设局、市卫生健康局、市市场监督管理局、市消防救援支队联合印发《关于印发珠海市养老机构服务质量建设专项行动实施方案的通知》，开展养老院服务质量建设专项行动。围绕养老机构服务管理、消防安全、食品安全、护理服务等重点环节整治，推动珠海市养老机构服务质量建设。

【长者饭堂建设】 截至2020年底，珠海市建成长者饭堂198处。建立慈善资金支持长者饭堂配餐服务长效机制，设立长者饭堂慈善助餐项目，通过同步线上线下筹款平台，以“1元捐”“享有冠名权”等多种方式发动社会力量筹集善款认捐长者饭堂，惠及长者饭堂39家。

【民办养老机构资助】 2020年，珠海市开展民办养老机构资助工作，给予符合条件的11家民办养老机构护理服务资助292.03万元，给予符合条件的3家民办养老机构新增床位资助57.7万元，给予符合条件的3家民办养老机构等级评定奖励20万元。资助总金额369.73万元，由市、区按5：5分担。

【老年人能力综合评估】 2020年，珠海市印发《珠海市老年人照顾需求等级评估实施办法（试行）》，参照广东省地方标准《老年人照顾需求等级评定规范》，建立健全老年人需求综合评估体系，科学掌握老年人服务需求，提高养老服务规范化、精细化水平。全年开展老年人能力综合评估2.02万人次。

【“珠海智慧养老信息平台”上线】 2020年8月19日，珠海市“珠海智慧养老信息平台”上线。平台对接居家、社区、机构养老服务需求，完成渠道建设、长者饭堂补贴、高龄津贴、机构补贴、居家养老服务补贴、社区活动发布、服务组织管理、养老设施监控、720度全景展示9个功能模块，实现全方位“指尖办”。通过互联网、物联网技术进行统一监控管理，依托“5512345”热线、电话回访服务、图像留痕技术、信用体系建设、星级评定制度等，为老人提供星级养老服务。平台搭建数据分析共享中心，纵向打通市、区、镇（街）、村（居），打破信息孤岛，横向对接平行单位，确保数据精准，实现“云”端上的养老。

【儿童福利】 2020年，珠海市有儿童福利机构2家，分别是市社会福利中心和斗门区社会福利中心。有服务对象206人，工作人员188人。根据《关于调整珠海市2020年户籍孤儿基本生活标准的通知》，按照上年度城乡居民人均消费支出的增长幅度，孤儿基本生活标准调整为每人每月1982元。

【儿童权益保障】 2020年，珠海市开展困境儿童和农村留守儿童关爱帮扶工作，为175名孤儿、62名事实无人抚养儿童和1名艾滋病病毒感染儿童发放基本生活保障金约519万元。出台《珠海市关于进一步健全农村留守儿童和困境儿童关爱服务体系建设的实施方案》，建立困境儿童救助保护跨部门、多专业介入机制，健全市、区、镇（街）、村（居）纵向四级关爱服务体系。多部门联合开展困境儿童“合力监护、相伴成长”专项关爱行动、智力残疾和精神残疾女童救助帮扶和关爱服务专项行动、困境儿童监护问题专项整治，排查全市困境儿童1385人。智力残疾和精神残疾女童全面落实“一对一”帮扶。全市62名事实无人抚养儿童全面落实监护人。制定监护困境儿童安全保护工

2020年8月19日，“珠海智慧养老信息平台”正式启动

（市民政局供稿）

作指引、落实强制报告制度，明确转介机制。出台因新冠肺炎疫情影响造成监护缺失的儿童救助保护工作方案。事实无人抚养儿童基本生活保障标准对标孤儿标准从每人每月1820元提升至1982元。全市有3个未成年人救助保护机构，分别承担市级、斗门区、金湾区的未成年人救助保护职责。香洲区通过购买市福利中心服务的方式实现未成年人救助功能。实现未成年人救助保护机构行政区域全覆盖。

【儿童关爱保护宣讲】 2020年，珠海市启动为期1年的农村留守儿童和困境儿童关爱保护“政策宣讲进村（居）”活动，邀请省民政厅业务处室，市、区两级检察院和专业律师，结合民法典和未成年人保护法，开展法规政策宣讲21场次。落实镇（街）儿童督导员培训全覆盖，提升村（居）儿童主任业务素质水平，引导父母或其他监护人强化监护主体意识。社会组织开展“点亮困境儿童微心愿”活动。形成家庭亲情陪伴、社会多元救助和政府兜底保障合力，为困境儿童营造健康发展的成长环境。

【残疾人两项补贴】 2020年，珠海市残疾人生活补贴标准为每人每月175元至235元四个不同档次，重度残疾人护理补贴标准从上年的每人每月220元提高至235元。全市发放两项补贴资金8414.53万元，其中，生活补贴5062.88万元，惠及2.1万名残疾人，重度护理补贴3351.65万元，惠及1.19万名残疾人。

【福利彩票销售】 2020年，珠海市销售福利彩票5.38亿元，完成省民政厅下达珠海市的年度销售任务。筹集福彩公益金1.63亿元。

慈善事业

【概况】 2020年，珠海市围绕“完善慈善政策、培育慈善载体、加强慈善监督管理、弘扬慈善文化”四个方面，做好慈善组织登记认定、公开募捐资格许可、慈善组织规范管理。制定《珠海市促进慈善事业健康发展工作方案》《珠海市慈善组织公开募捐工作细则（试行）》《珠海市慈善组织信息公开工作细则（试行）》。印发《珠海市人民政府办公室关于建立珠海市慈善工作联席会议制度的通知》。建立全省首个由市级机关、人民团体和慈善行业组织参与的慈善工作联席会议制度。截至年底，在市慈善总会冠名设立的社区慈善公益基金14个，基金池总计注入善款267.55万元。主要在退役军人、新时代文明实践、城市精细化管理、社区协商等诸多领域开展慈善文化、助医助残、志愿服务、培育自组织队伍等项目及活动。通过慈善助餐项目筹集90万元，使29家长者饭堂受惠。设立茂盛社区公益基金，联合珠澳慈善公益组织力量，整合资源创建具有“湾区特色的慈善社区”。

【新冠肺炎疫情期间慈善捐赠】 2020年，珠海市接收抗击疫情捐款金额3.7亿元，其中，接收社会各界捐赠的抗击疫情款物和直接捐赠省外的款物1.86亿元，通过红十字会和慈善组织接收捐赠款物1.46亿元。全市爱心企业直接通过外地慈善组织向武汉捐赠资金4050万元。

【慈善事业发展论坛】 2020年8月29日，由珠海市民政局指导，珠海市慈善总会等9家慈善组织联合主办，以“疫情防控：社会组织的跨部门合作”为主题的2020珠海慈善发展论坛在钰海环球金融中心举行。来自政府、高校、社会组织、医院、物业等领域的专家学者总结珠海社会组织疫情防控过程中探讨各种有效的经验与做法，探索如何与政府、企业和社会各方的跨部门合作，共同研讨疫情防控的跨部门合作，以及后疫情时代如何推动公益行业基础设施建设与公益生态发展。受疫情影响，论坛开通线上直播，全国逾5000位观众观看。

（陈少燕）

收入·消费

城乡居民收入

【概况】 国家统计局珠海调查队城乡一体化住户调查数据显示，2020年珠海全体居民人均可支配收入为55936元，名义增长6.6 %，扣除价格因素实际增长4.2%，比上年低2.4个百分点。其中，城镇常住居民人均可支配收入58475元，名义增长5.9%，扣除价格因素实际增长3.5%，比上年低3.0个百分点；农村常住居民人均可支配收入31119元，名义增长7.0%，扣除价格因素实际增长4.6%，比上年低3.9个百分点。

工资性收入 2020年，珠海全体居民人均工资性收入41539元，增长7.5%，占可支配收入的比重为74.3%，是拉动居民收入增长的主要力量。其中，城镇常住居民人均工资性收入43574元，增长6.7%；农村

2020年珠海全体居民人均可支配收入情况

指标名称	2020年（元）	2019年（元）	2020年比2019年增减（元）	增幅（%）
可支配收入	55936	52495	3441	6.6
一、工资性收入	41539	38658	2881	7.5
二、经营净收入	4206	4571	–365	–8.0
三、财产净收入	6828	6581	247	3.7
四、转移净收入	3363	2685	678	25.3

常住居民人均工资性收入21652元，增长7.9%。全年陆续出台多项政策促进居民就业及工资收入提高，如提高企业工资指导线，出台各类鼓励自主创业以及税负减免等相关政策等，对拉动居民工资增长起到积极作用。

经营净收入　2020年，珠海全体居民人均经营净收入4206元，下降8.0%，其中，城镇常住居民人均经营净收入4223元，下降10.1%；农村常住居民人均经营净收入4044元，增长15.4%。受新冠肺炎疫情影响，餐饮、零售等服务业经营受到冲击，居民经营净收入与2019年相比出现下降。

财产净收入　2020年，珠海全体居民人均财产净收入6828元，增长3.7%，其中，城镇常住居民人均财产净收入7225元，增长3.9%；农村常住居民人均财产性收入2942元，下降13.0%。

转移性收入　2020年，珠海全体居民人均转移性净收入3363元，增长25.3%。其中，城镇常住居民人均转移性收入3454元，增长25.6%；农村常住居民人均转移性收入2480元，增长16.8%。珠海养老金、低保金、最低工资水平等各项社会保障标准不断提高，带动居民转移净收入较快增长。

【各区居民可支配收入情况】　2020年，珠海各区居民收入呈现稳步增长态势。其中，香洲区全体居民人均可支配收入67424元，增长5.5%；斗门区全体居民人均可支配收入41855元，增长7.2%；金湾区全体居民人均可支配收入41056元，增长6.9%；高新区全体居民人均可支配收入54013元，增长7.7%；高栏港区全体居民人均可支配收入37793元，增长2.8%。

城乡居民消费

【概况】　2020年，珠海全体居民人均消费支出36360元，比上年下降4.8%；其中城镇常住居民人均消费支出37778元，下降5.6%；农村常住居民人均消费支出22498元，下降0.3%。

食品消费　2020年，珠海全体居民人均食品烟酒支出11359元，下降0.6%。其中，城镇常住居民人均食品烟酒支出11690元，下降1.4%；农村常住居民人均食品烟酒支出8120元，增长4.5%。2020年受疫情影响，恩格尔系数出现反弹回升。全体居民恩格尔系数为31.2%，其中城镇和农村分别是30.9%和36.1%，较2019年分别上升1.3个和1.7个百分点。

衣着消费　2020年，珠海全体居民人均衣着支出1287元，下降19.0%。其中，城镇常住居民人均衣着支出1340元，下降20.1%；农村常住居民人均衣着支出776元，下降7.7%。

居住消费　2020年，珠海全体居民人均居住支出10026元，增长7.3%。其中，城镇常住居民人均居住支出10632元，增长7.1%；农村常住居民人均居住支出4100元，下降6.6%。

生活用品及服务消费　2020年珠海全体居民人均生活用品及服务支出1855元，下降13.9%。其中，城镇常住居民人均生活用品及服务消费支出1912元，下降15.0%；农村常住居民人均生活用品及服务消费支出1291元，下降3.1%。

交通通信消费　2020年，珠海全体居民人均交通通信支出5162元，下降3.3%。其中城镇常住居民人均交通通信支出5281元，下降3.6%；农村常住居民人均交通通信支出4000元，下降3.0%。

教育文化娱乐消费　2020年，珠海全体居民人均教育文化娱乐支出3219元，下降32.1%。其中，城镇常住居民人均教育文化娱乐支出3351元，下降33.8%；农村常住居民人均教育文化娱乐支出1933元，下降3.4%。

医疗保健消费　2020年，珠海全体居民人均医疗保健支出2770元，增长5.0%。其中，城镇常住居民人均医疗保健支出2858元，增长4.1%；农村常住居民人均医疗保健

2020 年珠海全体居民人均消费支出情况

指标名称	2020年（元）	2019年（元）	2020年比2019年增减（元）	增幅（%）
消费支出	36360	38212	-1852	-4.8
一、食品烟酒	11359	11427	-68	-0.6
二、衣着	1287	1589	-302	-19.0
三、居住	10026	9348	678	7.3
四、生活用品及服务	1855	2153	-298	-13.9
五、交通通信	5162	5337	-175	-3.3
六、教育文化娱乐	3219	4743	-1524	-32.1
七、医疗保健	2770	2639	131	5.0
八、其他用品和服务	682	978	-296	-30.3

支出1910元，增长10.8%。

其他用品及服务消费　2020年，珠海全体居民人均其他用品及服务支出682元，下降30.3%。其中，城镇常住居民人均其他用品及服务支出714元，下降31.8 %；农村常住居民人均其他用品及服务支出368元，下降6.0 %。

【疫情影响消费格局变化】　2020年，受新冠肺炎疫情影响，居民居家时间拉长，购买防疫物资和医疗器具用品增多，珠海全体居民人均消费支出中，居住和医疗保健消费支出呈增长态势，其余类别消费支出均下降。其中，人均教育文化娱乐消费支出下降幅度最大，人均其他用品及服务消费支出也出现较大降幅。人均消费支出总体下降的情况下，居民食品支出增多，导致恩格尔系数出现反弹回升。

市场物价

【概况】　2020年，在翘尾因素及新冠肺炎疫情双重影响下，珠海居民消费价格高开低走，全年上涨2.3%。其中，消费品价格上涨4.1%，服务价格下降0.9%。

月环比价格波动较为平稳　从各月价格环比情况来看，除一季度波动幅度较大外，其余各月价格波动较为平稳。其中，一季度受春节与新冠肺炎疫情爆发影响，CPI环比高开低走；二季度随着国内疫情形势逐步受控，稳产保供政策相继落地，复工复产稳步推进，CPI环比跌势收窄；三季度在国内跨省游恢复的刺激带动下，CPI呈现小幅恢复性上涨，但受国外疫情持续蔓延影响，国内新涨价因素明显受抑，环比涨幅在0.5%左右波动；四季度低位反弹，随着国家投放冷冻肉及生猪生产恢复，猪肉价格逐步回落，带动CPI环比逐月走低。12月，价格止跌回升。

月同比价格高开低走　从各月价格同比情况来看，年初受疫情影响，CPI上涨势头较猛；而后随着复工复产稳步推进，保供稳价相关政策相继落地，各月消费价格同比涨幅逐月走低，至10月同比涨幅“由正转负”（同比下降0.4%）。12月受季节性因素及元旦假期的双重刺激，同比降幅有所收窄，但变化幅度整体仍在负增长区间运行。

八大类商品和服务价格“三涨五跌”　从消费类别看，与上年同期比，八大类商品和服务中除食品

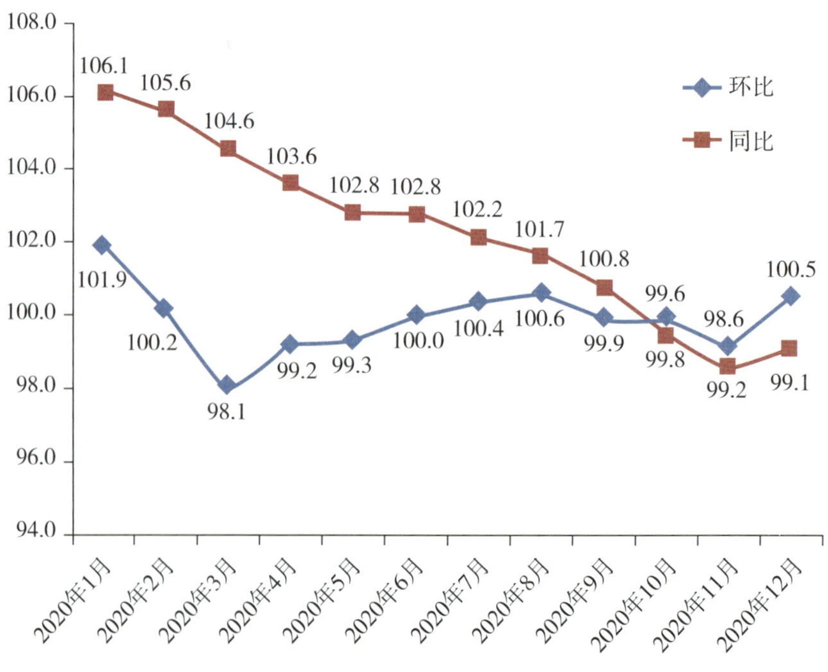

2020年珠海居民消费价格走势

烟酒、医疗保健、其他用品和服务价格上涨外，其余五大类价格均同比下降。其中，食品烟酒是价格上涨幅度最大的类别，上涨9.3%；医疗保健、其他用品和服务价格分别上涨1.3%、2.6%；衣着、居住、生活用品及服务、交通和通信、教育文化和娱乐价格分别下降1.6%、0.3%、1.0%、4.2%、2.7%。

食品价格引领指数上行　珠海食品烟酒价格比上年上涨9.3%，涨幅较2019年扩大0.4个百分点，是八大类商品及服务价格中上涨幅度最大的类别。其中食品价格上涨12.0%，扣除能源和食品的核心CPI仅上涨0.1%，由此可见，食品价格上涨是拉动CPI上涨的最大动因。食品中猪肉价格上涨49.8%，拉动CPI上涨1.9个百分点。在外餐饮、烟酒价格分别上涨4.8%、2.7%。

部分类别价格微涨　医疗保健方面，受疫情影响部分药品采购困难增加，价格微涨1.3%，但受益于年内全市推进落实国家组织药品集中采购和使用试点扩大区域范围工作，涨幅较2019年收窄1.2个百分点。其他用品和服务类方面，受国际形势影响，黄金等贵金属价格跌宕上行，全年其他用品类价格上涨7.2%，其中，金饰品价格上涨22.3%。

交通和通信价格下降明显　受疫情影响，市民出行需求大幅削弱，虽然7月国内跨省游恢复后出行消费出现一波短暂回升，但由于国外疫情蔓延及国内疫情零星散发，后续需求仍未完全释放，出行价格仍处于低位。全年交通和通信价格下降4.2%，降幅在八大类商品和服务中居首位。其中，交通价格下降5.2%，飞机票价格受疫情影响降幅最大，下降25.6%。

教育文化娱乐价格全线下跌　教育文化娱乐价格同比下降2.7%，与2019年相比涨跌幅差高达3.6个百分点，是八大类商品及服务价格中变化差异最大的类别。其中，教育类、文化娱乐类价格分别下降0.7%、5.6%；课外教育、文娱耐用消费品、其他文娱用品、文化娱乐服务价格分别下降6.4%、3.2%、2.1%、1.6%。

2020年珠海CPI及分类指数一览表

名称	2019年=100	涨跌率（%）	对CPI的影响（拉动百分点）
居民消费价格指数	102.3	2.3	
食品烟酒	109.3	9.3	137.1
衣着	98.4	-1.6	-3.8
居住	99.7	-0.3	-2.9
生活用品及服务	99.0	-1.0	-2.6
交通和通信	95.8	-4.2	-22.1
教育文化和娱乐	97.3	-2.7	-12.8
医疗保健	101.3	1.3	3.4
其他用品和服务	102.6	2.6	3.7

【CPI低于全国和全省平均水平】2020年，全国、广东居民消费价格分别比上年上涨2.5%、2.6%，分别比珠海高0.2个和0.3个百分点。在珠三角九市中，按CPI涨幅由高到低排序，珠海居末位。

（国家统计局珠海调查队）

社会事务

【社会组织登记】　2020年，珠海市在册社会组织2443个，其中，市级1180家、区级1263个。有3A以上社会组织74个，其中，3A级10个、4A级20个、5A级44个。全年办理社会组织注册登记122个，变更登记249个，注销登记89个。其中，市级组织名称预先核准58个，章程备案100个，备案136个，证书换发补发362次，召开座谈提醒会议31次。印发《珠海市异地商会登记管理实施办法》。制定《全市性社会组织登记工作协调机制实施方案》。完成市级社会组织登记和年报全部24项“全城通办”工作。实行社会组织成立登记、变更登记、注销登记和证书换发等所有审批事项即到即办。

【社会组织党建工作】　2020年，珠海市社会组织党委所辖党组织开展“不忘初心、牢记使命”主题党日活动630场次，6750余人次参加。市社会组织党委负责人讲专题党课，所辖党组织开展党课935场次。举办基层党组织书记培训班9场次，培训党组织书记345人次。市社会组织党群服务中心金网集团党委工作站开展“人民学习·智慧教室”8期，党组织负责人、党务工作者和党员753人次参加学习。开展“广东党建云”推广使用培训，117名平台管理员和党务工作者参加培训。举办入党积极分子培训班和发展对象培训班3期，210余名入党积极分子和发展对象参加培训。组织党员和党建联络员培训赴延安梁家河、梅州叶剑英故居、东江纵队纪念馆等地开展教育培训19场次，470余人次参加。组织对10名直属党委书记进行述职评议。105个单位实现社会组织主要负责人和党组织书记“一肩挑”。通过实地走访、电话、微信等方式，推进“双同步”（党建摸排和组织建设）工作。市（区）纳入“双同步”摸排社会组织2199个，有党员的社会组织1068个。从业人员30名以上的社会组织84个，全部建立党组织。市本级纳入摸排的社会组织1057个，其中，建立党组织222个，建立党建联络员的628个，有党员的社会组织527个，做到“应建尽建”“应联尽联”“应纳尽纳”。

【社会组织监督管理】 2020年，珠海市出台《珠海市社会组织综合监管实施方案》《全市性社会组织资金监管机制实施方案》《全市性社会组织联合执法机制实施方案》。建立社会组织联合执法机制，完善社会组织资金监管机制，依法清退违法违规社会组织。全年开展现场调查取证19家，制作询问笔录61家，完成调查取证103家，进入行政处罚预先告知环节88家，给予责令限期停止活动4家，警告15家，撤销登记46家，从严重违法失信名单移除5家，发出责令整改通知书65份。开展整治非法社会组织专项行动，推进社会服务机构不规范运行专项整治。264家社会服务机构自查自纠。注销23家社会服务机构。撤销登记17家违法的社会服务机构。现场检查14家社会服务机构，发出责令整改通知书1家，发出管理建议书13家。34家社会服务机构完成整改。印发《关于进一步清理规范行业协会商会收费工作方案》，对有服务性收费的市级行业协会商会开展清理整顿行动。市民政局举办行政执法人员培训班，15人全部通过参加专业法律知识考试和综合法律知识考试。市民政局全年派执法人员133人次开展现场检查52次，其中，核查群众投诉2次，核查非法社会组织线索20次，现场收集违法社会组织场地证据27次，与市场监督局和市发展改革局联合开展现场检查3次。

【社会工作者队伍培训】 2020年，珠海市民政局安排专项资金50万元，开展社会工作者职业水平考试考前培训及养老服务专题、实务能力提升、基层社会治理专题、继续教育和社会工作员培训等系列培训234课时，社区居家养老服务中心从业人员、民办社工机构一线社工、项目管理人员、镇（街）社工站建设具体负责人等1620人参加培训。全市持有国家社会工作者职业水平证书者3646人，珠海市户籍社会工作员2938人。

【基层社会治理体系完善】 2020年，珠海市完善政策措施，创新体制机制，以智慧化手段提升社区治理效能。印发《关于构建基层社会治理新格局的实施意见》，推动4个镇（街）试点和46个城乡社区治理示范点建设工作，打造可借鉴、可复制、可推广的社区治理和服务创新“珠海样板”。印发《加快城乡社区综合服务平台建设工作方案》，市、区、镇（街）合力推动解决社区综合服务设施问题，拓展社区公共空间，打造“15分钟党群服务圈”。深化社区议事协商，实现全市城乡社区议事协商全覆盖。修订和完善村规民约、居民公约，修订率100%。市民政局会同高校专家团队实施“基石工程”，通过“课堂授课+项目落地”促进基层队伍能力提升；会同市质量技术监督标准与编码所推进基层社会治理标准化体系建设，研究制定基层自治标准。推动基层社会治理智慧平台项目立项。

【村（居）委会换届选举】 2020年，珠海市民政局成立村（居）委会换届选举工作领导小组及办公室。开展第七届村委会及其成员民主评议，为村民选择新一届村委会成员提供参考依据。全市122个村全部完成民主评议，104个村委会评议结果为满意，18个村委会评议结果为基本满意，满意率85.2%。举办全市村（社区）“两委”换届骨干培训班，对各区、镇（街）村级换届业务骨干130余人进行辅导。

【社会工作服务】 2020年，珠海市社工服务对象涵盖低保、五保、残疾人、退役军人等群体。社区志愿者586人，志愿服务队4支，服务村（居）民超3万人次。全市用于购买社工服务项目投入4200万元。全市57家社会组织与云南怒江州57个挂牌督战村、13个社区与云南怒江州13个易地搬迁社区结对帮扶。5个“双百”社工站15名社工以专业服务获村（居）民认同。

【精神障碍社区康复服务】　2020年，珠海市印发《关于加快推进精神障碍社区康复服务的工作方案》，建立健全精神障碍社区康复服务体系。印发《2020年各区推进精神障碍社区康复服务工作任务清单》，督促指导各区开展精神障碍社区康复服务工作。从福彩公益金中安排70万元专门用于社区精神康复项目，推进每个镇（街）设立社区精神康复综合服务中心、46个城乡社区示范点设置精神康复服务点。举办全市精神障碍社区康复服务培训1次，34人参加培训。

【婚姻登记】　2020年，珠海市结婚登记10615对。其中，涉港12对、涉澳176对、涉台5对，涉侨1对、涉外籍华人9对。离婚登记5647对，其中，涉港澳台63对。国内补领结婚证1487宗，补领离婚证350宗。7月15日，启动婚姻登记“全城通办”，市内可跨区办理婚姻登记。

【收养登记】　2020年，珠海市办理收养登记12例，解除收养登记4例。其中，香洲区收养登记2例，解除收养关系4例；斗门区收养登记9例；金湾区收养登记1例。

【殡葬管理与服务】　2020年，珠海市促进殡葬基本公共服务均等化，出台《珠海市免除户籍居民殡葬基本服务费用实施办法》，为在珠海市或异地死亡且遗体实行火化的珠海市户籍居民免除殡葬基本服务费用。全年火化遗体8271具。免除1526名户籍居民死亡后的殡葬基本服务费用159.89万元。仙峰山墓园、合罗山墓园和大洋山陵园3座经营性公墓均依法经营，年检合格率100%。开展殡葬领域损害群众利益突出问题专项整治行动。因疫情影响，暂停清明期间现场祭扫活动，劝阻410人次海外人员返乡祭祖。推出“网上云祭扫”服务，平台访客数6264人次，完成网上祭扫352人，清明节3天完成169人的代祭服务。举行第五届骨灰树葬（花坛葬）活动，参加群众23户，安葬骨灰44份。举行第二十四次骨灰海葬活动，参加群众40户，海葬骨灰46份。

2020年7月15日，珠海市婚姻登记全城通办启动仪式举行

（市民政局供稿）

【地名审核】　2020年，珠海市审核地名136个，其中，建筑物59处，道路198条。建立检查对象名录库并进行动态管理，按照5%比例随机抽取“央璟园”“璞樾花园”“富元广场”3个检查对象开展“双随机”检查，并将检查结果通过网站向社会公开，对检查中发现的违法违规问题进行整改。　　（陈少燕）

民族・宗教

民族事务

【概况】　（详见P67“民族”）

【民族团结进步创建】　2020年，珠海市印发《珠海市关于全面深入持久开展民族团结进步创建工作　铸牢中华民族共同体意识的实施方案》，开展民族团结进步创建活动，推动建立相互嵌入式的社会结构和社区环境。开展民族工作座谈交流10次、民族政策宣传教育活动14场次，发放资料2000份，参与人数3120余人，进一步促进各民族交往交流交融。9月，举办“民族团结进步宣传月”活动，围绕各民族“共同团结奋斗、共同繁荣发展”主题，推进民族团结进步创建进校园、进企业、进社区。开展“家乡水融汇思源湖”“民族团结一家亲培土”“民族知识抢答”“民族团结文艺晚会”等特色活动。市第四中学被评为“广东省民族团结进步

模范集体”，梁柏健、晏向隽、曹芳被评为“广东省民族团结进步模范个人”。

【民族领域和谐稳定维护】 2020年，珠海市发挥各级统一战线领导小组作用，加强与公安、教育、民政等有关单位的沟通联络，定期交换民族方面有关情况，坚持落实民族领域每季度分析研判机制，切实做好庆祝经济特区建立40周年和少数民族节庆等重要节点的维稳工作，妥善化解涉民族因素矛盾纠纷4起、网络舆情4起，有效维护全市民族领域和谐稳定。

【民族服务】 2020年，珠海市贯彻落实全国、省有关城市民族工作会议精神，不断加强民族工作网格化管理平台、少数民族服务站（窗口）建设，设立少数民族法律援助中心，建立民族议事调解机制，常态化举办少数民族外来务工人员语言文化政策培训班。全年开展在珠少数民族务工人员调研走访4次，实地调查少数民族群众店铺150余处，处理少数民族群众反馈诉求23条，走访慰问少数民族同胞740余人次，努力解决好少数民族群众生产生活中的实际困难和特殊需求。做好内地民族班服务管理工作，学校成立石榴籽工作坊，开展“爱国爱党”专题教育、民族政策报告解读、民族团结演讲、民族团结艺术节等校内活动，教育引导青少年牢固树立正确的国家观、民族观、文化观、历史观。

【民族团结进步促进会】 2020年，珠海市民族团结进步促进会召开会议6次。加强政治学习、规范工作职能、开展交流联谊。前往设内地民族班的学校和少数民族员工较多的企业开展政策宣传5次。协会第一时间发出《抗击疫情倡议书》，号召广大少数民族群众为疫情防控工作贡献力量。发动协会成员参与“广东省扶贫济困日”爱心募捐活动，开展对全市内地民族班在校师生的节日慰问、困难学生帮扶。帮助少数民族困难学生90人，慰问师生1290人次，金额8.87万元。

（杨　扬）

宗教事务

【概况】 （详见P67“宗教”）

【宗教中国化方向】 2020年，珠海市贯彻落实全国宗教工作会议精神，坚持宗教中国化方向，引导宗教与社会主义社会相适应。抓好中央、省委宗教工作督查“回头看”反馈意见整改，抓实抓细全市宗教领域疫情防控各项措施和安全生产工作，开展对全市“和谐寺观教堂”创建工作达标场所“回头看”。制定《平安宗教工作创建考评标准》，推进平安宗教场所建设。推进基督教珠海堂建设，研究确定全市道教活动场所建设用地。全市宗教领域持续保持和谐稳定良好局面。加大宗教干部和宗教代表人士教育培训力度。组织宗教干部和宗教界代表人士到省内外开展学习交流和爱国主义教育4次，组织开展各类宗教业务培训15场次，进一步提升自身能力素质。引导宗教界人士和信教群众依法依规开展宗教活动，做好《宗教团体管理办法》及新修订的《广东省宗教事务条例》等法律法规的学习宣传和贯彻落实工作。

【宗教工作法治化】 2020年，珠海市制定《“谁执法谁普法”责任清单》及市民族宗教局2020年依法行政工作方案。组织《中华人民共和国民法典》《宗教团体管理办法》及新修订的《广东省宗教事务条例》等学习资料下发全市各级民族宗教干部。在宗教领域开展“宗教政策法规学习月”活动。在市委党校举办宗教政策法规培训班，市、区、镇（街）三级民族宗教干部及宗教界代表人士100余人参加。市民族宗教局组织全体人员参加民法典专题学考暨2020年度学法考试，组织3名行政执法人员参加全市行政执法培训考试，选聘3名律师作为2020年度法律顾问。全面落实政务服务“放管服”工作要求，实现市民族宗教局29项行政许可事项100%网上办理。

【和谐寺观教堂创建】 2020年，珠海市以“创建和谐寺观教堂”、“平安细胞建设”、“四进”（宪法及法律法规、国旗悬挂、核心价值观、中华传统文化进宗教活动场所）、“国好·法大”等活动为抓手，提升宗教活动场所规范化管理水平。结合“安全生产月”“一线三排”（“一线”是指坚守发展决不能以牺牲安全为代价这条不可逾越的红线，“三排”是指排查、排序、排除）等活动，加强安全生产督导检查，指导各宗教活动场所扎实开展消防、应急演练，与各场所负责人签订安全责任书，压实主体责任，严防宗教领域各类事故发生。明确相关职能部门和基层组织依法管理宗教事务的职责。 （蔡　彧）

·责任编辑：曾维浩·

生态环境

综　述

【概况】　2020年，珠海市印发《珠海市2020年能耗“双控”工作方案》。发展清洁能源，完成市环保生物质热电工程、钰海天然气热电联产、金湾天然气能源站等项目，推进富山天然气分布式能源项目、直湾岛LNG项目建设。陶瓷行业和35蒸吨以下燃煤锅炉企业按照“煤改气”要求通气使用，年削减燃煤约10万吨。推动使用新能源汽车，全市实现公交电动化。出台《珠海市促进消费市场消费升级若干通知》等补贴政策，推动高排放车辆更新换代。截至年底，全市有电动公交车2245辆、纯电动出租车860辆、有证纯电动网约车1539辆。获批全国第二批城市绿色货运配送示范工程创建城市。公布2020—2021年实施清洁生产审核重点企业名单，完成年度70家实施清洁生产企业的审核验收。

【特色GEP核算指标体系构建】　2020年，珠海市完成构建特色GEP（生态系统生产总值）核算指标体系，包括自然生态系统价值和人居环境生态系统价值两大类一级指标。其中，自然生态系统价值包括产品提供、调节功能和文化服务等二级指标11个，人居环境生态系统价值包括大气、水环境维持与保护，合理处置固废和环境健康等二级指标，每项指标明确核算方式，形成核算指标体系。根据珠海特色情况，增加暴雨径流调节等三级指标27个、对调节气候的算法进行优化。

【数据收集和GEP核算】　2020年，珠海市完成收集数据和全市及各区GEP初步核算。市生态环境局牵头对凤凰山森林公园、淇澳红树林、白藤湖等10个点位进行实地调研，对公园、绿地、湿地、湖库等不同类型自然环境开展实地测算，获取核算模型参数。在核算指标体系基础上，通过座谈、上门调研、函件和电话沟通、签订保密协议、发放调查问卷等多种方式，分4次向3个行政区、5个功能区和23个市直单位采集核算内容135项，涉及数千条基础数据。完成2017年度（核算指标体系刚定型，GEP核算的可行性在探索尝试阶段，技术编制单位提出要有一个年份间的横向对比，以2017年为参考点开始计算）全市及9个区（功能区）的GEP初步核算结果。经核算，2017年全市域GEP为5370.34亿元（初步值）。GEP中，自然生态系统总价值为4451.22亿元，占82.89%；人居环境生态系统总价值为919.12亿元，占17.11%。从分区情况看，香洲区GEP为404.62亿元，金湾区GEP为911.77亿元，斗门区GEP为1765.62亿元，高新区GEP为612.54亿元，高栏港区GEP为804.68亿元，横琴新区GEP为282.70亿元，万山区GEP为286.26亿元，保税区GEP为7.66亿元，富山工业园GEP为294.49亿元。

【碳达峰专题研究】　2020年9月14日，珠海市召开会议，专题研究全市碳排放达峰工作。会议决定尽快开展碳排放达峰前期研究及编制实施方案，为全市控制碳排放总量和碳排放达峰工作提供指导。根据会议部署，市生态环境局开展碳排放达峰前期研究工作。

【环评审批改革】　2020年，珠海市针对企业普遍关心的环评审批提效问题，不断深化环评审批改革，审批效率明显提升。将技术审查纳入环评审批程序，明确行政审批和技术审查各环节的职责、时限等，

链 接：

珠海市生态环境领域“多评合一”

珠海市生态环境领域“多评合一”主要包括四个方面：一是海岸工程建设项目涉海部分及海洋工程建设项目涉陆部分，无需单独开展环境影响评价，纳入同一环评文件一并评价；二是建设项目需设置入河排污口的，入河排污口设置审核与建设项目环评文件审批合并进行；三是建设项目需设置入海排污口的，入海排污口设置备案与建设项目环评文件审批合并进行；四是同类建设项目可合并办理环境影响评价文件审批手续。这一改革旨在优化审批及备案流程，提升行政管理质量和效率。

环评文件审批总时限明显缩短。简化建设项目环评管理，落实环评豁免管理制度。制定《珠海市生态环境局关于广东省豁免环境影响评价手续办理的建设项目名录（2020年版）的实施意见》。5月1日起，施行《珠海市生态环境局建设项目环境影响评价文件告知承诺制审批操作细则（试行）》并出台第一版目录。建设项目环评文件无需技术评估，受理公示和拟进行审查公示同时进行，比一般审批程序缩短审批时限20个工作日以上。全年有39个项目完成告知承诺制审批。出台《关于优化审批流程 推行生态环境领域“多评合一”改革的实施意见》，缩减审批事项。

环境质量

【空气环境质量】 2020年，珠海市有效监测天数366天，空气质量达标率93.4%，比上年上升6.8个百分点。其中，224天空气质量级别为优，占61.2%；118天空气质量级别为良，占32.2%；23天空气质量级别为轻度污染，占6.3%；1天空气质量级别为中度污染，占0.3%。在生态环境部公布的全国168个重点城市年度空气质量排名中居第十一。二氧化硫年日均浓度5微克/立方米，与上年持平。二氧化氮年日均浓度24微克/立方米，比上年下降11.1%。可吸入颗粒物年日均浓度34微克/立方米，下降17.1%。细颗粒物年日均浓度19微克/立方米，下降24%。臭氧日最大8小时平均值第90百分位数浓度均值142微克/立方米，下降15%。一氧化碳日均值第95百分位数浓度均值0.9毫克/立方米，下降25%。全年城市降水pH值范围在4.20—6.11之间，酸雨发生率67.7%，上升5.5个百分点。

【水环境质量】 2020年，珠海市水环境质量稳中向好。对照《地表水环境质量标准》（GB 3838-2002），石角咀水闸断面、前山码头断面、南沙湾（两河汇合口）断面水质类别为Ⅲ类，优于Ⅳ类水质目标；尖峰大桥断面、虎跳门水道河口断面水质、鸡啼门大桥断面均为Ⅱ类，优于Ⅲ类水质目标；布洲断面、珠海大桥断面水质均为Ⅱ类，达到Ⅱ类水质目标；鸡啼门大桥断面水质比上年提升2个等级，石角咀水闸断面、前山码头断面、南沙湾（两河汇合口）断面提升1个等级，其他水体水质状况与上年持平。大镜山水库、竹仙洞水库、杨寮水库、平岗泵站、广昌泵站、黄杨河泵站、乾务水库、竹银水库、

2020年10月16日，珠海市环境保护监测站监测人员乘坐珠海海警局的巡逻艇对湾仔水道缓冲区湾仔码头断面开展水环境监测 （冼焕超 摄）

竹洲头泵站9个集中式饮用水源地水质均为Ⅱ类，水质达到或优于Ⅲ类的比例为100%。大镜山水库、竹仙洞水库水质上升1个等级，其他集中式饮用水源地水质状况与上年持平。

【声环境质量】 2020年，珠海市区域环境噪声昼间平均等效声级为57.1分贝，与上年相比上升1.2分贝。城市区域环境噪声总体水平等级为三级，评价结果为一般。道路交通噪声昼间平均等效声级为68.9分贝，与上年相比上升1.9分贝。道路交通噪声昼间强度等级为二级，评价结果为较好。功能区环境噪声昼间达标率为93%，夜间达标率为75%。与上年相比，夜间达标率升高10个百分点。

环境保护

【概况】 2020年，珠海市持续改善水环境质量，开展全市河湖“五清”（清理岸坡垃圾、清理水面漂浮物、清理沟渠淤塞、清理非法排污、清理违章建筑物）专项行动和问题河涌（渠）、黑臭水体整治。加快推进前山河流域综合整治EPC（工程总承包）项目。与中山市生态环境部门建立前山河流域水质监测信息共享，构建常态化生态补水工作模式。推进近岸海域污染整治，对工业园集聚区加大环境监管力度。省级重点VOCs（挥发性有机物）企业“一企一策”综合整治完成率100%。市级重点VOCs企业“一企一策”整治方案专家评审通过率100%。全市1014家“散乱污”企业动态“清零”，减排VOCs 1.2万吨。聚焦扬尘精细化治理，开展工地扬尘智慧管控，建成建筑工地环境监控系统，安装视频监控项目476个、噪声扬尘监控项目589个、车辆识别项目350个。实施《珠海经济特区城市道路清扫保洁管理办法》，对城区主干道开展16小时深度保洁，建成区道路机械化清扫率95%。针对重点项目土壤污染状况，调查各类事项，发专文提醒。市生态环境局联合市自然资源局完成建设用地污染地块安全利用率摸底核算工作。对疑似污染地块、污染地块安全利用进行现场检查，依托全国污染地块管理信息系统，珠海有48个地块完成评审。

【环境保护法制建设】 2020年，珠海市组织对《珠海经济特区生态文明建设促进条例》《珠海市环境保护条例》《珠海市服务业环境管理条例》三部地方性法规进行修正。3月31日，市第九届人大常委会第二十八次会议通过《珠海经济特区生态文明建设促进条例》的修正案；7月31日，广东省人民代表大会常务委员会表决通过《珠海市人民代表大会关于决定修改〈珠海市环境保护条例〉〈珠海市服务业环境管理条例〉的决定》。12月25日，市生态环境局发布部门规范性文件《珠海市生态环境局环境违法行为举报奖励办法（试行）》。市人民政府12月31日发布《珠海市人民政府关于禁止“黑烟车”上路行驶的通告》。

【环境保护规划】 2020年，珠海市开展《珠海市生态环境保护暨生态文明建设“十四五”规划》编制前期工作，完成前期研究。10月30日，市生态环境局发布以竞争性磋商为采购方式的招标信息；11月2日，公示广东省环境科学研究院中标，并与之签订技术服务合同。编制《珠海市固体废物污染防治“十四五”规划》，根据全市工业发展结构和园区分布，合理规划终端处置项目，并提出管理建议。

【环境执法】 2020年，珠海市出动环境执法人员1.11万人次，检查企业4746家次，发出责令改正违法行为决定书135份，作出行政处罚决定77件，罚款金额1202.46万元。无按日连续处罚案件、限产停产案件。查封扣押案件10件。移送行政拘留案件4件、涉嫌污染环境犯罪案件6件。修订《珠海市污染源日常环境监管随机抽查制度落实方案》。印发《监督执法正面清单企业名录》。纳入清单被“双随机”抽查到可免于现场执法检查的企业46家。开展环境执法大练兵活动、挥发性有机物重点监管企业交叉执法行动、排污许可执法监管专项检查、生物质锅炉监察监测联动检查、饮用水水源地清理整治“回头看”等生态环境执法专项行动。

【重点排污单位自动监控】 2020年，珠海市完成137家重点排污单位自动监控设备安装和联网工作。全市205个重点污染源自动监控网点与市污染源在线监控中心联网并实现数据稳定传输，其中，废水自动监控网点135个，废气自动监控网点70个，覆盖137家工业企业。

【大气污染防治】 2020年，珠海市实施夏季“VOCs百日攻坚”和秋冬季“百日冲刺”，并逐步升级为“50日攻坚”“20日冲刺”等专项行动，组建“大气污染防治工作专班”“大气污染防治监测专班”，实行“每周一调度，每月一分析”制度，形成提前预测、靶向攻坚、动态评估全链条工作机制。对所有国控站点半径1千米、3千米、5千米范围内的667项涉气污染源实施“挂图作战”。运用“珠海市环境空气质量考核网”，实时公开全市28个空气自动监测站6项污染物数据与空间分布情况，每月排名通报，助推各重点区域强化重点时段和关键因子防控。全年PM2.5、PM10平均浓度创2013年以来新低，达到珠三角最优水平。年度空气质量和改善幅度均位居全国168个重点城市前列。

【环境空气质量自动监测站建设】2020年1月1日起，珠海市2个新增国控城市评价点（横琴、金湾）监测点位试运行。年底前完成市环境保护监测站横琴、金湾子站运维交接后续整改项目。

【水污染防治】 2020年6月，珠海市实施《2020年水污染防治攻坚战工作方案》。前山河石角咀水闸国考断面水质创近5年来水质最佳。切实保护饮用水源。开展入河（海）排污口排查整治，按照“控源截污、内源治理、生态修复、活水保质”的治理思路全面开展城市黑臭水体治理，制定《珠海市城镇污水处理提质增效三年行动方案（2019—2021年）》，完成“一厂一策”系统化整治方案制定并印发实施，强化工业污染防治、农业农村污染治理。完成《水污染防治行动计划》。

【地表水环境保护】 2020年，珠海市根据供水格局的变化，对红旗村水库和蛇地坑水库饮用水水源保护区进行调整。调整后最新的饮用水水源保护区为27个，包括5个河流型水源地和22个水库型水源地。完善水源保护区规范化建设，设立界标牌89个、宣传牌83个、道路警示牌130个、航道牌16个、围网19.60千米。借助高空间分辨率遥感航片发现的疑似问题，组织执法人员开展饮用水水源地精准执法。印发《珠海市河流型集中式饮用水水源保护区扶持激励办法》，建立激励性生态补偿转移支付机制。

【流域水环境保护】 2020年，珠海市发布总河长1号令，开展河湖“五清”专项行动和问题河涌（渠）、黑臭水体整治。17条城市黑臭水体全部完成“初见成效”效果评估，水体基本实现“不黑不臭”。9月1日，省生态环境厅和省住房城乡建设厅通报，珠海城市黑臭水体黑臭消除比例为100%。

【前山河水质管理】 2020年，珠海市前山河水质优良，石角咀水闸国考断面水质由上年的Ⅳ类提升到Ⅲ类。采取“大兵团作战、全地域开工、全流域治理”治本攻坚模式，推进前山河流域综合整治EPC项目，总投资28.09亿元。截至年底，项目总形象进度98.08%。与中山市生态环境部门信息共享，开展前山河流域跨界交叉执法检查行动6次，出动环境执法人员392人，检查企业136家次，严厉打击涉水环境违法行为。与中山市水务部门多次联合召开前山河水质保障研讨会，构建常态化生态补水工作模式。

【涉水治污设施建设】 2020年，珠海市开展新青、南区二期、白藤、井岸4个水质净化厂提标改造；开展香洲三期、红旗、白藤扩建和井岸扩建4座水质净化厂的新建扩建。推进工业污水处理厂建设。金湾区生物医药园工业水质净化厂（一期）、高栏港石化基地污水处理厂和富山第一（工业）水质净化厂通水调试。新建城市污水管网103.4千米、城镇污水管网102.9千米，改造污水管网42.8千米，超额完成污水管网建设任务。

2020年2月21日，前山河流域水环境综合治理工程施工现场

（吴长赋 摄）

【地下水污染监督防治】 2020年，珠海市完成《全国地下水污染防治规划（2011—2020年）》辖区内实施情况终期评估，对十二五、十三五期间围绕地下水污染防治规划落实的一系列重点工作任务进行梳理和评估。市生态环境局、自然资源局、水务局、农业农村局、住房和城乡建设局联合印发《珠海市地下水污染防治实施方案》，提出“到2025年，配合国家和省建立地下水污染防治管理体系和地下水环境监测体系，典型地下水污染源得到有效监控”的工作目标。配合建立健全国家地下水环境质量监测网建设，完成“十四五”地下水环境质量国家考核点位优化调整。

【农用地土壤污染防治】 2020年，珠海市完成农用地详查分析工作，基本查明全市农用地土壤污染状况；调查分析结果形成板块图斑。推行测土配方施肥，实施化肥农药减量增效。推进废弃农膜回收利用。划定农用地土壤环境质量类别，实施农用地分类管理。开展受污染耕地安全利用和治理修复。形成耕地分类清单，即“一图一表一报告（技术报告）”，按照要求报送省农业农村厅。截至年底，珠海市安全利用类耕地措施到位率100%，受污染耕地安全利用率94.8%。

【重点行业企业土壤污染状况调查】 2020年，珠海市印发《珠海市重点行业企业用地土壤污染状况调查第二阶段调查组织实施方案》。按照省要求按时限完成全市344个地块的基础信息调查、49个企业地块和3个工业园的布点方案评审、样品采集与流转、样品检测及数据分析，成果上报等工作。

【建设用地准入管理】 2020年，珠海市依托全国污染地块信息系统平台，生态环境、自然资源、住建、城市更新、土地储备等部门在该系统分配共享账号，进一步强化信息共享、联合监管机制，在土地征收、转让、改变用途等环节落实土壤污染防治要求。在有关城市更新、烂尾楼、旧工业建筑、城中旧村、土地储备等文件中对土地使用涉及的土壤污染状况调查要求做出明确规定。理顺建设用地准入管理工作职责，明确各区政府（管委会）责任、土壤污染状况调查报告评审流程。要求疑似污染地块、污染地块安全利用开展现场检查。截至年底，建设用地污染地块安全利用率100%。

【工矿企业土壤污染防控】 2020年，珠海市排查工业固体废物堆存场所及非正规垃圾堆放点。公布27家土壤污染重点监管企业名单。各企业均签订责任书，建立土壤污染隐患排查制度和实施自行监测，将《中华人民共和国土壤污染防治法》规定的义务在排污许可证中载明。27家土壤污染重点监管企业全部完成土壤污染隐患排查、土壤自行监测等工作并公开结果。

【固体废物处置】 2020年1月，珠海市生态环境局印发《珠海市应对新型冠状病毒感染所致肺炎疫情医疗废物应急处置工作方案》，确保医疗废物得到及时、有序、高效、无害化处置，防止疫情传播。3月，经市政府同意，市生态环境局印发《珠海市有害垃圾收运处置体系建设实施方案》，建成有害垃圾收运处置体系，有害垃圾得到妥善收集、处理。6月，印发《珠海市生态环境局推进市重点项目工作方案》，成立市生态环境局重点项目工作专班。开展珠海市2020年重点企业危险废物规范化管理服务招标工作。第一轮次对全市危险废物经营单位和汽车拆解厂、年产生重点危险废物量超过80吨以上、年产生一般固体废物量1000吨以上的131家企业开展核查工作；第二轮次完成对全市年产生危险废物量80吨以上的重点单位、汽修行业企业、印染、纺织行业中的一般固废重点企业、往期存在问题重点单位等146家企业的核查工作，为220家企业建立“一企一档”制度。

【工业危险废物处置】 2020年，珠海市通过广东省固体废物管理信息平台转移危险废物的企业1300余家，转移危险废物18.76万吨，其中，跨市转移9.02万吨，市内转移9.40万吨，跨省转移0.34吨。主要类别为废矿物油（HW08）、表面处理废物（HW17）、含铜废物（HW22）等。

【医疗危险废物处置】 2020年，珠海市医疗废物产生量3047.43吨，比上年增长14.41%。医疗垃圾由珠城市容环卫综合服务有限公司收集，交珠海海宜环境投资有限公司医疗废物焚烧厂统一调度处置，无害化处置率100%。其中，运至江门处理14.94吨，运至河源处理15.73吨，珠海信环环保公司生活垃圾处理设施应急处置649.84吨。全年产生疫情医疗废物495.41吨，其中，医疗废物焚烧厂集中处置462.98吨，信环环保公司应急处置32.43吨。

【重金属污染防治】 2020年，珠海市完成“十三五”期间重金属污染防控工作，落实重金属减排任务。完成第一类涉重金属重点行业企业重金属污染物排放量下降17%，第二类涉重金属重点行业企业重金属污染物排放量下降31%。超额完成《土壤污染防治行动计划》关于第一类企业重金属污染物排放量下降12%、第二类企业重金属污染物排放量下降10%的计划指标。

【辐射安全管理】 2020年，珠海市辐射安全许可证核发、电磁辐射类建设项目环境影响评价报告表审批和开展核技术利用辐射安全监管等重点工作开展顺利。全市产生废旧放射源4枚，按照要求全部安全回收（收贮）。

【环境保护督察】 2020年，珠海市推进生态环境保护督察整改，召开市委常委会议3次、书记专题会2次，市政府常务会议3次，研究生态环境保护工作。市委、市政府主要领导召开专题工作会议24次，作出批示25次，部署推进生态环境保护工作。中央生态环境保护督察27项整改任务全部完成。省生态环境保护督察28项整改任务完成15项，基本完成4项。中央生态环境保护督察交办案161件和省生态环境保护督察交办案130件（去重后）全部办结。

【环境应急管理】 2020年5月，珠海市生态环境局制定《珠海市企业事业单位突发环境事件应急预案编制要点指引（试行）》。12月16日，市政府办公室印发《珠海市集中式饮用水源地环境应急预案》。6月23日，高新区开展突发环境事件应急演练。7月29日，珠海经济技术开发区开展液化天然气泄漏应急“双盲”演练。11月12日，富山工业园开展突发环境事件综合应急演练。

【环境管理服务】 2020年，珠海市审批建设项目（含海洋工程，不含辐射类项目）环境影响评价文件483份，备案环境影响登记表1189个。核发排污许可证496个，进行排污单位登记3844家，对65家排污单位下发限期整改通知书。

【农村环境保护】 2020年，珠海市完成农村环境综合整治。根据《关于下达“十三五”农村环境综合整治目标任务的通知》，全年省下达珠海市农村环境整治的建制村6个。全市实际开展整治建制村8个，其中，斗门区7个（莲江村、石龙村、下洲村、虾山村、大托村、石狗村、灯笼村），高栏港经济区1个（飞沙村）。截至年底，建制村整治任务全部完成。

【畜禽养殖污染防治】 2020年2月28日，珠海市完成畜禽养殖禁养区划定方案的修订完善工作。全市14家规模化畜禽养殖场（小区）落实环境影响评价和排污许可制度，日常加强环境监察，杜绝养殖废水直排。

【自然生态保护区问题排查】 2020年，珠海市排查全市范围内自然保护地的违法违规问题35个。对“绿盾2017—2019”行动中发现的自然保护区问题总台账进行“回头看”。市生态环境局、自然资源局、交通运输局、水务局、农业农村局和珠海海警局联合开展“绿盾2020”行动，完成珠江口中华白海豚国家级自然保护区、淇澳-担杆岛省级自然保护区的自查和现场核查。

【第二次全国污染源普查】 2020年，珠海市第二次全国污染源普查工作以优秀成绩通过省验收。4个单位被国务院第二次全国污染源普查领导小组办公室评为“第二次全国污染源普查表现突出集体”，16人获评“第二次全国污染源普查表现突出个人”。10个单位获评“广东

2020年11月13日，市生态环境局万山分局工作人员给岛上工程机械贴上监控标志
（吴长赋 摄）

省第二次全国污染源普查表现突出集体”，40人获评“广东省第二次全国污染源普查表现突出个人”。“珠海市第二次全国污染源普查技术报告”获广东省第二次全国污染源普查优秀技术报告一等奖。“珠海市以‘二污普成果+’扩展普查成果应用，推进生态环境治理体系和治理能力现代化”获广东省第二次全国污染源普查优秀专题报告二等奖。

【排污口设置管理】 2020年，珠海市入河排污口总数600个，其中，规模以上入河排污口21个、规模以下入河排污口579个（需整治排污口452个），6月全部整治完成。入海排污口105个，其中，合法排污口19个，非法或设置不合理排污口86个，12月完成全部整治。完成入河排污口设置审核6个，入海排污口设置备案14个。完成10个有居民海岛、自然岸线、沿岸海水养殖入海排污口排查核实。对41个入海排污口监测，落实备案和清理整治。

【移动源污染监测管理】 2020年，珠海市印发《珠海市人民政府关于禁止“黑烟车”上路行驶的通告》，按时间、区域分阶段实施冒黑烟等可视污染物车辆禁行措施。开展柴油货车污染治理专项工作，抽检柴油货车1102辆次。开展机动车环保信息公开监督检查，检查30个品牌车型车辆303辆。严格执行高排放非道路移动机械禁用区相关规定，禁止未办理标志及不符合管理要求的非道路移动机械进入施工现场。检查在建施工项目766个次，检查、检测非道路移动机械965台次，完成编码登记5338台。完成全市122家加油站、10座储油库的油气回收系统监督性监测工作。

【农业面源污染治理监督指导】 2020年，珠海市推广测土配方施肥、水稻侧深施肥，加快高效缓释肥料、水溶肥料等高效新型肥料的应用，开展高效施肥技术试点。印发《珠海市2020年化肥减量增效工作方案》。实施有机肥补贴政策，发放补贴资金29.73万元。提高肥料利用率，化肥利用率达40%以上。制定新的农药补贴政策，推广农用无人机统防统治植保作业。主要农作物统防统治植保作业面积达1.16万公顷次。无人机水稻统防统治工作走在全国前列。作业面积创新高。农药利用率40%以上。

【海洋环境保护】 2020年4月，珠海市出台《2020年持续实施近岸海域污染防治工作方案》。市政府召开相关会议，专题研究部署近岸海域污染防治、“十四五”海洋生态环境保护规划及赤潮应急监测工作。开展近岸海域环境容量研究与入海污染物排放总量控制研究，印发《关于在我市重点海域实施排污总量控制制度（试行）》。

【近岸海域污染防治专项行动】 2020年8—12月，珠海市生态环境局牵头组织海监、海事、海警部门开展为期5个月的近岸海域污染防治专项行动。开展入海排污口监测，未发现新增入海排污口。开展国考点位溯源，对GD0403、GD0404两个不达标国考点周边污染物追踪溯源，高密度、多方位布点采样监测，查清污染物来源、趋势，提出精准防控措施。专项行动期间，四部门出动船艇837艘（次），检查人员4109人（次），检查海洋（海岸）工程314项，检查船舶429艘，检查入海排污口154个。查获未经批准开采海砂案2件。查处涉及船舶及其活动污染类违法案14件，实施行政处罚8.94万元。办理海洋倾废案2件。查获走私洋垃圾案1件。

生态建设

【生态制度建设】 2020年4月，珠海市印发《珠海市生态环境机构监测监察执法垂直管理制度改革实施方案》，完成全市监测监察执法垂直管理改革，建立市、区两级生态环境保护委员会。印发《珠海市各区党政领导班子“十三五”生态文明建设目标考核实施方案》《珠海市生态环境保护工作责任清单》，压紧压实生态环境保护“党政同责、一岗双责”。编制生态文明建设绿皮书，开展GEP年度核算。深化环评审批“放管服”改革，有序推进“三线一单”（生态保护红线、环境质量底线、资源利用上线和生态环境准入清单）编制并将初步成果上报。

【生态经济结构】 2020年，珠海市地区生产总值3481.94亿元，比上年增长3.0%。其中，第一产业增加值60.02亿元，增长1.6%；第二产业增加值1510.86亿元，增长1.8%；第三产业增加值1911.06亿元，增长4.1%。非生物资源开发型产业为主要产业，生态经济结构进一步优化。

【生态生活营造】 2020年，珠海市着力构建“森林郊野”“都市特色”“水网湿地”“社区村居”

四大公园体系，建成香山湖公园二期、尖峰桥西公园等市政特色公园和横琴新区博览公园5个、神前社区一格一美等城乡社区公园18个；建成健康步道23.28千米、林荫道40.51千米。保护与修复重要生态系统，推进三角岛海岸线生态修复（二期）项目、大万山岛重点海湾整治项目、桂山岛海豚湾沙滩修复项目和淇澳–担杆岛省级自然保护区滨海湿地生态修复示范项目等整治修复项目。推进河湖管理范围和水利工程管理与保护范围的划定，完成全市22条河道（涌渠）、6个湖泊的河湖划界。按照《珠海经济特区绿色建筑管理办法》推进新建绿色建设项目验收。总投资3000万元的“珠海市建筑节能能耗监测平台”（一期）建成并投入运营。按照《珠海市建筑节能和绿色建筑“十三五”发展规划》要求，落实绿色建筑中全面普及节能器具，推进LED照明，淘汰不符合节电标准的用电器具。

【生态文化宣传与教育】 2020年，珠海市开展“市民走进生态珠海（线上活动）”“环保进校园”“环境监测设备参观活动”等系列环保宣传活动。市生态环境局首次承办由省生态环境厅联合珠海市人民政府、省精神文明建设委员会办公室、共青团广东省委员会在珠海市共同举办的2020年“六五环境日暨六八海洋日”全省主场活动。策划开展“六八海洋日”主题活动，倡导绿色生活方式。新增1家向公众开放的环保设施和城市污水垃圾处理设施单位、1家省级环境教育基地。截至年底，全市有5家单位列入全国向公众开放的环保设施和城市污水垃圾处理设施单位名单；有“环境教育基地”13个，其中，省级“环境教育基地”9个。

【环境信用评价】 2020年8月，珠海市发布2019年度企业环境信用评价结果。经评定，全市有“环保诚信企业”（绿牌企业）13家，“环保警示企业”（黄牌企业）34家，“环保不良企业”（红牌企业）54家。辖区内其余工业企业为“环保良好企业”（蓝牌企业）。

【绿色交通网络构建】 2020年，珠海市“珠海港通达全球、联通西南—粤港澳大湾区集装箱铁江海联运示范工程”项目入选省第二批多式联运示范工程项目。鹤港高速公路工程（含洪鹤大桥）项目被纳入省第一批绿色公路建设典型示范工程创建项目。洪鹤大桥、金琴快线建成通车。实现公交电动化。截至年底，全市有电动公交车2245辆、纯电动出租车860辆、有证纯电动网约车1539辆。珠海金湾机场17个廊桥机位岸电覆盖率100%。

【水生态扩容提质】 2020年，珠海市实施《珠海市绿色生态水网建设规划（2016—2020年）》，全市有三灶大门口、横琴等9个湿地公园。横琴湿地公园总面积392公顷，以鸟类栖息地为主。实施污水处理厂新改建及提标改造，合计完成污水处理厂提标改造40.30万吨/日。

【水环境质量自动监测站建设】 2020年，珠海市有尖峰大桥、珠海大桥、石角咀水闸、鸡啼门大桥和布洲5个国考断面水质自动监测站，由生态环境部委托第三方开展运行维护和自动监测数据审核。新建成南沙湾和虎跳门水道河口2个省考水质断面自动监测站，监测项目为水温、pH值、溶解氧、电导率、浊度、高锰酸盐指数、氨氮、总磷、总氮9个指标。站房由市环境保护监测站负责建设，6月通过验收。监测仪器设备由省环境监测中心负责，处于试运行阶段。

【绿色制造工程】 2020年，珠海市推动企业实施绿色制造工程。珠海凌达压缩机有限公司、珠海润都制药股份有限公司2家企业获国家工信部认定为绿色工厂。珠海格力电器股份有限公司房间空气调节器、珠海方正科技高密电子有限公司高多层服务器印制电路、珠海市易科德环保新材料有限公司淀粉基塑料树脂及制品、珠海市斗门区旭日陶瓷有限公司瓷质外墙砖等14款产品获绿色设计产品认定。（胡　源）

【生活垃圾分类】 2020年，珠海市落实国家、省委、省政府部署安排，推进生活垃圾分类工作。市委常委会2次专题听取生活垃圾分类工作汇报。市政府将生活垃圾分类工作列入《2020年珠海市人民政府工作报告》。市人大出台广东省第一部运用特区立法权制定的《珠海经济特区生活垃圾分类管理条例》。市政协多次以重点提案督办、组织各级政协委员现场调研座谈等形式对垃圾分类工作进行民主监督。市城市管理和综合执法局（市垃圾分类办）每月召开工作推进会，印发7项制度文件，发布2版工作指引，委托第三方对生活垃圾分类“月检查季评估”，完成全市6轮588个点位现场检查。市委组织部将垃圾分类工作纳入各区党政领导班子考核体系。市机关作风办将垃圾分类工作

2020年6月24日，珠海市城市管理和综合执法局（市垃圾分类办）联合团市委在横琴芒洲湿地公园联合举办“垃圾分类齐参与 青年志愿我同行”助力生活垃圾分类志愿服务行动启动仪式　（市城市管理和综合执法局供稿）

纳入机关事业单位绩效考评内容。各区（功能区）均成立以书记为垃圾分类工作第一责任人的领导机制并制定垃圾分类工作方案。市、区两级垃圾分类工作和设施建设投入经费4.3亿元。全市1000家公共机构实现生活垃圾分类全覆盖，基本建成横琴新区、金湾区、高新区、万山区、保税区5个示范区以及香洲区梅华街道、斗门区莲洲镇2个示范镇（街）。各区因地制宜打造酒店、建筑工地、社区、农村、商业写字楼、海岛、企业等独具特色的垃圾分类示范场景。推动分类工作纳入各区党政领导班子考核体系、机关事业单位绩效考评。成立8个专责部门，落实公共机构、设施建设等重点领域垃圾分类工作。市主流媒体刊发垃圾分类信息321篇，省级及以上媒体报道垃圾分类112篇，政务微信推送垃圾分类信息833篇，横琴垃圾分类环保跑活动被中央电视台等主流媒体广泛报道。评选产生“垃圾分类理念进课堂”精品课程200节。市二中等7所学校获评“广东省省级校园生活垃圾分类教育基地”。推动建成8家垃圾分类体验馆。全程垃圾分类体系初步构建。垃圾分类收运处理能力提升，全市448辆生活垃圾运输车辆完成垃圾分类标识喷涂。推行厨余垃圾“驳运+直运”模式，开通31条厨余垃圾（含餐厨垃圾）收运线路，服务单位2000余家。市商务局编制发布可回收物回收指导目录，公布全市第一批38家具有可回收物经营资质的企业名单。市生态环境局选取1家定点危险废物经营单位，组织各区设置有害垃圾集中暂存点，签订有害垃圾处置合同。　（何文松）

【珠海市环保生物质热电工程二期工程建成】　2020年7月，珠海市环保生物质热电工程二期工程建成并运行，设计处理能力为1800吨/日。西坑尾垃圾填埋场自7月1日起停止接收原生生活垃圾填埋，只作为飞灰填埋和原生生活垃圾应急处置使用。至此，全市全面实现城乡原生生活垃圾“全焚烧、零填埋”的处理目标。　（黄毅龙）

节能减排

【能源结构调整】　2020年，珠海市落实奖励机制、燃料清洁化、热电联供和集中供热建设等措施，提前完成高污染燃料锅炉综合治理、珠海电厂和金湾电厂4个燃煤机组超低排放改造。开展绿色循环园区改造。保税区省工业园区循环化改造试点园区通过广东省工业和信息化厅组织的项目验收。

【主要污染物减排】　2020年，珠海市推进主要污染物总量减排工作。金湾生物医药园工业水质净化厂一期、珠海汇华工业污水处理一厂和富山第二（工业）水质净化厂项目通水调试，新增工业污水处理规模达7.7万立方米/日。加强对电厂、钢铁厂等重点行业企业的监管。珠海电厂、金湾电厂4台燃煤机组综合脱硫效率均95%以上，脱硝设施综合效率达80%以上，钢铁厂烧结综合脱硫效率达80%以上。

【挥发性有机化合物控源减排】　2020年，珠海市全覆盖落实164家VOCs企业交叉执法和销号整治，完成153家省、市级VOCs重点监管企业“一企一策”综合整治，减排VOCs 1.2万吨。运用“金湾区VOCs及恶臭气体污染精准管控系统”，发出异常情况整改提醒信息1068条。非甲烷总烃浓度异常总时长比上年下降35%以上。投入使用斗门区29家重点VOCs企业首阶段108台微型VOCs在线监测仪及配套平台，实现24小时连续在线监测。

（胡　源）

·责任编辑：曾维浩·

行政区

香洲区

【概况】 香洲区位于珠海市东部，是珠海市政治、经济、文化、交通和金融中心。1984年6月，经国务院批准设立香洲区。2020年辖拱北、吉大、狮山、翠香、香湾、梅华、前山、湾仔、凤山9个街道和南屏镇，有130个社区居委会。行政区域面积555.29平方千米［包括珠海市横琴新区、珠海（国家）高新技术产业开发区、珠海保税区、珠海万山海洋开发试验区］。年末户籍人口78.97万人（不含横琴新区、高新区、万山区、保税区，下同），常住人口112.41万人。耕地面积124.22公顷，基本农田面积47.67公顷。林地面积6435.01公顷，森林覆盖率39.6%，活立木蓄积量46.51万立方米。城镇人均公园绿地面积21.71平方米。重要矿产资源有石料、石英砂以及多种类型的黏土矿、高岭土矿。重要海洋资源有海岛 111 个、具有捕捞价值的鱼类以及品种较多的壳类、贝类、藻类等水产资源近200 种。

香洲区属亚热带海洋性气候，依山傍海，风景秀丽。区内有珠海渔女、石景山、海滨公园、圆明新园、梅溪牌坊、日月贝、港珠澳大桥、香山湖公园等特色旅游景点，以及20多处全国、省、市级文物保护单位，如列为全国重点文物保护单位的陈芳家宅，以及杨氏大宗祠、石溪摩崖石刻群等。辖区有全国年出入境人次最多的陆路口岸——拱北口岸。有一大批在中国近代史上扮演重要角色的人物，如中国第一个留美学者、著名教育家容闳，清朝驻夏威夷王国第一任商董、领事陈芳，华南地区第一位马克思主义传播者杨匏安，中国第一个世界冠军容国团，文学家苏曼殊，版画家古元等。

【经济社会发展】 2020年，香洲区地区生产总值1556.64亿元，三次产业比为0.0：36.7：63.3。一般公

2020 年珠海市香洲区国民经济发展情况表

指标	单位	绝对值	比上年增长（%）
地区生产总值	亿元	1556.64	2.5
第一产业增加值	亿元	0.54	-25.1
第二产业增加值	亿元	570.32	0.5
工业增加值	亿元	510.09	-0.6
第三产业增加值	亿元	985.78	3.9
人均地区生产总值	万元	14.65	
规模以上工业总产值	亿元	1380.58	0.5
规模以上工业增加值	亿元	441.74	0.8
固定资产投资	亿元	600.01	20.0
社会消费品零售总额	亿元	708.20	-5.5
外贸进出口总额	亿元	868.86	-1.1
实际利用外资	亿美元	1.15	-19.5
地方财政一般公共预算收入	亿元	33.20	-15.4
地方财政一般公共预算支出	亿元	92.32	20.5
城镇居民人均可支配收入	元	67423.8	5.5

2019—2020年珠海市香洲区社会事业情况表

指标	单位	2019年	2020年
普通中学	所	24	26
普通中学在校学生	万人	3.58	3.80
小学	所	56	58
小学在校学生	万人	9.72	9.61
九年义务教育巩固率	%	100.49	100
医院、卫生院	所	2	13
医院、卫生院床位	张	500	898
群众艺术馆、文化馆	个	1	1
公共图书馆	个	1	1
博物馆	个	1	1
档案馆	个	1	1

注：普通中学26所包括九年一贯制学校7所、十二年一贯制学校1所。医院、卫生院自2020年起将民营卫生机构纳入统计。以上数据仅包含区级单位。

共预算总收入125.09亿元，一般公共预算总支出123.84亿元（相关数据见附表）。

【产业发展】 制造业　2020年，香洲区规模以上工业总产值1380.58亿元，比上年增长0.5%，新增规模以上工业企业36家。完成工业投资48.10亿元，增长8.6%。实现工业技改投资37.80亿元，下降3.8%。飞马传动、杰理科技等6个产业项目建成，先导高端智能装备华南总部制造基地、格力电器零部件试制等8个项目动工，格力精密模具有限公司电极全流程自动化等4个项目获评省级智能制造示范项目，先进制造业增加值占规模以上工业增加值的比重达63.4%。投入4000万元推动116家企业实施数字化改造，格力电器5G+工业互联网产业园区获评国家级、省级5G示范园区。

服务业　2020年，香洲区实现增加值985.78亿元，比上年增长3.9%，拉动GDP增长2.3个百分点。金融产业实现增加值190.14亿元，增长11.2%。以信息技术和金融业为主体的现代服务业占服务业的比重达61.1%。集成电路、软件和信息等高技术服务业营业收入分别增长28.8%、17.0%。促进情侣路现代服务业产业带形成，发展楼宇经济，引进南洋商业银行等48个现代服务业项目。华发商都、富华里入围省级示范性步行街和商圈，优特广场、玖洲道等商业综合体开业，世茂港珠澳合作创新（珠海）基地、九洲湾等城市综合体项目加快建设，珠海传媒集团文化综合体、珠海市全民健身综合体等文旅综合体项目动工。直播电商等消费新业态快速发展，全区规模以上企业电商销售额超过360亿元。2月，博杰股份上市；11月，以“游联未来，戏炫湾区”为主题的2020珠港澳湾区游戏产业峰会举行。

招商引资　2020年，香洲区全年实际吸收外资1.15亿美元，引进和新增中建投资等实际吸收外资1000万美元以上项目3个，引入跨境翼、模森科技、小未科技等优质内资项目129个。

【一园一镇一廊一带】 2020年，香洲区推进软硬环境建设，打造“一园一镇一廊一带”产业发展新布局，城市空间功能实现结构性优化。

一园指南屏科技工业园。2020年，南屏科技工业园继续调整产业布局，扶持智能制造装备及打印耗材产业，鼓励企业开展“机器换人”，推动企业数字化转型。新引进德凌智能等5个项目，雷特科技等4个新建项目及安生凤凰等11个扩建项目建成，赛纳科技中心等5个新建项目及三精实业等4个扩建项目动工。屏东片区18条道路改造提升工程于10月16日动工。总投入1.6亿元的屏东三路等10条道路完成改造提升并通车。格力明珠广场人才住房小区建成。截至年底，南屏科技工业园有规模以上工业企业160家，规模以上工业总产值939.76亿元，比上年增长0.6%。

一镇指香洲区三溪科创小镇。2020年，三溪科创小镇发展中心内有建星建造、中油中泰总部等4个项目建成，格创·集城产业综合体、格力智能装备产业园等6个项目动工。塘东路等2条道路建成，沥东路、南中路等4条道路动工。完成沥溪村37万平方米用地征拆。截至年底，三溪科创小镇发展中心有规模以上工业企业59家，实现工业总产值82.42亿元，比上年增长8.8%；规模以上批发零售企业83家，销售额88.27亿元，下降15.2%；规模以上服务企业14家，营业收入7.04亿元，增长11.3%。

一廊指从前山到南屏的创新产业走廊。2020年，该区域内的云溪谷聚焦打造数字产业园，引入腾讯智慧产业总部等27个优质数字经济项目。其中，腾讯云启创新中心于12月9日开园，是腾讯公司在全国首个云启创新中心，联合香洲区政府助力产业升级转型模式落地，打造智慧产业生态集群。美星聚焦打造5G产业园，引进联想医疗科技全国总部等产业项目。金嘉创意谷打造游戏产业园，引入仟游科技、天朗互动等14家优质游戏企业。乐士文化区打造创意设计产业园，引入北裔堂、机甲天下等18家专业设计企业。截至年底，创新产业走廊内集聚独角兽企业6家，高新技术企业56家。

一带指沿情侣路的现代服务业产业带。2020年，促进情侣路现代服务业产业带形成，世茂港珠澳合作创新（珠海）基地、九洲湾等城市综合体项目加快建设。

【创新驱动发展】 2020年，香洲区投入8355万元支持企业创新发展。在珠海市2020年高新技术企业百强筛选中，香洲区企业入围综合创新实力百强22家、成长性百强25家、经济贡献百强26家。双捷科技等9家企业入选市级独角兽培育入库企业。

提升创新能力 丽珠试剂、宝锐生物等医药企业获省新冠病毒防治项目资金支持，奔图、锐翔等5家企业获市创新创业项目资金资助。年度有效发明专利量1.15万件，比上年增长30.5%。新建5G基站2426座。

集聚创新人才 2020年，香洲区落实“珠海英才计划”和“香山人才计划”，全年兑现人才扶持补贴8300余万元，培育、引进各类人才2800余人。筹集正方世和苑、濠江丽景苑等134套人才住房，为符合条件的人才提供“拎包入住、管家服务”。圣美生物肿瘤筛查项目入选国家和省重大人才工程项目。

【城市管理】 2020年，香洲区城市精细化管理平台（一期）建成，在水浸黑点、重要河渠布设自动监控系统，城市管理业务信息（环卫、排水管理等）逐步实现自动采集和智能分析。区属公共机构垃圾分类实现全覆盖，推行餐厨垃圾“直运+驳运”收运体系，梅华街道示范片区基本建成。拆除违法建筑828宗、面积25.79万平方米，严守“零增长”底线。开展绣美香洲行动，翻新隧道墙面5.1万平方米，完成背街小巷整治48项，美化护坡挡墙10余处，全区共享单车总量从2019年11.1万辆降至9.6万辆。香山湖公园二期三期分别于5月1日、12月15日建成开放。景山道（也称板樟山山地步道）、香山云道（也称凤凰山山地步道）分别于6月、8月动工建设。城市阳台S1地块主体结构封顶。

【生态环保】 2020年，香洲区投入28.04亿元开展前山河流域涉水治污，EPC（Engineering Procurement Construction，是指公司受业主委托，按照合同约定对工程建设项目的设计、采购、施工、试运行等实行全过程或若干阶段的承包模式）主体工程完工，年内完成小区正本清源管网建设507.43千米、完成新建改建市政管网53.25千米，基本实现雨污分流，石角咀水闸国考断面水质达到三类水标准，造贝、南屏东、北山、银林、翠屏等5条黑臭水体通过“长制久清”省级评估。全年，空气污染物浓度全部达标，空气质量排名全国前列。

【社会民生】 2020年，香洲区民生支出74.82亿元，比上年增长17.3%，占公共财政预算支出81.0%。

就业与社会保障 新增就业2.30万人，城镇登记失业率2.4%。城镇职工参加养老保险54.23万人，城乡居民养老保险参保率达99%，参加失业保险55.18万人。

社会救济 全年发放低保金2260.75万元，临时救济金34.50万元，残疾人“两项补贴”2886.40万元。向低保对象等困难群众发放节日慰问金70.52万元，价格临时补贴237.85万元，照料护理经费72.66万元，孤儿基本生活费308.83万元。继续加强住房保障工作，分配公租房112套、人才住房42套，发放公共租赁住房补贴560.50万元。

社区养老 投资504万元的区居家智慧养老服务中心（位于南阳路3号）于10月建成启用。中心打造智慧养老服务云平台，集结指挥调度、数据服务、社工服务、多功能培训、老年人能力评估、文化制度展示、辅具展示及体验等功能，为全区老年人提供全方位居家社区养老服务。全区享受“一键通”免费或半价服务的老人达9.56万人次，投入经费约231万元。全年，提供社区居家养老上门服务2880人次，投入经费约55万元，为1.11万名高龄老人发放津贴2678.85万元。

教育 全年教育投入36.70亿元，比上年增长11.3%，占全年一般

2020年10月，香洲区居家智慧养老服务中心建成启用

（香洲区供稿）

公共预算支出39.8%。凤凰中学、容国团小学投入使用，广生小学、造贝学校完成扩建，群贤小学、珠海市第十六中学动工建设。加强素质教育，全区有省中小学艺术教育特色学校18所，省中小学中华优秀传统文化传承学校11所。是年，香洲区第十九小学被评为“全国文明校园”。

卫生健康　结合抗疫补齐公共卫生短板，区疾病预防控制中心于2月14日紧急成立，区属两家公立医院标准化发热门诊、核酸检测实验室建成并投入使用。区人民医院改扩建工程二期项目动工，新建拱北、凤山社区健康服务中心。启动香洲区医疗联合体建设，引导省中医院珠海医院、市中西医结合医院等市级卫生健康资源下沉。全区有区属公立医院2家（区人民医院、区第二人民医院），社区卫生服务机构69家（公立社区卫生服务中心4家、民营社区卫生服务中心8家、民营社区卫生服务站57家），构成基层卫生健康服务网络。

食品安全　推动全区校园、养老机构食堂实现“互联网+明厨亮灶”全覆盖。完成南坑、前山、为农、柠溪等4个农贸市场改造升级。前山街道天虹商场诚丰店、玖洲道店等2家超市被评为广东省“放心肉菜超市”。是年，总投资1.04亿元的区食品加工中心建成。

文体旅游　持续完善公共文化设施，全区投入使用的市民艺术中心有狮山、拱北联安、梅华红山、前山、南屏、湾仔、香湾、梅华等8个。9月29日，香山文化艺术中心动工，总占地面积1.4万平方米。11月，容闳博物馆被中国侨联确定为第八批“中国华侨国际文化交流基地”。全面优化区域旅游环境，策划“珠海人游珠海”“遇见你，香洲”等旅游品牌。是年，香洲区获评第二批广东省全域旅游示范区。

【城市更新】　2020年，香洲区已立项征拆项目63个，其中完成或基本完成的重点征拆项目32个。按计划完成清场补偿工作。

老旧小区整治　开展新一轮老旧小区整治提升试点项目，启动夏湾新村、弘发巷3号等14个老旧小区整治项目，占地面积37.30万平方米。出台《香洲区既有住宅增设电梯工作实施意见》，按意见出具68个小区的可行性分析报告，拨付25个项目150万元的财政补贴经费。持续推进市政燃气管道建设，年内完

2020年7月29日，狮山街道东风社区人民东二巷电梯加装开工仪式举行

（杨玉函　摄）

成户外管道燃气加建1.80万户，累计建成8.50万户，实现点火3.40万户。

旧工业区改造　铭泰广场、优特广场等2个旧工业改造项目建成并投入运营；富力新天地、绿景喜悦汇、利腾·金力湾等13个改造项目有序建设；玮丰国际、拱北汽车修理厂、粤财、埃信等4个改造项目获批复。香洲北工业区连片改造项目遵照“产城融合”原则启动。

旧村改造　洪湾村旧村改造回迁安置房全部封顶。银坑、东桥、北山等3个旧村改造项目动工。13个旧村改造项目加快推进：翠微、上冲等2个旧村即将动工；广昌村确定项目开发企业；沥溪村基本完成清场；南屏村省级传统村落保护规划通过专家评审；广生村完成整村测绘，启动更新规划条件研究。

【拱北街道获评全国抗疫先进单位】2020年9月8日，在全国抗击新冠肺炎疫情表彰大会上，香洲区拱北街道党工委被授予“全国抗击新冠肺炎疫情先进集体”“全国先进基层党组织”荣誉称号，是全省唯一镇（街）层面获全国抗疫先进荣誉的单位。自新冠肺炎疫情爆发以来，因辖区内有全国年出入境人次最多的陆路口岸——拱北口岸，拱北街道的疫情防控任务艰巨且持久。为做好抗疫工作，拱北街道办事处成立街道联防联控新冠肺炎疫情工作领导小组和4个专项工作小组，在港珠澳大桥口岸成立大桥防疫临时党支部和防疫工作组，派员驻守10个多月，排查登记抵珠旅客3.25万名，分流安置旅客2.94万人。做好隔离酒店的管理工作，先后开设隔离酒店9家，安置旅客3280人。严格落实社区人员管控措施，全年排查豁免人员9.30万人次，排查低中高风险地区来珠4110人，管控居家隔离2461人、集中隔离3065人，完成核酸检测7328人。做好疫情防控宣传，向居民发送防疫短信2.05万条，派发小册子4.68万份，张贴海报4800张。转入常态化疫情防控以后，有序推进复工复产复学，创新微信打卡小程序，提高小区居民出入登记、统计效率，累计登记7.80万人。全年，拱北街道无一例本土确诊新冠肺炎病例。

【行政区划调整】　2020年，香洲区行政区划进行部分调整。4月2日，新增拱北街道前河社区、梅华街道翠福社区、前山街道新溪社区、前山街道凤祥社区等4个社区，全区社区数增至130个。4月27日，经市政府批准，前山街道分设为前山、凤山两个街道。6月22日，新设立的凤山街道办事处正式挂牌，全区街道数增至9个。

【居家社区养老服务设施全覆盖】2020年，香洲区基本实现居家社区养老服务设施全覆盖。全区累计投入1463万元，完成122个社区居家养老服务站点、119处长者饭堂配建工作，建有或在建9个镇（街）级以上养老机构。

【学前教育“5080”攻坚目标实现】2020年，香洲区加速公办幼儿园建设，2019年动工的16所公办幼儿园有7所正式启用，年内动工新建公办幼儿园10所；全区有23所公办幼儿园投入使用，提供学位1.1万个。通过政府督管补贴，在民办幼儿园设立公办幼儿园办学点67个，增加公办学位1.4万个，办学点收费低于或与公办幼儿园持平，该做法获广东省教育厅肯定。截至年底，全区公办幼儿园在园幼儿数超过2.3万人，占比52%；普惠性幼儿园在园幼儿数超过3.6万人，占比81.8%，实现学前教育“5080”攻坚目标。

【粤澳人工智能人才培训基地建设】2020年，香洲区融入粤港澳大湾区建设，推动腾讯公司与暨南大学、

2020年9月，拱北街道获评全国抗疫先进单位。图为区领导与街道工作人员持奖牌合影　（李苇婷 摄）

澳门科技大学共建粤澳人工智能人才培训基地。截至年底，基地举办以微信小程序和O2O（Online To Offline，即让互联网成为线下交易的平台）为主题的高校线上培训班24期，吸引全国40多所高校5000名师生参与培训；举办线下企业人才培训班8期，吸引来自格力智能装备制造、赛纳打印、杰理科技等企业的1000余名高管和研发骨干人员参加。（曹雅锐）

金湾区

【概况】 珠海市金湾区位于珠海市西南部，2001年4月4日经国务院批准成立。2020年辖红旗、三灶两镇。土地面积268.88平方千米（含内陆湖泊、水域、海岛、不含海域）。年末户籍人口11.66万人，常住人口30.15万人。耕地面积0.10万公顷，粮食播种面积75.2公顷，粮食产量570吨。林地面积0.41万公顷，森林覆盖率24.31%，活立木蓄积量23.51万立方米。重要矿产资源有石料、矿泉水、地热水、金属矿。重要海洋资源有生物资源、空间资源。主要旅游景点有汤臣倍健透明工厂。2020年，金湾区获全国性荣誉称号“中国黄立鱼之乡”，黄立鱼国家地理标志通过评审。

【经济稳步增长】 2020年，金湾区做好“六稳”工作，落实“六保”任务。打造财政资金扶持政策管理平台，兑现各类奖励扶持资金近3亿元，新增减税降费4.16亿元。推动珠海润都制药股份有限公司、汤臣倍健股份有限公司、珠海蓝图控制器科技有限公司等区内龙头企

2020年珠海市金湾区国民经济发展情况表

指标	单位	绝对值	比上年增长（%）
地区生产总值	亿元	347.82	3.2
第一产业增加值	亿元	4.64	7.4
第二产业增加值	亿元	235.80	3.7
工业增加值	亿元	194.35	1.3
第三产业增加值	亿元	107.38	1.7
人均地区生产总值	元	11.96	–
农林牧渔业总产值	亿元	8.01	8.5
固定资产投资	亿元	366.95	28.7
社会消费品零售总额	亿元	36.26	–2.4
实际利用外商直接投资	亿美元	0.75	–58.3
地方一般公共预算收入	亿元	21.06	–18.94
地方一般公共预算支出	亿元	52.49	–12.03
全体居民人均可支配收入	元	41056	6.9

2019—2020年珠海市金湾区社会事业情况表

指标	单 位	2019年	2020年
普通高校	所	5	5
普通高校在校学生	万人	7.04	7.29
中等职业学校和技工学校	所	1	1
中职和技校在校学生	万人	0.5	0.56
九年一贯制学校	所	1	2
九年一贯制学校在校生	万人	0.22	0.32
普通中学	所	4	5
普通中学在校学生	万人	0.57	0.62
小学	所	13	12
小学在校学生	万人	1.65	1.69
医院、卫生院	所	3	3
医院、卫生院床位	张	781	835
群众艺术馆、文化馆	座	1	1
公共图书馆	座	1	1

业实现增资扩产。建立金融工作专班，帮助64家企业化解资金困难。推进招商体制改革，创新实施“云洽谈、云签约”招商方式，新签约引进项目19个，总投资223亿元。推动落户项目动工投产，86个重点在建项目贡献新增工业投资额50.56亿元，新投产项目16个。全年完成地区生产总值347.82亿元，比上年增长3.2%，增速位居行政区第一；规模以上工业总产值758.53亿元，增长3.8%；规模以上工业增加值194.35亿元，增长1.3%（相关数据见附表）。

【产业体系建设】 2020年，金湾区扩大生物医药产业集群影响力，三灶科技工业园区获评省内唯一的国家新型工业化生物医药类四星级产业示范基地，金湾生物医药产业园获评省十大产业特色园区，珠海联邦制药股份有限公司、丽珠医药集团股份有限公司进入全国医药工业前30强，丽珠医药集团股份有限公司进入中国药品研发综合实力前百强和生物药研发实力前50强。完善生物医药产业链，引进开拓药业、辉睿生物、阿尔法健康等创新医药及医疗器械类项目。发展航空航天、新能源等战略性新兴产业，引入航空龙头企业摩天宇航空发动机维修分厂和高景太阳能大尺寸单晶硅片制造基地等重大产业项目，大型灭火/水上救援水陆两栖飞机“鲲龙”AG600飞机成功实现海上首飞，中航通飞交付通用航空器470架。围绕产城融合，引进宝龙商业、中基君豪总部大厦、天茂商业综合体等高端现代服务业项目，优化产业发展结构。

【创新驱动发展】 2020年，金湾区引进中国科学院自动化所北京数字精准医疗等国家级创新项目落户，国家科技部“数字诊疗装备研发”近红外荧光成像术中导航系统项目产业转化基地挂牌成立，泰诺麦博研发出全球第一款进入人体试验的抗破伤风毒素单抗药物，百试通动物实验公共服务平台投入运营。开展由国务院国资委主办的中央企业熠星创新创意大赛医疗器械与设备赛道复选活动。与遵义医科大学合作共建生物医药产业研究院和科技创新中心，打造服务大湾区的生物医药产业协同创新中心。与深圳市创新投资集团有限公司合作组建产业发展引导基金，撬动资本市场要素资源引入优质产业项目。狠抓人才第一资源，推出产业人才卡“双优一专业”（优先、优惠及专业服务）服务计划，出台人才公寓管理暂行办法，推进少年儿童友好型试点社区、国际型社区建设，人才服务工作提档升级。截至年底，产业人才库有6721人，入库人数比上年增长36.86%。

【区域协调发展】 2020年，金湾区加快完善“一心两港四铁四横六纵”立体交通格局（一心：金湾城市综合交通枢纽；两港：珠海金湾机场和高栏港；四铁：高铁、城际轨道、广珠货运铁路和城市轨道；四横六纵：香海大桥及其西延线、珠海大道、鹤港高速、金海大桥—金港大桥、高栏港高速、高栏港快线、机场高速、机场北路、金湾路、江珠高速等骨干通道），推进机场综合交通枢纽、珠机城轨、洪鹤大桥、鹤港高速、金海大桥、香海大桥西延线等区域重大交通设施建设，新建、改扩建总长约25千米的市政道路31条，初步建成对外主线贯通、对内循环畅通的金湾海陆空立体交通网新格局。西部生态新城金湾片区全年安排建设项目46个，总投资50.17亿元。推进金湾航空城市民艺术中心、金湾华发国际商务中心等重点项目建设。深化亩产效益综合评价结果运用，推进老旧工业园区升级改造，促进东咀片区合作开发。出台城市网格化精细化治理工作意见，打造“统一领

2020年11月9日，金湾区人民政府与遵义医科大学签署合作协议，合作共建“珠海金湾生物医药产业研究院”“遵义医科大学珠海生物医药科技创新中心”
（王 宁 摄）

导、重心下沉、自主灵活、监督有力”的现代城市管理体系，全区新增地下管网249千米、公共停车位1000个，新建、改建公共厕所21个，实现公共机构、住宅小区垃圾分类设施设备和行政村农村垃圾分类全覆盖。城乡建设协调发展，推进三板村、沙脊村等4个乡村振兴示范样板村建设以点带面发展；完成近海水域非法渔业设施清理整治，在全省县区一级率先建立近海水域常态化监管机制；推进第二轮土地承包到期后再延长30年试点工作；推动金湾黄立鱼现代农业产业园建设，被评为“中国黄立鱼之乡”；在广东省推进乡村振兴战略实绩考核中排名第二，河长制、湖长制工作在全市考核中再获优秀。持续打好三大攻坚战，污染防治攻坚工作成效显著，黑臭水体整治取得阶段性成果，南、北排河通过省级“初见成效”评估。对口阳江精准帮扶的879户贫困户2006人，实现脱贫出列；对口帮扶的贡山县在怒江州率先实现整县脱贫出列；对口支援西藏林芝市米林县里龙乡和四川甘孜州理塘县，各项工作进展顺利。

【社会民生】 2020年，金湾区民生支出41.55亿元，占一般公共预算支出的79.16%。拆除重建海华幼儿园，完成凤鸣小学改造投入使用，推进金山实验学校、航空新城中学、虹晖幼儿园、广安幼儿园、黄绿贝幼儿园建设。成立区疾病预防控制中心，完成区域医疗信息化“智慧珠海、健康金湾”项目建设，在金湾中心医院开设疑难疾病诊治中心，完成小林医院、区残疾人康复中心、区精神康复医院建设。制定加快推进养老服务发展三年行动计划，新建社区级居家养老服务站6个、社区长者饭堂6个，完成21个村（社区）居家养老服务设施建设。做好就业服务工作，全区城镇新增就业2365人。实施城乡社区治理“书记工程”，打造以党建为引领，以法治为保障，涵盖民政、教育、文化、卫生等多功能服务于一体的“1+1+N”区域整合型综合服务平台。健全完善平安建设工作体系，“平安+”市域社会治理指数居全市前列。开展拥军共建活动，推出全省首个“拥军商联”小程序和“拥军一条街”，获评“广东省双拥模范区”。建成小林山生态公园和海澄英表村休闲公园，推进5个街角公园建设。新建城市书屋3个，设立古元美术馆金湾分馆。开展创建全国文明城市活动，助力珠海通过全国文明城市复审。以汤臣倍健倍健透明工厂、爱飞客航空科普研学游基地为重要串联点的“珠海匠心智造之旅”入选广东省工业旅游精品线路名单，获评广东省全域旅游示范区。 （过心怡）

【珠海市航空航天产业发展领导小组成立】 2020年2月12日，广东省为切实加快制造强省建设步伐，推动航空航天产业高质量发展，成立广东省制造强省建设领导小组航空航天产业专项小组，日常工作由省工业和信息化厅、珠海市人民政府牵头负责。10月22日，金湾区将珠海市航空产业园管委会的招商职能划入区招商局。12月17日，珠海市成立市航空航天产业发展领导小组（指挥部），统一领导市航空产业园、斗门区莲洲通用航空产业区域发展工作。下设办公室，主任由市政府分管领导兼任，副主任由市政府分管副秘书长和市发展改革局、航空城集团主要负责同志兼任，日常工作由航空城集团承担，原珠海市航空产业园管理委员会不再保留。

（市发展改革局）

【三灶科技工业园区获评四星级国家新型工业化（医药）产业示范基地】 2020年3月9日，工业和信息化部发布2019年国家新型工业化产业示范基地发展质量评价结果，三灶科技工业园区获评四星级国家新型工业化（医药）产业示范基地，是珠海唯一被评为四星级的产业示范基地，也是广东省唯一的生物医药类四星级示范基地。

三灶科技工业园区于1999年3月5日挂牌成立，致力于发展生物医药产业，着力提升产业链配套水平和技术创新能力，产业聚集态势和规模效应日益显现，逐步形成以药品、营养保健食品及化妆品为主，高技术医疗器械为辅，其他生物科技制品为补充的产业发展格局。2020年，园区内企业数量、整体产业规模集聚增长，截至年底，有生物医药工业企业55家，其中规模以上企业21家，实现工业总产值139.05亿元；有上市挂牌生物医药企业8家，占全区上市挂牌企业数的44.44%，其中丽珠医药、汤臣倍健、润都在A股主板上市。

2020年，园区创新服务企业机制，为企业提供专家智库、知识产权、人才凝聚、管理咨询等点对点服务。园区内的生物医药产业企业可同时享受《珠海市促进生物医药产业发展若干措施》《珠海市进一步支持实体经济高质量发展若干政策措施》《金湾区鼓励生物医药产业发展的实施办法（试行）》等专项扶持政策与奖补资金。依托“大学园区—科技工业园区”建设模式，园区形成以政府支持、产业集群、科学研发、教育培训为板块，以“人才培养—科学研究—技术开发—规模生产”为链条的现代生物医药创新体系，发展各类创新机构和创新载体。自主开展研发活动的生物医药企业数量和研发投入逐年递增，园区具备由制造向创造转型的设备和技术基础。截至年底，园区内有国家级研发机构5个，省级研发机构54个，获18类450余种的中西药产品和200种450个型号医疗器械产品的注册证书，其中国家级重点产品9个、中国名牌产品4个、中国驰名商标2个、广东省名牌产品7个、广东省著名商标13个。

【金湾生物医药产业园入选广东省十大产业特色园区重点建设工程】 2020年10月29日，金湾生物医药产业园被广东省科学技术厅、广东省发展和改革委员会、广东省工业和信息化厅等多部门联合认定为广东省十大产业特色园区重点建设工程之一。截至年底，金湾生物医药产业园聚集生物医药企业120家。金湾生物医药产业园全年完成产值167.91亿元，比上年增长3.3%，占全区规模以上工业总产值的22%。

自2013年起，金湾生物医药产业园致力于提质增效，培育生物医药与大健康千亿级高端产业集群。依托国际健康港等创新载体的综合优势，产业园形成从“技术创新”到“孵化器—加速器—产业园区”的完整产业孵化体系和上下游产业配套齐全的现代工业体系。

2020年，产业园企业联邦制药股份有限公司和丽珠医药集团股份有限公司分列“2019年度中国医药工业百强榜”第二十一位和第三十位；丽珠医药集团股份有限公司登上2020年中国药品研发综合实力排行榜和2020年中国生物药研发实力排行榜；启辰生生物科技（珠海）有限公司mRNA新冠肺炎疫苗完成临床前试验，珠海泰诺麦博生物技术有限公司单克隆抗体治疗新冠肺炎药物完成研发；珠海瑞思普利生物制药有限公司获“第三届粤港澳大湾区生物科技创新企业50强先锋企业”称号；珠海科域生物工程股份有限公司、珠海市银科医学工程股份有限公司等企业新冠病毒检测试剂盒入列国家商务部《取得国外标准认证或注册的医疗物资生产企业清单》白名单；国家科技部“数字诊疗装备研发项目产业转化基地”落户产业园。

【粤港澳大湾区最大装机容量海上风电场项目并网运行】 2020年11月18日8时，粤港澳大湾区最大装机容量海上风电场——珠海金湾海上风电场首批风机成功并网，标志着金湾海上风电场进入试运阶段。金湾海上风电场项目安装风机55台，总投资53.11亿元。2020年5月6日，项目完成首台风机安装工作；16日，项目完成全部基础沉桩（55根桩）施工工作；10月17日，陆上集控中心一次性受电成功；11月17日，海上升压站一次性受电成功，次日实现并网；截至年底，首批5台风机并网后发电量超过1000万千瓦时。整个项目建成投产后，每年上网电量可超7亿千瓦时，可节约标准煤23.99万吨，减少二氧化碳排放43.30万吨。

【金湾区入选第三批广东省全域旅游示范区】 2020年10月27日，金湾区入选广东省文化和旅游厅公布的第三批广东省全域旅游示范区名单。截至年底，全区有A级旅游景区1家（汤臣倍健透明工厂）、“国家旅游休闲度假示范区”1家（珠海海泉湾度假区）、星级旅游饭店7家。

2020年，金湾区着力推动文化旅游，擦亮“悠游金湾”旅游品牌。一是提升旅游知名度，举办旅游推介会；开展“航空新城杯”

2020年11月18日8时，珠海金湾海上风电场首批风机成功并网

（金湾区发展改革局供稿）

公路自行车公开赛、大型徒步、越野、寻味金湾、节庆嘉年华等文化旅游体育活动。二是完善文化旅游公共服务体系，汤臣倍健透明工厂游客中心旅游厕所、景区内旅游厕所被评为国家AAA级旅游厕所；建设图书馆总分馆制，形成“1个总馆+2个镇级分馆+22个村居（社区）服务点+7个企事业基层图书服务点+3个城市书房”的公共图书馆总分馆制架构体系，实现基层综合性文化服务场所全覆盖；金湾区悦览馆和金海岸文化艺术中心设立珠海市古元美术馆金湾分馆；建成金湾区非物质文化遗产展厅、高栏港区旅游信息咨询中心、南水镇旅游信息咨询中心，推动建成珠海机场游客集散中心。三是加强行业管理，开展旅游行业服务技能培训和竞赛、金湾区酒店业服务质量动态管理星级评定等活动。

【金湾区蝉联“中国营商环境建设示范案例奖”】 2020年，金湾区持续优化营商环境。一是依托“10+2”营商环境评价模型，出台《金湾区关于优化营商环境推进审批服务便民化的21条措施》等文件，推动40项工作形成长效机制。推出“免证办”服务等“微改革”事项11项。二是营造规范守信的市场环境，推进“减证便民”，加强源头清理和管控，加强市场主体保护意识，制订完善公平竞争审查内部工作制度，建立企业风险隐患防范机制，保护企业创新创业行为。截至年底，全区有效发明专利1145件，比上年增长14.16%；申请商标总量2646件，增长37.3%。发挥政策引导作用，助力企业提高市场竞争力，全年全区成功申报广东省“守合同重信用”企业214家。三是塑造智慧监管执法环境，依托国家“互联网+监管”系统，推行以远程监管、移动监管为特征的非现场监管；实施重点监管与信用监管相结合，采取列入经营异常名录、实施联合惩戒等措施，对商事主体实行事中事后监管。截至年底，全区有22个部门在国家“互联网+监管”系统监管事项清单动态管理系统中认领监管事项632项、认领率100%，新增监管事项147项；完成检查实施清单775项，检查实施清单完成率100%；有监管行为数据事项数630项，监管数据覆盖率99.68%。四是打造公平正义的法治环境，探索施行民商事案件繁简分流制度，优化审判资源配置，提升司法效能，促进司法公正。全年受理民商事案件5467件，审结5141件，结案率94.04%；速裁团队审结民商事案件平均周期约为35天，较法定审理期限缩短55天，其中占民商事审判团队1/3的速裁团队法官审理52.16%的民商事案件。对全区24件现行有效规范性文件开展集中梳理，未发现有悖于平等保护、不利于企业发展的内容。11月26日，在第十五届中国全面小康论坛中，金湾区人民政府获评“中国营商环境建设示范案例奖”。 （过心怡）

链　接：

金湾区“10+2”营商环境评价模型

“10”是指借鉴世界银行的10个指标，包括开办企业、办理施工许可、获得电力、不动产登记、获得信贷、保护中小投资者、纳税、跨境贸易、执行合同和办理破产。“2”是指结合国内企业投资所考虑的因素创立的两个特色指标，分别为劳动力市场和交通物流。

斗门区

【概况】 斗门区位于珠江三角洲西南部，磨刀门至崖门之间。2001年撤县建区。2020年辖井岸镇、白蕉镇、斗门镇、乾务镇、莲洲镇5个镇和白藤街道办事处，101个村民委员会，28个居民委员会。土地面积674.8平方千米。年末户籍人口41.12万人，常住人口60.89万人。耕地面积 1.93万公顷，粮食播种面积4408.87公顷，粮食产量2.86万吨。林业用地面积1.27万公顷，森林覆盖率24.44%，活立木蓄积量85.90万立方米。

斗门区“二山三水五分田”，低山突屹，平原宽广，孤丘众多，水道交错，河涌密布，滩涂淤积，浮露迅速。境内东北部低于西南部，山丘边缘冲积地带高于江河两侧沉积平原。区内10条主干河道总长135.83千米，面积1.65万公顷。有地穴矿泉矿、地下矿泉水等重要矿产资源。地下水资源蕴藏量0.5亿立方米（其中浅层500万立方米），开发利用244.1万立方米，占蕴藏量5%，占斗门区年用水量0.5%左右，绝大部分水质良好。有大弹涂鱼（即花鱼、泥鱼）、棘头梅童鱼（即黄皮鱼）、蜥形副平牙鰕虎鱼（即白鸽鱼）等海洋资源。

2020年4月，斗门区入选农业农

村部第二批全国农村集体产权制度改革试点典型，是广东省入选的3个典型之一。通过产权制度改革，斗门农村实现“资源变资产、资金变股金、农民变股东”。12月26日，斗门区获评“2020年度中国全面小康百佳示范县市”。

【经济社会发展】 2020年，斗门区地区生产总值434.01亿元，三次产业结构比例优化为：10.4∶47.7∶41.9（相关数据见附表）。

【产业发展】 2020年，斗门区规模以上工业企业267家，实现工业总产值788.84亿元，其中电子信息规模以上企业69家，实现工业产值330.71亿元，比上年下降11.7%；新能源产业规模以上企业72家，实现工业产值182.33亿元，增长11.7%；高端装备制造产业（含智能制造）规模以上企业32家，实现工业产值107.6亿元，增长4.7%；生物产业（含生物饲料及医疗器械）规模以上企业11家，实现工业产值88.65亿元，增长5.6%；节能环保产业规模以上企业23家，实现工业产值 25.9亿元，增长11.8%；传统优势产业规模以上企业60家，实现工业产值53.66亿元，下降6%。2020年，受新冠肺炎疫情影响，全区规模以上工业产值前低后高。

新能源产业增长较快 以冠宇电池、鹏辉电池为龙头的新能源产业，成长速度快，产值拉动大。冠宇电池、冠宇新能源和冠宇电源加大技术投入，全年实现产值59.4亿元，比上年增长5.2%；鹏辉电池成功引进海雷新能源等汽车合作项目，全年产值19亿元，增长12.6%。

生物产业平稳增长 以海龙生物、德海生物和恒兴饲料为代表的

2020 年珠海市斗门区国民经济发展情况表

指标	单位	绝对值	比上年增长（%）
地区生产总值	亿元	434.01	2.7
第一产业增加值	亿元	45.19	4.1
第二产业增加值	亿元	207.07	1.3
工业增加值	亿元	177.9	1.0
第三产业增加值	亿元	181.75	4.1
规模以上工业总产值	亿元	788.84	-1.3
农林牧渔业总产值	亿元	83.75	5.0
人均地区生产总值	万元	8.2	—
固定资产投资	亿元	357.33	32.5
社会消费品零售总额	亿元	76.80	-13.6
外贸进出口总额	亿元	385.78	-7.3
实际吸收外商直接投资额	万美元	8441	-28.0
一般公共预算收入	亿元	35.21	25.8
一般公共预算支出	亿元	68.25	18.1
全体居民人均可支配收入	元	41854.7	7.2

2019—2020 年珠海市斗门区社会事业情况表

指标	单位	2019年	2020年
中职和技校	所	2	2
中职和技校在校学生	人	2143	2295
普通中学	所	19	21
普通中学在校学生	人	17066	18135
小学（不含特殊教育学校，不含体校）	所	50	52
小学在校学生	人	41714	46505
医院、卫生院	所	15	12
医院、卫生院床位	张	2142	2509
群众艺术馆、文化馆	个	1	1
公共图书馆	个	1	1
博物馆	个	1	1
档案馆	个	1	1
体育场馆	个	1	1

生物产业，产值平衡增长。海龙生物、德海生物推动技术改造项目，产能分别提高50%、60%。加上订单增加，销售平稳增长，海龙生物、德海生物全年分别实现工业产值32.04亿元、12.93亿元，比上年增长6%、31.7%。恒兴饲料实现工业产值6.7亿元，增长28.2%。

高端装备制造产业增长潜力大　受疫情刺激，制造业智能化改造需求被激活，以运泰利自动化设备为龙头的高端装备制造产业产值较快增长。运泰利全年实现工业产值18亿元，增长112%。

十大产业项目稳步推进　2020年，斗门区十大重点产业项目完成年度投资额80.91亿元，完成率107.88%。

【创新驱动发展】　2020年，斗门区推动高新技术企业树标提质，新增3家省级工程中心、技术中心，总数达59家；77家企业通过高新技术企业认定，总数达192家；培育引进市级创新创业团队7个。加大实体经济政策扶持和引导力度，给4家企业颁发首届“区长质量奖”，发放奖金260万元；给290余家企业发放工业技改专项、高企补助专项、研发费补助等扶持资金1.45亿元。开展人才服务，给81家企业235人发放人才住房补贴471.6万元；给32家企业690人发放产业发展和创新人才奖励900余万元。新能源新材料产业加快发展，智能制造产业加速培育，全年实现先进装备制造业产值172亿元，比上年增长5.5%。冠宇电池高能量密度聚合物锂离子电池研发与产业化项目获省科技进步二等奖。

【乡村振兴】　2020年，斗门区出台创建全国乡村振兴示范区五年工作方案，加快打造“净治美韵”示范区。落实乡村旅游项目配套建设用地指标，加快十里莲江、停云小镇等项目建设。实施“万企帮万村”行动，落实4亿元推进78个帮扶项目。编制国家地理标志产品保护与开发利用规划，促进白蕉海鲈产业可持续发展。推进国家农产品质量安全县创建，构建农产品溯源体系。投资9000万元改造提升30座党群服务中心，打造集“六大中心功能于一体”的综合为民服务平台。开展“文化繁星”点亮计划，全年活动1800余场，服务基层群众2.7万人次。改造提升61座农村公厕，完成“三清三拆三整治”，所有涉农村居达到省定干净整洁村标准。斗门区入选全国农村宅基地制度改革试点单位、全省数字乡村发展试点县和全省城乡融合发展试点地区，成功创建省全域旅游示范区，南门村获评全国乡村旅游重点村，斗门镇获评省旅游风情小镇，莲江村获评省文化和旅游特色村。

现代农业　全区农业总产值增速首次突破5%。新增入选“粤字号”农业名牌目录产品53个，无公害、绿色、有机农产品总数达130个，获全国质量奖和广东省政府质量奖企业各1家。

乡村产业发展　组织开展“一村一品、一镇一业”专业村申报工作，白蕉镇泗喜村、灯三村、灯笼村、新环村和乾务镇湾口村等5个村获评省级“一村一品”专业村；白蕉镇新沙村、昭信村、东围村、大托村、南环村，乾务镇新村村、虎山村，莲洲镇獭山村等8个村获评市级“一村一品”专业村。珠海嘉宜水产有限公司、珠海怡海水产有限公司获评粤港澳大湾区“菜篮子”生产基地。珠海市海源鲈鱼产销专业合作社、珠海市进才水产养殖专业合作社获评省级示范合作社。斗门区乾务镇清泉水果种植场获评为省级示范家庭农场。

乡村振兴样板村打造　着力打造“净、美、治、韵”的美丽新斗门。对2019年斗门区乡村振兴13个市级样板村实施景观风貌提升工程，主要包括环境及风貌打造、绿化提升、三线整治、道路提升、现有重要村庄公共服务设施的提升改造等；选出12个村作为2020年乡村振兴区级样板村建设对象，重点针对雨污分流、三线整治、垃圾治理、道路提升、风貌提升等进行基础设施建设。通过市、区两级25个样板村的建设，形成“以点带面、示范带动”的全面推进创建全国乡村振兴示范区的新局面。

【政务服务】　2020年，斗门区创新政务服务模式，30项事项实现“秒批办”、129项事项实现“免证办”、43项事项实现“湾区通办”，年内获评中国年度优化营商环境奖、年度全国政务服务改革创新奖。“12345”市民服务热线转派工单近3万件，群众满意度99%，推进“智能政府”建设，搭建企业综合服务等平台，打造本地特色数字生活平台。新增减税降费4.02亿元，减免社保费8.18亿元，提供涉农贷款27.99亿元，为高新企业提供贷款23.09亿元。开展区属国有企业清产核资，组建国有资产租赁中心，释放国有资产活力。

【城市建设】　2020年，斗门区新建社区公园12个，新增、提升绿地27.14万平方米，新增重要繁花节点建设53处，立体绿化人行天桥4座，形成“花开四季”的城市绿

2020 年，黄杨河湿地公园成为市民重要打卡地之一　（斗门区供稿）

化景观。完成黄杨河湿地公园构筑物亮化15个，建设碧道7.3千米。启动路外智慧停车管理项目，新建公共停车位约500个。完成21个老旧小区6433户燃气管道加建。海绵城市建设工作从试点向全域推进，发布《珠海市西部中心城区海绵城市试点区（斗门区）系统化方案》《中心片区海绵城市系统化方案（2019—2021）》，完成社会投资海绵城市项目复核验收和奖补等工作。完成海绵城市建成区面积3.23平方千米，占斗门城市建成区面积的20.5%。

【社会民生】 2020年，斗门区全年民生支出55.05亿元，比上年增长23.5%，占一般公共预算支出80.7%。全面落实援企稳岗政策，为3564家次企业发放各类援企稳岗补贴1.57亿元。城镇新增就业6888人，城镇登记失业率2.3%。推进“粤菜师傅”“广东技工”“南粤家政”3项工程，开展补贴性技能提升培训，惠及7万余人次。社保覆盖面进一步扩大，城乡居民基本养老保险覆盖率达99%，城乡居民医疗保险覆盖率达98%，符合参保条件的低保对象、重度残疾人参保覆盖率100%。企业退休人员基本养老金人均每月2910元、工伤伤残津贴人均每月4339元，城乡居民基础养老金、失业保险金月人均标准分别提高至460元和1548元。

实施学前教育“5080”攻坚行动，改扩建学校项目5个，提供小学学位1890个、学前教育学位810个。53所学校完成课程体系建设，3所学校获评省第二届中华传统文化传承学校。开展校内午托、晚托服务，受惠学生超1.5万人。一期总投资3.6亿元的斗门区妇幼保健院新院项目动工，区侨立中医院门急诊医技楼等项目加快建设，全民健康信息数据初步实现互联互通，成功创建国家级慢病防治示范区。养老服务体系日趋完善，城市社区和农村社区养老服务设施覆盖率分别达100%、90%。创新“政府资源补给+企业自主运营+社会力量参与”图书馆总分馆建设路径；斗门体育公园完成升级改造，白蕉镇文化活动中心竣工，白藤街道文化活动中心动工。

【百亿元项目集中签约动工】 2020年，斗门区着力打造智能制造产业集群、促进区域经济转型升级。6月24日，斗门智能制造产业园举行项目签约暨动工仪式，总投资超110亿元的12家先进制造企业现场签约，

2020 年 6 月 24 日，斗门智能制造产业园举行项目签约暨动工仪式（赵崇幸　摄）

链　接：

斗门区集中签约动工项目

集中签约项目

铭薪智慧终端显示总部基地项目

聚科发光半导体封测研发及应用生产总部基地项目

海鹏辉智能制造总部基地项目

拓普旺智能制造总部基地项目

锐速智能科技研发生产基地项目

普尔信5G通讯科技园区建设项目

芯烨智能制造项目

圣心LED封测制造基地项目

奥斯玛智能装备研发生产总部基地项目

金爵精密零部件智能制造基地项目

源呈科技智能制造产业基地项目

集元水产品产业链共享平台项目

集中动工项目

百奥智能湿温度控制设备制造基地项目

东升源智能电网设备总部基地项目

永臻复材高新材料智能制造有限公司项目

珠海市精实测控技术有限公司增资扩产项目

珠海力强仪表有限公司项目

正川（珠海）科技有限公司年产汽车塑料零部件及航空航天密封型材生产线新建项目

总投资27.1亿元的6个产业项目及2个园区配套工程动工。

【首届区长质量奖】　2020年8月18日，斗门区质量大会召开。斗门区政府授予珠海凯邦电机制造有限公司、珠海冠宇电池股份有限公司2019年度珠海市斗门区区长质量奖，各给予100万元奖励；授予珠海市斗门区旭日陶瓷有限公司、青岛啤酒（珠海）有限公司2019年度珠海市斗门区区长质量奖提名奖，各给予30万元奖励。借此展示斗门区坚持“质量第一、以质取胜”的发展理念和决心。

【黄杨大道升级改造启动】　黄杨大道是斗门连接中山及江门的重要陆路通道。2020年3月，斗门区启动黄杨大道升级改造工程。改造路段东起黄杨大道与工业大道交叉口西侧，西至南门大桥东侧桥头，全长15.08千米，设计速度每小时60千米，由双向四车道升级改造为双向六车道。

【斗门区新增2700个学位】　2020年，为解决公办中小学学位紧张问题，斗门区教育部门采取“两条腿走路”。对于设施陈旧的小区，扩建或新建教学楼。对于新开发的小区，从土地招标、拍卖、挂牌开始，就配套相关学校资源，在建设过程中严格监管，确保新建学校质量。全年推进学校新建、改扩建工程32个，年内完成规划建设项目7个，可提供学位2700个，其中小学学位1890个、学前教育学位810个。

【斗门区8条黑臭水体通过“省考”】　2020年是水污染防治攻坚战的收官之年，斗门区8条黑臭水体列入“全国城市黑臭水体整治监管平台”，2020年7月全部顺利通过省级“初见成效”考核。12月底，区政府向上级部门报送8条黑臭水体“长制久清”技术评估，完成上级考核节点要求。

【斗门制造轻型运动飞机成功完成交付试飞】　2020年4月28—29日，珠海市海卫科技有限公司生产的2架“天恋”轻型运动飞机，在莲洲机场成功完成58架次起降交付试飞，可正式交付云南勋耀通用航空有限公司。“天恋”是由珠海市海卫科技有限公司自主研发制造的一款双座单发引擎轻型运动飞机，适合用作私人飞机，也可用于商用飞行员执照训练。“天恋”成功交付标志着斗门品牌的通用航空器正式踏入中国西南市场。　（钟育娴）

·责任编辑：潘杜鹃·

经济功能区

珠海市横琴新区

【概况】 珠海市横琴新区位于珠海市南部，珠江口西岸，总面积106.46平方千米，是澳门的3倍多。毗邻港澳，与澳门隔河相望，距离香港34海里，为国内唯一直接与港澳陆桥相通的国家新区。拥有保存完好的海洋、森林、湿地三大生态系统，环岛岸线长50千米。主要旅游景点有长隆国际海洋度假区、星乐度露营乐园等，是继海南和福建平潭之后，国内获批的第三个国际性旅游岛。截至2020年底，横琴户籍人口1.89万人，常住人口4.36万人。

2020年，横琴新区地区生产总值406.99亿元，比上年增长4.1%（相关数据见附表）。

2020 年珠海市横琴新区国民经济发展情况表

指标	计量单位	绝对值	比上年增长（%）
地区生产总值	亿元	406.99	4.1
第一产业增加值	亿元	0.13	-25.2
第二产业增加值	亿元	76.33	1.4
工业增加值	亿元	3.20	-11.5
第三产业增加值	亿元	330.53	4.7
人均地区生产总值	万元	101.37	-16.0
固定资产投资额	亿元	—	-22.1
社会消费品零售总额	亿元	13.18	-34.6
外贸进出口总额	亿元	205.33	-19.9
实际吸收外商直接投资	亿美元	17.74	15.7
一般公共预算收入	亿元	95.05	55.2
一般公共预算支出	亿元	128.44	15.0

【珠澳融合发展】 2020年，横琴新区从创新对澳制度、健全对澳协调机制、加大力度引入澳资企业、推动珠澳产业合作、支持澳门青年在横琴创新创业、推动与澳门民生融合等6个方面促珠澳融合发展。

创新对澳制度规则 在粤港澳大湾区框架下谋划《横琴粤澳深度合作区总体方案》，推动澳门深度参与方案前期工作，相关诉求及时上报中央。对澳门职业资格实行单向认定，港澳导游及建筑工程领域企业资质和专业人士职业资格认定落地实施，澳马建筑工程公司成为首个承接内地政府投资项目的澳门公司，589名港澳导游获准在横琴执业。《内地和澳门特别行政区关于对所得避免双重征税和防止偷漏税的安排》第四议定书落地生效，粤澳合作发展基金全国首享免税待遇4000万元。实现内地与港澳个人身份识别互认，推出澳门单牌车、涉税费业务等237项行政审批服务事项线上跨境通办。首创商事登记与公证合作机制，实现澳资企业公证认证与商事登记“一门受理，一门办结”。建立琴澳消费维权领域共商共建共管新机制，共商解决重大事项53项，为澳门消费者挽回经济损失超600万元。

健全粤港澳大湾区统筹协调工作机制　成立横琴新区推进粤港澳大湾区建设领导小组，下设制度创新、科技创新、民生、基础设施互联互通、构建现代产业体系、生态环境保护、港澳青年创新创业基地建设、区域特色金融合作、学习宣传等9个专责组。对应市推进粤港澳大湾区建设领导小组调整，增设便利港澳居民珠海发展、对外开放、区域协调发展、“菜篮子”建设4个专责组。围绕机制深度对接、规则深度衔接、产业深度协同、设施深度联通、民生深度融合等方面制订工作方案，推动粤港澳大湾区建设不断取得成效，在珠海市推进粤港澳大湾区建设2019年考核评估工作中获评“优秀”，排名第一。

澳资企业加快进入横琴　年内横琴新增澳门企业数量大幅增长，全年新增注册澳门企业1395家，在横琴注册的澳门企业总数达3575家，比上年增长63.99%，约占全市引进澳门企业53%。年内新孵化澳门创业项目262个，全区培育澳门创业项目总数达491个，比上年增长114%。横琴·澳门青年创业谷设立分园区，新增孵化面积1.6万平方米。跨境办公试点楼宇新增入驻澳门企业183家，比上年增长超4倍，租赁办公面积4.23万平方米，增长超3倍。2020年，琴澳跨境通勤专线运载人员近1.2万人次，自开通专线起累计运载近12万人次。

两地产业合作稳步推进　澳科大研究院与盈科瑞合作项目入选2020年首批省级粤澳科技合作项目。粤澳合作中医药科技产业园新引进广药国际、丽凡达等企业入园，注册企业达186家。粤澳跨境金融合作（珠海）示范区入驻18家涉澳金融企业和服务机构。23个项目获粤澳合作发展基金投资，投资总额超184亿元。澳觅等澳门初创项目获横琴金投天使投资基金支持。联合澳门投资机构共同设立琴澳科创基金，支持澳门科创项目发展。共建资源库培养现代金融业人才。举办琴澳金融深度合作座谈会，邀请澳门金管局、人民银行广州分行等单位开展研讨。琴澳联合推出全国首套内地与澳门跨境旅游联票。澳门国际美食节首设横琴分会场，带动横琴中秋、国庆双节期间吸引旅客45万人次。

支持澳门青年在横琴创新创业　出台《关于进一步支持澳门青年在横琴创新创业暂行办法的实施细则》《港澳人员到横琴新区就业创业补贴办法》，完善相关政策，支持港澳青年到横琴新区就业创业，鼓励用人单位吸纳港澳人员就业，并启动办公场地租金和物业管理费补贴受理工作，支持和鼓励澳门青年和澳门青创企业应对新冠肺炎疫情影响。在澳门设立“琴澳青创服务中心”，定点定期在澳门为创业青年提供政策咨询、业务资料代收代办等前置服务。新增大横琴&Beeplus联合办公空间、AHA港澳青年孵化中心（金源国际广场）2家“横琴澳门青年创新创业基地”，拓展澳门青年发展空间超1万平方米，同时推动相关优惠政策延伸至国家食品安全（横琴）创新中心部分楼宇楼层，缓解横琴·澳门青年创业谷办公场地紧张等问题。举办“澳门青年创业线上学习活动”，举办“惠澳连线”活动10期，在疫情期间搭建联系和服务澳门青年创新创业渠道，为澳门青年解读横琴最新对澳政策措施。2020年，全区新增孵化港澳青年创业企业项目319个，总数达570个。

推动与澳门民生融合　“澳门新街坊”项目完成用地出让合同签署，并启动建设。新横琴口岸投入使用，澳方口岸区及相关延伸区旅检区域移交澳门特区政府管辖，旅检通道实施“合作查验、一次放行”通关新模式。澳门单牌车入出横琴资格有效期延长至一年，配额增至5000辆。年内，澳门街坊总会横琴综合服务中心为琴澳居民提供服务1.7万人次，累计超2万人次。社区长者饭堂政策惠及常住横琴的澳门长者。连续第三年实施澳门大学生暑期横琴实习计划，为近百名澳门大学生提供实习岗位。常住横琴澳门居民医保试点获全国范围复制推广。截至2020年底，澳门居民在横琴购置各类物业8224套、办理居住证5132人、参加跨境医保752人、加入横琴医院门诊统筹244人、办理就业登记242人，近5万人次澳门居民在横琴就医，53名澳门医生在横琴跨境执业。开展“澳门市民、澳门企业家探知横琴系列交流活动”10场，组织邀请澳门社会各界超2000人次到横琴参观考察。区内保险公司率先推出粤港澳大湾区专属重疾险。成立横琴珠港澳（涉外）公共法律服务中心。开展《澳门社会对横琴开发建设意见之调查研究》课题研究，编制《澳门居民在横琴工作生活指引手册》。

【创新驱动发展】　2020年，横琴新区着力壮大科创力量，优化科创生态，提升澳门相关科创元素活力。

科创力量不断壮大　截至年底，横琴新区科技型企业约7000家，其中澳资科技型企业近800家；科技企业孵化器面积33.6万平方米；全年新增市独角兽入库企业7家，新增高新技术企业40家，高新技术企业总量达328家，占全市15.6%。为产业发展提供人才支撑，全年新增博士后科研工作站9家，新引进中国科学院院士1人、国家级人才计划入选者5人、博士后43人，大学生“先落户、后就业”政策引进572人，区人力资源服务产业园开业运营。支持澳科大研究院将相关技术在横琴做成果转移及技术沉淀，推进复旦创新研究院产学研成果转化。珠海澳大科技研究院2020年获政府科技资助项目25项，获商业合作项目19项；截至年底，累计获政府科技资助项目79项，获商业合作项目24项，服务本地企业数量15家。

科技创新生态持续优化 出台《横琴新区加快创新驱动企业及团队引进培育扶持办法》《横琴新区进一步推动高新技术企业高质量发展的扶持办法（暂行）》《横琴新区科技型企业办公场地租金补贴暂行办法（修订）》，营造更好的政策环境。科创产业载体建设稳步推进，年内，全区新建成各类国家级、省级科技创新平台2家，总数达30家；横琴·澳门青年创业谷孵化项目476个，其中澳门企业普强科技市场估值达10亿元。出台《横琴新区支持人工智能产业发展暂行办法》，重点支持算力服务、采购芯片等发展，集聚中科院计算机所、鲸准医疗等科研院所和人工智能企业，是全市首个专门针对人工智能产业发展的扶持措施。“国家海外人才离岸创新创业基地（珠海横琴新区）”落户横琴。首创“知识产权侵权惩罚机制”，入选广东省自贸区第六批可复制推广改革创新经验。年内，横琴知识产权快速维权援助中心为科创企业免费提供知识产权维权咨询100件，受理知识产权申请注册214件。

澳门相关科创元素活力提升 粤澳合作中医药科技产业园协助2家澳门企业研制的中药同名同方药获澳门上市许可，粤澳医疗机构中药制剂中心有在研制剂8个。澳门4所国家重点实验室横琴分部启动运营，澳大珠海研究院完成微电子、先进材料等研发中心建设，孵化企业迪奇孚瑞新冠病毒快检项目获省防治新冠病毒科技攻关项目立项；澳门中药质量研究国家重点实验室与盈科瑞合作项目入选2020年首批广东省粤澳科技合作项目。25家澳门科研机构、澳资企业参与“琴澳通”互联网数据跨境传输试点。联合澳门科技发展基金成功举办第二届横琴科创大赛。

【基础设施建设】 2020年，横琴新区加快横琴、保税区、洪湾片区一体化区域建设，省市重点项目投资完成率100%，公共服务配套不断完善。

一体化区域加快建设 出台《横琴新区建设用地整合处理方案》《横琴、保税区、洪湾片区一体化新拓展区域工业和物流仓储用地整合处置方案》《横琴新区及一体化新拓展区域出让用地建设期限监管办法（试行）》，加速推进一体化区域收地整合，截至年底，完成整合处置用地45宗，收回土地面积约172万平方米。南湾大道改造、十字门隧道、黑白面将军山隧道等“三横五纵”骨干路网重点项目加快建设，洪湾港北片区填筑及市政基础设施工程有序推进，粤港澳物流园项目一期工程开工建设。城市新中心保障房一期建设完成主体工程，城市新中心保障房二期、保税区第一小学、十字门小学等配套项目开工建设。跨境电商综合试验区加快建设，港珠澳国际贸易、一步达供应链管理公司等大型外贸新业态企业进驻。保税区商业综合体、十字门滨海地块、洪湾渔港冷链仓储加工等项目完成地块出让。开展生态环境整治修复，一体化区域水环境综合治理工程、保税中排洪渠水环境综合治理工程加快推进。

重点项目完成较好 年内省、市重点项目（含一体化区域）完成投资393.46亿元，投资完成率100%。其中，省重点项目完成投资97.3亿元，年度投资完成率为162%，超时间进度62个百分点。市重点项目开工率达100%，竣工投产达12项，其中7项提前建成，完成年度投资任务。

公共服务配套不断完善 加快补齐民生短板，全年九项民生支出达108.36亿元，占一般公共预算支出的84.37%。伯牙小学新校区启用，哈罗礼德学校建成，横琴容闳学校、德威高中加快建设。全年投入3.2亿元用于医疗卫生设施建设及惠民服务。广州医科大学附属第一医院横琴医院、横琴至和国际生命科学中心动工建设。横琴医院升级改造，新开设手术室2间，填补岛内无手术室空白。社区医疗卫生体系初步形成，基本公共卫生“一站式”服务获全市基本公共卫生服务项目考核第二名。横琴镇获评国家卫生镇。市民艺术中心、市民服务中心建设加快推进。

【制度建设】 2020年，横琴新区持续优化金融法治环境，深化社会投资建设项目审批制度改革，推进社会信用体系建设，改革创新成果丰硕。

自贸区制度创新 新落地改革创新成果60余项，累计落地520项。1项入选国务院第六批自贸区改革

2020年9月23日，广州医科大学附属第一医院横琴医院（横琴新区中心医院）暨横琴至和国际生命科学中心开工奠基　　（横琴新区供稿）

试点经验，13项入选广东省自贸试验区第四批制度创新案例，10项入选广东省自贸区五周年最佳创新案例，3项入选广东省自贸区第六批可复制推广改革创新经验，6项在全市复制推广。全国率先实行商事登记全程电子化与网上审批，企业开办提速至最快10分钟即可完成。首创跨境人民币全程电子缴税，打破传统境外缴税必须在境内开设银行账户或进行跨境汇款等限制。推动实现不动产登记在广东自贸试验区“跨片区通办”。深化“互联网+政务服务”创新，537项政务服务实现大湾区线上通办。推出全国首个跨境惠企平台，为港澳居民提供225项政务事项跨境通办。共建多元解纷中心，跨境纠纷化解实现集约化、专业化、便捷化。7月20日，横琴新区在黑河设立珠海市横琴创新发展研究院黑河分院，开展“横琴经验”复制推广，并形成全流程服务机制。

优化金融法治环境　推进横琴新区金融立法工作，形成《珠海经济特区横琴新区金融发展条例（草案）》，推动解决粤港澳大湾区金融深度合作存在的制度难点。打造互联网金融法庭，签署《珠海横琴新区人民法院　珠海市横琴新区管理委员会金融服务局关于推进地方金融监管与司法协作联动的备忘录》，促进司法审判与政府监管之间优势互补，为消费信贷类型案件提供“类案速裁”的司法服务，优化横琴新区法治化营商环境，促进金融科技产业发展。

深化社会投资建设项目审批制度改革　借鉴特斯拉上海超级工厂审批经验，研究优化横琴新区社会投资类工程建设项目审批流程。12月28日，印发《横琴新区社会投资建设项目审批制度深化改革工作方案（试行）》和《横琴新区社会投资工程建设项目审批流程图》，争取实现建设单位开工前“最多跑一次”，全流程审批时间压缩至23个工作日（不含公示时间），企业全流程参考运作时间缩短至80个工作日。

推进社会信用体系建设　完成横琴新区2020年区域信用环境状况监测，连续三年在全市区域信用监测工作中排名第一。持续推广“信易得”公共服务平台，全国首个跨境“信易+”平台获2020年全国信用大数据应用场景“优秀规划奖”。完成“信用横琴”网站二期优化升级工作，建立功能较为完备的“信用横琴”网站，年内归集数据4954条，总量达8923条。

【生态建设】　2020年，横琴新区夯实生态环境基础工作，坚决打好污染防治攻坚战。

打赢蓝天保卫战　空气质量全面达标，各污染参数浓度较上年同期明显降低，年度优良日为343天，优良达标率93.7%，比上年增加逾30天；PM2.5浓度降低20.8%，达19微克/立方米，为历史最低，空气质量6项基本指标年评价浓度均达到国家二级标准。

打好碧水保卫战　天沐河、芒洲湿地和二井湾湿地水质稳定达标，水质优良率超50%，自然村排洪渠、市政排洪渠、市政排水口全部实现不黑不臭，劣五类水体消除比例超90%。辖区纳入管养范围河道长度102.18千米，全年投入资金588.81万元，清理漂浮物2798.11吨；投入清淤资金382万元，清淤2.84万立方米。完成管网清淤约160千米，修复病害数1980处，修复长度23.17千米，新建和改建污水管网24千米。“天沐河+芒洲湿地”省级碧道试点基本完成建设任务，横琴新区“河长制+海绵城市”“河长制+休闲旅游”河湖治理模式成功入选广东省河湖治理能力现代化建设典型案例。开展“河小青”爱河护河行动4次，总参与人数470人。

加强固体废物综合管理　印发《横琴新区生活垃圾分类实施方案

（2020—2021年）》，加强垃圾分类设施改造，建立分类运输体系，完善分类处理中心建设，开展常态化宣传培训，倡导全社会参与生活垃圾分类，全面建成省级生活垃圾分类示范区。强化固体废物规范化处理处置。

夯实生态环境基础工作　完成辖区陆生野生脊椎动物12条样线采样调查工作，探明鸟类126种。开展横琴岛负氧离子本底值监测，用具体指标直观说明全区空气清新程度。完成横琴海岸带综合整治修复试点项目（一期）工程建设。修复湿地60公顷，新种植红树林12公顷，新建及修复海堤7.8千米，清淤疏浚11万立方米，建设人行步道1.5万立方米，完成20多千米横琴海堤生态化处理项目建设。

【招商引资】　2020年，横琴新区坚持大招商、招大商、招好商，在严控非澳项目供地的同时，利用现有园区、楼宇等载体，加快引进产业项目落地。截至年底，统筹完成重点招商引资纳统项目21个（用地项目7个，非用地项目14个），总投资额169.2亿元。全年新增注册澳门企业1395家，总数达3575家，比上年增长63.99%。在横琴注册的澳门企业约占全市引进澳门企业53%，覆盖国民经济行业全部的17大门类。新孵化澳门创业项目262个，总数达491个，增长114%。全年通过政府产业基金参与设立6只产业子基金，认缴出资12.25亿元，撬动约37亿元规模的基金落地横琴，对接投资机构推荐的项目约150个，累计对接项目200多个。全年投资12个天使项目，10个项目被评为珠海市独角兽企业。成功举办中国中医药创新及粤港澳合作发展论坛、2020年中医药创新发展论坛暨粤港澳大湾区中医药产业科技成果对接会、IEEE（电气电子工程师学会）智能制造技术委员会成立仪式暨中国（横琴）半导体智能制造高峰论坛、2020澳珠企业家峰会分论坛、第二届横琴科技创业大赛等5场重大活动，吸引16个优质项目落地。

新兴产业加速集聚　发展总部商贸产业，引进格力电器、洪湾中心渔港、香港利丰集团、万达集团等总部商贸产业企业和项目。生物医药产业发展态势良好，引进高质量生物医药企业，重点支持广药白云山、阳普医疗、深圳康泰生物、广州金域医学检验集团等在横琴投资运作，全力支持广药集团五大类12个项目落户横琴，丽凡达mRNA新冠病毒疫苗进入临床申报阶段，爱姆斯坦生物科技项目实验室投入使用，研发的干细胞新药获美国FDA临床试验许可。推动集成电路和软件产业集聚发展，璧仞科技、芯动微电子等集成电路行业领军企业落户横琴，集成电路产业年产值突破10亿元，横琴成为全市第二大集成电路产业集聚地。出台政策支持人工智能产业发展，横琴先进智能计算中心项目一、二期建成，算力达116亿亿次/秒，为中科院计算所、澳门大学等144家企业和科研机构提供算力服务。粤澳先进智能计算联合实验室获省科技厅立项。引进豹趣科技、上海银基、碳云智能、文思海辉、海康威视等重点项目。现代金融产业渐成规模，横琴私募管理基金总规模超4200亿元，全国首家法资私募落户横琴，首发大湾区双币种国际绿色债券和双创债券，亚洲最大的人民币/美金双币种转换基金交易在横琴完成，大横琴集团有限公司成功并购上市公司世联行。一体化区域物流业发展有序推进，嘉里物流大湾区运营中心项目签约落地。

全力推进楼宇招商　制定《横琴新区关于鼓励发展区域饭堂暂行办法》《横琴新区关于促进楼宇经济高质量发展的暂行办法》，鼓励企业上岛办公，提升楼宇经济的整体规模和质量。对横琴区域33个办公楼宇项目开展调研，掌握其项目招商、企业入驻及运营情况，建立管理台账，结合各自引进需求和特色，围绕琴澳合作发展的六大重点等产业，以信息化、智能化创新招商引资模式，建立办公楼宇“楼长”专项管理机制。联合企业共同引入合作伙伴及商业运营项目，研究出台针对楼宇项目专项政策，利用产业楼宇载体资源促进招商引资。

【园区服务】　2020年，横琴新区推动各园区加快建设取得实效。

推动粤澳合作产业园建设　召开“政企面对面”工作例会8次，协调解决项目开发建设的困难。截至年底，包括粤澳合作中医药科技产业园在内，粤澳合作产业园有25个项目完成供地，24个项目开工建设，总投资达792.7亿元，13个项目主体工程封顶，金源国际广场等3个项目建成投入运营。配合澳门特区政府实施粤澳合作产业园项目联合评审新机制，完成评审符合条件的123个项目，澳门特区政府推荐17个优先处理项目，国药、南光物流项目签约落地。

推动粤澳合作中医药科技产业园建设　截至年底，粤澳合作中医药科技产业园累计注册企业186家，签约入驻企业89家，通过产业园平台培育的澳门企业44家，实际签约入驻澳门企业23家。新引进广药国际、丽凡达等企业入园，涉及中医药、保健品、医疗器械、医疗服务、生物医药领域，形成一定产业集聚氛围。

金融产业园区建设加快推进　修订《横琴智慧金融产业园入园及租金补贴申请指南》，落实横琴智慧金融产业园“一园多区”新发展格局，打造云计算、大数据、人工智能、区块链等新兴金融科技产业集群。截至年底，产业园引进优质企业及机构20家。优化粤澳跨境金融合作（珠海）示范区服务，强化对澳金融招商宣传，提升服务效能，兑现租金扶持资金近300万元，保障18家入驻涉澳跨境金融企业和服务机构健康运营，极大减轻企业运营成本。指导推动示范区线上综合服务平台——“跨境金融服务平台”（微信小程序）建设。

【横琴口岸新旅检区域开通】　2020年8月18日，横琴口岸新旅检区域开通仪式在横琴口岸旅检大楼出境大厅举行。全国政协副主席何厚铧，广东省委副书记、省长马兴瑞，澳门特别行政区行政长官贺一诚出席仪式，副省长张新主持仪式，珠海市领导郭永航、姚奕生等参加相关活动。

2020年3月2日，国务院批复同意横琴口岸澳方口岸区及相关延伸区旅检区域自2020年3月18日零时起启用，并适用澳门特别行政区法律实施管辖；3月18日零时，粤澳两地在横琴口岸旅检大楼出境大厅举行交接仪式。

作为粤港澳大湾区建设的标杆工程，横琴口岸集设施“硬联通”和制度“软联通”于一体，采用“合作查验、一次放行”的新型通关查验模式，使粤澳通关从“两地两检”变成“一地两检”，最快30秒通关。口岸及周边总公共车位超1万个，实现公交、出租、城轨“一站式”换乘。

【“澳门新街坊”项目用地使用权出让合同签订】　2020年4月9日，横琴“澳门新街坊”项目《国有建设用地使用权出让合同》视频签约仪式在澳门与横琴同步举行。横琴新区管委会向澳门都市更新股份有限公司签约出让总占地面积约19万平方米的“澳门新街坊”项目用地，标志着项目启动开发建设，琴澳两地社会民生融合发展进入新阶段。项目规划建设约4000个配有精装修的住宅单位，并设有商铺、教育、交通、医疗及社区服务中心等配套设施。

2020年3月18日零时，粤澳两地在横琴口岸一楼出境大厅举行交接仪式，标志着横琴口岸澳方口岸区及相关延伸区旅检区域正式移交给澳门特别行政区政府　（横琴新区供稿）

【第二届中国横琴科技创业大赛】　2020年12月13日，由横琴新区管委会和澳门特别行政区科学技术发展基金联合主办的第二届中国横琴科技创业大赛在横琴希尔顿花园酒店举行总决赛。大赛聚焦集成电路和芯片设计、大数据和人工智能、生物医药和医疗器械、新材料等新兴产业，吸引具有创新性和高成长潜力的项目参赛并在琴澳落地，是横琴新区配合澳门参与广深港澳科技创新走廊建设、推动琴澳产业协同、服务澳门经济适度多元发展的重要举措。大赛设置28个优胜奖项，总资助金额3亿元，吸引942个有效项目参赛。其中，特设澳门赛道，要求企业获奖后到澳门注册落地，吸引参赛项目123个。芯耀辉科技有限公司“先进FinFET工艺高速接口IP研发”项目获特等奖，获研发费资助1亿元；珠海极海半导体有限公司“国产物联网芯片与自主可控安全芯”项目获一级优胜奖，获资助5000万元。

【全国率先实现跨境人民币全程电子缴税】　2020年5月20日，横琴税务部门与人民银行珠海市中心支行共同探索跨境人民币业务在税务领域的创新应用，办结全国首笔跨

链 接：

跨境人民币全程电子缴税系统优缺点

一、操作零门槛。税务部门对金税三期征管系统和广东省电子税务局进行优化，为纳税人提供“电子税务局+银联在线支付”与“V-Tax+云闪付”2种跨境电子缴税模式。

二、支付零中转。纳税人无需委托境内中介代办，亦无需设立境内银行账户，直接使用境外银联信用卡或“云闪付（境外版）”App即可完成税款缴纳，不产生任何手续费，极大降低跨境缴税成本。

三、服务零时差。传统跨境缴税在税款征收截止日缴款可能存在逾期缴税风险，跨境人民币全程电子缴税实现各个环节的电子化，纳税人使用银联随时缴款、直入国库，无需人工审核，消除税款中转可能出现的时差风险。

四、支付有限额。电子税务局的跨境缴税单笔额度暂时限制在5万元以内。

境人民币全程电子缴税业务，首度实现境外缴税“直入国库”，为全国各地探索安全化、便捷化境外缴税提供“横琴样本”。

【全方位助力澳门青年创新创业】2020年，横琴新区构建“政策+载体+人才+服务”全方位支持体系，助力澳门青年在横琴创新创业，促进澳门青年参与粤港澳大湾区建设，融入国家发展大局。

健全政策体系　降低创新创业成本，出台《关于进一步支持澳门青年在横琴创新创业的暂行办法》《关于进一步支持澳门青年在横琴创新创业暂行办法的实施细则》，启动澳门青年创业企业办公场地租金和物业管理费补贴受理工作，切实降低澳门青年创业成本。拓宽创新创业空间，出台《关于鼓励澳门企业在横琴跨境办公的暂行办法》，鼓励澳门企业在横琴租用办公楼宇实现跨境办公，通过创新办法协助解决企业员工缴纳社保、子女入学等配套问题，降低企业人力资源成本。

搭建专业载体和平台　建设创业孵化平台，横琴·澳门青年创业谷成为澳门青年一站式服务和创业平台，获国家级科技企业孵化器、国家级众创空间、粤澳青年创新创业基地等称号，全国首家青创板运营中心落户于此。疫情期间成功举办“惠澳连线”线上直播6期，为澳门青年提供创业分享；特设“横琴新区澳门青年创业服务中心”，开设“横琴·澳门青年创业训练营”，定期举办各种品牌活动，为企业提供产业交流、投融资对接和高层次人才交流合作平台。2020年，横琴·澳门青年创业谷设立分园区，新增孵化面积1.6万平方米。共建产学研基地，建立横琴·澳门大学产学研示范基地，依托澳门大学国家重点实验室及优势学科院所，推动澳门大学研究成果转化。依托澳门科技大学国家重点实验室及优势学科院所的资源和科研经验，共建横琴·澳门科技大学产学研示范基地。

促进人才交流合作　联合澳门启动第二届中国横琴科技创业大赛，聚焦战略性新兴产业；特设澳门赛道，123个项目报名参赛。举办“追梦湾区·展翅澳翔”澳门大学生就业实习双选会，来自大湾区超100家优秀企业参加，提供优质就业、实习岗位超2000个。开展第三届“琴澳同心·筑梦飞翔”澳门大学生暑期实习计划。

优化配套服务　提供生活保障，符合相关条件的港澳青年可申请租住横琴人才公寓，并参照在横琴注册企业享受同等的子女义务教育待遇和人才租房、生活补贴。提高政务服务效率，澳门居民在澳门本地即可办理横琴的商事登记和涉税业务。针对港澳企业发布两批“轻微违法经营行为免罚清单”。推出全国首个跨境服务App“琴澳通”，为澳门企业及个人提供出入境、居住、出行等众多领域的服务，帮助澳门居民在横琴便利生活。

【多管齐下促旅游】2020年，横琴新区发放消费补贴助力旅游市场复苏，推动立法保障港澳旅游从业人员在横琴执业，持续加强与澳门的旅游交流合作，探索打造琴澳“一程多站”精品旅游线路。

发放消费补贴助力旅游市场复苏　4月27日，横琴新区举办旅游市场重启发布会，颁布《横琴新区应对疫情促进旅游市场消费扶持措施》，并发放6000余万元资金补贴，帮助受疫情影响的旅游企业渡过难关，

2020年4月27日，横琴新区举办旅游市场重启发布会 （横琴新区供稿）

最大程度激发消费潜力，促进旅游市场复苏。

推动立法便利港澳旅游从业人员在横琴执业带团 9月，全国首部支持港澳旅游从业人员跨境执业的地方法规《珠海经济特区港澳旅游从业人员在横琴新区执业规定》出台实施，保障三地旅游业界跨区域交流合作，有效降低因制度差异造成的执业成本，促进琴港澳旅游资源共享、国际游客互送。年内，开展港澳导游在横琴执业培训5期，完成培训认证589人，通过考核299人。

琴澳合作推广奠定“一程多站”旅游线路基础 琴澳联合开展“心出发，澳游横琴”系列交流考察活动3期，针对澳门市场推出产品游线15条。琴澳联合在北京等地举办“左手澳门·右手横琴”旅游推介会，推出针对华北、华东地区的琴澳两地“一程多站”主题产品线路4条。琴澳联合参加第八届澳门国际旅游（产业）博览会，举办横琴国际休闲旅游岛深圳旅游推介会，发布“欢乐尽在横琴岛”等主题精品线路6条。

深化交流打造“一程多站”旅游品牌 开设“好玩横琴”旅游观光巴士，串联星奇塔无动力世界、星乐度·露营小镇、香洲埠文化中心、紫檀文化中心、创新方、励骏庞都广场、横琴长隆海洋王国等重点旅游项目，连接横琴口岸、横琴游客服务中心、深井村等重要旅游集散地，将岛内各大景区景点“串珠成链”。举办“五月深呼吸”“30天爱上横琴岛”“2020横琴运动休闲季”“花海长廊钓鱼公开赛”“花海长廊亲子风筝节”“国风潮玩节”“澳门国际文化美食节”“澳门书香文化节”等活动，促进两地文旅要素流动和行业资源深度融合，助力横琴国际休闲旅游岛建设。

【全国首笔内地赴澳务工人员参保业务在横琴办理】 2020年，为确保“社保通”惠民政策落地，解决赴澳务工人员退休保障问题，横琴

链 接：

横琴新区跨境惠企平台五大亮点

一、平台建设休现集中、统一、规范、高效、便利。依托广东省一体化政务服务平台整合多个单一业务系统，形成统一政务跨境政务服务入口，实现单点登录，并打通各部门数据壁垒，实现数据共享，高效便利。

二、实现港澳居民享用与内地居民的相同身份认证服务。通过对接国家移民局系统，企业法定代表人只需扫脸即可完成身份核验，真正实现内地、澳门、香港三地的个人身份识别及互认。

三、实现港澳居民享用与内地居民相同的大数据服务。打通多个部门数据堡垒，实现各部门的港澳居民数据共享互通，减少琴港澳三地跑动。

四、实现港澳居民享受与内地居民相同的政务服务。集成225项政务事项及12个特色服务，足不出境，政务事项线上跨境通办。同时，实现网上申请、无人工干预自动审批服务、审批结果主动精准送达。

五、为横琴新区各部门提供标准化、流程化的跨境事项接入服务。

新区从优化办理流程、强化技术支撑、合作宣传辅导三方面入手抓落实。3月3日，全国首笔内地赴澳务工人员参加职工基本养老保险业务在横琴新区办税服务厅成功办理。自此，赴澳务工人员可凭借居民身份证、居民户口簿、赴澳务工身份认别证三项资料，到横琴新区办税服务厅以灵活就业人员身份参加珠海市职工基本养老保险。截至年底，横琴新区211名赴澳务工人员办理基本养老保险。

【全国首个跨境惠企平台上线】 2020年12月17日，横琴新区举行跨境惠企平台上线启动仪式，为港澳人员提供225项足不出境政务事项，线上跨境通办。横琴新区跨境惠企平台是全国唯一面向港澳企业提供一站式通办的线上政务服务平台，由横琴新区联手港澳打造，打破地域、突破三地政务“行政壁垒”，旨在便利澳门、香港企业及居民在横琴享受与内地居民相同的政务服务、公共服务。

【国家海外人才离岸创新创业基地落户横琴】 2020年10月28日，中国科协在广东省批准设立的第二家国家级离岸创新创业基地——国家海外人才离岸创新创业基地（珠海横琴新区）（简称横琴离岸基地）在横琴举行揭牌仪式，并对澳门大学、澳门科技大学、横琴·澳门青年创业谷、横琴国际科技创新中心等4个合作基地授牌。仪式上，广东量子墨滴生物科技有限公司等5家企业分别与首批构建的4个合作基地进行入驻签约，成为首批进驻横琴离岸基地的海外科技类项目。

横琴离岸基地旨在携手澳门构建区域协同创新创业共同体，着力引进培育市场机构，不断完善海外人才落地、安居、扶持等配套政策，逐步建立完善的离岸创新创业机制、政策和服务体系，吸引更多国际高端人才到横琴进行离岸创新创业，汇聚更多的平台资源，共同推动海内外创新资源自由流动和科技成果转化，助力粤港澳大湾区国际科技创新中心建设。

（姚雪培　刘　湍）

珠海（国家）高新技术产业开发区

【概况】 珠海（国家）高新技术产业开发区（简称珠海高新区）形成“一区多园”格局，其中唐家湾主园区位于珠海市北部，京珠高速、粤西沿海高速、广珠城际轨道等主要交通设施贯穿其中，与香港、深圳隔海相望。2020年，主园区下辖1个镇（唐家湾镇），总面积139平方千米。下辖唐家等17个社区。辖区有中山大学、北京师范大学珠海校区、北京理工大学珠海学院、北京师范大学-香港浸会大学联合国际学院等4所知名高等院校。年末户籍人口6.3万人，常住人口20.84万人。

唐家湾镇是中国历史文化名镇，历史名人辈出，民国首任内阁总理唐绍仪、工人运动领袖苏兆征、首任清华学校（清华大学前身）校长唐国安、洋务运动先驱唐廷枢、著名版画家古元、粤剧名家唐涤生等名人均出自唐家湾；历史文化遗产丰富，有唐家古镇、会同古村等古建筑群，有唐绍仪私家园林共乐园、中西合璧的栖霞仙馆、承载着中国人民抗英胜利历史的淇澳白石街及众多珍贵的名人故居，被誉为“中国近代名人故里”“岭南百年文化古镇”。主要旅游景点有罗西尼工业旅游，淇澳岛（苏兆征

2020年9月4日，会同社区代表珠海市从全省21个地市推荐的乡村中脱颖而出，获“广东省乡村振兴大擂台五强村”称号　（珠海高新区供稿）

2020年珠海市高新区国民经济发展情况表

指标	计量单位	总量	比上年增长（%）
地区生产总值	亿元	268.05	6.7
规模以上工业总产值	亿元	331.36	-1.9
规模以上工业增加值	亿元	99.76	4.2
人均地区生产总值	万元	13.34	—
固定资产投资额	亿元	249.78	17.9
社会消费品零售总额	亿元	69.49	-13.1
外贸进出口总额	亿元	429.56	13.39
实际吸收外商直接投资	亿美元	0.7	-61.7
一般公共预算收入	亿元	17.9	9.2
一般公共预算支出	亿元	28.8	-39.5

故居、白石街抗英遗址、古炮台遗址），唐家古镇（唐家共乐园、唐家三庙），会同古村（会同电影小馆、栖霞仙馆）等。

2020年，珠海高新区"一区多园"营业总收入3475亿元；主园区实现地区生产总值268亿元、增长6.7%，增速位居全市第一；固定资产投资249.8亿元，增长17.9%；规模以上工业增加值99.8亿元，增长4.2%；一般公共预算收入17.9亿元，增长9.2%；新设立市场主体2399户；企业就业人数86473人，增长6.4%；城镇登记失业率为2.29%（相关数据见附表）。

【特色产业】 2020年，珠海高新区特色产业量质齐升。围绕市"5+1"现代产业体系发展特色主导产业，制定实施集成电路、生物医药产业发展规划和行动计划。新引进威兆半导体、洪启检测等11个产业链项目，建设2.2万平方米IC设计孵化基地，集成电路产业规模达24.89亿元。设立1平方千米生物医药产业园，宝莱特、健帆、广东医谷等新项目开工建设，万泽、拜发、美享等项目强势进驻。软件和信息产业实现总营收128.64亿元，比上年增长15.9%，线上平台快速增长。工业经济强劲复苏，规模以上工业增加值增长4.2%，高技术、先进制造业增加值增速均超10%。房地产业顺势增长。

【创新驱动发展】 2020年，珠海高新区加快实施"培优育强"行动，新增高企188家，总数达535家；进入市独角兽培育库企业13家，占比居全市首位；科技型中小企业509家，占全市33%。新引进规模超5亿元创新型领军企业16家。截至年底，有效发明专利2928件，增长26.97%；PCT国际专利申请量79件，增长192.6%。

企业竞争力全面提升　司迈科技获2019年度国家技术发明二等奖；光库科技宇航级器件助力"嫦娥五号"成功探月；赛乐奇核酸检测试剂盒通过欧盟CE和美国FDA认证。

创新载体加快拓展　"天琴计划"中心大楼投入使用；超静山洞实验室隧道贯通；清华科技园连续四年获评国家级孵化器运营A级；港湾一号科创园入选省"粤港澳科技企业孵化器"；珠海中科先进院创新科技园奠基；设立全市唯一院士工作站；建立省级博士、博士后工作站3家。

创新生态不断优化　兑现各项科技创新资金6.4亿元。新增省级以上项目人才3人，新增市级高层次人才46人。入选市级创新创业团队8个，占全市1/3。配售、配租产业人才共有产权房和人才公寓783套。持续做大科技金融，新设立"港湾1号"创业投资基金，区产投基金和天使投资基金新增投资项目16个，投资额超1.2亿元，"成长之翼"助贷平台授信额度超6亿元，为企业减税降费近3亿元。创新"菁牛汇"赛制，企业组对接科技部创新大赛，1家闯进全国总决赛；首次实行高校联赛，全球征集大学生创新项目377个，24个优质项目获奖。

【"一区多园"体制改革】 2020年，珠海高新区全力推进"一区多园"体制改革，成立"一区多园"大党委和统筹办公室，出台议事规则、资金管理、基金设立、品牌打造和考核评价等"四梁八柱"配套文件。设立珠海高新技术产业投资基金和高新区高质量发展专项资金各2亿元，首次运用"一区多园"评价体系对分园区进行考核评价，连续十年获评"火炬统计工作先进单位"，纵向领导体制清晰、横向联动协调有效的管理机制初步形成。2020年，珠海高新区在全国169个国家高新区中综合评价排名升至第十九名，创历史新高。

【开放合作】 2020年，珠海高新区高起点谋划建设深珠合作示范区，加强产业对接链接，引进深圳投资项目15个、投资额达37亿元，携手华为鲲鹏开展深度合作，珠海新一代信息技术应用联合创新中心揭牌运营，珠海信创产业联盟成立。印发推进粤港澳大湾区建设工作要点，深入推进区域协调发展。设立首期3000万元的港澳青年创新创业基金，新增港澳创新企业37家。澳门科技大学研究生院落户高新区。珠海中科先进院与澳门大学共设实验室，与澳门高新技术交易所共设研究生联合培养基地。55家企业成功“走出去”开拓“一带一路”、东盟等新兴市场。

【基础设施建设】 2020年，珠海高新区“四横五纵”路网骨架建设加快推进，情侣北路中大段、金环路全线贯通，高新互通立交、金琴快线北延段、金唐东路二期工程、兴业快线（北段）建设稳步推进。前环、科技创新海岸片区市政路网优化基本完成，金鼎金鸿六路按期竣工。金琴快线、金环路等人流密集路段建成人行天桥3座，新建3个停车场提供停车位433个，保障人行安全、车行顺畅、停车有位。推进“三防”视频监测、“明厨亮灶”工程建设。建成智感安防区示范点13个，部署十余类物联网监测设备5204个。完成5G基站建设738座。

【营商环境】 2020年，珠海高新区加快提升政务服务水平，承接398项“全城通办”事项，市场监管、供水、消防等业务进驻区政务服务中心，基本实现群众办事“只进一扇门”。涉企证照实现“二十四证合一”，新设立登记营业执照压缩至半天，区电子证照库、统一认证管理平台35类电子证照实现共联共享。政务服务事项网上可办率超90%，“最多跑一次”事项占比达99.8%，84个事项实现“秒批”，23个事项实现“免证办”。全省首个公积金智慧服务大厅落户高新区。

【生态建设】 2020年，珠海高新区推进污染防治，河长制信息平台建成使用，10条问题河涌完成截污整治，“清四乱”专项行动全部销号，完成22个重点行业企业地块土壤污染状况调查信息采集。加强环境监管执法，率先在全市完成近海水域乱象非法渔业设施清理整治，查扣涉嫌“三无”船舶91艘，拆除违建面积11.85万平方米，清理土地169.47公顷，为重点产业项目腾出用地81.47公顷。国家生态工业示范园区创建获批复，市级生活垃圾分类示范区基本建成。建成能源智慧监管系统，实现精准监测、高效管控；推动生态环境智能监测，做到精准治污、有效溯源。

【社会民生】 2020年，珠海高新区民生支出24.18亿元，占一般公共预算支出84%。

民生事业提质升级　中小学教学质量稳步提升，获批国家级课题2项、省级课题3项。完成学前教育“5080”攻坚行动。持续建设健康高新，高新区入选第五届国家慢性病综合防控示范区，区疾病预防控制中心挂牌成立，“互联网+医疗健康”和“网约护士”服务群众超8000人次，重点人群家庭医生签约率超80%，建立标准化母婴室23个。区社会福利中心开工建设，新建长者饭堂8个，社区居家养老服务站实现全覆盖。区退役军人服务中心获评省四星级荣誉。“广东技工”“粤菜师傅”和“南粤家政”培训732人次。城乡居民基本养老保险和医疗保险参保覆盖率达99%，贫困人员全部实现财政兜底，老百姓社会保障网进一步完善。

社区城镇化建设加快推进　唐家第一工业区、金鼎第一工业区、金发工业区改造项目动工建设，东岸留诗山旧村更新项目奠基开工，珠海文化艺术中心开启国际招标，银溪雅苑安置项目加快建设。建成科技创新海岸文体公园和下栅社区公园，新建、改造污水管网56千米，完成碧道建设4.1千米。唐家古镇山房路、唐乐路、大同路改造基本完成，唐中路改造按计划推进，东岸社区微改造工程启动建设，投入869万元开展社区小型民生工程，旧村整体面貌焕然一新。

法治高新平安高新成效突出　心理健康社区网格化服务体系和“唐仁议事”品牌调解工作室入选首批市域社会治理示范点，唐家湾宪法文化主题公园获评“省级法治文化主题公园”，“法治体检”套餐覆盖16家民企。持续开展“根治欠薪”专项行动，督促企业及时发放劳动者薪资3000余万元。矛盾纠纷调解成功率超99%。加强食品药品监管，食品抽检达11批次/千人。推进安全生产七大专项整治和三年行动，建成全市首个区级交通安全宣教基地，各类安全事故死亡人数下降54.5%，未发生较大以上生产安全事故。扫黑除恶“六清”行动圆满完成。社会治安持续向好，刑事警情下降10.2%，电信网络诈骗立案下降超三成，平安指数良好以上天数占比91.8%。

【复工复产稳增长】 2020年，珠海高新区跑出复工复产“加速度”。建立经济工作专班，实施重点项目挂图作战，出台扶企稳岗“政策八条”，设立1亿元复工复产专项资金，兑付各级扶持资金2.25亿元，为企业减免房租及管理费近1600万元，助力中小微企业贷款154笔4.65亿元，复工复产系列举措登上央视新闻联播。3月上旬，首批投资310亿元的72个重点项目签约动工，规模以上工业企业和在建工地全面复工。上半年地区生产总值增速在全市率先转正。

打出“扩、稳、促”组合拳。扩大有效投资，推动69个省市重点项目提速提质，全年完成投资198亿元，新引进强链补链重点项目65个，实际利用外资超7000万美元。全力稳住外贸基本盘，出台促进外贸高质量发展指导意见，精准扶持小米通讯等重点外贸企业稳存量、扩增量，兑现企业主动扩大进出口规模等各类补贴4717万元，全年外贸进出口总额保持正增长。出台促进消费若干措施，举办品牌产品推介会，组织开展“消费嘉年华”、“美食节”、房车联展等活动，金山、罗西尼等企业拓宽线上市场，动工建设珠海北站TOD综合体，珠海首个特斯拉体验中心开业。

【华为珠海新一代信息技术应用联合创新中心揭牌】 2020年11月15日，揭牌仪式在珠海高新区举行，并成立珠海信息技术应用创新产业联盟。市委书记郭永航、华为技术有限公司轮值董事长郭平出席仪式并为创新中心揭牌。创新中心是粤港澳大湾区鲲鹏生态应用及解决方案的样板点，展示业界领先的ICT（信息通信技术）产品技术及生态伙伴联合解决方案，快速响应珠海及周边区域合作伙伴诉求，支持华南地区场景化解决方案快速构建。

【防治卒中中心建设】 2020年1月，广东省第二人民医院珠海医院（珠海高新区人民医院）启动防治卒中中心建设工作。6月，举行卒中防治中心启动会，并分别与珠海市紧急医疗中心（120中心）、中山大学附属第五医院、珠海市人民医院高级卒中中心签订联合救治协议，加强院前院内急救通道的密切合作与无缝对接，提高医院脑卒中整体救治能力。

防治卒中中心以区域协同救治、院内多学科协作为基础，完善卒中救治团队，规范临床诊疗，优化就诊流程，常态化开展联合例会、联合查房、疑难病例讨论等，打破学科壁垒，整合院前、院内、区域优势医疗资源，提升医院脑血管疾病的筛查和诊疗能力。11月18日，高新区人民医院接受省卫健委脑卒中防治委员会专家组现场评审；11月27日，通过国家级首批“防治卒中中心”认证并接受授牌。至年底，高新区人民医院实施静脉溶栓治疗31例，居全市前列。

（龙丽丽）

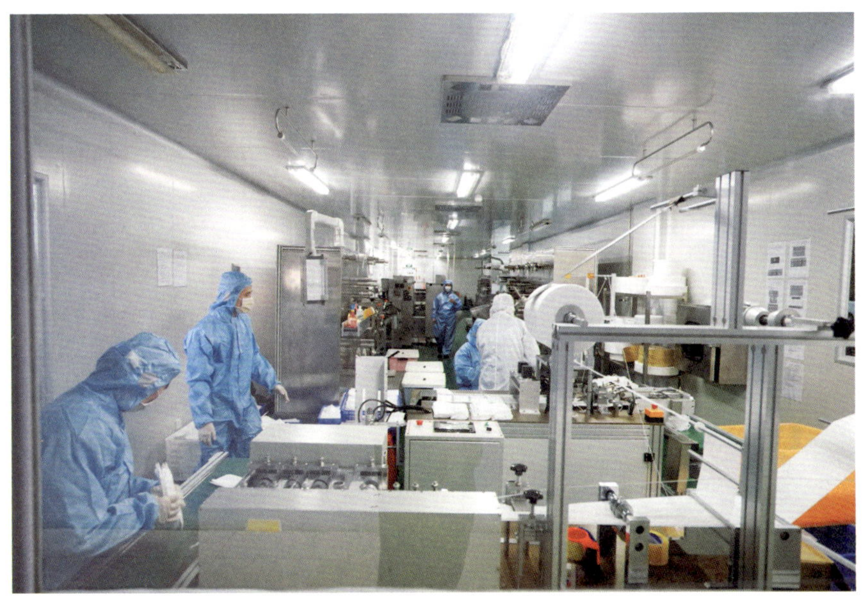

2020年1月27日，珠海高新区企业安信纳米公司在全市率先复工

（沈志豪 摄）

珠海保税区

【概况】 珠海保税区位于珠海市主城区南部，紧靠湾仔口岸，东与澳门隔水相望，位处港珠澳大桥桥头堡，毗邻横琴新区和十字门中央商务区，是珠江口西岸唯一的保税区。面积3平方千米，预留发展用地2.89平方千米。

珠澳跨境工业区总占地面积0.4平方千米，其中珠海园区0.29平方千米，实行“保税区+出口加工区出口退税政策+24小时通关专用口岸”

优惠政策。

珠海保税区、珠澳跨境工业区珠海园区管理委员会是市政府的派出机构，实行“两块牌子、一套人马”，负责管理珠海保税区和珠澳跨境工业区珠海园区。

2020年，全区地区生产总值61.08亿元，比上年增长4.8%；固定资产投资额72.76亿元，增长20.3%（相关数据见附表）。

【重点产业发展】 2020年，珠海保税区重点产业发展态势良好。以光联、东电化、星汉为代表的电子信息技术产业营业收入达59.45亿元，比上年增长15.3%；以和佳、丽珠、康乐保等企业为代表的生物医药产业工业总产值17.3亿元，增长5.1%；以致华商贸、盛润贸易、通宇物流等企业为代表的商贸服务产业营业收入突破百亿元，增长13.1%；航空配套产业受疫情影响较大，全年营业收入74.32亿元，下降28.2%；跨境电商通关票数超150万票，进出口货值超1.2亿美元。

2020 年珠海保税区国民经济发展情况表

指标	单位	绝对值	比上年增长（%）
地区生产总值	亿元	61.08	4.8
第二产业增加值	亿元	31.5	11.4
规模工业增加值	亿元	41.86	-2.5
第三产业增加值	亿元	29.58	-2.3
规模以上工业总产值	亿元	166.29	-15.9
固定资产投资	亿元	72.76	20.3
社会消费品零售总额	亿元	2.58	-32
实际利用外资	亿美元	5297	-26

注：保税区没有常住人口，无法核算人均地区生产总值、城镇居民人均可支配收入、农村居民人均纯收入。保税区财政没有独立核算的金库，以区统计报表统一口径，财政预算收入及支出统计数据统一在市级反映。

2020 年 11 月 26 日，珠海保税区摩天宇航空发动机维修有限公司完成第三期厂房扩建 （珠海保税区供稿）

【对澳合作】 2020年，珠海跨境工业区累计注册澳资企业超330家，比上年增长11%，占珠海园区企业总数的五成，园区澳门籍从业人员超千人。修订完善跨境电商政策，出台9条惠澳措施扶持澳门企业发展。“淘宝全球购”项目正式落地，汇澳、想要城2家澳资企业在珠海跨境工业区设立跨境电商孵化基地。

【一体化发展】 2020年，横琴、保税区、洪湾片区一体化区域新增建设用地42.9万平方米，新建市政道路11.9千米，盘活闲置厂房1.6万平方米。23个市重点建设项目完成投资总额56亿元；引进华发都会四季大型商业综合体项目；南湾大道、情侣南路、十字门隧道、黑白面将军山隧道、杧洲隧道工程开工；华凯大厦、朗廷广场竣工；保税区第一小学、人才保障房、幼儿园进入项目收尾阶段。

【创新驱动发展】 2020年，珠海保税区有美加创谷创新服务平台、迪奇孚瑞研发检测实验室、农牧加工基地等8个实体创新项目落户。摩天宇入选珠海高新技术企业百强，年内完成第三期厂房扩建。一批工业企业实施高效率自动化生产，七成规模以上工业企业完成技术改造。全区有高新技术企业29家，省级创新平台11个，市级技术中心

（工程中心）20个，规模以上工业企业设立研发机构比例达50%。全年兑现各类人才资金近2000万元。年内引进各类人才117人。

【三大攻坚战】 2020年，珠海保税区制定金融暖企政策，扶持企业贷款贴息超600万元，缓解中小企业“融资难、融资贵”问题。完成6个入河排污口、4个入海排污口整治，在全市率先开展涉工业废水企业排查评估；全年转移各类危险废物超2100吨，35家涉固体废物企业全部纳入平台监管。丽珠、东电化完成“百千万”重点用能单位节能目标，超20家企业通过清洁生产验收，万元单位GDP能耗下降3.5%。全年向信宜投入帮扶资金441万元，信宜县3个贫困村713名贫困户100%脱贫。与横琴新区对口云南怒江东西部扶贫协作，投入1400万元帮扶怒江兰坪县，帮助兰坪县6834户建档立卡18667人全部脱贫。

【暖企政策出台】 2020年2月27日，《珠海保税区（珠澳跨境工业区珠海园区）应对新型冠状病毒肺炎疫情支持企业复工复产的九条政策措施》印发，设立亿元专项资金，从鼓励企业恢复产能、做好防疫物资保障、降低企业租金成本、援企稳岗和加大企业金融扶持等方面支持企业复工复产。450家企业享受扶持资金总计近1300万元。6月GDP增速转正。

【来利国际物流园签约】 2020年5月26日，珠海保税区与来利科技有限公司就“来利国际物流园”项目签约。项目总投资4亿元，占地5.64万平方米，重点发展跨境电商、保税仓储、及生鲜与冷链仓储及配送。

2020年7月18日，珠澳跨境电商基地在珠海保税区落地

（珠海保税区供稿）

【惠澳政策出台】 2020年，珠海保税区9条惠澳政策落地，全球中心仓“珠港澳货栈”和“珠澳机场快线”业务开通。《珠海保税区 珠澳跨境区扶持澳资企业发展暂行办法》出台，从开设绿色通道、提供创业支持、提供社保补贴、支持重点澳资企业发展、培育澳资跨境电子商务企业发展、支持澳资企业设立跨境电商孵化基地、支持澳资企业建设跨境电商平台、培育科技型澳资企业、鼓励园区大厦面向澳门招商引资等9个方面支持澳资企业在园区发展。截至年底，珠海跨境工业区注册澳资企业总数达339家。

【珠澳跨境电商基地落地珠海保税区】 2020年7月18日，由珠海保盛控股有限公司与澳门跨境说网络科技有限公司打造的珠澳跨境电商基地在珠海保税区正式落地。基地位于珠海保税区进出口酒类交易中心，占地5000平方米，设有电商直播、港澳选品、跨境电商知识培训、精品物流、保税仓储等服务板块，加快布局跨境电商全产业链。

（彭美苑）

珠海万山海洋开发试验区

【概况】 珠海万山海洋开发试验区（简称万山区）位于珠海市东部，是全省第一个地方性海洋综合开发试验区。2020年，万山区辖桂山、担杆、万山3个建制镇，共7个行政村。年末户籍人口3107人，常住人口8723人。

万山区地处珠江入海口，东邻香港，西接澳门，中心区域为珠江口国际锚地，有大西、大濠等6条国际著名水道纵横其间，是珠江三角洲乃至华南腹地出入南海，通向世界的咽喉要道。优良港湾众多，水域宽阔，自然水深在10—30米之间，具有得天独厚的建设深水大港的条件。全区林地面积7059公顷，森林覆盖率66.27%，活立木蓄积量4.53 万立方米。海域面积4560平方千米，海岛岸线长289千米。渔业资源丰富，万山渔场是全国著名渔场之一，有经济价值的鱼类200余种、贝类68种、虾蟹61种、海藻18种，区内设有国家级中华白海豚保护区、省级猕猴保护区、市级珊瑚保护区和国际游艇垂钓区。土特产有鲍鱼、狗爪、桂山沙蚬、海参、海胆、花螺、将军帽、苦螺、龙须菜等。主要旅游景点有外伶仃岛、东澳岛、桂山岛、万山岛等。

2020年，万山区地区生产总值54.77亿元，比上年增长4.1%；固定资产投资34.02亿元，增长54.6%；政府投资11.74亿元，增长 44.2%；实现税收收入14.07亿元，增长353.2%（相关数据见附表）。

【特色产业】 2020年，万山区紧紧围绕打造具有国际竞争力的休闲旅游度假胜地决策部署，以旅游品牌创建为引领，配套完善基础设施，“湾区门户 秘境万山”品牌进一步打响，万山群岛知名度和美誉度不断提升。各岛旅游特色凸显，一岛一品形象鲜明：东澳岛高端海岛游、桂山岛特色民宿和红色旅游、外伶仃渔村风情游。东澳岛玲玎海岸二期项目、华发酒店项目加快建设，高端度假酒店群雏形初现。桂山岛成功创建AAA级旅游景区，九洲蓝色海岸民宿入选广东省首批十大最美民宿。升级旅游配套设施，建成桂山岛海鲜街、东澳岛“山海云道”等新休闲旅游点；启动建设万山群岛婚庆产业基地，推动海岛观光游向休闲度假游转变。以节促旅效应不断扩大，成功举办海洋婚典等系列精品活动。全年接待游客43.51万人，比上年下降30.3%；旅游综合收入3.40亿元，下降23.3%。

2020 年珠海市万山区国民经济发展情况表

指标	单位	绝对值	比上年增长（%）
地区生产总值	亿元	54.77	4.1
固定资产投资	亿元	34.02	54.6
社会消费品零售总额	亿元	4.96	-12.0
外贸进口总额	亿元	34.5	15
外贸出口总额	亿元	3.03	63.2
实际利用外商直接投资	亿美元	3.66	2618.1
地方一般公共预算收入	亿元	14.07	353.2
地方一般公共预算支出	亿元	20.75	156.1

2020 年 7 月 4 日，万山群岛首届海岛婚礼秀在珠海东澳岛举行

（万山区供稿）

【创新驱动】 2020年，万山区广东省内首个海上风电示范项目——桂山海上风电场顺利实施，完成投资26亿元，31台风机投运；省级海洋科创小镇建设稳步推进；亚洲首个海洋观测卫星高度化地面系统建成投产；国内首个波浪能试验场启用；全国首台半潜式波浪能养殖网箱“澎湖号”在桂山水域投产；万山海域成为第一批国家级海洋牧场示范区，远洋捕捞、深远海智能养殖迈上新台阶。智慧海洋金翔龙院士工作站、中国（珠海）海洋功能食品研发中心、珠海市蓝珊瑚研究中心等研究机构挂牌成立。

【基础设施建设】 2020年，万山区49个在建项目加快施工，唐家港陆岛交通客货运码头等一批交通基础设施主体完工，各岛水、电设施加快建设，东澳岛蜜月山景区一期工程主体完工。城市更新取得突破性进展，万山岛港湾路中段更新项目实现全部村民回迁入住，东澳岛项目一期完成更新改造任务和全部回迁房屋预验收，外伶仃项目完成第一、二批回迁选房工作，75%的外伶仃村民完成选房任务。

【生态建设】 2020年，万山区坚决打好蓝天、碧水、净土三大保卫战，建设治理各级自然保护区、海洋生态文明示范区、海洋牧场、生态镇村。加快推进外伶仃国家级海洋牧场示范区建设，万山国家级海洋牧场示范区完成全部礁体投放。高标准高质量打造桂山、桂海市级乡村振兴样板村，开展包括桂山村和桂海村市政管网改造、平安路至长梯巷乡村振兴示范段等在内的村居改造项目107个，政府总投资近6200万元。投入3000万元推进“三清三拆三整治”，建设美丽乡村，人居环境持续改善。完成海岛“散乱污”企业排查和整治“清零”。万山岛、东澳岛污水处理站建成投运，启动排水管网改造修复。全面完成各岛存量垃圾堆场整治复绿工作，完成非正规垃圾堆放点整治销号任务。

【招商引资】 2020年，万山区持续推进“放管服”改革，加力打造最优营商环境，跑出万山发展加速度。招大引强创历史新高，吸引外商直接投资金额3.66亿美元，比上年增长26倍，增速居全市第一。新增企业主体270家，新增注册资本金约166亿元。成功引进珠海德弘钰嘉股权投资基金，全区QFLP企业群愈加丰富，财富金融岛建设基础更为夯实。对接长隆集团、远东集团、平安集团，打造合作新标杆。企业主体类型涉及道路运输业、商务服务业、建筑业、贸易、海洋科技、投资等。

【海岛居民用水实现陆岛同价】 2020年，万山区为降低海岛居民用水负担，研究落实供水惠民政策，对海岛供水企业给予财政补贴。12月1日零时起，按照同城同价原则，下调海岛居民生活用水价格，并实行阶梯式水价。居民生活用水每户每月用水量在30立方米以下（含30立方米）部分，按1.74元/立方米收取；用水量在30立方米以上部分，按非居民用水价格8.4元/立方米收取。

2020年1月3日，“万山论钓”2020万山群岛国际海钓公开赛开幕式在大万山岛举行 （万山区供稿）

【万山定标场投入运行】 2020年6月，万山雷达高度计海上定标场观测系统建设项目通过验收并投入运行。万山雷达高度计海上定标场是全球第五个、中国第一个业务化运行的卫星雷达高度计定标场，无人值守、全天候、连续实时稳定地采集数据，主要为中国自主海洋观测卫星雷达高度计的在轨绝对定标业务服务，系统由1个现场观测中心（桂山岛）、4个岛基观测点（担杆岛、外伶仃岛、直湾岛和庙湾岛）以及1个海上锚系浮标观测点组成。

【万山镇入选首批广东省旅游风情小镇】 2020年1月，万山镇入选首批广东省旅游风情小镇。万山镇通过发挥海岛自然风光和历史民俗文化资源优势，推动海岛旅游业迅速发展，打造商务、观光、休闲、度假、海钓、蜜月体验的海岛旅游经营主体，开发培育东澳蜜月亲子旅游、万山海钓、海洋科创小镇等重点旅游项目，发展特色民宿产业，逐渐形成旅游形象鲜明、旅游业态丰富、人居环境优美和谐、旅游服务配套完善的特色旅游风情小镇。

【2020万山群岛国际海钓公开赛】 2020年1月3—6日在珠海市万山区大万山岛及周边海域举办，设置总奖金奖品超20万元，冠军队奖金6万元，汇聚海内外66支代表队198人参赛。比赛在万山岛海域的东澳岛、大万山岛、小万山岛、白沥岛、横洲岛、竹洲岛、贵洲岛等岛屿举行。赛事主办单位同时发布《海钓与海洋环境保护倡议书》，举办钓具展及关爱中老年健康的义诊活

动。比赛所有渔获全部捐赠给广东颐年养老院海珠院和天河院。

（那吟北）

珠海经济技术开发区（高栏港经济区）

【概况】 珠海经济技术开发区（又名高栏港经济区，简称高栏港区）位于珠海市西南端，2020年辖南水、平沙2个镇，由高栏、南水两个半岛和三角山、荷包、大杧等18个海岛及黄茅海东部沿岸陆域和海域组成，开发总面积380平方千米。年末户籍人口7.49万人，常住人口14.49万人。

国家一类对外开放口岸、全国沿海主枢纽港珠海港的主体港区——高栏港位于珠海高栏港区内。高栏港是珠三角建港条件最好的港口之一，距离国际主航道仅1海里，建港岸线68千米。截至2020年底，高栏港区有生产性泊位81个，万吨级以上生产性泊位33个，设计年通过能力1.62亿吨，占全港通过能力的91%。高栏港实现货物吞吐量12135万吨，比上年下降5.8%，其中集装箱吞吐量142万标箱，比上年下降32.7%。高栏港区的气候属于亚热带海洋性季风气候，夏长冬短，日照充足，雨量充沛，海洋温泉资源和海岛旅游资源丰富，拥有海泉湾度假村、荷包岛、飞沙滩等著名旅游景点。高栏岛宝镜湾摩崖石刻距今约4000年，可辨别的石刻岩画5处7幅。

高栏港区地势平坦，耕地面积6061公顷，粮食播种面积283.8公顷，粮食产量2009吨。林地面积7400公顷，森林覆盖率30.2%，活立木蓄积量12.51万立方米。重要矿产资源有钨矿、建筑用花岗岩、地热水和矿泉水等；海产资源丰富，盛产鱼、虾、蟹、蚝、贝等，有广东省连片最大的罗非鱼无公害养殖示范基地。区内由国务院农业部、国台办批准设立的广东省首个台湾农民创业园是台湾农业企业在珠三角的投资热土。

2020年，全区生产总值352.58亿元，比上年增长2.7%。三次产业比为1.9∶76.4∶21.7（相关数据见附表）。高中阶段教育毛入学率100%；九年义务教育巩固率100%。参加城镇职工基本养老保险7.20万人，覆盖率100%；参加城镇职工基本医疗保险7.68万人，覆盖率100%。

【工业经济发展】 2020年，高栏港区49个省、市重点项目完成投资147.10亿元，完成年度投资计划的115.37%。其中，钰海电力天然气热电联产项目1号、2号机组，恩捷锂电池隔膜二期4条生产线等完成试运行；三一海洋重工产业园港口机械二期、纳思达激光打印机高端装备智能制造一期等在建项目进展顺利，综合保税区封关建设工作完成99%，信息化一期首次建设基本完成；华润化学PETG特种聚酯、海瑞德、谦信新材料等新项目开工建设，为港区经济发展提供强有力支撑。招商引资取得新突破。签约亿元以上重点产业项目24个，总投资约400亿元，包括格力电器高栏产业园项目、健帆生物公司灌流器新材料项目、景旺电子二期项目、中京电子半导体IC载板项目、神剑股份聚酯树脂项目、深南电路和兴森科技等；新注册瑞茂通供应链、港诚供应链、金石能源、长丰能源等大

2020年珠海市高栏港区国民经济发展情况表

指标	单位	绝对值	比上年增长（%）
地区生产总值	亿元	352.58	2.7
第一产业增加值	亿元	6.78	0.6
第二产业增加值	亿元	269.53	2.0
工业增加值	亿元	249.89	1.9
第三产业增加值	亿元	76.27	5.4
人均地区生产总值	万元	25.51	—
规模以上工业总产值	亿元	1067.92	-3.7
固定资产投资	亿元	181.89	30.0
社会消费品零售总额	亿元	9.78	-15.7
实际利用外资	亿美元	0.18	-89.7
地方公共财政预算收入	亿元	17.78	-7.7
地方公共财政预算支出	亿元	24.58	-21.0
城镇居民人均可支配收入	元	37792.5	2.8
农村居民人均纯收入	元	24128	1.2

型总部企业项目29个，总注册资本金16.69亿元。在谈重点招商项目超50个，总投资超500亿元。其中新材料项目27个，总投资超105亿元；装备制造项目6个，总投资65亿元；电子信息项目8个，总投资175亿元。技改投资和装备制造投资增速全市第一。

【创新驱动发展】 2020年，高栏港区新材料产业园获评“中国绿色新材料（珠海）产业园”，高栏港区入选2020化工园区30强名单。深入实施创新驱动发展战略，全区有高新技术企业110家，恩捷等3家企业入选2020年度珠海市高成长创新（独角兽企业）培育库项目，2个企业项目获2019—2020年度市级产业核心和关键技术攻关项目立项；加快筹建广东省海洋工程装备产业计量测试中心，有省级以上企业研发中心40家、市级企业研发中心56家；新引进高层次人才10人、产业青年优秀人才129人，珠海恩捷新材料科技有限公司和三一海洋重工有限公司入选创新创业团队项目。

【产城融合发展】 2020年，珠海西部生态新城起步区（平沙新城）建设提速，全年完成投资17.1亿元，主干道仁济路、启航路以及内部道路网全部建成通车，综合管廊、内河河道景观及整治、平沙新城学校（九年一贯制）、海堤提升、静澜闸等建设加快推进，平沙湿地完成预验收，平沙公园对外开放。交通路网更加畅通，全力配合黄茅海通道、鹤港高速二期高栏港段、金港大桥等重大基础设施项目建设，高栏港大道等县乡道升级改造、升平大道绿化提升等工程完工；新增优化公交微循环线路，群众出行更加便捷。城市更新进程加快，推进珠海平沙奥园广场城市更新项目前期工作，基本完成全区54个老旧小区“三线”规整治理；南通公司危房改造安置房（二期）工程和平新轩项目完成建设，平沙华侨农场砖瓦房改造安置项目启动；全面推进水浸黑点整治，完成地下排水排污管网修复年度任务；社区、小区和村居生活垃圾分类工作覆盖率超60%，公共机构生活垃圾分类工作覆盖率达100%。

【社会事业建设】 2020年，高栏港区完成珠海汇华四季小学、南水第二中心幼儿园新建项目和华丰小学、大海环教学点改扩建工程，新增小学、幼儿园学位3430个；提前完成学前教育“5080”目标。市一中平沙校区2020年高考再创佳绩，本科上线率达76%。实现校内课后服务工作全覆盖。加强与广东第二师范学校、北京东方原点等第三方专业机构合作，促进港区教育体制机制变革、学校质量提升、校长教师队伍专业发展。卫生健康事业发展迈上新台阶。稳步推进健联体建设，与市人民医院签署合作共建南水医院第二个五年合作协议，推动其成为市人民医院医疗集团成员单位；南水医院在全国“优质服务基层行”活动中通过省级评审并备案，成为全市唯一的符合国家推荐标准的卫生院；珠海市第五人民医院成为全市首个通过国家级胸痛中心（基层版）与防治卒中中心评审的二级医院。成立区医院感染管理质量控制中心；区疾病预防控制中心成为全市首个挂牌运行的区级疾控中心。社会保障能力不断加强。加快推进平沙镇社会福利中心改扩建工程；实现“银龄安康”参保全覆盖和居家养老配餐服务全覆盖，养老服务水平进一步提升；强化“双拥”服务，平沙镇退役军人服务站通过全国示范型镇级服务站初审。

【乡村振兴】 2020年，高栏港区全域推进农村人居环境整治，全面完成“三清三拆三整治”；新建（改建）公厕10座，基本完成“厕所革命”；升级改造“四好农村路”8条，合计约40千米；平稳有序完成全市体量最大、范围最广的非法渔业设施清理整治任务。发展乡村旅游，珠海市创建国家级农业公园选址落户平沙镇，概念性规划获市委、市政府批准；鼓励一田农业观光休闲园区发展，推动特色水果园艺作物与乡村休闲旅游有机结合，打造大湾区休闲农业示范点；珠海市绿手指农业科技有限公司被广东省农业农村厅授予“乡村旅游示范点”称号，“台创园休闲农业与乡村旅游服务先进标准体系试点”（广东省）和“港中旅（珠海）海泉湾有限公司温泉旅游服务业标准化试点”（国际级）通过中期评估。农业品牌建设取得新突破，高栏港区被授予“中国桂虾之乡”称号，珠海永保水产合作社获评国家级示范合作社，珠海市永呈园艺有限公司获评省级菜篮子基地，珠海市诚汇丰有限公司、珠海市植物龙有限公司获评省级龙头企业，珠海卓志家庭农场获评省级示范家庭农场。全面打赢脱贫攻坚战，东西部协作帮扶贡山县、省内对口帮扶高州市11个村100%实现脱贫退出。

【绿色港区建设】 2020年，高栏港区针对性做好臭气溯源、废气治理，23家市级挥发性有机物重点监管企业“一企一策”综合整治工作稳步推进。推进水污染防治和河长制工作，完成15条河域整治项目；珠海汇华工业污水处理一厂通水试运行，线路板工业污水处理厂建设加快推进；新建污水管网40千米，城市污水处理率达95%。压实固体废物污染防治责任。珠海中盈环保工业废物综合处置项目建成投运；珠海高栏港经济区固体废物综合利用处置中心项目、珠海三力环保固体废物综合处置利用项目和汇科污泥处置项目建设加快推进；开展危险废物产生源规范化管理工作。

【平安港区建设】 2020年，高栏港区落实安全生产责任制。开展安全生产专项整治三年行动，推进安全生产领域改革和“一线三排”工作机制，修订安全生产领域外聘专家和第三方技术服务机构工作制度；区应急指挥中心、应急现场通讯单兵系统、危险化学品重大危险源在线监控及事故预警系统等投入使用，全区应急调度指挥体系进一步完善；以云安全宣教为载体，开设在线视频学习平台“港安微课室”，实现线上“云直播”、线下“全覆盖”。推进平安法治高栏建设。构建“综治中心+网格化+信息化”社会治安防控体系，公共道路、公共场所治安视频监控系统全面投入使用。加强人民调解，推动矛盾纠纷化解和法律援助案件办理，全年受理调解各类民事纠纷1682起，调处化解成功率99.9%，退役军人信访事项办理方式方法获退役军人事务部领导批示肯定；加强法律服务工作，实现“半小时”服务圈。突出打好扫黑除恶专项斗争，社会大局和谐稳定。全年食品安全检验量1010批次，达到每千人8.4批次，超额完成省、市下达的目标任务。

【“放管服”改革】 2020年，高栏港区深化“放管服”改革，区内服务事项在市承诺办理时限基础上再压缩40%；全年有588家新成立企业实现1个工作日内办结企业设立业务，平均完成商事登记环节时间为0.3个工作日，130家企业通过简易注销流程完成市场退出。在市场监管领域全面推行部门联合“双随机、一公开”监管，全区开展联合抽查3次，完成双随机抽查计划25个，抽查市场主体445家。启动政务服务能力提升项目，上线运行“好差评”系统，打造高栏港区特色“数字政府”建设样板。

【高栏港区获评“中国绿色新材料（珠海）产业园”】 2020年3月，经中国石油和化学工业联合会审批，高栏港经济区新材料产业园获评“中国绿色新材料（珠海）产业园”。

高栏港区立足战略性新兴产业基础和发展，抢抓全球新一轮科技革命和产业革命历史性机遇，规划3平方千米建设新材料产业园，引进万华化学特种聚氨酯、利安隆高分子材料抗老化助剂、金发科技可降解塑料、上海恩捷锂电池隔膜、台湾见龙集团聚苯乙烯、台湾大东树脂光阻干膜、香港理文新材料氟材料、美国卡博特碳纳米管、美国索理思新材料、韩国易安爱富、德国欧宝迪水性涂料等总投资超过100亿元的高端新材料项目，力争三到五年打造一个千亿级的新材料产业集群。

【高栏—阳春海铁联运开通】 2020年6月24日，高栏—阳春海铁联运列车从高栏港铁路站场始发，标志着高栏—阳春海铁联运开通。高栏港通过海铁联运无缝衔接，将集装箱中转至粤西地区，开启珠海—粤西物流新模式，扩大高栏港乃至珠海对粤西地区的辐射力度。

【黄茅海跨海通道管理中心启用】 2020年5月22日，黄茅海跨海通道

2020 年 6 月 24 日，高栏—阳春海铁联运列车从高栏港铁路站场始发

（张　洲　摄）

管理中心在高栏港经济区平沙镇启用，标志着广东省重大基础设施建设项目黄茅海跨海通道启动建设。

黄茅海跨海通道位于粤港澳大湾区核心区内，项目起于珠海市高栏港区，东连港珠澳大桥，西连新台高速并与西部沿海高速相交，止于台山市斗山镇，全长约31千米，全线采用双向六车道高速公路标准建设，设计速度每小时100千米，设计使用寿命100年。

【钰海天然气热电联产工程项目建成投产】 2020年7月30日，广东省“十三五”能源规划重点建设项目——钰海天然气热电联产工程项目一期工程1号机组完成168小时满负荷试运行，正式投产。项目位于高栏港经济区平沙镇，占地28.45公顷，一期工程建设两套465兆瓦燃气-蒸汽联合循环机组及配套热网工程，总投资约30亿元。项目采用节能高效、低碳环保的重型燃机，额定纯凝工况机组热效率可达59.6%，氮氧化物最低排放浓度7.5毫克/标准立方米，硫化物及烟尘近零排放。在为广东省供应绿色电能的同时，可向周边区域的医药、化工等企业提供工业蒸汽、集中供冷等综合能源服务，替代供热范围内小锅炉，减少氮氧化物、硫化物及烟尘的排放，改善地区环境质量，实现地方政府、企业与用户的合作共赢。

【环通综合物流中心奠基】 2020年1月9日，总投资5.5亿元、占地面积12万平方米的集装箱物流中心——环通综合物流中心奠基仪式在珠海港高栏港主港区举行。中心由珠海港集团属下珠海国际货柜码头（高栏）有限公司、上海泛亚航运有限公司、澳门南光物流有限公司三方共同投资建设和运营，依托高栏港、广珠铁路和综合交通运输体系，服务于粤港澳大湾区经济及珠西地区产业集群，致力于打造集海运、铁路运输、公路运输、电商为一体的集装箱全程供应链服务平台。

2020年1月9日，环通综合物流中心奠基仪式在珠海港高栏港主港区举行
（高栏港区供稿）

【高栏港区获“中国桂虾之乡”称号】 2020年10月16日，高栏港区通过中国水产流通与加工协会专家组评审，获“中国桂虾之乡”称号。

高栏港区位于珠江出海口的咸淡水交界处，水源水质和土壤土质优良，生物饵料丰富，气候适宜，为桂虾的生长提供得天独厚的自然条件。全区桂虾养殖面积673.33公顷，辅助核心区和港区本土的辐射带动区域472公顷，辐射周边养殖区333.33公顷。港区桂虾产业拥有省级龙头企业1家，市级龙头企业1家，省级水产良种场1家、市级水产良种场2家，出口创汇企业1家，省级水产合作社1家，省级家庭农场1家，无公害认证水产基地3家，农业部水产健康养殖示范场1家，省级高新技术企业3家，多家企业成为“国家海水鱼产业技术体系示范基地”，形成集种业、养殖业、加工与流通贸易为一体的桂虾产业链。港区实施“科技兴渔”工程，依托科研院所，建立产、学、研三位一体的研发合作体系，通过培育良种、解决养殖瓶颈、推广示范科学养殖技术等手段，解决阻碍产业发展的问题，推动桂虾特色产业发展进入快车道。制定促进桂虾产业健康发展的规划和政策，引导和扶持流通企业、农民合作社开拓珠三角、港澳地区消费市场，设立珠海高栏港经济区桂虾专营店、展示展销店和专柜，建立电商交易服务平台，推进桂虾产品价格、产品信息网络化，拓宽产品销售渠道。培育“南海·硕桂”“创科丰”等多个知名品牌，产品畅销广东、福建、浙江、北京及港澳台地区。港区桂虾产业“龙头企业+基地+养殖户”生产经营模式初步形成。

（郑雪颖）

·责任编辑：潘杜鹃·

人　物

全国劳动模范

王　海　四川省南充市人，1978年12月出生，大学本科学历。2001年7月参加工作，2004年入职珠海保税区摩天宇航空发动机维修有限公司，从一级机械员逐步成长为二级机械员、检验员、工程师。14年的一线维修工作保持“维修零差错”纪录。在班组建设上，和同事一起建立标准操作程序、岗位责任制、师带徒制度、绩效评估制度以及经验交流机制，提升班组管理水平，调动工作积极性和主动性，创建一个公平公正的班组环境和营造积极向上的班组文化。所在的班组多次被评为“优秀班组”。在劳模工作室的创建上，所带领的团队在工装夹具的改进和优化上成绩突出，降低维修成本，提高了工作效率和公司竞争力。积极参加珠海市总工会组织的政治思想讲师团，到工厂和学校为工人、学生宣讲，分享自己的知识和经验。2020年11月，被评为全国劳动模范。

梁美容　女，广东省珠海市人，1970年4月出生，大专学历，中共党员。1991年9月参加工作，2005年6月加入中国共产党，2004年起在珠海市斗门区白蕉镇昭信村从事饲料经营、白蕉海鲈养殖及销售工作，以“公司+合作社+基地+农户”的模式带动村民致富。2013年10月，创办进才水产养殖专业合作社，为养殖户提供从种苗到销售的各种服务，带领该村村民走上共同致富之路。2014年3月，当选昭信村“两委”成员，分管妇女民政工作，2015年，当选昭信村妇联主席。用心经营养殖合作社，为群众提供优质服务，帮助10余名妇女脱贫。2014年，进才水产养殖专业合作社被珠海市妇联授牌“‘康乃馨’帮扶困难妇女创就业基地”“珠海市巾帼创业示范基地”，被中国水产科学研究院珠江水产研究所等单位授牌“试验示范基地”。2015年，梁美容家庭入选广东百户“最美家庭”；2018年，被评为广东文明家庭、全国五好家庭。2016年，梁美容被评为广东省“三八红旗手”；2019年，被评为全国巾帼建功标兵；2020年11月，被评为全国劳动模范。

全国先进工作者

单　鸿　湖南省衡阳市人，1963年12月出生，1982年7月参加工作，中共党员，医学博士，中山大学附属第五医院院长。任院长期间，制订医院近期和中期发展目标，提出有效的实施路线，促进医院各项事业快速健康发展，学科建设显著进步，感染科、医学影像科入选广东省高水平临床重点专科。医院成功完成器官移植36例（肾21例、肝11例、肺4例）。为打造研究型医院，提高自主创新能力和促进技术进步，实施科教兴院与人才强院战略。大科研平台建设不断强化，拥有两个广东省重点实验室。医院整建制的医学教育及继续教育体系，成为区域高等医学人才的摇篮。个人获得省部级以上科研基金20余项。作为第一完成人获广东省科技进步一等奖和三等奖各一次、教育部提名国家科技进步奖一等奖。2020年，亲自担任新冠肺炎救治专科主任，抗疫期间坚持每天到病区现场办公，制定一系列有效措施。医院的救治经验及三级防控模式被广东省及珠海市卫健部门采纳推广。2020年11月，被评为全国先进工作者。

广东省劳动模范

杨建豪　广东省江门市人，1975年9月出生，汕头大学医学院本科毕业，医学学士，中共党员，珠海市人民医院脑血管科副主任医师。2020年2月9日，担任珠海市第一批援助湖北医疗队队长，带领15名珠海医护人员赴武汉市江汉区省委党校方舱医院支援。工作强度大，连续工作时间长，还要克服闷热、口渴、口罩压痛等问题。杨建豪每天认真完成工作总结和日记记录，并将自己总结的经验向珠海的队员传授。所率医疗队5名医生、10名护士，医治出院或者转院患者83人；有10名队员被方舱医院评为“先进标兵”。2020年12月，被评为广东省劳动模范。

黄　瑾　吉林省吉林市人，1960年6月出生，博士研究生，中共党员，中山大学附属第五医院大内科主任。2003年在中山大学附属第五医院担任新成立的呼吸内科主任。带领中山大学附属第五医院呼吸科发展为珠海市重点专科。非典疫情期间，作为专家组成员，组织珠海感染、呼吸学界及公共卫生学界严阵以待。2020年，新冠肺炎疫情爆发，中山大学附属第五医院成为珠海市定点收治医院。黄瑾担任新型冠状病毒肺炎诊疗专家组组长，连续奋战半个多月，组织病例讨论，入仓查看患者，制订治疗方案，以医院为家，随时查看患者的生命体征，关注病情中每个细节变化，制定精准的个体化治疗方案。2020年12月，被评为广东省劳动模范。

叶　红　女，湖南省衡阳市人，1969年5月出生，大学本科学历，中共党员，珠海市第一中学副校长、年级主任。被聘为北京师范大学硕士研究生实习导师，肇庆学院讲座教授。组建教学指导团队，通过讲座、公开课走进云、粤乡村、大学讲坛，广泛传播先进教学理念，发挥示范引领作用。带教考出省总分状元1人，省语文单科状元1人，主持省级课题两项，在中文核心期刊发表论文5篇，被《中美基础教育比较》一书收录论文1篇。指导青年教师在省赛中获一等奖2人，获省、部优赛课一等奖2人。2018年，省内新高考改革伊始，投身教改第一线，创造性地实施以学生个性发展为本的分层分类走班方案，稳健推进新高考。在抗击新冠肺炎的战役中，率先组织停课不停学的网络授课。构建“修身行动”德育精品课程，完善3C环保、志愿者服务等公益体系。参与课题获省德育成果三等奖。曾被评为南粤建功立业女能手、珠海市名师、名师工作室主持人、优秀班主任、先进教师、优秀党员。2020年12月，被评为广东省劳动模范。

张治平　湖南省邵阳市人，1982年9月出生，硕士研究生，中共党员，珠海格力电器股份有限公司商技一部部长助理。作为格力电器大型冷水机组领域技术带头人，长期致力于大型制冷压缩机及暖通空调设备关键技术创新及产业化研究，取得5项成果达到国际领先水平，为国家制冷压缩机与冷水机组的技术发展、自主创新以及国家节能减排战略做出较大贡献。掌握高速直驱永磁变频离心压缩机关键技术，研制全球第一台大冷量高效直驱永磁变频离心机、全球单机冷量最大（达1300RT）磁悬浮离心机、高速气悬浮离心机等国际领先产品，全年机组运行效率提升40%以上。高效永磁变频离心机成功应用于港珠澳大桥、北京大兴国际机场等超级工程，节能效果显著。研究成果占领暖通空调技术制高点，打破美国厂家的市场垄断，引领行业发展，助力高端装备从中国制造向中国创造的转变。承担国家科技研究项目，负责国家科技重大专项课题《核电站主要辅助设备自主设计与制作技术研究》子任务《MS01水冷离心式冷水机组》以及“十三五”时期重点研发“工业余热用高效压缩式热泵”“车用燃料电池空压机”等项目，为国家科技发展贡献力量。2020年12月，被评为广东省劳动模范。

彭伟兴　广东省惠州市人，1972年8月出生，大专学历，长兴特殊材料（珠海）有限公司公用课课长。1994年毕业于湛江化工学校，分配到珠海市裕华股份有限公司，参加建厂及设备安装调试，试车成功后任班长。1997年，任职珠海市正日化工有限公司生产部主管，主要负责现场生产管理和产销工作。2002年到长兴特殊材料珠海有限公司工作，参加建厂及设备安装调试；2004年，公司顺利投产后任制造部工程师，主要负责新产品试制和制程优化改善；2013年，调升至主要负责环保设施运行的职能部门任课长，其间主导高浓度废水三效蒸发和PSQ（有机硅）废水催化氧化项目，解决了废水处理瓶颈难题。在固体废物处理方面，通过比对和试验，找到合适的污泥干燥设备，调试节能达50%，每年为公司节省费用80万元。2020年12月，被评为广东省劳动模范。

李大铭　广东省云浮市人，1983年8月出生，博士研究生，中共党员，珠海大横琴科技发展有限公司高级研究员。致力于跨域多维电子围网系统（支撑国家分线管理重大政策创新的核心技术平台）、跨域多维云平台等城市大数据重大项目科研。所率项目团队攻克多项关键技术，首次实现将雷达、光电跟踪仪、遥感卫星、无人机、视频等多源异构设备组网协同作战，集成天空地海跨平台多维大数据，通过人工智能实现目标区域人车船有效管控，成果被鉴定为“整体达到国际先进水平，雷达和视频多设备协同跟踪等两项技术达到国际领先水平”。作为该科研团队骨干成员，获得2018年度广东省优秀科技成果奖、2019年度广东省科技进步一等奖。主持中国博士后基金特别资助项目1项、中国博士后基金一等资助项目1项。作为核心成员参与2项澳门基金会重点科研项目。在大数据技术领域的科研成果获得国际认可，以第一或通讯作者在JCR（期刊引用报告）一区和二区期刊发表论文11篇，其中6篇在“Information Science”（《信息科学》）、“International Journal of Information Management”《信息管理国际期刊》）等SSCI一区期刊或信息科学领域的中科院分区Top 5%顶尖期刊发表，第一作者论文的总影响因子63.8，申请国家发明专利4项。被评为珠海市2017年度“优秀共产党员”、2019年度“优秀青年人才”。2020年12月，被评为广东省劳动模范。

王佳鑫　广东省揭阳市人，1995年4月出生，大专学历，共青团员，中海福陆重工有限公司焊工。先后取得BV（法国船级社）认证的SMAW+FCAW-G-6GR（焊条电弧焊+气保焊，6GR主要适用于钢结构T.K.Y节点焊接）、DNV（挪威船级社）认证的SMAW 6G（焊条电弧焊　全位置）、ASME（美国机械工程协会）认证的GTAW 6G（氩弧焊　全位置）、GTAW+SMAW6G（氩弧焊+焊条电弧焊　全位置）、GTAW+FCAW6G（氩弧焊+气保焊　全位置）、GTAW（SS）6G（氩弧白钢　全位置）等焊接资质。高质量、高合格率完成多个国内外项目的焊接工作，获得业主及第三方检验的高度赞誉。2018年，该公司为承接国外项目，需要取得加拿大CWB认证审核、美标ARSC认证审核和欧标EN1090认证审核。王佳鑫和同事在近50℃的车间里进行大量工艺实验，取得相关资质的认证审核，为企业的发展打下坚实基础。曾获珠海市高级焊工职业技能竞赛第一名、广东省高级焊工职业技能竞赛第一名、第七届北京嘉克杯国际焊接技能大赛团体金奖和个人单项青年组第一名。被授予“珠海市技术能手”“广东省技术能手”“珠海工匠”等荣誉称号。2020年12月，被评为广东省劳动模范。

刘强胜　安徽省巢湖市人，1976年9月出生，大专学历，中共党员，珠海公交巴士有限公司香洲分公司香洲站站长。自新冠肺炎疫情爆发，主动放弃春节假期，组织党员志愿服务队、工人先锋队开展新冠肺炎疫情防控工作，有力保证香洲区最大换乘站、最密枢纽站——巴士香洲站的平稳运营。香洲站承担疫情定点治疗医院——中山大学附属第五医院医护人员出行的任务。经刘强胜积极协调，2020年2月10日，如期开通“党校（市卫生健康局）——中大五院”的公交专线，每天早上7点在市卫生健康局门口巴士站，将中山大学附属第五医院有乘车需要的医护人员直接送到医院门口。2020年12月，被评为广东省劳动模范。

党扬州　河南省安阳市人，1988年3月出生，大专学历，中共党员，广东龙丰精密铜管有限公司包装组长。主持和参与的重大创新项目42项，其中，精整气路、油路管道的改进，熔铸牵引机机顶罩的改造，盘拉机取样盒的创新等都获得公司认可。2014年，参与集团公司铣屑压块新工艺专利项目；2015年，组织参与集团公司铸坯成型晶粒组织改善项目；2016年，所参与的提升单机台产能突破项目、模具防氧化提升项目均取得良好进展；2017年，所攻关改善车间环境结合新物料替代覆盖项目，节约成本约12%，有效改善车间环境。2016年，“党扬州创新室”被命名为珠海市劳模创新工作室，该室为公司创新改造、设备技改、成本管控等节约大量资金。多次获得公司月度明星称号。2009年、2011年被评为龙丰公司年度先进个人。2011年，获珠海市金湾区“金湾先锋”荣誉称号，被评选为龙丰公司高级技工。2013年，被评为珠海市劳动模范。

2014年，被评为龙丰公司优秀党员。2015年，获得广东省五一劳动奖章。2017年，被评为龙丰公司抗击台风先进个人。2020年12月，被评为广东省劳动模范。

周运贤 祖籍广东省梅州市，1983年3月出生，澳门人，博士研究生，横琴跨境说科技有限公司（简称跨境说）执行总裁。开发并运营跨境说严选App、Ola Share App、中国葡语国家经贸合作及人才信息网、中拉经贸合作平台、澳门商汇馆，区块链溯源，成为第一家澳门青年企业与美国亚马逊AWS大中华区人才培训的重要合作伙伴。2019年10月，作为嘉宾受邀参加中华人民共和国成立70周年大会并参加天安门观礼。创建横琴“一国两制”展览馆（澳门篇）。所创建的跨境说成为第一家获得佛得角共和国国家平台授权的澳门青年企业，为国家“一带一路”建设、澳门经济多元发展做出贡献。与多地共建跨境电商服务平台，为精准扶贫做出贡献。在新冠肺炎疫情防控期间，第一时间发起捐款，采购物资援助乡村，协助五华、竹山、英德等地紧急采购医疗物资，利用跨境说创新电商平台，开启“抗疫计划——医疗物资全球搜罗”行动，携手众多海外合作伙伴在全球范围搜罗口罩、防护服、护目镜、体温测量仪、手套、消毒液等物资，全部供应给政府、园区、商协会、企事业单位。2020年12月，被评为广东省劳动模范。

杨 斌 女，广东省普宁市人，1970年9月出生，大学本科学历，中共党员，珠海市香洲区拱北街道茂盛社区居委会党委书记、居委会主任。带领社区党委班子成员打造“协商议事型”“学习宣传型”“便民服务型”“助民帮困型”社区党委，充分发挥领导核心作用，所在社区在街道年度和季度考核中连续3年名列前茅。组织开办“五微”（微心愿、微课堂、微公益、微典型、微力量）服务，把关怀送到群众家门口。通过民生微实事申请项目资金，建设社区休闲广场、打通小区断头路、协调解决在建工程扰民等问题。协调业委会用维修基金改造小区儿童游乐场、建设压缩垃圾房中转站。打造全市“红色业委会”基层党建示范点。2020年新冠肺炎疫情发生后，放弃春节假期，站到社区防疫第一线，组织社区网格员、党员义工、物业落实各项防控措施，摸底排查、宣传、登记、询问、上报。2020年12月，被评为广东省劳动模范。

杨云锋 广东省珠海市人，1977年7月生，大专学历，中共党员，珠海市斗门区白蕉镇虾山村党支部书记、村委会主任。2014年任虾山村党支部书记以来，把斗门区的“问题村”“落后村”变成先进村。任职后，他用半年时间将拖欠三年没有发包的鱼虾塘问题解决，并将近六成承包款分配给村民；将十多年前江珠高速建设时被征用的15户村民的房产登记证办理完成，改变了村民一直以来不信任、不支持村干部工作的态度。2016年，为进一步激发村内的产业发展，带领村委用虾山村的客家文化美食作为发展项目，举办虾山村客家文化美食节，吸引了成千上万来自五湖四海的游客到村体验。利用废弃的虾山小学修建为民宿，增加虾山村旅游收入，带动吃、行、购等方面的消费，提高了村民的收入与幸福感。2020年新冠肺炎疫情发生后，放弃新春假期，带领干部及工作人员地毯式入户宣传新冠病毒防控知识，第一时间自费购买口罩及探温器，在村庄干道设点，对进出人员测体温和车辆进行登记。2020年12月，被评为广东省劳动模范。

广东省先进工作者

周荣波 广东省珠海市人，1978年2月出生，在职本科，中共党员，珠海市公安局特警支队斗门大队中队长、三级警长。从警以来始终战斗在打击犯罪、服务群众一线。在打击盗窃摩托车违法犯罪行动中，探索出“精准情报研判+动态伏击守候”战法，亲手抓获犯罪嫌疑人309人，破获刑事案件293件，使斗门盗窃摩托车违法犯罪案件日均发案从20件下降至2件以下，被群众称为“斗门名捕”。2005年，不顾个人安危和严寒天气，纵身跳进黄杨河救起轻生女子。2013年9月，在处置一起持刀伤人警情中，徒手夺取嫌疑人手中40厘米长的尖刀并将嫌疑人制服。2009年、2011年、2014年立个人三等功3次。2017年，被评为“全省优秀人民警察”。2017年3月，被评为“广东省岗位学雷锋标兵”。2020年12月，被评为广东省先进工作者。 （许建东）

全国三八红旗手

管延萍 女，吉林省通化市人，1968年4月出生，大学本科学历，中共党员，珠海市金湾区红旗镇卫生院副主任医师。在医疗卫生事业临床一线工作，2017年3月主动申请到云南省怒江傈僳族自治州贡山独龙族怒族自治县丙中洛中心卫生院驻点帮扶，推行实施家庭医生签约服务模式，提高妇幼保健人员的医疗技术能力，建立健全公共卫生体系，成为云南省怒江州贡山县荣誉市民。2018年10月获评云南省“扶贫先进工作者”。2019年5月获评“云南省第七届道德模范”，7月获评“全国最美支边人”“广东好人”和“广东好医生”，8月获评“中国好医生、中国好护士”，9月荣获怒江州社会事业进步奖（优秀医务工作者），12月获评“云南好人”。2020年10月获评珠海市先进工作者，10月被评为“全国三八红旗手”，12月被评为“中国好人”。

广东省三八红旗手标兵（南粤巾帼十杰）

石淑亚　女，河南省平顶山市人，1972年7月出生，大学本科学历，中共党员，珠海出入境边防检查总站拱北出入境边防检查站执勤十一队（处突队）四级高级警长，一级警督警衔。2002年进入拱北边检站处突队，先后参与处置口岸突发事件700余起、重大客流疏导任务300余次，抓获身负命案的亡命之徒等违法违规人员400余人，查获管制刀具、违禁书籍等200余件，挽回人民群众财产损失数百万元。2009年、2011年两次获评原公安部出入境管理局优秀共产党员。2010年经原公安部出入境管理局批准，荣立个人二等功。2012年获评“珠海市三八红旗手”。2016年获评“广东省三八红旗手”。2017年获评“全国优秀人民警察”。2019年获评“全国模范退役军人”。2020年，被评为“广东省三八红旗手标兵”（南粤巾帼十杰）。

广东省三八红旗手

严　芳　女，江苏省南通市人，1975年10月出生，大学本科学历，中共党员，珠海市公安局朝阳派出所所长。以守一方平安为己任，带领团队奋发作为，打击、服务双向驱动，群众满意度不断提升，辖区治安状况保持良好可控。朝阳派出所于2020年12月获评公安部“公安一级派出所”。在新冠肺炎疫情防控期间主动谋划，落实重点部位应急值守。果断处置、积极化解涉疫定点救治医院、“珠海火神山病区”、涉疫酒店等敏感部位的突发多发警情，为全市同类涉疫警情处置提供范本，有效阻断疫情传播。坚持发挥党建引领，靠前指挥、扎根社区落实网格化排查管控，创新工作方法提高排查效率，成效显著。2006年获评珠海市公安局香洲分局先进个人。2007年获评珠海市公安局香洲分局优秀人民警察。2008年、2010年、2012年三次荣立珠海市公安局个人三等功。2010年获评广东省“打拐专项先进个人”。2014年荣立珠海市公安局个人二等功。2015年获珠海市公安局嘉奖。2020年7月，被评为“广东省三八红旗手”。

魏　丽　女，湖北省潜江市人，1978年10月出生，硕士研究生，中共党员，珠海市财政局社会保障科科长。2005年，被评为广东省农村税费改革工作先进个人。2008年被评为珠海市青年岗位能手。2020年，作为市物资保障组具体经办科室，向防疫一线工作人员派发口罩、防护服、护目镜等应急防疫物资1364万件，向低保户、全市困难学生及特殊学校学生派发口罩91万个，审核拨付财政专项资金32亿元、社会保险基金175亿元，配合出台疫情防控、就业、社保费减免、居家养老等政策30余份，为打好疫情防控阻击战、稳就业、保基本民生工作做出积极贡献。2020年7月，被评为“珠海市优秀共产党员”“广东省三八红旗手”。

关舒文　女，满族，吉林省辽源市人，1990年4月出生，大学本科学历，中共党员，拱北海关缉私局侦查二处四科三级警长，从事缉毒犬、防暴犬的养护、训练以及现场使用工作。参加工作以来，参与查获毒品走私案件50余件，涉案毒品1000余克。参与一系列海关总署一级、二级挂牌督办案件以及多起邮包走私大宗毒品进境案件的抓捕、侦办工作。2017年，与队友获全国海关缉私警察枪支操作与快速射击比武决赛团体一等奖，个人获全国“十佳射击能手”称号，荣立拱北海关缉私局个人三等功。2018年获评拱北海关“最美缉私警察”、拱北海关“新时代好青年”和拱北海关“优秀女员工”。2020年7月，被评为“广东省三八红旗手”。

黄培专　女，广东省揭阳市人，1970年10月出生，大学本科学历，中共党员，广东电网有限责任公司珠海供电局生产技术部总经理。打造了“以智能电网为根本，以技术创新为支撑”的供电可靠性全国样板，自2015年以来连续实现珠海市供电可靠性全国最好。在保障对澳门供电、重大活动保供电、抗击台风救灾抢修等各项工作表现突出。2017年获评广东电网有限责任公司“抗击台风优秀共产党员”。2018年获评南方电网公司“巾帼建功标兵”。2020年7月被评为“广东省三八红旗手”。

琚翠薇 女，江西省景德镇市人，1989年6月出生，大学本科学历，翠薇阁品牌创始人。2015年，被评为“中国经济十大杰出女性”。2016年担任星光大道特约嘉宾评委。2017年，所撰《珠海与景德镇的陶瓷发展关系》（《大东方》2017年第12期）获全国优秀论文一等奖。2018年，担任商务部国际数字中心常务理事兼数字商务创新项目培育孵化部副主任。2019年，担任珠海万山群岛文创旅游设计大使，凭“中国陶瓷的轻奢现代创作与区块链产业平台”项目获“全国妇女手工创新创业大赛”创意组铜奖，获广东省妇联授牌“广东省妇女手工创业创新基地”。2020年，创办广东迦和区块链科技有限公司，并入驻横琴·澳门青年创业谷，获“创业之星”称号。2019—2020年开展多次创业培训，60%以上学员来自粤港澳大湾区，通过一系列交流活动加深粤港澳文化、艺术、商业等领域的合作，助力港澳女性创新创业，为促进大湾区社会经济发展贡献力量。2020年7月被评为“广东省三八红旗手”。

（贾传恩）

现役、退役军人立功者

金 铮 吉林省人，1982年2月出生，本科学历，中国人民解放军某部飞行教员，空军中校军衔。在部队刻苦耐劳、遵守纪律、服从命令，在飞行训练中，因长期保证飞行安全，2019年荣立二等功。2020年，斗门区退役军人事务局收到其立功喜报。

（市退役军人事务局）

逝世人物

唐榕达（1934年4月至2020年2月） 广东珠海人，1951年6月参加工作，1952年9月加入中国共产党。1956年4月起，先后在珠海县人民委员会、宣传部、县委办担任干事。1968年6月至1973年4月任珠海县革委办秘书组副组长。1973年5月至1980年10月任珠海县农林水办公室副主任。1980年11月至1984年6月先后任珠海市畜牧局局长、市委研究室副主任。1984年7月至1988年10月任珠海市委办公室主任。1988年11月至1994年2月任珠海特区报社首任社长、市人大常委会副主任。1994年3月起任珠海市政协副主席、党组副书记，1997年8月退休。退休后仍积极奉献，2000年7月至2008年3月任珠海市老干部大学校长。2000年8月至2012年10月任珠海市关心下一代工作委员会副主任。2006年至2014年任珠海经济特区研究会副会长。2020年2月逝世，享年86岁。

（市委老干部局）

现役、退役军人荣誉表

姓名	性别	籍贯	政治面貌	所在单位	奖项名称	授予单位	授予时间
樊建国	男	河北	中共党员	珠海市金湾区退役军人事务局	广东省爱国拥军模范	中共广东省委、广东省人民政府、广东省军区	2020年11月
黄英明	男	广东	群众	珠海市斗门区旭日陶瓷有限公司	广东省爱国拥军模范	中共广东省委、广东省人民政府、广东省军区	2020年11月
李 兴	男	山东	中共党员	广东省珠海警备区	广东省拥政爱民模范	中共广东省委、广东省人民政府、广东省军区	2020年11月

（市退役军人事务局）

·责任编辑：曾维浩·

统计资料

珠海市地区生产总值各行业增加值

（2019—2020 年）

指标名称	计量单位	2019年	2020年	2020年比2019年增减（%）
地区生产总值	万元	34442343	34819395	3.0
总计中：第一产业	万元	580901	600180	1.6
第二产业	万元	15198515	15108630	1.8
第三产业	万元	18662926	19110585	4.1
总计中：农林牧渔业	万元	616565	639862	1.8
工业	万元	13090654	12768841	0.5
建筑业	万元	2270124	2468261	8.9
批发和零售业	万元	2981128	3006195	0.8
交通运输、仓储和邮政业	万元	586014	606259	13.9
住宿和餐饮业	万元	499949	405113	-22.4
金融业	万元	3420508	4026717	9.7
房地产业	万元	2501723	2655298	4.4
人均地区生产总值	元	151702	145645	-2.2

注：地区生产总值按现行价格计算，增长速度按可比价计算。

珠海市户籍人口及变动情况

（2019—2020 年）

指标名称	计量单位	2019年	2020年	2020年比2019年增减（%）
一、年末家庭总户数	户	355023	371538	4.7
二、年末户籍人口	人	1332854	1392176	4.5
其中：男性	人	662105	687897	3.9
女性	人	670749	704279	5.0
其中：农业人口	人	0	0	—
非农业人口	人	1332854	1392176	4.5

（续表）

指标名称	计量单位	2019年	2020年	2020年比2019年增减（%）
三、出生人口	人	20785	19988	-3.8
其中：男性	人	10969	10519	-4.1
女性	人	9816	9469	-3.5
四、出生率	‰	15.95	14.36	-1.59
五、死亡人口	人	4101	5381	31.2
六、死亡率	‰	3.15	3.89	0.74
七、自然增长率	‰	12.80	10.47	-2.33
八、人口迁入	人	53087	55038	3.7
九、人口迁出	人	9685	10323	6.6
十、流动渔民人口	人	8200	7321	-10.7

珠海市工业主要情况

（2019—2020年）

指标名称	计量单位	2019年	2020年	2020年比2019年增减（%）
一、工业企业单位数	个	8534	8943	4.8
（一）规模以上工业企业	个	1388	1492	7.5
1. 按轻重工业分				
（1）轻工业	个	490	512	4.5
（2）重工业	个	898	980	9.1
2. 按经济类型分				
（1）国有企业	个	0	7	—
（2）集体企业	个	1	1	0.0
（3）股份合作企业	个	0	0	—
（4）股份制企业	个	902	1001	11.0
（5）港澳台投资企业	个	290	290	0.0
（6）外商投资企业	个	192	187	-2.6
3. 按企业规模分				
（1）大型企业	个	61	70	14.8
（2）中型企业	个	239	234	-2.1
（3）小微型企业	个	1088	1188	9.2
（二）规模以下工业企业	个	7146	7451	4.3
二、工业总产值（现价）	万元	48432478	46744028	-1.7
（一）规模以上工业企业	万元	46469873	45658044	-1.5
1. 按轻重工业分				
（1）轻工业	万元	15549836	15595041	2.1
（2）重工业	万元	30920037	30063003	-3.1

（续表）

指标名称	计量单位	2019年	2020年	2020年比2019年增减（%）
2. 按经济类型分				
（1）国有企业	万元	0	671605	—
（2）集体企业	万元	8638	2481	-71.7
（3）股份合作企业	万元	0	0	—
（4）股份制企业	万元	25520940	25707945	2.5
（5）港澳台投资企业	万元	6707063	6706894	-5.5
（6）外商投资企业	万元	14216707	12539135	-6.8
3. 按企业规模分				
（1）大型企业	万元	20140339	20050490	-3.3
（2）中型企业	万元	11330695	11240351	3.4
（3）小微型企业	万元	14998840	14367203	-3.3
（二）规模以下工业企业	万元	1962605	1085984	-9.9

珠海市地方一般公共预算收支情况
（2019—2020年）

指标名称	计量单位	2019年	2020年	2020年比2019年增减（%）
一、地方一般公共预算收入	万元	3444865	3791327	10.1
（一）税收收入	万元	2840068	2967207	4.5
1. 增值税	万元	875539	789544	-9.8
2. 企业所得税	万元	506690	727491	43.6
3. 个人所得税	万元	173301	202814	17.0
4. 城市维护建设税	万元	260429	244856	-6.0
5. 房产税	万元	170951	114685	-32.9
6. 印花税	万元	71962	85041	18.2
7. 土地增值税	万元	354517	352270	-0.6
8. 契税	万元	326418	357902	9.6
（二）非税收入	万元	604797	824120	36.3
二、地方一般公共预算支出	万元	6157366	6776159	10.0
（一）一般公共服务	万元	756504	829333	9.6
（二）公共安全	万元	494634	541349	9.4
（三）教育	万元	1042080	1104658	6.0
（四）科学技术	万元	488867	515050	5.4
（五）文化体育与传媒	万元	104464	305287	192.2
（六）社会保障和就业	万元	776435	824489	6.2
（七）医疗卫生	万元	391843	448881	14.6
（八）节能环保	万元	208439	176728	-15.2

（续表）

指标名称	计量单位	2019年	2020年	2020年比2019年增减（%）
（九）城乡社区事务	万元	1110776	995660	-10.4
（十）农林水事务	万元	231961	238183	2.7
（十一）住房保障	万元	6165	11511	86.7
（十二）交通运输	万元	88945	334137	275.7

珠海市农业主要情况
（2019—2020 年）

指标名称	计量单位	2019年	2020年	2020年比2019年增减（%）
一、农林牧渔业总产值（现价）	万元	1053060	930576	-0.5
#农业	万元	157143	152722	1.3
林业	万元	162	273	67.7
畜牧业	万元	66569	15476	-76.8
渔业	万元	742826	666017	4.9
农林牧渔服务业	万元	86360	96087	8.4
二、农林牧渔业增加值（现价）	万元	616253	549353	-0.5
#农业	万元	108079	105039	1.3
林业	万元	125	211	67.7
畜牧业	万元	28786	6692	-76.8
渔业	万元	443614	397746	4.9
农林牧渔服务业	万元	35649	39665	8.4
三、农作物播种面积	亩	222289	232526	-4.4
（一）粮食	亩	65301	73856	-11.6
#稻谷	亩	60076	66337	-9.4
旱粮	亩	2196	3353	-34.5
薯类	亩	2325	3081	-24.5
#番薯	亩	2060	2882	-28.5
大豆	亩	474	690	-31.3
（二）经济作物	亩	36314	36234	0.2
#花生	亩	3249	3179	2.2
木薯	亩	74	47	57.4
甘蔗	亩	200	131	52.7
#糖蔗	亩	0	0	--
（三）其他农作物	亩	120674	122436	-1.4
#蔬菜	亩	106360	110466	-3.7
果用瓜	亩	6503	3637	78.8
青饲料	亩	5991	6507	-7.9

（续表）

指标名称	计量单位	2019年	2020年	2020年比2019年增减（%）
四、农作物总产量				
（一）粮食	吨	25510	28876	13.2
#稻谷	吨	23629	26133	10.6
旱粮	吨	1210	1753	44.9
薯类	吨	2625	3905	48.8
#番薯	吨	2270	3635	60.1
大豆	吨	113	149	31.9
（二）经济作物	吨	2270	1810	-20.3
#花生	吨	1004	805	-19.8
木薯	吨	58	41	-29.3
甘蔗	吨	1200	781	-34.9
#糖蔗	吨	0	0	—
（三）其他农作物	吨	155312	156072	0.5
#蔬菜	吨	141828	143868	1.4
果用瓜	吨	5921	3703	-37.5
青饲料	吨	7563	8501	12.4
五、水果实有面积	亩	88427	84552	-4.4
（一）柑、橘、橙	亩	2084	857	-58.9
（二）香（大）蕉	亩	8291	9203	11.0
（三）菠萝	亩	65	110	69.2
（四）荔枝	亩	41685	41398	-0.7
（五）龙眼	亩	6015	6744	12.1
（六）其他水果	亩	30287	26240	-13.4
六、水果总产量	吨	97641	98961	1.4
（一）柑、橘、橙	吨	1422	1683	18.4
（二）香（大）蕉	吨	19462	18880	-3.0
（三）菠萝	吨	82	505	515.9
（四）荔枝	吨	4390	5775	31.5
（五）龙眼	吨	1661	2489	49.8
（六）其他水果	吨	70624	69629	-1.4
七、畜牧业生产情况				
（一）年末生猪存栏量	头	15176	53965	255.6
（二）全年生猪出栏量	头	178028	8468	-95.2
（三）三鸟饲养量	万只	438.37	247.86	-43.5
（四）猪肉总产量	吨	14833	691	-95.3

（续表）

指标名称	计量单位	2019年	2020年	2020年比2019年增减（%）
（五）牛肉总产量	吨	9	0	-100.0
（六）禽肉总产量	吨	5696	2221	-61.0
（七）禽蛋总产量	吨	5759	5697	-1.1
八、水产品生产情况				
（一）水产养殖面积	亩	374886	332250	-11.4
1. 海水养殖	亩	203858	177315	-13.0
2. 淡水养殖	亩	171028	154935	-9.4
（二）水产品总产量	吨	324761	328699	1.2
1. 海洋捕捞	吨	15408	8143	-47.2
2. 海水养殖	吨	89518	92934	3.8
3. 淡水捕捞	吨	1705	1139	-33.2
4. 淡水养殖	吨	218130	224523	2.9

注：农业总产值和增加值指标同比增长按可比价计算。

珠海市社会消费品零售主要情况
（2019—2020年）

指标名称	计量单位	2019年	2020年	2020年比2019年增减（%）
社会消费品零售总额	万元	9962987	9212612	-7.5
一、按销售单位所在地分				
（一）城镇	万元	9017910	8957422	-7.5
（二）乡村	万元	945077	255189	-7.5
二、按行业分组				
（一）批发业	万元	4182092	3801242	-9.4
1. 限额以上企业	万元	519776	362916	-20.9
2. 限额以下企业及个体户	万元	3662316	3438326	-8.0
（二）零售业	万元	4543087	4405882	-3.1
1. 限额以上企业	万元	2982074	3278571	5.7
2. 限额以下企业及个体户	万元	1561013	1127311	-22.0
（三）住宿业	万元	260548	160625	-38.4
1. 限额以上企业	万元	230884	101200	-47.3
2. 限额以下企业及个体户	万元	29664	59426	-13.7
（四）餐饮业	万元	977260	844862	-13.7
1. 限额以上企业	万元	368329	319583	-16.4
2. 限额以下企业和个体户	万元	608931	525279	-12.0

注：2020年比2019年增长是用2020年月度统计口径范围可比的2019年社会消费品零售总额计算所得。

珠海市固定资产投资主要情况
（2019—2020 年）

指标名称	计量单位	2019年比2018年增减（%）	2020年比2019年增减（%）
一、固定资产投资总额	%	6.1	13.1
（一）按构成分			
1．建安工程	%	9.5	8.1
2．设备工器具购置	%	15.6	-2.3
3．其他费用	%	-1.2	25.5
（二）按用途分			
1．第一产业	%	19.4	145.7
2．第二产业	%	15.2	18.1
3．第三产业	%	4.6	12.1
（三）按行业分			
1．农林牧渔业	%	-2.6	44.1
2．采矿业	%	15.7	-39.0
3．制造业	%	9.0	16.8
4．电力、燃气及水的生产和供应业	%	41.4	46.9
5．建筑业	%	—	—
6．批发和零售业	%	27.0	7.7
7．交通运输、仓储和邮政业	%	-47.1	13.7
8．住宿和餐饮业	%	21.6	3.3
9．信息传输、软件和信息技术服务业	%	47.0	39.7
10．金融业	%	—	—
11．房地产业	%	13.6	19.0
12．租赁和商务服务业	%	-18.6	-19.2
13．科学研究和技术服务业	%	38.0	-39.6
14．水利、环境和公共设施管理业	%	14.8	3.5
15．居民服务、修理和其他服务业	%	32.9	-40.2
16．教育	%	62.0	-1.8
17．卫生和社会工作	%	49.0	38.1
18．文化、体育和娱乐业	%	38.8	123.6
19．公共管理、社会保障和社会组织	%	62.3	-11.4
二、新增固定资产	%	-41.6	15.5

珠海市房地产主要情况

（2019—2020 年）

指标名称	计量单位	2019年	2020年	2020年比2019年增减（%）
一、房地产开发投资来源与投向				
（一）房地产开发完成投资额	万元	8933618	10757836	20.4
按构成分：				
1. 建筑工程	万元	4382450	4585205	4.6
2. 安装工程	万元	361522	299029	-17.3
3. 设备工器具购置	万元	57788	32946	-43.0
4. 其他费用	万元	4131858	5840656	41.4
按工程用途分：				
1. 住宅	万元	5648297	6337109	12.2
2. 办公楼	万元	1360561	1669693	22.7
3. 商业营业用房	万元	742827	969299	30.5
4. 其他	万元	1181933	1781735	50.7
（二）新增固定资产	万元	2388236	2418038	1.2
（三）本年购置土地面积	平方米	1044492	256718	-75.4
（四）本年资金来源合计	万元	23789135	25278173	6.3
上年末结余资金	万元	7071469	7631877	7.9
本年资金来源小计	万元	16717666	17646296	5.6
1. 国内贷款	万元	2673483	2909469	8.8
2. 利用外资	万元	94371	119780	26.9
3. 自筹资金	万元	4768833	6343435	33.0
4. 定金及预收款	万元	6865322	6066927	-11.6
5. 个人按揭贷款	万元	2188478	1980153	-9.5
6. 其他资金	万元	127179	226532	78.1
（五）各项应付款	万元	2663782	3422565	28.5
二、房地产开发施工、竣工面积及销售情况				
（一）施工面积合计	平方米	36461067	41329834	13.4
#住宅	平方米	19221934	21646482	12.6
办公楼	平方米	6367985	7372271	15.8
商业营业用房	平方米	3857826	4387919	13.7
（二）新开工面积合计	平方米	7125487	8692920	22.0
#住宅	平方米	3459304	4916057	42.1
办公楼	平方米	1600394	1313142	-17.9
商业营业用房	平方米	751175	885635	17.9
（三）待售面积合计	平方米	2811516	3042637	8.2
按用途分				
1. 住宅	平方米	1547677	1256375	-18.8

（续表）

指标名称	计量单位	2019年	2020年	2020年比2019年增减（%）
2. 办公楼	平方米	363822	743225	104.3
3. 商业营业用房	平方米	411334	411404	0.0
按时间分				
1. 一年以下	平方米	850103	698841	-17.8
2. 一至三年	平方米	1413413	1702033	20.4
3. 三年以上	平方米	548000	641763	17.1
（四）商品房竣工面积	平方米	3015744	3273349	8.5
1. 住宅	平方米	1701001	1442266	-15.2
2. 办公楼	平方米	424091	628808	48.3
3. 商业营业用房	平方米	315393	437998	38.9
（五）商品房竣工价值	万元	1807643	2101937	16.3
1. 住宅	万元	980070	661840	-32.5
2. 办公楼	万元	208169	530825	155.0
3. 商业营业用房	万元	267588	509431	90.4
（六）商品房销售面积	平方米	4376130	4818262	10.1
1. 住宅	平方米	3867191	4193819	8.4
2. 办公楼	平方米	330017	430267	30.4
3. 商业营业用房	平方米	104612	125741	20.2
（七）销售面积按房源分				
1. 现房	平方米	1035957	892269	-13.9
2. 期房	平方米	3340173	3925993	17.5
（八）房地产开发企业主要财务指标				
1. 流动资产	万元	61802799	65562659	6.1
2. 固定资产原价	万元	1171641	1223961	4.5
#累计折旧	万元	240687	250895	4.2
3. 资产总计	万元	74691478	89641067	20.0
4. 负债合计	万元	57646444	67575480	17.2
5. 所有者权益	万元	17045034	22065587	29.5
6. 实收资本	万元	8251556	9909412	20.1
7. 主营业务收入	万元	6094338	8294003	36.1
8. 主营业务成本	万元	3660479	5031035	37.4
9. 主营业务税金及附加	万元	729304	823213	12.9
10. 营业利润	万元	1192991	1456197	22.1
11. 利润总额	万元	1162200	1491863	28.4
12. 本年应付职工薪酬	万元	234719	235225	0.2
13. 应交所得税	万元	270131	404119	49.6

珠海市交通运输邮电主要情况

（2019—2020 年）

指标名称	计量单位	2019年	2020年	2020年比2019年增减（%）
一、运输业				
（一）货运量	万吨	9845	8294	-15.8
1. 公路	万吨	4884	4062	-16.8
2. 水路	万吨	4077	3509	-13.9
（二）货物周转量	万吨公里	2754016	4555240	65.4
1. 公路	万吨公里	398063	402898	1.2
2. 水路	万吨公里	2193050	4020805	83.3
（三）客运量	万人次	5868	2718	-53.7
1. 公路	万人次	2561	1168	-54.4
2. 水路	万人次	560	253	-54.7
（四）旅客周转量	万人公里	990091	549050	-44.5
1. 公路	万人公里	457936	216426	-52.7
2. 水路	万人公里	21114	9628	-54.4
（五）港口吞吐量				
1. 货物进出港量	万吨	13838	13367	-3.4
2. 旅客进出港量	万人次	550	264	-52.1
（六）机动车拥有量				
1. 民用汽车	辆	691188	757058	9.5
客车	辆	635540	696399	9.6
其中：大型	辆	9207	8830	-4.1
小型	辆	624838	686218	9.8
货车	辆	53039	57677	8.7
其中：重型	辆	11256	12300	9.3
中型	辆	1516	1513	-0.2
轻型	辆	40261	43860	8.9
微型	辆	6	4	-33
2. 其他机动车	辆	75329	75587	0.3
#摩托车	辆	72530	72339	-0.3
（七）船拥有量				
1. 机动船	艘	178	190	6.7
	吨位	337344	509555	51.0
	客位	9006	8259	-8.3
2. 驳船	艘	2	2	0
	吨位	2642	2642	0
二、邮电业务总量	万元	3158098.26	4039089.76	27.9
（一）邮政业务总量	万元	265394.40	454967.92	71.4

（续表）

指标名称	计量单位	2019年	2020年	2020年比2019年增减（%）
函件	万件	2885.01	2131.80	-26.1
包件	万件	5.39	4.00	-25.8
快递业务量	万件	10773.05	12400.72	15.1
订销报纸累计份数	万份	1790.63	1669.57	-6.8
订销杂志累计份数	万份	172.16	133.27	-22.6
（二）电信业务总量	万元	2892703.86	3584121.84	23.9
电话用户	万户	66.11	61.84	-6.5
移动电话用户（含智能卡）	万户	386.90	359.00	-7.2
#3G移动电话	万户	11.68	6.34	-45.7
4G移动电话	万户	338.17	276.76	-18.2
互联网宽带接入用户数	万户	112.01	106.00	-5.4

珠海市对外经济主要情况
（2019—2020年）

指标名称	计量单位	2020年	2020年比2019年增减（%）
一、对外经济贸易			
（一）外商直接投资企业数	个	2624	123.1
（二）实际外商直接投资外资额	万美元	255571	5.7
二、外贸出口总值	万元	16087921	-2.8
按贸易方式分			
（一）一般贸易	万元	9612053	-0.1
（二）加工贸易	万元	5914564	-5.5
（三）保税物流	万元	543944	-17.1
（四）其他贸易	万元	17361	97.0
按企业类型分			
（一）国有企业	万元	1994875	-1.0
（二）民营企业	万元	7061670	0.2
（三）外商投资企业	万元	7027904	-6.1
（四）其他	万元	3472	-10.7
三、外贸进口总值	万元	11217800	-10.5
按贸易方式分			
（一）一般贸易	万元	6256286	-5.8
（二）加工贸易	万元	2740646	2.7
（三）保税物流	万元	2143788	-29.8
（四）其他贸易	万元	77081	-55.0

（续表）

指标名称	计量单位	2020年	2020年比2019年增减（%）
按企业类型分			
（一）国有企业	万元	905058	-56.7
（二）民营企业	万元	4001780	17.9
（三）外商投资企业	万元	6304617	-9.5
（四）其他	万元	6345	-92.5

珠海市旅游接待主要情况
（2019—2020 年）

指标名称	计量单位	2019年	2020年	2020年比2019年增减（%）
一、接待过夜旅游人数	万人次	2603.90	960.35	-48.7
（一）入境游客	万人次	341.13	35.96	-77.1
外国人	万人次	55.26	3.31	-89.8
香港同胞	万人次	120.95	9.54	-87.4
澳门同胞	万人次	99.03	20.68	-42.1
台湾同胞	万人次	65.89	2.43	-81.6
（二）内地游客	万人次	2262.77	924.39	-46.1
二、星级酒店				
（一）酒店数	家	60	59	-1.7
1．五星酒店	家	8	7	-12.5
2．四星酒店	家	7	7	0.0
3．三星酒店	家	42	42	0.0
4．二星酒店	家	3	3	0.0
5．一星酒店	家	0	0	—
（二）客房数	间	9465	9597	1.4
（三）床位数	张	14696	14847	1.0
（四）客房出租率	%	62.27	34.78	-27.5
三、旅行社组团游客人数	人次	1767400	353188	-80.0
（一）内地游	人次	1188044	337110	-71.6
1．省内游	人次	850632	258561	-69.6
2．省外游	人次	337412	78549	-76.7
（二）出境游	人次	579356	16078	-97.2
1．香港	人次	147587	309	-99.8
2．澳门	人次	145108	10844	-92.5
3．台湾	人次	6673	157	-97.6
4．其他	人次	279988	4768	-98.3
四、口岸出入境人数	万人次	17144	6735	-60.7

珠海市就业主要情况
（2019—2020 年）

指标名称	计量单位	2019年	2020年	2020年比2019年增减（%）
一、年末从业人员数	人	1611702	1771442	9.9
（一）第一产业	人	59678	56477	-5.4
（二）第二产业	人	649835	724882	11.5
（三）第三产业	人	902189	990083	9.7
二、城镇非私营单位从业人员	人	760784	843819	10.9
（一）国有单位	人	78743	106118	34.8
（二）城镇集体单位	人	2780	3183	14.5
（三）其他各种单位	人	679261	734518	8.1
三、城镇非私营单位从业人员工资总额	万元	7639686	8869170	16.1
（一）国有单位	万元	1316949	1937142	47.1
（二）城镇集体单位	万元	19270	33047	71.5
（三）其他各种单位	万元	6303467	6898981	9.4
四、城镇非私营单位从业人员平均工资	元/人.年	99967	105978	6.0
（一）国有单位	元/人.年	166835	188385	12.9
（二）城镇集体单位	元/人.年	68552	104039	51.8
（三）其他各种单位	元/人.年	92362	94393	2.2
五、城镇非私营单位在岗职工平均工资	元/人.年	100878	107284	6.4
（一）国有单位	元/人.年	170543	190379	11.6
（二）城镇集体单位	元/人.年	68740	106639	55.1
（三）其他各种单位	元/人.年	92966	95382	2.6

珠海市科技、教育、文化和卫生主要情况
（2019—2020 年）

指标名称	计量单位	2019年	2020年	2020年比2019年增减（%）
一、科技				
（一）研究与试验发展（R&D）人员	人	41067	41870	2.0
（二）研究与试验发展（R&D）经费内部支出	亿元	108.31	113.52	4.8
占地区生产总值（GDP）比重	%	3.14	3.26	0.1
（三）专利授权量	项	18967	24434	28.8

（续表）

指标名称	计量单位	2019年	2020年	2020年比2019年增减（%）
#发明专利授权量	项	3327	4362	31.1
二、教育				
（一）学校数	所	585	605	3.4
1. 普通高等学校	所	11	11	0.0
2. 成人高等学校	所	1	1	0.0
3. 中等职业学校	所	9	9	0.0
4. 技工学校	所	5	5	0.0
5. 普通中学	所	77	80	3.9
6. 小学	所	134	137	2.2
7. 幼儿园	所	346	360	4.0
8. 特殊学校	所	2	2	0.0
（二）在校学生数	人	532219	554661	4.2
1. 普通高等学校（不含研究生）	人	139291	143778	3.2
2. 中等职业学校	人	18493	19320	4.5
3. 技工学校	人	9802	10312	5.2
4. 普通中学	人	100614	106691	6.0
5. 小学	人	181989	185969	2.2
6. 幼儿园	人	81459	87959	8.0
7. 特殊学校	人	571	632	10.7
（三）毕业生数	人	129810	131907	1.6
1. 普通高等学校（不含研究生）	人	38049	37540	-1.3
2. 中等职业学校	人	7059	5565	-21.2
3. 技工学校	人	2077	2147	3.4
4. 普通中学	人	29364	31351	6.8
5. 小学	人	25385	27494	8.3
6. 幼儿园	人	27826	27785	-0.1
7. 特殊学校	人	50	25	-50.0
三、文化				
（一）艺术表演团体	个	5	5	0.0
（二）公共图书馆	间	4	4	0.0
（三）图书馆图书总藏量（纸质）	万册（件）	242.89	285.15	17.4

（续表）

指标名称	计量单位	2019年	2020年	2020年比2019年增减（%）
（四）文化站	间	24	24	0.0
（五）群众艺术馆、文化馆	间	4	4	0.0
（六）博物馆	个	2	2	0.0
四、广播电视事业				
（一）广播电视台	座	2	2	0.0
（二）广播电视发射台	座	2	2	0.0
（三）广播覆盖率	%	100	100	0.0
（四）电视覆盖率	%	100	100	0.0
（五）有线电视入户数	万户	54.27	50.75	-6.5
五、新闻出版				
（一）全年出版报纸	种	3	3	0.0
（二）全年出版杂志	种	3	3	0.0
六、卫生				
（一）卫生机构	个	936	966	3.2
其中：医院	个	44	42	-4.5
卫生院	个	12	12	0.0
社区卫生服务中心（站）	个	118	114	-3.4
门诊部（所）	个	163	178	9.2
村卫生室	个	134	130	-3.0
专科疾病防治院（所、站）	个	1	1	0.0
疾病预防控制中心（防疫站）	个	1	5	400.0
卫生监督所（中心）	个	0	0	—
妇幼保健院（所、站）	个	2	2	0.0
（二）卫生机构在岗职工数	人	23690	24816	4.8
其中：卫生技术人员	人	19773	20673	4.6
（三）卫生机构床位数	张	10233	11207	9.5
（四）入院人数	人	370865	316185	-14.7
（五）出院人数	人	370166	316793	-14.4
（六）病床周转率	次/年	37.41	30.18	-7.2

文献·法规

珠海市2020年国民经济和社会发展计划执行情况与2021年计划草案的报告

——2021年2月2日在珠海市第九届人民代表大会第九次会议上

珠海市发展和改革局局长　于思浩

各位代表：

受市人民政府委托，我向大会报告珠海市2020年国民经济和社会发展计划执行情况与2021年计划草案，请予审议，并请市政协委员和列席人员提出意见。

一、2020年国民经济和社会发展计划执行情况

2020年是全面建成小康社会和“十三五”规划的收官之年，是珠海经济特区建立40周年，面对严峻复杂的国际国内形势、艰巨繁重的改革发展稳定任务特别是新冠肺炎疫情的严重冲击，在市委、市政府正确领导下，在市人大及其常委会的监督指导下，我市坚持稳中求进工作总基调，坚定贯彻新发展理念，坚持以供给侧结构性改革为主线，积极融入新发展格局，疫情防控取得重大战略性成果，经济运行稳定复苏，民生福祉持续改善，全面建成小康社会顺利收官，奋力夺取疫情防控和经济社会发展“双胜利”，市九届人大八次会议确定的年度计划目标任务较好完成。

（一）经人大批准的经济社会预期目标完成情况

——全市地区生产总值同比增长3%。

——固定资产投资完成2230.41亿元，增长13.1%，低于年度目标1.9个百分点。

——一般公共预算收入完成379.13亿元，增长10.1%，高于年度目标7.1个百分点。

——居民消费价格指数上涨2.3%，低于年度控制目标1.2个百分点。

——城镇登记失业率2.39%，低于年度控制目标0.61个百分点。

——城镇新增就业人数达3.8万人，超过年度目标0.8万人。

——全体居民人均可支配收入增长6.6%，高于经济增速3.6个百分点。

（二）计划执行的主要情况

1. 经济运行稳定复苏。

统筹推进疫情防控和经济社会发展，经济发展交出了一份高含金量的靓丽答卷。出台实施“暖企十条”、“复工复产十条”、稳增长“1+7”系列政策措施，全力推动企业复工复产复市，全年新增减税降费超100亿元，发放失业保险稳岗返还补贴7亿元，减少

用户用电成本4.1亿元。经济运行稳定复苏，主要经济指标逐步向好。全年地区生产总值同比增长3.0%。工业生产持续改善。规模以上工业增加值完成1200.56亿元、增长1.4%。内需潜力加快释放。固定资产投资完成2230.41亿元、增长13.1%。重点项目挂图作战取得扎实成效。全年重点项目完成投资1958亿元，为年度计划的111.3%。新开工建设黄茅海跨海通道（珠海段）、珠海隧道工程等234个项目，建成洪鹤大桥、金琴快线等67个项目。新签约重点项目113个，壁仞GPU、高景太阳能、领益智造等重大项目落户。消费市场持续回暖。发放1亿元消费券激发市场活力，优特商业广场等一批商业综合体建成开业，社会消费品零售总额完成921.26亿元、下降7.5%。稳外贸取得积极成效。外贸进出口完成2730.6亿元、下降6.1%。积极扩大利用外资，实际吸收外商直接投资完成178.1亿元、增长8.6%。新设立外商投资企业2624家、增长123.1%，摩天宇二期等重大项目落户。全年新签约投资项目134个，签约总额1376.4亿元、增长36.4%，超额完成年度目标任务，新签约项目落地率达60%。

2. 现代产业体系加快建设。

坚持把发展经济着力点放在实体经济上，推进产业基础高级化、产业链现代化，提高经济质量效益和核心竞争力。出台打造现代化产业集群推动制造业高质量发展的实施意见、支持集成电路、生物医药产业发展的系列政策。生物医药产业集群入选国家战略性新兴产业集群发展工程。丽凡达生物技术、迪奇孚瑞生物科技在新冠病毒检测、预防方面取得重大突破。全市工业投资完成345.22亿元、增长18.4%。格力电器高栏产业园、斗门智能制造产业园动工建设。加速布局新基建，顺利完成6000座5G基站任务，横琴先进智能计算中心和国际互联网数据专用通道投入运行。强化科技自立自强战略支撑，出台促进科技创新意见及若干措施，新增4家省级工程技术研究中心、2家粤港澳联合实验室，省级以上创新平台近300家。迈科智能、润都制药、银隆3家企业获得第二十一届中国专利优秀奖。加快发展现代服务业，金融业增加值同比增长10%，占地区生产总值比重达11.7%。创建国家全域旅游示范区，宋城演艺度假区、凤凰谷欢乐森林旅游区等项目加快建设。开展质量提升行动，质量工作考核获得A级最佳评价等次。

3. 全面深化改革取得显著成效。

坚决破除各方面体制机制弊端，着力增强改革系统性、整体性、协同性，推动全面深化改革向纵深发展。横琴自贸片区改革创新亮点频现，新落地60项改革创新成果，不动产登记改革创新举措入选国务院第六批自贸试验区改革试点经验，10项入选广东省自贸片区5周年最佳创新案例。打造“珠海方案”优良营商环境，出台《珠海市人民代表大会常务委员会关于优化珠海市营商环境的决定》，首次参加2020年全国营商环境评价工作。深化数字政府改革，在2020年广东省数字政府改革评估中排名全省第三位。持续深化“放管服”改革，99%的依申请事项实现最多跑一次。建成商事登记全流程电子化服务系统，企业开办实现“一网通办”，平均用时0.47天。市场主体活力不断增强，年末实有商事主体37.4万户、增长4.8%。加快国有资本布局结构战略性调整，圆满完成格力电器混合所有制改革，市属国企改革整合为12家，国有企业“以投促引”投资产业项目150余个。中国社科院发布的2020年中国城市经济活力竞争力排名中，珠海位居全国第五名。

4. 珠澳合作开发横琴开启新篇章。

紧紧围绕促进澳门经济适度多元发展的战略重任，推动制度创新、深化对澳合作、优化营商环境，做好珠澳合作开发横琴这篇文章。构建珠澳合作新机制。《横琴粤澳深度合作区总体方案》报批工作取得重大进展。通过全国首部支持港澳旅游从业人员跨境执业的地方法规。扎实推进对港澳专业人士从业资格单向认可，115名港澳建筑专业人士、589名港澳导游、5名澳门籍医生、4名澳门社工获得在横琴执业资格。横琴口岸新旅检区域启用，“合作查验、一次放行”便利通关模式实施。推动产业协同发展。横琴注册澳资企业累计3575家。粤澳合作产业园签约28个项目，投资额853.3亿元。横琴澳门青年创业谷累计孵化澳门创业项目354个。推出全国首个跨境惠企平台，横琴市政工程向港澳企业开放投标。成功举办珠澳国际人才交流大会、第二届澳珠企业家峰会等活动。民生融合加快步伐。“澳门新街坊”综合民生项目全面启动。澳门单牌车入出横琴配额增至5000台。全市2.15万非就业港澳台居民参加医保试点、同比增长3倍。对澳供水供电供气新项目完工，平岗至广昌原水供应保障和广南梅供水管道工程顺利通水。

5. 城乡区域发展协调性进一步增强。

提高发展平衡性和协调性，加速重大交通设施建设、重大产业布局，区域交通枢纽加快成型。机场综合服务水平进一步提升，珠机城际一期正式开通运营，空港国际物流园、机场综合交通枢纽动工建设。黄茅海跨海通道、珠海隧道、香海大桥西延线先行段开工建设，洪鹤大桥、金琴快线、鹤港高速一期机场东路至江珠高速公路段、香海大桥造贝互通至梅华互通段、板樟山新增隧道正式通车。城市功能品质持续提升。建成香山湖公园、海天公园等5个市政特色公园和18个城乡社区公园，建成23.28公里健康步道、40.51公里林荫道、35处繁花节点和多彩立面。新建城市公厕41座、改造提升7座。新建公共停车位约8000个、人行立体过街设施15座。完成43公里市政燃气管道建设，为2万户老旧小区住宅加建户外公共燃气管道。西部生态新城建设全面提速，起步区39条新建道路通车，13个公共服务设施基本完工。深入实施乡村振兴战略。粤港澳大湾区“菜篮子”产品珠海配送分中心、绿兴冷链项目建成投产。村居全部达到干净整洁村标准，斗门区获评全国村庄清洁行动先进县。扎实推进“四好”农村路建设，完成提档升级91.2公里、“白改黑”57.9公里。乡村治理改革有序推进，斗门区被确定为全国农村宅基地制度改革试点、城乡融合发展省级试点。土地利用计划执行情况良好，共使用80个批次涉及用地指标414.84公顷，省下达用地指标使用进度达99.99%。

6. 三大攻坚战取得决定性成果。

坚定不移打好三大攻坚战，坚决守住不发生系统性金融风险的底线，推动生态环境质量持续好转，确保脱贫攻坚任务全面完成。完成851户国有“僵尸企业”出清工作，国有企业经营水平和风险防控能力得到提高，房地产市场保持平稳健康发展。蓝天碧水净土保卫战成效显著。空气质量保持全国领先，PM2.5下降到19微克/立方米，为近5年来最好，17条城市黑臭水体实现“不黑不臭”。前山河流域综合整治加快推进，石角咀水闸国考断面水质达到Ⅲ类标准。全市公共机构生活垃圾分类实现全覆盖，基本建成5个垃圾分类示范区及2个示范镇（街）。脱贫攻坚目标任务全面完成。精准帮扶阳江、茂名的贫困户100%脱贫。助力怒江四个县（市）全部脱贫摘帽。持续做好稻城县、理塘县、米林县、米林农场、巫山县三峡库区对口支援工作，助推理塘县实现高质量脱贫摘帽。

7. 民生保障和改善有力有效。

坚持在发展中保障和改善民生，不断满足人民日益增长的美好生活需要，使人民获得感、幸福感、安全感更加完善、更有保障、更可持续。民生支出461.07亿元、增长5.7%。社会保障水平稳步提升。最低生活保障、特困供养人员基本生活、孤儿基本生活保障补贴标准分别提高至1100 元/人/月、1760 元/人/月、1982元/人/月。加大住房保障力度，开工和续建1.4万套保障性住房。启动5处公办养老机构建设，市社会福利中心二期工程投入使用。建成24个镇（街）居家社区养老综合服务中心、306处村（社区）居家养老站、168处长者饭堂，在全省率先实现城乡社区养老服务设施全覆盖。城乡居民基本医保财政补贴提高至620元/人/年，附加补充医疗保险累计成功投保超100万人。新增公办幼儿园37所、学位3.66万个，新建和改扩建中小学10所、学位1.19万个。医疗水平不断提升。新增公立医院床位1567张，市人民医院北二区科研综合楼主体工程、横琴新区中心医院等开工建设，市妇幼保健院南院区正式运营。市规划展览馆、博物馆新馆正式开放，全民健身综合训练馆、美术馆改扩建项目加快推进，工人文化宫和方志馆动工建设。完成4个基层社会治理试点镇（街）和46个城乡社区示范点建设，328个城乡社区实现综合服务平台全覆盖，启动5个小区“智慧社区”试点建设。扎实推进平安珠海建设，全市各类刑事案件立案数、严重暴力犯罪案件立案数分别下降16.1%、28.9%。

（三）计划执行存在的问题

2020年，我市坚持高质量发展不动摇，在克服疫情不利影响、稳定经济基本面的同时，坚持在稳增长中改善民生，经济结构和质量呈现了积极的变化，经济复苏回稳的良好态势更加巩固，社会事业发展取得积极成效，但依然存在一些问题和弱项：

一是实体经济根基不牢。工业经济发展活力不足、结构性困难凸显，支柱产业受疫情冲击较为严重，龙头企业生产仍未恢复正常水平，新经济增长发挥作用有限，民营企业及中小企业市场需求下滑较大，企业生产经营较为困难。产业规模还不够大、结构还不够优，产业体量偏小、产业链不完善的问题仍较为突出。

二是经济循环仍然不畅。固定资产投资结构不优、增速放缓，投资增长主要依靠土地出让拉动的现状有待改善。消费受疫情影响呈现滑坡式下降，居民消费意愿不强、需求不旺，新型消费起步晚、规模小，内需对经济拉动作用逐渐减弱。国际需求大幅萎缩，外贸企业订单不足问题凸显，企业出口转内销尚未建立健全机制，打通经济循环需要付出艰辛努力。

三是城市功能和民生事业仍有短板弱项。城市交通服务水平有待进一步提升，地铁、高铁建设急需加快步伐。教育、医疗资源总量不足、分布不均，学科水平和创新能力有待提高，医疗卫生应急能力还不够强，公共卫生服务体系有待完善。稳就业压力加大，在珠高校毕业生留珠比例较低，新增就业有所下降。康养服务体系发展较慢，公共文化设施建设仍有短板，水、土壤、垃圾等污染治理任务比较重，现代环境治理体系尚未构建，城市管理精细化水平有待提升。

二、2021 年经济社会发展的总体思路和预期目标

（一）发展环境

从宏观环境看，世界经济有望开启复苏进程，经济合作与发展组织（OECD）、国际货币基金组织（IMF）等机构均预测2021年全球经济将出现恢复性增长，但经济复苏不稳定性、不确定性明显增加，新冠肺炎疫情影响广泛深远，经济活动恢复到疫情前水平存在较大难度。从国内形势看，面对新冠肺炎疫情严重冲击，我国成为全球唯一实现经济正增长的主要经济体，交出了一份人民满意、世界瞩目、可以载入史册的答卷。我国已转向高质量发展阶段，经济长期向好的基本面没有改变，继续发展具有多方面优势和条件。中央经济工作会议指出，宏观政策要保持连续性、稳定性、可持续性，构建新发展格局要迈好第一步，见到新气象，为2021年经济工作指明了方向。从珠海自身看，横琴粤澳深度合作区加快建设、省支持珠海加快发展政策措施出台等一系列重大机遇即将落地，战略红利、政策红利、区位红利、窗口红利将集中释放，珠海有条件、有基础、有潜力实现高质量发展，要在危机中育先机，于变局中开新局，努力保持经济运行在合理区间，为“十四五”开好局、起好步，在全面建设社会主义现代化国家新征程中走在前列。

（二）总体思路

以习近平新时代中国特色社会主义思想为指导，全面贯彻党的十九大和十九届二中、三中、四中、五中全会以及中央经济工作会议精神，深入学习贯彻落实习近平总书记出席深圳经济特区建立40周年庆祝大会和视察广东重要讲话、重要指示精神，贯彻落实省委十二届十一次、十二次、十三次全会精神和市委八届九次、十次全会精神，聚焦省委“1+1+9”工作部署、“一核一带一区”战略布局和全面深化改革开放、壮大提升城市能级量级、推动高质量发展、促进澳门经济适度多元发展四大战略任务，坚持稳中求进工作总基调，立足新发展阶段，贯彻新发展理念，构建新发展格局，以推动高质量发展为主题，以深化供给侧结构性改革为主线，以改革创新为根本动力，以满足人民日益增长的美好生活需要为根本目的，巩固拓展疫情防控和经济社会发展成果，扎实做好“六稳”工作、全面落实“六保”任务，努力保持经济运行在合理区间，确保实现“十四五”良好开局。

（三）主要预期目标

——地区生产总值增长7%以上。

——规模以上工业增加值增长6%。

——社会消费品零售总额增长7%。

——固定资产投资总额增长8%。

——外贸进出口总额保持正增长。

——实际吸收外商直接投资增长2%。

——一般公共预算收入增长8%。

——居民消费价格指数涨幅控制在3%以内。

——全体居民人均可支配收入与经济增长保持同步。

——城镇登记失业率控制在3%以内。

——城镇新增就业人口3万人。

三、2021 年国民经济和社会发展重点工作

（一）坚持创新驱动发展，推动经济高质量发展迈上新台阶

提升自主创新能力实力。加快创新平台建设。发挥好南方海洋科学与工程广东省实验室（珠海）、横琴人工智能超算中心等创新平台作用，推动珠海市与复旦大学、中科院深圳先进技术研究院、深圳清华大学研究院、广东省科学院深入合作。加快珠海中科先进技术研究院创新科技园项目建设，打造以科技产业协同创新为目标的综合性高端科技创新载体。充分用好澳门大学、澳门科技大学产学研基地及4家国家重点实验室横琴分部，开展珠港澳科技创新合作项目。持续开展高新技术企业树标提质行动，力争全年培育独角兽企业超过100家。加强关键核心技术攻关，鼓励企业积极参与国家重点研发计划和国家技术创新工程，支持格力、纳思达等龙头企业创建国家级、省级制造业创新中心。加快建设国家新能源汽车质检中心和省海洋工程装备产业计量测试中心。开展质量提升行动，做好标准国际化创新型城市创建验收工作。

强化创新要素支撑。推进创新人才集聚，修订

创新创业团队和高层次人才创业项目管理办法，针对珠海在读大学生推出留珠创业就业人才计划，实施放宽人才引进及入户条件新政策，完善人才分类评价激励机制，全面深化职称制度改革，引进培育超20个高水平创新创业团队。发挥财政扶持资金、风险补偿基金、产业发展基金引导撬动作用，鼓励商业银行参与科技信贷融资对接。加快推进国家（珠海）知识产权保护中心建设。办好中国创新创业大赛珠海赛区等活动。完善激励机制和科技评价机制，落实好攻关任务“揭榜挂帅”等机制。

加快建设现代产业体系。研究出台支持高端打印设备、新材料、新能源等战略性产业发展扶持政策。推动冠宇软包聚合物锂电池扩产、摩天宇第二产区等一批项目动工建设，推动格力高栏智能制造产业园、崇达电路板等项目加快建设，力促纳思达激光打印机高端装备智能制造一期、金湾海上风电等项目竣工投产，加快重大航空产业项目落地建设。聚焦“5+1”集群发展方向，采取产业生态链招商、资本招商、大数据招商等模式，力争年内引进97个亿元以上制造业项目。打造现代化产业园区，调整优化产业园区体制机制，加快南屏科技生态城建设，加快建设香洲科创中心、三溪科创小镇、金湾国际健康港、斗门智能制造产业园、高栏港绿色新材料产业园等载体，打造产城融合创新特色园区。研究出台扶持金融业发展政策措施，引进和支持持牌法人金融机构做大做强。加快发展现代物流业，推动广丰物流增设公路运输类海关监管作业场所并申报B型保税物流中心。大力发展现代农业，加快港珠澳现代农业示范园等项目建设。

（二）畅通国内国际双循环，加快构建新发展格局

促进消费扩容提质。加快推进5G、大数据、云计算、人工智能等新技术与服务业深度融合，在电竞电玩、远程办公、在线医疗、在线教育、跨境电商等领域培育新增长点。加快创建全域旅游示范区，加快推进凤凰谷欢乐森林旅游区、长隆国际海洋度假区（二期）、斗门宋城演艺度假区等重大项目建设，打造“滨海国际休闲旅游目的地”。发挥华发商都、富华里两个省级示范特色步行街的示范带动作用，鼓励步行街、商圈改造提升，支持品牌连锁企业加大24小时经营店建设布局。发展夜间经济，开展“夜宴”“不打烊”等晚间促销活动。积极申报培育建设国际消费中心城市。推动国家航天博物馆及航天主题乐园落户珠海。

着力扩大有效投资。推动5G、大数据等新型基础设施深度布局，全年新建5G基站1.1万座。加快完善现代物流设施体系，推动粤港澳物流园等项目建设，打造珠江西岸物流中心枢纽。用好管好港珠澳大桥，高标准建设港珠澳大桥智慧口岸岛，开工建设市政管线上岛桥、综合配套区市政道路工程。有序推进一批老旧小区整治更新和城中旧村拆建更新，开工建设上冲村、翠微村等项目，全年新增“三旧”改造180公顷、完成140公顷。提升垃圾处理能力，建成医疗废物处置中心、珠海市绿色工业服务中心等固体废物处置设施。加大净化水供给能力，推进梅溪水厂等一批供水设施建设。加快建设香洲、新青水质净化厂提标改造工程等污水处理设施，持续推进污水管网新建改建及病害修复治理工作。开工建设石角咀水闸重建主体工程，加快广昌水闸改扩建工程建设。

完善现代流通体系。开工建设珠海至肇庆高铁珠海至江门段、广州至珠海（澳门）高铁，与广州、中山共同推进南沙至珠海（中山）城际前期工作，加快珠机城际二期建设。提速珠海机场改扩建、机场综合交通枢纽、空港国际智慧物流园等工程，争取珠海机场设立国际口岸、开通国际航线。建成开通青茂口岸，加快重建九洲港口岸。加快珠海港码头、锚地等设施建设，开工建设高栏港区集装箱码头三期、港弘码头改扩建工程。动工建设金港大桥、机场北快线，加快珠海隧道、香海大桥、鹤港高速公路、金海公路大桥等东西部快速通道建设，完成兴业快线（北段）、金琴快线北延段（至珠中边界）工程（一期）等一批骨干路网建设。

持续扩大对外开放。持续加强外贸综合服务、境外直播基地、跨境电商等外贸新业态发展，积极申报国家级服务外包示范城市。加快外贸转型基地建设，引导企业培育具有自主知识产权的国际品牌。推进高栏港综合保税区封关验收，建设拉美保税物流枢纽，推进海关特殊监管区域整合优化，探索建设优质外向型供应链生态。发挥驻境外经贸代表处和中德、中以、中拉合作平台载体作用，提升对欧洲、东盟、日韩、拉美等区域招商引资力度水平。办好中国国际航空航天博览会、中国（珠海）国际打印耗材展等城市活动。

（三）全面深化改革，不断增强发展动力和活力

深化重点领域改革。深入研究深圳综合改革试点经验，完善澳珠极点顶层设计。激发市场主体活力，

巩固拓展减税降费成效，确保各项税费政策更加全面惠及各类市场主体。大力推介全国信易贷平台，充分应用信用手段破解中小微企业融资难、融资贵问题。稳步推进国资国企改革，聚焦集成电路、高端制造、生物医药、人工智能、数字经济与网络安全等五大产业，加大外延并购、以投促引力度，开展国企市场化改革试点，推进具备条件的企业实施混改。深化预算管理制度改革，加快社会信用体系建设，规范信用信息归集、共享、公开、公示，推广信用承诺制。

营造国际一流营商环境。结合全国营商环境评价工作结果，全力补齐我市营商环境短板弱项。深化工程建设项目“联审联批”改革，建立完善水电气外线工程行政审批并联审批平台，并联审批办理总时限不超过5个工作日。加大数字政府建设力度，实现高频民生事项和涉企事项“指尖办”“刷脸办”“一码办”，推动实现各类公共资源交易全程电子化。加快建设珠海数字政府大数据融合创新中心、5G+数字政务服务大厅，动工建设市级市民服务中心。激发民营经济活力，出台支持民营经济发展的政策措施，鼓励民营资本参与城市更新、新型基础设施等领域重点项目，不以任何形式增设民营企业门槛限制。

（四）扎实推进珠澳合作开发横琴，加快建设粤澳深度合作区

加快构建与澳衔接新机制。构建粤澳共商共建共管共享机制，组建横琴粤澳深度合作区开发执行新机构，统筹加快横琴机构改革步伐。积极优化拓展横琴“分线管理”政策。充分利用特区立法权，探索珠澳之间立法协同、执法合作、司法协助，强化深合区的制度衔接和政策配套，推动经济管理、营商环境、市场监管等重点领域改革的充分联动，加快横琴新区条例修订工作，推动国际休闲旅游岛建设条例等多部地方性法规制定。深化政务服务工作，探索打造企业服务“智慧精准一张网”。

协同澳门加快发展新产业。加快澳门4家国家重点实验室横琴分部建设，协同澳门打造大湾区国际科技创新中心重要支点。抓紧推动新一批涉澳项目落户粤澳合作产业园，优化粤澳合作中医药科技产业园发展路径和模式，探索建立中医药创新研发与转化平台。争取数字人民币在琴澳跨境场景试点使用，支持区块链等金融科技的基础研究和场景运用，支持澳门研究建设以人民币结算的证券市场。逐步完善横琴口岸商业配套，加快推进横琴口岸二期工程建设，建设澳门大学通往横琴口岸通道桥。出台实施一揽子企业回流和人才上岛方案，积极引导优质企业和创新人才加快上岛步伐。

携手澳门共同缔造新生活。加快建设“澳门新街坊”综合民生项目，推进实施澳门居民“零出关”“零距离”办理珠海社保业务。协同推进跨境基础设施建设，推动澳门轻轨线经横琴口岸实现与国家高铁网高效对接。启动以“生态+休闲+健康”为核心的自然休闲旅游节庆品牌活动，继续丰富“横琴国际休闲旅游岛”内涵。深化“物业城市”模式实践，全面提升城市公共空间和公共资源管理、服务、运营水平。

（五）优化城市空间布局和功能品质，建设国际化现代化未来型生态型智慧型城市

推进区域协调发展。统筹横琴、保税、洪湾一体化区域新一轮规划建设；发挥香洲区主城区作用，推进“一园一镇一廊一带”建设，打造成大湾区独具魅力的宜居城区；推动金湾区打造产业集群发展高地，加快金湾航空城国际商务中心建设，建成西部华发商都并对外营业；推动斗门区完善城市“一河两岸四组团”布局，加快建设珠峰大道科技创新走廊、黄杨河现代服务产业带，创建全国乡村振兴示范区；不断优化人口布局、交通联动和公共服务配套，带动唐家科创城、高栏海港城、富山智造城等城市组团加快发展。以国际标准设计建设开发淇澳岛和后环片区，承接链接广深及大湾区高端创新资源。

全面推进乡村振兴。大力发展现代高科技农业、绿色农业、休闲农业，打造大湾区优质农产品供应中心。加快建设珠海台创园、珠海农业公园。以洪湾现代国际渔业物流港为载体平台，建设万山深海养殖基地，打造国际渔业物流港。持续巩固提升农村人居环境整治成果，逐级打造干净整洁村、美丽宜居村、特色精品村。进一步抓好农村交通运输、农田水利、乡村物流、宽带网络等基础设施建设，实现城乡基础设施一体化。科学规划成片征收，组织编制土地征收成片开发方案。稳步推进农村承包地“三权分置”（所有权、承包权、经营权）和农村宅基地制度改革，盘活农村土地资源。巩固农村集体产权制度改革成果，扶持壮大村级集体经济。持续巩固脱贫攻坚成果。提升海洋海岛保护和开发水平。稳步推进香洲港客运码头、外伶仃岛石涌湾防波堤等海岛基础设施建设，建成唐家港陆岛交通客货运码头。依托云洲无人船国家

级海洋测试场等项目建设，创建万山海洋科创小镇。加快推进无人岛开发示范项目。

加快城市品质化发展。加快黄杨河湿地公园二期、尖峰山中央公园等市民公园建设，规划建设市级植物园、科技馆、青少年宫，启动建设儿童公园。开展城市阳台、海天公园等景观节点规划建设工作，加快推进九洲观光塔建设，促进情侣路“一带九湾”品质持续提升。高质量完成省下达的86.1公里年度碧道建设任务，建成凤凰山步道、板樟山山地步道。大力推动交通治堵，新建一批公共停车场。推进管线上改下、路面白改黑、路灯暗改亮、绿化带绿改彩色，继续实施第六批道路改造提升。深入开展城郊结合部、背街小巷等重点区域市容环境整治。持续推进天然气普及工作，新建市政燃气管道30公里。扎实推进安全生产专项整治三年行动，狠抓危化品、建筑施工、道路交通、消防、水上交通、渔业船舶等重点行业领域安全防范。深入开展行政村（社区）防灾减灾救灾能力“十个有”建设。推进民生水利建设，完成海堤提升工程2个、开工4个。加快推进水浸黑点整治工作，继续整治地质灾害隐患点。加强社会治安防控体系建设，坚决打击各类违法犯罪活动。

持续改善生态环境质量。推进餐饮业油烟污染治理，严控噪声扰民、施工扬尘。继续实施前山河流域水环境治理专项攻坚，加快推进凤凰河流域及情侣路沿线、黄杨河流域水环境综合治理。严格管控重点涉气污染源，逐步推进城市物流用车、公务用车、出租车电动化。加强建设用地准入管理，推进地下水污染防治，防范土壤污染。持续开展危险废物规范化管理，推进生态环境保护督察整改。全面推进城乡生活垃圾分类，建立与生活垃圾分类投放相适应的分类运输、收集体系，完善分类收运装备配置及作业等相关标准，完成餐厨垃圾处理一期工程、厨余垃圾处理一期工程。统筹海绵城市建设，努力实现“全域海绵”成体系的转变。

（六）强化公共服务保障，打造民生幸福新样板

健全多层次社会保障体系。强化就业优先，实施好2.0版“促进就业十条”等各项措施，打好高校毕业生就业攻坚战，加强困难人员就业援助及托底安置。大规模开展职业技能培训，推动职业（技工）教育产教融合。提升社会救助水平。健全分类分层的社会救助体系，完善帮扶低收入家庭、残疾人、困境儿童等政策制度，提升社会救助覆盖面和有效性。统筹推进城乡养老保险制度改革，扎实推进工伤预防、补偿、康复“三位一体”制度建设。深化国家第五批居家和社区养老服务改革试点，加快推进市区两级养老服务机构建设，完成市级养老机构建设。加大住房保障力度，因地制宜稳步发展共有产权住房试点，新开工和筹集1.8万套保障性住房和人才住房。加快完善长租房政策，规范发展长租房市场。

提升教育发展质量。加强教师专业发展一体化体系建设，实施“十百千名师培养工程”“珠海市青年骨干教师培养计划”。开展学前教育立法调研，持续巩固学前教育“5080”攻坚成果，制定学前教育幼小衔接和规范办园工作指引，建成幼儿园8所，新增学位2800个。建成公办中小学8所，增加学位11000个。探索组建市属学校教育集团。扎实做好市一职校、市理工学校的整体搬迁的前期工作以及两个公共实训基地建设，推进和风中学改扩建，启动建设一所高中。为全市中小学教室安装空调。支持在珠高校提高办学水平和研究生层次规模比例，与澳门科技大学共办珠海校区。

提高医疗卫生服务水平。推进医保支付制度改革、药品耗材集中采购改革和医疗服务价格动态调整改革。不断扩展医保电子凭证应用范围，探索实践先就诊后付费的医保信用结算服务。全面推进免费接种新冠疫苗工作，加强医疗应急物资储备。加快中医药发展，推进省中医院珠海医院和市中西医结合医院建设高水平中医医院。开工建设市人民医院主体综合楼，建成运营市慢性病防治中心。提升基层医疗卫生服务水平，大力推进分级诊疗。完善疾病预防控制体系，启动建设珠海市生物安全P3实验室。深入开展新时代爱国卫生运动，做好第五次国家卫生城市复审工作。

繁荣发展文化事业。高标准谋划珠海文化艺术中心项目。加强文物保护利用，依托文博场馆，传承和弘扬岭南文化、红色文化、改革开放文化，推进粤港澳大湾区文化遗产游径建设工作。继续推进金湾航空城市民艺术中心、斗门市民文化艺术中心、香山文化艺术中心建设。筹办中国国际马戏节、珠海沙滩音乐节、珠港澳合唱音乐会等城市品牌文化活动和国际跳水赛珠海站、WTA超级精英赛、克利伯环球帆船赛等体育赛事活动。完善全民健身公共服务体系，在人口密度大的区域增加健身设施，改造提升体育公园，加快建设全民健身综合训练馆。

（七）压实压紧计划实施主体责任，确保完成计划目标任务

做好各区各部门督办、协调、服务和指导工作，将年度预期目标分解下达各区各部门，加强对各区各部门指标完成、政策落实、重点项目建设情况的督查督办，纳入各区各部门经济社会发展综合评价和绩效考核体系，合力推动全市经济持续增长、社会和谐稳定。完善检查监督机制。加强政府督查，更好发挥审计监督、统计监督等职能作用，及时查找问题、提出解决措施。完善计划实施的公众参与和民主监督机制，拓宽公众参与渠道，及时公开计划实施情况，主动接受社会监督，确保高质量完成全年发展目标任务。

各位代表，2021年是中国共产党成立100周年，我们将继续在市委、市政府的坚强领导下，在市人大、市政协的监督指导下，进一步压实责任、主动作为、真抓实干、攻坚克难，确保全面完成经济社会发展各项任务，为做大做强澳珠发展极点、推动珠海“二次创业”做出新的更大贡献，以优异成绩献礼中国共产党成立100周年！

珠海市2020年主要指标完成情况与2021年预期目标表

主要指标	2020年				2021年	
	完成数		预期目标		预期目标	
	总量	增速	总量	增速	总量	增速
1. 地区生产总值（GDP）（亿元）（%）	3481.9	3%				7%以上
2. 人均GDP（万元）（%）						
3. 规模以上工业增加值（亿元）（%）	1200.6	1.4%				6%
4. 一般公共预算收入（亿元）（%）	379.1	10.1%				8%
5. 居民消费价格指数（%）		2.3%		3.5%		3%
6. 社会消费品零售总额（亿元）（%）	921.3	-7.5%				7%
7. 固定资产投资额（亿元）（%）	2230.4	13.1%		15%		8%
8. 外贸进出口总额（亿元）（%）	2730.6	-6.1%				正增长
9. 实际吸收外商直接投资（亿元）（%）	178.1	8.6%				2%
10. 全体居民人均可支配收入（元）（%）		6.6%	与经济增长同步		与经济增长同步	
11. 年末总人口（万人）						
12. 城镇登记失业率（%）	2.39%		3%		3%	
13. 城镇新增就业人数（万人）	3.8		3		3	
14. R&D经费支出占GDP比重（%）			2.9%			
15. 单位GDP能耗下降率（%）★					完成省下达任务	
16. 单位GDP二氧化碳排放降低（%）★	14.0%				完成省下达任务	
17. 地级以上市城市空气质量优良天数比率（%）★	89.9%				完成省下达任务	
18. 地表水达到或好于III类水体比例（%）★	100%		待省下达		完成省下达任务	
19. 森林覆盖率（%）★	32.2%		32.22		完成省下达任务	
20. 粮食综合生产能力（万吨）★	2.89		2		完成省下达任务	
21. 能源综合生产能力（万吨标准煤）★					完成省下达任务	

注：1. 带★标志为约束性目标，其余指标为指导性目标。2. 地区生产总值、人均GDP、规模以上工业增加值总量为现价总量，增速按可比价计算。3. 年末总人口、人均GDP待第七次人口普查结果出来后公布。4. 经与省、市“十四五”规划衔接，增加15—21项约束性指标。

2020年珠海市人民代表大会常务委员会制定、修改、废止的地方性法规目录

名称	性质	通过时间	施行时间
珠海市人民代表大会常务委员会关于依法全力做好新型冠状病毒肺炎疫情防控工作的决定	制定	2020年2月14日珠海市第九届人民代表大会常务委员会第二十七次会议通过	2020年2月14日
珠海经济特区禁止滥食野生动物条例	制定	2020年3月31日珠海市第九届人民代表大会常务委员会第二十八次会议通过	2020年4月2日
珠海市人民代表大会常务委员会关于优化珠海市营商环境的决定	制定	2020年9月29日珠海市第九届人民代表大会常务委员会第三十二次会议通过	2020年9月30日
珠海经济特区港澳旅游从业人员在横琴新区执业规定	制定	2020年9月29日珠海市第九届人民代表大会常务委员会第三十二次会议通过	2020年12月1日
珠海经济特区生活垃圾分类管理条例	制定	2020年9月29日珠海市第九届人民代表大会常务委员会第三十二次会议通过	2021年6月1日
珠海经济特区排水管理条例	制定	2020年11月27日珠海市第九届人民代表大会常务委员会第三十四次会议通过	2021年2月7日
珠海市文明行为条例	制定	2020年11月27日珠海市第九届人民代表大会常务委员会第三十四次会议通过	2021年3月1日
珠海经济特区出租屋管理条例	制定	2020年12月29日珠海市第九届人民代表大会常务委员会第三十五次会议通过	2021年5月1日
珠海经济特区生态文明建设促进条例	修改	2020年3月31日珠海市第九届人民代表大会常务委员会第二十八次会议通过	
珠海经济特区出租车管理条例	修改	2020年5月27日珠海市第九届人民代表大会常务委员会第二十九次会议通过	
珠海市环境保护条例	修改	2020年5月27日珠海市第九届人民代表大会常务委员会第二十九次会议通过，2020年7月29日广东省第十三届人民代表大会常务委员会第二十二次会议批准	
珠海市供水用水管理条例	修改	2020年11月27日珠海市第九届人民代表大会常务委员会第三十四次会议通过 2021年1月20日广东省第十三届人民代表大会常务委员会第二十八次会议批准	
珠海经济特区安全生产条例	修改	2020年11月27日珠海市第九届人民代表大会常务委员会第三十四次会议通过	2017年2月1日
珠海市森林防火条例	修改	2020年11月27日珠海市第九届人民代表大会常务委员会第三十四次会议通过	1997年9月1日
珠海经济特区前山河流域管理条例	修改	2020年11月27日珠海市第九届人民代表大会常务委员会第三十四次会议通过	2016年7月28日
珠海经济特区土地管理条例	修改	2020年11月27日珠海市第九届人民代表大会常务委员会第三十四次会议通过	2016年3月1日
珠海市排水条例	废止	2020年11月27日珠海市第九届人民代表大会常务委员会第三十四次会议通过	2021年3月1日

2020年珠海市人民政府颁布的政府令目录

名称	令号	通过时间	施行时间
珠海市人民政府关于废止《珠海市香洲渔港管理规定》的决定	第127号	2020年1月9日九届珠海市人民政府第62次常务会议审议通过	2020年1月21日
珠海市人民政府关于修改部分市政府规章的决定（《珠海市预拌混凝土和预拌砂浆管理规定》《珠海市建筑节能办法》《珠海市新型墙体材料应用管理办法》）	第128号	2020年1月21日九届珠海市人民政府第63次常务会议审议通过	2020年2月26日
珠海市人民政府关于修改《珠海市农贸市场管理办法》《珠海经济特区牛羊定点屠宰管理办法》的决定	第129号	2020年10月23日九届珠海市人民政府第84次常务会议审议通过	2020年12月21日
珠海市人民政府决定废止《珠海市城市绿化办法》《珠海市建设工程造价管理规定》	第130号	2020年10月23日九届珠海市人民政府第84次常务会议审议通过	2020年12月1日
珠海市人民政府关于修改《珠海市闲置土地处置办法》《珠海市人民政府关于委托组织实施征收土地工作的规定》《珠海经济特区历史文化名镇名村和历史建筑保护办法》三部政府规章的决定	第131号	2020年10月23日九届珠海市人民政府第84次常务会议审议通过	2020年12月23日
珠海市土地储备管理办法	第132号	2020年11月6日九届珠海市人民政府第85次常务会议审议通过	2020年12月25日
珠海市人民政府关于修改《珠海市烟花爆竹安全管理规定》的决定	第133号	2020年10月23日九届珠海市人民政府第84次常务会议审议通过	2021年1月17日

2020年珠海市人民政府规范性文件统一编号目录

序号	起草单位	名称	统一编号	施行时间
1	市自然资源局	珠海市人民政府关于印发珠海市地质灾害防治管理办法的通知	ZFGS-2020-01	2020年3月1日起实施，有效期至2025年2月28日
2	市教育局	珠海市人民政府关于鼓励社会力量兴办教育促进民办教育健康发展的实施意见	ZFGS-2020-02	2020年4月16日起实施，有效期至2025年4月15日
3	市自然资源局、市农业农村局	珠海市人民政府关于规范我市村民建房风貌管理的通知	ZFGS-2020-03	2020年5月9日起施行，有效期五年
4	市民政局	珠海市人民政府关于调整我市城乡居民最低生活保障标准和特困供养人员基本生活标准的通知	ZFGS-2020-04	
5	市自然资源局	珠海市人民政府关于印发珠海市新型产业用地（M0）管理暂行办法（试行）的通知	ZFGS-2020-05	2020年6月15日起实施，有效期至2023年6月14日
6	市自然资源局	珠海市人民政府办公室关于废止珠海市临时改变旧工业建筑使用功能项目管理实施意见的通知	ZFGS-2020-06	2020年5月18日

（续表）

序号	起草单位	名称	统一编号	施行时间
7	市交通运输局	珠海市人民政府关于印发珠海市网络预约出租汽车经营服务管理暂行规定的通知	ZFGS–2020–07	2020年10月1日起实施，有效期至2023年9月30日
8	市工业和信息化局	珠海市人民政府关于印发《珠海市促进生物医药产业发展若干措施》的通知	ZFGS–2020–08	2020年10月1日起实施，有效期五年
9	市市场监督局	珠海市人民政府办公室关于印发珠海市地方标准管理办法的通知	ZFGS–2020–09	自2020年10月25日起实施，有效期5年
10	市自然资源局	珠海市人民政府关于禁猎陆生野生动物的通告	ZFGS–2020–10	2020年11月1日起施行，有效期至2025年10月31日
11	市自然资源局	珠海市人民政府办公室关于变更国有建设用地使用权出让价款计收方式的通知	ZFGS–2020–11	2020年9月25日
12	市人力资源社会保障局	珠海市人民政府办公室关于进一步放宽我市人才引进及入户条件的通知	ZFGS–2020–12	2020年12月25日起执行，有效期两年
13	市人力资源社会保障局	关于废止《关于我市机关事业单位工作人员实行社会工伤保险的通知》《转发省人民政府关于印发广东省引进人才实行广东省居住证暂行办法的通知》和《关于改革和完善机关事业单位基本养老保险制度的通知》的通知	ZFGS–2020–13	2020年12月1日
14	市人力资源社会保障局	珠海市人民政府关于印发《珠海市城乡居民基本养老保险实施办法》的通知	ZFGS–2020–14	2021年1月1日起实施，有效期至2025年12月31日
15	市生态环境局	珠海市人民政府关于禁止“黑烟车”上路行驶的通告	ZFGS–2020–15	2020年12月31日起施行，有效期5年

2020年珠海市人民政府重大行政决策事项目录

（珠海市人民政府办公室 2020年4月28日）

序号	决策事项	承办部门	计划时间
1	制定《关于改革完善医疗卫生行业综合监管制度的实施意见》	市卫生健康局	2020年4—12月
2	制定《珠海市学生校外托管机构管理暂行办法》	市教育局	2020年4—12月
3	制定《珠海市镇（街）购买公共服务实施办法》	市民政局	2020年4—12月
4	制定《珠海市人才安居管理办法》	市住房城乡建设局	2020年4—12月
5	制定《珠海教育现代化2035》	市教育局	2020年4—12月

·责任编辑：曾维浩·

附　录

珠海市市民艺术中心名录

序号		名称	地址
1	市级（1个）	兰埔市民艺术中心（市文化馆）	珠海市前山兰埔路164号
2	香洲区（20个）	狮山市民艺术中心	香洲安平路86号
3		拱北联安市民艺术中心	香洲区联安路108号
4		前山市民艺术中心	香洲区逸仙路188号
5		南屏市民艺术中心	香洲区南屏镇北山正街东北山村
6		吉大市民艺术中心（在建）	
7		北山市民艺术中心	香洲区南屏镇北山正街杨氏大宗祠内
8		湾仔市民艺术中心	香洲区湾仔中盛路33号
9		香湾市民艺术中心（在建）	香洲区梅华东路朝阳派出所旁
10		梅华市民艺术中心（在建）	香洲区中珠上城西侧
11		东桥市民艺术中心（南屏镇）	香洲区南屏镇东桥大街15号厂房
12		濂泉市民艺术中心（南屏镇）	香洲区坪岚路25号
13		将军山市民艺术中心（拱北街道）	香洲区粤海东路1104号
14		南山市民艺术中心（吉大街道）	香洲区九洲大道东石花二巷16号1栋二层
15		鸿业市民艺术中心（梅华街道）	香洲区翠福路110号一楼
16		翠景市民艺术中心（前山街道）	香洲区翠景社区公园内（集装箱式）
17		红荔市民艺术中心（前山街道）	香洲区香湖路170号首层/石溪路88号
18		福石市民艺术中心（前山街道）	香洲区前山福石路81号映晖湾公园
19		银坑市民艺术中心（湾仔街道）	香洲区银坑商业一街旁
20		作物市民艺术中心（湾仔街道）	香洲区作物路28号1号底层
21		连屏市民艺术中心（湾仔街道）	香洲区湾仔连屏社区保税区北门生活区C栋

（续表）

序号		名称	地址
22	金湾区（5个）	金海岸市民艺术中心	金湾区三灶镇金岛路和万寿路交汇处
23		三灶镇市民艺术中心	金湾区三灶镇映月路78号（金湾区三灶镇林伟民广场旁）
24		红旗镇市民艺术中心	金湾区红旗镇藤山二路文化公园内文化站大楼
25		中心村市民艺术中心（三灶镇）	金湾区三灶镇春园路东8号
26		三板社区市民艺术中心（红旗镇）	金湾区红旗镇中兴路6号
27	斗门区（16个）	斗门区市民艺术中心（在建）	斗门区井岸镇江湾中路2号
28		乾务市民艺术中心	斗门区乾务镇乾南北路73号
29		斗门镇市民艺术中心	斗门区斗门镇斗门大道南斗门镇文化中心第四栋三楼
30		斗门南门市民艺术中心（在建）	斗门区南门村旅游服务中心旁
31		井岸市民艺术中心	斗门区井岸镇新青三路与新伟街交叉路口
32		白藤市民艺术中心（在建）	斗门区白藤三路西2号
33		莲洲市民艺术中心	斗门区莲洲镇莲新路农丰村牌坊对面（原莲溪中心小学）
34		白蕉市民艺术中心（在建）	斗门区白蕉镇虹桥一路
35		草朗市民艺术中心（井岸镇）	斗门区井岸镇草朗村
36		红旗市民艺术中心（井岸镇）	斗门区井岸镇港霞西路43号
37		南澳市民艺术中心（白蕉镇）	斗门区白蕉镇南澳村
38		沙石市民艺术中心（白蕉镇）	斗门区白蕉镇沙石村
39		夏村市民艺术中心（乾务镇）（在建）	斗门区乾务镇夏村文化广场旁
40		斗门社区市民艺术中心（斗门镇）	斗门区斗门旧街二马路
41		三龙市民艺术中心（莲洲镇）	斗门区莲洲镇三龙村内（原三龙小学）
42		新城市民艺术中心（白藤街道）	斗门区白藤二路63号新城社区居委会对面
43	高新区（4个）	金鼎市民艺术中心	高新区金鼎圣皇头街
44		唐家湾市民艺术中心	高新区唐家湾镇唐家山房路14号
45		会同市民艺术中心	高新区会同祠
46		官塘市民艺术中心（唐家湾镇）	高新区官塘南安三巷5号
47	高栏港区（3个）	南水市民艺术中心	高栏港区南水镇南港中路24号
48		美平市民艺术中心	美平社区文体广场内
49		平塘市民艺术中心（平沙镇）	高栏港区平塘社区居委会
50	万山区（2个）	外伶仃市民艺术中心	万山区外伶仃岛担杆镇文化中心
51		桂山市民艺术中心（在建）	万山区桂山岛文化中心大楼
52	横琴新区（2个）	横琴镇市民艺术中心	横琴新区宝中路3号三至四楼
53		富祥湾市民艺术中心	横琴新区深井村49号

珠海市社区体育公园名录

序号	县区	镇（街）	场地名称	位置	开放情况
1	香洲区	南屏镇	秀毓社区公园	仙桥路与珠海大道交界处	免费开放
2			十二村社区公园（一期）	南屏镇十二村社区成丰园背后	免费开放
3			十二村社区公园（二期）	十二村北侧、前山河南侧	免费开放
4			北山社区公园（A、C区）	珠海大道和南湾大道交汇处（北山大院边）	免费开放
5			北山社区公园（B区）	珠海大道和南湾大道交汇处（雕像园）	免费开放
6			南屏街口社区公园	香洲区濂泉社区珠海大道南	免费开放
7			濂泉社区公园	濂泉社区珠海大道与南泉路交汇处	免费开放
8			广昌社区公园	南屏镇广昌社区珠武街	免费开放
9			十二村北社区公园	环屏路西侧、屏北二路南侧	免费开放
10			丰华社区公园	明达路与丰华路交界（华发5期）	免费开放
11			澳门回归纪念公园	前山立交桥西（前山桥西底公园道旁）	免费开放
12		拱北街道	昌平社区公园	港昌路及昌盛路交汇处	免费开放
13			凉粉桥社区公园	迎宾南路中港酒店东侧街心公园	免费开放
14			将军山社区公园	迎宾南路2228号名门大厦旁	免费开放
15			岭南社区公园	迎宾南路2055号御花园旁	免费开放
16			白石社区公园	白石路与粤海路交叉口北侧	免费开放
17			昌盛社区公园	香洲区夏湾路237号	免费开放
18			华平社区公园	夏湾路3号17栋旁（夏湾新村内）	免费开放
19			华宁社区公园	港昌路西侧华宁花园小区内	免费开放
20			婆石社区公园	港二路北侧	免费开放
21			港昌社区公园	十一中西北侧、港昌路西侧	免费开放
22			桂花南社区公园	桂花南路市政公厕旁	免费开放
23			北岭社区公园	迎宾路与九洲大道交汇路口处	免费开放
24		吉大街道	海洲路小游园	吉大海洲路	免费开放
25			竹苑社区公园	香洲区迎宾南路东侧九州大道北侧	免费开放
26			海大社区公园	珠海市香洲区吉大街道办门前花圃	免费开放
27			南山社区公园	香洲区吉大南山文化小广场	免费开放
28			景山社区公园	珠海市香洲区吉水路吉大水库南侧	免费开放
29			白莲新村社区公园	白莲路白莲新村内	免费开放
30			白莲路社区公园	吉莲小学对面	免费开放
31			洲仔社区公园	珠海情侣南路中段九州港炮台山	免费开放
32			海湾社区公园	吉大海湾花园内	免费开放

（续表）

序号	县区	镇（街）	场地名称	位置	开放情况
33	香洲区	吉大街道	莲花山社区公园	吉大吉石路	免费开放
34			竹苑东社区公园	吉大竹苑小区内	免费开放
35			景山文化公园	吉水路东侧、白莲路北侧	免费开放
36			园林南社区公园	园林路1号6栋居民楼旁	免费开放
37			吉大新村社区公园	吉大新村207栋旁	免费开放
38			吉大新村沿河社区公园	吉大新村201—207与排洪渠之间闲置空地	免费开放
39			莲花社区公园	莲花山小区一号门岗前55栋后空地	免费开放
40			交通银行社区公园	吉大交通银行旁（近南山社区公园）	免费开放
41			水湾路街角社区公园	水湾头公交站附近	免费开放
42			千帆广场	景山路西侧、白莲路北侧	免费开放
43		狮山街道	东风社区公园	市人民医院周边一、二	免费开放
44			胡湾社区公园	胡湾四街/胡湾二街周边	免费开放
45			石锤山社区公园	珠海市人民法院南侧	免费开放
46			南香里社区公园	香柠二街/南香二街13号（慈善会旁）	免费开放
47			中心街社区公园	中心街19号南侧空地	免费开放
48			红旗社区公园	夏美路与人民东路交汇处东北角	免费开放
49			南坑社区公园	南夏街周边三块用地	免费开放
50			光明街社区公园	桃园路与夏美路交汇处	免费开放
51			石榴巷社区公园	石榴巷10号和11号之间空地	免费开放
52		翠香街道	大镜山社区公园	香洲区大镜山水库南侧	免费开放
53			兴业社区公园	银桦路（兴业路至迎宾北路之间）南侧	免费开放
54			香柠南社区公园	香宁花园南区	免费开放
55			香柠一街社区公园	香柠一街	免费开放
56			柠溪社区公园	隧道北（锦绣柠溪西侧）	免费开放
57			新竹社区公园	兴柠街邮电新村大门两旁	免费开放
58			柠溪鸿泰社区公园	柠溪路西侧、迎宾北路东侧鸿泰溪城南侧	免费开放
59			北园社区公园	柠溪兴业路北园新村内	免费开放
60			长环社区公园	北环街长环新村28号1栋后面	免费开放
61			香柠北社区公园	香溪路5号香柠花园内	免费开放
62			青竹社区公园	吉柠路38号青竹花园内	免费开放
63			香溪庄社区公园	香溪庄8栋前	免费开放
64			新竹二社区公园	新竹花园小区内	免费开放

（续表）

序号	县区	镇（街）	场地名称	位置	开放情况
65	香洲区	翠香街道	福宁社区公园	锦柠路东侧路边	免费开放
66			香柠北二区社区公园	胡湾路南侧（香柠一街小区内）	免费开放
67		香湾街道	海霞社区公园	海霞新村前、苏兆征铜像两侧	免费开放
68			神前社区公园	桃花源南侧	免费开放
69			外神前社区公园	凤凰海城南侧、情侣路西北侧	免费开放
70			香湾神前沿河社区公园	香湾花园前面附近、老香洲美丽湾旁（原神前路）	免费开放
71			美丽湾社区公园	情侣北路凤凰海域旁	免费开放
72			海天驿站社区公园	美丽湾/港湾大道与情侣中路交界（契爷岭车站后）	免费开放
73			香湾乐园社区公园	凤凰北路与乐园路交汇处（香洲一小附近）	免费开放
74			凤凰河社区公园（碧涛段）	香洲区香湾街道办东侧	免费开放
75			凤凰河社区公园（凤凰桥段）	香洲区沿河社区凤凰桥头（为农市场旁）	免费开放
76			凤凰河社区公园（为农段）	香洲区紫荆路和沿河路交叉口	免费开放
77			凤凰河社区公园（凤凰段）	凤凰河两侧	免费开放
78			凤凰河社区公园（银桦段）	凤凰河两侧	免费开放
79			华子石社区公园（一期）	沿河社区凤凰桥头与南华小区交接处	免费开放
80			华子石社区公园（二期）	海虹小区	免费开放
81			兴华社区公园	凤凰河西北侧、疾控中心南侧	免费开放
82			沿河东路社区公园	沿河东路北侧、梅华东路南侧、凤凰北路东侧、情侣中路西侧	免费开放
83			碧涛路社区公园	碧涛路31号	免费开放
84			紫荆桥头公园	紫荆桥头	免费开放
85		梅华街道	梅华城市花园	梅华街道新加坡花园后山上	免费开放
86			香山驿站公园	香洲区梅华西路交通大楼东侧	免费开放
87			鸿运花园社区公园	创业路23号（鸿运花园小区内）	免费开放
88			古元美术馆小游园社区公园	梅华东路388号古元美术馆东侧	免费开放
89			上冲社区公园	人民路与明珠路交叉口东北侧	免费开放
90			市体育中心体育公园	红山路163号市体育中心	免费开放
91			南虹社区公园	香洲区四海花园后山坡地/南虹（四海）二街	免费开放
92			迎宾北社区公园	迎宾北路报业大厦附近	免费开放
93			梅华社区公园	中珠上城西侧、壮华学校东侧	免费开放
94			鸿业社区公园	鸿鹄街西侧、翠前路二街南侧	免费开放

（续表）

序号	县区	镇（街）	场地名称	位置	开放情况
95	香洲区	前山街道	明珠北社区公园	人民西路与明珠路交叉口西北侧	免费开放
96			翠屏社区公园	人民西路与明珠路交叉口西南侧	免费开放
97			翠景社区公园	人民西路与明珠路交叉口东南侧	免费开放
98			长沙墟社区公园（一期）	长沙新苑正门前、左右两侧空地	免费开放
99			长沙墟社区公园（二期）	十五小、长沙新苑后	免费开放
100			长沙墟社区体育公园	长沙新苑正门右侧空地	免费开放
101			荔枝园社区公园	旅游路长沙巴士站旁	免费开放
102			康济亭社区公园	南坦路与明珠北路交汇处	免费开放
103			东坑社区公园	旅游路与新二街交汇处（东坑公园对面）	免费开放
104			翠东社区公园	翠微东路1号中石化大厦对面	免费开放
105			兰埔社区公园	前山街道办兰埔花园小区内	免费开放
106			福石社区公园	福石社区映晖湾小区旁	免费开放
107			荣泰东社区公园	岱山路荣泰小学东侧（前山荣泰河庭小区旁）	免费开放
108			荣泰西社区公园	岱山路荣泰小学西侧（前山荣泰河庭小区旁）	免费开放
109			岱山社区公园	金鸡路与乐文路交汇处东侧	免费开放
110			翠微社区公园	翠微西路北侧翠微村南入口	免费开放
111			海宏社区公园	海宏小区	免费开放
112			安居园社区公园	前山翠福路70号	免费开放
113			马鞍山社区公园	前山马鞍山路45号附近（公园里后山）	免费开放
114			翠前社区公园	翠前社区翠峰街128号杏花苑小区	免费开放
115			香洲网球社区公园（中珠社区公园）	前山立交桥西南侧、中珠新村北侧	免费开放
116			香洲网球社区公园（中广社区公园）	前山立交桥西侧、港都花园小区东南侧	免费开放
117			前山桥下东社区公园	前山立交桥下	免费开放
118			前山桥下西社区公园	前山立交桥底	免费开放
119			中山亭公园	逸仙路	免费开放
120			前山滨河公园（一期）	前山河一期	免费开放
121			前山滨河公园（二期）	前山河二期	免费开放
122			前山滨河公园（三期）	前山河三期	免费开放
123			前山滨河公园（四期）	前山河四期	免费开放
124		凤山街道	香山湖公园	凤凰山南侧、健民路东侧	免费开放
125			凤凰小学社区公园	香洲区二十二小北侧	免费开放
126			梅溪村社区公园	梅溪牌坊后门	免费开放

（续表）

序号	县区	镇（街）	场地名称	位置	开放情况
127	香洲区	凤山街道	春晖社区公园	香洲区二十二小西南侧	免费开放
128			TOD小镇社区公园	西部上冲检查站TOD小镇西南侧，南侧与中山市坦洲镇相邻	免费开放
129		湾仔街道	湾仔避风塘社区公园	湾仔街道桂园社辖区	免费开放
130			桂园社区公园	湾仔华美路华声幼儿园旁	免费开放
131			广生社区公园	香洲区南屏镇双石街北侧、广生幼儿园西侧	免费开放
132			南联社区公园	南联村内	免费开放
133	金湾区	三灶镇	海澄村航空体育公园	海澄村	免费开放
134			英表村文体公园	海澄村	免费开放
135			金海岸文化艺术中心体育公园	金海岸社区金岛路69号	免费开放
136			映月新村体育公园	三灶社区	免费开放
137			三灶社区体育公园	三灶社区	免费开放
138			金山公园	西城社区金帆大道1008号	免费开放
139			金湾路健身广场	西城社区	免费开放
140			白藤山湿地修复公园	西城社区	免费开放
141			鱼林村文体广场	鱼林村	免费开放
142			榄坑河公园	三灶镇定湾九路佳信科技园	免费开放
143			列圣生态公园	三灶机场西路列圣村	免费开放
144			中心村体育公园	三灶镇中心村	免费开放
145		红旗镇	红旗镇文化广场	红旗镇藤山社区	免费开放
146			大林社区文体广场	大林社区	免费开放
147			广益村文体广场	广益村	免费开放
148			湖东社区文体广场	湖东社区	免费开放
149			矿山社区文体广场	矿山社区	免费开放
150			三板村文体广场	三板村	免费开放
151			三板社区文体广场	三板社区	免费开放
152			沙脊村文体广场	沙脊村	免费开放
153			小林村文体广场	小林村	免费开放
154			小林山生态公园	小林社区	免费开放
155		南水镇	南水飞沙村文体广场	飞沙村	免费开放
156			南水高栏村文体广场	高栏村	免费开放
157			南水海安联社文体广场	海安联社康园中心	免费开放

（续表）

序号	县区	镇（街）	场地名称	位置	开放情况
158	金湾区	南水镇	南水金洲社区文体广场	金洲社区	免费开放
159			南水南场村文体广场	南场村秋枫苑	免费开放
160			南水南濠文体公园	南港中路	免费开放
161			浪白体育公园	南河路	免费开放
162			南水南水联社文体广场	南水联社旧村委	免费开放
163			南水沙白石村文体广场	沙白石村	免费开放
164			南水金龙联社文体广场	下金龙村	免费开放
165			南水铁炉新村文体广场	铁炉新村	免费开放
166		平沙镇	教师楼文体公园	教师楼附近	免费开放
167			平沙大虎社区六队文体公园	大虎社区六队	免费开放
168			平沙大虎社区四、五队文体公园	大虎四、五队	免费开放
169			平塘社区东风二队休闲广场	东风二队	免费开放
170			福泰花园文体公园	福泰花园内	免费开放
171			华丰园文体公园	华丰园内	免费开放
172			金吉花园文体公园	金吉花园内	免费开放
173			庆乐村文体公园	美安村	免费开放
174			美安村篮球场	美安村篮球场（合欢背后）	免费开放
175			美景花园文体公园	美安村美景花园	免费开放
176			美康村文体公园	美康村（新明珠附近）	免费开放
177			美平村文体公园	美平村210号南侧（农行后）	免费开放
178			蓓蕾街文体公园	美荣村平沙三路330号（蓓蕾街）	免费开放
179			平沙三路文体公园	平沙三路204号南侧	免费开放
180			平沙大海环社区文体公园	大海环社区	免费开放
181			平沙大虎社区文体公园	大虎社区	免费开放
182			平沙五一三广场	立新社区	免费开放
183			立新社区东郊文体公园	立新社区	免费开放
184			立新社区新平二村文体公园	立新社区	免费开放
185			立新社区立新花园公园	立新社区	免费开放
186			连湾社区北水休闲广场	连湾社区	免费开放
187			连湾社区连湾新村广场	连湾社区	免费开放
188			连湾社区连湾小广场	连湾社区	免费开放

（续表）

序号	县区	镇（街）	场地名称	位置	开放情况
189	金湾区	平沙镇	连湾八队文体小广场	连湾社区	免费开放
190			连湾联璧小区文体小广场	连湾社区	免费开放
191			美平文体广场	美平社区二街231号	免费开放
192			平沙镇全民健身广场	美平广场	免费开放
193			平沙南新一队文体公园	南新社区	免费开放
194			平沙南新二队文体公园	南新社区	免费开放
195			平沙南新三队文体公园	南新社区	免费开放
196			平沙南新四队文体公园	南新社区	免费开放
197			平沙南新五队文体公园	南新社区	免费开放
198			平沙南新六队文体公园	南新社区	免费开放
199			平沙南新七队文体公园	南新社区	免费开放
200			平沙南新健康公园	南新社区	免费开放
201			平塘社区东风文体公园	平塘社区	免费开放
202			平塘社区恒丰新村公园	平塘社区	免费开放
203			平塘社区平塘三队广场	平塘社区	免费开放
204			平塘社区平塘五队公园	平塘社区	免费开放
205			平塘社区平塘一队文体公园	平塘社区	免费开放
206			平沙前锋社区文体公园	前锋社区	免费开放
207			平沙前锋社区居委公园	前锋社区	免费开放
208			平沙前锋十一队文体公园	前锋社区	免费开放
209			平沙前锋十队文体公园	前锋社区	免费开放
210			平沙前锋六队文体公园	前锋社区	免费开放
211			平沙前锋五队文体公园	前锋社区	免费开放
212			平沙前锋三队文体公园	前锋社区	免费开放
213			平沙前锋社区生态公园	前锋社区	免费开放
214			平沙前锋一队文体公园	前锋社区	免费开放
215			平沙前锋二队文体公园	前锋社区	免费开放
216			前进社区九顷七队公园	前进社区	免费开放
217			前进社区九顷四队公园	前进社区	免费开放
218			前进社区前进二队公园	前进社区	免费开放
219			前进社区前进六队公园	前进社区	免费开放
220			前进社区前进七队公园	前进社区	免费开放

（续表）

序号	县区	镇（街）	场地名称	位置	开放情况
221	金湾区	平沙镇	前进社区文化中心文体公园	前进社区	免费开放
222			沙美社区文体公园	沙美社区	免费开放
223			文化中心健身广场	迎雁西街2号	免费开放
224			平塘六队休闲公园	平塘六队	免费开放
225			平塘四队休闲公园	平塘四队	免费开放
226			前东新村休闲公园	前东新村	免费开放
227			前东一队休闲公园	前东一队	免费开放
228			前锋社区新村文体公园	前锋新村	免费开放
229			前西二队休闲公园	前西二队	免费开放
230			前西文体公园	前西分场	免费开放
231			前西三队休闲公园	前西社区	免费开放
232			前西五队休闲公园	前西社区	免费开放
233			平沙沙美社区榕树头公园	沙美社区	免费开放
234			平沙沙美社区新村公园	沙美社区	免费开放
235			平沙沙美二队休闲公园	沙美社区	免费开放
236			雁景花园文体公园	雁景花园内	免费开放
237	斗门区	白藤街道	白藤街道市民公园	易乐园附近	免费开放
238			白藤头小游园	白藤二路	免费开放
239			白藤一路东小游园	白藤一路东	免费开放
240			湖景花园社区公园	湖景花园	免费开放
241			白藤头社区公园	白藤一路东与藤景街交叉口	免费开放
242			好景小游园	好景社区	免费开放
243			群兴新村小游园	群兴村	免费开放
244			群兴社区健身广场	群兴社区	免费开放
245			新村南社区公园	群兴新村南（四大队）	免费开放
246			幸福北路社区公园	群兴新村南（五大队）	免费开放
247			藤景苑小游园	白藤一路藤景苑	免费开放
248			团结社区公园	藤山二路	免费开放
249		井岸镇	东岸公园	白蕉镇同福路	免费开放
250			草荫公园	草荫村文化广场边	免费开放
251			禾塘里社区公园	禾塘里北小区	免费开放
252			红卫社区公园	红卫社区港滨小区	免费开放

（续表）

序号	县区	镇（街）	场地名称	位置	开放情况
253	斗门区	井岸镇	江湾三路东小游园	江湾三路东	免费开放
254			美湾南小区小游园	江湾一路	免费开放
255			凤山公园	连桥路38号	免费开放
256			虎头山社区公园	霞山公园内	免费开放
257			黄杨河湿地公园	井岸镇	免费开放
258			飞龙山社区公园	飞龙社区旁	免费开放
259			邻里社区公园	河坊路中段旁	免费开放
260			小山咀公园	埿湾村小山咀小区前地	免费开放
261			西埔公园	伟创力公交车站旁	免费开放
262			西堤公园	斗门区井岸镇西堤路	免费开放
263			霞山公园	井岸镇霞山公园	免费开放
264			新堂公园	新堂村老年人文化活动中心前	免费开放
265			纪念公园	旧图书馆及纪念碑附近	免费开放
266			美澳园二区小游园	井岸镇龙西村美澳园二区	免费开放
267			长亨社区公园	美澳园二区11号对面	免费开放
268			江湾东一苑小游园	南湾社区江湾二路	免费开放
269			江湾中路南社区公园	区青少宫前地	免费开放
270			人民体育场社区公园	环山北路	免费开放
271			龙西村霞村公园	实验中学旁	免费开放
272			斗门体育公园	体育馆旁	免费开放
273			西埔旧村公园	西埔旧村村口	免费开放
274			霞山小游园	井岸镇环山西路	免费开放
275			霞山公园	霞山社区	免费开放
276			横塘公园	横塘社区	免费开放
277			新青小游园	新青三路东	免费开放
278			新伟社区公园	新伟社区	免费开放
279			新青公园	新青村	免费开放
280			河岸健身广场	尖峰桥西南	免费开放
281		白蕉镇	白蕉小游园	白蕉镇白蕉村	免费开放
282			牛仔王公园	白蕉镇白蕉村（同心中路与南沙路交叉路口北侧）	免费开放
283			榕益虹桥休闲广场	白蕉社区榕益村与虹桥居委会之间	免费开放
284			白蕉小游园二期工程	白蕉小游园二期	免费开放

（续表）

序号	县区	镇（街）	场地名称	位置	开放情况
285	斗门区	白蕉镇	金田三苑生活区小游园	白蕉镇金田三苑	免费开放
286			气象公园	白蕉镇空气检测站旁	免费开放
287			成裕围公园	白蕉镇中心幼儿园旁	免费开放
288			白石村公园	白石村篮球场旁	免费开放
289			湖西村小游园	白藤湖幸福桥边	免费开放
290			白藤社区小游园	白藤头华丰一区华丰新村路口	免费开放
291			城东同盛花园社区公园	白蕉城东中学边	免费开放
292			城东同兴花园社区公园	白蕉城东中学边	免费开放
293			榕益村公园	东和小学门口	免费开放
294			广宇生活区小游园	广宇生活区	免费开放
295			虹桥公园	虹桥四路商业街	免费开放
296			连兴路小游园	白蕉镇连兴路	免费开放
297			东堤北段社区公园	宁海世纪城三期北侧	免费开放
298			禾益城市公园	虹桥四路时代倾城小区旁、白蕉工业园北排洪渠南岸	免费开放
299		斗门镇	安峨后山公园	斗门镇安峨村	免费开放
300			黄沙坑公园	斗门镇八甲村	免费开放
301			接霞庄中心公园	南门村接霞庄	免费开放
302		乾务镇	虎山公园	乾务镇虎山村	免费开放
303			乾务世荣公园	珠峰大道乾务牌坊对面	免费开放
304		莲洲镇	横山街心公园	莲洲镇上横村	免费开放
305	横琴新区	横琴镇	天沁园	保利中心南侧	免费开放
306			横琴社区体育公园（一期）	横琴大道北侧、横琴国际网球中心以西	免费开放
307			律道公园	红旗村宝兴路	免费开放
308			风情广场	红旗村西南角西侧	免费开放
309	万山区	桂山镇	体育健身公园	滨海大道	免费开放
310		万山镇	万山初心园广场	万山村	免费开放
311			东澳休闲广场	万山村	免费开放
312	高新区	唐家湾镇	六组社区文体公园	北沙社区六组	免费开放
313			北沙下北山文体公园	北沙社区下北山生产队广场	免费开放
314			北沙社区外沙村文体公园	北沙社区	免费开放
315			红树东岸体育公园	东岸社区	免费开放

（续表）

序号	县区	镇（街）	场地名称	位置	开放情况
316	高新区	唐家湾镇	东岸文体公园	东岸村口广场	免费开放
317	高新区	唐家湾镇	官塘一村公园	官塘社区	免费开放
318	高新区	唐家湾镇	官塘二村公园	官塘社区	免费开放
319	高新区	唐家湾镇	官塘三村公园	官塘社区	免费开放
320	高新区	唐家湾镇	官塘四村公园	官塘社区	免费开放
321	高新区	唐家湾镇	官塘社区赤企北文体公园	官塘社区	免费开放
322	高新区	唐家湾镇	远大美域社区公园	后环社区	免费开放
323	高新区	唐家湾镇	后环公园（一期）	后环社区华发蔚蓝堡	免费开放
324	高新区	唐家湾镇	会同社区体育公园	会同社区	免费开放
325	高新区	唐家湾镇	那洲中心公园	那洲社区	免费开放
326	高新区	唐家湾镇	那洲一村文体公园	那洲社区	免费开放
327	高新区	唐家湾镇	淇澳村口文体公园	淇澳村牌坊村口右侧	免费开放
328	高新区	唐家湾镇	淇澳文体公园	淇澳村小学对面	免费开放
329	高新区	唐家湾镇	南芒湾公园	淇澳岛南边、环岛东路东南侧	免费开放
330	高新区	唐家湾镇	格力海岸滨海公园	情侣北路南段唐家湾填海区3333号	免费开放
331	高新区	唐家湾镇	唐乐文体公园	唐乐社区港湾大道唐淇路口	免费开放
332	高新区	唐家湾镇	下栅公园（二期）	下栅社区	免费开放
333	高新区	唐家湾镇	下村公园	下栅社区	免费开放
334	高新区	唐家湾镇	下栅公园（一期）	下栅社区	免费开放
335	高新区	唐家湾镇	红花山森林公园	银星社区	免费开放
336	高新区	唐家湾镇	新村文体公园（银星文体公园）	银星社区	免费开放
337	高新区	唐家湾镇	中珠渠南路社区体育公园	高新区中珠渠南路（上栅社区管理）	免费开放
338	高新区	唐家湾镇	金鼎文化广场	唐家湾镇圣皇头街	免费开放
339	高新区	唐家湾镇	永丰阳春埔文体公园	永丰社区阳春埔农贸市场旁	免费开放
340	高新区	唐家湾镇	淇澳岛抗英胜利广场	淇澳社区	免费开放
341	高新区	唐家湾镇	北沙河头埔村文体公园	北沙社区河头埔村口	免费开放

索 引

说 明

一、本索引款目按汉语拼音字母（同音字按声调）顺序排列。

二、文中的类目题、分目题黑体字标明，其余用宋体字排印。

三、索引款目后的数字表示内容所在的页码，数字后的英文字母（a、b、c）表示栏别（即版面1、2、3栏）。

四、同一主题内容在文中多处出现的，在其款目后用不同的页码标明。

五、本索引对“特载”“年度关注”“大事记”“人物”“统计资料”“文献·法规”等类目不作内容主题分析。

D

E

F

G

H

J

K

L

M

N

P

Q

R

S

T

Y

Z

图书在版编目（CIP）数据

珠海年鉴. 2021 / 珠海年鉴编纂委员会编. —广州：广东人民出版社，2021.11
ISBN 978-7-218-15387-2

Ⅰ. ①珠…　Ⅱ. ①珠…　Ⅲ. ①珠海—2021—年鉴　Ⅳ. ①Z526.53

中国版本图书馆CIP数据核字（2021）第232463号

ZHUHAI NIANJIAN · 2021
珠海年鉴 · 2021
珠海年鉴编纂委员会　编

出 版 人：肖风华

封面摄影：黄昆震

责任编辑：梁　晖　黎　捷
特约编辑：潘杜鹃　曹　琨　曾维浩　冯建华
封面设计：李桢涛
责任技编：周星奎

出版发行：广东人民出版社
地　　址：广东省广州市海珠区新港西路 204 号 2 号楼（邮政：510300）
电　　话：（020）85716809（总编室）
传　　真：（020）85716872
网　　址：http://www.gdpph.com
印　　刷：雅昌文化（集团）有限公司
开　　本：889 毫米 ×1194 毫米　1/16
印　　张：33　　**插页**：18　　**字数**：1410 千
版　　次：2021 年 11 月第 1 版
印　　次：2021 年 11 月第 1 次印刷
定　　价：380.00 元